GRUNDRISSE DES RECHTS

Hartmut Maurer · Staatsrecht I

Staatsrecht I

Grundlagen
Verfassungsorgane
Staatsfunktionen

von

Dr. Hartmut Maurer

em. o. Professor an der Universität Konstanz

3., überarbeitete und ergänzte Auflage

Verlag C. H. Beck München 2003

Verlag C. H. Beck im Internet:

beck.de

ISBN 3 406 50805 7

© 2003 Verlag C. H. Beck oHG
Wilhelmstraße 9, 80801 München
Satz und Druck: Druckerei C. H. Beck, Nördlingen
(Adresse wie Verlag)

Gedruckt auf säurefreiem, alterungsbeständigem Papier
(hergestellt aus chlorfrei gebleichtem Zellstoff)

Vorwort

Die Neuauflage behält die bisherige Konzeption dieses Buches bei, berücksichtigt aber die zwischenzeitlichen Entwicklungen in der Gesetzgebung, der Rechtsprechung, der Literatur und der Praxis bis Ende 2002 und bringt auch sonst einige weitere Ergänzungen und, wie ich hoffe, Verbesserungen.

Wie sich bereits aus dem Untertitel ergibt, behandelt dieses Buch die Grundlagen, die Verfassungsorgane und die Staatsfunktionen. Die Grundrechte, die heute überwiegend besonderen Lehrveranstaltungen und Lehrbüchern vorbehalten sind, werden jedoch nicht ganz ausgeklammert, sondern wenigstens in ihren Grundzügen dargestellt. Damit soll der enge Zusammenhang zwischen dem Verfassungsorganisationsrecht und den Grundrechten dokumentiert werden. Die Grundlagen des Staatsrechts betreffen ohnehin beide Teile.

Zu danken habe ich wiederum Frau stud. jur. Kristina Bein für die Unterstützung bei der Erstellung des Manuskripts.

Für Kritik und Anregungen – insbesondere aus dem Kreis der Studierenden, für die dieses Buch in erster Linie geschrieben worden ist – bin ich stets dankbar.

Das Buch ist meiner Frau gewidmet.

Konstanz, im Januar 2003   Hartmut Maurer

Aus dem Vorwort zur ersten Auflage

Das Buch bringt eine Darstellung des geltenden Staatsrechts, das vor allem im Grundgesetz zum Ausdruck kommt und deshalb weitgehend mit dem Verfassungsrecht identisch ist. Es wendet sich in erster Linie an die Studierenden und will ihnen die erforderlichen staatsrechtlichen Kenntnisse und Einsichten vermitteln.

Die einzelnen Regelungen und Institute des Staatsrechts werden nur dann recht verständlich, wenn man sie in ihren größeren Zusammenhängen sieht. Daher werden die dogmatischen Strukturen, die historischen Entwicklungen und die tatsächlichen Auswirkungen des Staatsrechts in die Erörterungen einbezogen. Das Grundgesetz hat mit seinen 50 Jahren bereits eine eigene Geschichte. Die historischen Bezüge und Bedingungen reichen jedoch sehr viel weiter zurück. Wenn immer wieder darauf hingewiesen wird, dann geschieht das vor allem mit dem Ziel, das geltende Recht zu deuten. Die Hinweise auf die Verfassungspraxis sollen veranschaulichen und zugleich zeigen, daß das Staatsrecht eine lebendige und faszinierende Materie ist.

Die Grundrechte bilden zweifellos einen wesentlichen Teil des Staats- und Verfassungsrechts. Aus Raumgründen können sie hier nicht im einzelnen behandelt werden. Das läßt sich auch im Blick darauf, daß sie zunehmend in einem gesonderten Band dargestellt werden, vertreten. Zur Abrundung des ganzen sollen aber doch die allgemeinen Grundrechtslehren skizziert und durch einige Beispiele konkretisiert werden, zumal die Grundrechte in ihrem Kernbestand – wie das Demokratieprinzip, das Rechtsstaatsprinzip und das Sozialstaatsprinzip – zu den verfassungsrechtlichen Grundentscheidungen gehören.

Inhaltsverzeichnis

2. Teil. Die verfassungsrechtlichen Grundentscheidungen

3. Teil. Die Verfassungsorganisation

4. Teil. Die Staatsfunktionen

5. Teil. Der Schutz der Verfassung

§ 22. Voraussetzungen und Grenzen der Verfassungsänderung

Abkürzungsverzeichnis

a. A.	anderer Ansicht
aaO.	am angegeben Ort
AbgG	Gesetz über die Rechtsverhältnisse der Mitglieder des Deutschen Bundestages – Abgeordnetengesetz (Sart. Nr. 48)
ABl.	Amtsblatt
Abs.	Absatz
Abt.	Abteilung
AcP	Archiv für civilistische Praxis
a. F.	alte(r) Fassung
AG	Aktiengesellschaft, Ausführungsgesetz
AK–GG	Alternativkommentar zum Grundgesetz
Anm.	Anmerkung
AO	Abgabenordnung vom 16. 3. 1976 (BGBl. I S. 613), derzeit i. d. F. vom 1. 10. 2002 (BGBl. I S. 3866)
AöR	Archiv des öffentlichen Rechts
Art.	Artikel
AtomG	Atomgesetz (Sart. Nr. 835)
Aufl.	Auflage
AuslG	Ausländergesetz (Sart. Nr. 565)
BadVerf.	Verfassung des Landes Baden vom 22. 5. 1947
BadVerf. 1818	Verfassung für das Großherzogtum Baden von 1818
BAföG	Bundesausbildungsförderungsgesetz (Sart. Nr. 420)
BAG	Bundesarbeitsgericht
BauGB	Baugesetzbuch (Sart. Nr. 300)
Bay.	Bayern, bayerisch
BayVBl.	Bayerische Verwaltungsblätter
BayVerf.	Verfassung des Freistaates Bayern
BayVerf. 1818	Verfassung des Königreiches Bayern von 1818
BayVerfGH	Bayerischer Verfassungsgerichtshof
BayVerfGHE	Entscheidungen des Bayerischen Verfassungsgerichtshofs
BB	Betriebs-Berater
BBesG	Bundesbesoldungsgesetz (Sart. Nr. 230)
BBG	Bundesbeamtengesetz (Sart. Nr. 160)
Bd.	Band
Bde.	Bände
Bln.	Berlin
BlnVerf	Berliner Verfassung
BGB	Bürgerliches Gesetzbuch (Schönfelder Nr. 20)

LMBG	Gesetz über den Verkehr mit Lebensmitteln, Tabakerzeugnissen, kosmetischen Mitteln und sonstigen Bedarfsgegenständen (Sart. Nr. 280)
Lit.	Literatur
LVerf	Landesverfassung
LVwVfG	Landesverwaltungsverfahrensgesetz
MBO	Musterbauordnung
MEPolG	Musterentwurf eines einheitlichen Polizeigesetzes des Bundes und der Länder
MKSt	H. v. Mangoldt/F. Klein/Ch. Starck (Hg.), Das Bonner Grundgesetz, 3 Bde., 4. Aufl. 1999/2001
MD	Th. Maunz/G. Dürig u. a., Grundgesetz, Kommentar, Loseblattsammlung
Mrd.	Milliarde (n)
MüK	I. v. Münch/Ph. Kunig (Hg.), Grundgesetz-Kommentar, Bd. 1, 5. Aufl. 2000; Bd. 2, 4./5. Aufl. 2001; Bd. 3, 3. Aufl. 1996
MV	Mecklenburg-Vorpommern
MVVerf	Verfassung des Landes Mecklenburg-Vorpommern
MVLVerfG	Landesverfassungsgericht Mecklenburg-Vorpommern
m. w. N. (oder Nachw.)	mit weiteren Nachweisen
NATO	North Atlantic Treaty Organization, Nordatlantikpakt
Nds.	Niedersachsen, niedersächsisch
NdsStGHE	Entscheidungen des Niedersächsischen Staatsgerichtshofes
NdsVBl.	Niedersächsisches Verwaltungsblatt
NdsVerf	Niedersächsische Verfassung
n. F.	neue(r) Fassung
NJW	Neue Juristische Wochenschrift
NRW	Nordrhein-Westfalen, nordrhein-westfälisch
NRWVerf.	Verfassung für das Land Nordrhein-Westfalen
NVwZ	Neue Zeitschrift für Verwaltungsrecht
NVwZ-RR	NVwZ-Rechtsprechungs-Report Verwaltungsrecht
OLG	Oberlandesgericht
OVG	Oberverwaltungsgericht
ParlStG	Gesetz über die Rechtsverhältnisse der Parlamentarischen Staatssekretäre (Sart. Nr. 47)
ParlR	Parlamentsrecht und Parlamentspraxis, hg. von H.-P. Schneider/W. Zeh, 1989
PartG	Gesetz über die politischen Parteien (Sart. Nr. 58)
PersV	Die Personalvertretung (Zeitschrift)

PDS	Partei des Demokratischen Sozialismus (SED – Nachfolgepartei)
PJZS	Polizeiliche und justizielle Zusammenarbeit in Strafsachen (in der Europäischen Union)
Preuß.	Preußen, preußisch
PUAG	Untersuchungsausschussgesetz (Sart. Nr. 6)
RAO	Reichsabgabenordnung vom 13. 12. 1919 i. d. F. vom 22. 5. 1931 (RGBl. I S. 161), durch die AO 1976 abgelöst
RdA	Recht der Arbeit (Zeitschrift)
RG	Reichsgericht
RGBl.	Reichsgesetzblatt
RGZ	Entscheidungen des Reichsgerichts in Zivilsachen
Rn.	Randnummer
ROG	Raumordnungsgesetz (Sart. Nr. 340)
RP	Rheinland-Pfalz, rheinland-pfälzisch
RPVerf	Verfassung für Rheinland-Pfalz
Rspr.	Rechtsprechung
RuP	Recht und Politik
RuStAG	Reichs- und Staatsangehörigkeitsgesetz vom 22. 7. 1913 (RGBl. S. 583) mit zahlreichen Änderungen, seit 1. 1. 2000 mit der Bezeichnung Staatsangehörigkeitsgesetz (StAG) (Sart. Nr. 15)
RVerf. 1871	Verfassung des Deutschen Reiches vom 16. 4. 1871
Saarl, saarl.	Saarland, saarländisch
SaarlVerf	Verfassung des Saarlandes
Sachs., sächs.	Sachsen, sächsisch
SachsAnh, sachsanh.	Sachsen-Anhalt, sachsen-anhaltinisch
SachsAnhVerf.	Verfassung des Landes Sachsen-Anhalt
SächsVerf.	Verfassung des Freistaates Sachsen
Sart.	Sartorius Band I, Verfassungs- und Verwaltungsgesetze der Bundesrepublik Deutschland
Sart. II	Sartorius Band II, Internationale Verträge – Europarecht
SBZ	Sowjetische Besatzungszone
SED	Sozialistische Einheitspartei Deutschlands (der ehemaligen DDR)
SH	Schleswig-Holstein
SHVerf.	Verfassung des Landes Schleswig-Holstein
SJZ	Süddeutsche Juristenzeitung (1946–1950) oder Schweizer Juristenzeitung
Sp.	Spalte
SPD	Sozialdemokratische Partei Deutschlands
StabG	Stabilitätsgesetz (Sart. Nr. 720)
StAG	Staatsangehörigkeitsgesetz (Sart. Nr. 15)
StGB	Strafgesetzbuch (Schönfelder Nr. 85)

StGH	Staatsgerichtshof
StPO	Strafprozeßordnung (Schönfelder Nr. 90)
st. Rspr.	ständige Rechtsprechung
StVG	Straßenverkehrsgesetz (Schönfelder Nr. 35)
StW	Staatswissenschaften und Staatspraxis (Zeitschrift)
Thür.	Thüringen
ThürVerf.	Verfassung des Freistaats Thüringen
Tit.	Titel
u. a.	unter anderem/und andere
UN(O)	United Nations (Organization), (Organisation der) Vereinten Nationen
USA	United States of America (Vereinigte Staaten von Amerika)
u. U.	unter Umständen
UTR	Jahrbuch des Umwelt- und Technikrechts
UVPG	Gesetz über die Umweltverträglichkeitsprüfung (Sart. Nr. 295)
VBlBW	Verwaltungsblätter für Baden-Württemberg
Verf.	Verfassung
VerfG	Verfassungsgericht
VerfGesch.	Verfassungsgeschichte
VerfGH	Verfassungsgerichtshof
VerfGHE	Entscheidungen des Verfassungsgerichtshofs
VerfR	Verfassungsrecht
Verh.	Verhandlungen
VersG	Versammlungsgesetz (Sart. Nr. 435)
VerwR	Verwaltungsrecht
VerwArch.	Verwaltungsarchiv
VG	Verwaltungsgericht
VGH	Verwaltungsgerichtshof
vgl.	vergleiche
VIZ	Zeitschrift für Vermögens- und Immobilienrecht
Vorbem.	Vorbemerkung
VVDStRL	Veröffentlichungen der Vereinigung der Deutschen Staatsrechtslehrer
VwGO	Verwaltungsgerichtsordnung (Sart. Nr. 600)
VwVfG	Verwaltungsverfahrensgesetz (Sart. Nr. 100)
WPflG	Wehrpflichtgesetz (Sart. Nr. 620)
WSA	Wiener Schlußakte vom 15. 5. 1820
WRV	Weimarer Reichsverfassung vom 11. 8. 1919 (RGBl. 1383)
Wp.	Wahlperiode
WWU	Europäische Wirtschafts- und Währungsunion

Literatur (Auswahl)

I. Lehrbücher und Grundrisse

Arndt, Hans-Wolfgang/Rudolf, Walter, Öffentliches Recht, 13. Aufl. 2000
Badura, Peter, Staatsrecht, 2. Aufl. 1996
Battis, Ulrich/Gusy, Christoph, Einführung in das Staatsrecht, 4. Aufl. 1999
Berg, Wilfried, Staatsrecht, 3. Aufl. 2001
Bleckmann, Albert, Staatsrecht, Bd. I: Staatsorganisationsrecht, 1993; Bd. II: Die Grundrechte, 4. Aufl. 1997
Degenhart, Christoph, Staatsrecht I, 18. Aufl. 2002
Denninger, Erhard, Staatsrecht, 2 Bde., 1973/1979
Doehring, Karl, Das Staatsrecht der Bundesrepublik Deutschland, 3. Aufl. 1984
Hendler, Reinhard, Staatsorganisationsrecht, 1999
Hesse, Konrad, Grundzüge des Verfassungsrechts der Bundesrepublik Deutschland, 20. Aufl. 1995
Ipsen, Jörn, Staatsrecht I. Staatsorganisationsrecht, 14. Aufl. 2002
Katz, Alfred, Staatsrecht, 15. Aufl. 2001
Kremser, Holger/Leisner, Anna, Verfassungsrecht III. Staatsorganisationsrecht, 1999
Kröger, Klaus, Einführung in die Verfassungsgeschichte der Bundesrepublik Deutschland, 1993
Maunz, Theodor/Zippelius, Reinhold, Deutsches Staatsrecht, 30. Aufl. 1998
Mössner, Jörg Manfred, Staatsrecht, 3. Aufl. 1995
von Münch, Ingo, Staatsrecht, Bd. 1, 6. Aufl. 2000; Bd. 2, 5. Aufl. 2002
Pieroth, Bodo/Schlink, Bernhard, Grundrechte, Staatsrecht II, 18. Aufl. 2002
Püttner, Günter/Kretschmer, Gerald, Die Staatsorganisation, 2. Aufl. 1993
Schmalz, Dieter, Staatsrecht, 4. Aufl. 2000
Schmidt, Rolf, Staatsorganisationsrecht, 2. Aufl. 2001
Schmidt, Walter, Staats- und Verwaltungsrecht, 3. Aufl. 1999
Schwabe, Jürgen, Grundkurs Staatsrecht, 5. Aufl. 1995
Stein, Ekkehart/Frank, Götz, Staatsrecht, 18. Aufl. 2002
Stern, Klaus, Das Staatsrecht der Bundesrepublik Deutschland, Bd. I, 2. Aufl. 1984; Bd. II, 1980; Bd. III 1, 1988; Bd. III 2, 1994; Bd. V, 1999
Windthorst, Kay, Verfassungsrecht I. Grundlagen, 1995

II. Lehrbücher und Grundrisse zum Europarecht insbesondere

Bleckmann, Albert, Europarecht, 6. Aufl. 1997
Geiger, Rudolf, Grundgesetz und Völkerrecht, 3. Aufl. 2002
Herdegen, Matthias, Europarecht, 4. Aufl. 2002
Hobe, Stephan, Europarecht 2002
Lecheler, Helmut, Einführung in das Europarecht, 2000
Oppermann, Thomas, Europarecht, 2. Aufl. 1999
Schweitzer, Michael, Staatsrecht III, 7. Aufl. 2000

Schweitzer, Michael/Hummer, Waldemar, Europarecht, 5. Aufl. 1996
Streinz, Rudolf, Europarecht, 5. Aufl. 2001

III. Kommentare zum Grundgesetz

Denninger, Erhard/Hoffmann-Riem, Wolfgang/Schneider, Hans-Peter/Stein, Ekkehart (Hg.), Kommentar zum Grundgesetz für die Bundesrepublik Deutschland (Reihe Alternativ-Kommentare), Loseblattausgabe, 3 Bde., 3. Aufl. 2001 (zitiert: AK–GG)

Dolzer, Rudolf/Vogel, Klaus/Graßhof, Karin (Hg.), Bonner Kommentar zum Grundgesetz, Loseblattausgabe, 1950 ff., Stand: 103. Lieferung 2002 (zitiert: BK)

Dreier, Horst (Hg.), Grundgesetz, 3 Bde., 1996, 1998, 2000

Friauf, Karl Heinrich/Höfling, Wolfram (Hg.), Berliner Kommentar zum Grundgesetz, Loseblattausgabe, 7. Lieferung 2002

Hamann, Andreas/Lenz, Helmut, Grundgesetz für die Bundesrepublik Deutschland, 3. Aufl. 1970

Jarass, Hans D./Pieroth, Bodo, Grundgesetz für die Bundesrepublik Deutschland, 6. Aufl. 2002 (zitiert: JP)

Leibholz, Gerhard/Rinck, Hans-Justus/Hesselberger, Dieter, Grundgesetz für die Bundesrepublik Deutschland, Kommentar an Hand der Rechtsprechung des Bundesverfassungsgerichts, Loseblattausgabe, Stand: 40. Lieferung 2002

von Mangoldt, Hermann/Klein, Friedrich, Das Bonner Grundgesetz, 2. Aufl. 1957 ff.; 3. Aufl. 1985 ff. (von der 3. Aufl. liegen 4 Bde. als Neubearbeitungen vor, nämlich Starck, Christian, Bd. 1: Präambel, Art. 1–5, 1985; Achterberg, Norbert/Schulte, Martin, Bd. 6: Art. 38–49, 1991; Pestalozza, Christian, Bd. 8: Art. 70–75, 1996; von Campenhausen, Axel, Bd. 14: Art. 136–146, 1991

von Mangoldt, Hermann/Klein Friedrich/Starck, Christian (Hg.), Das Bonner Grundgesetz, 4. Aufl., 3 Bde. 1999, 2000, 2001 (zitiert: MKSt)

Maunz, Theodor/Dürig, Günter u. a., Grundgesetz, Loseblattkommentar, 1957 ff., 41. Lieferung 2002 (zitiert: MD)

von Münch, Ingo/Kunig, Philip, Grundgesetz-Kommentar, Bd. 1, 5. Aufl. 2000; Bd. 2, 4./5. Aufl. 2001; Bd. 3, 3. Aufl. 1996 (zitiert: MüK)

Sachs, Michael (Hg.), Grundgesetz. Kommentar, 3. Aufl. 2003

Schmidt-Bleibtreu, Bruno/Klein, Franz, Kommentar zum Grundgesetz, 9. Aufl. 1999

Seifert, Karl-Heinz/Hömig, Dieter, Grundgesetz für die Bundesrepublik Deutschland, 6. Aufl. 1999

Umbach, Dieter C./Clemens, Thomas (Hg.), Grundgesetz. Mitarbeiterkommentar und Handbuch, 2 Bde., 2002

IV. Fallbesprechungen

Erbel, Günther, Öffentlich-rechtliche Klausurenlehre mit Fallrepetitorium, Bd. I, Staatsrecht, 2. Aufl. 1983

Erichsen, Hans-Uwe, Staatsrecht und Verfassungsgerichtsbarkeit, Bd. I, 3. Aufl. 1982; Bd. II, 2. Aufl. 1979

Frenz, Walter, Öffentliches Recht. Eine nach Anspruchszielen geordnete Darstellung zur Examensvorbereitung, 2001

Kisker, Gunter/Höfling, Wolfram, Fälle zum Staatsorganisationsrecht, 3. Aufl. 2001

Richter, Ingo/Schuppert, Gunnar Folke/Bumke, Christian, Casebook Verfassungsrecht, 4. Aufl. 2001

Rüfner, Wolfgang/von Unruh, Georg-Christoph/Borchert, Hartmut/Muckel, Stefan, Öffentliches Recht I, 6. Aufl. 1994

Schmalz, Dieter, Verfassungsrecht – Fälle und Lösungen, 2. Aufl. 1997

Schmidt-Jortzig, Edzard/Schliesky, Utz, 40 Klausuren aus dem Staats- und Völkerrecht mit Lösungsskizzen, 6. Aufl. 2002

Schoch, Friedrich, Übungen im Öffentlichen Recht I. Verfassungsrecht und Verfassungsprozeßrecht, 2000

Scholler, Heinrich/Birk, Dieter, Verfassungsrecht und Verfassungsgerichtsbarkeit. Fälle und Lösungen nach höchstrichterlichen Entscheidungen, 7. Aufl. 1995

Schwerdtfeger, Gunther, Öffentliches Recht in der Fallbearbeitung, 10. Aufl. 1997

von Unruh, Georg-Christoph/Greve, Friedrich/Schliesky, Utz, Grundkurs Öffentliches Recht, 5. Aufl. 2001

V. Handbücher und Lexika

Benda, Ernst/Maihofer, Werner/Vogel, Hans Jochen (Hg.), Handbuch des Verfassungsrechts der Bundesrepublik Deutschland, 2. Aufl. 1994 (zitiert: HVerfR)

Herzog, Roman/Kunst, Hermann/Schlaich, Klaus/Schneemelcher, Wilhelm (Hg.), Evangelisches Staatslexikon, 2 Bde., 3. Aufl. 1987

Isensee, Josef/Kirchhof, Paul (Hg.), Handbuch des Staatsrechts der Bundesrepublik Deutschland, 10 Bde., 1987–2000 (zitiert: HStR)

Schneider, Hans-Peter/Zeh, Wolfgang (Hg.), Parlamentsrecht und Parlamentspraxis, 1989 (zitiert: ParlR)

Staatslexikon, hg. von der Görres-Gesellschaft, 7 Bde., 7. Aufl. 1985 ff.

VI. Dokumentationen

Bauer, Angela/Jestaedt, Matthias, Das Grundgesetz im Wortlaut. Änderungsgesetze, Synopse, Textstufen und Vokabular zum Grundgesetz, 1997

Schindler, Peter, Datenhandbuch zur Geschichte des Deutschen Bundestages 1949 bis 1999, 3 Bde., 1999

Wilms, Heinrich, Dokumente zur neuesten deutschen Verfassungsgeschichte, Bd. III/2: Vorschläge, Entwürfe und in Kraft getretene Fassungen des Grundgesetzes 1949–1999, 2001

VII. Rechtsprechung

Grimm, Dieter/Kirchhof, Paul (Hg.), Entscheidungen des Bundesverfassungsgerichts, Studienauswahl, 2 Bde., 2. Aufl. 1997

Menzel, Jörg (Hg.), Verfassungsrechtsprechung. Hundert Entscheidungen des Bundesverfassungsgerichts in Retrospektive, 2000

Schwabe, Jürgen (Hg.), Entscheidungen des Bundesverfassungsgerichts, Studienauswahl (Bde. 1–100), 7. Aufl. 2000

Nachschlagewerk der Rechtsprechung des Bundesverfassungsgerichts, hrsg. vom Bundesverfassungsgericht, Loseblattsammlung (seit 1978).

VIII. Literatur zum Staatsrecht in Österreich und in der Schweiz

Österreich:

Adamovich, Ludwig K./Funk, Bernd-Christian/Holzinger, Gerhart, Österreichisches Staatsrecht, Bd. I: Grundlagen, 1997; Bd. II: Staatliche Organisation, 1998

Funk, Bernd-Christian, Einführung in das österreichische Verfassungsrecht, 10. Aufl. 2000

Koja, Friedrich, Das Verfassungsrecht der österreichischen Bundesländer, 2. Aufl. 1988

Korinek, Karl/Holoubek, Michael (Hg), Österreichisches Bundesverfassungsrecht. Textsammlung und Kommentar, 1999 ff.

Öhlinger, Theo, Verfassungsrecht, 5. Aufl. 2003

Österreichische Parlamentarische Gesellschaft (Hg.), 75 Jahre Bundesverfassung, 1995

Rill, Heinz-Peter/Schäffer, Heinz (Hg.), Bundesverfassungsgericht. Kommentar, Loseblattausgabe, 1. und 2. Lieferung 2001/02

Walter, Robert/Mayer, Heinz, Grundriß des österreichischen Bundesverfassungsrechts, 9. Aufl. 2000

Schweiz:

Nach Erlass der neuen Bundesverfassung vom 18. 4. 1999:

Ehrenzeller, Bernhard/Mastronardi, Philippe/Schweizer, Rainer J./Vallender, Klaus A. (Hg.), Die schweizerische Bundesverfassung. St. Galler Kommentar 2002

Fleiner, Thomas/Forster, Peter/Misic, Alexander/Thalmann, Urs (Hg.), Die neue schweizerische Bundesverfassung, 2000

Gauch, Peter/Thürer, Daniel (Hg.), Verfassungsrecht 2000

Häfelin, Ulrich/Haller, Walter, Schweizerisches Bundesstaatsrecht, 5. Aufl. 2001

Rhinow, René, Die Bundesverfassung 2000, 2000

Thürer, Daniel/Aubert, Jean-François/Müller, Jörg Paul (Hg.), Verfassungsrecht der Schweiz. Droit constitutionnel suisse, 2001

Zimmerli, Ulrich (Hg.), Die neue Bundesverfassung, 1999

Frühere Literatur:

Aubert, Jean-François/Eichenberger, Kurt u. a. (Hg.), Kommentar zur Bundesverfassung der schweizerischen Eidgenossenschaft, 1987 ff.

Aubert, Jean-François, Bundesstaatsrecht der Schweiz, 2 Bde., 1991/1995

Auer, Andreas/Malinverni, Giorgio/Hottelier, Michel, Droit constitutionnell suisse, 2 Vol., 2000

Fleiner, Fritz/Giacometti, Zaccaria, Schweizerisches Bundesstaatsrecht, 1949

Hangartner, Yvo, Grundzüge des schweizerischen Staatsrecht, Bd. I: Organisation, 1980; Bd. II: Grundrechte, 1982

———

Vgl. ferner die allgemeinen Literaturnachweise zur Staatslehre § 1 Rn. 76, zur Verfassungsgeschichte § 2 Rn. 83, zu den Grundrechten § 9 Rn. 66 und zur Verfassungsgerichtsbarkeit § 20 Rn. 15

1. Teil. Grundlagen

§ 1. Staatsrecht und Verfassungsrecht

I. Der Staat als Gegenstand des Staatsrechts

1. Staatsrecht und Staat

Das Staatsrecht ist ein Teilbereich der gesamten staatlichen 1
Rechtsordnung. Es nimmt dort aber eine besondere Stellung ein,
weil es nicht nur die rechtlichen Grundlagen der Staatsgewalt und
ihre Ausübung regelt, sondern auch die rechtlichen Voraussetzungen für die Entstehung und die Geltung der übrigen staatlichen
Rechtsnormen festlegt. Diese hervorgehobene Position macht die
Beschäftigung mit dem Staatsrecht schwierig, aber auch reizvoll.

Es mag zunächst naheliegen, das Staatsrecht von seinem Gegen- 2
stand, vom Staat, her zu definieren. Indessen zeigt sich bald, daß
der Staat keine vorgegebene Größe ist, die nur noch in ihren einzelnen Bezügen geregelt werden müßte. Der Staat ist vielmehr ein
komplexes Gebilde, das im Laufe der Zeit ständige Wandlungen
durchlaufen hat und auch in der Gegenwart in unterschiedlichen
Formen und Wirkungsweisen in Erscheinung tritt. Die grundsätzliche Frage nach dem Begriff und dem Wesen des Staates braucht
hier jedoch nicht weiter verfolgt zu werden. Denn das Staatsrecht
befaßt sich nicht allgemein mit dem Staat, sondern ganz konkret
mit unserem Staat, mit der Bundesrepublik Deutschland. Jeder
Staat hat *sein* Staatsrecht, das von den jeweiligen politischen, gesellschaftlichen, wirtschaftlichen, technischen, kulturellen und geistigen
Verhältnissen und Vorstellungen seiner Zeit abhängig ist, andererseits aber wiederum den Staat in seiner konkreten Erscheinungs-
form bestimmt und prägt.

Durch die Ausrichtung auf den konkreten Staat unterscheidet 3
sich das Staats*recht* – und damit auch die Staatsrechtswissenschaft –

von der Staats*lehre*, die sich – ausgehend von den unterschiedlichen Erscheinungsformen des Staates in Vergangenheit und Gegenwart und unter Einbeziehung staatspolitischer und staatsphilosophischer Fragestellungen – mit dem Begriff und dem Wesen des Staates, seiner Legitimation und seinen Zwecksetzungen sowie seinen Funktionen und Gestaltungsformen näher beschäftigt. Die Einsichten und Erkenntnisse der Staatslehre können bei der Behandlung staatsrechtlicher Fragen zur Problemklärung beitragen. Auch in diesem Lehrbuch wird daher immer wieder darauf hingewiesen. Nur muß beachtet werden, daß für die Entscheidung staatsrechtlicher Fragen nicht die Erkenntnisse der Staatslehre, sondern die Normen des Staatsrechts und ihre Auslegung maßgeblich sind.

4   Die Staatslehre kann als Komplementärwissenschaft zur Staatsrechtslehre bezeichnet werden, da sie die Normen und Institutionen der verschiedenen Staatsrechtsordnungen in der Vergangenheit und der Gegenwart theoretisch verarbeitet und systematisiert. Bei der Erörterung staatsrechtlicher Fragen sind aber auch – gleichsam als Ergänzungs- und Hilfswissenschaften – die Politologie, die Soziologie, die Philosophie, die Wirtschafts- und Finanzwissenschaften, die Geschichtswissenschaft und die Theologie heranzuziehen. Das ist schon deshalb angebracht, weil das Staatsrecht, wie dargelegt wurde, durch die jeweiligen Verhältnisse seiner Zeit mitbestimmt wird.

2. Der Staat in völkerrechtlicher Sicht

5   Während es für das (innerstaatliche) Staatsrecht genügt, daß sich der jeweilige Staat nach seinem Verständnis selbst als Staat betrachtet und begreift, ist für die zwischenstaatlichen Beziehungen eine Begriffsbestimmung erforderlich. Das Völkerrecht regelt vor allem die Beziehungen zwischen den „Staaten". Seine Anwendung hängt daher davon ab, daß der Adressat völkerrechtlicher Regelungen oder der Partner völkerrechtlicher Verträge ein „Staat" ist.

So können z. B. nach Art. 3 und 4 UN-Charta nur Staaten („states") Mitglieder der Vereinten Nationen werden. Während früher ausschließlich Staaten Völkerrechtssubjekte waren, können heute auch internationale Organisationen, möglicherweise sogar Einzelpersonen, Völkerrechtssubjektivität besitzen und daher Inhaber völkerrechtlicher Rechte und Pflichten sein, so z.B. schon die UNO und ein Teil ihrer Untergliederungen. Darauf ist hier nicht weiter einzugehen.

6   In der Literatur und der Praxis wird ganz überwiegend die sog. Drei-Elemente-Lehre vertreten. Danach wird der Staat durch drei

Merkmale (Elemente) bestimmt, nämlich das Staatsvolk, das Staatsgebiet und die Staatsgewalt. Die Begriffsmerkmale Staatsvolk und Staatsgebiet knüpfen an tatsächliche Gegebenheiten an. Auch die Staatsgewalt als originäre Herrschaftsmacht wird zunächst faktisch bestimmt, da sie nicht nur tatsächlich bestehen, sondern auch effektiv ausgeübt werden muß. Sie führt aber zum Recht weiter, da es Aufgabe des Rechts – und zwar gerade des Staatsrechts – ist, ihre Voraussetzungen und Modalitäten näher zu bestimmen. Die Staatsgewalt erstreckt sich auf ein bestimmtes Gebiet und die dort ansässige Bevölkerung und macht diese zum Staatsgebiet und zum Staatsvolk.

Vgl. zu dieser von *Georg Jellinek* (Staatslehre, S. 174 ff., 394 ff.) entwickelten Lehre näher etwa *K. Doehring*, Staatslehre, Rn. 39 ff.; *J. Isensee*, HStR I (1987), S. 603 ff.; *M. Schweitzer*, Staatsrecht III, Rn. 540 ff. jeweils m. w. N. – Auch die Bundesregierung hat sich dieser Lehre für die Praxis angeschlossen. So stellt sie in einer Erklärung 1975 fest: „Die Anerkennung eines neuen Staates setzt voraus, daß sich ein Staat gebildet hat mit einem Staatsvolk, einem Staatsgebiet und einer Staatsgewalt, die durch eine effektive handlungsfähige Regierung verkörpert wird, die ihre Hoheitsgewalt über den größten Teil des Territoriums und die Mehrzahl der Einwohner effektiv ausübt und die sich mit Aussicht auf Dauer behaupten kann" (vgl. ZaöRV Bd. 35 (1975) S. 777).

Das *Staatsgebiet* ist ein bestimmter Teil der Erdoberfläche. Seine **7** Grenzen werden durch Herkommen oder durch völkerrechtliche Verträge, insbesondere durch Friedensverträge, bestimmt. Problematisch ist die Ausdehnung von der Küste auf das offene Meer (Küstengebiet). Sie betrug früher 3 Seemeilen (Reichweite der Schüsse eines Kanonenbootes), kann aber nach nunmehr herrschender Auffassung auf 12 Seemeilen ausgedehnt werden. Zudem nehmen immer mehr Staaten den Festlandsockel bis zu 200 Seemeilen zur wirtschaftlichen Nutzung für sich in Anspruch. Das *Staatsvolk* besteht aus der Gesamtheit der Staatsangehörigen. Die Staatsangehörigkeit, die sich nicht mit der Volkszugehörigkeit (Nation) decken muß, wird durch das Recht des jeweiligen Staates bestimmt. Maßgebliche Anknüpfungspunkte sind entweder die Abstammung (Abstammungsprinzip, ius sanguinis) oder die Geburt auf dem Staatsgebiet (Territorialprinzip, ius soli); ferner kann die Staatsangehörigkeit durch Einbürgerung begründet werden. Die *Staatsgewalt* ist die Herrschaftsmacht über Land und Leute, über das Gebiet und die dort befindlichen Menschen (Gebiets- oder Territorialhoheit, Personalhoheit). Die staatliche Herrschaftsgewalt kommt vor allem dadurch zum Ausdruck, daß der Staat in der Lage ist, einseitig verbindliche Regelungen und Anordnungen zu erlassen und sie erforderlichenfalls zwangsweise durchzusetzen. Sie ist originär, weil sie nicht von anderen Instanzen abgeleitet ist, sondern aus sich heraus besteht.

Vgl. zum Staatsgebiet und Staatsvolk der Bundesrepublik Deutschland auch unten § 3 Rn. 75, § 5 Rn. 9 und § 7 Rn. 22.

8   Die Drei-Elemente-Lehre stößt in der Literatur immer wieder mit dem Hinweis, sie sei formal und sage über das Wesen des Staates nichts aus, auf Kritik und Ablehnung. Dieser Einwand ist für sich betrachtet richtig, geht aber am Problem vorbei. Begriffe haben Abgrenzungsfunktion und müssen deswegen möglichst „formal" sein. Im übrigen wird mit dem Begriffsmerkmal „Staatsgewalt" das wesentliche Kriterium angegeben, zugleich aber auch die konkrete Ausgestaltung der Staatsgewalt den einzelnen Staaten überlassen. Nur diese begriffliche Offenheit gewährleistet das Selbstbestimmungsrecht, das für die Staaten – ebenso wie für den Einzelnen – von grundlegender Bedeutung ist.

9   Die Frage, ob die Souveränität ein (weiteres) Begriffsmerkmal des Staates ist, hängt von der näheren Bestimmung dieses schillernden Begriffes ab. Versteht man darunter die rechtliche Unabhängigkeit bzw. die Letztentscheidungskompetenz, so dürfte sie bereits in der Staatsgewalt enthalten sein. Im übrigen ist zu beachten, daß sie im Blick auf die zahlreichen völkerrechtlichen und faktischen Beschränkungen der Staaten im internationalen Konzert ohnehin nur noch beschränkt besteht. Eine weitere Beschränkung ergibt sich aus den Menschenrechten, die überstaatlichen Charakter haben und somit der staatlichen Souveränität vorgehen. Daher ist die internationale Staatengemeinschaft nicht nur berechtigt, sondern auch verpflichtet, bei schwerwiegenden und andauernden Menschenrechtsverletzungen in einem Staat zu intervenieren.

3. Wesentliche Merkmale des Staates

10   Wenn auch die der Staatslehre und dem Völkerrecht angehörende Frage nach dem Begriff und dem Wesen des Staates im Rahmen der staatsrechtlichen Darstellung nicht weiter zu behandeln ist, so soll doch noch auf einige Merkmale hingewiesen werden, die den Staat in heutiger Sicht maßgeblich prägen.

a) Der Staat ist ein *Personenverband*, der die ihm angehörenden **11** Menschen zu einer Art Schicksalsgemeinschaft zusammenfaßt. Wenn auch im Zeichen zunehmender Individualisierung der Blick dafür immer mehr verloren geht, so ist doch zu beachten, daß der Einzelne – gerade in unserer hochtechnisierten und arbeitsteiligen Zeit – nicht allein, sondern nur in Gemeinschaft mit anderen Menschen bestehen kann. Der Staat bildet zwar nicht die einzige, nicht einmal die wichtigste, aber doch eine unverzichtbare menschliche Gemeinschaft.

b) Der Staat hat eine Reihe *elementarer Aufgaben*, die ihm das ty- **12** pische Gepräge geben. Dazu gehören – gleichsam überzeitlich – (1) die Abwehr von Bedrohungen und Angriffen auf das Staatsgebiet von außen, (2) die Gewährleistung einer Rechts- und Friedensordnung im Innern, ferner – jedenfalls für unsere Zeit – (3) die Herstellung und Erhaltung einer sozial gerechten Ordnung, (4) die Förderung kultureller Bestrebungen, (5) die Vorsorge gegen Risiken, die sich aus der wissenschaftlichen und technischen Entwicklung (Gentechnik, Atomenergie) ergeben, (6) der Schutz der natürlichen Lebensgrundlagen, (7) die Mitwirkung bei internationalen Einsätzen zum Schutze der Menschenrechte in Krisengebieten entsprechend der UN-Charta.

c) Ein wesentliches *Steuerungsinstrument* des Staates bildet *das* **13** *Recht*. Durch seinen Einsatz wird die staatliche Macht gebändigt, die Erbringung staatlicher Leistungen gelenkt, der soziale Ausgleich hergestellt und der gesellschaftliche Bereich geregelt.

d) Der Staat besitzt das *Gewaltmonopol*. Das bedeutet, daß *nur* der **14** Staat zur Erfüllung seiner Aufgaben, insbesondere zur Gewährleistung der Rechts- und Friedensordnung, Gewalt einsetzen darf, dabei aber die rechtsstaatlichen Bindungen und Formen zu beachten hat. Dem Gewaltmonopol des Staates entspricht das Gewaltverbot für die Bürger. Im Interesse des inneren Friedens darf der Bürger seine tatsächlichen oder vermeintlichen Rechte nicht selbst („auf eigene Faust") durchsetzen, sondern kann und muß die Hilfe des Staates in Anspruch nehmen. Gewaltmonopol des Staates, Friedenspflicht des Bürgers und Durchsetzung der Rechte des Bürgers durch den Staat stehen in engem, wechselseitigem Zusammenhang.

Wenn der Staat nicht (mehr) imstande oder bereit ist, die Rechte seiner Bürger zu schützen, werden sich auch das Gewaltmonopol des Staates und die Friedenspflicht des Bürgers nicht mehr lange halten lassen.

15   e) In rechtlicher Sicht ist der Staat eine *selbständige Rechtsperson,* eine juristische Person des öffentlichen Rechts. Als solche kann er selbst Zuordnungssubjekt von Rechten und Pflichten sein und über seine Organe handeln. Die Lehre von der Rechtspersönlichkeit des Staates bildet die Grundlage für die Verrechtlichung des Staats-Bürger-Verhältnisses und ist damit ein wesentliches Element des Rechtsstaates.

In historischer Sicht stellt diese Lehre einen wesentlichen Fortschritt dar. Während im 17. und 18. Jahrhundert der Staat weitgehend mit dem Monarchen gleichgesetzt wurde (vgl. den berühmten Ausspruch des französischen Königs Ludwig XIV.: L'état c'est moi), setzte sich im 19. Jahrhundert endgültig die Erkenntnis durch, daß zwischen dem Staat als selbständiger Rechtsperson und dem Monarchen als Organ des Staates unterschieden werden muß. So erstmals deutlich der Göttinger Staatsrechtslehrer *E. Albrecht* in einer berühmt gewordenen Rezension über Maurenbrechers Grundsätze des heutigen deutschen Staatsrechts in den Göttingischen gelehrten Anzeigen 1837, S. 1489 ff. (Nachdruck als selbständige Schrift 1962); vgl. dazu auch *R. v. Mohl,* Die Geschichte und Literatur der Staatswissenschaften, Bd. 2, 1857, S. 301 ff.; *M. Stolleis,* Geschichte des öffentlichen Rechts, Bd. 2, 1992, S. 90.

16   f) Der freiheitliche demokratische Staat beruht auf *politischen und ethischen Voraussetzungen,* die der Staat nicht selbst schaffen oder gar erzwingen kann, die aber für seine Existenz unverzichtbar sind. Dazu gehören die (frei-willige) Akzeptanz des Staates und seiner Grundlagen durch die überwiegende Mehrheit der Bevölkerung, die Anerkennung gemeinsamer ethisch-sittlicher Grundwerte, die Toleranz gegenüber Andersdenkenden und die Verantwortung für die Erhaltung der künftigen Lebensgrundlagen, um nur einige Aspekte zu nennen.

II. Die Einordnung des Staatsrechts

17   Das Staatsrecht bildet einen Teilbereich des öffentlichen Rechts. Es liegt daher nahe, zunächst das öffentliche Recht zu bestimmen und dann in diesem Rahmen auf das Staatsrecht näher einzugehen.

Neben dem Begriff Staatsrecht taucht immer wieder der Begriff Verfassungsrecht auf. Die beiden Begriffe werden teilweise gleichbedeutend und teilweise unterschiedlich verwendet. Daher soll anschließend das Verhältnis beider geklärt werden.

1. Öffentliches Recht und Privatrecht

Die gesamte Rechtsordnung wird in zwei große Rechtsbereiche **18** eingeteilt, nämlich das öffentliche Recht und das Privatrecht. Allgemein und noch vorläufig läßt sich sagen, daß das Privatrecht die Rechtsbeziehungen der Bürger untereinander regelt, während das öffentliche Recht den Aufbau und die Tätigkeit staatlicher Organe sowie die Beziehungen zwischen dem Staat und den Bürgern betrifft.

a) *Grundlagen.* Die Unterscheidung zwischen dem öffentlichen **19** Recht und dem Privatrecht ist rechtslogisch nicht zwingend. Sie ist auch nicht überall verwirklicht, wie historisch das germanische und das mittelalterliche Recht und rechtsvergleichend das englische und das amerikanische Recht zeigen. Sie entspricht aber der deutschen Rechtsentwicklung, liegt der geltenden Rechtsordnung zugrunde und erhält durch die jeweiligen Funktionen dieser beiden Rechtsbereiche ihre Rechtfertigung.

aa) *In historischer Sicht* geht die Unterscheidung auf das römische **20** Recht zurück und ist mit dessen Rezeption im Mittelalter nach Deutschland gekommen. Nach der bereits im römischen Recht auftauchenden Interessentheorie dient das öffentliche Recht dem Allgemeininteresse und das Privatrecht dem Individualinteresse. Sie kommt in dem viel zitierten Satz des römischen Juristen Ulpian (170–228 n. Chr.) zum Ausdruck: Publicum ius est quod ad statum rei Romanae spectat, privatum quod ad singulorum utilitatem. Besondere Bedeutung erlangte die Unterscheidung zwischen diesen beiden Rechtsbereichen im 19. Jahrhundert im Zusammenhang mit der Trennung von Staat und Gesellschaft. Damals wurde die sog. Subordinationstheorie entwickelt, wonach das öffentliche Recht durch die Über-Unterordnung (Staat – Bürger) und das Privatrecht durch die Gleichordnung (Bürger – Bürger) bestimmt wird.

21   bb) *Das geltende Recht* enthält eine ganze Reihe von Vorschriften, insbesondere im Bereich des Verwaltungsrechts, die tatbestandsmäßig an das öffentliche Recht bzw. an das Privatrecht anknüpfen.

So haben die Verwaltungsgerichte über „öffentlich-rechtliche Streitigkeiten"
und die Zivilgerichte über „bürgerliche Rechtsstreitigkeiten", d.h. privatrechtliche Streitigkeiten, zu entscheiden (vgl. § 40 I VwGO und § 13 GVG). Die
Frage, ob im konkreten Fall der Verwaltungsrechtsweg oder der Zivilrechtsweg gegeben ist, hängt also davon ab, ob der Rechtsstreit im konkreten Fall
dem öffentlichen Recht oder dem Zivilrecht zuzuordnen ist. Aber nicht nur
im Prozeßrecht, sondern auch im materiellen Recht spielt die Abgrenzung
immer wieder eine Rolle. Das Verwaltungsverfahrensgesetz gilt nur für die
„öffentlich-rechtliche Verwaltungstätigkeit der Behörden" (§ 1 I VwVfG). Daher kommen z.B. die Vertragsregelungen dieses Gesetzes (§§ 54ff. VwVfG)
nur zur Anwendung, wenn der (beabsichtigte oder umstrittene) Vertrag zwischen der Verwaltung und dem Bürger dem öffentlichen Recht und nicht dem
Privatrecht zuzuordnen ist. Entsprechendes gilt für die Staatshaftung, die sich
nach öffentlichem Recht (Amtshaftungsrecht gem. Art. 34 GG, § 839 BGB)
oder nach den allgemeinen privatrechtlichen Vorschriften bestimmt, je nachdem, ob das Fehlverhalten des Beamten öffentlich-rechtlich oder privatrechtlich zu beurteilen ist.

22   cc) Die Unterscheidung ist jedoch nicht nur für die Rechtsan-
wendung von Bedeutung, sondern weist auch auf *grundsätzliche
Dimensionen.* Das öffentliche Recht und das Privatrecht haben
nämlich jeweils verschiedene Ausgangspunkte und unterschiedliche
Funktionen:

– Das Privatrecht, das die Beziehungen zwischen den Bürgern und
  sonstigen Privatrechtssubjekten regelt, geht von der Freiheit und
  der Privatautonomie des einzelnen Menschen aus und hat dementsprechend Vorschriften bereitzustellen, die den Rechtsverkehr zwischen den Privatrechtssubjekten regeln, Interessenkonflikte verhindern oder bereinigen und den sozial Schwachen gegen Ausnutzung oder Ausbeutung schützen.

– Das öffentliche Recht, das den Staat zum Gegenstand hat, hat
  dagegen die Aufgabe, die Staatsgewalt, insbesondere die staatlichen Organe und ihre Befugnisse, zu begründen, zu lenken und
  zu begrenzen. Dabei muß es einerseits die Voraussetzungen für
  eine effektive Staatstätigkeit schaffen, andererseits aber auch die
  Freiheiten und Rechte der Bürger gewährleisten.

23   b) *Die Abgrenzung* zwischen dem öffentlichen Recht und dem
Privatrecht stößt sowohl grundsätzlich als auch in Einzelfällen im-

mer wieder auf Schwierigkeiten. Sie wird sicherlich mit der zunehmenden Verflechtung des deutschen Rechts mit dem europäischen Gemeinschaftsrecht und dem internationalen Recht an Bedeutung verlieren. Gleichwohl ist sie, wie dargelegt wurde, für das deutsche Recht noch maßgebend. Im Laufe der Zeit sind eine ganze Reihe von Abgrenzungstheorien entwickelt worden. Da die Abgrenzungsproblematik vor allem im Verwaltungsrecht auftaucht, ist auf die verwaltungsrechtlichen Darstellungen zu verweisen (vgl. z. B. *Maurer*, VerwR § 3 Rn. 14 ff.).

Nur so viel sei des Zusammenhangs wegen noch bemerkt: Neben der bereits auf das römische Reich zurückgehenden Interessentheorie und der im 19. Jahrhundert entwickelten Subordinationstheorie (vgl. bereits oben Rn. 21) ist nach 1945 u. a. noch die sog. Zuordnungstheorie oder modifizierte Subjektstheorie entwickelt worden und in den Vordergrund gerückt. Danach erfaßt das öffentliche Recht diejenigen Rechtsnormen, die sich ausschließlich an den Staat richten, während dem Privatrecht alle diejenigen Rechtsnormen angehören, die für jedermann gelten. Das öffentliche Recht ist sonach das Sonderrecht des Staates, das Privatrecht dagegen das Jedermannsrecht, wobei auch der Staat zu dem „jedermann" gehören kann, wenn und weil er bestimmte Aufgaben in der Form des Privatrechts wahrnimmt und wahrnehmen darf. Diese Abgrenzungstheorie verdient sowohl wegen ihrer grundsätzlichen Ausrichtung als auch wegen ihrer Praktikabilität den Vorzug.

2. Weitere Untergliederungen

Die beiden großen Rechtsbereiche – das öffentliche Recht und 24 das Privatrecht – lassen sich weiter unterteilen.

a) *Das Privatrecht* gliedert sich in das Bürgerliche Recht, das Handels- und Gesellschaftsrecht, das Wertpapierrecht, das Urheberrecht usw.

Diese einzelnen Rechtsbereiche haben jeweils in besonderen Gesetzen eine kodifikatorische Regelung gefunden, so das Bürgerliche Recht im BGB, das Handels- und Gesellschaftsrecht im Handelsgesetzbuch, im Aktiengesetz und im Gesetz betreffend die Gesellschaften mit beschränkter Haftung (GmbHG), das Wertpapierrecht im Wechselgesetz und im Scheckgesetz, das Urheberrecht im Urheberrechtsgesetz usw.

b) Zum *öffentlichen Recht* gehören das Staatsrecht, das Verwal- 25 tungsrecht, das Sozialrecht, das Finanz- und Steuerrecht, das Prozeßrecht, ferner – je nach Qualifizierung und Einordnung – evtl. auch das Völkerrecht und das Kirchenrecht.

Im Gegensatz zum Privatrecht fehlt es im öffentlichen Recht noch weitgehend an umfassenden Kodifikationen. Neben dem Grundgesetz und den sonstigen staatsrechtlichen Regelungen, die im folgenden näher behandelt werden, gibt es noch eine Vielzahl von Gesetzen verwaltungsrechtlichen Inhalts. Allerdings zeigt sich auch hier eine zunehmende Tendenz zur Kodifikation. So wird das allgemeine Verwaltungsrecht großenteils im Verwaltungsverfahrensgesetz, das Sozialleistungsrecht im Sozialgesetzbuch, das Finanzverwaltungsrecht in der Abgabenordnung, das Baurecht im Baugesetzbuch und den Landesbauordnungen usw. geregelt. Das Prozeßrecht findet in den großen Prozeßordnungen, nämlich der Zivilprozeßordnung, der Verwaltungsgerichtsordnung, der Finanzgerichtsordnung und dem Sozialgerichtsgesetz, seinen Niederschlag.

26   c) *Das Strafrecht* ist der Sache nach an sich dem öffentlichen Recht zuzuordnen, hat sich aber als eigenständiges Rechtsgebiet etabliert.

Das materielle Strafrecht ist im StGB, das Strafverfahrensrecht in der StPO geregelt. Für Jugendliche gelten die Sonderregelungen des Jugendgerichtsgesetzes (JGG). Das Ordnungswidrigkeitenrecht ist primär dem Verwaltungsrecht zuzurechnen, weist aber auch eine gewisse Nähe zum Strafrecht und zum Strafverfahrensrecht auf, sofern man es nicht als eigenes Rechtsgebiet betrachtet. Der Bezug zum Verwaltungsrecht ergibt sich aus der Ahndung der Verletzungen von Verwaltungsrecht und der Zuständigkeit der Verwaltungsbehörden; die strafrechtliche Nähe wird durch den Sanktionscharakter (Bußen) und die gerichtliche Zuständigkeit der Strafgerichte indiziert.

27   d) Es gibt aber auch *Überschneidungen.* Einige Rechtsgebiete, insbesondere das *Wirtschaftsrecht* und das *Umweltrecht,* bestehen aus Gesetzen, die teilweise dem öffentlichen Recht und teilweise dem Privatrecht zuzuordnen sind.

Zum Wirtschaftsrecht gehören nach allgemeiner Auffassung u. a. die öffentlich-rechtliche Gewerbeordnung und ihre Nebengesetze, aber auch das Kartellgesetz und das Gesetz gegen den unlauteren Wettbewerb, die dem Privatrecht zuzuordnen sind. – Das Straßenverkehrsgesetz enthält zwar überwiegend öffentlich-rechtliche Vorschriften, die Regelung über die Haftung des Kraftfahrzeughalters und des Kraftfahrzeugführers (§§ 7 ff. StVG) ist dagegen privatrechtlicher Natur. Vgl. näher zu den Überschneidungen *M. Bullinger,* Öffentliches Recht und Privatrecht in Geschichte und Gegenwart, Festschrift für Rittner, 1991, S. 69 ff.

Überblick über die verschiedenen Rechtsgebiete: **28**

Öffentliches Recht   Privatrecht

StrafR ProzeßR StaatsR VerwR WirtschaftsR UmweltR BürgR GesellR

ÖffentlR i. e. S.

3. Das Staatsrecht

Das Staatsrecht erfaßt die Rechtsnormen, die die Grundlagen des **29** Staates, den Aufbau und die Tätigkeit der obersten Staatsorgane sowie die grundlegenden Rechte gegenüber dem Staat festlegen. Dementsprechend regelt das Staatsrecht

– die für das konkrete Staatswesen maßgeblichen Grundentscheidungen, etwa die Entscheidung für die parlamentarische Demokratie, für den sozialen Rechtsstaat und für die bundesstaatliche Gliederung;
– die Organisation, die Besetzung und die Zuständigkeiten der obersten Staatsorgane, etwa des Bundestages, der Bundesregierung und des Bundesrates;
– die Aufgaben dieser Staatsorgane und damit die wesentlichen Staatsfunktionen, insbesondere die Gesetzgebung;
– das grundsätzliche Verhältnis von Staat und Bürger durch Festlegung von Grundrechten.

Von der Praxis aus betrachtet betrifft das Staatsrecht den hoch- **30** politischen Bereich. Es regelt den Zugang zur staatlichen Macht, die Ausübung der staatlichen Macht und ihre Grenzen sowie die Kontrolle der staatlichen Macht. Während sich das Staatsorganisationsrecht und das Staatsfunktionenrecht im wesentlichen darauf beschränken, die formellen Voraussetzungen festzulegen und damit den Rahmen für den politischen Handlungsablauf abzustecken, enthalten die Vorschriften über die Grundlagen des Staates und vor allem die das Staat-Bürger-Verhältnis regelnden Grundrechte darüber hinaus auch inhaltliche Vorgaben.

Das Staatsrecht bildet zusammen mit dem *Verwaltungsrecht* die *Kernmaterie des* **31** *öffentlichen Rechts*. Häufig sind sogar nur die beiden Rechtsgebiete gemeint, wenn von dem öffentlichen Recht die Rede ist. Das Verwaltungsrecht hat es ebenfalls mit dem Staat zu tun, aber nicht mit den leitenden Grundentscheidungen und den obersten Verfassungsorganen und deren Tätigkeit, sondern mit der Verwaltung (der Verwaltungstätigkeit, der Verwaltungsorganisation und dem Verwaltungsverfahren). Dementsprechend erfaßt das Verwaltungsrecht die Rechtsnormen, die in spezifischer Weise für die Verwaltung gelten (vgl. dazu *Maurer*, VerwR § 3 Rn. 1 ff. mit weiteren Differenzierungen). Das Verwaltungsrecht und das Staatsrecht stehen in engem Zusammenhang. Das Verwaltungsrecht wird durch das vorrangige Verfassungsrecht in vielfältiger Weise determiniert, andererseits wirkt aber auch das Verwaltungsrecht auf den verfassungsrechtlichen Bereich ein. Eine weitere Verknüpfung ergibt sich z. B. aus der organisatorischen Verbindung von Regierung und Verwaltung in der Position des Ministers, der einerseits Mitglied der Regierung und damit dem Verfassungsrecht zuzurechnen und andererseits Chef eines Verwaltungszweigs und damit dem Verwaltungsrecht zuzurechnen ist.

4. Das Verfassungsrecht

32   Das Staatsrecht ist weitgehend, wenn auch nicht ausschließlich, in einem *besonderen Gesetz* geregelt. Dieses Gesetz wird üblicherweise „Verfassung" genannt, trägt aber in Deutschland aus besonderen Gründen, die auf die Zeit seines Erlasses zurückzuführen sind, die Bezeichnung „Grundgesetz".

Vgl. zu diesen Gründen näher unten § 3 Rn. 18. Die zunächst minimierend gemeinte Bezeichnung „Grundgesetz" bringt die eigentliche Bedeutung der Verfassung als grundlegende staatliche Norm, als Staatsgrundgesetz, noch deutlicher zum Ausdruck als die Bezeichnung „Verfassung". Im übrigen ist aber in Deutschland sowohl historisch als auch gegenwärtig in den Ländern durchweg der Name „Verfassung" (Landesverfassung) üblich.

33   Die Verfassung ist zwar ein Gesetz, hebt sich aber doch wegen ihrer Eigenart und ihrer Besonderheiten deutlich von der Vielzahl der übrigen Gesetze und sonstigen rechtlichen Reglungen ab. Das zeigt sich – generell und im Blick auf das Grundgesetz – im folgenden:

34   a) *Erlaß der Verfassung.* Die Verfassung wird in besonderer Weise, nämlich durch einen Akt der *verfassunggebenden Gewalt* erlassen. In der Staatslehre wird seit der berühmten Schrift des *Abbé Sieyès* über den Dritten Stand von 1789 („Qu'est-ce que le tiers-état?", in deutscher Übersetzung herausgegeben von *Otto Dann,* 1988) zwischen der verfassunggebenden oder konstituierenden Gewalt (pouvoir constituant) und der konstituierten Gewalt (pouvoir constitué) unterschieden. Die konstituierende Gewalt ist als originäre und vorverfassungsrechtliche Größe dazu berufen, durch den Erlaß einer Verfassung (Konstitution) die Grundlagen des Staates zu bestimmen und festzulegen. Die konstituierte Gewalt oder – genauer – die konstituierten Gewalten sind die Organe und Befugnisse, die durch die Verfassung begründet (konstituiert) werden. Nach heutiger Auffassung kann die verfassunggebende Gewalt nur dem Volk zukommen.

Die (latent immer vorhandene) verfassunggebende Gewalt des Volkes kann **35** sich in unterschiedlicher Weise artikulieren. Sie kommt am stärksten zum Ausdruck, wenn das Volk eine verfassunggebende Versammlung wählt und die von dieser ausgearbeitete Verfassung durch Volksentscheid annimmt (so die Landesverfassungen der früheren amerikanischen Besatzungszonen von 1946). Indessen sind auch andere Verfahren möglich und in der Regel praktiziert worden, etwa die Wahl einer verfassunggebenden Versammlung, die die von ihr ausgearbeitete Verfassung selbst in Kraft setzt (so die Weimarer Reichsverfassung von 1919, vgl. Art. 141 WRV) oder die Volksabstimmung über einen Verfassungsentwurf, der vom Parlament oder einem sonstigen Gremium ausgearbeitet worden ist (so etwa Frankreich 1958). Die Aktivierung der verfassunggebenden Gewalt des Volkes ist freilich nicht beliebig möglich, sondern bedarf einer besonderen Situation, die gleichsam von selbst zur grundlegenden Neuordnung der staatlichen Verhältnisse zwingt, so etwa die Reichsgründung 1867/70, die Revolution 1918 oder die Neuordnung nach dem Zusammenbruch 1945 in Deutschland. – Von der Verfassunggebung ist die Verfassungsänderung zu unterscheiden, vgl. sogleich unten Rn. 37 und § 22 Rn. 1 ff. Zur besonderen historischen Situation beim Erlaß des Grundgesetzes und den sich daraus ergebenden Konsequenzen vgl. unten § 3 Rn. 16 ff.

b) *Der besondere Rang der Verfassung.* Die Verfassung nimmt in **36** der Rangordnung der Rechtsnormen den obersten Rang ein. Sie geht allen Rechtsnormen einschließlich der vom Parlament beschlossenen Gesetze und allen sonstigen innerstaatlichen Rechtsakten vor. Daraus folgt, daß alle diese Rechtsnormen und Rechtsakte der Verfassung entsprechen müssen und daß sie im Falle eines Widerspruchs, also im Falle der Verfassungswidrigkeit, nichtig sind oder zumindest aufgehoben oder beseitigt werden können. Der Vorrang wird durch die Gerichtsbarkeit, insbesondere die Verfassungsgerichtsbarkeit, gesichert.

Der Vorrang des Grundgesetzes wird durch Art. 20 III GG generell und durch Art. 1 III GG noch einmal für die Grundrechte festgelegt. Die Vereinbarkeit der Gesetze mit dem Grundgesetz kann im Wege der Normenkontrolle durch das BVerfG gem. Art. 93 I Nr. 2 GG und Art. 100 I GG sowie in weiteren Verfahrensarten geprüft werden. Vgl. dazu näher unten § 20 Rn. 66 ff.

37   c) *Die erhöhte Bestandsfestigkeit der Verfassung.* Die Verfassung kann – wie jedes Gesetz – geändert werden, um sie veränderten Verhältnissen oder neuen Erkenntnissen und politischen Vorstellungen anzupassen. Die Änderung erfolgt im Wege der Gesetzgebung. Im Gegensatz zu den formellen Gesetzen, die mit einfacher Mehrheit geändert werden können, bedarf die Verfassungsänderung einer qualifizierten Mehrheit, in der Regel einer $^2/_3$-Mehrheit, gelegentlich sogar einer Annahme durch Volksentscheid. Dadurch soll einmal häufigen Verfassungsänderungen vorgebeugt und zum anderen die Verfassungsänderung auf eine breitere, die (größere) Opposition einbeziehende Basis gestellt werden. Auch der verfassungsändernde Gesetzgeber gehört zur konstituierten Gewalt. Daher kann er die tragenden Grundsätze der Verfassung, insbesondere die, auf denen er selbst beruht, nicht wesentlich ändern oder gar beseitigen.

> Nach Art. 79 II GG kann das Grundgesetz geändert werden, aber nur mit $^2/_3$-Mehrheit der Mitglieder des Bundestages und mit zwei Drittel der Stimmen des Bundesrates. Art. 79 III GG schließt zudem eine Beseitigung oder eine Aushöhlung der grundlegenden Verfassungsprinzipien aus. Vgl. dazu näher unten § 22 Rn. 17 ff.

5. Weitere staatsrechtliche Regelungen

38   Das Staatsrecht ist, wie bereits dargelegt wurde, weitgehend, aber keineswegs durchweg in der Verfassung, im Grundgesetz, geregelt. Es gibt eine ganze Reihe von Rechtsnormen, die zwar nicht den Rang der Verfassung einnehmen, aber inhaltlich dem Staatsrecht zuzurechnen sind.

39   a) *Gesetze.* In Betracht kommen vor allem formelle Gesetze d. h. Rechtsnormen, die vom Bundestag unter Mitwirkung des Bundesrates im Gesetzgebungsverfahren gem. Art. 76 ff. GG erlassen werden (vgl. dazu unten § 16 Rn. 46). Verschiedentlich werden solche Gesetze vom Grundgesetz sogar gefordert, das sich auf eine grundsätzliche Regelung beschränkt und die nähere Ausgestaltung dem Gesetzgeber zuweist. Zu nennen sind:
– Parteiengesetz gem. Art. 21 III GG (Sart. Nr. 58)
– Bundeswahlgesetz gem. Art. 38 III GG (Sart. Nr. 30)
– Wahlprüfungsgesetz gem. Art. 41 III GG (Sart. Nr. 32)

- Gesetz über den Wehrbeauftragten gem. Art. 45 b S. 2 GG (Sart. Nr. 635)
- Gesetz über die Befugnisse des Petitionsausschusses des Deutschen Bundestages gem. Art. 45 c II GG (Sart. Nr. 5)
- Gesetz über die Wahl des Bundespräsidenten durch die Bundesversammlung gem. Art. 54 VII GG (Sart. Nr. 33)
- Bundesverfassungsgerichtsgesetz gem. Art. 94 II 1 GG (Sart. Nr. 40)

Aber auch dort, wo ein besonderer Verfassungsauftrag für den **40** Gesetzgeber fehlt, kann eine ergänzende gesetzliche Regelung erforderlich werden oder wenigstens zweckmäßig sein. Dementsprechend sind erlassen worden:

- Abgeordnetengesetz (Sart. Nr. 48)
- Bundesministergesetz (Sart. Nr. 45)
- Staatsangehörigkeitsgesetz (Sart. Nr. 15).

Vgl. im einzelnen zu diesen Gesetzen unten bei der Behandlung der jeweiligen Sachfrage. Es sei aber doch schon hier darauf verwiesen, daß diese staatsrechtlichen Gesetze u. U. erhebliches Gewicht haben können. Das gilt etwa für das Bundeswahlgesetz. Art. 38 GG regelt nur das aktive und das passive Wahlrecht und die traditionellen Wahlrechtsgrundsätze, nicht aber den Wahlmodus, der für das Ergebnis der Bundestagswahl von ausschlaggebender Bedeutung sein kann (Verhältniswahl oder Mehrheitswahl oder Kombination beider? Fünf-Prozent-Klausel? usw.); er wird erst durch das Bundeswahlgesetz, das mit einfacher Mehrheit erlassen und geändert werden kann, festgelegt.

b) *Rechtsverordnungen*, d. h. von der Exekutive erlassene Rechts- **41** normen, sind in diesem Bereich nicht schlechthin ausgeschlossen, aber doch selten. Sie kommen wegen des Erfordernisses der Spezialermächtigung gem. Art. 80 I GG nur zur Ergänzung von Gesetzen in Betracht.

So etwa die vom Bundesinnenminister erlassene Bundeswahlordnung aufgrund des § 52 BWahlG. Vgl. allgemein zur Rechtsverordnung unten § 17 Rn. 135 ff.

c) *Geschäftsordnungen.* Die Verfassungsorgane sind befugt, im **42** Rahmen der Verfassung und der Gesetze ihren Bereich, insbesondere die interne Organisation und das interne Verfahren, selbst zu regeln. Als organinterne Regelungen sind sie nur für die Mitglieder und die Einrichtungen der jeweiligen Organe verbindlich. Sie dürfen aber gleichwohl in ihrer allgemeinen Bedeutung nicht unterschätzt werden. Denn sie steuern die interne Meinungs- und Willensbildung und beeinflussen auf diese Weise auch die nach außen tretenden Entscheidungen (Gesetze, Beschlüsse, Zustimmungsakte zu Maßnahmen anderer Verfassungsorgane). Das gilt vor allem für die Geschäftsordnung des Bundestages, die den internen Ablauf des Gesetzgebungsverfahrens, das Fragerecht der Abgeordneten, die Bildung und die Aufgaben der Fraktionen usw. regelt.

Vgl. dazu die Geschäftsordnung des Bundestages gem. Art. 40 I 2 GG, des Bundesrates gem. Art. 52 III 2 GG und der Bundesregierung gem. Art. 65 S. 3 GG (Sart. Nr. 35, 37 und 38); ferner die Geschäftsordnung des Bundesverfassungsgerichts gem. § 1 III BVerfGG (GeschOBVerfG vom 15. 12. 1985, BGBl. I S. 2529 mit späteren Änderungen). Vgl. näher zu den Geschäftsordnungen am Beispiel des Bundestages unten § 13 Rn. 87 ff. − Geschäftsordnungen können auch von kollegial besetzten Verwaltungsorganen, etwa dem Gemeinderat oder bestimmten Ausschüssen, erlassen werden; sie sind allerdings nicht mehr dem Staatsrecht, sondern dem Verwaltungsrecht zuzurechnen.

6. Staatsrecht und Verfassungsrecht

43   Aus den bisherigen Darlegungen ergibt sich, daß das Staatsrecht und das Verfassungsrecht zwei sich überschneidende Kreise bilden. Das Staatsrecht ist weitgehend, aber nicht durchweg in der Verfassung geregelt. Andererseits kann die Verfassung Vorschriften aufnehmen, die inhaltlich nicht dem Staatsrecht zuzuordnen sind, um ihnen den Rang und die Bestandsfestigkeit des Verfassungsrechts zu vermitteln.

Das Grundgesetz gibt für die zweite Alternative allerdings kein Beispiel. Die gelegentlich vertretene Auffassung, daß Art. 34 GG dem Verwaltungsrecht und Art. 102 GG dem Strafrecht angehören (so *Stein/Frank,* Staatsrecht, § 2 V), ist zwar insoweit richtig, als sie auf die jeweiligen Rechtsbereiche einwirken, ändert aber nichts daran, daß sie als grundsätzliche Regelungen im Staat-Bürger-Verhältnis und als Grundrechte (so jedenfalls Art. 102 in Vbg. mit Art. 2 II GG) primär staatsrechtlichen Charakter haben.

Vergleicht man die Begriffe Staatsrecht und Verfassungsrecht, so zeigt sich, daß sie unterschiedliche *Bezugspunkte* haben. Das *Staatsrecht* bezieht sich auf bestimmte Gegenstände und ist damit *inhaltlich* bestimmt. Das *Verfassungsrecht* erfaßt dagegen alle in die Verfassungsurkunde aufgenommenen Regelungen und stellt damit auf die *Form* ab.

In der Literatur wird teilweise zwischen formellem Verfassungsrecht und **44** materiellem Verfassungsrecht unterschieden. Diese Unterscheidung deckt sich mit der hier dargelegten Unterscheidung von Verfassungsrecht und Staatsrecht: Das formelle Verfassungsrecht erfaßt alle in die Verfassungsurkunde einbezogenen Regelungen, das materielle Verfassungsrecht dagegen alle Regelungen staatsrechtlichen Inhalts. – Darüber hinaus wird die Unterscheidung von formellem und materiellem Verfassungsrecht auch noch in einem anderen Sinne verwendet, nämlich danach, ob die verfassungsrechtlichen Bestimmungen als Zuständigkeits- und Verfahrensvorschriften den Erlaß staatlicher Entscheidungen betreffen oder ob sie inhaltliche Anforderungen an diese Entscheidungen stellen. Ein Bundesgesetz ist demnach „formell verfassungswidrig", wenn der Bundesgesetzgeber nicht zuständig war, der Bundesrat trotz Zustimmungsbedürftigkeit nicht zustimmte, die Vorschriften über das Gesetzgebungsverfahren nicht eingehalten wurden oder die erforderlichen Formvorschriften nicht beachtet wurden, dagegen „materiell verfassungswidrig", wenn es inhaltlich gegen Verfassungsnormen, insbesondere gegen Grundrechte, verstößt.

7. Verfassungsgewohnheitsrecht

a) Gewohnheitsrecht gibt es auf allen Ebenen, auch auf der ver- **45** fassungsrechtlichen Ebene. Voraussetzung ist – hier wie auch sonst – eine ständige Praxis und die Überzeugung der Beteiligten, daß die Einhaltung der Praxis rechtlich geboten ist (consuetudo und opinio iuris). Weitere Voraussetzung für die Annahme von *Verfassungs*gewohnheitsrecht ist, daß es nach der Überzeugung der Beteiligten den Rang und die Bindungswirkung von Verfassungsrecht hat, was jedenfalls dann in der Regel anzunehmen ist, wenn es das geschriebene Verfassungsrecht ergänzt. Das setzt allerdings wieder voraus, daß die geschriebene Verfassung, also das Grundgesetz, ergänzende Regelungen neben sich duldet. Das ist zu bejahen. Die Verfassung ist kein geschlossenes System. Selbst wenn sie es sein wollte, könnte sie die originäre Durchsetzungskraft von Gewohnheitsrecht nicht verhindern. Daher kann es zu gewohnheitsrechtlichen Rechtsbildungen neben den geschriebenen Verfassungsrechtssätzen zur Lükkenausfüllung (extra constitutionem) und innerhalb der geschriebenen Verfassungsrechtssätze zur Konkretisierung offener Regelungen (intra constitutionem), u. U. sogar zu Gewohnheitsrecht mit derogierender Wirkung (contra constitutionem) kommen. Tatsächlich findet sich jedoch kaum Gewohnheitsrecht auf der verfassungsrechtlichen Ebene. Es gibt zwar viele Übungen und Gepflogenheiten

zwischen den Verfassungsorganen und innerhalb der Verfassungsorgane, insbesondere im parlamentarischen Bereich, die auch aus
Gründen der Zweckmäßigkeit und des politischen Stils eingehalten
werden, aber (noch) nicht zu Gewohnheitsrecht erstarkt sind.

So wird z. B. der Grundsatz der parlamentarischen Diskontinuität überwiegend als Verfassungsgewohnheitsrecht qualifiziert (vgl. *Pieroth, JP* Art. 39 Rn. 4).
Dagegen ist die Praxis, daß der Kandidat der größten Bundestagsfraktion zum
Präsidenten des Bundestages gewählt wird, kein Verfassungsgewohnheitsrecht,
auch nicht, wie gelegentlich angenommen wird, Parlamentsgewohnheitsrecht
(vgl. *Pieroth, JP* Art. 40 Rn. 1).

46   b) Ferner kann es auf der *Ebene des einfach-gesetzlichen Staatsrechts,*
etwa in Ergänzung zum Parteiengesetz, und auf der Ebene des
Geschäftsordnungsrechts, etwa in Ergänzung zur Geschäftsordnung
des Bundestages, gewohnheitsrechtliche Rechtsbildungen geben.
Dagegen trägt die Annahme von „ungeschriebenem Verfassungsrecht", insbesondere von „ungeschriebenen verfassungsrechtlichen
Zuständigkeiten", nur zur Verwirrung bei, wie immer, wenn aus
Negationen positive Folgerungen gezogen werden sollen. Die
dabei „gewonnenen" Ergebnisse lassen sich durch extensive Auslegung bestehender Vorschriften, durch analoge Anwendung vergleichbarer Vorschriften und durch Rückgriff auf Verfassungsgrundsätze besser und überzeugender begründen.

Vgl. zum Gewohnheitsrecht im verfassungsrechtlichen und staatsrechtlichen
Bereich *Stern,* Staatsrecht I, S. 110 ff.; *Ch. Tomuschat,* Verfassungsgewohnheitsrecht? 1972; *H. Schulze-Fielitz,* Parlamentsbrauch, Gewohnheitsrecht, Observanz, ParlR S. 359 ff.

III. Verfassungsauslegung

1. Problematik der Verfassungsauslegung

47   Es gibt Verfassungsnormen, die eindeutig sind. Sie werfen keine
Auslegungsprobleme auf, sondern können ohne weiteres angewendet und vollzogen werden. Es gibt jedoch sehr viel mehr Verfassungsvorschriften, die nicht eindeutig sind und deren Auslegung
daher zweifelhaft ist. Ferner gibt es Fälle, die sich nicht oder nicht
eindeutig unter eine Rechtsnorm subsumieren lassen.

Eindeutig ist z. B., daß der Bundespräsident nach Art. 63 II 2 GG den vom
Bundestag mit absoluter Mehrheit gewählten Kandidaten zum Bundeskanzler
ernennen muß („ist…zu ernennen"). Zweifelhaft ist dagegen zumindest nach
dem Wortlaut, ob der Bundespräsident eine vom Bundeskanzler vorgeschlagene Person gem. Art. 64 I GG zum Bundesminister ernennen *muß* oder ob er
ein beschränktes oder vielleicht sogar unbeschränktes Ablehnungsrecht hat.
Selbst eine zunächst eindeutig erscheinende Vorschriften wie Art. 22 GG, der
die Farben der Bundesflagge festlegt, kann zweifelhaft sein, weil fraglich ist, ob
die Reihenfolge von oben nach unten oder umgekehrt geht, ferner ob die
Farben längs- oder quergestreift sein sollen. Vgl. zu diesen beiden Beispielen
unten Rn. 54, 55.

Auslegungsprobleme ergeben sich in allen Rechtsbereichen. Im **48**
Verfassungsrecht erlangen sie jedoch besonderes Gewicht und
besondere Bedeutung. Sie sind häufiger und schwieriger, weil der
Verfassunggeber erstens nicht die erforderliche Zeit für sorgfältig
abgefaßte Regelungen hat, zweitens sich auf knapp und allgemein
gehaltene Regelungen beschränken will und muß und drittens
dann, wenn in der Sache keine Einigung zu erreichen ist, dazu
neigt, auf Formelkompromisse auszuweichen, die für alle Seiten
akzeptabel sind, letztlich aber die Sachentscheidung nur aufschie-
ben. Hinzu kommt der besondere Gegenstand des Verfassungsrechts. Er betrifft den politischen Bereich, der machtorientiert und
sensibel zugleich ist, und enthält weitreichende Regelungen für das
gesamte staatliche und gesellschaftliche Leben.

2. Allgemeine Auslegungsprinzipien

Grundsätzlich gelten für die Auslegung der Verfassung dieselben **49**
Auslegungsprinzipien wie für die Auslegung einfacher Gesetze und
sonstiger Rechtsnormen. Die früher dominierende Streitfrage, ob
der Wille des historischen Gesetzgebers (subjektive Methode) oder
der Wille des Gesetzes (objektive Methode) maßgebend sei, hat
ihre Bedeutung verloren. Es ist inzwischen allgemein anerkannt,
daß die objektive Auslegungsmethode zugrundezulegen ist. Die
Vorstellungen des historischen Gesetzgebers sind zwar nicht bedeutungslos, bilden aber nur noch ein Auslegungskriterium unter
anderen (vgl. unten Rn. 51).

Auch das BVerfG schließt sich grundsätzlich der objektiven Auslegungsmethode an, vgl. bereits BVerfGE 1, 299, 312 (allerdings im Blick auf ein

einfaches Gesetz); es meint, das Gesetz könne „eben klüger sein als die Väter des Gesetzes", so BVerfGE 36, 342, 362 im Anschluß an *G. Radbruch*, Rechts-philosophie, 8. Aufl. 1973, S. 207. Die subjektive Auslegungsmethode wird damit aber nicht ausgeschlossen, vielmehr zieht das BVerfG die subjektiven Vorstellungen des Gesetzgebers immer wieder heran, vgl. etwa BVerfGE 74, 102, 116 ff. (Verpflichtung zur Arbeitsleistung nach dem Jugendgerichtsgesetz).

50　Es gibt eine Reihe von Kriterien, die bei der Auslegung von Rechtsnormen heranzuziehen und je nach Aussagewert in die Auslegung einzubeziehen sind. Zweckmäßigerweise werden diese Kriterien in folgender Reihenfolge geprüft:

51　a) *Wortlaut:* Zunächst ist auf die sprachliche Aussage der jeweiligen Vorschrift selbst abzustellen, und zwar sowohl auf die Bedeutung der Worte und Sätze in umgangssprachlicher Hinsicht als auch und vor allem in juristischer Hinsicht.

So ergibt sich etwa schon aus dem Wortlaut, daß bestimmte Grundrechte allen Menschen, andere wiederum nur den Deutschen zustehen, daß nur Männer und nicht Frauen wehrpflichtig sind usw. Juristische Begriffe sind z. B. Eigentum, formelles Gesetz, Rechtsverordnung, Körperschaft des öffentlichen Rechts. Gerade bei der Auslegung des Grundgesetzes ist dabei besondere Vorsicht geboten. Begriffe des einfachen Rechts dürfen nur übernommen werden, wenn sich ergibt, daß sie in den verfassungsrechtlichen Kontext passen, was keineswegs immer der Fall ist. Der Begriff des Eigentums i.S. des Art. 14 GG reicht z. B. erheblich weiter als der privatrechtliche Eigentumsbegriff, da er nicht nur – wie jener – das Sacheigentum, sondern weit darüber hinausgehend alle vermögenswerten Rechte des Privatrechts und teilweise auch des öffentlichen Rechts erfaßt. Selbst innerhalb des Grundgesetzes kann ein und derselbe Begriff unterschiedliche Bedeutung haben. So erscheint der Terminus „verfassungsmäßige Ordnung" in verschiedenen Artikeln, aber jeweils in anderer Bedeutung, nämlich als verfassungsmäßige Rechtsordnung (Art. 2 I GG), als freiheitliche demokratische Grundordnung (Art. 9 II GG) und als Grundgesetz, nämlich alle Vorschriften des Grundgesetzes (Art. 20 III GG).

52　b) *Entstehungsgeschichte:* Maßgebend ist, welche Vorstellungen und Zielrichtungen der historische Gesetzgeber, d. h. die am Gesetzgebungsverfahren beteiligten Personen, hatten. Sie ergeben sich – möglicherweise! – aus der Begründung der Entwürfe und etwaiger Änderungsanträge, aus den Äußerungen einzelner Parlamentarier im Plenum und in den Ausschüssen, aus sonstigen Stellungnahmen während des Gesetzgebungsverfahrens, aus der Änderung bereits beschlossener Regelungen usw. In der Regel ist aber doch

Zurückhaltung geboten. Äußerungen einzelner Abgeordneter dürfen nicht ohne weiteres „dem" Gesetzgeber zugeordnet werden, ferner ist es durchaus möglich, daß sie durch den Verlauf des Gesetzgebungsverfahrens überholt werden, sei es, daß der Abgeordnete – vielleicht sogar stillschweigend – von seiner Meinung abrückt, sei es, daß die Mehrheit nunmehr einen anderen Standpunkt einnimmt.

Für das Grundgesetz bildet der zusammenfassende Bericht von *Doemming/ Füßlein/Matz*, JöR Bd. 1 (1951) S. 1 ff. einen ersten Einstieg und guten Überblick. Bei genauerer Prüfung müßten indessen die Akten und Protokolle selbst herangezogen werden; vgl. dazu unten § 3 Rn. 23.

In diesem Zusammenhang ist auch die *Entwicklungsgeschichte* zu **53** beachten, d. h. die Deutung, die eine Norm in späteren Gesetzgebungsverfahren erhalten hat.

Beispiel: Bei den Beratungen über die Verfassungsreform (vgl. § 5 Rn. 27 ff.) wurde auch eingehend über die Aufnahme plebiszitärer Elemente in das Grundgesetz diskutiert, entsprechende Anträge aber abgelehnt, wobei alle Beteiligten davon ausgingen, daß derzeit Volksabstimmungen verfassungsrechtlich nicht zulässig sind. Diese gesetzgeberische Einschätzung ist bei der Auslegung zu beachten. Das gilt vor allem dann, wenn anzunehmen ist, daß anderenfalls der Gesetzgeber eine seiner Auffassung entsprechende Regelung getroffen hätte.

c) *Historische Auslegung:* Sie fragt nach den historischen Leitbildern und den allgemeinen Vorstellungen und Umständen zur Zeit **54** der Verfassunggebung. Dieses Auslegungskriterium steht im Zusammenhang mit der Entstehungsgeschichte, ist aber doch von ihr zu unterscheiden, da es nicht auf die subjektiven Einschätzungen der am Gesetzgebungsverfahren beteiligten Personen, sondern auf die objektiven Leitbilder und Zeitumstände ankommt, auch wenn sie verschiedentlich über die beteiligten Personen in das Gesetzgebungsverfahren einfließen. Die neue Verfassung ist in aller Regel kein völliger Neuanfang. Vielmehr knüpft der Verfassunggeber positiv oder negativ an frühere Verfassungen und Gesetze an. Das gilt auch für den Grundgesetzgeber, der einerseits bestimmte Regelungen der Weimarer Reichsverfassung übernommen hat, andererseits aber auch die Übernahme anderer Regelungen bewußt abgelehnt hat, weil sie sich tatsächlich oder vermeintlich nicht bewährt haben. Im ersten Fall ist es durchaus zulässig, an die Auslegung der ent-

sprechenden Vorschrift der Weimarer Reichsverfassung anzuknüpfen. Im zweiten Fall ist eine Auslegung zu vermeiden, die im Ergebnis
doch zu der abgelehnten Regelung führen würde. Aber auch ein
Rückgriff auf frühere deutsche Verfassungen und ihre Auslegung,
insbesondere die Reichsverfassung von 1871 und die (gescheiterte)
Frankfurter Reichsverfassung von 1848/1949, kann sich anbieten,
wenn sich eine entsprechende Traditionslinie feststellen läßt.

> **Beispiel:** Strittig ist, ob Art. 13 I GG, der die Unverletzlichkeit der
> „Wohnung" schützt, auch die Geschäftsräume erfaßt. Das BVerfG stellt fest,
> daß die in Art. 13 I GG verwendete Formel bereits in der belgischen Verfas-
> sung von 1831 erscheint und dann über die Frankfurter Reichsverfassung von
> 1948/49 (§ 140), die Preußischen Verfassungen von 1848 und 1850 (Art. 6)
> und die Weimarer Reichsverfassung von 1919 (Art. 115) in das Grundgesetz
> übernommen worden sei. Da der Wohnungsbegriff stets weit ausgelegt und auf
> die Geschäftsräume erstreckt worden sei, müsse dies auch für Art. 13 I GG
> gelten, der an diese Entwicklung anknüpfe. Vgl. BVerfGE 32, 54 (69). In
> dieser Entscheidung werden auch noch ausländische Regelungen vergleichend
> herangezogen (S. 70). – Zweifelhaft mag auch sein, wie die Farben der Bun-
> desflagge „schwarz-rot-gold" (Art. 22 GG) anzuordnen sind. Bedenkt man
> jedoch, daß damit an die Farben der liberalen und nationalen Bewegung des
> 19. Jahrhunderts, die auch von der Frankfurter Nationalversammlung 1848/49
> übernommen worden sind, angeknüpft wird, dann ergibt sich, daß sie – wie
> jene – zu gestalten sind, nämlich drei Längsstreifen von oben nach unten. –
> Die historische Auslegung hat in der Rechtsprechung des BVerfG vor allem
> für die Auslegung der Vorschriften über die Gesetzgebungskompetenzen
> Bedeutung erlangt, vgl. BVerfGE 61, 149, 174 ff. zur Einordnung des Staats-
> haftungsrechts, das inzwischen einen eigenen Kompetenztitel erhalten hat
> (Art. 74 I Nr. 24 GG), und BVerfGE 67, 299, 314 ff. zum „Straßenverkehr"
> i. S. des Art. 74 I Nr. 22 GG.

55   d) *Systematische Auslegung:* Man darf eine Verfassungsnorm nicht
isoliert betrachten, sondern muß sie in ihrem größeren Zusammenhang sehen, in die Systematik der Verfassung einordnen und in
diesem Rahmen deuten.

> So ergibt sich aus der Einordnung in den ersten Abschnitt des Grundgesetzes
> mit der Überschrift „Die Grundrechte" und aus Art. 1 III GG, daß Art. 6 I
> GG (Ehe und Familie stehen unter dem besonderen Schutze der staatli-
> chen Ordnung) nicht nur die Ehe als Institut gewährleistet, sondern auch
> ein subjektives Recht vermittelt. – Die Vorschriften über die Kompeten-
> zen des Bundespräsidenten können nur dann richtig verstanden werden, wenn
> man auch die korrespondierenden Kompetenzen des Bundeskanzlers sowie
> die Kompetenzen beider im Rahmen des vom Grundgesetz konzipierten
> parlamentarischen Regierungssystems betrachtet (vgl. dazu näher unten § 14
> Rn. 20 ff.).

e) *Teleologische Auslegung:* Sie fragt nach dem Sinn und Zweck **56** einer Vorschrift, nach der ratio legis, dem telos (Ziel) der Regelung. Die verschiedenen Verfassungsnormen dienen der Verwirklichung bestimmter Konzeptionen (etwa dem Rechtsstaatsprinzip) und der Lösung von Interessenkonflikten. Es liegt daher nahe, sie entsprechend dieser Zielrichtung auszulegen. Allerdings ergibt sich diese oft erst dann, wenn man die vorgenannten Auslegungskriterien befragt hat.

Art. 19 IV GG will, wie sich aus dem Wortlaut, der Entstehungsgeschichte und der historischen Auslegung ergibt, einen umfassenden und lückenlosen Rechtsschutz gewährleisten. Er ist somit weit auszulegen. Nach der h. L. erfaßt daher der Begriff der öffentlichen Gewalt i. S. des Art. 19 IV GG auch die Gesetze (teleologische Auslegung). Das BVerfG hält dem entgegen, daß die Normenkontrolle durch Art. 93 I Nr. 2 und Art. 100 I GG besonders geregelt worden sei und lehnt eine Einbeziehung der Gesetze in Art. 19 IV GG ab (systematische Auslegung).

f) *Auslegungs- und Anwendungspraxis:* Schließlich ist noch die **57** Auslegung der verfassungsrechtlichen Norm durch die Rechtsprechung und die Literatur und ihre Anwendung durch die Praxis der staatlichen Organe zu beachten, die mit zunehmendem Zeitablauf an Bedeutung gewinnen können. Die Rechtsprechung des BVerfG ist schon deshalb maßgeblich, weil die verfassungsgerichtlichen Entscheidungen gem. § 31 I BVerfGG für alle staatlichen Organe verbindlich sind. Aber darauf kommt es hier nicht einmal an. Vielmehr geht es darum, daß der Verfassungsnorm mit der Auslegung und Anwendung in einer gewissen Richtung *ein Bedeutungsgehalt zuwächst,* der später nicht mehr einfach ignoriert werden kann. Die bisherige Praxis als solche ist zwar sicherlich nicht verbindlich, kann aber doch präjudizierende Wirkung erlangen. Im Laufe der Zeit kann sich daraus sogar Gewohnheitsrecht entwickeln, das nicht nur innerhalb der Rechtsnormen entstehen und diesen einen präziseren Inhalt vermitteln kann (internes Gewohnheitsrecht im Gegensatz zum externen Gewohnheitsrecht).

g) Die *Rechtsvergleichung* ist kein eigenständiges Auslegungsmittel, **58** kann aber für die Auslegung hilfreich sein, insbesondere zur analytischen Problemlösung. Zudem können rechtsvergleichende Gesichtspunkte im Rahmen der entstehungsgeschichtlichen und historischen

Auslegung Bedeutung erlangen. Im Bundesstaat, der auf verfassungsrechtliche Homogenität zwischen Bund und Ländern angelegt ist (vgl. Art. 28 I 1 GG), ist nicht nur bei der Auslegung des Landesverfassungsrechts die Bundesverfassung heranzuziehen, sondern kann auch umgekehrt das Landesverfassungsrecht mit seinen Tendenzen bei der Auslegung der Bundesverfassung bedeutsam werden.

59   Bei der Auslegung der einzelnen Verfassungsnormen sind grundsätzlich alle genannten Auslegungskriterien heranzuziehen. Die Prüfung im Einzelfall wird freilich meist ergeben, daß das eine mehr, das andere weniger oder gar nichts zur Klärung beiträgt (so etwa, daß der Entstehungsgeschichte nichts zu entnehmen ist, das historische Umfeld aber weiterführende Hinweise gibt). Zunächst ist vom Wortlaut auszugehen. Auch wenn er verschiedene Deutungen zuläßt, so steckt er doch den Rahmen ab, der die weitere Auslegung auf diese Deutungen beschränkt, andere Deutungen aber ausschließt. Im übrigen kommt es vor allem auf den Aussagewert und das Gewicht der einzelnen Kriterien an, die in rational nachvollziehbarer Weise miteinander und gegeneinander abzuwägen sind. Im Vordergrund stehen der systematische Zusammenhang und die objektiven Intentionen des Gesetzes (systematische und teleologische Auslegung). Die Entstehungsgeschichte, d. h. die Vorstellungen des subjektiven Gesetzgebers treten verständlicherweise mit zunehmendem Alter zurück, sofern sie überhaupt Aufschluß vermitteln.

Die Verfassungsinterpretation ist übrigens nicht auf die staatlichen Organe beschränkt, wenngleich sie dabei die dominierende Rolle einnehmen. Vgl. dazu *Häberle* (JZ 1975, 297 ff. und öfters), der die Verfassungsinterpretation als einen „öffentlichen Prozeß" versteht, an dem alle – auch Bürger, Verbände und Medien – beteiligt sind und insgesamt die „offene Gesellschaft der Verfassungsinterpreten" bilden.

3. Besondere Aspekte der Verfassungsauslegung

60   Die für alle Rechtsnormen maßgebenden Auslegungskriterien gelten, wie gesagt, auch für die Verfassungsauslegung. In der Literatur sind indessen für die Verfassung eine ganze Reihe von besonderen Auslegungsgrundsätzen entwickelt worden, die neben oder sogar anstelle der allgemeinen Auslegungsgrundsätze treten sollen. Vgl. dazu vor allem *Hesse*, VerfR Rn. 70 ff.

a) *Prinzip der Einheit der Verfassung:* Die Verfassung ist als Ein- **61**
heit zu betrachten. Daher sind die Verfassungsnormen so auszulegen, daß keine Widersprüche zwischen ihnen entstehen, daß sich
die einzelne Verfassungsnorm in die verfassungsrechtlichen Grundsätze und damit in die grundgesetzliche Wertordnung insgesamt
einfügen.

Vgl. BVerfGE 30, 1, 19 (Orientierung am Prinzip der „streitbaren Demokratie"). Die „Einheit der Verfassung" ist freilich des öfteren keine Gegeben-
heit, sondern eine Zielvorgabe. Es gibt Verfassungsnormen, die aus unterschiedlichen Epochen und Zusammenhängen stammen und sich daher nicht
ohne weiteres in Einklang bringen lassen. Das gilt z.B. für Art. 21 GG
(Parteistaatlichkeit) und Art. 38 I 2 GG (freies Mandat), vgl. dazu unten § 13
Rn. 60 ff. Im Wege der Auslegung sollen also die Einheit der Verfassung
hergestellt und damit Widersprüche und Einseitigkeiten vermieden werden.
Das führt bereits zum folgenden Prinzip der Verfassungsauslegung.

b) *Prinzip der praktischen Konkordanz:* Wenn Kollisionen zwi- **62**
schen verfassungsrechtlich geschützten Rechtsgütern entstehen,
dann darf nicht eines von ihnen einseitig bevorzugt und auf Kosten
des anderen realisiert werden. Vielmehr müssen beiden Grenzen
gezogen werden, aber in einer Weise, daß beide, wenn auch beschränkt durch das andere, zu möglichst optimaler Wirksamkeit
gelangen. Dabei geht es nicht um eine abstrakte Güterabwägung,
sondern um einen Ausgleich im konkreten Fall.

So kann eine Kollision zwischen der Kunstfreiheit des Art. 5 III GG und
dem Persönlichkeitsrecht des Art. 2 I i.V. mit Art. 1 I GG entstehen, wenn
durch einen Roman, eine Satire oder ein Gedicht (geschützt durch Art. 5 III
GG) die Ehre einer anderen Person (geschützt durch Art. 2 I i.V. mit Art. 1 I
GG) verletzt wird. In diesem Fall ist unter Berücksichtigung der konkreten
Umstände zwischen beiden Rechtsgütern abzuwägen, vgl. BVerfGE 30, 173,
193 ff. (Mephisto); BVerfGE 69, 213, 228 ff. (anachronistischer Zug). – Entsprechende Probleme ergeben sich zwischen Art. 7 GG (staatliches Schulwesen) und Art. 6 II GG (Elternrecht).

c) *Prinzip der funktionellen Richtigkeit:* Das auslegende staatliche **63**
Organ hat sich im Rahmen der ihm zugewiesenen Funktionen
zu halten; es darf nicht durch die Art und Weise und das Ergebnis seiner Interpretation die Verteilung der Funktionen verschieben.

So hat das BVerfG zu beachten, daß es den Gesetzgeber zu kontrollieren
hat, nicht aber sich an die Stelle des Gesetzgebers setzen darf.

64   d) *Prinzip der integrierenden Wirkung:* Ausgehend vom Prinzip der
Einheit der Verfassung verlangt dieser Auslegungsgrundsatz, daß
bei der Lösung verfassungsrechtlicher Probleme denjenigen Gesichtspunkten der Vorzug zu geben ist, die integrierend wirken,
d. h. die einheitsstiftend und -erhaltend wirken.

65   e) *Prinzip der normativen Kraft der Verfassung:* Die einzelnen Verfassungsvorschriften sind so auszulegen, daß sie eine möglichst optimale juristische Wirkungskraft erlangen, insbesondere sich nicht
nur in Programmatik erschöpfen, sondern als verbindliche Rechtssätze effektiv im Rechtsleben durchsetzen.

> Für die Grundrechte ist es bereits in Art. 1 III GG eindeutig festgelegt. Es
> gilt entsprechend auch für die anderen Verfassungsrechtsnormen.

66   Die unter a–e genannten Verfassungsauslegungsgrundsätze sind
durchaus geeignet, die Besonderheiten der Verfassungsauslegung
hervorzuheben. Bei genauerer Betrachtung zeigt sich jedoch, daß
sie letztlich in den traditionellen Auslegungsgrundsätzen enthalten
sind. So läßt sich z. B. die am Prinzip der Einheit der Verfassung
orientierte Auslegung durchaus unter den Grundsatz der systematischen Auslegung bringen. Die anderen Verfassungsauslegungsgrundsätze stehen ohnehin mit dem ersten in engem Zusammenhang, so daß auch sie eigentlich kaum etwas Neues bringen.

4. Verfassungskonforme Auslegung

67   Zur Abgrenzung ist noch auf die verfassungskonforme Auslegung hinzuweisen, obwohl sie nicht die Auslegung der Verfassung,
sondern die Auslegung der unterverfassungsrechtlichen Rechtsnormen, insbesondere der formellen Gesetze, betrifft. Danach ist, wenn
ein Gesetz verschiedene Auslegungen zuläßt und bei der einen
Auslegung die Verfassungswidrigkeit festzustellen wäre, bei der anderen, ebenfalls möglichen Auslegung aber die Verfassungsmäßigkeit gegeben wäre, der zweiten Auslegung der Vorzug zu geben.

68   Die verfassungskonforme Auslegung erlangt vor allem bei der
verfassungsgerichtlichen Normenkontrolle Bedeutung. Wenn das
BVerfG zur Auffassung gelangt, daß ein ihm zur verfassungsrechtlichen Prüfung vorgelegtes Gesetz bei einer anderen, vertretbaren

Auslegung verfassungsrechtlich haltbar ist, dann kann und muß es diese Auslegung vorziehen und auf die sonst erforderliche Nichtigerklärung verzichten. Die verfassungskonforme Auslegung ist jedoch nicht dem BVerfG vorbehalten, sondern kann – als allgemeines Auslegungsmittel – von jedem Staatsorgan angewendet werden. Voraussetzung der verfassungskonformen Auslegung ist in allen diesen Fällen, daß die als „verfassungskonform" gewählte Auslegung auch wirklich vertretbar ist, daß also in das Gesetz nichts hineingeheimnist wird, was tatsächlich nicht darin steckt. Sie darf nicht zur Gesetzeskorrektur führen. Deshalb wird auch allgemein angenommen, daß sie sich nicht über den Wortlaut des Gesetzes und den klar erkennbaren Willen des Gesetzgebers hinwegsetzen darf (vgl. statt vieler BVerfGE 90, 263, 275 m. w. N.).

Die verfassungskonforme Auslegung läßt sich einmal mit der Vermutung begründen, der Gesetzgeber habe im Zweifel die mit der Verfassung im Einklang stehende Auslegung gewollt, zum anderen mit der Überlegenheit der Verfassung, die sich auch auf die Auslegung der einzelnen Rechtsnormen auswirkt, und drittens mit dem allgemeinen Rechtsgedanken, daß im Zweifel die Auslegung zu wählen ist, die den Bestand eines Staatsaktes gewährleistet (favor legis). **69**

Fall: Die Studentengruppe S erfährt am Abend des 16. 6., daß ihr ausländischer Kommilitone K am 18. 6., gegen 8 Uhr, zwangsweise in sein Heimatland abgeschoben werden soll. Sie plant für den 17. 6., 17 Uhr, eine Protestdemonstration vor dem Landratsamt, um die Abschiebung zu verhindern oder wenigstens zu verzögern. Die Demonstration findet statt, wird aber von der Polizei sofort mit dem Hinweis aufgelöst, sie sei nicht angemeldet. Nach § 14 I VersG muß eine geplante Versammlung spätestens 48 Stunden vor ihrer öffentlichen Bekanntgabe der zuständigen Behörde angemeldet werden. Würde diese Regelung auch für Eilversammlungen, d. h. solche Versammlungen, die zwar geplant sind und einen Veranstalter haben, aber im Blick auf den verfolgten Demonstrationszweck nicht unter Einhaltung der Frist durchgeführt werden können, gelten, dann wären diese schon aus tatsächlichen Gründen generell unzulässig. Das wäre jedoch mit der Versammlungsfreiheit des Art. 8 GG nicht vereinbar. Nach BVerfGE 85, 69, 64 ff. ist deshalb § 14 VersG in verfassungskonformer Weise einschränkend auszulegen: Bei Eilversammlungen besteht zwar die Anmeldungspflicht, die Anmeldungsfrist verkürzt sich aber entsprechend (sobald wie möglich). Zwei der an der Entscheidung beteiligten Verfassungsrichter lehnten jedoch in einem Sondervotum die verfassungskonforme Auslegung ab, da sie durch den Wortlaut des § 14 nicht gedeckt werde; sie halten § 14 VersG, soweit er auch Eilversammlungen erfaßt, für verfassungswidrig und nichtig mit der Folge, daß er für diese nicht gilt (BVerfGE 85,

79 ff.). – Vgl. ferner etwa BVerfGE 69, 1, 54 ff. (Heranziehung noch nicht an-
erkannter Kriegsdienstverweigerer im Spannungs- und Verteidigungsfall nur
zum waffenlosen Dienst); BVerfGE 83, 130, 143 (der Kunstvorbehalt des § 1 I
GjS gilt auch für die Fälle des § 6 GjS); BVerfGE 88, 145, 166 (Rangfolge im
Konkurs); BVerfGE 90, 263, 275 (Frist für Anfechtung der Ehelichkeit, keine
verfassungskonforme Auslegung); BVerfGE 93, 37, 81 f. (kein allgemein politisches Mandat des Personalrats). Die Hinweise zeigen, daß die verfassungskonforme Auslegung sowohl ausdehnend als auch einschränkend wirken kann.
Zur Problematik der verfassungskonformen Auslegung durch die Fachgerichte
A. Voßkuhle, AÖR 125 (2000) S. 177 ff.

IV. Verfassungsrecht und Verfassungswirklichkeit

70   Während das *Verfassungsrecht* verbindliche Regelungen enthält
und bestimmt, was *sein soll,* betrifft die *Verfassungswirklichkeit* die realen Verhältnisse und das tatsächliche Verhalten der Menschen in
dem durch die Verfassung angesprochenen Bereich und bringt
damit zum Ausdruck, was *ist.* Die allgemeinen Beziehungen zwischen Recht und Wirklichkeit, zwischen Sein und Sollen, werden
auch hier wieder – wenngleich in verfassungsspezifischer Weise –
aktuell. Verfassungsrecht und Verfassungsverwirklichung stehen in
einem gegenseitigen Korrespondenzverhältnis. Das Verfassungsrecht ist auf Verwirklichung, auf Anwendung und Umsetzung in
der Praxis, angewiesen, wenn seine Regelungen nicht ein wertloses
Stück Papier bleiben sollen. Andererseits wird das politische Leben
und damit die Verfassungswirklichkeit (auch) durch das Verfassungsrecht bestimmt und geprägt.

71   Die Verfassungswirklichkeit ist vor allem eine Domäne der Politologie und der Soziologie, die sich mit den tatsächlichen Voraussetzungen, Bedingungen, Abläufen und Folgen des politisch-staat-
lichen Lebens beschäftigen, dabei aber auch das Verfassungsrecht als
Bestimmungsfaktor und somit als Teil der Verfassungswirklichkeit
berücksichtigen. Sie ist aber auch für die Staatsrechtslehre von Bedeutung, weil sie (1) zeigt, ob und wie die zunächst abstrakten Regelungen in der Praxis „ankommen" und realisiert werden, (2) bei
der Auslegung und Anwendung der Verfassungsnormen bedeutsam
wird und (3) dann, wenn sie mit der Verfassung in Widerspruch
steht oder gerät, beseitigt oder verhindert werden muß.

1. *Deskriptive Verfassungswirklichkeit.* Da sich das Verfassungsorga- **72**
nisationsrecht weitgehend darauf beschränkt, durch Kompetenz-
und Verfahrensvorschriften den staatlichen Willensbildungs- und
Entscheidungsprozeß zu regeln und das politische Ringen um
Macht und Einfluß im Staate zu disziplinieren, interessiert die Frage, wie das politische Leben im Rahmen dieser Vorschriften abläuft. Die Betrachtung der Verfassungspraxis gibt zugleich Gelegenheit, die Tauglichkeit der verfassungsrechtlichen Regelungen in
der Praxis zu testen und erforderlichenfalls Änderungen vorzunehmen.

Wenn man den Auswirkungen einzelner Verfassungsvorschriften **73**
nachgeht, dann kann man z.B. feststellen,

– daß von der Möglichkeit des Bundeszwangs gem. Art. 37 GG bislang kein
Gebrauch gemacht worden ist, was die Bereitschaft der Bundesländer zeigt,
ihre bundesrechtlichen Verpflichtungen zu beachten, allerdings auch darauf
zurückzuführen ist, daß im Zweifelsfall das BVerfG die Rechtslage verbindlich klärt;
– daß der Bundeskanzler bislang stets im ersten Wahlgang gem. Art. 63 I GG
gewählt wurde und auch eine stabile Regierung bilden konnte, parlamentarische Schwierigkeiten zwar nicht ausblieben, aber mit Hilfe der Art. 67, 68
GG – in den Jahren 1972 und 1982 – bewältigt werden konnten;
– daß das BVerfG bislang in fast allen wichtigen politischen Streitfragen angerufen wurde und deshalb (!) darüber verbindlich entscheiden konnte und
mußte (kein Richter ohne Kläger);
– daß Art. 113 GG, der die Ausgabefreudigkeit des Parlaments durch einen
Zustimmungsvorbehalt der Regierung bremsen soll, bislang praktisch keine
Bedeutung erlangt hat.

Das „bislang" zeigt, daß auch eine andere Praxis denkbar und
verfassungsgemäß ist. Das gilt vor allem für die Ersatz- und Vor-
ratsvorschriften, die für den Fall gedacht sind, daß außergewöhnli-
che Ereignisse oder Entwicklungen eintreten.

Die Regelung des Art. 21 II GG wurde nach den Verbotsurteilen von 1952
und 1956 lange Zeit als politisch nicht erforderlich und praktisch wenig taug-
lich nicht angewandt, 1968 durch die Wiederzulassung der 1956 verbotenen
KPD mit neuem Namen sogar überspielt, in den letzten Jahren jedoch wieder
aktiviert (BVerfGE 91, 262 und 267; Antrag auf Verbot der NPD 1999/2000).

2. *Auslegungsrelevante Verfassungswirklichkeit.* Es ist allgemein aner- **74**
kannt, daß die Auslegung von Rechtsnormen nur unter Einbeziehung der tatsächlichen Wirklichkeit, die durch die Norm geregelt

werden soll, möglich ist. Recht und Wirklichkeit stehen in einem
sich gegenseitig bedingenden und befruchtenden Wechselverhält-
nis. Bildlich gesprochen: Die Wirklichkeit fragt, das Recht ant-
wortet, aber durch die Frage wird auch die Antwort bis zu einem
gewissen Grad bestimmt und präjudiziert. Wenn in der Praxis neue
Probleme auftauchen oder bestehende Konstellationen in neuem
Licht erscheinen, ergeben sich auch für die Auslegung neue Herausforderungen. Sie muß darauf reagieren, was zur richterlichen
Rechtsfortbildung oder zu einem Verfassungswandel führen kann,
d. h. zur Änderung des ursprünglichen Sinns einer Verfassungsnorm
ohne Textänderung.

Beispiele bietet vor allem der Grundrechtsbereich: Die Grundrechte sind nach
wie vor in erster Linie Abwehrrechte gegen staatliche Eingriffe, haben aber nach
den neueren Entwicklungen in der Rechtsprechung und der Lehre weitere
Funktionen, so etwa eine leistungsstaatliche Funktion (BVerfGE 33, 303,
332 ff.: Anspruch auf Zugang zur Hochschule gem. Art. 12 I GG; BVerfGE
92, 91, 109 ff.: Herstellung der tatsächlichen Gleichheit von Frauen und Männern), eine Schutzwirkung, indem sie einen Anspruch auf Schutz des Staates
gegen Beeinträchtigung grundrechtsgeschützter Lebensgüter durch Dritte begründen (BVerfGE 46, 160, 164 f.: Geiselnahme; BVerfGE 88, 203, 251 ff.:
Schwangerschaftsabbruch II), sowie organisations- und verfahrensrechtliche
Auswirkungen (BVerfGE 53, 30, 65 ff.: Genehmigung eines Kernkraftwerks).
Als 1949 die Rundfunkfreiheit in das Grundgesetz aufgenommen wurde
(Art. 5 I 2 GG), konnte niemand die Entwicklung der Medien und die Bedeutung des Rundfunks und des Fernsehens voraussehen; das BVerfG hat inzwi-
schen auf der schmalen Basis des Art. 5 I 2 GG ein ganzes System materieller,
organisatorischer und prozeduraler Regelungen entwickelt (vgl. dazu *K. Hesse,*
Festschrift für U. Häfelin, 1989, S. 149 ff.).

75   3. *Verfassungswidrige Verfassungswirklichkeit.* Wenn von Verfassungswirklichkeit die Rede ist, denkt man zunächst an die mit der
Verfassung übereinstimmende Wirklichkeit. Indessen ist es auch
möglich, daß die Praxis in Widerspruch zum Verfassungsrecht gerät.
Auf diesen Widerspruch bezieht sich die verbreitete Bezeichnung
„verfassungswidrige Verfassungswirklichkeit". Damit sind nicht ge-
legentliche Verfassungsverstöße gemeint, die in diesem oder in
jenem Fall immer wieder vorkommen können, sondern eine längere verfassungswidrige Praxis oder typische Verfassungsverstöße,
die bei Eintritt derselben oder einer ähnlichen Fallkonstellation wie-
derkehren. In einem Staat mit ausgebauter Verfassungsgerichtsbarkeit – wie der Bundesrepublik Deutschland – wird eine verfas-

sungswidrige Praxis bald aufgedeckt und beseitigt werden. Freilich ist die Grenze zwischen dem legitimen Verfassungswandel und der Verfassungswidrigkeit nicht immer einfach zu ziehen. Maßgeblich ist – wenn nicht sachlich, so doch formell – die Entscheidung des Verfassungsgerichts.

So hat das BVerfG die gegen Art. 110 II 1 GG verstoßende Praxis, den Haushaltsplan erst nach Beginn des Haushaltsjahres zu beschließen, erfolgreich gerügt (BVerfGE 45, 1, 33). Entsprechendes gilt für die Praxis der Haushaltsüberschreitungen durch den Bundesfinanzminister gem. Art. 112 GG (BVerfGE 45, 1, 34 ff.) und die Praxis der Öffentlichkeitsarbeit der Bundesregierung während des Wahlkampfes (BVerfGE 44, 125, 147 ff.). – Aber auch im Verfassungsstaat mit ausgebauter Verfassungsgerichtsbarkeit ist offenbar eine andauernde verfassungswidrige Praxis nicht ausgeschlossen. So verstößt die übliche Besetzung höherer Beamten- und Richterstellen nach parteipolitischen Gesichtspunkten (häufig sogar nach dem do-ut-des-Prinzip gleichermaßen auf die beiden großen Parteien und ihre Trabanten verteilt) eindeutig gegen Art. 33 II GG, wonach bei der Vergabe öffentlicher Ämter ausschließlich die Eignung, Befähigung und fachliche Leistung maßgeblich sein darf, es sei denn, es handele sich um ein spezifisch politisches Amt (etwa das Amt eines Staatssekretärs; ob dazu auch die Richterstellen beim BVerfG gehören, erscheint mehr als zweifelhaft).

Literatur: Zu I: Zur Allgemeinen Staatslehre und zur Verfassungslehre: **76** *G. Jellinek,* Allgemeine Staatslehre, 3. Aufl. 1914; *H. Kelsen,* Allgemeine Staatslehre, 1925; *ders., Reine Rechtslehre,* 2. Aufl. 1960; *C. Schmitt,* Verfassungslehre, 1928; *R. Smend,* Verfassung und Verfassungsrecht, 1928; *H. Heller,* Allgemeine Staatslehre, 1934; *H. Krüger,* Allgemeine Staatslehre, 2. Aufl. 1966; *F. Ermacora,* Allgemeine Staatslehre, 1970; *R. Herzog,* Allgemeine Staatslehre, 1971; *K. Loewenstein,* Verfassungslehre, 3. Aufl. 1975; *G. Haverkate,* Verfassungslehre, 1992; *M. Kriele,* Einführung in die Staatslehre, 5. Aufl. 1994; *Th. Fleiner-Gerster,* Allgemeine Staatslehre, 2. Aufl. 1995; *R. Zippelius,* Allgemeine Staatslehre (Politikwissenschaft), 13. Aufl. 1999; *K. Doehring,* Allgemeine Staatslehre, 2. Aufl. 2000; *H. H. v. Arnim,* Staatslehre der Bundesrepublik Deutschland, 1984; *W. Haller/A. Kölz,* Allgemeines Staatsrecht, 2. Aufl. 1999. – Ferner *E.-W. Böckenförde,* Organ, Organisation, Juristische Person. Kritische Überlegungen zu den Grundbegriffen und der Konstruktionsbasis des staatlichen Organisationsrechts, Festschrift für Hans J. Wolff, 1973, S. 269 ff.; *J. Isensee,* Staat und Verfassung, HStR I (1987) S. 591 ff.; *Chr. Link/G. Ress,* Staatszwecke im Verfassungsstaat – nach 40 Jahren Grundgesetz, VVDStRL 48 (1990), S. 7 ff.
Zu II: *W. Kägi,* Die Verfassung als rechtliche Grundordnung des Staates, 1945; *P. Badura,* Verfassung und Verfassungsgesetz, Festschrift für Scheuner, 1973, S. 19 ff.; *M. Friedrich* (Hg.), Verfassung. Beiträge zur Verfassungstheorie, 1978; *E.-W. Böckenförde,* Die Eigenart des Staatsrechts und der Staatsrechtswissenschaft, Festschrift für Scupin, 1983, S. 317 ff.; *K. Stern,* Staatsrecht und Verfassungsrecht in ihrer Wechselbezüglichkeit, Festschrift der Rechtswissenschaftlichen Fakultät zur 600-Jahr-Feier der Universität zu Köln, 1988, S. 845 ff.; *G. F. Schuppert/*

25 32 1. Teil. Grundlagen

Ch. Bumke, Die Konstitutionalisierung der Rechtsordnung, 2000; *H. A. Wolff,* Ungeschriebenes Verfassungsrecht unter dem Grundgesetz, 2000; *P. Unruh,* Der Verfassungsbegriff des Grundgesetzes, 2002.

Zu III: *R. Dreier/F. Schwegmann,* Probleme der Verfassungsinterpretation, 1976 (mit Beiträgen verschiedener Autoren, die hier im einzelnen nicht mehr aufgeführt werden); *F. Müller,* Normstruktur und Normativität, 1966; *ders.,* Juristische Methodik, 5. Aufl. 1993; *P. Häberle,* Die offene Gesellschaft der Verfassungsinterpreten, JZ 1975, 257 ff.; *E.-W. Böckenförde,* Die Methoden der Verfassungsinterpretation – Bestandsaufnahme und Kritik, NJW 1976, 2089 ff.; *G. F. Schuppert,* Funktionell-rechtliche Grenzen der Verfassungsinterpretation, 1980; *B.-O. Bryde,* Verfassungsentwicklung, 1982; *Chr. Stark,* Die Verfassungsauslegung, HStR VII (1992) S. 189 ff.; *W. Brugger,* Konkretisierung des Rechts und Auslegung der Gesetze, AÖR Bd. 119 (1994) S. 1 ff.

Zu IV: *Hesse,* VerfR Rn. 41 ff.; *Th. Maunz/R. Zippelius,* StaatsR § 8 II, III; *G. Leibholz,* Verfassungsrecht und Verfassungswirklichkeit, in: ders., Strukturprobleme der modernen Demokratie, 3. Aufl. 1967, S. 277 ff.; *W. Hennis,* Verfassung und Verfassungswirklichkeit – Ein deutsches Problem, 1968; *E. H. Ritter,* Die Verfassungswirklichkeit – eine Rechtsquelle?, Der Staat Bd. 7 (1968) S. 352 ff.; *B.-O. Bryde,* Verfassungsentwicklung, 1982, S. 17 ff.; *E. W. Böckenförde,* Anmerkungen zum Begriff Verfassungswandel, Festschrift für Lerche, 1993, S. 3 ff.

§ 2. Die historischen Determinanten des Grundgesetzes

I. Vorbemerkungen

1 Wer die Gegenwart verstehen will, muß ihre historischen Voraussetzungen und Bedingungen kennen. Die Geschichte ist zwar Vergangenheit, zugleich aber auch Teil der Gegenwart. Diese allgemeine Erkenntnis gilt auch für das Verfassungsrecht und die Verfassungsgeschichte. Zahlreiche Regelungen und Institutionen des geltenden Verfassungsrechts werden nur dann recht verständlich, wenn man ihre historische Dimension in die Betrachtung einbezieht, sei es, daß sie traditionelle Inhalte übernehmen, sei es, daß sie alte Formen mit neuen Inhalten tradieren. In der Geschichte gibt es keine „Stunde Null". Auch das katastrophale Ende des nationalsozialistischen Staates im April 1945 war keine „Stunde Null". Die Wiedererrichtung der deutschen Staatlichkeit und der Erlaß des Grundgesetzes stehen vielmehr im Fluß der Geschichte. Daher kann es nicht genügen, die unmittelbare Vorgeschichte des

Grundgesetzes, die Entstehungsbedingungen und die Verfassungsberatungen, darzulegen, sondern ist ein wenigstens kurzer Überblick über die deutsche Verfassungsgeschichte als Determinante des
Grundgesetzes erforderlich. Die geschichtliche Entwicklung kann
zudem zur Klärung umstrittener Verfassungsbestimmungen beitragen und somit auch aktuelle Bedeutung erlangen (vgl. zur historischen Auslegung bereits oben § 1 Rn. 54).

Im folgenden kann nur ein kurzer Überblick gegeben werden. Einzelheiten **2**
werden gelegentlich bei der Erörterung der einzelnen Regelungskomplexe
erwähnt, so daß dieser Vorspann gleichsam als allgemeine Einführung dienen
mag. Im übrigen ist auf die zahlreichen hervorragenden Lehrbücher zur Verfassungsgeschichte zu verweisen (vgl. unten Rn. 83).

Die Verfassungsgeschichte darf nicht isoliert betrachtet werden. **3**
Sie steht in engem Zusammenhang mit der *Ideengeschichte* und der
allgemeinen, insbesondere *politischen und gesellschaftlichen Geschichte*.
Dabei laufen die Entwicklungen meistens *zeitverschoben*. Die neuen
verfassungsrechtlichen Entwicklungen folgen in der Regel den Erkenntnissen der staatspolitischen Ideen und den Fakten des politisch-
gesellschaftlichen Bereichs. So ist – um nur ein Beispiel zu nennen –
die Entstehung des liberalen Rechtsstaats im 19. Jahrhundert durch
die Ideen und Forderungen der Aufklärung im 18. Jahrhundert
und durch das politisch-wirtschaftliche Erstarken des Bürgertums
vorbereitet, wenn nicht sogar „erzwungen" worden.

Für die deutsche Verfassungsgeschichte ist ferner von erheblicher **4**
Bedeutung, daß die Entwicklungen auf *zwei Ebenen* verlaufen sind:
auf der *Reichs- oder Bundesebene* und auf der *Landesebene*. Die Entstehung des (damals) modernen Staates vollzog sich im 17./18. Jahrhundert zwar unter dem Reichsdach, aber durch die Landesherren
in ihren Territorien. Der das 19. Jahrhundert prägende Konstitutionalismus, der den Konflikt zwischen dem Monarchen und dem
Bürgertum dadurch auszugleichen versuchte, daß die Monarchie
zwar bestehen blieb, der Monarch und sein Beamtenapparat aber
durch die Grundrechte der Bürger und die Mitwirkungsrechte der
Volksvertretung beschränkt wurden, bildete sich in den Ländern –
zuerst in den süddeutschen Staaten 1818/20 – heraus; die Reichsverfassungen von 1849 und 1871 schlossen sich – wenn auch in
unterschiedlicher Weise – dieser Konzeption an. Auch nach 1945

waren es zunächst die Länder, die sich den neuen Herausforderungen stellten und im Blick auf die nationalsozialistische Gewaltherrschaft neue verfassungsrechtliche Sicherungen entwickelten.

5   Schließlich darf auch der erhebliche Einfluß *ausländischer Verfassungen* auf die deutsche Verfassungsentwicklung nicht übersehen
werden. Die Verfassunggebung in Nordamerika nach der Trennung vom englischen Mutterland 1776 und die französischen Verfassungen nach der großen Revolution von 1789 wirkten nachhaltig auf die Verfassunggebung in Deutschland ein, nicht nur auf
die süddeutschen Landesverfassungen (1818/20) und auf die mitteldeutschen Landesverfassungen (1831/33), sondern auch – vor
allem die US-Verfassung von 1789 – auf die Verfassungsberatungen
der Paulskirche (1848/49). Der Einfluß des englischen Verfassungsrechts läßt sich zwar nicht so „handfest" nachweisen; es kann
aber nicht zweifelhaft sein, daß die Entwicklung des Parlamentsrechts und der Parlamentspraxis in England nachhaltig auf den
Kontinent einschließlich Deutschlands eingewirkt hat. Nach 1945
kam es wiederum zu ausländischen Einflüssen. Die durch die westdeutschen Landesverfassungen der Nachkriegszeit und durch das
Grundgesetz konzipierte freiheitliche parlamentarische Demokratie
knüpft zwar an deutsche Verfassungstraditionen an, ist aber sicherlich auch durch die westlichen Besatzungsmächte, insbesondere
die amerikanische Besatzungsmacht, gefördert worden. Auch in
der Folgezeit bestanden Verbindungslinien zum Verfassungsrecht
und zur Verfassungspraxis der USA, insbesondere hinsichtlich der
Verfassungsauslegung und der Verfassungsgerichtsbarkeit. Dagegen
ist der Versuch der sowjetischen Besatzungsmacht, die sozialistischen Verfassungsvorstellungen in Deutschland durchzusetzen, gescheitert, was – historisch betrachtet – auch nicht weiter verwunderlich ist, zumal die Sowjetunion selbst letztlich daran zu Grunde
ging.

6   Die internationalen Beziehungen bilden übrigens keine Ein-
bahnstraße. Vielmehr sind auch deutsche Verfassungsinstitutionen
– mehr oder weniger – von ausländischen Verfassungen übernommen worden, so etwa in neuerer Zeit die deutsche Verfassungsgerichtsbarkeit in den süd- und osteuropäischen Staaten.

Die Einbeziehung ausländischer Verfassungsvorbilder in die deutsche Ver-   7
fassunggebung legitimiert auch die vergleichende Verfassungsauslegung (vgl.
dazu oben § 1 Rn. 58), die allerdings darauf nicht beschränkt ist, sondern
auch dann sinnvoll sein kann, wenn zwei unabhängig voneinander entstandene Verfassungstexte miteinander verglichen werden. Die Bedeutung der Verfassungsvergleichung wird zunehmend erkannt. Hervorzuheben ist vor allem
das von *P. Häberle* herausgegebene Jahrbuch des öffentlichen Rechts (JÖR),
das insbesondere die Rechts- und Verfassungsvergleichung und das ausländische Recht pflegt. Zum Einfluß des deutschen Verfassungsrechts auf ausländische Verfassungen vgl. etwa *K. Stern,* Ausstrahlungswirkung des Grundgesetzes
auf ausländische Verfassungen, in: Bundesministerium des Innern (Hg.), Bewährung und Herausforderung. Die Verfassung vor der Zukunft, 1999,
S. 249 ff.; *H.-P. Schneider,* Das Grundgesetz als Vorbild? Sein Einfluß auf ausländische Verfassungen in: H.-P. Schneider (Hg), Das Grundgesetz in interdis-
ziplinärer Betrachtung, 2001, S. 159 ff.

II. Das alte Deutsche Reich

1. Rechtsgrundlagen

Das alte Deutsche Reich, das zu Beginn des 10. Jahrhunderts ent-   8
standen ist und seit etwa 1500 den Titel „Heiliges Römisches Reich
Deutscher Nation" trug, hatte – ebenso wenig wie die anderen
Staaten jener Zeit – keine umfassende Verfassungsurkunde. Maßgebend waren die Traditionen (das Herkommen) und das sich daraus entwickelnde Gewohnheitsrecht, das z. T. in Rechtssammlun-
gen, insbesondere im Sachsenspiegel und im Schwabenspiegel, seinen
Niederschlag gefunden hatte. Im Laufe der Zeit wurden jedoch
einige grundlegende Reichsgesetze erlassen, die als leges funda-
mentales oder Grundgesetze (diese Kennzeichnung gab es also schon
damals für verfassungsrechtliche Regelungen) bezeichnet wurden.

Am bekanntesten ist die von Kaiser Karl IV. unter Mitwirkung   9
des Reichstags erlassene *Goldene Bulle* von 1356, die vor allem die
Königswahl und die Rechtsstellung der den König wählenden
Kurfürsten regelte. Ferner sind zu erwähnen:

– Die Konstitutionen des Stauferkaiser Friedrich II. von 1220 und 1232, die
   den geistlichen und weltlichen Fürsten erhebliche Rechte einräumten und
   damit eine wesentliche Voraussetzung für die Entstehung des Landesherren-
   tums schufen;
– die verschiedenen Landfriedensordnungen (insbesondere der Mainzer Land-
   frieden von 1235 und der Ewige Landfriede von 1495), die das Fehdewesen

unterbinden und die Rechtssicherheit wieder herstellen sollten, aber darüber hinaus auch andere Angelegenheiten betrafen, etwa das Zoll- und Münzwesen;

- die Reichskammergerichtsordnung von 1495 (mit späteren Änderungen), die im Zusammenhang mit der Regelung des Ewigen Landfriedens das Reichskammergericht begründete;
- der Augsburger Religionsfrieden von 1555, der die durch die Reformation ausgelösten konfessionellen Auseinandersetzungen beenden sollte;
- der Westfälische Frieden von 1648, der zwar als völkerrechtlicher Vertrag zwischen dem Reich und den ausländischen Mächten, insbesondere Frankreich und Schweden, den Dreißigjährigen Krieg beendete, aber auch staatsrechtliche Fragen des Reichs und der Reichsstände regelte;
- der sog. Jüngste Reichsabschied von 1654, der die reichsrechtlich relevanten Bestimmungen des Westfälischen Friedens bestätigte;
- der Reichsdeputationshauptschluß von 1803, der die territoriale Neugliederung festlegte und damit praktisch dem Reich die Grundlage entzog (vgl. dazu unten Rn. 17).

10   Von erheblicher, auch verfassungsrechtlicher Bedeutung waren ferner die *Wahlkapitulationen*, die – seit der Wahl Kaiser Karl V. 1519 – zwischen dem zu wählenden Kaiser und den wählenden Kurfürsten abgeschlossen wurden und wesentliche Zusagen des Kaisers im Blick auf seine künftige Regierungspolitik enthielten. Im Westfälischen Friedensvertrag von 1648 wurde eine „beständige Wahlkapitulation" vorgesehen; nach längeren Diskussionen kam es 1711 zu einem entsprechenden Entwurf, der jedoch nicht Reichsgesetz wurde.

Die Texte sind u. a. abgedruckt bei *K. Zeumer,* Quellensammlung zur Geschichte der Deutschen Reichsverfassung in Mittelalter und Neuzeit, 2 Bde., 2. Aufl. 1913 (nur lateinische und deutsche Urtexte); *A. Buschmann,* Kaiser und Reich. Verfassungsgeschichte des Heiligen Römischen Reiches Deutscher Nation vom Beginn des 12. Jahrhunderts bis zum Jahre 1806 in Dokumenten, 2 Bde., 2. Aufl. 1994.

2. Die Verfassungsstruktur des Deutschen Reiches

11   Die Verfassung des Reiches läßt sich – schon mangels umfassender Regelung – nicht auf einige kurze Nenner bringen. In der fast 1000jährigen Geschichte des Reiches vollzogen sich auch Entwicklungen und Wandlungen. Tiefe Einbrüche ergaben sich durch die Reformation und die dadurch bedingte Kirchenspaltung, die die Einheit von Reich und Kirche, Politik und Religion sprengten. Durchgehend bestanden jedoch zwei Einrichtungen: der Kaiser und der Reichstag. Der *Kaiser* war das Oberhaupt des Reiches, der ursprünglich von den Fürsten des Reiches, im Laufe der Zeit – bestätigt und endgültig festgelegt durch die Goldene Bulle von 1356 – von den Kurfürsten als deutscher König gewählt wurde und durch die päpstliche Krönung, später unmittelbar mit der Königswahl die Kaiserwürde erlangte. Er hatte – im Rahmen der damaligen Reichs- und Staatsaufgaben – umfassende Kompetenzen; er übte die Regierungsbefugnisse aus, erließ zusammen mit dem Reichstag die Reichsgesetze und war Gerichtsherr. Der *Reichstag* bestand als Ständeversammlung aus den Reichsständen, d.h. den weltlichen und geistlichen Fürsten, zu denen später noch die Reichsstädte hinzutraten. Die *Kurfürsten* – ursprünglich sieben, seit 1624 acht, später bis zu zehn Kurfürsten – nahmen im Reichstag eine besondere Stellung ein, hatten auch sonst aufgrund der Goldenen Bulle besondere Vorrechte und verschafften sich über die Wahlkapitulationen zusätzliche Einwirkungsmöglichkeiten auf die Politik des Kaisers. Die Mitwirkungsbefugnisse des Reichstags im Bereich der Gesetzgebung und Regierung nahmen zwar im Laufe der Zeit zu, verloren aber entsprechend dem Machtverlust von Reich und Kaiser praktisch doch wieder an Gewicht. Die dem Reichstag angehörenden Fürsten ließen sich immer häufiger durch Bevollmächtigte vertreten. Seit 1663 tagte der Reichstag als ständiger Gesandtenkongreß in Regensburg (sog. Immerwährender Reichstag). Die Gerichtsbarkeit wurde in den ersten Jahrhunderten in wichtigen Fällen vom Kaiser selbst ausgeübt, überwiegend aber den königlichen Gerichten übertragen. Erhebliche Bedeutung für die weitere Rechtsentwicklung erlangten sodann das Reichskammergericht und der Reichshofrat.

Das Reichskammergericht wurde 1495 auf dem Reichstag zu Worms errichtet. Seine Richter wurden im Zusammenwirken von Kaiser und Reichstag bestellt, was seinen dualistischen, wenn nicht sogar ständischen Charakter zum Ausdruck bringt. Auf Betreiben des Reichstags wurde bestimmt, daß das Reichskammergericht nicht am kaiserlichen Hof, sondern in räumlicher Entfernung davon tagen soll, um die sich möglicherweise aus der Nähe zum Hof ergebenden Einflüsse von vornherein auszuschalten. Sein Sitz war zunächst Frankfurt, ab 1526 Speyer, seit 1689 bis zum Ende des Deutschen Reichs 1806 Wetzlar (dort war auch Goethe am Reichskammergericht tätig). Das Gericht hatte bei Streitigkeiten zwischen reichsunmittelbaren Parteien und vor allem als Appellationsinstanz gegen Urteile unterer Instanzen, insbesondere gegen **12**

Urteile von Landesgerichten, zu entscheiden. Die Berufungsmöglichkeiten
wurden allerdings dadurch beschränkt, daß die Kurfürsten, später auch andere
Landesherren das sog. „ius de non appellando" erhielten. – Der Reichshofrat
wurde vom Kaiser als Gericht und Regierungs- und Verwaltungsinstanz 1498
mit festem Sitz in Wien (beim kaiserlichen Hof) errichtet. Seine gerichtliche
Zuständigkeit deckte sich weitgehend mit der des Reichskammergerichts, so
daß beide Gerichte konkurrierten und wahlweise angerufen werden konnten.
Während lange Zeit das Reichskammergericht kritisch, wenn nicht sogar
abschätzend betrachtet wurde, ist heute seine grundsätzliche Bedeutung für die
Rechtseinheit des Reiches und die Entwicklung des Reichsrechts, insbesondere des gelehrten (römischen) Rechts, allgemein anerkannt. Sein Ansehen litt
allerdings durch die lange, oft zu lange Verfahrensdauer. Vgl. zum Reichskammergericht *R. Smend,* Reichskammergericht, 1911; *K.-P. Schroeder,* Das
Reichskammergericht, JuS 1978, 368 ff.; *B. Distelkamp* (Hg.), Das Reichskammergericht in der deutschen Geschichte, 1990; *J. Scheumann* (Hg.), Friede
durch Recht. Das Reichskammergericht von 1495–1806, 1994.

3. Landesherrschaft und Territorialstaat

13   Die Landesherrn, die als reichsunmittelbare Fürsten Sitz und
Stimme im Reichstag hatten, waren in dreifacher Weise gebunden:
zum einen aufgrund des Lehensrechts als Vasall an den König als
Lehensgeber, zum anderen an die Reichsgesetze und die Beschlüsse
des Kaisers und des Reichstags und zum dritten durch die Landstände ihres Bereichs, die das Steuerbewilligungsrecht und weitere
Mitwirkungsrechte für sich in Anspruch nahmen. Die Landstände
– auch Landtage oder Ständeversammlungen genannt – entsprachen bis zu einem gewissen Grad dem Reichstag; sie bildeten keine
Volksvertretungen im Sinne des 19. und 20. Jahrhunderts, sondern
bestanden – von Land zu Land unterschiedlich – aus Vertretern der
Prälaten, der Ritter und der Städte. Den Landesherren gelang es
jedoch im Laufe der Zeit, sich diesen Bindungen weitgehend zu
entziehen. Das Lehensrecht hatte, obwohl es formell fortbestand,
seine bindende Kraft verloren. Die reichsrechtlichen Bindungen
wurden vom Landesherrn ignoriert, soweit es ihm zweckmäßig
erschien und dies möglich war. Die Landstände wurden an den
Rand gedrängt oder ganz ausgeschaltet. Freilich ging das nicht ohne
erhebliche Auseinandersetzungen und auch nicht uneingeschränkt.

So zwangen in Württemberg die Landstände sogar den Herzog zum Abschluß eines Vertrages, der ihre Rechte festlegte und bis 1800 zumindest im

Prinzip unangefochten galt (Tübinger Vertrag von 1514). In Mecklenburg kam es 1755 zu einem sog. Landesgrundgesetzlichen Erbvergleich, einem Vertrag zwischen dem Landesherrn und den Ständen (Ritter und Städte), der die Macht zwischen dem Landesherrn und den Ständen aufteilte und als Ständische Verfassung bis 1918 galt.

Im wesentlichen setzte sich der Landesherr aber durch. In den **14** Ländern etablierte sich die im 17. und 18. Jahrhundert typische Regierungsform des Absolutismus. Der Landesherr regierte selbstherrlich und „absolut", d. h. legibus solutus, rechtlich nicht gebunden, nur gestützt auf seinen von ihm abhängigen Beamtenapparat und sein ständiges Heer. Er befriedete sein Land und förderte Wirtschaft und Handel, im eigenen Interesse, um die erforderlichen Finanzen für seine Hofhaltung, seinen Beamtenapparat und sein stehendes Heer zu erlangen, aber auch in Verantwortung für das allgemeine Wohl. Da er rechtlich nicht gebunden war, kam es immer wieder zu willkürlichen Eingriffen in den wirtschaftlichen und gesellschaftlichen Bereich, ja sogar in die Privatsphäre. Außenpolitisch verfolgte der Monarch − unterstützt von seinen Diplomaten und gestärkt durch sein von ihm unterhaltenes stehendes Heer − seine Machtinteressen. Ein Beispiel dafür bietet König Friedrich der Große von Preußen, der nur *seine* Ziele im Auge hatte und auf das Reich und Rechte des Reichs nicht die geringste Rücksicht nahm. Aber das lag im Zug der Zeit. Aus der reichsrechtlich und ständerechtlich eingebundenen Landesherrschaft hatte sich der nach Souveränität strebende Territorialstaat herausgebildet. Während sich in Frankreich und in England die Entwicklung zum modernen, zunächst absoluten Staat auf der nationalstaatlichen Ebene vollzog, geschah dies in Deutschland auf der Landesebene.

4. Das Ende des Deutschen Reichs

Durch die Entwicklung der Landesherrschaften zu selbständigen **15** Territorialstaaten wurde die Zentralgewalt des Reiches zunehmend geschwächt. Die Habsburger, die seit der Mitte des 15. Jahrhunderts fast durchweg den Kaiser stellten, waren mehr an der Erweiterung und dem Ausbau des österreichischen Landes als an der Festigung des Reiches interessiert. Hinzu kam die Rivalität zwischen

Preußen und Österreich. Die gewaltsame Annexion Schlesiens durch Preußen unter Friedrich dem Großen zeigte die Ohnmacht des Reiches als Rechts- und Friedensordnung. Den entscheidenden Todesstoß erhielt das Reich schließlich durch Napoleon. Die wichtigsten Ereignisse, die dazu führten, waren der Lunéviller Friedensvertrag von 1801 zwischen Frankreich und dem Reich, der Reichsdeputationshauptschluß von 1803 und die Gründung des Rheinbundes 1806.

16   Der Lunéviller Friedensvertrag, der von Napoleon diktiert wurde, bestimmte, daß die linksrheinischen Gebiete des Deutschen Reiches an Frankreich abzutreten sind, die dadurch entstehenden Gebietsverluste der weltlichen Fürsten aber im Wege der Säkularisierung der geistlichen Fürstentümer und der Mediatisierung der kleineren Reichsstände im übrigen Reichsgebiet entschädigt werden sollen.

Säkularisierung bedeutete Entzug der weltlichen Landesgewalt eines geistlichen Reichsstandes (geistlichen Fürsten, Reichsabteien usw.) und deren Übertragung auf einen weltlichen Fürsten und Landesherrn. Mit dieser Herrschaftssäkularisierung wurde als Vermögenssäkularisierung der Einzug des Kirchengutes verbunden. *Mediatisierung* bedeutete die Unterstellung weltlicher Reichsstände (Reichsstädte, Reichsritter usw.) unter die Landeshoheit eines weltlichen Fürsten und Landesherrn und damit den Verlust der Reichsfreiheit.

17   Die durch den Lunéviller Friede erforderlichen Säkularisationen und Mediatisierungen erfolgten formell nach den Vorschriften der Reichsverfassung, entsprachen aber sachlich den Vorgaben, die Napoleon im Einvernehmen mit dem russischen Zaren festlegte. Eine 1802 eingesetzte Reichsdeputation (Reichstagsausschuß) legte am 25. 2. 1803 einen Plan über die Neugliederung vor (sog. Reichsdeputationshauptschluß), der vom Reichstag am 24. 3. 1803 angenommen und vom Kaiser am 27. 4. 1803 ratifiziert wurde. Es war das letzte Gesetz des alten Deutschen Reichs, das zugleich sein Ende bedeutete. Gleichwohl hatte es langfristige Auswirkungen; es legte nämlich die innerdeutschen Grenzen – von den Annexionen Preußens 1866, dem freiwilligen Zusammenschluß der kleinen thüringischen Staaten 1920 und einigen kleineren Veränderungen abgesehen – bis 1933, z. T. sogar bis heute fest.

18   Der Reichsdeputationshauptschluß führte zu einer weitreichenden „Flurbereinigung". Sie wirkte sich vor allem – auf Kosten zahlreicher kleiner bislang reichsunmittelbarer Herrschaften – im Südwesten Deutschlands aus, wo sich Baden vervierfachte und Württemberg verdoppelte. Alle verbliebenen Landesherrn wollten so viel wie möglich und nutzten ihre mehr oder weniger guten Beziehungen in Paris und in St. Petersburg, um dies auch zu erreichen. Napoleon ging es um die territoriale Neugestaltung in seinem Sinne; er wollte eine Staffelung kleiner, aber lebensfähiger und damit beherrschbarer Länder an der Ostgrenze Frankreichs. Die territoriale Neugliederung betraf nachhaltig die Verfassungsstruktur des Reiches, insbesondere die ständische Gliederung in Kurfürsten, Fürsten und Reichsstädte. Sie betraf aber auch und vor allem die ideelle Grundlage des Reiches, dessen Aufgabe in der Haltung einer Rechts- und Friedensordnung bestand. Auch wenn die Neugliederung formal ordnungsgemäß erfolgt sein sollte, so untergrub sie doch diese Basis. Vgl. dazu auch *E. R. Huber*, VerfGesch. I S. 46 ff.; *Willoweit*, VerfGesch. S. 202 f.

Auf Betreiben und unter dem Protektorat von Napoleon bilde- **19** ten 16 deutsche Fürsten am 12. 7. 1806 den *Rheinbund* und erklärten kurz darauf – am 1. 8. 1806 – gemeinsam ihren Austritt aus dem Deutschen Reich. Kaiser Franz, der bereits 1804 zusätzlich den Titel eines Kaisers von Österreich angenommen hatte, legte daraufhin durch Erklärung vom 6. 8. 1806 die Kaiserkrone nieder und dokumentierte damit das Ende des Deutschen Reichs.

5. Die Rechtsnatur des Deutschen Reichs

Bereits in der zeitgenössischen Literatur war die Rechtsnatur des **20** Deutschen Reichs umstritten. Im 17. Jahrhundert kam es darüber zu einer lebhaften Diskussion. In Anlehnung an die von Aristoteles entwickelte Staatsformenlehre, die zwischen Monarchie, Aristokratie und Demokratie unterschied, wurde das Reich teils als Monarchie (so vor allem D. Reinkingk), teils als Fürstenaristokratie (so bereits J. Bodin, ferner vor allem B. Ph. von Chemnitz, der unter dem Pseudonym Hippolithus a Lapide schrieb), überwiegend aber als Mischung aus monarchischen und aristokratischen Elementen (so vor allem J. Limnaeus) qualifiziert. Indessen konnten diese – offensichtlich auch politisch motivierten – Einordnungen nicht recht überzeugen. S. Pufendorf zog daraus in seinem berühmten, unter dem Pseudonym von Severinus de Monzambano verfaßten Buch mit dem Titel „De statu Imperii Germanici" (1667) die Folgerung, daß sich das Reich in keine der aristotelischen Staatsformen einfügen lasse, sondern ein „irregulare aliquod corpus et monstro simile" (ein irregulärer Körper und einem Monstrum ähnlich) sei. Diese vielzitierte Formel wird oft als Abwertung des Reiches (Monstrum, Ungeheuer) verstanden, sollte aber nur die Unmöglichkeit, das Deutsche Reich in die üblichen Staatsformen einzuordnen, zum Ausdruck bringen und damit den Weg für eine vorurteilsfreie Analyse des Verfassungsrechts und der Verfassungspraxis freimachen. Da die zitierte Formel schon damals überbewertet wurde, wurde sie von Pufendorf später abgeschwächt und in der letzten von ihm besorgten Ausgabe seiner Schrift ganz weggelassen. Daß die begriffliche Erfassung der Staatswirklichkeit immer wieder auf Schwierigkeiten stößt, gilt für alle Zeiten; es sei nur auf die derzeitige Diskussion über den rechtlichen Charakter der Europäischen Union verwiesen (Staatenbund, Bundesstaat, Staatenverbund oder was?).

Vgl. zum damaligen Streitstand und zu den Nachweisen im einzelnen *M. Friedrich,* Geschichte aaO., S. 47 ff.; *O. Kimminich,* VerfGesch., S. 221 ff.; *A. Randelzhofer,* Völkerrechtliche Aspekte des Heiligen Römischen Reiches nach 1648, 1967, S. 70 ff., der rückblickend zur Auffassung gelangt, daß das Reich seit 1648 lediglich eine völkerrechtliche Verbindung gewesen sei (S. 199 ff.), dabei aber in der Literatur keine Gefolgschaft gefunden hat. Zu Pufendorf ferner *M. Stolleis,* Geschichte, Bd. 1, S. 233 ff.; *K.-P. Schroeder,* JuS 1995, 959 ff.

21   In der Folgezeit wurde vor allem das Verhältnis zwischen dem Reich und den Territorialstaaten des Reiches erörtert. In der Staatsrechtslehre setzte sich die Auffassung durch, daß das Reich ein „aus Staaten zusammengesetzter Staat" sei.

So erklärte der führende Staatsrechtslehrer des 18. Jahrhunderts, Johann Stephan Pütter, in seinem mehrfach neu aufgelegten staatsrechtlichen Hauptwerk „Institutiones iuris publici germanici", 1770, § 32 (in der Übersetzung von Graf von Hohenthal, Anleitung zum Teutschen Staatsrechte, 1. Teil, 1791, S. 45): „Das Teutsche Reich ist ein in mehrere ganz verschiedene Staaten getheiltes Reich, welche aber doch nach Art eines zusammengesetzten Staats und einem gemeinschaftlichen, höchsten, monarchischen, eingeschränkten, erwählten Oberhaupte vereinigt sind." Vgl. ferner *Pütter,* Kurzer Begriff des Teutschen Staatsrechts, 2. Aufl. 1768, S. 15; *ders.,* Beyträge zum Teutschen Staats- und Fürstenrechte, Bd. 1, 1777, S. 17 ff.; ebenso etwa *C. F. Häberlin,* Handbuch des Teutschen Staatsrechts, Bd. 1, 2. Aufl. 1794, S. 121 ff., der das oben wiedergegebene Zitat von Pütter ausdrücklich übernimmt (S. 148) und zudem eine Parallele zur Verfassung der Vereinigten Staaten von Amerika zieht (S. 122 f.). – Die Anfänge der Staatenstaatslehre bzw. Bundesstaatslehre gehen bereits auf Ch. Besold und G. W. Leibniz zurück (vgl. *Friedrich,* aaO. S. 59 ff.).

Bemerkenswert ist, daß trotz des politischen Niedergangs des **22** Reichs im 18. Jahrhundert die Reichspublizistik, d. h. die Reichsstaatslehre, eine Blüte erreichte (*Friedrich*, aaO. S. 113 spricht sogar von der „Hochblüte der Reichspublizistik"). Zu nennen sind vor allem Johann Jakob Moser und Johann Stephan Pütter, die ein umfangreiches Werk hinterließen. Selbst im letzten Jahrzehnt vor der endgültigen Auflösung des Deutschen Reiches 1806 erschienen noch eine Reihe von Lehrbüchern zum Staatsrecht aus der Schule von Pütter. Auch wenn sie in der Praxis keine Bedeutung mehr erlangten, im Blick auf die politischen Verhältnisse ihrer Zeit sogar weltfremd erscheinen müssen, so haben sie durch ihre Systematik und Begrifflichkeit doch über den Umbruch hinweg die Staatsrechtslehre des beginnenden 19. Jahrhundert beeinflußt.

Vgl. neben dem bereits genannten Werk von *C. F. Häberlin*, 3 Bde. 1794/97: *J. Ch. Leist*, Lehrbuch des Teutschen Staatsrechts, 1803, 2. Aufl. 1805; *N. Th. Gönner*, Teutsches Staatsrecht, 1804; *Th. Schmalz*, Handbuch des Teutschen Staatsrechts, 1805; *H. J. Schnaubert*, Lehrbuch des Teutschen Staatsrechts, 1806. Die Brücke schlug gleichsam *J. L. Klüber*, dessen Anfänge in die Zeit des alten Deutschen Reiches zurückreichen, der dann aber das führende Lehrbuch des Rheinbundes (Staatsrecht des Rheinbundes, 1808) und vor allem des Deutschen Bundes (Öffentliches Recht des Teutschen Bundes und der Bundesstaaten, 1. Aufl. 1817, 4. Aufl. 1840) herausgab. Vgl. dazu *K.-P. Schroeder*, Johann Ludwig Klüber (1763–1837). Ein deutsches Gelehrtenleben im Umbruch der Epochen, Festschrift für K. Kroeschell, 1997, S. 1107 ff.

6. Folgewirkungen des Deutschen Reiches

Es wäre natürlich übertrieben, wenn man behaupten wollte, daß **23** das heutige Verfassungsrecht unmittelbar an Institutionen und Regelungen des 1806 zu Ende gegangenen Rechts des Deutschen Reiches anknüpfte. Dazwischen liegen nicht nur 150–200 Jahre, sondern auch zahlreiche Umbrüche und Veränderungen. Bestimmte Traditionslinien lassen sich aber gleichwohl feststellen. 1000 Jahre Reichsgeschichte gehen nicht spurlos zu Ende. Zu diesen Traditionen gehört zunächst die *Rechtsstaatsidee*. Das Deutsche Reich war als Rechts- und Friedensordnung angelegt und hat sich als solche auch weitgehend bewährt. So ist es z. B. gelungen, die durch die Reformation ausgelösten konfessionellen Auseinandersetzungen – wenn auch erst nach mehreren Anläufen und ver-

heerenden Kriegen – verfassungsrechtlich zu überwinden und zu
domestizieren, während in Frankreich die konfessionelle Frage
durch den Mord an den Hugenotten im Jahre 1572 „gelöst" wurde
(sog. Bartholomäusnacht). Die Rechtsstaatsidee war auch die Basis
für die Reichsgerichte, das Reichskammergericht und den Reichshofrat. Auf sie geht der bis heute aktuelle Gedanke der justizförmi-
gen Erledigung politischer Streitfragen und vor allem des gerichtlichen Rechtsschutzes zurück. Ferner hat der für Deutschland typische Föderalismus seine Wurzeln im alten Deutschen Reich.
Während sich in Frankreich und England der Nationalstaat herausbildete, entwickelten sich in Deutschland auf der Landesebene
Territorialstaaten unterschiedlicher Größe und Qualität, die die
Aufgaben des neuzeitlichen Staates in der damals üblichen Form
der absoluten Monarchie übernahmen. Wenn das Reich in der
zeitgenössischen Literatur als „ein aus Staaten zusammengesetzter
Staat" bezeichnet wurde, so ist das die auch heute noch gängige
Umschreibung des Bundesstaates. Aber auch einzelne Institutionen
lassen sich bis auf das alte Deutsche Reich zurückführen. Die Parlamente des 19. Jahrhunderts, die sich zu den Parlamenten unserer
Zeit weiterentwickelten, knüpften an die Landstände früherer Jahr-
hunderte an. Der heutige Bundesrat, der in weltweit einmaliger
Weise eine gouvernementale Vertretung der Länder darstellt, läßt
sich nur erklären, wenn man bis auf den Reichstag des alten Deutschen Reiches zurückgeht.

III. Der Deutsche Bund (1815–1866)

24   Nach den erfolgreichen Befreiungskriegen und dem Sturz Napoleons (1813/1815) wurde zwar gelegentlich der Plan erwogen,
das alte Deutsche Reich wiederherzustellen oder zumindest die Institution des Kaisers wieder zu beleben, aber dann doch bald aufgegeben. Weite Kreise der Bevölkerung in Deutschland forderten
jedoch – getragen von der Begeisterung über die gerade auch
durch ihren Einsatz erreichte Befreiung vom napoleonischen Joch
– die Errichtung eines deutschen Nationalstaates mit bürgerlicher
Freiheit und demokratischer Mitbestimmung. Sie stießen dabei

jedoch auf Widerstand. Die deutschen Fürsten wollten ihre erlangte Souveränität nicht aufgeben. Die europäischen Großmächte
wollten eine stabile Friedensordnung unter Aufrechterhaltung der
bisherigen − „legitimen" − Herrschaftsstrukturen schaffen und zugleich verhindern, daß durch ein geeintes Deutschland das europäische Gleichgewicht beeinträchtigt werden könnte. Indessen war
der Reichsgedanke doch noch stark genug, um eine vollständige
Auflösung Deutschlands zu verhindern.

Auf dem Wiener Kongreß, auf dem die Staatsoberhäupter und   **25**
Minister Europas vom 1. 11. 1814 bis 9. 6. 1815 zusammenkamen,
um über die Neuordnung der europäischen Staatenwelt und die
Schaffung einer Friedensordnung zu befinden, wurde auch über
das Schicksal Deutschlands beraten und entschieden. Eine wichtige
Vorentscheidung war allerdings bereits durch den (ersten) Pariser
Frieden vom 30. 5. 1814 gefallen, dessen Art. 2 bestimmte, daß die
Staaten Deutschlands „indépendants et unis par un lien fédératif"
(unabhängig und durch ein föderatives Band vereinigt) sein werden. Ferner bestand Einigkeit darüber, daß die durch den Reichsdeputationshauptschluß von 1803 und seine Folgebeschlüsse säku-
larisierten und mediatisierten Territorien nicht wieder hergestellt
werden sollten. Im übrigen war die Neugestaltung Deutschlands im
einzelnen umstritten. Nach längeren Verhandlungen, an denen
auch die Großmächte teilnahmen, wurde schließlich im Wege der
Vereinbarung zwischen den „souveränen Fürsten und freien Städten Deutschlands" die Errichtung eines „Deutschen Bundes" beschlossen. Seine Rechtsgrundlagen bildeten:

− die Deutsche Bundesakte (DBA) vom 8. 6. 1815, durch die der Deutsche
  Bund gegründet und in seinen Grundzügen festgelegt wurde;
− die Wiener Schlußakte (WSA) vom 15. 5. 1820, durch die − von Vertretern
  der Mitgliedstaaten in Wien und sodann von der inzwischen konstituierten
  Bundesversammlung des Deutschen Bundes verabschiedet − die Deutsche
  Bundesakte in nicht weniger als 65 Artikeln aus- und weitergeführt wurde.

Der Deutsche Bund war kein Staat, auch kein Bundesstaat, son-   **26**
dern ein Staatenbund. Das wird in Art. 1 WSA ausdrücklich betont: „Der deutsche Bund ist ein völkerrechtlicher Verein der
deutschen souveränen Fürsten und freien Städte...". Der „Zweck"
des Deutschen Bundes bestand nach Art. 2 DBA in der „Erhaltung

der äußeren und inneren Sicherheit Deutschlands und der Unabhängigkeit und Unverletzbarkeit der einzelnen deutschen Staaten.“
Zu diesem Zweck konnte er als Völkerrechtssubjekt außenpolitisch
tätig werden und intern in den Bereich der Mitgliedstaaten eingreifen. Nach überwiegender, wenn auch umstrittener Auffassung
hatte er die Befugnis, im Rahmen seiner Aufgaben auch landesintern unmittelbar verbindliche Gesetze zu erlassen. In der Regel
bedurften seine Gesetze jedoch der Umsetzung durch die gesetzgebenden Organe der Einzelstaaten.

27   Das − einzige − Organ des Deutschen Bundes war die Bundesversammlung (auch Bundestag genannt), die unter dem Vorsitz
Österreichs in Frankfurt tagte. Über wesentliche Fragen hatte das
Plenum, im übrigen der Engere Rat zu entscheiden. Die Bundesversammlung war kein demokratisch gewähltes Gremium, sondern
bestand aus den weisungsgebundenen Bevollmächtigten der Regierungen der Mitgliedstaaten, entsprach also ihrer Struktur nach
dem früheren Reichstag und dem späteren Bundesrat der Reichsverfassung von 1871.

Der Deutsche Bund hatte zunächst 41 Mitglieder, nämlich 37 monarchisch
regierte Flächenstaaten (wenn von den souveränen Fürsten die Rede war, so
waren sie als Repräsentanten ihrer Staaten gemeint) und vier Stadtrepubliken
(Bremen, Hamburg, Frankfurt, Lübeck). Territorial deckten sich der Deutsche
Bund und das alte deutsche Reich. Daher gehörten Österreich und Preußen
nur mit denjenigen Gebieten zum Deutschen Bund, die früher Teil des deutschen
Reiches waren (so ausdrücklich Art. 1 DBA, vgl. im einzelnen *E. R. Huber*,
VerfGesch. I, S. 586 f.). Andererseits waren auch ausländische Monarchen Mitglieder des Deutschen Bundes, wenn und soweit sie in Personalunion Gebiete
beherrschten, die früher zum deutschen Reich gehörten, nämlich der englische
König für Hannover (bis 1837), der dänische König für Holstein und der
niederländische König für Luxemburg.

28   In den ersten Jahrzehnten seines Bestehens machte der Deutsche
Bund unter der Führung von Österreich und seinem Staatskanzler
Metternich von seinen Befugnissen extremen Gebrauch, um freiheitlich-demokratische Bestrebungen in den Mitgliedstaaten zu
unterdrücken und bei Auseinandersetzungen zwischen den Fürsten
und den Landtagen zugunsten der ersteren einzugreifen. Als Instrument und Symbol der Restauration ist er daher in der Bevölkerung
auf Ablehnung gestoßen. Die positiven Aspekte und Möglichkeiten
traten dagegen kaum in Erscheinung, so etwa die in Art. 16, 17

DBA anerkannten Rechte der Bürger und die aufgrund des Art. 63 WSA erlassenen Gesetze (die Allgemeine Deutsche Wechselordnung von 1848 und das Allgemeine Deutsche Handelsgesetzbuch von 1861). Die zunehmende Rivalität zwischen Österreich und Preußen nach 1850 lähmte schließlich die Bundespolitik. 1866 trat Preußen aus dem Bund aus, obwohl Art. 5 WSA einen Austritt ausdrücklich verboten hatte. Es kam zum Krieg zwischen Österreich und Preußen. Im Prager Friedensvertrag vom 23. 8. 1866 anerkannte Österreich ausdrücklich die Auflösung des Deutschen Bundes und gab seine Zustimmung zu einer neuen Gestaltung Deutschlands ohne Beteiligung Österreichs (Art. IV des Friedensvertrages).

IV. Leitbilder ausländischer Verfassungen

Der Deutsche Bund bildet sicherlich ein wesentliches Bindeglied **29** in der deutschen Verfassungsgeschichte zwischen dem 1806 aufgelösten alten Deutschen Reich und dem 1867/1871 von Bismarck geschaffenen Deutschen Reich; er ist auch für die Kontinuität des gesamtdeutschen Bewußtseins von erheblicher Bedeutung. Aber zur Weiterentwicklung des Verfassungsrechts, vor allem in demokratischer und rechtsstaatlicher Sicht, hat er so gut wie nichts beigetragen. Sie erfolgte vielmehr durch die im Laufe des 19. Jahrhunderts erlassenen Verfassungen der deutschen Einzelstaaten. Der Verfassungsstaat hat sich – wenn auch nur schubweise und zum Teil nach heftigen Auseinandersetzungen – zunächst auf der Landesebene herausgebildet und ist dann von dort aus in die später erlassenen Reichsverfassungen eingegangen. Das gilt im Prinzip auch für die nicht rechtswirksam gewordene Frankfurter Reichsverfassung von 1849, die allerdings dann ihrerseits wiederum Vorbildcharakter erlangte. Der Verfassungsstaat ist übrigens kein deutsches Eigengewächs. Es läßt sich zwar nicht bestreiten, daß die Aufklärung, die Naturrechtsvorstellungen und die Staatslehre des 18. Jahrhunderts wesentlichen Einfluß auf die weitere Entwicklung hatten. Aber sie blieben doch weitgehend Theorie. Die Umsetzung in rechtliche Formen und Institutionen erfolgte nicht in Deutschland, sondern in Nordamerika und in Frankreich, die ihrerseits an die Verfassungsentwicklung in England anknüpfen konnten.

Die Entstehung der nordamerikanischen und der französischen Verfassungen gehört daher zur Vorgeschichte der deutschen Verfassunggebung und ist damit Teil der deutschen Verfassungsgeschichte. Deshalb soll im folgenden wenigstens kurz darauf eingegangen werden. Das gibt auch die Gelegenheit, an historischen Beispielen die (unterschiedlichen) Grundlagen und Funktionen der Verfassung zu zeigen.

1. Die Verfassungen der Vereinigten Staaten von Amerika

30   Die Geschichte der neuzeitlichen Verfassung beginnt in der zweiten Hälfte des 18. Jahrhunderts in Nordamerika. Sie steht in engem Zusammenhang mit der Trennung der 13 englischen Kolonien vom englischen Mutterland. Da sich die englischen Siedler in Nordamerika durch den englischen König und das englische Parlament zunehmend unterdrückt und in ihrer Existenz bedroht fühlten, kam es zum Aufruhr und schließlich zur Trennung von England. Zur Rechtfertigung dieses Schrittes wurde auf den Vorrang der Grund- und Freiheitsrechte verwiesen. In der Unabhängigkeitserklärung vom 4. 7. 1776 wird betont, daß alle Menschen von Geburt gleich sind, daß sie von ihrem Schöpfer mit gewissen, unveräußerlichen Rechten ausgestattet sind, daß dazu Leben, Freiheit und das Streben nach Glück gehören, ferner daß zur Sicherung dieser Rechte Regierungen unter den Menschen eingerichtet sind, welche ihre rechtmäßige Gewalt von der Zustimmung der Regierten herleiten, und daß, wenn eine Regierungsform diesem Zwecke nicht mehr entspricht, das Volk das Recht hat, sie zu ändern oder abzuschaffen und eine neue Regierung einzusetzen und diese auf solche Grundsätze aufzubauen und ihre Befugnis in solche Formen zu kleiden, die die Sicherheit und das Glück des Volkes zu gewährleisten scheinen.

31   Die Unabhängigkeitserklärung schloß sich damit der kurz vorher verabschiedeten Grundrechtsdeklaration des Staates Virginia an, der Bill of Rights of Virginia vom 12. 6. 1776, die die erste und zugleich klassische Formulierung der Grund- und Freiheitsrechte darstellt und später auf dem europäischen Kontinent als Vorbild übernommen wurde. Die englischen Kolonien konstituierten sich

als Staaten und erließen Verfassungen, die neben einem entsprechendem Grundrechtskatalog die Organisation des Staates und die Kompetenzen der Staatsorgane festlegten. Nach einem kurzen Zwischenstadium als Staatenbund wurde mit dem Erlaß der Bundesverfassung von 1787 der Zusammenschluß der Einzelstaaten zu einem Bundesstaat, den Vereinigten Staaten von Amerika (United States of America, USA), vollzogen.

Die damaligen Verfassungen dienten der Konstituierung des **32** Staates. Nach der Trennung vom englischen Mutterland mußten handlungsfähige Staatsorgane geschaffen und damit die Staatsgewalt begründet werden. Zugleich sollte aber im Blick auf die schlechten Erfahrungen der Vergangenheit die Staatsgewalt hinreichend begrenzt werden. Die maßgeblichen Prinzipien waren:

– der Volkssouveränität als Grundlage der gesamten Staatsgewalt;
– die Gewährung von Grundrechten zur Sicherung von Freiheit und Gleichheit der Menschen gegenüber der Staatsgewalt;
– die Gewaltenteilung, d. h. Verteilung der staatlichen Macht auf verschiedene, sich gegenseitig begrenzende und kontrollierende Staatsorgane;
– ferner für den Gesamtstaat: die Bundesstaatlichkeit, d. h. Schaffung eines gemeinsamen Staates unter Fortbestand der bisherigen Einzelstaaten mit Verteilung der staatlichen Aufgaben auf den Gesamtstaat und die Einzelstaaten.

Diese Verfassungsprinzipien sind heute Allgemeingut. Bedenkt **33** man jedoch, daß damals in Europa – von der Schweiz abgesehen – überall noch die absolute Monarchie herrschte, dann wird deutlich, daß es sich um grundlegende Neuerungen handelte, die politische Tendenzen der Zeit aufnahmen und somit beispielhaft wirken konnten. Sie haben auch die deutschen Verfassungen auf ihren jeweiligen historischen Stufen nachhaltig beeinflußt.

Vgl. dazu näher mit Nachweisen im einzelnen *K. Stern,* Grundideen europäisch-amerikanischer Verfassungsstaatlichkeit, 1984; *H. Steinberger,* 200 Jahre amerikanische Bundesverfassung. Zu den Einflüssen des amerikanischen Verfassungsrechts auf die deutsche Verfassungsentwicklung, 1987; *J.-D. Kühne,* 200 Jahre: Amerikanische Verfassung und deutsche Verfassungsstrukturen, Festschrift der rechtswissenschaftlichen Fakultät zur 600-Jahr-Feier der Universität zu Köln, 1988, S. 747 ff.; *B. Schulz,* Ursprünge unserer Freiheit, 1989; *B. Pieroth,* Amerikanischer Verfassungsexport nach Deutschland, NJW 1989, 1333 ff.; *H. Dippel,* Die amerikanische Verfassung in Deutschland im 19. Jahrhundert, 1994; *Frotscher/Pieroth,* VerfGesch. S. 9 ff.; ferner allgemein zum Verfassungsrecht der USA *W. Brugger,* Einführung in das öffentliche Recht der USA, 2. Aufl. 2002.

2. Die französischen Verfassungen

34　Auf dem europäischen Kontinent beginnt die Verfassungsentwicklung mit der französischen Revolution von 1789. Der französische König hatte angesichts der zunehmenden politischen und
finanziellen Schwierigkeiten nach vielen Jahren wieder die „Gene-
ralstände" einberufen, die je zu einem Drittel aus Vertretern des
Adels, des Klerus und des Bürgertums bestanden. Nachdem es dort
wegen des Stimmrechts zu Konflikten kam, erklärten sich die Vertreter des Dritten Standes, des Bürgertums, am 6. 7. 1789 zur verfassunggebenden Nationalversammlung. Am 14. 7. 1789 kam es
zum Sturm auf die Bastille, der seitdem als Beginn der Französischen Revolution gefeiert wird. Es folgten Unruhen und Aufstände
im ganzen Land. Daraufhin beschloß die Nationalversammlung in
der Nacht zum 5. 8. 1789 den Feudalismus mit allen Vorrechten
des Adels und des Klerus abzuschaffen. Kurz darauf, am 26. 8.
1789, verkündete sie die „Déclaration des droits de l'homme et du
citoyen" (Erklärung der Menschen- und Bürgerrechte), die sich
weitgehend an die amerikanischen Grundrechtserklärungen an-
schloß. Erst nach längeren und kontroversen Beratungen und zwischenzeitlich erlassenen verfassungsrechtlichen Einzelregelungen
wurde am 3. 9. 1791 die (erste) französische Verfassung erlassen.

35　Die Eigenart der französischen Entwicklung wird deutlich, wenn
man sie mit der Verfassunggebung in den nordamerikanischen
Staaten vergleicht. In beiden Fällen beruhten die Verfassungen auf
der verfassunggebenden Gewalt des Volkes, zumindest beriefen
sich die verfassunggebenden Versammlungen darauf. Während dies
aber in Amerika schon mangels einer Alternative geradezu selbstverständlich war, bedeutete das in Frankreich angesichts der bislang
bestehenden absoluten Monarchie einen Bruch mit der Vergangenheit. Ferner ging es in Frankreich – im Gegensatz zu Amerika –
nicht um die Neugründung eines Staates, sondern um die Neuordnung eines Staates, aber diese Neuordnung griff tief in die bisherige
staatliche Struktur ein und erfaßte darüber hinaus, ja sogar primär
den gesellschaftlichen Bereich. Die Grundrechtserklärung zielte
nicht nur auf die Beschränkung der staatlichen Gewalt, sondern
auch und vor allem auf die Abschaffung der bisherigen Feudal-

rechte und Privilegien des Adels. Mit ihr sollte die ständisch-feudale Gesellschaftsordnung beseitigt und das bürgerliche Zeitalter eingeläutet werden. Dagegen spielten diese gesellschaftspolitischen Aspekte für die amerikanischen Grundrechtserklärungen keine Rolle. Die englischen Siedler bildeten eine relativ homogene Gruppe; an die Ureinwohner, die Negersklaven und sonstige „Außenseiter" dachte man (noch) nicht. Schließlich zeigen sich auch im engeren staatlichen Bereich bemerkenswerte Unterschiede. Zwar wird in der französischen Verfassung von 1791 – in Anlehnung an die Lehre von Jean-Jacques Rousseau – die Volkssouveränität nachdrücklich betont, aber das auf der Erbfolge beruhende Königtum doch nicht ganz abgeschafft. Vielmehr wird unter Übernahme der von Charles de Montesquieu entwickelten Gewaltenteilungslehre versucht, das überkommene monarchische Prinzip und die neue demokratische Bewegung dadurch zu verbinden, daß die Legislative der Volksvertretung und die Exekutive dem Monarchen zugewiesen werden. Legislative und Exekutive werden also nicht nur – wie in Amerika – auf zwei jeweils demokratisch legitimierte Staatsorgane (Repräsentantenhaus und Präsident), sondern auf zwei eigenständige politisch-soziale Machtträger, nämlich die Volksvertretung und den Monarchen, verteilt. Der König ist nach diesem Konzept nicht mehr Inhaber der gesamten Staatsgewalt, aber doch noch ein eigenständiges Staatsorgan und Träger der Exekutive.

Zu bemerken ist noch, daß genau genommen nicht die französische Verfassung vom 3. 9. 1791, sondern die polnische Verfassung vom 3. 5. 1791 die erste kontinental-europäische Verfassung ist. Sie nahm das Gedankengut der französischen Revolution auf, enthielt aber auch eigene Züge. Allerdings war ihre Lebensdauer beschränkt, da sie bereits mit der zweiten polnischen Teilung 1793 ihr Ende fand. Vgl. dazu *G.-Ch. von Unruh,* Die polnische Konstitution vom 3. Mai 1791 im Rahmen der Verfassungsentwicklung der europäischen Staaten, Der Staat Bd. 13 (1974), S. 185 ff.; *J. Masing,* Die polnische Verfassung von 1791 – eine Brücke in den modernen Verfassungsstaat, JZ 2002, 428 ff.; in zeitgenössischer Sicht *Mehée,* Geschichte der vermeintlichen Revolution Pohlens, 1793 (mit Abdruck der Verfassung in deutscher Übersetzung S. 48 ff.). Die Verfassung ist ferner abgedruckt bei *K. H. L. Pölitz,* Die europäischen Verfassungen seit dem Jahre 1789 bis auf die neueste Zeit, Bd. III, 2. Aufl. 1833, S. 8 ff.

Die französische Verfassung von 1791 bestand nur kurze Zeit. **37** Die revolutionäre Entwicklung in Frankreich überstürzte sich. Sie schlug sich auch in immer wieder neuen, nur kurz oder überhaupt nicht mehr wirksam werdenden Verfassungen nieder, so in der radikal-demokratischen Verfassung von 1793, die den König auch als Träger der Exekutive beseitigte, dann in der repräsentativ-demokratischen Direktorialverfassung von 1795 und schließlich in der Konsulatsverfassung von 1799, die in Napoleons Alleinherrschaft und „Kaisertum" einmündete.

38   Nach dem Sturz Napoleons und der Wiedereinführung der Bourbonen-Monarchie kam es wieder zu einer neuen Verfassung, der sog. Charte constitutionelle vom 6. 4. 1814. Sie wurde von König Ludwig XVIII einseitig erlassen, beruhte also nicht auf der verfassunggebenden Gewalt des Volkes, sondern der des Monarchen. Sie betonte auch das monarchische Prinzip, gewährleistete aber andererseits die Grundrechte und die Mitwirkung der Volksvertretung bei der Gesetzgebung einschließlich der Festsetzung der Steuern. Als Prototyp der „konstitutionellen Verfassung" hat sie in der Folgezeit die Verfassungsentwicklung in Europa, insbesondere in Deutschland, wesentlich beeinflußt.

39   In Frankreich selbst war sie freilich nicht von langer Dauer. Entsprechend der bewegten politischen Geschichte Frankreichs im letzten Jahrhundert – Juli-Revolution 1830, Februar-Revolution 1848, Staatsstreich und Einführung des „Kaisertums" durch Napoleon III. 1851/52, Ausrufung der Republik 1870 – wurden jeweils wieder neue Verfassungen erlassen, die die veränderten politischen Konstellationen einzufangen versuchten. Fast alle denkbaren Spielarten konstitutioneller und republikanischer Verfassungen sind seit 1791 in Frankreich konzipiert und zum Teil auch durchexerziert worden. Sie hatten – bis zur Jahrhundertmitte – jeweils auch Auswirkungen auf das benachbarte Deutschland.

Vgl. dazu *E. v. Meier,* Französische Einflüsse auf die Staats- und Rechtsentwicklung Preußens im XIX. Jahrhundert, 2 Bde., 1907/08; *A. Lebon,* Das Verfassungsrecht der französischen Republik, 1909; *R. Redslob,* Die Staatstheorien der französischen Nationalversammlung von 1789, 1912; *P. C. Hartmann,* Französische Verfassungsgeschichte der Neuzeit (1450–1980), 1985; *ders.,* Geschichte Frankreichs, 1999; *W. Rudolf,* Die französische Menschenrechtserklärung und ihre Wirkungen in Deutschland, Festschrift für P. Schneider, 1990, S. 430 ff.; *J.-D. Kühne,* Die französische Menschen- und Bürgerrechtserklärung im Rechtsvergleich mit den Vereinigten Staaten und Deutschland, JÖR Bd. 39 (1990) S. 1 ff.; *Frotscher/Pieroth,* VerfGesch. Rn. 52 ff.

V. Die Verfassunggebung in Deutschland seit 1800

1. Die Landesverfassungen im 19. Jahrhundert

Da der nach den Befreiungskriegen erhoffte deutsche National- **40**
staat nicht zustande kam, war die Verfassungsfrage zunächst eine
Angelegenheit der deutschen Einzelstaaten. Allerdings bestanden
bestimmte bundesrechtliche Vorgaben (die übrigens zeigen, daß
der Deutsche Bund teilweise über den Charakter eines Staatenbundes hinaus ging und bundesstaatliche Züge hatte).

In Art. 13 DBA heißt es noch sehr zurückhaltend und sibyllinisch: „In allen
Bundesstaaten wird eine landständische Verfassung stattfinden." Fraglich war,
ob dazu eine Pflicht bestand („wird" stattfinden); fraglich war ferner, ob mit
den Landständen die früheren Ständevertretungen oder (auch) die Volksvertretungen i. S. der französischen Verfassungsentwicklung und der liberal-demo-
kratischen Forderungen in Deutschland gemeint waren. Art. 54 ff. WSA waren
ausführlicher. Sie begründeten eine Pflicht zum Erlaß landständischer Verfassungen („soll" stattfinden), betonten aber auch das monarchische Prinzip.
Art. 57 WSA bestimmte, daß der souveräne Fürst Inhaber der gesamten Staatsgewalt bleiben müsse und „durch eine landständische Verfassung nur in der
Ausübung bestimmter Rechte an die Mitwirkung der Stände gebunden werden" könne (Art. 57 WSA). Ferner übernahm der Bund Garantiepflichten und
behielt sich im Falle von Verfassungsverletzungen und Unruhen in den Mitgliedstaaten Interventionen vor (Art. 25 ff. WSA).

Die Verfassunggebung in den deutschen Bundesstaaten verlief **41**
gleichsam in drei Wellen: Den Anfang machten die süddeutschen
Staaten (Bayern 1818, Baden 1818, Württemberg 1819, Hessen-
Darmstadt 1820), ihnen folgten nach den durch die französische
Juli-Revolution 1830 ausgelösten Unruhen einige mitteldeutsche
Staaten (Hessen-Kassel 1831, Sachsen 1831, Braunschweig 1832,
Hannover 1833), schließlich zogen nach der aus Frankreich über-
greifenden Revolution von 1848 Preußen (1848/1850) und
Österreich (1849/1867) nach.

Genau genommen beginnt die Verfassungsentwicklung bereits einige Jahre
früher, in Nassau (1814), Sachsen-Weimar-Eisenach (1816) und einigen weiteren Kleinstaaten des sächsisch-thüringischen Bereichs. Sie regelten vor allem
die Bildung und die Befugnisse der Stände (Parlamente), insbesondere ihre
Mitwirkung bei der Gesetzgebung, enthielten aber teilweise auch grundrechtliche Verbürgungen. Diese und weitere Verfassungstexte bis 1832 sind abgedruckt bei *Pölitz*, Die europäischen Verfassungen seit dem Jahre 1789 bis auf

die neueste Zeit, Band I, 2. Aufl. 1832. – Die meisten der seit 1818 erlassenen Verfassungen galten bis 1918. Bayern, Baden und Württemberg konnten also noch das (fast) hundertjährige Bestehen ihrer Verfassung feiern, vgl. dazu die Darstellungen von *M. Doeberl, Ein Jahrhundert bayerischen Verfassungslebens*, 1918; *R. Goldschmit, Geschichte der Badischen Verfassungsurkunde 1818–1918*, 1918; *A. E. Adam, Ein Jahrhundert Württembergischer Verfassung*, 1919. – Der Vollständigkeit halber sei noch bemerkt, daß bereits im Rheinbund (1806–1812) auf Veranlassung von Napoleon Verfassungen ergingen (in Westfalen 1807 und in Bayern 1808), die aber mehr im Kontext der Napoleonischen Hegemonialpolitik als in der konstitutionellen Entwicklung standen, vgl. dazu *D. Grimm, Deutsche Verfassungsgeschichte 1766–1866*, 1988 S. 55 ff.

42   Für die erste Runde, die süddeutschen Verfassungen, waren unterschiedliche Gründe maßgeblich. Einmal sollte die liberal-demokratische Bewegung des Bürgertums verfassungsrechtlich aufgefangen und eingebunden werden, zum anderen sollte – vor allem in Baden und in Württemberg – die Bevölkerung der neu gewonnenen Gebiete durch eine gemeinsame Verfassung in den Staat integriert werden (Verfassung als Integrationsfaktor), drittens sollten – das war vor allem das Bestreben der höheren Beamtenschaft – der Staat und seine Verwaltung auf eine feste, von der jeweiligen Person des Monarchen unabhängige Basis gestellt werden, viertens sollten gegenüber möglichen Beschränkungen und Eingriffen des Deutschen Bundes, insbesondere durch die noch ausstehende Wiener Schlußakte, rechtliche Fakten geschaffen werden, und schließlich sollten mit Hilfe der Verfassung und ihren Festlegungen Ansprüche anderer Staaten abgewehrt werden (so etwa Gebietsansprüche Bayerns gegenüber Baden 1817/1818).

43   Die württembergische Verfassung kam durch Vereinbarung zwischen dem König und der Volksvertretung zustande, war also ein echter Verfassungsvertrag. Die anderen süddeutschen Verfassungen wurden einseitig vom Monarchen erlassen. Sie werden daher auch als oktroyierte Verfassungen bezeichnet. Dieser Ausdruck ist jedoch mißverständlich. Die Verfassungen wurden nicht als fremdes Recht aufgezwungen, sondern entsprachen durchaus – wenn auch nicht vollständig – den Vorstellungen und Forderungen des Bürgertums. Es handelte sich um ein Entgegenkommen und eine Selbstbindung des Monarchen; der „Oktroi", der Einflußnahmen der Volksvertretung im Vorfeld nicht ausschloß (so in Hessen), war auch unwiderruflich. Der Monarch konnte die Verfassung nicht mehr einseitig, sondern nur noch im Wege der Gesetzgebung und sonach nur noch mit Zustimmung der Volksvertretung, also gleichsam durch Vereinbarung, aufheben oder abändern. Das bestätigt, daß es doch mehr war als ein einseitiger Oktroi!

Die nach 1830 in den mitteldeutschen Staaten erlassenen Ver-   **44**
fassungen und die preußischen Verfassungen (die oktroyierte Verfassung von 1848 und die revidierte Verfassung von 1850) kamen
aufgrund von Unruhen und revolutionären Aufständen zustande.
Sie wurden also gleichsam dem Monarchen aufgezwungen, was
freilich nicht ausschloß, daß er ihren Inhalt maßgebend bestimmt.
Daher ist es auch nicht verwunderlich, daß es in der Folgezeit
immer wieder zu tiefgreifenden Verfassungskonflikten kam. Formal
sind sie vom Monarchen im Wege der Gesetzgebung mit Zustimmung des (ständischen) Landtags erlassen worden. Lediglich die
preußische Verfassung von 1848 war oktroyiert, wurde dann aber
durch die mit Zustimmung des Landtags erlassene Verfassung von
1850 „revidiert" und ersetzt.

Die Verfassungstexte sind u. a. abgedruckt bei *H. A. Zachariä*, Die deutschen
Verfassungsgesetze der Gegenwart, 1855, und 2 Erg.bde., 1858, 1862;
E. R. Huber, Verfassungsdokumente I, S. 155 ff. Die neuen Landesverfassungen
beflügelten auch die Staatsrechtslehre, die nun von einer umfassenden positiv-
rechtlichen Regelung ausgehen konnte. Dementsprechend erschienen bald –
vor allem in Bayern und in Württemberg, später auch in Preußen – systematische Darstellungen des geltenden Staatsrechts auf der Grundlage der jeweiligen
Landesverfassung; vgl. etwa *R. v. Mohl*, Das Staatsrecht des Königreiches
Württemberg, 2 Bde., 1. Aufl. 1829/1832, 2. Aufl. 1840; *J. Schmelzing*, Staatsrecht des Königreichs Bayern, 2 Bde., 1820/21; *J. Pözl*, Lehrbuch des Bayerischen Verfassungsrechts, 1851, 5. Aufl. 1877 (weitere Nachw. zur relativ umfangreichen Staatsrechtsliteratur Bayerns in der 1. Hälfte des 19. Jahrhunderts
bei *R. Piloty*, Ein Jahrhundert bayerischer Staatsrechts-Literatur, Festschrift für
Laband, Bd. I, 1908, S. 203 ff.); *L. v. Rönne*, Das Staats-Recht der preußischen
Monarchie, 2 Bde., 1. Aufl. 1856/1863, 4. Aufl. (4 Bde.) 1881/1884.

Die Landesverfassungen des 19. Jahrhunderts entsprachen dersel-   **45**
ben Konzeption, die üblicherweise mit dem Begriff „*Konstitutionalismus*" (konstitutionelle Verfassung, konstitutionelle Monarchie
usw.) bezeichnet wird. Sie stimmten daher trotz gewisser Entwicklungen im Laufe des Jahrhunderts und trotz gewisser Unterschiede
im einzelnen grundsätzlich überein. Die süddeutschen Verfassungen von 1818/1820 folgten, wie bereits bemerkt wurde, weitgehend der französischen Verfassung von 1814 und wurden dann
wieder zum Vorbild für die späteren Landesverfassungen. Danach
war und blieb der Monarch Inhaber der Staatsgewalt. Er wurde
aber verfassungsrechtlich – konstitutionell – beschränkt, und zwar

zum einen durch die Mitwirkungsrechte der neu gebildeten Volksvertretung bei der Gesetzgebung (einschließlich der Steuer-bzw.
Haushaltsbewilligung und der Verfassungsänderung) und zum
anderen durch die Gewährung von Grundrechten. Beide Beschränkungen standen im engen Zusammenhang. Die monarchische Exekutive durfte in Freiheit und Eigentum des Bürgers, also
in den privaten und gesellschaftlichen Bereich, nur regelnd eingreifen, wenn und soweit sie dazu durch Gesetz, d.h. durch ein
mit Zustimmung der Volksvertretung erlassenes Gesetz, ermächtigt
wurde (Gesetzesvorbehalt). Im übrigen konnte der Monarch nach
wie vor frei entscheiden (so vor allem im Blick auf den internen
Bereich der Verwaltung, die Außenpolitik und das Heerwesen).
Die Zuständigkeit der Volksvertretung, nicht die des Monarchen,
bedurfte eines verfassungsrechtlichen Titels. Der Monarch konnte
auch die Minister frei berufen und entlassen; er war aber durch das
Institut der Gegenzeichnung insoweit gebunden, als seine Anordnungen nur Gültigkeit erlangten, wenn sie von seinem Minister
gegengezeichnet und damit gebilligt wurden, der seinerseits wiederum dafür vor dem Parlament Rede und Antwort stehen mußte.

46   Wenn bislang vereinfachend von der „Volksvertretung" die Rede war, so
darf sie nicht dem Parlament i.S. des modernen Verfassungsrechts gleichgesetzt
werden, in dem – nach den Grundsätzen der egalitären Gleichheit – alle Bürger gleichmäßig vertreten sind. Nach dem damals allgemein geltenden, wenn
auch unterschiedlich ausgestalteten Zensuswahlrecht war das Wahlrecht des
einzelnen an Grundvermögen oder bestimmte Steuerleistungen gebunden und
damit dem besitzenden Bürger vorbehalten. Die Frauen wurden ohnehin nicht
berücksichtigt. Ferner bestanden in den meisten Ländern zwei Kammern,
neben der zweiten Kammer als Volksvertretung in dem soeben dargelegten
eingeschränkten Sinn, die erste Kammer, die aus Repräsentanten des Herr-
scherhauses, des hohen Adels und bestimmter Institutionen (etwa Kirchen und
Universitäten) sowie vom Monarchen frei berufener Personen bestand und
somit gleichsam das aristokratische Element verkörperte. Die beiden Kammern
waren gleichberechtigt. Die Gesetze bedurften daher nicht nur der Zustimmung der zweiten Kammer (der Volksvertretung), sondern auch der ersten
Kammer, die damit – anders gewendet – jedes Gesetzesvorhaben durch ihr
Veto verhindern konnten.

47   Die konstitutionelle Verfassung beruht – zumindest in der historischen Perspektive – auf einen Kompromiß zwischen dem überkommenen monarchischen Prinzip und dem neu aufkommenden demokratisch-parlamentarischen
Prinzip. Strittig ist, ob der Konstitutionalismus des letzten Jahrhunderts einen
eigenständigen Verfassungstyp darstellte (so *E. R. Huber*, VerfGesch. III, S. 4 ff.)

oder nur eine Übergangserscheinung zwischen der absoluten Monarchie und der parlamentarischen Demokratie war (so *E.-W. Böckenförde, Der Verfassungstyp der deutschen konstitutionellen Monarchie im 19. Jahrhundert*, in: ders., Moderne deutsche Verfassungsgeschichte (1815–1918), 1972, 146 ff.). Diese Streitfrage ist jedoch eher theoretischer Natur. Historisch steht die konstitutionelle Monarchie zwischen der absoluten Monarchie des 17./18. Jahrhunderts und der parlamentarischen Demokratie des 20. Jahrhunderts. Vgl. im einzelnen zur Ausgestaltung des konstitutionellen Staatsrechts, insbesondere auch zur Entwicklung vom Frühkonstitutionalismus im Vormärz zum Spätkonstitutionalismus in der zweiten Jahrhunderthälfte, die allerdings mehr terminologischer und politischer als verfassungsrechtlicher Art war, die einschlägigen Lehrbücher zur Verfassungsgeschichte (unten Rn. 83).

2. Die Frankfurter Reichsverfassung von 1849

Die französische Februarrevolution von 1848 griff rasch und tiefgreifend auf ganz Europa über. In Deutschland kam es zu Versammlungen und Demonstrationen, zu Aufruhr und militärischen Gegenaktionen. Ziel der revolutionären Bewegung war die Anerkennung der bürgerlichen und politischen Freiheiten und die Herstellung des deutschen Nationalstaates, über dessen Ausgestaltung allerdings noch sehr unterschiedliche Vorstellungen bestanden. Während die Liberalen zwar für eine Stärkung des Parlaments, aber doch im Rahmen einer konstitutionellen Monarchie votierten, setzten sich die Radikaldemokraten für eine deutsche Republik ein. Die Fürsten wichen zunächst zurück und machten Zugeständnisse. Sie setzten liberale Minister ein und stimmten der Einberufung von verfassunggebenden Versammlungen in ihren Ländern und auf der gesamtdeutschen Ebene zu. **48**

Am 18. 5. 1848 trat die am 1. 5. 1848 unmittelbar vom Volk gewählte verfassunggebende Nationalversammlung in der Frankfurter Paulskirche zusammen. Sie nahm die oberste Gewalt für sich in Anspruch, erließ am 28. 6. 1848 das Reichsgesetz über die Einführung einer provisorischen Zentralgewalt für Deutschland und wählte Erzherzog Johann von Österreich zum Reichsverweser, d. h. zum provisorischen Staatsoberhaupt, der seinerseits eine Reichsregierung bildete. Sodann wandte sie sich mit der Beratung der Grundrechte der eigentlichen Verfassungsarbeit zu. Man hat ihr später vorgeworfen, daß sie in typisch deutscher Manier zunächst die Grundsatzfragen diskutiert habe, anstatt gleich die aktuellen **49**

Organisationsprobleme zu lösen. Indessen mußte nach den damaligen Verfassungsvorstellungen zunächst das Verhältnis von Staat und Bürger geklärt werden. Das war bei der Verfassunggebung nach der nordamerikanischen Sezession (1776) und nach der französischen Revolution (1789) nicht anders. Der Grundrechtskatalog wurde vorweg verabschiedet und durch Reichsgesetz vom 27. 12. 1848 (RGBl. S. 49) in Kraft gesetzt. Die sodann anstehenden staatsorganisatorischen Fragen stießen auf erhebliche Schwierigkeiten und Kontroversen. Es ging um die Alternativen kleindeutsch (ohne Österreich) oder großdeutsch (mit Österreich), unitarisch oder föderalistisch, Monarchie oder Republik, Erbkaisertum oder Wahlkaisertum, Ein-Kammer-System oder Zwei-Kammer-System usw., wobei es zwischen den jeweiligen Alternativen eine ganze Reihe von Zwischenlösungen und Schattierungen gab.

50   Am 27. 3. 1849 wurde die Reichsverfassung von der Nationalversammlung beschlossen und am folgenden Tag von ihrem Präsidenten ausgefertigt und im Reichsgesetzblatt verkündet. Wegen ihres Entstehungsortes wird sie üblicherweise als Frankfurter Reichsverfassung oder Paulskirchenverfassung bezeichnet. Sie ist die erste deutsche Verfassung, die ausschließlich auf demokratischer Grundlage beruht und somit ausschließlich demokratisch legitimiert ist. Eine Einbeziehung der Fürsten in die Verfassunggebung war nicht vorgesehen und erfolgte auch nicht. Gleichwohl orientierte sich die Frankfurter Reichsverfassung inhaltlich am Prinzip der konstitutionellen Monarchie, verknüpfte diese aber mit bundesstaatlichen, liberalen, demokratischen und rechtsstaatlichen Prinzipien, was immer wieder zu Kompromissen nötigte.

51   Die Ausübung der Staatsgewalt wird – entsprechend dem Bundesstaatsprinzip – zwischen dem Reich und den Einzelstaaten geteilt. Reichsoberhaupt ist der durch Erbfolge bestimmte Monarch, der über die von ihm bestellte Reichsregierung die Exekutive ausübt. Der Reichstag, der aus dem (föderativen) Staatenhaus und dem (vom Volk gewählten) Volkshaus besteht, ist vor allem für die Gesetzgebung des Reiches und die Feststellung des Reichshaushalts zuständig. Bemerkenswert ist ferner, daß ein Reichsgericht gebildet werden sollte, das nicht nur für verfassungsrechtliche Organ- und Föderativstreitigkeiten, sondern auch für „Klagen deutscher Staatsbürger wegen Verletzung der durch die Reichsverfassung ihnen gewährten Rechte", also für Verfassungsbeschwerden, zuständig ist. Der bereits Ende 1848 verkündete Grundrechtskatalog wird als Abschnitt VI (§§ 130–189) in die Verfassung eingefügt.

Die Verfassung des Deutschen Reiches von 1849 ist bekanntlich **52**
nicht rechtswirksam geworden. Der König von Preußen, Friedrich
Wilhelm IV, der am 28. 3. 1849 von der Nationalversammlung
zum deutschen Kaiser gewählt wurde, lehnte ab. Die Gegenbewe-
gung hatte bereits eingesetzt. Die Monarchie erstarkte wieder. Die
Fürsten waren offensichtlich nicht bereit, auf ihre Souveränität
ganz oder auch nur teilweise zu verzichten, insbesondere nicht in
einem und für einen Staat, der auf einer demokratischen Legitima-
tionsgrundlage beruhen sollte. Gleichwohl hat die Frankfurter
Reichsverfassung einen erheblichen Einfluß auf die künftige deutsche Verfassungsentwicklung ausgeübt. Mit ihren klaren Formulierungen und Begriffen, der Festlegung liberaler Rechte, der
Ausgestaltung des Bundesstaatsprinzips, der Errichtung der Verfassungsgerichtsbarkeit usw. schuf sie geradezu ein Arsenal von Vorstellungen und Möglichkeiten für spätere Verfassungsdiskussionen.

Eine ganze Reihe von Regelungen und Prinzipien des Grundgesetzes er- **53**
scheinen bereits in der Frankfurter Reichsverfassung und sind – teils über die
Reichsverfassung von 1871 und die Weimarer Reichsverfassung, teils aber
auch unmittelbar – mehr oder weniger modifiziert von dort übernommen
worden, so etwa eine Reihe von Grundrechten, die Verfassungsgerichtsbarkeit einschließlich der Verfassungsbeschwerde, das Bundesstaatsprinzip mit
seinen Vorschriften über die Abgrenzung der Kompetenzen von Bund und
Ländern. Da die Frankfurter Reichsverfassung ihrerseits wiederum Anleihen
bei der Bundesverfassung der USA machte, bildet sie zugleich das Medium für
den Einfluß amerikanischer Verfassungsvorstellungen. All das sind Gesichtspunkte, die bei der Bewertung und der Auslegung des Grundgesetzes mit zu
beachten sind.

3. Die Verfassung des Deutschen Reiches von 1871

a) Die Verfassung des Deutschen Reichs vom 16. 4. 1871 wurde **54**
von den bereits existierenden gesetzgebenden Organen des Reichs
erlassen, nämlich vom Bundesrat und vom Reichstag mit der jeweils erforderlichen Mehrheit beschlossen und vom Deutschen
Kaiser ausgefertigt und im Reichsgesetzblatt verkündet. Sie brachte
inhaltlich nichts Neues, sondern faßte lediglich die schon bestehenden verfassungsrechtlichen Regelungen und Vereinbarungen in
einer revidierten Urkunde zusammen, setzte damit aber zugleich
den Schlußpunkt in dem langen und komplizierten Prozeß der

Herstellung des Deutschen Reichs, in dem sich Akte der Staatsgründung und der Verfassunggebung auf verschiedenen Stufen
miteinander verbanden.

55   Die Reichsgründung erfolgte in zwei Abschnitten. Zunächst wurde 1866/
1867 der Norddeutsche Bund gegründet, der Preußen und die übrigen deutschen Einzelstaaten nördlich des Mains erfaßte. Sodann traten Ende 1870 die
süddeutschen Staaten (Baden, Württemberg, Bayern, Hessen-Darmstadt) dem
Norddeutschen Bund bei, der daraufhin die Bezeichnung „Deutsches Reich"
erhielt. Im einzelnen sind folgende Abschnitte zu verzeichnen: (1) Vertrag
zwischen Preußen und den anderen norddeutschen Staaten im August 1866
über die Gründung eines norddeutschen Bundesstaates und die Einberufung
eines verfassunggebenden Reichstages (sog. August-Verträge); (2) Wahl des
vorgesehenen Reichstages durch die Bevölkerung Norddeutschlands; (3) Entwurf einer Verfassung des norddeutschen Bundes durch die „verbündeten Regierungen" unter Federführung von Bismarck; (4) Beratung und Beschlußfassung des (teilweise veränderten) Verfassungsentwurfs durch den Reichstag; (5)
Bestätigung der vom Reichstag beschlossenen Verfassung durch die „verbündeten Regierungen"; (6) Zustimmung der Parlamente der Einzelstaaten zur
Gründung des Norddeutschen Bundes und seiner Verfassung; (7) Verkündung
der Zustimmungsgesetze in den einzelnen Landesgesetzblättern mit der Bestimmung, daß die Bundesverfassung und damit der Norddeutsche Bund am
1. 7. 1867 in Kraft tritt. – (8) Verträge zwischen dem Norddeutschen Bund
und den vier süddeutschen Staaten im November 1870 über den Beitritt zum
Norddeutschen Bund (sog. November-Verträge); (9) Zustimmung der Parlamente des Norddeutschen Bundes und der süddeutschen Staaten zum Beitritt
und zur Verfassung des Deutschen Reiches. Da inzwischen verschiedene Verträge und Regelungen vorlagen, schien es zweckmäßig, sie in einer „Reichsverfassung" redaktionell zusammenzufassen. Das geschah durch das „Gesetz betreffend die Verfassung des Deutschen Reiches" vom 16. 4. 1871 (RGBl.
S. 63). Der Beitritt und damit die Erweiterung des Norddeutschen Bundes zum
Deutschen Reich ist bereits am 1. 1. 1871 wirksam geworden. Die sog. Kaiser-
Proklamation am 18. 1. 1871 im Schloß Versailles bei Paris hatte keine konstitu-
tive, sondern nur symbolische Bedeutung, sie war gleichsam die feierliche
Inthronisation des Deutschen Kaisers. Vgl. dazu näher *H. Maurer,* Entstehung und
Grundlagen der Reichsverfassung von 1871, Festschrift für K. Stern, 1997,
S. 29 ff.

56   Wie die Entstehungsgeschichte zeigt, ist am 1. 1. 1871 kein neuer Staat mit der Bezeichnung „Deutsches Reich" gegründet, sondern der Norddeutsche Bund mit der neuen Bezeichnung „Deutsches Reich" erweitert worden. Der Norddeutsche Bund von 1867
und das Deutsche Reich von 1871 waren rechtlich identisch. Das
zweite deutsche Reich ist danach bereits am 1. 7. 1867, dem Grün-
dungstag des Norddeutschen Bundes, entstanden. Wenn man die

damalige Entwicklung nicht in Rechtsakte aufgliedert, sondern historisch-dynamisch betrachtet, dann handelte es sich um einen einheitlichen Prozeß der Bildung des deutschen Nationalstaates, der mit den ersten Vereinbarungen der norddeutschen Regierungen im August 1866 begann und mit dem Beitritt der süddeutschen Staaten am 1. 1. 1871 seinen Abschluß gefunden hat. Daher ist es auch vertretbar, verkürzt vom Deutschen Reich von 1871 zu sprechen.

Die verbreitete, durch das Bild der Kaiserproklamation verstärkte Auffassung, das Deutsche Reich sei „von oben" durch Vereinbarung der Fürsten oder gar durch eine „Revolution von oben" – offenbar im Gegensatz zur mißlungenen bürgerlichen „Revolution von unten" 1848/1849 – zustande gekommen, ist irreführend. Richtig ist, daß Bismarck als der leitende und dominierende Politiker dieser Jahre die Fäden in der Hand hatte und die Entwicklung maßgeblich bestimmte, wie auch sonst immer wieder politische Persönlichkeiten den zeitbedingten Strömungen zum Durchbruch verhelfen. Die Reichsgründung entsprach jedoch nicht nur dem Wunsch der überwiegenden Bevölkerung, sondern wurde, wie dargelegt (vgl. Rn. 55), auch von den in den Gründungsprozeß einbezogenen Volksvertretungen durchweg gebilligt. In Württemberg wurde sogar die 1868 gewählte Abgeordnetenkammer von der Regierung vorzeitig aufgelöst, um dem Volk die Möglichkeit zu geben, sich über die Wahl seiner Vertreter zur Frage des Beitritts zu äußern. (Verh. der Abgeordnetenkammer, 1868/70, S. 459 f.). Der plebiszitäre Appell an das Volk brachte den Parteien, die sich für die Verträge aussprachen, eine überwiegende Mehrheit (150 000 gegen 60 000 Stimmen). Vgl. dazu näher *O. v. Sarwey*, Das Staatsrecht des Königreichs Württemberg, 1883, Bd. 1, S. 15; *A. Rapp*, Die Württemberger und die nationale Frage 1863–1871, 1910, S. 431, 447 ff.; *W. Grube*, Der Stuttgarter Landtag, 1957, S. 543. **57**

Zusammenfassend läßt sich sagen, daß das Deutsche Reich von 1867/1871 und seine Verfassung – entsprechend dem konstitutionellen Staatsrecht des 19. Jahrhunderts – durch übereinstimmende Beschlüsse der Fürsten und der Volksvertretungen zustandegekommen sind und damit auf monarchisch-dynastischer und demokratischer Grundlage beruhten. **58**

Zu bemerken ist noch, daß zwar nach der zeitgenössischen und heutigen h. L. das Deutsche Reich durch Beitritt der süddeutschen Staaten zum Norddeutschen Bund entstanden ist, daß diese Auffassung aber schon damals nicht unbestritten geblieben ist und auch in unserer Zeit noch auf Ablehnung stößt; so meint *E. R. Huber*, 1870/71 sei ein „neuer deutscher Gesamtstaat" errichtet worden (VerfGesch. III S. 760 ff.). Indessen sprechen die besseren Gründe für die h. L. (vgl. dazu näher *Maurer*, Festschrift für Stern, S. 46 ff.).

59 b) Das Deutsche Reich von 1871 war ein *Bundesstaat*. Er bestand aus 22 Flächenstaaten mit konstitutioneller Monarchie und 3 Stadtrepubliken (Hamburg, Bremen, Lübeck). Die territoriale Gliederung entsprach der des Deutschen Bundes, wenn man von dem Ausscheiden Österreichs, den Annexionen Preußens 1864/66 (Hannover, Kurhessen, Nassau, Frankfurt, Schleswig-Holstein) und unbedeutenden Verschiebungen zwischen einigen Kleinstaaten absieht. Für die im Bundesstaat wesentliche Kompetenzverteilung galt das – auch heute noch maßgebende – Prinzip, daß die Länder zuständig sind, soweit keine Reichs- bzw. Bundeskompetenz verfassungsrechtlich begründet ist.

60 Die Gesetzgebungskompetenzen des Reiches, die vor allem in Art. 4 RVerf. aufgeführt waren, enthielten Tatbestände, die – zum Teil sogar wörtlich – auch noch im Grundgesetz erscheinen. Insgesamt waren die Zuständigkeiten des Reiches – vor allem im Bereich des Verwaltungsrechts und der Verwaltung – wesentlich schwächer ausgestaltet als im Grundgesetz. Allerdings kam es auch damals – im Zuge der Unitarisierung – zu Erweiterungen der Zuständigkeiten des Reichs in verfassungsrechtlicher und faktischer Hinsicht. Kennzeichnend für den Föderalismus des Deutschen Reiches von 1871 war die Hegemonie Preußens. Sie ergab sich schon aus dem Verfassungsrecht (der preußische König war zugleich Deutscher Kaiser mit allen dessen Kompetenzen, Art. 11 RVerf.; Preußen konnte Verfassungsänderungen und damit auch Veränderungen der Bundesstruktur mit seinen 17 Stimmen im Bundesrat verhindern, Art. 78 I RVerf.), aber auch und vor allem aus der Verfassungspraxis (der Reichskanzler war in der Regel zugleich preußischer Ministerpräsident, deshalb und wegen der räumlichen Nähe bestanden zahlreiche Verbindungen zwischen der Reichsverwaltung und der preußischen Verwaltung, gebietsmäßig und bevölkerungsmäßig hatte Preußen mit je ²/₃ des gesamten Reiches ein erhebliches Übergewicht). Deutschland wurde von Preußen dominiert. Während sich in den – mehr im Windschatten stehenden – süddeutschen Ländern liberale und parlamentarische Tendenzen verstärkten, wurde in Preußen-Deutschland unter Kaiser Wilhelm II das monarchische Prinzip noch einmal in übersteigerter Weise zelebriert. Freilich sorgte schon der Reichstag dafür, daß es sich in Grenzen hielt.

61 c) *Die Verfassungsstruktur auf der Reichsebene* entsprach weitgehend den Vorstellungen des konstitutionellen Staatsrechts. Sie bildete den Versuch, den in den Ländern entwickelten Konstitutionalismus auf das Reich zu übertragen und damit die Homogenität zwischen den Ländern und dem Reich zu erreichen. Die Fürsten der Einzelstaaten, die einen Teil ihrer Souveränität abgaben, sollten diese auf der Bundesebene gemeinsam ausüben. Das – wenigstens nach der ur-

sprünglichen Konzeption − zentrale Reichsorgan war somit der
Bundesrat, der die „Verbündeten Fürsten" repräsentierte und dementsprechend aus weisungsgebundenen Vertretern der monarchischen Regierungen bestand. Dem Bundesrat stand der unmittelbar
vom Volk gewählte *Reichstag* gegenüber, der in etwa die gleichen
Befugnisse hatte wie die Landtage in den Gliedstaaten. Das zeigt
besonders signifikant die Gesetzgebung. Während die Landesgesetze
durch übereinstimmende Beschlüsse des Monarchen und des Landtags zustande kamen, bedurfte es nach Art. 5 RVerf. für die Reichsgesetze übereinstimmender Beschlüsse von Bundesrat und Reichstag.
Auch sonst sollte der Bundesrat in die Position des Monarchen einrücken. Das stieß freilich auf Grenzen. Die umfassenden Befugnisse
des Monarchen konnte er schon seiner Struktur nach nicht übernehmen. Damit rückten der *Kaiser,* der ursprünglich nur das Präsidium des Bundes einnehmen sollte, und der von ihm abhängige
Reichskanzler in den Vordergrund. Der Kaiser erhielt erhebliche
Befugnisse (Ernennung und Entlassung des Reichskanzlers, Inhaber
der auswärtigen Gewalt, Oberbefehl über die Armee und die Marine, Ausfertigung der Gesetze usw.); der von ihm abhängige
Reichskanzler, der zwar parlamentarisch verantwortlich war, aber
vom Reichstag nicht abgewählt werden konnte, bildete die Exekutivspitze. Aus dem konstitutionell beschränkten Fürstenbund wurde
die konstitutionell beschränkte Monarchie. Wie in den Ländern die
monarchische Regierung und der Landtag, so standen sich im
Reich die kaiserliche Regierung und der Reichstag gegenüber.

Eine *Verfassungsgerichtsbarkeit* war nicht vorgesehen. Streitigkeiten zwischen **62**
den Bundesstaaten sollten durch den Bundesrat „erledigt" werden (Art. 76 I
RVerf.). Die in den Ländern vorhandenen Ansätze einer Staatsgerichtsbarkeit,
insbesondere die Ministeranklage, wurden nicht aufgenommen, geschweige
denn im Sinne der Reichsgerichtsbarkeit der Frankfurter Reichsverfassung
weiter entwickelt. − Ferner fehlte ein *Grundrechtskatalog.* Das hatte verschiedene
Gründe: Einmal wären die ohnehin komplizierten Verfassungsberatungen
durch eine Grundrechtsdiskussion zusätzlich erschwert worden; zum anderen
konnte auf die Grundrechte der Landesverfassungen verwiesen werden; drittens
gab es eine Reihe von Reichsgesetzen, die grundrechtliche Rechtspositionen,
wie die Religionsfreiheit, die Pressefreiheit, die Vereins- und Versammlungsfreiheit, die Freizügigkeit, die Gewerbefreiheit, die Koalitionsfreiheit usw.
gewährten (vgl. die Wiedergabe der einschlägigen Gesetze bei *Huber,* Verfassungsdokumente II, Nrn. 188, 250 ff.), was schon deshalb ausreichend erschien,
weil sich nach damaliger Auffassung die Grundrechte ohnehin nur gegen die

Exekutive, nicht gegen die Legislative richteten; schließlich hätten, was durchaus richtig gesehen wurde, die Grundrechte in der Reichsverfassung auf eine reichsgesetzliche und reichsgerichtliche Ausgestaltung gedrängt und damit die unitaristischen Tendenzen verstärkt, wie nicht zuletzt die heutige Grundrechtsentwicklung in Deutschland zeigt (aus diesem Grund verzichtete auch die US-Verfassung zunächst auf einen Grundrechtskatalog, holte dies aber bald nach).

63   d) Insgesamt betrachtet wurde die Reichsverfassung von 1871 historisch in doppelter Weise beeinflußt: In bundesstaatlicher Hinsicht durch die Frankfurter Reichsverfassung von 1849 und über diese vermittelt durch die Bundesverfassung der USA von 1787, in staatsorganisatorischer Hinsicht durch die konstitutionellen Landesverfassungen. Sie stellt den Versuch dar, sowohl monarchische und demokratische Elemente als auch bundesstaatliche und konstitutionelle Elemente miteinander zu verbinden. Andererseits hat die Reichsverfassung von 1871 wiederum die ihr folgende Reichsverfassung von 1919 in verschiedener Hinsicht beeinflußt. Sie steht damit ebenfalls in der deutschen Verfassungstradition.

Die Reichsverfassung von 1871 hat in der zeitgenössischen Literatur eine ganze Reihe von bedeutenden, z. T. mehrbändigen systematischen Darstellungen gefunden, so vor allem *P. Laband,* Das Staatsrecht des Deutschen Reiches, 1. Aufl. 1876/82, 5. Aufl. 1911; *ders.,* Deutsches Reichsstaatsrecht, 1. Aufl. 1883, 7. Aufl. 1919; *G. Meyer,* Lehrbuch des deutschen Staatsrechts, 1. Aufl. 1878, 7. von *G. Anschütz* bearbeitete Aufl. 1919; *H. Schulze,* Lehrbuch des Deutschen Staatsrechts, Bd. 2, 1886; *G. Anschütz,* Staatsrecht, in: Kohler (Hg.), Enzyklopädie der Rechtswissenschaft, 7. Aufl. 1914, Bd. 4, S. 1 ff. Dagegen ist – von kleineren Werken abgesehen – nur *ein* Kommentar erschienen: *M. v. Seydel,* Commentar zur Verfassungs-Urkunde für das Deutsche Reich, 1. Aufl. 1873, 2. Aufl. 1897. – Vgl. ferner zur damaligen Literatur *M. Stolleis,* Geschichte, Bd. II, S. 330 ff.; *M. Friedrich,* Geschichte, S. 335 ff. – In verfassungsgeschichtlicher Sicht *Huber,* VerfGesch. III S. 641 ff.; *Willoweit,* VerfGesch. S. 261 ff. sowie die unten Rn. 83 zitierte Literatur zur deutschen Verfassungsgeschichte.

64   e) Die Reichsverfassung von 1871 fand mit der *Revolution im November* 1918 und der Abdankung des deutschen Kaisers und aller regierender Landesfürsten *ihr Ende.* Der kurz vorher erfolgte Versuch, durch Einführung des parlamentarischen Regierungssystems und Gewährung weiterer Rechte an den Reichstag den Niedergang aufzuhalten, kam zu spät und blieb wirkungslos.

Vgl. Gesetz zur Abänderung der Reichsverfassung vom 28. 10. 1918 (RGBl. S. 1274), auch abgedruckt bei *Huber,* Verfassungsdokumente II, Nr. 350. Art. 15

RVerf. wurde durch folgende Absätze ergänzt: „(3) Der Reichskanzler bedarf zu seiner Amtsführung des Vertrauens des Reichstags. (4) Der Reichskanzler trägt die Verantwortung für alle Handlungen von politischer Bedeutung, die der Kaiser in Ausübung der ihn nach der Reichsverfassung zustehenden Befugnisse vornimmt (5) Der Reichskanzler und seine Stellvertreter sind für die Amtsführung dem Bundesrat und dem Reichstag verantwortlich." Aus Abs. 3 folgte, daß der Reichskanzler zwar nach wie vor vom Kaiser ernannt wurde, aber zurücktreten und vom Kaiser entlassen werden mußte, wenn ihm der Reichstag das Mißtrauen aussprach. Von Bedeutung war ferner die Ergänzung des Art. 11 RVerf., der dem Reichstag Mitwirkungsrechte im außenpolitischen Bereich zusprach (entsprechend Art. 59 II GG). – Durch Gesetz vom 24. 8. 1918 (RGBl. S. 1079; auch abgedruckt bei *Huber,* Verfassungsdokumente II, Nr. 345) wurden die Größenunterschiede der Wahlkreise, die durch die Bevölkerungsverschiebungen eingetreten waren und die SPD benachteiligten, beseitigt und partiell das Verhältniswahlrecht eingeführt. Dies Gesetz wurde zwar ebenfalls praktisch nicht mehr wirksam, hat aber das Wahlrecht der Weimarer Zeit beeinflußt.

4. Die Weimarer Reichsverfassung von 1919

a) Nach der *Revolution in den Novembertagen* des Jahres 1918 war das politische und staatsrechtliche Schicksal Deutschlands noch offen. Am 9. 11. 1918 hatte zunächst der Sozialdemokrat Philip Scheidemann vor dem Reichstagsgebäude die „Deutsche Republik" und kurz darauf der Führer des linksradikalen Spartakusbundes Karl Liebknecht auf dem Balkon des Berliner Schlosses die „Freie sozialistische Republik" ausgerufen. Beide Erklärungen hatten zwar keine staatsrechtliche Bedeutung, gaben aber doch das politische Spannungsfeld wider. Es ging damals vor allem um die Frage, ob die parlamentarische Demokratie nach westlichem Vorbild oder die sozialistische Räterepublik nach sowjetrussischem Vorbild eingeführt werden sollte. Die gemäßigten Mehrheitssozialisten (SPD) unter Ebert waren für die erste, die radikalen Unabhängigen Sozialisten (USPD) dagegen überwiegend für die zweite Alternative. Überall hatten sich Arbeiter- und Soldatenräte gebildet, die im lokalen Bereich die Macht übernahmen und versuchten, sich auf höherer Ebene zusammenzuschließen, aber noch keine klare Ausrichtung hatten. Die endgültige Entscheidung fiel schließlich auf dem Reichskongress der Arbeiter- und Soldatenräte Deutschlands in Berlin am 19. 12. 1918, der sich ganz überwiegend für die Einberufung einer verfassunggebenden Nationalversammlung aussprach, die nach den Grundsätzen der allgemeinen, gleichen und geheimen Wahl, also nach den Spielregeln der parlamentarischen Demokratie, gewählt werden sollte. Damit war die grundlegende verfassungspolitische Frage bereits im Vorfeld der eigentlichen Verfassungsdiskussion entschieden.

66 b) Die *Nationalversammlung* wurde am 19. 1. 1919 gewählt und trat am 6. 2. 1919 im Nationaltheater in Weimar zusammen.

Weimar wurde als Tagungsort gewählt, weil verhindert werden sollte, daß die Nationalversammlung durch die in Berlin immer wieder um sich greifenden revolutionären Unruhen gestört werde, und weil diese Stadt wegen ihrer geistesgeschichtlichen Bezüge (Goethe, Schiller) die bessere deutsche Tradition zu repräsentieren schien. Die Wahl ergab für die SPD 37,9% (165 Sitze), für das Zentrum 19,7% (90 Sitze), für die Deutsche Demokratische Partei (DDP) 18,6% (75 Sitze), ferner für die USPD 7,6% (22 Sitze), für die beiden Rechtsparteien, die Deutsch-nationale Volkspartei (DNVP) und die Deutsche Volkspartei (DVP) zusammen 14,4% (65 Sitze), schließlich entfielen noch insgesamt 1,6% (6 Sitze) auf kleinere Parteien. Die drei erstgenannten Parteien mit insgesamt 76,3% der Stimmen und 330 der 423 Sitzen bildeten die sog. „Weimarer Koalition". Vgl. die Zusammenstellung und Bewertung im einzelnen bei *Huber*, VerfGesch. V, S. 1068 ff.

67 Die Weimarer Nationalversammlung erließ zunächst – wie die Frankfurter Nationalversammlung – ein Gesetz über die vorläufige Reichsgewalt, das am 7. 2. 1919 in Kraft trat, die revolutionäre Phase abschloß und eine neue, wenn auch nur vorläufige und auf das Wesentliche beschränkte Verfassungsordnung schuf. Aufgrund dieses Gesetzes wurde vom Reichstag am 11. 2. 1919 Friedrich Ebert (SPD) mit 277 von 379 abgegebenen Stimmen zum ersten Reichspräsidenten gewählt. Er ernannte Philip Scheidemann (SPD) zum Ministerpräsidenten des Reiches, der aus Vertretern der drei Koalitionsparteien die Reichsregierung bildete.

68 Den *Verfassungsberatungen* lag ein von dem Staatsrechtslehrer Hugo Preuß im Auftrag von Ebert ausgearbeiteter Entwurf zugrunde, der allerdings im Laufe der Zeit noch erhebliche Änderungen erfuhr. Trotz anderweitiger Probleme und Belastungen (Erlaß notwendiger Gesetze, Diskussion über die Annahme des Versailler Friedensvertrages, verschiedene Aufstände im Reich, separatistische Bestrebungen im Rheinland) kamen die Beratungen zügig voran. Am 31. 7. 1919 wurde die Reichsverfassung mit 282 gegen 75 Stimmen bei einer Enthaltung angenommen (allerdings waren nur 338 der insgesamt 420 Abgeordneten anwesend) und sodann am 11. 8. 1919 vom Reichspräsidenten ausgefertigt und verkündet. Eine Volksabstimmung fand nicht statt. Art. 181 bestimmte vielmehr:

„Das Deutsche Volk hat durch seine Nationalversammlung diese Verfassung beschlossen und verabschiedet. Sie tritt mit dem Tag ihrer Verkündung in Kraft." Nach ihrem Entstehungsort wird sie üblicherweise als Weimarer Reichsverfassung (abgekürzt: WRV) bezeichnet und demgemäß von der Weimarer Republik und der Weimarer Zeit gesprochen.

c) Durch die Weimarer Reichsverfassung wurde kein neuer **69** Staat geschaffen, sondern dem 1867/71 gegründeten Deutschen Reich eine *neue Verfassungsordnung* gegeben. Das wurde damals nicht ernsthaft bestritten; selbst die französische Revolution mit ihren tiefgreifenden Umwälzungen hat den Fortbestand des französischen Staates nicht berührt. Die verfassungsrechtlichen Veränderungen waren erheblich, bewegten sich aber doch in der Tradition und den Entwicklungstendenzen des bisherigen Staatsrechts. Das Bundesstaatsprinzip wurde beibehalten. Die territoriale Gliederung des Reiches wurde nicht geändert, so daß Preußen nach wie vor dominant blieb, obwohl seine verfassungsrechtlichen Privilegien entfielen, ja sogar verfassungsrechtliche Beschränkungen festgelegt wurden (so etwa bezüglich der Vertretung Preußens im Reichsrat, Art. 61 I 3, 63 I 2 WRV). Die Wiedereinführung der Monarchie stand nicht ernsthaft zur Debatte, auch wenn vielleicht einige davon träumten. Die Weimarer Reichsverfassung beruhte nicht nur ausschließlich auf der verfassunggebenden Gewalt des Volkes, sondern erklärte auch das Volk zur Grundlage der gesamten Staatsgewalt (Art. 1 WRV). Die Frage, ob die Präsidialdemokratie i.S. der Vereinigten Staaten von Amerika oder die parlamentarische Demokratie i.S. der westeuropäischen Staaten, insbesondere Englands und Frankreichs, eingeführt werden soll, wurde zugunsten einer Kombination beider Systeme entschieden. Der vom Volk gewählte Reichstag und der ebenfalls vom Volk gewählte Reichspräsident bildeten die beiden Säulen der Verfassungsorganisation. Dazwischen stand der Reichskanzler mit seinen Reichsministern, die von beiden abhängig waren, da sie nicht nur vom Reichspräsidenten ernannt wurden, sondern jederzeit auch von ihm entlassen werden konnten, darüber hinaus aber auch zurücktreten mußten, wenn ihnen der Reichstag das Mißtrauen aussprach.

Der Reichspräsident rückte bis zu einem gewissen Grad in die frühere Position des Kaisers. Er wurde deshalb auch als „Ersatzkaiser" bezeichnet. Dabei darf freilich nicht übersehen werden, daß er nicht dynastisch, sondern demokratisch legitimiert war und daß die von ihm berufenen Minister entsprechend dem parlamentarischen Regierungssystem vom Reichstag abhängig waren und daher von vornherein entsprechend ausgesucht werden mußten. Zudem wurden der Reichstag und der Reichspräsident durch gegenseitige Einflußmöglichkeiten und Abhängigkeiten miteinander verschränkt. Der Reichspräsident konnte die vom Reichstag erlassenen Gesetze einer Volksabstimmung unterwerfen, bei erheblichen Störungen der öffentlichen Sicherheit und Ordnung die notwendigen Maßnahmen treffen, u. a. auch Notverordnungen erlassen und den Reichstag auflösen. Andererseits konnte der Reichstag den Reichspräsidenten über die Gegenzeichnung und die parlamentarische Kontrolle der Minister binden, die Aufhebung der vom Reichspräsidenten erlassenen Notverordnungen verlangen und die Absetzung des Reichspräsidenten im Wege der Volksabstimmung oder der Klage vor dem Staatsgerichtshof betreiben.

70 Im Gegensatz zur Reichsverfassung von 1871, aber in Übereinstimmung mit der Frankfurter Reichsverfassung von 1849 enthielt die Weimarer Reichsverfassung einen ausgedehnten Grundrechtskatalog, der sich nicht nur − wie die Grundrechtserklärung von 1848/49 − auf die liberalen Freiheitsrechte beschränkte, sondern auch soziale Grundrechte und Staatszielbestimmungen brachte und durch Grundpflichten des Bürgers ergänzt wurde. Dagegen war die Staatsgerichtsbarkeit schwach ausgebaut. Der Staatsgerichtshof war lediglich bei verfassungsrechtlichen Organstreitigkeiten und föderativen Streitigkeiten zuständig. Das richterliche Prüfungsrecht wurde in der Weimarer Reichsverfassung nicht geregelt, setzte sich aber in der Praxis mit dem Urteil des Reichsgericht vom 4. 11. 1925 (RGZ 111, 320) grundsätzlich durch.

71 Dieser kurze Überblick muß hier genügen. Auf Einzelheiten ist gelegentlich noch bei der Erörterung des geltenden Verfassungsrechts historisch-vergleichend näher einzugehen. Die Weimarer Republik hat zwölf Jahre und einige Monate bestanden. In dieser Zeit hat sich auch ihre Verfassung − beeinflußt durch die Praxis und die Staatsrechtslehre − in verschiedener Hinsicht weiter entwickelt. Der Untergang der Weimarer Republik war mit der Ernennung Hitlers zum Reichskanzler am 30. 1. 1933 besiegelt. Die politische Agonie hatte jedoch bereits Anfang der dreißiger Jahre eingesetzt. In der Literatur wird die Weimarer Verfassung unterschiedlich beurteilt. Die Einschätzung hängt auch von den jeweiligen Aspekten ab. Betrachtet man das Ende, dann fällt das Urteil eher negativ aus. Sieht man dagegen den Anfang und den Übergang zur Demokratie und zur Republik, dann zeigt sich, daß sie große Chancen bot. Es wäre zu einfach, der Verfassung den Niedergang der Weimarer Republik anzulasten. Diese Betrachtungsweise, die vor allem in den Jahren nach 1945

verbreitet war, hatte vorwiegend Alibi-Funktion. Sie sollte vom eigenen Versagen der politischen Akteure und Parteien ablenken. Die Weimarer Reichsverfassung mag Konstruktionsfehler gehabt haben, sie werden aber oft im Blick auf ihre politischen Auswirkungen überschätzt. Die Frage, was wäre geschehen, wenn..., ist historisch sinnlos, weil es eben nicht geschehen ist. Aber es wäre vielleicht doch nicht uninteressant, einmal der Frage nachzugehen, wie sich die Weimarer Republik mit einer dem Grundgesetz vergleichbaren Verfassung und wie sich die Bundesrepublik mit einer der Weimarer Reichsverfassung vergleichbaren Verfassung entwickelt hätte.

Literatur: Vgl. die Kommentare zur Weimarer Reichsverfassung von *G. Anschütz* (14. Aufl. 1933), *F. Giese* (8. Aufl. 1931), *F. Poetzsch-Heffter* (3. Aufl. 1928); ferner *G. Anschütz / R. Thoma,* Handbuch des Deutschen Staatsrechts, 2 Bde., 1930/1932; *H. C. Nipperdey* (Hg.), Die Grundrechte und Grundpflichten der Reichsverfassung, 3 Bde., 1922/30; *J. Hatschek,* Deutsches und preußisches Staatsrecht, 2 Bde., 1922/23 (2. Aufl. bearbeitet von P. Kurtzig, 1930). – Rückblickend: *W. Apelt,* Geschichte der Weimarer Verfassung, 2. Aufl. 1964; *E. R. Huber,* VerfGesch., Bd. V–VII, 1978 ff.; *H. Schneider,* Die Reichsverfassung vom 11. August 1919, HStR I (1987), S. 85 ff.; *H. Schulze,* Weimar. Deutschland 1917–1933, 1982, S. 86 ff.; *Chr. Gusy,* Die Weimarer Reichsverfassung, 1997; *E. Eichenhofer* (Hg.), 80 Jahre Weimarer Reichsverfassung – Was ist geblieben?, 1999; *F. Hammer,* Die Verfassung des Deutschen Reiches vom 11. 8. 1919 – die Weimarer Reichsverfassung, Jura 2000, 57 ff.

5. Die nationalsozialistische Zeit

Die Frage, ob die Ernennung Hitlers zum Reichskanzler legal **72** war, weil sie gem. Art. 53 WRV erfolgte, oder ob sie illegal war, weil Hitler offensichtlich auf eine revolutionäre Umgestaltung Deutschlands abzielte, muß hier dahingestellt bleiben. Legitim war sie jedenfalls nicht. Das historisch-politische Urteil hat inzwischen die Geschichte selbst gesprochen. Der von Hitler gebildeten Reichsregierung gehörten zunächst nur zwei weitere Nationalsozialisten an (Frick als Reichsinnenminister und Göhring als Minister ohne Geschäftsbereich); die übrigen acht Minister waren Mitglieder anderer (rechtsstehender) Parteien oder parteilos. Die konservativen oder reaktionären Politiker (Hugenberg, Papen u. a.), die Hitler über Hindenburg an die Macht brachten, waren wohl der Meinung, sie könnten ihn vor ihren Wagen spannen. Sie hatten sich jedoch über die tatsächlichen Kräfteverhältnisse schwer getäuscht. Die Demontage der Weimarer Reichsverfassung und der Weimarer Republik erfolgte Schlag auf Schlag. Bereits am 28. 2.

1933 erging – unter Hinweis auf den Reichstagsbrand – die sog. Verordnung zum Schutze von Volk und Staat, durch die wesentliche Grundrechte suspendiert und damit die Voraussetzungen für die Ausschaltung der politischen Gegner geschaffen wurden. Die von Hitler veranlaßte Neuwahl des Reichstags am 5. 3. 1933 brachte ihm trotz massiver Propaganda und Terror nicht die erwartete parlamentarische Mehrheit. Die Nationalsozialisten erhielten nur 44% der Sitze und waren daher auf die Unterstützung der Deutschnationalen Volkspartei (DNVP) angewiesen, die 8% der Sitze erreicht hatte. Die einfache Reichstagsmehrheit genügte indessen nicht für das von Hitler angestrebte Ermächtigungsgesetz, das ihm freie Bahn geben sollte. Da es verfassungsändernden Charakter hatte, bedurfte es einer $^2/_3$-Mehrheit im Reichstag und damit der Zustimmung weiterer Parteien. Die bürgerlichen Parteien zögerten zunächst, stimmten dann aber doch zu und „legalisierten" damit die nationalsozialistische Machtergreifung. Lediglich die SPD-Fraktion lehnte den Gesetzentwurf nach einem eindrucksvollen Votum ihres Vorsitzenden Wels ab (die KPD-Abgeordneten wurden schon vorher verhaftet oder verfolgt und damit rechtswidrig von der Teilnahme ausgeschlossen). Das Gesetz vom 24. 3. 1933 ermächtigte die Reichsregierung, anstelle des Reichstages Reichsgesetze zu erlassen, auch Haushalts- und Kreditgesetze, ja sogar von der Reichsverfassung abweichende Gesetze, soweit sie nicht die Einrichtung des Reichstags und des Reichsrats als solche zum Gegenstand hatten und die Rechte des Reichspräsidenten berührten. Mit der Zustimmung zum Ermächtigungsgesetz hatten sich der Reichstag und damit die politischen Parteien selbst entmachtet. Sie bekamen auch bald die Quittung. Sie wurden zerschlagen oder lösten sich auf. Durch Gesetz der Reichsregierung vom 14. 7. 1933, das aufgrund des Ermächtigungsgesetzes des Reichstags vom 24. 3. 1933 erging, wurde die NSDAP zur „einzigen politischen Partei" erklärt und die Fortsetzung oder die Neubildung anderer Parteien unter Strafe gestellt. Ebenso wurden die Gewerkschaften und die sonstigen gesellschaftlichen Verbände gleichgeschaltet oder aufgelöst. Lediglich die Kirchen leisteten teilweise Widerstand. Ferner wurde der föderative Aufbau des Reiches beseitigt, indem die Länder ihre staatliche Selbständigkeit verloren und praktisch zu

Provinzen herabgestuft wurden. Nach dem Tode Hindenburgs am 2. 8. 1934 übernahm Hitler aufgrund eines schon am Vortag von der Reichsregierung erlassenen Gesetzes zusätzlich die Befugnisse des Reichspräsidenten und ließ sich nunmehr „Führer und Reichskanzler" nennen. Die Diktatur war perfekt. Es war ein Rückfall in die Zeit des Absolutismus, allerdings mit dem Unterschied, daß die damals grundsätzlich noch beachteten religiösen und ethischen Bindungen ebenfalls nichts mehr galten.

Die genannten Gesetze mit ihren Fundstellen sind abgedruckt bei *I. v. Münch* (Hg.), Gesetze des NS-Staates, Dokumente eines Unrechtssystems, 3. Aufl. 1994, teilweise auch bei *Dürig/Rudolf,* Texte zur Verfassungsgeschichte, 3. Aufl. 1996, S. 213 ff.; vgl. ferner *H. Schneider,* Das Ermächtigungsgesetz vom 23. 4. 1933, 1960; *R. Morsey,* Das „Ermächtigungsgesetz" vom 24. März 1933, 1992; *R.Schnur,* Die Ermächtigungsgesetze von Berlin 1933 und Vichy 1940 im Vergleich, 1993.

Die nationalsozialistische Zeit ist ein Teil der deutschen Ge-   **73** schichte. Es gibt jedoch keine verfassungsrechtliche Regelung, Institution oder Theorie aus jener Zeit, die als Baustein für die weitere Entwicklung dienen könnte oder auch nur einen weiterführenden Aspekt brächte. Auch die Staatsrechtslehre jener Zeit hat in dieser Hinsicht nichts aufzuweisen. Wenn z.B. *Carl Schmitt,* der in seiner 1928 erschienenen Verfassungslehre noch eindrucksvoll die rechtsstaatliche Funktion des Gesetzesbegriffs erläutert hatte, nunmehr erklärte, das Gesetz sei „Plan und Wille des Führers", dann hatte er sich damit selbst entmündigt, als Staatsrechtslehrer und als Staatsbürger.

C. Schmitt, Verfassungslehre, 1928 (mehrfach nachgedruckt, zuletzt 1988), S. 138 ff.; *ders.,* Die Rechtswissenschaft im Führerstaat, Zeitschrift der Akademie für Deutsches Recht 1935, 435 (439). Sicher läßt sich *Carl Schmitt* nicht nur auf diese alternative Formel bringen, die aber doch symptomatisch ist. Das Werk und die Person von Carl Schmitt hat eine ganze Flut von Publikationen ausgelöst, vgl. die weiterführenden Nachweise bei *G. Kleinheyer/J. Schröder* (Hg.), Deutsche und Europäische Juristen aus neun Jahrhunderten, 4. Aufl. 1996, S. 507 f. Einige von Carl Schmitt, aber auch anderen Staatsrechtslehrern vor 1933 vertretene Thesen, die auf Beseitigung verschiedener Mängel der Weimarer Reichverfassung bzw. ihrer Auslegung zielten, sind in die Diskussion über das Grundgesetz eingegangen, vgl. *R. Mußgnug,* Carl Schmitts verfassungsrechtliches Werk und sein Fortwirken im Staatsrecht der Bundesrepublik Deutschland, in: H. Quaritsch (Hg.), Complexio Oppositorium über Carl Schmitt, 1988, S. 517 ff.

74   Es muß aber auch beachtet werden, daß die Mehrzahl der damaligen Staatsrechtslehrer, vor allem solche mit seinerzeit und auch heute
noch bekannten Namen, verdrängt und verfolgt wurden oder sich
angewidert zurückzogen. Es waren nur wenige, vorwiegend jüngere
Staatsrechtslehrer, die eine nationalsozialistisch fundierte Staatslehre
zu entwickeln versuchten oder in diese Richtung publizierten.

75   Zur ersten Gruppe gehörten etwa Gerhard Anschütz (Heidelberg), Willibalt
Apelt (Leipzig), Hermann Heller (Frankfurt), Hans Kelsen (Köln), Erich
Kaufmann (Berlin), Gerhard Leibholz (Göttingen), Hans Nawiasky (München), Rudolf Smend (Berlin), Richard Thoma (Bonn). Zur zweiten Gruppe
zählten – neben den „älteren" Professoren Carl Schmitt, Otto Koellreuther
und Richard Höhn, die sich auch gegenseitig auszuspielen versuchten – etwa
Ernst Forsthoff, Ernst Rudolf Huber, Theodor Maunz und Ulrich Scheuner,
um nur die auch heute noch bekannten Namen zu erwähnen. Man darf freilich nicht der Versuchung verfallen, in historischer Distanz und auf dem sicheren Boden des Rechtsstaats vorschnell den Stab zu brechen. Es darf auch
nicht übersehen werden, daß sie nach 1945 durch ihre wissenschaftliche Arbeit
wesentlich zur Stabilisierung und Förderung des demokratischen Rechtsstaates
beigetragen haben, – E.R. Huber durch sein monumentales und unentbehrliches Werk zur deutschen Verfassungsgeschichte seit 1789 (vgl. zu ihm die
eindrucksvolle Würdigung von *v. Simson,* NJW 1991, 893 f.), Forsthoff und
Scheuner durch grundlegende und weiterführende Beiträge zum Staats- und
Verwaltungsrecht. Maunz ist vor allem als Mitherausgeber und Mitautor des
führenden Kommentars zum Grundgesetz hervorgetreten, dann aber nach
seinem Tode (wieder) ins Zwielicht geraten (vgl. dazu *M. Stolleis,* Theodor
Maunz – Ein Staatsrechtslehrerleben, KJ 1993, 393 ff.; *G. Roellecke,* Theodor
Maunz und die Verantwortung des Öffentlichrechtlers, KJ 1994, 344 ff.;
G. Frankenberg, Vom Schweigen der Öffentlichrechtler und ihrer Verant-
wortung, dieses bisweilen zu brechen, KJ 1994, 354 ff.; *P. Lerche,* Nachruf,
AöR Bd. 119 (1994) S. 156 f.).

76   Die Feststellung, daß die nationalsozialistische Zeit keinen, aber
auch wirklich keinen positiven Anknüpfungspunkt für die weitere
verfassungsrechtliche Entwicklung hervorgebracht hat, schließt natürlich die Notwendigkeit, sich mit der damaligen Zeit historisch-
politisch zu beschäftigen, nicht aus. Das ist in den letzten Jahrzehnten auch eingehend geschehen, gelegentlich sogar mit einem
Aufwand, der schon wieder verdächtig ist. Unangemessen ist die
immer noch verbreitete Bezeichnung „Drittes Reich." Der nationalsozialistische Staat steht nicht in der Tradition der Reichsgeschichte, schon gar nicht als „drittes" Reich (das verschiedentlich
in der Heils-Geschichte als Vollendung betrachtet wird). Die Ant-

wort auf die totale Negation und die Verbrechen des Nationalsozialismus kann nur der Einsatz für die Achtung der Menschenwürde und die sich daraus ergebende freiheitliche, demokratische und rechtsstaatliche Verfassungsordnung sein. So wichtig die Frage ist, wie man sich in einer Diktatur zu verhalten hat, ob Widerstand geboten, Distanzierung ausreichend oder sogar ein bedingtes und konterkarierendes Mitmachen vertretbar ist, – viel wichtiger ist es, die erforderlichen Vorkehrungen zu treffen, daß es überhaupt nicht zu einer solchen Gewaltherrschaft kommt. Daher sind vor allem die Lehren aus der Entwicklung und dem Untergang der Weimarer Republik zu ziehen, die, wie bereits dargelegt wurde, nicht an ihrer Verfassung, sondern an dem Verhalten der politisch Verantwortlichen (und in einer Demokratie ist jeder politisch verantwortlich) scheiterte.

Literatur: *E.R. Huber*, Verfassungsrecht des Großdeutschen Reiches, 2. Aufl. 1939 (der einzige zeitgenössische Versuch einer großangelegten systematischen Darlegung); *E.-W. Böckenförde* (Hg.), Staatsrecht und Staatsrechtslehre im Dritten Reich, 1985; *R. Grawert*, Die nationalsozialistische Herrschaft, HStR I (1987) S. 143 ff.; *W. Kohl/M. Stolleis*, Im Bauch des Leviathan. Zur Staats- und Verwaltungsrechtslehre im Nationalsozialismus, NJW 1988, 2849 ff.; *B. Rüthers*, Entartetes Recht. Rechtslehren und Kronjuristen im Dritten Reich, 2. Aufl. 1989; *M. Stolleis*, Recht im Unrecht, 1994; *ders.*, Geschichte (Rn. 83), Bd. III, S. 246 ff.; *H. Dreier/W. Pauly*, Die deutsche Staatsrechtslehre in der Zeit des Nationalsozialismus, Referate mit Diskussion, VVDStRL 60 (2001) S. 9 ff.

Zu erwähnen sind noch die Verfassungspläne und Verfassungs- **76 a** entwürfe, die in der Widerstandsbewegung für die Zeit nach dem Ende der nationalsozialistischen Diktatur diskutiert und entwickelt worden sind. Sie waren nicht nur zukunftsgerichtet, sondern dienten auch der eigenen Legitimation. Da die einzelnen Widerstandskreise aus verschiedenen politischen und gesellschaftlichen Richtungen kamen und wegen der allgegenwärtigen Geheimen Staatspolizei nicht oder nur bedingt mit einander in Verbindung treten konnten, bildeten diese Verfassungspläne kein gemeinsames oder wenigstens abgestimmtes Konzept. Durchweg wurde jedoch nachdrücklich die Herstellung einer streng rechtsstaatlichen Ordnung gefordert. Dagegen bestanden – im Blick auf die Weimarer Verhältnisse – gegenüber parlamentarisch-demokratischen Vorstellungen erhebliche Vorbehalte. Diese Verfassungsdiskussionen, die erst allmählich bekannt wurden, bildeten keine Materialien des Grundgesetzes; sie haben aber wohl mittelbar die Verfassungsberatungen der Nachkriegszeit beeinflußt.

Vgl. dazu *P. Hoffmann,* Widerstand, Staatsstreich, Attentat, 4. Aufl. 1985, S. 226 ff.; *H. Mommsen,* Alternative zu Hitler. Studien zur Geschichte des deutschen Widerstandes, 2000, S. 53 ff.; *W. Graf Vitzthum,* Eher Rechtsstaat als Demokratie. Zu Zielvorstellungen im deutschen Widerstand, Festschrift für Stern, 1997, S. 97 ff.; *G. Ringshausen / R. v. Voss* (Hg.), Die Ordnung des Staates und die Freiheit des Menschen. Deutschlandpläne im Widerstand und Exil, 2000. – Soweit ersichtlich ist die Frage, warum es in den Jahren zwischen 1933 und 1945 nicht zur Bildung einer deutschen Exilregierung als Kristallisationspunkt der Widerstandsbewegung kam, bislang nicht erörtert worden. Sie liegt aber m. E. durchaus nahe. Dabei geht es vor allem um zwei Teilfragen, nämlich zum einen, ob überhaupt die – objektiven und subjektiven – Voraussetzungen dafür vorlagen, und zum anderen, ob und welche Chancen eine solche Exilregierung gehabt hätte.

6. Die Landesverfassungen der Nachkriegszeit

77   Wenn von den historischen Determinanten des Grundgesetzes die Rede ist, dürfen die in den Jahren 1946 und 1947 erlassenen Landesverfassungen nicht übergangen werden. Wie sogleich näher darzustellen ist, erfolgte der Wiederaufbau der deutschen Staatlichkeit nach dem totalen Zusammenbruch des nationalsozialistischen Staates „von unten nach oben" (vgl. § 3 Rn. 9 ff.). In diesem Prozeß kam es auch zur Errichtung von Ländern und zum Erlaß von Verfassungen für die einzelnen Länder.

Bereits 1946 wurden in den Ländern der amerikanischen Besatzungszone (Württemberg-Baden, Bayern, Hessen) Landesverfassungen erlassen; Bremen folgte 1947. In der französischen Besatzungszone kam es 1947 zu Landesverfassungen, nämlich in Baden (= Südbaden), Württemberg-Hohenzollern (Südwürttemberg einschließlich Hohenzollern) und in Rheinland-Pfalz. Die erst allmählich geschaffenen Länder der britischen Besatzungszone begnügten sich zunächst mit vorläufigen Regelungen und warteten dann den Erlaß der Bundesverfassung ab. Die 1946/1947 in den Ländern der sowjetischen Besatzungszone verabschiedeten Landesverfassungen waren Diktate der SED und können hier außer Betracht bleiben. Vgl. näher zu den Landesverfassungen unten § 5 Rn. 48 ff.

78   Die in der amerikanischen Besatzungszone erlassenen Landesverfassungen sind nach dem klassischen Modell der Verfassunggebung entstanden: Das Volk wählte eine Verfassunggebende Landesversammlung, die eine Verfassung ausarbeitete und beschloß, die anschließend durch Volksentscheid angenommen wurde. In der französischen Besatzungszone lief es entsprechend; allerdings wurden die Verfassunggebenden Landesversammlungen nicht unmittelbar, sondern über die Kommunalvertretungskörperschaften (Gemeinderäte und Kreistage) gewählt. Die Verfassunggebung erfolgte auf Anordnung und unter Aufsicht der Besatzungsmächte. Sie ließen aber den deutschen Landesversammlungen genügend Spielraum, so daß – zumal noch Volksabstimmungen folgten – die Landesverfassungen der Nachkriegszeit als Ergebnis der deutschen Verfassunggebung und als Ausdruck der verfassunggebenden Gewalt des deutschen Volkes (in den Ländern) angesehen werden können.

Diese Landesverfassungen entsprachen weitgehend der Weimarer Reichsverfassung von 1919, versuchten aber zugleich, deren Mängel zu korrigieren und Verbesserungen anzubringen, wobei teilweise an die verfassungsrechtliche Reformdiskussion der Weimarer Zeit angeknüpft werden konnte. Manches von dem, was als Neuerung des Grundgesetzes gepriesen wird, erscheint bereits in den Landesverfassungen jener Zeit, so etwa (in Klammern die entsprechenden Grundgesetz-Artikel): **79**

- Die Anerkennung der Menschenwürde und die Garantie der unveräußerlichen Menschenrechte (Art. 1 I, II GG);
- die normative Verstärkung und die gerichtliche Absicherung der Grundrechte (Art. 1 III, 19 IV GG);
- das konstruktive Mißtrauensvotum, wonach der Ministerpräsident nur durch Neuwahl eines Nachfolgers abgewählt werden kann (Art. 67 GG);
- die Anerkennung des richterlichen Prüfungsrechts und die Konzentration der Verwerfungskompetenz beim Verfassungsgericht (Art. 100 I GG);
- die Unantastbarkeit der grundlegenden Verfassungsprinzipien durch Beschränkung der Verfassungsänderung (Art. 79 III GG);
- der präventive Verfassungsschutz (Art. 9 II, 18, 21 II GG)
- die Richterwahl (Art. 94 II, 95 II GG);
- die Stellung der politischen Parteien einschließlich der Oppositionspartei (so eingehend Art. 118–121 Bad. Verf., vgl. Art. 21 GG).

Wenn diese Neuerungen der Landesverfassungen im Grundgesetz **80** wieder auftauchen, so liegt das sicher auch daran, daß zahlreiche Mitglieder des Parlamentarischen Rates bereits in den Landesversammlungen vertreten waren und ihre dort entwickelten verfassungsrechtlichen Vorstellungen in die Beratungen des Parlamentarischen Rates einbrachten, so etwa Carlo Schmid, Theodor Heuss, Thomas Dehler, Walter Menzel, Adolf Süsterhenn, Ludwig Bergsträsser, um nur einige Namen zu nennen. Es ist also mehr die personelle Kontinuität als die sachliche Übernahme bestehender Verfassungsvorschriften, die zu der Übereinstimmung führte. Letztlich ging es um einen einheitlichen Prozeß der Verfassunggebung in der Nachkriegszeit, der mit den Landesverfassungen der amerikanischen Besatzungszone 1946 begann und mit dem Grundgesetz seinen Abschluß fand. Er ist durch die eindeutige Entscheidung für die westliche Verfassungstradition bestimmt.

Die − teilweise heute noch geltenden − Landesverfassungen der Nachkriegszeit sind u. a. abgedruckt bei *W. Wegener,* Die neuen deutschen Verfassungen, 1947; *B. Dennewitz,* Die Verfassungen der modernen Staaten, Bd. II, 1948; *E. R. Huber,* Quellen zum Staatsrecht der Neuzeit, Bd. 2, 1951, S. 313 ff.; vgl. ferner die auch heute noch interessanten Kommentierungen: *R. Nebinger,* Kommentar zur Verfassung für Württemberg-Baden, 1948; *H. Nawiasky/ C. Leusser,* Die Verfassung des Freistaates Bayern vom 2. Dezember 1946, Handkommentar, 2 Bde., 1948/1953; *A. Süsterhenn/H. Schäfer,* Kommentar der Verfassung von Rheinland-Pfalz, 1950; *Th. Spitta,* Kommentar zur Bremischen Verfassung von 1947, 1960; ferner *F. Klein,* Neues Deutsches Verfassungsrecht, 1949, S. 196 ff.

VI. Überblick über die früheren Verfassungen

81   In einem kurzen Überblick sollen zusammenfassend die soeben behandelten Verfassungen aufgeführt werden, die unmittelbar oder zumindest mittelbar − über später erlassene Verfassungen − das Grundgesetz beeinflußt haben, die also die Verfassungstradition ausmachen, in der das Grundgesetz steht. In Klammern werden jeweils der Träger der verfassunggebenden Gewalt (Volk oder Monarch) und die Staatsform kurz angegeben.

82   1. Ausländische Vorbilder
    a) Verfassungen der nordamerikanischen Staaten, insbesondere des Staates Virginia von 1776 (Volk, Republik); Verfassung der Vereinigten Staaten von Amerika von 1787 (Volk, Bundesstaat, Republik)
    b) französische Verfassungen von 1791 (Volk, konstitutionelle Monarchie), von 1793 (Volk, Republik), von 1814 (sog. Charte constitutionelle: Monarch, konstitutionelle Monarchie)

2. Verfassungsrechtliche Grundlagen des Deutschen Bundes
Deutsche Bundesakte von 1815 und Wiener Schlußakte von 1820 (völkerrechtliche Verträge, Staatenbund mit bundesstaatlichem Einschlag).

3. Verfassungen der deutschen Bundesstaaten seit 1815 (Monarch oder Vereinbarung zwischen Monarch und Volk, konstitutionelle Monarchie)
a) Verfassungen nach den Befreiungskriegen: Verfassungen für das Königreich Bayern (1818), das Großherzogtum Baden (1818), das Königreich
Württemberg (1819), das Großherzogtum Hessen-Darmstadt (1820)
b) Verfassungen nach der französischen Juli-Revolution 1830: Verfassungen
für das Kurfürstentum Hessen (1831), das Königreich Sachsen (1831), das
Großherzogtum Braunschweig (1832), das Königreich Hannover (1833)
c) Verfassungen nach der französischen Februar-Revolution und den dadurch ausgelösten März-Revolutionen 1848: Verfassungen für den preußischen Staat von 1848 (oktroyierte Verfassung) und von 1850 (revidierte
Verfassung), Verfassungen für das Kaisertum Österreich von 1849 (oktroyierte Verfassung, aufgehoben 1851) und von 1867 (5 Staatsgrundgesetze,
konstitutionelle Monarchie).

4. Verfassung des Deutschen Reiches von 28. 3. 1849, sog. Frankfurter Reichsverfassung oder Paulskirchen-Verfassung (nicht rechtswirksam geworden,
Volk, Bundesstaat, konstitutionelle Monarchie)

5. Verfassung des Deutschen Reiches vom 16. 4. 1871, sog. Bismarcksche
Reichsverfassung (verbündete Fürsten des Deutschen Reiches und Volk,
Bundesstaat, spezifische Staatsform durch Verknüpfung von Bundesrat als
Vertretung der Fürsten, Kaiser und Reichstag)

6. Verfassung des Deutschen Reiches vom 11. 8. 1919, sog. Weimarer Reichsverfassung (Volk, Bundesstaat, Republik)

7. Verfassungen der deutschen Länder im Zuge des Wiederaufbaus deutscher
Staatlichkeit nach 1945: Verfassungen der Länder der amerikanischen Besatzungszone 1946, Verfassungen der französischen Besatzungszone 1947 (Volk,
allerdings unter Aufsicht der Besatzungsmächte, Republik).

Die Verfassungen sind u. a. abgedruckt bei: *K. H. L. Pölitz,* Die europäischen
Verfassungen seit dem Jahre 1789 bis auf die neueste Zeit, 4 Bde., 2. Aufl.
1832/33 mit Ergbd. von *F. Bülau,* 1847 (die ausländischen Verfassungen in
deutscher Übersetzung); *H. A. Zachariä,* Die deutschen Verfassungsgesetze
der Gegenwart, 1855; Ergbde. 1858 und 1862; *W. Altmann,* Ausgewählte
Urkunden zur deutschen Verfassungsgeschichte seit 1806, 2 Bde., 1898; *ders.,*
Ausgewählte Urkunden zur außerdeutschen Verfassungsgeschichte seit 1776,
2. Aufl. 1913 (im englischen und französischen Urtext, sonst übersetzt);
Stoerk/W. v. Rauchhaupt, Handbuch der Deutschen Verfassungen, 2. Aufl.
1913; *E. R. Huber,* Dokumente zur deutschen Verfassungsgeschichte, 4 Bde.,
1978/1991; *B. Dennewitz,* Die Verfassungen der modernen Staaten, 4 Bde.,
1947/1949; *G. Franz,* Staatsverfassungen, 3. Aufl. 1975 (ausländische Verfassungen in Urtext und Übersetzung); *G. Dürig/W. Rudolf,* Texte zur deutschen
Verfassungsgeschichte, 3. Aufl. 1996.

Literatur: *F. Hartung,* Deutsche Verfassungsgeschichte vom 15. Jahrhundert **83**
bis zur Gegenwart, 9. Aufl. 1969; *O. Kimminich,* Deutsche Verfassungsgeschichte, 2. Aufl. 1987; *Chr.-F. Menger,* Deutsche Verfassungsgeschichte der Neuzeit,

8. Aufl. 1993; *H.Mitteis/H. Lieberich,* Deutsche Rechtsgeschichte, 19. Aufl. 1992; *R. Scheyhing,* Deutsche Verfassungsgeschichte der Neuzeit, 1967; *W. Frotscher/ B. Pieroth,* Verfassungsgeschichte, 2. Aufl. 1999; *K. Stern,* Staatsrecht V: Die geschichtlichen Grundlagen des deutschen Staatsrechts, 2000; *D. Willoweit,* Deutsche Verfassungsgeschichte, 4. Aufl. 2001 (dort weitere Literaturangaben S. 10 ff.). – Für die Zeit ab 1789 ist vor allem zu nennen: das große Werk *E. R. Huber,* Deutsche Verfassungsgeschichte seit 1789, 7 Bde. 1–8, 1957–1990; ferner *D. Grimm,* Deutsche Verfassungsgeschichte 1776–1866, 1988; *K. Kröger,* Einführung in die jüngere deutsche Verfassungsgeschichte (1806–1933), 1988. – Zur Geschichte der Staatsrechtslehre: *M. Stolleis,* Geschichte des öffentlichen Rechts in Deutschland, 3 Bde., 1988/1992/1999; *M. Friedrich,* Geschichte der deutschen Staatsrechtswissenschaft, 1997.

§ 3. Die staatsrechtliche Entwicklung in Deutschland seit 1945

I. Zusammenbruch und Besatzungsherrschaft

1. Die bedingungslose Kapitulation

1   Der von Hitler ausgelöste und mit brutaler Härte geführte Zweite Weltkrieg endete mit dem totalen Zusammenbruch des nationalsozialistischen Staates. Die alliierten Truppen hatten die deutsche Wehrmacht besiegt und das gesamte Gebiet Deutschlands besetzt. Hitler hatte am 30. 4. 1945, als sowjetische Soldaten sich dem Bunker der Reichskanzlei in Berlin näherten, Selbstmord begangen. Kurz vorher hatte er noch Großadmiral Dönitz zum Nachfolger berufen und ihn zur Fortsetzung des Kampfes verpflichtet. Angesichts der aussichtslosen Lage entschloß sich dieser jedoch, die Forderung der Alliierten nach bedingungsloser Kapitulation (unconditional surrender) anzunehmen. Die von den Alliierten vorbereitete Kapitulationsurkunde wurde von den Vertretern der deutschen Wehrmacht zweimal unterzeichnet, am 7. 5. 1945 im Hauptquartier der Westalliierten in Reims und am 8. 5. 1945 im sowjetischen Hauptquartier in Karlshorst bei Berlin. Sie trat am 8. 5. 1945 in Kraft. Die anläßlich des 50. Jahrestages in Deutschland heftig diskutierte Frage, ob der 8. 5. ein Tag der Niederlage oder der Befreiung ist, läßt sich nicht einseitig beantwor-

ten. Für Hitler, die Parteigrößen und die Generäle, die bis zuletzt seinen Befehlen folgten, war es ein Tag der Niederlage. Für die vielen Millionen Menschen, die unter dem nationalsozialistischen Terror und den Kriegsereignissen litten, war es ein Tag der Befreiung, dem allerdings östlich der Elbe wieder eine Gewaltherrschaft folgte.

Dönitz, der von Hitler – wohl in Anknüpfung an die Weimarer Reichsverfassung von 1919 – zum „Reichspräsidenten" berufen wurde, bildete eine geschäftsführende Reichsregierung, die sich nach Mürwick bei Flensburg zurückzog, dort auch mit Billigung der britischen Besatzungsmacht einige Wochen verblieb, aber keine Wirksamkeit mehr entfalten konnte. Am 23. 5. 1945 wurden Dönitz und die Mitglieder seiner Regierung von der britischen Besatzungsmacht verhaftet. Das war das Ende dieser Schattenregierung. Die Frage nach der Legalität und Legitimität der Regierung Dönitz braucht hier nicht weiter verfolgt zu werden, da sie keine rechtlichen oder historischen Konsequenzen hat. Vgl. dazu *W. Lüdde-Neurath,* Regierung Dönitz. Die letzten Tage des Dritten Reiches, 3. Aufl. 1964; *R. Hansen,* Das Ende des Dritten Reiches, 1966, S. 85 ff.; *M. G. Steinert,* Die 23 Tage der Regierung Dönitz, 1967. **2**

Die Kapitulation hatte nur militärische Bedeutung, da sie – dem Völkerrecht entsprechend – nur die Einstellung der Kampfhandlungen betraf. Sie dokumentierte jedoch nicht nur den völligen Zusammenbruch der Wehrmacht, sondern auch des Parteiapparates und der staatlichen Organisation. Im Mai 1945 gab es keine funktionsfähigen deutschen Staatsorgane mehr. Lediglich auf der örtlichen Ebene arbeiteten teilweise die Kommunalverwaltungen in bestimmten Bereichen noch weiter. **3**

2. Die Besatzungsherrschaft

Die vier Siegermächte setzten in den von ihnen eroberten und besetzten Gebieten auf allen Stufen Militärverwaltungen ein, die – mit unbeschränkter Befehlsgewalt ausgestattet – die erforderlichen Ordnungs- und Verwaltungsaufgaben wahrnahmen. Mit der sog. *Berliner Erklärung* vom 5. 6. 1945 übernahmen sie auch formell „die oberste Regierungsgewalt in Deutschland, einschließlich aller Befugnisse der deutschen Regierung, des Oberkommandos der Wehrmacht und der Regierungen, Verwaltungen oder Behörden der Länder, Städte und Gemeinden" (also nicht nur die oberste Ge- **4**

walt, die „supreme authority", sondern die Staatsgewalt auf allen
Stufen). Allerdings wurde zugleich betont, daß damit keine Anne-
xion Deutschlands bewirkt werde und die Frage der Grenzen
Deutschlands offen bleibe.

5   Das Gebiet Deutschlands wurde in drei – später nach dem Zutritt Frankreichs – in vier *Besatzungszonen* aufgeteilt und jeweils einer Besatzungsmacht
zugewiesen. In den einzelnen Besatzungszonen lag die oberste Befehlsgewalt
beim jeweiligen Militärgouverneur, der nur den Weisungen seiner Regierung
unterstand. Die vier Militärgouverneure bildeten den *Alliierten Kontrollrat*, der
für die Koordination der Besatzungspolitik und für gesamtdeutsche Fragen
zuständig war. Seine Beschlüsse wurden jedoch nur wirksam, wenn alle vier
Militärgouverneure zustimmten und zudem den Beschluß in ihrer Besatzungszone in Kraft setzten. *Berlin* wurde keiner Besatzungszone (auch nicht der
sowjetischen Besatzungszone) zugesprochen, sondern unter die gemeinsame
Verwaltung aller vier Siegermächte gestellt und dementsprechend in vier
Sektoren aufgeteilt. Das gemeinsame Organ war die Berliner Kommandantur,
die nicht nur dem Kontrollrat unterstellt war, sondern ihm auch in etwa entsprach. Unter „Deutschland" wurde damals in territorialer Hinsicht das Deutsche Reich in den Grenzen von 1937 verstanden. Die Sowjetunion nahm
jedoch eigenmächtig Änderungen vor, die von den Westmächten – teils unter
dem Vorbehalt friedensvertraglicher Regelung – akzeptiert wurden, so die
Annexion des nördlichen Teils Ostpreußens und die Westverschiebung Polens
(Polen mußte das Gebiet östlich der sog. Curzon-Linie an die Sowjetunion
abgeben, erhielt dafür aber als „Entschädigung" das Gebiet der sowjetischen
Besatzungszone Deutschlands östlich der Oder-Neiße-Linie).

6   Die *Potsdamer Konferenz* der Regierungschefs der drei Siegermächte (Truman für die USA, Stalin für die Sowjetunion, Churchill
und nach dessen Abwahl Attlee für Großbritannien), die vom
17. 7. bis 2. 8. 1945 im Cecilienhof in Potsdam stattfand, bestätigte
diese Ergebnisse und legte bestimmte Grundsätze für die künftige
Behandlung Deutschlands fest (Entmilitarisierung, Entnazifizierung,
Dezentralisierung der Wirtschaft, Reparationen usw.). Die frühere
Absicht, Deutschland in zwei oder sogar mehrere Staaten aufzutei-
len (dismemberment) wurde endgültig aufgegeben. Vor allem Stalin
war an der Einheit interessiert, da er hoffte, auf diese Weise Einfluß
auf ganz Deutschland, insbesondere auf das westlich gelegene
Ruhrgebiet, zu erlangen. Dementsprechend wurde im Protokoll
der Potsdamer Konferenz festgestellt, daß zwar bis auf weiteres
keine zentrale deutsche Regierung errichtet, aber unter der Leitung
des Alliierten Kontrollrates für bestimmte Bereiche (Finanzwesen,
Transportwesen, Verkehrswesen, Außenhandel und Industrie) zen-

trale deutsche Verwaltungsabteilungen mit einem Staatssekretär an der Spitze errichtet werden sollten. Dazu kam es jedoch nicht. Zunächst blockierte die französische Regierung, die im Blick auf die französischen Sicherheitsinteressen die Dezentralisierung forderte. Dann verhinderte der zunehmende Ost-West-Konflikt eine gemeinsame Deutschlandpolitik.

Die Kapitulationsurkunde, die Berliner Erklärung, das Protokoll der Potsdamer Konferenz (des öfteren fälschlich als Potsdamer Abkommen bezeichnet) und weitere Dokumente sind u. a. abgedruckt bei *D. Rauschning* (Hg.), Rechtsstellung Deutschlands. Völkerrechtliche Verträge und andere rechtsgestaltende Akte, dtv-Taschenbuch, 2. Aufl. 1989: *I. v. Münch* (Hg.), Dokumente des geteilten Deutschland, Bd. 1, 2. Aufl. 1976.

II. Der Wiederaufbau der deutschen Staatlichkeit

Die Besatzungspolitik der Siegermächte wurde durch eine doppelte, wenn auch miteinander verknüpfte Zielsetzung bestimmt. Einmal ging es den Besatzungsmächten verständlicherweise um die Verfolgung eigener Interessen, insbesondere die Sicherheit und die Unterhaltung ihrer Streitkräfte, die Befriedung Deutschlands, die Gewinnung von Reparationen und die Einbindung der jeweiligen Besatzungszone in ihren Einflußbereich. Zum anderen wollten sie aber auch, wie es im Protokoll der Potsdamer Konferenz heißt, „dem deutschen Volk die Möglichkeit geben, sich darauf vorzubereiten, sein Leben auf einer demokratischen und friedlichen Grundlage von neuem wiederaufzubauen." Entsprechend dieser zweiten Zielsetzung wurden in allen vier Besatzungszonen – wenn auch in unterschiedlicher Weise – deutsche Staatsorgane eingesetzt, die zunächst nach Weisung und unter Aufsicht der Besatzungsbehörden, dann aber zunehmend eigenverantwortlich die Verwaltungsaufgaben wahrnehmen sollten. **7**

Die Besatzungspolitik wurde durch die verfassungs-, verwaltungs-, wirtschafts- und gesellschaftspolitischen Vorstellungen der jeweiligen Besatzungsmacht bestimmt. So ging es den USA um die Förderung demokratischer und wirtschaftlich-liberaler Tendenzen, Großbritannien seit dem Wahlsieg der Sozialisten 1945 mehr um die Realisierung planwirtschaftlicher Vorstellungen, Frankreich um Garantien für sein Sicherheitsbedürfnis und Reparationen, der Sowjetunion ebenfalls – und zwar in erheblichem Umfang – um Reparationen **8**

und (allerdings noch vorsichtig und für künftige Entwicklungen offen) um die
Einbeziehung ihrer Zone in den sowjetischen Machtbereich.

9   Der Wiederaufbau der deutschen Staatlichkeit erfolgte – um die
übliche Kurzformel zu verwenden – „von unten nach oben", wobei allerdings hinzuzufügen ist, daß er „von oben", d. h. von den
Besatzungsbehörden, bestimmt, gelenkt und kontrolliert wurde.

Dieser Weg von unten nach oben hatte übrigens in Deutschland eine gewisse Tradition, wenn man an die Selbstverwaltungskonzeption des Freiherrn
vom Stein denkt, der mit der preußischen Städteordnung von 1808 das
Ziel verfolgte, die Bürger über die kommunale Selbstverwaltungskonzeption
an den Staat heranzuführen und damit die Demokratie von unten her aufzubauen.

10   Zunächst setzten die Besatzungsbehörden auf der *kommunalen
Ebene* Bürgermeister und Landräte ein. Sodann wurden *politische
Parteien* zugelassen und – im Laufe des Jahres 1946 – von der
Bevölkerung Gemeindevertretungen und Kreistage gewählt, die
ihrerseits die Bürgermeister und die Landräte wählten oder bestä-
tigten. Anschließend, z. T. schon gleichzeitig, wurden von den
Besatzungsmächten in ihren Zonen *Länder* errichtet und Ministerpräsidenten und Landesregierungen bestellt. Sodann kam es – mit
Ausnahme der britischen Besatzungszone – zur Wahl von verfassunggebenden Landesversammlungen. Die von ihnen beschlossenen
und durch Volksentscheid angenommenen Landesverfassungen
bildeten die Grundlagen für die Wahl der Landtage sowie für das
staatliche Leben in den Ländern überhaupt.

11   Während auf der kommunalen Ebene die bisherige territoriale Gliederung
der Gemeinden und Landkreise übernommen wurde, kam es auf der Landesebene zu Neubildungen, die vorwiegend durch die Grenzen der Besatzungszonen bestimmt waren. So wurde z. B. das frühere Rheinland auf das zur
britischen Besatzungszone gehörende Nordrhein-Westfalen und auf das zur
französischen Besatzungszone gehörende Rheinland-Pfalz verteilt. Bemerkenswert ist vor allem die Grenzziehung im Südwesten. Die Amerikaner waren
an der Autobahn Frankfurt-Stuttgart-München interessiert und beanspruchten
daher die nördlichen Teile von Baden und Württemberg einschließlich der
Landkreise, durch die diese Autobahn verlief. Die südlich davon gelegenen
Gebiete von Baden und Württemberg überließen sie den Franzosen. Während
die nördlichen Gebiete zu Württemberg-Baden zusammengeschlossen wurden, wurden im Süden entsprechend der französischen Dezentralisierungs-
politik Baden (Südbaden) und Württemberg-Hohenzollern als jeweils selbständige Länder errichtet. Erst mit der Bildung des Landes Baden-Württemberg,

das 1952 nach langen und heftigen landesinternen Auseinandersetzungen zustande kam, wurde dieser Zustand überwunden (vgl. Art. 118 GG; ferner die Dokumentation: Der Kampf um den Südwest-Staat, hg. vom Institut für Staatslehre und Politik e. V. in Mainz, 1952; *P. Feuchte*, Verfassungsgeschichte von Baden-Württemberg, 1983, S. 115 ff.). Die übrigen Länder, die damals von den Besatzungsmächten zwar in Anknüpfung an traditionelle territoriale Gliederungen, aber doch unter vorrangiger Berücksichtigung ihrer besatzungspolitischen Interessen gebildet wurden, bestehen als Bundesländer bis heute. Die Neugliederungsregelung des Art. 29 GG vermochte daran nichts zu ändern.

Ferner kam es im Laufe der Zeit zu *zonalen Einrichtungen* unter   **12**
schiedlicher Art. Schon relativ früh wurden in der englischen und in der sowjetischen Besatzungszone Zonenzentralämter, insbesondere für Wirtschaft, Ernährung und Verkehr, als übergeordnete Behörden für die gesamte Zone geschaffen. In der amerikanischen Besatzungszone wurde ein „Länderrat" als Koordinationsgremium der Ministerpräsidenten gebildet, dem später ein parlamentarisches Gremium beigegeben wurde. 1947 wurden die amerikanische und die englische Besatzungszonen zum „Vereinigten Wirtschaftsgebiet", zur sog. *Bizone*, mit eigenen Organen und Zuständigkeiten im wirtschaftlichen Bereich zusammengeschlossen.

Die Organisation und die Aufgaben des Vereinigten Wirtschaftsgebiets wur   **13**
den durch eine Gemeinsame Anordnung der amerikanischen und der britischen Militärregierung vom 10. 6. 1947, Neufassung vom 9. 2. 1948, festgelegt (jeweils abgedruckt bei *E. R. Huber*, Quellen zum Staatsrecht, Bd. 2, S. 172 ff.). Nach der Neufassung dieser Anordnung hatte die Bizone folgende drei Organe: Der Wirtschaftsrat, der aus 104, von den Landtagen der Bizone gewählten Abgeordneten bestand, fungierte als parlamentarisches Gremium. Der Länderrat, der sich aus je zwei Vertretern der acht Landesregierungen zusammensetzte, hatte gleichsam die Funktion einer zweiten Kammer (etwa entsprechend dem späteren Bundesrat). Der Verwaltungsrat, dessen Mitglieder vom Wirtschaftsrat gewählt wurden, bildete mit einem Oberdirektor und sechs Direktoren für bestimmte Sachgebiete (Wirtschaft, Ernährung, Verkehr, Post- und Fernmeldewesen, Finanzen und Arbeit) die Exekutive oder Regierung. Neben diesen drei Organen wurde noch das „Deutsche Obergericht" gleichsam als Verfassungsgericht errichtet (Gemeinsame Anordnung vom 9. 2. 1948, abgedruckt bei *E. R. Huber*, aaO. S. 182). Die Bizone wurde durch Beitritt der französischen Zone am 8. 4. 1949 zur Trizone erweitert und bestand bis zur Gründung der Bundesrepublik. Das Deutsche Obergericht (nicht zu verwechseln mit dem Obersten Gerichtshof für die britische Zone als Vorläufer des BGH) bestand sogar noch länger, da es gem. Art. 137 III GG bis zur Errichtung des BVerfG die Aufgaben eines Wahlprüfungsgerichts gem. Art. 41 II GG wahrzunehmen hatte.

14 Auch wenn das Vereinigte Wirtschaftsgebiet nur eine parlamentarisch und föderativ abgestützte Wirtschaftsverwaltung darstellte, so kann doch nicht übersehen werden, daß mit ihr die Organisation der späteren Bundesrepublik vorgezeichnet war. Die Entscheidung für die soziale Marktwirtschaft, die Ludwig Ehrhard mit der CDU gegen die SPD, die damals für Planwirtschaft (nicht Zwangswirtschaft) eintrat, in der Bizone durchsetzte, war eine grundlegende Weichenstellung, die auch für die spätere Bundesrepublik maßgeblich blieb.

Vgl. dazu *K. W. Nörr*, Als die Würfel der Marktwirtschaft fielen, Festschrift für *Kroeschell*, 1997, S. 885 ff. Das Gesetzblatt der Verwaltung des Vereinigten Wirtschaftsgebietes 1947–49 vermittelt einen Eindruck von den damaligen Problemen und Nöten und den Bemühungen der Bizonen-Verwaltung. Es gab damals auch erhebliche Spannungen und Konflikte unterschiedlicher Art: zwischen den Besatzungsbehörden und den deutschen Instanzen, zwischen der Bizonenverwaltung und den Landesverwaltungen, zwischen der CDU und der SPD.

15 Alle deutsche Organe – von den kommunalen Ämtern und Gremien bis zu den zwischenzonalen Einrichtungen – waren damals der Weisungskompetenz und der Kontrolle der jeweiligen Militärregierungen und ihren untergeordneten Instanzen unterworfen. Selbst die Landesverfassungen und die von den Parlamenten erlassenen Gesetze bedurften der Genehmigung. Die anfangs sehr strikte Aufsicht lockerte sich aber zunehmend im Laufe der Zeit. Zudem ist manche Anordnung der Besatzungsbehörde nach Anhörung oder sogar aufgrund einer Vorlage der deutschen Organe ergangen.

Die knappen Bemerkungen dürfen nicht darüber hinwegtäuschen, daß sowohl im grundsätzlichen als auch im einzelnen erhebliche Unterschiede zwischen den einzelnen Besatzungszonen bestanden. Vgl. dazu näher *F. Klein*, Neues Deutsches Verfassungsrecht, 1949, S. 71 ff.; *M. Stolleis*, Besatzungsherrschaft und Wiederaufbau deutscher Staatlichkeit 1945–1949, HStR I (1987) S. 173 (195 ff.) mit weiteren Nachw. – Interessant und lesenswert sind auch die jene Zeit betreffenden Memoiren, etwa *Carlo Schmid*, Erinnerungen, 1979, S. 234 ff.; *K. Adenauer*, Erinnerungen, Bd. I, 1965, S. 19 ff.; *W. Hoegner*, Der schwierige Außenseiter, 1959, S. 189 ff.; *R. Maier*, Ein Grundstein wird gelegt, 1964; *L. D. Clay*, Entscheidung in Deutschland, 1950.

III. Die Entstehung des Grundgesetzes und der Bundesrepublik Deutschland

1. Die Initiative der Westmächte

Als die beiden Außenministerkonferenzen der vier Siegermächte **16** im Jahre 1947 – im Frühjahr in Moskau und im Spätherbst in London – endgültig zeigten, daß eine Einigung über die Zukunft Deutschlands nicht zu erreichen war, beschlossen die Westalliierten – unter Einbeziehung der Beneluxstaaten: Belgien, Niederlande und Luxemburg – die Errichtung eines westdeutschen Teilstaates. Die Militärgouverneure der drei Westzonen überreichten am 1. 7. 1948 im Auftrag ihrer Regierungen den Ministerpräsidenten der elf westdeutschen Länder drei Dokumente (sog. Frankfurter Dokumente). Das erste und zugleich wichtigste Dokument betraf die Einberufung einer verfassunggebenden Versammlung und damit die Gründung eines westdeutschen Staates, das zweite Dokument bezog sich auf die Neuregelung der Ländergrenzen, das dritte Dokument enthielt die Grundzüge des beabsichtigten Besatzungsstatuts.

Das Dokument Nr. 1 das hier besonders interessiert, enthielt drei wesentli- **17** che Aussagen: (1) Es ermächtigte bzw. beauftragte die Ministerpräsidenten der Länder, bis spätestens 1. 9. 1948 eine nach näherer landesgesetzlicher Regelung zu wählende Verfassunggebende Versammlung einzuberufen. – (2) Es enthielt sodann inhaltliche Vorgaben für die zu erlassende Verfassung: die Verfassunggebende Versammlung sollte „eine demokratische Verfassung ausarbeiten, die für die beteiligten Länder eine Regierungsform des föderalistischen Typs schafft, die am besten geeignet ist, die gegenwärtig zerrissene deutsche Einheit schließlich wieder herzustellen, und die Rechte der beteiligten Länder schützt, eine angemessene Zentralinstanz schafft und die Garantien der individuellen Rechte und Freiheiten enthält." – (3) Schließlich bestimmte es noch die Voraussetzungen des Inkrafttretens der Verfassung: Genehmigung der Militärgouverneure und sodann Annahme durch Volksabstimmung mit einfacher Mehrheit in mindestens $^2/_3$ der Länder.

Das Angebot der Alliierten, einen westdeutschen Staat zu grün- **18** den, brachte die Ministerpräsidenten in ein Dilemma. Einerseits lag der Vorteil einer Staatsbildung auf der Hand, andererseits bestand die Gefahr, daß die Beschränkung auf Westdeutschland die Spaltung vertiefen würde. Nach mehreren, jeweils längeren Beratungen entschlossen sie sich zu einem „Ja, aber". Der neu zu gründende Staat sollte nur ein Provisorium bis zur Erlangung der Einheit Deutschlands sein. Das sollte auch im Verfahren der Verfassunggebung und im Inhalt der zu erlassenden Verfassung zum Ausdruck kommen. Statt einer vom Volk zu wählenden Verfassunggebenden Versammlung sollte nur ein von den Landtagen gewählter Parlamentarischer Rat einberufen werden, statt der Annahme durch Volksabstimmung in den Ländern sollten nur die Landtage entscheiden, statt der Bezeichnung Verfassung sollte nur vom Grundgesetz gesprochen werden. Auch war daran gedacht, nur ein Organisationsstatut, keine Vollverfassung, zu beschließen. Die Militärgouverneure, insbesondere der amerikanische General Lucius D. Clay, der das Projekt mit viel Energie und in der Überzeugung betrieben hatte, den deutschen Interessen entgegenzukommen, waren über das Zaudern der Ministerpräsidenten verstimmt, gaben aber dann doch ihr Placet zu den vorgeschlagenen Einschränkungen.

2. Der Parlamentarische Rat

19   Die Abgeordneten des zur Ausarbeitung der Verfassung berufenen Parlamentarischen Rats wurden im Laufe des August 1948 von den Landtagen gewählt. Rechtsgrundlage bildeten gleichlautende Wahlgesetze, die von den Landtagen kurz vorher entsprechend einer Vereinbarung der Ministerpräsidenten erlassen wurden (insoweit zeigt sich eine Parallele zur Wahl des konstituierenden Reichstags 1867, vgl. oben § 2 Rn. 53). Am 1. 9. 1948 trat der Parlamentarische Rat termingerecht zu seiner konstituierenden Sitzung zusammen. Er hatte 65 Mitglieder, davon gehörten je 27 der CDU/CSU und der SPD, 5 der FDP und je 2 der (konservativ und föderalistisch ausgerichteten) Deutschen Partei (DP), dem (katholischen) Zentrum und der (kommunistischen) KPD an. Konrad Adenauer wurde zum Vorsitzenden gewählt.

20   Die Abgeordneten waren überwiegend Berufspolitiker, Akademiker, Juristen. Sie waren teilweise schon in der Weimarer Zeit politisch tätig (12 Abgeordnete waren bereits Mitglieder des Reichstages, 3 sogar Mitglieder der Verfassunggebenden Nationalversammlung von 1919) und nahmen nach 1945 (wieder) führende Positionen ein. Dementsprechend war das Durchschnittsalter mit 55 Jahren auch relativ hoch. Zwei Drittel der Abgeordneten waren gleichzeitig Landtagsabgeordnete, zwölf waren gleichzeitig Minister oder

Staatssekretär. Einige Abgeordnete hatten zudem in der Verfassunggebenden Landesversammlung ihres Landes bei der Ausarbeitung der Landesverfassung und/oder im Herrenchiemseer Verfassungskonvent bei der Ausarbeitung eines Entwurfs für das Grundgesetz mitgewirkt, so etwa Carlo Schmid. Es bestanden somit personelle Verbindungen und Kontinuitäten. Vgl. zur Zusammensetzung des Parlamentarischen Rates *Th. Eschenburg,* Jahre der Besatzung 1945–1949, 1983, S. 486 ff.; *R. Mußgnug,* HStR I (1987) S. 235 f.; *W. Sörgel,* Konsens und Interessen. Eine Studie zur Entstehung des Grundgesetzes für die Bundesrepublik Deutschland, 1985, S. 236 ff.; *G. Hirscher,* Carlo Schmid und die Gründung der Bundesrepublik, 1986; *Carlo Schmid,* Erinnerungen, 1979, 272 ff., 318 ff.

Den Beratungen des Parlamentarischen Rates lag der sog. *Herren-* **21** *chiemseer Verfassungsentwurf* zugrunde, der von einem besonderen, zu diesem Zweck von dem Ministerpräsidenten einberufenen Sachverständigenausschuß erarbeitet und beschlossen wurde. Der Ausschuß, in den jedes Land einen Vertreter (mit Beraterstab) entsandt hatte, tagte vom 10.–23. 8. 1948 auf der Insel Herrenchiemsee in Bayern (daher Herrenchiemseer Entwurf). Er arbeitete betont sachbezogen. In strittigen Fragen bot er verschiedentlich Alternativlösungen an (so etwa zur Frage: Bundesrat entsprechend deutscher Tradition oder Senat entsprechend US-Vorbild?).

Die für die Entstehungsgeschichte des Grundgesetzes interessanten Materialien finden sich bei *P. Bucher* (Bearbeiter) Der Parlamentarische Rat. Akten und Protokolle, Bd. II, 1981 (vgl. Rn. 23); der Verfassungsentwurf ist auch abgedruckt bei *E. R. Huber,* Quellen zum Staatsrecht, Bd. II, 1951, S. 219 ff.; vgl. ferner *R. Mußgnug,* HStR I (1987) S. 232 ff.; *P. März/H. Oberreuter* (Hg.), Weichenstellung in Deutschland. Der Verfassungskonvent von Herrenchiemsee, 1999.

Die Verhandlungen des Parlamentarischen Rates – im Plenum **22** und in den Ausschüssen (einem Hauptausschuß unter dem Vorsitz von Carlo Schmid, fünf Fachausschüssen, einem Redaktionsausschuß) – gingen zügig voran. Obwohl ursprünglich an sich nur eine vorläufige Verfassung für die Übergangszeit bis zur Herstellung der Einheit Deutschland beabsichtigt war, führte das Bestreben, auch für diese Übergangszeit eine rechtsstaatlich orientierte und stabile Verfassungsordnung zu schaffen, zu einer vollständigen Verfassung. In diesem Sinne war es auch nur konsequent, daß Grundrechte festgelegt wurden. Sie beschränkten sich im wesentlichen auf die klassischen Freiheitsrechte, wurden aber dadurch verstärkt, daß sie auch gegenüber dem Gesetzgeber Geltung erlangten und gerichtlich durchgesetzt werden konnten. Weltanschaulich bedingte und daher grundsätzlich kontroverse Fragen wurden möglichst ausgeklammert. Daher kam es zu keinen Regelungen über die Wirtschafts-, Arbeits- und Sozialordnung.

23   Die alliierten Militärgouverneure verfolgten aufmerksam die Verfassungsberatungen. Sie intervenierten auch mehrfach. Ihre Einwände richteten sich vor allem gegen die – übrigens auch im Parlamentarischen Rat selbst umstrittenen – bundesstaatlichen und finanzverfassungsrechtlichen Regelungen, die ihrer Auffassung nach die Zentralgewalt zu sehr stärkten. Die z. T. heftigen Auseinandersetzungen konnten aber bereinigt werden, zumal die Alliierten wesentlich zurücksteckten.

Vgl. zur Entstehungsgeschichte, die auch für die Auslegung der Vorschriften des Grundgesetzes bedeutsam werden kann (vgl. oben § 1 Rn. 52), neben den amtlichen Protokollen und Drucksachen: *K.-B. von Doemming/R. W. Füßlein/ W. Matz*, Entstehungsgeschichte der Artikel des Grundgesetzes, JöR Bd. 1 (1951); *Der Deutsche Bundestag/Bundesarchiv* (Hg.), Der Parlamentarische Rat 1948–1949. Akten und Protokolle, 11 Bde., 1975 ff. (der von *M. F. Feldkamp* bearbeitete Bd. 8 betrifft „Die Beziehungen des Parlamentarischen Rates zu den Militärregierungen"); *H. Wilms* (Hg.), Dokumente zur neuesten deutschen Verfassungsgeschichte, Bd. III/2, 2001.

24   Am 8. 5. 1949, dem 4. Jahrestag der Kapitulation, wurde das Grundgesetz im Parlamentarischen Rat mit 53 gegen 12 Stimmen angenommen. Dagegen stimmten 6 der 8 Abgeordneten der (bayerischen) CSU und die jeweils zwei Abgeordneten der DP, des Zentrums und der KPD. Nach der Genehmigung durch die drei westlichen Militärgouverneure (vgl. unten Rn. 25) war noch die Annahme durch die Landtage von zwei Drittel der Länder erforderlich (so Art. 144 I GG, von den ursprünglich im Frankfurter Dokument I vorgesehenen Volksabstimmung wurde abgesehen). Zehn der elf Landtage stimmten mit deutlicher Mehrheit zu. Damit war auch diese Voraussetzung erfüllt.

Lediglich der Bayerische Landtag lehnte nach längerer Debatte mit 101 gegen 63 Stimmen bei 9 Enthaltungen das Grundgesetz ab, erklärte aber in einem weiteren Beschluß mit 97 gegen 6 Stimmen bei 70 Enthaltungen unter Hinweis auf Art. 144 I GG, daß „die Rechtsverbindlichkeit dieses Grundgesetzes auch für Bayern anerkannt" werde. Man hatte also beides: Man war dagegen und doch dabei. Mehr eine Arabeske ist, daß nach der Wiedervereinigung das Grundgesetz von der Bayernpartei erneut in Frage gestellt wurde; der BayVerfGH hat jedoch die von ihr erhobene Popularklage bereits als unzulässig zurückgewiesen, vgl. Entsch. vom 16. 7. 1991 (BayVerfGHE 44, 85 = BayVBl. 1991, 561).

Am 23. Mai 1949 wurde das Grundgesetz vom Parlamentari- **25**
schen Rat in einer feierlichen Schlußsitzung ausgefertigt und verkündet. Es trat gem. Art. 145 II GG mit dem Ablauf des Tages der
Verkündung, also noch am 23. Mai 1949, in Kraft.

> Das ist freilich nicht unbestritten. Die Frage ist, ob mit dem „Ablauf des Tages" der 23. Mai 24.00 Uhr oder der 24. Mai 0.00 Uhr gemeint ist. Wie hier wohl BVerfGE 2, 237, 258; 4, 331, 341; ferner mit eingehender Begründung *O. Jauernig*, JZ 1989, 615 ff.; anders dagegen die überwiegende Kommentarliteratur zu Art. 145 II GG.

3. Die Genehmigung des Grundgesetzes durch die Militärgouverneure

Die Genehmigung des Grundgesetzes, die sich die alliierten Mi- **26**
litärgouverneure im Frankfurter Dokument I vorbehalten hatten,
wurde am 12. 5. 1949 in einem an den Präsidenten des Parlamentarischen Rates, Konrad Adenauer, gerichteten Schreiben erteilt.
Das Genehmigungsschreiben war formlos gehalten, stellte aber
einen bedeutsamen Rechtsakt dar, da es einmal Voraussetzung für
das Inkrafttreten des Grundgesetzes war und zum anderen einige
Artikel des Grundgesetzes beschränkte oder suspendierte. Die Einschränkungen bestanden vor allem im folgenden:

– Vorrang des Besatzungsstatuts (vgl. sogleich unten);
– Berlinvorbehalt, der besagte, daß Berlin „nicht durch den Bund regiert
  werden wird" (wobei Regierung im weiteren Sinne als Gouvernement zu
  verstehen war) und die Vertreter Berlins im Bundestag und im Bundesrat
  nicht stimmberechtigt sind;
– Suspension der Neugliederungsregelung des Art. 29 GG;
– Stärkung des Föderalismus durch Einschränkung der Polizei- und Verwal-
  tungsbefugnisse des Bundes zugunsten der Länder.

4. Die Konstituierung der Bundesrepublik

Aufgrund des Grundgesetzes und des noch vom Parlamentari- **27**
schen Rat erlassenen und von den Militärgouverneuren nach einigen Änderungen genehmigten Wahlgesetzes wurde am 14. 8. 1949
der erste Deutsche Bundestag gewählt. Bei einer Wahlbeteiligung

von 78,5% erhielten die CDU/CSU 31% der Stimmen (139 Sitze), die SPD 29,2% der Stimmen (131 Sitze), die FDP 11,9% der Stimmen (52 Sitze) und die KPD 5,7% der Stimmen (15 Sitze). Die übrigen Stimmen entfielen auf 13 weitere Parteien, von denen 8 insgesamt 65 Sitze erhielten.

28   Der Bundestag und der Bundesrat traten am 7. 9. 1949 zu ihren konstituierenden Sitzungen zusammen. Die Bundesversammlung kam am 12. 9. 1949 zusammen und wählte Theodor Heuss zum ersten Bundespräsidenten (im 2. Wahlgang mit 416 von 800 Stimmen). Am 15. 9. 1949 wählte der Bundestag Konrad Adenauer zum Bundeskanzler (mit 202 von insgesamt 402 Stimmen und sonach mit nur einer Stimme Mehrheit). Er bildete – entsprechend seiner Ankündigung, die allerdings auch in seinen Reihen auf Widerspruch stieß – eine kleine Koalition aus CDU/CSU, FDP und DP. Am 20. 9. 1949 wurden die von ihm vorgeschlagenen Bundesminister vom Bundespräsidenten ernannt.

29   Mit der Bildung der Bundesregierung am 20. 9. 1949 wurde die Bundesrepublik endgültig handlungsfähig. Mit diesem Tag ist sie ins Leben getreten. Dieses Datum ist freilich nicht unbestritten. Nach der Gegenmeinung erfolgte die Konstituierung der Bundesrepublik Deutschland bereits am 23. bzw. 24. 5. 1949 (Zeitpunkt des Inkrafttretens des Grundgesetzes).

5. Die demokratische Legitimität des Grundgesetzes

30   In der (ursprünglichen) Präambel des Grundgesetzes wurde festgestellt, daß sich das deutsche Volk kraft seiner verfassungsgebenden Gewalt dieses Grundgesetz gegeben habe. Trotzdem wurde und wird die demokratische Legitimität des Grundgesetzes immer wieder angezweifelt. Begründet werden die Zweifel

– einmal mit den Einwirkungen der drei alliierten Militärgouverneure (Auftrag zur Einberufung einer verfassunggebenden Versammlung an die Ministerpräsidenten, Vorgaben für die zu erlassende Verfassung, Interventionen während der Beratungen im Parlamentarischen Rat, Genehmigung des Grundgesetzes mit erheblichen Einschränkungen) und
– zum anderen mit dem von deutscher Seite aus festgelegten Verfahren der Verfassunggebung (Wahl der Abgeordneten des Parlamentarischen Rates und Annahme des von diesem beschlossenen Grundgesetzes durch die Landtage und nicht unmittelbar durch das Volk).

Diese Einwände können jedoch die demokratische Legitimität 31 des Grundgesetzes nicht erschüttern. Was die Einwirkungen der Militärgouverneure betrifft, so ist zu beachten, daß sie mit ihrer Initiative zunächst einmal den Weg für eine deutsche Verfassunggebung freimachten. Sie haben den Abgeordneten des Parlamentarischen Rates auch inhaltlich keine Verfassung aufgedrängt, die diese nicht haben wollten. Die Entscheidung für eine demokratische und rechtsstaatliche Ordnung entsprach den Vorstellungen des Parlamentarischen Rates und des deutschen Volkes, wie bereits die vorhergehenden Landesverfassungen zeigen. Die alliierten Interventionen betrafen Punkte, die auch auf deutscher Seite umstritten waren (so setzten sich nicht nur die Alliierten, sondern auch die CDU und noch stärker die CSU für den Ausbau des Föderalismus ein). Der Parlamentarische Rat hat dementsprechend auch in freier Abstimmung das Grundgesetz mit überwiegender Mehrheit angenommen.

Gravierender erscheinen die Einwände, die das von der deut- 32 schen Seite eingeschlagene Verfahren betreffen. Der Parlamentarische Rat und das Grundgesetz erhielten durch die Einschaltung der Landtage nur eine mittelbare demokratische Legitimität. Es wäre vielleicht – rückblickend – besser gewesen, das Volk unmittelbar zu beteiligen. In demokratischer Sicht ist das aber nicht zwingend erforderlich. Es gibt – beginnend mit der Verfassung der USA von 1787 – genügend Beispiele, die dies bestätigen. Der Hinweis, daß die Landtage ausschließlich unter landespolitischen Gesichtspunkten gewählt worden seien, greift ebenfalls nicht durch, weil sie damals mangels einer gesamtdeutschen Repräsentation auch gesamtstaatliche Verantwortung trugen und wahrnahmen. In demokratischer Sicht kommt es zudem nicht nur auf den formalen Entstehungsakt, sondern auch und vor allem auf die Akzeptanz des Volkes an. Daher wird zu Recht darauf hingewiesen, daß sich schon bei der ersten Bundestagswahl 78,5% der Wahlberechtigten an der Wahl beteiligten und ganz überwiegend die das Grundgesetz tragenden Parteien wählten und damit auch das Grundgesetz – die Basis ihrer Wahlentscheidung – anerkannten. Die folgenden Bundestagswahlen haben dies immer wieder aufs neue bekräftigt. Das Grundgesetz wurde und wird nicht nur von der ganz überwiegenden Mehrheit der Bürger als rechtliche Grundordnung akzep-

tiert, sondern bildet auch den Integrationsfaktor im pluralistischen
Fluidum von Staat und Gesellschaft. Selbst wenn also bezüglich der
Entstehung des Grundgesetzes gewisse demokratische Defizite festgestellt werden sollten, so wären sie durch die − ständige und immer wieder bestätigte − Akzeptanz des Volkes ausgeräumt worden.

33   Das gilt auch für die Wiedervereinigung und die damit verbundene Erstreckung des Grundgesetzes auf die neuen Bundesländer.
Die freigewählte Volkskammer der DDR hat den Beitritt zum
3. 10. 1990 mit ganz überwältigender, erheblich über das $^2/_3$-Erfor-
dernis hinausgehender, Mehrheit beschlossen. Das entsprach auch
den eindeutigen Zielen der friedlichen Revolution der Bevölkerung in der ehemaligen DDR.

34   Die Bedeutung der Akzeptanz zeigt sich, wenn die Weimarer Reichsverfassung vergleichend herangezogen wird. Sie wurde von einer eigens dazu
gewählten Nationalversammlung beschlossen (allerdings nicht einem Volksentscheid unterworfen, vgl. Art. 181 WRV). Sie besaß also, wenn man so will,
bei der Entstehung eine höhere demokratische Legitimität. Gleichwohl ist sie
von vornherein und später zunehmend auf Ablehnung oder zumindest Distanzierung gestoßen und schließlich an der mangelnden Akzeptanz gescheitert. Im
übrigen sei nur noch darauf hingewiesen, daß Legitimität und Legalität nicht
verwechselt werden dürfen. Auch wer die Legitimität einer Verfassung be-
streitet, ist an sie wegen ihrer Legalität gebunden.

6. Das Besatzungsstatut

35   a) *Das Inkrafttreten des Besatzungsstatuts.* Die Bundesrepublik war
gegründet, aber noch nicht souverän. Sie stand nach wie vor unter
der Herrschaft der westlichen Besatzungsmächte, die allerdings nunmehr durch das Besatzungsstatut geregelt und beschränkt wurde.
Das bereits in den Frankfurter Dokumenten von 1. 7. 1948 ange-
kündigte Besatzungsstatut wurde gleichzeitig mit der Genehmigung
des Grundgesetzes am 12. 5. 1949 verkündet und trat mit der Errichtung der Bundesrepublik am 21. 9. 1949 in Kraft. Die Entwicklungen auf der alliierten und der deutschen Seite wurden syn-
chronisiert. Bislang herrschten die Siegermächte aufgrund der von
ihnen durch die Berliner Erklärung vom 5. 6. 1945 in Anspruch
genommenen Besatzungshoheit unbeschränkt in ihren Besatzungszonen. Nunmehr unterwarfen sie sich rechtlichen, wenn auch von
ihnen einseitig gesetzten Beschränkungen. Die Militärdiktatur, die

allenfalls völkerrechtlichen Bindungen unterlag, wurde durch ein rechtlich geregeltes und begrenztes Besatzungsregime abgelöst. Die Eigenstaatlichkeit der Bundesrepublik wurde anerkannt, aber durch das Besatzungsrecht überlagert und durch eine ganze Reihe besatzungsrechtlicher Vorbehalte erheblich beschränkt.

Nach dem Besatzungsstatut blieb die ausschließliche Zuständigkeit der Besatzungsmächte für einige wesentliche Bereiche bestehen, so etwa für die Entmilitarisierung, die Kontrolle über die Ruhrindustrie, die Reparationen, die auswärtigen Angelegenheiten, die Überwachung des Außenhandels und der Devisenwirtschaft. Deutsche Organe konnten in diesen Bereichen nur mit Zustimmung der Besatzungsmächte tätig werden. Eine eigene Außenpolitik war demnach nicht möglich. Das ist auch der Grund, weshalb die erste Bundesregierung keinen Außenminister hatte, was freilich Adenauer nicht hinderte, außenpolitisch tätig zu werden. Ferner wurde bestimmt, daß alle Grundgesetzänderungen der Genehmigung der Besatzungsbehörden bedürfen und alle sonstigen gesetzlichen Regelungen des Bundes und der Länder nur in Kraft treten sollten, wenn die Besatzungsbehörden nicht innerhalb von 21 Tagen widersprechen. Schließlich behielten sich die Besatzungsmächte durch eine Notstandsklausel das Recht vor, die volle Gewalt ganz oder teilweise wieder zu übernehmen, wenn dies für ihre Sicherheit oder zur Aufrechterhaltung der demokratischen Ordnung in Deutschland notwendig sein sollte. Andererseits gewährten die Besatzungsmächte bestimmte Rechte des Bürgers und sicherten zu, das Besatzungsstatut spätestens nach zwölf Monaten zu überprüfen und ggf. zu revidieren.

Nach dem Inkrafttreten des Besatzungsstatuts wurden die Militärregierungen aufgelöst und die im Besatzungsstatut vorbehaltenen Kompetenzen auf die neu errichtete „Alliierte Hohe Kommission" übertragen. Die drei Hohen Kommissare, die von den Regierungen der USA, Englands und Frankreichs bestellt wurden, residierten auf dem Petersberg gegenüber Bonn.   **36**

Die Aufgaben und die Organisation der Hohen Kommission wurden in der Satzung der Alliierten Oberkommission für Deutschland vom 20. 6. 1949 (Verordnungs-Blatt für die britische Zone 1949, S. 403; auch abgedruckt bei *E. R. Huber*, Quellen zum Staatsrecht, Bd. 2, S. 583) festgelegt. Art. II 1 lautete: „Die Hohe Kommission übt gemäß den Bestimmungen des Besatzungsstatuts die Kontrolle über die Regierung des Bundes und die Regierungen der ihn bildenden Länder aus." Die Militärbefehlshaber der drei Zonen blieben, hatten aber nunmehr nur noch die Befehlsgewalt über die im Lande stationierten Besatzungsstreitkräfte und die Kontrolle über die dazugehörigen militärischen Einrichtungen (vgl. Art. I 3 der Satzung).

b) Das Besatzungsstatut wurde in der Folgezeit *rasch abgebaut* – einmal faktisch, indem die Hohe Kommission von den Vorbehalts-   **37**

rechten immer weniger Gebrauch machte, und zum anderen rechtlich, indem die Vorbehaltsrechte durch die zugesicherte Revision
des Besatzungsstatuts vom 6. 3. 1951 wesentlich eingeschränkt wurden. Inzwischen hatte sich auch die weltpolitische Lage wesentlich
verändert. Die Spannungen zwischen den Westmächten und der
Sowjetunion nahmen nach Beginn des Koreakrieges 1950 erheblich zu und verstärkten die Bereitschaft der Westmächte zur militärischen Verteidigung gegenüber einem möglichen Angriff der
Sowjetunion. Bundeskanzler Adenauer nutzte die Gelegenheit und
bot in einem „Sicherheitsmemorandum" vom 29. 8. 1950 einen
deutschen Verteidigungsbeitrag an. Sein Ziel war es, auf diesem
Wege und über weitere internationale Kooperationen die Aufnahme Deutschlands als gleichberechtigten Partner in die europäische Staatengemeinschaft zu erreichen. Das ursprüngliche Ziel
einer Europäischen Verteidigungsgemeinschaft (EVG), in der die
deutschen Truppen als Teil einer europäischen Armee aufgenommen werden sollten, scheiterte jedoch am Widerstand des französischen Parlaments, das eine Integration französischer Truppen in
eine europäische Armee ablehnte. Daraufhin wurde die Bundesrepublik Deutschland, die inzwischen Mitglied des Europarates und
der Europäischen Gemeinschaft für Kohle und Stahl (Montanunion) geworden war, in die NATO aufgenommen.

38   c) *Der Deutschlandvertrag von 1952/54.* Die Aufnahme der Bundesrepublik als grundsätzlich gleichberechtigtes Mitglied der NATO
setzte voraus, daß das Besatzungsregime aufgehoben wird und die
Bundesrepublik die Souveränität erhält. Das geschah durch Vertrag
über die Beziehungen zwischen der Bundesrepublik Deutschland
und den Drei Mächten (Deutschlandvertrag), der zunächst im Blick
auf die EVG am 26. 5. 1952 vereinbart und dann im Blick auf die
NATO am 23. 10. 1954 verändert wurde und schließlich am 5. 5.
1955 in Kraft getreten ist.

39   Art. 1 des Deutschlandvertrages bestimmte, daß die Drei Mächte
(USA, Großbritannien und Frankreich) mit dem Inkrafttreten dieses
Vertrages „das Besatzungsregime in der Bundesrepublik beenden,
das Besatzungsstatut aufheben und die Alliierte Hohe Kommission
sowie die Dienststelle der Landeskommissare in der Bundesrepublik

auflösen" werden, und daß die Bundesrepublik „demgemäß die volle Macht eines souveränen Staates über ihre inneren und äußeren Angelegenheiten haben" wird. Ganz souverän wurde die Bundesrepublik freilich nicht. Art. 2 des Vertrages bestimmte nämlich weiter, daß die Drei Mächte im Blick auf die internationale Lage „die bisher von ihnen ausgeübten oder innegehabten Rechte und Verantwortlichkeiten in bezug auf Berlin und auf Deutschland als Ganzes einschließlich der Wiedervereinigung Deutschlands und einer friedensvertraglichen Regelung" behalten werden. Diese Rechte und Verantwortlichkeiten ergaben sich zwar nach wie vor aus der – insoweit fortbestehenden – originären Besatzungshoheit der Siegermächte, wurden aber nunmehr durch ihre Einbeziehung in den Deutschlandvertrag auch von der Bundesrepublik vertraglich anerkannt. Zudem waren die Drei Mächte nunmehr auch gegenüber der Bundesrepublik verpflichtet, diese Rechte und Verantwortlichkeiten wahrzunehmen, was für die Lebensfähigkeit von Westberlin, das zwar nicht zur DDR gehörte, aber von der DDR umschlossen war, und für die Wiedervereinigung von entscheidender Bedeutung war. Der Vorbehalt des Art. 2 Deutschlandvertrag wurde erst durch den Vertrag über die abschließende Regelung in bezug auf Deutschland vom 12. 9. 1990, der im Zuge der Wiedervereinigung zwischen den vier Siegermächten und den zwei deutschen Staaten (deshalb Zwei-plus-vier-Vertrag) abgeschlossen wurde, hinfällig (vgl. dazu unten Rn. 74 ff.).

Der von der Bundesregierung unter Adenauer angebotene Verteidigungs-   **40** beitrag war in der Bundesrepublik sehr umstritten. Angesichts des noch nicht lange zurückliegenden Zweiten Weltkriegs mit seinen furchtbaren Folgen wollten weite Kreise der Bevölkerung von einer militärischen Aufrüstung nichts wissen. Der Streit hatte auch verfassungsrechtliche Auswirkungen. Da das Grundgesetz – schon im Blick auf die von den Alliierten verordnete Entmilitarisierung – keine Regelungen über militärische Streitkräfte enthielt, stellte sich die Frage, ob es überhaupt zulässig ist, solche Streitkräfte ohne vorherige Verfassungsergänzung aufzustellen. Diese verfassungsrechtliche Frage besaß wiederum erhebliche politische Brisanz. Die SPD, die im Bundestag mehr als ein Drittel der Sitze innehatte, war gegen den Verteidigungsbeitrag und konnte daher eine Verfassungsänderung, sollte sie erforderlich sein, verhindern. Das BVerfG wurde von verschiedenen Seiten angerufen (SPD-Fraktion des Bundestages, CDU-Fraktion des Bundestages, Bundespräsident). Es kam jedoch zu keiner Sachentscheidung, da die SPD bei der Bundestagswahl 1953 ihre Sperrminorität verlor und die Bundesregierung unter Adenauer die erforderliche ²/₃-Mehrheit im Bundestag zusammenbrachte. Vgl. dazu die (lediglich die Zulässigkeit der Anträge betreffenden) Entscheidungen BVerfGE 1, 396; 2, 79; 2, 143; ferner die Dokumentation: Der Kampf um den Wehrbeitrag, hg. vom Institut für Staatslehre und Politik e. V. in Mainz, 2 Bde., 1952/53, in der die Schriftsätze, Gutachten und Entscheidungen abgedruckt sind; *W. Martens,* Grundgesetze und Wehrbeitrag, 1961, S. 65 ff. – Der Streit um den Verteidigungsbeitrag zeigt schlagartig die Bedeutung und Problematik der Verfassungsgerichtsbarkeit. Die Frage, ob damals eine Änderung und Ergänzung des Grundgesetzes erforderlich war, war eine Rechtsfrage. Sie hatte aber erhebliche politische Konsequenzen. Wenn sie bejaht worden wäre, dann wäre die von der Bundesregierung verfolgte Politik der Westintegration gescheitert. Die politische Verantwortung dafür hätte aber nicht beim BVerfG, sondern bei der SPD-Fraktion des Bundestages gelegen, die mit ihren Stimmen die Änderung und Ergänzung des Grundgesetzes hätte ermöglichen können, dies aber aus politischen Gründen, nämlich weil sie diese Politik für falsch hielt, nicht getan hat. Mit der Bundestagswahl 1953 wurde sie dann vom Volk entschieden.

7. Überblick über die wichtigsten Rechtsquellen

41 a) Erklärung in Anbetracht der Niederlage Deutschlands und der Übernahme der obersten Regierungsgewalt hinsichtlich Deutschlands vom 5. 6. 1945 (sog. Berliner Erklärung der vier Siegermächte).

b) Frankfurter Dokumente vom 1. 7. 1948 (über die Einberufung einer verfassunggebenden Versammlung für Westdeutschland, die territoriale Neugliederung und das Besatzungsstatut).

c) Herrenchiemseer Verfassungsentwurf vom 24. 8. 1948.

d) Annahme des Grundgesetzes im Parlamentarischen Rat am 8. 5. 1949 und Verkündung des Grundgesetzes am 23. 5. 1949.

e) Schreiben der Militärgouverneure betreffend die Genehmigung des Grundgesetzes vom 12. 5. 1949.

f) Besatzungsstatut vom 12. 5. 1949.

g) Vertrag über die Beziehungen der Bundesrepublik Deutschland und den Drei Mächten vom 26. 5. 1952/23. 10. 1954 (sog. Deutschlandvertrag oder Generalvertrag).

Die Texte sind abgedruckt bei: *E. R. Huber,* Quellen zum Staatsrecht, Bd. 2, 158 ff.; *I. v. Münch,* Dokumente des geteilten Deutschland, Bd. 1, 2. Aufl. 1976; *D. Rauschning,* Rechtsstellung Deutschlands. Völkerrechtliche Verträge und andere rechtsgestaltende Akte, 2. Aufl. 1989.

IV. Die DDR und das Verhältnis zwischen den beiden deutschen Staaten bis 1989

1. Die Entstehung der DDR

Kurz nach der Gründung der Bundesrepublik kam es zur Errichtung der DDR (Deutsche Demokratische Republik). Die politischen Voraussetzungen und Vorgaben unterschieden sich jedoch erheblich. Während die westlichen Besatzungsmächte die Eingliederung Deutschlands in die westliche parlamentarisch-demokratische Staatenwelt beabsichtigten, ging es der Sowjetunion um die Etablierung einer kommunistischen Diktatur und die Einbeziehung des neuen ostdeutschen Staates in ihren Machtbereich. Das kam allerdings anfangs nicht so deutlich zum Ausdruck. Um auch die bürgerlichen Kreise zu gewinnen, wurden bürgerliche Parteien zugelassen und demokratische Rechte und Formen wenigstens teilweise gewährt. Die Schlüsselpositionen nahmen jedoch durchweg die kommunistischen Funktionäre ein. Sie lenkten auch die Massenorganisationen, die den angeblichen Volkswillen zum Ausdruck bringen sollten. **42**

Die SED (die 1946 aus der zwangsweisen Vereinigung von KPD und SPD entstandene Sozialistische Einheitspartei Deutschlands) verfolgte zunächst über die von ihr initiierte und gelenkte Volkskongreßbewegung gesamtdeutsche Verfassungsziele. **43**

Die Volkskongresse waren Massenveranstaltungen mit über 2000 Teilnehmern, die aus ausgewählten Vertretern der politischen Parteien und der sog. Massenorganisationen (Gewerkschaftsbund, Freie Deutsche Jugend, Demokratischer Frauenbund Deutschlands, Kulturbund usw.) bestanden. Auch die westdeutschen Parteien und Organisationen erhielten eine Einladung, der aber nur die KPD und einige kommunistische Trabanten folgten, so daß das Ganze eine sowjetzonale Angelegenheit blieb. Der 2. Volkskongreß, der am 18./ 19. 3. 1948 zusammentrat, setzte einen aus 400 Mitgliedern bestehenden „Deutschen Volksrat" mit dem Auftrag ein, einen Verfassungsentwurf auszuarbeiten. Der 3. Volkskongreß, der über diesen Verfassungsentwurf beschließen sollte, wurde zwar vom Volk „gewählt". Die Wähler hatten aber nur die Möglichkeit, die ihnen vorgelegte Einheitsliste, auf der die Kandidaten nach einem bereits festgelegten Schlüssel auf die politischen Parteien und die Massenorganisationen verteilt waren, anzunehmen oder abzulehnen. Trotz massiver Propaganda, Unterdrückung politischer Gegner und Wahlfälschungen durch die SED und die hinter ihr stehende sowjetische Besatzungsmacht brachte das

„Wahlergebnis" bei einer Wahlbeteiligung von 92,5% nur 66,1% für die
Einheitsliste, während 33,9% dagegen stimmten.

Der 3. Deutsche Volkskongreß nahm den vom Volksrat ausgearbeiteten Verfassungsentwurf am 30. 5. 1949 mit 2087 gegen 1
Stimme an und wählte sodann einen neuen Deutschen Volksrat
mit 330 Mitgliedern (90 SED-Vertreter, 120 Vertreter sonstiger
Parteien, 85 Vertreter der von der SED gelenkten Massenorganisationen und 35 Einzelpersonen). Der Volksrat trat am 7. 10. 1949 zu
seiner ersten Sitzung zusammen, rief noch am gleichen Tag die
„Deutsche Demokratische Republik" aus, setzte die am 30. 5. 1949
vom Volkskongreß beschlossene und inzwischen von der sowjetischen Militäradministration genehmigte Verfassung in Kraft, konstituierte sich selbst als „Provisorische Volkskammer" bis zur Wahl
einer endgültigen Volkskammer (die dann am 15. 10. 1950 wiederum in Form einer Abstimmung über eine Einheitsliste stattfand)
und bestellte eine provisorische Regierung.

44   Entsprechend wurde – wie in den Westzonen – die Besatzungsherrschaft abgebaut. Die Sowjetische Militäradministration in
Deutschland (SMAD) wurde aufgelöst und durch die (zivile) Sowjetische Kontroll-Kommission in Deutschland (SKK) mit einem
Hohen Kommissar an der Spitze abgelöst, deren Aufgabe darin
bestand, darüber zu wachen, daß die DDR „ihre Regierungstätigkeit auf der Grundlage der Beschlüsse der Potsdamer Konferenz
durchführen und die Verpflichtungen erfüllen wird, die sich aus
den gemeinsamen Beschlüssen der vier Mächte ergeben" (so die im
Auftrag der Sowjetregierung abgegebene Erklärung des Vorsitzenden der SKK vom 11. 11. 1949). Ein Besatzungsstatut wurde nicht
erlassen; aufgrund der rechtlichen Vorbehalte und der tatsächlichen
Machtverhältnisse konnte die Sowjetunion jederzeit eingreifen (und
tat es auch, wie die Niederschlagung des Aufstands am 17. 6. 1953
zeigte). Nachdem der Bundesrepublik die Souveränität zugesprochen worden war, zog die Sowjetunion wiederum nach und verlieh – durch die Erklärung der Sowjetregierung vom 25. 3. 1954
und den Vertrag über die Beziehungen zwischen der DDR und
der Sowjetunion vom 20. 9. 1955 – der DDR die Souveränität,
allerdings – wie im Westen – mit dem Vorbehalt der sich aus dem
Vier-Mächte-Abkommen ergebenden Rechte.

Vgl. dazu die Rechtsquellen bei *D. Rauschning,* S. 247 ff.; *I. v. Münch,* Bd. 1, S. 301 ff.

2. Verfassungsrecht und Verfassungswirklichkeit in der DDR

Die DDR-Verfassung von 1949 lehnte sich bewußt an die **45** Weimarer Reichsverfassung von 1919 an, um auf diese Weise auch die bürgerlichen Kreise, insbesondere im Westen, einzunehmen. Die ersten Entwürfe waren ohnehin als gesamtdeutsche Verfassung konzipiert und auf eine entsprechende propagandistische Wirkung abgestellt. Daher unterschied sich die DDR-Verfassung von 1949 auch wesentlich von der stalinistischen Verfassung der Sowjetunion und den sich ihr anschließenden Verfassungen der anderen Ostblockstaaten.

Die Verfassung gewährte die klassischen Grundrechte (Art. 6 ff.), **46** das Recht auf eine „allgemeine, gleiche, unmittelbare und geheime Wahl" (Art. 51 II, 109 II), das freie Mandat der Abgeordneten (Art. 51 III), ferner die Verwaltungsgerichtsbarkeit (Art. 138), die kommunale Selbstverwaltung (Art. 139), die Gliederung der Republik in Länder mit eigenen Kompetenzen (Art. 109 ff.) und eine Länderkammer als Vertretung der Länder (Art. 71 ff.). Allerdings zeigte schon diese Verfassung sozialistische Einschläge. So wurde das Eigentum zwar gewährleistet, aber durch die folgenden Vorbehalte und Beschränkungen praktisch ausgehöhlt, die Volkskammer zum höchsten Organ erklärt und damit die Gewaltenteilung negiert und durch das – in Art. 92 nicht ausdrücklich festgelegte, aber vorausgesetzte – Blocksystem jede Opposition von vornherein ausgeschlossen.

Nach dem Blocksystem gab es bei der Volkskammerwahl nur eine *Einheitsliste,* auf der die Mandate für die politischen Parteien und die Massenorganisationen nach einem festen Schlüssel verteilt waren. Die stärkste Fraktion stellte den Ministerpräsidenten, der die Regierung bildete; die anderen Fraktionen waren entsprechend ihrer Stärke in der Regierung vertreten. Da die SED nach dem vorgegebenen Verteilungsschlüssel stets die stärkste Fraktion war, bildete sie auch stets die Regierung und schloß zugleich durch die Einbindung der anderen Fraktionen jede parlamentarische Opposition aus.

Im übrigen wurden auch die verfassungsrechtlichen Garantien **47** ignoriert. Die Grundrechte blieben leere Versprechungen. Die be-

reits vor 1949 weitgehend durchgeführte Sozialisierung und Kollek-
tivierung der Industrie, des Gewerbes und der Landwirtschaft wurden fortgesetzt. Die Wahlen wurden durch die Einheitslisten zur
Farce. Das Blocksystem sicherte die Vorherrschaft der SED und
führte zur Gleichschaltung der übrigen politischen Parteien. Für
eine Opposition war kein Raum mehr. Ferner wurden – ohne Verfassungsänderung und damit verfassungswidrig – die Länder, die
kommunale Selbstverwaltung und die Verwaltungsgerichtsbarkeit
beseitigt.

48   Die letzten Fassaden einer bürgerlich-rechtsstaatlichen Verfassungsordnung wurden schließlich durch die sozialistische Verfassung
vom 6. 4. 1968 und deren Revision vom 7. 10. 1974 beseitigt.

Die Richtung gab bereits Art. 1 Verf. 1968 an, der bestimmte: „Die Deutsche Demokratische Republik ist ein sozialistischer Staat deutscher Nation. Sie ist
die politische Organisation der Werktätigen in Stadt und Land, die gemeinsam
unter Führung der Arbeiterklasse und ihrer marxistisch-leninistischen Partei den
Sozialismus verwirklichen." Durch die Verfassungsrevision von 1974 wird aus
dem „sozialistischen Staat deutscher Nation" ein „sozialistischer Staat der Arbeiter und Bauern." Die folgenden Artikel ziehen daraus – mit juristisch schwer
greifbaren und z. T. ziemlich schwülstigen Formulierungen – die Folgerungen.
Vgl. dazu auch die Zitate Rn. 50 sowie die Nachweise unten Rn. 81.

3. Das Verhältnis zwischen der DDR und der Bundesrepu-
blik Deutschland

49   a) Ursprünglich bekannten sich sowohl das Grundgesetz als auch
die DDR-Verfassung zur Einheit Deutschlands und zur Wiedervereinigung. Für das Grundgesetz ergab sich dies aus der Präambel
sowie aus Art. 23 und 146 GG. Die Verfassungsorgane (Bundesregierung, Bundestag und Bundesrat) sowie die maßgeblichen Politiker aller Parteien hielten daran fest, wenngleich sich im Laufe der
Zeit, vor allem bei der SPD, deutliche Tendenzen zeigten, sich mit
den Gegebenheiten, d.h. mit der Teilung Deutschlands, abzufin-
den. Entsprechendes gilt für die Staatsrechtslehre. Das BVerfG ließ
jedoch bis zuletzt keinen Zweifel am verfassungsrechtlichen Wiedervereinigungsgebot.

Vgl. BVerfGE 5, 85, 125 ff.; 36, 1, 16 ff.; 77, 137, 149 ff.; ferner *H. H. Klein,*
Festschrift für W. Geiger, 1989, S. 132 ff.

Dagegen rückte die SED, nachdem sie erkennen mußte, daß für **50** ein kommunistisches Gesamtdeutschland keinerlei Chance bestand, immer stärker von ihrer ursprünglichen Konzeption ab. Das spiegeln die drei Verfassungen der DDR deutlich wieder:

Die Verf. 1949 war als gesamtdeutsche Verfassung konzipiert. Dementsprechend heißt es in Art. 1: „Deutschland ist eine unteilbare demokratische Republik; sie baut sich auf den deutschen Ländern auf.... Es gibt nur eine deutsche Staatsangehörigkeit." Die Verf. 1968 beginnt dagegen mit dem Satz: „Die Deutsche Demokratische Republik ist ein sozialistischer Staat deutscher Nation." Immerhin wird noch am Ziel der deutschen Einheit festgehalten. Art. 8 II Verf. 1968 lautet: „Die Herstellung und Pflege normaler Beziehungen und die Zusammenarbeit der beiden deutschen Staaten auf der Grundlage der Gleichberechtigung sind nationale Anliegen der Deutschen Demokratischen Republik. Die Deutsche Demokratische Republik und ihre Bürger erstreben darüber hinaus die Überwindung der vom Imperialismus der deutschen Nation aufgezwungenen Spaltung Deutschlands, die schrittweise Annäherung der beiden deutschen Staaten bis zu ihrer Vereinigung auf der Grundlage der Demokratie und des Sozialismus." In der Verf. 1974 wird nicht nur auf diese Wiedervereinigungsklausel verzichtet, sondern auch die „deutsche Nation" aus dem Verfassungstext gestrichen. Art. 1 I 1 lautet nunmehr: „Die Deutsche Demokratische Republik ist ein sozialistischer Staat der Arbeiter und Bauern ..." Sie steht in keiner Beziehung mehr zum anderen Teil Deutschlands, sondern „ist für immer und unwiderruflich mit der Union der Sozialistischen Sowjetrepubliken verbündet ... (Sie) ist untrennbarer Bestandteil der sozialistischen Staatengemeinschaft" (Art. 6 II).

b) Die DDR wurde zunächst nur von den Ostblockstaaten als **51** Staat anerkannt. Nicht nur die Bundesregierung, sondern auch die Regierungen der westlichen Länder und der Länder der Dritten Welt lehnten eine Anerkennung ab. In Deutschland wurde nach wie vor von der Ostzone oder der Sowjetzone, später auch von der sog. DDR oder der „DDR" (also der DDR in Anführungszeichen) gesprochen. Bonn vertrat die Auffassung, daß der DDR-Regierung schon mangels freier Wahlen die demokratische Legitimation fehle, und daß die DDR wegen der Abhängigkeit ihrer Regierung von Moskau ein Satellit der Sowjetunion sei.

Das war zwar sachlich richtig, sprach aber, wie damals eingewandt wurde, nicht unbedingt gegen den Staatscharakter der DDR, zumal es auch andere Staaten gab (und gibt), die entsprechende Mängel aufwiesen (und aufweisen). In der Diskussion wurden zwei Fragen miteinander vermengt. Es ist zu unterscheiden zwischen der rechtlichen Frage, ob eine bestimmte Organisation die rechtlichen Voraussetzungen eines Staates erfüllt, und der politischen Frage, ob eine bestimmte Organisation oder ein bestimmtes Regime von (anderen)

Staaten als Staat oder Regierung anerkannt werden. Die Anerkennung ist kein kognitiver, sondern ein voluntativer und damit politischer Akt. Da die Bundesrepublik davon ausging, daß sie das 1867/71 gegründete Deutsche Reich fortsetzt, sah sie – folgerichtig – in der Gründung der DDR als „Staat" eine nicht akzeptable Sezession.

In dieser Sicht war es auch folgerichtig, daß die Bundesrepublik die Anerkennung der DDR ablehnte und dementsprechend in Anspruch nahm, für alle Deutschen, auch diejenigen östlich des Eisernen Vorhangs, zu sprechen. Zur Unterstützung dieses Alleinvertretungsanspruchs wurde die sog. Hallstein-Doktrin entwickelt, die besagte, daß die Bundesregierung die diplomatische Beziehungen zu einem Drittstaat abbrechen wird, wenn dieser die DDR durch Aufnahme diplomatischer Beziehungen anerkennen sollte. Auch das war konsequent, aber auf die Dauer außenpolitisch nicht durchzuhalten. Hinzu kamen innenpolitische Aspekte, vor allem die Notwendigkeit, den Zugang nach Berlin zu gewährleisten und die menschlichen Probleme, die mit der Teilung Deutschlands verbunden waren, zu lindern.

52   c) Zu ersten Lockerungen und Kontakten kam es noch unter CDU-geführten Bundesregierungen in der ersten Hälfte der sechziger Jahre. Der entscheidende Durchbruch erfolgte sodann durch die sozial-liberale Bundesregierung unter Willy Brandt. Der Bundeskanzler sprach bereits in seiner Regierungserklärung vom 28. 10. 1969 von den „zwei Staaten in Deutschland" (BT-Prot. 6. Wp. S. 21; vgl. dazu näher G. Ress, HStR I, 1987, S. 477 f.). Nach zähen Verhandlungen kam es schließlich zum Vertrag über die Grundlagen der Beziehungen zwischen der Bundesrepublik Deutschland und der Deutschen Demokratischen Republik vom 21. 12. 1972 (sog. Grundlagenvertrag oder Grundvertrag), der das Verhältnis zwischen den beiden Teilen Deutschlands bis zum Jahre 1989 bestimmte.

53   Der Grundlagenvertrag ist bei oberflächlicher Betrachtung ziemlich inhaltsleer. Die Vertragspartner verpflichten sich, „normale gutnachbarliche Beziehungen zueinander auf der Grundlage der Gleichberechtigung" zu entwickeln (Art. 1), die Grundsätze der Charta der Vereinten Nationen zu beachten (Art. 2 und 3), von der internationalen Vertretung der Gegenseite abzusehen, also auf den bislang von beiden Vertragspartnern geltend gemachten Alleinvertretungsanspruch zu verzichten (Art. 4), die friedlichen Beziehungen zwischen den

europäischen Staaten zu fördern (Art. 5), die Unabhängigkeit und die Selbständigkeit jedes der beiden Staaten in seinen inneren und äußeren Angelegenheiten zu respektieren (Art. 6), Folgeverträge auf dem Gebiet der Wirtschaft, der
Wissenschaft, des Verkehrs usw. abzuschließen (Art. 7) und „ständige Vertretungen auszutauschen" (Art. 8). Das alles ist noch sehr allgemein. Selbst die
Absprache, ständige Vertretungen auszutauschen, ist noch offen, weil bewußt
nicht von den im internationalen Verkehr üblichen „diplomatischen Vertretungen" und dem Austausch von „Botschaftern" die Rede ist. Die eigentliche
Bedeutung des Grundlagenvertrages erschließt sich erst, wenn man ihn in
seinem historisch-politischen Kontext sieht. Er stellt, wie das BVerfG bemerkte, „eine historische Weiche, von der aus das Verhältnis zwischen der Bundesrepublik Deutschland und der Deutschen Demokratischen Republik neu gestaltet werden soll" (BVerfGE 36, 1, 20). Es ist der Versuch, den kalten Krieg
zwischen den beiden Teilen Deutschlands zu beenden und trotz aller Gegensätze im Grundsätzlichen eine Basis für eine Zusammenarbeit auf der praktischen Ebene im Interesse der Menschen zu gewinnen. Das war nur möglich,
wenn beide Teile, auch die DDR, als Staat anerkannt wurden. Das geschah
durch den Grundlagenvertrag, freilich von bundesdeutscher Seite aus mit dem
deutlichen Vorbehalt, daß die Beziehungen zwischen der Bundesrepublik und
der DDR besonderer Art sind. Die Technik der lockeren Form und des Ausklammerns konnte jedoch zu Mißverständnissen und zur Aushöhlung bundesrepublikanischer Positionen führen. Das hat das BVerfG klar erkannt. Es hat
daher in seiner Entscheidung vom 31. 7. 1973 (BVerfGE 36, 1), die aufgrund
einer abstrakten Normenkontrolle des Landes Bayern erging, im Wege der
verfassungskonformen Auslegung eine Reihe von Klarstellungen und Präzisierungen gebracht. Für die Zukunft wurde vor allem die verfassungsrechtliche
Feststellung wichtig, daß es nur *eine* deutsche Staatsangehörigkeit (keine DDR-
Staatsangehörigkeit und keine bundesrepublikanische Staatsangehörigkeit) gibt
und daß dementsprechend *alle* Deutschen Anspruch auf Schutz und Fürsorge
durch die Bundesrepublik haben (BVerfGE 36, 1, 31 f.). Diese verfassungsrechtliche Folgerung wurde aktuell, als im Herbst 1989 Flüchtlinge aus der
DDR in die Botschaften der Bundesrepublik in Budapest, Warschau und Prag
drängten. Als deutsche Staatsangehörige konnten und mußten sie aufgenommen werden. Das BVerfG hatte mehr Weitblick gezeigt als viele Politiker, die
vor allem in der Staatsangehörigkeitsfrage nachgeben wollten.

d) Die vertragliche Regelung der Beziehungen zwischen der **54**
Bundesrepublik und der DDR war nicht nur eine nationale, sondern auch eine *internationale* Frage. Der Grundlagenvertrag mußte
daher in ein Netz internationaler Verträge eingebettet werden. Es
kam einmal zu Verträgen mit der Sowjetunion (Moskauer Vertrag
vom 12. 8. 1970), mit Polen (Warschauer Vertrag vom 7. 12.
1970) und mit der Tschechoslowakei (Prager Vertrag vom 11. 12.
1973), durch die vor allem die nach 1945 gezogenen Grenzen als
unverletzlich anerkannt wurden, von bundesdeutscher Seite aus

allerdings nur mit dem (etwas versteckt angebrachten) Vorbehalt
einer späteren friedensvertraglichen Regelung. Zum anderen mußten die vier Siegermächte wegen ihrer fortbestehenden Rechte und
Verantwortlichkeiten im Blick auf Berlin und Deutschland als
Ganzes eingeschaltet werden. Die Berlin-Frage, vor allem die Gewährleistung der für die Lebensfähigkeit der Stadt notwendigen
Zufahrtswege, war sogar eines der Hauptprobleme. Sie wurde
durch das Vier-Mächte-Abkommen über Berlin vom 3. 9. 1971
und auf dieser Grundlage durch Abkommen zwischen der Bundesregierung und der DDR-Regierung, insbesondere dem Transit-
abkommen vom 17. 12. 1971, geregelt.

Das Vier-Mächte-Abkommen wurde von den in der Bundesrepublik bzw.
der DDR akkreditierten Botschaftern Frankreichs, Großbritanniens, der USA
und der Sowjetunion in Vertretung ihrer Regierungen abgeschlossen. Die
Botschafter tagten im Gebäude des (ehemaligen) Alliierten Kontrollrats in
Berlin. Wie schwierig die Verhandlungen waren, zeigt u. a., daß im ganzen
Abkommen nie von Berlin, sondern nur von „diesem Gebiet" die Rede ist,
weil strittig war und blieb, ob sich die Zuständigkeit der vier Siegermächte auf
ganz Berlin (alle vier Sektoren) oder (nur noch) auf Westberlin (die drei West-
sektoren) erstreckt.

V. Die Wiedervereinigung

1. Die gewaltfreie Revolution in der DDR

55   Die kommunistische Führung der DDR hat es trotz erheblichen
Propagandaaufwands nicht vermocht, die Bevölkerung für sich zu
gewinnen. Der SED-Staat konnte sich nur deshalb vier Jahrzehnte
halten, weil er die Grenzen gegenüber dem Westen, insbesondere
gegenüber der Bundesrepublik, durch Mauer und Stacheldraht
abriegelte, die Menschen in seinem Machtbereich einschüchterte
und unterdrückte und durch die Sowjetunion und ihre Armee
gestützt wurde. Die Ablehnung der Bevölkerung, besonders der
jungen Menschen, nahm jedoch immer mehr zu. Sie steigerte sich
und führte 1989 zu Flüchtlingsströmen und vor allem zu ständig
anwachsenden Protestdemonstrationen in den Städten der DDR.

Die Flucht war möglich geworden, weil Ungarn im Sommer 1989 seine
Grenze zum Westen öffnete und schließlich auch die Regierungen von Polen

und der Tschechoslowakei bereit waren, die in die bundesdeutschen Botschaften geflüchteten DDR-Bürger in die Bundesrepublik ausreisen zu lassen. Die Demonstrationen, die im Anschluß an Friedensgebete in vielen Kirchen (die Nicolai-Kirche in Leipzig ist dafür zum Symbol geworden) erfolgten, forderten nachdrücklich Recht und Freiheit. Die Perestroika-Politik Gorbatschows in der Sowjetunion und der sichtbare Verfall des Kommunismus in den benachbarten Ostblockländern brachte das SED-Regime unter weiteren Druck. Eine gewaltsame Unterdrückung der Protestbewegung war nicht mehr möglich, zumal die friedlich und diszipliniert verlaufenden Demonstrationen keinen äußeren Anlaß dazu boten und offensichtlich auch die sowjetische Armee nicht mehr zum Eingreifen bereit war.

Mit der Öffnung der Mauer in Berlin und der Übergänge ent- **56** lang der Grenze zur Bundesrepublik am 9. 11. 1989 waren − nicht nur räumlich, sondern auch politisch − die Dämme gebrochen. Der SED-Staat war zusammengebrochen. Die Revolution hatte − friedlich und gewaltfrei − gesiegt. Ihr Ziel kam in dem Ruf „*Wir* sind das Volk" und sodann in dem Ruf „Wir sind *ein* Volk" unüberhörbar zum Ausdruck. Den Menschen ging es nicht nur um einen reformierten SED-Staat, sondern um eine freiheitliche demokratische Ordnung im Sinne des Grundgesetzes. Die erste freie Wahl zur Volkskammer der DDR am 18. 3. 1990 bestätigte diese Entwicklung. Die PDS, die Nachfolgepartei der SED, erlitt mit nur 16% der Stimmen eine vernichtende Niederlage.

Bei der Volkskammerwahl vom 18. 3. 1990 erhielten bei einer Wahlbeteiligung von 93% die CDU 40% der Stimmen (163 Sitze), die SPD 21% der Stimmen (88 Sitze), die Deutsche Soziale Union (DZ) 6% der Stimmen (25 Sitze), die Liberalen 5% der Stimmen (21 Sitze), das Bündnis 90 2,9% der Stimmen (12 Sitze). Die PDS erhielt mit ihren 16% der Stimmen 66 Sitze. Am 12. 4. 1990 wurde Lothar de Maizière mit 265 gegen 108 Stimmen bei 9 Enthaltungen zum Ministerpräsident einer großen Koalition gewählt.

Hatte der letzte SED-Ministerpräsident Modrow in seiner Re- **57** gierungserklärung am 17. November 1989 noch von einer „Vertragsgemeinschaft" zwischen der Bundesrepublik und der DDR gesprochen und Bundeskanzler Kohl kurz darauf am 28. 11. 1989 im Bundestag ein Zehn-Punkte-Programm zur stufenweisen Überwindung der Teilung über eine Konföderation zu einer Föderation entwickelt, so zeigte sich bald, daß nur noch eine rasche Wiedervereinigung der beiden Teile Deutschlands in Betracht kam.

58   Gleichwohl hat die Volkskammer der DDR nach dem Ende der SED-Diktatur – und zwar nicht nur die am 18. 3. 1990 gewählte Volkskammer, sondern auch schon die vorhergehende Volkskammer – noch eine ganze Reihe von Verfassungsänderungen vorgenommen und zahlreiche Gesetze erlassen, um freiheitliche, rechtsstaatliche und demokratische Verhältnisse zu schaffen. Sie lehnte sich dabei weitgehend an die Regelungen der Bundesrepublik an, entwickelte aber auch eigene Konzeptionen, vor allem wenn es um die Übernahme unterschiedlichen Landesrechts ging (so etwa im Blick auf die Kommunalverfassung vom 17. 5. 1990). Die DDR ist nicht als sozialistischer Staat, sondern als ein bereits freiheitlich verfaßter Staat in die größere Bundesrepublik eingetreten.

Einen gewissen Schlußstrich bildete das Verfassungsgrundsätzegesetz der DDR vom 17. 6. 1990 (GBl. DDR I S. 299), dessen Art. 1 lautete: „Die Deutsche Demokratische Republik ist ein freiheitlicher, demokratischer, föderativer, sozialer und ökologisch orientierter Rechtsstaat … Vorschriften der Verfassung und sonstiger Rechtsvorschriften sind entsprechend diesem Verfassungsgesetz anzuwenden." Die verschiedenen Verfassungsänderungen und gesetzlichen Neuregelungen sind abgedruckt bei *I. v. Münch*, Dokumente der Wiedervereinigung Deutschlands, 1991, S. 24 ff.; vgl. ferner *Th. Würtenberger*, Die Verfassung der DDR zwischen Umbruch und Beitritt, HStR VIII (1995) S. 101 ff.; *H. H. Klein*, Verfassungskontinuität im revolutionären Umbruch? – Verfassung der DDR zwischen dem 7. Oktober 1989 und dem 3. Oktober 1990, Festschrift für P. Lerche, 1993, S. 459 ff.

2. Die Wege zur Wiedervereinigung

59   Das Grundgesetz wies auf zwei mögliche verfassungsrechtliche Wege zur Wiedervereinigung hin, nämlich einmal den Beitritt gem. Art. 23 S. 2 GG in seiner ursprünglichen Fassung (im folgenden Art. 23 GG a. F.) und zum anderen die Verabschiedung einer neuen gesamtdeutschen Verfassung als konstituierende Grundlage des vereinten Deutschlands gem. Art. 146 GG ebenfalls in seiner ursprünglichen Fassung (im folgenden Art. 146 GG a. F.).

60   – Art. 23 GG a. F. bestimmte: „Dieses Grundgesetz gilt zunächst im Gebiete der Länder (sie werden sodann im einzelnen aufgeführt). In anderen Teilen Deutschlands ist es nach deren Beitritt in Kraft zu setzen." Voraussetzung war danach also (1) eine rechtsverbindliche Beitrittserklärung des „anderen Teils" nach dessen Verfassungsrecht und (2) die Annahme dieser Beitrittserklärung durch Erstreckung des Grundgesetzes auf diesen „anderen Teil".

Die Annahme *mußte* erfolgen, wenn der beitrittswillige Teil bereit war, die Verfassungsprinzipien des Grundgesetzes zu beachten, insbesondere seine Verfassung an Art. 28 I 1 GG auszurichten.

– Art. 146 GG a. F. bestimmte: „Dieses Grundgesetz verliert seine Gültigkeit **61** an dem Tage, an dem eine Verfassung in Kraft tritt, die von dem deutschen Volke in freier Entscheidung beschlossen worden ist." Er galt also ursprünglich ohne den 1990 eingefügten Relativsatz. Bei genauer Betrachtung regelt er indessen nicht die Wiedervereinigung, sondern bestimmt, daß das Grundgesetz im Falle der Wiedervereinigung seine Gültigkeit verliert, wenn – aber auch nur wenn (und das ist entscheidend) – eine Verfassung in Kraft tritt, die vom deutschen Volk in freier Entscheidung beschlossen worden ist. Eine pseudodemokratische Verfassung etwa im Wege der Volkskongreßbewegung der früheren Sowjetzone (vgl. oben Rn. 43) sollte die Gültigkeit des Grundgesetzes nicht berühren. Art. 146 GG a. F. war insofern eine Verfassungsschutzbestimmung. Zugleich brachte er aber auch zum Ausdruck, daß das Grundgesetz nicht im Wege steht, wenn die Wiedervereinigung durch Erlaß einer neuen Verfassung aufgrund der verfassunggebenden Gewalt des gesamten deutschen Volkes hergestellt werden sollte (vgl. dazu auch unten § 22 Rn. 22 ff.).

– Daneben waren aber auch noch andere Wege und Möglichkeiten denk- **62** bar, etwa die (ausschließlich) vertragliche Regelung, die stufenweise Annäherung und Vereinigung über eine staatenbündische Organisation oder über gemeinsame Einrichtungen usw. Das Grundgesetz verlangte nach der Rechtsprechung des BVerfG, daß die politisch verantwortlichen Organe alles tun, um die Wiedervereinigung zu erreichen, überließ aber die Frage, auf welchem Wege und mit welchen Mitteln dieses Ziel zu verfolgen ist, ihrem politischen Ermessen (BVerfGE 36, 1, 17; 77, 137, 149).

Die Entscheidung fiel für den Beitritt gem. Art. 23 S. 2 GG a. F. **63** Dafür sprach vor allem, daß auf diesem Wege die Wiedervereinigung rasch und relativ einfach zu verwirklichen war. Die Zeit drängte, da die Menschen in der DDR einen baldigen Wechsel wollten, die wirtschaftlichen Verhältnisse in der DDR immer schlechter wurden und die außenpolitischen Rahmenbedingungen günstig waren, sich aber bald ändern konnten. Ferner war die Zustimmung der Großmächte und der Nachbarstaaten leichter zu gewinnen, wenn die Verfassung und damit die Grundlagen des größeren Deutschlands von vornherein feststanden und berechenbar waren. Dieser Weg entsprach schließlich auch den Vorstellungen der DDR-Bevölkerung, die für eine freiheitlich-demokratische Verfassung i.S. des Grundgesetzes demonstrierte. Dagegen hätte die Einberufung einer verfassunggebenden Nationalversammlung die Wiedervereinigung nicht nur verzögert, sondern auch mit

Verfassungsfragen belastet, die speziell mit ihr nichts zu tun hatten, sondern sich aus allgemeinen verfassungspolitischen Wunschvorstellungen ergaben.

64 Für die Einberufung einer verfassunggebenden Nationalversammlung und den Erlaß einer neuen Verfassung traten vor allem bestimmte Gruppen in der alten Bundesrepublik ein, die die Gelegenheit nutzen wollten, ihre verfassungsrechtlichen Vorstellungen zur Geltung zu bringen. Die Chance erschien günstig, da die verfassunggebende Versammlung mit einfacher Mehrheit beschließen konnte, während eine Grundgesetzänderung einer $2/3$-Mehrheit bedarf. Sie verbanden sich mit einigen Gruppen in der DDR, die zwar gegen den verkrusteten SED-Staat waren, aber mehr für einen reformierten Sozialismus als für eine freiheitliche Ordnung i. S. des Grundgesetzes plädierten. Wenn sonach die Einberufung einer verfassunggebenden Nationalversammlung – nicht nur aus zeitlichen, sondern auch aus politischen Gründen – ausschied, so wäre es doch angemessen gewesen, die Wiedervereinigung und die Erstreckung des Grundgesetzes auf ganz Deutschland durch eine Volksabstimmung zu untermauern. Es ist nicht einzusehen, weshalb man sich wieder – wie in den Jahren nach 1949 – auf die Wahlen zum Bundestag und die damit zum Ausdruck kommende Akzeptanz des Grundgesetzes und seines Staates berufen will und soll, nachdem eine eindeutige Entscheidung durch eine Volksabstimmung ohne weiteres möglich gewesen wäre (vgl. dazu auch *Maurer*, VVDStRL 49, 1990, 167 f.). Insofern zeigt sich wieder eine Diskrepanz zu den Landesverfassungen (der neuen Bundesländer), die durchweg einer Volksabstimmung unterworfen wurden.

3. Der Vollzug der Wiedervereinigung

65 Nach Art. 23 GG a. F. genügte für die Herstellung der staatlichen Einheit die Beitrittserklärung der DDR und die entsprechende Erklärung der Bundesrepublik über die Erstreckung des Grundgesetzes auf das Beitrittsgebiet. Sie erforderte jedoch – zumal nach der 40jährigen Trennung und sehr unterschiedlichen Entwicklungen in den beiden deutschen Staaten – Regelungen, um die rechtliche Einheit herzustellen und die Voraussetzungen für die wirtschaftliche und gesellschaftliche Einheit zu schaffen. Dazu hätten an sich ein oder mehrere Bundesgesetze genügt.

So wurde auch beim Beitritt des Saarlands 1956 verfahren: Beitrittsbeschluß des Saarländischen Landtags vom 13. 12. 1956 (ABl. S. 1645) und Bundesgesetz über die Eingliederung des Saarlandes vom 23. 11. 1956 (BGBl. I S. 1011); vgl. *W. Fiedler*, Die Rückgliederung des Saarlandes an Deutschland – Erfahrungen für das Verhältnis zwischen Bundesrepublik Deutschland und DDR? JZ 1990, 668 ff.

Eine einseitige bundesgesetzliche Regelung hätte jedoch dem **66** Respekt vor der Bevölkerung der neuen Bundesländer, dem zwischenzeitlich erlangten staatsrechtlichen und völkerrechtlichen Status der DDR, dem rechtsstaatlichen Neubeginn der DDR durch und nach der friedlichen Revolution von 1989 und der Größe des Unternehmens nicht entsprochen. Es wurde daher der Weg des Vertrages zwischen der (alten) Bundesrepublik und der (damals noch bestehenden) DDR gewählt.

Es kam zu drei Verträgen:

a) *Der Vertrag über die Schaffung einer Währungs-, Wirtschafts- und* **67** *Sozialunion* vom 18. 5. 1990 (sog. Staatsvertrag oder Währungsvertrag) bildete, wie es in der Präambel heißt, „einen ersten bedeutsamen Schritt in Richtung auf die Herstellung der staatlichen Einheit nach Art. 23 GG". Er stellte die Einheit in wirtschaftlicher Hinsicht her, indem er die DM-Währung im Gebiet der DDR einführte und die Zuständigkeit der Bundesbank auf die DDR erstreckte, die „soziale Marktwirtschaft" als Grundlage der Wirtschaftsordnung festlegte und die währungs- und wirtschaftspolitischen Umstellungen sozialstaatlich absicherte.

Bemerkenswert ist, daß die „soziale Marktwirtschaft" erstmals als Rechtsbegriff in einer gesetzlichen Regelung auftaucht und näher bestimmt wird (Art. 1 III WV). Insofern hat, da die soziale Marktwirtschaft „als gemeinsame Wirtschaftsordnung beider Vertragsparteien" bezeichnet wird, der Währungsvertrag über die Wiedervereinigung hinausreichende Bedeutung.

b) *Der Vertrag zur Vorbereitung und Durchführung der ersten gesamt-* **68** *deutschen Wahl des Deutschen Bundestages* vom 3. 8. 1990 (sog. Wahlvertrag) erstreckte die Geltung des Bundeswahlgesetzes für die erste gesamtdeutsche Wahl, die am 2. 12. 1990 stattfinden sollte, auf die neuen Bundesländer.

Die einheitliche Anwendung der 5%-Sperrklausel gem. § 6 V BWahlG auch auf diejenigen Parteien, die sich auf das Gebiet der neuen Bundesländer beschränkten und evtl. sogar erst nach der Wende entstanden sind, hätte jedoch trotz formaler Gleichheit zu einer tatsächlichen Beeinträchtigung führen müssen (diese Parteien hätten im Beitrittsgebiet etwa 23% der Stimmen erreichen müssen, um umgerechnet auf das Bundesgebiet auf 5% der Stimmen zu kommen). Das BVerfG hat daher zu Recht diese Regelung für verfassungswidrig und nichtig erklärt (BVerfGE 82, 322). Durch Änderung des Bundeswahlgesetzes vom 19. 10. 1990 (§ 53) wurde daraufhin die sog. regionalisierte 5%-

Sperrklausel eingeführt (5% bezogen auf die alten Bundesländer oder auf die neuen Bundesländer).

69 c) *Der Vertrag über die Herstellung der Einheit Deutschlands* vom 31. 8. 1990 (sog. Einigungsvertrag, EV) vollzog die Wiedervereinigung und brachte die maßgeblichen Vorschriften für die der staatlichen Einheit notwendigerweise folgenden Rechtseinheit. Die Volkskammer der DDR hatte durch einen mit verfassungsändernder Mehrheit gefaßten Beschluß vom 23. 8. 1990 „den Beitritt der Deutschen Demokratischen Republik zum Geltungsbereich des Grundgesetzes der Bundesrepublik Deutschland gemäß Art. 23 des Grundgesetzes mit Wirkung vom 3. Oktober 1990" erklärt (GBl. DDR I S. 1324). Daran knüpfte der Einigungsvertrag an und bestimmte, daß mit dem Wirksamwerden des Beitritts der DDR zur Bundesrepublik Deutschland am 3. 10. 1990 die Länder Brandenburg, Mecklenburg/Vorpommern, Sachsen, Sachsen/Anhalt und Thüringen Länder der Bundesrepublik werden (Art. 1 I EV) und das Grundgesetz in diesen Ländern in Kraft tritt (Art. 3 EV). Mit diesen etwas bürokratisch-hölzern klingenden Formulierungen ist die Wiedervereinigung vollzogen und die staatliche Einheit Deutschlands hergestellt worden. Der 3. Oktober wird als „Tag der Deutschen Einheit" zum gesetzlichen Feiertag erklärt (Art. 2 II EV).

70 Der Hauptteil des Einigungsvertrages widmet sich den Folgen der Wiedervereinigung. Er enthält zunächst einige „beitrittsbedingte Änderungen des Grundgesetzes" (Art. 4 EV: Die Präambel des Grundgesetzes wird der neuen rechtlichen Situation angepaßt, Art. 23 wird als erledigt gestrichen, Art. 51 und das dort geregelte Stimmenverhältnis im Bundesrat werden geändert, die neu eingefügten Art. 135 a II und 143 enthalten Übergangsregelungen, Art. 146 wird geändert und damit noch fraglicher und umstrittener als früher). Sodann erscheint eine in einem Vertrag merkwürdige und wohl einmalige Regelung: Die Regierungen (!) der beiden Vertragsparteien empfehlen (!) den gesetzgebenden Körperschaften des vereinten Deutschlands, sich innerhalb von zwei Jahren mit den im Zusammenhang mit der deutschen Einigung aufgeworfenen Fragen zur Änderung oder Ergänzung des Grundgesetzes zu befassen, wobei noch auf einige Punkte hingewiesen wird (Art. 5 EV). Sie ist ein typischer Kompromiß und damit zu erklären, daß die umstrittene Verfassungsfrage nicht entschieden, sondern – ohne Präjudizierung – aufgeschoben werden sollte. Sodann folgen Regelungen über die Finanzverfassung, die innerstaatliche Rechtsangleichung, die Frage der Fortgeltung völkerrechtlicher Verträge, die öffentliche Verwaltung und Rechtspflege sowie über verschiedene wirtschaftliche, soziale, gesellschaftliche, wissenschaftliche und kulturelle Bereiche. Die Einzelheiten finden sich nicht im Einigungsvertrag selbst, sondern in zwei Anlagen

zum Einigungsvertrag, die etwa 350 eng bedruckte Seiten im Bundesgesetzblatt betragen. Einen guten Überblick über die komplizierte Materie bieten
K. Stern/B. Schmidt-Bleibtreu, Einigungsvertrag und Wahlvertrag mit Vertrags-
gesetzen, Begründungen, Erläuterungen und Materialien, 1990; vgl. ferner zur
Rechtsangleichung (Art. 8, 9 EV): *M. Kloepfer/H. Kröger,* Rechtsangleichung
nach Art. 8 und 9 des Einigungsvertrages, DVBl. 1991, 1031 ff.; *Ch. Degenhart,*
Deutsche Einheit und Rechtsangleichung – öffentliches Recht, JuS 1993,
627 ff.; *Maurer,* VerwR § 2 Rn. 23 f.

Mit dem Wirksamwerden des Einigungsvertrages hat die DDR **71**
ihre rechtliche Existenz verloren. Der Einigungsvertrag gilt aber
gem. Art. 45 II als Bundesrecht weiter. Er hat, soweit er das
Grundgesetz änderte (Art. 4 EV), den Rang von Verfassungsrecht.
Im übrigen besitzt er den Rang eines einfachen Bundesgesetzes
und kann daher auch durch Bundesgesetz geändert werden. Soweit
sich aus diesem Vertrag Rechte zugunsten der DDR oder der
neuen Bundesländer ergeben, können sie von jedem dieser Länder
geltend gemacht werden (Art. 44 EV).

Vgl. dazu BVerfGE 94, 297, 310 f.; 95, 250, 266; *P. Badura,* Die innerdeutschen Verträge, insbesonderen der Einigungsvertrag, HStR VIII (1995) S. 171
(192 ff); zur prozessualen Durchsetzung auch unten § 20 Rn. 60.

4. Der abschließende Vertrag mit den vier Mächten

Die Wiedervereinigung war nicht nur ein innerdeutsches, son- **72**
dern auch ein außenpolitisches, völkerrechtliches und besatzungs-
rechtliches Problem. Sie hing von der Zustimmung der vier Siegermächte des Zweiten Weltkriegs ab. Abgesehen davon, daß sie
als Großmächte ein gewichtiges Wort auf dem internationalen Feld
sprechen konnten, hatten sie noch aus der Besatzungszeit stammende „Rechte und Verantwortlichkeiten in bezug auf Berlin und
Deutschland als Ganzes". Diese besatzungsrechtlichen Restkompetenzen hatten sie sich ausdrücklich vorbehalten, als sie der Bundesrepublik bzw. der DDR 1954/55 die Souveränität gewährten;
ferner wurden sie in den diesbezüglichen Verträgen ausdrücklich
festgelegt (Art. 2 des Deutschlandvertrages von 1952/54 und Art. 5
des Vertrages über die Beziehungen zwischen der DDR und der
Sowjetunion von 1954). In der Präambel des Viermächte-Ab-
kommens über Berlin von 1971 wurden sie noch einmal bekräftigt

(vgl. oben Rn. 54). Wenn es sich auch nur um Restkompetenzen handelte, so gaben sie den Siegermächten doch das Recht, über das endgültige Schicksal Deutschlands nach der Niederlage 1945 zu entscheiden.

73   Die „äußeren Aspekte der deutschen Einheit" waren 1989/90 keineswegs günstig, was freilich in Deutschland in der Begeisterung über den Zerfall der SED-Herrschaft kaum zur Kenntnis genommen wurde. Lediglich die USA unter Präsident Bush sprach sich eindeutig für die Wiedervereinigung aus, allerdings unter der Voraussetzung, daß Gesamtdeutschland der NATO angehören werde. Der amerikanische Botschafter in der Bundesrepublik Walters hatte schon 1988 das Ende der DDR und die Wiedervereinigung vorausgesagt, wurde aber in Bonn nicht ernst genommen (vgl. *Vernon A. Walters,* Die Vereinigung war voraussehbar, 1994; entsprechende Presseberichte in den USA wurden ebenfalls nicht registriert). Der französische Staatspräsident Mitterand reagierte zurückhaltend (was er später in seinem Buch: *F. Mitterand,* Über Deutschland (deutsche Übersetzung), 1996 mit der Notwendigkeit, vorher die deutsch-polnische Grenze eindeutig und rechtsverbindlich festzulegen, zu rechtfertigen versuchte). Die englische Premierministerin Thatcher lehnte vollständig ab. Schwer einzuschätzen war die Haltung des sowjetischen Präsidenten Gorbatschow, der mit seiner Perestroika-Politik die Entwicklung in Gang brachte, aber mehr Getriebener als Treibender war. Der Knackpunkt war die NATO-Mitgliedschaft. Wollte man auf die Wiedervereinigung nicht ganz verzichten, kam nur die Mitgliedschaft Gesamtdeutschlands in der NATO ernsthaft in Betracht. Andere Alternativen gab es nicht. Die Einbeziehung Gesamtdeutschlands in den – bereits im Verfall befindlichen – Warschauer Pakt schied von vornherein aus. Ein neutralisiertes und damit frei herumschwebendes Gesamtdeutschland konnte weder im Interesse der Nachbarstaaten noch im Interesse Deutschlands selbst liegen; die NATO hatte ohnehin u. a. die Funktion, die einzelnen Mitgliedstaaten – nicht zuletzt Deutschland – in militärischer Sicht international einzubinden. Eine Teilung (Westdeutschland in der NATO, Ostdeutschland außerhalb der NATO) hätte als Zwitter zwangsläufig zu Spannungen und Unsicherheiten geführt. Die Entscheidung fiel im Juli 1990, als sich Bundeskanzler Kohl zu Verhandlungen mit dem sowjetischen Präsidenten in der Sowjetunion (Kaukasus) befand (möglicherweise auch schon früher). Gorbatschow erklärte sich schließlich mit der Bündnisfreiheit des vereinten Deutschlands und damit – konkret betrachtet – mit der Mitgliedschaft des vereinten Deutschlands in der NATO einverstanden. Damit war der Weg für die Wiedervereinigung frei. Die übrigen Fragen (Grenzregelung, Stärke und Ausrüstung der Bundeswehr, Aufenthalt ausländischer Truppen in Deutschland) ließen sich relativ einfach regeln. Angesichts der innenpolitischen und außenpolitischen Entwicklung konnte auch Großbritannien nicht mehr ausweichen.

74   Die Zustimmung der Vier-Siegermächte erfolgte durch den *Vertrag über die abschließende Regelung in bezug auf Deutschland* vom

12. 9. 1990, der zwischen der DDR und der Bundesrepublik Deutschland einerseits und den Vier Mächten (Frankreich, Großbritannien, Sowjetunion und USA) andererseits abgeschlossen wurde. Im Blick auf die Vertragspartner wird üblicherweise vom „Zwei-plus-Vier-Vertrag" gesprochen. Dieser Vertrag ersetzt den Friedensvertrag oder ist sogar der Friedensvertrag, der noch ausstand und auf den im Laufe der letzten Jahrzehnte immer wieder verwiesen worden ist.

Der Vertrag enthält im wesentlichen folgende Vereinbarungen: **75**

- Territorial besteht das vereinte Deutschland aus dem Gebiet der Bundesrepublik Deutschland und der DDR; die dadurch gezogenen Außengrenzen, also auch die Oder-Neiße-Grenze zu Polen, werden als „endgültig" anerkannt (Art. 1).
- Das vereinte Deutschland verzichtet auf atomare, biologische und chemische Waffen (sog. ABC-Waffen) und beschränkt seine Streitkräfte auf maximal 370 000 Mann (Art. 3); bislang betrug die Truppenstärke in der Bundesrepublik 490 000 und in der DDR 175 000 Mann (Sollstärke).
- Die Sowjetunion verpflichtet sich, ihre Streitkräfte bis spätestens Ende 1994 aus dem Gebiet der DDR abzuziehen (Art. 4).
- Die Bündnisfreiheit des vereinten Deutschlands wird ausdrücklich anerkannt (Art. 6).

Schließlich erklären die Vier Mächte ausdrücklich in Art. 7 des **76** Vertrages, daß sie „hiermit ihre Rechte und Verantwortlichkeiten in bezug auf Berlin und Deutschland als Ganzes" beenden und das vereinte Deutschland „demgemäß Souveränität über seine inneren und äußeren Angelegenheiten" hat. Das Jahr 1990 brachte also Deutschland nicht nur die Wiederherstellung der staatlichen Einheit, sondern auch die volle Souveränität (soweit sie im internationalen Geflecht heute überhaupt noch möglich ist) und den Abzug der sowjetischen Truppen.

Art. 6 des Vertrages ist ein Beispiel dafür, daß es immer wieder gesetzliche **77** oder vertragliche Regelungen gibt, deren eigentliche Bedeutung erst im historisch-politischen Zusammenhang erkennbar wird. Er lautet: „Das Recht des vereinten Deutschland, Bündnissen mit allen sich daraus ergebenden Rechten und Pflichten anzugehören, wird von diesem Vertrag nicht berührt." Dieser Satz erscheint im Blick auf die folgende Souveränitätserklärung selbstverständlich, ja sogar überflüssig. Tatsächlich enthält er – diplomatisch verbrämt – das Placet der Sowjetunion für den Beitritt des vereinten Deutschlands in die NATO, das seinerseits wiederum Voraussetzung für die Wiedervereinigung war.

78   Literatur: Zu I und II: *R. Stödter,* Deutschlands Rechtslage, 1948; *W. Grewe,* Ein Besatzungsstatut für Deutschland, 1948; *M. Virally,* Die internationale Verwaltung Deutschlands, 1948; *F. Klein,* Neues Deutsches Verfassungsrecht, 1949; *F. Faust,* Das Potsdamer Abkommen und seine völkerrechtliche Bedeutung, 4. Aufl. 1969; *K. D. Erdmann,* Die Zeit der Weltkriege, in: Gebhardt, Handbuch der Deutschen Geschichte, Bd. 4, 9. Aufl. 1976, S. 539 ff.; *B. Diestelkamp,* Rechts- und verfassungsgeschichtliche Probleme zur Frühgeschichte der Bundesrepublik Deutschland, Aufsatzfolge JuS 1980, 401 ff. bis JuS 1981, 488 ff.; *ders.,* Die Verfassungsentwicklung in den Westzonen bis zum Zusammentreten des Parlamentarischen Rates (1945–1948), NJW 1989, 1312 ff.; *Th. Eschenburg,* Jahre der Besatzung, 1945–1949, 1983; *M. Stolleis,* Besatzungsherrschaft und Wiederaufbau deutscher Staatlichkeit 1945–1949, HStR I (1987) S. 173 ff.; *G.-Ch. von Unruh,* Die Lage der deutschen Verwaltung zwischen 1945 und 1949, DVerwGesch Bd. V (1987) S. 70 ff.; *J. Becker/Th. Stammen/P. Waldmann* (Hg.), Vorgeschichte der Bundesrepublik Deutschland, 2. Aufl. 1987; *W. Benz,* Deutschland seit 1945. Entwicklungen in der Bundesrepublik und in der DDR, 1990; *F. R. Pfetsch,* Ursprünge der Zweiten Republik 1990; *D. Willoweit,* VerfGesch., S. 327 ff.

79   Zu III: *P. H. Merkl,* Die Entstehung der Bundesrepublik Deutschland, 1965; *W. Sörgel,* Konsensus und Interessen. Eine Studie zur Entstehung des Grundgesetzes, 1969; *V. Otto,* Das Staatsverständnis des Parlamentarischen Rates, 1971; *M. Sachs,* Die Entstehung des Grundgesetzes, Jura 1984, 519 ff.; *R. Mußgnug,* Zustandekommen des Grundgesetzes und Entstehen der Bundesrepublik Deutschland, HStR I (1987) S. 219 ff.; *K. Kröger,* Die Entstehung des Grundgesetzes, NJW 1989, 1318 ff.; *R. Morsey,* Verfassungsschöpfung unter Besatzungsherrschaft, DÖV 1989, 471 ff.; *ders.,* Die Bundesrepublik Deutschland. Entstehung und Entwicklung bis 1969, 3. Aufl. 1995; *M. F. Feldkamp,* Der Parlamentarische Rat 1948–1949, 1998; *W. Kahl,* Die Entstehung des Grundgesetzes, JuS 1997, 1083 ff.; *F. K. Fromme,* Von der Weimarer Verfassung zum Bonner Grundgesetz, 3. Aufl. 1999; *H. Wilms,* Ausländische Einwirkungen auf die Entstehung des Grundgesetzes, 1999; *M. Görtemaker,* Geschichte der Bundesrepublik Deutschland, 1999.

80   Zu IV: *S. Mampel,* Die Entwicklung der Verfassungsordnung in der sowjetisch besetzten Zone Deutschlands von 1945 bis 1963, JÖR Bd. 13 (1964) S. 453 ff.; *ders.,* Die sozialistische Verfassung der Deutschen Demokratischen Republik. Text und Kommentar, 2. Aufl. 1982; *J. Hacker,* Der Rechtsstatus Deutschlands aus der Sicht der DDR, 1974; *G. Brunner,* Einführung in das Recht der DDR, 2. Aufl. 1979; *ders.,* Das Staatsrecht der Deutschen Demokratischen Republik, HStR I (1987) S. 385 ff.; *D. Müller-Römer,* Ulbrichts Grundgesetz. Die sozialistische Verfassung der DDR, 8. Aufl. 1968; *Bundesministerium für innerdeutsche Beziehungen* (Hg.), DDR-Handbuch, 3. Aufl. 1985; *H. Roggemann,* Die DDR-Verfassungen. Einführung in das Verfassungsrecht der DDR, 4. Aufl. 1989; *A. Zieger/G. Zieger,* Die Verfassungsentwicklung in der sowjetischen Besatzungszone/DDR von 1945 bis zum Sommer 1952, 1990; *D. Willoweit,* VerfGesch. S. 392 ff. – Speziell aus der Sicht der DDR: *K. Sorgenicht/W. Weidelt u. a.* (Hg.), Verfassung der Deutschen Demokratischen Republik, Dokumente und Kommentar, 2 Bde., Berlin-Ost 1969;

Akademie für Staats- und Rechtswissenschaft der DDR (Hg.), Staatsrecht der DDR, Ost-Berlin 1977, 2. Aufl. 1984; *U.-J. Heuer* (Hg.), Die Rechtsordnung der DDR. Anspruch und Wirklichkeit, 1995.

Zu V: *K. Stern/B. Schmidt-Bleibtreu,* Verträge und Rechtsakte zur Deut-   **81** schen Einheit, 3 Bde., Bd. 1: Staatsvertrag zur Währungs-, Wirtschafts- und Sozialunion, 1990; Bd. 2: Einigungsvertrag und Wahlvertrag, 1990; Bd. 3: Zwei-plus-Vier-Vertrag, 1991, jeweils Abdruck der Verträge mit Anlagen, Materialien und Einführung; *J. Isensee/P. Kirchhof (Hg.),* Die Einheit Deutschlands. Entwicklung und Grundlagen, HStR VIII (1995) mit zahlreichen Beiträgen; *dies.,* Die Einheit Deutschlands. Festigung und Übergang, HStR IX (1997), ebenfalls mit zahlreichen Beiträgen. – *J. A. Frowein/ J. Isensee/- C. Tomuschat/A. Randelzhofer,* Deutschlands aktuelle Verfassungslage, VVD-StRL 49 (1990) S. 7 ff.; *P. Badura,* Deutschlands aktuelle Rechtslage, AÖR Bd. 115 (1990) S. 314 ff.; *Ch. Degenhart,* Verfassungsfragen der deutschen Einheit, DVBl. 1990, 973 ff.; *P. Häberle,* Verfassungspolitik für die Freiheit und die Einheit Deutschlands, JZ 1990, 358 ff.; *D. Rauschning,* Deutschlands aktuelle Verfassungslage, DVBl. 1990, 393 ff.; *ders.,* Die Wiedervereinigung vor dem Hintergrund der Rechtslage Deutschlands, JuS 1991, 977 ff.; *W. Schäuble,* Der Einigungsvertrag – Vollendung der Einheit Deutschlands in Freiheit, ZG 1990, S. 289 ff.; *Chr. Starck,* Deutschland auf dem Weg zur staatlichen Einheit, JZ 1990, 349 ff.; *R. Wahl,* Verfassungsfragen nach dem Beitritt, Staatswissenschaften und Staatspraxis, 1990, S. 468 ff.; *P. Kirchhof/E. Klein,* Die Wiedervereinigung und damit zusammenhängende Rechtsprobleme, 1991; *H. Weis,* Verfassungsrechtliche Fragen im Zusammenhang mit der Herstellung der Einheit Deutschlands, AÖR Bd. 116 (1991) S. 1 ff; *B. Schlink,* Deutsch-deutsche Verfassungsentwicklungen im Jahre 1990, Der Staat, Bd. 30 (1991) S. 163 ff.; *P. Kirchhof,* Brauchen wir ein erneutes Grundgesetz?, 1992; *H. Quaritsch,* Eigenarten und Rechtsfragen der DDR-Revolution, VerwArch. Bd.83 (1992) S. 314 ff.; *Ch. Starck/W. Berg/B. Pieroth,* Der Rechtsstaat und die Aufarbeitung der vorrechtsstaatlichen Vergangenheit, Referate mit Diskussion, VVdStRL 51 (1992) S. 7 ff.; *D. Blumenwitz,* Die Souveränität der Bundesrepublik, Festschrift für Lerche, 1993, S. 385 ff.; *H. H. Klein,* Verfassungskontinuität im revolutionären Umbruch? – Die Verfassung der DDR zwischen dem 7. Oktober 1989 und dem 3. Oktober 1990, Festschrift für Lerche, 1993, S. 459 ff.; *B. Meissner,* Die äußere Seite der Wiedervereinigung in den deutsch-sowjetischen Beziehungen, das zweiseitige Vertragswerk von 1990 und seine Bedeutung für das deutsch-russische Verhältnis, Festschrift für Stern, 1997, S. 1423 ff.; *D. Murswiek,* Was vom Wiedervereinigungsgebot übrig blieb, Festschrift für Rauschning, 2001, S. 57 ff.

Rechtsprechung: Zu IV und V: BVerfGE 36, 1 (Grundlagenvertrag   **82** zwischen der Bundesrepublik Deutschland und der DDR); BVerfGE 77, 137 (Staatsangehörigkeit im geteilten Deutschland); BVerfGE 82, 322 (erste gesamtdeutsche Wahl); BVerfGE 84, 90; 94, 12 (sog. Enteignungen in der sowjetischen Besatzungszone); BVerfGE 84, 133; 85, 360 (Einigungsvertrag: Beendigung von Arbeitsverhältnissen); BVerfGE 87, 68 (DDR-Richter); BVerfGE 92, 277 (DDR-Spione); BVerfGE 94, 297 (Rechtsweg bei Streitigkeiten aus dem Einigungsvertrag; offene Vermögensfragen); BVerfGE 95, 96

(DDR-Verteidigungsrat, Schüsse an der Mauer); BVerwGE 96, 8; 98, 1; 108, 62 (sog. Enteignungen in der sowjetischen Besatzungszone).

§ 4. Die europäische Integration

I. Die europäische Integration als Staatsziel

1   Zur staatsrechtlichen Entwicklung der Bundesrepublik seit 1949 gehört auch die europäische Integration, d. h. der kontinuierliche Prozeß der Eingliederung der Bundesrepublik in die europäische Staatengemeinschaft. Deshalb ist auch in diesem Zusammenhang darauf einzugehen.

2   Bereits die ursprüngliche Fassung der Präambel des Grundgesetzes von 1949 hat die europäische Integration – neben der Wiedervereinigung – als Staatsziel benannt, indem sie den Willen des deutschen Volkes bekundete, „als gleichberechtigtes Glied in einem vereinten Europa dem Frieden der Welt zu dienen." Beide Staatsziele – die Wiedervereinigung und die europäische Integration – standen gleichrangig nebeneinander. Sie bildeten keine Gegensätze, wie verschiedentlich befürchtet wurde, weil entweder die europäische Integration oder die Wiedervereinigung, nicht aber beide zusammen zu erreichen seien, sondern ergänzten sich. Die Einbeziehung Gesamtdeutschlands in ein vereintes Europa war – historisch-politisch betrachtet – eine wesentliche Voraussetzung für die Wiedervereinigung. Mit der Wiedervereinigung im Jahr 1990 war das eine Staatsziel erreicht, was durch eine entsprechende Änderung der Präambel zum Ausdruck gebracht wurde. Das andere Staatsziel – die Mitwirkung in einem vereinten Europa – blieb unverändert in der Präambel stehen. Es ist sogar durch Art. 23 I GG i. d. F. von 1992, der als neuer Europa-Artikel (anstelle des früheren Wiedervereinigungs-Artikels) in das Grundgesetz eingefügt wurde (vgl. dazu unten § 5 Rn. 25 f.), bestätigt und bekräftigt worden.

3   Die Ermächtigung des Art. 24 I GG, durch Bundesgesetz „Hoheitsrechte auf zwischenstaatliche Einrichtungen (zu) übertragen", zielte ursprünglich in erster Linie auf die europäische Integration. Im Blick auf die Integrationsfortschritte und die beabsich-

tigte Gründung der Europäischen Union durch den Maastrichter
Vertrag, wurde jedoch zweifelhaft, ob diese Ermächtigungsnorm
eine noch tragfähige verfassungsrechtliche Grundlage bildet, zumal
die Übertragung von Hoheitsrechten auf europäische Einrichtungen nicht nur zu Kompetenzverlusten der Bundesrepublik, sondern
auch zu bundesinternen Kompetenzverschiebungen führt. Deshalb
wurden in Art. 23 GG i. d. F. von 1992 die rechtlichen Grundlagen
für weitere Integrationsschritte gelegt, die Grenzen der Integration
angegeben und die innerstaatlichen Konsequenzen in den Grundzügen geregelt.

Wenn von der europäischen Integration die Rede ist, so werden **4**
damit üblicherweise die Europäischen Gemeinschaften und die
Europäische Union gemeint (vgl. dazu unten Rn. 10 ff.). Sie sind
jedoch nicht die einzigen europäischen Organisationen. Im militärischen Bereich wurde schon 1948 durch den Brüsseler Vertrag
zwischen England, Frankreich und den Benelux-Staaten die West-
union geschaffen und 1954 unter Einschluß Deutschlands zur
Westeuropäischen Union (WEU) erweitert. Sie ist eng mit der 1949
gegründeten NATO verflochten. Im wirtschaftlichen Bereich kam
es ebenfalls 1948 zur Gründung der Organisation für Europäische
Wirtschaftliche Zusammenarbeit (OEEC), die 1960 zur *Organisation
für Wirtschaftliche Zusammenarbeit und Entwicklung (OECD)* umge-
wandelt wurde. Vgl. dazu näher *Th. Oppermann,* Europarecht,
Rn. 109 ff., 2055 ff. Während sich diese Organisationen auf den
militärischen bzw. wirtschaftlichen Bereich beschränken, zielt der
1950 gegründete *Europarat* auf eine umfassende Zusammenarbeit.
Da er nur wenige Kompetenzen erhielt, bleibt freilich sein Akti-
onsradius gering. Seine wesentlichen Aufgaben bestehen im
Grundrechtsschutz, der durch den Ausbau des Europäischen Ge-
richtshofs für Menschenrechte in Straßburg (nicht zu verwechseln
mit dem für den EG-Bereich zuständigen Europäischen Gerichtshof in Luxemburg) zunehmend verstärkt worden (vgl. dazu unten
Rn. 6 ff.).

Die Europa-Idee geht über das Mittelalter bis auf die Antike zurück und **5**
wurde im Laufe der Geschichte in immer wieder neuer Weise verwirklicht.
Geistig-kulturell war sie immer lebendig. Politisch und auch rechtlich wurde
sie durch die Nationalstaatsbildungen verdeckt und verschüttet. Bereits im

19. Jahrhundet entwickelten sich jedoch Ansätze einer europäischen Bewegung, die die Gemeinsamkeiten herausstellen und zu institutionellen Kooperationen anregen wollte. Nach dem 1. Weltkrieg und vor allem nach dem 2. Weltkrieg nahm die Europa-Bewegung an Umfang und Intensität zu. Sie forderte den Zusammenschluß oder zumindest die Zusammenarbeit der europäischen Staaten zur Sicherung des Friedens und zur Förderung des Handels und der Wirtschaft. Dabei spielte auch der Gedanke eine Rolle, daß sich Europa zwischen den Großmächten USA und Sowjetunion nur behaupten können wird, wenn es sich seiner eigenen Werte und Möglichkeiten besinnt. Der englische Kriegs-Premier Winston Churchill brachte die verbreitete Stimmung zum Ausdruck, als er in seiner berühmten Züricher Rede vom 19. 9. 1946, an die eine Gedenktafel im Gebäude der Universität Zürich erinnert, eine „Art Vereinigter Staaten von Europa" vorschlug und forderte (allerdings ohne England, das weiterhin seine überseeischen Interessen verfolgen wollte). Die Gründung des Europarates knüpfte unmittelbar an die Europa-Bewegung an und versuchte, sie wenigstens teilweise aufzunehmen. Auch die Europäischen Gemeinschaften sind ohne die Europa-Bewegung nicht denkbar. Sie sind aber doch das Werk der europäischen Staatsmänner (Robert Schumann und Jean Monnet in Frankreich, Konrad Adenauer in Deutschland und Alcide de Gasperi in Italien), die – in Überwindung der früheren Hegemonial- und Gleichgewichtspolitik in Europa – ein vereintes Europa schaffen wollten und dabei den Weg von der wirtschaftlichen Vereinigung zur politischen Einheit wählten. Den militärischen und damit sicherheitspolitischen Part übernahm die NATO, der auch die USA und Kanada angehörten. Der Ost-West-Konflikt hatte zur Folge, daß sich damals die wirtschaftliche und politische Einigung auf den westlichen Teil Europas beschränkte. Die Sowjetunion reagierte im militärischen Bereich durch die Gründung des Warschauer Pakts und im wirtschaftlichen Bereich durch den Rat für gegenseitige Wirtschaftshilfe (RgW, COMECON), die alle Ostblockstaaten erfaßten.

II. Der Europarat

6 Der Europarat wurde am 5. 5. 1949 von 10 westeuropäischen Staaten gegründet. Die Bundesrepublik Deutschland ist ihm 1950 als assoziiertes Mitglied und 1951 als Vollmitglied beigetreten. Bis 1989 folgten alle westeuropäischen Staaten. Nach dem Zusammenbruch des kommunistischen Ostblocks (1990) schlossen sich die meisten osteuropäischen Staaten an. Inzwischen (2002) hat der Europarat 44 Mitglieder.

Vgl. die Zusammenstellung in Art. 26 der Satzung des Europarates, der die Sitzverteilung regelt. Wie diese Zusammenstellung zeigt, reicht der Europarat erheblich weiter als die Europäische Union. Zu den Mitgliedsstaaten gehören z. B. auch Rußland, die Türkei, Aserbaidschan und Armenien.

Der Europarat hat, wie es in Art. 1 seiner Satzung heißt, die **7** Aufgabe, „eine engere Verbindung zwischen seinen Mitgliedern zum Schutze und zur Förderung der Ideale und Grundsätze, die ihr gemeinsames Erbe bilden, herzustellen und ihren wirtschaftlichen und sozialen Fortschritt zu fördern." Im Vordergrund stehen der Schutz und die Fortentwicklung der Menschenrechte und Grundfreiheiten (Art. 1 b Satzung). Wer Mitglied des Europarates werden und bleiben will, muß die Menschenrechte und Grundfreiheiten in seinem Hoheitsbereich beachten (Art. 3 Satzung). Bereits 1950 hat der Europarat eine Konvention zum Schutze der Menschenrechte und Grundfreiheiten (Europäische Menschenrechtskonvention, EMRK) verabschiedet, die seitdem durch 11 Zusatzprotokolle ergänzt und weiterentwickelt worden ist. Hervorzuheben ist, daß die EMRK nicht nur materielle Rechte festlegt, sondern auch die formellen und organisatorischen Voraussetzungen für die Durchsetzung dieser Rechte schafft.

Durch das 11. Protokoll zur EMRK, das am 1. 11. 1998 in Kraft getreten ist, ist das Rechtsschutzsystem wesentlich umgestaltet und verstärkt worden. Es besteht nunmehr ein ständiger Europäischer Gerichtshof für Menschenrechte (EGMR) in Straßburg, der von jeder Person mit der Behauptung angerufen werden kann, sie werde durch einen Mitgliedstaat des Europarates (in der Regel wohl durch seinen Heimatstaat) in seinen durch die EMRK verbrieften Rechten verletzt. Die Entscheidungen des EGMR sind für die Mitgliedstaaten verbindlich. Vgl. näher dazu *J. Meyer-Ladewig,* Der neue ständige Europäische Gerichtshof für Menschenrechte, NJW 1999, 1165 f.

Der Europarat ist keine Einrichtung i. S. des Art. 24 I GG und **8** damit auch keine supranationale Organisation, sondern eine völkerrechtliche Vereinigung. Seine Beschlüsse und Regelungen gelten nicht unmittelbar im Bereich der Mitgliedstaaten, sondern bedürfen noch der Umsetzung durch die zuständigen Rechtssetzungsorgane der Mitgliedstaaten. Das trifft auch für die EMRK zu. Sie hat in Deutschland den Rang eines einfachen Bundesgesetzes (BVerfGE 82, 106, 114). Daraus folgt an sich, daß der Bundesgesetzgeber (nicht der Landesgesetzgeber, der an das Bundesrecht gebunden ist) entsprechend dem Grundsatz lex posterior derogat legi proiri innerstaatlich wirksam, wenn auch völkerrechtswidrig, von den Vorschriften der EMRK abweichen kann, und daß die Verletzung der Rechte der EMRK nicht vom BVerfG überprüfbar ist. Nach der

Rechtsprechung des BVerfG kommt ihr indessen gleichwohl eine wesentlich größere Bedeutung zu. Am Beispiel der „Unschuldsvermutung", die in Art. 6 II EMRK, aber nicht ausdrücklich im Grundgesetz geregelt ist, hat das BVerfG dargelegt, daß die EMRK bei der Auslegung deutscher Rechtsvorschriften – auch des Grundgesetzes, auch der leges posteriores – zu berücksichtigen ist, und daß die Unschuldsvermutung des Art. 6 II EMRK zwar nicht ausdrücklich, aber als Ausprägung und Konkretisierung des Rechtsstaatsprinzips (auch) im Grundgesetz verankert ist und daher als verfassungsrechtlicher Prüfungsmaßstab herangezogen werden kann (vgl. BVerfGE 74, 358, 370; 82, 106, 114). Im übrigen läßt sich nicht übersehen, daß der Europarat durch den Ausbau der Gerichtsbarkeit die Grenzen einer völkerrechtlichen Organisation überschritten hat und bereits überstaatliche (supranationale) Züge besitzt.

9   Die Bedeutung der EMRK mag im Blick auf die Grundrechtskataloge des Grundgesetzes und der Landesverfassungen und das ausgedehnte deutsche Rechtsschutzsystem gering sein. Immerhin wird sie immer wieder einmal aktuell. So ist die Regelung des bad.-württ. Feuerwehrgesetzes, daß nur Männer, nicht auch Frauen einen Feuerwehrbeitrag bezahlen müssen, jahrzehntelang von den Gerichten der Bundesrepublik bis hin zum BVerwG und BVerfG als verfassungsgemäß bestätigt worden; erst als der EGMR durch Urteil vom 18. 7. 1994 (VBlBW 1994, 402 = NVwZ 1995, 365) entschieden hatte, daß diese Regelung gegen Art. 14 in Vbg. mit Art. 4 III d EMRK verstößt, zog auch das BVerfG nach und erklärte durch Beschluß vom 24. 1. 1995 (BVerfGE 92, 91) diese Regelung wegen Verstoßes gegen Art. 3 III GG für verfassungswidrig und nichtig. Mehrfach ist auch die zu lange Verfahrensdauer deutscher Gerichte mit Erfolg beim EGMR gerügt worden (Verstoß gegen Art. 6 I EMRK). Das gilt selbst für Verfassungsbeschwerde-Verfahren vor dem BVerfG. Der EGMR erklärte zwar in seinem Urteil vom 16. 9. 1996, daß die Verfahrensdauer von drei Jahren und vier Monaten wegen der außergewöhnlichen Belastung des BVerfG durch andere Verfahren im Zusammenhang mit der deutschen Vereinigung noch hin-nehmbar sei (EuGRZ 1996, 514), stellte dann aber in zwei weiteren Urteilen vom 1. 7. 1997 fest, daß ein Verfahren von fünf Jahren bzw. sieben Jahren vor dem BVerfG gegen Art. 6 I EMRK verstoße (EuGRZ 1997, 310 und 405). – Bemerkenswert ist auch das Urteil des EGMR vom 26. 9. 1995, in dem festgestellt wird, daß die disziplinargerichtlich angeordnete Entlassung einer Lehrerin wegen ihrer Mitgliedschaft in der (verfassungsfeindlichen) DKP im konkreten Fall gegen Art. 10 EMRK (Meinungsfreiheit) und Art. 11 EMRK (Vereinigungsfreiheit) verstoßen habe (EuGRZ 1995, 590 = NJW 1996, 375).

III. Die Europäischen Gemeinschaften und die Europäische Union

1. Die Gründungsverträge

Die eigentliche europäische Integration, die in der Übertragung **10** von Hoheitsrechten auf supranationale Einrichtungen besteht, begann in den fünfziger Jahren mit der Errichtung der drei Europäischen Gemeinschaften. Den Anfang machte die Europäische Gemeinschaft für Kohle und Stahl (EGKS, auch Montanunion genannt), die durch den Pariser Vertrag vom 18. 4. 1951 zwischen der Bundesrepublik Deutschland, Frankreich, Italien und den drei Benelux-Staaten Belgien, Niederlande und Luxemburg gegründet wurde und am 23. 7. 1952 in Kraft trat. Ihr folgten die Europäische Atomgemeinschaft (EAG, auch Euratom genannt) und die Europäische Wirtschaftsgemeinschaft (EWG), die von denselben Staaten durch die sog. Römischen Verträge vom 25. 3. 1957 vereinbart wurden und am 1. 1. 1958 in Kraft traten. Während sich die EGKS und die EAG auf wichtige wirtschaftliche Teilbereiche – nämlich den Bereich Kohle und Stahl (die damaligen Schlüsselindustrien) und die Atomwirtschaft – beschränkten, zielte die EWG auf den gesamten Wirtschaftsbereich und hat im Laufe der Zeit immer weitere Aufgaben und Zuständigkeiten erhalten. Der EG-Vertrag und der EAG-Vertrag gelten unbefristet. Dagegen ist der EGKS-Vertrag für die Dauer von 50 Jahren abgeschlossen worden (Art. 97). Er ist nach Ablauf dieser Frist am 23. 7. 2002 nicht verlängert worden und damit ausgelaufen. Seine Aufgaben im Bereich von Kohle und Stahl werden nunmehr von der EG wahrgenommen, was keinen großen Einschnitt bedeutet, da die beiden Gemeinschaften seit dem Fusionsvertrag von 1965 ohnehin dieselben Organe hatten.

Die politische Zielsetzung der Gemeinschaftsverträge wurde schon zu Be- **11** ginn deutlich ausgesprochen. In der Präambel des EGKS-Vertrages von 1951 heißt es, die Vertragspartner seien entschlossen, „an die Stelle der jahrhundertealten Rivalitäten einen Zusammenschluß ihrer wesentlichen Interessen zu setzen, durch die Errichtung einer wirtschaftlichen Gemeinschaft den ersten Grundstein für eine weitere und vertiefte Gemeinschaft unter Völkern zu legen, die lange Zeit durch blutige Auseinandersetzungen entzweit waren, und

die institutionellen Grundlagen zu schaffen, die einem nunmehr allen gemeinsamen Schicksal die Richtung weisen können." Die Präambel des EWG-
Vertrages knüpft daran an und spricht von dem „festen Willen, die Grundlagen
für einen immer engeren Zusammenschluß der europäischen Völker zu schaffen". Es lag durchaus nahe, mit dem wirtschaftlichen Zusammenschluß zu
beginnen, da dort die Chancen und Möglichkeiten am größten sind. Dafür
gibt es auch genügend historische Beispiele, es sei nur an den deutschen Zollverein als Vorläufer der staatlichen Einigung Deutschlands im 19. Jahrhundert
erinnert (vgl. dazu *Maurer*, Festschrift für Stern, 1997, S. 41 f.). – In den 50er
Jahren spielte allerdings auch die Einbindung Deutschlands eine erhebliche
Rolle. Das galt vor allem für die Montanunion. Die internationale Kontrolle
der Ruhrindustrie, die durch das von den Besatzungsmächten einseitig erlassene Ruhrstatut von 1948/1949 festgelegt wurde, ließ sich auf Dauer nicht
halten, so daß als Alternative eine „Kontrolle durch Partnerschaft" angestrebt
wurde. Zugleich gaben diese Gemeinschaften – und darin liegt ihre historische
Bedeutung für die deutsche Seite – Deutschland die Möglichkeit, als gleichberechtigter Partner in die Staatengemeinschaft zurückzukehren.

12   Die Europäischen Gemeinschaften beruhen zwar auf völkerrechtlichen Verträgen. Sie sind aber keine völkerrechtlichen Gebilde,
sondern supranationale Organisationen, d. h. Organisationen, denen durch die Gründungsverträge Hoheitsrechte eingeräumt wurden und die kraft ihrer Hoheitsrechte unmittelbar gesetzgebend,
verwaltend und rechtsprechend im Bereich der Mitgliedstaaten
tätig werden können. Soweit die Zuständigkeiten der Gemeinschaften reichen, tritt die Zuständigkeit der Mitgliedstaaten zurück.
Wenn man unter Souveränität die Summe der möglichen Hoheitsrechte versteht, dann hat die Bundesrepublik – wie die anderen Mitgliedstaaten – mit der Gründung dieser Gemeinschaften auf
einen Teil ihrer Souveränitätsrechte verzichtet. Die Bundesrepublik hat also in den 50ger Jahren des letzten Jahrhunderts einerseits
durch den Abbau der Besatzungsherrschaft ihre Souveränität weitgehend wiedererlangt (vgl. oben § 3 Rn 39), andererseits aber
durch den Eintritt in die Europäischen Gemeinschaften wiederum
einen Teil ihrer Souveränitätsrechte aufgegeben. Diese Aufgabe
erfolgte allerdings freiwillig und wird durch die entsprechenden
Verzichte der Partnerstaaten sowie die Mitwirkung an den Gemeinschaftsbeschlüssen der Europäischen Gemeinschaft wieder
ausgeglichen.

13   Die „Übertragung" gem. Art. 24 I GG bzw. Art. 23 I GG ist nicht im üblichen Sinne zu begreifen; sie besteht nicht in der Weitergabe eigener Hoheitsrechte (etwa im Sinne einer Übereignung oder einer Zession von Rechten), sondern in der Rücknahme eigener Hoheitsrechte und der Öffnung der Rechtsordnung für bestimmte Hoheitsrechte der zwischenstaatlichen Einrichtung. Die gelegentlich anzutreffende Behauptung, die Bundesrepublik öffne sich damit einer „fremden Rechtsordnung", ist allerdings mißverständlich, da sie ja an der Bildung des Gemeinschaftsrechts beteiligt ist und diese somit kein völlig fremdes Recht (etwa dem Besatzungsrecht vergleichbar) darstellt. Eine weitere Frage ist, ob der Souveränitätsverzicht widerruflich und damit vorläufig oder er endgültig ist, vgl. dazu BVerfGE 89, 155, 190. – Vgl. näher zur „Übertragung" gem. Art. 24 I GG bzw. Art. 23 I GG; *Streinz* in: Sachs, Grundgesetz, Art. 23 Rn. 52 ff. m. w. N.

2. Die Entwicklung zur Europäischen Union.

Die drei Europäischen Gemeinschaften, vor allem die EWG, **14** waren von vornherein auf mitgliedstaatliche Erweiterung und auf sachlich-funktionelle Ausdehnung angelegt. Die Bemühungen hatten auch in beiden Richtungen Erfolg, erforderten aber doch zahlreiche Schritte, die wiederum mit Schwierigkeiten, Umwegen und Rückschlägen verbunden waren.

a) *Die mitgliedsstaatliche Erweiterung* erfolgte durch den Beitritt **15** weiterer Staaten. Die ursprüngliche Sechser-Gemeinschaft besteht derzeit (2002) aus 15 Mitgliedsstaaten. 10 weitere Staaten aus den östlichen und südlichen Teilen Europas werden in den nächsten Jahren beitreten.

Beigetreten sind 1973 Dänemark, Großbritannien und Irland, 1981 Griechenland und 1986 Portugal und Spanien, ferner 1995 – nach der Gründung der Europäischen Union – Finnland, Österreich und Schweden. Der Beitritt Norwegens scheiterte zweimal an einem ablehnenden Volksentscheid.

b) *Die sachlich-funktionelle Ausdehnung* und die mit ihr verbunde- **16** nen organisatorischen Regelungen erfolgten durch eine Reihe von Verträgen, die nach Vorbereitung durch Regierungsdelegationen von den Staats- und Regierungschefs der Mitgliedsstaaten im Europäischen Rat vereinbart und anschließend von den nationalen Parlamenten ratifiziert worden sind. Im einzelnen kann auf diese Verträge – die Fusionsverträge von 1957/1965, die sog. Einheitlichen Europäische Akte von 1986, den Maastrichter Vertrag von 1992, den Amsterdamer Vertrag von 1998 und den Vertrag von Nizza von 2001 – hier nicht weiter eingegangen werden, sondern muß auf die Lehrbücher zum Europarecht und die dortigen Nachweise verwiesen werden.

17   Hervorzuheben ist aber doch noch der Maastrichter Vertrag vom 7. 2. 1992, der die Europäische Union (EU) begründete, die Kompetenzen der Europäischen Gemeinschaften erweiterte und zwei Politikbereiche, nämlich (nach der heutigen Bezeichnung und Regelung) die „Gemeinsame Außen- und Sicherheitspolitik" (GASP, Art. 11 ff. EUV) und die „Polizeiliche und justitielle Zusammenarbeit in Strafsachen" (PJZS, Art. 29 ff. EUV) etablierte. Die Europäische Union bildet gleichsam den Rahmen für die drei (seit dem Wegfall der EGKS: zwei) rechtlich selbständigen, aber durch gemeinsame Organe mit einander verbundenen Europäischen Gemeinschaften und die beiden Politikbereiche, hat darüber hinaus aber auch eigene Aufgaben und übergreifende Funktionen. Die Erweiterung der (bisherigen) EWG erstreckte sich u. a. auf Bestimmungen über eine Wirtschafts- und Währungsunion, die die Grundlage für die Einführung des Euro als gemeinsame europäische Währung bilden. Um die zunehmende politische Bedeutung der EWG zu dokumentieren, erhielt sie die neue Bezeichnung „Europäische Gemeinschaft" (EG), so daß seitdem zwischen *der* Europäischen Gemeinschaft (EG) und *den* Europäischen Gemeinschaften (EG, EAG und EGKS) zu unterscheiden ist.

Durch Art. 12 des Amsterdamer Vertrags von 1998 (Sart. II Nr. 147) wurden die Artikel des EG-Vertrags umnummeriert. Da der Vertrag im Laufe der Zeit durch zahlreiche Änderungen – teils Ergänzungen und teils Streichungen – unübersichtlich geworden ist, wurde neu durchgezählt. Der EU-Vertrag, der ursprünglich seine Artikel mit Großbuchstaben bezeichnete, wurde auf Zahlen umgestellt. In diesem Buch wird nach der neuen Zählweise zitiert. Die Änderungen sind aber zu beachten, wenn es um Entscheidungen oder Literatur aus früherer Zeit geht. Der Vergleich beider Zählweisen wird durch eine offizielle, dem Amsterdamer Vertrag angefügte „Übereinstimmungstabelle" erleichtert.

18   Da die Konstruktion der Europäischen Union ziemlich kompliziert und unübersichtlich ist, wird in der Literatur versucht, die verschiedenen Gebilde auf der europäischen Ebene und ihre Zuordnung bildlich als Säulenmodell zu veranschaulichen. Die drei (jetzt zwei) Europäischen Gemeinschaften (zusammen oder getrennt) und die beiden Politikbereiche (jeweils für sich) bilden danach jeweils Säulen, die durch die Europäische Union – und nunmehr unterscheiden sich die Bilder – einen gemeinsamen Sockel, ein gemeinsames Dach oder einen gemeinsamen Mantel erhalten. Wie auch immer diese Bilder bewertet werden, wichtig ist auf jeden Fall der Hinweis, daß die drei bzw. zwei Europäischen Gemeinschaften supranationale Organisationen mit eigener, auch für die Mitgliedsstaaten verbindlicher Hoheitsgewalt sind, während die Politikbereiche intergouvernementale Einrichtungen darstellen, deren Beschlüsse noch der Umsetzung durch die Organe der Mitgliedsstaaten bedürfen.

Vgl. zur sog. „Säulen-Theorie" *Schweitzer-Hummer,* Europarecht, Rn. 58 ff.; Streinz, Europarecht, Rn. 42, 67 ff.; *Herdegen,* Europarecht, Rn. 64 f. –

c) *Verfassungsvertrag.* Die Staats- und Regierungschefs der Euro- **19** päischen Union haben auf ihrer Konferenz in Laeken am 14./ 15. 12. 2001 beschlossen, einen Verfassungskonvent einzuberufen. Vorbild war der Grundrechtskonvent, der die Europäische Grundrechtecharta erarbeitet und beschlossen hatte (vgl. dazu unten § 9 Rn. 3). Der nunmehr einberufene Verfassungskonvent hat die – freilich sehr viel schwierigere – Aufgabe, das Gemeinschaftsrecht, das im Laufe der Zeit durch Änderungen und Ergänzungen ziemlich diffus und unübersichtlich geworden ist, zu bereinigen und zu vereinfachen, die Demokratie, die Transparenz und die Effektivität in der Europäischen Union zu verstärken und vor allem im Blick auf die Osterweiterung Regelungen für die immer dringlicher gewordene institutionelle Reform der Europäischen Union vorzuschlagen. Er besteht aus 105 Mitgliedern, nämlich dem vom Rat ernannten Vorsitzenden (der frühere französische Staatspräsident Giscard d'Estaing) und 2 stellvertretenden Vorsitzenden, ferner je 1 Regierungsvertreter und 2 Parlamentarier der 15 Mitgliedstaaten, 16 Mitglieder des Europäischen Parlaments, 2 Vertreter der Kommission; hinzu kommen noch je ein Regierungsvertreter und 2 Parlamentarier der 13 beitrittswilligen Staaten, die an den Beratungen voll teilnahmen, aber einen Konsens der Mitgliedstaaten nicht verhindern können. Die besondere Bedeutung beider Konvente liegt darin, daß die Weiterentwicklung der Europäischen Union nicht mehr auf die Regierungen der Mitgliedstaaten beschränkt bleibt, sondern besondere Gremien mit starker parlamentarischer Präsenz in den Ent-

scheidungsprozeß einbezogen werden. Wenn auch die Beschlüsse
der beiden Konvente nicht verbindlich sind, so dürften sie doch in
politischer Hinsicht erhebliches Gewicht haben. Das gilt um so
mehr, als sie eine breite „Verfassungsdiskussion" ausgelöst haben.

Vgl. zum Verfassungskonvent *N. K. Riedel,* Der Konvent zur Zukunft Europas, ZRP 2002, 241 ff.; *Th. Oppermann,* Vom Nizza-Vertrag 2001 zum
Europäischen Verfassungskonvent 2002/2003, DVBl. 2003, 1 ff.; *R. Scholz,*
Die Verfassung der Europäischen Union, ZG Sonderheft 2002.

3. Die Rechtsnatur der Europäischen Union

20   Die Rechtsnatur der Europäischen Union (einschließlich der
Europäischen Gemeinschaften) ist fraglich und umstritten. Bei
genauerer Betrachtung zeigt sich, daß sich die EU nicht mit der
traditionellen Staats- und Völkerrechtslehre, die zwischen dem
völkerrechtlichen Gebilde des Staatenbundes und dem staatsrechtlichen Gebilde des Bundesstaates unterscheidet, erfassen läßt. Sie ist
kein bloßer Staatenbund, da die Gemeinschaft unmittelbar geltendes
Recht im Bereich der Mitgliedstaaten erlassen kann; sie ist aber auch
(noch) kein Bundesstaat, da sich ihre Hoheitsrechte auf bestimmte,
wenn auch immer weiter ausgreifende Bereiche beschränken. Diese
Einordnungsschwierigkeiten sind übrigens nicht so überraschend,
wenn man bedenkt, daß es – in historischer und vergleichender
Sicht – zahlreiche Organisationen gibt, die sich einer einfachen
Kategorisierung entziehen. Aber auch dann, wenn man auf einzelne Kriterien abstellt – etwa die Souveränität des Bundes bzw. der
Glieder, die Staatlichkeit des Bundes bzw. der Glieder, das Durchgriffsrecht des Bundes, die Kompetenz-Kompetenz oder die subsidiäre Zuständigkeit des Bundes, das Letztentscheidungsrecht, das
Austrittsrecht der Glieder –, kommt man zu keinem sicheren Ergebnis. Das BVerfG spricht daher von einem „Staatenverbund"
(vgl. BVerfGE 89, 155, 188 ff.). Damit wird freilich nicht mehr
gesagt, als daß die EU zwischen einem Staatenbund und einem
Bundesstaat steht. Es kommt vielmehr im Einzelfall auf die vertragliche, gemeinschaftsrechtliche und evtl. auch mitgliedstaatsrechtliche Ausgestaltung an. Im übrigen müßte noch zwischen der EU,
die als solche wohl nicht rechtsfähig ist, und der EG, die unbestritten Rechtsfähigkeit besitzt, unterschieden werden.

Mit der Frage nach der Rechtsnatur der EU wird häufig die **21**
weitere Frage verknüpft, ob die *Weiterentwicklung der EU zu einem
Bundesstaat* verfassungsrechtlich zulässig wäre. Diese Frage ist
durchaus aktuell, da einiges dafür spricht, daß die Europäische
Union – früher oder später – in eine Art Bundesstaat einmünden
wird. In der deutschen Staatsrechtslehre wird sie wohl noch überwiegend verneint (vgl. die umfangreichen Nachweise bei *O. Ro-
jahn*, MüK Art. 23 Rn. 15 f.). Zunächst müßte allerdings geklärt
werden, auf welcher Ebene diskutiert wird. Zum Selbstbestimmungsrecht des Staates, der sich im Staatsvolk konkretisiert und
personalisiert, gehört auch die Freiheit, sich mit einem anderen
Staat oder mit mehreren anderen Staaten zu einem größeren Staat
zusammenzuschließen. Es gibt zahlreiche Beispiele für solche Zu-
sammenschlüsse in Vergangenheit und Gegenwart. Daher kann nur
fraglich sein, ob dies auch auf der Basis des Grundgesetzes zulässig
ist. Da eine Volksabstimmung im Grundgesetz nicht vorgesehen
ist, kann es nur noch darum gehen, ob der verfassungsändernde
Gesetzgeber eine solche Entscheidung treffen kann. Art. 79 III GG
steht dem nicht entgegen. Er verlangt die Gewährleistung der für
ein freiheitliches Staatswesen maßgeblichen Grundlagen (Achtung
der Menschenwürde, Garantie des Kerngehalts der Grundrechte,
Demokratieprinzip, Rechtsstaatlichkeit und Sozialstaatlichkeit), fordert aber nicht, daß diese Grundsätze gerade und nur in dem durch
das Grundgesetz verfaßten Staat geschehen muß. Der Eintritt oder
die Eingliederung in einen europäischen Bundesstaat, der diesen
Essentialia entspricht, würde damit nicht gegen Art. 79 III GG verstoßen. Das gilt umso mehr, als in einem Bundesstaat – und allein
diese Staatsform steht zur Diskussion – die Glieder ebenfalls Staatscharakter mit den sich daraus ergebenden Kompetenzen originärer,
wenn auch beschränkter Staatlichkeit besitzen und an der Willensbildung des Gesamtstaates teilhaben.

Die Auffassung, daß Art. 79 III GG die Staatlichkeit der Bundesrepublik **22**
festschreibe und deshalb ein europäischer Bundesstaat unter Einbeziehung der
Bundesrepublik nicht durch Verfassungsänderung, sondern nur durch einen
revolutionären Akt außerhalb des Grundgesetzes möglich sei, was die deutschen
Verfassungsorgane aber nicht anstreben dürften (so z. B. *U. Fink,* Garantiert das
Grundgesetz die Staatlichkeit der Bundesrepublik Deutschland?, DÖV 1998,
133, 141), ist überzogen. In verfassungspolitischer Sicht ist richtig, daß das

Volk zur Entscheidung aufgerufen werden sollte (was sogar für die interne Neugliederung des Bundesgebietes durch Art 29 GG gefordert wird). Aber rechtlich zwingend ist das nicht, jedenfalls dann nicht, wenn man an der strikten Ablehnung jeglicher plebiszitärer Elemente auf der Bundesebene festhält.

IV. Die innerstaatlichen Voraussetzungen und Grenzen der EG-Mitgliedschaft

1. Voraussetzungen.

23   Art. 23 I 1 GG enthält ein klares Bekenntnis des Grundgesetzes zur Europäischen Union und damit auch zur Europäischen Gemeinschaft. Er berechtigt und verpflichtet die Bundesrepublik Deutschland, d. h. alle Staatsorgane des Bundes und der Länder, zur Verwirklichung der Europäischen Union beizutragen. Er enthält aber keine Blankovollmacht. Dadurch unterscheidet er sich von Art. 24 I GG, der seinem Wortlaut nach ein einfaches Bundesgesetz genügen ließ, allerdings durch die Rechtsprechung des BVerfG konkretisiert und eingeschränkt wurde, die sich ihrerseits wiederum in Art. 23 I GG niederschlägt. Die Übertragung von (weiteren) Hoheitsrechten auf die Europäische Union muß sowohl formelle als auch materielle Voraussetzungen beachten:

24   – In formeller Hinsicht erfordert Art. 23 I GG zumindest ein Bundesgesetz mit Zustimmung des Bundesrates, in besonderen Fällen, nämlich wenn die vertraglichen Grundlagen der Europäischen Union betroffen oder inhaltliche Änderungen des Grundgesetzes bewirkt werden, ein Gesetz, das den Anforderungen des Art. 79 II, III GG entspricht (2/3-Mehrheit im Bundestag und im Bundesrat, Beachtung der Unantastbarkeitsklausel des Art. 79 III GG).

25   – In materieller Hinsicht ist die Übertragung nur dann zulässig, wenn und soweit auf der Gemeinschaftsebene (1) die demokratischen, rechtsstaatlichen, sozialen und föderativen Grundsätze beachtet sind, (2) das Prinzip der Subsidiarität eingehalten wird und (3) ein den Grundrechten des Grundgesetzes im wesentlichen vergleichbarer Grundrechtsschutz gewährleistet ist. Damit werden zugleich die Grenzen der Integration in bundesdeutscher Sicht gekennzeichnet.

2. Folgerungen.

26   Die Bundesrepublik Deutschland gibt – wie die anderen Mitgliedstaaten der EG – mit der Übertragung von Hoheitsrechten auf

die Gemeinschaft einen Teil ihrer staatlichen Befugnisse auf und unterwirft sich insoweit der Gemeinschaftsgewalt. Die deutschen Staatsorgane sind daher nach Maßgabe des Gemeinschaftsvertrages und seiner späteren Änderungen und Ergänzungen an die Regelungen und Entscheidungen der EG-Organe gebunden. Entsprechendes gilt für die Bürger der Mitgliedstaaten. Die vom Rat unter Mitwirkung des Europäischen Parlaments erlassenen Verordnungen sind − wie die staatlichen Gesetze − unmittelbar verbindlich; die in gleicher Weise erlassenen Richtlinien verpflichten die gesetzgebenden Organe der Mitgliedstaaten zur Umsetzung in nationales Recht (vgl. Art. 249 EGV, ferner unten § 17 Rdnr. 19 m. w. N.). Im Kollisionsfall geht das Gemeinschaftsrecht dem nationalen Recht vor. Es besteht zwar kein Geltungsvorrang (wie im innerstaatlichen Bereich), aber ein Anwendungsvorrang mit der Folge, daß nationale Rechtsvorschriften nicht anwendbar sind, soweit und solange sie gemeinschaftsrechtlichen Vorschriften widersprechen. Über die Auslegung und Anwendung der Gründungsverträge hat der Europäische Gerichtshof (EuGH) zu entscheiden (Art. 220 ff. EGV). Die nationalen Gerichte sind berechtigt, die letztinstanzlich entscheidenden Gerichte sogar verpflichtet, die Entscheidung des EuGH einholen, wenn es in ihrem Verfahren auf die Auslegung oder Gültigkeit von Gemeinschaftsrecht ankommt (Vorabentscheidungsverfahren, vgl. Art. 234 EGV).

3. Grenzen.

Der Vorrang des Gemeinschaftsrechts setzt voraus, (1) daß die **27** fragliche gemeinschaftsrechtliche Vorschrift mit dem höherrangigen Gemeinschaftsrecht, insbesondere mit den Gründungsverträgen, vereinbar ist und (2) daß sie durch das deutsche Transformationsgesetz gem. Art. 23 I, 59 II GG in das deutsche Recht übernommen und daher im deutschen Rechtsbereich anwendbar ist.

Die erste Voraussetzung ist ohne weiteres einsichtig. So darf z. B. nach dem Prinzip der begrenzten Einzelermächtigungen (Art. 5, 7 I 2 EGV) ein EG-Organ nur dann tätig werden, wenn eine Vorschrift des EG-Vertrages ausdrücklich dazu ermächtigt. Fehlt eine solche Ermächtigung, dann handelt das Organ kompetenzwidrig; der gleichwohl erlassene Rechtsakt ist rechtswidrig und nichtig oder aufhebbar. Problematischer ist die zweite Voraussetzung, die vom BVerfG gefordert wird (BVerfGE 89, 155, 188 f.). Das Gericht beruft sich auf Art. 23 I GG, der die Grenzen für die Übertragung von Hoheitsrechten festlegt, wobei es davon ausgeht, daß eine innerstaatlich rechtswidrige Übertragung auch eine gemeinschaftsrechtlich unverbindliche Übertragung darstellt. Zur Veranschaulichung zieht *Paul Kirchhof* das Bild einer Brücke mit Brückenhaus heran. Das Gemeinschaftsrecht gelangt nur über die Brücke des Art. 23 I GG (früher Art. 24 I GG) und des deutschen Zustimmungsgesetzes in den deutschen Rechtsbereich; das BVerfG hat gleichsam im Brückenhaus darüber zu wachen, daß nur dem Art. 23 I GG entsprechendes Gemeinschaftsrecht nach Deutschland einfließt (*P. Kirchhof,* HStR VII (1992) S. 885; ferner etwa *H. H. Rupp,* JZ 1998, 214).

4. Mitwirkung der deutschen Staatsorgane im EG-Bereich.

28   Mit der Übertragung von Hoheitsrechten gem. Art. 23 I GG gibt Deutschland diese Souveränitätsrechte nicht ganz auf, sondern bringt sie in die Gemeinschaft ein und nimmt sie dort zusammen mit den ebenfalls eingebrachten Hoheitsrechten der anderen Mitgliedstaaten gemeinschaftlich mit diesen wahr. Das EG-Recht ist kein fremdes Recht, sondern Gemeinschaftsrecht, wenn auch formal beide Rechtskreise klar zu unterscheiden sind (vgl. bereits oben Rn. 13).

29   Die Mitwirkung Deutschlands bei der Willensbildung der EU erfolgt durch Vertretung deutscher Organe oder Amtsträger in den Gremien der Gemeinschaft. Sie läuft vor allem über die Bundesregierung, die im *Rat* (Ministerrat) der EG mit einem (je nach Ressortzuständigkeit wechselnden) Bundesminister vertreten ist und die ferner bei der Bestellung der Mitglieder der Kommission und des EuGH Mitentscheidungsrechte hat.

30   Der Rat *(Ministerrat),* der aus je einem Minister der 15 Mitgliedstaaten besteht, ist das politisch führende und rechtsetzende Organ der EG; die *Kommission,* deren 20 Mitglieder (derzeit 2 Deutsche) von den Regierungen der Mitgliedstaaten nach Zustimmung des Europäischen Parlaments einvernehmlich ernannt werden, ist gleichsam das Exekutivorgan; der *EuGH,* dessen 15 Mitglieder ebenfalls von den Regierungen der Mitgliedstaaten einvernehmlich bestellt werden, hat über die Auslegung und Anwendung des EG-Rechts zu entscheiden. Hinzu kommt das *Europäische Parlament,* das aus 626 unmittelbar gewählten Abgeordneten (99 deutsche Abgeordnete) besteht und zunehmende Befugnisse bei der Rechtsetzung besitzt, den Haushalt der EG feststellt, bei der Besetzung der Kommission mitwirkt sowie Kontrollrechte hat. Es repräsentiert nicht die Mitgliedstaaten, sondern das Volk der Mitgliedstaaten. Vgl. zu den EG-Organen näher *Streinz*, Europarecht, Rn. 243 ff.; *Schweitzer/Hummer*, Europarecht, Rn. 143 ff.

Der Bundestag und der Bundesrat sowie die Bundesländer besit- **31** zen grundsätzlich keine unmittelbaren Mitwirkungsrechte im Bereich der EG. Sie müssen daher durch die Übertragung von Hoheitsrechten auf die EG Kompetenzverluste ohne externen Ausgleich hinnehmen – die Bundesländer, wenn und soweit Landeskompetenzen in die EG abwandern, der Bundestag und der Bundesrat, soweit ihre Gesetzgebungs- und Kontrollbefugnisse durch die Abwanderung von Hoheitsrechten in die EG geschmälert werden. Diese Kompetenzverluste im Außenverhältnis sollen gem. Art. 23 II–VI GG und den dazu ergangenen Ausführungsgesetzen dadurch kompensiert werden, daß der Bundestag und der Bundesrat sowie die Bundesländer (diese über den Bundesrat) bei der bundesinternen Willensbildung in europäischen Angelegenheiten Mitwirkungsrechte erhalten.

Der 1992 in das Grundgesetz eingefügte Europa-Artikel (Art. 23) enthält also einmal Regelungen für die Übertragung von Hoheitsrechten (Abs. 1) und zum anderen Regelungen für den internen Ausgleich der dadurch bewirkten Kompetenzverluste (Abs. 2–7). Die erwähnten Ausführungsgesetze sind: Gesetz über die Zusammenarbeit von Bundesregierung und Deutschem Bundestag in Angelegenheiten der Europäischen Union (AusfGBT) vom 12. 3. 1993 (Sart. Nr. 96) und Gesetz über die Zusammenarbeit von Bund und Ländern in Angelegenheiten der Europäischen Union (AusfGBR) vom 12. 3. 1993 (Sart. Nr. 97).

a) *Bundestag.* Nach Art. 23 II, III GG hat die Bundesregierung **32** den Bundestag umfassend zu informieren und dessen Stellungnahme bei ihren Verhandlungen zu „berücksichtigen", d.h. in ihre Entscheidungsfindung einzubeziehen und sich mit ihr auseinanderzusetzen. Eine inhaltliche Bindung besteht nicht. Die Formulierung des § 5 AusfGBT, daß die Bundesregierung die Stellungnahme des Bundestages „ihren Verhandlungen zugrunde legt", ist verfassungskonform in gleicher Weise auszulegen. Die Regelung des § 2 S. 2 AusfGBT, daß der Bundestag seinen Europa-Ausschuß ermächtigen kann, für ihn Stellungnahmen (gegenüber der Bundesregierung) abzugeben, ist verfassungsrechtlich problematisch, aber dann vertretbar, wenn sich die Stellungnahme im Rahmen der auch sonst zulässigen politischen Äußerungen im Verhältnis von Bundestagsausschüssen und Bundesregierung hält.

33 b) Der *Bundesrat* ist gem. Art. 23 IV–VI GG an der internen Willensbildung des Bundes in europäischen Angelegenheiten zu beteiligen, wenn und soweit (1) er an einer entsprechenden innerstaatlichen Maßnahme mitzuwirken hätte oder (2) die Länder innerstaatlich zuständig wären. Die Beteiligungsrechte sind graduell abgestuft:

– Es handelt sich um eine Angelegenheit, für die der Bund ausschließlich zuständig ist, die aber Interessen der Länder berührt: Die Bundesregierung muß gem. Art. 23 V 1 GG die Stellungnahme des Bundesrates „berücksichtigen" (der Ausdruck „berücksichtigen" ist wie oben bei der Stellungnahme des Bundestages zu verstehen).
– Es handelt sich um eine Angelegenheit, für die dem Bund im übrigen das Recht zur Gesetzgebung zusteht: Die Bundesregierung muß gem. Art. 23 V I GG die Stellungnahme des Bundesrates „berücksichtigen" (wie oben).
– Es handelt sich um eine Angelegenheit, die im Schwerpunkt Gesetzgebungsbefugnisse der Länder oder die Einrichtung und das Verfahren der Landesbehörden betrifft: Die Auffassung des Bundesrates ist gem. Art. 23 V 2 GG „maßgeblich zu berücksichtigen". Maßgeblich bedeutet nach der h. L., daß der Bundesrat das Letztentscheidungsrecht hat (str., a. A. *Streinz*, in: Sachs, Grundgesetz, Art. 23 Rn. 110). Allerdings gilt das nur unter dem Vorbehalt der gesamtstaatlichen Verantwortung des Bundes und unter dem Vorbehalt der Zustimmung der Bundesregierung bei finanzrelevanten Angelegenheiten.
– Es handelt sich um eine Angelegenheit, die im Schwerpunkt ausschließlich Gesetzgebungsbefugnisse der Länder betrifft: Der Bund soll die Wahrnehmung der deutschen Mitwirkungsrechte im EG-Bereich einem vom Bundesrat benannten Vertreter der Länder übertragen, der sich aber mit der Bundesregierung abzustimmen hat und die gesamtstaatliche Verantwortung des Bundes wahren muß (Art. 23 VI GG).

34 **Beispiel:** Der Rat der EG erläßt eine Verordnung über die Förderung des Weinanbaus. Im Rat sitzt je ein Vertreter der 15 Mitgliedstaaten, also auch der zuständige deutsche Bundesminister. Wenn die EG nicht bestünde oder nicht zuständig wäre, dann könnte der Bund ein entsprechendes Gesetz erlassen, das jedoch nur unter Mitwirkung des Bundesrates zustandekäme. Nachdem nunmehr der Rat entscheidet, muß der Bundesrat gleichsam im Vorfeld eingeschaltet werden. Der den Bund im Rat der EG vertretende Bundesminister muß die Auffassung des Bundesrates berücksichtigen oder sogar maßgeblich berücksichtigen. Geht es um eine Regelung, die nach der innerstaatlichen Kompetenzordnung der ausschließlichen Gesetzgebungszuständigkeit der Länder unterliegt, dann wird der Bund nicht durch einen Bundesminister, sondern durch einen vom Bundesrat benannten Landesminister vertreten.

V. Die Europäisierung des Verfassungsrechts

1. Allgemeines

Die „Europäisierung des Verwaltungsrechts" wird schon seit längerer Zeit diskutiert. Man versteht darunter die Überlagerung, Beschränkung, Verdrängung und Ergänzung des nationalen Verwaltungsrechts durch das europäische Gemeinschaftsrecht (vgl. *Maurer,* VerwR. § 2 Rn. 31 ff.). Entsprechende Einwirkungen des Gemeinschaftsrechts bestehen auch für andere Rechtsbereiche, das Zivilrecht, das Prozeßrecht, das Strafrecht und nicht zuletzt das Verfassungsrecht. Der „Europäisierung des Verfassungsrechts" kommt sogar wegen des verfassungsrechtlichen Vorrangs im mitgliedsstaatlichen Rechtskreis besondere Bedeutung zu.

Die Einwirkungen des EG-Rechts auf das deutsche Verfassungsrecht werden in diesem Buch in den Abschnitten behandelt, in denen sie aktuell werden. Im folgenden soll aber doch vorweg ein kursorischer Überblick gegeben werden. Vieles ist noch im Fluß, so daß nur eine Momentaufnahme möglich ist. Ferner ist zu beachten, daß das Gemeinschaftsrecht nicht nur auf das nationale Recht einwirkt, sondern umgekehrt auch von diesem beeinflußt wird; maßgebend sind dabei die gemeinsamen Rechtstraditionen der Mitgliedsstaaten und – im Wettbewerb untereinander – die einzelnen mitgliedsstaatlichen Rechtsordnungen. Es wäre daher vorschnell, wenn man das deutsche Staats- und Verfassungsrecht im Blick auf das Europarecht als überholt und seine Behandlung als Anachronismus betrachten würde, wie das gelegentlich geschieht. Vielmehr spielt es – abgesehen von seiner fortbestehenden, wenn auch reduzierten innerstaatlichen Bedeutung – auch im europäischen Kontext eine wesentliche Rolle.

2. Die Einwirkungen im einzelnen

Die Einwirkungen des EG-Rechts auf das deutsche Verfassungsrecht lassen sich unter verschiedenen Aspekten systematisieren, so auch danach, ob sie sich aus dem Vorrang des Gemeinschaftsrechts oder aus speziellen europarechtlichen Grundsätzen und Vorschriften ergeben.

a) Der Vorrang des Gemeinschaftsrechts (vgl. dazu § 17 Rn. 19) hat für das Verhältnis beider Rechtsordnungen erhebliche Konsequenzen:

- Die Vorschriften des deutschen Rechts (und das gilt gleichermaßen auch für das Recht der anderen Mitgliedsstaaten) sind nicht anwendbar, wenn – soweit und solange – sie gegen Gemeinschaftsrecht verstoßen.
- Das deutsche Recht ist im Zweifel gemeinschaftsrechtskonform auszulegen.
- Die Zuständigkeiten der deutschen Staatsorgane im Bereich der Rechtssetzung werden durch die Zuständigkeiten der Gemeinschaftsorgane begrenzt oder modifiziert.
- Die Vereinbarkeit des nationalen Rechts mit dem Gemeinschaftsrecht kann vor den Gemeinschaftsgerichten – dem EuGH und dem EG – überprüft werden.

b) Folgerungen aus einzelnen Grundsätzen und Vorschriften:

- Verschiedene Grundgesetzänderungen folgten unmittelbar gemeinschaftsrechtlichen Forderungen, so die Zulassung der Frauen zum Wehrdienst (Art. 12a IV 2 GG), das Kommunalwahlrecht für EU-Bürger (Art. 28 I 3 GG) und die Ermächtigung zur Übertragung der Aufgaben der Bundesbank auf die Europäische Zentralbank (Art. 88 S. 2 GG).
- Erhebliche, allerdings im Verfassungstext nicht festgelegte und im einzelnen noch nicht endgültig geklärte Folgerungen ergeben sich im Bereich der Grundrechte, nämlich die Geltung der sog. Deutschengrundrecht (Art. 8 I, 9 I, 12 I GG) für EU-Bürger, die Qualifizierung des Gemeinschaftsrechts als Teil der verfassungsmäßigen Ordnung i. S. des Art. 2 I GG und damit als Schranke dieses allgemeinen Freiheitsrechts, das Verhältnis zwischen dem grundgesetzlichen Gleichheitssatz und dem gemeinschaftsrechtlichen Diskriminierungsverbot und schließlich die Einbeziehung des Gemeinschaftsrechts in die Rechtsschutzgarantie des Art. 19 IV GG.
- Weitere Auswirkungen hat das Gemeinschaftsrecht für den in Art. 33 GG geregelten öffentlichen Dienst, insbesondere für die Beamten, und für die in Art. 34 GG grundsätzlich geregelte Staatshaftung (es sei nur auf die Francovich-Rechtsprechung des EuGH hingewiesen).
- Die verfassungsrechtlich oder gesetzlich begründeten Zuständigkeiten aller deutscher Staatsorgane stehen unter dem Vorbehalt des Gemeinschaftsrechts, sei es, daß sie auf Gemeinschaftsorgane übergegangen sind, sei es, daß die zwar fortbestehen, aber gemeinschaftsrechtlich modifiziert werden.

c) Weitere Regelungen des Grundgesetzes sind zwar gemeinschaftsrechtlich nicht geboten, aber veranlaßt und somit gleichsam mittelbare Folgerungen des Gemeinschaftsrechts:

- Art. 23 I GG regelt die Voraussetzungen und die Grenzen der europäischen Integration für die Bundesrepublik Deutschland.

– Art. 23 II–VII GG geht von den Erkenntnis aus, daß die Mitgliedschaft der Bundesrepublik in den Europäischen Gemeinschaften innerstaatliche Kompetenzverschiebungen zum Nachteil der Bundesländer und zum Nachteil der Parlamente herbeiführt, und begründet deshalb zum Ausgleich bestimmte Mitwirkungsrechte des Bundestages und vor allem des Bundesrates. Auf der gleichen Linie liegt die verfassungsrechtliche Institutionalisierung des Europaausschusses des Bundestages (Art. 45 GG) und der Europakammer des Bundesrates (Art. 52 III a GG).

Zu beachten ist, daß diese Einwirkungen nur soweit bestehen und greifen, als das Gemeinschaftsrecht reicht. Die Reichweite ist durch die gemeinschaftsrechtlichen Prinzipien der Einzelermächtigung und der Subsidiarität beschränkt (Art. 5 EGV).

Literatur: *M. Zuleeg,* Das Recht der Europäischen Gemeinschaften im innerstaatlichen Bereich, 1969; *K.-H. Friauf/R. Scholz,* Europarecht und Grundgesetz, 1990, S. 11 ff.; *H. Steinberger/E. Klein/D. Thürer,* Der Verfassungsstaat als Glied einer europäischen Gemeinschaft, Referate mit Diskussion, VVDStRL 50 (1991), S. 9 ff.; *P. Häberle,* Gemeineuropäisches Verfassungsrecht, EuGRZ 1991, 261 ff.; *R. Scholz,* Europäische Union und deutscher Bundesstaat, NVwZ 1993, 817 ff.; *R. Breuer,* Die Sackgasse des neue Europaartikels (Art. 23 GG), NVwZ 1994, 417 ff.; *C. Classen,* Europäische Integration und demokratische Legitimation, AöR 119 (1994), 238 ff.; *P. Hommelhoff/P. Kirchhof* (Hg.), Der Staatenverbund der Europäischen Union, 1994, S. 11 ff.; *P. Kirchhof,* Die Mitwirkung Deutschlands an der Wirtschafts- und Währungsunion, in Festschrift für Franz Klein, 1994, S. 61 ff.; *M. Schröder,* Das Bundesverfassungsgericht als Hüter des Staates im Prozeß der europäischen Integration, DVBl. 1994, 316 ff.; *W. Kahl,* Europäische Union: Bundesstaat-Staatenbund-Staatenverbund, Der Staat Bd. 33 (1994) S. 241 ff.; *G.-B. Oschatz/H. Risse,* Die Bundesregierung an der Kette der Länder? Zur europapolitischen Mitwirkung des Bundesrates, DÖV 1995, 437 ff.; *P. Huber,* Der Staatenverbund der Europäischen Union, Festschrift für den Heymanns-Verlag, 1995, S. 349 ff.; *R. Geiger,* Die Mitwirkung des deutschen Gesetzgebers an der Entwicklung der Europäischen Union, JZ 1996, 1093 ff.; *I. Winkelmann,* Die Bundesregierung als Sachwalter von Länderrechten, DÖV 1996, 1 ff.; *R. Lang,* Die Mitwirkungsrechte des Bundesrates und des Bundestages in Angelegenheiten der Europäischen Union gemäß Artikel 23 Abs. 2 bis 7 GG, 1997; *Th. Oppermann,* Der Europäische Traum zur Jahrhundertwende, JZ 1999, 817 ff.; *H. Bauer,* Europäisierung des Verfassungsrechts, JBl 2000, 750 ff.; *M. Zulegg,* Die föderativen Grundsätze der Europäischen Union, NJW 2000, 2846 ff.; *I. Pernice/P. M. Huber/G. Lübbe-Wolff/Ch. Grabenwarter,* Europäisches und nationales Verfassungsrecht, VVDStRL 60 (2001) S. 148 ff.; *M. Niedobitek,* Kollisionen zwischen EG-Recht und materiellem Recht, VerwArch 92 (2001), S. 58 ff.; *R. Scholz,* Wege zur Europäischen Verfassung, ZG 2001, 1 ff.; *M. Zuleeg,* Die Vorzüge der Europäischen Verfassung, Der Staat 41 (2002), S. 359 ff.; *K.-E. Hain,* Zur Frage der Europäisierung des Grundgesetzes, DVBl. 2002, 148 ff.; *S. Broß,* Überlegungen zum gegenwärtigen Stand des Europäischen Einigungs-

35

prozesses, EuGRZ 2002, 574 ff.; vgl. ferner die im allgemeinen Literaturver-
zeichnis aufgeführten Lehrbücher zum Europarecht mit zahlreichen weiteren
Angaben.

36   **Rechtsprechung:** BVerfGE 37, 271; 73, 339 (Verhältnis von Gemeinschaftsrecht und deutschen Grundrechten, „Solange-Beschlüsse" I und II);
BVerfGE 89, 155 (Maastrichter Vertrag); BVerfGE 92, 203 (Fernseh-Richt-
linie: innerstaatliche Willensbildung in Europaangelegenheiten); BVerfGE 97,
350 (Einführung des Euro); BVerfGE 102, 147 (Bananenmarktordnung: Voraussetzungen der Richtervorlage und der Verfassungsbeschwerde bei behaup-
teten Grundrechtsverletzungen durch sekundäres Gemeinschaftsrecht).

§ 5. Die Regelungen des Grundgesetzes (Überblick)

I. Der Inhalt des Grundgesetzes

1. Die Präambel

1   Das Grundgesetz beginnt – wie die meisten Verfassungen – mit
einer Präambel als Einleitung in das gesamte Verfassungswerk. Die
Präambeln der Verfassungen enthalten üblicherweise – mehr oder
weniger eingehende – Aussagen über die historischen und politischen Bedingungen der Verfassung, über den Anlaß und die
Grundlage der Verfassunggebung, über das Selbstverständnis und
die Orientierungen des Verfassunggebers, über wesentliche Ziele
des neuverfaßten Staates und schließlich über den Geltungsbereich
der Verfassung und damit über die territoriale und personale
Reichweite des Staates. Fraglich ist die rechtliche Bedeutung und die
Bindungswirkung der Präambel. Während früher – etwa im Blick
auf die Weimarer Reichsverfassung – die Auffassung vertreten wurde, sie habe lediglich deklaratorischen Sinn, wird ihr heute – im
Blick auf das Grundgesetz – überwiegend rechtliche Bedeutung zu-
erkannt. Dafür spricht schon, daß sie Bestandteil der Verfassung ist
und somit an deren Normativität partizipiert. Eine einheitliche
rechtliche Beurteilung der Präambel ist freilich nicht möglich. Bei
näherer Betrachtung zeigt sich nämlich, daß sie inhaltlich sehr
unterschiedliche Aussagen enthält. Dementsprechend ist auch
rechtlich zu differenzieren. Die Sätze der Präambel stellen – je

nachdem – rein tatsächliche Feststellungen, verfassungspolitische Programmsätze, rechtserhebliche Auslegungsrichtlinien, dirigierende Staatszielbestimmungen oder – ausnahmsweise – rechtlich unmittelbar verbindliche Rechtsvorschriften dar.

Die Präambel weist zwar – wie die gesamte Verfassung – in die **2** Zukunft, ist aber doch ausgesprochen *entstehungsbezogen*, da sie vor allem auf die Probleme und Verhältnisse zur Zeit der Verfassunggebung abstellt. Für das Grundgesetz sind *zwei Daten* maßgeblich, nämlich einmal das Jahr 1949, als das Grundgesetz erlassen wurde, und zum anderen das Jahr 1990, als die Wiedervereinigung vollzogen und die Präambel geändert wurde. Die ursprüngliche Präambel von 1949 ging von der Teilung Deutschlands als seinerzeit vorgegebener Tatsache aus; sie betonte aber die gleichwohl bestehenden Gemeinsamkeiten beider Teile in staatlicher und nationaler Sicht, erklärte die Wiedervereinigung zum verbindlichen Staatsziel, wies auf den deshalb provisorischen Charakter des Grundgesetzes hin und erklärte schließlich, daß der Verfassunggeber auch für jene Deutsche gehandelt habe, denen mitzuwirken versagt war. Das BVerfG hat aus der Präambel – in Verbindung mit weiteren Vorschriften des Grundgesetzes (Art. 23 a.F., 146 a.F. GG) – das sog. Wiedervereinigungsgebot abgeleitet, d.h. die Verpflichtung der Staatsorgane, alles zu tun, was die Wiedervereinigung fördert, und alles zu unterlassen, was sie erschweren könnte (vgl. BVerfGE 5, 85, 125 ff.; 36, 1, 16 ff.; 77, 137, 149; *H.H. Klein*, Festschrift für W. Geiger, 1989, S. 132 ff.). Mit der Wiedervereinigung am 3. 10. 1990 ist dieses Ziel erreicht. Die durch den Einigungsvertrag neugefaßte Präambel stellt dementsprechend fest, daß „die Deutschen in den Ländern ... in freier Selbstbestimmung die Einheit und Freiheit Deutschlands vollendet" haben.

Im einzelnen ist zur derzeitigen Präambel noch zu bemerken:

a) Der Hinweis auf die *verfassunggebende Gewalt des deutschen Vol-* **3** *kes* bringt zum Ausdruck, daß das Grundgesetz – entsprechend dem Prinzip der Volkssouveränität – ausschließlich auf dem Willen des deutschen Volkes beruht und dementsprechend demokratisch legitimiert ist (vgl. bereits oben § 3 Rdnr. 29). Die Abgrenzung richtet sich weniger gegen das monarchische Prinzip als Legitimitätsgrundlagen der Verfassunggebung, das bereits 1919 weggefallen ist, zumindest aber 1948/49 nicht mehr zur Debatte stand. Vielmehr sollte klargestellt werden, daß das Grundgesetz 1949 weder im Auftrag der Besatzungsmächte beschlossen wurde noch durch Vereinbarung der Länder zustande kam (wie das die Landesverfassungen von Bayern und Baden 1946/1947 vorgesehen hatten), sondern vom Parlamentarischen Rat als Vertretung des gesamten Volkes in freier Entscheidung erlassen wurde. 1949 bildete das westdeutsche Volk die Basis für das Grundgesetz, 1990 wurde diese Basis durch den Beitritt der östlichen Bundesländer zum Grundgesetz auf das gesamte deutsche Volk erweitert.

4   b) Fraglich ist die *Bezugnahme auf Gott* in den ersten Worten der Präambel („Im Bewußtsein seiner Verantwortung vor Gott und den Menschen …"). Sie stößt immer wieder – auch und vor allem bei Theologen – auf Kritik und Ablehnung. Während die einen meinen, daß sie im Rahmen eines staatlichen Gesetzes zu allgemein und daher nichtssagend, ja sogar mißbräuchlich sei, sehen die anderen darin einen Verstoß gegen den Grundsatz der religiösen Neutralität des modernen Verfassungsstaates. Man kann dem Problem nicht mit dem Hinweis ausweichen, es handle sich nur um ein subjektives Selbstzeugnis der an der Verfassunggebung beteiligten Personen, da diese offensichtlich nicht für sich, sondern für das deutsche Volks sprachen. Andererseits geht es auch nicht um eine sog. Invocatio Dei, eine Anrufung Gottes, wie sie früher häufig vorkam, aber auch heute gelegentlich noch anzutreffen ist (so beginnt die Bundesverfassung der Schweizerischen Eidgenossenschaft auch in ihrer revidierten Fassung von 1999 mit den Worten: „Im Namen Gottes des Allmächtigen!"). Der Sinn der Bezugnahme auf Gott in der Präambel liegt vielmehr darin, deutlich zu machen, daß der menschlichen Herrschaft Grenzen gesetzt sind, daß es Bereiche gibt, die auch den Mächtigen dieser Erde nicht verfügbar sind und verfügbar sein dürfen, daß eine höhere Instanz besteht, die Werte vermittelt und Rechenschaft fordert. Als in der Nachkriegszeit das Grundgesetz erlassen wurde, war diese Erkenntnis angesichts des menschenverachtenden Größenwahns der Nationalsozialisten und der ebenfalls menschenverachtenden Ideologie des Kommunismus durchaus gegenwärtig. Sie ist aber auch heute noch als geistiger Rückhalt und ethische Mahnung bedeutsam und aktuell.

Eine bestimmte religiöse oder sogar konfessionelle Gottesvorstellung ist da- **5** mit nicht verbunden. Die in Art. 4 I, II GG verbürgte Glaubens-, Gewissens- und Religionsfreiheit und die sich daraus ergebende Verpflichtung des Staates zur religiösen Neutralität werden nicht in Frage gestellt. Andererseits darf der Gottesbegriff der Präambel auch nicht bagatellisiert oder zum beliebig aus- wechselbaren Spielball werden. Wenn auch keine bestimmte Gottesvorstellung festgelegt wird, so ist doch der Hinweis auf die traditionellen christlichen Werte durchaus klärend und hilfreich, zumal sie – wennngleich in säkularisierter Form – auch heute noch vielfach weiter- oder nachwirken und damit das kul- turelle Bewußtsein bestimmen. Jedenfalls ergibt sich aus der Formel „Verant- wortung vor Gott *und* den Menschen", daß nicht nur auf eine horizontal- immanente, sondern auch, ja sogar vorrangig, auf eine vertikal-transzendente Verantwortung hingewiesen wird.

Während die „Verantwortung vor Gott" im Parlamentarischen Rat im we- **6** sentlichen unbestritten war, wurde bei den Beratungen der Verfassungsreform 1993/1994 die Streichung dieses Passus beantragt, aber mit ganz überwiegen- der Mehrheit abgelehnt (vgl. den Bericht der Gemeinsamen Verfassungskom- mission, Zur Sache 5/93, S. 216ff.; Materialien zur Verfassungsdiskussion und zur Grundgesetzänderung in der Folge der deutschen Einheit, Zur Sache 2/96, Bd. 1, S. 879ff.). Die vorgeschlagene Alternative: „Verantwortung vor der deutschen Geschichte" (so der Antrag der Gruppe Bündnis 90/Die Grünen unter Führung des Theologieprofessors Ullmann, BT-Drs. 12/6686) ist unsin- nig, weil die Verantwortung nur personal sein kann. – In den Präambeln der Landesverfassungen finden sich teilweise entsprechende Hinweise auf die Verantwortung vor Gott (so Baden-Württemberg, Niedersachsen, Nordrhein- Westfalen, Rheinland-Pfalz, Sachsen-Anhalt, Thüringen, ferner mit etwas anderer Formulierung Bayern), teilweise lediglich Hinweise auf die Verant- wortung aus der eigenen Geschichte oder die Verpflichtung zu Toleranz, zu Solidarität usw. (so Brandenburg, Bremen, Hamburg, Mecklenburg und Sach- sen). Bemerkenswert ist, daß bei der Verfassungsreform in Niedersachsen 1993 auf eine Präambel verzichtet wurde, weil sich die Parteien nicht darüber eini- gen konnten, ob die „Verantwortung vor Gott" aufgenommen werden soll, dann aber kurz darauf – aufgrund einer Volksinitiative – die Verfassung ergänzt und ein entsprechender Gottesbezug eingefügt wurde, vgl. dazu *Ch. Starck,* NdsVBl. 1994, 9; *H.-G. Aschoff* (Hg), Gott in der Verfassung. Die Volksinitia- tive zur Novellierung der Niedersächsischen Verfassung, 1995 m. w. N.

c) Seit der Wiedervereinigung enthält die Präambel nur noch *ei-* **7** *ne* Staatszielbestimmung, nämlich das Ziel, „als gleichberechtigtes Glied in einem vereinten Europa dem Frieden der Welt zu die- nen." Die Bereitschaft zur europäischen Integration wird durch den 1992 eingefügten Europa-Artikel (Art. 23 GG) konkretisiert, so daß sich das Nähere aus dieser Vorschrift ergibt. Mit der Bereitschaft zum *Friedensdienst* übernimmt die Bundesrepublik Deutschland internationale Verantwortung, allerdings nicht im Alleingang, sondern im Zusammenwirken mit den europäischen Nachbarstaaten.

8   d) Der Hinweis darauf, daß die Einheit Deutschlands vollendet ist, ist zunächst einmal eine historische Feststellung. In der Literatur wird darüber hinaus die Auffassung vertreten, die Präambel enthalte mit diesem Hinweis ein (fortdauerndes) Gebot zur Wahrung der nationalen Einheit (vgl. *Sachs,* in: Sachs, Grundgesetz, Präambel, Rn. 39; *D. Murswiek,* Festschrift für Rauschning, 2001, S. 57 ff.). Auch wenn man dieser Deutung zustimmt, darf sie doch nicht als Bremse im europäischen Einigungsprozeß eingesetzt werden.

9   e) Schließlich bestimmt die Präambel noch den *Geltungsbereich* des Grundgesetzes und damit die Reichweite der Bundesrepublik Deutschland. Es gilt für das „gesamte deutsche Volk" und erstreckt sich territorial auf das Gebiet der 16 (in der Präambel einzeln genannten) deutschen Bundesländer.

Das „deutsche Volk" erfaßt alle deutschen Staatsangehörigen. Maßgebend ist das Staatsangehörigkeitsgesetz (StAG) i.d.F. vom 15. 7. 1999 (Sart. Nr. 15). Gem. Art. 116 I GG, der durch die Wirren der Nachkriegszeit bedingt ist, werden weitere Personengruppen den Staatsangehörigen gleichgestellt. Vgl. dazu näher oben § 1 Rn. 7 und unten § 7 Rn. 22. Der Gebietsbestand der Bundesrepublik ist mit dem gesamten Gebiet aller Bundesländer identisch. Die Grenzen der Bundesrepublik Deutschland wurden durch Art. 1 Vertrag über die abschließende Regelung in bezug auf Deutschland vom 12. 9. 1990 (sog. Zwei-Plus-Vier-Vertrag) auch völkerrechtlich verbindlich festgelegt (vgl. oben § 3 Rn. 70). Zur immer wieder diskutierten Grenzziehung am Bodensee *W. Strätz,* JuS 1991, 900 ff.; *K. Schweiger,* BayVBl. 1995, 65 ff.; Bad.-Württ. VGH VBlBW 1996, 66.

2. Die Konzeption des Grundgesetzes

10   Obwohl das Grundgesetz, wie sogleich darzulegen sein wird (unten II.), nicht weniger als 51 mal geändert worden ist, blieb die Gesamtkonzeption erhalten. Das gilt nicht nur für die maßgeblichen Verfassungsprinzipien, sondern auch für den äußeren Aufbau. Einen ersten Überblick über die eigentlichen Regelungen vermittelt bereits die Gliederung des Grundgesetzes in verschiedene Abschnitte mit Überschriften (die allerdings nicht amtlich, aber üblich sind):

Der *erste Abschnitt* enthält also einen Katalog von Grundrechten **11** und bestimmt damit nicht nur das Verhältnis des Staates zu den Bürgern, zur Gesellschaft und zur Wirtschaft, sondern auch – zusammen mit Art. 20, der die verfassungsrechtlichen Grundentscheidungen bringt – die Grundlagen des Staates. Das entspricht den meisten demokratischen Verfassungen, die von den Grundrechten ausgehen und von dieser Basis aus die Aufgaben, den Aufbau und die Tätigkeit der staatlichen Organisation regeln.

Die ersten verfassunggebenden Versammlungen verabschiedeten sogar vorweg eine Grundrechtserklärung, so Virginia 1776, Frankreich 1789/91, vgl. oben § 2 Rn. 31, 34. Dasselbe gilt für die deutsche Nationalversammlung von 1848/49, die jedoch den vorweg verabschiedeten Grundrechtsteil in der Verfassung selbst nach hinten schob. Die Weimarer Reichsverfassung folgte dieser Gliederung. Die Nachkriegsverfassungen der Länder – mit Ausnahme der Bay. Verfassung – übernahmen dagegen wiederum das ursprüngliche Modell und setzten die Grundrechte an die Spitze der Verfassung.

Die *folgenden Abschnitte* enthalten sodann die Vorschriften über **12** die Organisation und die Funktionen des Staates. Eine klare Trennung ist freilich nicht erfolgt und auch nicht möglich. So finden sich Rechte des Bürgers (grundrechtsähnliche Rechte) auch in den

folgenden Abschnitten, vor allem der gleiche Zugang zu den öffentlichen Ämtern (Art. 33 II GG), die Staatshaftung (Art. 34 GG),
das Wahlrecht (Art. 38 I GG) und die Justizgrundrechte (Art. 101,
103 GG), vgl. dazu auch die Zusammenstellung in Art. 93 I
Rn. 4a GG, der die mit der Verfassungsbeschwerde bewehrten
Rechte des Bürgers aufführt. Andererseits wirken bestimmte Regelungen der folgenden Abschnitte, insbesondere das Rechtsstaatsprinzip und das Sozialstaatsprinzip, auf die Auslegung der Grundrechte zurück. Der zweite, sehr allgemein mit „Der Bund und die
Länder" überschriebene Abschnitt des Grundgesetzes beschränkt
sich nicht auf das Bund-Länder-Verhältnis, sondern enthält auch
sonstige Regelungen allgemeiner Art. Man muß also, wenn es um
die Beurteilung und Lösung verfassungsrechtlicher Fälle geht, alle
Vorschriften des Grundgesetzes in den Blick nehmen.

II. Änderungen des Grundgesetzes

13   Obwohl das Grundgesetz nur unter erschwerten Voraussetzungen und – politisch betrachtet – nur unter Einbeziehung der parlamentarischen Opposition (sofern sie mehr als ein Drittel der
Stimmen hat) geändert werden kann, ist es bislang zu insgesamt 48
Verfassungsnovellen gekommen. Auf die wichtigsten ist im folgenden hinzuweisen.

1. Wehrverfassungsrechliche Regelungen

14   Das Grundgesetz enthielt ursprünglich keine Regelungen über
die Wehrverfassung, wenn man von der eher abwehrenden Bestimmung über die Kriegsdienstverweigerung in Art. 4 III GG
absieht. Sie kamen wegen der damaligen Entmilitarisierungspolitik
der Besatzungsmächte von vornherein nicht in Betracht. Schon
bald wurde aber die Aufstellung deutscher Streitkräfte im Rahmen
des westlichen Verteidigungsbündnisses aktuell (vgl. oben § 3
Rn. 37). Die Frage, ob es dazu einer verfassungsrechtlichen Grundlage bedarf oder ob einfach-gesetzliche Vorschriften genügen, löste
eine heftige Diskussion aus. Sie war, wie bereits dargelegt wurde
(§ 3 Rn. 40), auch politisch brisant, weil Bundeskanzler Adenauer

im Bundestag nur die einfache Mehrheit, nicht die für eine Verfassungsänderung erforderliche ²/₃-Mehrheit hatte. Die Frage brauchte indessen nicht entschieden zu werden, weil Bundeskanzler Adenauer nach der Bundestagswahl 1953 eine Regierungskoalition bilden konnte, die ²/₃ der Mitglieder des Bundestags umfaßte. Damit waren auch die Voraussetzungen für eine Verfassungsänderung – unabhängig davon, ob sie verfassungsrechtlich notwendig war oder nicht – gegeben.

Diese Streitfrage braucht auch hier nicht mehr entschieden zu werden. Es ist aber doch noch zu bemerken, daß in allen demokratischen Staaten die Grundlagen des Verteidigungswesens und der militärischen Streitkräfte einschließlich der Gesetzgebungskompetenzen, der Befehlsgewalt und der parlamentarischen Kontrolle verfassungsrechtlich geregelt sind. Das Grundgesetz wäre – in rechtshistorischer und in rechtsvergleichender Sicht – zum Unikum geworden, wenn auf eine solche Regelung verzichtet worden wäre.

Der ursprünglich gelegentlich vertretene Plan, die wehrverfassungsrechtlichen Vorschriften in einem besonderen Abschnitt zusammenzufassen, wurde bald aufgegeben. Zu Recht entschied man sich dafür, sie dort einzufügen, wo sie der Systematik des Grundgesetzes entsprechend hingehörten. Durch die Verfassungsnovellen von 1954 und 1956 wurden Regelungen über die allgemeine Wehrpflicht (Art. 12a GG), die Gesetzgebungskompetenz des Bundes im Verteidigungsangelegenheiten (Art. 73 Nr. 1 GG), die Einordnung der Bundeswehr in den Exekutivbereich (Art. 87a und b GG), die militärische Führung (Art. 65a GG) und die parlamentarische Kontrolle (Art. 45a und b GG) in das Grundgesetz aufgenommen. **15**

Vgl. dazu das 4. und das 7. Gesetz zur Ergänzung des Grundgesetzes vom **16** 26. 3. 1954 und vom 19. 3. 1956 (BGBl. I S. 45 und 111); zur damaligen Diskussion die Nachweise oben § 3 Rn. 40. – Mit dem Gesetz vom 26. 3. 1954 wurde auch der für sich betrachtet schwer verständliche Art. 79 I 2 GG in das Grundgesetz eingefügt. Diese neue Regelung erlaubt – als Ausnahme von Art. 79 I 1 GG, der eine detaillierte Textänderung erfordert – für bestimmte völkerrechtliche Verträge die pauschale „Klarstellung", daß sie mit dem Grundgesetz vereinbar sind. Diese Klarstellung brachte der gleichzeitig in das Grundgesetz eingefügte Art. 142a GG für den (dann doch nicht zustande gekommenen) Vertrag über die Gründung einer Europäischen Verteidigungsgemeinschaft von 1952. Auf diese Weise sollte die umstrittene Frage, ob die Aufstellung von Streitkräften einer verfassungsrechtlichen Grundlage bedarf, für beide Seiten akzeptabel und ohne Prestigeverlust geregelt werden. Da der EVG-Vertrag nicht zustande kam, wurde der somit gegenstandslose Art. 142a

GG 1968 wieder gestrichen. Der verfassungsrechtlich sehr umstrittene Art. 79
I 2 GG blieb bestehen, vgl. dazu *Hesse*, VerfR Rn. 698 f. („... entweder
überflüssig oder verfassungswidrig", d.h. eine verfassungswidrige Verfassungsnorm) einerseits und *G. Hoffmann*, BK Art. 79 Abs. 1 u. 2, Rn. 99 ff.
(„verfassungskonform") andererseits.

2. Notstandsverfassung

17   Das Grundgesetz hatte ursprünglich auch keine *Notstandsregelun-*
gen. Im Falle eines Notstandes hätten ohnehin die Besatzungsmächte eingreifen können und wohl auch eingegriffen. Dabei blieb
es auch nach dem Ende der Besatzungsherrschaft und der Erlangung der Souveränität durch den Deutschlandvertrag 1955 (vgl.
oben § 3 Rn. 35, 38). Denn die drei Westmächte hatten sich in
Art. 5 II dieses Vertrages bis zum Erlaß einer deutschen Regelung
bestimmte Notstandsrechte vorbehalten. In der Bundesrepublik
kam es zu Beginn der sechziger Jahre zu heftigen Diskussionen
darüber, ob und ggf. mit welchem Inhalt Notstandsregelungen in
das Grundgesetz eingefügt werden sollten. Verschiedene Entwürfe
(der jeweiligen Innenminister Schröder, Höcherl und Benda)
scheiterten. Erst nach der Bildung der großen Koalition von
CDU/CSU und SPD unter Bundeskanzler Kiesinger konnte eine
Notstandsverfassung mit der erforderlichen Mehrheit verabschiedet
werden. Während die meisten Verfassungen, auch diejenigen demokratischer Staaten, im Falle des Notstands – nach der Devise:
„Der Notstand ist die Stunde der Exekutive" – der Exekutive
besondere Befugnisse zuweisen, war der deutsche Gesetzgeber bestrebt, differenzierte, abgestufte und rechtsstaatlich gesicherte Notstandsregelungen zu erlassen, die allerdings dementsprechend sehr
kompliziert und im Blick auf ihre Effizienz mehr als fraglich sind.
Sie sind glücklicherweise bislang noch nicht aktuell geworden. Die
für den Verteidigungsfall (militärischer Angriff von außen) maßgeblichen Vorschriften wurden in einem besonderen Abschnitt zusammengefaßt (Art. 115 a–115 l GG). Sie werden durch die Regelung
über die Organisation des Gemeinsamen Ausschusses ergänzt, der
dann tätig werden soll, wenn im Verteidigungsfall dem Zusammentreten des Bundestages unüberwindliche Hindernisse entgegenstehen (Art. 53 a GG; vgl. ferner Art. 115 e GG sowie unten § 17

Rn. 134). Weitere Vorschriften regeln den besonderen Einsatz der Polizeikräfte und der Bundeswehr in Notstandssituationen unterschiedlicher Art (Art. 35, 80a, 87a, 91 GG). Ferner wurde bei dieser Gelegenheit – nicht nur für den Fall des Notstandes, sondern generell – die Telefonüberwachung unter bestimmten Voraussetzungen für zulässig erklärt (Art. 10 II 2 GG). Andererseits wurden gleichsam als Pendant gegenüber den verstärkten Eingriffsmöglichkeiten des Staates das Streikrecht zusätzlich abgesichert (Art. 9 III 3 GG), die bislang nur gesetzlich geregelte Verfassungsbeschwerde beim BVerfG verfassungsrechtlich verankert (Art. 93 I Nr. 4a und b GG) und das Widerstandsrecht verfassungsrechtlich geregelt (Art. 20 IV GG).

17. Gesetz zur Ergänzung des Grundgesetzes vom 24. 6. 1968 (BGBl. I **18** S. 709). Die verfassungsrechtlich umstrittene Frage der Telefonüberwachung wurde vom BVerfG unter dem Gesichtspunkt des Art. 79 III GG geprüft und für verfassungsgemäß erklärt, vgl. BVerfGE 30, 1; die Gegenargumente finden sich bei G. *Dürig* und *H.-U. Evers,* Zur verfassungsändernden Beschränkung des Post-, Telefon- und Fernmeldegeheimnisses, 1969. – Aufgrund sowie in Ergänzung der Notstandsverfassung sind eine Reihe einfacher Notstandsgesetze erlassen worden, vgl. dazu – auch mit Hinweis auf frühere Gesetze – *Stern,* Staatsrecht II S. 1340ff.; *Hesse,* VerfR Rn. 728ff. Die drei Westalliierten haben nach Erlaß der Notstandsverfassung auf ihre Vorbehaltsrechte aus Art. 5 II GG verzichtet (Erklärung vom 27. 5. 1968, abgedruckt u. a. BGBl. I S. 714).

3. Bundesstaatliche und finanzverfassungsrechtliche Regelungen

Die meisten Änderungen des Grundgesetzes – von Anfang an bis **19** zur Gegenwart – betrafen das *Verhältnis zwischen dem Bund und den Ländern.* Überwiegend handelte es sich um Regelungen, die *die Kompetenzen des Bundes* im Bereich der Gesetzgebung oder der Verwaltung erweiterten, sei es, weil es sich um Materien handelte, die 1949 noch nicht aktuell waren (etwa die Erzeugung und Nutzung der Kernenergie zu friedlichen Zwecken, Art. 73 Nr. 11a und Art. 87c GG), sei es, weil die Problematik erst im Laufe der Zeit deutlich wurde (etwa der Umweltschutz, Art. 73 Nr. 24 GG), sei es, weil im Laufe der Zeit eine bundeseinheitliche Regelung

geboten schien (etwa die wirtschaftliche Sicherung der Kranken-
häuser und die Regelung der Krankenhauspflegesätze, Art. 73
Nr. 19a GG). Der auf diese Weise eintretende Kompetenzverlust
der Länder wurde teilweise dadurch kompensiert, daß der Bundesrat ein Zustimmungsrecht erhielt.

Die Kompensation greift allerdings nur bedingt, da der Bundesrat lediglich
ein Mitwirkungsrecht bei der Gesetzgebung des Bundes hat, das einzelne Land
im Bundesrat überstimmt werden kann und im Bundesrat nicht die Landtage,
die eigentlichen Gesetzgebungsorgane der Länder, sondern die Landesregierungen vertreten sind.

20	Im Zusammenhang mit dem Bundesstaatsprinzip standen auch
die meisten derjenigen Grundgesetzänderungen, die die *Finanzverfassung* und die *Haushaltsverfassung* betreffen. Dabei ging es nicht
nur um die Verteilung der Kompetenzen, die im Bereich des Steuerrechts wiederum zugunsten des Bundes unter Stärkung des Bundesrates erfolgte, sondern auch und vor allem um die Verteilung
des Steueraufkommens und um den Finanzausgleich zwischen den
Ländern und zwischen dem Bund und den Ländern.

Zu nennen sind das Finanzverfassungsgesetz vom 23. 12. 1955 (BGBl. I
S. 817), das die nur vorläufige Regelung des Grundgesetzes über die bundesstaatliche Verteilung des Steueraufkommens ablöste, das Änderungsgesetz vom
24. 12. 1956 (BGBl. I S. 1077), das die Gemeinden und die Landkreise in die
Finanzverfassung einbezog, und vor allem das Finanzreformgesetz vom 12. 5.
1969 (BGBl. I S. 359), durch das Art. 104a GG eingefügt und die Art. 105–108
GG noch einmal wesentlich geändert wurden; ferner die Haushaltsreformge-
setze vom 8. 6. 1967 (BGBl. I S. 581) und vom 12. 5. 1969 (BGBl. I S. 357),
die die Art. 109ff. GG änderten und ergänzten und damit Änderungen für das
Haushaltswirtschaftsrecht brachten. Die Verfassungsänderungen wurden durch
einfachgesetzliche Regelungen ergänzt und konkretisiert, vgl. dazu näher
unten § 21 Rn. 5ff. – Während es in den ersten 40 Jahren der Bundesrepublik
gelungen ist, die erforderlichen Anpassungen des Finanzverfassungsrechts,
insbesondere des Finanzausgleichs, im Wege der Verfassungs- und Gesetzesänderungen (und damit weitgehend einvernehmlich) zu bewältigen, wurde in
den letzten 10 Jahren die politische Lösung immer schwieriger und zunehmend das BVerfG eingeschaltet, vgl. vor allem BVerfGE 72, 330; 86, 148; 101,
158.

4. Grundgesetzänderungen im Zuge der Wiedervereinigung

Die Wiedervereinigung 1990 führte zu einer Reihe von „beitritts- **21**
bedingten Änderungen des Grundgesetzes" (Art. 4 EV). Sie betrafen

– die Änderung der Präambel (vgl. bereits oben Rn. 2),
– die Aufhebung des die Wiedervereinigung durch Beitritt regelnden Art. 23
  GG, der mit der Wiedervereinigung obsolet geworden ist (und an dessen
  Stelle der Europa-Artikel eingefügt wurde),
– die Neuverteilung der Sitze im Bundesrat, um das Gewicht der größeren
  Bundesländer angemessen zu stärken (Art. 51 II GG),
– die Behandlung der Verbindlichkeiten der ehemaligen DDR (Art. 135 a II
  GG),
– die befristete Weitergeltung von DDR-Vorschriften, die von Bestimmungen des Grundgesetzes abweichen (Art. 143 I, II GG),
– die verfassungsrechtliche Absicherung der Festschreibung der zwischen 1945
  und 1949 in der Sowjetzone auf besatzungsrechtlicher oder besatzungshoheitlicher Grundlage erfolgten Enteignungen (Art. 143 III GG, vgl. dazu
  sogleich unten Rn. 23),
– die Ergänzung des Art. 146 GG durch den Zusatz, daß das Grundgesetz
  „nach Vollendung der Einheit und Freiheit Deutschlands für das gesamte
  deutsche Volk gilt". Vgl. zu dieser umstrittenen Regelung bereits oben § 3
  Rn. 61 und unten § 22 Rn. 22 f.

Problematisch ist, daß diese Verfassungsänderungen nicht im **22**
Wege der normalen Verfassunggesetzgebung gem. Art. 76 ff., 79
GG, sondern durch den Einigungsvertrag, also einen staats- oder
völkerrechtlichen Vertrag, erfolgten. Die Bedenken werden auch
nicht dadurch ausgeräumt, daß das nach Art. 59 II GG erforderliche Zustimmungsgesetz zum Einigungsvertrag mit der verfassungsändernden Mehrheit des Art. 79 II GG angenommen wurde. Das
BVerfG hat zwar dieses Vorgehen mit der besonderen Situation der
Wiedervereinigung und dem Wiedervereinigungsgebot des Grundgesetzes gerechtfertigt (BVerfGE 84, 90, 118 f.). Das kann aber
schon deshalb nicht überzeugen, weil man mit einer dem Einigungsvertrag vorgeschalteten Grundgesetzänderung das gleiche Ziel
hätte erreichen können. Jedenfalls läßt sich aus der genannten Entscheidung des BVerfG nicht der Schluß ziehen, daß generell Verfassungsänderungen auch im Rahmen eines völkerrechtlichen Vertrages vorgenommen werden können. Dagegen spricht, (1) daß die
Mitwirkung der Abgeordneten des Bundestages in diesem Verfahren beschränkt ist, weil sie den Vertrag nur billigen oder ablehnen,

nicht aber Änderungen beantragen können, und (2) daß die durch
völkerrechtlichen Vertrag vorgenommene Verfassungsänderung
später wieder nur durch einen völkerrechtlichen Vertrag geändert
werden kann. Dieses zweite Argument wird allerdings für den Einigungsvertrag nicht aktuell, weil er gem. Art. 45 II EV zur Disposition des Gesetzgebers steht.

> Vgl. dazu *W. Geiger,* Grundgesetzänderungen durch zwischenstaatlichen Ver-
> trag?, DRiZ 1991, 131 ff.; *H. Maurer,* Die Eigentumsregelung im Einigungs-
> vertrag, JZ 1992, 183, 186 f.; *H. H. Rupp,* Grundgesetzänderungen durch
> völkerrechtlichen Vertrag − ein vernachlässigtes Problem des Maastrichter
> Unionsvertrages, Festschrift für den Heymanns-Verlag, 1995, S. 499 ff.;
> *W. Rudolf,* Diskussionsbeitrag, in: Steuern im Verfassungsstaat, Symposion für
> K. Vogel, 1996, S. 120 f. („im Grunde ein Skandal").

23   Die umstrittenste Regelung war und ist die verfassungsrechtliche
Absicherung der sowjetzonalen Enteignungen durch Art. 143 III
GG. Durch eine „Gemeinsame Erklärung zur Regelung offener
Vermögensfragen" der Bundesregierung und der DDR-Regierung
vom 15. 6. 1990 wurde festgelegt, daß die nach der Gründung der
DDR am 7. 10. 1949 enteigneten Grundstücke und sonstigen Vermögensobjekte grundsätzlich zurückgegeben werden sollen, „die
Enteignungen auf besatzungsrechtlicher bzw. besatzungshoheitlicher
Grundlage (1945 bis 1949)" dagegen „nicht mehr rückgängig zu
machen" sind. Diese Erklärung, die nur eine politische Absprache
war, wurde durch Art. 41 I EV zum „Bestandteil dieses Vertrages"
und damit rechtsverbindlich. Dementsprechend wurden auch
durch § 1 VIII a (Bundes-)Gesetz zur Regelung offener Vermögensfragen die „Enteignungen von Vermögenswerten auf besatzungsrechtlicher oder besatzungshoheitlicher Grundlage" ausdrücklich
von der grundsätzlich festgelegten Restitution ausgenommen. Da
verfassungsrechtliche Zweifel bestanden, sollten diese Regelungen
durch Art. 143 III GG verfassungsrechtlich gedeckt werden.

24   Damit war aber der Streit nicht beendet. Es ging nunmehr um die Frage, ob
Art. 143 III GG mit Art. 79 III GG (in Vbg. mit Art. 3 I und 14 I GG, jeweils
in ihrem Kerngehalt) vereinbar ist. Das BVerfG hat dies bejaht, zugleich aber
festgestellt, daß der Gesetzgeber verpflichtet ist, Ausgleichsregelungen für die
durch den Restitutionsausschluß Betroffenen zu schaffen, vgl. BVerfGE 84, 90,
117 ff.; bestätigt durch BVerfGE 94, 12, 33 ff.; ebenso BVerfG-K NVwZ 1997,
449 und 450; BVerwGE 96, 8, 10 ff.; 98, 1, 2. Gleichwohl bleibt der undiffe-
renzierte Restitutionsausschluß in rechtsstaatlicher Sicht problematisch. Bereits

die Terminologie verharmlost. Es handelte sich damals nicht um bloße „Enteignungen" und eine „Bodenreform", wie sie auch im Westen vorkamen und rechtsstaatlich vertretbar sind, sondern um Konfiskationen im Sinne des kommunistischen Klassenkampfes und Sozialisierungen zur Durchsetzung des kommunistischen Wirtschafts- und Gesellschaftssystems. Sie betrafen zudem nicht nur Großgrundbesitz, sondern auch kleinere landwirtschaftliche Betriebe, Industrieunternehmen und mittelständische Gewerbebetriebe, die sich überhaupt nicht unter die „Bodenreform" subsumieren lassen. Die These, der Restitutionsausschluß sei von der Sowjetunion zur Vorbedingung der Wiedervereinigung gemacht worden und daher durch das verfassungsrechtliche Wiedervereinigungsgebot gerechtfertigt, war, was die tatsächliche Prämisse betrifft, von vornherein nicht überzeugend und ist inzwischen widerlegt worden; der Sowjetunion ging es nur darum, daß die unter ihrer Besatzungshoheit vorgenommenen „Enteignungen" nicht nachträglich für rechtswidrig erklärt werden, nicht aber darum, daß sie für alle Zeit (für wen?) bestehen bleiben müssen. Es war vielmehr der Ministerpräsident der DDR, de Maizière, der darauf bestanden hatte, aber sicher politisch nicht in der Lage gewesen wäre, den Einigungsvertrag daran scheitern zu lassen. Ein Teil der Literatur nimmt daher die Verfassungswidrigkeit des Art. 143 III GG an (Verstoß gegen Art. 79 III GG), so etwa *O. Kimminich,* Die Eigentumsgarantie im Prozeß der Wiedervereinigung, 1990; *ders.,* BK Art. 14 (1992) Rn. 409 ff.; *W. Graf Vitzthum,* in: K. Stern, Die Wiedervereinigung, Bd. II 1, 1992, S. 3 ff.; *J. Wasmuth,* NJW 1993, 2476 ff.; a. A. *H.-J. Papier,* MD Art. 14 Rn. 255 ff.; *H. Sendler,* DÖV 1994, 401 ff.; *F. Ossenbühl,* Eigentumsfragen, HStR IX (1997) S. 521, 549 ff.; vgl. ferner (kritisch zu BVerfGE 84, 90) *H. Maurer,* JZ 1992, 183 ff. Bemerkenswert ist, daß die Autoren, die dem BVerfG zustimmen, ziemlich allgemein und oberflächlich bleiben, so erklärt *F. Ossenbühl* ohne weitere Auseinandersetzung mit den Argumenten der Gegenmeinung,, die Kritik am BVerfG-Urteil sei „eher schwach und zurückhaltend geblieben"; das „Bodenreform-Urteil" sei „abgewogen und mit ausgeprägtem Sinn für die gegebenen Möglichkeiten des Gesetzgebers und für das Staatsganze geschrieben"; die Kritik wirke „demgegenüber eher einseitig, ohne Sinn für das Gesamtproblem des Systemunrechts, das es wiedergutzumachen gilt, und deshalb verfassungsrechtlich verkrampft" (aaO. S. 551). – Richtig ist, daß die sowjetzonalen „Enteignungen", die über 40 Jahre zurückliegen und erhebliche Ausmaße angenommen hatten, nicht einfach wieder umgedreht werden konnten. Aber eine differenzierende Lösung, die nach Fallgruppen typisiert und erworbene Rechte berücksichtigt, wäre möglich und erforderlich gewesen. Die vom BVerfG geforderte Ausgleichsregelung ist inzwischen ergangen und auch vom BVerfG bestätigt worden, vgl. Entschädigungs- und Ausgleichsleistungsgesetz (EALG) vom 27. 9. 1994 (BGBl. I S. 2624); BVerfGE 102, 254. – Zum Gesamtkomplex *J. Wasmuth,* in: Clemens (Hg.), Rechtshandbuch Vermögen und Investitionen in der ehemaligen DDR (Loseblattausgabe), Bd. 2, Einführung zum Vermögensgesetz 100 B (1999) Rn. 1 ff., insbes. Rn. 418 ff. mit weiteren Nachweisen; in rechtsvergleichender Sicht *Ch. Tomuschat* (Hg.), Eigentum im Umbruch, 1996.

5. Europarechtliche Regelungen

25 Die europäische Integration stützte sich zunächst auf Art. 24 I GG, den sog. Integrationshebel. Als sie jedoch mit der Bildung der Europäischen Union in eine neue Phase treten sollte, wurde zunehmend die Auffassung vertreten, daß diese Grundlage nicht mehr ausreiche. Daher wurde die vom Bundestag und Bundesrat eingesetzte Gemeinsame Verfassungskommission (vgl. dazu unten Rn. 28) beauftragt, sich auch „mit Änderungen, die mit der Verwirklichung der Europäischen Union erforderlich werden," zu befassen. Die Kommission kam diesem Auftrag nach und legte entsprechende Vorschläge zur Änderung und Ergänzung des Grundgesetzes vor. Da der Vertrag über die Europäische Union unmittelbar bevorstand, hat der verfassungsändernde Gesetzgeber den europarechtlichen Teil der Verfassungsreform vorgezogen und dabei die Vorschläge der Kommission im wesentlichen übernommen.

26 Die Neuregelungen betreffen den bereits erörterten Europa-Artikel (Art. 23 GG n. F.), ferner das Kommunalwahlrecht für EU-Bürger (Art. 28 I 3 GG), die obligatorische Einrichtung eines Bundestagsausschusses für Europäische Angelegenheiten (Art. 45 GG), die Ermächtigung des Bundesrates zur Bildung einer Europa-Kammer mit der Befugnis, außenverbindliche Beschlüsse zu fassen (Art. 52 III a GG) und schließlich die Ermächtigung, die Aufgaben und Befugnisse der Bundesbank im Rahmen der Europäischen Union der Europäischen Zentralbank zu übertragen, allerdings mit dem Vorbehalt, daß diese unabhängig und dem vorrangigen Ziel der Sicherung der Preisstabilität verpflichtet ist (Art. 88 S. 2 GG).

Vgl. 38. Gesetz zur Änderung des Grundgesetzes vom 21. 12. 1992 (BGBl. I S. 2086). Die Gesetzesmaterialien sind abgedruckt in: Zur Sache 2/96, Bd. 3, S. 653 ff.; vgl. ferner den Bericht der Gemeinsamen Verfassungskommission, Zur Sache 5/93, S. 37 ff.; *R. Scholz*, Grundgesetz und Europäische Einigung, NJW 1992, 2593 ff.; *ders.*, Europäische Union und Verfassungsreform, NJW 1993, 1690 ff.

6. Die Verfassungsreform nach der Wiedervereinigung

27 Die Wiedervereinigung löste eine heftige Verfassungsdiskussion aus. Dabei ging es vor allem um die Frage der Ablösung des

Grundgesetzes durch eine neue gesamtdeutsche Verfassung. Der Streit über den Weg zur Wiedervereinigung – Beitritt nach Art. 23 S. 2 GG a.F. oder Verabschiedung einer den gesamtdeutschen Staat konstituierenden Verfassung? – ist vor diesem Hintergrund zu sehen (vgl. dazu oben § 3 Rn. 59 ff.). Mit der Entscheidung für die Beitrittslösung hatte sich die Verfassungsfrage eigentlich erledigt. Die verfassungspolitische Diskussion ging aber gleichwohl weiter. Art. 23 GG a.F. stand ihr nicht entgegen, da er zwar eine neue gesamtdeutsche Verfassung als Voraussetzung der Wiedervereinigung entbehrlich machte, aber nachfolgende verfassungsändernde oder sogar verfassunggebende Akte nicht ausschloß. Auch bei den Beratungen des Einigungsvertrages spielte die Verfassungsfrage offensichtlich eine Rolle. Man einigte sich schließlich auf einen dilatorischen Formelkompromiß. Nach Art. 5 EV empfehlen die Regierungen der beiden Vertragsparteien (d.h. die Bundesregierung und die DDR-Regierung) den gesetzgebenden Körperschaften des vereinten Deutschlands (d.h. dem Bundestag und dem Bundesrat), „sich innerhalb von zwei Jahren mit den im Zusammenhang mit der deutschen Einigung aufgeworfenen Fragen zur Änderung oder Ergänzung des Grundgesetzes zu befassen", wobei sie anschließend noch einige Beispiele und Hinweise gaben.

Der Rechtscharakter der „Empfehlung" war fraglich, wurde aber, soweit **28** ersichtlich, damals nicht weiter problematisiert. Der Wortlaut (Empfehlung) und die Autoren (die Regierungen der Vertragsparteien) sprachen mehr für eine unverbindliche Anregung. Andererseits konnte man sagen, daß die „Empfehlungen der Regierungen" durch die Zustimmung der gesetzgebenden Organe zum Einigungsvertrag Verbindlichkeit erlangt haben oder zumindest eine Art Selbstbindung darstellten. Praktische Bedeutung hatte diese Frage nicht, da der Bundestag, der Bundesrat und die politischen Parteien offensichtlich Art. 5 EV als verbindlichen Auftrag verstanden und ihm auch nachgekommen sind. Sie hätten sich übrigens im Blick auf die damalige politische Diskussion auch schwerlich diesen Empfehlungen entziehen können. – Merkwürdig ist auch die Bezugnahme des Art. 5 EV auf den „Gemeinsamen Beschluß der Ministerpräsidenten vom 5. Juli 1990," der offiziell nicht veröffentlicht wurde, möglicherweise nicht einmal allen Abgeordneten des Bundestages und der Volkskammer, die dem Vertrag zustimmten, bekannt war. Er ist – offenbar aufgrund privater Initiative – nur in der Zeitschrift für Parlamentsfragen abgedruckt worden (ZParl 1990, 461 ff.).

Zwischen den politischen Parteien entstand bald Streit über das **29** einzuschlagende Verfahren der Verfassungsreform. Die *Koalitions-*

fraktionen (CDU/CSU und FDP) sprachen sich für die Einsetzung einer aus je 16 Mitgliedern des Bundestages und des Bundesrates bestehenden Verfassungskommission aus, die sich mit den in Art. 5 EV genannten und den im Blick auf die Europäische Union erforderlich werdenden Grundgesetzänderungen befassen und den gesetzgebenden Körperschaften entsprechende Vorschläge unterbreiten sollte. Dagegen verfolgten die *Oppositionsparteien* weitergesteckte Ziele. Sie forderten die „Weiterentwicklung des Grundgesetzes zur Verfassung für das geeinte Deutschland" (so die SPD) bzw. die „Verabschiedung einer gesamtdeutschen Verfassung durch das Volk" (so Bündnis 90/Die Grünen). Zu diesem Zweck sollte ein größerer „Verfassungsrat" einberufen werden, der nicht nur aus Mitgliedern des Bundestages und des Bundesrates, sondern darüber hinaus aus weiteren Persönlichkeiten des öffentlichen Lebens bestehen sollte. Ferner sollte die Verfassungsreform − nach Beratung und Beschlußfassung im Bundestag und im Bundesrat − mit einer Volksabstimmung abgeschlossen werden.

Vgl. den Antrag der Koalitionsfraktionen vom 13. 5. 1991 (BT-Drs. 12/567); den Antrag der SPD-Fraktion vom 24. 4. 1991 (BT-Drs. 12/415) und den Antrag der Gruppe Bündnis 90/Die Grünen vom 13. 5. 1991 (BT-Drs. 12/563). − Der Verfassungsrat sollte nach dem Antrag der SPD-Fraktion aus 120 von der Bundesversammlung (Art. 54 GG) mit $2/3$-Mehrheit zu wählenden Mitgliedern und nach dem Antrag der Gruppe Bündnis 90/Die Grünen aus 160 Mitgliedern, die je zur Hälfte vom Bundestag und Bundesrat gewählt werden und durch 20 weitere, vom Bundespräsidenten zu ernennende Mitglieder ergänzt werden können, bestehen. Beide Anträge forderten, daß je zur Hälfte Frauen und Männer in den Verfassungsrat gewählt werden.

30   Der Bundestag nahm durch Beschluß vom 28. 11. 1991 den Antrag der Koalitionsfraktionen (mit geringfügigen Änderungen) an und beschloß die Einsetzung einer *Gemeinsamen Verfassungskommission (GVK)* aus je 32 Mitgliedern des Bundestages und des Bundesrates. Ferner legte er einige wesentliche Verfahrensregelungen für die Kommissionsarbeit fest, wobei vor allem die Bestimmung hervorzuheben ist, daß die Entscheidungen der Kommission, d. h. vor allem die Vorschläge für die Änderung des Grundgesetzes, einer $2/3$-Mehrheit bedürfen. Der Bundesrat faßte am 29. 11. 1991 einen gleichlautenden Beschluß.

Vgl. BT-Drs. 12/1590 und BR-Drs. 741/91; auch abgedruckt in Zur Sache 5/93 S. 236f.; zur parteipolitischen Zusammensetzung der GVK vgl. Zur Sache 5/93 S. 17f., 238ff. Sie spielte im Ergebnis keine so große Rolle, da die beiden großen Parteien – CDU/CSU und SPD – wegen des ²/₃-Erfordernisses eine Sperrminorität hatten.

Die übereinstimmenden Beschlüsse des Bundestages und des **31** Bundesrates zeigen wieder einmal *die Bedeutung organisations- und verfahrensrechtlicher Regelungen*, die häufig als bloße Formalien abgetan und vernachlässigt werden. Es kann nicht zweifelhaft sein, daß die Verfassungsberatungen – wohl auch inhaltlich – wesentlich anders gelaufen wären, wenn es zu dem von den Oppositionsparteien vorgeschlagenen Verfassungsrat gekommen wäre. Aber auch die Gemeinsame Verfassungskommission war ein bemerkenswertes Gremium. Die paritätische Vertretung von Bundestag und Bundesrat in diesem Gremium läßt sich zwar mit der gleichberechtigten Mitwirkung des Bundesrates bei Grundgesetzänderungen (Art. 79 II GG) und als Parallele zum Vermittlungsausschuß (Art. 77 GG) erklären, hat aber doch den Bundesrat aufgewertet und seinen Einfluß bei den Verfassungsberatungen erheblich verstärkt, wie nicht zuletzt die Ergebnisse der Kommissionsarbeit und schließlich der Verfassungsreform insgesamt zeigen. Das Erfordernis der ²/₃-Mehrheit für die Kommissionsbeschlüsse lag im Blick auf das entsprechende Quorum bei Verfassungsänderungen im Bundestag und im Bundesrat scheinbar nahe. Es hatte aber zur Folge, daß nur diejenigen Anträge angenommen und als Empfehlungen an den Bundestag weitergeleitet wurden, die eine 2/3-Mehrheit fanden, d.h. von den beiden großen Parteien CDU und SPD unterstützt wurden.

Wer etwas verändern wollte, bedurfte einer ²/₃-Mehrheit; wer es bei den **32** bisherigen Regelungen belassen wollte, konnte dies bereits mit der Sperrminorität von ¹/₃ der Stimmen erreichen. Das kam vor allem der CDU zugute, die der Meinung war, daß eigentlich nichts geändert werden müßte. Eine Reihe von Anträgen der Opposition blieb erfolglos, weil sie zwar die einfache, aber nicht die erforderliche ²/₃-Mehrheit erhielten. Die Opposition wurde dadurch freilich nicht ganz ausgeschaltet, weil sie bei den späteren Verhandlungen im Bundestag immer noch die Möglichkeit hatte, ihre Anträge erneut einzubringen, und dies auch weitgehend tat, dabei allerdings wiederum nicht die für die Änderung des Grundgesetzes erforderliche Mehrheit fand. Da es nicht um den Erlaß einer neuen, sondern nur um die Änderung einer bestehenden Verfassung ging, bestand für die Koalitionsmehrheit auch keine Notwendigkeit, Kompromisse zu schließen, um ein Vakuum zu verhindern. Kompromisse waren vielmehr nur dann erforderlich, wenn eine Neuregelung für (fast) alle unabdingbar erschien, aber über den Inhalt der Änderung noch Differenzen bestanden; so etwa im Blick auf die Gleichberechtigung bzw. Gleichstellung von Frauen und Männern; die Kompromißvorschrift des Art. 3 II 2 GG ist freilich nicht nur in verschiedener Hinsicht fraglich, sondern war bereits zur Zeit ihres Erlasses durch die Rechtsprechung des BVerfG überholt, vgl. BVerfGE 85, 191, 206 f. (Nachtarbeitsverbot), ferner unten § 9 Rn. 14.

33   Die Beratungen und Beschlüsse in der Gemeinsamen Verfassungskommission, dann im Bundestag, im Bundesrat, im Vermittlungsauschuß und schließlich wieder im Bundestag und im Bundesrat können hier nicht weiter dargelegt werden. Das abschließende Ergebnis findet sich im 42. Gesetz zur Änderung des Grundgesetzes vom 27. 10. 1994 (BGBl. I S. 3146).

Vgl. zu den Beratungen und Beschlußfassungen in der Gemeinsamen Verfassungskommission den bereits mehrfach genannten Bericht BT-Drs. 12/6000 = Zur Sache 5/93. Ausgangspunkt der Beratungen im Bundestag war ein Gemeinsamer Gesetzentwurf der Fraktionen der CDU/CSU, SPD und FDP vom 20. 1. 1994 (BT-Drs. 6633), der die Vorschläge der GVK übernahm. Er wurde von einer ganzen Reihe von Ergänzungs- und Alternativentwürfen flankiert, nämlich die im Bundestag eingebrachten Anträge der SPD-Fraktion (BT-Drs. 12/6323), der Gruppe Bündnis 90/Die Grünen (BT-Drs. 12/3826, 12/5695, 12/6105, 12/6686, 12/6716) und der PDS (BT-Drs. 12/6570: vollständiger Verfassungsentwurf). Vgl. ferner die Verhandlungen im Bundestag und im Bundesrat, BT-Prot. 12 Wp. S. 20947 ff., 21278 ff. und BR-Prot. 1994 S. 462 ff., 505 ff. Die Anträge und die Beratungen sind auch abgedruckt in: Zur Sache 2/96, Bd. 3 S. 933 ff.

34   Überblickt man die *Ergebnisse der Verfassungsreform,* dann erscheinen sie doch ziemlich dürftig, was – je nachdem, ob und inwieweit man eine Änderungsbedürftigkeit des Grundgesetzes verneinte oder bejahte – begrüßt oder bedauert wurde (vgl. verneinend *J. Isensee,* NJW 1993, 2583 ff. und bejahend *H.-P. Schneider,* NJW 1994, 558 ff.). Im wesentlichen betreffen sie neben einigen Staatszielbestimmungen vor allem den Föderalismus und in diesem Rahmen die Stärkung der Länder im Verhältnis zum Bund. Darauf ist im einzelnen später bei den jeweiligen Sachmaterien einzugehen. Hier soll nur ein kurzer Überblick folgen:

a) Staatszielbestimmungen: Staatliche Förderung der tatsächlichen Durchsetzung der Gleichberechtigung von Frauen und Männern (Art. 3 II 2 GG), Verbot der Benachteiligung von Behinderten (Art. 3 III 2 GG), Umweltschutz und Schutz der „natürlichen Lebensgrundlagen" (Art. 20 a GG).

b) Kommunale Selbstverwaltung: Gewährleistung auch der finanziellen Grundlagen (Art. 28 II 3 GG).

c) Neugliederung des Bundesgebietes: Neben dem bisher geregelten Weg eines Bundesgesetzes ist nunmehr auch eine Neugliederung durch Staatsvertrag zwischen den beteiligten Ländern mit Zustimmung des Bundestages möglich (Art. 29 VII GG). Ferner wurde eine Sonderregelung für die Neugliederung des Raumes Berlin/Brandenburg eingefügt (Art. 118a GG), die dann auch durch eine Vereinbarung der Landesregierungen von Berlin und Brandenburg 1996 eingeleitet, aber durch den anschließenden Volksentscheid abgelehnt wurde.

d) Gesetzgebungskompetenz: Der Bund erhält zwar – was sachlich ohnehin geboten ist – die Kompetenz für die Staatshaftung und für die Fortpflanzungsmedizin, Gentechnologie und Organtransplantation (Art. 74 I Nr. 25, 26 GG), andererseits werden aber Bundeskompetenzen – zugunsten der Länder – zurückgenommen oder einschränkend präzisiert. Das gilt vor allem für die Verschärfung der Bedürfnisklausel zur Erforderlichkeitsklausel gem. Art. 72 II GG und ihre verfassungsgerichtliche Absicherung gem. Art. 93 I Nr. 2a GG.

e) Gesetzgebungsverfahren: Einige Fristbestimmungen sollen dem Bundesrat ausreichend Gelegenheit zur Stellungnahme geben bzw. die Verschleppung des Gesetzgebungsverfahrens verhindern (Art. 76 II, III, Art. 77 II a GG).

f) Rechtsverordnungen: Der Bundesrat erhält ein Initiativrecht (Art. 80 III GG), der Landesgesetzgeber kann anstelle der ermächtigten Landesregierung durch Landesgesetz eine Verordnung erlassen (Art. 80 IV GG).

Die Änderungs- und Ergänzungsanträge, die in der GVK und **35** später im Bundestag eingebracht und auch lebhaft diskutiert wurden, aber *nicht* die erforderliche $^2/_3$-Mehrheit erreichten und deshalb *erfolglos blieben*, betrafen insbesondere weitere Staatszielbestimmungen oder sogar entsprechende soziale Grundrechte (Arbeit, Wohnung, soziale Sicherheit, Schutz ethnischer Minderheiten, Bildung und Kultur, Tierschutz), das Recht auf Datenschutz und Akteneinsicht, die Anerkennung der nichtehelichen Lebensgemeinschaften, die Verbesserung der Rechtsstellung der Kinder, den Ausbau der kommunalen Selbstverwaltung, die Einführung plebiszitärer Elemente (Volksinitiative, Volksbegehren und Volksentscheid), die Verstärkung der Rechtsstellung der Abgeordneten des Bundestages und die Institutionalisierung der parlamentarischen Opposition, die Einsetzung einer vom Bundespräsidenten zu berufenden unabhängigen Sachverständigenkommission zur Festlegung der Diäten der Abgeordneten des Bundestages, das Recht des Bundestages auf Selbstauflösung, die unmittelbare Wahl des Bundespräsidenten, weitere Rechte der Länder im Zuge der Reföderalisierung, den Einsatz der Bundeswehr im Ausland.

7. Weitere Verfassungsänderungen

36   Schließlich ist noch auf einige weitere wichtige Verfassungsänderungen der letzten Zeit hinzuweisen.

a) *Privatisierungsregelungen.* Die seit einigen Jahren zunehmend favorisierte Privatisierung von Verwaltungseinrichtungen und Verwaltungsaufgaben erfordert jedenfalls dann, wenn sie bislang verfassungsrechtlich festgelegt waren oder verfassungsrechtlich präjudiziert wurden, eine entsprechende Verfassungsänderung. Die Gemeinsame Verfassungskommission hatte sich damit nicht beschäftigt, sondern die erforderlichen Anpassungsregelungen speziellen Verfassungsänderungen überlassen.

37   aa) Den Anfang machte die Ergänzung des die *Luftverkehrsverwaltung* betreffenden Art. 87 d GG durch das verfassungsändernde Gesetz vom 14. 7. 1992 (BGBl. I S. 1254). Nach dem neu eingefügten Satz 2 des Art. 87 d I GG entscheidet der Bundesgesetzgeber über die öffentlich-rechtliche oder privatrechtliche Organisation der in bundeseigener Verwaltung geführten Luftverkehrsverwaltung, – mit anderen Worten: kann der Bundesgesetzgeber bestimmen, daß die Luftverkehrsverwaltung oder Teile der Luftverkehrsverwaltung in privatrechtlicher Form geführt werden.

Diese Verfassungsänderung hatte eine Vorgeschichte: Der Bundesgesetzgeber wollte zunächst durch Änderung des Luftverkehrsgesetzes die Flugsicherung, die bislang von einer Bundesanstalt als hoheitliche Angelegenheit wahrgenommen wurde, aus Gründen der Effizienz und der Flexibilität auf eine neu zu errichtende privatrechtliche GmbH übertragen (Organisationsprivatisierung). Der Bundespräsident lehnte jedoch die Ausfertigung des Änderungsgesetzes ab, da es seiner Auffassung nach gegen Art. 33 IV und 87 d I GG verstieß (vgl. Schreiben des Bundespräsidenten vom 22. 1. 1991, Bulletin 1991, 46). Daraufhin wurde, was bereits der Bundespräsident als Ausweg angedeutet hatte, durch die erwähnte Ergänzung des Art. 87 d GG die verfassungsrechtliche Grundlage für die Privatisierung der Flugsicherung geschaffen und der Weg für eine entsprechende gesetzliche Regelung freigemacht. Sie erfolgte durch das Gesetz zur Änderung des Luftverkehrsgesetzes vom 23. 7. 1992 (BGBl. I S. 1379), das bestimmt, daß die Aufgaben der Flugsicherung künftig von einer privatrechtlichen GmbH wahrgenommen werden.

bb) Weitere Grundgesetzergänzungen schufen die Voraussetzun- **38** gen für die Privatisierung der *Bundesbahn* (Art. 87 e GG) und der *Bundespost* (Art. 87 f GG).

Vgl. zur Eisenbahn das 40. Gesetz zur Änderung des Grundgesetzes vom 20. 12. 1993 (BGBl. I S. 2089); zum Postwesen und zur Telekommunikation das 41. Gesetz zur Änderung des Grundgesetzes vom 30. 8. 1994 (BGBl. I S. 2245).

b) *Asylgrundrecht.* Das Grundgesetz gewährleistete in seiner ur- **39** sprünglichen Fassung das Asylrecht ohne ausdrücklichen Gesetzes- oder Schrankenvorbehalt. Art. 16 II 2 bestimmte vielmehr kurz und bündig: „Politisch Verfolgte genießen Asylrecht." Die zuneh- mende Zahl von Asylbewerbern (im Jahre 1992: 438 191 Personen) veranlaßte den verfassungsändernden Gesetzgeber nach langer, auch in der Öffentlichkeit heftig geführter Diskussion, das Asylgrund- recht neu zu regeln. Das Asylgrundrecht blieb zwar − trotz der Verlagerung von Art. 16 II 2 GG auf Art. 16a I GG − bestehen, wurde aber durch die folgenden Absätze erheblich eingeschränkt.

Vgl. dazu das 39. Gesetz zur Änderung des Grundgesetzes vom 28. 6. 1993 (BGBl. I S. 1002). Die Kritik richtete sich vor allem gegen die Einschränkun- gen des Asylgrundrechts. Problematisch war und ist aber auch, daß der verfas- sungsändernde Gesetzgeber statt eines − möglicherweise qualifizierten − Geset- zesvorbehalts das Ausführungsgesetz gleich vorweggenommen und damit verfassungsrechtlich verfestigt hat. Die Verfassungsmäßigkeit des Art. 16a GG wurde durch die Urteile des BVerfG vom 14. 5. 1996 im wesentlichen bestä- tigt, vgl. BVerfGE 94, 49; 94, 115; 94, 166.

c) *Der sog. Große Lauschangriff.* Nach längeren Diskussionen wur- **40** den Anfang 1998 durch Änderung und Ergänzung des Art. 13 GG die verfassungsrechtlichen Voraussetzungen für den Einsatz von technischen, insbesondere elektronischen Mitteln zur akustischen Überwachung von Wohnungen zum Zwecke der Strafverfolgung geschaffen. Der neu eingefügte Abs. 3 des Art. 13 GG ermächtigt den Gesetzgeber zu entsprechenden Regelungen und damit zu Ein- griffen in das Recht auf Unverletzlichkeit der Wohnung gem. Art. 13 I GG. Mit Hilfe des sog. Großen Lauschangriffs soll, so die Begründung, die Bekämpfung der organisierten Kriminalität ver- bessert werden; diese Zweckbestimmung ist allerdings verfassungs- rechtlich nicht festgelegt und damit auch keine rechtlich verbindli- che Grenze.

41　　Vgl. dazu das 45. Gesetz zur Änderung des Grundgesetzes vom 26. 3. 1998 (BGBl. I S. 610). Art. 13 III GG betrifft nur die akustische Überwachung zur Sicherung von Beweismitteln für das Strafverfahren. Davon zu unterscheiden ist die akustische Überwachung von Wohnungen aus Gründen der Gefahrabwehr (präventiv-polizeiliche Überwachung), die schon bislang aufgrund des Art. 13 III GG a. F. und des Polizeirechts zulässig war, nunmehr durch die Neufassung des Art. 13 IV GG näher bestimmt und begrenzt wird. In der Praxis ist ferner zu unterscheiden zwischen dem sog. Großen Lauschangriff, der die akustische Überwachung der Wohnung von außen betrifft, und dem sog. Kleinen Lauschangriff, der darin besteht, daß in der Wohnung befindliche verdeckte Ermittler oder V-Männer Aufzeichnungen machen. Beide werden durch Art. 13 III GG gedeckt. Fraglich und strittig ist allerdings, ob Art. 13 III GG, der immerhin einen sehr schweren Eingriff in die Privatsphäre des Bürgers darstellt, verfassungsrechtlich haltbar ist (Art. 79 III GG), so daß auch insoweit – wiederum – eine Entscheidung des BVerfG zu erwarten ist. Vgl. dazu – neben den neuen Kommentierungen des Art. 13 GG – S. *Leutheusser-Schnarrenberger,* Der „große Lauschangriff" – Sicherheit statt Freiheit, ZRP 1998, 87 ff.; *J. Meyer/W. Hetzer,* Neue Gesetze gegen die Organisierte Kriminalität, NJW 1998, 1017, 1024 ff.; *J. Ruthig,* Die Unverletzlichkeit der Wohnung (Art. 13 GG n. F.), JuS 1998, 506 ff.; *F. Braun,* Der sogenannte „Lauschangriff" im präventivpolizeilichen Bereich, NVwZ 2000, 375 ff.; ferner MVVerfG LKV 2000, 345 = JuS 2000, 113 *(Sachs)*.

41 a　　*d) Freiwilliger Wehrdienst von Frauen.* Art. 12 a IV 2 GG bestimmte in seiner ursprünglichen Fassung von 1968, daß Frauen auf keinen Fall Wehrdienst mit der Waffe leisten dürfen. Fraglich und strittig war, ob er damit nur die Wehrpflicht oder auch den freiwilligen Wehrdienst von Frauen ausschloß. Die Rechtsprechung und die h. L. nahmen die zweite Alternative an (so zuletzt noch BVerwGE 113, 332, 333 ff.). Auch das Soldatengesetz ging von dieser Deutung aus. Das VG Hannover, vor dem eine Frau, deren Bewerbung für die Bundeswehr (technischer Dienst) mit dem Hinweis auf diese Rechtslage abgelehnt wurde, klagte, teilte die Auffassung der Klägerin, daß die Regelung des Art. 12 a IV 2 GG gegen die EG-Richtlinie zur Verwirklichung des Grundsatzes der Gleichbehandlung von Männern und Frauen vom 9. 2. 1976 verstoße, und legte deshalb dem EuGH im sog. Vorabentscheidungsverfahren gem. Art. 234 EGV vor. Der EuGH stellte daraufhin in seinem Urteil vom 11. 1. 2000 fest, daß die Gleichbehandlungs-Richtlinie auch für die Streitkräfte gelte und daher der allgemeine Ausschluß der Frauen vom Wehrdienst gemeinschaftswidrig sei (Fall Tanja Kreil). Der verfassungsändernde Gesetzgeber zog daraus die Konsequenzen. Nach der Neuregelung des Art. 12a IV 2 GG vom 19. 12. 2000 ist nur die Wehrpflicht, nicht aber der freiwilige Wehrdienst von Frauen ausgeschlossen. Das Soldatengesetz wurde ebenfalls entsprechend geändert. Geht man davon aus, daß keine sachlichen Gründe gegen den Wehrdienst von Frauen bestehen, stellt sich freilich die Frage, ob es mit dem Gleichbehandlungsgrundsatz vereinbar ist, daß nur Männer, nicht auch Frauen, zum Wehrdienst mit der Waffe *verpflichtet* werden können. Auf die Dauer wird sich der derzeitige Zustand wohl nicht halten lassen. Er zeigt auch die Problematik der EuGH-Entscheidung, die den Wehrdienst wie ein beliebiges Arbeitsverhältnis behandelt und die besondere Struktur und Aufgabe des Wehrdienstes nicht hinreichend beachtet.

Vgl. 48. Gesetz zur Änderung des Grundgesetzes vom 19. 12. 2000 (BGBl. I S. 1755); EuGH, Urteil vom 11. 1. 2000, NJW 2000, 497 = DVBl. 2000, 336; dazu *M. Sachs,* Frauen an die Front? NWVBl. 2000, 405 ff.; *R. Schmidt-De Caluwe/S. Heselhaus,* Die Wehrpflicht in der Zange des Europa- und Verfassungsrechts, NJW 2001, 2680 ff.; *N. Görlitz,* Die Beschränkung der Wehrpflicht auf Männer und europarechtliche Diskriminierungsverbote, DÖV 2002, 607 ff. – Zur früheren Diskussion *S. Müller/H. Schultzky,* Die Zulässigkeit des freien Wehrdienstes von Frauen an der Waffe, NVwZ 2000, 1381 ff. mit weiteren Nachweisen. Das BVerfG hat die Vorlagen zweier Amtsgerichte, die die allgemeine Wehrpflicht bzw. die Beschränkung der Wehrpflicht auf Männer für verfassungswidrig hielten, mangels ausreichender Begründung als unzulässig zurückgewiesen (BVerfGE 105, 61, 70 ff.; BVerfG-K DVBl. 2002, 771).

e) *Tierschutz.* Durch ein weiteres verfassungsänderndes Gesetz wurden in Art. 20a GG die Worte „und die Tiere" eingefügt und dadurch der Tierschutz als Staatsziel (so ausdrücklich die Überschrift dieses Gesetzes) verfassungsrechtlich festgelegt. Damit erledigt sich auch die bislang umstrittene Frage, ob sich der Tierschutz aus allgemeinen Vorschriften des Grundgesetzes (Art. 1 I GG, Art. 20a GG a.F., Art. 74 I Nr. 20 GG) ergibt. Praktische Bedeutung hat die verfassungsrechtliche Garantie des Tierschutzes, der im Tierschutzgesetz einfachgesetzlich geregelt ist, vor allem als verfassungsrechtliche Schranke anderer Grundrechte, insbesondere der Wissenschaftsfreiheit (vgl. dazu unten § 9 Rn. 58 ff.).

Vgl. Gesetz zur Änderung des Grundgesetzes (Staatsziel Tierschutz) vom 26. 7. 2002 (BGBl. I S. 2862).

8. Bewertung

42   Die meisten Grundgesetz-Änderungen mögen für sich betrachtet notwendig oder zumindest vertretbar gewesen sein. Insgesamt stoßen sie aber doch auch auf Bedenken und Einwände. Das liegt nicht nur an der Quantität, sondern auch an der Qualität, die sich auf das Grundgesetz insgesamt auswirken muß.

43   Schon bei oberflächlicher Betrachtung fällt auf, daß die bisherigen Grundgesetz-Änderungen den Freiheitsbereich des Bürgers nicht erweiterten, sondern gezielt beschränkten. Das gilt für die Notstandsgesetzgebung (Art. 115a ff. GG), die Telefon-Überwachung (Art. 10 II GG), die Einschränkungen des Asylrechts (Art. 16a GG) und nunmehr auch die verfassungsrechtliche Ermächtigung zum sog. Großen Lauschangriff (Art. 13 III GG). Den Ausbau der Grundrechte hat der verfassungsändernde Gesetzgeber auf der Bundesebene bislang dem BVerfG überlassen, das dieser Aufgabe auch voll nachgekommen ist, wie z.B. der Datenschutz und die Gleichberechtigung zeigen (BVerfGE 65, 1 und 85, 191). Das Grundgesetz muß dagegen durch die erwähnten Änderungen in eine Schieflage geraten, zumal die Landesverfassungen gerade in den letzten Jahren die Grundrechtskataloge in verschiedener Hinsicht weit − z.T. sogar im Blick auf die sozialen Grundrechte zu weit − ausgedehnt haben. Da der grundgesetzändernde Gesetzgeber zugleich bestrebt ist, wie Art. 16a und Art. 13 III GG zeigen, nicht nur Grundrechtseingriffe zuzulassen, sondern sie auch formell und materiell einzugrenzen, entstehen langwierige und komplizierte Regelungen, die schwer nachvollziehbar sind und beim Bürger letztlich sogar den Eindruck erwecken, von seinem Grundrecht bleibe kaum noch etwas übrig.

44   Die verfassungsrechtlichen Detailregelungen verstoßen zudem gegen die prinzipielle Unterscheidung von Verfassung und Gesetz. Beide sind nicht beliebig austauschbar. Die Verfassung soll und muß sich knapp und prägnant auf das Wesentliche beschränken und die Ausführungsregelungen dem einfachen Gesetzgeber überlassen. Diese Linie hat das Grundgesetz ursprünglich konsequent eingehalten, sie wird aber zunehmend durch perfektionierte und damit verklausulierte Detailregelungen verlassen. Die verfassungsrechtliche Heraufzonung von Regelungen, die an sich Sache des einfachen Gesetzgebers sind, hat zur Folge, daß sie verfassungsrechtlich verfestigt werden und nur noch mit qualifizierter Mehrheit geändert werden können. Ferner wird dadurch die verfassungsgerichtliche Kontrolle reduziert, da das BVerfG nicht mehr die Vereinbarkeit mit den Grundrechten und den sonstigen Verfassungsvorschriften, sondern nur noch mit den Grundsätzen des Art. 79 III GG überprüfen kann. Betrachtet man das Ganze unter dem Aspekt der parteipolitischen Wirklichkeit, dann besteht die Gefahr, daß die Verfassung zum Spielball zwischen den beiden großen Parteien wird. Sind sie sich einig, dann wird eben die Verfassung entsprechend geändert. Damit verliert die Verfassung ihre eigentliche Funktion. Sie dirigiert nicht mehr das gesetzgeberische Handeln, sondern gewährleistet der Opposition ein Mitbestimmungsrecht. Da diese verständlicherweise keinen Blankoscheck geben will, kommt es zwangsläufig zu Verhandlungen zwischen der Regierungsmehrheit und der Opposition, die möglicherweise mit Kompromissen enden und zur Aufnahme detaillierter und komplizierter Regelungen in das Grundgesetz selbst führen. Die Opposition regiert auf diese Weise mit und die Regierung sichert sich ein Mitwirkungsrecht für den Fall, daß sie die Mehrheit verlieren sollte.

9. Steckengebliebene Verfassungsänderungen

Neben den geplanten und erfolgreich zum Ende geführten Verfassungsänderungen gibt es auch einige geplante, aber nicht abgeschlossene Änderungsvorhaben. Solche steckengebliebene Verfassungsänderungen sind verfassungsgeschichtlich und verfassungspolitisch durchaus interessant und aufschlußreich, da sie zeigen, was machbar war und was nicht. Sie können auch Material zur Problemlösung liefern. In einer Darstellung des geltenden Staatsrechts spielen sie jedoch verständlicherweise nur eine untergeordnete Rolle. Sie können daher nicht weiter behandelt werden.   **45**

Auf zwei größere Vorhaben ist aber doch noch einzugehen:

a) *Enquete-Kommission Verfassungsreform 1970.* Die Verfassungsreform aus Anlaß der Wiedervereinigung war nicht der erste Ver-   **46**

such einer breitangelegten Überprüfung und ggf. Revision des
Grundgesetzes. Bereits 1970 hatte der Bundestag eine Enquete-
Kommission (aufgrund des § 74a GeschOBT, jetzt des § 56 Gesch-
OBT) mit dem Auftrag eingesetzt, „zu prüfen, ob und inwieweit
es erforderlich ist, das Grundgesetz den gegenwärtigen und voraussehbaren zukünftigen Erfordernissen – unter Wahrung seiner
Grundprinzipien – anzupassen." Die Enquete-Kommission legte
1973 einen Zwischenbericht und 1976 einen umfassenden Schlußbericht vor. Sie befaßte sich vor allem mit dem Parlamentsrecht,
dem Verhältnis von Parlament und Regierung und den Beziehungen zwischen dem Bund und den Ländern. Insgesamt kam sie zu
dem Ergebnis, daß sich das Grundgesetz bewährt habe, machte
aber doch einige beachtliche und weiterführende Vorschläge zur
Änderung und Ergänzung des Grundgesetzes. Der Bundestag hat
sich damit jedoch nicht weiter beschäftigt. Lediglich zwei Vorschläge wurden aufgegriffen. So wurde der ohnehin schon bestehende Petitionsausschuß des Bundestages verfassungsrechtlich verankert und mit zusätzlichen Rechten ausgestattet (Art. 45c GG
i.d.F. vom 15. 7. 1975, BGBl. I S. 1901) und das Ende der Wahlperiode mit der Konstituierung des neuen Bundestages verknüpft
(Art. 39 I GG i.d.F. vom 23. 8. 1976, BGBl. I S. 2381).

Vgl. zur Enquete-Kommission Verfassungsreform: Zwischenbericht BT-
Drs. 6/3829 = Zur Sache 1/73; Schlußbericht, BT-Drs. 7/5924 = Zur Sache 3/
1976 und 2/1977; ferner *H.P. Ipsen,* DÖV 1977, 537 ff.; *R. Wahl,* AÖR
Bd. 103 (1978) S. 477 ff.; *R. Grawert,* Der Staat Bd. 18 (1979) S. 229 ff.; Enquete-
Kommission Verfassungsreform. Ein Cappenberger Gespräch mit Referaten
von *E.-W. Böckenförde* und *K. Stern* und anschließender Diskussion, 1977.

47 b) *Sachverständigen-Kommission „Staatszielbestimmungen/Gesetzge-
bungsaufträge".* Ein zweiter Anlauf erfolgte 1981 im Anschluß an
die damals verbreitete Grundwerte-Diskussion. Der Bundesjustizminister und der Bundesinnenminister setzten gemeinsam – gemäß
einer entsprechenden Ankündigung in der Regierungserklärung
von Bundeskanzler Schmidt – eine Sachverständigen-Kommission
„Staatszielbestimmungen/Gesetzgebungsaufträge" mit dem Auftrag
ein, zu prüfen, „ob unter den heutigen und für die nähere Zukunft
voraussehbaren Gegebenheiten und Entwicklungen Änderungen
oder Ergänzungen des Grundgesetzes im Bereich der Staatsaufga-

ben notwendig oder empfehlenswert sind." Die aus 7 Professoren bestehende Kommission legte 1983 einen umfassenden Bericht vor und kam dabei zu dem Ergebnis, daß „die Einfügung von Staatszielbestimmungen über die Arbeit, über den Umweltschutz und über die kulturelle Prägung des Staates empfehlenswert" sei. Allerdings konnte sich die Kommission selten auf präzise Vorschläge, etwa über die Staatszielbestimmung „Arbeit", einigen. Es ist daher nicht verwunderlich, daß der Bericht mit seinem wenig griffigen Titel in der Öffentlichkeit kaum Beachtung fand. Praktische Konsequenzen hatte er, jedenfalls soweit ersichtlich, nicht.

Vgl. dazu *Bundesminister des Innern/Bundesminister der Justiz* (Hg.), Staatszielbestimmungen, Gesetzgebungsaufträge. Bericht der Sachverständigen-Kommission, 1983; *J. Lücke,* AöR Bd. 107 (1982) S. 15 ff.; *E. Wienholtz,* AöR Bd. 109 (1984) S. 532 ff.

III. Exkurs: Die Landesverfassungen

Aus dem Bundesstaatsprinzip ergibt sich, daß nicht nur der Bund **48** (Gesamtstaat), sondern auch die einzelnen Bundesländer (Gliedstaaten) Staatscharakter haben und daher Verfassungsautonomie besitzen. Dementsprechend haben alle Bundesländer Verfassungen zur Regelung ihrer staatsrechtlichen Verhältnisse erlassen. Sie müssen dabei zwar die Vorgaben des Art. 28 I GG beachten und ihre Verfassungen an den Grundsätzen des republikanischen, demokratischen und sozialen Rechtsstaates ausrichten, sind aber innerhalb dieses weit gesteckten Rahmens grundsätzlich frei. Das vorliegende Buch beschränkt sich entsprechend seiner Themenstellung auf das Bundesstaatsrecht. Indessen ist es doch immer wieder angebracht oder sogar notwendig, auf die Landesverfassungen hinzuweisen. Sie sollen daher im folgenden kurz vorgestellt werden.

Die Landesverfassungen der derzeit 16 Bundesländer lassen **49** sich entsprechend ihrer *Entstehungszeit* in drei Gruppen einteilen: (1) Die 1946/47 und daher vor dem Grundgesetz erlassenen Landesverfassungen, (2) die nach der Verabschiedung des Grundgesetzes in den fünfziger Jahren erlassenen Landesverfassungen und (3) die nach der Wiedervereinigung ergangenen Verfassungen in den neuen Bundesländern. Diese zeitliche Einordnung wird allerdings dadurch relativiert, daß die älteren Verfassungen mehrfach geändert und der Entwicklung angepaßt wurden, vor allem im Zusammenhang mit der durch die Wiedervereinigung ausgelösten Verfassungsbewegung. *Inhaltlich* kann man zwischen Vollverfassungen, die alle nach traditionellem Verfassungsverständnis wesentlichen Regelungen, insbesondere auch Grundrechte und evtl. Staatszielbestimmungen enthalten, und Organisationsstatuten, die sich im großen und ganzen auf den organisatorischen Bereich (Regelung der Verfassungsorgane und ihrer Zuständigkeiten) beziehen, unterscheiden.

1. Die vorkonstitutionellen Landesverfassungen

50   Die ersten Landesverfassungen ergingen bereits 1946/1947 in den Ländern der amerikanischen und der französischen Besatzungszonen (vgl. dazu bereits oben § 2 Rn. 77 ff.). Von diesen Landesverfassungen sind heute noch – wenn auch verschiedentlich geändert – die Verfassungen von Hessen (1. 12. 1946), von Bayern (2. 12. 1946), von Rheinland-Pfalz (18. 5. 1947) und von Bremen (21. 10. 1947) in Kraft.

51   Die ebenfalls in jener Zeit erlassenen Landesverfassungen von Württemberg-Baden (28. 11. 1946), von Württemberg-Hohenzollern (18. 5. 1947) und von Baden (22. 5. 1947) sind dagegen nach dem Zusammenschluß dieser drei Länder und der Bildung des Südwest-Staates außer Kraft getreten und durch die Verfassung von Baden-Württemberg (vgl. unten Rn. 53) ersetzt worden. – Auch in den Länden der sowjetischen Besatzungszone (Thüringen, Sachsen-Anhalt, Mecklenburg, Brandenburg und Sachsen) kam es Ende 1946/Anfang 1947 zu Landesverfassungen. Sie wurden zwar von den einzelnen Landtagen erlassen, aber von oben, d. h. von der Besatzungsmacht und der SED, verordnet. Daher stimmten sie auch inhaltlich überein. Mit der Beseitigung der Länder der DDR im Jahre 1952 hatten sich diese Verfassungen erledigt. Die Verfassungen sind abgedruckt bei: *E. R. Huber,* Quellen zum Staatsrecht der Neuzeit, Bd. 2, 1951, S. 313 ff.; *B. Dennewitz,* Die Verfassungen der modernen Staaten, Bd. 2, 1948; *R. W. Füßlein,* Deutsche Verfassungen, 1951, S. 98 ff.; dort sind auch die Originalfundstellen angegeben.

52   Die damals erlassenen Landesverfassungen stellen Vollverfassungen dar. Sie enthalten neben den organisatorischen Regelungen Grundrechtskataloge und Bestimmungen über das wirtschaftliche, soziale und kulturelle Leben. Inhaltlich schließen sie sich vor allem an die Weimarer Reichsverfassung von 1919 und ihre eigenen Verfassungen zur Weimarer Zeit an, bringen aber auch – im Blick auf die Erfahrungen aus der nationalsozialistischen Zeit – neuartige Regelungen zur Sicherung der rechtsstaatlichen Demokratie, die später z.T. in das Grundgesetz übernommen worden sind (vgl. dazu bereits oben § 2 Rn. 79). Bemerkenswert ist ferner eine gewisse ideologische Ausrichtung jener Verfassungen. Während in den Verfassungen der Länder mit SPD-Mehrheit (Hessen, Bremen) sozialstaatliche, teilweise sogar sozialistische Regelungen und Zielsetzungen einflossen, wurde in den Verfassungen der Länder mit CDU-Mehrheit (vor allem Rheinland-Pfalz, aber auch Bayern, Baden und Württemberg-Hohenzollern) das christliche Sittengesetz und das Naturrecht betont. Nach Erlaß des Grundgesetzes haben diese Unterschiede aber bald ihre praktische Bedeutung verloren.

Die verschiedenen Ausgangspunkte schlossen übrigens übereinstimmende Folgerungen nicht aus. So wurde in der Rh.-Pf. Verf. das Eigentum als „ein Naturrecht" bezeichnet und gewährleistet (Art. 60 I), aber gleichwohl – oder deshalb – die Sozialisierung der Schlüsselindustrien zur verfassungsrechtlichen Pflicht erklärt (Art. 61 I). Die Hess. Verf. hat die Sozialisierung der Schlüsselindustrien gleich selbst von Verfassungs wegen vollzogen (Art. 41), was zu längeren rechtlichen und politischen Auseinandersetzungen führte (vgl. dazu *W. v. Brünneck*, Die Verfassung des Landes Hessen vom 1. Dezember 1946, JÖR Bd. 3 (1954) S. 213, 243 ff. m. w. N. S. 214 f. m. w. N.). Vgl. zu den naturrechtlichen Bezugnahmen der RhPfVerf. in zeitgenössischer Sicht die Darlegungen von *Süsterhenn* und *Schäfer,* die maßgeblich an den Verfassungsberatungen beteiligt waren, in dem von ihnen bearbeiteten Kommentar zur RhPfVerf., 1950, S. 22 ff.

2. Die ersten nachkonstitutionellen Landesverfassungen

Die Länder der ehemals britischen Besatzungszone, die – nach einigen vergeblichen Anläufen – die Bundesverfassung abgewartet hatten, erließen nach der Verabschiedung des Grundgesetzes für ihren Bereich Landesverfassungen und lösten damit die zweite Welle der Landesverfassunggebung aus. Ihnen folgte Baden-Württemberg, das durch den Zusammenschluß der drei südwestdeutschen Länder 1952 entstand. Diese nachkonstitutionellen Verfassungen waren teilweise Vollverfassungen und teilweise Organisationsstatute.

54   Für die erste Alternative entschieden sich Schleswig-Holstein mit
der als „Landessatzung" bezeichneten Verfassung vom 13. 12. 1949
und Niedersachsen mit der „Vorläufigen Niedersächsischen Verfassung" vom 13. 4. 1951.

Die Zurückhaltung Niedersachsens (vorläufige Verfassung) läßt sich mit dem
Vorrang und damit auch dem provisorischen Charakter des Grundgesetzes
erklären. Entsprechend Art. 146 GG a. F. bestimmte Art. 61 II NdsVerf.: „Diese
Verfassung tritt ein Jahr nach Ablauf des Tages außer Kraft, an dem das Deutsche
Volk in freier Entscheidung eine Verfassung beschließt." Auch die Landessatzung von Schleswig-Holstein stellte sich selbst zur Disposition. Sie bestimmte
nämlich in Art. 53 II, daß sie vorbehaltlich anderweitiger bundesgesetzlicher
Regelung ihre Gültigkeit an dem Tag verliere, an dem die von Schleswig-
Holstein erstrebte Neugliederung des Bundesgebiets in Kraft tritt. Diese Bestimmung findet sich übrigens wieder in der Verfassung von 1990, allerdings
ohne den Zusatz, daß Schleswig-Holstein die Neugliederung erstrebt.

55   Die Landesverfassungen von Nordrhein-Westfalen vom 28. 6.
1950 und von Baden-Württemberg vom 11. 11. 1953 zielten dagegen auf eine Vollverfassung, hielten aber doch einen eigenen
Grundrechtskatalog im Blick auf die Bundesgrundrechte für nicht
erforderlich und beschränkten sich daher auf die Bestimmung, daß
die Grundrechte und die staatsbürgerlichen Rechte des Grundgesetzes Bestandteil der Landesverfassung und unmittelbar geltendes
Recht seien (Art. 4 I NRWVerf.; Art. 2 I BWVerf.). Durch diese
landesverfassungsrechtliche Rezeption werden die grundgesetzlich
festgelegten Grundrechte in diesen Ländern doppelt gewährleistet,
einmal als Bundesgrundrechte und zum anderen als Landesgrundrechte. Ergänzend fügen diese beiden Landesverfassungen noch
einige Bestimmungen über Familie und Ehe, Schulen und Hochschulen, Kunst und Kultur sowie Religion und Religionsgemeinschaften an.

56   Die Landesverfassungen von Schleswig-Holstein und Niedersachsen wurden
ohne unmittelbare Beteiligung des Volkes durch die Landtage mit jeweils $^2/_3$-
Mehrheit beschlossen. Das genügte im Blick auf den beschränkten Regelungs-
gehalt und dem provisorischen Charakter. Die Verfassung von Nordrhein-Westfalen wurde vom Landtag beraten und beschlossen und anschließend durch
Volksentscheid angenommen. Die Verfassung von Baden-Württemberg wurde
dagegen von einer unmittelbar vom Volk gewählten verfassunggebenden Landesversammlung beraten und beschlossen; ein anschließender Volksentscheid wurde
in der verfassunggebenden Landesversammlung eingehend diskutiert, aber abgelehnt (vgl. entsprechend Art. 181 WRV). – Hinzuweisen ist noch auf die saar-

ländische Verfassung vom 15. 12. 1947, die nach dem Beitritt des Saarlands zur Bundesrepublik 1956 einer grundlegenden Revision unterzogen wurde, und die Verfassung von Berlin (Westberlin) vom 1. 9. 1950, die wegen des besonderen besatzungsrechtlichen Status dieser Stadt verschiedenen Beschränkungen unterlag.

Der damit erreichte Zustand des Landesverfassungsrechts blieb im wesentlichen bis zur Wiedervereinigung 1989/90 bestehen. Die Landesverfassungen spielten in der Praxis keine große Rolle; die Literatur nahm sie kaum zur Kenntnis; die Landesverfassungsgerichte, die – mit Ausnahme von Bayern und teilweise Hessen – nicht im Wege der Verfassungsbeschwerde angerufen werden konnten, mußten nur selten tätig werden und orientierten sich dann auch mehr am Grundgesetz und der Rechtsprechung des BVerfG als an ihrer eigenen Verfassung. Die in dieser Zeit vorgenommenen Verfassungsänderungen, die meist im Bundestrend lagen, betrafen in der Regel Marginalien (Herabsetzung des Wahlalters, Verstärkung des parlamentarischen Untersuchungsrechts, Institutionalisierung des Petitionsausschußes, Anpassung an die finanzverfassungsrechtlichen Regelungen und die Notstandsverfassung des Grundgesetzes, teilweise auch verfassungsrechtliche Festlegung des Umweltschutzes und des Datenschutzes), berührten aber nicht die Gesamtstruktur der Verfassung. Größere Auseinandersetzungen gab es nur in den Ländern, die sich in den 60er Jahren anschickten, die verfassungsrechtlich festgelegte Konfessionsschule abzuschaffen. Die großen verfassungsrechtlichen Streitfragen und Diskussionen wurden auf der Bundesebene, durch Änderungen des Grundgesetzes und vor allem vor dem BVerfG ausgetragen. **57**

Bemerkenswert ist, daß O. *Bachof,* ein hervorragender Kenner der Materie und selbst Mitglied des BWStGH, in seinem Beitrag für die Tübinger Festschrift für Eduard Kern (1968, S. 1 ff.) zur Auffassung gelangte, daß die Landesverfassungsgerichte (mit Ausnahme des bayerischen Verfassungsgerichtshofs) kaum etwas zu tun hätten und daher eigentlich überflüssig seien. Das hat sich freilich inzwischen erheblich geändert.

3. Die Verfassunggebung in den neuen Bundesländern und Verfassungsnovellen in den alten Bundesländern.

Die Länder der DDR, die 1952 unter Verletzung der DDR-Verfassung aufgehoben wurden, wurden nach dem Ende der SED- **58**

Herrschaft durch das von der frei gewählten Volkskammer erlassene Ländererrichtungsgesetz vom 22. 7. 1990 (GBl. DDR I S. 955)
wieder errichtet. § 23 II dieses Gesetzes bestimmte, daß den erstmals (am 14. 10. 1990) gewählten Landtagen „zugleich die Aufgabe
einer verfassunggebenden Landesversammlung obliegt." Das konnte
freilich nur ein appelativer Anstoß sein, da die Frage der Verfassunggebung Sache der Länder selbst ist und gesamtstaatlich allenfalls
durch allgemeine Direktiven im Interesse der Homogenität gelenkt
werden kann. Zumindest ist aber diese Regelung nach dem Einigungsvertrag Landesrecht geworden, so daß sie seit der Wiedervereinigung zur Disposition der Länder steht, die bezüglich der Verfassunggebung nur noch durch das Homogenitätsgebot des Art. 28
I 1 GG gebunden werden.

59   In allen neuen Bundesländern wurde 1992/95 in unterschiedlichen Verfahren Landesverfassungen erlassen:

> Die Verfassung des Landes Brandenburg vom 20. 8. 1992 wurde vom
> Landtag am 14. 4. 1992 als „Entwurf einer Landesverfassung" verabschiedet
> und am 14. 6. 1992 durch Volksentscheid angenommen (vgl. zu gewissen
> redaktionellen Unstimmigkeiten *H. v. Mangoldt,* aaO. Rn. 66, S. 11 f.). Die
> Verfassung des Freistaates Sachsen vom 27. Mai 1992 und die Verfassung des
> Landes Sachsen-Anhalt vom 16. 7. 1992 wurden jeweils durch den Landtag als
> verfassunggebende Landesversammlung mit 2/3-Mehrheit beschlossen und
> daraufhin verkündet; von einem Volksentscheid wurde nach eingehender Dis-
> kussion abgesehen. Die Verfassung des Landes Mecklenburg-Vorpommern
> vom 23. 5. 1993 (dem Jahrestag des Erlasses des Grundgesetzes) und die Ver-
> fassung des Freistaats Thüringen vom 25. 10. 1993 wurden jeweils vom Land-
> tag mit 2/3-Mehrheit beschlossen, erlangten daraufhin vorläufige Geltung (mit
> gewissen Einschränkungen) und traten nach Annahme durch Volksentscheid
> vom 30. 6. 1994 bzw. vom 16. 10. 1994 endgültig in Kraft (in Mecklenburg-
> Vorpommern allerdings erst mit Beendigung der ersten Wahlperiode, vgl.
> Art. 80 II Verf.). In Berlin wurde nach der Wiedervereinigung zunächst die
> alte Verfassung vom 1. 9. 1950 auf den Ostteil der Stadt erstreckt (für den sie
> ohnehin von vornherein gelten wollte, aber nicht konnte) und dann durch die
> Verfassung von Berlin vom 23. 11. 1995 ersetzt, die vom Abgeordnetenhaus
> am 8. 6. 1995 beschlossen und durch Volksabstimmung vom 22. 8. 1995 ange-
> nommen wurde (GVBl. S. 779). Die Verfassungen der neuen Bundesländer
> sind abgedruckt bei *Ch. Pestalozza,* Verfassungen der deutschen Bundesländer,
> 7. Aufl. 2001; *H. v. Mangoldt,* aaO. Rn. 66, S. 93 ff. (mit synoptischer Gegen-
> überstellung).

60   Die Verfassungen der neuen Bundesländer sind Vollverfassungen.
Sie enthalten umfangreiche Kataloge von Grundrechten und Staats-

zielbestimmungen. Lediglich Mecklenburg-Vorpommern übernimmt – wie Art. 2 I BWVerf. und Art. 4 I NRWVerf. – pauschal die Bundesgrundrechte (Art. 5 III Verf.), ergänzt sie aber doch noch durch einige weitere Grundrechte, insbesondere durch sog. soziale Grundrechte, und durch eine Reihe von Staatszielbestimmungen. Sie orientieren sich zunächst am Grundgesetz, gehen aber inhaltlich erheblich über den Regelungsbestand des Grundgesetzes hinaus. Die Verfassunggeber waren bestrebt, die Erfahrungen der Bürgerrechtsbewegung, die Diskussionen der verschiedenen „Runden Tische", an der sich Vertreter verschiedener Parteien und Gruppierungen trafen, und die in der DDR-Verfassung versprochenen, aber nicht gewährten „sozialen Errungenschaften" in die Verfassungen einzubeziehen. Hinzu kam, daß eine Reihe von verfassungspolitischen Forderungen in den alten Bundesländern, die sich inzwischen angestaut hatten, zum Durchbruch kamen und auch auf die Verfassunggebung in den neuen Bundesländern einwirkten. Das gilt vor allem für die neue Verfassung des Landes Schleswig-Holstein vom 13. 6. 1990, die allerdings trotz ihres Anspruchs, eine moderne demokratische Verfassung zu sein, lediglich vom Landtag im Wege der Verfassungsänderung angenommen wurde. Die inhaltlichen Erweiterungen gegenüber dem Grundgesetz und den nach 1949 erlassenen westdeutschen Landesverfassungen betreffen vor allem die Gewährleistung weiterer Grundrechte (die jedoch z. T. aufgrund der Rechtsprechung des BVerfG auch im Bundesbereich anerkannt sind, so z. B. das aus Art. 2 I GG abgeleitete Recht auf Datenschutz), die Festlegung unterschiedlicher Staatszielbestimmungen und institutioneller Garantien, die Ausgestaltung plebiszitärer Elemente (Volksinitiative, Volksbegehren, Volksabstimmung), die Stärkung des Parlaments gegenüber der Regierung, die Institutionalisierung der Opposition und nicht zuletzt den Ausbau der Verfassungsgerichtsbarkeit mit Einführung einer Landesverfassungsbeschwerde. Eine ganze Reihe von Forderungen, die bei der Diskussion über die Verfassungsreform im Bund nicht durchgesetzt werden konnten, sind damit auf der landesverfassungsrechtlichen Ebene verwirklicht worden.

61 Wenn auch in erster Linie die Verfassungen der neuen Bundesländer als „dritte Welle" der Landesverfassunggebung ins Auge fallen, so darf doch nicht übersehen werden, daß es auch in den alten Bundesländern zu weitreichenden Novellierungen gekommen ist. Sie beruhen z. T. auf früheren Überlegungen und Plänen, sind aber sicherlich durch die Verfassungsbewegung der 90er Jahre beschleunigt worden.

So haben Schleswig-Holstein (1990) und Niedersachsen (1993) den – zumindest verbal – vorläufigen Charakter ihrer Verfassungen abgelegt, beschränken sich aber nach wie vor im wesentlichen auf organisatorische Regelungen, die allerdings durch Erweiterung der Rechte des Parlaments und der Parlamentsopposition und durch Einführung plebiszitärer Elemente ausgebaut werden. Während Niedersachsen pauschal die Grundrechte des Grundgesetzes rezipiert, schweigt sich Schleswig-Holstein – in der richtigen Erkenntnis, daß die Grundrechte des Grundgesetzes ohnehin im Landesbereich gelten – insoweit aus. Beide Verfassungen bringen noch einige wenige Staatszielbestimmungen, wobei den Verfassunggeber(inne)n offenbar die rechtliche und tatsächliche Gleichstellung von Frauen und Männern ein besonderes Anliegen war. Das kommt auch dadurch zum Ausdruck, daß die Amtsbezeichnungen in weiblicher und männlicher Form genannt werden. Die noch aus dem Jahre 1947 stammende Verfassung für Rheinland-Pfalz wurde 1991 und dann wieder 2000 gründlich überarbeitet und novellier; sie hat insgesamt 34 Änderungen erfahren. Vgl. zu diesen Reformen: *St. Rohn,* Verfassungsreform in Schleswig-Holstein, NJW 1990, 2782 ff.; *Ch. Starck,* Die neue Niedersächsische Verfassung von 1993, NdsVBl. 1994, 2 ff.; *M. Schröder,* Fünfzig Jahre Verfassungsentwicklung in Rheinland-Pfalz, DÖV 1997, 309 ff.; *S. Jutzi,* Verfassungsreform in Rheinland-Pfalz, NJW 2000, 1295 ff.; vgl. im übrigen *Ch. Pestalozza,* Verfassungen der deutschen Bundesländer, Einführung S. XXI ff. sowie die Nachw. unten Rn. 66).

62   Vergleicht man das Grundgesetz mit den Landesverfassungen, insbesondere denen der neuen Bundesländer, so fällt die Zurückhaltung des Grundgesetzes gegenüber modernen verfassungspolitischen Forderungen auf. Die Verfassungsreform brachte, wie dargelegt wurde, nicht viel (vgl. oben Rn. 34). Im Gegenteil, die Änderungen des Grundgesetzes haben sogar die Grenzen der Grundrechte verschiedentlich enger gezogen (vgl. oben Rn. 39 ff.). Die neuen Landesverfassungen und die Novellierungen der alten Landesverfassungen sind dagegen den neuzeitlichen Verfassungsvorstellungen entgegengekommen, durch Einführung oder Verstärkung der plebiszitären Elemente neben dem parlamentarischen System, durch den Ausbau der Rechte des Parlaments und der parlamentarischen Opposition und vor allem durch die Festlegung von sozialen Grundrechten, Staatszielbestimmungen und programmatischen Sätzen. Es spricht einiges dafür, daß die Probleme und Bedürfnisse der Bevölkerung von der Verfassung, die ja nicht nur die Grundlagen des staatlichen, sondern auch des gesellschaftlichen Lebens bilden soll, aufgenommen werden. Allerdings laufen Verfassungen, die sich auf Zeitströmungen einlassen, Gefahr, daß sie bald wieder veraltet sind. Wenn sie sich dagegen – wie das Grundgesetz – auf einige unabdingbare Grundsätze beschränken und im übrigen die Rahmenbedingungen für das staatliche und gesellschaftliche Leben festlegen, werden sie auch noch nach vielen Jahren „modern" sein. Die Verfassung der USA von 1787 – heute über 200 Jahre alt – bildet dafür ein Beispiel.

Literatur: Zu I (Präambel): *P. Häberle,* Präambeln im Text und Kontext **63** von Verfassungen, Festschrift für Broermann, 1982, S. 211 ff.; *ders., „*Gott" im Verfassungsstaat? Festschrift für Zeidler, 1987, S. 3 ff.; *U. Lehmann-Brauns,* Die staatsrechtliche Bedeutung der Präambel des Grundgesetzes, 1965; *P. Schoepke,* Die rechtliche Bedeutung der Präambel des Grundgesetzes für die Bundesrepublik Deutschland, 1965; *K. Doehring,* Die Wiedervereinigung Deutschlands und die europäische Integration als Inhalte der Präambel des Grundgesetzes, DVBl. 1979, 633 ff.; *B. Behrend,* Gott im Grundgesetz. Der vergessene Grundwert „Verantwortung vor Gott", 1980; *W. Geiger,* Zur Genesis der Präambel des Grundgesetzes, EuGRZ 1986, 121 ff.; *D. Wilhelm,* Ist die Präambel des Bonner Grundgesetzes abänderbar? ZRP 1986, 267 ff.; *B. Wiegand,* Das Prinzip Verantwortung und die Präambel des Grundgesetzes, JÖR Bd. 43 (1995) S. 31 ff.; *R. O. Schwemer,* Der Gottesbezug in Verfassungspräambeln, RuP 1996, 7 ff.

Zu II (Änderungen des Grundgesetzes): *A. Roßnagel,* Die Änderungen **64** des Grundgesetzes, 1981; *B.-O. Bryde,* Verfassungsentwicklung, 1982, bes. S. 111 ff.; *St. Schaub,* Der verfassungsändernde Gesetzgeber, 1949–1980, 1984; *H. Hofmann,* Die Entwicklung des Grundgesetzes nach 1949, HStR I (1987) S. 259 ff.; *Ch. Bushart,* Verfassungsänderung in Bund und Ländern, 1989; *G. Robbers,* Die Änderungen des Grundgesetzes, NJW 1989, 1325 ff.; *K. Hesse,* Die Verfassungsentwicklung seit 1945, HVerfR S. 35 ff.; *A. Bauer/M. Jestaedt,* Das Grundgesetz im Wortlaut. Änderungsgesetze, Synopse, Textstufen und Vokabular zum Grundgesetz, 1997.

Zu II 6 (Verfassungsreform): Bericht der Gemeinsamen Verfassungs- **65** kommission, Zur Sache 5/93, 1993; Materialien zur Verfassungsdiskussion und zur Grundgesetzänderung in der Folge der deutschen Einigung, 3 Bde., Zur Sache 2/96, 1996. – *P. Häberle,* Verfassungspolitik für die Freiheit und Einheit Deutschlands, JZ 1990, 358 ff.; *ders.,* Die Kontroverse um die Reform des deutschen Grundgesetzes 1991/1992, ZfP Bd. 39 (1992) S. 233 ff.; *R. Scholz,* Neue Verfassung oder Reform des Grundgesetzes? ZfA 1991, 638 ff.; *ders.,* Grundgesetz zwischen Reform und Bewahrung, 1993; *ders.,* Aufgaben und Grenzen einer Reform des Grundgesetzes, Festschrift für Lerche, 1993, 65 ff.;

ders., Die Gemeinsame Verfassungskommission von Bundestag und Bundesrat, ZG 1994, 1 ff.; *G. Roellecke,* Brauchen wir ein neues Grundgesetz? NJW 1991, 2441 ff.; *P. Kirchhof,* Brauchen wir ein erneuertes Grundgesetz? 1992; *F. Ossenbühl,* Probleme der Verfassungsreform in der Bundesrepublik Deutschland, DVBl. 1992, 468 ff.; *A. Benz,* Verfassungsreform als politischer Prozeß. Politikwissenschaftliche Anmerkungen zur aktuellen Revision des Grundgesetzes, DÖV 1993, 880 ff.; *J. Isensee,* Mit blauem Auge davongekommen – das Grundgesetz. Zur Arbeit und Resultaten der Gemeinsamen Verfassungskommission, NJW 1993, 2583 ff.; *H.-P. Schneider,* Das Grundgesetz – auf Grund gesetzt? NJW 1994, 558 ff.; *W. Brohm,* Soziale Grundrechte und Staatszielbestimmungen in der Verfassung, JZ 1994, 213 ff.; *F.-A. Jahn,* Empfehlungen der Gemeinsamen Verfassungskommission zur Änderung und Ergänzung des Grundgesetzes, DVBl. 1994, 177 ff.; *H. A. Vogel,* Die Reform des Grundgesetzes nach der deutschen Einheit – Eine Zwischenbilanz –, DVBl. 1994, 497 ff.; *St. Rohn/ R. Sannwald,* Die Ergebnisse der Gemeinsamen Verfassungskommission, ZRP 1994, 65 ff.; *M. Kloepfer,* Verfassungsgebung als Zukunftsbewältigung aus Vergangenheitserfahrung – Zur Verfassungsgebung im vereinten Deutschland, in: *Kloepfer/Merten/Papier/Skouris,* Kontinuität und Diskontinuität in der deutschen Verfassungsgeschichte, Seminar zum 80. Geburtstag von Bettermann, 1994, S. 35 ff.; *H.-J. Papier,* Verfassungskontinuität und Verfassungsreform im Zuge der Wiedervereinigung, ebenda, S. 85 ff.; *K. Stern* (Hg.), Deutsche Wiedervereinigung, Bd. IV: Zur Reform des Grundgesetzes, 1993; *R. Sannwald,* Die Reform des Grundgesetzes und seine Änderung im Zuge der Wiedervereinigung, NJW 1994, 3313 ff.; *H. H. Klein,* Kontinuität des Grundgesetzes und seine Änderung im Zuge der Wiedervereinigung, HStR VIII (1995) S. 557, 589 ff.

66   **Zu III (Landesverfassungen):** *Ch. Pestalozza,* Verfassungen der deutschen Bundesländer, 7. Aufl. 2001 (Abdruck der Verfassungstexte mit ausführlicher Einführung und umfangreichen Literaturnachweisen). – *B. Beutler,* Das Staatsbild in den Länderverfassungen nach 1945, 1973; *ders.,* Die Landesverfassungen in der gegenwärtigen Verfassungsdiskussion, JÖR Bd. 26 (1977) S. 1 ff.; *H.-P. Schneider,* Verfassungsrecht der Länder – Relikt oder Rezept?, DÖV 1987, 749 ff.; *R. Bartelsperger,* Das Verfassungsrecht der Länder in der gesamtstaatlichen Verfassungsordnung, HStR IV (1990) S. 457 ff.; *M. Herdegen,* Strukturen und Institute des Verfassungsrechts der Länder, HStR IV (1990) S. 479 ff.; *P. Häberle,* Die Verfassungsbewegung in den fünf neuen Bundesländern, JÖR Bd. 41 (1993) S. 69 ff.; JÖR Bd. 42 (1994) S. 149 ff.; JÖR Bd. 43 (1995) S. 355 ff. (jeweils mit umfassender Dokumentation der Verfassungsentwürfe und der Verfassungstexte); *St. von Braunschweig,* Verfassungsentwicklung in den westlichen Bundesländern, 1993; *J. Dietlein,* Die Grundrechte in den Verfassungen der neuen Bundesländer, 1993; *M. Niedobitek,* Neuere Entwicklungen im Verfassungsrecht der deutschen Länder, 1994; *St. Storr,* Verfassunggebung in den Ländern, 1995; *H. v. Mangoldt,* Die Verfassungen der neuen Bundesländer. Einführung und synoptische Darstellung, 2. Aufl. 1997; *Ch. Starck,* Die Verfassungen der neuen Länder, HStR IX (1997) S. 353 ff.; *M. Sachs,* Das materielle Landesverfassungsrecht, Festschrift für Stern, 1997, S. 475 ff.; *J. Menzel,* Landesverfassungsrecht, 2002, insbes. S. 327 ff. – Ferner ist auf die Kommentare, Handbücher und Lehrbücher zu den Verfassungen der Länder hinzuweisen, unter denen die zu den neuen Bundesländern einen hervorragenden Platz einnehmen, vgl. nur *J. Linck/S. Jutzi/J. Hopfe,* Die Verfassung des Freistaats Thüringen. Kommentar, 1994; *H. Simon/D. Franke/M. Sachs,* Handbuch der Verfassung des Landes Brandenburg, 1994; *Ch. Degenhart/C. Meissner,* Handbuch der Verfassung des Freistaates Sachsen, 1997.

2. Teil. Die verfassungsrechtlichen Grundentscheidungen

§ 6. Begriffliche Vorklärungen und Abgrenzungen

I. Begriff und Bedeutung der verfassungsrechtlichen Grundentscheidungen

1 Die durch das Grundgesetz geschaffene Verfassungsordnung besteht nicht nur aus einer Summe mehr oder weniger aufeinander bezogener Einzelregelungen, sondern wird darüber hinaus durch einige tragende Grundentscheidungen bestimmt und zusammengehalten. Diese Grundentscheidungen geben der Verfassung und damit dem verfaßten Staat in formeller und in materieller Hinsicht das charakteristische und maßgebliche Gepräge. Sie sind gleichsam das Fundament, auf dem das staatliche Gebäude errichtet wird und bewohnt werden soll.

2 In der Literatur werden unterschiedliche Bezeichnungen verwendet: „Strukturprinzipien" (*Stern,* Staatsrecht I, S. 551), „Staatsstrukturnormen" (*H. H. Klein,* DVBl. 1991, 733), „Fundamentalnormen des Staates" (*Maunz/Zippelius,* Staatsrecht, § 10 II) oder „Baugesetze der Verfassung" (so anschaulich die österreichische Staatsrechtslehre, etwa *Adamovich/Funk/Holzinger,* Österreichisches Staatsrecht, Bd. 1, 1997, S. 123 ff.). Vgl. zu diesen und weiteren Bezeichnungen *Dreier,* Grundgesetz, Art. 20 (Einführung) Rn. 6 ff. In der Sache ist wohl stets das gleiche gemeint.

3 Die verfassungsrechtlichen Grundentscheidungen werden in Art. 1 I GG und 20 I GG aufgeführt, durch Art. 23 I GG und 28 I GG in Bezug genommen, durch Art. 79 III GG auch gegenüber dem verfassungsändernden Gesetzgeber abgesichert und schließlich durch (fast) alle übrigen Vorschriften des Grundgesetzes konkretisiert und präzisiert und damit entfaltet und ausgeführt.

4 Die wichtigste verfassungsrechtliche Grundentscheidung erscheint bereits zu Beginn des Grundgesetzes. Art. 1 I GG enthält die maßgebliche Weichenstellung im Verhältnis zwischen dem

Staat und den Bürgern, indem er die Würde und den Eigenwert des Menschen in den Vordergrund rückt, die gesamte Staatsgewalt zur Achtung und zum Schutz der Menschenwürde verpflichtet und von dieser anthropozentrischen Grundlage aus das Staatsleben determiniert. Der Staat ist des Menschen wegen und nicht – umgekehrt – der Mensch des Staates wegen da. Zu Recht wird der Grundsatz der Menschenwürde als „oberstes Konstitutionsprinzip" *(Dürig)* bezeichnet.

In Art. 20 I GG werden sodann die Grundprinzipien für den **5** Aufbau und die Tätigkeit des Staates festgelegt, nämlich die Entscheidungen für die Republik, für die Demokratie, für den Sozialstaat und für den Bundesstaat. Sie werden durch die Entscheidung für den Rechtsstaat ergänzt, die in Art. 20 III, Art. 28 I GG und der Gesamtkonzeption des Grundgesetzes zum Ausdruck kommt (vgl. unten § 8 Rn. 1 ff.). Diese Grundentscheidungen sind nicht nur Formprinzipien, sondern mit bestimmten Inhalten aufgefüllt und prägen als solche die grundgesetzliche Ordnung.

Die verfassungsrechtlichen Grundentscheidungen des Art. 20 GG **6** gelten zunächst einmal für den bundesverfassungsrechtlichen Bereich. Sie sind darüber hinaus aber auch für die landesverfassungsrechtliche Ebene und die europarechtliche Ebene maßgeblich. Aus dem Homogenitätsprinzip des Art. 28 I GG folgt, daß sie auch von den Bundesländern bei der Regelung und Gestaltung ihrer Verfassungsordnung zu beachten sind. Aus dem Europa-Artikel Art. 23 I GG ergibt sich, daß sie Voraussetzung für den Eintritt und die Mitarbeit der Bundesrepublik in der Europäischen Union (von deutscher Sicht aus) sind.

Die verfassungsrechtlichen Grundentscheidungen bringen zum **7** einen das Selbstverständnis der Bundesrepublik Deutschland in verfassungsrechtlicher Sicht zum Ausdruck. Sie enthalten zum anderen maßgebliche Richtlinien für den Aufbau des Staates und das staatliche und gesellschaftliche Zusammenleben. Sie sind drittens verbindliche Rechtsprinzipien, die dann – allerdings nur dann – unmittelbar zur Anwendung kommen, wenn Einzelregelungen oder konkretisierende Zwischenstufen fehlen (eine solche Zwischenstufe bildet z.B. der Grundsatz des Vertrauensschutzes, der sich aus dem Rechtsstaatsprinzip ergibt und seinerseits wiederum die Grenzen der Rückwirkung von Gesetzen bestimmt). Sie kommen schließlich als Auslegungsrichtlinien bei der Anwendung von Gesetzen durch die Exekutive und die Rechtsprechung in Betracht.

8   Die inhaltliche Deutung und die Anwendung dieser allgemeinen Verfassungsprinzipien stoßen immer wieder, vor allem wenn es ins Detail geht, auf Schwierigkeiten und Zweifel. Da es sich um traditionelle Begriffe handelt, liegt es zunächst nahe, bei den überkommenen Vorstellungen – den früheren verfassungsrechtlichen, politischen und staatstheoretischen Deutungen – anzuknüpfen. Das kann jedoch nur ein erster Anknüpfungspunkt sein, zumal sich in traditioneller Sicht oft unterschiedliche Vorstellungen präsentieren. Es fragt sich, ob sich das Grundgesetz dieser oder jener Vorstellung anschließen oder sogar in Abkehr davon neue Wege gehen will. Abgesehen davon, sind diese Verfassungsprinzipien – wie alle Verfassungsnormen – vor allem in ihrem Kontext zu sehen und zu interpretieren. Hinzu kommt, daß sie selbst Verbindungen eingehen, so etwa das Demokratieprinzip und das Rechtsstaatsprinzip in der freiheitlichen Demokratie oder das Rechtsstaatsprinzip und das Sozialstaatsprinzip im sozialen Rechtsstaat. Schließlich ist noch zu beachten, daß die verfassungsrechtlichen Einzelausprägungen wiederum Rückschlüsse auf die Auslegung der allgemeinen Prinzipien ermöglichen.

II. Abgrenzungen

Die verfassungsrechtlichen Grundentscheidungen sind in verschiedener Hinsicht abzugrenzen:

1. Staatszielbestimmungen

9   a) Nach der von der Sachverständigenkommission Staatszielbestimmungen/Gesetzgebungsaufträge (vgl. oben § 5 Rn. 47) vorgeschlagenen *Definition* sind Staatszielbestimmungen „Verfassungsnormen mit rechtlich bindender Wirkung, die der Staatstätigkeit die fortdauernde Beachtung oder Erfüllung bestimmter Aufgaben – sachlich umschriebener Ziele – vorschreiben" (S. 21). Obwohl diese

Definition sprachlich und sachlich nicht ganz glücklich ist (Aufgaben, Ziele?), hat sie inzwischen allgemein Anerkennung gefunden (vgl. etwa *H.H. Klein*, DVBl. 1991, 733; *Badura*, Staatsrecht, S. 263). Daher soll sie auch den folgenden Ausführungen zugrunde gelegt werden. Sie macht deutlich, daß die verfassungsrechtlichen Grundentscheidungen und die Staatszielbestimmungen nicht, wie es gelegentlich in der Literatur geschieht, gleichgesetzt werden dürfen. Es ist zwar richtig, daß die verfassungsrechtlichen Grundentscheidungen – vor allem das Sozialstaatsprinzip, aber auch das Demokratieprinzip und das Rechtsstaatsprinzip – nicht nur statische Elemente bilden, sondern auch auf ständige Verwirklichung der in ihnen zum Ausdruck kommenden Vorgaben drängen. Entscheidend ist aber, daß sie – anders als die Staatszielbestimmungen – die Struktur und das Wesen der Bundesrepublik bestimmen. Mit anderen Worten: Die Bundesrepublik bliebe das, was sie ist, auch dann, wenn die eine oder andere Staatszielbestimmung beseitigt würde, wäre aber nicht mehr dasselbe, wenn die eine oder andere verfassungsrechtliche Grundentscheidung aufgehoben würde (vgl. auch Art. 79 III GG).

Das Grundgesetz beschränkt sich auf wenige Staatszielbestimmungen. Ursprünglich waren es – neben der inzwischen erreichten Wiedervereinigung – die Verwirklichung eines vereinten Europas (Präambel, Art. 24 I GG bzw. jetzt Art. 23 I GG) und die Friedenspflicht (Art. 24 II, 26 I GG). 1969 kam die Verpflichtung hinzu, den Erfordernissen des gesamtwirtschaftlichen Gleichgewichts bei der Haushaltsführung Rechnung zu tragen (Art. 109 II GG). Bei den Beratungen der Verfassungsreform 1992/1994 wurden zahlreiche weitere Staatszielbestimmungen diskutiert, aber letztlich nur die Pflicht zur Förderung der tatsächlichen Durchsetzung der Gleichstellung von Frauen und Männern (Art. 3 II 1 GG) und die Pflicht zum Schutz der natürlichen Lebensgrundlagen (Art. 20 a GG, Umweltschutz) aufgenommen. Als Staatsziel wird auch die 1993/94 eingeführte Pflicht des Bundes zur Gewährleistung der Grundversorgung der Eisenbahnen, der Post und der Telekommunikation nach deren Privatisierung bezeichnet (Art. 87 e IV und Art. 87 f I 1 GG; vgl. dazu *P. Lerche*, MD Art. 87 f Rn. 80; *ders.*, Infrastrukturelle Verfassungsaufträge, Festschrift für Friauf, 1996,

10

S. 251, 259 f.; *K. Windthorst,* in: Sachs, Grundgesetz, Art. 87 e
Rn. 50, Art. 87 f Rn. 14).

Die Verfassungen der Länder, insbesondere der neuen Bundesländer, sind
dagegen sehr viel großzügiger als das Grundgesetz. Sie enthalten vor allem eine ganze Reihe von Staatszielbestimmungen sozialen Inhalts (Arbeit, angemessene Wohnung, Förderung der Jugend und der Bildung usw.). Besonders
ergiebig ist insoweit Brandenburg, wobei nicht immer eindeutig ist, ob im
konkreten Fall eine Staatszielbestimmung oder ein Grundrecht (soziales
Grundrecht) gemeint ist. Vorbildlich ist insoweit die Verfassung von Sachsen-
Anhalt, die nicht nur klar unterscheidet, sondern in Art. 3 sogar Legaldefinitio-
nen des Grundrechts, der Einrichtungsgarantie und der Staatszielbestimmung
bringt.

11   b) Betrachtet man die Staatszielbestimmungen im Bund und in
den Ländern näher, dann zeigt sich, daß im Blick auf die ihnen
zugedachten Funktionen *drei Gruppen* zu unterscheiden sind, die
freilich teilweise ineinander übergehen:
– Staatszielbestimmungen, die politische Ziele verfassungsrechtlich
  verbindlich festlegen (etwa Pflicht zur Mitwirkung bei der Verwirklichung der Europäischen Union gem. Art. 23 I GG, Friedenspflicht gem. Art. 26 GG);
– Staatszielbestimmungen, die sozialstaatliche Forderungen auf-
  greifen und festlegen, aber trotz ihrer individuellen Zielrichtung
  keine subjektiven Rechte begründen (so etwa die Pflicht der
  staatlichen Organe, für Arbeitsplätze oder für angemessene Wohnungen zu sorgen);
– Staatszielbestimmungen, die vornehmlich der Einschränkung
  schrankenlos gewährter Grundrechte dienen (etwa Tierschutz
  zur Beschränkung der Forschungsfreiheit gem. Art. 5 III GG).

12   c) Die Staatszielbestimmungen sind für die staatlichen Organe
verbindlich. Die *Bindungswirkung* bezieht sich allerdings in der
Regel nur auf die Zielvorgaben, während die Wahl der Mittel und
Wege und die nähere Konkretisierung der Ziele den staatlichen
Organen überlassen bleibt. Der Bürger hat auch dort, wo es um
seine Interessen geht (Arbeit, Wohnung, Bildung usw.), keine
korrespondierenden Ansprüche. Gerade dadurch unterscheiden
sich die Staatszielbestimmungen von den sozialen Grundrechten,
auf die noch einzugehen ist. Die Frage, welche staatlichen Organe
durch die Staatszielbestimmungen verpflichtet werden, bestimmt

sich nach der allgemeinen Kompetenzordnung (Bund, Land; Gesetzgeber, Regierung und Verwaltung). Die Verwaltungsbehörden bedürfen zudem, soweit der Gesetzesvorbehalt reicht, einer gesetzlichen Ermächtigung. Ferner dürfen die Staatsziele nicht isoliert betrachtet und verfolgt werden. Wenn sie, was häufig der Fall ist, in Kollision mit Grundrechten, anderen Staatszielbestimmungen oder sonstigen verfassungsrechtlich geschützten Rechtsgütern geraten, muß ein Ausgleich und eine optimale Lösung im Sinne der praktischen Konkordanz angestrebt werden. Schließlich stehen die Staatszielbestimmungen noch unter dem Vorbehalt des Möglichen (vgl. dazu BVerfGE 33, 303, 333: numerus clausus zum Hochschulrecht); daher sind Vorhaben, die an sich zur Verwirklichung von Staatszielbestimmungen sinnvoll, vielleicht sogar notwendig sind, aber im Blick auf die finanziellen und wirtschaftlichen Verhältnisse nicht oder nicht mehr vertretbar erscheinen, verfassungsrechtlich nicht geboten.

Die verklausulierte Regelung des Art. 20 a GG zum Schutze der natürlichen **13** Lebensgrundlagen (Umweltschutz) entspricht diesen allgemeinen Grundsätzen. Der Gesetzgeber ist berufen, die erforderlichen Regelungen zur Verwirklichung des Umweltschutzes zu treffen und dabei auch dem gebotenen Ausgleich mit kollidierenden Interessen herbeizuführen. Die Verwaltung ist an die gesetzlichen Regelungen gebunden. Art. 20 a GG gibt keine Ermächtigungsgrundlage für die Verwaltung zu Eingriffen in Freiheit und Eigentum, ersetzt also nicht den Gesetzesvorbehalt; er ist aber bei der Auslegung und Anwendung von Gesetzen und im gesetzesfreien Raum zu berücksichtigen. Daß der Umweltschutz „nur im Rahmen der verfassungsmäßigen Ordnung", also nur unter Beachtung aller verfassungsrechtlichen Grundsätze und Vorschriften, zulässig ist, versteht sich an sich von selbst, wurde aber, um Mißverständnissen und Fehldeutungen vorzubeugen, doch noch ausdrücklich erwähnt.

d) Die *Bedeutung* der Staatszielbestimmungen liegt darin, daß **14** (meist ohnehin allgemein anerkannte) politische Forderungen in den Rang einer Verfassungsnorm erhoben und damit zur verfassungsrechtlichen Pflicht gemacht werden. Wenn auch der Bürger nicht auf die Verwirklichung einer Staatszielbestimmung in seinem Fall klagen kann, so ist doch eine gerichtliche Überprüfung im Wege der abstrakten Normenkontrolle oder der Inzidentkontrolle möglich. Viel wird sie allerdings nicht bringen, weil die staatlichen Organe, insbesondere der Gesetzgeber, insoweit einen weiten Beurteilungs- und Gestaltungsspielraum haben.

15   Das gilt vor allem, wenn es um Zielkonflikte geht, etwa um den viel diskutierten Konflikt zwischen Ökonomie und Ökologie (der freilich in dieser Stringenz in Wirklichkeit nicht besteht). Das Staatsziel des gesamtwirtschaftlichen Gleichgewichts verpflichtet sogar per definitionem zur Beachtung unterschiedlicher, sich z. T. widerstreitende Teilziele, nämlich: Preisstabilität, hoher Beschäftigungsstand, außenwirtschaftliches Gleichgewicht sowie stetiges und angemessenes Wirtschaftswachstum und das alles im Rahmen der marktwirtschaftlichen Ordnung (vgl. dazu näher unten § 21 Rn. 53 f.).

16   e) *Problematisch* ist, daß die Staatszielbestimmungen den Gestaltungsspielraum des demokratischen Gesetzgebers einschränken, daß sie zur Vernachlässigung nicht zu Staatszielen erhobener, aber vielleicht nicht weniger gewichtiger politischer Forderungen führen können und daß die Neigung zu Grundrechtsbeschränkungen zunehmen wird.

Vgl. BVerwG DVBl. 1995, 1008: Der Kläger, der auf seinem Grundstück ein überdimensionales Kunstwerk aufstellen wollte, die dafür erforderliche baurechtliche Genehmigung aber nicht erhielt, machte die Verletzung des Art. 5 III GG (Kunstfreiheit) geltend; das BVerwG lehnte die Klage unter Hinweis auf Art. 20a GG, der auch der Kunstfreiheit Grenzen ziehe, ab. Dieses Ergebnis hätte sich auch mit den baurechtlichen Vorschriften erzielen lassen, erhielt aber durch die Bezugnahme auf den grundgesetzlich verankerten Umweltschutz seinen „verfassungsrechtlichen Glanz".

17   Bei aller Skepsis, die gegenüber Sozialstaatsbestimmungen, in juristischer Sicht bestehen mag, darf doch nicht verkannt werden, daß sie in besonderer Weise geeignet sind, wesentliche Probleme der Gemeinschaft und existentielle Sorgen des einzelnen Bürgers deutlich zu machen und in das Bewußtsein der staatlichen Organe und der Bevölkerung zu rücken.

2. Weitere Abgrenzungen

Die verfassungsrechtlichen Grundentscheidungen und vor allem die Staatszielbestimmungen sind von weiteren Regelungen und Rechtsinstituten abzugrenzen, die im folgenden wenigstens kurz erwähnt werden sollen.

a) *Grundrechte.* Sie enthalten nicht nur objektive Verpflichtungen **18**
des Staates, sondern entsprechende subjektive Rechte des Bürgers
gegenüber dem Staat, die erforderlichenfalls gerichtlich durchgesetzt werden können (vgl. dazu näher unten § 9 Rn. 1 ff.).

b) *Soziale Grundrechte.* Sie haben ihren Grund im Sozialstaats- **19**
prinzip und sollen dem Bürger Ansprüche auf staatliche Leistungen
vermitteln, hängen jedoch von der (tatsächlichen und rechtlichen)
Realisierbarkeit im freiheitlichen Staat ab.

c) *Gesetzgebungsaufträge.* Sie verpflichten den Gesetzgeber zur **20**
Regelung bestimmter Bereiche. Der Gesetzgebungsauftrag ist an
sich mit dem Erlaß der gesetzlichen Regelung erfüllt, impliziert
aber eine Anpassungspflicht, wenn sich die Verhältnisse ändern. Zu
nennen sind z. B. im Grundrechtsbereich Art. 6 V GG (Gleichstellung von ehelichen und nichtehelichen Kindern) und im staatsorganisatorischen Bereich Art. 21 III GG (politische Parteien) oder
Art. 38 III GG (Wahlrecht).

d) *Einrichtungsgarantien.* Sie sind traditionell orientiert und dienen **21**
(als institutionelle Garantien) dem Schutz und der Erhaltung öffentlich-rechtlicher Organisations- und Funktionsbereiche und (als
Institutsgarantien) dem Schutz und der Erhaltung privatrechtlicher
Rechtsinstitute. Zur ersten Gruppe gehören nach der h. L. die Gemeinden (Art. 28 II GG) und das Berufsbeamtentum (Art. 33 V GG),
zur zweiten Gruppe die Ehe (Art. 6 I GG). Die Einrichtungsgarantien wurden in der Weimarer Zeit zur Bindung des Gesetzgebers
(wenigstens) an den Kerngehalt dieser Garantien entwickelt, sind
aber heute im Blick auf Art. 1 III GG überholt und überflüssig.
Die erforderliche Bindung des Gesetzgebers ergibt sich – ohne
Vermittlung über die Einrichtungsgarantien und ohne Beschränkung auf den Kerngehalt – unmittelbar aus den genannten Verfassungsvorschriften. Immerhin mögen sie zur Verdeutlichung beitragen. Während die Einrichtungsgarantien den traditionellen Bestand
erhalten sollen und lediglich vorsichtige Weiterentwicklungen zulassen, sind die Staatszielbestimmungen dynamisch ausgerichtet und
auf Veränderungen angelegt. Eine klare Abgrenzung ist freilich
nicht immer möglich. So werden die Gewährleistungspflichten des
Bundes im Eisenbahn-, Post- und Telekommunikationsbereich

gem. Art. 87 e IV GG und Art. 87 f I 2 GG von der h. L. als Staatsziele bezeichnet (vgl. oben Rn. 10), könnten aber auch als redu-
zierte Einrichtungsgarantien betrachtet werden.

22   e) *Kompetenzvorschriften.* Sie bestimmen die Zuständigkeiten, und
zwar als Verbandskompetenzen die Zuständigkeit des jeweiligen
Verbandes (Bund, Länder, Gemeinden usw.) und − innerhalb der
Verbandskompetenz − als Organkompetenzen die Zuständigkeit des
jeweiligen Organs (Bundestag, Bundesregierung usw.). Häufig
beschränkt sich der Gesetzgeber auf die Festlegung der Organzu-
ständigkeit, was aber die Zuständigkeit des jeweiligen Verbandes
einschließt (wird die Bundesregierung für zuständig erklärt, ergibt
sich daraus selbstverständlich auch die Zuständigkeit des Bundes).
Die Zuständigkeiten begründen keine Handlungs*pflichten,* es sei
denn, daß sich das ausdrücklich (und damit zusätzlich) aus der
Kompetenzvorschrift ergibt. Andererseits können sich aus Kompetenzvorschriften ggf. Handlungs*befugnisse* ergeben. Wenn z. B.
Art. 74 I Nr. 11 a GG dem Bund die Gesetzgebungskompetenz zur
Regelung der „Erzeugung und Nutzung der Kernenergie zu friedlichen Zwecken" zuweist, dann folgt daraus auch, daß solche Regelungen überhaupt zulässig sind (vgl. BVerfGE 53, 30, 56).

23   f) *Staatszwecke.* Der „Staatszweck" ist kein Begriff des positiven
Staatsrechts, sondern der Staatslehre (Staatstheorie, Staatsphilosophie). Er zielt auf die Frage nach der Rechtfertigung und Legitimation des Staates. Es ist verständlich, daß diese Frage im Laufe der
Geschichte immer wieder neu und anders − je nach geistigen Voraussetzungen und tatsächlichen Verhältnissen − betrachtet und
beantwortet wurde.

24   g) *Staatsaufgaben.* Die Frage nach den Staatsaufgaben steht im
Schnittpunkt von Staatslehre und Staatsrecht. Ihre Beantwortung
hängt von den Vorstellungen über die Staatszwecke und von den
konkreten Anforderungen der Gegenwart ab. Vgl. zu den heutigen
Staatsaufgaben bereits oben § 1 Rn. 12.

25   **Literatur:** *Hans J. Wolff,* Rechtsgrundsätze und verfassunggestaltende
Grundentscheidungen als Rechtsquellen, Gedächtnisschrift für W. Jellinek,
1955, S. 33 ff.; *P. Lerche,* Das Bundesverfassungsgericht und die Verfassungsdi-
rektiven, AÖR Bd. 90 (1965) S. 341 ff.; *I. Contiades,* Verfassungsgesetzliche
Staatsstrukturbestimmungen, 1967; *N. Achterberg,* Antinomien verfassungsge-

staltender Grundentscheidungen, Der Staat Bd. 8 (1969) S. 159 ff.; *H. P. Bull,* Die Staatsaufgaben nach dem Grundgesetz, 2. Aufl. 1977; *P. Häberle,* Verfassungsstaatliche Staatsaufgabenlehre, AÖR Bd. 111 (1986) S. 595 ff.; *J. Isensee,* Gemeinwohl und Staatsaufgaben im Verfassungsstaat, HStR III (1988) S. 3 ff.; *P. Badura,* Arten der Verfassungsrechtssätze, HStR VII (1992) S. 33 ff.

Zu II 1 (Staatsziele): Bundesminister des Inneren und Bundesminister der **26** Justiz (Hg.), Staatszielbestimmungen, Gesetzgebungsaufträge. Bericht der Sachverständigen-Kommission, 1983 (vgl. dazu bereits oben § 5 Rn. 45). – *U. Scheuner,* Staatszielbestimmungen, Festschrift für Forsthoff, 1972, S. 325 ff.; *J. Lücke,* Soziale Grundrechte als Staatszielbestimmungen und Gesetzgebungsaufträge, AÖR Bd. 107 (1982) S. 15 ff.; *H. H. Klein,* Staatsziele im Verfassungsgesetz – Empfiehlt es sich, ein Staatsziel Umweltschutz in das Grundgesetz aufzunehmen?, DVBl. 1991, 729 ff.; *D. Merten,* Über Staatsziele, DÖV 1993, 368 ff.; *P. Ch. Fischer,* Staatszielbestimmungen in den Verfassungen und Verfassungsentwürfen der neuen Bundesländer, 1993; *J. Limbach,* Soziale Staatsziele, Festschrift für Helmrich, 1994, S. 279 ff.; *W. Brohm,* Soziale Grundrechte und Staatszielbestimmungen in der Verfassung, JZ 1994, 213 ff.; *R. Scholz,* Inflation der Staatsziele? Zur Verfassungsbewegung in den neuen Bundesländern, Festschrift für Remmers, 1995, S. 89 ff.; *M. W. Hebeisen,* Staatszweck, Staatsziele, Staatsaufgaben, 1996; *M. Kloepfer,* Umweltschutz als Verfassungsrecht: Zum neuen Art. 20 a GG, DVBl. 1996, S. 73 ff.; *A. Schink,* Umweltschutz als Staatsziel, DÖV 1997, 221 ff.; *K.-P. Sommermann,* Staatsziele und Staatszielbestimmungen, 1997; *K. Hesse,* Bedeutung der Grundrechte, HVerfR S. 127 (143 ff.).

§ 7. Die verfassungsrechtlichen Grundentscheidungen für die Demokratie und die Republik

Demokratie ist eine Staatsform und eine Lebensform. Als Staats- **1** form bestimmt sie den Träger und die Ausübung der Staatsgewalt. Als Lebensform betrifft sie die Art und Weise des Zusammenlebens im staatlichen und gesellschaftlichen Bereich. Im folgenden geht es um die Demokratie als Staatsform. Demokratie läßt sich mit „Volksherrschaft" übersetzen. Damit kommt zutreffend zum Ausdruck, daß sie eine Form staatlicher Herrschaft darstellt, die – und das ist das maßgebliche Merkmal – vom Volk ausgeht und vom Volk selbst oder seinen Repräsentanten ausgeübt wird. Damit ist freilich noch wenig gesagt. Es gibt keinen allgemein gültigen Begriff der Demokratie, der sich ohne weiteres heranziehen und anwenden ließe. Vielmehr tritt die Demokratie – je nach Zeit und Ort und den dadurch bedingten Verhältnissen – in unterschiedlicher Weise in Erscheinung. In der wissenschaftlichen Diskussion wird sie zudem in unterschiedlicher Weise erörtert, je nachdem ob sie unter historischen, theoretischen, politologischen, soziologischen oder juristischen Gesichtspunkten betrachtet wird. Die folgende Darstellung bezieht sich auf die konkrete Ausgestaltung der Demokratie im Grundgesetz.

2   Die Republik steht im Zusammenhang mit der Demokratie, betrifft aber – jedenfalls in unserer Zeit – nicht die Staatsgewalt und ihre Ausübung, sondern die Repräsentation des Staates und seine Spitze. Wegen des gleichwohl bestehenden historisch-sachlichen Zusammenhangs werden beide jedoch gemeinsam behandelt.

I. Überblick über die verschiedenen Staatsformen

3   Wenn es auch im folgenden um die Bedeutung und die Ausgestaltung der Demokratie und der Republik nach dem geltenden Verfassungsrecht geht, so erscheint es doch zweckmäßig, die verschiedenen Modelle der Staatsformen, die zwar selten rein verwirklicht wurden und werden, aber doch eine gewisse Klassifikation ermöglichen, kurz vorzustellen.

1. Traditionelle Modelle

4   Die Frage nach der angemessenen Organisation staatlicher Herrschaft hat nicht nur die Staatspraxis, die entsprechende Formen entwickeln und realisieren mußte, sondern auch die Staatslehre und die Staatsphilosophie seit eh und je beschäftigt, wobei es sowohl um die Beschreibung der tatsächlichen und rechtlichen Verhältnisse als auch um die Erörterung der idealen Staatsform ging.

5   a) *Die Dreiteilung nach der Lehre von Aristoteles.* Eine bis heute nachwirkende Unterscheidung geht auf den griechischen Philosophen Aristoteles (384–322 v. Chr.) zurück, der auf die Zahl der Inhaber der Staatsgewalt abstellte:
– Monarchie: Herrschaft einer Person
– Aristokratie: Herrschaft einer kleinen Gruppe, einer Elite
– Demokratie: Herrschaft des gesamten Volkes.

Diesen drei (positiven) Formen stellte Aristoteles jeweils drei Entartungen gegenüber, die dann entstehen, wenn die Herrschenden nicht mehr das Gemeinwohl, sondern ihre eigenen Interessen verfolgen, nämlich die Despotie oder Tyrannis, die Oligarchie und die Ochlokratie (Pöbelherrschaft). Die Orientierung an der Zahl der an der Herrschaft beteiligten Personen ist nicht nur eine numerische Betrachtung, sondern hat auch sachlich-politische Konsequenzen. So geht in der Monarchie die Staatsgewalt von oben nach unten und in der Demokratie von unten nach oben. Ferner bildet − vom Volk aus betrachtet − die Monarchie eine heteronome und die Demokratie eine autonome Herrschaftsordnung.

b) *Die Zweiteilung nach der Lehre von Macchiavelli.* Der aristotelischen Dreiteilung steht die Zweiteilung des italienischen Politikers und Staatsdenkers Nicolo Macchiavelli (1469–1527) gegenüber, der in seinem Werk „Il Principe" zwischen der Monarchie und der Republik unterschied. Monarchie bedeutet Alleinherrschaft. Die Republik ist dagegen nicht einfach der Demokratie und der Aristokratie gleichzustellen, sondern − im Gegensatz zur Monarchie − als ein am Gemeinwohl aller Bürger orientierter Freistaat zu verstehen. **6**

Wenn Macchiavelli von Monarchie sprach, so hatte er den absolut regierenden Fürsten seiner Zeit im Auge, also den Monarchen, der die gesamte Staatsgewalt in seiner Hand hatte und selbstherrlich regierte. Diesem absolut regierten Fürstenstaat stellte er die Republik gegenüber, in der nicht der Wille eines einzelnen Fürsten, sondern die res publica, das Staatswesen selbst und das gemeine Wohl, im Vordergrund stand. Es war ein freier Staat im Gegensatz zur Despotie. Das schwingt auch heute noch mit, wenn von der Republik die Rede ist. Deshalb wird das Wort Republik verschiedentlich auch als Freistaat übersetzt. Ganz in diesem Sinne bezeichnen sich Bayern, Sachsen und Thüringen als „Freistaat" (vgl. die Verfassungen dieser Länder).

2. Weitere Differenzierungen und Kombinationen

Die traditionellen Differenzierungen waren und sind Grobraster, die die variierenden und vielgestaltigen staatlichen und politischen Verhältnisse nur bedingt erfassen können. Daher sind in der Lehre weitere Unterscheidungen herausgebildet worden. **7**

- Absolute und konstitutionelle Monarchie: In der absoluten Monarchie ist der Fürst rechtlich nicht gebunden, in der konstitutionellen Monarchie ist er verfassungsrechtlich beschränkt (durch die Grundrechte und die Mitwirkungsbefugnisse der Volksvertreter).
- Unmittelbare und mittelbare Demokratie: In der unmittelbaren Demokratie trifft das Volk selbst die Sachentscheidungen, in der mittelbaren Demokratie wählt das Volk Repräsentanten, die die Sachentscheidungen treffen.

- Parlamentarische und präsidentielle Demokratie: In der parlamentarischen Demokratie wird die Regierung vom Parlament gewählt und ist vom Parlament abhängig, in der präsidentiellen Demokratie wird der Regierungschef als „Staatspräsident" vom Volk gewählt und steht grundsätzlich selbständig neben dem Parlament.
- Mehrparteienstaat und Einparteienstaat: Im Mehrparteienstaat bestehen mehrere miteinander konkurrierende Parteien, im Einparteienstaat gibt es nur eine Partei, die in der Regel als Basis für die Diktatur einer Person oder einer Personenclique dient.

8   Die Differenzierungen zeigen, daß verschiedene Staatsformelemente miteinander verknüpft werden können und verknüpft werden. Schon immer bestand die Erkenntnis, daß die „gemischte Verfassung" (aus Gründen der Gewaltenteilung) zu bevorzugen ist.

Das hängt freilich auch von den jeweiligen politischen und sozialen Verhältnissen ab. So konnten etwa die konstitutionellen Verfassungen des 19. Jahrhunderts an den Monarchen, den Adel (erste Kammer) und an das Volk (zweite Kammer) als politisch-reale Faktoren anknüpfen und damit die drei aristotelischen Staatsformen miteinander verknüpfen.

3. Die heutigen Begriffe und ihre Bedeutung

9   In der Gegenwart tauchen vor allem die Bezeichnungen Monarchie, Demokratie und Republik auf. Begriffliche Klarheit erhält man, wenn man zwei Bedeutungsebenen unterscheidet:

10   a) *Die Begriffe Monarchie und Republik* beziehen sich auf das *Staatsoberhaupt*, d. h. das Organ, das an der Spitze des Staates steht, ohne daß damit über seine Machtbefugnis etwas ausgesagt ist. *Monarchie* ist danach das Staatswesen, in dem das Staatsoberhaupt nach familien- und erbrechtlichen Regelungen, also nach dynastischen Gesichtspunkten, bestimmt und auf Lebenszeit bestellt wird. Die *Republik* ist dagegen das Staatswesen, das kein Staatsoberhaupt in diesem Sinne, sondern einen gewählten oder selbst ernannten Präsidenten hat. Die Republik ist somit – rein formal – eine „Nicht-Monarchie".

Monarchien in diesem Sinne sind z. B. Großbritannien, Belgien, die Niederlande, Luxemburg, Spanien und Schweden, Republiken dagegen – neben der Bundesrepublik Deutschland – Frankreich, die Schweiz, die USA, Russland usw.

11   b) Die zweite Bedeutungsebene betrifft die Frage, wer *Inhaber der Staatsgewalt* ist und damit die grundlegenden politischen Entscheidungen trifft. Hier ist der Begriff der *Demokratie* angesiedelt. Ein Staatswesen ist dann demokratisch, wenn das Volk der Träger der Staatsgewalt ist. Das gilt ohne Rücksicht darauf, ob die Staatsspitze ein republikanischer Präsident oder ein Monarch ist. Die Begriffe Demokratie und Monarchie können sich also überschneiden.

So ist England eine Monarchie, weil das Staatsoberhaupt dynastisch bestimmt wird, zugleich aber auch eine Demokratie, weil die Staatsgewalt beim Volk liegt und vom Parlament ausgeübt wird. Man spricht daher von einer „parlamentarischen Monarchie". Entsprechendes gilt für die anderen, oben genannten Monarchien (Belgien, Niederlande usw.). Die Entwicklung ging dort von der absoluten zur konstitutionellen und dann zur parlamentarischen Monarchie, blieb aber dabei stehen, während sie in anderen Staaten zur präsidentiellen Republik weiterging. Vgl. dazu näher unten § 15 Rn. 2 ff.

Umgekehrt gibt es Republiken, in denen die Staatsgewalt nicht **12** vom Volke ausgeht und die deshalb keine Demokratien sind, so die Militärdiktaturen in Afrika, Asien und Südamerika oder die Einparteienstaaten, die von der Parteispitze oder dem Parteivorsitzenden beherrscht werden. Auch wenn sie sich einen demokratischen Anstrich geben und sogar ein Parlament besitzen, so stellen sie doch nur Schein-Demokratien dar.

Bemerkenswert ist, daß heute kaum noch ein Machthaber zu finden ist, der nicht für sich in Anspruch nimmt, eine demokratische Grundlage zu besitzen. Die früheren Ostblockstaaten, die nach ihrer Ideologie von der Diktatur des Proletariats ausgingen, in Wirklichkeit aber von einer kleinen, sich selbst ergänzenden Gruppe von Spitzenfunktionären der kommunistischen Parteien beherrscht wurden, nannten sich sogar Volksdemokratien (genau betrachtet ein zynischer Pleonasmus). Auch die Militärdiktaturen berufen sich meistens auf irgendeine demokratische Legitimität, und sei es auch nur auf die Behauptung, sie würden die wirklichen Interessen und den wahren Willen des Volkes besser erkennen und verwirklichen als die Politiker, die sie gerade vertrieben haben.

4. Die echte oder freiheitliche Demokratie

Von einer echten Demokratie – im Gegensatz zur Schein-Demo- **13** kratie – kann nur gesprochen werden, wenn bestimmte Mindestanforderungen erfüllt sind:

a) Die Staatsgewalt muß – tatsächlich, nicht nur scheinbar – vom Volk ausgehen, das entweder selbst entscheidet (unmittelbare Demokratie) oder eine

Volksvertretung wählt, die an seiner Stelle entscheidet (repräsentative Demokratie).

b) Die Volksvertretung, der somit zentrale Bedeutung zukommt, muß nach den Grundsätzen der allgemeinen, gleichen, freien, unmittelbaren und geheimen Wahl gewählt werden (Wahlprinzip).

c) Da eine Wahl nur dann sinnvoll ist, wenn eine echte Auswahl besteht, müssen mehrere, zumindest zwei regierungsfähige Parteien mit alternativen Programmen bereitstehen (Mehrparteiensystem).

d) Alle Staatsorgane und Amtsträger, die staatliche Aufgaben wahrzunehmen haben, müssen demokratisch legitimiert sein, indem sie entweder unmittelbar durch das Volk oder durch ein – seinerseits demokratisch legitimiertes Organ – bestellt werden (Prinzip der demokratischen Legitimation).

e) Die Amtszeit der maßgeblichen Verfassungsorgane (Volksvertretung, Regierung usw.) muß zeitlich begrenzt sein, damit in bestimmten Abständen erneut über ihr Mandat entschieden werden kann (Herrschaft auf Zeit, demokratische Rückkoppelung).

f) Die Entscheidungen der Mehrheit sind maßgeblich und müssen von der Minderheit akzeptiert werden. Die Minderheit kann aber verlangen, daß sie im Entscheidungsprozeß eine reelle Chance hat, ihre Argumente vorzutragen und in den Entscheidungsprozeß einfließen zu lassen (Mehrheitsprinzip und Minderheitenschutz).

g) Das Demokratieprinzip erfordert ferner, daß bereits im politisch-gesellschaftlichen Bereich und damit im Vorfeld des staatlichen Entscheidungsprozesses alle Bürger und Gruppen die Möglichkeit haben, ihre Vorstellungen und Interessen geltend zu machen und für sie zu werben, um auf diese Weise auf die öffentliche Meinung und die staatliche Meinungsbildung einzuwirken. Die Grundrechte der Meinungsfreiheit mit ihren Varianten, der Versammlungsfreiheit und der Vereinigungsfreiheit, sind nicht nur liberale Freiheitsrechte, sondern auch demokratische Mitwirkungsrechte (politische Meinungs- und Betätigungsfreiheit).

14   Diese wesentlichen Merkmale sind auch gemeint, wenn in Art. 79 III in Vbg. mit Art. 20 GG das Demokratieprinzip für unantastbar erklärt wird. Sie zeigen zugleich, daß Demokratie und Rechtsstaat in untrennbarem Zusammenhang stehen, sich ergänzen und stützen. Es gibt keine Demokratie ohne eine rechtsstaatliche Ordnung und ohne Gewährleistung der Freiheitsrechte. Umgekehrt gibt es keinen Rechtsstaat ohne Gewährleistung nicht nur der persönlichen und wirtschaftlichen, sondern auch der demokratischen Freiheitsrechte.

15   Der maßgebliche Test ist die *Stellung der Opposition*. Nur dort, wo sich eine Opposition bilden und für sich werben kann und wo sie die Chance erhält, im Wege des Machtwechsels die Regierung zu erlangen, kann von einer echten oder freiheitlichen Demokratie gesprochen werden. Das setzt auch voraus, daß diejenigen, die im Wege des Machtwechsels an die Regierung gelangten, bereit sind, unter den gleichen Voraussetzungen ihre Macht wieder aufzugeben. Wenn sie die Opposition unterdrücken oder sogar ganz ausschalten, ist der Kreislauf der Macht unterbrochen und die Diktatur etabliert. Das abschreckende Beispiel ist die sog. Machtergreifung der Nationalsozialisten unter Hitler. Wahlen sind nur noch ein Scheinmanöver, wenn keine Opposition und damit keine Alternative mehr besteht und wirksam werden kann.

II. Die verfassungsrechtliche Entscheidung für die Republik

Die Entscheidung für die Republik bedeutet, daß es in der Bundesrepublik keinen dynastisch begründeten, durch Erbfolge bestimmten Monarchen als Staatsoberhaupt gibt und geben darf. Die Monarchie könnte – wegen der Sperrwirkung des Art. 79 III GG – auch nicht durch verfassungsänderndes Gesetz eingeführt werden. Dasselbe gilt über Art. 28 I 1 GG für die Länder. Während die Absage an die Monarchie in der Weimarer Reichsverfassung kurz nach der Revolution von 1918 und der mehr oder weniger erzwungenen Abdankung der Monarchen noch aktuelle Bedeutung besaß, bildet sie heute kein politisches Thema mehr. Mit der Bezeichnung „Republik" bringt das Grundgesetz ein unbestrittenes Merkmal des heutigen deutschen Staates zum Ausdruck. **16**

In der Literatur wurde z. T. die Auffassung vertreten, daß sich das Prinzip der Republik nicht nur gegen die Monarchie im traditionellen Sinne richte, sondern darüber hinaus die Ablehnung jeglicher Alleinherrschaft und Diktatur zum Ausdruck bringe, ja noch weitergehend im Sinne der Freiheitlichkeit und Volksstaatlichkeit zu verstehen sei (vgl. dazu *Stern,* Staatsrecht I S. 581 f.; *Hesse,* VerfR Rn. 120 ff.). Das läßt sich durchaus vertreten. Nur ist zu beachten, daß sich daraus keine rechtlichen Konsequenzen ziehen lassen, die sich nicht bereits aus Einzelbestimmungen des Grundgesetzes oder aus dem Demokratieprinzip und dem Rechtsstaatsprinzip eindeutiger und präziser ergeben. Immerhin bestätigt das Bekenntnis zur Republik die freiheitlich-demokratische Ausrichtung unserer Verfassungsordnung. **17**

III. Die Ausgestaltung des Demokratieprinzips im Grundgesetz

1. Grundlagen

18   a) Das Demokratieprinzip ist zusammen mit den anderen verfassungsrechtlichen Grundentscheidungen in Art. 20 I GG verankert. Es gilt, wie bereits dargelegt wurde (§ 6 Rn. 3 ff.), nicht nur für den Bundesbereich, sondern ist auch für die Bundesländer verbindlich (Art. 28 I 1 GG), stellt eine Voraussetzung für die Mitwirkung der Bundesrepublik in der Europäischen Union dar (Art. 23 I GG) und ist in seinem Kernbereich gem. Art. 79 III GG auch gegenüber dem verfassungsändernden Gesetzgeber geschützt. Im Gesamtkonzept des Grundgesetzes steht das Demokratieprinzip im engen Zusammenhang mit der Garantie der Menschenwürde (Art. 1 I GG) und den sich daraus ergebenden Grundrechten (Art. 2 ff. GG). Aus der Achtung und Anerkennung der Menschenwürde folgt, daß die Menschen und damit das Volk das beherrschende Element des Staatswesens bilden müssen. Freiheit und Gleichheit fordern, daß alle Staatsbürger in gleicher Weise auf das Geschehen im Staat Einfluß nehmen können. Die nähere Ausgestaltung bleibt der verfassungsrechtlichen Regelung überlassen, die dabei auch die tatsächlichen Verhältnisse, die traditionelle Überlieferung und die politischen Zielsetzungen beachten wird. Entscheidend ist nur, daß das Volk die Grundlage der Staatsgewalt bildet und daß die Ausübung der Staatsgewalt vom Volk ausgeht und wiederum dem Volk gegenüber verantwortet werden muß. Nur unter diesen Voraussetzungen kann ein Staat als „menschen-würdig" bezeichnet werden. Die Demokratie ist daher nicht nur eine unter anderen möglichen Staatsform, sondern – in der Gegenwart (über früher bestehende Staatsformen ist hier nicht zu urteilen) – die einzig mögliche und vertretbare Staatsform.

19   Das erste verfassungsrechtliche Dokument der neuzeitlichen Verfassungsentwicklung, die Bill of Rights des nordamerikanischen Staates Virginia vom 12. 6. 1766, beginnt mit dem Satz, „that all men are by nature equally free and independent" (daß alle Menschen von Natur aus in gleicher Weise frei und

unabhängig sind) und folgert daraus, „that all power is vested in and conse-
quently derived from the people" (daß alle Macht im Volke ruht und sich
folglich von ihm ableitet). Die amerikanische Unabhängigkeitserklärung vom
4. 7. 1776 knüpft daran an und stellt fest, daß „these truths to be self-evident"
(diese Wahrheiten sich von selbst verstehen und offensichtlich sind), vgl. dazu
auch oben § 2 Rn. 30 ff. Diese Sätze, die die Erkenntnisse und die Lehren der
europäischen Aufklärung des 18. Jahrhunderts auf einige knappe Formeln
bringen, weisen in geradezu klassischer, auch heute noch zutreffender Weise
auf die Basis der Demokratie hin.

b) Die *erste* Konkretisierungsstufe des allgemeinen Demokratie- **20**
prinzips bildet Art. 20 II 1 GG, der das Volk zum Träger der Staatsgewalt erklärt und damit den Grundsatz der Volkssouveränität festlegt. Aus der Formulierung „alle Staatsgewalt" ergibt sich, daß die
Volkssouveränität uneingeschränkt gilt. Eine Verknüpfung mit anderen Prinzipien (etwa i. S. des konstitutionellen Staatsrechts des 19.
Jahrhunderts, der die Fürstensouveränität mit der demokratischen
Mitbestimmung verband) oder auch nur eine Durchbrechung zugunsten eines anderen Prinzips ist damit ausgeschlossen. Als *zweite*
Konkretisierungsstufe regelt Art. 20 II 2 GG die Ausübung der
Staatsgewalt. Sie erfolgt entweder durch das Volk selbst in Wahlen
und Abstimmungen oder durch besondere, demokratisch legitimierte Staatsorgane. Wahlen sind Personalentscheidungen, Abstimmungen sind Sachentscheidungen. Art. 20 II 2 GG bildet noch keine
Kompetenz- oder Ermächtigungsnorm, sondern weist lediglich auf
die Mittel und Wege hin, über die das Volk die Staatsgewalt wahrnimmt. Die Frage, in welchen Fällen das Volk selbst durch Wahlen
oder Abstimmungen tätig wird oder werden kann, ergibt sich auf der
dritten Konkretisierungsstufe. Der Befund im Grundgesetz ist insoweit dürftig. Die Wahlen beschränken sich auf die alle 4 Jahre statt-
findenden Bundestagswahlen; Abstimmungen sind, wenn man von
Neugliederungen des Bundesgebietes (Art. 29, 118 a GG) absieht,
überhaupt nicht vorgesehen. Um so wichtiger ist daher die *vierte*
Konkretisierungsstufe, auf der bestimmt wird, welche Staatsorgane
welche Staatsaufgaben wahrzunehmen haben. Hierbei ist wiederum
zwischen dem unmittelbar gewählten und damit unmittelbar demokratisch legitimierten Bundestag und den übrigen Staatsorganen, die
über den Bundestag (und teilweise über die Landesparlamente) die
erforderliche demokratische Legitimität erhalten, zu unterscheiden.

2. Die demokratische Legitimität

21   Wie sich bereits aus den vorhergehenden Bemerkungen ergibt, ist die demokratische Legitimität ein Schlüsselbegriff des demokratischen Staates. Sie hat dementsprechend in der Literatur und Rechtsprechung auch besondere Aufmerksamkeit gefunden, wobei allerdings der theoretische, immer weiter differenzierende Aufwand nur bedingt den tatsächlichen Problemen entspricht. Die demokratische Legitimität bildet das Verbindungsglied, das das Volk mit den die Staatsaufgaben wahrnehmenden Staatsorganen verknüpft. Bevor darauf näher eingegangen wird, sind die Begriffe „Volk" und „Staatsgewalt" jeweils im Sinne des Grundgesetzes näher zu bestimmen.

22   a) *Volk*. Wenn in Art. 20 II GG vom „Volk" die Rede ist, so ist damit das deutsche Staatsvolk gemeint, d. h. die Gesamtheit der Personen, die die deutsche Staatsangehörigkeit besitzen (oder nach der kriegs- und nachkriegsbedingten Sonderregelung des Art. 116 GG den Staatsangehörigen gleichgestellt sind).

Die Voraussetzungen der Staatsangehörigkeit werden im Staatsangehörigkeitsgesetz (StAG) i. d. F. vom 15. 7. 1999 (Sart. Nr. 15) geregelt. Grundsätzlich gilt – wie bislang – das Abstammungsprinzip, wonach die deutsche Staatsangehörigkeit mit der Geburt erworben wird, wenn ein Elternteil die deutsche Staatsangehörigkeit besitzt. Darüber hinaus erlangen – nach dem neu eingeführten, allerdings beschränkten Territorialprinzip – die im Inland geborenen Kinder ausländischer Eltern die deutsche Staatsangehörigkeit, wenn ein Elternteil mindestens seit 8 Jahren rechtmäßig in Deutschland lebt; sie müssen sich jedoch wenn sie zugleich eine ausländische Staatsangehörigkeit besitzen, mit Erreichen der Volljährigkeit entscheiden, ob sie die deutsche oder die ausländische Staatsangehörigkeit behalten wollen und bis zur Vollendung des 23. Lebensjahres eine entsprechende Erklärung abgeben (vgl. zu diesem sog. Optionsmodell näher § 29 StAG). Ferner kann die Staatsangehörigkeit durch Einbürgerung (rechtlich ein statusbegründender Verwaltungsakt) erworben werden, die durch die Neuregelung des Staatsangehörigkeitsrechts von 1999 für in Deutschland lebende Ausländer wesentlich erleichtert wurde. Vgl. dazu und zu weiteren Erwerbsgründen §§ 3 ff. StAG. Der Verlust der deutschen Staatsangehörigkeit, der bereits durch Art. 16 I GG begrenzt ist, wird in §§ 14 ff. StAG geregelt. Vgl zur Neuregelung des Staatsangehörigkeitsrechts *R. Göbel-Zimmermann / T. Masuch*, DÖV 2000, 95 ff.; *A. Weber*, DVBl. 2000, 369 ff.; *Hailbronner*, NVwZ 2001, 1329 ff.; ferner *Hailbronner/Renner*, Staatsangehörigkeitsrecht. Kommentar, 3. Aufl. 2001. – Die staatsbürgerlichen Rechte (Wahlrecht, Abstimmungsrecht und dgl.) stehen nur den Staatsangehörigen und, da sie meistens von weiteren Anforderungen abhängen (Erreichen eines bestimmten Alters, Ansässigkeit im Bundesgebiet), nur den sog. Aktivbürgern zu (vgl. zum Wahlrecht unten § 13 Rn. 6).

Die Beschränkung des Begriffs „Volk" in Art. 20 II GG auf das **23** Staatsvolk und damit auf die Staatsangehörigen ist nicht unbestritten; die Gegenmeinung will auf das „Betroffensein" oder das „Unterworfensein" abstellen und damit weitergehend auch in Deutschland lebende Ausländer einbeziehen. Sie ergibt sich jedoch aus einem Vergleich mit Parallelregelungen des Grundgesetzes (Präambel, Art. 33 I und II, Art. 56, Art. 146 GG), der Verfassungstradition, der Verknüpfung von Staatsgebiet, Staatsvolk und Staatsgewalt sowie aus dem Verbandscharakter des demokratischen Staates. Die Beschränkung auf die Staatsangehörigen hat mit Nationalismus oder Fremdenfeindlichkeit nichts zu tun, sondern beruht auf der Erkenntnis, daß der Staat (auch) ein Personenverband ist und – wie jeder Personenverband – die Mitgliedschaftsrechte den Mitgliedern (Staatsangehörigen) vorbehält.

Vgl. BVerfGE 83, 37, 51; *E.-W. Böckenförde,* HStR I S. 903 ff.; *E. Schmidt-* **24** *Aßmann,* AÖR Bd. 116 (191) S. 351; *H. Dreier,* Grundgesetz, Art. 20 (Demokratie) Rn. 83 mit weiteren Nachw.; grundsätzliche Kritik bei *B.-O. Bryde,* der differenzierend an das Betroffensein anknüpft, vgl. *Bryde,* Die bundesrepublikanische Volksdemokratie als Irrweg der Demokratietheorie, StW 1994, 305 ff.; *ders.,* Das Demokratieprinzip des Grundgesetzes als Optimierungsaufgabe, in: Demokratie und Grundgesetz, Sonderheft der Kritischen Justiz, 2000, S. 59 ff. – Eine (partielle) Erweiterung der Mitgliedschaftsrechte auf Nichtmitglieder ist nicht ausgeschlossen, wie das Kommunalwahlrecht für EU-Bürger gem. § 28 I 3 GG zeigt; sie bedarf aber einer verfassungsrechtlichen Regelung und sachlichen Rechtfertigung. Wenn man in diese Richtung gehen will, dann sollte man sich jedoch nicht mit Versatzstücken abgeben, sondern die Grundlagen der Staatsangehörigkeit überprüfen und ggf. erweitern. Dabei ist allerdings auch zu berücksichtigen, daß jede Gemeinschaft, auch die staatliche Gemeinschaft, eine gewisse Homogenität ihrer Mitglieder erfordert.

b) *Staatsgewalt.* Unter den Begriff der Ausübung der Staatsgewalt **25** i.S. des Art. 20 II 2 GG fällt nach der Rechtsprechung des BVerfG „jedenfalls alles amtliche Handeln mit Entscheidungscharakter" (BVerfGE 83, 60, 73; 93, 37, 68). Wie sich aus dem „jedenfalls" ergibt, ist diese Bestimmung nicht abschließend gemeint. Die „Staatsgewalt" ist wesentlich weiter zu verstehen. Sie erfaßt alle Verhaltensweisen und Äußerungen, die dem Staat zuzurechnen sind. Unerheblich ist, ob sie in der Form des öffentlichen Rechts oder des Privatrechts (Verwaltungsprivatrechts) erfolgen, ob sie unmittelbar nach außen wirken oder nur behördenintern die Voraussetzungen für außenwirksame Maßnahmen treffen, ob sie dem Staat i. e. S. oder staatlich geschaffenen Körperschaften und sonstigen juristischen Personen des öffentlichen Rechts zuzurechnen sind.

Vgl. dazu neben den genannten BVerfG-Entscheidungen *Böckenförde*, HStR I (1987) S. 895; *Schmidt-Aßmann*, AÖR Bd. 116 (1991) S. 338 f.

26   c) *Demokratische Legitimation* bedeutet, daß die Äußerungen der Staatsgewalt ihren Ausgangspunkt im Willen des Volkes haben und dementsprechend durch das Volk begründet und gerechtfertigt (legitimiert) sein müssen. Sie schafft die notwendigen Beziehungen zwischen dem Volk als Träger der Staatsgewalt und den handelnden Staatsorganen und gewährleistet damit, daß die Staatsgewalt auch wirklich (effektiv) vom Volk ausgeht. Das BVerfG und die h. L. nehmen unterschiedliche Arten der Legitimation an, die freilich in ihrer Ausdifferenzierung Gefahr laufen, zu diffizil und zu konstruiert zu werden.

27   Eine erste Legitimationsbasis bildet die Verfassung selbst, indem sie – als Ausdruck des demokratischen Verfassunggebers – bestimmte Organe konstituiert und mit Kompetenzen ausstattet. Die auf dieser Basis agierenden Staatsorgane besitzen bereits kraft der am Demokratieprinzip orientierten Verfassung die erforderliche demokratische Legitimation, so daß allgemeine Legitimationserwägungen allenfalls noch ergänzend und konkretisierend heranzuziehen sind. Das gilt z. B. für die Bundesregierung, den Bundesrat und das Bundesverfassungsgericht. Es wäre insbesondere verfehlt, wenn man aus der angeblich stärkeren oder schwächeren demokratischen Legitimität dieser Organe rechtliche Konsequenzen ziehen würde.

28   Die Lehre von der demokratischen Legitimität entfaltet somit ihre Wirkungen außerhalb des engeren verfassungsrechtlichen Bereichs, insbesondere im Verwaltungsbereich. Im Vordergrund steht der Grundsatz der *personellen demokratischen Legitimität*. Er verlangt, daß alle Organe und Amtsträger ihre Berufung – vermittelt durch jeweils ihrerseits demokratisch legitimierte Organe – auf das Volk zurückführen können, daß – anders betrachtet – „eine ununterbrochene Legitimationskette vom Volk über die von diesem gewählte

Vertretung zu den mit staatlichen Aufgaben betrauten Organen und Amtswaltern" besteht (BVerfGE 83, 60, 73). Dabei genügt es nicht, daß der Amtswalter überhaupt demokratisch legitimiert ist; vielmehr muß sich die demokratische Legitimation gerade auf sein Amt und seinen Tätigkeitsbereich beziehen. Damit wird die Brücke zur *materiellen demokratischen Legitimität* geschlagen, die auf den Inhalt der Staatstätigkeit abstellt und auch für diese eine rechtfertigende Grundlage im Volk verlangt. Sie wird durch das vom Parlament erlassene Gesetz vermittelt und durch die parlamentarische Kontrolle gesichert.

Vgl. dazu und zu weiteren Differenzierungen BVerfGE 47, 253, 275 f. (kommunale Bezirksvertretungen); BVerfGE 77, 1, 40 ff. (Untersuchungsausschuß); BVerfGE 83, 60, 72 f. (Ausländerwahlrecht); BVerfGE 93, 37, 66 ff. (Personalvertretung); BVerwGE 106, 64, 73 ff. (demokratische Legitimation im Bereich der Selbstverwaltung: Wasserverband); NWVerfGH NVwZ 1987, 211 (Wahl der Mitglieder des Verwaltungsrats einer Sparkasse durch Bedienstete); *Böckenförde,* HStR I (1987) S. 896 ff.; *Herzog,* MD Art. 20 Erl. II Rn. 50 ff.; ferner vor allem im Blick auf den Verwaltungsbereich *Schmidt-Aßmann,* Verwaltungslegitimation als Rechtsbegriff, AÖR Bd. 116 (1991) S. 329 ff.; *J. Oebbecke,* Weisungs- und unterrichtungsfreie Räume in der Verwaltung, 1986, S. 67 ff.; *E. Th. Emde,* Die demokratische Legitimation der funktionalen Selbstverwaltung. Eine verfassungsrechtliche Studie anhand der Kammern, der Sozialversicherungsträger und der Bundesanstalt für Arbeit, 1991; *M. Jestaedt,* Demokratieprinzip und Kondominialverwaltung. Entscheidungsteilhabe Privater an der öffentlichen Verwaltung auf dem Prüfstand des Verfassungsprinzips Demokratie, 1993; *H.-G. Dederer,* Organisatorisch-personelle Legitimation der funktionalen Selbstverwaltung, NVwZ 2000, 403 ff.; *Th. Blanke,* Funktionale Selbstverwaltung und Demokratieprinzip, in: Demokratie und Grundgesetz, Sonderheft der Kritischen Justiz, 2000, S. 32 ff.

29 In der Praxis ist in der Regel die erforderliche demokratische Legitimität gegeben. Der Ministerialbeamte eines Bundesministeriums erlangt sie z. B. über den vom Volk gewählten Bundestag, den vom Bundestag gewählten Bundeskanzler, den vom Bundeskanzler vorgeschlagenen und vom Bundespräsidenten ernannten Bundesminister und schließlich die Berufung durch den Bundesminister. Gelegentlich können allerdings Zweifelsfälle auftreten.

So ist z. B. fraglich, ob ein kollegial besetztes Gremium dann noch den Anforderungen des personellen demokratischen Legitimität entspricht, wenn einige seiner Mitglieder von Verbänden oder sonstigen gesellschaftlichen Gruppen (Gewerkschaften, Arbeitgeberverbände, Jugendverbände, Kirchen usw.) bestellt werden. Nach der herrschenden, aber nicht unbestrittenen Auffassung genügt es, wenn die *Mehrheit* aller Gremienmitglieder von staatlicher Seite berufen werden und somit in der Lage sind, die maßgeblichen Entscheidungen zu treffen (vgl. dazu näher *Böckenförde,* HStR I (1987) S. 897 ff.). Das ist freilich nicht unproblematisch, weil die nichtstaatlichen Mitglieder dann gleichsam „mitstimmen" oder eine Art „Vetorecht" haben, wenn die staatlichen Mitglieder zu keinem gemeinsamen Ergebnis gelangen. – Fraglich ist ferner die Mitbestimmung im öffentlichen Dienst, etwa die Mitwirkung des Personalrats bei personalpolitischen Entscheidungen oder gar die Wahl des Behördenchefs durch die Bediensteten der Behörde, vgl. BVerfGE 9, 268 und nunmehr BVerfGE 93, 37; dazu *G. Kisker,* Zum Streit um Rechtfertigung und Grenzen der Mitbestimmung des Personalrats, PersV 1995, 529 ff.; *U. Battis/J. Kersten,* DÖV 1996, 584 ff.; *G. Pfohl,* ZBR 1996, 82 ff.; *F. Bieler,* DöD 1996, 52 ff.; *Ehlers,* Jura 1997, 180 ff. mit jew. weit. Nachw.; ferner etwa NRWVerfGH NVwZ 1987, 211; RhPf VerfGH NVwZ-RR 1994, 665.

3. Unmittelbare Demokratie

30   a) *In grundsätzlicher Sicht* wird zwischen der unmittelbaren Demokratie, in der das Volk selbst die maßgeblichen Sach- und Personalentscheidungen trifft, und der repräsentativen Demokratie, in der das Volk ein Parlament als Repräsentationsorgan wählt, das seinerseits für das Volk handelt, unterschieden. Ein Unterfall der unmittelbaren Demokratie ist die Versammlungsdemokratie, in der alle Stimmbürger zusammenkommen und über die anstehenden Angelegenheiten diskutieren und entscheiden können (vgl. dazu Art. 28 I 4 GG). Es kann nicht zweifelhaft sein, daß in den modernen, großflächigen und bevölkerungsreichen Staaten mit ihren vielschichtigen und komplizierten Problemen politischer, sozialer, wirtschaftlicher und technischer Art schon aus tatsächlichen Gründen nur die repräsentative Demokratie in Betracht kommt. Es bleibt aber die Frage, ob sie durch plebiszitäre Elemente ergänzt und angereichert werden soll.

31   b) *Begriffsklärungen.* Bevor näher darauf eingegangen wird, ob das Grundgesetz Elemente der plebiszitären Demokratie aufgenommen hat oder die gesetzliche Einführung solcher Elemente zuläßt, ist eine begriffliche Klärung angebracht. Die Terminologie ist uneinheitlich, in der Sache besteht Übereinstimmung:

– Volksentscheid ist die rechtlich verbindliche Entscheidung des Volks, d. h. der stimmberechtigten Bürger, über eine Sachfrage.
– Volksabstimmung ist das Verfahren, das zum Volksentscheid, dem Ergebnis der Volksabstimmung, führt.

- Volksbegehren ist der aus dem Volk kommende Antrag auf Durchführung einer Volksabstimmung (daneben kann – je nach verfassungsrechtlicher Regelung – die Volksabstimmung auch durch ein Verfassungsorgan, etwa die Regierung oder das Parlament oder ein Teil des Parlaments, initiiert werden).
- Volksinitiative ist der aus dem Volk kommende Antrag an das Parlament, eine bestimmte Angelegenheit zu behandeln und darüber zu entscheiden.
- Referendum ist die Entscheidung des Volkes über ein vom Parlament beschlossenes Gesetz (Gesetzesreferendum) oder über eine vom Parlament beschlossene Verfassungsänderung (Verfassungsreferendum).
- Volksbefragung ist die – aufgrund staatlicher Initiative oder aufgrund eines Antrags aus dem Volk durchgeführte – offizielle Befragung des Volkes über eine bestimmte Angelegenheit. Im Gegensatz zum Volksentscheid ist das Ergebnis nicht verbindlich, hat aber wegen des offiziellen Charakters der Befragung doch politisches Gewicht.

c) *Die Rechtslage nach dem Grundgesetz.* Das Grundgesetz erwähnt **32** zwar in Art. 20 II 2 GG die „Abstimmungen", bringt aber im folgenden keine weiteren Vorschriften darüber, in welchen Fällen und unter welchen Voraussetzungen sie durchgeführt werden können oder sogar müssen. Lediglich in Art. 29 GG werden Volksabstimmungen, Volksbegehren und Volksbefragungen im Rahmen der Neugliederung vorgesehen. Indessen handelt es sich dort genau genommen überhaupt nicht um Volks-Abstimmungen, da nicht das Gesamtvolk, sondern die durch die Gebietsänderungen betroffenen Bevölkerungsteile abstimmungsberechtigt sind. Entsprechendes gilt für Art. 118a GG, aus dem für die Neugliederung des Gebietes Berlin/Brandenburg eine entsprechende Ermächtigung abgeleitet werden kann. Die h. L. folgert aus der normativen Zurückhaltung und der Entstehungsgeschichte, daß plebiszitäre Akte nach geltendem Verfassungsrecht nicht zulässig sind. Sie ist aber nicht unbestritten. Die Gegenmeinung beruft sich auf das Demokratieprinzip (Art. 20 I GG) und die Aufnahme der „Abstimmungen" in Art. 20 II 2 GG, die sinnlos wäre, wenn Volksabstimmungen doch nicht zulässig sein sollten; der Gesetzgeber müsse im Wege der Verfassungskonkretisierung befugt sein, entsprechende Regelungen zu erlassen. Diese Auffassung läßt sich jedoch bei genauer Betrachtung nicht halten:

aa) *Die positiv-rechtlichen Regelungen.* Durch das Grundgesetz wer- **33** den Volksabstimmungen nicht ausdrücklich verboten. Auch Art. 77 GG, der bestimmt, daß die Bundesgesetze vom Bundestag (und nicht vom Volk) beschlossen werden, enthält kein Verbot (so aber z.B. *H. Dreier,* Jura 1997, S. 252 f.), da er eben durch (zulässige) Volksabstimmungen eingeschränkt würde und im übrigen nur die Volksgesetzgebung beträfe, Volksabstimmungen über andere Gegenstände und Volksbefragungen aber nicht ausschließen würde. Indessen ist ein solches Verbot auch nicht erforderlich, da Kompetenzen staatlicher Organe (und das abstimmende Volk handelt ebenfalls als Staatsorgan) nur bestehen, wenn eine entsprechende verfassungsrechtliche oder gesetzliche Ermächtigung nachgewiesen werden kann. Art. 20 II GG bildet keine Ermächtigungsgrundlage. Das zeigt ein Vergleich mit den Wahlen zum Bundestag, deren Zulässigkeit sich ebenfalls nicht aus Art. 20 II GG, sondern erst aus Art. 38 GG ergibt. Im übrigen wäre Art. 20 II GG dafür auch eine zu schwache Basis. Volksabstimmungen können nicht einfach zugelassen werden, sondern bedürfen näherer Regelungen, die den Gegenstand, die Voraussetzungen und das Verfahren der Volksabstimmungen, ferner die erforderlichen Quoren für die Abstimmungsbeteiligung und das Abstimmungsergebnis usw. im einzelnen festlegen. Das gilt um so mehr, als Volksentscheide zwangsläufig die Kompetenzen der Verfassungsorgane des Bundes – des Bundestages, des Bundesrates und der Bundesregierung – berühren und beschränken. Diese Regelungen müssen wegen ihrer Bedeutung und ihrer Qualität auf der verfassungsrechtlichen Ebene erfolgen. Sie dürfen nicht dem einfachen Gesetzgeber und damit dem Zugriff der jeweiligen Mehrheit im Bundestag überlassen bleiben. Es ist deshalb nur folgerichtig, wenn alle Verfassungen, die Volksabstimmungen zulassen, entsprechende Regelungen aufgenommen haben, so etwa die Weimarer Reichsverfassung von 1919, die vor und nach Erlaß des Grundgesetzes ergangenen Landesverfassungen und die ausländischen Verfassungen. Solange solche Regelungen im Grundgesetz fehlen, sind Volksabstimmungen nicht möglich und nicht zulässig.

34   bb) *Die Entstehungsgeschichte* bestätigt diesen Befund. Im Parlamentarischen Rat wurde mehrfach über ihre Einführung diskutiert und auch mehrfach ein entsprechender Antrag gestellt, aber jedesmal abgelehnt. Maßgeblich waren die angeblich schlechten Erfahrungen der Weimarer Zeit und Zweifel an der politischen Reife und Zuverlässigkeit der Bürger. Auch wenn man die damaligen Vorbehalte sachlich für nicht gerechtfertigt hält, so haben sie doch die Diskussionen und Entscheidungen des Grundgesetzgebers geprägt. Allerdings könnte man einwenden, daß die damaligen – ohnehin fraglichen – Argumente 50 Jahre nach Erlaß des Grundgesetzes nicht mehr stichhaltig sind. Dem ist jedoch wieder entgegenzuhalten, daß bei der Verfassungsreform 1992–1994 auch über die Einführung plebiszitärer Elemente diskutiert, entsprechende Anträge jedoch abgelehnt wurden, so daß möglicherweise nicht mehr die Entstehungsgeschichte, aber doch die Entwicklungsgeschichte gegen die Zulässigkeit von Volksentscheiden spricht.

cc) *Als Ergebnis* ist somit festzuhalten, daß Volksabstimmungen **35** nach geltendem Verfassungsrecht auf der Bundesebene nicht vorgesehen und nicht zulässig sind. Damit entfallen auch Volksbegehren, die auf Volksentscheide abzielen, und Volksbefragungen, die zwar rechtlich nicht verbindlich sind, aber wegen ihrer politischen Bedeutung den Volksabstimmungen im Ergebnis nahekommen. Art. 20 II 2 GG läuft damit nicht völlig leer. Er bringt zum Ausdruck, daß die Einführung plebiszitärer Elemente durch den verfassungsändernden Gesetzgeber nicht an Art. 79 III GG scheitern würde, deckt die landesverfassungsrechtlichen Plebiszitregelungen (was im Blick auf Art. 28 I 1 GG bedeutsam ist) und zeigt eine gewisse Offenheit für plebiszitäre Entwicklungen im unterverfassungsrechtlichen Bereich.

In der Literatur wird die verfassungsrechtliche Zulässigkeit von Volksabstim- **36** mungen ganz überwiegend verneint, vgl. etwa *Stern,* Staatsrecht I, S. 607 f.; *ders.,* Staatsrecht II, S. 11 ff.; *Hesse,* VerfR Rn. 148; *Herzog,* MD Art. 20 II Rn. 43 ff.; *Sachs,* in: Sachs, Art. 20 Rn. 21; *P. Krause,* HStR II (1987) S. 313 ff.; *K. Bugiel,* Volkswille und repräsentative Entscheidung. Zulässigkeit und Zweckmäßigkeit von Volksabstimmungen nach dem Grundgesetz, 1991 (der jedoch die Zulässigkeit von Volksbefragungen bejaht); *Th. v. Danwitz,* DÖV 1992, 601 ff.; *H. Dreier,* Jura 1997, S. 251 f.; *H. Maurer,* Plebiszitäre Elemente in der repräsentativen Demokratie, 1997, S. 8 ff. – Dagegen wird sie – allerdings z. T. differenzierend – bejaht von *A. Bleckmann,* JZ 1978, 217 ff.; *ders.,* Staatsrecht I, Rn. 347 ff.; *Ch. Pestalozza,* Der Popularvorbehalt. Direkte Demokratie in Deutschland, 1981; *E. Stein,* AK-GG Art. 20 Abs. 1–3 III Rn. 51 f. – Zur Entstehungsgeschichte: JÖR Bd. 1 (1951) S. 620 f.; *O. Jung,* Grundgesetz und Volksentscheid, 1994. – Das BVerfG hat dazu noch nicht Stellung genommen. Die Entscheidungen in BVerfGE 8, 104, 115 ff. (Volksbefragung zur Atomrüstung) und in BVerfGE 60, 175, 199 ff. (Volks-

begehren gegen den Ausbau des Frankfurter Flughafens: „Startbahn-West")
betrafen den Landesbereich und lehnten die Zulässigkeit bereits wegen der
fehlenden Landeskompetenz ab. Die Auffassung von *Stein* aaO., daß das
BVerfG nur zur Kompetenz Stellung genommen und damit die Zulässigkeit
plebiszitärer Elemente bejaht habe, ist schwerlich haltbar.

37   d) *Verfassungspolitische Erwägungen.* Eine weitere Frage ist, ob de
constitutione ferenda Volksabstimmungen (mit Volksbegehren) und
Volksbefragungen eingeführt werden sollten. Die überwiegende
Staatsrechtslehre lehnt dies ab; es mehren sich aber die Stimmen,
die für eine Ergänzung der repräsentativen Demokratie durch plebiszitäre Elemente eintreten. Dazu sind hier nur noch einige Bemerkungen möglich.

38   aa) *Historische Argumente.* In der Literatur wird – wie schon im
Parlamentarischen Rat – die Auffassung vertreten, die plebiszitären
Institute der Weimarer Reichsverfassung hätten die Weimarer Re-
publik erheblich belastet und sogar zu ihrem Ende beigetragen.
Diese Auffassung beruht jedoch auf einer Fehleinschätzung.

In der Weimarer Zeit wurde nur in acht Fällen versucht, aufgrund des
Art. 73 III WRV über ein Volksbegehren eine Volksabstimmung zu erreichen.
Nur in zwei Fällen kam es daraufhin zur Volksabstimmung, die in beiden
Fällen scheiterte, weil nicht die erforderliche Mehrheit zustande kam. Die
Behauptung, die parlamentarische Demokratie habe damals „unter dem per-
manenten Druck plebiszitärer Entscheidungsmöglichkeiten gestanden, was
entscheidend zu ihrer Schwächung beigetragen habe" (so der Bericht der
Gemeinsamen Verfassungskommission, Zur Sache 5/93 S. 168), dürfte erheblich überzogen sein. Selbst wenn mit diesen Volksbegehren und Volksentscheiden ein erheblicher propagandistischer Aufwand verbunden gewesen sein
sollte, so konnte er doch angesichts der geringen Zahl keine größeren Auswirkungen gehabt haben. – In der nationalsozialistischen Zeit kam es zu drei
„Volksabstimmungen", die in Wirklichkeit aber keine waren, da sie nur in der
Akklamation zu bereits vollzogenen Entscheidungen bestanden (1933: Austritt
aus dem Völkerbund; 1934: Gesetz über das Staatsoberhaupt des Deutschen
Reiches, durch das das Amt des Reichspräsidenten mit dem des Reichskanzlers
vereinigt und damit Hitler zugesprochen wurde; 1938: Anschluß Österreichs).
Im übrigen verbietet sich jeder Vergleich, da sie unter den Bedingungen einer
Diktatur stattfanden und deshalb keinen Aussagewert für eine freiheitliche
Demokratie besitzen. Vgl. dazu näher *H. Schneider,* Gedächtnisschrift für W.
Jellinek, S. 157 ff.; *Bugiel,* aaO. S. 189 ff.

39   bb) *Grundsätzliche Einwände.* In der Literatur wird verschiedentlich die Meinung vertreten, die repräsentative Demokratie sei die
eigentliche Form der Demokratie, was praktisch zur Abwertung

der unmittelbaren Demokratie führt. Diese Meinung ist jedoch schwer nachvollziehbar. Sie beruht wohl auf überholten historischen Leitbildern (etwa dem sog. Honoratiorenparlament des 19. Jahrhunderts) oder auf letztlich nicht haltbaren demokratietheoretischen Konstruktionen (so die Lehre Rousseaus von der volonté générale, die marxistische Lehre vom Absterben des Staates oder die Identitätslehre von C. Schmitt). Im übrigen sprächen diese Theorien, wenn sie zutreffen sollten, nur gegen die generelle Einführung der unmittelbaren Demokratie (die nicht zur Diskussion steht), nicht aber gegen die Ergänzung der repräsentativen Demokratie durch plebiszitäre Elemente.

Nicht überzeugend ist auch die Meinung, die unmittelbare Demokratie sei lediglich eine verdeckte Form der repräsentativen Demokratie (vgl. *H. Dreier,* Jura 1997, 291). Es ist zwar richtig, daß nur die Aktivbürgerschaft und auch diese nur durch Mehrheitsbeschluß entscheidet, aber diese Mehrheit repräsentiert nicht die Gesamtheit und will sie auch nicht repräsentieren, sondern die nach ihrer Auffassung sachliche richtige Entscheidung treffen.

cc) *Allgemeine Erwägungen.* Im Vordergrund der Diskussion stehen nicht die historischen und grundsätzlichen, sondern die verfassungspolitischen Erwägungen. Sie weisen auf zutreffende Aspekte, relativieren sich aber bald, wenn man die Abstimmungen im Parlament entsprechend heranzieht.   **40**

– Richtig ist, daß die Volksabstimmung nur ein „Ja" oder ein „Nein", aber   **41**
kein „Ja, aber" zuläßt. Das gilt jedoch auch für die Schlußabstimmung im Parlament. Die Abgeordneten (oder die Fraktionen) stehen vor der Frage, ob sie einen Gesetzentwurf trotz seiner Mängel akzeptieren oder ihn wegen seiner Mängel ablehnen sollen. Daß sie vorher (vielleicht) die Möglichkeit hatten, auf die endgültige Fassung Einfluß zu nehmen, ändert daran nichts, sondern erleichtert allenfalls, wenn sie Erfolg hatten, die zustimmende Entscheidung.
– Der Hinweis auf die komplizierten Verhältnisse des industriellen Massen-   **42**
staates unserer Zeit und die sich daraus ergebenden komplizierten Gesetze ist im Kern durchaus beachtlich, muß aber ebenfalls relativiert werden. Einmal könnte gerade der Blick auf das Volk und die mögliche Volksabstimmung Anlaß geben, die Gesetze einfacher und verständlicher abzufassen. Zum anderen ist nicht einzusehen, weshalb der Bürger, der die komplizierten Gesetze beachten und anwenden muß, nicht in der Lage sein soll, sie vorweg zu beurteilen und über sie zu entscheiden. Drittens sind auch die Parlamentarier heute kaum noch in der Lage, alle Bereiche sachverständig zu überblicken, und daher auf den Rat kompetenter Sachverständiger angewiesen. Im übrigen könnte dieser Gesichtspunkt Anlaß geben, die Volksabstimmun-

gen auf Grundsatzfragen zu beschränken und die Durchführung dem Parlament und der Regierung zu überlassen oder bestimmte Sachbereiche ganz auszunehmen.

43 – Die immer wieder vorgetragene These, daß die durch Volksbegehren veranlassten Volksabstimmungen von einer bestimmten Organisation oder Gruppe ausgingen, die bereits durch die Fragestellung das Ergebnis präjudizierten und das Volk für eigene Zwecke instrumentalisierten und mediatisierten, kann nur polemisch gemeint sein. Natürlich muß jemand die Initiative ergreifen; auch Parlamentsgesetze werden nicht einfach im Parlament beraten und beschlossen. Natürlich ist es auch nicht völlig ausgeschlossen, daß Teile der Bevölkerung auf Demagogen, die sich bestimmte Zeitströmungen zunutze machen, hereinfallen, wie ja auch Abgeordnete gelegentlich solchen Strömungen nachgeben. Entscheidend ist jedoch nicht, welche Gruppen aus welchen Gründen die Initiative ergreifen, sondern ob sie ihr ihrem Programm die Mehrheit der Bürger gewinnen können. Das Plebiszit hat sogar den Vorteil, daß manche Interessenvertreter, die sich in der Öffentlichkeit als (selbsternannte) Sprecher des Volkes aufspielen, durch den Mißerfolg eines Plebiszits entlarvt werden, soweit sie sich überhaupt einem Plebiszit stellen. Wer die Gefahr des demagogischen Mißbrauchs beschwört, attestiert dem Volk die mangelnde politische Reife. Er müßte dann konsequenterweise auch die Wahlen abschaffen. Die Gefahr der Demagogie ist bei Wahlen noch größer, da dort bereits allgemeine Versprechen und vage Angaben über Zielvorstellungen genügen, während es bei Plebisziten um bestimmte Sachfragen geht.

44 – Die oft geringe Beteiligung bei Volksabstimmungen darf nicht einseitig zum Argument gegen die plebiszitären Elemente umgemünzt werden, sondern bedarf einer differenzierenden Betrachtung. Sie läßt sich mit der Stimmenthaltung vergleichen, die auch im Parlament durchaus zulässig und ein immer wieder gebrauchtes Mittel ist, ganz abgesehen davon, daß viele Abgeordnete in „glatten Fällen" auf ihre Mitwirkung bei der Abstimmung ganz verzichten (vgl. dazu BVerfGE 44, 308). Im übrigen kann dem durch entsprechende Quoren bei der Abstimmung und beim Abstimmungsergebnis begegnet werden.

45   dd) *Positive Aspekte.* Fragt man nicht nur, was gegen plebiszitäre Elemente in der repräsentativen Demokratie, sondern auch was für sie vorgebracht werden kann, dann ist vor allem auf folgende grundsätzliche Aspekte hinzuweisen:

46 – *Korrektiv zur Parteienherrschaft:* Die politischen Parteien sind im freiheitlichen demokratischen Staat sicher unverzichtbar und legitim. Sie haben sich aber zu dominierenden Machtträgern entwickelt, die Gefahr laufen, sich vom Volk zu entfernen und ihre Positionen zu mißbrauchen, vor allem dann, wenn sie sich nicht mehr konkurrieren, sondern sich zu einem Machtkartell zusammenschließen. Die Plebiszite schaffen ein Gegengewicht. Sie geben dem Bürger die Möglichkeit, sich auch zwischen den Wahlen und zu konkreten Sachfragen zu äußern. Dadurch werden auch Parteifragen und Sachfragen entzerrt. Der Bürger, der in einer bestimmten Sachfrage von der Linie

„seiner" Partei abweicht, kann dies in der Volksabstimmung zum Ausdruck bringen; er ist nicht mehr gezwungen, wegen dieses Dissenses bei der nächsten Wahl eine andere Partei zu wählen oder trotz dieses Dissenses bei seiner bisherigen Partei zu bleiben.

– *Demokratische Disziplinierung der Regierung:* Die Einführung plebiszitärer **47** Elemente in die Verfassung kann und wird sich auf den Regierungsstil (Regierung im weiteren Sinne verstanden) auswirken. Die Regierung muß, wenn sie einen Gesetzentwurf aufstellen und durchbringen will, nicht nur fragen, ob sie den Entwurf im Parlament durchbringt (was bei der Übereinstimmung von Parlamentsmehrheit und Regierung in der Regel erreicht wird), sondern auch, ob sie im Falle einer möglichen Volksabstimmung das Volk dafür gewinnen kann. Sie wird daher von vornherein auch stärker auf die Meinungen im Volk achten (ohne ihnen vorschnell nachzugeben).

– *Korrektiv der öffentlichen Meinung:* Die sog. öffentliche Meinung wird weitge- **48** hend durch die Parteien, die Verbände und vor allem die Medien gebildet, deckt sich aber keineswegs immer mit dem, was der Bürger wirklich denkt. Vielmehr suggeriert sie dem Bürger dauernd irgendeine Meinung oder Befindlichkeit. Die Volksabstimmung gibt dem Bürger wenigstens in besonders gelagerten Fällen die Möglichkeit, das zu sagen, was er wirklich denkt, statt sich sagen lassen zu müssen, was er angeblich denkt oder sogar entsprechend den jeweiligen Interessen denken sollte. Die Gefahr der Manipulation der öffentlichen Meinung ist sicherlich wesentlich größer als die der immer wieder beschworenen Manipulation der Volksabstimmung.

– *Aktivierung der Bürger:* Schließlich ist die Volksabstimmung, die sich auf **49** konkrete Sachfragen bezieht, geeignet, den Bürger für die öffentlichen Belange zu interessieren und zu aktivieren. Man kann nicht einerseits die Politikverdrossenheit der Bürger beklagen und andererseits die Aktivierung der Bürger hemmen. Schon Freiherr vom Stein wollte zu Beginn des letzten Jahrhunderts – damals (1808) über die kommunale Selbstverwaltung als erste Stufe – den Bürger an den Staat heranführen. Sein Ziel bleibt immer noch aktuell.

ee) *Insgesamt ist festzustellen,* daß es durchaus beachtliche Argu- **50** mente für die verfassungsrechtliche Einführung von Volksabstimmungen gibt, die allerdings auch auf Bedenken und Einwände stoßen. In allen Bundesländern sind inzwischen Volksbegehren und Volksabstimmungen und überwiegend auch Volksinitiativen verfassungsrechtlich vorgesehen und geregelt. In der Praxis wird zunehmend von diesen plebiszitätren Instrumenten Gebrauch gemacht, wenngleich die beschränkten Kompetenzen der Länder im Bereich der Gesetzgebung und die formellen Hürden Grenzen ziehen. Im Bundesbereich mehren sich die Stimmen, die für die Einführung plädieren. Die derzeitige Koalition aus SPD und Grünen hat sie in ihre Koalitionsvereinbarung vom 20. 10. 1998 aufgenommen (wobei zu beachten ist, dass dieses Ziel nur verwirklicht werden kann, wenn − wegen der erforderlichen $^2/_3$-Mehrheit − die Opposition zustimmt). Indessen geht es nicht nur um das „ob" oder „ob nicht", sondern auch und vor allem um die nähere Ausgestaltung, aus der sich wiederum Rückschlüsse für die Zulässigkeit ergeben könnten. Die plebiszitären Elemente müssten organisatorisch und funktionell in das Verfassungssystem einbezogen und mit den repräsentativen Strukturen verzahnt werden. Bedauerlich ist, dass in Deutschland das Referendum, das in der Schweiz eine große Rolle spielt, kaum diskutiert wird (vgl. zum Begriff oben Rn. 31). Mit ihm würde ein Teil der Einwände entfallen. Die Initiative und die konkrete Ausgestaltung der Regelung bliebe der Regierung und dem Parlament überlassen, dem Volk würde aber ein Zustimmungs- bzw. Vetorecht eingeräumt, das wiederum mit seinen Vorwirkungen die parlamentarischen Beratungen befruchten könnte. Diese Lösung könnte mit der Volksinitiative, die sich an das Parlament wendet, verknüpft werden. Jedenfalls sollte ein starres Nebeneinander verhindert, vielmehr eine Verknüpfung von repräsentativen und plebiszitären Elementen angestrebt werden. Volksbefragungen sind dagegen nicht zu empfehlen. Sie sind rechtlich nicht verbindlich, aber faktisch doch wieder bindend, so daß keine klare Linie entsteht. Der Regierung und den sonstigen Verfassungsorganen bleibt es ohnehin unbenommen, über Meinungsforschungsinstitute die Vorstellungen der Bürger zu erkunden, sofern dies auf seriöse Weise geschieht.

51   Für die Zulassung von Volksabstimmungen wohl: *Ch. Degenhart,* Direkte Demokratie in den Ländern − Impuls über das Grundgesetz? Der Staat Bd. 31 (1992) S. 77 ff., insbes. S. 96 f.; *U. Berlit,* Soll das Volk abstimmen?, KritV 1993, 318, 339 ff.; *H. Dreier,* Jura 1997, S. 252; *R. Geitmann,* Volksentscheide auch auf Bundesebene, ZRP 1988, 196 ff.; − dagegen ablehnend *R. Scholz,* Krise der parteienstaatlichen Demokratie? 1983, S. 6 ff.; *ders.,* Grundgesetz zwischen Reform und Bewahrung, 1993, S. 29 ff.; *P. Krause,* HStR II (1987) S. 333 ff.; *H. Ehmke,* Eine alte Frage neu gestellt. Zur Diskussion um die Einführung von Volksabstimmungen, Die neue Gesellschaft 1988, 247 ff.; *P. Kirchhof,* Brauchen wir ein erneuertes Grundgesetz? 1992, S. 23 ff.; *H. H. Klein,* Wider das Plebiszit, Die politische Meinung 1992, S. 8 ff.; *U. Karpen,* Plebiszitäre Elemente in der repräsentativen Demokratie?, JA 1993, 110 ff.; *P. Lerche,* Grundfragen repräsentativer und plebiszitärer Demokratie, in: P. M. Huber/ W. Mößle/M. Stock, Zur Lage der parlamentarischen Demokratie, 1995, S. 179 ff.; *J. Isensee,* Am Ende der Demokratie − oder am Anfang? 1995,

S. 31 ff.; W. *Schmitt Glaeser*, ... die Antwort gibt das Volk, Festschrift für
P. Lerche, 1993, S. 315 ff.

4. Die repräsentative Demokratie

Das Grundgesetz verwirklicht, wie sich bereits aus den bisheri- **52**
gen Darlegungen ergibt, eine strikt repräsentative Demokratie. Das
Bundesvolk ist auf die periodisch wiederkehrende Wahl des Bundestages beschränkt. Dem Bundestag kommt somit eine doppelte
Rolle zu: Er hat erstens – wie alle Verfassungsorgane – bestimmte
Aufgaben und Zuständigkeiten, die entsprechend seiner Stellung
von erheblichem Gewicht sind. Und er hat zweitens anderen Ver-
fassungs- und Staatsorganen die erforderliche demokratische Legitimität zu vermitteln.

Der Bundestag wird daher zu Recht als das zentrale Verfassungs- **53**
organ des Bundes bezeichnet. Die Sicht würde jedoch verkürzt,
wenn man nur die Bundesebene und den Bundestag in die Betrachtung einbezieht. Das Grundgesetz verwirklicht vielmehr eine *bundesstaatlich gegliederte Demokratie*. Das Volk in den Ländern hat den
Landtag zu wählen, der – mutatis mutandis – eine dem Bundestag
entsprechende Stellung im Landesbereich einnimmt. Die Landtage
vermitteln aber nicht nur im Landesbereich, sondern auch im Bundesbereich demokratische Legitimation: Der Bundespräsident wird
von der Bundesversammlung gewählt, die zur Hälfte aus den Mitgliedern des Bundestages und zur anderen Hälfte aus Mitgliedern
besteht, die von den Landtagen gewählt werden; die Bundesverfassungsrichter werden zur Hälfte vom Bundesrat gewählt, der aus den
Landesregierungen besteht, die ihrerseits wiederum ihre demokratische Legitimität über den Landtag vom Landesvolk ableiten; die
Bundesrichter werden vom Richterwahlausschuß gewählt, der sich
aus dem Bundesjustizminister, 16 Mitgliedern des Bundestages und
den jeweils zuständigen Ministern der 16 Bundesländer, in der
Regel den Justizministern, zusammensetzt.

Das sind freilich nur bundesstaatliche Ergänzungen des Demo- **54**
kratieprinzips. Schwerpunktmäßig realisiert sich das Demokratieprinzip auf der Bundesebene im Bundestag und durch den Bundestag. Darauf ist unten, bei der Erörterung des Bundestages, näher
einzugehen (vgl. § 13).

5. Mehrheitsprinzip und Minderheitenschutz

55   a) *Mehrheitsprinzip.* Auch in der Demokratie müssen Entscheidungen getroffen werden. Zunächst ist im Wege der Verhandlungen und des Ausgleichs eine Einigung anzustreben, da sie eine alle Interessen berücksichtigende Lösung gewährleistet und die Akzeptanz der Entscheidung erhöht (vgl. *Hesse,* VerfR Rn. 141). Je größer die Zahl der an der Entscheidung beteiligten Personen und je komplexer der Entscheidungsgegenstand sind, desto schwieriger wird es, eine allseits befriedigende Lösung zu finden. In diesem Fall greift das Mehrheitsprinzip ein. Eine Mehrheitsentscheidung ist immer noch besser als ein Verzicht auf Tätigwerden oder ein „fauler Kompromiß". Den dissentierenden Gremiumsmitgliedern dürfte es meistens auch leichter fallen, sich überstimmen zu lassen, als einem ihnen nicht vertretbar erscheinenden Beschluß aus Gründen der Solidarität zustimmen zu müssen. Warum die Mehrheit maßgeblich sein soll, wird in der Staatslehre und in der Politikwissenschaft lebhaft diskutiert. Darauf ist hier nicht weiter einzugehen. Das Grundgesetz legt jedenfalls das Mehrheitsprinzip als Entscheidungsmodus fest.

56   b) *Die Ausgestaltung des Mehrheitsprinzips.* Mehrheit ist nicht gleich Mehrheit. Das gilt auch für das Grundgesetz. Überblickt man die einschlägigen Regelungen, dann finden sich sehr unterschiedliche Anknüpfungspunkte für die Feststellung der Mehrheit. Um die Einordnung zu erleichtern, sollen vorweg die verschiedenen Möglichkeiten in eine gewisse Systematik gebracht werden. Zunächst ist zwischen der Bezugsgröße und dem erforderlichen Quorum zu unterscheiden und dann innerhalb dieser beiden Gruppen weiter zu differenzieren.

57   aa) Die *Bezugsgröße* stellt auf die für die Berechnung der Mehrheit maßgebliche Ausgangszahl ab. Dabei ergeben sich drei Fallgruppen:

– Abstimmungsmehrheit: Der zur Entscheidung gestellte Antrag bedarf der Mehrheit der sich an der Abstimmung beteiligenden Personen; Enthaltungen und ungültige Stimmen zählen nicht.
– Anwesenheitsmehrheit: Der Antrag erfordert die Mehrheit der während der Entscheidung anwesenden Personen; die Folge ist, daß Enthaltungen und ungültige Stimmen mitgezählt und auf der negativen Seite verbucht werden.

– Mitgliedermehrheit: Erforderlich ist die Mehrheit der gesetzlich vorgeschriebenen Zahl der Mitglieder des jeweiligen Gremiums; in der Praxis bedeutet das, daß nicht nur die Enthaltungen und die ungültigen Stimmen, sondern auch die der abwesenden Mitglieder mitgezählt werden und sich als Ablehnung auswirken.

Es liegt auf der Hand, daß die Anforderungen an die positive Entscheidung von Stufe zu Stufe erheblich zunehmen. Das kommt auch dadurch zum Ausdruck, daß im Blick auf die Abstimmungsmehrheit von der „relativen Mehrheit" und im Blick auf die Mitgliedermehrheit von der „absoluten Mehrheit" gesprochen wird, wobei allerdings die Terminologie nicht immer einheitlich ist.

bb) Das sog. *Quorum* stellt auf die erforderliche Zahl der Stimmen ab, die bei der Abstimmung erreicht werden muß. In der Regel ist das die rechnerische Mehrheit, also 50% plus 1 Stimme. Bei Stimmengleichheit ist der Antrag abgelehnt (er hat eben nicht die Mehrheit erreicht). Das Quorum kann aber gesetzlich erhöht werden, indem z.B. eine $^2/_3$-Mehrheit oder sogar eine $^3/_4$-Mehrheit verlangt wird. Es bieten sich dafür die Ausdrücke „einfache Mehrheit" und „qualifizierte Mehrheit" an. **58**

cc) *Schließlich sind noch Kombinationen* möglich, so etwa, daß die Mehrheit von $^2/_3$ der abgegebenen Stimmen (qualifizierte Abstimmungsmehrheit) und die Mehrheit der Mitglieder des Gremiums (einfache Mitgliedermehrheit) gefordert wird. **59**

c) *Die Regelungen des Grundgesetzes.* Die dargelegten Variationen sind nicht nur Zahlenspiele, sondern gezielte Vorgaben für den jeweiligen Ablauf des politischen Prozesses. Das Grundgesetz enthält ein ganzes Spektrum von Differenzierungen, die beachtet werden müssen. Es sei nur auf folgendes hingewiesen: **60**

– Für die Beschlüsse des Bundestages genügt, soweit das Grundgesetz selbst nichts anderes bestimmt oder zuläßt, die „Mehrheit der abgegebenen Stimmen", also die einfache Abstimmungsmehrheit (Art. 42 II GG).
– Für Beschlüsse des Bundesrates ist dagegen die „Mehrheit seiner Stimmen", also die einfache Mitgliedermehrheit erforderlich (Art. 52 III 1 GG). Wenn in den Koalitionsvereinbarungen der Länder immer wieder festgelegt wird, daß sich die Landesvertretung im Bundesrat der Stimme enthält, wenn sich die Koalitionspartner nicht einigen können, so ist das eine Augenwischerei; Enthaltung bedeutet in der Praxis nichts anderes als Ablehnung (vgl. dazu auch unten § 16 Rn. 21).

- Für Wahlen und damit Personalentscheidungen wird in der Regel die Mehrheit der Mitglieder des jeweiligen Gremiums gefordert, die allerdings, falls sie trotz mehrerer Wahlgänge nicht erreicht wird, auf die Abstimmungsmehrheit reduziert wird (vgl. Art. 54 VI GG für die Wahl des Bundespräsidenten, Art. 63 II–IV GG für die Wahl des Bundeskanzlers).
- Änderungen des Grundgesetzes bedürfen gem. Art. 79 II GG „der Zustimmung von zwei Dritteln der Mitglieder des Bundestages und zwei Dritteln der Stimmen des Bundesrates", also einer qualifizierten Mitgliedermehrheit.
- Eine Kombination von qualifizierter Abstimmungsmehrheit und einfacher Mitgliedermehrheit ist z. B. für die Feststellung des Verteidigungsfalles vorgesehen (Art. 115 a I 2 GG).
- Weitere Regelungen finden sich in einfachen Gesetzen (so werden die Richter des Bundesverfassungsgerichts mit $2/3$-Mehrheit der Mitglieder des Wahlausschusses des Bundestages bzw. des Bundesrates gewählt, bedürfen also einer qualifizierten Mitgliedermehrheit; § 6 V, § 7 BVerfGG).
- Selbst die Geschäftsordnung des Bundestages kann interessant werden: Für die Wahl des Bundestagspräsidenten ist gem. § 2 II GOBT die Mehrheit der Mitglieder des Bundestages erforderlich. Wird sie auch im zweiten Wahlgang nicht erreicht, erfolgt eine Stichwahl zwischen den beiden Kandidaten mit der höchsten Stimmzahl; führt diese zur Stimmengleichheit, entscheidet das Los.

61   Die Anforderungen an die jeweilige „Mehrheit" entsprechen der Bedeutung der jeweiligen Entscheidungen. So soll die Wahl des Bundeskanzlers mit der Mehrheit der Mitglieder des Bundestages gewährleisten, daß die Mehrheit des Parlamentes hinter ihm steht, was für eine erfolgreiche Amtsführung der Bundesregierung, insbesondere im Bereich der Gesetzgebung und der Haushaltsbewilligung, unabdingbar ist. Die hohen Anforderungen an die Verfassungsänderungen sollen den Bestand der Verfassung gegenüber dem Zugriff der jeweiligen Mehrheit absichern. Fraglich und nicht weiter eruierbar ist, weshalb im Bundesrat die absolute Mehrheit gefordert wird. Da die Länder mit Koalitionsregierungen zunehmend dazu übergehen, im Falle der Nichteinigung über die Stimmabgabe im Bundesrat sich der Stimme zu enthalten, wäre es angemessener, die einfache Mehrheit einzuführen und damit aus der „Enthaltung" eine echte Enthaltung (weder pro noch contra) zu machen.

62   d) *Minderheitenschutz.* Die Anforderungen an die Mehrheit stehen in korrespondierendem Zusammenhang mit dem Minderheitenschutz. Je höher nämlich die Anforderungen sind, desto mehr Einfluß erlangt die Minderheit. So kann bereits ein Drittel der Mitglieder des Bundestages oder des Bundesrates eine Verfassungsänderung verhindern. Die Minderheit ist freilich in diesen Fällen auf ein „Veto" beschränkt, wenn man von der – zwar nicht rechtlichen, aber politischen – Möglichkeit absieht, daß sie ihre Zustimmung von der Einräumung bestimmter Zugeständnisse abhängig macht und machen kann. Dagegen haben die Minderheitsrechte im verfahrensrechtlichen Bereich – etwa die Einräumung von Antragsrechten, Rederechten, Beteiligungsrechten und dgl. – positive Wirkungen. Sie vermitteln der Opposition und Einzelgruppen die Möglichkeit, ihre Vorstellungen in das Verfahren und ggf. auch in die Entscheidung selbst einzubringen. Das Mehrheitsprinzip ist überhaupt nur dann akzeptabel und legitim, wenn und weil die Minderheit im Verfahren nicht ausgeschlossen wird, sondern die reelle Chance hat, auf die Entscheidungsfindung Einfluß zu nehmen.

Die Mitwirkungsrechte der Minderheiten werden vor allem im Rahmen der **63** (nachträglichen) parlamentarischen Kontrolle aktuell und diskutiert. Sie dürfen jedoch nicht darauf verkürzt werden; abgesehen davon, daß die Kontrolle – hier wie auch sonst – nicht nur repressiv, sondern auch präventiv wirkt und wirken soll, hat die parlamentarische Opposition das Recht, in die (vorgängigen) Entscheidungsprozesse einbezogen zu werden. Zutreffend wird ihnen daher in den neueren Verfassungen ausdrücklich das „Recht auf Chancengleichheit" zugesprochen (vgl. etwa Art. 40 SächsVerf., Art. 59 II ThürVerf.).

e) *Rechtsstaatliche Grenzen.* Das Mehrheitsprinzip steht unter dem **64** Vorbehalt der rechtsstaatlichen Bindungen, die sich aus der Verfassung ergeben. Sie dienen zum einen dem soeben dargelegten Minderheitenschutz, binden darüber hinaus aber auch allgemein die Mehrheit an den Grundsatz des Rechtsstaates und seine Ausprägungen in materieller und formeller Hinsicht. Zu nennen sind vor allem die Grundrechte, ferner die formellen Bindungen des Rechtsstaats, wie z. B. die Grundsätze der Berechenbarkeit, der Bestimmtheit, der Rechtssicherheit, der Verhältnismäßigkeit usw. Vgl. dazu näher unten § 8 Rn. 9 ff.

f) *Rechnerische Größe.* Die Bezeichnungen Mehrheit und Min- **65** derheit sind keine verfassungsrechtlichen Begriffe, sondern nur rechnerische und allenfalls politische Größen. Das Grundgesetz kennt die Begriffe Mehrheit und Minderheit nicht, jedenfalls nicht in organisatorischer Hinsicht als Verfassungsorgane, Teile von Verfassungsorganen oder ähnlichen Einrichtungen. Wenn z. B. von der Minderheit im Bundestag die Rede ist, so ist damit eine – mehr oder weniger zufällig zusammenkommende – Gruppe von Abgeordneten gemeint, die zahlenmäßig in der Lage sind, bestimmte Rechte (Minderheitenrechte) geltend zu machen, etwa das Recht, die Einsetzung eines Untersuchungsausschusses gem. Art. 44 I GG zu beantragen. Dementsprechend kann auch die Verletzung eines Minderheitenrechts nicht von „der Minderheit", sondern nur von den Abgeordneten geltend gemacht werden, die das Minderheitenrecht ungeschmälert ausüben wollen, etwa den Antrag auf Einsetzung eines Untersuchungsausschusses gestellt oder unterstützt haben. Entsprechendes gilt für die Mehrheit.

Literatur zu I (Staatsformen): G. *Dürig,* Staatsformen, Handwörterbuch der Sozialwissenschaften, Bd. 9 (1956) S. 742 ff.; auch abgedruckt in: *ders.,* Gesammelte Schriften, 1984, S. 365 ff.; *M. Imboden,* Die Staatsformen, 1959; *R. Zippelius,* Allgemeine Staatslehre, 13. Aufl. 1999, S. 157 ff.

Zu II (Republik): *J. Isensee,* Republik – Sinnpotential eines Begriffs, JZ 1981, 1 ff.; *W. Henke,* Zum Verfassungsprinzip der Republik, JZ 1981, 249 ff.; *ders.,* Die Republik, HStR I (1987) S. 863 ff.; *H. Reinalter* (Hg.), Republikbegriff und Republiken seit dem 18. Jahrhundert im europäischen Vergleich, 1999.

Zu III (Demokratie): *H. Kelsen,* Vom Wesen und Wert der Demokratie, 2. Aufl. 1929; *E. Fraenkel,* Deutschland und die westlichen Demokratien, 5. Aufl. 1973; *C.J. Friedrich,* Demokratie als Herrschafts- und Lebensform, 2. Aufl. 1966; *G. Leibholz,* Strukturprobleme der modernen Demokratie, 3. Aufl. 1967; *M. Hättich,* Demokratie als Herrschaftsordnung, 1967; *H.F. Zacher,* Freiheitliche Demokratie, 1969; *W. v. Simson/M. Kriele,* Das demokratische Prinzip im Grundgesetz, Referate mit Diskussion, VVDStRL 29 (1971) S. 3 ff.; *U. Scheuner,* Das Mehrheitsprinzip in der Demokratie, 1973; *W. Leisner,* Demokratie, Selbstzerstörung einer Staatsform?, 1979; *W. Steffani,* Pluralistische Demokratie, 1980; *E.-W. Böckenförde,* Mittelbare/repräsentative Demokratie als eigentliche Form der Demokratie, Festschrift für K. Eichenberger, 1982, S. 301 ff.; *ders.,* Demokratie als Verfassungsprinzip, HStR I (1987) S. 887 ff.; *W. Heun,* Das Mehrheitsprinzip in der Demokratie, 1983; *R.A. Rhinow,* Grundprobleme der schweizerischen Demokratie, Schweizerischer Juristenverein, Referate und Mitteilungen, 118. Jg., 1984; *H. Hattenhauer/W. Kaltefleiter* (Hg.), Mehrheitsprinzip, Konsens und Verfassung, 1986; *P. Badura,* Die parlamentarische Demokratie, HStR I (1987) S. 953 ff.; *H. Hofmann/H. Dreier,* Repräsentation, Mehrheitsprinzip und Minderheitenschutz, ParlR S. 165 ff.; *H. H. Klein,* Die mehrspurige Demokratie, Festschrift für Helmrich, 1994, S. 255 ff.; *P.M. Huber/W. Mößle/M. Stock* (Hg.), Zur Lage der parlamentarischen Demokratie, 1995; *J. Isensee,* Am Ende der Demokratie – oder am Anfang?, 1995; *H. H. v. Arnim,* Demokratie vor neuen Herausforderungen, ZRP 1995, 340 ff.; *D. Merten/W. Berka/O. Depenheuer,* Bürgerverantwortung im demokratischen Verfassungsstaat, Referate mit Diskussion, VVDStRL 55

(1996) S. 7 ff.; *H. Dreier*, Das Demokratieprinzip des Grundgesetzes, Jura 1997, 249 ff.
Zur unmittelbaren Demokratie vgl. die Nachweise oben Rn. 36 und 51; ferner *E. Fraenkel*, Die repräsentative und die plebiszitäre Komponente im demokratischen Verfassungsstaat, 1958; *W. Weber*, Mittelbare und unmittelbare Demokratie, Festschrift für Hugelmann, 1959, S. 765 ff.; auch abgedruckt in: *ders.*, Spannungen und Kräfte im westdeutschen Verfassungssystem, 3. Aufl. 1970, S. 175 ff.; *J. Isensee*, Verfassungsreferendum mit einfacher Mehrheit, 1999; *P. Neumann/St. v. Raumer* (Hg.), Die verfassungsrechtliche Ausgestaltung der Volksgesetzgebung, 1999; *H.-P. Hufschlag*, Einfügung plebiszitärer Komponenten in das Grundgesetz 1999; *H.-U. Gallwas*, Zur Gesetzgebungskonkurrenz zwischen Volk und Landtag nach der Bayerischen Verfassung, Festschrift für K. Vogel, 1999, S. 441 ff.; *H. H. v. Arnim* (Hg.), Direkte Demokratie, 2000; *U. Steiner*, Schweizer Verhältnisse in Bayern? Zu Bürger- und Volksbegehren im Freistaat, 2000; *D. Birk/R. Wernsmann*, Volksgesetzgebung über Finanzen, DVBl. 2000, 669 ff.; *B. J. Hartmann*, Volksgesetzgebung in Ländern und Kommunen, DVBl. 2001, 767 ff.

Rechtsprechung: BVerfGE 8, 104 (Atombewaffung: Volksbefragung); BVerfGE 20, 56 (politische Parteien: Willensbildung vom Volk zu den staatlichen Organen); BVerfGE 44, 125 (Öffentlichkeitsarbeit der Regierung während des Wahlkampfes); BVerfGE 83, 37 und 60 (Ausländerwahlrecht); BVerfGE 93, 37 (Personalvertretung: demokratische Legitimität der staatlichen Organe); BVerwGE 106, 64 (demokratische Legitimation der Organe eines Wasserverbands).

§ 8. Die verfassungsrechtliche Grundentscheidung für den sozialen Rechtsstaat

I. Grundlagen und Bedeutung des Rechtsstaatsprinzips

1. Grundlagen

Das Rechtsstaatsprinzip wird in Art. 20 I GG, der die verfas- **1**
sungsrechtlichen Grundentscheidungen benennt, nicht ausdrücklich erwähnt. Gleichwohl kann nicht zweifelhaft sein, daß es zu den tragenden Verfassungsprinzipien gehört (vgl. bereits oben § 6 Rn. 5). Das wird durch Art. 28 I 1 GG bestätigt, der die verfassungsmäßige Ordnung in den Ländern an die Grundentscheidungen des Grundgesetzes bindet und dabei auch den „Rechtsstaat" aufführt. Ferner wird in Art. 23 I 1 GG, der die Voraussetzungen für die Mitwirkung der Bundesrepublik in der Europäischen Union festlegt, das

Rechtsstaatsprinzip zusammen mit den anderen verfassungsrechtlichen Grundentscheidungen genannt.

2   Der Grundgesetzgeber war sogar – im Blick auf die nationalsozialistische Gewaltherrschaft und die Diktatur in den Ostblockstaaten – in besonderer Weise bemüht, eine rechtsstaatliche Ordnung aufzubauen und durch entsprechende Garantien abzusichern. Deshalb enthält das Grundgesetz eine ganz Reihe von Regelungen, die das Rechtsstaatsprinzip zum Ausdruck bringen und entfalten. Darauf ist noch näher einzugehen. Schon hier sei aber auf die Gewährleistung der Grundrechte mit der Menschenwürdegarantie an der Spitze (Art. 1 ff. GG), ferner auf die strikte Rechtsbindung der gesamten Staatsgewalt (Art. 20 III GG), das Gewaltenteilungsprinzip (Art. 20 II 2 GG), die Rechtsschutzgarantie (Art. 19 IV GG), die Festlegung der Staatshaftung (Art. 34 GG) und die prozessualen Grundrechte (Art. 101 ff. GG) hingewiesen.

3   Das Rechtsstaatsprinzip bildet nicht nur eine Sammelbezeichnung für diese Einzelregelungen, sondern hat darüber hinaus auch eigenständige Bedeutung. Es stellt einmal eine Auslegungsrichtlinie für die gesamte Verfassungs- und Rechtsordnung dar und kommt zum anderen unmittelbar zur Anwendung, wenn und soweit im konkreten Fall Einzelregelungen fehlen.

Vgl. dazu bereits oben § 6 Rn. 6. Die subsidiäre Anwendung des Rechtsstaatsprinzips ist überwiegend anerkannt, vgl. etwa *Stern,* Staatsrecht I, S. 778 ff.; *E. Schmidt-Aßmann,* HStR I (1987) S. 990 ff.; *K. Sobota,* Das Prinzip Rechtsstaat, 1997, 399 ff. – Anderer Ansicht *Ph. Kunig,* Das Rechtsstaatsprinzip, 1986, passim, zusf. S. 109 f., 457 ff., der einen Rückgriff auf das allgemeine Rechtsstaatsprinzip für entbehrlich hält, weil sich alle rechtsstaatlich relevanten Fragen durch die Einzelregelungen des Grundgesetzes lösen ließen; wenn auch dieser Ansicht nicht durchweg zugestimmt werden kann, so zeigt sie doch, daß die rechtsstaatlichen Einzelregelungen bei genauer Prüfung oft ergiebiger sind, als gemeinhin angenommen wird.

4   Die genaue verfassungsrechtliche Grundlage des allgemeinen Rechtsstaatsprinzips ist noch fraglich. Das BVerfG hat in einer seiner ersten Entscheidungen erklärt, es ergäbe sich „aus einer Zusammenschau der Bestimmungen des Art. 20 Abs. 3 GG über die Bindung der Einzelgewalten und der Art. 1 Abs. 3, 19 Abs. 4, 28 Abs. 1 Satz 1 GG sowie aus der Gesamtkonzeption des Grundgesetzes" (BVerfGE 2, 280, 403). Die h. L. hat sich dieser Auffassung

zu Recht angeschlossen. In späteren Entscheidungen beschränkte sich jedoch das BVerfG darauf, nur Art. 20 GG oder sogar – zunehmend – nur Art. 20 III GG zu zitieren.

Vgl. zuletzt BVerfGE 92, 365, 409; 93, 99, 107; 95, 64, 82. Der allgemeine Hinweis auf Art. 20 GG ist schon deshalb verfehlt, weil diese Vorschrift unterschiedliche Aussagen enthält. Art. 20 III GG ist zu eng, weil er nicht das Rechtsstaatsprinzip insgesamt, sondern nur einen Teilbereich, nämlich die Rechtsbindung der Staatsgewalt, festlegt. Möglicherweise handelt es sich bei dem Hinweis auf Art. 20 III GG nur um eine Kurzfassung. Jedenfalls ergeben sich daraus keine praktischen Konsequenzen und Einschränkungen, da das BVerfG das Rechtsstaatsprinzip eindeutig als umfassenden Grundsatz anerkennt.

2. Zum Begriff des Rechtsstaats

Die Rechtsstaatsidee ist alt (vgl. zum alten Deutschen Reich **5** bereits oben § 2 Rn. 23); sie ist wohl als Streben nach Rechtssicherheit und Gerechtigkeit im Menschen und in der menschlichen Gemeinschaft angelegt. Ihre Verwirklichung hängt aber von den jeweiligen Verhältnissen und Vorstellungen ab. Daher gibt es keinen allgemeingültigen Begriff des Rechtsstaates, der sich ohne weiteres heranziehen und im konkreten Fall anwenden ließe. Was oben für das Demokratieprinzip festgestellt wurde (§ 6 Rn. 1), gilt auch hier. Struktur und Inhalt des in unserem Staat maßgebenden Rechtsstaatsprinzips sind aus dem Kontext des Grundgesetzes zu ermitteln, wobei die Einbeziehung traditioneller Entwicklungen und allgemeiner Erwägungen hilfreich sein kann. Allgemein läßt sich sagen, daß der Rechtsstaat ein Staat ist, in dem nicht nur die Beziehungen zwischen den Bürgern, sondern auch das Verhältnis zwischen dem Staat und den Bürgern und der innerstaatliche Bereich rechtlich geregelt sind. Kennzeichnend für den Rechtsstaat ist also, daß (auch) die Ausübung der Staatsgewalt rechtlich gebunden ist, im Gegensatz zum Machtstaat oder Polizeistaat, in dem entweder keine oder keine ausreichenden rechtlichen Regelungen bestehen oder die bestehenden Regelungen von den Machthabern bewußt und ständig ignoriert werden. Die rechtliche Regelung des Staat-Bürger-Verhältnisses macht aus dem Untertanenverhältnis ein Rechtsverhältnis mit gegenseitigen Rechten und Pflichten. Der Staatsbürger wird als Person und damit als Rechtssubjekt anerkannt.

6   Die Beziehungen des Staates zum Recht sind freilich nicht spannungsfrei, da er einerseits das Recht schaffen und für seine Durchsetzung sorgen muß und andererseits an das (von ihm selbst gesetzte) Recht gebunden ist. Der Staat ist Herr und Untergebener des Rechts zugleich. Das führt zur Frage nach der Bindung des gesetzgebenden Staates.

3. Vom formellen zum materiellen Rechtsstaat

7   In Deutschland verlief die Entwicklung vom formellen Rechtsstaat des 19. Jahrhunderts zum materiellen Rechtsstaat des 20. Jahrhunderts. Der *formelle Rechtsstaat* ist als integraler Teil des konstitutionellen Staatsrechts des 19. Jahrhunderts entstanden (vgl. dazu oben § 2 Rn. 45). Der zentrale Begriff war *das Gesetz*. Im Gegensatz zur vorangegangenen Epoche des absoluten Staates durfte die monarchische Exekutive nicht mehr beliebig, sondern nur noch dann in Freiheit und Eigentum des Bürgers und damit in den gesellschaftlichen und wirtschaftlichen Bereich eingreifen, wenn ein Gesetz dazu ermächtigte, und durften Gesetze nicht mehr allein vom Monarchen, sondern nur noch mit Zustimmung der Volksvertretung erlassen werden. Das mit Zustimmung des Volkes erlassene Gesetz sicherte die Freiheit und das Eigentum. Das genügte nach der damaligen Auffassung.

Die Vorstellung, die Volksvertretung könne einem willkürlichen oder gar ungerechten Gesetz die Zustimmung erteilen, lag völlig fern. Damit erklärt sich auch, daß die Grundrechte nur für die Exekutive, nicht aber für die Gesetzgebung verbindlich waren. Zum Konflikt kam es nur, wenn der Monarch einseitig eine Regelung erließ, die nach Ansicht des Parlaments als Gesetz seiner Zustimmung bedurfte hätte. Man sprach auch vom bürgerlichen oder liberalen Rechtsstaat, weil er dem Schutz der liberalen Freiheitsrechte des Bürgertums gegenüber staatlicher Bevormundung diente.

8   Mit der zunehmenden Industrialisierung und ihren bekannten gesellschaftlichen Konsequenzen wurde die soziale Frage bereits in der zweiten Hälfte des 19. Jahrhunderts immer drängender und im 20. Jahrhundert – nach den durch die beiden Weltkriege ausgelösten Geldentwertungen, persönlichen und materiellen Kriegsschäden, Umschichtungen usw. – unausweichlich. Der Staat kann sich nicht mehr auf die Gefahrabwehr zurückziehen, sondern muß selbst sozialgestaltend tätig werden. Es genügt nicht mehr, daß der Staat durch die Gesetze gebunden wird; die Gesetze müssen vielmehr auch inhaltlichen Anforderungen entsprechen, sie müssen sozial gerecht sein. Der formelle (liberale oder bürgerliche) Rechtsstaat wird durch den materiellen (sozialen) Rechtsstaat nicht abgelöst, aber ergänzt (vgl. näher zum Sozialstaatsprinzip unten Rn. 59).

Die engere formelle Deutung des Rechtsstaats wurde im 19. Jahrhundert überwiegend, keineswegs ausschließlich vertreten. Es sei nur auf *Lorenz von Stein* hingewiesen (vgl. dazu *E. R. Huber,* Lorenz von Stein und die Grundlegung der Idee des Sozialstaats, 1958); ferner neben und vor ihm *R. v. Mohl,* der den „Zweck des Rechtsstaates" darin sah, „die Hindernisse zu beseitigen, welche der allseitigen Entwicklung der Kräfte der Bürger im Wege stehen" (*R. v. Mohl,* Die Polizei-Wissenschaft nach den Grundsätzen des Rechtsstaates, 2. Aufl. 1844, Bd. 1, S. 9), – eine Kennzeichnung, die auch heute noch volle Zustimmung verdient. Vgl. dazu *K.-P. Sommermann,* aaO. Rn. 99, S. 174, 176 f.

II. Die Ausgestaltung des Rechtsstaatsprinzips

Das Grundgesetz enthält eine ganze Reihe von Instituten und 9 Regelungen, die das Rechtsstaatsprinzip konkretisieren. Sie ist aber nicht abschließend. Vielmehr kommt, wie bereits dargelegt wurde, das allgemeine Rechtsstaatsprinzip unmittelbar zur Anwendung, wenn grundgesetzliche Einzelregelungen fehlen. Der Rückgriff auf das allgemeine Rechtsstaatsprinzip bedarf jedoch der sorgfältigen Prüfung. Nicht alles, was „gerecht" oder „richtig" erscheint, ist auch rechtsstaatlich gefordert. Rechtspolitische Vorstellungen, so gewichtig und wünschenswert sie auch sein mögen, dürfen nicht über das Rechtsstaatsprinzip in den Rang von Verfassungsgeboten erhoben werden.

Wenn im folgenden die sich aus dem Rechtsstaatsprinzip ergebenden Kon- 10 kretisierungen näher betrachtet werden, so erscheint es zunächst naheliegend, nach den Forderungen, die das Grundgesetz selbst aus dem Rechtsstaatsprinzip gezogen hat, und den Forderungen, die im Wege der Auslegung aus dem allgemeinen Rechtsstaatsprinzip zu ermitteln sind, zu differenzieren. Schon aus Gründen der Übersichtlichkeit ist es jedoch besser, nach sachlich-systematisierenden Gesichtspunkten zu unterscheiden.

1. Grundrechte

11   Die wichtigste Ausprägung des Rechtsstaatsprinzips bilden die Grundrechte. Sie konkretisieren es in verschiedenen Richtungen und machen es durch ihre subjektive Ausrichtung wehrfähig. Allerdings stellen die Grundrechte nicht nur Konkretisierungen des Rechtsstaatsprinzips dar, sondern bringen auch andere Verfassungsprinzipien (Menschenwürdegarantie, Demokratieprinzip, Sozialstaatsprinzip) zum Ausdruck.

> Die Versammlungsfreiheit (Art. 8 I GG) ist nicht nur ein liberales Freiheitsrecht, sondern auch ein demokratisches Mitwirkungsrecht; das Recht auf Leben und Gesundheit (Art. 2 II 1 GG) bildet nicht nur ein Abwehrrecht gegenüber staatlichen Eingriffen, sondern begründet auch ein Recht auf Gewährleistung des Existenzminimums und auf Schutz gegenüber Eingriffen Dritter. Vgl. näher zu den Grundrechten unten § 9.

2. Gewaltenteilung

12   Nach allgemeiner Auffassung stellt die Gewaltenteilung im Sinne der klassischen Dreiteilung der Gewalten (Art. 20 II 2 GG) eine Ausprägung des Rechtsstaatsprinzips dar. Das ist durchaus richtig. Durch die Verteilung der staatlichen Macht auf verschiedene, sich gegenseitig begrenzende und kontrollierende Staatsorgane soll dem Machtmißbrauch vorgebeugt und die Freiheit des Bürgers gesichert werden. Da aber die Gewaltenteilung gerade in dieser Funktion ein tragendes Organisationsprinzip ist, wird sie zu Beginn der Darstellung des Verfassungsorganisationsrechts näher behandelt.

> Vgl. dazu näher unten § 12. Schon hier ist noch zu bemerken, daß die Gewaltenteilung darüber hinaus auch der arbeitsteiligen Erfüllung der vielfältigen staatlichen Aufgaben durch jeweils dafür kompetente und entsprechend ausgestattete Organe sowie der Repräsentation unterschiedlicher politischer Gruppen und Strömungen dient.

3. Die Rechtsbindung der staatlichen Organe

13   a) *Grundsatz*. Das Kernstück des Rechtsstaatsprinzips bildet die Bindung aller staatlicher Organe bei allen ihren Äußerungen und Handlungen an das geltende Recht. Sie wird in Art. 20 III GG generell festgelegt, in Art. 1 III GG im Blick auf die Grundrechte wiederholt und in Art. 97 I GG für die Rechtsprechung (unter Hinweis auf die korrespondierende Weisungsfreiheit gegenüber sonstigen Bindungen) bestätigt. Der Vorrang der Verfassung und der Gesetze gilt uneingeschränkt. Er erfaßt alle Maßnahmen, auch Regierungsakte, Gnadenakte, verwaltungsprivatrechtliches Handeln, fiskalisches Tätigwerden, verwaltungsinterne Anordnungen usw. Unter der Herrschaft des Grundgesetzes gibt es keinen rechtsfreien staatlichen Raum.

Die Vorstellung einer rechtsfreien Gnade (Gnade geht vor Recht) gehört der Vergangenheit an; sie ist eng mit dem Bild des Monarchen von Gottes Gnaden verbunden. Die Begnadigung, d. h. der Verzicht auf die (weitere) Vollstreckung eines Strafurteils, hat dadurch ihren Sinn nicht verloren. Sie ermöglicht nach wie vor, die persönlichen Umstände des Verurteilten zu berücksichtigen. Das muß aber unter Beachtung der maßgeblichen rechtlichen Regelungen geschehen. Für die unteren Gnadenbehörden bestehen ohnehin unterschiedliche Gnadenordnungen. Die höheren Instanzen (Bundespräsident, Landesministerpräsidenten) können zwar nach ihrem Ermessen entscheiden, müssen dabei aber auch die – sicher sehr weiten – Ermessensgrenzen, insbesondere den Gleichheitssatz, beachten.

Art. 20 III GG gilt nur für den Bereich des deutschen Rechts. **14** Die Verbindlichkeit des europäischen Gemeinschaftsrechts ergibt sich aus der Geltungskraft dieser Rechtsordnung, die innerstaatlich durch die Zustimmung zum EG-Vertrag und seinen Änderungen und durch Art. 23 I GG anerkannt wird.

b) *Die Verfassungsbindung des Gesetzgebers.* Der Gesetzgeber ist an **15** alle Vorschriften des Grundgesetzes gebunden. Art. 20 III GG spricht zwar nur von der „verfassungsmäßigen Ordnung". Es ist aber zu Recht allgemein anerkannt, daß damit keine Einschränkung auf bestimmte Verfassungsgrundsätze gemeint ist. Das ergibt sich auch aus dem Vorrang der Verfassung. Gesetze, die gegen die Verfassung verstoßen, sind grundsätzlich nichtig und vom BVerfG im Normenkontrollverfahren für nichtig zu erklären.

Lediglich dann, wenn die Nichtigerklärung den eigentlichen Verfassungsverstoß nicht erfassen würde, etwa bei bestimmten Verstößen gegen den Gleichheitssatz, oder wenn die Nichtigerklärung das Verfassungsunrecht noch vertiefen würde, sieht das BVerfG von der Nichtigerklärung ab und beschränkt sich auf die Feststellung der Verfassungswidrigkeit oder sogar auf die Feststellung, daß der Gesetzgeber innerhalb einer bestimmten oder einer angemessenen Frist eine (verfassungsgemäße) Neuregelung zu treffen hat (vgl. dazu unten

§ 20 Rn. 83 ff.). Diese Ausnahmen sind gerechtfertigt. Die Nichtigerklärung hat keinen Selbstwert, sondern soll die Verfassungsverletzung bereinigen. Gelingt das aus strukturellen oder sachlichen Gründen nicht über die Nichtigerklärung, muß eben der andere, effektive Weg eingeschlagen werden.

16   c) *Rechtsbindung der Verwaltung.* Die Exekutive, insbesondere die Verwaltung, ist an „Gesetz und Recht" (so Art. 20 III GG) gebunden. Diese Formulierung erfaßt das Grundgesetz, die formellen Gesetze, alle sonstigen geschriebenen Rechtsnormen (Rechtsverordnungen, Satzungen) und das ungeschriebene Gewohnheitsrecht. Dagegen ergibt sich die Bindung der Verwaltungsbehörden an die Verwaltungsvorschriften nicht aus Art. 20 III GG, sondern aus der hierarchischen Struktur der Verwaltung. Ferner beschränkt sich Art. 20 III GG auf den Bereich des positiven Rechts.

Die Frage, ob es überpositives Recht (Naturrecht) gibt und ob es verbindlich ist, kann schon rechtslogisch nicht durch das positive Recht entschieden werden, weil es – als überpositives Recht – nicht dem positiven Recht unterworfen sein kann. Denkbar ist allenfalls, daß das überpositive Recht durch das positive Recht in seinen Bereich einbezogen wird. Aber dann ist es eben kein überpositives Recht mehr. Jedenfalls begründet das „Recht" i. S. des Art. 20 III GG keine Bindung der Exekutive und der Rechtsprechung an das überpositive Recht. Vgl. dazu auch unten § 22 Rn. 27 ff.

17   Die Verwaltung ist an die Rechtsvorschriften aller Rangstufen gebunden; sie kann sich jedoch nicht aussuchen, welche Vorschrift sie anwenden will, sondern muß zunächst die Rechtsnormen der unteren Rangstufe heranziehen. Das gilt auch für das Verhältnis von Gesetz und Verfassung. Es besteht zwar der Geltungsvorrang der Verfassung, aber der Anwendungsvorrang des einfachen Gesetzes.

So ist z. B. die Festnahme einer Person durch die Polizei nach den einschlägigen Vorschriften des Polizeigesetzes zu beurteilen. Wenn sofort Art. 2 II 2 GG herangezogen würde, bliebe unberücksichtigt, daß das Polizeigesetz der Festnahme möglicherweise engere Grenzen zieht als Art. 2 II 2 GG. Ferner bliebe unberücksichtigt, daß, wenn die polizeirechtliche Regelung verfassungswidrig sein sollte, darüber das BVerfG oder das Landesverfassungsgericht zu entscheiden hätte (Art. 100 I GG). Die Verfassung wird damit nicht ausgeblendet. Sie bleibt als Auslegungsrichtlinie und vor allem als Prüfungsmaßstab für die polizeirechtliche Regelung durchaus aktuell (vgl. dazu auch *Maurer,* VerwR § 4 Rn. 42).

18   Die Verpflichtung der Verwaltung, die rechtlichen Bindungen zu beachten, besteht uneingeschränkt. Eine andere Frage ist, was geschieht, wenn gegen diese Verpflichtung verstoßen und ein rechtswidriger Verwaltungsakt erlassen oder eine sonstige rechtswidrige Verwaltungsmaßnahme getroffen worden ist. Art. 20 III GG regelt diese Fallkonstellation nicht. Man kann lediglich sagen, daß er unterlaufen würde, wenn der Verstoß gegen die Rechtsbindung keinerlei Konsequenzen hätte. Ferner spricht die Rechtslogik dafür, daß ein Rechtsakt, der den rechtlichen Anforderungen nicht entspricht, auch nicht rechtswirksam werden soll. Die Rechtsordnung kann aber die Folgen der Rechtswidrigkeit auch anders regeln. Neben den Grundsatz der Gesetzmäßigkeit tritt der der Rechtssicherheit, der den Bestand einmal erlassener Rechtsakte oder zumindest eine formalisierte Aufhebung des rechtswidrigen Rechtsaktes fordert.

Während verfassungswidrige Gesetze und rechtswidrige Rechtsverordnungen und Satzungen grundsätzlich nichtig sind, werden Verwaltungsakte, die die Rechtslage im Einzelfall verbindlich feststellen, zunächst einmal rechtswirksam, auch wenn sie rechtswidrig sein sollten, und bleiben solange rechtswirksam, bis sie wieder aufgehoben werden. Der fehlerunabhängige Bestand des Verwaltungsaktes dient der Rechtssicherheit. Anders ist es nur, wenn der Verwaltungsakt offensichtlich und schwerwiegend rechtswidrig ist. Vgl. dazu unten Rn. 50.

4. Grundsatz des Gesetzesvorbehalts

a) *Begriff.* Nach dem Grundsatz des Gesetzesvorbehalts darf die **19** Verwaltung im konkreten Fall nur tätig werden, wenn sie durch Gesetz oder aufgrund eines Gesetzes dazu ermächtigt worden ist. Die Verwaltungstätigkeit steht danach unter dem „Vorbehalt" einer gesetzlichen Ermächtigung. Die Gesetzesbindung der Verwaltung – die üblicherweise als Gesetzesvorrang bezeichnet wird, weil das Gesetz der Verwaltung vorgeht – und der Gesetzesvorbehalt werden in der Literatur unter dem Oberbegriff „Gesetzmäßigkeit der Verwaltung" zusammengefaßt. Das ist auch richtig, weil es sich beide Male um das Verhältnis zwischen der Verwaltung und der Gesetzgebung handelt. Die Unterschiede dürfen aber nicht übersehen werden. Während nach dem Grundsatz des Gesetzesvorrangs eine Verwaltungsmaßnahme nur rechtswidrig ist, wenn sie gegen ein bestehendes Gesetz verstößt, ist sie nach dem Grundsatz des Gesetzesvorbehalts schon dann rechtswidrig, wenn keine gesetzliche Regelung vorhanden ist, auf die sich die Verwaltungsmaßnahme stützen könnte.

Beispiel: Die zuständige Behörde bewilligt dem A auf seinen Antrag hin eine Subvention aus allgemeinen Haushaltsmitteln. Eine gesetzliche Regelung hierfür besteht nicht. Der Konkurrent K hält die Subventionierung des A für rechtswidrig. Das Vorrangprinzip ist nicht betroffen, weil die Bewilligung nicht gegen eine gesetzliche Vorschrift verstößt, aber das Vorbehaltsprinzip, weil eine entsprechende gesetzliche Ermächtigung fehlt.

20   b) Die *Grundlagen* des Gesetzesvorbehalts sind noch strittig. Das BVerfG und ein Teil der Literatur verweisen auf Art. 20 III GG (so etwa BVerfGE 49, 89, 126). Dagegen spricht jedoch bereits der Wortlaut des Art. 20 III GG, der sich nur auf die Rechtsbindung bezieht, ganz abgesehen davon, daß diese Vorschrift auch keine Anhaltspunkte für die Grenzen des Gesetzesvorbehalts enthält. Als allgemeiner Grundsatz ergibt sich der Gesetzesvorbehalt aus dem Demokratieprinzip und dem Rechtsstaatsprinzip. Das Demokratieprinzip fordert für das Verwaltungshandeln eine demokratische Legitimation, die über das parlamentarische Gesetz hergestellt wird (vgl. bereits oben § 7 Rn. 28). Das Rechtsstaatsprinzip verlangt, daß das Verwaltungshandeln berechenbar und voraussehbar ist, was ebenfalls durch das parlamentarische Gesetz erreicht werden kann. Ferner kommen bei Eingriffen in Freiheit und Eigentum noch die jeweils einschlägigen Grundrechte in Betracht, in die nur aufgrund eines Gesetzes eingegriffen werden darf.

Vgl. zur Begründung des allgemeinen Vorbehaltsprinzips die Nachw. bei *Jarass,* JP Art. 20 Rn. 29. Die Rechtsprechung des BVerfG ist nicht einheitlich, so wird z. B. in BVerfGE 77, 170, 230 allgemein auf Art. 20 GG verwiesen, was sicher zu pauschal ist, oder in BVerfGE 78, 179, 197 das Rechtsstaatsprinzip herangezogen („der dem Rechtsstaatsprinzip immanente Vorbehalt des Gesetzes").

21   c) *Reichweite und Intensität des Gesetzesvorbehaltes.* Während das Vorrangprinzip unbestritten für den gesamten Bereich der Verwaltung gilt (die Behörden dürfen nie gegen Gesetze verstoßen), ist der Geltungsbereich des Gesetzesvorbehalts fraglich und umstritten. Dabei geht es einmal darum, welche Bereiche vom Gesetzesvorbehalt erfaßt werden, und zum anderen darum, wie intensiv bzw. dicht die Regelung sein muß. Das BVerfG versucht, diese Fragen mit Hilfe der Wesentlichkeitstheorie zu beantworten. Danach hat der parlamentarische Gesetzgeber alle wesentlichen Angelegenheiten im Staat-Bürger-Verhältnis selbst zu regeln. Wesentlich ist, was für die Verwirklichung der Grundrechte von Bedeutung ist. Je nach dem Grad der Wesentlichkeit besteht eine gleitende Stufenfolge von ganz wesentlichen Angelegenheiten, die der parlamentarische Gesetzgeber selbst regeln muß, über weniger, aber doch noch wesentliche Angelegenheiten, die aufgrund einer gesetzlichen Ermächtigung durch Rechtsverordnung (Art. 80 I 2 GG) geregelt werden können, bis zu den nicht mehr wesentlichen Angelegenheiten, die von der Verwaltung selbst (etwa durch Verwaltungsvorschriften) geregelt werden können. Die Wesentlichkeit entscheidet nicht nur über die Reichweite, sondern auch über die Regelungsdichte; je wesentlicher eine Angelegenheit ist, desto präziser und differenzierter muß die jeweilige Regelung sein. Das ist alles noch sehr allgemein und führt geradewegs in eine Kasuistik. Tatsächlich gibt es dazu auch eine Vielzahl bundesverfassungsgerichtlicher Entscheidungen.

Vgl. zur Rechtsprechung des BVerfG, die diesen Bereich dominiert, die **22** Nachw. bei *Maurer*, VerwR § 6 Rn. 12 ff. – Der Gesetzesvorbehalt gilt auf jeden Fall für den *Bereich der Eingriffsverwaltung* (Eingriffe in Freiheit und Eigentum); das ergibt sich bereits aus den Grundrechtsregelungen. Er gilt ferner für die Bereiche, die früher als *besondere Gewaltverhältnisse* bezeichnet wurden (Schulverhältnis, Anstaltsverhältnis, Beamtenverhältnis), die aber gerade durch die Ausdehnung des Gesetzesvorbehalts auf diese Bereiche ihren spezifischen Charakter als besondere Gewaltverhältnisse verloren haben (vgl. BVerfGE 33, 1: Strafgefangenenverhältnis). Strittig ist, ob und inwieweit der Gesetzesvorbehalt für die *Leistungsverwaltung* gilt. Da die meisten Bereiche der Leistungsverwaltung inzwischen gesetzlich geregelt sind, geht es praktisch nur noch um die Subventionsverwaltung. Nach der Rechtsprechung des BVerwG genügt die Ausweisung der erforderlichen Finanzmittel im Haushaltsplan, sofern nicht ausnahmsweise in die Grundrechtssphäre Dritter eingegriffen wird (vgl. BVerwGE 90, 112, 126). Ein Teil der Literatur fordert dagegen zu Recht, daß Subventionen mit wirtschafts- oder sozialpolitischen Zielsetzungen durch den Gesetzgeber festgelegt werden müssen, was nicht ausschließt, daß in diesem Rahmen der Verwaltung ein größerer Spielraum eingeräumt wird.

Die Regelungen der *Verwaltungsorganisation* werden dagegen vom allgemeinen, durch die Wesentlichkeitstheorie bestimmten Gesetzesvorbehalt nicht erfaßt, es sei denn, daß sie – wie die Errichtung von Verwaltungsträgern oder Verwaltungsbehörden und die Festlegung ihrer Zuständigkeiten – auch für den Bürger relevant sind. Daher ist es nur folgerichtig, dass die Verfassungen für den Bereich der Verwaltungsorganisation einen besonderen Gesetzesvorbehalt enthalten, entweder generell für die gesamte Verwaltungsorganisation (so die mei-

sten Landesverfassungen, vgl. Art. 70 BWVerf.) oder speziell für einzelne Verwaltungseinrichtungen (so das Grundgesetz, vgl. Art. 87 III, Art. 87 b III usw.).
Die verfassungsrechtlich festgelegten Zuständigkeiten der Verfassungsorgane
(Bundestag, Bundesrat, Bundesregierung usw.) sind Ausdruck der im Grundgesetz angelegten Gewaltenteilung. Sie dürfen auch nicht mit dem Hinweis, es
handele sich im konkreten Fall um eine wesentliche Angelegenheit, über die
der Gesetzgeber zu entscheiden habe, verschoben werden (vgl. BVerfGE 68, 1,
108 f.: Raketenstationierung; ferner BVerfGE 90, 268, 381 ff.: Einsatz der Bundeswehr im Ausland). Entsprechendes gilt für die Landesverfassungen. Deshalb
ist die Entscheidung des Verfassungsgerichtshofs von Nordrhein-Westfalen, die
die Zusammenlegung des Innenministeriums und des Justizministeriums als
wesentliche Angelegenheit qualifizierte und daraus die Folgerung zog, daß dafür nicht der an sich für die Regierungsorganisation zuständige Ministerpräsident, sondern der Gesetzgeber zuständig sei, verfehlt, vgl. NWVerfGH DVBl.
1999, 714 mit abl. Anm. von *J. Wieland* = JZ 1999, 1109 mit abl. Anm. von
J. Isensee; H. Maurer, Festschrift für K. Vogel, S. 331 ff.; *J.-D. Kühne,* Festschrift
für den Verfasungsgerichtshof Nordrhein-Westfalen, 2002, S. 370 f. jeweils mit
weiteren Nachw.

5. Rechtsschutz

23   a) *Grundlagen.* Zu den Ausprägungen des Rechtsstaatsprinzips
gehört weiter der Rechtsschutz des Bürgers gegen rechtswidrige
staatliche Akte durch unabhängige Gerichte. Dementsprechend
bestimmt Art. 19 IV 1 GG, daß jedem, der durch die öffentliche
Gewalt in seinen Rechten verletzt wird, der Rechtsweg (= Gerichtsweg) offensteht. Er schließt als „formelles Hauptgrundrecht"
den Katalog der materiellen Grundrechte ab, beschränkt sich aber
nicht auf Grundrechtsverletzungen (so die Verfassungsbeschwerde
gem. Art. 93 I Nr. 4a GG), sondern erfaßt alle Rechtsverletzungen, auch die Verstöße gegen einfache Gesetze, Rechtsverordnungen, Satzungen und Gewohnheitsrecht, sofern sie subjektive
Rechte begründen.

24   In der richtigen Erkenntnis, daß der Rechtstaat erst dann verwirklicht ist,
wenn der Bürger nicht nur Rechte hat, sondern sie auch durchsetzen kann,
wurde schon im 19. Jahrhundert von den Verfechtern des Rechtsstaats die
Forderung nach einer gerichtlichen Kontrolle der Verwaltung erhoben. Strittig
war, ob die ordentlichen Gerichte oder neu zu schaffende besondere Verwaltungsgerichte zuständig sein sollen. § 182 der (nicht wirksam gewordenen)
Frankfurter Reichsverfassung von 1849 bestimmte (erstmals) die gerichtliche
Kontrolle der Verwaltung und wies sie den ordentlichen Gerichten (Zivilgerichten) zu. Diese Linie setzte sich jedoch nicht fort. In der 2. Hälfte des
letzten Jahrhunderts kam es vielmehr in den Ländern zur Errichtung besonde-

rer Verwaltungsgerichte (zuerst in Baden 1863), die allerdings noch nicht durchweg den rechtsstaatlichen Vorstellungen entsprachen, da sie zum Teil organisatorisch mit der Verwaltung verbunden waren und zum Teil in ihrer Zuständigkeit auf bestimmte Bereiche oder Fallgruppen beschränkt waren. Um die Jahrhundertwende hatten fast alle Länder eine eigene Verwaltungsgerichtsbarkeit. Vor allem das Preußische Oberverwaltungsgericht entfaltete eine beachtliche Rechtsprechung. In der nationalsozialistischen Zeit wurde die Verwaltungsgerichtsbarkeit zunehmend eingeschränkt und ausgehöhlt. Nach 1945 wurden sodann − insbesondere als Reaktion auf die nationalsozialistische Gewaltherrschaft − Verwaltungsgerichtsgesetze erlassen, die nunmehr umfassenden Rechtsschutz durch unabhängige Verwaltungsgerichte gewährleisteten. Das Grundgesetz hat durch Art. 19 IV GG diese Entwicklung aufgenommen und verfassungsrechtlich festgeschrieben.

Die Rechtsschutzgarantie des Art. 19 IV GG ist nach Erlaß des **25** Grundgesetzes als „Schlußstein im Gewölbe des Rechtsstaates" *(R. Thoma),* als „Krönung des Rechtsstaates" *(G. Ebers),* als „'rocher de bronce' der staatsbürgerlichen Freiheit" *(G. Dürig)* und dgl. gefeiert worden. Dies mag heute zu euphorisch klingen. Richtig ist aber, daß diese Regelung nicht nur eine lange rechtsstaatliche Entwicklung zum Abschluß brachte, sondern auch eine durchaus beachtliche Konzeption darstellt: Der Staat beugt sich nicht nur dem Recht, sondern auch dem Richter! Jeder Bürger kann den Staat verklagen und vor die Schranken des Gerichtes ziehen. Dort sind beide − der Staat, d.h. die jeweiligen staatlichen Organe, und der Bürger − gleichgestellt. Aus der Über-Unterordnung des Staat-Bürger-Verhältnisses wird die Gleichordnung der beteiligten Prozeßparteien.

Art. 19 IV GG und die durch ihn bestimmte gerichtliche Kontrolle der Verwaltung sind aber auch auf Kritik gestoßen, so wurde von einer „Hypertrophie der Justizstaatlichkeit" *(W. Weber),* vom „Rechtswegestaat" *(H. Jahrreiss)* oder sogar − im Blick auf die zwischenzeitliche Ausdehnung − vom „totalen Rechtsstaat" *(K. A. Bettermann)* gesprochen (vgl. die Nachweise bei *W.-R. Schenke,* BK Art. 19 Abs. 4 Rn. 24; *R. Wassermann,* AK-GG, 2. Aufl. 1989, Art. 19 Abs. 4 Rn. 7). Sie gipfelte in der Forderung, Art. 19 IV GG einzuschränken (vgl. *G. Püttner,* in: Götz/Klein/ Starck, Die öffentliche Verwaltung zwischen Gesetzgebung und richterlicher Kontrolle, 1985, 143 f.), einer Forderung, die ihrerseits wiederum − zu Recht − auf entschiedene Ablehnung gestoßen ist (vgl. *O. Bachof,* Hände weg vom Grundgesetz! Änderungen von Rechtsweggarantie und Asylrecht?, Festschrift für Dürig, 1990, S. 319 ff.).

b) *Die Vorgaben des Art. 19 IV GG für das Prozeßrecht.* Art. 19 IV **26** GG bestimmt nur, *daß* ein gerichtlicher Rechtsschutz gegenüber der Staatsgewalt bestehen muß, überläßt aber die *Ausgestaltung* im einzelnen dem Prozeßrecht. Das entspricht auch dem Rang und Charakter der Verfassung. Die prozeßrechtliche Ausgestaltung muß aber die Vorgaben des Art. 19 IV GG beachten. Dabei ist vor allem auf folgendes hinzuweisen:

27   aa) Art. 19 IV GG gewährleistet, wie sich aus seinem Wortlaut und der Entstehungsgeschichte ergibt, einen *umfassenden und lük-kenlosen Rechtsschutz.* Er ist daher im Zweifel weit auszulegen; ebenso sind die prozeßrechtlichen Vorschriften in verfassungskonformer Weise weit auszulegen. Wie wichtig dem Grundgesetzgeber die Forderung nach einem lückenlosen Rechtsschutz war, zeigt Art. 19 IV 2 GG, der für den Fall, daß keine prozeßrechtliche Zuständigkeit bestehen sollte, die ordentlichen Gerichte subsidiär für zuständig erklärt. Wegen der umfassenden Generalklausel des § 40 VwGO hat diese subsidiäre Zuständigkeit bislang keine praktische Bedeutung erlangt.

28   bb) Art. 19 IV GG verlangt einen *effektiven Rechtsschutz.* Es genügt nicht, daß irgendeine Klagemöglichkeit besteht. Vielmehr muß das Prozeßrecht so gestaltet sein, daß der Bürger möglichst rasch, unkompliziert und in zumutbarer Weise zu seinem Recht kommt. Vor allem der *zeitliche* Gesichtspunkt ist von entscheidender Bedeutung. Ein positives Urteil, das zu spät kommt, etwa weil inzwischen nicht mehr reparable Fakten geschaffen worden sind, ist für den Bürger wertlos. Art. 19 IV GG bildet auch die Grundlage für den vorläufigen Rechtsschutz (vgl. grundlegend BVerfGE 35, 263, 274).

29   cc) Unter die *öffentliche Gewalt* i. S. des Art. 19 IV GG fallen alle hoheitliche Akte der Exekutive, nicht nur Verwaltungsakte, sondern auch sonstige Verwaltungsmaßnahmen, administrative Rechtsnormen, Regierungsakte, Gnadenakte usw. Strittig ist, ob auch (formelle) Gesetze erfaßt werden. Das BVerfG verneint dies, stößt aber in der Literatur zunehmend auf Widerspruch. Die Ausklammerung der Gesetzgebung läßt sich mit dem Wortlaut und der Tendenz des Art. 19 IV GG nicht vereinbaren. Richtig ist zwar, daß Art. 19 IV GG keine prinzipale Normenkontrolle fordert. Das ist aber aus der Sicht des Bürgers auch nicht erforderlich. Es genügt, wenn er sich

gegen die ihn beeinträchtigende Anwendung oder gegen sonstige
für ihn nachteilige Auswirkungen des Gesetzes wehren kann.
Reicht die Inzidentkontrolle nicht, weil die Norm unmittelbar in
die Rechte des Bürgers eingreift, kommt die Verfassungsbeschwerde
(Art. 93 I Nr. 4a GG) zur Anwendung. Dadurch wird die Frage, ob
Art. 19 IV GG auch für Gesetze gilt, entschärft.

Vgl. BVerfGE 24, 33, 49 ff.; 24, 367, 401 ff.; 45, 297, 322, 334; 95, 1, 22;
ebenso *Hesse,* VerfR Rn. 337; *Pieroth/Schlink,* Grundrechte, Rn. 1010; für die
Einbeziehung der formellen Gesetze dagegen etwa *Schenke,* BK Art. 19 IV
Rn. 249 ff.; *Schmidt-Aßmann,* MD Art. 19 IV Rn. 93 ff.; *P. M. Huber,* MKSt
Art. 19 Rn. 439 ff. Strittig ist auch die gerichtliche Überprüfung der Gnaden-
entscheidungen. Das BVerfG verneint sie (BVerfGE 25, 392; ebenso BVerwG
DVBl. 1982, 1147), bejaht sie aber für den Widerruf von Gnadenentscheidun-
gen (BVerfGE 30, 108), was schwerlich überzeugend ist. Die Entwicklung ist
noch im Fluß, sie zielt aber eindeutig auf die gerichtliche Kontrolle, allerdings
inhaltlich in der Regel beschränkt auf die Frage der Verletzung des Gleichheitssatzes im Sinne des Willkürverbotes. Wenn man die Begnadigung dem
Recht unterstellt (vgl. bereits oben Rn. 13), ist die gerichtliche Kontrolle
gem. Art. 19 IV GG folgerichtig.

Strittig ist ferner, ob Art. 19 IV GG die Rechtsprechung erfaßt. **30**
Das BVerfG und die h. L. verneinen das. Art. 19 IV GG gewähre
Rechtsschutz *durch* den Richter, nicht *gegen* den Richter. Die Folge
ist, daß Art. 19 IV GG keinen Anspruch auf eine zweite oder weitere Instanz begründet. Das erscheint ohne weiteres einsichtig. Die
Rechtsprechung soll im Interesse der Rechtssicherheit und des
Rechtsfriedens einen Rechtsstreit zum Abschluß bringen. Dieses
Ziel würde verfehlt, wenn endlos – ad infinitum – weiterprozes-
siert werden könnte und würde. Indessen gibt es doch Fallkonstellationen, in denen die gerichtliche Überprüfung gerichtlicher Entscheidungen nicht versagt werden darf.

Vgl. BVerfGE 11, 263, 265; 49, 329, 340; 96, 27, 39; ebenso *Schenke,* BK
Art. 19 Abs. 4 Rn. 275; *Schmidt-Aßmann,* MD Art. 19 Abs. 4 Rn. 96 ff.; für
eine beschränkte Einbeziehung der Rechtsprechung in Art. 19 IV GG dagegen
D. Lorenz, Der Rechtsschutz des Bürgers und die Rechtsweggarantie, 1973,
S. 241 ff.; *A. Voßkuhle,* Rechtsschutz gegen Richter, 1993, S. 255 ff.; *T. Brand-
ner,* Instanzenzug und Verfassungsrecht, Festschrift für H. E. Brandner, 1996,
S. 683 ff.; *P. M. Huber,* MKSt Art. 19 Rn. 444 ff.

dd) Die Rechtsschutzgarantie des Art. 19 IV GG greift nur ein, **31**
wenn der Kläger die *Verletzung eines subjektiven Rechtes* geltend ma-

chen kann (was z. B. bei Regierungsakten in der Regel nicht der Fall ist). Art. 19 IV GG selbst begründet keine subjektiven Rechte, sondern setzt subjektive Rechte voraus. Der Gesetzgeber darf die Rechtsschutzgarantie aber nicht durch sachwidrige Beschneidung oder Versagung subjektiver Rechte unterlaufen. Das dürfte übrigens in der Regel schon an den Grundrechten scheitern. Zudem folgt aus Art. 19 IV GG, „daß im Zweifel diejenige Interpretation eines Gesetzes den Vorzug verdient, die dem Bürger einen Rechtsanspruch einräumt" (BVerfGE 15, 275, 281 f.; 96, 100, 115).

32   ee) *Rechtsweg* bedeutet *Gerichtsweg*, d. h. der Weg zu den staatlichen Gerichten. Das führt zu den Art. 92 ff. GG, die die maßgeblichen verfassungsrechtlichen Vorschriften über die Organisation und das Verfahren der Gerichtsbarkeit enthalten. Vgl. dazu näher unten § 19 Rn. 16 ff.

33   ff) Art. 19 IV GG enthält keinen *Gesetzesvorbehalt* und kann daher nicht eingeschränkt werden. Auch die Hinweise auf kollidierendes Verfassungsrecht und immanente Grundrechtsschranken rechtfertigen keine Einschränkung. Diese Schrankenlehre greift angesichts des klaren Wortlauts und der eindeutigen ratio legis hier nicht ein (vgl. auch unten § 9 Rn. 63). Es ist auch nicht ersichtlich, welche gegenläufige Interessen und Rechtsgüter in Betracht kämen. Die „Effizienz der Verwaltung" allein reicht noch nicht aus. In Betracht kommen allenfalls (öffentliche und private) Geheimhaltungsinteressen. Sie rechtfertigen aber keine Versagung, sondern nur eine Verkürzung des Rechtsschutzes (vgl. dazu BVerfGE 101, 106, 128: Vorlage der geheimhaltungsbedürftigen Behördenakten nur an das Gericht, nicht an den Kläger). Der Gesetzgeber hat lediglich das Recht und die Pflicht, die Rechtsschutzgarantie näher auszugestalten. Dabei sind auch prozeßrechtstypische Beschränkungen, etwa Fristenregelungen und Präklusionsvorschriften, zulässig, zumal dann, wenn sie gerade der Effektivität des Rechtsschutzes dienen und den Zugang zu den Gerichten nicht unzumutbar erschweren.

34   Der verfassungsändernde Gesetzgeber kann die Rechtsschutzgarantie – allerdings nur unter Beachtung des Art. 79 III GG – partiell einschränken. Das ist auch geschehen, vgl. die Neuregelungen des Art. 10 II 2 GG (Telefonüberwachung) und des Art. 16 a II, IV GG (Asylverfahren), die zwar verfassungsrechtlich nicht unproblematisch sind, aber vom BVerfG bestätigt wurden (BVerfGE 30, 1 ff.; 100, 313, 399 bzw. BVerfGE 94, 49, 104; 94, 166, 189 ff.). – Zur Problematik des Beurteilungsspielraums der Verwaltung vgl. *Maurer*, VerwR § 7 Rn. 27 ff. m. w. N.

c) *Justizgewährungsanspruch.* Art. 19 IV GG regelt lediglich den **35** Rechtsschutz gegen Rechtsverletzungen der öffentliche Gewalt. Eine entsprechende Regelung für den privatrechtlichen Bereich besteht im Grundgesetz nicht. Aber aus dem Rechtsstaatsprinzip ergibt sich die Verpflichtung des Staates, auch für den privatrechtlichen Bereich ein ausreichendes Rechtsschutzsystem bereitzustellen, die – über Art. 2 I GG – zu einem Justizgewährungsanspruch führt. Er umfaßt, wie das BVerfG feststellt, „das Recht auf Zugang zu den Gerichten und eine grundsätzlich umfassende tatsächliche und rechtliche Prüfung des Streitgegenstandes sowie eine verbindliche Entscheidung durch den Richter" (BVerfGE 85, 337, 345). Für die prozessuale Ausgestaltung gelten im Prinzip dieselben Regelungen wie für den Rechtsschutz gegen den Staat. Art. 19 IV GG ist ein verfassungsrechtlich geregelter Spezialfall des allgemeinen Justizgewährungsanspruchs.

Vgl. ferner etwa BVerfGE 54, 277, 291; 88, 118, 123; 93, 99, 107; 101, 275, 294 f.; *M. Wolf,* Gerichtsverfassungsrecht aller Verfahrenszweige, 6. Aufl. 1987, S. 265 ff.; *H. Bethge,* Grundrechte und gerichtlicher Schutz, KritV 1990, 9 ff.; *St. Detterbeck,* Streitgegenstand, Justizgewährungsanspruch und Rechtsanspruch, AcP 192 (1992), S. 325 ff.

6. Staatshaftung

Zu den Ausprägungen und Forderungen des Rechtsstaatsprinzips **36** gehört auch die Haftung des Staates für Schädigungen des Bürgers durch rechtswidriges Verhalten staatlicher Organe. Die Staatshaftung ist jedoch bislang nur unzulänglich geregelt. Art. 34 GG, der diesen Bereich betrifft, knüpft nach Auffassung des BVerfG (BVerfGE 61, 149, 198 f.) und der h. L. an die aus dem 19. Jahrhundert stammende Regelung des § 839 BGB an und überträgt die dort begründete Beamtenhaftung auf den Staat. Die Folge dieser Haftungsübernahme ist nicht nur ein komplexes Regelungsgeflecht, sondern auch eine Beschränkung der Staatshaftung auf eine Verschuldenshaftung. Historisch mag diese Deutung richtig sein; im Kontext des

Grundgesetzes und unter Berücksichtigung des Rechtsstaatsprinzips, das ja gerade auch die Funktion hat, positiv-verfassungsrechtliche Defizite auszugleichen (vgl. oben Rn. 3), ist sie jedoch nicht mehr haltbar. Der BGH hat daraus die Konsequenzen gezogen und in Anlehnung an Art. 14 GG und den Aufopferungsgrundsatz eine unmittelbare und verschuldensunabhängige Haftung des Staates für rechtswidrige Eingriffe in das Eigentum (sog. enteignungsgleiche Eingriffe) geschaffen. Entsprechendes gilt für Eingriffe in Leben, Gesundheit und Freiheit gem. Art. 2 II GG (aufopferungsgleiche Eingriffe). Dagegen hat der BGH eine Ausdehnung auf rechtswidrige Eingriffe in weitere Grundrechte – etwa in das Persönlichkeitsrecht (Art. 2 I GG) oder in die gewerbliche Betätigung (Art. 12 I GG) – wenig überzeugend abgelehnt. Der Bundesgesetzgeber hält eine Reform offensichtlich für notwendig. Er hat bereits 1981 – nach jahrelangen Beratungen – ein Staatshaftungsgesetz erlassen, das eine moderne, rechtsstaatlichen Anforderungen entsprechende Neuregelung bringen sollte. Das Gesetz wurde jedoch vom BVerfG wegen fehlender Bundeskompetenz für verfassungswidrig und nichtig erklärt (BVerfGE 61, 149). Inzwischen ist die Gesetzgebungskompetenz des Bundes geschaffen worden (Art. 74 I Nr. 25 GG i. d. F. von 1994), so daß insoweit nichts mehr im Wege steht. Auch bei den Beratungen des Einigungsvertrages ging man von einer baldigen Staatshaftungsreform aus und hat deshalb das Staatshaftungsgesetz der DDR, das bereits eine unmittelbare und verschuldensunabhängige Staatshaftung festgelegt hatte, nach Beseitigung rechtsstaatlicher Mängel für den Bereich der neuen Bundesländer übernommen. Alles spricht somit für eine gesetzliche Neuregelung, wobei das (für nichtig erklärte) Staatshaftungsgesetz vom 26. 6. 1981 (BGBl. I S. 553) als Vorbild dienen könnte. Sie ist jedoch in absehbarer Zeit nicht zu erwarten. Daher ist die Rechtsprechung verpflichtet, in die Bresche zu springen und aufgrund des Art. 34 GG und in Erweiterung der bereits richterrechtlich geschaffenen Haftungsinstitute ein nach Form und Inhalt rechtsstaatlich einwandfreies Staatshaftungsrecht zu konzipieren und zu realisieren. Der vom EuGH begründete Staatshaftungsanspruch bei Verletzung von Gemeinschaftsrecht zwingt ohnehin zu entsprechenden Reaktionen in den Mitgliedsstaaten.

Diese wenigen Bemerkungen müssen hier genügen. Das Staatshaftungsrecht bildet einen Teil des Allgemeinen Verwaltungsrechts und wird in den Lehrbüchern zu diesem Rechtsbereich oder in spezifischen Darstellungen näher behandelt, vgl. etwa *F. Ossenbühl,* Staatshaftungsrecht, 5. Aufl. 1998; *St. Detterbeck/K. Windthorst/H.-D. Sproll,* Staatshaftungsrecht, 2000; *W. Rüfner,* in: Erichsen (Hg), Allgemeines Verwaltungsrecht, 12. Aufl. 2002, §§ 46 ff.; *Maurer,* VerwR §§ 25 ff. Zu den Auswirkungen der Rechtsprechung des EuGH im Bereich der Staatshaftung *F. Schoch,* Europäisierung des Staatshaftungsrechts, Festschrift für Maurer, 2001, S. 759 ff. m. w. N.

7. Rechtsstaatliche Strafrechts- und Strafprozeßrechtsgrundsätze

Die staatliche Strafe, insbesondere die Freiheitsstrafe, stellt für den Bürger einen besonders schweren Eingriff dar. Sie hat zudem diskriminierenden Charakter. Daher sind die rechtsstaatlichen Bindungen und Begrenzungen der staatlichen Strafgewalt von erheblicher Bedeutung. Schon die ersten Verfassungen, ja schon ihre Vorläufer, insbesondere die englische Magna Charta von 1215, enthielten Regelungen zum Schutze gegen willkürliche Bestrafungen. An sie knüpft das geltende Verfassungsrecht an. Die strafrechtlichen und strafprozessualen Grundrechte sind zum Teil ausdrücklich im Grundgesetz festgelegt (Art. 103 GG) und ergeben sich im übrigen aus dem allgemeinen Rechtsstaatsprinzip. Das Wechselspiel zwischen den positiv-rechtlichen Ausprägungen des Rechtsstaatsprinzips und den Ableitungen aus dem allgemeinen Rechtsstaatsprinzip lassen sich gerade in diesem Bereich veranschaulichen. **37**

Im einzelnen sind folgende Grundsätze zu nennen:

a) *Nulla poena sine lege,* keine Strafe ohne Gesetz (Art. 103 II GG): Diese Regelung entspricht dem Grundsatz der Gesetzmäßigkeit, verschärft ihn aber, indem er erhöhte Anforderungen an die Bestimmtheit der Strafrechtsnorm stellt (vgl. BVerfGE 78, 374, 381 ff.). Ferner verbietet er Strafen, die sich auf Gewohnheitsrecht, auf einen Analogieschluß, auf ein rückwirkendes Gesetz oder auf eine (zu) extensive Auslegung eines Straftatbestandes stützen. Vgl. zur letztgenannten Konsequenz BVerfGE 92, 1, 14 ff.; 104, 92, 101 ff. (Gewaltbegriff i. S. des § 240 I StGB). **38**

b) *Ne bis in idem,* Verbot der Doppelbestrafung (Art. 103 III GG): Diese Vorschrift verbietet, daß jemand wegen *einer* Tat zweimal **39** oder sogar mehrmals bestraft wird. Sie hat zugleich Vorwirkungen, da sie bereits eine mehrfache strafprozessuale Verfolgung wegen ein und derselben Tat ausschließt.

40   c) *Schuldprinzip:* Jede Strafe setzt Schuld voraus, die in einem einwandfreien Strafverfahren festzustellen ist; die Strafe muß in einem angemessenen Verhältnis zur Schwere der Tat und zum Verschulden des Täters stehen. Vgl. dazu BVerfGE 20, 323, 331; 50, 125, 133; 86, 288, 313; 95, 96, 140 f.

41   d) *Unschuldsvermutung:* Dieser Grundsatz besagt, daß jeder, auch der Verdächtige, bis zur rechtskräftigen Verurteilung als unschuldig angesehen und behandelt werden muß. Das schließt eine polizeiliche und staatsanwaltschaftliche Ermittlung und Untersuchung nicht aus, fordert aber auch insoweit eine entsprechende Zurückhaltung. Vgl. etwa BVerfGE 74, 358, 369 ff.; 82, 106, 114 f. – Das Verbot der „Vorverurteilung" richtet sich zunächst an die staatlichen Organe, betrifft aber auch die Medien, die gesellschaftlichen Organisationen und die Nachbarn, die alles schon vorher zu wissen glauben.

42   e) *Verbot der Selbstbezichtigung:* Niemand darf im Strafverfahren gezwungen werden, gegen sich selbst auszusagen. Vgl. dazu BVerfGE 56, 37, 43; 80, 109, 121.

43   f) *In dubio pro reo:* Im Zweifel, d.h. wenn der Sachverhalt nicht voll aufgeklärt werden kann und deshalb Zweifel bestehen, ob die tatsächlichen Voraussetzungen für die Verurteilung vorliegen, muß *zugunsten* des Angeklagten entschieden werden. Diese Beweisregel, die vor allem im Indizienprozeß relevant wird, ist sicherlich der wichtigste strafprozessuale Grundsatz. Er besagt vor allem, daß der Angeklagte freigesprochen werden muß, wenn auch die letzten Zweifel an seiner Täterschaft nicht ausgeräumt werden können.

44   g) Neben den spezifischen Strafrechts- und Strafprozeßrechtsgrundsätzen sind im Strafprozeß auch und vor allem die allgemeinen Verfahrensgarantien zu beachten, so etwa der Grundsatz des rechtlichen Gehörs (Art. 103 I GG), der Grundsatz des fairen Verfahrens (Folgerung aus dem Rechtsstaatsprinzip, vgl. etwa BVerfGE 78, 123, 126) und der Richtervorbehalt bei Freiheitsentzug (Art. 104 GG). Vgl. dazu auch unten § 19 Rn. 23 ff.

45   Die in Art. 103 GG positiv-rechtlich festgelegten Grundsätze stellen nicht nur objektive Rechtssätze dar, sondern vermitteln auch entsprechende subjektive Rechte des Bürgers (vgl. Art. 93 I

Nr. 4a GG). Die Folgerungen aus dem allgemeinen Rechtsstaatsprinzip können ebenfalls vom Bürger geltend gemacht werden. Er
kann sich auf „Art. 2 I GG in Vbg. mit dem Rechtsstaatsprinzip"
berufen. So stellt z. B. das BVerfG fest: „Die strafrechtliche oder
strafrechtsähnliche Ahndung einer Tat ohne Schuld des Täters ist
demnach rechtsstaatswidrig und verletzt den Betroffenen in seinem
Grundrecht aus Art. 2 Abs. 1 GG" (BVerfGE 20, 323, 331).

Einige dieser Grundsätze werden auch durch die Europäische Menschenrechtskonvention gewährt (vgl. dazu oben § 4 Rn. 7 f.). Das gilt vor allem für
die Unschuldsvermutung, die in Art. 6 II EMRK festgelegt ist. Die Verankerung im grundgesetzlichen Rechtsstaatsprinzip behält aber gleichwohl ihre Bedeutung, weil die EMRK nur den Rang eines einfachen Bundesgesetzes besitzt, während das Rechtsstaatsprinzip Verfassungsrang hat und daher seine Verletzung verfassungsgerichtlich überprüft werden kann. – Vorsorglich ist noch
zu bemerken, daß die obigen Darlegungen für die echten Strafen, die Krimi-
nalstrafen gelten. Sie betreffen aber auch – ganz oder teilweise – Bußgeldbe-
scheide, Disziplinarstrafen und ähnliche Sanktionen. Wie weit dies der Fall ist,
kann hier nicht näher dargelegt werden.

8. Rechtssicherheit

a) *Einordnung*. Der Grundsatz der Rechtssicherheit ist im Grund- **46**
gesetz nicht ausdrücklich erwähnt. Er bildet aber ein wesentliches
Element des Rechtsstaatsprinzips und ist daher nicht nur eine verfassungspolitische Forderung, sondern auch ein verfassungsrechtliches Gebot. Die „Rechtssicherheit" kann in doppeltem Sinne verstanden werden. Zum einen bezieht sie sich auf die *Funktion des
Rechts*. Das Recht soll durch verbindliche Regelungen eine feste
und verläßliche Ordnung schaffen und damit Sicherheit im bürgerlichen und gesellschaftlichen, im staats-bürgerlichen und im
staatlichen Bereich schaffen und erhalten (Sicherheit durch das
Recht). Zum anderen bildet die Rechtssicherheit ein *formendes Struk-
turprinzip* des Rechts, das sowohl die inhaltliche Bestimmtheit des
Rechts als auch den Bestand des Rechts betrifft (Sicherheit des
Rechts). Die zweite Deutung ist in der Regel gemeint, wenn von
der Rechtssicherheit die Rede ist. Sie gilt für alle Rechtsakte, für
die Rechtsnormen und die Vollzugsakte, nimmt aber an Stringenz
und Dichte zu, je konkreter der Rechtsakt seiner Funktion entsprechend ist.

47   b) *Inhaltliche Bestimmtheit der Rechtsnormen.* Die Gesetze und sonstigen Rechtsnormen müssen inhaltlich so klar und präzis formuliert sein, daß der betroffene Bürger erkennen kann, was von ihm gefordert wird, daß das staatliche Verhalten voraussehbar und berechenbar ist und der Bürger sich darauf einstellen und entsprechend disponieren kann. Der erforderliche Grad der Bestimmtheit läßt sich freilich nicht mit einer knappen Formel festlegen. Er hängt von der Bedeutung und den Auswirkungen der Regelung für den Bürger, aber auch von der Möglichkeit ab, den zu ordnenden Lebenssachverhalt dem Gesetzeszweck entsprechend sprachlich genau zu fassen. Staatliche Eingriffe in die Rechte des Bürgers müssen gesetzlich präziser normiert sein als staatliche Leistungen. Das ergibt sich übrigens schon aus den grundrechtlichen Gesetzesvorbehalten. In der Regel genügt es aber, daß der Inhalt der Rechtsnormen nach den allgemeinen Auslegungsrichtlinien ermittelt werden kann. Die Verwendung von Generalklauseln, unbestimmten Rechtsbegriffen und Ermessensermächtigungen ist grundsätzlich zulässig, sofern Zielrichtung und Rahmen der Regelung erkennbar bleiben.

Vgl. dazu etwa BVerfGE 87, 234, 263; 93, 213, 238; zur Verwendung von unbestimmten Rechtsbegriffen BVerfGE 8, 274, 325 f. (Preisgesetz); 78, 214, 226 (Steuerrecht); zur Verwendung von Ermessensermächtigungen BVerfGE 9, 137, 146 ff. (Einfuhrgenehmigungen); zu beiden BVerfGE 49, 89, 133 ff. (atomrechtliche Genehmigung); ferner die Nachw. bei *Jarass,* JP Art. 20 Rn. 38 ff.; *U. M. Gassner,* Gesetzgebung und Bestimmtheitsgrundsatz, ZG 1996, 37 ff.; *H.-J. Papier/J. Möller,* Das Bestimmtheitsgebot und seine Durchsetzung, AÖR 122 (1997) S. 177 ff.

48   Das Bestimmtheitsgebot gilt im übrigen nicht nur für die einzelnen Rechtsnormen, sondern für die gesamte Rechtsordnung, in der die einzelnen Rechtsnormen stehen; sie muß übersichtlich, in sich stimmig und widerspruchsfrei sein.

49   c) *Beständigkeit der Rechtsnormen.* Der Grundsatz der Rechtssicherheit fordert ferner − in zeitlicher Hinsicht − die Dauerhaftigkeit des Rechts. Es genügt nicht, daß der Bürger feststellen kann, was im Augenblick gilt; er muß vielmehr, da das Recht eine wesentliche Grundlage seiner Lebensgestaltung ist, davon ausgehen können, daß es auch bestehen bleibt. Damit kommt der *Grundsatz des Vertrauensschutzes* zum Zuge, der sich aus dem Grundsatz der

Rechtssicherheit ergibt und auf die Sicht des Bürgers abstellt. Der Bürger muß sich darauf verlassen können (er muß darauf vertrauen dürfen), daß die staatlichen Regelungen, an die seine Erwartungen und Dispositionen anknüpfen, Bestand haben. Allerdings muß differenziert werden:

– Rückwirkende Regelungen, d. h. Regelungen, die für einen in der Vergangenheit liegenden Zeitraum gelten sollen, sind grundsätzlich unzulässig (vgl. dazu näher unten § 17 Rn. 117 ff.).
– Einwirkende Gesetze, d. h. Gesetze, die zwar nur für die Zukunft gelten, aber in bereits in der Vergangenheit entstandene und noch fortdauernde Sachverhalte und Rechtsbeziehungen entwertend eingreifen, sind grundsätzlich zulässig, müssen aber durch Übergangsregelungen abgemildert werden (vgl. dazu ebenfalls unten § 17 Rn. 122 f.).
– Neue Gesetze, die nur für die Zukunft gelten, sind unter dem Gesichtspunkt des Vertrauensschutzes grundsätzlich zulässig, wenngleich es zweckmäßig ist, die beabsichtigte Neuregelung erst nach einer gewissen Zeit in Kraft treten zu lassen, damit den Behörden und Bürgern Zeit bleibt, sich über die Neuregelung zu informieren.

Der Grundsatz des Vertrauensschutzes greift nur bei belastenden **50** Neuregelungen ein. Ist die Neuregelung begünstigend, wird sie dem Bürger willkommen sein, zumindest aber kann er die Begünstigung ablehnen. Vom Grundsatz des Vertrauensschutzes ist wiederum der sich ebenfalls aus der Rechtssicherheit ergebende *Kontinuitätsgrundsatz* zu unterscheiden. Er verlangt, daß der Gesetzgeber kontinuierlich vorgeht, d. h. daß er genau prüft, ob eine Gesetzesänderung wirklich notwendig ist, und, wenn er dies bejaht, nicht hektisch und sprunghaft vorgeht, sondern sich um eine stetige und systementsprechende Weiterentwicklung bemüht. Verstöße gegen den Kontinuitätsgrundsatz wird man freilich verfassungsrechtlich kaum in Griff bekommen. Überflüssige oder sprunghafte Gesetze sind als solche noch nicht verfassungswidrig. Der Gedanke, daß solche Gesetze gegen das sich ebenfalls aus dem Rechtsstaatsprinzip ergebende Übermaßverbot verstoßen könnten, ist schwerlich haltbar (vgl. *Kloepfer,* VVDStRL 40, 1982, S. 79 f.). Im Einzelfall kann aber ein Verstoß gegen das rechtsstaatliche Bestimmtheitsgebot oder gegen ein Grundrecht vorliegen.

Diese Gesichtspunkte gelten für die *allgemeinen Gesetze,* die einen bestimm- **51** ten Rechtsbereich ganz oder teilweise neu regeln sollen, insbesondere für Gesetze mit kodifikatorischem Charakter. Davon zu unterscheiden sind die sog. *Maßnahmegesetze*. Da sie zweckbedingt auf eine bestimmte Situation reagieren und daher vom Fortbestand dieser Situation abhängig sind, greift der Kontinuitätsgrundsatz nur bedingt ein. Dagegen verstärkt sich der Vertrauensschutz jedenfalls dann, wenn das Maßnahmegesetz bestimmte Dispositionen des Bürgers veranlassen will und der Bürger entsprechend tätig wird. Ferner ist in diesem Zusammenhang noch darauf hinzuweisen, daß die für Verfassungsänderungen erforderliche $^2/_3$-Mehrheit den Bestand und die Kontinuität der Verfassungen zusätzlich absichert.

52   d) *Verwaltungsakte*. Die für die Rechtsnormen entwickelten Grundsätze gelten in noch stärkerem Maße für die Vollzugsakte der Verwaltung, insbesondere für Verwaltungsakte. Durch den Verwaltungsakt soll verbindlich festgestellt werden, was in Vollzug der allgemeinen Gesetze für den konkreten Einzelfall gelten soll. Die Konkretisierungs- und Stabilisierungsfunktion des Verwaltungsakts dient der Rechtssicherheit. Die Verwaltung und die Bürger können durch die verbindliche Feststellung der Rechtslage von einer sicheren rechtlichen Basis ausgehen. Das setzt allerdings voraus, daß der Verwaltungsakt die Berechtigung oder die Verpflichtung des Bürgers eindeutig feststellt (Grundsatz der Bestimmtheit) und daß der Verwaltungsakt Bestand erhält und behält (Grundsatz der Bestandsfestigkeit). Aus Gründen der Rechtssicherheit werden daher Verwaltungsakte auch dann rechtswirksam, wenn sie rechtswidrig sein sollten, und bleiben solange rechtswirksam, bis sie durch einen actus contrarius wieder aufgehoben werden, sofern sie nicht von vornherein wegen eines schwerwiegenden und offensichtlichen Fehlers nichtig sind oder sich im Laufe der Zeit von selbst erledigen (etwa ein Versammlungsverbot wegen Zeitablaufs). Die Bestandsfestigkeit kann allerdings aus Gründen der Gesetzmäßigkeit der Verwaltung nicht absolut gelten: Der Bürger kann im Wege der Anfechtung die Aufhebung eines ihn belastenden rechtswidrigen Verwaltungsaktes verlangen und erreichen. Die Verwaltung kann von sich aus oder auf Antrag einen rechtswidrigen Verwaltungsakt zurücknehmen oder einen Verwaltungsakt nach Änderung der ihm zugrunde liegenden Sach- und Rechtslage widerrufen, beides allerdings – aus Gründen der Rechtssicherheit und des Vertrauensschutzes – nur unter Berücksichtigung des Vertrauensinteresses des betroffenen Bürgers. Der Grundsatz der Rechtssicherheit weicht also dem Grundsatz der Rechtmäßigkeit, jedoch nur

begrenzt und auch nur unter Beachtung rechtsstaatlicher Formen und damit des Grundsatzes der Rechtssicherheit.

Vgl. zu dem austarierten System zwischen der Rechtssicherheit und der Rechtmäßigkeit bei Verwaltungsakten die §§ 43 ff. VwVfG, die weitgehend die frühere Rechtsprechung der Verwaltungsgerichte übernehmen; dazu etwa *Maurer*, VerwR § 11 Rn. 1 ff.

e) *Gerichtliche Urteile.* Besondere Bedeutung erlangt der Grundsatz 53 der Rechtssicherheit bei gerichtlichen Urteilen. Die Rechtsprechung hat gerade den Sinn, strittige Rechtsfragen zu entscheiden und damit den Rechtsfrieden (wieder) herzustellen. Es ist daher nur folgerichtig, daß die letztinstanzlichen gerichtlichen Urteile rechtskräftig werden und nicht mehr in Frage gestellt werden können, sofern nicht ausnahmsweise ein Wiederaufnahmegrund besteht und eine nochmalige Überprüfung und Entscheidung zuläßt. Im Interesse der Rechtssicherheit und des Rechtsfriedens müssen daher auch Urteile hingenommen werden, die möglicherweise rechtswidrig sind. Das ist deshalb, aber auch nur deshalb vertretbar, weil die gerichtlichen Entscheidungen durch unabhängige Richter in einem mit förmlichen Garantien ausgestatteten Verfahren ergehen und daher eine erhöhte Richtigkeitsgewähr besitzen.

f) *Konflikt zwischen der Rechtssicherheit und der Rechtmäßigkeit.* Wie 54 die Darlegungen zum Verwaltungsakt und zum gerichtlichen Urteil zeigen, kann es zum Konflikt zwischen dem Grundsatz der Rechtssicherheit und dem Grundsatz der Rechtmäßigkeit (d. h. der Vereinbarkeit des Verwaltungsaktes und des Urteils mit dem geltenden Recht entsprechend dem Gesetzesvorrang und dem Gesetzesvorbehalt) kommen. Da beide Grundsätze im Rechtsstaatsprinzip wurzeln, muß ein Ausgleich gefunden werden. Nach der Rechtsprechung des BVerfG ist es Sache des Gesetzgebers, in diesem Konfliktfall zwischen der Rechtssicherheit und der Rechtmäßigkeit zu entscheiden; die meistens zugunsten der Rechtssicherheit gehenden Entscheidungen des Gesetzgebers sind vom BVerfG gebilligt worden (vgl. die Nachw. bei *Jarass,* JP Art. 20 Rn. 46). Das darf jedoch nicht irreführen. Der Konflikt zwischen der Rechtssicherheit und der Rechtmäßigkeit ist nicht die Regel, sondern die Ausnahme. Die Rechtssicherheit wird gerade durch die dem geltenden Recht entsprechenden staatlichen Rechtsakte gewährleistet. Rechtssicherheit und Rechtmäßigkeit gehen gleichsam Hand in Hand. Die staatlichen Organe sind selbstverständlich nicht befugt, unter Hinweis auf die Rechtssicherheit eine rechtswidrige Maßnahme zu erlassen. Der Konflikt entsteht erst und nur dann, wenn sich *nachträglich* herausstellt, daß eine staatliche Entscheidung oder eine sonstige staatliche Maßnahme mit dem geltenden Recht nicht vereinbar ist. Dann kann es gerechtfertigt sein, das geschehene Unrecht hinzunehmen. Das gilt vor allem dann, wenn der rechtswidrige Akt nicht einfach „umgedreht" und damit ungeschehen gemacht werden kann, wenn das vorangegangene Verfahren mit besonderen Verfahrensgarantien zur Ausschaltung von Fehlerquellen ausgestattet war oder wenn Ersatzlösungen, wie z.B. eine Entschädigung, angeboten werden.

9. Grundsatz der Verhältnismäßigkeit

55   a) *Grundlagen.* Zu den wesentlichen Elementen des Rechtsstaatsprinzips gehört ferner der Grundsatz der Verhältnismäßigkeit (verschiedentlich auch Übermaßverbot bezeichnet). Seine historischen Wurzeln gehen weit zurück (vgl. *Remmert*, aaO. Rn. 57). Eine spezifische Ausprägung hat er durch die Verwaltungsgerichte in den Jahrzehnten vor und nach der Jahrhundertwende im Bereich des Polizeirechts durch Beschränkung polizeilicher Eingriffe in Freiheit und Eigentum erhalten. Nach Erlaß des Grundgesetzes hat er – gefördert durch die Rechtsprechung des BVerfG – eine erhebliche Ausdehnung erfahren. Er gilt nun (1) für die gesamte Staatsgewalt, nicht nur für die Verwaltung, sondern auch für die Gesetzgebung, (2) über den Bereich des Polizeirechts hinaus für alle Rechtsgebiete und (3) nicht nur zur Disziplinierung staatlicher Eingriffe, sondern auch zur Regelung staatlicher Leistungen und zur Bestimmung der Kompetenzen staatlicher Organe und Verwaltungsträger. In der Literatur ist bereits die Ausuferung des Verhältnismäßigkeitsgrundsatzes kritisiert und eine angemessene Reduktion gefordert worden (so z.B. *F. Ossenbühl*, Festschrift für Lerche, 1993, S. 151 ff.). Der eigentliche Anwendungsbereich bezieht sich jedoch nach wie vor auf staatliche Eingriffe. Sie sind danach nur zulässig, wenn sie – im Blick auf den mit dem Eingriff angestrebten Zweck oder Erfolg – geeignet, erforderlich und angemessen sind. Es geht also um das

Zweck-Mittel-Verhältnis. In der Regel ergibt sich der Grundsatz der Verhältnismäßigkeit in diesen Fällen bereits aus den Grundrechten, die, auch wenn ein Gesetzes- oder Schrankenvorbehalt besteht, nur eingeschränkt werden dürfen, wenn dies zur Erreichung des mit der Grundrechtseinschränkung verfolgten Zwecks geeignet, erforderlich und angemessen ist. Die grundrechtliche Verhältnismäßigkeit geht der rechtsstaatlichen Verhältnismäßigkeit vor. Das BVerfG und die Literatur unterscheiden allerdings nicht immer genau. Das ist auch nicht weiter schädlich, da die Struktur des Grundsatzes der Verhältnismäßigkeit jeweils dieselbe ist.

> Die Terminologie ist noch sehr uneinheitlich. Das gilt vor allem für die dritte Stufe (Angemessenheit), die verschiedentlich auch als Verhältnismäßigkeit i. e. S., Zumutbarkeit usw. bezeichnet wird. In der Sache besteht jedoch Übereinstimmung.

b) Die *Anwendung* des Grundsatzes der Verhältnismäßigkeit erfordert eine zweistufige Prüfung, wobei die zweite Stufe wiederum aus drei Unterstufen besteht. Zunächst muß der angestrebte Zweck oder Erfolg bestimmt werden. Geschieht das nicht, dann hängt die Verhältnismäßigkeitsprüfung mangels Bezugspunktes in der Luft. Dabei ist nicht nur zu prüfen, welcher Zweck verfolgt wird, sondern auch, ob der verfolgte Zweck rechtlich legitim und damit zulässig ist. Wird das verneint, dann ist der Eingriff schon aus diesem Grunde rechtswidrig. **56**

Auf der zweiten Stufe sind dann die drei bereits genannten Kriterien (Unterstufen) näher zu prüfen: **57**

- *Geeignet* ist das Mittel, wenn mit seiner Hilfe der erstrebte Erfolg gefördert werden kann;
- *erforderlich* ist das Mittel, wenn kein anderes, gleich wirksames, aber die Rechte des Bürger weniger einschneidendes Mittel zur Verfügung steht;
- *angemessen* ist das Mittel, wenn es in angemessenem Verhältnis zum Erfolg steht, d. h. wenn das geeignete und erforderliche Mittel nicht außer Verhältnis zur Bedeutung der Sache steht (man darf nicht mit Kanonen auf Spatzen schießen, selbst wenn dies das einzige geeignete und erforderliche Mittel zur Vertreibung der Spatzen ist). Ein wesentliches Kriterium ist hierbei der Gesichtspunkt der Zumutbarkeit, der gelegentlich vom BVerfG sogar als weitere Komponente des Grundsatzes der Verhältnismäßigkeit aufgeführt wird. Die Angemessenheit erfordert vor allem eine Abwägung zwischen den grundrechtlich geschützten Rechtsgütern einerseits und den entgegenstehenden öffentlichen Interessen, die die Einschränkung des Grundrechts erfordern, andererseits.

Vgl. aus der neueren Rechtsprechung BVerfGE 79, 256, 270 ff. (Recht auf Kenntnis der Abstammung); BVerfGE 87, 287, 321 f. (Vereinbarkeit des Anwaltsberufs mit anderen beruflichen Tätigkeiten); BVerfGE 90, 145, 172 ff. (Strafbarkeit des Umgangs mit Rauschmitteln); BVerfGE 92, 277, 325 ff. (Strafbarkeit der DDR-Spionage); *BVerfGE* 104, 337, 347 ff. (Schächten). – Literatur: *P. Lerche,* Übermaß und Verfassungsrecht, 1961; *L. Hirschberg,* Der Grundsatz der Verhältnismäßigkeit, 1981; *R. Dechsling,* Das Verhältnismäßigkeitsgebot, 1989; *A. Bleckmann,* Begründung und Anwendungsbereich des Verhältnismäßigkeitsprinzips, JuS 1994, 177 ff.; *B. Remmert,* Verfassungs- und verwaltungsrechtsgeschichtliche Grundlagen des Übermaßverbotes, 1995; *F. Ossenbühl,* Maßhalten mit dem Übermaßverbot, Festschrift für Lerche, 1993, S. 151 ff.; *L. Michael,* Die drei Argumantationsstrukturen des Grundsatzes der Verhältnismäßigkeit, JuS 2001, 148 ff.; *Stern,* Staatsrecht III/2, S. 761 ff.

58   c) *Untermaßverbot.* Als Pendant und Gegenstück zum Übermaßverbot ist neuerdings das. sog. Untermaßverbot aufgetaucht. Es besagt, daß der Gesetzgeber, wenn er zum Handeln verpflichtet ist, eine bestimmte Untergrenze nicht unterschreiten darf. Bislang ist das Untermaßverbot nur im Blick auf die grundrechtlichen Schutzpflichten aktuell geworden, die den Staat verpflichten, zum Schutz grundrechtlicher Rechtsgüter, insbesondere zum Schutz von Leben und Gesundheit gem. Art. 2 II GG, tätig zu werden. Wenn der Staat zu diesem Zweck in die Grundrechte des störenden Dritten eingreift, dann scheint er einen Gestaltungsspielraum zu haben, der einerseits durch die Obergrenze des Übermaßverbotes und andererseits durch die Untergrenze des Untermaßverbotes begrenzt ist. Da aber der Staat nur insoweit in die Grundrechte des störenden Dritten eingreifen darf, als dies zum Schutze des gefährdeten Rechtsgutes erforderlich ist, decken sich Obergrenze und Untergrenze. Das Untermaßverbot bringt somit keinen neuen Aspekt. Aber es bringt doch zum Ausdruck, daß der Staat nicht nur, soweit erforderlich, tätig werden darf, sondern auch tätig werden muß.

Vgl. zum Untermaßverbot BVerfGE 88, 203, 254 ff. (Schwangerschaftsabbruch II); *Stern,* Staatsrecht III/2, S. 813 f.; *J. Isensee,* HStR Bd. V (1992) § 111 Rn. 165 f.; *K.-E. Hain,* Der Gesetzgeber in der Klemme zwischen Übermaß- und Untermaßverbot?, DVBl. 1993, 982 ff.; *ders.,* Das Untermaßverbot in der Kontroverse, ZG 1996, 75 ff.; *J. Dietlein,* Das Untermaßverbot, ZG 1995, 131 ff.

III. Das Sozialstaatsprinzip

1. Rechtsgrundlagen

a) *Die grundsätzliche Entscheidung* für die Sozialstaatlichkeit findet **59** sich in Art. 20 I GG, der zentralen Vorschrift über die verfassungsrechtlichen Grundentscheidungen. Das Sozialstaatsprinzip erscheint dort allerdings nur adjektivisch im Zusammenhang mit dem Bundesstaatsprinzip („sozialer Bundesstaat"). Das führt zu der Frage, welche Bedeutung diese Kombination haben soll. Wahrscheinlich keine, jedenfalls sollte nichts hineingeheimnist werden. In Art. 28 I 1 GG folgt dann die Verbindung mit dem Rechtsstaat („sozialer Rechtsstaat"). Wenn auch das Rechtsstaatsprinzip und das Sozialstaatsprinzip nach Herkunft und Inhalt zu unterscheiden sind, so gehen sie doch, wie noch zu zeigen ist, eine Symbiose ein. Art. 28 I GG dokumentiert und bestätigt die Entwicklung vom liberalen Rechtsstaat des 19. Jahrhunderts zum sozialen Rechtsstaat des 20. Jahrhunderts. Art. 23 I 1 GG, der, wie bereits mehrfach betont wurde, die Voraussetzungen für die Mitwirkung der Bundesrepublik in der Europäischen Union festlegt, nennt wiederum alle verfassungsrechtlichen Grundentscheidungen.

b) *Einzelregelungen.* Im Gegensatz zum Rechtsstaatsprinzip, das in **60** einer ganzen Reihe von Einzelregelungen des Grundgesetzes konkretisiert wird, gibt es im Grundgesetz nur wenige Vorschriften, in denen das Sozialstaatsprinzip zum Ausdruck kommt. Zu nennen sind:

– Art. 6 IV GG begründet einen Schutz- und Fürsorgeanspruch der Mutter gegenüber der Gemeinschaft, läßt aber praktisch alles offen (Wer ist die Gemeinschaft als Adressat des Anspruchs? Worin besteht der Schutz und die Fürsorge? Für welchen Zeitraum besteht der Anspruch auf Schutz und Fürsorge?). Mehr als ein Appell ist dieser ohnehin sachlich selbstverständliche „Anspruch" nicht.
– Art. 14 II GG legt die Sozialpflichtigkeit des Eigentums fest. Er begründet – anders als Art. 6 IV GG – keinen Anspruch, sondern begrenzt das in Art. 14 I 1 GG gewährleistete Eigentumsrecht. Nach Art. 14 I 2 GG hat der Gesetzgeber Inhalt und Schranken des Eigentums zu bestimmen; dabei hat er einerseits die grundsätzliche Entscheidung für das Privateigentum gem. Art. 14 I 1 GG und andererseits die Sozialpflichtigkeit des Eigentums gem. Art. 14 II GG zu berücksichtigen und jeweils angemessen zu verwirklichen.

Ansprüche Dritter können aus der Sozialpflichtigkeit nur entstehen, wenn sie durch den Gesetzgeber begründet und ausgestaltet werden (so etwa Ansprüche des Mieters gegen den Eigentümer/Vermieter).

– Einige der in Art. 74 I GG genannten Titel räumen dem Bund die Kompetenz zum Erlaß von Gesetzen ein, die auch oder sogar ausschließlich sozialstaatlichen Bezug haben, so Nr. 6, 7, 9, 10, 10 a, 12, 13, 16, 19, 19 a, 20 und 24. Wenn auch Art. 74 GG nur die Gesetzgebungskompetenzen im Bund–Länder-Verhältnis bestimmt, so lassen diese Titel doch den Schluß zu, daß solche sozialstaatlich motivierte Regelungen zulässig sind und vom Grundgesetz erwartet werden.

– Im Zusammenhang mit der Verfassungsreform 1994 ist noch das Verbot der Benachteiligung von Behinderten hinzugekommen (Art. 3 III 2 GG), das zwar – wie die Gleichstellung von ehelichen und nichtehelichen Kindern (Art. 6 V GG) und die Förderung der tatsächlichen Durchsetzung der Gleichberechtigung von Frauen und Männern (Art. 3 II 2 GG) – sozialstaatlichen Gehalt hat, aber eher eine besondere Ausprägung des Gleichheitssatzes darstellt.

61   Damit sind die spezifischen sozialstaatlichen Regelungen und Konkretisierungen des Grundgesetzes schon aufgezählt. Freilich ist das nicht alles. Es gibt noch eine ganze Reihe von Bestimmungen des Grundgesetzes, in denen und durch die sich das Sozialstaatsprinzip entfalten kann und wird, so – selbstverständlich – die Garantie der Menschenwürde gem. Art. 1 I GG und ferner etwa der Gleichheitssatz gem. Art. 3 I GG und die Berufs- und Ausbildungsfreiheit gem. Art. 12 I GG. Darauf ist noch zurückzukommen.

Dagegen gehört die Ermächtigung zur „Vergesellschaftung" von Grund und Boden, Naturschätzen und Produktionsmitteln gem. Art. 15 GG nicht hierher, da sie keine sozialstaatliche, sondern eine sozialistische Forderung zum Ausdruck bringt; vgl. dazu näher unten Rn. 93 ff.

2. Gründe für die Zurückhaltung des Grundgesetzgebers

62   a) Die Zurückhaltung des Grundgesetzgebers fällt schon deshalb auf, weil die *Weimarer Reichsverfassung* von 1919 und die vor dem Grundgesetz erlassenen *Landesverfassungen* zahlreiche sozialstaatliche Grundsätze und Regelungen enthielten.

Die Weimarer Reichsverfassung brachte im 5. Abschnitt des 2. Hauptteils, der mit „Das Wirtschaftsleben" überschrieben war, Sätze und Regelungen über die „Ordnung des Wirtschaftslebens", über die Verteilung und Nutzung des Bodens, über „das Ziel, jedem Deutschen eine gesunde Wohnung und allen deutschen Familien, besonders den kinderreichen, eine ihren Bedürfnissen entsprechende Wohn- und Wirtschaftsheimstätte zu sichern", über den „Schutz der Arbeitskraft", über die Bildung von Koalitionen und die betriebliche

Mitbestimmung usw. Überwiegend handelte es sich jedoch um Programmsätze oder allenfalls das, was man heute als Staatszielbestimmung bezeichnen würde. Es wurde auch nicht einfach ein Recht auf Arbeit postuliert, sondern die vorsichtige Formel gewählt: „Jedem Deutschen soll die Möglichkeit gegeben werden, durch wirtschaftliche Arbeit seinen Unterhalt zu erwerben." – Die 1946 erlassene und heute noch geltende Hessische Verfassung ist demgegenüber sehr viel präziser und entschiedener. Unter der Überschrift „Soziale und wirtschaftliche Rechte und Pflichten" werden ausdrücklich ein „Recht auf Arbeit" gewährleistet (Art. 28 II), das Streikrecht anerkannt und die Aussperrung verboten (Art. 29 III, IV), die betriebliche und wirtschaftliche Mitbestimmung der Arbeitnehmer und ihrer Vertretungen festgelegt (Art. 37, 38) usw. Praktische Bedeutung haben diese Rechte jedenfalls seit Erlaß des Grundgesetzes nicht mehr. Einige der damals als fortschrittlich geltenden und auch heute noch in der Verfassung stehenden Rechte – etwa die 48-Stunden-Woche (Art. 31) und der Mindesturlaub von 12 Arbeitstagen (Art. 34) – sind längst überholt und geradezu anachronistisch.

b) *Die Zurückhaltung des Grundgesetzgebers* hatte verschiedene – 63 zeitbedingte und strukturelle – Gründe:

aa) Die Mitglieder des Parlamentarischen Rates standen noch ganz unter dem unmittelbaren Eindruck des nationalsozialistischen Unrechtssystems, unter dem die meisten von ihnen selbst gelitten hatten, und unter dem unmittelbaren Eindruck der rechtsstaatswidrigen Verhältnisse in der sowjetischen Besatzungszone und der im Gründungsstadium befindlichen DDR. Sie verfolgten deshalb vorrangig das Ziel, eine konsequent rechtsstaatliche Ordnung aufzubauen und durch entsprechende Garantien in jeder Hinsicht abzusichern. Sozialstaatliche Erwägungen und Forderungen gerieten demgegenüber ins Hintertreffen.

bb) Ferner wurde auf die Einführung sozialstaatlicher Regelun- 64 gen und wirtschaftlicher Bindungen auch deshalb verzichtet, weil bald zu erkennen war, daß zwischen den Parteien im Parlamentarischen Rat, insbesondere zwischen der für die soziale Marktwirtschaft eintretenden CDU und der für eine Planwirtschaft votierenden SPD, erhebliche Meinungsunterschiede in wirtschafts- und sozialpolitischer Hinsicht bestanden, die allenfalls durch langwierige Verhandlungen und sachlich wenig befriedigende Kompromisse hätten überbrückt werden können.

Selbst die SPD legte unter diesen Voraussetzungen keinen Wert auf die Festlegung sozialer Rechte und wirtschaftlicher Pflichten. Sie war ohnehin der Meinung, daß sie bei der ersten Bundestags-Wahl die Mehrheit erreichen

werde und dann mit Hilfe der Bundesgesetzgebung ihre wirtschaftlichen und
sozialstaatlichen Vorstellungen realisieren könne. Verfassungsrechtliche Regelungen, die im Wege des Kompromisses zu Einschränkungen geführt hätten,
hätten unter diesen Voraussetzungen mehr gestört als genützt. Sinnvoller schien
es, die Gesetzgebungskompetenzen des Bundes entsprechend auszubauen.

65   cc) Hinzu kommt, daß sich die Folgerungen des Sozialstaatsprinzips – im Gegensatz zu denen des Rechtsstaatsprinzips – nicht auf
einige knappe, juristisch griffige Formeln bringen lassen, die im
konkreten Fall ohne weiteres angewandt und verwirklicht werden
könnten. Der Grundgesetzgeber wollte aber allgemeine Programmsätze und „Rechte", die sich letztlich als leere Versprechen
erweisen, vermeiden. Das kommt in Art. 1 III GG deutlich zum
Ausdruck. Die Bestimmung, daß Gesetzgebung, vollziehende Gewalt und Rechtsprechung an die Grundrechte als „unmittelbar
geltendes Recht" gebunden sind, weist eben auch darauf hin, daß
der Grundgesetzgeber nur solche Rechte festlegen wollte, die unmittelbar gelten und durchgesetzt werden können.

66   Wenn in der Verfassung die Versammlungsfreiheit gewährleistet wird, ist
alles wesentliche gesagt: Versammlungen und Demonstrationen dürfen durchgeführt werden, soweit gesetzlich keine Einschränkung besteht. Wenn dagegen
ein Anspruch auf Ausbildungsbeihilfe gewährt wird, bleibt noch offen, wer
unter welchen Voraussetzungen was erhält. Die verfassungsrechtliche Festlegung
des Anspruchs allein genügt noch nicht; sie ist zunächst nur ein Versprechen,
das der näheren gesetzlichen Regelung und Ausgestaltung bedarf. Noch mehr
gilt das für das Recht auf Arbeit. In Zeiten der Vollbeschäftigung ist es uninteressant, in Zeiten der Arbeitslosigkeit wird dadurch allein noch kein einziger
Arbeitsplatz geschaffen, der zugewiesen werden könnte. Der Staat müßte entweder selbst Arbeitsplätze einrichten oder die Wirtschaft zur Schaffung zusätzlicher (vom jeweiligen Unternehmen aus betrachtet: überflüssiger) Arbeitsplätze verpflichten. Beides würde zu schwerwiegenden Eingriffen in die freie
Wirtschaft führen und den Staat mit finanziellen Ausgaben belasten, die
schließlich zum Staatsbankrott führen könnten. Das schließt eine auf die
Schaffung von Arbeitsplätzen zielende staatliche Politik nicht aus. Der Staat ist
sogar aufgrund des Sozialstaatsprinzips dazu verpflichtet. Zudem muß er gem.
Art. 109 II GG in Vbg. mit § 1 Stabilitätsgesetz bei seiner Haushaltsführung den
Erfordernissen des gesamtwirtschaftlichen Gleichgewichts und dabei auch dem
Ziel eines „hohen Beschäftigungsstands" Rechnung tragen. Aber die Festlegung
eines „Rechts auf Arbeit" oder auch nur die Festlegung einer entsprechenden
Staatszielbestimmung in der Verfassung löst die Probleme nicht, sondern er-
weckt eher Erwartungen, die nicht so ohne weiteres erfüllt werden können.

67   c) Die nach der Wiedervereinigung einsetzende Verfassungsdiskussion im Bund und in den Ländern erstreckte sich auch auf die

Frage der sozialen Grundrechte und der sozialstaatlichen Staatszielbestimmungen. Auf der Bundesebene sind fast alle in diese Richtung zielende Anträge gescheitert (vgl. bereits oben § 5 Rn. 34 f.);
es blieb bei der bisherigen Konzeption der juristisch präzisen, dafür
aber inhaltlich knappen und enthaltsamen Regelungen des Grundgesetzes. Dagegen haben die Landesverfassungen der neuen Bundesländer – nach Art und Umfang unterschiedliche – sozialstaatliche Einzelregelungen aufgenommen (vgl. oben § 5 Rn. 60). Man
kann natürlich in verfassungspolitischer Sicht darüber diskutieren,
ob die grundgesetzliche Beschränkung richtig ist oder ob es nicht
besser wäre, auch in der Verfassung auf die Probleme und Bedürfnisse der Bevölkerung einzugehen und Wege und Ziele zu deren
Lösung aufzuzeigen. Nur sollte man, wenn man sich für die zweite
Alternative entscheidet, die Problematik der juristischen und tatsächlichen Realisierbarkeit offenlegen.

d) Die Zurückhaltung des Grundgesetzgebers darf übrigens nicht **68**
als sozialstaatliche Abstinenz bewertet werden. Der Verzicht auf sozialstaatliche Einzelregelungen bedeutet keinen Verzicht auf Sozialstaatlichkeit, sondern die Verlagerung auf die Ebene des Gesetzgebers, wo die näheren Regelungen getroffen werden können und
müssen. Mit der Festlegung des Sozialstaatsprinzips in Art. 20 I GG
hat das Grundgesetz auf diesen Weg gewiesen. Es gewährleistet
damit grundsätzlich nicht weniger Sozialstaatlichkeit als die Verfassungen, die selbst sozialstaatliche Einzelregelungen enthalten.

3. Die rechtliche Bedeutung des Sozialstaatsprinzips

a) Das in Art. 20 I GG festgelegte Sozialstaatsprinzip ist nicht nur **69**
ein allgemeiner Programmsatz oder eine verfassungspolitische Leitlinie, sondern auch eine *verbindliche Verfassungsnorm*. Es richtet sich
in erster Linie an den *Gesetzgeber* und verpflichtet ihn, das Sozialstaatsprinzip zu entfalten und umzusetzen, und zwar nicht nur im
engeren Bereich des Sozialrechts, sondern in allen Rechtsbereichen, auch im bürgerlichen Recht (etwa im Mietrecht, Bürgschaftsrecht), im Prozeßrecht (Chancengleichheit der Prozeßbeteiligten), im Straf- und Strafvollzugsrecht, im Schul- und Aus-
bildungsrecht und im Steuerrecht.

Vgl. zum Mietrecht etwa BVerfGE 79, 283, 289 ff.; 79, 292, 302 ff.; 85, 219, 223 ff.; zum Bürgschaftsrecht BVerfGE 89, 214, 229 ff.; zum Zivilprozeßrecht BVerfGE 63, 380, 394 f.

70   b) Als Verfassungsnorm bindet das Sozialstaatsprinzip grundsätzlich *auch die Verwaltung.* Da aber seine Konkretisierung Aufgabe des Gesetzgebers ist, können daraus in der Regel keine unmittelbaren Handlungsbefugnisse der Verwaltung abgeleitet werden. Das Sozialstaatsprinzip bildet keine Ermächtigungsgrundlage für Eingriffe der Verwaltung in die Rechte des Bürgers oder unmittelbare Rechtsgrundlage für Leistungsansprüche des Bürgers. Das Sozialstaatsprinzip wird also im Exekutivbereich durch Vermittlung des Gesetzgebers umgesetzt. Das schließt freilich nicht aus, daß es bei der Auslegung unbestimmter Rechtsbegriffe und bei der Handhabung des Ermessens sowie im gesetzesfreien Bereich als allgemeiner Verfassungsgrundsatz ergänzend herangezogen wird.

Aus der Gesetzesbindung ergibt sich auch, daß das Sozialstaatsprinzip nicht korrigierend herangezogen werden darf, wenn die Anwendung einer gesetzlichen Regelung im Einzelfall besonders unbillig oder hart erscheint, vgl. BVerfGE 54, 277, 296; 69, 272, 315 m. w. N.

71   c) Das in Art. 20 I GG festgelegte Sozialstaatsprinzip ist eine *objektive* Verfassungsnorm und begründet daher als solche noch *keine subjektiven Rechte des Bürgers.* Es kann aber im Rahmen der Grundrechte Bedeutung erlangen und auf diese Weise subjektiv-rechtliche Wirkung erhalten. So ist es z. B. möglich, daß sich bei der Prüfung des Gleichheitssatzes gem. Art. 3 I GG ergibt, daß eine differenzierende Regelung durch das Sozialstaatsprinzip geboten ist oder – umgekehrt – eine nicht differenzierende Regelung dem Sozialstaatsprinzip widerspricht. Der Betroffene kann in diesem Fall die Verletzung des „Art. 3 I GG in Vbg. mit dem Sozialstaatsprinzip" geltend machen und – nach Erschöpfung des Rechtswegs – im Wege der Verfassungsbeschwerde das BVerfG anrufen. Ferner kann das Sozialstaatsprinzip im Rahmen des Art. 6 I GG (Schutz und Förderung der Familie) eine Rolle spielen, so etwa wenn es um die Gewährung eines Familienlastenausgleichs geht. Die Ausbildungsfreiheit des Art. 12 I GG kann eine leistungsstaatliche Wendung erlangen, wenn und weil sie einen Anspruch auf Zulassung zum Hochschulstudium oder einen Anspruch auf finanzielle

Ausbildungsförderung begründet. Da das Sozialleistungsrecht weitgehend gesetzlich geregelt ist und damit sozialversicherungsrechtliche Besitzstände geschaffen werden, kann die Änderung oder Kürzung sozialversicherungsrechtlicher Ansprüche, etwa Rentenansprüche, eine Verletzung des Art. 14 I GG darstellen. In allen diesen Fällen trägt das Sozialstaatsprinzip zur Konkretisierung der Grundrechte bei, wird aber zugleich auch über die Grundrechte wehrfähig.

Vgl. zum Gleichheitssatz in Vbg. mit dem Sozialstaatsprinzip etwa BVerfGE 94, 241, 262; zu Art. 6 I in Vbg. mit dem Sozialstaatsprinzip BVerfGE 82, 60, 79 f.; zu Art. 12 I GG in Vbg. mit dem Sozialstaatsprinzip BVerfGE 33, 303, 332 ff.; 43, 291, 313; zur eigentumsrechtlichen Verfestigung von sozialversicherungsrechtlichen Ansprüchen und Anwartschaften BVerfGE 53, 257, 289 ff.; 69, 272, 300 ff.; 76, 256, 293 f.

4. Folgerungen aus dem Sozialstaatsprinzip

Da das verfassungsrechtlich festgelegte Sozialstaatsprinzip inhaltlich weit und unbestimmt ist, lassen sich daraus keine präzisen Konsequenzen ziehen, insbesondere keine ziffernmäßig bestimmten Leistungen ableiten (so das BVerfG in st. Rspr., vgl. z.B. BVerfGE 94, 241, 263). Eben deshalb ist es Aufgabe des Gesetzgebers, das Nähere zu regeln. Es ergeben sich aber doch verfassungsrechtliche Leitlinien, die der Gesetzgeber zu beachten hat und die sich im Einzelfall zu konkreten Leistungspflichten verdichten können. **72**

Im einzelnen ergibt sich aus dem Sozialstaatsprinzip:

a) *Sozialgestaltung.* Der Staat hat das Recht und auch die Pflicht zum Tätigwerden im sozialen und wirtschaftlichen Bereich. Im Gegensatz zu den Vorstellungen des 19. Jahrhunderts, wonach der Staat den wirtschaftlichen und gesellschaftlichen Bereich sich selbst überlassen sollte, ist der heutige Staat schon von Verfassungs wegen verpflichtet, sozial- und wirtschaftspolitisch aktiv zu werden. Er hat vor allem dann ordnend und gestaltend einzugreifen, wenn sich Fehlentwicklungen zeigen, wenn die Selbstregulierung im wirtschaftlichen Prozeß nicht funktioniert, wenn schwächere Gruppen und Wirtschaftszweige in Gefahr geraten, unter die Räder zu kommen. **73**

Die Mittel, die der moderne Sozialstaat einsetzt, sind weniger Gebote und Verbote, sondern vielmehr Steuern, Subventionen und Infrastrukturmaßnahmen. Durch Steuererhöhungen einerseits und Steuererleichterungen und Subventionsleistungen andererseits kann der Staat nachhaltig in den gesamtwirtschaftlichen Prozeß eingreifen. Ferner sind Maßnahmen der Infrastruktur (Verkehrswege, öffentlicher Nahverkehr, Erschließung von Industriegelände usw.) von erheblicher Bedeutung.

74   b) Der Staat hat vor allem *Leistungen* zu erbringen:

– Leistungen im Rahmen der *Sozialhilfe* für Hilfsbedürftige, d. h. für Menschen, die infolge Krankheit, Alter und sonstiger Schicksalsschläge nicht in der Lage sind, sich selbst zu helfen. Die Forderung der Gewährleistung des Existenzminimums wird verschiedentlich auch mit Art. 2 II GG (Leben und Gesundheit) und mit dem Hinweis auf Art. 1 I GG (Garantie der Menschenwürde) begründet.
– Leistungen der *Daseinsvorsorge,* insbesondere die Bereitstellung der für alle Bürger existenznotwendigen Güter, wie Wasser, Strom, Verkehrsbetriebe usw.
– Leistungen, die eindeutig über das Existenzminimum hinausgehen, aber in *sozialer und kultureller* Hinsicht heute selbstverständlich sind, so etwa die Schaffung und Unterhaltung von Schulen und Hochschulen, von Jugendheimen und Sporteinrichtungen, von Krankenhäusern und Altersheimen, von Theatern und Freizeiteinrichtungen usw. Dabei genügt es nicht, daß überhaupt solche Einrichtungen bestehen; vielmehr müssen sie auch unter akzeptablen Bedingungen, insbesondere auch in finanzieller Hinsicht, zugänglich sein.

75   c) Der Staat hat ferner für die *soziale Sicherheit* seiner Bürger durch Einrichtungen zu sorgen, die bei Krankheit, Unfall, Alter und Arbeitslosigkeit eingreifen und die erforderlichen Mittel gewährleisten. Das geschieht heute durch die gesetzliche Regelung der Sozialversicherung, die in ihren Anfängen auf die Sozialgesetzgebung der 80er Jahre des letzten Jahrhunderts zurückgeht.

76   d) Der Staat muß sich schließlich um einen *sozialen Ausgleich* zwischen den verschiedenen Bevölkerungsgruppen und damit um die Herstellung sozialer Gerechtigkeit bemühen. Dabei geht es nicht um Nivellierung, sondern um Reaktionen auf faktisch bestehende Unterschiede und Fehlentwicklungen im sozialen und wirtschaftlichen Bereich. Der Ausgleich erfolgt in der Regel nicht unmittelbar zwischen den beteiligten Bevölkerungsgruppen, sondern über den Staat, der in einem komplizierten System des Nehmens und Gebens einerseits progressiv zunehmende Steuern erhebt und andererseits Leistungen an Minderbemittelte vergibt. Der Staat wird damit zum Verteilerstaat oder gar zum Umverteilerstaat. Der soziale Ausgleich zielt indessen nicht nur, ja nicht einmal in erster Linie auf finanzielle Umschichtungen, sondern auf die Herstellung der *Chancengleichheit,* d. h. auf Beseitigung vorgegebener Ungleichheiten, um möglichst allen die gleichen Startchancen bei der Ausbildung, der Berufswahl, der Vermögensanlage usw. zu vermitteln. Insgesamt verlangt der Sozialstaat soziale Gerechtigkeit i. S. der austeilenden und ausgleichenden Gerechtigkeit, was freilich schnell gesagt ist, in Wirklichkeit aber einer schwierigen und verantwortungsvollen Abwägung bedarf.

5. Rückwirkungen auf die Freiheitsrechte

Die Verwirklichung des Sozialstaatsprinzip hat wiederum Auswirkungen auf die Grund- und Freiheitsrechte, und zwar einmal, indem sie diese erweitern, und zum anderen, indem sie diese beschränken.   **77**

a) *Erweiterung.* Die Freiheitsrechte bleiben für denjenigen inhaltsleer, der nicht die tatsächlichen Möglichkeiten hat, die ihm zustehenden Freiheiten zu nutzen. Hier greift der Sozialstaat ein, indem er die faktischen Voraussetzungen dafür schafft, daß von dem Freiheitsrecht auch tatsächlich Gebrauch gemacht werden kann. Er vermittelt durch Gewährung von Chancengleichheit Freiheit.   **78**

Beispiel: Art. 12 I GG garantiert u. a. die freie Wahl der Ausbildungsstätte. Für denjenigen, der nicht die finanziellen Mittel zum Studium hat, bleibt dies ein leeres Recht. Die finanzielle Unterstützung durch das BAföG stellt daher das sozialstaatliche Pendant zu diesem Freiheitsrecht dar. Nach BVerfGE 33, 303, 332 f. ergibt sich aus Art. 12 I GG ein Anspruch auf Zulassung zum Hochschulstudium, der allerdings „unter dem Vorbehalt des Möglichen im Sinne dessen, was der Einzelne vernünftigerweise von der Gesellschaft beanspruchen kann", steht. Zurückhaltend zur finanziellen Unterstützung BVerfGE 96, 330, 339. Vgl. ferner zur bedarfsorientierten Ausbildungskapazität *H.-J. Papier,* Arbeitsmarkt und Verfassung, RdA 2000, 1, 7; *Scholz,* MD Art. 12 Rn. 89 f.

b) *Beschränkung.* Das Sozialstaatsprinzip bedingt andererseits aber auch Freiheitsbeschränkungen: **79**

– Zunächst ganz konkret, indem bestimmte Leistungen mit Auflagen verbunden werden, etwa ein Stipendium mit der Verpflichtung, sich bestimmten Prüfungen und Kontrollen zu unterziehen, oder eine Beihilfe im Krankheitsfall mit der Verpflichtung, einer ärztlichen Operation zuzustimmen, um die Gesundheit möglichst bald wieder herzustellen und die Leistungen zeitlich zu beschränken;

– sodann allgemeiner, indem etwa das Eigentum oder eine berufliche Tätigkeit sozialstaatlich bedingten Beschränkungen unterworfen werden, so z. B. das Eigentum dem Mietrecht oder die gewerbliche Betätigung der betrieblichen Mitbestimmung;

– schließlich noch allgemeiner, wenn man bedenkt, daß fast alle über die Steuer wieder zur Kasse gebeten werden (die Umsatzsteuer zahlt jeder, auch der Sozialhilfeempfänger!), der Staat also das, was er mit der einen Hand gibt, vorher weitgehend schon mit der anderen Hand genommen hat.

IV. Verknüpfung zum sozialen Rechtsstaat

80   Das Verhältnis von Rechtsstaat und Sozialstaat ist früher kontrovers diskutiert worden. *E. Forsthoff* vertrat in seinem Referat auf der Staatsrechtslehrertagung 1953 die Auffassung, daß zwischen dem Rechtsstaatsprinzip und dem Sozialstaatsprinzip eine Antinomie bestehe, daß sich die beiden Prinzipien auf der verfassungsrechtlichen Ebene nicht verschmelzen ließen, sondern sich grundsätzlich widersprächen, daß der Sozialstaat kein Rechtsbegriff sei (VVDStRL 12, 1954, S. 8 ff.). Diese Auffassung ist schon damals auf Widerspruch gestoßen (so bereits *O. Bachof* in seinem Koreferat, aaO. S. 37 ff.). Heute ist allgemein anerkannt, daß beide – die Rechtsstaatlichkeit und die Sozialstaatlichkeit – verfassungsrechtliche Grundentscheidungen (Strukturprinzipien) darstellen und sich miteinander verbinden. Die These *Forsthoffs* wäre richtig, wenn man den Rechtsstaat ausschließlich im Sinne des liberalen und formellen Rechtsstaats des 19. Jahrhunderts deuten würde. Er hat sich jedoch weiterentwickelt und ist mit dem Sozialstaat eine Symbiose eingegangen.

81   Es darf allerdings auch nicht verkannt werden, daß zwischen beiden Prinzipien ein gewisses Spannungsverhältnis besteht. Der Rechtsstaat ist mehr formell-rechtlich, der Sozialstaat mehr materiell-rechtlich ausgerichtet. Das Rechtsstaatsprinzip drängt mehr – statisch – auf Erhaltung des erlangten Besitzstandes, das Sozialstaatsprinzip drängt mehr – dynamisch – auf Anpassung an die Entwicklung. Aber auch das gilt nur bedingt, was sich schon daran

zeigt, daß derjenige, der eine sozialstaatliche Rechtsposition erlangt hat, verständlicherweise darauf aus ist, diese weiterhin zu behalten. Aus der Verknüpfung beider Prinzipien ergibt sich:

1. Die sozialstaatliche Tätigkeit muß nach den Grundsätzen und **82** in den Formen des Rechtsstaates erfolgen. Daher sind auch in diesem Bereich die Grundrechte, insbesondere der Gleichheitssatz, der Grundsatz der Gesetzmäßigkeit (Gesetzesvorrang und Gesetzesvorbehalt), die Anforderungen an ein rechtsstaatliches Verfahren und die Rechtsschutzgarantie zu beachten.

2. Der Rechtsstaat erhält durch das Sozialstaatsprinzip Inhalt und **83** Substanz. Im modernen Staat ist die Beachtung der rechtsstaatlichen Formen zwar unabdingbar, aber nicht ausreichend. Die Gesetze und die sonstigen Rechtsakte müssen auch inhaltlich gerecht sein. Über die Gerechtigkeit läßt sich natürlich streiten, sofern nicht eine evidente Rechtsverletzung vorliegt. Sie ist nur ein Ziel, das mehr oder weniger erreicht wird. Im sozialen Rechtsstaat ist auf jeden Fall die soziale Gerechtigkeit anzustreben.

3. Die vereinende Klammer zwischen dem Rechtsstaatsprinzip **84** und dem Sozialstaatsprinzip bildet die in Art. 1 I GG garantierte Menschenwürde. Die Achtung vor der Menschenwürde verlangt sowohl die Verwirklichung des Rechtsstaates als auch des Sozialstaates, sie verlangt den sozialen Rechtsstaat.

V. Exkurs: Die Wirtschaftsverfassung nach dem Grundgesetz

1. Die sog. wirtschaftspolitische Neutralität des Grundgesetzes

Der Begriff „Wirtschaftsverfassung" wird in verschiedenem Sinne **85** verwendet. Er erfaßt entweder alle das Wirtschaftsleben betreffenden rechtlichen Regelungen (Verfassung der Wirtschaft) oder beschränkt sich – enger – auf die verfassungsrechtlichen Regelungen, die sich auf das Wirtschaftsleben beziehen (wirtschaftsbezogenes Verfassungsrecht). Im folgenden ist die zweite Alternative gemeint.

Das Grundgesetz enthält – im Gegensatz zur Weimarer Reichs- **86** verfassung (Art. 151 ff. WRV) und zu einigen Landesverfassungen –

keine ausdrücklichen Regelungen über die Ordnung des Wirtschaftslebens. Diese Zurückhaltung läßt sich entstehungsgeschichtlich erklären (vgl. bereits oben Rn. 61 ff.). Wenn man jedoch die allgemeinen verfassungsrechtlichen Regelungen auf den Wirtschaftsbereich projiziert, zeigt sich, daß nicht alles offen blieb.

Der wirtschaftspolitische „Kompromiß" des Parlamentarischen Rates, die nähere Regelung der Wirtschaftsordnung dem Gesetzgeber zu überlassen, mußte sich – mindestens zunächst – zugunsten der marktwirtschaftlichen Konzeption auswirken. Denn wenn es zu keiner gesetzlichen Regelung kam oder die bestehenden planwirtschaftlichen Regelungen einfach aufgehoben wurden, dann konnte sich diese Konzeption aufgrund der liberalen Freiheitsrechte entfalten. Es bedurfte allenfalls noch gewisser Regelungen, um sie im Sinne der sozialen Marktwirtschaft zu begrenzen und zu disziplinieren. Die planwirtschaftliche Alternative erforderte dagegen, wenn sie nicht Stückwerk bleiben sollte, eine umfassende gesetzliche Konzeption, die zwar aufgrund der Gesetzesvorbehalte möglich war, aber entsprechende Aktivitäten voraussetzte und im übrigen auf die Grenzen der Gesetzesvorbehalte stieß.

87   Schon bald nach Erlaß des Grundgesetzes wurde in der Literatur unter Bezugnahme auf die Grundrechte (Art. 2 I, 12 I und 14 I GG) die Auffassung vertreten, das Grundgesetz gewährleiste die soziale Marktwirtschaft als maßgebliches Wirtschaftssystem (so vor allem *H. C. Nipperdey,* Soziale Marktwirtschaft und Grundgesetz, 2. Aufl. 1961). Sie ist jedoch ganz überwiegend auf Ablehnung gestoßen. Nach der h.L. ist das Grundgesetz „wirtschaftspolitisch neutral". Sie beruft sich auf das BVerfG, das schon frühzeitig die „wirtschaftspolitische Neutralität" des Grundgesetzes betonte und später bestätigt hat (BVerfGE 4, 7, 17 f.: Investitionshilfegesetz; BVerfGE 50, 290, 338: Mitbestimmungsgesetz). Das BVerfG wird allerdings meistens verkürzt zitiert. Es fährt nämlich fort: „Der Gesetzgeber darf jede ihm sachgemäß erscheinende Wirtschaftspolitik verfolgen, sofern er dabei das Grundgesetz, insbesondere die Grundrechte, beachtet" (BVerfG aaO). Der zweite Halbsatz, der Hinweis auf die Grundrechte, der übrigens anschließend noch einmal betont wird, ist entscheidend. Die Grundrechte gewähren Entfaltungsfreiheit auch im wirtschaftlichen Bereich; sie können zwar aufgrund der Gesetzes- und Schrankenvorbehalte eingeschränkt werden, aber nur soweit, als zwingende Gründe dies rechtfertigen. Das ist auch konsequent: Die Freiheit ist unteilbar. Zum freiheitlichen Staat gehört die freiheitliche Wirtschaft. Während der freiheitliche Staat das Recht und die Möglichkeit der Bürger voraussetzt, auf das staatliche Geschehen Einfluß nehmen zu können, verlangt die freiheitliche Wirtschaft, daß der Staat diesen Bereich der eigenverantwortlichen Entscheidung und Gestaltung seiner Bürger überläßt. Die freie Wirtschaft wird durch das Markt- und Wettbewerbsprinzip bestimmt. Allerdings kann und darf der Staat diesen Bereich nicht ganz dem Selbstlauf der Wirtschaft (laisser faire, laisser aller) überlassen. Er muß einmal sicherstellen, daß das Marktprinzip auch wirklich funktioniert und nicht durch unlauteren Wettbewerb, Monopole und Kartelle unterlaufen wird. Und er muß zum anderen gewährleisten, daß die wirtschaftliche Macht nicht zur Unterdrückung und Ausnutzung der potentiell Schwächeren, der Arbeitnehmer, der Verbraucher, der Zuliefererbetriebe usw. mißbraucht wird. Im ersten Fall handelt es sich um immanente Grenzen, die sich bereits aus dem Marktprinzip selbst ergeben. Im zweiten Fall handelt es sich um Grenzen, die durch das Sozialstaatsprinzip von außen gezogen werden.

Die These von der wirtschaftspolitischen Neutralität des Grund- **88** gesetzes hat bei richtiger Deutung gleichwohl ihren Sinn. Sie bringt zum Ausdruck, daß das Grundgesetz kein wirtschaftspolitisches System und schon gar keine wirtschaftswissenschaftliche Lehre übernommen hat, die als verfassungsrechtliche Maßstäbe für die Beurteilung wirtschaftspolitischer Gesetze oder sonstiger wirtschaftspolitisch relevanter Entscheidungen herangezogen werden könnten. Prüfungsmaßstab bilden ausschließlich die Grundrechte, die allgemeinen Verfassungsprinzipien, insbesondere das Rechts- staats- und Sozialstaatsprinzip, und die Kompetenzvorschriften des Grundgesetzes. Wenn man diese Vorschriften zusammennimmt, insbesondere die auch wirtschaftsrechtlich bedeutsamen Grund- rechte – Art. 2 I GG (Entfaltungsfreiheit auch im wirtschaftlichen Bereich), Art. 12 I GG (Berufs- und Gewerbefreiheit), Art. 14 I GG (Eigentumsgarantie) und Art. 9 III GG (Koalitionsfreiheit) – einbezieht und das Sozialstaatsprinzip ernst nimmt, dann kann man aber durchaus sagen, daß die soziale Marktwirtschaft im Grundge- setz gewährleistet wird.

Daß die Übernahme wirtschaftswissenschaftlicher Lehren in eine Verfassung, **89** auch wenn sie in Verfassungsrecht umgesetzt wird, problematisch ist, zeigt die

Verpflichtung des 1967 in das Grundgesetz aufgenommenen Art. 109 II GG, den Erfordernissen des gesamtwirtschaftlichen Gleichgewichts Rechnung zu tragen, die auf der von J. M. Keynes entwickelten und von dem damaligen Wirtschaftsminister K. Schiller übernommenen Lehre von der antizyklischen Konjunkturpolitik beruht. Es kann nicht festgestellt werden, daß diese Verpflichtung derzeit realisiert oder auch nur zur Kenntnis genommen wird.

Die durch das Grundgesetz bestimmte Wirtschaftsordnung entspricht dem Europäischen Gemeinschaftsrecht. Nach Art. 4, 98/Art. 3a, 102a a. F. EGV sind die EG und die Mitgliedstaaten dem „Grundsatz einer offenen Marktwirtschaft mit freiem Wettbewerb verpflichtet". Die vier Grundfreiheiten (Art. 23 ff./Art. 9 ff. a. F. EGV) bestätigen und konkretisieren dieses Leitbild. Allerdings schließt der EG-Vertrag Interventionen und Lenkungsmaßnahmen, insbesondere im Agrarbereich, nicht aus. Sie bedürfen aber als Einschränkungen des Grundsatzes der freien Marktwirtschaft einer besonderen Legitimation. Vgl. dazu näher *Oppermann,* Europarecht, Rn. 928 ff.

2. Die „soziale Marktwirtschaft" im Währungsvertrag

90   Die Wiedervereinigung vollzog sich in zwei, allerdings kurz aufeinander folgenden Etappen; zunächst wurde durch den Währungsvertrag die wirtschaftliche Einheit und sodann durch den Einigungsvertrag die staatliche und rechtliche Einheit Deutschlands hergestellt (vgl. dazu näher oben § 3 Rn. 67 ff.). Im Währungsvertrag vom 18. 5. 1990 wurde die „soziale Marktwirtschaft" als verbindliches Leitprinzip für beide Vertragspartner (Bundesrepublik Deutschland und DDR) festgelegt.

Bereits die Präambel spricht von dem „gemeinsamen Willen, die Soziale Marktwirtschaft als Grundlage für die weitere wirtschaftliche und gesellschaftliche Entwicklung ... auch in der Deutschen Demokratischen Republik einzuführen." In Art. 1 III 1 heißt es sodann: „Grundlage der Wirtschaftsunion ist die Soziale Marktwirtschaft als gemeinsame Wirtschaftsordnung beider Vertragspartner." Die maßgeblichen Merkmale der sozialen Marktwirtschaft sind nach Art. 1 III 2 insbesondere „Privateigentum, Leistungswettbewerb, freie Preisbildung und grundsätzlich volle Freizügigkeit von Arbeit, Kapital, Gütern und Dienstleistungen." In weiteren Bestimmungen des Währungsvertrages (Art. 1 IV, 11 I, II) wird wiederum auf die „Soziale Marktwirtschaft" Bezug genommen. In einem gemeinsamen Protokoll, das als Anlage zum Währungsvertrag verbindlich ist, werden schließlich „fast lehrbuchartig" die wesentlichen Merkmale der sozialen Marktwirtschaft bestimmt.

Die Regelungen und Verpflichtungen des Währungsvertrages **91**
gelten gem. Art. 40 I Einigungsvertrag (EV) grundsätzlich fort.
Das ist auch für die Festlegung des Grundsatzes der sozialen
Marktwirtschaft anzunehmen. Damit stellt sich die Frage, welchen
Rang dieser Grundsatz einnimmt. Da er – anders als die beitritts-
bedingten Änderungen des Grundgesetzes (Art. 4 EV) – nicht in das
Grundgesetz aufgenommen worden ist, hat er jedenfalls keinen
formellen Verfassungsrang. Nach Art. 45 II EV bleibt der Einigungsvertrag – und damit auch der Währungsvertrag, soweit er
fortgilt – „als Bundesrecht" in Kraft. Das legt die Folgerung nahe,
daß damit auch die Festlegung der sozialen Marktwirtschaft einfaches Bundesrecht darstellt und deshalb zur Disposition des Bundesgesetzgebers steht. Diese Folgerung dürfte jedoch zu kurz gegriffen
sein.

Der Sinn der Festlegung der sozialen Marktwirtschaft als ver- **92**
bindliches Leitprinzip war es, die DDR, die mit der (alten) Bundesrepublik Deutschland in eine Währungs-, Wirtschafts- und
Sozialunion eingehen wollte, zur Einführung der sozialen Marktwirtschaft zu verpflichten, zumal die Union überhaupt nur auf
dieser Basis realisiert werden konnte. Wie sich aus dem Vertrags-
text eindeutig ergibt, hat sich aber nicht nur die DDR, sondern
auch die Bundesrepublik verpflichtet, allerdings nicht zur Einführung, sondern zur Beibehaltung der sozialen Marktwirtschaft. Die
Bundesrepublik wäre vertragsbrüchig geworden, wenn sie – um
dies theoretisch durchzuspielen – im Sommer 1990 ein wesentliches Merkmal der sozialen Marktwirtschaft aufgegeben hätte. Das
Leitprinzip der sozialen Marktwirtschaft gilt daher nicht nur als
einfaches Bundesrecht, sondern auch als Vertragsrecht fort. Die
neuen Bundesländer könnten gem. Art. 44 EV klagen, wenn die
(heutige) Bundesrepublik von der sozialen Marktwirtschaft in dieser oder jener Hinsicht abweichen würde. Das ist auch folgerichtig,
da die neuen Bundesländer nicht irgendeiner Bundesrepublik, sondern nur der freiheitlichen, auch im wirtschaftlichen Bereich freiheitlichen Bundesrepublik beigetreten sind. Im übrigen kann in der
Festlegung und Ausprägung der sozialen Marktwirtschaft im Währungsvertrag eine authentische Selbstcharakterisierung der Wirtschaftsordnung der Bundesrepublik gesehen werden.

Vgl. dazu *M. Schmidt-Preuß*, DVBl. 1993, 236 ff.; *H. H. Rupp*, HStR IX (1997) S. 129 ff. – Fraglich ist dagegen die Auffassung von *Badura* (Staatsrecht S. 193), der Währungsvertrag stelle insoweit „in gewisser Weise eine authentische Interpretation der wirtschaftsverfassungsrechtlichen Staatsziele und Garantien des Grundgesetzes dar." Fraglich ist, was unter dem Vorbehalt „in gewisser Weise" zu verstehen ist, welche Staatsziele und Garantien gemeint sind, worin die authentische (= verbindliche?) Interpretation besteht und ob (von wem und auf welche Weise) ein Verstoß gegen diese Interpretation gerichtlich geltend machen kann.

3. Sozialisierung

93   Art. 15 GG ermächtigt den Gesetzgeber, Grund und Boden, Naturschätze und Produktionsmittel zum Zwecke der Vergesellschaftung in Gemeineigentum oder in andere Formen der Gemeinwirtschaft zu überführen. Diese überwiegend als Sozialisierungs-Regelung bezeichnete Vorschrift hat bislang in der Praxis keine Bedeutung erlangt und wird aller Wahrscheinlichkeit nach auch in Zukunft nicht aktuell werden, zumal die Entwicklung gerade umgekehrt in Richtung Privatisierung geht. Gleichwohl soll sie im Zusammenhang mit der Wirtschaftsordnung kurz erwähnt werden.

94   Art. 15 GG ist kein Grundrecht, auch kein „Freiheitsrecht auf Nicht-Sozialisierung" (so aber *H. Krüger*, Grundrechte III/1, 1958, S. 302 und *O. Depenheuer*, MKSt Art. 14 Rn. 8 im Blick darauf, daß Art. 15 GG die Sozialisierung nur unter den dort genannten Voraussetzungen zuläßt, im übrigen also ausschließt). Er knüpft vielmehr – nicht nur räumlich, sondern auch sachlich – an Art. 14 GG an und legt einen weiteren Gesetzesvorbehalt fest. Das in Art. 14 I GG gewährleistete Privateigentum kann – über Art. 14 II und III GG hinaus – auch durch ein Sozialisierungsgesetz im Sinne des Art. 15 GG beschränkt bzw. entzogen werden.

95   Enteignung und Sozialisierung mögen auf den ersten Blick als Eigentumsentziehungsakte gewisse Ähnlichkeiten aufweisen. Sie unterscheiden sich jedoch nicht nur quantitativ durch ihre Größenordnung, sondern auch qualitativ durch ihre Struktur. *Enteignung* ist der Entzug einzelner Vermögensobjekte zur Erfüllung bestimmter öffentlicher Aufgaben (Hauptbeispiel: Entzug eines Grundstücks zum Bau einer Straße). Die Enteignung will die Eigentumsordnung nicht verändern, sondern lediglich ein im konkreten Fall erforderliches, aber nicht freihändig erwerbbares Vermögensobjekt zwangsweise beschaffen. Daher muß auch voll entschädigt werden. Die Entschädigung soll den Betroffenen gleichsam in die Lage versetzen, ein gleichwertiges Vermögensobjekt

(Grundstück) wieder zu erwerben. *Die (echte) Sozialisierung* zielt dagegen auf die Veränderung der Eigentumsordnung im Rahmen einer grundlegenden Umgestaltung der Wirtschafts- und Gesellschaftsordnung. Ein besonders krasses Beispiel bildet die Sozialisierung in den Ostblockstaaten einschließlich der Sowjetzone und der späteren DDR nach 1945. Die Sozialisierung betrifft nicht nur einzelne Objekte, sondern ganze Kategorien von Objekten, entzieht sie generell der privatrechtlichen Eigentumsordnung und überweist sie dem Staat oder anderen, unter staatlichem Einfluß stehenden Rechtsträgern. Eine Entschädigung ist nicht erforderlich, ja sogar systemwidrig, da die Eigentumsordnung umgestaltet werden soll, Wertmaßstäbe fehlen, Ersatzobjekte nicht in Betracht kommen und vor allem die mit der Sozialisierung verfolgten wirtschafts- und gesellschaftspolitischen Zielsetzungen unterlaufen würden, ganz abgesehen davon, daß die dafür benötigten Finanzmittel nicht bereitstehen. Denkbar ist allenfalls eine Art persönliche Überbrückungshilfe für die Betroffenen.

Die Einordnung der Sozialisierung gem. Art. 15 GG fällt nicht **96** leicht. Sicher ist, daß sie nicht mit dem Ziel eingesetzt werden darf, die Eigentumsordnung im wirtschaftlichen Bereich und damit die Wirtschafts- und Gesellschaftsordnung selbst grundlegend umzugestalten. Diese Begrenzung ergibt sich zwar nicht aus Art. 15 GG selbst, da die dort genannten sozialisierungsfähigen Objekte – Grund und Boden, Bodenschätze und (alle) Produktionsmittel – weit genug reichen. Sie ergibt sich auch nicht aus der auf Art. 14 III GG verweisenden Entschädigungsregelung, da sie variabel ist und im Blick auf die dargelegte Unterscheidung zwischen der Enteignung und der Sozialisierung durchaus unterschiedlich ausgelegt werden kann. Sie folgt aber aus der Garantie des Privateigentums in Art. 14 I GG, die nicht über Art. 15 GG ausgehöhlt und praktisch auf die Gewährleistung des persönlichen Eigentums (entsprechend dem früheren § 23 II ZGB der DDR) reduziert werden darf, darüber hinaus aber auch aus der dargelegten Gesamtkonzeption einer freiheitlichen Wirtschaftsordnung durch das Grundgesetz. Art. 15 GG erlaubt daher allenfalls partielle Sozialisierungen, die gewisse Teilbereiche aus der privatrechtlichen Eigentumsordnung herausbrechen. Da Art. 15 GG im Rahmen des Grundgesetzes steht, muß er – wie alle Einzelvorschriften des Grundgesetzes – im verfassungsrechtlichen Gesamtzusammenhang gesehen und interpretiert werden. Deshalb sind nicht nur die in Art. 15 GG selbst genannten Grenzen, sondern auch die allgemeinen Grenzen der Grundrechtsschranken zu beachten. So ist z. B. eine Sozialisierung, die sich gegen Einzelpersonen oder einzelne Unternehmen richtet, unzulässig (das ergibt sich bereits aus dem Gesetzesbegriff, wird aber zusätzlich durch Art. 19 I 1 GG bestätigt). Ferner muß der Grundsatz der Verhältnismäßigkeit eingehalten werden (str., vgl. *Bryde,* MüK Art. 15 Rn. 10). Es kann nicht einfach darauf los sozialisiert werden; vielmehr muß zunächst der Zweck, der mit der Vergesellschaftung verfolgt wird, näher bestimmt und dann geprüft werden, ob die Sozialisierung nach Art und Umfang im Blick auf diesen Zweck geeignet, erforderlich und angemessen ist (vgl. zur Verhältnismäßigkeitsprüfung oben Rn. 55 ff.).

97   Wenn Art. 15 GG bislang nicht aktuell geworden ist, so hat das nicht nur politische oder rechtliche, sondern vor allem strukturelle Gründe. Er war bereits 1949, als er in das Grundgesetz eingefügt wurde, antiquiert. Die Konzeption der Sozialisierung orientiert sich am Bild der kapitalistischen Großindustriellen oder Großgrundbesitzer des 19. Jahrhunderts, die aufgrund ihres Eigentums an den Produktionsmitteln die wirtschaftliche Macht in den Händen hatten und mißbrauchten. Es kann hier dahingestellt bleiben, ob und inwieweit es diese „Großkapitalisten" im 19. Jahrhundert und in der ersten Hälfte des 20. Jahrhunderts gegeben hat. Heute sind es jedenfalls in der Regel die Manager der Chefetagen, die nicht als Eigentümer, sondern aufgrund ihrer Leitungs- und Verfügungsbefugnisse die maßgeblichen Unternehmensentscheidungen treffen. Wenn sozialisiert wird, dann treten anstelle der aus der Wirtschaft kommenden Manager vom Staat bestellte und vom Staat abhängige Funktionäre. Macht und Machtmißbrauch werden dadurch nicht abgebaut, sondern ins Unermeßliche gesteigert, weil die Regierung nicht nur über den Staatsapparat, sondern auch über die Wirtschaft verfügt. Das gilt um so mehr, als sozialistische Staaten, eben weil sie systemimmanent die wirtschaftliche Freiheit beschränken und beschränken müssen, autoritär, wenn nicht sogar diktatorisch ausgerichtet sind. Der Gedanke des Sozialismus mag ideal betrachtet durchaus verlockend sein. In der Geschichte ist der Sozialismus stets gescheitert, nicht nur im Ostblock, sondern auch in westlichen Ländern, z. B. England nach 1945. Der 1968 unternommene Versuch, einen „humanen Sozialismus" in der damaligen Tschechoslowakei einzuführen, ist von der Sowjetunion mit Waffengewalt unterdrückt worden, weil sie offenbar nicht an diese Verbindung glaubte. Damit soll die Gefahr wirtschaftlicher Macht nicht bestritten werden. Die Lösung liegt aber nicht – zumindest heute nicht mehr – in der Sozialisierung der Produktionsmittel, sondern in differenzierten und auf die jeweiligen Problemlagen reagierenden Regelungen und Vorkehrungen, durch die die „Gewaltenteilung" zwischen Staat und Wirtschaft gewährleistet und zugleich die wirtschaftliche Macht gebändigt und kontrolliert wird, etwa durch Regelungen über den Wettbewerb, Mitbestimmungsregelungen, gesellschaftsrechtliche Regelungen, Maßnahmen der Wirtschaftsaufsicht usw. Die Globalisierung der Wirtschaft erfordert entsprechende Regelungen und Maßnahmen auf der internationalen Ebene.

Vgl. zur Sozialisierung *H. P. Ipsen/H. Ridder,* Enteignung und Sozialisie- **98**
rung, Referate mit Diskussion, VVDStRL 10 (1952) S. 74 ff.; *H. P. Ipsen,*
Sozialisierungsabschluß, Festschrift für Jahrreiß, 1964, S. 115 ff.; *E. R. Huber,*
Wirtschaftsverwaltungsrecht, Bd. 2, 2. Aufl. 1954, S. 141 ff.; *H. Krüger,* Sozialisierung, Die Grundrechte III 1 (1958) S. 267 ff.; *W. Leisner,* Der Sozia-
lisierungsartikel als Eigentumsgarantie, JZ 1975, 272 ff.; *G. Winter* (Hg.),
Sozialisierung von Unternehmen, 1976; *G. Püttner,* Gemeinwirtschaft im deutschen Verfassungsrecht, 1980; *H. Bäumler,* Art. 15 GG als Instrument der Wirt-
schaftslenkung, GewArch. 1980, 287 ff.

Literatur: Zu I, II (Rechtsstaatsprinzip): *U. Scheuner,* Die neuere Ent- **99**
wicklung des Rechtsstaats in Deutschland, Festschrift zum hundertjährigen
Bestehen des Deutschen Juristentages 1860–1960, 1960, S. 229 ff. (auch abgedruckt in *ders.,* Staatstheorie und Staatsrecht, 1978, S. 185 ff.); *K. Hesse,* Der
Rechtsstaat im Verfassungssystem des Grundgesetzes, Festschrift für Smend,
1962, S. 71 ff.; *E.-W. Böckenförde,* Entstehung und Wandel des Rechtsstaats-
begriffs, Festschrift für A. Arndt, 1969, S. 54 ff.; *Ph. Kunig,* Das Rechtsstaatsprinzip, 1986; *Ch. Link,* Anfänge des Rechtsstaatsgedankens in der deutschen
Staatsrechtslehre des 16. bis 18. Jahrhunderts, in: R. Schnur (Hg.), Die Rolle
der Juristen bei der Entstehung des modernen Staates, 1986, S. 775 ff.;
H.-R. Lipphardt, Grundrechte und Rechtsstaat, EuGRZ 1986, 146 ff.; *E. Schmidt-
Aßmann,* Der Rechtsstaat, HStR I (1987) S. 987 ff.; *H. Sendler,* 40 Jahre Rechts-
staat des Grundgesetzes: mehr Schatten als Licht? DÖV 1989, 482 ff.; *Ch. Starck/
W. Berg/B. Pieroth,* Der Rechtsstaat und die Aufarbeitung der vorrechtsstaatli-
chen Vergangenheit, Referate mit Diskussion, VVDStRL 51 (1992) S. 7 ff.;
K. Sobota, Das Prinzip Rechtsstaat, 1997; *J. Isensee* Rechtsstaat – Vorgabe und
Aufgabe der Einung Deutschlands, HStR IX (1997) S. 3 ff.; *K.-P. Sommermann,*
Staatsziele und Staatszielbestimmungen, 1997, S. 48 ff., 205 ff.; *Th. Görisch,* Die
Inhalte des Rechtsstaatsprinzips, JuS 1997, 988 ff.

Zu III (Sozialstaatsprinzip): *H. Ridder,* Die soziale Ordnung des Grund- **100**
gesetzes, 1975; *H. F. Zacher,* Was können wir über das Sozialstaatsprinzip wissen? Festschrift für H. P. Ipsen, 1977, S. 207 ff.; *D. Katzenstein,* Das Sozialstaatsprinzip in der Rechtsprechung des Bundesverfassungsgerichts, ZFS 1985,
189 ff.; *H. F. Zacher,* Das soziale Staatsziel, HStR I (1987) S. 1045 ff.; *K.-J. Bieback,* Inhalt und Funktion des Sozialstaatsprinzips, Jura 1987, 229 ff.; *W. Rüfner,*
Daseinsvorsorge und soziale Sicherheit, HStR III (1988) S. 1037 ff.; *P. Badura,*
Der Sozialstaat, DÖV 1989, 491 ff.; *G. A. Ritter,* Der Sozialstaat. Entstehung
und Entwicklung im internationalen Vergleich, 2. Aufl. 1991; *O. Depenheuer,*
Das soziale Staatsziel und die Angleichung der Lebensverhältnisse in Ost und
West, HStR IX (1997) S. 149 ff.; *V. Neumann,* Sozialstaatsprinzip und Grundrechtsdogmatik, DVBl. 1997, 92 ff.; *K.-J. Bieback,* Verfassungsrechtlicher Schutz
gegen Abbau und Umstrukturierung von Sozialleistungen, 1997; *F. E.
Schnapp,* Was können wir über das Sozialstaatsprinzip wissen?, Jura 1998,
873 ff.; *J. Neuner,* Privatrecht und Sozialstaat, 1999.

Zu I–III (sozialer Rechtsstaat): *H. Heller,* Rechtsstaat oder Diktatur?, **101**
1930; *E. Forsthoff/O. Bachof,* Begriff und Wesen des sozialen Rechtsstaates,
Referate mit Diskussion, VVDStRL 12, 1954, S. 8 ff.; *W. Abendroth,* Zum Begriff des demokratischen und sozialen Rechtsstaates im Grundgesetz der Bun-

desrepublik Deutschland, Festschrift für Bergstraesser, 1954, 279 ff.; *E. Forsthoff* (Hg.), Rechtsstaatlichkeit und Sozialstaatlichkeit. Aufsätze und Essays, 1968; *Ch. Degenhart,* Rechtsstaat – Sozialstaat, Festschrift für Scupin, 1983, S. 537 ff.; *E. Benda,* Der soziale Rechtsstaat, HVerfR S. 719 ff.

102   **Zu IV (Wirtschaftsverfassung):** *E. R. Huber,* Wirtschaftsverwaltungsrecht, 2 Bde. 1953/1954; *P. Badura,* Wirtschaftsverwaltungsrecht, in: Schmidt-Aßmann, Besonderes Verwaltungsrecht, 11. Aufl. 1999, S. 219 ff.; *R. Schmidt,* Öffentliches Wirtschaftsrecht, 1990, S. 64 ff.; *R. Stober,* Allgemeines Wirtschaftsverwaltungsrecht, 12. Aufl. 2000, S. 69 ff.; – *H. Ehmke,* Wirtschaft und Verfassung, 1961; *U. Scheuner* (Hg.), Die staatliche Einwirkung auf die Wirtschaft, 1971; *R. Schmidt,* Wirtschaftspolitik und Verfassung, 1971; *P. Häberle,* Soziale Marktwirtschaft als „Dritter Weg", ZRP 1993, 383 ff.; *H.-J. Papier,* Grundgesetz und Wirtschaftsordnung, HVerfR S. 609 ff.; *U. Schliesky,* Öffentliches Wettbewerbsrecht, 1997, insbes. S. 112 ff.; *K. W. Nörr,* Die Republik der Wirtschaft, 1999; *P. J. Tettinger,* Verfassungsrecht und Wirtschaftsordnung, DVBl. 1999, 679 ff.; *H. Sodan,* Vorrang der Privatheit als Prinzip der Wirtschaftsverfassung, DÖV 2000, 361 ff.

§ 9. Die Grundrechte (Überblick)

I. Vorbemerkung

1   Die Grundrechte prägen die Verfassungs- und Rechtsordnung in ganz erheblicher Weise. Sie sind im 19. Jahrhundert als subjektive Abwehrrechte zur Sicherung von Freiheit und Eigentum gegen staatliche Eingriffe erkämpft worden, gehen heute aber über diese, nach wie vor grundlegende Funktion wesentlich hinaus, indem sie allgemein das Verhältnis zwischen dem Staat und den Bürgern bestimmen und zudem Richtlinien für die Regelung der Rechtsverhältnisse zwischen den Bürgern enthalten. Die „Grundrechte" begründen subjektive Rechte, objektive Rechtsnormen und allgemeine Auslegungsgrundsätze. Ihre spezifische Bedeutung liegt darin, daß sie von der Sicht der Bürger ausgehen und dementsprechend als subjektive Rechte formuliert und festgelegt werden. Der Bürger wird als Rechtssubjekt und als Person anerkannt. Er ist nicht Untertan, sondern freier Mensch, der nur durch die Einbindung in die staatliche Gemeinschaft, die ihm ihrerseits Sicherheit und Entfaltungsmöglichkeiten bietet, bestimmte Bindungen auf sich nimmt und auf sich nehmen muß.

Die zunehmend erkannte Bedeutung, die den Grundrechten zu-   **2**
kommt, hat auch zu einer entsprechenden Ausweitung der allgemeinen Grundrechtslehren (Grundrechtsdogmatik) und der besonderen Grundrechtslehren (Inhalt und Grenzen der einzelnen
Grundrechte) geführt. Es ist im Rahmen dieses Buches schon aus
räumlichen Gründen nicht möglich, sie im einzelnen zu entfalten.
In der Lehrbuchliteratur werden die Grundrechte immer häufiger
in einem besonderen (zweiten) Band behandelt. Auf die speziellen
Darstellungen zu den Grundrechten muß auch hier verwiesen
werden (vgl. die Nachweise unten Rn. 66). Es soll aber doch –
eben weil die Grundrechte einen integrierenden Teil der Verfassung und damit des Staatsrechts bilden – wenigstens kurz auf die
wesentlichen Strukturen und Funktionen der Grundrechte eingegangen werden.

Der folgende Überblick beschränkt sich auf die *Bundesgrund-*   **3**
rechte, d. h. die im Grundgesetz festgelegten Grundrechte. Sie stehen jedoch nicht allein, sondern werden einerseits durch die in den
Landesverfassungen gewährleisteten Grundrechte und andererseits durch
die *international oder sogar supranational festgelegten Grundrechte* ergänzt.

Vgl. zu den Landesgrundrechten bereits oben § 5 Rn. 53 ff. Auf der internationalen Ebene ist vor allem die *Europäische Menschenrechtskonvention* (EMRK)
zu nennen, die durch Bundesgesetz übernommen worden ist und daher (auch)
als deutsches Recht gilt (vgl. oben § 4 Rn. 8). Die *Verträge über die Europäischen
Gemeinschaften* enthalten keinen speziellen Grundrechtsteil, aber doch eine
Reihe von Einzelbestimmungen, die Grundrechte und grundrechtsähnliche
Rechte gewährleisten; weitere Grundrechte sind vom EuGH entwickelt worden; ferner „achtet", wie es in Art. 6 II EUV heißt, die Europäische Union die
in der EMRK festgelegten Grundrechte. Einen weiteren Schritt im Blick auf
einen effektiven Grundrechtsschutz im europäischen Bereich bildet die *Charta
der Grundrechte der Europäischen Union,* die von einem Grundrechtskonvent ausgearbeitet und von den drei Organen der EU, nämlich dem Europäischen Parlament, dem Rat und der Kommission, am 7. 12. 2000 in Nizza feierlich unterzeichnet wurde. Der Grundrechtskonvent bestand aus 62 Mitgliedern
(15 Beauftragte der Staats- und Regierungschefs der Mitgliedsstaaten, 16 Mitglieder des Europäischen Parlaments, 30 Mitglieder der nationalen Parlamente
und ein Mitglied der Kommission); Vorsitzender war der ehemalige Bundespräsident Roman Herzog. Die Grundrechtscharta ist (noch) nicht rechtsverbindlich, dürfte aber in der Praxis doch Beachtung finden, zumal sie den in der
Europäischen Union erreichten und in den Mitgliedstaaten bestehenden
Grundrechtsstandard dokumentiert. Vgl. zur Europäischen Grundrechtecharta

(abgedruckt in Sart. II Nr. 146) die Einführungsaufsätze von *M. Hilf,* Beilage zur NJW 2000, S. 5 ff.; *Ch. Grabenwarter,* DVBl. 2001. 1 ff.; *P. J. Tettinger,* NJW 2001, 1010 ff.; *R. Scholz,* Festschrift für Maurer, 2001, S. 993 ff. jeweils mit weiteren Nachw.; ferner *D. Ehlers* (Hg.), Europäische Grundrechte und Grundfreiheiten, 2003; *K. Ipsen,* Völkerrecht, 4. Aufl. 1999, S. 671 ff. (zum internationalen/völkerrechtlichen Grundrechtsschutz).

II. Systematik und Inhalt der Grundrechte

1. Die Grundrechtskonzeption des Grundgesetzes

4   Den Ausgangspunkt bildet Art. 1 I GG, der die Menschenwürde für unantastbar erklärt und alle staatliche Gewalt verpflichtet, sie zu achten und zu schützen. Die Menschenwürdegarantie ist das „oberste Konstitutionsprinzip", das die gesamte Verfassungs- und Rechtsordnung bestimmt. Art. 1 II GG unterstreicht dies mit der Feststellung, daß sich das Deutsche Volk „darum" (also wegen der vorrangigen Menschenwürde) zu den unverletzlichen und unveräußerlichen Menschenrechten als Grundlage jeder menschlichen Gemeinschaft, des Friedens und der Gerechtigkeit in der Welt bekennt. Dadurch werden die vorstaatlichen und überpositiven Menschenrechte nicht rezipiert, aber doch in Bezug genommen. Art. 1 III GG verweist auf die im folgenden festgelegten Grundrechte als unmittelbar geltendes Rechts. Sie nehmen die Menschenwürdegarantie auf und setzen sie in geltendes Recht um, gehen allerdings auch darüber hinaus und gewähren mehr, als die Menschenwürdegarantie gebietet. Menschenwürdegarantie und Grundrechte bilden gleichsam zwei ineinander liegende Kreise. Die einzelnen Grundrechte haben einen Menschenwürdekern, der durch ein verfassungsrechtlich disponibles Umfeld ergänzt wird.

5   Art. 1 I GG ist nicht nur ein Programmsatz, sondern geltendes Recht. Strittig ist, ob Art. 1 I GG ein Grundrecht gewährt, ob er also nicht nur einen objektiven Rechtssatz darstellt, sondern auch ein entsprechendes subjektives Recht des Bürgers begründet. Für die erste Alternative mag der Aufbau des Art. 1 GG, insbesondere der Hinweis auf die „folgenden Grundrechte", sprechen. Indessen wäre es ein Widerspruch in sich, wenn die Menschenwürde als oberster Verfassungswert gewährleistet würde, der Mensch sich darauf aber rechtlich nicht berufen könnte. Da die Menschenwürdegarantie durch

die folgenden Grundrechte konkretisiert wird, kommt sie allerdings nur dann unmittelbar zur Anwendung, wenn keines der folgenden Grundrechte eingreift, was in der Praxis schon wegen des allgemeinen Freiheitsrechts und des allgemeinen Gleichheitsrechts kaum einmal der Fall sein dürfte. Die Bedeutung der Menschenwürdegarantie liegt vor allem in ihrer Leitfunktion für die Auslegung; ferner wird sie aktuell, wenn es – im Blick auf Art. 19 II und 79 III GG – um den Menschenwürdekern der Grundrechte geht.

Die Menschenwürdegarantie wird auf der nächsten Stufe durch **6** das allgemeine Freiheitsrecht des Art. 2 I GG und den allgemeinen Gleichheitssatz des Art. 3 I GG konkretisiert, die ihrerseits wiederum durch die speziellen Freiheitsrechte (Art. 2 II, 4, 5 usw. GG) und die speziellen Gleichheitsrechte (Art. 3 II, 3 III, 33 II usw. GG) konkretisiert werden. Es besteht also eine sich konkretisierende Stufenfolge: Menschenwürdegarantie, allgemeines Freiheitsrecht und allgemeines Gleichheitsrecht, spezielle Freiheitsrechte und spezielle Gleichheitsrechte. Die speziellen Freiheitsrechte erfassen Bereiche, die nach der historischen Erfahrung besonderen Gefährdungen und Bedrohungen ausgesetzt sind und daher besonders schutzbedürftig erscheinen. Da sie einen bestimmten Schutzbereich betreffen und benennen, werden sie auch als benannte Freiheitsrechte – im Gegensatz zum allgemeinen und damit unbenannten Freiheitsrecht des Art. 2 I GG – bezeichnet. Rechtsdogmatisch bedeutet dies, daß das allgemeine Freiheitsrecht als lex generalis von den speziellen Freiheitsrechten als leges speciales verdrängt wird. Es ist daher zunächst zu prüfen, ob im konkreten Fall ein spezielles Freiheitsrecht eingreift. Dann, aber auch nur dann, wenn dies zu verneinen ist, kommt das allgemeine Freiheitsrecht – gleichsam als Auffanggrundrecht – zur Anwendung. Entsprechendes gilt für das Verhältnis des allgemeinen Gleichheitsrechts zu den speziellen Gleichheitsrechten.

7   Bildlich läßt sich das wie folgt darstellen:

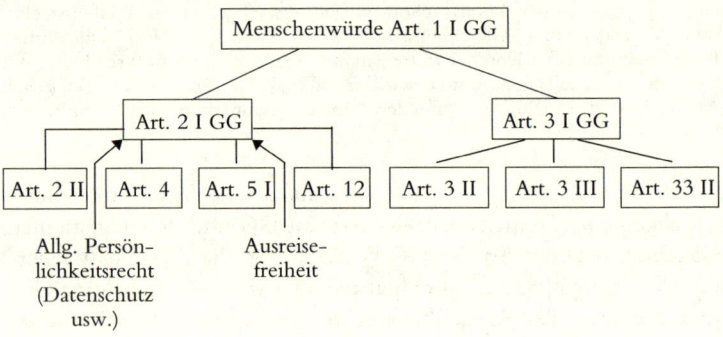

2. Das allgemeine Freiheitsrecht

8   Art. 2 I GG schützt nicht nur das allgemeine Persönlichkeitsrecht als Zusammenfassung der einzelnen Persönlichkeitsrechte, sondern gewährleistet darüber hinaus die allgemeine Handlungsfreiheit im umfassenden Sinn, jede Betätigung und jedes Verhalten des Menschen. Der Grundgesetzgeber hat zwar die ursprünglich vorgeschlagene Formulierung, daß jedermann frei sei, zu tun und zu lassen, was nicht gegen die Schranken des Art. 2 I GG verstoße, nicht wörtlich, aber doch der Sache nach übernommen. Diese weite, vom BVerfG und des h. L. vertretene Auslegung ist jedoch nicht unbestritten. Die in den fünfziger Jahren vereinzelt vorgetragene Auffassung, Art. 2 I GG schütze nur den Persönlichkeitskern, nur den Bereich, der für die Entfaltung des Menschen als geistig-sittliches Wesen bedeutsam sei (so *H. Peters,* Festschrift für Laun, 1953, S. 669, 672 ff.), wird zwar heute nicht mehr vertreten. Nach einer mittleren Meinung beschränkt sich aber der Schutzbereich des Art. 2 I GG auf die „engere persönliche Lebenssphäre" (so *Hesse,* VerfR, Rn. 428) bzw. auf die „Freiheitsbetätigungen, die zwar nicht den Schutz spezieller Grundrechte gefunden haben, für die Persönlichkeitsentfaltung gleichwohl von erheblicher Bedeutung sind" (so das Sondervotum des Bundesverfassungsrichters *Grimm,* BVerfGE 80, 164 ff., 166). Für die weite, vom BVerfG und der h. L. vertretene Auslegung spricht indessen die Entstehungsgeschichte, die Grundrechtssystematik und die auf einen lückenlosen Grundrechtsschutz abzielende Tendenz des Grundgesetzes. Sie verhindert auch Abgrenzungsschwierigkeiten, die sich bei der engeren Auslegung zwangsläufig ergeben müssen.

Die weite Auslegung wird auch vom BVerfG vertreten; vgl. BVerfGE 6, 32, **9** 34 ff. (Elfes-Urteil: Ausreisefreiheit); BVerfGE 80, 137, 152 ff. (Reiten im Wald); BVerfGE 90, 145, 171 f. (Rauschmittel). Bevor Art. 2 I GG herangezogen wird, ist allerdings, wie dargelegt wurde, zu prüfen, ob nicht ein spezielles Grundrecht eingreift. Der unmittelbare Anwendungsbereich des Art. 2 I GG ist gleichwohl noch erheblich, wie die Rechtsprechung des BVerfG zeigt. Zu nennen ist vor allem das allgemeine Persönlichkeitsrecht, das im Zivilrecht entwickelt und vom BVerfG übernommen ist; insbesondere der Schutz der Privat- und Intimsphäre, so etwa der Schutz vor strafprozessualer Verwertung privater Tagebuchaufzeichnungen (BVerfGE 80, 367, 373 ff.); der Sexualbereich (BVerfGE 47, 46, 73 f.; 49, 286, 298 f.; 96, 56, 61)); das Recht am eigenen Bild und am eigenen Wort (BVerfGE 35, 202, 224; 58, 208, 217); das Recht auf Schutz der Ehre (BVerfGE 54, 208, 217); das Recht auf informationelle Selbstbestimmung, d. h. das Recht, selbst über die Erhebung, Speicherung, Verwendung und Weitergabe seiner persönlichen Daten zu bestimmen (BVerf-GE 65, 1, 43; 84, 192, 194 f.); das Recht des Kindes auf Kenntnis der eigenen Abstammung (BVerfGE 79, 256, 268 f.; 90, 263, 270). – Nach der weiteren Auslegung fallen ferner unter Art. 2 I GG die Ausreisefreiheit (BVerfGE 6, 32, 41 f.); die Vertragsfreiheit (BVerfGE 8, 274, 328; 73, 261, 270; 89, 214, 231; 95, 267, 303; 103, 197, 215); die Entwicklung des Kindes in der Schule (BVerfGE 34, 165, 166; 53, 185, 203 f.; 58, 257, 272); der Schutz vor einer Zwangsmitgliedschaft in einer öffentlich-rechtlichen Körperschaft (BVerfGE 10, 89, 102; 78, 320, 329); das Recht zur Durchführung von Sammlungen (BVerfGE 20, 150, 154); ferner sogar Bagatellfälle, die jedoch über die Schrankenklausel relativ einfach erledigt werden können, etwa die Fahrt mit einem Motorrad ohne Sturzhelm (BVerfGE 49, 275, 278) oder mit einem Kraftfahrzeug ohne Sicherheitsgurt (BVerfG NJW 1987, 180); das Füttern von Tauben (BVerfGE 54, 143) und das Reiten im Wald (BVerfGE 80, 137, 154 f.). Gewichtiger ist dagegen wiederum das sich aus Art. 2 I GG ergebende Recht, mit keinem gesetzlich nicht begründeten Nachteil belastet zu werden, was vor allem bei Steuern und sonstigen Abgaben praktisch bedeutsam wird (BVerfGE 29, 402, 408; 44, 216, 223; 97, 332, 340 f.).

3. Die speziellen Freiheitsrechte

Die speziellen oder benannten Freiheitsrechte beginnen mit **10** Art. 2 II GG. Zwischen den beiden Absätzen des Art. 2 GG ist also ein klarer Trennungsstrich zu ziehen. Die „Freiheit der Person" i. S. des Art. 2 II GG betrifft nicht die allgemeine Handlungsfreiheit, sondern nur die Bewegungsfreiheit, insbesondere der Schutz

vor Festnahmen und Inhaftierungen (polizeiliche Ingewahrsam-
nahme, Untersuchungshaft, Strafhaft, Unterbringung in geschlossenen Anstalten). Die verschiedenen Freiheitsrechte lassen sich unter
folgenden Gesichtspunkten einteilen:

a) *Freiheit der Individualsphäre:* Leben und Gesundheit (Art. 2 II 1
GG), persönliche Freiheit i. S. der Bewegungsfreiheit (Art. 2 II 2
GG, verfahrensrechtlich ergänzt und abgesichert durch Art. 104
GG), Glaubens- und Gewissensfreiheit (Art. 4 I GG).

b) *Schutz des persönlichen Umfelds:* Ehe und Familie (Art. 6 GG),
Unverletzlichkeit der Wohnung (Art. 13 GG), Freizügigkeit
(Art. 11 GG).

c) *Kommunikative Freiheitsrechte:* Meinungsäußerungsfreiheit einschließlich Presse- und Rundfunkfreiheit (Art. 5 I GG), Informa-
tionsfreiheit (Art. 5 I 1 Hs. 2 GG), Versammlungsfreiheit (Art. 8 I
GG), Vereinigungsfreiheit (Art. 9 I GG), Brief- und Postgeheimnis
(Art. 10 I GG).

d) *Kulturelle Freiheitsrechte:* Religionsfreiheit (Art. 4 II GG), Wis-
senschafts- und Kunstfreiheit (Art. 5 III GG), Rechte im Schulbereich (Art. 7 II–V GG).

e) *Wirtschaftliche Freiheitsrechte:* Koalitionsfreiheit, d. h. das Recht,
zur Wahrung und Förderung der Arbeits- und Wirtschaftsbedin-
gungen Vereinigungen zu bilden (Art. 9 III GG), Berufs- und
Gewerbefreiheit (Art. 12 I GG), Eigentumsfreiheit (Art. 14 GG).

f) *Staatsbürgerliche Rechte:* Petitionsrecht (Art. 17 GG), Zugang zu
öffentlichen Ämtern (Art. 33 II GG), Wahlrecht (Art. 38 I 1 GG).

g) *Prozeßgrundrechte:* Gerichtlicher Rechtsschutz (Art. 19 IV
GG), Recht auf den gesetzlichen Richter (Art. 101 I 2 GG),
rechtliches Gehör (Art. 103 I GG), strafprozessuale Grundrechte
(Art. 103 II und III GG, vgl. dazu auch oben § 8 Rn. 38 f.).

Diese Aufzählung und Einteilung soll nur einen groben Überblick geben. Es
braucht nicht weiter dargelegt zu werden, daß einige der genannten Grundrechte auch – ganz oder teilweise – anderen Gruppen zugewiesen werden
könnten. So bildet die Eigentumsgarantie nicht nur die Grundlage für die
wirtschaftliche Tätigkeit, sondern auch für die persönliche Lebensgestaltung.
Ferner werden die kommunikativen Freiheitsrechte vor allem bei den politischen Auseinandersetzungen aktuell und treffen sich insoweit mit den staatsbürgerlichen Rechten.

4. Der allgemeine Gleichheitssatz

Der Gleichheitssatz verlangt, daß Gleiches gleich und Ungleiches **11** entsprechend seiner Ungleichheit ungleich behandelt wird. Mit diesem Wortspiel wird freilich die Problematik nicht gelöst, ja nicht einmal präzis angesprochen. Die Frage ist nämlich, *was* gleich bzw. gleichartig und damit vergleichbar ist. Die (durchaus richtige) These, daß alle Menschen gleich sind und daher gleich behandelt werden müssen, führt allein nicht weiter, weil es auf die jeweilige Situation und die sich daran anknüpfende Regelung ankommt. So muß z. B. die Einkommenssteuer entsprechend den jeweiligen Einkommensverhältnissen und der wirtschaftlichen Leistungsfähigkeit differenziert werden – aber wo und wie?

Das BVerfG hat den Gleichheitssatz zunächst als *Willkürverbot* **12** qualifiziert. Danach ist der Gleichheitssatz verletzt, wenn eine differenzierende Regelung willkürlich ist, d. h. „wenn sich ein vernünftiger, sich aus der Natur der Sache ergebender oder sonstwie sachlich einleuchtender Grund für die gesetzliche Differenzierung oder Gleichbehandlung nicht finden läßt" (so bereits BVerfGE 1, 14, 52). Später hat das BVerfG die sog. Willkürformel durch eine sog. *neue Formel* präzisiert und ersetzt. Danach ist der Gleichheitssatz verletzt, „wenn eine Gruppe von Normadressaten im Vergleich zu anderen Normadressaten anders behandelt wird, obwohl zwischen beiden Gruppen keine Unterschiede von solcher Art und von solchem Gewicht bestehen, daß sie die ungleiche Behandlung rechtfertigen könnten" (so die Formel des 1. Senats BVerfGE 55, 72, 88; seitdem st. Rspr., vgl. etwa BVerfGE 87, 1, 36; 92, 53, 68 f.; 96, 315, 325). Während es bislang nur darauf ankam, ob ein sachlich einleuchtender Grund die differenzierende Regelung rechtfertigte, ist nunmehr auch eine Verhältnismäßigkeitsprüfung erforderlich, die zur Abwägung führt. Es ist sonach nicht nur zu fragen, ob ein sachlich einleuchtender Grund vorliegt, sondern auch, ob er gewichtig genug ist, die Differenzierung zu rechtfertigen.

Vgl. dazu näher *K. Hesse,* Der allgemeine Gleichheitssatz in der neueren Rechtsprechung des Bundesverfassungsgerichts zur Rechtsetzungsgleichheit, Festschrift für Lerche, 1993, 121 ff.; *W. Rüfner,* BK Art. 3 Rn. 25 ff.; *L. Osterloh,* in: Sachs, Grundgesetz, Art. 3 Rn. 8 ff.; *dies.,* Der verfassungsrechtliche Gleichheitssatz – Entwicklungslinien der Rechtsprechung des Bundesverfassungsgerichts, EuGRZ 2002, 309 ff.; *J. Ipsen,* Staatsrecht II, Rn. 759 ff.; *R. Maaß,* Die neuere Rechtsprechung des BVerfG zum allgemeinen Gleichheitssatz – Ein Neuansatz? NVwZ 1988, 14 ff.; *S. Huster,* Gleichheit und Verhältnismäßigkeit, JZ 1994, 541 ff.; *Ch. Brüning,* Gleichheitsrechtliche Verhältnismäßigkeit, JZ 2001, 669 ff. – Zur weiteren Ausdifferenzierung etwa BVerfGE 99, 367, 388 f. (Montanmitbestimmung).

5. Die speziellen Gleichheitsrechte

13   Ein differenzierendes Bild bieten die speziellen Gleichheitsrechte.

a) Das *Diskriminierungsverbot* des Art. 3 III GG verbietet, daß Einzelpersonen oder Personengruppen wegen der dort genannten Kriterien – Geschlecht, Abstammung, Rasse usw. – unterschiedlich behandelt werden; es bringt also zum Ausdruck, daß die dort genannten Kriterien keine sachlichen Gründe bilden, die eine unterschiedliche Behandlung rechtfertigen. Eine Ausnahme gilt allenfalls dann, wenn die Nichtberücksichtigung eines solchen Kriteriums – etwa die Herkunft oder die Religionszugehörigkeit – ihrerseits willkürlich wäre. Während nach Art. 3 I GG Differenzierungen (unter Berücksichtigung des Grundsatzes der Verhältnismäßigkeit) bis zur Willkürgrenze zulässig sind, sind nach Art. 3 III GG Differenzierungen bis zur Willkürgrenze unzulässig (so *Dürig,* MD Art. 3 I GG Rn. 266 f.).

14   b) *Der Grundsatz der Gleichberechtigung von Männer und Frauen* gem. Art. 3 II GG wurde vom BVerfG und der h. L. lange Zeit in gleicher Weise als Differenzierungsverbot gedeutet, das traditionelle Regelungen, die die Frauen benachteiligten, beseitigen und ausschließen sollte. In neuerer Zeit differenziert das BVerfG: Die Benachteiligung der Frauen wird bereits durch Art. 3 III GG verboten. Soll Art. 3 II 1 GG einen eigenen Sinn behalten, muß er mehr gewähren. Er verpflichtet daher nach Ansicht des BVerfG den Staat zur Durchsetzung der tatsächlichen Gleichheit und rechtfertigt Regelungen, die die Frauen begünstigen, um bestehende Nachteile, die typischerweise Frauen treffen, auszugleichen. Satz 2 des Art. 3 II GG, der 1994 in das Grundgesetz eingefügt wurde, schließt sich dieser Rechtsprechung an. Er legt jedoch nur eine Staatszielbestimmung fest, während Art. 3 II 1 GG, wenn man die

Rechtsprechung des BVerfG folgerichtig anwendet, als Grundrecht entsprechende Ansprüche der Frauen begründet.

Vgl. BVerfGE 85, 191, 206 f. (Nachtbackverbot); BVerfGE 92, 91, 109 (Feuerwehrbeitrag); erste Hinweise in diese Richtung, aber noch offengelassen in BVerfGE 74, 163, 179 f. (Rentenalter). Zur früheren Rechtsprechung BVerfGE 15, 337, 345 (Höfeordnung); BVerfGE 52, 369, 374 (Hausarbeitstag). Daß hier noch einige Probleme stecken, kann nicht übersehen werden; sie können hier jedoch nicht weiter erörtert werden, vgl. dazu etwa *U. Di Fabio,* Die Gleichberechtigung von Mann und Frau, AÖR Bd. 122 (1997) 404, 408 ff.

c) Art. 33 II GG gewährleistet *den gleichen Zugang zu den öffentli-*   **15**
chen Ämtern. Da aber nur die Stellen besetzt werden können, die vorhanden sind, muß in aller Regel eine Auswahl getroffen werden. Dabei dürfen nur bestimmte Kriterien – nämlich die Eignung, die Befähigung und die fachliche Leistung – berücksichtigt werden; alle anderen Kriterien – etwa die Zugehörigkeit zu einer bestimmten politischen Partei oder zu einer bestimmten Konfession – müssen unberücksichtigt bleiben. Während Art. 3 III GG bestimmte Kriterien als Differenzierungsmerkmal verbietet, fordert Art. 33 II GG die ausschließliche Berücksichtigung bestimmter Kriterien.

Eine Quotenregelung zugunsten von Frauen bei der Besetzung öffentlicher Ämter ist mit Art. 33 II GG nicht vereinbar. Das gilt jedenfalls, wenn man diese Vorschrift isoliert betrachtet. Sie könnte jedoch ggf. auf Art. 3 II GG gestützt werden (vgl. Rn. 14). Das erfordert eine Abwägung beider Regelungen.

d) Die *Wahlrechtsgleichheit* gem. Art. 38 I 1 GG ist formal und   **16**
stringent, um allen Wählern und allen Parteien die gleiche Chance bei der Wahl zu geben. Die egalitäre Demokratie fordert ein egalitäres Wahlrecht. Ausnahmen sind nach der Rechtsprechung des BVerfG zulässig, aber nur dann, wenn sie durch besonders gewichtige Gründe zwingend gefordert werden (vgl. dazu BVerfGE 99, 1 sowie unten § 13 Rn. 7, 31 ff.).

III. Der Rechtscharakter der Grundrechte

1. Subjektive Rechte

17   Die Grundrechtsbestimmungen des Grundgesetzes sind objektive Rechtsnormen, die den Staat verpflichten und den Bürger berechtigen. Traditionell und konzeptionell steht die Berechtigung des Bürgers, die subjektiv-rechtliche Seite der Grundrechte im Vordergrund. Die Struktur der Grundrechte wird jedoch nur verständlich, wenn man den Zusammenhang zwischen Rechtsnorm, objektiver Verpflichtung und subjektivem Recht betrachtet. Ein subjektives Recht liegt vor, wenn jemand die Rechtsmacht besitzt, von einem anderen ein Tun oder ein Unterlassen zu fordern. Das setzt aber schon rechtslogisch voraus, daß eine rechtliche Verpflichtung des anderen zu einem entsprechenden Tun oder Unterlassen besteht, die durch das objektive Recht begründet wird. Entwicklungsgeschichtlich haben sich die Grundrechte als subjektive Rechte des Bürgers gegenüber dem Staat herausgebildet und dabei gleichsam die strukturellen Voraussetzungen mitgezogen. Sie haben die Aufgabe, das Verhältnis zwischen dem Staat und den Bürgern zu bestimmen, insbesondere die Freiheit des Bürgers zu gewährleisten. Das geschieht nicht nur durch objektive Bindungen des Staates, sondern auch – in Anerkennung der Persönlichkeit des Bürgers – durch Einräumung korrespondierender Rechte des Bürgers (vgl. Rn. 1).

18   Die objektive Verpflichtung des Staates zur Beachtung der grundrechtlichen Gewährleistungen wird in Art. 1 III GG ausdrücklich festgelegt. Dabei wird auch klargestellt, daß *alle* Grundrechte rechtsverbindlichen Charakter haben (und nicht nur Programmsätze oder allgemeine Richtlinien darstellen) und daß die *gesamte* Staatsgewalt (einschließlich der Gesetzgebung, die nach früherer Auffassung nicht grundrechtsgebunden war) verpflichtet wird. Die subjektiv-rechtliche Seite kommt überwiegend schon im Wortlaut der Grundrechte – durch die Bezeichnung „Recht" und „Freiheit" – zum Ausdruck. Daneben finden sich aber auch objektiv und institutionell formulierte Regelungen (so etwa

Art. 3 I, 6 I, 14 I GG). Sie sind damit zu erklären, daß traditionelle Wendungen übernommen worden sind. Indessen kann nicht zweifelhaft sein, daß auch sie subjektive Rechte begründen. Dafür spricht bereits die Aufnahme in den Grundrechtskatalog, die Grundrechtssystematik des Grundgesetzes und die prozessuale Absicherung als Grundrechte (Art. 19 IV GG und vor allem Art. 93 I Nr. 4a GG).

Das gilt z. B. für Art. 6 I GG, der (nur) bestimmt, daß Ehe und Familie un- **19** ter dem besonderen Schutz der staatlichen Ordnung stehen. Obwohl nur von der Ehe und der Familie als überkommene Lebensordnungen die Rede ist, ist doch zu Recht allgemein anerkannt, daß Art. 6 I GG auch das Recht des Bürgers gegen den Staat begründet, den ehelichen und familiären Bereich zu respektieren und Eingriffe in diese Bereiche zu unterlassen (vgl. BVerfGE 6, 55, 71 f.; 80, 81, 92 f.). – Fraglich und strittig ist, ob und wer durch Art. 7 I 3 GG berechtigt wird, der den Religionsunterricht in den öffentlichen Schulen gewährleistet. Das hängt von der Interessenrichtung ab. Der Religionsunterricht dient den Schülern, daher haben sie bzw. ihre Eltern (über Art. 6 II GG) ein Recht auf Einrichtung und Durchführung des Religionsunterrichts; die Religionsgemeinschaften haben dagegen nur ein Recht auf Mitwirkung gem. Art. 7 III 2 GG; vgl. dazu *Maurer,* Die verfassungsrechtliche Grundlage des Religionsunterrichts, Festschrift für Zacher, 1998, S. 577, 584 ff.; a. A. *Pieroth / Schlink,* Grundrechte, Rn. 670 (Grundrecht der Religionsgemeinschaften); *H. de Wall,* Das Grundrecht auf Religionsunterricht, NVwZ 1997, 465 ff. (Grundrecht der Schüler, Eltern und Religionsgemeinschaften).

2. Objektive Wertentscheidungen und objektiv-rechtliche Grundrechtsgehalte

Die Grundrechte erschöpfen sich nicht in der soeben dargeleg- **20** ten unmittelbaren Staat-Bürger-Beziehung, sondern gehen darüber hinaus. Bereits in den fünfziger Jahren wurde von einigen Autoren, insbesondere von Günter Dürig, und vom BVerfG die Lehre entwickelt, daß in den Grundrechten objektive Wertentscheidungen zum Ausdruck kommen, die als maßgebende Richtlinien für die gesamte Rechtsordnung verbindlich sind und daher bei der Gesetzgebung und bei der Auslegung und Anwendung der gesetzlichen Vorschriften beachtet werden müssen. Verschiedentlich wurde sogar angenommen, daß sich aus den Grundrechten eine in sich geschlossene Wertordnung ergäbe. Das stieß zwar – wegen der unterschiedlichen Herkunft der Grundrechte (liberales, christliches und soziales Gedankengut) – auf Widerspruch, ließ sich aber mit der auch sonst postulierten Einheit der Verfassung begründen. In der Literatur und Rechtsprechung wird neuerdings der Ausdruck „Wertentscheidung" zurückhaltender gebraucht und statt dessen von Elementen objektiver Ordnung, objektiv-rechtlichem Grundrechtsgehalten, objektiven Grundrechtsnormen und dgl. gesprochen. Damit soll zwar eine Assoziation mit vor- oder überstaatlichen Wertvorstellungen vermieden, zugleich aber auch und vor allem die übergreifende und normative Bedeutung der Grundrechte für die gesamte Verfassungsordnung betont werden. In der Tat stehen die Grundrechte des Grundgesetzes in der Reihe der verfassungsrechtlichen Grundentscheidungen (Rechtsstaatsprinzip, Sozialstaatsprinzip, Demokratieprinzip) und konstituieren zusammen mit diesen unseren Verfassungsstaat.

21   Dementsprechend ergeben sich aus den Grundrechten weitere, über die traditionelle Abwehrfunktion hinausgehende Folgerungen und Verpflichtungen, nämlich die grundrechtliche Schutzpflicht des Staates, die Verpflichtung zu grundrechtseffektuierenden Verfahrens- und Organisationsregelungen und ggf. bestimmte Leistungspflichten (vgl. sogleich unten Rn. 23 ff.). In der Literatur und der Rechtsprechung ist die Frage, ob und inwieweit diese objektiven Pflichten durch subjektive Rechte ergänzt werden, noch nicht eindeutig geklärt. Dabei wirkt auch die verwirrende Terminologie – Elemente objektiver Ordnung und objektiv-rechtliche Grundrechtsgehalte einerseits und subjektive Grundrechte andererseits mit der Folge, daß die Grundrechte angeblich einen Doppelcharakter oder eine Doppelgestalt haben – als Hemmschuh. Indessen ist die Vorstellung, daß die Grundrechte – immerhin die subjektiven Rechte par excellence – objektive Verpflichtungen zu Gunsten des Bürgers ohne subjektive Rechte gewähren, schwerlich nachvollziehbar. Die Erweiterung der Grundrechtsfunktionen wirkt sich daher auch in subjektiv-rechtlicher Hinsicht aus, ja sie erhält gerade durch die subjektiv-rechtliche Seite ihre Impulse. Im Staat-Bürger-Verhältnis ist eine Differenzierung zwischen subjektiven Grundrechten und objektiv-rechtlichen Grundrechtsgehalten (mit evtl. subjektiv-rechtlicher Ausrichtung) verfehlt. Die Grundrechte begründen bestimmte Pflichten des Staates, denen subjektive Rechte

des Bürgers entsprechen: Abwehrrechte, Schutzrechte, verfahrens- und organisationsbezogene Rechte und Leistungsrechte. Freilich kann das subjektive Grundrecht nur das hergeben, was objektiv-rechtlich verbürgt ist. Während die negatorischen Pflichten griffig und ohne weiteres realisierbar sind, erfordert die Schutzpflicht ein Tätigwerden, das von den jeweiligen tatsächlichen und rechtlichen Gegebenheiten und Möglichkeiten abhängt; daher hat der staatliche Gesetzgeber insoweit in der Regel auch einen weiten Beurteilungs- und Ermessensspielraum.

Vgl. zum objektiv-rechtlichen Grundrechtsgehalt bzw. zu den Grundrechten als Elemente objektiver Ordnung: *Hesse,* VerfR Rn. 279 ff.; *Stern,* Staatsrecht III 1, S. 890 ff.; *E.-W. Böckenförde,* Der Staat Bd. 29 (1990) S. 1 ff. *H. Dreier,* Grundgesetz, Vorbem. Rn 55 ff. m. w. N. – Zur Rechtsprechung unten Rn. 25 ff.; die Frage, ob die Schutzpflichten auch eine subjektiv-rechtliche Ausrichtung haben, hat das BVerfG zunächst offen gelassen, dann aber bald bejaht, BVerfGE 56, 54, 73; 77, 170, 214; 79, 174, 201 f. (jeweils im Blick auf Art. 2 II 1 GG).

3. Institutsgarantien?

In der Literatur und Rechtsprechung wird immer wieder – oder besser: immer noch – die Lehre vertreten, einzelne Grundrechte enthielten nicht nur subjektive Rechte des Bürgers, sondern auch Institutsgarantien, durch die bestimmte Lebens- und Normenbereiche erfaßt und geschützt würden. Art. 6 I GG gewährleistet danach nicht nur ein subjektives Recht auf Unterlassung von Eingriffen in den ehelichen und familiären Bereich, sondern schützt auch die Ehe und die Familie als vorgegebene Lebensordnungen. Entsprechendes gilt für Art. 14 I GG, der nicht nur das konkrete Eigentum in der Hand des Bürgers, sondern auch das Privateigentum als Rechtsinstitut sichert, oder für Art. 5 I GG, der nicht nur die Pressefreiheit des einzelnen Journalisten, sondern auch die freie Presse gewährleistet. Die Institutsgarantie richtet sich gegen den Gesetzgeber. Er darf diese privatrechtlichen Institute nicht aushöhlen oder gar beseitigen, sondern ist zu deren Schutz und Ausgestaltung verpflichtet. Die Lehre von den Institutsgarantien geht auf die Weimarer Zeit zurück. Sie wandte sich gegen die damals herrschende Auffassung, daß die Grundrechte nur die Exekutive bin-

22

den, und wollte mit der institutionellen Garantie die Bindung des
Gesetzgebers wenigstens an die Grundsubstanz der Grundrechte
erreichen. Da das Grundgesetz den Gesetzgeber eindeutig an die
Grundrechte – nicht nur an ihren Kernbereich, sondern an ihren
gesamten Garantiebereich – bindet (Art. 1 III GG) und der Charakter der Grundrechte als die gesamte Rechtsordnung beherrschende
Wertentscheidungen erkannt ist, ist diese Lehre überholt. Sie bringt
keine zusätzlichen Erkenntnisse, die für das Verständnis oder die
Durchsetzung der Grundrechte förderlich wäre. Im Gegenteil; es
besteht sogar die Gefahr, daß mit Hilfe der institutionellen Garantien
die subjektiven Grundrechte ausgespielt werden, etwa die Pressefreiheit des einzelnen Journalisten gegen das Institut der freien Presse.

Vgl. dazu – aus der Weimarer Zeit – *C. Schmitt,* Verfassungslehre, 1928,
S. 170 ff.; *ders.,* Freiheitsrechte und institutionelle Garantien der Reichsverfassung (1931), wieder abgedruckt in: *ders.,* Verfassungsrechtliche Aufsätze, 1958,
S. 140 ff. Er unterschied zwischen Institutsgarantien, die sich auf privatrechtliche Bereiche (Ehe, Familie, Eigentum, Erbrecht usw.), und institutionelle
Garantien, die sich auf öffentlich-rechtliche Einrichtungen (Gemeinden, Berufsbeamtentum) bezogen. Die Lehre wurde nach 1949 tradiert, aber zunehmend aufgegeben oder ignoriert. Auch das BVerfG, das anfangs öfters darauf
Bezug nahm, erwähnt sie heute nur noch selten. Immerhin taucht sie im Blick
auf Art. 6 I GG nicht nur in BVerfGE 6, 55, 72 f., sondern auch in BVerfGE
76, 1, 49 und 80, 81, 92 auf. Vgl. eingehend dazu *K. Stern,* Staatsrecht III 1
S. 751 ff.; ablehnend *K. Waechter,* Einrichtungsgarantien als dogmatische Fossi-
lien, DV 29 (1996) S. 47 ff. – Die gängige Behauptung, Art. 7 III GG enthalte
eine „institutionelle Garantie" des Religionsunterrichts, ist angesichts der
klaren Regelung und Verpflichtung des Staates, die Voraussetzungen für die
Einrichtung und die Durchführung des Religionsunterrichts zu schaffen, eine
Leerformel, wenn nicht sogar eine verfassungswidrige Reduzierung dieser
Verpflichtung (vgl. dazu *Maurer,* Festschrift für Zacher, 1998, S. 583 f.).

IV. Die Funktionen der Grundrechte

1. Abwehrrechte

23   Die Grundrechte sind in erster Linie Abwehrrechte des Bürgers
gegen staatliche Eingriffe in seinen Freiheitsbereich. Sie begründen
Unterlassungsansprüche und, wenn der Eingriff erfolgt ist, Beseiti-
gungsansprüche. Diese ursprüngliche Funktion der Grundrechte
steht auch heute noch im Vordergrund. Sie wird allerdings durch

die weiteren Grundrechtsfunktionen und die Einwirkung der Grundrechte auf den gesellschaftlichen und privaten Bereich ergänzt. Gleichwohl kann man sagen, daß die Grundrechte nach wie vor primär das Verhältnis zwischen dem Staat und dem Bürger bestimmen und die staatlichen Einwirkungsmöglichkeiten auf den gesellschaftlichen und bürgerlichen Bereich begrenzen.

Die für den liberalen Rechtsstaat typische Vorstellung von der unbegrenzten Freiheitssphäre des Bürgers und den begrenzten, meßbaren und kontrollierbaren Eingriffsmöglichkeiten des Staates (vgl. dazu C. *Schmitt,* Verfassungslehre, S. 126, 164), wird allerdings der heutigen Wirklichkeit nur noch bedingt gerecht. Die vielfältigen Abhängigkeiten und Verknüpfungen in der industriellen Massengesellschaft der Gegenwart und des darauf reagierenden sozialen Rechtsstaats lassen eine statisch-räumliche Trennung von Staat und Gesellschaft nicht mehr zu. Der einzelne kann von seiner Freiheit häufig nur noch dann Gebrauch machen, wenn staatliche Regelungen und Vorkehrungen die Voraussetzungen dafür schaffen und erhalten. Es geht daher heute nicht mehr nur um die Freiheit vom Staat, sondern auch um die Freiheit durch den Staat. Dieser Aufgabe dienen die weiteren Grundrechtsfunktionen.

2. Weitere Grundrechtsfunktionen

Neben der Abwehrfunktion besitzen die Grundrechte weitere **24** Funktionen, die sich aus ihrem Charakter als verfassungsrechtliche Wertentscheidungen bzw. als Elemente einer objektiven Ordnung ergeben, aber gleichwohl auch entsprechende subjektive Rechte begründen (vgl. bereits oben Rn. 20 f.). Wenn man von der staatlichen Verpflichtung ausgeht, dann gehören – nach dem derzeitigen Stand – zu den weiteren Grundrechtsfunktionen (a) staatliche Schutzpflichten, (b) Anforderungen an die staatliche Organisation und das staatliche Verfahren und (c) Leistungs- und Beteiligungspflichten.

a) *Die grundrechtliche Schutzpflicht* besagt, daß der Staat verpflichtet **25** ist, die in den Grundrechten gewährleisteten Rechtsgüter gegen Beeinträchtigungen oder Gefährdungen durch Dritte, insbesondere durch andere Privatpersonen, zu schützen. Das gilt insbesondere für Art. 2 II 1 GG, der danach nicht nur Eingriffe des Staates in Leben und Gesundheit des Menschen *verbietet* (Abwehrfunktion), sondern auch Maßnahmen zum Schutze des Lebens und der Gesundheit des Menschen durch aktuelle Gefährdungen von dritter Seite *gebietet* (Schutzfunktion). Adressat der Schutzpflicht ist nicht der störende Dritte, sondern der Staat, der sich gleichsam schützend zwischen den Angreifenden und den Angegriffenen stellen muß. Daraus ergibt sich auch der ambivalente Charakter der Schutzpflicht. Der Staat kann dieser Pflicht in der Regel nur dann genügen, wenn er gegen den störenden Dritten vorgeht, der sich seinerseits wiederum auf Grundrechte berufen wird. So kann z. B. der Betreiber einer Gentechnikanlage, dem zum Schutze der Nachbarn (Art. 2 II 1 GG) gewisse Beschränkungen auferlegt werden, die Berufsfreiheit (Art. 12 I GG) und möglicherweise auch die Wissenschaftsfreiheit (Art. 5 III GG) geltend machen. Der Staat muß in diesem Grundrechtskonflikt beide Seiten in seine Erwägungen einbeziehen.

> Vgl. dazu grundlegend BVerfGE 39, 1, 42 ff. (Schwangerschaftsabbruch); BVerfGE 46, 160, 164 (Fall Schleyer: Terroristen drohten mit der Ermordung des Arbeitgeberpräsidenten Schleyer, wenn nicht einige namentlich benannte, bereits inhaftierte Terroristen freigelassen werden); BVerfGE 49, 89, 181 f.; 53, 30, 57 ff. (Kernkraftwerk); BVerfGE 56, 54, 73 ff.; 79, 174, 201 f. (Flug- und Straßenlärm); BVerfGE 88, 203, 251 ff. (Schwangerschaftsabbruch II); BVerfGE 92, 26, 46 (Berufsfreiheit). – Aus der Literatur: *K. Stern,* Staatsrecht III 1, S. 931 ff.; *R. Alexy,* Theorie der Grundrechte, 1985, S. 410 ff.; *G. Hermes,* Das Grundrecht auf Schutz von Leben und Gesundheit, 1987; *R. Wahl/J. Masing,* Schutz durch Eingriff, JZ 1990, 553 ff.; *J. Dietlein,* Die Lehre von den grundrechtlichen Schutzpflichten, 1992; *H. H. Klein,* Die grundrechtliche Schutzpflicht, DVBl. 1994, 489 ff.; *P. Unruh,* Zur Dogmatik der grundrechtlichen Schutzpflichtigen, 1996; *H. Sodan,* Der Anspruch auf Rechtsetzung und seine prozessuale Durchsetzbarkeit, NVwZ 2000, 601 ff.

26   Da die Realisierung der grundrechtlichen Schutzpflicht von verschiedenen rechtlichen und tatsächlichen Umständen abhängt und die staatlichen Organe einen weiten Beurteilungs- und Ermessensspielraum haben, wird der sich aus der Schutzpflicht ergebende Schutzanspruch nur selten durchdringen. Das BVerfG stellt nur dann die Verletzung einer Schutzpflicht fest, „wenn die öffentliche Gewalt Schutzvorkehrungen entweder überhaupt nicht getroffen hat oder die getroffenen Regelungen und Maßnahmen gänzlich ungeeignet oder völlig unzulänglich sind, das gebotenen Schutzziel zu erreichen, oder erheblich dahinter zurückbleibt" (so BVerfGE 92, 26, 46 mit Hinweis auf frühere Entscheidungen). Aber auch in diesem Fall bleibt meistens noch offen, welche positiven Schutzmaßnahmen zu treffen sind.

Die Schutzpflicht erfordert in der Regel ein staatliches Tätigwerden, muß aber von der Leistungstätigkeit des Staates im sozialen und im wirtschaftlichen Bereich unterschieden werden. Sie zielt nicht – wie jene – auf die Gewährung zusätzlicher Leistungen, sondern auf die Erhaltung des vorhandenen Bestandes und ist daher nicht dem Sozialstaatsprinzip, sondern der Gefahrabwehr und damit dem Rechtsstaatsprinzip zuzuordnen. Da der Staat im Interesse der Friedenssicherung das Gewaltmonopol für sich in Anspruch nimmt, muß er folgerichtig den Bürger gegen Eingriffe Dritter schützen. Die grundrechtliche Schutzpflicht wird bereits in zahlreichen Gesetzen – im allgemeinen Polizeirecht und in den sonderpolizeilichen Regelungen, im Strafrecht und im Ordnungswidrigkeitenrecht usw. – geregelt und ausgestaltet. Sie nimmt diese Regelungen auf und sichert sie verfassungsrechtlich ab.

b) *Grundrechtsschutz durch Organisation und Verfahren.* Einige **27** Grundrechte haben per se verfahrensrechtlichen Charakter, so insbesondere Art. 19 IV GG (gerichtlicher Rechtsschutz), Art. 101 I 2 GG (gesetzlicher Richter) und Art. 103 I GG (rechtliches Gehör vor Gericht). Sie sind hier nicht gemeint, vielmehr geht es darum, daß auch die materiellen Grundrechte eine organisations- und verfahrensrechtliche Dimension haben. Der Staat ist verpflichtet, die Einhaltung und Verwirklichung der materiellen Grundrechte durch Organisations- und Verfahrensregelungen sicherzustellen. Auch hier geht es um einen allgemeinen Grundsatz, der durch die Grundrechte in verfassungsrechtlichen Rang erhoben wird. Das Verfahren hat keinen Selbstwert, sondern soll durch seine Ausgestaltung die im Einzelfall sachlich und rechtlich einwandfreie Entscheidung gewährleisten. Dasselbe gilt für die Organisationsregelungen, insbesondere die Zuständigkeitsregelungen, die die Erledigung der staatlichen Aufgaben nicht irgendeiner Instanz, sondern der sachlich und fachlich kompetenten Instanz übertragen. Der Bürger hat einen Anspruch auf entsprechende Verfahrens- und Organisationsregelungen. Wie bei der grundrechtlichen Schutzpflicht hat auch hier der staatliche Gesetzgeber einen weiten Beurteilungs- und Ermessensspielraum. Die Tendenz muß aber stimmen.

Beispiel (BVerfGE 53, 30: Kernkraftwerk Mühlheim-Kärlich): Der Staat ist verpflichtet, die in der Nähe eines Kernkraftwerks wohnenden Menschen vor Gefahren, die sich aus dem Betrieb des Kernkraftwerkes für Leben und Gesundheit ergeben können, zu schützen (Art. 2 II 1 GG in seiner schutzrechtlichen Dimension). Das geschieht einmal durch den Erlaß von materiellrechtlichen Vorschriften über die Errichtung und den Betrieb von Kernkraftwerken, insbesondere hinsichtlich der Sicherheitsstandards, zum anderen durch

verfahrensrechtliche Regelungen, die die Einhaltung dieser materiell-rechtlichen Vorschriften gewährleisten sollen. Der Bürger hat zumindest insoweit,
als diese Regelungen in Ausführung des Art. 2 II 1 GG ergehen, entsprechende subjektive Rechte, die letztlich im Wege der Verfassungsbeschwerde geltend gemacht werden können. Auch hier ist wieder zu beachten, daß der
Gesetzgeber einen weiten Ermessensspielraum hat. – Vgl. ferner dazu BVerfGE
46, 325 (Art. 14 I GG: Schutz des Eigentums im Vollstreckungsverfahren);
BVerfGE 52, 380, 389f. (Art. 12 I GG: Prüfungsverfahren); BVerfGE 65, 1,
44, 49 (Art. 2 I GG: verfahrensrechtliche Vorkehrungen zum Schutze der
informationellen Selbstbestimmung); BVerfGE 69, 315, 355 ff. (Art. 8 I GG:
Durchführung von Großdemonstrationen); BVerfGE 73, 280, 296 (Art. 12 I
GG: Auswahlverfahren bei der Besetzung von Notarstellen); BVerfGE 90, 60,
96 (Rundfunkgebühren).

28   c) *Leistungsansprüche.* Der Grundgesetzgeber hat bewußt auf die
Festlegung sozialer Grundrechte verzichtet. Auch bei der Verfassungsreform 1994 wurden entsprechende Anträge abgelehnt (vgl.
oben § 5 Rn. 35). Eine Ausnahme macht lediglich Art. 6 IV GG,
der – allerdings sehr allgemein – einen Anspruch der Mutter auf
Schutz und Fürsorge gewährt (vgl. oben § 8 Rn. 60). Ferner wird
von der h. L. aus Art. 1 I GG in Vbg. mit dem Sozialstaatsprinzip
(Art 20 I GG) ein „Recht auf Existenzminimum", d. h. ein Recht
auf die existenznotwendigen Leistungen, abgeleitet. Fraglich ist, ob
sich die Freiheitsgrundrechte leistungsstaatlich erweitern lassen, ob
etwa demjenigen, der aus finanziellen Gründen nicht in der Lage
ist, von einem Freiheitsgrundrecht Gebrauch zu machen, die erforderlichen Mittel zur Verfügung zu stellen sind. Das ist grundsätzlich zu verneinen, aber in besonders gelagerten Ausnahmefällen zu
bejahen.

So läßt sich wohl aus Art. 12 I GG ein Anspruch auf Ausbildungsbeihilfe
ableiten, der übrigens durch das BAföG auch gewährt wird. Nach BVerfGE
33, 303, 332 f. ergibt sich aus Art. 12 I GG ein Anspruch auf Zulassung zum
Hochschulstudium und ggf. sogar auf Erweiterung der Ausbildungskapazität,
allerdings beschränkt durch den „Vorbehalt des Möglichen" (vgl. oben § 8
Rn. 78). Ferner wird vom BVerfG ein Anspruch der Privatschulen auf finanzielle Förderung bejaht, wobei auf die besondere, verfassungsrechtlich bedingte
Situation der Privatschulen abgestellt wird (BVerfGE 75, 40, 63 ff.; 90, 107,
115). Das müssen jedoch Ausnahmen bleiben; die Freiheitsgrundrechte lassen
sich nicht generell in Leistungsrechte umdeuten.

Dagegen können die in den Freiheitsgrundrechten zum Ausdruck kommen-
den Wertentscheidungen des Grundgesetzes (etwa des Art 4 I GG oder des
Art. 6 I GG) im Rahmen des Gleichheitssatzes oder des Sozialstaatsprinzips
Bedeutung erlangen und die dort angelegten Ansprüche verstärken. Damit ist

bereits die Grenze von den *originären Leistungsansprüchen,* die unmittelbare Ansprüche aufgrund verfassungsrechtlicher Vorschriften gewährleisten, zu den *derivativen Teilhabeansprüchen,* die eine gleichmäßige Beteiligung an den staatlichen Leistungen und Einrichtungen zum Gegenstand haben, überschritten. Die derivativen Teilhabeansprüche (Leistungsansprüche) ergeben sich aus dem Gleichheitssatz.

V. Der personelle Geltungsbereich der Grundrechte

1. Grundrechtsadressaten

Die Grundrechte verpflichten alle staatlichen Organe und alle 29 staatlichen Einrichtungen einschließlich der rechtlich selbständigen Körperschaften, Anstalten und Stiftungen des öffentlichen Rechts bei ihrer gesamten staatlichen Tätigkeit. Es gibt keinen grundrechtsfreien Hoheitsbereich. Die Grundrechte gelten auch dann, wenn der Staat Verwaltungsaufgaben in der Form des Privatrechts wahrnimmt.

Vgl. dazu *Maurer,* VerwR § 3 Rn. 9 f. Fraglich ist allenfalls, ob die Grundrechtsbindung des Staates auch für die fiskalischen Hilfsgeschäfte (die privatrechtliche Beschaffung von Verwaltungsmittel, etwa Kraftfahrzeugen, Bürogebäuden und dgl.) und für die erwerbswirtschaftliche Tätigkeit des Staates gilt, da der Staat insoweit „wie eine Privatperson" auftritt. Sicher ist, daß der Staat zumindest den Gleichheitssatz beachten muß, also etwa bei der Vergabe öffentlicher Aufträge nicht bestimmte Bewerber aus parteipolitischen Gründen bevorzugen darf. Im übrigen greift zumindest die sog. mittelbare Drittwirkung ein (vgl. dazu unten Rn. 36 ff.).

2. Die Grundrechtsberechtigten

a) *Natürliche Personen.* Die Grundrechte berechtigen zunächst ein- 30 mal alle natürlichen Personen (Menschen, Individuen). Sie sind Anlaß und Grund für die Formulierung und Festlegung der Grundrechte. Die meisten und die wichtigsten Grundrechte stehen allen Menschen zu. Einige, mehr den Sozialbereich betreffende Grundrechte beschränken sich dagegen nach ihrem klaren Wortlaut und der eindeutigen Intention des Grundgesetzgebers auf Deutsche. In der Literatur wird dementsprechend zwischen den Jedermanns-Grundrechten und den Deutschen-Grundrechten unterschieden.

Die Beschränkung auf Deutsche gilt für die Versammlungsfreiheit (Art. 8 I GG), die Vereinsfreiheit (Art. 9 I GG), die Freizügigkeit (Art. 11 I GG) und die Berufsfreiheit (Art. 12 I GG). Sie mag 1949 unproblematisch gewesen sein. Heute ist sie im Blick auf die große Zahl der in Deutschland lebenden und arbeitenden Ausländer verfassungspolitisch fraglich, aber geltendes Recht. Offenbar ist sie auch bei der Verfassungsreform 1994 nicht zur Disposition gestellt worden. Die h.L. versucht, sie durch den Verweis auf Art. 2 I GG abzumildern. Danach kann sich der Ausländer – im Blick auf die berufliche Betätigung – zwar nicht auf das spezielle Grundrecht des Art. 12 I GG, aber auf den allgemeinen Auffangtatbestand des Art. 2 I GG berufen (so BVerfGE 78, 179, 196 f.; 104, 337, 346; vgl. ferner BVerfGE 35, 382, 399 zu Art. 11 GG; allgemein *Stern,* Staatsrecht III 1 S. 1040 f.; *H. Bauer,* NVwZ 1990, 1152 ff.). Diese Auffassung ist verfassungsdogmatisch nicht haltbar. Der Rückgriff auf Art. 2 I ist nur zulässig, wenn ein Fall tatbestandsmäßig nicht von einem speziellen Freiheitsrecht erfaßt wird. Mit der Beschränkung auf Deutsche wird jedoch tatbestandsmäßig eine negative Regelung zu Lasten der Ausländer getroffen (so zutr. *H.-U. Erichsen,* HStR VI, 1989, S. 1205 f.). Dadurch werden die Ausländer übrigens nicht rechtlos gestellt. Sie können sich in besonders gravierenden Fällen auf die Menschenwürdegarantie des Art. 1 I GG berufen. Ferner gelten die entsprechenden einfach-gesetzlichen Regelungen durchweg für „jeden", also auch für Ausländer (§ 1 Versammlungsgesetz, § 1 Vereinsgesetz, § 1 Gewerbeordnung), so daß die materielle Rechtslage – von etwaigen spezialgesetzlichen Einschränkungen abgesehen – gleich ist und lediglich die Möglichkeit der Verfassungsbeschwerde fehlt. – Art. 20 III GG sichert die Beachtung dieser Regelungen. EU-Bürger sind zudem gemeinschaftsrechtlich den Deutschen in wirtschaftlicher Hinsicht im wesentlichen gleichgestellt (Art. 12 EGV). Gleichwohl ist die grundrechtliche Differenzierung zwischen Deutschen und Ausländern verfassungspolitisch unbefriedigend und sollte de constitutione ferenda beseitigt werden. Das gilt jedenfalls für EU-Bürger, vgl. dazu mit einem Gesetzesvorschlag *H. Bauer,* Festschrift für Maurer, 2001, S. 13 ff.

31   Die Grundrechtsberechtigung besteht *zeitlich* von der Geburt bis zum Tode. Sie gilt ferner für den nasciturus, soweit sie inhaltlich in Betracht kommt (Art. 2 II 1 GG, Art. 14 I GG im Blick auf das Erbrecht). Nach dem Tode erlischt sie; das Persönlichkeitsrecht wirkt aber bis zu einem gewissen Grad weiter (BVerfGE 30, 137, 194, gestützt auf Art. 1 I GG).

32   b) *Juristische Personen und sonstige Organisationen.* Die Frage, ob und inwieweit Vereine, Verbände und sonstige Organisationen grundrechtsberechtigt sind, wird durch Art. 19 III GG bestimmt. Der Wortlaut dieser Vorschrift ist jedoch mißglückt. Der Schnitt erfolgt nicht, wie er nahelegt, zwischen den rechtsfähigen Organisationen (juristischen Personen) und den nichtrechtsfähigen Organisationen, sondern zwischen den Organisationen des Privatrechts und denen des öffentlichen Rechts.

aa) Grundrechtsfähig sind alle *privatrechtliche Vereine,* Verbände **33** und sonstige Organisationen, ohne Rücksicht darauf, ob sie rechtsfähig oder nicht rechtsfähig sind. Auch eine nichtrechtsfähige Studentenvereinigung, die politische Ziele verfolgt, kann Art. 9 I GG geltend machen.

bb) Dagegen sind die *juristischen Personen des öffentlichen Rechts* **34** nicht grundrechtsfähig. Das gilt nicht nur für den Staat selbst, sondern auch für alle rechtsfähigen Körperschaften, Anstalten und Stiftungen des öffentlichen Rechts sowie für alle sonstigen (nicht-rechtsfähigen oder teilrechtsfähigen) Verwaltungseinheiten. Sie besitzen keine Privatautonomie und damit keine Freiheitsrechte, sondern nehmen staatliche Kompetenzen wahr. Bildlich gesprochen sind sie gleichsam „der verlängerte Arm des Staates". Das gilt auch für die *Gemeinden,* und zwar nicht nur im hoheitlichen Tätigkeitsbereich (BVerfGE 21, 362, 369 ff.), sondern auch im fiskalischen und erwerbswirtschaftlichen Tätigkeitsbereich, etwa im Blick auf gemeindliche Grundstücke (BVerfGE 61, 82, 100 ff.: Sasbach-Entscheidung). Nicht grundrechtsfähig sind auch privatrechtliche Organisationen, die in der Hand einer Gemeinde sind und öffentliche Aufgaben wahrnehmen, etwa eine Straßenbahn-AG oder eine Messe-GmbH (BVerfGE 45, 63, 78ff.; 68, 193, 212f.). Strittig ist, ob dies auch für sog. gemischt-wirtschaftliche Unternehmen anzunehmen ist, d. h. für Unternehmen, an denen nicht nur die Gemeinde, sondern auch Privatpersonen beteiligt sind (bejahend BVerfG-K NJW 1990, 1783; a. A. *Jarass,* JP Art. 19 Rn. 13 m. w. N.). Die Gemeinden können sich statt dessen auf ihr in Art. 28 II 1 GG und den Landesverfassungen gewährleistetes Selbstverwaltungsrecht berufen und dieses auch prozessual geltend machen (zuletzt beim BVerfG, vgl. Art. 93 I Nr. 4b GG).

Von dem strikten Grundsatz, daß juristische Personen des öffentlichen **35** Rechts nicht grundrechtsfähig sind, bestehen zwei Ausnahmen: Zum einen können sich diejenigen juristischen Personen des öffentlichen Rechts, die einem bestimmten grundrechtlich geschützten Lebensbereich zugeordnet sind, auf eben dieses Grundrecht berufen, etwa die Universitäten auf Art. 5 III GG (Wissenschaftsfreiheit) und die öffentlich-rechtlichen Rundfunkanstalten auf

Art. 5 I GG (Rundfunkfreiheit). Die Konsequenz ist, daß z. B. die öffentlich-rechtlichen Rundfunkanstalten einerseits grundrechtsberechtigt (gegenüber dem Staat) und zum anderen grundrechtsverpflichtet (gegenüber Privatpersonen) sind. *Die Kirchen* sind zwar Körperschaften des öffentlichen Rechts, aber dem Staat weder organisatorisch noch funktionell eingeordnet; daher können sie sich ohne weiteres auf die Grundrechte berufen, etwa auf Art. 4 II GG (vgl. BVerfGE 42, 312, 321 f.; 102, 370, 387 f.). – Zum anderen können sich alle juristischen Personen des öffentlichen Rechts auf die Prozeßgrundrechte (Art. 101 I und Art. 103 I GG) berufen. Das ergibt sich bereits aus dem prozessualen Grundsatz der Waffengleichheit, der verlangt, daß alle Prozeßbeteiligten ihre Rechtspositionen in gleicher Weise prozessual effektiv geltend machen können.

3. Die sog. Drittwirkung von Grundrechten

36   a) *Problematik.* Schon bald nach Erlaß des Grundgesetzes wurde die Frage strittig, ob und, wenn ja, in welcher Weise und in welchem Umfang die Grundrechte auch im Verhältnis der Privatpersonen untereinander gelten. Sie wurde zunächst in der Literatur – von dem in Art. 9 III 2 GG ausdrücklich geregelten Verbot koalitionsbeschränkender Verträge und Absprachen abgesehen – überwiegend abgelehnt. Bald setzte sich jedoch die Auffassung durch, daß die Grundrechte nicht nur gegenüber dem Staat gelten, sondern auch im Privatrechtsbereich (gegenüber „Dritten") wirken. Dabei konkurrierten zunächst die Lehre von der unmittelbaren Drittwirkung der Grundrechte und die Lehre von der mittelbaren Drittwirkung der Grundrechte. Die letztere hat sich inzwischen durchgesetzt.

– Nach der von Nipperdey begründeten und vom Bundesarbeitsgericht zunächst übernommenen, später aber wieder aufgegebenen Lehre der *unmittelbaren Drittwirkung* gelten zwar nicht alle, aber doch eine Reihe bedeutsamer Grundrechte – als Ordnungsgrundsätze für das soziale Leben – auch für den privaten Rechtsverkehr der Bürger untereinander, insbesondere die Menschenwürde, die Entfaltungsfreiheit, der Gleichheitssatz, die Meinungsfreiheit und der Schutz von Ehe und Familie (Art. 1 I, 2 I, 3, 5 und 6 GG). Privatrechtliche, insbesondere arbeitsrechtliche Verträge, die dagegen verstoßen, sind gem. § 134 BGB nichtig. Vgl. *H. C. Nipperdey,* Gleicher Lohn der Frau bei gleicher Leistung, RdA 1950, 121 ff.; *ders.,* Grundrechte und Privatrecht, 1961, S. 13 ff.; BAG 1, 85, 193 f.; 24, 438, 441; die neuere Rechtsprechung des BAG hat sich der Lehre von der mittelbaren Drittwirkung angeschlossen, vgl. BAG 48, 122, 138 f.; 76, 155, 168 f.
– Nach der von Dürig entwickelten Lehre der *mittelbaren Drittwirkung* gelten die Grundrechte nicht unmittelbar im Privatrechtsverkehr. Sie kommen aber über die auslegungsfähigen und auslegungsbedürftigen privatrechtlichen

Generalklauseln, insbesondere über § 138 und § 826 BGB zu Anwendung. Ein privatrechtlicher Vertrag ist danach gem. § 138 BGB sittenwidrig und nichtig, wenn er gegen eine grundrechtliche Wertentscheidung verstößt. Diese Auffassung vermeidet eine rigide Anwendung der Grundrechte im Privatrechtsverkehr und läßt sie erst über das Filter der privatrechtlichen Generalklauseln zur Anwendung kommen. Vgl. dazu *G. Dürig,* Grundrechte und Zivilrechtsprechung, Festschrift für Nawiasky, 1956, S. 157 ff.; *ders., MD* Art. 1 Abs. 3 Rn. 127 ff.; Art. 2 Abs. 1 Rn. 56 ff.; das BVerfG hat sich bereits in BVerfGE 7, 198, 204 ff. dieser Auffassung angeschlossen. Vgl. im übrigen die Nachweise unten Rn. 41.

b) *Verfassungsrechtliche Regelungen.* Das Grundgesetz enthält keine **37** allgemeine Regelung zur Frage der „Drittwirkung von Grundrechten". Art. 1 III GG bindet die gesamte Staatsgewalt an die Grundrechte, läßt aber offen, ob sich die Grundrechtsbindung darauf beschränkt oder ob sie auch in den zivilrechtlichen Bereich hineinreicht. Art. 9 III 2 GG erklärt alle, auch die privatrechtlichen Abreden, die Koalitionen einschränken oder zu behindern suchen, für nichtig; er würde jedoch überfordert, wenn daraus – sei es im Wege des Umkehrschlusses, sei es im Wege der Verallgemeinerung oder der Analogie – weitere Folgerungen gezogen würden. Auch der Hinweis auf die Grundrechtsbindung der Zivilrichter hilft nicht weiter, sondern führt in einen Zirkelschluß. Sicher sind die Richter bei der Wahrnehmung der Rechtsprechung als hoheitliche Aufgabe an die Grundrechte gebunden, etwa an den Grundsatz des rechtlichen Gehörs (Art. 103 I GG). Sie haben aber das materielle Recht so anzuwenden, wie es gilt. Die Frage, ob sie die Grundrechte bei ihrer Entscheidungsfindung beachten müssen, hängt also nicht von der Grundrechtsbindung der Richter, sondern von der Geltung der Grundrechte im Bereich des Zivilrechts ab.

c) *Bei der Lösung der Drittwirkungsfrage* ist sowohl die Eigenart des **38** Privatrechts als auch die Bedeutung der Grundrechte für die gesamte Rechtsordnung zu beachten.

aa) Zwischen dem den Staat bindenden öffentlichen Recht und dem für die Bürger maßgeblichen Privatrecht bestehen erhebliche Unterschiede (vgl. bereits oben § 1 Rn. 22). Das Privatrecht wird durch den Grundsatz der Privatautonomie beherrscht, der vom Staat gem. Art. 2 I GG zu beachten ist. Wenn die Grundrechte unmittelbar – gleichsam „ungehobelt" – im Verhältnis der Privatpersonen untereinander gelten würden, dann würde die Privatautonomie und damit die Kernsubstanz des Privatrechts beeinträchtigt, ja sogar zerstört. Das gilt vor allem für den Gleichheitssatz. Der Private dürfte seinen Geschäftspartner nicht mehr nach Belieben aussuchen und bei der Abfassung seines Testaments nicht mehr ohne sachlichen Grund differenzieren. Deshalb wird verschiedentlich angenommen, daß die unmittelbare Drittwirkung zwar nicht für den Gleichheitssatz, aber jedenfalls für die Freiheitsrechte gelte. Indessen ist auch das nicht haltbar. Im Staat-Bürger-Verhältnis sind die Fronten klar: Der Staat ist grundrechtsverpflichtet und die Bürger sind grundrechtsberechtigt. Würden die Grundrechte unmittelbar im Privatrechtsbereich gelten, dann wäre jeder Bürger sowohl grundrechtsberechtigt als auch grundrechtsverpflichtet. Er könnte sich dann gegenüber anderen Bürgern auf die Grundrechte berufen, müßte aber sogleich damit rechnen, daß ihm ebenfalls Grundrechte entgegengehalten werden. Jeder Rechtsstreit würde zum Grundrechtsfall unter weitgehender Ausblendung des einfachen Privatrechts.

39   Auch die Beschränkung der Lehre der unmittelbaren Drittwirkung auf *„soziale Mächte"*, etwa Arbeitgeber, wirtschaftliche Unternehmen, Verbände und dgl., kann nicht überzeugen. Der Hinweis, daß es für den Bürger gleichgültig sei, ob er der staatlichen Macht oder einer sozialen Macht unterworfen und ausgeliefert sei, mag zwar zunächst plausibel erscheinen, geht aber doch an wesentlichen Unterschieden vorbei. Der Staat ist Inhaber der obersten Gewalt. Er hat die Befugnis zum Erlaß einseitiger Regelungen, kann seine Regelungen und Anordnungen zwangsweise durchsetzen, hat keinen Konkurrenten und besitzt zudem das Gewaltmonopol. Die sog. sozialen Mächte, ohnehin eine Sammelbezeichnung, die noch der näheren Aufgliederung und Abgrenzung bedürfte, können dem Staat und seinen Möglichkeiten nicht gleichgestellt werden. Sie besitzen keine originäre Befehls- und Zwangsgewalt, sondern können nur im Rahmen des staatlich gesetzten Rechts tätig werden und bedürfen zur Durchsetzung ihrer Forderungen der staatlichen Gerichte und Vollstreckungsbehörden. Ferner sind sie in ihrem Bereich wieder Abhängigkeiten ausgesetzt, etwa die Wirtschaftsunternehmen der Konkurrenz und die Interessenverbände den Vorstellungen und Wünschen ihrer Mitglieder. Es wäre deshalb verfehlt, wenn man gleichsam im Analogieschluß die Grundrechte auf die sozialen Mächte anwenden würde. Dafür fehlt die Basis. Im Gegenteil, da sie Privatrechtssubjekte sind, können sie sich ihrerseits auf die Privatautonomie berufen. Daß damit kein Freibrief ausgestellt ist, braucht nicht weiter betont zu werden. Denn das Privatrecht hat ja gerade auch den Schutz des Schwächeren zu gewährleisten. Es geht hier nur darum, daß die Grundrechte auch in diesen Fällen nicht desintegrierend in das Privatrecht einbrechen.

bb) Andererseits müssen die grundrechtlichen Wertentscheidun- **40** gen auch im Privatrechtsverkehr zur Geltung kommen. Das ergibt sich aus dem Vorrang der Verfassung und der Einheit der Rechtsordnung. Die Grundrechte gelten zwar nicht unmittelbar im Privatrechtsbereich, aber sie wirken auf diesen Bereich ein (sog. Ausstrahlungswirkung) und müssen dort privatrechtsadäquat umgesetzt werden. Daraus folgt: Zunächst ist der Privatrechtsgesetzgeber gefordert. Er muß bei der Regelung des Privatrechts, das vor allem der Verhinderung oder Bereinigung von Interessenkonflikten zwischen zwei Privatpersonen dient, die grundrechtlichen Wertentscheidungen berücksichtigen und aufnehmen. Dabei kann der Konflikt zwischen zwei Grundrechten bestehen (so etwa zwischen der Vertragsfreiheit gem. Art. 2 I GG auf der einen Seite und dem Recht auf Ehe und Familie gem. Art. 6 I GG auf der anderen Seite) oder aber innerhalb eines Grundrechts relevant werden (beide Seiten berufen sich auf die Vertragsfreiheit gem. Art. 2 I GG oder auf die Koalitionsfreiheit gem. Art. 9 III GG). Der Zivilrichter muß im Zweifel prüfen, ob die von ihm anzuwendende Privatrechtsnorm mit den Grundrechten vereinbar ist, d.h. der Ausstrahlungswirkung der Grundrechte entspricht. Ist das zu verneinen, dann ist das Gesetz verfassungswidrig und nichtig, was abschließend vom BVerfG gem. Art. 100 I GG festzustellen ist. Wenn der Konfliktfall nicht oder nicht abschließend gesetzlich geregelt ist, bietet sich der Weg über die privatrechtlichen Generalklauseln (§§ 138, 242 BGB usw.) an. Der Richter hat bei der Auslegung der dort auftauchenden Begriffe (gute Sitten, Treu und Glauben) auch die grundrechtlichen Wertentscheidungen einzubeziehen. Der Rückgriff auf die Grundrechte und ihre Ausstrahlungswirkung wird in der Regel dann aktuell, wenn es um den Schutz des Schwächeren geht. Das zeigt zugleich den engen Zusammenhang zwischen der Drittwirkung der Grundrechte und der grundrechtlichen Schutzpflicht.

Vgl. dazu BVerfGE 7, 198, 204 ff.; 25, 256, 263 (Boykott eines Films bzw. **41** einer Zeitschrift); BVerfGE 73, 261, 269 (Sozialplan); BVerfGE 83, 242, 253 f. (vertragliches Wettbewerbsverbot); BVerfGE 84, 212, 228 ff. (Koalitionsfreiheit gem. Art. 9 III GG); BVerfGE 89, 214, 229 f. (Bürgschaftsvertrag); BVerfGE 97, 169, 175 ff. (Anwendungsbereich des arbeitsrechtlichen Kündigungsschutzgesetzes. – **Literatur** (neben den bereits Rn. 36 genannten Autoren):

W. Leisner, Grundrechte und Privatrecht, 1960; *W. Rüfner,* Drittwirkung der Grundrechte. – Versuch einer Bilanz, Gedächtnisschrift für W. Martens, 1987, S. 215 ff.; *K. Stern,* Staatsrecht III 1, S. 1509 ff.; *K. Hesse,* Verfassungsrecht und Privatrecht, 1988; *J. Pietzcker,* Drittwirkung – Schutzpflicht – Eingriff, Festschrift für Dürig, 1990, S. 345 ff.; *J. Hager,* Grundrechte im Privatrecht, JZ 1994, 373 ff.; *St. Oeter,* „Drittwirkung" der Grundrechte und die Autonomie des Privatrechts, AÖR Bd. 119 (1994) S. 529 ff.; *H.-U. Erichsen,* Die Drittwirkung der Grundrechte, Jura 1996, 527 ff.; *D. Classen,* Die Drittwirkung der Grundrechte in der Rechtsprechung des Bundesverfassungsgerichts, AÖR Bd. 122 (1997) S. 65 ff.; *C.-W. Canaris,* Grundrechte und Privatrecht, 1999.

VI. Schutzbereich und Schranken der Grundrechte

1. Überblick

42   Die Grundrechte sollen die Freiheit des Menschen gewährleisten. Schon aus der Struktur des Rechts ergibt sich, daß sie tatbestandsmäßig festgelegt werden müssen und nur dann zur Anwendung kommen, wenn die Voraussetzungen des Tatbestandes gegeben sind. Hinzu kommt, daß die Grundrechte im Blick auf die Rechte der anderen und im Interesse der Allgemeinheit auf Schranken stoßen. Es gibt keine absolute Freiheit. Nur der Robinson, der allein auf einer Insel lebt, ist frei von sozialen Bindungen, aber auch der Einsamkeit und den natürlichen Gefahren ausgesetzt. Freiheit erfordert eine rechtliche Ordnung, die die Freiheit aller auf ein gewisses Maß begrenzt und damit zugleich gewährleistet, daß jeder im Rahmen der rechtlichen Ordnung von seiner Freiheit Gebrauch machen kann. Schrankenlose Freiheit würde zum Chaos führen, in der die Freiheit insgesamt untergehen würde.

Das zeigt bereits ein Blick auf den Straßenverkehr: Der einzelne kann sich nur dann auf einer verkehrsreichen Straße bewegen, wenn alle – und damit auch er selbst – bestimmte Straßenverkehrsvorschriften einhalten. Oder auf höherer Ebene: „Das Recht ist also der Inbegriff der Bedingungen, unter denen die Willkür des einen mit der Willkür des anderen nach einem allgemeinen Gesetz der Freiheit zusammen vereinigt werden kann" (*I. Kant,* Metaphysik der Sitten, in: Werksausgabe Bd. VIII, hg. von W. Weischedel, suhrkamp taschenbuch wissenschaft, 11. Auf. 1997, S. 337).

43   Wenn ein Bürger geltend macht, „in seinen Grundrechten verletzt zu sein," dann ist zunächst zu prüfen, welches Grundrecht

oder welche Grundrechte in Betracht kommen. Das bestimmt sich
nach dem Tatbestand der Grundrechte, der in der Literatur üblicherweise als Schutzbereich bezeichnet wird. Entsprechend den
allgemeinen Rechtsanwendungsregeln ist die Grundrechtsnorm
auszulegen und der konkrete Sachverhalt darunter zu subsumieren.
Der Hinweis, daß „zumindest" Art. 2 I GG als allgemeines Auffanggrundrecht betroffen ist, reicht nicht, da er nur subsidiär zur
Anwendung kommt, wenn kein spezielles Grundrecht gegeben ist.
Das ist um so mehr zu beachten, als die Grundrechte unterschiedliche Schranken besitzen. Wenn feststeht, daß der konkrete Fall vom
Schutzbereich eines Grundrechtes erfaßt wird, ist zweitens zu prüfen, ob die gerügte staatliche Maßnahme einen Eingriff darstellt,
d. h. eine Beeinträchtigung des grundrechtlich geschützten Verhaltens oder des grundrechtlich geschützten Rechtsguts. Wird auch
das bejaht, dann ist drittens zu prüfen, ob der Grundrechtseingriff
gleichwohl verfassungsrechtlich gerechtfertigt ist.

Es ist somit eine dreistufige Prüfungsfolge erforderlich: (1) Schutzbereich?
(2) Eingriff? (3) Verfassungsrechtliche Rechtfertigung? Vgl. dazu *Jarass,*
JP Vorb. vor Art. 1 Rn. 12; ferner das Aufbauschema bei *Pieroth/Schlink,*
Grundrechte Rn. 345 ff. Vertretbar ist aber auch ein zweistufiger Prüfungs-
aufbau: Eingriff in den Schutzbereich? Verfassungsrechtliche Rechtfertigung? Vgl. dazu *G. Schwerdtfeger,* Öffentliches Recht in der Fallbearbeitung,
Rn. 445 ff.

2. Der Schutzbereich der Grundrechte

Die Grundrechte beziehen sich thematisch auf bestimmte Berei-   **44**
che der sozialen Wirklichkeit und gewährleisten die ihnen zuzuordnenden Verhaltensweisen oder Rechtsgüter. Überwiegend sind
sie *sachlich* bestimmt. So schützt Art. 2 II 1 GG Leben und Ge-
sundheit, Art. 4 I GG die Glaubens- und Gewissensüberzeugung,
Art. 8 I GG das Sich-Versammeln, Art. 12 I GG die berufliche
Betätigung und Art. 13 I GG die Wohnung. Bereits auf dieser
Ebene können sich Beschränkungen in sachlicher oder personeller
Hinsicht ergeben. Art. 4 III GG befreit nur vom „Kriegsdienst mit
der Waffe", Art. 8 I GG schützt nur Versammlungen, keine bloßen
Ansammlungen, und auch diese nur, wenn sie friedlich und ohne
Waffen durchgeführt werden; eine Reihe von Grundrechten sind

Deutschen vorbehalten und gelten daher nicht für Ausländer (vgl. bereits oben Rn. 30).

45   Neben diesen sachgeprägten Schutzgütern gibt es noch *normgeprägte* Schutzgüter. Sie sind nicht sachlich vorgegeben, sondern werden erst durch die Rechtsordnung und damit durch den Gesetzgeber geschaffen und ausgestaltet. Das gilt vor allem für das Eigentum. Nach Art. 14 I 2 GG bestimmt der Gesetzgeber den Inhalt und die Schranken des Eigentums, also das, was Eigentum i. S. der Eigentumsgarantie des Art. 14 I 1 GG ist.

Der „Widerspruch", der scheinbar darin besteht, daß der Gesetzgeber einerseits an die Eigentumsgarantie des Art. 14 I 1 GG gebunden ist (Art. 1 III GG) und andererseits das Eigentum festzulegen hat (Art. 14 I 2 GG), löst sich dadurch, daß er bei der näheren Bestimmung des Eigentums sowohl die grundsätzliche Entscheidung der Verfassung für das Privateigentum, insbesondere die Privatnützigkeit und die Verfügbarkeit des Eigentums (Art. 14 I 1 GG) als auch die Sozialbindung des Eigentums (Art. 14 II GG) zu beachten hat. Vgl. dazu näher *Maurer*, VerwR § 27 Rn. 38.

3. Beeinträchtigung des Schutzbereichs

46   Eine Beeinträchtigung liegt jedenfalls dann vor, wenn durch einen gezielten Rechtsakt unmittelbar die grundrechtlich gewährleistete Freiheit beschränkt wird. Dieser sog. klassische Eingriffsbegriff wird durch die folgenden vier Merkmale bestimmt: Finalität, Unmittelbarkeit, Rechtsförmlichkeit und Verbindlichkeit. Es handelt sich um Befehle, Gebote und Verbote, etwa die Auflösung einer Versammlung, das Verbot einer gewerblichen Betätigung, die Verpflichtung zur Duldung einer körperlichen Untersuchung.

47   Darüber hinaus können auch sonstige Beeinträchtigungen der grundrechtlichen Freiheit unter den weit zu verstehenden Begriff des „Eingriffs" fallen, etwa Beeinträchtigungen durch tatsächliches Verwaltungshandeln (faktische Eingriffe) oder durch Regelungen, die zwar nicht gezielt das Grundrecht beschränken, aber doch negative Auswirkungen für dessen Ausübung haben (mittelbare Eingriffe). Fraglich und strittig ist, wo die Grenze verläuft, da offensichtlich nicht alle Regelungen und Maßnahmen des Staates, die irgendwelche Auswirkungen auf bestimmte Grundrechte haben, als
– prinzipiell unzulässige und im Einzelfall zu rechtfertigende –

Grundrechtseingriffe qualifiziert werden können. Maßgebend ist neben den Gesichtspunkten der Schwere und der Voraussehbarkeit der Schutzzweck des jeweiligen Grundrechts.

Es gibt zahlreiche gesetzliche Regelungen, die sich nicht unmittelbar auf die berufliche Betätigung beziehen, sie aber doch nachteilig betreffen, so etwa Steuergesetze, Subventionsregelungen, Straßenverkehrsvorschriften usw. Das BVerfG nimmt in diesen Fällen einen Eingriff in Art. 12 I GG (nur) an, wenn die gesetzliche Regelung in einem engen Zusammenhang mit der Ausübung des Berufes steht und objektiv eine berufsregelnde Tendenz erkennen läßt. Vgl. dazu BVerfGE 13, 181, 185 ff. (Schankerlaubnissteuer); BVerfGE 52, 42, 53 f.; 61, 68, 72 (kommunalrechtliches Vertretungsverbot); BVerfGE 82, 209, 223 f. (Subvention). Erhebliche Bedeutung haben in letzter Zeit die behördlichen Warnungen vor dem Genuß bestimmter Lebensmittel, vor Jugendsekten und dgl. erlangt, vgl. dazu BVerwGE 71, 183, 190 ff. (Veröffentlichung von sog. Transparenzlisten); BVerwGE 82, 79 ff. (Warnung vor Jugendsekten); BVerwGE 87, 37, 39 ff. (Warnung vor glykolversetztem Wein).

4. Gesetzesvorbehalte

a) *Ausgestaltung.* Die meisten Grundrechte enthalten einen Gesetzesvorbehalt. Danach kann das Grundrecht durch Gesetz oder aufgrund eines Gesetzes beschränkt werden. Im ersten Fall erfolgt die Beschränkung unmittelbar durch Gesetz; im zweiten Fall wird die Exekutive zu Eingriffen ermächtigt. Grundsätzlich ist ein formelles Gesetz erforderlich (vgl. dazu auch oben § 8 Rn. 19 ff.). Eine Rechtsverordnung reicht aus, wenn und weil sie auf einer gesetzlichen Ermächtigung gem. Art. 80 I GG beruht. Für grundrechtsbeschränkende Satzungen ist – mit Ausnahme der Gemeindesatzungen (Art. 28 II 1 GG) – ebenfalls eine gesetzliche Ermächtigung erforderlich. Die Gesetzesvorbehalte sind überwiegend unbeschränkt (einfache Gesetzesvorbehalte), teilweise aber auch näher bestimmt und beschränkt (qualifizierte Gesetzesvorbehalte). **48**

Zu den einfachen Gesetzesvorbehalten gehören Art. 2 II 3 GG (Leben und Gesundheit), Art. 8 II GG (Versammlungen unter freiem Himmel), Art. 10 II 1 GG (Brief-, Post- und Fernmeldegeheimnis), Art. 12 I 2 GG (Berufsausübung). Nach der Rechtsprechung des BVerfG erstreckt sich der Gesetzesvorbehalt des Art. 12 I 2 GG auch auf die Berufswahl (so BVerfGE 7, 377, 401 f.). Das ist jedoch mit dem eindeutigen Wortlaut des Art. 12 I 2 GG nicht zu vereinbaren. Die Berufswahl ist ein vorbehaltlos gewährleistetes Grundrecht, das aber den verfassungsimmanenten Grundrechtsschranken unterliegt (vgl. dazu unten Rn. 58 ff.). Die Auffassung des BVerfG läßt sich damit erklä- **49** ren, daß die erste einschlägige Entscheidung vor der Rechtsprechung über die verfassungsimmanenten Grundrechtsschranken erging. Es besteht kein Anlaß, daran festzuhalten, zumal sie wohl kaum zu unterschiedlichen Ergebnissen führt. – Zu den qualifizierten Gesetzesvorbehalten gehören Art. 11 II GG (Freizügigkeit), Art. 13 II–IV GG (Unverletzlichkeit der Wohnung), ferner Art. 2 II 3 GG in Vbg. mit Art. 104 GG (Freiheit der Person), Art. 5 II GG (Meinungsfreiheit, Vorbehalt der „allgemeinen Gesetze").

50   Die Gesetzesvorbehalte geben dem Gesetzgeber die Befugnis, die Ausübung eines Grundrechts im Blick auf andere – vorrangige oder zumindest gleichrangige – Interessen und Rechtsgüter zu beschränken. Sie bilden aber zugleich auch die Grundlage und die Ermächtigung zur effektiven Ausgestaltung der Grundrechte.

Das Versammlungsgesetz (Sart. Nr. 435) ist ein Ausführungsgesetz zu Art. 8 GG. Es schafft nicht nur die Voraussetzungen für ein Verbot oder eine Beschränkung von Versammlungen, die die öffentliche Sicherheit und Ordnung beeinträchtigen können, sondern durch die Anmeldungspflicht auch die Voraussetzungen für die reibungslose Durchführung von Versammlungen. Es dient also nicht nur der Grundrechtsbeschränkung, sondern auch der Grundrechtsverwirklichung.

51   b) *Die Beschränkungen des Gesetzesvorbehalts.* Der Gesetzesvorbehalt gibt dem Gesetzgeber keinen Freibrief, sondern stößt seinerseits wieder auf Grenzen (sog. Schranken-Schranken). Sie ergeben sich zum Teil aus dem speziell für die Grundrechte geltenden Art. 19 GG und zum Teil aus den allgemeinen Anforderungen an die Gesetzgebung.

52   aa) Die sich *aus Art. 19 GG ergebenden* Schranken des Gesetzesvorbehalts spielen in der Praxis keine große Rolle. Sie sind auch in ihrer Tauglichkeit und in ihrer Reichweite umstritten. Im einzelnen geht es um folgendes:

– Das grundrechtsbeschränkende Gesetz muß gem. Art. 19 I 1 GG allgemein und nicht nur für den Einzelfall gelten (Einzelfallverbot). Diese Vorschrift konkretisiert den allgemeinen Gleichheitssatz, wird aber auch dann aktuell, wenn dieser – mangels Parallelfälle und damit mangels Vergleichbarkeit – nicht eingreift. Sie kommt übrigens dann nicht zur Anwendung, „wenn der Sachverhalt so beschaffen ist, daß es nur einen Fall dieser Art gibt und die Regelung dieses singulären Sachverhalts von sachlichen Gründen getragen wird" (BVerfGE 85, 360, 374).
– Das grundrechtsbeschränkende Gesetz muß gem. Art. 19 I 2 GG das betroffene Gesetz ausdrücklich benennen (Zitiergebot). Diese Vorschrift hat nach der h.L. eine Warn- und Besinnungsfunktion für den Gesetzgeber und eine Klarstellungsfunktion für die rechtsanwendenden Organe. Ihre Taug-

lichkeit ist gleichwohl fraglich. Zu Recht wird sie daher in der Rechtsprechung und in der Literatur einschränkend ausgelegt, vgl. dazu im einzelnen
Jarass, JP Art. 19 GG Rn. 3 ff.
- Ferner darf ein Grundrecht gem. Art. 19 II GG in keinem Fall in seinem
Wesensgehalt angetastet werden. Die sachliche Bedeutung und die Reichweite der Wesensgehaltsgarantie ist fraglich und umstritten. Vgl. dazu näher
Pieroth/Schlink, Grundrechte, Rn. 298 ff. Nach richtiger Auslegung gewährleistet sie den Menschenwürdegehalt des jeweiligen Grundrechts; sie steht
daher in unmittelbarem Zusammenhang mit Art. 1 I GG und Art. 79
III GG, s. *Dürig,* MD Art. 1 Rn. 81, kritisch dazu *Dreier* in: Dreier, Art. 1 I
GG Rn. 97.

bb) Sehr viel gewichtiger sind die *allgemeinen verfassungsrechtlichen* 53
Schranken, die für die Gesetzgebung bestehen und durch die
Grundrechtsrelevanz noch verstärkt werden. Das grundrechtsbeschränkende Gesetz muß vor allem dem Grundsatz der Verhältnismäßigkeit entsprechen. Es muß daher einen legitimen Zweck
verfolgen und gemessen an diesem Zweck geeignet, erforderlich
und angemessen sein (vgl. zum Grundsatz der Verhältnismäßigkeit
bereits oben § 8 Rn. 55 f.). Ferner muß es den weiteren, aus dem
Rechtsstaatsprinzip folgenden Anforderungen genügen (Bestimmtheitsgrundsatz, Rückwirkungsverbot). Schließlich muß das Gesetz
auch mit den formellen Anforderungen der Verfassung (Gesetzgebungskompetenz, Gesetzgebungsverfahren) vereinbar sein. Ein
Bundesgesetz, das gegen die Gesetzgebungskompetenzvorschriften
der Art. 70 ff. GG verstößt, ist verfassungswidrig und nichtig und
daher nicht geeignet, ein Grundrecht zu beschränken.

5. Die Schrankenklausel des Art. 2 I GG

Besonderer Betrachtung bedarf noch die sog. Schrankentrias des 54
Art. 2 I GG (Rechte anderer, verfassungsmäßige Ordnung, Sittengesetz). Da der Schutzbereich des Art. 2 I GG nach der Rechtsprechung des BVerfG im Sinne der allgemeinen Handlungsfreiheit weit
ausgezogen wird, muß folgerichtig auch der Schrankenvorbehalt
weit ausgelegt werden (BVerfGE 6, 32, 37 f.). Das BVerfG versteht
unter dem Begriff der verfassungsmäßigen Ordnung i. S. des Art. 2 I
GG „die Gesamtheit der Normen, die formell und materiell der Verfassung gemäß sind", also „die verfassungsmäßige Rechtsordnung"
(BVerfGE 6, 32, 37 f.; st. Rspr., vgl. BVerfGE 103, 197, 215). Aus

der verfassungsmäßigen Ordnung wird somit die verfassungsmäßige Rechtsordnung. Diese Schranke kommt einem Gesetzesvorbehalt gleich; sie reicht sogar noch weiter, da sie auch Rechtsverordnungen und Satzungen als Grundlage für Eingriffe genügen läßt (BVerfGE 54, 143, 144). Sie läuft aber gleichwohl nicht leer, weil über den Begriff der verfassungsmäßigen Ordnung geprüft werden kann, ob die die allgemeine Handlungsfreiheit beschränkenden Vorschriften „im übrigen" mit der Verfassung im Einklang stehen, insbesondere den sich aus dem Rechtsstaatsprinzip ergebenden Folgerungen (Grundsätze der Verhältnismäßigkeit, der Bestimmtheit, des Vertrauensschutzes) und den Vorschriften über die Gesetzgebungskompetenz entsprechen.

Der Begriff der verfassungsmäßigen Ordnung taucht auch an anderen Stellen des Grundgesetzes auf, ist aber entsprechend dem jeweiligen Zusammenhang unterschiedlich auszulegen. In Art. 20 III GG meint er die Gesamtheit der Vorschriften des Grundgesetzes, in Art. 9 II GG meint er die verfassungsrechtlichen Grundprinzipien und deckt sich sonach mit der freiheitlichen demokratischen Grundordnung i. S. des Art. 18 und des Art. 21 II GG.

55   Die weite Auslegung der verfassungsmäßigen Ordnung i. S. des Art. 2 I GG hat zur Folge, daß die anderen beiden Schranken dieser Vorschrift keine praktische Bedeutung mehr haben. Die „Rechte anderer" sind zwar eine praktisch bedeutsame Schranke der Handlungsfreiheit, sie müssen aber – als Rechte – rechtlich begründet sein und sind somit bereits in der verfassungsmäßigen Ordnung enthalten. Das „Sittengesetz" soll sicherlich nicht den Unterschied zwischen Recht und Ethik aufheben. Es kommt allenfalls als Ausweg aus extremen Situationen, die rechtlich nicht mehr erfaßt und bewältigt werden können, in Betracht. Indessen ist unter der Geltung des Grundgesetzes und der in ihm positivierten Werte eine solche Situation schwerlich vorstellbar. Daher ist auch das, was das Sittengesetz bringen könnte, bereits in der verfassungsmäßigen Ordnung begründet. Als richtunggebender Hinweis mag aber diese Schranke doch eine gewisse, deklaratorische Bedeutung besitzen.

56   Die weite Auslegung der verfassungsmäßigen Ordnung gilt nur als Pendant zur allgemeinen Handlungsfreiheit. Art. 2 I GG schützt aber auch, wie dargelegt wurde, das allgemeine Persönlichkeits-

recht in seinen verschiedenen Äußerungen (vgl. oben Rn. 8 f.). Für die Beschränkung des Persönlichkeitsrechts bestehen selbstverständlich engere Schranken. Je näher sie dem Kern des Persönlichkeitsrechts kommen, desto höhere Anforderungen sind an sie zu stellen. Das BVerfG hat eine sog. Sphärentheorie entwickelt. Danach gilt folgendes:

– Der innerste Bereich privater Lebensgestaltung ist der staatlichen Gewalt schlechthin entzogen, vgl. BVerfGE 80, 367, 373 f. (strafprozessuale Verwertung privater Tagebuchaufzeichnungen); BVerfGE 90, 255, 260 (vertrauliche Äußerungen eines Strafgefangenen gegenüber nahen Verwandten).
– Um diesen Kern lagert sich eine Privatsphäre, die zwar dem Schrankenvorbehalt des Art. 2 I GG unterliegt, in die aber nur unter strenger Wahrung des Grundsatzes der Verhältnismäßigkeit eingegriffen werden darf. „Der Schutz ist um so intensiver, je näher die Daten der Intimsphäre des Betroffenen stehen, die als unantastbarer Bereich privater Lebensgestaltung gegenüber aller staatlicher Gewalt Achtung und Schutz beansprucht" (BVerfGE 89, 69, 82: Haschisch).
– Der darum liegende äußere Bereich, die sog. Sozialsphäre, kann in stärkerem Maße, wenn auch unter Beachtung der Verhältnismäßigkeit, beschränkt werden.

Wenn auch die Sphärentheorie vom BVerfG nicht immer strikt **57** angewendet und schon gar nicht formelhaft herangezogen wird, so ist sie doch als Ausdruck des Grundsatzes der Verhältnismäßigkeit durchaus geeignet, die Eingriffsgrenzen zu bestimmen. Sicher ist jedenfalls, daß es einen letzten unantastbaren Bereich menschlicher Freiheit und privater Lebensgestaltung gibt, der der staatlichen Gewalt schlechthin entzogen ist. Das läßt sich (zusätzlich) mit dem Wesensgehalt der Grundrechte i. S. des Art. 19 II GG begründen (vgl. dazu auch BVerfGE 80, 367, 373).

6. Verfassungsimmanente Grundrechtsschranken

Einige Grundrechte enthalten keinen ausdrücklichen Gesetzes- **58** oder Schrankenvorbehalt. Zu diesen vorbehaltlos gewährleisteten Grundrechten gehören Art. 4 I, II GG (Glaubens-, Gewissens- und Religionsfreiheit), Art. 5 III GG (Kunst- und Wissenschaftsfreiheit), Art. 8 I GG (Versammlungen in geschlossenen Räumen) und Art. 12 I GG (Berufswahl). Damit stellt sich die Frage, was geschieht, wenn die Ausübung eines solchen Grundrechts in Wider-

spruch zu anderen Grundrechten oder erheblichen Gemeinschafts-
gütern gerät, wenn z. B. die Veröffentlichung einer Satire (Kunst
i. S. des Art. 5 III GG) das Persönlichkeitsrecht eines Politikers
(Art. 2 I GG) oder eine hochschulrechtliche Regelung (Art. 5 III
GG) die Tarifautonomie einer Gewerkschaft (Art. 9 III GG) beeinträchtigt.

59   In den ersten Jahren nach Erlaß des Grundgesetzes sind unterschiedliche
Lösungen vorgeschlagen worden. So wurde die Auffassung vertreten, daß alle
Grundrechte einem Gemeinschaftsvorbehalt unterlägen (so z. B. BVerwGE 1,
301, 307), daß die Schrankentrias des allgemeinen Freiheitsrechts des Art. 2 I
GG für alle, auch die speziellen Freiheitsrechte gelte (so offenbar heute noch
Schmidt-Bleibtreu/Klein, Grundgesetz, Vorbem. 20 vor Art. 1 GG) oder daß –
bezogen auf Art. 5 III GG – der Schrankenvorbehalt des Art. 5 II GG auch für
die nachfolgend gewährleistete Kunst- und Wissenschaftsfreiheit anwendbar sei
(so *W. Knies,* Schranken der Kunstfreiheit als verfassungsrechtliches Problem,
1967, S. 257 ff.). Sie werden heute jedoch zu Recht fast überwiegend abgelehnt. Gegen den allgemeinen Gemeinschaftsvorbehalt spricht schon, daß sich
dafür kein verfassungsrechtlicher Ansatz finden läßt. Gegen die Übertragung
der Schrankentrias des Art. 2 I GG ist einzuwenden, daß damit die unterschiedlichen Schrankenregelungen der speziellen Grundrechte unterlaufen
würden. Das gilt jedenfalls, wenn man der weiten Auslegung der verfassungsmäßigen Ordnung in Art. 2 I GG folgt, die im Ergebnis auf einen einfachen
Gesetzes- und Rechtssatzvorbehalt hinaus läuft (konsequent dagegen die Auffassung von *Dürig,* MD Art. 2 I GG Rn. 69 ff., der insoweit die Schrankentrias
enger auslegte). Gegen die Anwendung der Schrankenregelung des Art. 5 II
GG spricht der eindeutige Wortlaut („diese Rechte", was sich nur auf die
Rechte des Art. 5 I GG beziehen kann) und die systematische Stellung der
einzelnen Absätze.

60   Nach der Rspr. des BVerfG, der die Literatur inzwischen fast
durchweg folgt, finden die vorbehaltlos gewährleisteten Grundrechte unter dem Gesichtspunkt der Einheit der Verfassung in den
kollidierenden Grundrechten Dritter und in den mit Verfassungsrang ausgestatteten Rechtsgütern (Verfassungsgüter) ihre Grenzen.
Im Kollisionsfall ist zwischen den vorbehaltlos gewährleisteten
Grundrechten und den entgegenstehenden Grundrechten oder
Verfassungsgütern im Wege der Abwägung und mit dem Ziel der
Herstellung der praktischen Konkordanz ein angemessener Ausgleich herbeizuführen (*Hesse,* VerfR Rn. 317 ff.). Dabei ist auch zu
berücksichtigen, daß den vorbehaltlos gewährleisteten Grundrech-
ten nach den Vorstellungen des Grundgesetzgebers besonderes
Gewicht zukommen.

Vgl. dazu erstmals BVerfGE 28, 243, 261: „Nur kollidierende Grundrechte Dritter und andere mit Verfassungsrang ausgestattete Rechtswerte sind mit Rücksicht auf die Einheit der Verfassung und die von ihr geschützte gesamte Wertordnung ausnahmsweise imstande, auch uneinschränkbare Grundrechte in einzelnen Beziehungen zu begrenzen." Die Entscheidung betraf Art. 4 III GG, wo diese – grundsätzlich richtige – Formel jedoch äußerst zweifelhaft ist (vgl. sogleich unten Rn. 64). – Vgl. ferner zur Glaubens- und Religionsfreiheit des Art. 4 I, II GG: BVerfGE 32, 98, 107 f. (unterlassene Hilfeleistung aus religiösen Gründen); BVerfGE 52, 223, 246 f.; 93, 1, 21 (Schulgebet; Kreuz in der Schule); zur Kunstfreiheit des Art. 5 III GG: BVerfGE 30, 173, 193 (Mephisto); BVerfGE 67, 213, 228 (anachronistischer Zug); BVerfGE 83, 130, 139 (Josephine Mutzenbacher); zur Koalitionsfreiheit: BVerfGE 94, 268, 284 f.; 103, 293, 306 (Tarifautonomie: Arbeitsverträge wissenschaftlicher Mitarbeiter bzw. Urlaubsregelung).

61 Zu den kollidierenden Grundrechten gehört vor allem das allgemeine Persönlichkeitsrecht, das in der Rechtsprechung als Begrenzung der Kunstfreiheit immer wieder aktuell geworden ist (vgl. aus der politischen Szene vor allem BVerfGE 67, 213). Als grundrechtsbegrenzende Verfassungsgüter tauchen in der Rechtsprechung auf

– der Jugendschutz (Art. 6 II GG, Art. 1 I in Vbg. mit Art. 2 I GG): BVerfGE 83, 130, 139 f.,
– der Schutz der freiheitlichen demokratischen Grundordnung (Art. 9 II, 21 II, 18 GG): BVerfGE 77, 240, 255,
– die Einrichtung und die Funktionsfähigkeit der Bundeswehr und die Entscheidung für eine militärische Landesverteidigung (Art. 12 a, 73 Nr. 1, 87 a, 115 b GG): BVerfGE 28, 243, 261; 69, 1, 21 f.,
– die Staatssymbole (Art. 22 GG, der nicht nur die Bundesfarben festlege, sondern auch das Recht des Staates voraussetze, sich zu seiner Selbstdarstellung staatlicher Symbole zu bedienen): BVerfGE 81, 278, 293,
– die Leistungs- und Funktionsfähigkeit der Hochschulen und Forschungseinrichtungen (Art. 5 III GG): BVerfGE 94, 268, 285.
– die Bekämpfung der Massenarbeitslosigkeit (Sozialstaatsprinzip gem. Art. 20 I GG): BVerfGE 100, 271, 284; 103, 293, 307.

62 Die Gefahr, daß vorschnell auf eine in der Verfassung erwähnte Kompetenz oder Einrichtung zurückgegriffen wird, ist nicht von der Hand zu weisen. Um so mehr muß deshalb betont werden, daß es nicht genügt, wenn das fragliche Rechtsgut irgendwo in der Verfassung, etwa im Katalog der Gesetzgebungskompetenzen des Art. 74 GG, genannt wird; erforderlich ist vielmehr, daß es mit Verfassungsrang ausgestattet ist. Zu Recht wird daher in der Literatur zur Zurückhaltung gemahnt. In neueren Entscheidungen stellt

das BVerfG denn auch fest, daß sich die Einschränkung eines
vorbehaltlos gewährleisteten Grundrechts nicht formelhaft mit allgemeinen Zielen, wie etwa dem „Schutz der Verfassung" oder der
„Funktionstüchtigkeit der Strafrechtspflege", rechtfertigen lasse,
sondern anhand einzelner Grundgesetzbestimmungen die im konkreten Fall maßgeblichen verfassungsrechtlich geschützten Rechtsgüter herausgearbeitet werden müßten (BVerfGE 81, 278, 293).
Ferner ist zu beachten, daß die Frage nach den immanenten
Grundrechtsschranken nur aktuell wird, wenn ein Gesetzesvorbehalt fehlt oder sachlich beschränkt ist (so zutr. *F. Schoch,*
DVBl. 1991, 667 ff. gegen BVerwGE 87, 37, 39 ff.).

Im übrigen würde es wesentlich zur Entlastung der Problematik beitragen,
wenn Art. 5 III GG auf seinen eigentlichen Bereich, nämlich die wirkliche
Kunst, zurückgeführt werden würde. Politische Äußerungen und Aktionen im
Wahlkampf werden nicht dadurch zur – verfassungsrechtlich besonders geschützten – „Kunst", daß sie in Gedichtform vorgetragen oder in irgendwelchen Sketchen dargestellt werden.

7. Ausnahmslos gewährleistete Grundrechte

63   a) Die verfassungsimmanente Grundrechtsschranke des kollidierenden Verfassungsrechts greift dann nicht mehr ein, wenn ein
Grundrecht nach der klaren Regelung des Grundgesetzes *ausnahmslos* gelten soll. In diesem Fall hat das Grundrecht absoluten Vorrang, so daß eine Abwägung mit anderen Grundrechten oder mit
sonstigen Verfassungsgütern ausgeschlossen ist. Es ist danach zwischen den vorbehaltlos, aber nicht schrankenlos geltenden Grundrechten und den ausnahmslos geltenden Grundrechten zu unterscheiden (vgl. dazu *P. Lerche,* Ausnahmslos und vorbehaltlos geltende Grundrechtsgarantien, Festschrift für Mahrenholz, 1994,
S. 515 ff.). Zu den ausnahmslos geltenden Grundrechten gehören
die Menschenwürdegarantie des Art. 1 I GG, das Verbot der To-
desstrafe gem. Art. 102 GG (als Beschränkung des Gesetzesvorbehalts des Art. 2 II 3 GG), das Zensurverbot des Art. 5 I 3 GG, das
Auslieferungsverbot des Art. 16 II GG (jedoch neuerdings mit der
Einschränkung des Satz 2) und die strafprozessualen Grundsätze des
Art. 103 II und III GG (keine Strafe ohne Gesetz, Verbot der
Doppelbestrafung).

b) Hierher gehören aber auch Grundrechte, die zwar vom Ge-   **64**
setzgeber – vor allem in verfahrensrechtlicher Hinsicht – *ausgestaltet*
werden können und müssen, aber sachlich nicht beschränkt werden
dürfen. Das Hauptbeispiel dafür bietet das Recht auf Kriegsdienstverweigerung gem. Art. 4 III GG. Der Regelungsvorbehalt
des Satz 2 des Art. 4 III GG (das Nähere regelt ein Bundesgesetz)
ermächtigt nicht zu Einschränkungen, sondern verpflichtet zur
verfahrensmäßigen Ausgestaltung, damit das Recht auf Kriegsdienstverweigerung überhaupt erst handhabbar und einsetzbar wird
(zutr. BVerfGE 28, 243, 259). Die Regelung eines Anerkennungsverfahrens ist daher verfassungsgemäß, auch wenn es zu gewissen
Belastungen und vorläufigen Beschränkungen führt. Da das Recht
auf Kriegsdienstverweigerung speziell und ausdrücklich in Konkretisierung der allgemeinen Gewissensfreiheit gewährleistet wird,
kann es aber nicht unter Hinweis auf andere Grundrechte oder auf
sonstige Verfassungsgüter eingeschränkt werden. Es ist auch nicht
ersichtlich, welche in Betracht kommen könnten. Jedenfalls kann
die Entscheidung des Grundgesetzes für die Landesverteidigung
nicht herangezogen werden (so aber BVerfGE 28, 241, 261), da
Art. 4 III GG ja gerade den Zweck verfolgt, von der Pflicht zum
Kriegsdienst mit der Waffe zu dispensieren (so zutr. die h.L., vgl.
Jarass, JP Art. 4 GG Rn. 54 m.w.N.).

Entsprechendes gilt für die Rechtsschutzgarantie des Art. 19 IV GG (vgl.
bereits oben § 8 Rn. 25, 33) und für die Garantie des rechtlichen Gehörs
(Art. 103 I GG) sowie für das Wahlrecht (Art. 38 I 1 GG).

c) Andererseits gibt es *Grundrechtsschranken, die absolut gelten* und   **65**
daher nicht im Wege der Abwägung mit Grundrechten oder mit
Verfassungsgütern relativiert werden dürfen. So findet nach
Art. 5 II GG das Recht auf Meinungsfreiheit seine Schranke in
dem Recht auf persönliche Ehre. Die Auffassung des BVerfG,
Art. 5 I 1 GG verlange „eine Gewichtung der Beeinträchtigung,
die der persönlichen Ehre auf der einen und der Meinungsfreiheit
auf der anderen Seite drohe, bei der alle wesentlichen Umstände zu
berücksichtigen" seien (BVerfGE 93, 266, 293), geht schlicht an
dem klaren Wortlaut und der eindeutigen Zweckrichtung des
Art. 5 II GG vorbei. Der Ehrenschutz gilt auch für die politische
Auseinandersetzung. Der Grundgesetzgeber hat gerade im Blick auf

die Weimarer Zeit, in der es zunehmend zu politischen Diffamierungen des politischen Gegners kam, für die ausdrückliche Regelung des Ehrenschutzes entschieden, obwohl sie sich bereits aus den allgemeinen Regelungen des Persönlichkeitsrechts ergibt (so zutr. das Sondervotum der Richterin *Haas* BVerfGE 93, 317 f.).

Die Rechtsprechung des BVerfG ist dementsprechend auch in der Literatur auf Kritik und Ablehnung gestoßen, vgl. *M. Kriele,* Ehrenschutz und Meinungsfreiheit, NJW 1994, 1897 ff.; *W. Schmitt Glaeser,* Meinungsfreiheit, Ehrenschutz und Toleranzgebot, NJW 1996, 837 ff.; *M. Kiesel,* Die Liquidierung des Ehrenschutzes durch das BVerfG, NVwZ 1992, 1129 ff.; *P. J. Tettinger,* Die Ehre – ein ungeschütztes Verfassungsgut?, 1995; *J. Isensee,* Grundrecht auf Ehre, Festschrift für Kriele, 1997, S. 5, 26 ff. jeweils mit weiteren Nachw.; zur Rechtfertigung des BVerfG etwa: *D. Grimm,* Die Meinungsfreiheit in der Rechtsprechung des Bundesverfassungsgerichts, NJW 1995, 1697 ff. – Man kann sicherlich darüber diskutieren, wann im konkreten Fall eine Ehrverletzung vorliegt und auch entsprechend der jeweiligen Situation differenzieren; wenn aber die Grenze zur Ehrverletzung überschritten ist, greift der Schutz des Art. 5 I GG nicht mehr ein. Verfehlt ist auch die Ansicht des BVerfG, daß bei verschiedenen Deutungen einer Äußerung in der politischen Auseinandersetzung diejenige zu wählen ist, die sich verfassungsrechtlich noch vertreten läßt (BVerfGE 93, 266, 295 f.). Diese Anleihe bei der verfassungskonformen Auslegung ist schon deshalb verfehlt, weil sie den Unterschied zwischen der Rechtsauslegung und der Sachverhaltsauslegung ignoriert. Maßgeblich ist, wie die Äußerung in ihrem Umfeld verstanden wird; fühlt sich der Äußernde mißverstanden, kann er das richtigstellen und der Streit dürfte damit wenigstens rechtlich erledigt ein.

66   Literatur (Grundrisse, Lehrbücher, Handbücher): *A. Bleckmann,* Staatsrecht II – Die Grundrechte, 4. Aufl. 1997; *U. Gallwas,* Grundrechte, 2. Aufl. 1995; *R. Grote/D. Kraus,* Fälle zu den Grundrechten, 2. Aufl. 2001; *J. Ipsen,* Staatsrecht II – Grundrechte, 5 Aufl. 2002; *G. Manssen,* Staatsrecht Grundrechte 2. Aufl. 2000; *B. Pieroth/B. Schlink,* Grundrechte, Staatsrecht II, 18. Aufl. 2002; *M. Sachs,* Verfassungsrecht II – Grundrechte, 2000; *H. Siekmann/G. Duttge,* Staatsrecht I: Grundrechte, 3. Aufl. 2000; *K. Stern,* Das Staatsrecht der Bundesrepublik Deutschland, Bd. III/1 und 2, 1988 und 1994. – *K. A. Bettermann/F. L. Neumann/H. C. Nipperdey/U. Scheuner,* Die Grundrechte, Handbuch der Theorie und Praxis der Grundrechte, 4 Bde. in 7 Teilbänden, 1954–1967; *J. Isensee/P. Kirchhof* (Hg.), Handbuch des Staatsrechts der Bundesrepublik Deutschland, Bd. V: Allgemeine Grundrechtslehren, 1992; Bd. VI: Freiheitsrechte, 1989. – Vgl. ferner die Literatur zum gesamten Staatsrecht und die Kommentare zum Grundgesetz, die zu Beginn dieses Buches aufgeführt sind.

67   Literatur (Monographien und grundlegende Aufsätze): *G. Dürig,* Kommentierung der Art. 1 und 2 GG, in: Maunz/Dürig, Grundgesetz, Kommentar 1957; *P. Häberle,* Die Wesensgehaltgarantie des Art. 19 Abs. 2 GG,

1962, 3. Aufl. 1983; *F. Müller*, Die Positivität der Grundrechte, 1969, 2. Aufl. 1990; *W. Martens/P. Häberle*, Grundrechte im Leistungsstaat, Referate mit Diskussion, VVDStRL 30 (1972) S. 7 ff.; *H. H. Klein*, Die Grundrechte im demokratischen Staat, 1972, 2. Aufl. 1974; *E. Friesenhahn*, Der Wandel des Grundrechtsverständnisses, Verh. des 50. DJT, Bd. II, 1974, G S. 1 ff.; *E.-W. Böckenförde*, Grundrechtstheorie und Grundrechtsinterpretation, NJW 1974, 1529 ff.; *H. H. Rupp*, Vom Wandel der Grundrechte, AÖR Bd. 101 (1976) S. 161 ff.; *J. Schwabe*, Probleme der Grundrechtsdogmatik, 1977; *K. Hesse*, Bestand und Bedeutung der Grundrechte in der Bundesrepublik Deutschland, EuGRZ 1978, 427 ff.; *K. A. Bettermann*, Hypertrophie der Grundrechte, 1984; *R. Alexy*, Theorie der Grundrechte, 1985, 3. Aufl. 1996; *H. D. Jarass*, Grundrechte als Wertentscheidungen bzw. objektivrechtliche Prinzipien in der Rechtsprechung des Bundesverfassungsgerichts, AÖR Bd. 110 (1985) S. 363 ff.; *G. Lübbe-Wolff*, Die Grundrechte als Eingriffsabwehrrechte, 1988; *H. Hofmann*, Die Grundrechte 1789–1919–1949, NJW 1989, 3177 ff.; *E.-W. Böckenförde*, Grundrechte als Grundsatznormen. Zur gegenwärtigen Lage der Grundrechtsdogmatik, Der Staat Bd. 29 (1990) S. 1 ff.; *R. Alexy*, Grundrechte als subjektive Rechte und als objektive Normen, Der Staat Bd. 29 (1990) S. 49 ff.; *M. Morlok*, Selbstverständnis als Rechtskriterium, 1993; *H. Dreier*, Dimensionen der Grundrechte. Von der Wertordnungsjudikatur zu den objektivrechtlichen Grundrechtsgehalten, 1993; ders., Subjektiv-rechtliche und objektiv-rechtliche Grundrechtsgehalte, Jura 1994, 505 ff.; *H. D. Jarass*, Bausteine einer umfassenden Grundrechtsdogmatik, AÖR Bd. 120 (1995) S. 345 ff.; *H. Bethge/B. Weber-Dürler*, Der Grundrechtseingriff, Referate mit Diskussion, VVDStRL 57 (1998) S. 7 ff.; *K. Kröger*, Grundrechtsentwicklung in Deutschland – von ihren Anfängen bis zur Gegenwart, 1999; *H. Maurer*, Idee und Wirklichkeit der Grundrechte, JZ 1999, 689 ff.; *M. Dolderer*, Objektive Grundrechtsgehalte, 2000. Vgl. ferner die Nachweise im Text, insbes. Rn. 25, 41.

Rechtsprechung (zu Grundsatzfragen): BVerfGE 6, 32 (Elfes: Allgemeine Handlungsfreiheit gem. Art. 2 I GG und Grundrechtssystematik); BVerfGE 6, 55 (Ehegattenbesteuerung: Art. 6 I GG als verfassungsrechtliche Wertentscheidung); BVerfGE 7, 198 (Lüth: Grundrechte und Privatrechtsbereich); BVerfGE 30, 1 (Abhörurteil: Grenzen des Art. 79 III GG); BVerfGE 30, 173 (Mephisto: Verfassungsimmanente Schranken der Kunstfreiheit, Persönlichkeitsrecht); BVerfGE 33, 1 (Strafgefangene: Ende des besonderen Gewaltverhältnisses); BVerfGE 33, 303 (numerus clausus: Teilhabe- und Leistungsanspruch); BVerfGE 39, 1 (Schwangerschaftsabbruch I: Grundrechtliche Schutzpflicht); BVerfGE 53, 30 (Mühlheim-Kärlich: Grundrechtsschutz durch Organisation und Verfahren); BVerfGE 65, 1 (Volkszählung: Datenschutz); BVerfGE 80, 137 (Reiten im Wald: Allgemeine Handlungsfreiheit); BVerfGE 83, 130 (Mutzenbacher: Kunstfreiheit und Jugendschutz); BVerfGE 84, 239 (Zinsbesteuerung: Art. 3 I GG); BVerfGE 85, 191 (Nachtbackverbot: Gleichberechtigung); BVerfGE 88, 203 (Schwangerschaftsabbruch II); BVerfGE 90, 145 (Cannabis: Allgemeine Handlungsfreiheit und Rauschmittel); BVerfGE 92, 91 (Feuerwehrabgabe: Gleichberechtigung); BVerfGE 93, 1 (Kruzifix: Negative Glaubensfreiheit); BVerfGE 93, 266 („Soldaten sind Mörder": Meinungsfreiheit); BVerfGE 94, 49, 115, 166 (Asylgesetzgebung); BVerfGE 95, **68**

173 (Verpflichtung zur Warnung vor Gefahren des Rauchens); BVerfGE 96, 315 (Arzthaftung wegen fehlgeschlagener Sterilisation); BVerfGE 98, 218 (Rechtschreibreform); BVerfGE 100, 226 (ausgleichspflichtige Inhaltsbestimmung des Eigentums); BVerfGE 100, 313 (Fernmeldeüberwachung); BVerfGE 101, 361 (Persönlichkeitsrecht: Veröffentlichung von Fotografien aus dem Alltags- und Privatleben Prominenter); BVerfGE 102, 1 (polizeiliche Zustandshaftung); BVerfGE 102, 347 (Benetton-Werbung: Pressefreiheit); BVerfGE 104, 337 (Schächterlaubnis für muslimischen Metzger).

§ 10. Die Entscheidung für den Bundesstaat

I. Die Struktur des Bundesstaates

1. Begriff

1   Der Bundesstaat ist nach der herkömmlichen Definition ein Staat, der sich aus mehreren Staaten zusammensetzt. Kennzeichnend ist, daß sowohl der Bund als auch die Glieder Staatscharakter besitzen. Dementsprechend gibt es im Bundesstaat eine doppelte Staatlichkeit. Beide – der Bund (Gesamtstaat) und die Länder (Gliedstaaten) – haben eine eigene staatliche Organisation (Parlament, Regierungs- und Verwaltungsorgane, Gerichte), die mit der Wahrnehmung der staatlichen Aufgaben (Gesetzgebung, Regierung und Verwaltung, Rechtsprechung) betraut sind. Das Hauptproblem der bundesstaatlichen Verfassung ist dementsprechend die Verteilung der staatlichen Aufgaben und Kompetenzen auf den Bund und die Länder.

Bildlich läßt sich der Bundesstaat wie folgt darstellen:

A	C
B	D

A B, C und D sind Staaten, alle zusammen bilden ebenfalls einen Staat

Die Bürger des Bundesstaates stehen einer „doppelten" Staatsgewalt gegenüber. Sie sind sowohl der Bundesstaatsgewalt als auch der Landesstaatsgewalt unterworfen. Sie haben andererseits aber auch – im demokratischen Bundesstaat – das Recht, an der Staatswillensbildung auf der Bundesebene und der Landesebene, insbesondere durch Teilnahme an den Wahlen zum Bundesparlament bzw. zum Landesparlament, mitzuwirken. Entsprechend der doppelten Staatlichkeit ist eine doppelte Staatsangehörigkeit theoretisch möglich, aber praktisch nicht sinnvoll, weil im Bundesstaat alle Bürger die gleichen Rechte und Pflichten haben müssen, sofern nicht aus sachlichen Gründen Differenzierungen erforderlich sind.

Im Deutschen Reich von 1871 wurde zwar zwischen der Reichsstaatsangehörigkeit und der Landesstaatsangehörigkeit unterschieden, beide waren aber doch dadurch miteinander verknüpft, daß die erste durch die zweite vermittelt wurde. Die Reichsstaatsangehörigkeit wurde nämlich durch den Erwerb der Landesstaatsangehörigkeit begründet und erlosch umgekehrt bei deren Verlust (vgl. § 1 Reichs- und Staatsangehörigkeitsgesetz vom 22. 7. 1913 (RGBl. S. 583), das die frühere Rechtslage insoweit übernahm). Nach dem derzeit geltenden Recht gibt es nur die „deutsche Staatsangehörigkeit", die für den Bundesbereich und den Landesbereich gleichermaßen gilt (vgl. § 1 RuStG, Art. 116 GG). – Das Grundgesetz wies in seiner ursprünglichen Fassung dem Bund die konkurrierende Gesetzgebung für die Regelung der „Staatsangehörigkeit in den Ländern" zu und anerkannte damit die Zulässigkeit einer speziellen Landesstaatsangehörigkeit (Art. 74 Nr. 8 GG). Allerdings haben weder der Bund noch ein Bundesland eine entsprechende Regelung erlassen. Deshalb wurde Art. 74 Nr. 8 GG bei der Verfassungsreform 1994 aufgehoben (vgl. Zur Sache 5/93 S. 67). Diese Aufhebung schließt die Landesstaatsangehörigkeit nicht aus, sondern überläßt deren Regelung ausschließlich den Ländern als Teil des Landesstaatsrechts. Da nach Art. 33 I GG jeder Deutsche in jedem Land gleiche staatsbürgerliche Rechte und Pflichten hat, bleibt für eine Landesstaatsangehörigkeit kaum noch Substanz. Es bestehen lediglich gewisse Restbestände, so etwa das aktive Wahlrecht bei Landtagswahlen, das – unbestritten und unbestreitbar – auf „Landesangehörige", d.h. Bürger, die in dem jeweiligen Bundesland ihren Wohnsitz haben, beschränkt werden kann und muß (vgl. etwa Art. 26 I BWVerf.). Vgl. zu Art. 74 Nr. 8 GG a.F. die Kommentierung von *Pestalozza*, MaK S. 626ff.

Wenn auch im Bundesstaat zwischen dem Bund und den Ländern als jeweils eigenständige Staaten unterschieden werden muß, so stehen sie doch nicht selbständig nebeneinander oder sogar gegeneinander, sondern sind einander zugeordnet und sollen sich ergänzen. Der Bund ist – im Rahmen seiner Kompetenzen! – den Ländern übergeordnet, die Länder haben als Ausgleich Mitwirkungsrechte bei der Willensbildung des Bundes. Die erforderliche Einheit im Bundesstaat wird durch das sog. Homogenitätsprinzip gesichert, das die Länder an die tragenden Grundsätze der (gemeinsamen) Bundesverfassung bindet (vgl. dazu Art. 28 I 1 GG).

5   Der hier dargelegte zweigliedrige Bundesstaat (Zentralstaat – Gliedstaaten) entspricht der h. L. und der Rechtsprechung. Früher wurde gelegentlich die These vom dreigliedrigen Bundesstaat vertreten, wonach zwischen dem Zentralstaat, den Gliedstaaten und dem beide umfassenden Gesamtstaat (Bund, Bundesländer, Bundesrepublik Deutschland) zu unterscheiden sei. Sie wurde von *H. Nawiasky* entwickelt (Die Grundgedanken des Grundgesetzes für die Bundesrepublik Deutschland, 1950, S. 35 ff.; Allgemeine Staatslehre, 3. Teil, 1956, S. 150 ff.) und vereinzelt in der Literatur aufgegriffen; auch das BVerfG nahm einmal darauf Bezug, vgl. BVerfGE 6, 309, 340, 364 (Konkordatsurteil): „Im Geltungsbereich des Grundgesetzes wird die staatliche Einheit durch die Bundesrepublik Deutschland als Bundesstaat verwirklicht, deren Glieder der Bund und die Länder sind." Sie konnte sich jedoch nicht durchsetzen. Auch das BVerfG hat sie kurze Zeit später entschieden abgelehnt (BVerfGE 13, 54, 77): „Es gibt nicht neben dem Bundesstaat als Gesamtstaat noch einen besonderen Zentralstaat ... Das Grundgesetz hat eine Aufteilung der Kompetenzen nur zwischen den Organen des Bundes und denen der Länder vorgenommen, wobei unter Bund der durch Zusammenschluß der Länder entstandene Gesamtstaat verstanden wird."

2. Abgrenzung

6   Der Bundesstaat ist traditionell einerseits gegenüber dem Einheitsstaat und andererseits gegenüber dem Staatenbund und neuerdings auch gegenüber der supranationalen Einrichtung abzugrenzen.

a) Im *Einheitsstaat* gibt es nur eine Staatsgewalt und damit auch nur eine einheitliche staatliche Organisation (mit einem Parlament und einer Regierung an der Spitze). Das bedeutet nicht, daß alle staatlichen Aufgaben von einer Zentrale aus erledigt werden müßten. Es ist durchaus möglich und in größeren Staatswesen auch unverzichtbar, daß bestimmte staatliche Aufgaben – im Wege der Dekonzentration – auf nachgeordnete Behörden und Verwaltungseinrichtungen übertragen oder – im Wege der Dezentralisation – auf rechtlich selbständige Körperschaften mit Selbstverwaltungsbefugnissen (Provinzen, Landkreise, Gemeinden) delegiert werden. Aber auch in diesen Fällen besteht eine einheitliche Staatsorganisation mit durchgehenden Weisungs- oder zumindest Aufsichtsrechten. Die Abgrenzung zwischen einem weitgehend dezentralisierten Einheitsstaat und einem stark unitaristisch ausgerichteten Bundesstaat kann in der Praxis fraglich sein. In theoretischer Hinsicht ist maßgeblich, daß die Gliedstaaten im Bundesstaat eigene, originäre, nicht abgeleitete Hoheitsbefugnisse besitzen, während die Selbstverwaltungskörperschaften im Einheitsstaat vom Staat geschaffene Organisationen mit staatlich übertragenen oder überlassenen Aufgaben sind.

b) *Der Staatenbund* ist ebenfalls ein Zusammenschluß von Staa- **7** ten; er ist aber nicht selbst Staat, sondern nur ein völkerrechtliches Gebilde zur Wahrnehmung gemeinsamer Angelegenheiten, etwa im außenpolitischen, verteidigungspolitischen oder wirtschaftspolitischen Bereich. Die Einzelstaaten behalten ihre volle Staatsgewalt und gehen lediglich durch den Eintritt in den Staatenbund völkerrechtliche Bindungen und Verpflichtungen ein. Der Bund besitzt keine Staatsgewalt, das zeigt sich vor allem daran, daß die „Gesetze" des Staatenbundes in den Gliedstaaten nicht unmittelbar verbindlich sind, sondern noch der Umsetzung durch die gesetzgebenden Organe der Gliedstaaten in innerstaatliches Recht bedürfen. Der Bürger steht dementsprechend auch *nicht* einer *doppelten* Staatlichkeit, sondern nur *einem*, nämlich *seinem* Staat gegenüber, der seinerseits wiederum durch die Mitgliedschaft in dem Staatenbund verpflichtet und gebunden ist.

c) *Die supranationale Einrichtung* ist eine Kreation der Nachkriegs- **8** zeit. Sie entsteht dadurch, daß einzelne Staaten eine gemeinsame Organisation gründen und ihr bestimmte Hoheitsrechte übertragen. Sie ist − wegen ihrer beschränkten Zuständigkeit und ihrer spezifischen Organisation − noch kein Staat (Bundesstaat), aber − wegen ihrer unmittelbar im Bereich der Mitgliedstaaten wirkenden Hoheitsrechte − auch kein bloßer Staatenbund, sondern steht gleichsam zwischen beiden. Das wird durch die Bezeichnungen „Staatenverbund" (BVerfG, Kirchhof), „Staatenverband" (Lecheler), „Staatengemeinschaft" (H. P. Ipsen) und dgl. zum Ausdruck gebracht. Die Europäischen Gemeinschaften bilden derzeit das Hauptbeispiel der supranationalen Einrichtung, vgl. dazu näher oben § 4 Rn. 10 ff.

3. Historische und vergleichende Aspekte

Bundesstaaten entstehen nicht auf dem Reißbrett, sondern im **9** Zuge historisch-politischer Entwicklungen. Die soeben getroffene begriffliche Abgrenzung bildet nur ein Großraster und darf nicht darüber hinwegtäuschen, daß „jeder Bundesstaat ein Unikat" ist (so

W. Rudolf, HStR IV, 1990, S. 1092). Entsprechendes gilt für den Staatenbund und die supranationale Einrichtung. Bundesstaaten entstehen entweder durch Zusammenschluß bislang selbständiger Staaten zu einem größeren Staatswesen oder durch Lockerung und Aufgliederung eines bisherigen Einheitsstaates. Im ersten Fall geben die bisherigen Einzelstaaten einen Teil ihrer Hoheitsrechte ab, behalten aber die übrigen Hoheitsrechte und damit ihre Staatlichkeit. Das „Sowohl-Als auch" erleichtert den Zusammenschluß, da die gemeinsamen Angelegenheiten (etwa die Außenpolitik, die Verteidigung, die Wirtschafts- und Währungspolitik) vom Bund, die spezifischen Angelegenheiten (Schulwesen, Kulturpolitik, Pflege regionaler Eigenheiten) nach wie vor von den Einzelstaaten besorgt werden können. Im zweiten Fall gibt der Einheitsstaat partikularistischen Tendenzen nach und gewährt den verschiedenen Regionen nicht nur Selbstverwaltungsrechte, sondern ein begrenztes staatliches Eigenleben. Auf diese Weise können innere Unruhen oder sogar das Auseinanderfallen eines Staates verhindert werden.

10   Beispiele für die erste Alternative bilden die USA (1787) und die Schweiz (1848), die beide über einen Staatenbund als Vorstufe (Nordamerika 1781, Schweiz 1815) Bundesstaaten wurden. Beispiele für die zweite Alternative bietet Österreich (1920) und vor allem Belgien (1993). Föderalistische oder wenigstens regionale Tendenzen und Entwicklungen zeigen sich auch in den traditionellen Einheitsstaaten, insbesondere in Spanien, neuerdings auch in England (Bildung eines Parlaments mit Gesetzgebungsbefugnissen in Schottland 1997), ansatzweise, wenn auch wenig ausgebildet in Italien und in Frankreich. Generell läßt sich sagen, daß in den Bundesstaaten unitaristische Tendenzen und in den Einheitsstaaten föderalistische Tendenzen sichtbar werden, was wohl den Schluß zuläßt, daß eine austarierte Zwischenlösung – je nach der konkreten Situation – anzustreben ist. Vgl. zur Rechtsvergleichung *Stern,* Staatsrecht I, S. 648 ff.; *F. Ossenbühl* (Hg.), Föderalismus und Regionalismus in Europa, 1990; *A. Kimmel* (Hg.), Die Verfassungen der EG-Mitgliedstaaten, 4. Aufl. 1996, Einführung, S. XXXII.

4. Die Entwicklung in Deutschland

11   In Deutschland hat der Föderalismus Tradition. Das ist bereits im historischen Teil dargelegt worden (vgl. oben § 2), so daß hier einige zusammenfassende Hinweise genügen:

– Im *alten Deutschen Reich,* das ursprünglich in Stammesherzogtümer gegliedert war, bildeten sich im 17. und 18. Jahrhundert Territorialstaaten heraus, die aber im Reichsverband zusammengeschlossen blieben. Das Deutsche Reich wurde in der zeitgenössischen Literatur als „ein aus Staaten zusammengesetzter Staat" bezeichnet. Es fand 1806 sein Ende.

- Die meisten deutschen Fürsten traten dem im gleichen Jahr gegründeten *Rheinbund*, einem unter dem Protektorat von Napoleon stehenden Staatenbund, bei, der sich bereits 1813 mit der Niederwerfung Napoleons wieder auflöste.

- Auf dem Wiener Kongress von 1815 gründeten die deutschen Fürsten und Freien Städte den *Deutschen Bund* als Staatenbund, der bis 1866 bestand.

- 1867/71 wurde durch Vereinbarung der deutschen Fürsten und Freien Städte und Zustimmungsgesetze der Landesparlamente das *Deutsche Reich* als Bundesstaat gegründet (ohne Österreich, das mit seinen Kernlanden noch dem alten Deutschen Reich und dem Deutschen Bund angehört hatte).

- Die *Weimarer Reichsverfassung von 1919* behielt die Bundesstaatlichkeit – allerdings reduziert – bei.

- Die *Nationalsozialisten* beseitigten dagegen durch das Reichsgesetz über den Neuaufbau des Reichs vom 30. 1. 1934 (RGBl. I S. 75) die Länder und etablierten einen Einheitsstaat

- Nach dem Zusammenbruch des nationalsozialistischen Staates begann der *Wiederaufbau deutscher Staatlichkeit* „von unten nach oben". 1945/1947 wurden von den Besatzungsmächten Länder gebildet; die Länder der amerikanischen und der britischen Besatzungszone wurden – in wirtschaftlicher Hinsicht – zum Vereinigten Wirtschaftsgebiet (Bizone) zusammengeschlossen.

- Das *Grundgesetz von 1949*, das nicht durch Vereinbarung der Länder, sondern durch den das deutsche Volks repräsentierenden Parlamentarischen Rat beraten und beschlossen und durch die Landtage gebilligt wurde, baute die Bundesstaatlichkeit – im Verhältnis zur Weimarer Reichsverfassung – wieder stärker aus.

- Auch die *DDR* war nach ihrer ersten Verfassung von 1949 föderalistisch strukturiert. Bereits 1952 wurden jedoch die kurz nach Kriegsende geschaffenen ostdeutschen Länder beseitigt und – wie in der NS-Zeit – ein zentralistischer Einheitsstaat geschaffen.

- Nach dem *Zusammenbruch der SED* wurden durch das von der frei gewählten Volkskammer erlassene Ländereinführungsgesetz vom 22. 7. 1990 die früheren Länder wieder hergestellt; sie sind durch den Einigungsvertrag Länder der Bundesrepublik Deutschland geworden (Art. 1 I EV).

Der Föderalismus durchzieht also wie ein roter Faden die deutsche Verfassungsgeschichte in allen ihren Wandlungen. Lediglich durch die nationalsozialistische und die kommunistische Diktatur wurde diese Tradition, die ein freiheitliches Element darstellt, unterbrochen.

II. Die Ausgestaltung des Bundesstaatsprinzips
im Grundgesetz

1. Grundsätzliche Festlegung

12   a) Das Bundesstaatsprinzip gehört gem. Art. 20 I GG zu den verfassungsrechtlichen Grundentscheidungen. Es kommt ferner im
Namen („Bundesrepublik Deutschland"), in der Überschrift des
2. Abschnitts des Grundgesetzes („Der Bund und die Länder") sowie
in zahlreichen Einzelregelungen zum Ausdruck. In Art. 28 I 1 GG,
der die (übrigen) verfassungsrechtlichen Grundentscheidungen aufzählt, erscheint es selbstverständlich nicht, da die Bundesländer nicht
bundesstaatlich strukturiert sind, ja wohl nicht einmal befugt wären,
eine bundesstaatliche Aufgliederung in ihrem Bereich vorzunehmen.
Aber das in Art. 28 I 1 GG festgelegte Homogenitätsprinzip ist eine
wesentliche Ausprägung des Bundesstaatsprinzips.

13   Die „föderativen Grundsätze" i. S. des Art. 23 I GG betreffen nicht die innerstaatliche Verfassungsordnung, sondern das Verhältnis der Europäischen
Union zu den Mitgliedstaaten, speziell zur Bundesrepublik Deutschland. Sie
fordern, daß dieses Verhältnis in etwa bundesstaatlichen Strukturelementen
entspricht, daß z. B. die Europäische Union die Eigenstaatlichkeit und Verfassungsautonomie der Mitgliedstaaten respektiert, ihnen ausreichende Kompetenzen beläßt usw. Die Frage, ob die Europäische Union ein Bundesstaat ist
oder sich zu einem Bundesstaat – in deutscher Sicht – weiterentwickeln darf
(vgl. dazu oben § 4 Rn. 22 f.), wird dadurch nicht präjudiziert.

14   b) Das Bundesstaatsprinzip wird im Grundgesetz in zahlreichen
Einzelregelungen entfaltet, konkretisiert und präzisiert. Im Einzelfall sind daher zunächst diese Regelungen heranzuziehen. Wie das
Demokratieprinzip, das Rechtsstaatsprinzip und das Sozialstaatsprinzip kommt das allgemeine Bundesstaatsprinzip dann, aber auch nur
dann, zur Anwendung, wenn konkrete Einzelregelungen fehlen.
Freilich besteht dazu kaum Anlaß, weil die bundesstaatlichen Einzelregelungen fast das gesamte Feld abdecken und im Kompetenzbereich die Grundsatznorm, daß die Länder zuständig sind, soweit
keine Bundeszuständigkeit besteht, Lücken nahezu ausschließt. Immerhin lassen sich die sog. ungeschriebenen Bundeszuständigkeiten und der Grundsatz der Bundestreue durch unmittelbaren
Rückgriff auf das Bundesstaatsprinzip begründen. Zudem kommt

das allgemeine Bundesstaatsprinzip als Auslegungsrichtlinie in Betracht.

c) Bei der Auslegung des Bundesstaatsprinzips und der bundes- **15**
staatlichen Einzelregelungen ist primär auf den Gesamtzusammenhang des Grundgesetzes, nicht auf vorgegebene begriffliche oder traditionelle Gesichtspunkte abzustellen. Es gilt hier dasselbe wie bei den anderen verfassungsrechtlichen Grundentscheidungen. Der Grundgesetzgeber hat diesen Bereich in eigener Weise verwirklicht. Das schließt aber nicht aus, im Zweifel hilfsweise die Begriffe der allgemeinen Staatslehre und die traditionellen Entwicklungslinien heranzuziehen. Der Grundgesetzgeber ist nicht ahistorisch und abstrakt vorgegangen, sondern knüpft (aufnehmend, ablehnend oder weiterführend) an überkommene Leitlinien an. Das darf, ja muß sogar berücksichtigt werden.

Zu Recht knüpft das BVerfG gelegentlich an das „Wesen des Bundesstaates" oder an traditionelle Elemente des Bundesstaatsprinzips an, so etwa BVerfGE 4, 115, 141; 36, 342, 360 f.; ebenso *Degenhart,* Staatsrecht I, Rn. 98; zu eng dagegen *Hesse,* VerfR, Rn. 218.

2. Bestandsgarantie

a) Das Bundesstaatsprinzip wird in Art. 79 III GG auch gegen- **16**
über dem verfassungsändernden Gesetzgeber abgesichert. Das geschieht sogar in doppelter Weise, nämlich einmal durch die Bezugnahme auf Art. 20 I GG und zum anderen durch die ausdrückliche Gewährleistung der „Gliederung des Bundes in Länder" und der „grundsätzlichen Mitwirkung der Länder bei der Gesetzgebung (des Bundes)". Diese doppelte Absicherung ist umso erstaunlicher, als das Bundesstaatsprinzip zwar den Charakter Deutschlands nachhaltig prägt, aber – anders als die Menschenwürde, die freiheitliche Demokratie, der Rechtsstaat und die Sozialstaatlichkeit – nicht schlechthin unverzichtbar ist.

Art. 79 III GG sichert nur die Struktur des Bundesstaates, läßt aber Ände- **17**
rungen, die die konkrete Ausgestaltung des Bundesstaatsprinzips betreffen, durchaus zu. Problematisch ist freilich, daß Einschränkungen, die – für sich betrachtet – vertretbar sind, in ihrer Summierung die Bundesstaatlichkeit in ihrem Kern beeinträchtigen können, so etwa die zahlreichen Verschiebungen der Gesetzgebungskompetenz zugunsten des Bundes. Problematisch ist auch

die Rechtsprechung des BVerfG, die die den Ländern noch verbleibenden Bereiche – etwa das Rundfunkrecht, das Staatskirchenrecht, z. T. auch das Kommunalrecht – durch Auslegung und Anwendung der Grundrechte – für sich betrachtet durchaus korrekt – präjudiziert und damit praktisch der Landeshoheit entzieht. Vgl. dazu auch unten § 17 Rn. 44, 46.

18   b) Das Grundgesetz gewährleistet den *Bestand der Bundesstaatlichkeit*, aber *nicht* den *Bestand der einzelnen Bundesländer*. Im Gegenteil, nach Art. 29 GG kann das Bundesgebiet neu gegliedert werden, um zu gewährleisten, daß die Länder nach Größe und Leistungsfähigkeit die ihnen obliegenden Aufgaben wirksam erfüllen können. Die Neugliederung kann zur Zusammenlegung von Ländern, zur Neubildung eines Landes aus Teilen verschiedener Länder, zu Gebietsverschiebungen zwischen zwei Ländern usw. führen. Bemerkenswert ist, daß die Neugliederung *durch Bundesgesetz* erfolgen muß, also vom Grundgesetz als eine Bundesangelegenheit angesehen wird. Die Länder werden nur dadurch beteiligt, daß das Bundesgesetz der Bestätigung durch Volksentscheid in den betroffenen Ländern bedarf. Erst seit der Ergänzung des Art. 29 GG im Zuge der Verfassungsreform 1994 ist auch eine Neugliederung durch *Staatsvertrag zwischen den beteiligten Ländern* zulässig (Art. 29 VIII GG). Die formellen und die materiellen Voraussetzungen der Neugliederung sind in Art. 29 GG eingehend und subtil geregelt. Die Regelung des Art. 29 GG hat einen ambivalenten Charakter: Sie relativiert den Bundesstaat, indem sie die individuellen Länder zur Disposition des Bundes stellt, will ihn aber zugleich auch stärken, indem sie die Schaffung von leistungsfähigen Ländern ermöglicht. Der Vergleich mit der kommunalen Neugliederung liegt nahe: Art. 28 II 1 GG enthält eine institutionelle Garantie, aber keine individuelle Garantie der Gemeinden.

19   Ursprünglich enthielt Art. 29 GG sogar eine Verpflichtung zur Neugliederung, die innerhalb von 3 Jahren erfolgen sollte. Allerdings wurde Art. 29 GG durch das Genehmigungsschreiben der Besatzungsmächte suspendiert, so daß er erst mit dem Wirksamwerden des Deutschlandvertrages von 1955 wirksam wurde (vgl. zu diesen Vorgängen oben § 3 Rn. 26, 38 f.). 1969, 1976 und 1994 wurde Art. 29 GG nicht nur sprachlich verbessert, sondern auch sachlich abgemildert; aus der Pflicht zur Neugliederung wurde 1976 eine bloße Ermächtigung zur Neugliederung (die verschiedenen Fassungen sind abgedruckt bei *Wilms*, Dokumente, S. 706 ff.). Es kam zu mehreren Vorschlägen und Entwürfen, die jedoch durchweg erfolglos blieben. Die Frage bleibt aber aktuell.

Schon der Dauerstreit um den Finanzausgleich zwischen den leistungsstarken und den leistungsschwachen Ländern weist in diese Richtung; er ließe sich durch die Schaffung von Ländern bereinigen, die auch finanziell in der Lage sind, die ihnen obliegenden Aufgaben zu erledigen (vgl. dazu BVerfGE 86, 148, 270). – Sonderregelungen enthalten Art. 118 und Art. 118 a GG. Die erste Vorschrift ist durch die Bildung des Landes Baden-Württemberg bereits 1952 verwirklicht worden und hätte längst gestrichen werden können. Aufgrund der zweiten Vorschrift wurde 1995 ein Staatsvertrag zwischen den Ländern Berlin und Brandenburg über die Bildung eines gemeinsamen Bundeslandes abgeschlossen, der auch die Zustimmung der beiden Parlamente erhielt, aber doch nicht zum Erfolg führte, weil der Zusammenschluss durch den 1996 durchgeführten Volksentscheid (in Brandenburg) abgelehnt wurde und damit vorerst scheiterte, vgl. dazu näher *Kunig,* MüK Art. 118 a Rn. 6 f.

3. Die Verteilung der Kompetenzen

Da im Bundesstaat sowohl der Bund als auch die Länder Staaten sind, ist die Verteilung der staatlichen Kompetenzen zwischen beiden Seiten das Hauptproblem jeder bundesstaatlichen Verfassung. **20**

Dabei bieten sich verschiedene Modelle an: (1) Dem Bund und den Ländern werden jeweils bestimmte Sachbereiche zugewiesen. Der Nachteil dieser Lösung ist, daß möglicherweise bestimmte Sachbereiche nicht erwähnt werden – sei es, daß sie bei der Verfassunggebung übersehen wurden, sei es, daß sie erst später aktuell wurden – und daher ihre Zuordnung offen bleibt. Dieser Nachteil wird vermieden, wenn (2) grundsätzlich der Bund zuständig ist, sofern nicht ausdrücklich die Zuständigkeit der Länder begründet wurde, oder (3) umgekehrt grundsätzlich die Länder zuständig sind, soweit nicht ausdrücklich die Zuständigkeit des Bundes begründet ist. Das Grundgesetz hat diese dritte Möglichkeit im Anschluß an die deutsche Verfassungstradition gewählt. Es weist aber die einzelnen Sachbereiche nicht insgesamt der einen oder anderen Seite zu, sondern differenziert weiter nach Funktionen, d. h. nach Gesetzgebung, Verwaltung und Rechtsprechung.

a) *Die Grundsatzregelung für alle Bereiche* bildet Art. 30 GG. Danach sind die Ausübung der staatlichen Befugnisse und die Erfüllung der staatlichen Aufgaben Sache der Länder, soweit das Grundgesetz keine andere Regelung trifft oder zuläßt. Der Bund darf danach nur tätig werden, wenn eine entsprechende Zuständigkeitsregelung besteht. **21**

In der Literatur wird dementsprechend erklärt, daß eine „Vermutung" für die Zuständigkeit der Länder spreche. Das ist freilich terminologisch nicht genau, weil die Vermutung ein Begriff des Beweisrechts ist und sich auf Tatsa-

chen bezieht, während die Zuständigkeit eine Rechtsfrage ist, die im Wege
der Auslegung zu ermitteln und zu klären ist. Das mag jedoch dahinstehen.
Richtig ist auf jeden Fall, daß der Bund nur zuständig ist, wenn er einen entsprechenden Titel vorweisen kann.

Die Grundsatznorm des Art. 30 GG wird durch eine ganze
Reihe weiterer Vorschriften des Grundgesetzes für die einzelnen
Funktionsbereiche nach Sachmaterien aufgefächert. Im einzelnen
gilt folgendes:

22   b) *Gesetzgebung.* Art. 70 I GG knüpft an die Grundsatzregelung
des Art. 30 I GG an und weist die Gesetzgebung zunächst den
Ländern zu. Die folgenden Art. 71–75 GG sowie eine ganze Reihe
weiterer Vorschriften enthalten jedoch – in unterschiedlicher
Form – so viele Vorbehalte zugunsten des Bundes, daß der Schwerpunkt der Gesetzgebung praktisch beim Bund liegt. Vgl. dazu
näher unten § 17 Rn. 23 ff.

23   c) *Verwaltung.* Art. 83 GG greift für den Vollzug der Bundesgesetze ebenfalls die Grundsatznorm des Art. 30 I GG auf. Im folgenden werden sodann wiederum eine Reihe von Kompetenzen und
Einwirkungsmöglichkeiten des Bundes begründet. Insgesamt bleibt
aber – anders als bei der Gesetzgebung – der Schwerpunkt der
Verwaltung bei den Ländern. Das gilt um so mehr, als der Vollzug
der Landesgesetze ausschließlich Sache der Länder ist und auch im
Bereich der gesetzesfreien Verwaltung der Bund – entsprechend
Art. 30 GG – nur ausnahmsweise bei Vorliegen eines entsprechenden Titels zuständig ist. Vgl. näher dazu unten § 18 Rn. 9 ff.

24   d) *Rechtsprechung.* Das Grundgesetz folgt hier scheinbar nicht dem
üblichen Schema, da nach Art. 92 S. 1 GG die Rechtsprechung „den
Richtern anvertraut" ist. Durch diese Formulierung soll jedoch die
Bedeutung und die Unabhängigkeit der Richter betont, aber nicht
etwa die Rechtsprechung verselbständigt werden (vgl. auch Art. 20
II GG). Nach Art. 92 ff. GG darf der Bund nur bestimmte – meist
oberste – Gerichte errichten. Daraus folgt zugleich, daß im übrigen
die Gerichtsbarkeit und damit auch die Rechtsprechung bei den
Ländern liegt. Vgl. dazu näher unten § 19 Rn. 10, 15.

25   e) *Finanzwesen.* Das Finanz- und Haushaltswesen ist in einem
besonderen Abschnitt geregelt (Art. 104 a ff. GG). Die Steuergesetzgebung liegt fast ausschließlich beim Bund (Art. 105 GG), die

Finanzverwaltung ist zwischen Bund und Ländern verteilt (Art. 106 GG und das dazu erlassene Finanzverwaltungsgesetz). Die in diesem Bereich vorrangige Frage nach der Verteilung des Steueraufkommens zwischen Bund und Ländern wird durch Art. 106 GG geregelt, der durch die Bestimmung über den Finanzausgleich (Art. 107 GG) ergänzt wird. Vgl. dazu näher unten § 21.

f) *Gemeinschaftsaufgaben* sind Aufgaben der Länder, deren Über- **26** nahme und Finanzierung an sich ausschließlich Sache der Länder ist, die aber wegen ihrer Bedeutung für die Gesamtheit vom Bund mitfinanziert werden. Wenn der Bund sich finanziell beteiligt, dann möchte er verständlicherweise im Blick auf die Voraussetzungen und die Kontrolle gewisse Mitwirkungsrechte. Sinn des Art. 91 a und b GG ist es, die Gemeinschaftsaufgaben festzulegen sowie die Finanzierung und die Mitwirkungsrechte des Bundes zu regeln und zu begrenzen.

g) *Sog. ungeschriebene Bundeskompetenzen.* Die dem Bund durch **27** das Grundgesetz ausdrücklich zugewiesenen Zuständigkeiten sind an sich abschließend. Es gibt jedoch Fälle, die entweder nur oder zumindest sinnvoll nur durch den Bund geregelt oder erledigt werden können. In der Literatur und Rechtsprechung werden deshalb ausnahmsweise in Ergänzung zu den ausdrücklich festgelegten Zuständigkeiten weitere Bundeskompetenzen angenommen, nämlich eine Bundeskompetenz kraft Sachzusammenhangs, eine Annexkompetenz und eine Bundeskompetenz kraft Natur der Sache. Diese Zuständigkeiten können sowohl im Bereich der Gesetzgebung als auch im Bereich der Verwaltung vorkommen.

aa) *Eine Bundeskompetenz kraft Sachzusammenhangs* liegt dann vor, **28** „wenn eine dem Bund ausdrücklich zugewiesene Materie verständigerweise nicht geregelt werden kann, ohne daß zugleich eine nicht ausdrücklich zugewiesene andere Materie mitgeregelt wird, wenn also ein Übergreifen in nicht ausdrücklich zugewiesenen Materien unerläßliche Voraussetzung ist für die Regelung einer der Bundesgesetzgebung zugewiesenen Materie" (BVerfGE 3, 407, 421; 98, 265, 299). So ist der Bund z.B. zur Einführung und Unterhaltung kultureller Einrichtungen im Ausland befugt, wenn und weil sie im engen Zusammenhang mit der Kompetenz zur Pflege der auswärtigen Beziehungen (Art. 73 Nr. 1, Art. 87 I GG) stehen, obwohl die kulturellen Angelegenheiten grundsätzlich in die Kompetenz der Länder fallen.

29   bb) Bei der *Annexkompetenz* greift der Bund nicht in einen anderen, ihm an sich nicht zustehenden Sachbereich über, sondern bleibt in seinem Zuständigkeitsbereich, regelt dabei aber – als Annex seiner Zuständigkeitsmaterie – bestimmte Fragenkomplexe, die generell in den Bereich der Landeskompetenzen fallen. Dementsprechend ist der Bundesgesetzgeber z.B. befugt, im Rahmen des Wirtschafts- und Gewerberechts (Art. 74 Nr. 11 GG) „als Annex" auch Vorschriften gefahrabwehrenden Charakters zu erlassen, obwohl das allgemeine Gefahrabwehrrecht (das allgemeine Polizeirecht) eine Angelegenheit der Länder ist und auch durchweg durch die landesrechtlichen Polizeigesetze geregelt wird (vgl. BVerfGE 8, 143, 148 ff.; BVerwGE 84, 247, 250). In der Literatur wird z.T. die Auffassung vertreten, daß die Annexkompetenz lediglich ein Unterfall der Kompetenz kraft Sachzusammenhangs sei. Bei genauer Betrachtung zeigt sich jedoch, daß der Bund in diesem Fall keine an sich fremde, sondern eine eigene Materie regelt. Daher wird gelegentlich auch davon gesprochen, daß die Annexkompetenz nicht in die Breite, sondern in die Tiefe gehe, was freilich – zumal im Blick auf die Tiefe – auch wieder fraglich ist.

30   cc) Eine Zuständigkeit des Bundes kraft *Natur der Sache* liegt dann vor, wenn eine Angelegenheit schon aus sachlogischen Gründen nur vom Bund geregelt werden kann. Sie muß, wie das BVerfG feststellt, „begriffsnotwendig sein und eine bestimmte Lösung unter Ausschluß anderer Möglichkeiten sachgerechter Lösung zwingend fordern" (BVerfGE 11, 89, 99). Das gilt z.B. für die Festlegung der Bundeshauptstadt und der Bundessymbole (BVerfGE 3, 407, 422), die Bestimmung des Nationalfeiertages (BayVerfGH NJW 1982, 2656), die Regelung wiedervereinigungsbedingter Fragen (BVerfGE 84, 143, 148; 95, 243, 248 f.) und die Regelung des Verwaltungsverfahrens der Bundesbehörden.

31   Die rechtsdogmatische Begründung der Bundeskompetenz kraft Sachzusammenhangs und der Bundeskompetenz kraft Natur der Sache ist fraglich. Da die maßgeblichen Grundgesetz-Vorschriften verlangen, daß das Grundgesetz selbst eine Bundeskompetenz begründet (Art. 30, 70, 83 GG), ist ein Rückgriff auf Gewohnheitsrecht oder auf allgemeine Grundsätze schwerlich möglich. Die h. L. betont denn auch, daß sich diese Zuständigkeiten zwar nicht aus dem Wortlaut einzelner Vorschriften, aber im Wege der Auslegung aus dem Gesamtzusammenhang des Grundgesetzes ergeben würden. Es handle sich nicht um eine „ungeschriebene Zuständigkeit", sondern um eine „stillschweigend mitgeschriebene Zuständigkeit" (so *v. Mangoldt/Klein,* Grundgesetz, Art. 70 Anm. III 4, S. 1391; *Stern,* Staatsrecht II, S. 610), um eine „interpretatorisch mitgeschriebene" Zuständigkeit (*Stern,* Staatsrecht II, S. 610). Es sei, wie *v. Mangoldt/Klein* im Anschluß an *E. Küchenhoff* (AÖR Bd. 82, 1957, S. 413 ff.) feststellen, „zwischen ausdrücklich (hin)geschriebener, stillschweigend (mit)geschriebener und wirklich ungeschriebener Zuständigkeit" zu unterscheiden. Nur die letztere sei nach dem Grundgesetz unzulässig. Diese Logismen können jedoch nicht recht überzeugen. Näher liegt es, auf das allgemeine Bundesstaatsprinzip (Art. 20 I GG) zurückzugreifen, das − wie die anderen verfassungsrechtlichen Grundentscheidungen (Demokratieprinzip, Rechtsstaatsprinzip und Sozialstaatsprinzip) − subsidiär eingreift.

4. Das Verhältnis von Bundesrecht und Landesrecht

Zu den typischen Merkmalen des Bundesstaates gehört es, daß das **32** vom Bund, also vom gliedstaatlichen Zusammenschluß, erlassene Recht unmittelbar im Bereich der Länder gilt. Damit stellt sich die Frage nach dem Verhältnis von Bundesrecht und Landesrecht. Sie wird durch Art. 31 GG zugunsten des Bundes entschieden. Die knappe Vorschrift − Bundesrecht bricht Landesrecht − besagt, daß landesrechtliche Rechtsvorschriften, die inhaltlich dem Bundesrecht widersprechen, nichtig sind bzw. nichtig werden. Durch Art. 31 GG wird bisheriges Landesrecht aufgehoben (Aufhebungswirkung) und die Entstehung künftigen Landesrechts verhindert (Sperrwirkung).

Im Staatenbund stellt sich die Vorrangfrage nicht, da die bündischen Rege- **33** lungen nur dann in den Gliedstaaten gelten, wenn sie durch diese in gliedstaatliches Recht umgesetzt werden. Das EG-Recht besitzt Vorrang gegenüber dem Recht der Mitgliedstaaten, aber keinen Geltungsvorrang (wie das Bundesrecht gem. Art. 31 GG), sondern nur einen Anwendungsvorrang (vgl. dazu § 4 Rn. 26 und § 17 Rn. 18).

In grundsätzlicher Hinsicht ist Art. 31 GG für das Verständnis **34** des Bundesstaates von erheblicher Bedeutung. Er bestimmt die Dominanz des Bundesrechts. In der Praxis ist sein Anwendungsbereich jedoch gering. Das liegt einmal daran, daß das Grundgesetz durch seine Kompetenzregelungen die Kollision von Bundesrecht und Landesrecht schon im Vorfeld weitgehend verhindert (dazu a), und zum anderen daran, daß für das Verfassungsrecht Sonderregelungen bestehen (dazu b).

35   a) *Die Konsequenzen der Kompetenzordnung.* Als Kollisionsregelung greift Art. 31 GG – wie alle Kollisionsregelungen – nur ein, wenn die sich gegenüber stehenden Bundesgesetze und Landesgesetze für sich betrachtet verfassungsgemäß und gültig sind. Der Bund darf, wie dargelegt wurde, nur gesetzgebend tätig werden, wenn er einen besonderen verfassungsrechtlichen Titel dafür besitzt. Fehlt es daran, dann ist das von ihm erlassene Gesetz verfassungswidrig und nichtig. Es hat dann auch nicht die Kraft, widersprechendes Landesrecht aufzuheben und zu verhindern. Wenn der Bund z. B. ein das Schulwesen betreffendes Gesetz erlassen würde, dann wäre dieses Gesetz mangels der erforderlichen Gesetzgebungskompetenz des Bundes von vornherein verfassungswidrig. Die Kollisionsregelung des Art. 31 GG käme in diesem Fall überhaupt nicht zur Anwendung. Umgekehrt geht Art. 31 GG gleichsam ins Leere, wenn ein Landesgesetz in den Bereich der Gesetzgebungskompetenz des Bundes eingreift und deshalb verfassungswidrig und nichtig ist. Daher wäre z. B. eine vom Landesgesetzgeber erlassene Strafrechtsnorm nicht erst nach Art. 31 GG, sondern bereits wegen Verletzung der verfassungsrechtlichen Vorschriften über die Gesetzgebungskompetenzen unbeachtlich (Art. 72, 74 Nr. 1 GG).

Da das Grundgesetz die Gesetzgebungskompetenzen des Bundes einerseits und der Länder andererseits zumindest im Prinzip klar trennt und somit Überschneidungen ausgeschlossen sind, kann es nicht zu einer Kollision zwischen Bundesgesetzen und Landesgesetzen und damit auch nicht zur Anwendung der Kollisionsregelung des Art. 31 GG kommen.

36   b) *Verfassungsrecht.* Für den Bereich des Landesverfassungsrechts gelten die Sonderregelungen des Art. 28 I 1 GG und des Art. 142 GG. Als eigenständige, wenn auch in den Bund eingegliederte Staaten haben die Länder die Befugnis, ihr Verfassungsrecht selbst zu regeln. Sie sind dabei lediglich an die in Art. 28 I 1 GG aufgeführten Verfassungsgrundsätze des Grundgesetzes gebunden. Für das Verhältnis zwischen dem Landesverfassungsrecht und dem Bundesrecht ist nicht die Kollisionsregel des Art. 31 GG, sondern

das Homogenitätsprinzip des Art. 28 I 1 GG maßgebend. Landesverfassungsrechtliche Vorschriften sind daher erst dann nichtig,
wenn sie gegen die in Art. 28 I 1 GG festgelegten Grundsätze
verstoßen. Im übrigen scheiden echte Kollisionen im Bereich des
Verfassungsorganisationsrechts schon deshalb von vornherein weitgehend aus, weil unterschiedliche Gegenstände − hier die Verfassungsorganisation des Landes und dort die Verfassungsorganisation
des Bundes − betroffen werden.

Wenn die Landesverfassung die Indemnität und die Immunität der Landtags-
abgeordneten anders regelt als Art. 46 GG die Indemnität und die Immunität der
Bundestagsabgeordneten, so liegt keine Kollision vor, weil verschiedene Adressaten angesprochen werden. Zu prüfen ist daher nur die Vereinbarkeit mit Art. 28
I 1 GG. Entsprechendes gilt für das Verhältnis zwischen Parlament und Regierung, für die vorzeitige Auflösung des Parlaments, für die Ausgestaltung der
Verfassungsgerichtsbarkeit usw. Anders ist es erst, wenn die Landesverfassung
gegen eine Regelung des Grundgesetzes verstößt, die auch im Bereich der Landesverfassung Geltung verlangt, etwa Art. 21 GG (Recht der politischen Partei-
en). Vgl. dazu auch BVerfGE 99, 1, wonach die Länder zwar mit der Regelung
der Landtag- und Kommunalwahlen die Wahlrechtsgrundsätze des Art. 28 I 2
GG beachten müssen, das Wahlrecht selbst aber dem Landesverfassungsrecht
zuzuordnen ist und deshalb die Verletzung der Grundsätze der Allgemeinheit
und der Gleichheit der Wahl nicht − auch nicht über Art. 3 I GG − im Wege der
Verfassungsbeschwerde vor dem BVerfG geltend gemacht werden kann.

Das Verhältnis der Landesgrundrechte zu den Bundesgrundrech- **37**
ten wird durch Art. 142 GG bestimmt. Diese Vorschrift ist zwar
nach Wortlaut und Entstehungsgeschichte nicht zweifelsfrei, erhält
aber Profil, wenn man sie im größeren Zusammenhang sieht. Die
Länder sind kraft ihrer Verfassungsautonomie zum Erlaß von Vollverfassungen befugt, d.h. zum Erlaß von Verfassungen unter Einschluß von Grundrechten, die im Landesbereich gelten und die Landesstaatsgewalt binden sollen (vgl. dazu oben § 5 Rn. 48 ff.). Die
Landesgrundrechte gelten auch dann (weiter), wenn sie inhaltlich
mehr oder weniger gewähren als die Bundesgrundrechte. Die
Grenze bildet auch hier Art. 28 I 1 GG. Art. 142 GG bringt lediglich zum Ausdruck, daß der Geltungsbereich der Bundesgrundrechte durch Landesgrundrechte nicht berührt oder beschränkt
wird. Die in der Literatur z.T. vertretene Auffassung, daß die
Landesgrundrechte, die weniger gewähren als die entsprechenden
Bundesgrundrechte, außer Kraft treten bzw. nicht erlassen werden

dürfen, ist abzulehnen. Sie wird durch den Sinn und Zweck dieser Regelung nicht gedeckt. Zudem würde dadurch ein Teil aus dem landesverfassungsrechtlichen Grundrechtskatalog herausgebrochen und dieser dadurch zum Torso, ganz abgesehen davon, daß oft fraglich ist, ob ein Landesgrundrecht, das etwas anders formuliert als das entsprechende Bundesgrundrecht, hinter dem Bundesgrundrecht zurückbleibt oder nicht. Der Bürger wird dadurch nicht beeinträchtigt, da er sich, wenn die Landesgrundrechte zurückbleiben, immer noch – auch gegenüber der Landesstaatsgewalt – auf die Bundesgrundrechte berufen kann. Die Aufrechterhaltung weniger weitreichender Landesgrundrechte ist auch nicht sinnlos, da sie für den landesverfassungsgerichtlichen Grundrechtsschutz bedeutsam ist.

Wie hier *J. Pietzcker,* HStR IV (1990) S. 712 ff.; *H. Dreier,* aaO. Rn. 79, S. 134 ff.; *B. Pieroth,* JP Art. 142 Rn. 3; ferner schon *W. Rüfner,* DÖV 1967, 668, 669; *M. Sachs,* DÖV 1985, 469, 475 ff.; *H. Maurer,* in: Feuchte, Verfassung des Landes Baden-Württemberg, 1987, Art. 68 Rn. 90 ff.; nunmehr auch BVerfGE 96, 345, 364 ff. – Dagegen für das Außerkrafttreten bzw. die Unzulässigkeit von weniger gewährenden Landesgrundrechten etwa *Maunz,* MD Art. 142 Rn. 14 ff.; *v. Münch,* MüK Art. 142 Rn. 9; *v. Campenhausen,* MaK Art. 142 Rn. 9 f. – Anders ist es nur, wenn die Landesgrundrechte zugleich zu Einschränkungen von bundesrechtlich festgelegten Rechten Dritter führen, etwa ein Aussperrungsverbot entgegen den Gewährleistungen des Grundgesetzes festlegen, vgl. dazu *Maurer,* aaO. Rn. 94; BAG NJW 1980, 1642 und NJW 1989, 186 (190).

38   c) *Verbleibender Anwendungsbereich des Art. 31 GG.* Damit stellt sich die Frage, bei welchen Konstellationen Art. 31 GG überhaupt noch zur Anwendung kommt. Die Meinungen in der Literatur sind unterschiedlich, zum Teil auch sehr vage. Genannt werden das Verhältnis von Bundesverfassungsrecht und Landesverfassungsrecht, von Bundesverfassungsrecht und einfachem Landesrecht, von Bundesrecht und Landesverfassungsrecht sowie von Bundesrechtsverordnungen und Landesrecht jeder Art.

Vgl. etwa *Pietzcker,* HStR IV (1990) Rn. 30; *M. Gubelt,* MüK Art. 31 Rn. 2. – Die Rechtsprechung des BVerfG (vgl. dazu *Stern,* Staatsrecht I, S. 719) ist wenig ergiebig, da diese Frage nicht nur selten aktuell wurde, sondern auch dogmatisch nicht präzis behandelt wurde.

39   Eine genaue Abgrenzung ist für die Praxis auch nicht erforderlich, da der Weg über die Kompetenzvorschriften (die Landesrechtsnorm verletzt eine verfassungsrechtlich festgelegte Kompetenzvorschrift zugunsten des Bundes und ist deshalb nichtig) zum gleichen Ergebnis führt wie der über die Kollisionsnormen (die Landesrechtsnorm verstößt gegen vorrangiges Bundesrecht und ist deshalb gem. Art. 31 GG nichtig). Zu betonen ist aber noch einmal, daß eine verfassungswidrige Vorschrift des Bundesrechts – so oder so – Landesrecht nicht verdrängen kann.

d) *Einzelaspekte des Art. 31 GG.* Im einzelnen ist zur Auslegung **40** des Art. 31 GG noch zu bemerken: Unter „Bundesrecht" bzw. „Landesrecht" fallen alle Rechtsnormen jeglicher Rangstufe der jeweiligen Teilrechtsordnungen. Theoretisch ist es daher möglich, daß eine Bundesrechtsverordnung die Vorschrift einer Landesverfassung verdrängt. Tatsächlich dürfte das jedoch nicht nur wegen des Art. 28 I 1 GG, sondern auch deshalb kaum vorkommen, weil die Bundesrechtsverordnungen und die Landesverfassungen unterschiedliche Sachverhalte regeln. Zum Bundesrecht gehören alle Rechtsnormen, die von Bundesorganen erlassen worden sind, zum Landesrecht dagegen die von Landesorganen erlassenen Rechtsnormen (vgl. im Blick auf Rechtsverordnungen BVerfGE 18, 407). Strittig ist die Einordnung des Gewohnheitsrechts. Es ist dann als Bundesrecht zu beurteilen, wenn es im Bereich der Gesetzgebungskompetenz des Bundes liegt und bundesweit gilt. Strittig ist ferner, ob Art. 31 GG auch solches Landesrecht erfaßt und „bricht", das inhaltlich mit dem Bundesrecht übereinstimmt. Da Art. 31 GG eine Kollisionsnorm ist und Kollisionsnormen Normwidersprüche lösen sollen, ist das zu verneinen. Dafür sprechen auch praktische Gründe (vgl. Stern, Staatsrecht I, S. 722). Im Kollisionsfall wird das Landesrecht aufgehoben, d.h. es tritt endgültig außer Kraft. Daher lebt es auch nicht wieder auf, wenn später die verdrängende Vorschrift des Bundesrechts für die Zukunft beseitigt wird. Anders ist es, wenn die bundesrechtliche Regelung wegen Verletzung der Verfassung ex tunc für nichtig erklärt wird. Dann ist die bundesrechtliche Rechtsnorm als nicht ergangen anzusehen mit der Folge, daß die „widersprechende" Landesrechtsnorm nicht berührt wird.

5. Gegenseitige Einwirkungen

41   Nach der Konzeption des Grundgesetzes sind Bund und Länder in organisatorischer und in funktioneller Hinsicht streng getrennt. Eine „Mischverwaltung" von Bund und Ländern ist grundsätzlich unzulässig. In einem Bundesstaat mit relativ kleinem Gebiet, weitgehend gleichen Lebensverhältnissen, eng verflochtener Wirtschaft, starker Bevölkerungsfluktuation und bundesweit wirkenden politischen und gesellschaftlichen Organisationen läßt sich das freilich nicht konsequent durchhalten. Es würde auch dem Bundesstaatsprinzip nicht entsprechen. Das Grundgesetz selbst erklärt „die Herstellung gleichwertiger Lebensverhältnisse im Bundesgebiet" (Art. 72 II GG) und „die Einheitlichkeit der Lebensverhältnisse im Bundesgebiet" (Art. 106 III GG) zu maßgeblichen verfassungsrechtlichen Zielen. Vor allem aber enthält es eine ganze Reihe von Regelungen, die Bund und Länder einander zuordnen und miteinander verzahnen. Sie begründen Einflußmöglichkeiten und Einwirkungsrechte der Länder auf den Bund und umgekehrt.

42   a) *Einwirkungen der Länder auf den Bund. aa) Bundesrat.* Nach Art. 50 GG wirken die Länder durch den Bundesrat bei der Gesetzgebung und Verwaltung des Bundes und in Angelegenheiten der Europäischen Union mit. Im einzelnen ist auf die verschiedenen Mitwirkungsrechte später einzugehen. Sie sind, wie hier schon zu bemerken ist, nach Umfang und Intensität unterschiedlich, gehen aber teilweise – etwa im Bereich der Gesetzgebung – bis zu einem Zustimmungsrecht. Vgl. dazu näher unten § 16 Rn. 24 ff.

43   bb) *Anrufung des BVerfG.* Ferner können die Länder mittelbar auf den Bundesbereich einwirken, indem sie gegen Bundesgesetze oder sonstige Maßnahmen des Bundes das BVerfG anrufen. Dabei kommt nicht nur das Bund-Länder-Streitverfahren gem. Art. 93 I Nr. 3 und 4 GG, das die Geltendmachung der Verletzung eigener Rechte voraussetzt, sondern auch die abstrakte Normenkontrolle gem. Art. 93 I Nr. 2 GG in Betracht, die bereits dann zulässig ist, wenn der Antragsteller die Verfassungswidrigkeit einer Rechtsnorm geltend macht.

44   b) *Einwirkungen des Bundes auf den Landesbereich. aa) Bundesgesetze.* Einwirkungen ergeben sich bereits durch die Bundesgesetze, die (auch) für die Länder und die Landesorgane verbindlich sind. Mit der Gesetzgebung kann der Bund die Landespolitik bis zu einem gewissen Grad steuern.

bb) *Bundesaufsicht beim Gesetzesvollzug.* Die Bundesgesetze wer- **45** den von den Ländern vollzogen, in der Regel als eigene Angelegenheit und ausnahmsweise im Auftrag des Bundes. Die vollziehenden Landesbehörden handeln beim Vollzug der Bundesgesetze eigenverantwortlich, unterliegen aber doch der Aufsicht und in diesem Rahmen auch gewissen Einwirkungsmöglichkeiten des Bundes. Vgl. dazu näher unten § 18 Rn. 13, 16.

cc) *Anrufung des BVerfG.* Der Bund kann ebenfalls nicht nur mit **46** der Behauptung, ein Land verletze ihn in seinen Rechten, beim BVerfG klagen, sondern auch im Wege der abstrakten Normenkontrolle gem. Art. 93 I Nr. 2 GG alle Landesgesetze durch das BVerfG auf ihre Vereinbarkeit mit dem Grundgesetz und dem übrigen Bundesrecht überprüfen lassen. Damit hat der Bund eine – dem Klagerecht der Länder korrespondierende – Möglichkeit der mittelbaren Einflußnahme auf den Landesbereich.

dd) *Gewährleistung der verfassungsmäßigen Ordnung der Länder.* **47** Nach Art. 28 III GG gewährleistet der Bund, daß die verfassungsmäßige Ordnung der Länder den Anforderungen des Grundgesetzes entspricht. Das gilt auch für die Garantie der kommunalen Selbstverwaltung, die damit unter den Schutz des Bundes gestellt wird. Wie das zu geschehen hat, wird in Art. 28 III GG nicht näher geregelt. In Betracht kommen die auch sonst dem Bund zur Verfügung stehenden Möglichkeiten und Mittel, insbesondere die Gesetzgebung, ferner die Anrufung des BVerfG, ggf. sogar der Bundeszwang gem. Art. 37 GG. Praktische Bedeutung hat diese Vorschrift, soweit ersichtlich, noch nicht erlangt, obwohl die Gemeinden und die Landkreise immer wieder darüber klagen, daß ihre Probleme vom jeweiligen Land nicht hinreichend berücksichtigt werden, ja der Bund selbst durch Leistungsgesetze, die von den Gemeinden zu vollziehen und zu finanzieren sind, den Spielraum der kommunalen Selbstverwaltung immer mehr einschränkt.

ee) *Bundesinterventionen.* Bei Naturkatastrophen, bei sonstigen er- **48** heblichen Gefahren für die öffentliche Sicherheit oder Ordnung

sowie bei Gefahren für den Bestand und für die freiheitliche demokratische Grundordnung eines Bundeslandes kann das betroffene
Land Bundeshilfe anfordern, ferner kann, falls erforderlich, die Bundesregierung von sich aus eingreifen, insbesondere Polizeikräfte einsetzen. Das Nähere ist in Art. 35 II, III und Art. 91 GG geregelt.

49   ff) *Bundeszwang.* Wenn ein Bundesland die ihm nach dem
Grundgesetz oder einem anderen Bundesgesetz obliegenden Bun-
despflichten nicht erfüllt, kann die Bundesregierung im Wege des
Bundeszwangs gem. Art. 37 GG die notwendigen Maßnahmen
treffen, um das Land zur Erfüllung seiner Pflichten anzuhalten. In
Betracht kommen – neben den in Art. 37 II GG genannten Mit-
teln der Weisung und der Einsetzung eines Beauftragten – die
Ersatzvornahme (die Bundesregierung trifft anstelle des an sich
zuständigen Landesorgans auf Kosten des Landes die erforderliche
Maßnahme), die Sperrung von Finanzmitteln, die Auflösung des
Parlaments, die Einsetzung von Polizeikräften und schließlich der
Einsatz der Bundeswehr (vgl. dazu die Auflistung bei *Stern,* Staats-
recht I, S. 716 f.).

Der Bundeszwang ist in der bisherigen 50 jährigen Geschichte der Bundesrepublik Deutschland noch nicht aktuell geworden. Dazu dürfte auch die
Einrichtung der Verfassungsgerichtsbarkeit beigetragen haben, die zur Klärung
der Rechtsfragen führt. Es ist auch kaum anzunehmen, daß die oben genannten Mittel geeignet sind, zur Befriedung beizutragen. Auf jeden Fall muß der
Grundsatz der Verhältnismäßigkeit beachtet werden.

6. Die Pflicht zum bundesfreundlichen Verhalten

50   Die Kompetenzen und die sonstigen Rechte und Pflichten des
Bundes und der Länder sind, wie dargelegt wurde, im Grundgesetz
präzis geregelt und abgegrenzt. Sie sind jedoch nicht abschließend,
sondern werden durch den Grundsatz des bundesfreundlichen
Verhaltens – auch Grundsatz der Bundestreue genannt – ergänzt
und moderiert. Dieser Grundsatz ist im Grundgesetz nicht ausdrücklich erwähnt, ergibt sich jedoch aus dem Bundesstaatsprinzip
als übergreifendem Rechtsprinzip. Wie jede Gemeinschaft, die auf
das Zusammenwirken ihrer Mitglieder angelegt ist, so kann auch
der Bundesstaat nur dann gedeihlich existieren, wenn der Bund
und die einzelnen Bundesländer nicht nur ihre eigenen Interessen

verfolgen, sondern auch die Gesamtinteressen und die Interessen der anderen Partner berücksichtigen.

Es ist deshalb auch nicht verwunderlich, daß bereits im Staatsrecht und in **51** der Staatsrechtslehre des alten Deutschen Reichs der Gesichtspunkt der „Bündnistreue" entsprechend den damaligen Konstellationen auftauchte. Nach der Gründung des Deutschen Reichs von 1871 wurde – allerdings erst allmählich – der Grundsatz der Bundestreue im bundesstaatlichen Kontext entwikkelt. Zu nennen ist vor allem die Abhandlung von *R. Smend,* Ungeschriebenes Verfassungsrecht im monarchischen Bundesstaat, Festgabe für Otto Mayer, 1916, S. 245 ff., auch abgedruckt in: *ders.,* Staatsrechtliche Abhandlungen, 2. Aufl. 1968, S. 39 ff. Das BVerfG hat diese Lehre aufgegriffen (bereits in BVerfGE 1, 299, 315) und in einer Reihe von weiteren Entscheidungen ausgeformt. Sie ist auch in der Literatur fast durchweg anerkannt, vgl. etwa *H.-W. Bayer,* Die Bundestreue, 1961; *H. Bauer,* Die Bundestreue, 1992 (dort auch S. 30 ff. eingehend zur geschichtlichen Entwicklung mit zahlreichen Nachw.); *H. J. Faller,* Das Prinzip der Bundestreue in der Rechtsprechung des Bundesverfassungsgerichts, Festschrift für Maunz, 1981, S. 53 ff.; *Stern,* Staatsrecht I, S. 699 ff.; *Isensee,* HStR IV (1990) S. 599 ff. Sie stößt allerdings auch auf Einwände und Bedenken, vgl. vor allem *Hesse,* Der unitarische Bundesstaat, 1992; *ders.,* VerfR Rn. 269. Richtig ist, daß nicht einfach an die Thesen *Smends,* der sich seinerzeit natürlich am Deutschen Reich von 1871 und seinen Verhältnissen orientierte, angeknüpft werden kann; das schließt aber nicht aus, daß der Grundsatz der Bundestreue in gegenwartsadäquater Weise herangezogen und gedeutet wird. Zur Rechtsprechung im einzelnen vgl. die sogleich in Rn. 52 aufgeführten Beispielsfälle (zusammenfassend BVerfGE 12, 205, 254 f.; 81, 310, 337). Aus der Rechtsprechung der Landesverfassungsgerichte vgl. etwa NRW VerfGH NVwZ 1982, 187 (Antrag auf Durchführung eines Volksbegehrens); ferner *Karpen/von Rönn,* JZ 1990, 579 (584).

Der Grundsatz des bundesfreundlichen Verhaltens verpflichtet **52** den Bund und die Länder (auch die Länder untereinander), „bei der Wahrnehmung ihrer Kompetenzen die gebotene und ihnen zumutbare Rücksicht auf das Gesamtinteresse des Bundesstaates und auf die Belange der Länder zu nehmen" (BVerfGE 92, 203, 230). Da er noch sehr allgemein ist, bedarf er der Konkretisierung und Entfaltung im einzelnen. Es findet also gleichsam ein zweistufiges Konkretisierungsverfahren statt: Bundesstaatsprinzip – Grundsatz des bundesfreundlichen Verhaltens – konkrete Rechtsfolgen. Einen Eindruck von den möglichen Rechtsfolgen bietet die Rechtsprechung des BVerfG. Es sei nur auf folgende Fallvarianten verwiesen:

a) Die Länder sind verpflichtet, bei der Wahrnehmung ihrer Kompetenzen, etwa ihrer Gesetzgebungskompetenzen, die Auswirkungen ihrer Regelungen auf den Bund und die anderen Bundesländer zu berücksichtigen, insbesondere auf die Wahrnehmung einer Kompetenz zu verzichten, wenn dadurch die Interessen des Bundes oder der übrigen Länder in unvertretbarer Weise beeinträchtigt oder geschädigt werden (vgl. BVerfGE 4, 111, 140; 34, 9, 44: jeweils Besoldungsgesetz). Diese Kompetenzausübungsschranke gilt selbstverständlich auch im Verhältnis des Bundes zu den Ländern (vgl. etwa BVerfGE 61, 149, 205: Staatshaftungsgesetz) und der Länder untereinander.

b) Die Länder sind zur Beachtung der völkerrechtlichen Verträge des Bundes verpflichtet (BVerfGE 6, 309, 361 f.: Reichskonkordat, im konkreten Fall abgelehnt).

c) Die Länder d.h. die zuständigen Landesinnenminister, sind verpflichtet, im Wege der Rechtsaufsicht gegen Gemeinden einzuschreiten, wenn diese in eine ausschließliche Bundeskompetenz eingreifen (BVerfGE 8, 122, 138 ff.: Volksbefragung betr. Atomwaffen). Entsprechend sind die Länder zur Anhörung der Gemeinden verpflichtet, wenn der Bund eine die kommunale Selbstverwaltung betreffende Regelung nur nach erfolgter Anhörung durchführen darf (BVerfGE 56, 298, 322). In beiden Fällen ist der Bund auf die Mitwirkung der Länder angewiesen, da keine direkten Beziehungen zwischen dem Bund und den Gemeinden bestehen.

d) Der Bund muß, wenn er im Wege der Vereinbarung mit den Ländern eine Regelung im verfassungsrechtlichen Bereich treffen will, *alle* Länder in gleicher Weise beteiligen und darf nicht nach dem Satz „divide et impera" nach parteipolitischen Gesichtspunkten differenzieren (BVerfGE 12, 205, 255 f.: Fernsehurteil; BVerfGE 86, 148, 211: Finanzverfassung).

e) Der Bund ist vor Erlaß einer Weisung gegenüber einem Land im Wege der Bundesaufsicht gem. Art. 85 III GG verpflichtet, die beabsichtigte Weisung anzukündigen, dem Land Gelegenheit zur Stellungnahme zu geben und diese in seine Erwägungen einzubeziehen (BVerfGE 81, 310, 337; vgl. auch BVerfGE 104, 249, 269 ff.).

f) Der Bund ist bei der Vorbereitung von Rechtsakten der Europäischen Gemeinschaft, welche die Gesetzgebungszuständigkeit der Länder betreffen, verpflichtet, eng mit den Ländern zusammenzuarbeiten (BVerfGE 92, 203, 230 ff.; vgl. dazu auch den inzwischen in das Grundgesetz aufgenommenen Art. 23 IV–VI).

53   Die Beispiele zeigen, daß sich aus dem Gebot des bundesfreundlichen Verhaltens Kompetenzausübungsschranken, Mitwirkungspflichten und Verfahrensdirektiven ergeben können, ferner daß es Unterlassungspflichten und Handlungspflichten begründen kann. Im konkreten Fall ist jedoch Zurückhaltung geboten. So verstößt die Ausübung einer dem Bund oder den Ländern verfassungsrechtlich zustehenden Kompetenz nur dann gegen den Grundsatz des bundesfreundlichen Verhaltens, wenn sie geradezu rechtsmißbräuchlich oder willkürlich erscheinen muß. Er ist also kein Hebel, um die verfassungsmäßige Zuständigkeitsordnung aufzubrechen. Dementsprechend hat auch das BVerfG – von zwei Ausnahmen

(BVerfGE 12, 205, 255 ff.; 92, 203, 230 ff.) abgesehen – in den oben zitierten Entscheidungen einen Verstoß gegen das Gebot der Bundestreue verneint. Andererseits ist unerheblich, ob die Beeinträchtigung der Interessen der Partner bewußt oder sogar böswillig erfolgte (so BVerfGE 8, 122, 140). Es geht nur um eine objektive Rechtspflicht, nicht um die Frage der subjektiven Vorwerfbarkeit. Ferner ist zu beachten, daß das Gebot des bundesfreundlichen Verhaltens nur subsidiären und akzessorischen Charakter hat. Es ist subsidiär, weil es erst dann zum Zuge kommt, wenn keine positiv-verfassungsrechtliche Regelung zur Konfliktlösung bereitsteht. Und es ist akzessorisch, weil es keine eigenständigen Pflichten, sondern nur zusätzliche Pflichten im Zusammenhang mit bereits bestehenden Rechten und Pflichten oder im Rahmen eines bestehenden Rechtsverhältnisses begründet, wobei die bereits bestehenden Rechte, Pflichten oder Rechtsverhältnisse nicht verfassungsrechtlicher Natur sein müssen, sondern auch verwaltungsrechtlicher, ja sogar privatrechtlicher Natur sein können (BVerfGE 103, 81, 88). Wenn ein Bereich verfassungsrechtlich detailliert geregelt ist, wie z. B. der Finanzausgleich in Art. 106 und 107 GG, dürfte für das Gebot des bundesfreundlichen Verhaltens kein Raum mehr bestehen. Es kann aber ggf. als Auslegungsregel herangezogen werden (so ist wohl auch BVerfGE 1, 117, 131 zu verstehen). Wenn ein Gesetz oder eine sonstige Maßnahme gegen den Grundsatz des bundesfreundlichen Verhaltens verstößt, dann sind sie verfassungswidrig und nichtig. Da das BVerfG letztlich darüber zu entscheiden hat, wird durch diesen Grundsatz sein Prüfungs- und Kompetenzbereich erweitert.

Entsprechend dem Grundsatz der Bundestreue hat sich der Grundsatz **54** der Verfassungsorgantreue entwickelt. Er bezieht sich auf das Verhältnis der Verfassungsorgane zueinander und fordert, daß sie bei Wahrnehmung ihrer Kompetenzen auf die Rechte und Interessen der anderen Verfassungsorgane Rücksicht nehmen. So läge z. B. ein Verstoß gegen die Verfassungsorgantreue vor, wenn die Bundesregierung vor der demnächst zu erwartenden Entscheidung des BVerfG vollendete Tatsachen schaffen und damit die Entscheidung unterlaufen würde (BVerfGE 35, 257, 261 f.; 36, 1, 15; Sondervotum BVerfGE 94, 223, 235). Vgl. ferner BVerfGE 45, 1, 39 (sog. Notkompetenz des Bundesfinanzministers gem. Art. 112 GG); BVerfGE 89, 155, 191, 203 (Maastricht-Vertrag); BVerfGE 90, 286, 337 f. (Entscheidung über Bundeswehreinsatz im Ausland); *W.-R. Schenke*, Die Verfassungsorgantreue, 1977; *A. Voßkuhle*, Der Grundsatz der Verfassungsorgantreue und die Kritik am BVerfG, NJW 1997, 2216 ff.

III. Der kooperative Föderalismus

1. Ausgangslage

55   Die dargelegten verfassungsrechtlichen Grundsätze und Regelungen vermitteln noch kein abschließendes Bild von der Gegen-
wartslage des Föderalismus in Deutschland. Sie werden vielmehr
durch zahlreiche weitere Beziehungen zwischen den Ländern und
zwischen dem Bund und den Ländern ergänzt. Der Föderalismus
will – neben der Wahrung der Eigenstaatlichkeit der Länder und
der Stärkung der Gewaltenteilung – durch eine sachgemäße Aufgabenverteilung eine möglichst optimale Erledigung der staatlichen
Aufgaben gewährleisten. Dem dienen die bundesstaatlichen Kompetenzzuweisungen und Kompetenzabgrenzungen. Indessen sieht
das Grundgesetz selbst, wie dargelegt wurde (vgl. oben Rn. 41)
gegenseitige Einwirkungen und Ergänzungen vor. Die Finanz- und
Haushaltsreform 1969 hat durch die Regelung der „Gemeinschaftsaufgaben" (Art. 91a und b GG) und der Haushaltswirtschaft
(Art. 104a, 109 GG) weitere Verknüpfungen festgelegt. Eine effektive Bewältigung der staatlichen Aufgaben erfordert eben nicht nur
Arbeitsteilung, sondern auch Zusammenarbeit.

56   Im Laufe der Zeit haben sich – neben der geschriebenen Verfassung – zahlreiche Kontakte, Gremien und Einrichtungen im
Bund-Länder-Bereich und vor allem im Zwischen-Länder-Bereich
herausgebildet, die dem Ziel dienen, ein abgestimmtes oder sogar
einheitliches Vorgehen zu ermöglichen. Sie werden üblicherweise
unter dem Stichwort „kooperativer Föderalismus" zusammengefaßt. Es handelt sich gleichsam um eine „dritte Ebene" mit eher
staatenbündischem Charakter zwischen der Länderebene und der
Bundesebene.

2. Die Formen des kooperativen Föderalismus

57   Die Erscheinungen des kooperativen Föderalismus sind nach Beteiligten, Form, Intensität und Bindungswirkung so vielgestaltig, daß
sie sich nicht in ein festes Schema bringen lassen. Im folgenden sollen
daher nur einige typische Konstellationen hervorgehoben werden.

Vgl. dazu näher vor allem *Rudolf,* HStR IV (1990) S. 1104 ff.; *Pietzcker,* aaO. S. 17 ff.

a) *Informelle Kontakte.* Sie bestehen vor allem in Anfragen und **58** Besprechungen zwischen den zuständigen Ministern oder sonstigen Amtsträgern verschiedener Länder und dienen der Klärung und Abstimmung bei der Vorbereitung einzelner Maßnahmen und Entscheidungen.

b) *Konferenzen und Ausschüsse.* Die Ministerpräsidenten der Länder **59** und die jeweiligen Fachminister der Länder treffen sich regelmäßig, um gemeinsame Fragen zu besprechen, einheitliche Leitlinien festzulegen oder sogar Beschlüsse für ihr weiteres Vorgehen zu treffen. Die regelmäßigen Zusammenkünfte führen ganz von selbst zu einer gewissen Institutionalisierung, die allerdings unterschiedlich weit gediehen ist. Am stärksten ausgeprägt ist sie bei der Kultusministerkonferenz (KMK), die sogar ein Sekretariat in Bonn besitzt. Die Konferenzen beschränken sich nicht auf die horizontale Ebene der Bundesländer, sondern erstrecken sich teilweise auch auf den Bund. Das ist z. B. der Fall, wenn Bundesminister – als Mitglieder ohne Stimmrecht oder als Gäste – an den Landesfachministerkonferenzen teilnehmen. Die „Konferenz der Regierungschefs von Bund und Ländern", die aus dem Bundeskanzler und den Ministerpräsidenten der Länder besteht, ist in § 31 GeschOBReg ausdrücklich vorgesehen. Die in den Konferenzen gefaßten Beschlüsse werden teils mehrheitlich, teils einstimmig gefaßt. Die Einstimmigkeit ist schon deshalb zweckmäßig, weil sie das politische Gewicht erhöht und gewährleistet, daß auch alle Minister für die Durchsetzung des Beschlusses in ihren Ländern eintreten. Andererseits erfordert dies oft Kompromisse, die sich möglicherweise erst beim kleinsten Nenner finden lassen, so daß in der Sache doch nicht viel gewonnen ist. Die Beschlüsse selbst sind – unabhängig vom Abstimmungsverhältnis – rechtlich nicht verbindlich, können aber erhebliches politisches Gewicht erlangen, so daß es für ein einzelnes Bundesland schwer werden dürfte, sich ihrer Sogwirkung zu entziehen. Sie sind dem Bereich des informellen Staats- und Verwaltungshandelns zuzurechnen.

Beispiel: Die Kultusministerkonferenz beschließt eine neue Oberstufenreform für die Gymnasien. Der Beschluß bedarf noch der Umsetzung in den einzelnen Ländern, und zwar, da es sich um eine wesentliche Angelegenheit

i. S. der Lehre vom Gesetzesvorbehalt handelt (vgl. oben § 8 Rn. 21 f.), der Umsetzung durch Gesetz. Der Kultusminister muß daher zunächst über seine Landesregierung einen entsprechenden Gesetzentwurf im Landtag einbringen. Der Landtag ist rechtlich nicht verpflichtet, den Gesetzentwurf anzunehmen und damit den Beschluß der Kultusministerkonferenz zu übernehmen. In politischer Sicht wird es freilich eng; würde der Landtag ablehnen, dann würde er nicht nur seinen Minister desavouieren, sondern auch aus der Solidarität der Bundesländer ausscheren, was wohl überlegt sein will. Die politische „Bindung" ist um so problematischer, als der Landtag die Empfehlungen der Kultusministerkonferenz nur insgesamt billigen oder insgesamt ablehnen, aber keine Änderungen mehr vornehmen kann. Er kann allenfalls durch Ablehnung der Vorlage versuchen, über Neuverhandlungen doch noch ein anderes Ergebnis zu erreichen. Sehr erfolgversprechend dürfte das jedoch nicht sein. – Fraglich ist, ob der Kultusminister, der in der Kultusministerkonferenz für das Projekt gestimmt hat, verpflichtet ist, einen entsprechenden Entwurf im Landtag einzubringen. Auch das ist abzulehnen. Der Minister dürfte zwar an Glaubwürdigkeit verlieren, wenn er sich widersprüchlich verhält, ist aber rechtlich nicht verpflichtet, seinem Votum entsprechend im Land vorzugehen. Er mag auch Gründe für seine Zurückhaltung haben, so etwa die Erkenntnis, daß – entgegen seiner bisherigen Annahme – die Gesetzesänderung im Landtag doch nicht durchzubringen ist.

60   Unterhalb der Fachministerkonferenz bestehen noch eine Vielzahl weiterer Konferenzen und Ausschüsse. So treffen sich z. B. regelmäßig die Amtschefs (Staatssekretäre) der Staatskanzleien und der Ministerien, ferner – je nachdem, welche Sachprobleme anstehen – die Abteilungsleiter, die Fachreferenten usw. der verschiedenen Landesministerien. Vielfach werden auch Ausschüsse zur Erarbeitung bestimmter Entwürfe gebildet, die gelegentlich aus Ministern, in der Regel aus Beamten der Ministerien und ggf. externen Sachverständigen bestehen. Ferner gibt es entsprechende Konferenzen der Landtagspräsidenten, der Direktoren (Verwaltungschefs) der Landtage, der OLG-Präsidenten, der Regierungspräsidenten usw.

61   c) *Musterentwurf für Landesgesetze.* Auch dort, wo die Länder die Gesetzgebungskompetenz haben und an sich frei nach eigenen Vorstellungen entscheiden könnten, besteht offenbar immer wieder das Bedürfnis nach einer einheitlichen Regelung für den gesamten Bundesbereich. Daher werden in diesen Fällen Kommissionen aus Vertretern aller Länder und des Bundes mit dem Auftrag gebildet, einen Musterentwurf auszuarbeiten, der den Landesgesetzgebern als Grundlage dienen kann, um einer Rechtszersplitterung in den den

Ländern vorbehaltenen Rechtsbereichen vorzubeugen. Auch diese Musterentwürfe sind selbstverständlich nicht verbindlich, werden aber doch weitgehend, wenn auch nicht immer unverändert übernommen.

Zu verweisen ist vor allem auf die Musterbauordnung (MBO), die 1959 von einer Bund-Länder-Kommission erarbeitet und seitdem mehrfach fortgeschrieben und neu gefasst wurde (vgl. *D. Böckenförde/H. G. Temme/W. Krebs,* Musterbauordnung für die Länder der Bundesrepublik Deutschland, 6. Aufl. 1999), und auf den Musterentwurf eines einheitlichen Polizeigesetzes des Bundes und der Länder (MEPolG), der von der Innenministerkonferenz am 25. 11. 1977 beschlossen und 1986 durch einen Vorentwurf zur Änderung des Musterentwurfs (VEMePolG) im Blick auf die polizeiliche Informationserhebung und -verarbeitung ergänzt wurde (vgl. *F.-L. Knemeyer,* Polizei- und Ordnungsrecht, 9. Aufl. 2002, Rn 11 ff., 549). – Ferner ist auf das Verwaltungsverfahrensgesetz des Bundes zu verweisen, das ebenfalls auf einem Musterentwurf einer Bund-Länder-Kommission beruht und von den Ländern teils pauschal und teils wortgleich übernommen worden ist, vgl. *Maurer,* VerwR § 5 Rn. 1 ff.

d) *Vertragliche Regelungen.* Ein weiteres Feld der Kooperation im **62** bundesstaatlichen Bereich bilden zahlreiche Verträge unterschiedlichen Inhalts zwischen den Ländern und zwischen dem Bund und den Ländern. Im Gegensatz zu den bislang erörterten Kooperationsakten einschließlich der Beschlüsse der Konferenzen und Gremien sind diese Verträge rechtsverbindlich. Die Zulässigkeit solcher Verträge ist allgemein anerkannt. Sie ergibt sich aus der Rechtsstellung der Länder als originäre Hoheitsträger, ist allerdings – wie diese – durch die bundesstaatliche Ordnung des Grundgesetzes beschränkt. Durch Art. 32 III GG wird das Vertragsschließungsrecht der Länder bestätigt. Wenn sich diese Vorschrift auf Verträge der Länder mit auswärtigen Staaten beschränkt, so liegt das daran, daß für diese Verträge, die die in die Zuständigkeit des Bundes fallende Außenpolitik betreffen, ein Zuständigkeitsvorbehalt zugunsten des Bundes erforderlich erschien.

Die Verträge betreffen fast alle landesrelevanten Bereiche, etwa den Bildungsbereich, den Hochschulbereich, das Rundfunkwesen, das Polizeiwesen, das Finanzwesen. Vgl. die Zusammenstellungen bei: *H. Schneider,* VVDStRL 19 (1961) S. 34 ff. (Staatsverträge und Verwaltungsabkommen zwischen den Ländern von 1949 bis 31. 12. 1960); *R. Grawert,* Verwaltungsabkommen zwischen Bund und Ländern in der Bundesrepublik Deutschland, 1967, S. 306 ff.; *G. Kisker,* Kooperation im Bundesstaat, 1971, S. 307 ff. und *Ch. Vedder,* Intraföderale Staatsverträge, 1996, S. 397 ff.

63   In der Literatur und in der Praxis wird zwischen Staatsverträgen und Verwaltungsabkommen unterschieden. *Staatsverträge* betreffen Materien, die nach dem jeweiligen Landesverfassungsrecht der Zustimmung des Landtags bedürfen (Parlamentsvorbehalt). Das gilt einmal für den Bereich der Gesetzgebung, d. h. Angelegenheiten, die innerstaatlich durch Gesetz realisiert werden müssen, und zum anderen für sonstige Fragen von grundsätzlicher landespolitischer Bedeutung. *Verwaltungsabkommen* sind dagegen Verträge, die nicht dem Zustimmungsvorbehalt des Parlaments unterliegen und daher ausschließlich durch die Regierung, Minister oder sogar Verwaltungsbeamte abgeschlossen werden können. Von den (rechtlich verbindlichen) Verträgen sind wiederum die ebenfalls in großer Zahl vorkommenden *Absprachen* zu unterscheiden, die nicht rechtsverbindlich sind und sein wollen, aber doch im Sinne politischer Absichtserklärungen und Abstimmungen die Praxis im bundesstaatlichen Bereich nicht unerheblich beeinflussen. Im Einzelfall mag nicht immer zweifelsfrei sein, ob ein (rechtsverbindlicher) Vertrag oder eine (nicht rechtsverbindliche) Absprache vorliegt. Maßgeblich ist der Wille der Beteiligten, der erforderlichenfalls im Wege der Auslegung der Vereinbarung zu ermitteln ist.

64   e) *Gemeinsame Einrichtungen.* Die Verträge bilden auch die Grundlage für die gemeinsamen Einrichtungen der Länder, die als organisatorisch oder sogar rechtlich verselbständigte Verwaltungseinheiten gemeinsame Aufgaben für alle Länder wahrzunehmen haben. Dabei kann es sich um gemeinsame Behörden, aber auch um gemeinsame juristische Personen des öffentlichen Rechts, insbesondere gemeinsame rechtsfähige Anstalten, handeln. Formell ist die Einrichtung i. d. R. einem Bundesland zugeordnet, materiell wird sie aber für alle Länder tätig. Daher haben auch alle Länder entsprechende Mitwirkungsrechte bei der Besetzung und der Kontrolle der jeweiligen Einrichtungen.

Zu nennen sind etwa die Filmbewertungsstelle in Wiesbaden (Behörde, Bewertung von Filmen mit dem Ziel der Steuervergünstigung), das Institut für Baustoffzulassung in Berlin (Behörde, Beurteilung neuer Baustoffe und Bauarten), die Zentralstelle für die Vergabe von Studienplätzen (rechtsfähige Anstalt des öffentlichen Rechts, bundesweit koordinierte Zulassung von Studienplätzen), das Zweite Deutsche Fernsehen (Anstalt des öffentlichen Rechts). Vgl.

dazu näher mit Angabe der Rechtsgrundlagen *Maurer,* VerwR § 22 Rn. 50, 52; *Pietzcker,* aaO. S. 29 ff.

f) *Koordination im europäischen Kontext.* Die fortschreitende euro- **65** päische Integration wirkt sich auch auf den Hoheitsbereich der Länder aus, was wiederum durch Mitwirkungsrechte der Länder ausgeglichen werden soll. Diese Mitwirkung erfolgt vor allem über den Bundesrat, erfordert aber auch eine entsprechende Koordination und Zusammenarbeit der Länder.

3. Die rechtliche Einordnung des föderativen Vertragsrechts

Durch die zwischen den Ländern abgeschlossenen Staatsverträge **66** und Verwaltungsabkommen werden – nicht durchweg, aber doch weitgehend – verbindliche Regelungen getroffen und sonach Vertragsrecht geschaffen. Damit stellt sich die Frage, wie dieses Vertragsrecht einzuordnen ist. Es ist kein Landesrecht, da es nicht nur ein Land, sondern mehrere, zumindest zwei Länder betrifft. Es ist auch kein Bundesrecht, da der Bund nicht daran beteiligt ist und sich der Vertragsgegenstand nicht auf eine Bundesangelegenheit bezieht und beziehen kann. Es ist auch kein Völkerrecht, da diese Verträge nicht zwischen den Ländern als Völkerrechtssubjekte, sondern als Glieder eines Bundesstaates abgeschlossen werden. Daher bleibt nur noch die Möglichkeit, dieses Vertragsrecht als eine eigene Rechtskategorie zu betrachten, die als „Zwischen-Länder-Recht" bezeichnet werden könnte. Wenn es auch kein Völkerrecht darstellt, so zeigt sich doch eine gewisse Verwandtschaft zum Völkerrecht, so daß im Zweifel ergänzend die völkerrechtlichen Grundsätze analog herangezogen werden können. Entsprechendes gilt für die zwischen dem Bund und den Ländern abgeschlossenen Staatsverträge und Verwaltungsabkommen. Auch sie lassen sich nicht einfach dem Bundesrecht zuschlagen, sondern bilden als „Bund-Länder-Recht" zusammen mit dem „Zwischen-Länder-Recht" einen eigenen Rechtsbereich, den man als „föderatives Recht" bezeichnen könnte.

Vgl. zur Terminologie und Einordnung *G. Kisker,* aaO. S. 47 ff.: „Innerbundesstaatliches Kooperationsrecht"; *W. Rudolf,* HStR IV (1990) S. 1127: „Intraföderationsrecht". Genau genommen müßte weiter aufgegliedert werden, nämlich zwischen dem Recht, das für den Abschluß der Verträge maßgeblich ist, und dem Recht, das als Ergebnis der Vertragsschließung entsteht.

4. Die rechtlichen Grenzen des kooperativen Föderalismus

67   Der kooperative Föderalismus ist in Deutschland erst in den sechziger Jahren entstanden, dann aber auch sehr lebhaft diskutiert worden. Angeregt wurde die Diskussion durch die in den USA bereits in den dreißiger Jahren entwickelte Lehre vom „cooperative federalism". Inzwischen ist in Deutschland die Diskussion wieder abgeflacht. Nach der ideologischen Überhöhung jener Jahre besteht heute offenbar kaum noch wissenschaftliches Interesse an diesem Bereich; die Praxis folgt den tatsächlichen Gegebenheiten und Bedürfnissen. Angesichts der Vielfalt von Koordinationsakten und -verbindungen unterschiedlichster Art ist es schwierig, ein verläßliches Bild über die tatsächlichen Verhältnisse zu gewinnen, was wiederum Voraussetzung für eine rechtliche Beurteilung ist. Die grundsätzlichen verfassungsrechtlichen Einwände gegen den kooperativen Föderalismus, die vor allem damit begründet wurden, daß auf diese Weise eine „staatenbündische" Ebene geschaffen und der Bundesstaat unterlaufen werde, sind inzwischen weitgehend verstummt.

68   Desto wichtiger ist es, die rechtlichen Bindungen und Grenzen zu ermitteln. Das erfordert eine sorgfältige Prüfung im Einzelfall, die hier nicht möglich ist. Es sollen aber doch einige Hinweise gegeben werden.

a) *In formeller Hinsicht*, etwa was die Befugnis zum Abschluß eines Vertrages anbetrifft, haben der *Bund und die Länder jeweils ihr Verfassungsrecht* zu beachten. So bestimmt sich z.B. die Frage, ob und inwieweit der Landtag einbezogen werden muß, nach dem Verfassungsrecht des jeweiligen Landes, das jedoch den Anforderungen des Homogenitätsprinzips des Art. 28 I 1 GG entsprechen muß (vgl. BVerfGE 90, 60, 84 ff.).

b) Die Koordinationsakte dürfen nicht gegen die *Grundrechte* und sonstige Rechtspositionen Dritter verstoßen. Die entsprechenden Vorschriften des Grundgesetzes sind durchweg (für die Organe des Bundes und der Länder), die der Landesverfassungen für die Organe des jeweils beteiligten Landes maßgeblich.

c) Eine Übertragung von Bundeskompetenzen auf die Länder oder umgekehrt, würde gegen die *Kompetenzordnung des Grundgesetzes* verstoßen, die nicht zur Disposition steht. Dasselbe gilt im Verhältnis der Länder untereinander.

Zulässig ist aber, daß die *Ausübung* gewisser Kompetenzen gemeinsamen Einrichtungen oder Einrichtungen anderer Länder oder des Bundes zugewiesen wird, sofern der Zugriff des eigentlichen Kompetenzträgers (etwa in Gestalt eines Rückholrechts) erhalten bleibt.

d) Die Koordinationsakte und -verbindungen müssen *punktuell* bleiben. Sie dürfen nicht quantitativ oder sogar qualitativ so zunehmen, daß dadurch eine echte staatenbündische Ebene entsteht. Unzulässig wäre daher vor allem eine Institutionalisierung der dritten Ebene, etwa in Gestalt eines „Länderrats" als staatenbündisches Organ.

e) Die Kooperation läuft fast durchweg über die *Exekutive* (Exekutivföderalismus). Wenn auch eine zu starke Machtanhäufung schon dadurch verhindert wird, daß sehr verschiedene Organe und Organwalter der Exekutive „kooperieren", so ist doch zu beachten, daß der kooperative Föderalismus, wenn auch nicht rechtlich, so doch zumindest faktisch-politisch auf Kosten der Parlamente und damit des parlamentarisch-demokratischen Prinzips geht. Daher sind entsprechende Sicherungen und Ausgleichsregelungen zugunsten der Parlamente einzubauen.

Eine weitere Frage ist, welche Konsequenzen ein Verstoß gegen **69** die genannten Anforderungen hat. Sie sind zum Teil noch nicht so präzise und stringent, daß im Falle eines Verstoßes durchweg die Unzulässigkeit oder gar Nichtigkeit angenommen werden kann. Aktuell wird die Frage der Rechtsfolgen vor allem bei Verträgen. Verstoßen sie gegen Bundesrecht, dann sind sie nach der h. L. rechtswidrig und nichtig. Strittig ist dagegen das Verhältnis der Verträge im Zwischen-Länder-Bereich zur Landesverfassung und vor allem zum einfachen Landesrecht (vgl. dazu *Stern,* Staatsrecht II, S. 756 f.). Entsteht Streit über die Wirksamkeit eines föderativen Vertrages oder über seine Auslegung und Anwendung, dann entscheiden entweder das BVerfG gem. Art. 93 I Nr. 4 GG oder das BVerwG gem. § 40, 50 I Nr. 1 VwGO, je nachdem, ob es sich um einen verfassungsrechtlichen oder einen verwaltungsrechtlichen Vertrag handelt.

Literatur zum kooperativen Bundesstaat: *H. Schneider,* Verträge zwischen Gliedstaaten im Bundesstaat, VVDStRL 19 (1961) S. 1 ff.; *R. Grawert,* Verwaltungsabkommen zwischen Bund und Ländern in der Bundesrepublik Deutschland, 1967; *W. Kewenig,* Kooperativer Föderalismus und bundesstaatliche Ordnung, AÖR Bd. 93 (1968) S. 433 ff.; *R. Kunze,* Kooperativer Föderalismus in der Bundesrepublik. Zur Staatspraxis der Koordinierung von Bund und Ländern, 1968; *U. Häfelin,* Der kooperative Föderalismus in der Schweiz, ZSR 1969, 549 ff.; *K. Hesse,* Aspekte des kooperativen Föderlismus in der Bundesrepublik, Festschrift für Gebhard Müller, 1970, S. 141 ff.; *G. Kisker,* Kooperation im Bundesstaat, 1971; *H. F. Zacher,* Grundlagen und Grenzen interföderativer Kooperation, BayVBl. 1971, 321 ff.; 375 ff.; *P. Lerche,* MD Art. 83 (1983) Rn. 84 ff.; *K. Stern,* Staatsrecht I, S. 748 ff.; *H. Klatt,* Interföderale Beziehungen im kooperativen Bundesstaat, VerwArch. Bd. 78 (1987) S. 186 ff.; *J. Pietzcker,* Zusammenarbeit der Gliedstaaten im Bundestag, Landesbericht Bundesrepublik Deutschland, in: Ch. Starck (Hg.), Zusammenarbeit der Gliedstaaten im Bundesstaat, 1988, S. 17 ff.; *W. Rudolf,* Kooperation im Bundesstaat, HStR IV (1990) S. 1091 ff.; *A. Bleckmann,* Staatsrecht I – Staatsorganisationsrecht, 1993, S. 653 ff. (Rn. 1490 ff.).

Rechtsprechung: BVerfGE 42, 103 (Zentralstelle für die Vergabe von Studienplätzen); BVerfGE 90, 60 (Staatsvertrag der Länder über die Rundfunkgebühren); BVerwGE 22, 299 (Filmbewertungsstelle Wiesbaden); BVerwGE 23, 194 (Zweites Deutsches Fernsehen); BVerwGE 50, 124 und 137 (Zentralstelle für die Vergabe von Studienplätzen).

IV. Zur Rechtfertigung des Föderalismus

1. Die Einwände

71   Die Bundesstaatlichkeit ist in den ersten Jahren nach der Gründung der Bundesrepublik starken Einwänden ausgesetzt gewesen. Es wurde vor allem geltend gemacht,

daß (1) der Föderalismus dem Grundgesetzgeber durch die Besatzungsmächte aufgezwungen worden sei, (2) die Länder – mit Ausnahme Bayerns – keine historisch gewachsenen Einheiten, sondern Zufallsgebilde der Besatzungspolitik darstellten und zudem durch die Flüchtlingsbewegungen nach dem Zweiten Weltkrieg landsmannschaftlich durchmischt worden seien, (3) alle maßgeblichen, nicht nur die außen- und sicherheitspolitischen, sondern auch die innenpolitischen, wirtschaftspolitischen und sozialpolitischen Entscheidungen vom Bund getroffen werden, so daß die Länder allenfalls noch nachziehen könnten, (4) durch unterschiedliche Regelungen der Länder, etwa im Schulbereich oder Sozialbereich, die Einheitlichkeit der Lebensverhältnisse im Bundesgebiet beeinträchtigt und die Freizügigkeit der Bürger faktisch beschränkt würden, (5) die Abgrenzung der Kompetenzen zwischen Bund und Ländern zu Kompetenzstreitigkeiten und damit zu Reibungsverlusten führten, (6) der Staatsapparat durch die Regierungszentren in den Bundesländern unnötig aufgebläht werde und (7) das Bundesstaatsprinzip auch durch die Parteien, die vor allem bundespolitisch agierten, überspielt werde.

72   Diese Einwände sind nur teilweise zutreffend und insgesamt nicht durchschlagend. (1) Richtig ist, daß die Militärgouverneure der westlichen Besatzungsmächte in ihrem Schreiben an die Ministerpräsidenten vom 1. 7. 1948 eine „Verfassung föderalistischen

Typs" forderten und auch während der Beratungen des Parlamentarischen Rates mehrfach in diese Richtung intervenierten. Aber das entsprach auch den deutschen Vorstellungen, wenngleich über das Ausmaß der föderalistischen Ausgestaltung unterschiedliche Auffassungen bestanden. Zudem ergab sich die föderalistische Struktur aus dem Aufbau der Staatlichkeit in den Nachkriegsjahren „von unten nach oben". Nachdem die Länder bereits etabliert waren und die Verfassunggebung von ihnen ausging, war daran nicht vorbeizukommen. (2) Richtig ist ferner, daß die nach 1945 gezogenen Ländergrenzen – auch – nach besatzungspolitischen Gesichtspunkten gezogen wurden. Indessen ist zu beachten, daß die deutsche Territorialgeschichte weitgehend durch Zufälligkeiten und Eingriffe von außen bestimmt ist. Die vor 1933 oder vor 1918 bestehenden deutschen Länder waren ja keine geschlossenen und organisch gewachsenen Einheiten, sondern Gebilde, die im Laufe der Zeit entstanden und – durch kriegerische Annexionen, Heirat, Erbfolge, Friedensschlüsse, Diktat von außen usw. – immer wieder Veränderungen unterworfen waren. Es sei nur an die auf Betreiben von Napoleon erfolgte große „Flurbereinigung" zwischen 1803 und 1806 erinnert. Es hat sich aber dann meistens doch ein gewisses „Landesbewußtsein" der Bevölkerung entwickelt. Das gilt auch für die nach 1945 geschaffenen Länder, was nicht zuletzt auf die Integrationskraft einiger herausragender Ministerpräsidenten zurückzuführen ist. (3) Daß die „große Politik" im Bund gemacht wird, entspricht der Arbeitsteilung im Bundesstaat. Dadurch wird den Ländern aber kaum etwas entzogen, sondern werden eher Aufgaben durchgeführt, die in dieser Größenordnung von einzelnen Ländern überhaupt nicht wahrgenommen werden könnten. Im übrigen dient dies (4) der immer wieder erhobenen Forderung nach Herstellung und Wahrung einheitlicher Lebensverhältnisse im gesamten Bundesgebiet. So berechtigt oder wenigstens verständlich diese Forderung auch ist, so darf sie ihrerseits nicht verabsolutiert werden. Die tatsächlichen, wirtschaftlichen und sozialen Unterschiede im Bereich eines Staates können rechtlich nicht einfach nivelliert werden. Das gilt selbst für Einheitsstaaten, wie z.B. das Nord–Süd–Gefälle in Italien oder Spanien zeigen. Der Bundesstaat bietet sogar eher die Chance, daß sie in adäquater Weise aufgefangen werden, daß das Niveau unter Berücksichtigung der Vielfalt und ohne falsche Nivellierung gehoben wird. (5) Kompetenzstreitigkeiten sind immer ärgerlich, lassen sich aber durch klare Abgrenzungen und durch eine klärende Rechtsprechung auffangen. (6) Der Umfang des Staatsapparates hängt nicht von der föderativen Struktur eines Staates ab. Die Dezentralisierung kann sogar zum Abbau führen. Einheitsstaaten führen leicht dazu, daß in der Zentrale ein aufgeblähter Verwaltungsapparat steht, der nicht nur sich selbst, sondern auch die nachgeordneten Behörden beschäftigt. (7) Die politischen Parteien schließlich orientieren sich am politischen Geschehen. Daß dabei die Bundespolitik im Vordergrund steht, ergibt sich von selbst. Dazu tragen im übrigen auch die Medien bei, die sich im wesentlichen auf die Bundespolitik beschränken. Die Probleme des Bundesstaates sollen nicht verharmlost werden. Sie sind aber weniger strukturell bedingt, sondern lassen sich vielmehr auf verfehlte oder überholte Einzelregelungen oder auf mißbräuchliche Handhabung der an sich passablen Regelungen zurückführen.

2. Die Gründe für das Bundesstaatsprinzip

73   Der Bundesstaat ist im Vergleich mit dem Einheitsstaat weder die generell bessere noch die generell schlechtere Staatsform. Welche der beiden Alternativen den Vorzug verdient, hängt von den traditionellen, politischen, ethnischen, sozialen, wirtschaftlichen, geographischen usw. Verhältnissen und Bedingungen des jeweiligen Staatswesens ab. Dementsprechend sind auch die einzelnen Bundesstaaten in der Staatspraxis sehr unterschiedlich ausgestaltet. Als Konfliktslösungsmodell hat der Bundesstaat sich jedenfalls bewährt. Daher findet man ihn zunehmend in neueren Staaten mit unterschiedlichen Traditionen, Bevölkerungsgruppen und sozialen Verhältnissen.

74   In Deutschland ist das Bundesstaatsprinzip vor allem traditionell verankert. Das Deutsche Reich von 1871 konnte nach den damaligen politisch-dynastischen Verhältnissen nur als Bundesstaat verwirklicht werden. Diese historische Perspektive vermag das Bundesstaatsprinzip in Deutschland zu erklären, aber nicht zu

rechtfertigen. Indessen gibt es auch sachliche Gründe, die für die Beibehaltung dieser Organisationsform sprechen.

a) *Vertikale Gewaltenteilung.* Die sich aus dem Bundesstaatsprinzip **75** ergebende Doppelstaatlichkeit mit zwei Ebenen staatlicher Organisationen und staatlicher Funktionen begründet eine vertikale Gewaltenteilung, durch die die ohnehin fraglich gewordene horizontale Gewaltenteilung zwischen Legislative, Exekutive und Gerichtsbarkeit ergänzt wird. Beide Gewaltenteilungsprinzipien verschränken sich sogar, weil die Legislative überwiegend beim Bund und die Exekutive überwiegend bei den Ländern liegt. Damit entfallen zumindest zum Teil auch die Einwände, die wegen der heute engen parteipolitischen Verbindung zwischen dem Parlament (Parlamentsmehrheit) und der Regierung gegen die horizontale Gewaltenteilung vorgebracht werden. Die vertikale Gewaltenteilung dient – ebenso wie die horizontale Gewaltenteilung – in erster Linie der Machtbegrenzung und der Machthemmung im Interesse der Freiheit des Bürgers. Das zweistufige Verfahren der generellen Gesetzgebung, die ohne Ansehung der Person erfolgt, und des konkreten Vollzugs, die in Ansehung der Person, aber nach der bereits gesetzlich festgelegten Regelung erfolgt, gewährleistet ein rechtsstaatliches Verfahren, das der Freiheit und Sicherheit des Bürgers dient.

b) *Arbeitsteilige Wahrnehmung der staatlichen Aufgaben.* Das Bundes- **76** staatsprinzip ermöglicht ferner, was bereits im Gewaltenteilungsgedanken begründet ist, eine arbeitsteilige Erledigung der staatlichen Aufgaben. Die generellen und weittragenden Entscheidungen erfolgen durch den Bund in Gestalt von Gesetzen und sonstigen grundsätzlichen Staatsakten, der Vollzug und die Ausgestaltung im einzelnen liegt bei den Ländern, deren Verwaltungsbehörden der Praxis des Alltags wesentlich näher stehen. Auf diese Weise lassen sich „Einheitlichkeit und Vielfalt", die das Bundesstaatsprinzip wesentlich prägen, verwirklichen.

c) *Auswirkungen auf die politischen Parteien.* Das Bundesstaatsprin- **77** zip gibt ferner der politischen Partei oder den politischen Parteien, die im Bund – vielleicht sogar schon längere Zeit – in der Opposition stehen, die Chance, in dem einen oder anderen Land Regierungsverantwortung zu übernehmen. Sie erhalten dadurch die

Möglichkeit, Alternativen zu entwickeln, die über den Bundesrat vielleicht sogar in die Bundespolitik eingehen können, ferner Persönlichkeiten heranzubilden und herauszustellen, die als Landesminister Erfahrungen gesammelt und Profil gewonnen haben und somit als Bundesminister in Betracht kommen.

78   d) *Bundesrat.* Ein wesentliches Charakteristikum und Element des Bundesstaates in Deutschland ist der Bundesrat. Er bringt, auch wenn er inzwischen nicht unerheblich parteipolitisch domestiziert wird, die Vorstellungen der Länder einschließlich der dort gewonnenen Verwaltungserfahrungen in die Bundespolitik, vor allem in die Bundesgesetzgebung ein. Darauf ist später noch zurückzukommen.

Literatur: *C. Frantz,* Der Föderalismus als das leitende Prinzip für die soziale, staatliche und internationale Organisation, 1879; *H. Triepel,* Unitarismus und Föderalismus, 1907; *K. Hesse,* Der unitarische Bundesstaat, 1962; *U. Scheuner,* Struktur und Aufgabe des Bundesstaates in der Gegenwart, DÖV 1962, 641 ff.; *W. Rudolf,* Bund und Länder im aktuellen deutschen Verfassungsrecht, 1968; *W. Hempel,* Der demokratische Bundesstaat, 1969; *W. Weber,* Spannungen und Kräfte im westdeutschen Verfassungssystem, 3. Aufl. 1970, S. 57 ff., S. 288 ff.; *G. Kisker,* Kooperation im Bundesstaat, 1971; *E. Deuerlein,* Föderalismus. Die historischen und philosophischen Grundlagen des föderativen Prinzips, 1972; *M. Bothe,* Die Kompetenzstruktur des modernen Bundesstaates in rechtsvergleichender Sicht, 1977; *O. Kimminich,* Der Bundesstaat, HStR I (1987) S. 1113 ff.; *E. Schmidt-Aßmann,* Thesen zum föderativen System der Bundesrepublik Deutschland, Jura 1987, 449 ff.; *Ch. Starck* (Hg.), Zusammenarbeit der Gliedstaaten im Bundesstaat. Landesberichte und Generalbericht der Tagung für Rechtsvergleichung, 1988; *K. Hesse,* Wandlungen der Bedeutung der Verfassungsgerichtsbarkeit für die bundesstaatliche Ordnung, Festschrift für Schindler, 1989, S. 723 ff.; *W. März,* Bundesrecht bricht Landesrecht, 1989; *W.-R. Schenke,* Föderalismus als Form der Gewaltenteilung, JuS 1989, 698 ff.; *J. Isensee,* Idee und Gestalt des Föderalismus im Grundgesetz, HStR IV (1990) S. 517 ff.; *F. Ossenbühl* (Hg.), Föderalismus und Regionalismus in Europa, 1990; *P. Lerche/H. Maier/R. Maynitz/J. Isensee/W. Graf/ Vitzthum,* Der Föderalismus vor den Anforderungen der Gegenwart, AÖR Bd. 115 (1990) S. 212 ff.; *H. P. Schneider,* Die bundesstaatliche Ordnung im vereinigten Deutschland, NJW 1991, 2448 ff.; *R. Scholz,* Europäische Union und deutscher Bundesstaat, NVwZ 1993, 817 ff.; *H. Dreier,* Einheit und Vielfalt der Verfassungsordnungen im Bundesstaat, in: K. Schmidt, (Hg.) Vielfalt des Rechts – Einheit der Rechtsordnung?, 1994, S. 113 ff.; *Ch. Vedder,* Intraföderale Staatsverträge, 1996; *J. Winkelmann,* Die Bundesregierung als Sachwalter von Länderrechten, DÖV 1996, 1 ff.; *J. Aulehner/A. Dengler u. a.* (Hg.), Föderalismus – Auflösung oder Zukunft der Staatlichkeit?, 1997; *Ch. Calliess,* Die Justitiabilität des Art. 72 Abs. 2 GG vor dem Hintergrund von kooperativem und kompetitivem Föderalismus, DÖV 1997, 896 ff.; *H. Schambeck* (Hg.), Bundesstaat und Bundesrat in Österreich, 1997; *St. Oeter,* Intergration und Subsidiarität im deutschen Bundesstaatsrecht, 1998; *H. Bauer,* Entwicklungstendenzen und Perspektiven des Föderalismus in der Bundesrepublik Deutschland, DÖV 2002, 837 ff. – Vgl. ferner die Nachw. zu Einzelthemen oben Rn. 37 (Bundes- und Landesgrundrechte), Rn. 51 (Bundestreue), Rn. 67 (Kooperativer Bundesstaat).

Rechtsprechung: BVerfGE 1, 14 (Südweststaat); BVerfGE 1, 299 (Verteilung von Bundesmitteln für den sozialen Wohnungsbau an die Länder, die gegenseitigen Einwirkungsrechte und ihre Grenzen); BVerfGE 4, 250; 5, 34; 13, 54; 49, 15 (Neugliederungsfragen); BVerfGE 6, 309 (Konkordatsurteil); BVerfGE 8, 104; 8, 122 (Volksbefragung über die Stationierung von Atomwaffen in den Ländern und in den Gemeinden); BVerfGE 12, 205 (erstes Fernsehurteil); BVerfGE 34, 9 (Besoldungsgesetz, unentziehbarer Kern eigener Aufgaben der Länder als Hausgut, Bundestreue); BVerfGE 34, 216 (Staatsvertrag zwischen den Ländern, Vorbehalt der clausula rebus sic stantibus); BVerfGE 60, 175 („Startbahn West", Volksbegehren in Hessen); BVerfGE 72, 330; 86, 148; 101, 158 (Finanzausgleich) BVerfGE 81, 310 (Kalkar, Weisung des Bundesministers an Landesregierung gem. Art. 85 III GG); BVerfGE 96, 139 (Volksbegehren zur Neugliederung gem. Art. 29 GG); BVerfGE 104, 238 (Gorleben: Anspruch eines Landes auf Tätigwerden des Bundes?); BVerwGE 96, 45; 104, 29 (Haftung im Bund-Länder-Verhältnis gem. Art. 104 a V GG).

§ 11. Die politischen Parteien

I. Grundlagen

1. Parlament und Parteien

Die politischen Parteien bilden ein wesentliches Element des **1** parlamentarisch-demokratischen Staates. Parlament und Parteien bedingen sich gegenseitig. Ein funktionierendes Parlament setzt Parteien voraus und umgekehrt blieben Parteien ohne parlamentarisches Aktionsfeld wirkungslos. Dieser gegenseitige Bedingungszusammenhang wird durch einen Blick in die Geschichte belegt, der zeigt, daß sich die Parteien mit dem Entstehen der Parlamente herausgebildet haben und daß ihre Wirkungsmöglichkeiten weitgehend durch die Ausgestaltung des Parlaments einschließlich der Wahlen zum Parlament bestimmt worden sind.

2   Freilich trifft das nur zu, wenn mindestens zwei konkurrierende Parteien bestehen. Das Einparteiensystem ist dagegen ein Instrument der Diktatur. Die Einheitspartei – schon sprachlich ein Widerspruch – hat lediglich die Aufgabe, die Massen im Sinne der Machthaber zu mobilisieren und zu immer neuen Akklamationen aufzurufen. Das gilt auch für das Block-System der ehemaligen DDR (vgl. dazu oben § 3 Rn. 46). Im folgenden geht es lediglich um das Mehrparteiensystem der freiheitlichen Demokratie.

3   Der Ursprung der Parteien liegt – wie der Ursprung der Parlamente – in England. In der zweiten Hälfte des 17. Jahrhunderts bildeten sich dort mit der Entwicklung des Parlaments (Unterhaus) zwei Parteien heraus. Während sich die (konservativen) Tories für die Rechte und Prärogativen des Königs aussprachen, traten die (liberalen) Whigs für deren Beschränkung ein. Das Zwei-Parteien-System, das sich damals herausgebildet hatte, ist bis heute für das englische Verfassungsleben typisch, wenngleich sich natürlich die politischen Orientierungen geändert haben. In den USA kam es nach der Staatsgründung ebenfalls zu einem Zwei-Parteien-System, wobei der Streit zunächst um die Frage des Verhältnisses von Gesamtstaat und Einzelstaaten ging. Die Federalisten wollten eine starke Zentralgewalt, die Anti-Federalisten wollten dagegen möglichst viele Kompetenzen für die Einzelstaaten. – Auch auf dem europäischen Kontinent läuft die Parteienbildung parallel zur Entwicklung der Parlamente. Das gilt für die französische Nationalversammlung von 1789, die mit ihren „Clubs" parteipolitische Ansätze zeigte. Das gilt ferner für die Landtage der süddeutschen Staaten in der ersten Hälfte des 19. Jahrhunderts, in denen zwar noch keine Parteien oder Fraktionen wirkten, sich aber doch die (königstreuen) Konservativen und die (oppositionellen) Liberalen gegenüberstanden. Daraus entwickelte sich allerdings kein Zwei-Parteien-System. In der Frankfurter Nationalversammlung von 1848/49 kam es vielmehr zu weiteren Ausdifferenzierungen. Das lag an den vielfältigen, zur Lösung anstehenden verfassungspolitischen Problemen, den landsmannschaftlichen Verschiedenheiten, den unterschiedlichen weltanschaulichen Orientierungen, aber wohl auch daran, daß – anders als in England und in den süddeutschen Staaten – der polarisierende und zugleich vereinfachende Gegensatz zum Monarchen fehlte. Diese Ausdifferenzierung blieb für die Folgezeit typisch. Man kann im Blick auf den Reichstag und die Landtage der zweiten Hälfte des 19. Jahrhunderts – bei einer Grobeinteilung – zwischen den Konservativen, den Nationalliberalen, dem katholischem Zentrum, den fortschrittlichen Liberalen (Linksliberalen) und den Sozialisten unterscheiden (vgl. dazu näher E. R. Huber, VerfGesch IV S. 24 ff.). Zunächst waren es – entsprechend dem Honoratiorenparlament – Honoratiorenparteien, die durch ehrenamtlich tätige, mit Besitz und Bildung ausgestattete Bürger getragen und geleitet wurden. Sie entwikkelten sich aber – entsprechend der zunehmenden Egalisierung des Wahlrechts und damit der Parlamente – zu größeren Organisationen, teilweise sogar zu Massenparteien.

4   In dem für das konstitutionelle Staatsrecht des 19. Jahrhunderts typischen Dualismus zwischen Monarch und Volksvertretung beschränkten sich die Wirkungsmöglichkeiten der Parteien auf den

engeren parlamentarischen Bereich. Sie konnten zwar über das
Parlament auf die Gesetzgebung und das Budget Einfluß nehmen
und die Regierung in den öffentlichen Parlamentssitzungen poli-
tisch-verbal zur Rechenschaft ziehen, hatten aber – und das ist von
erheblicher Bedeutung – keinen unmittelbaren Einfluß auf die
Regierungspolitik und die Exekutive einschließlich der Außenpolitik, des Heerwesens und der Verwaltung. Die Minister kamen in
der Regel nicht aus dem Parlament und damit aus den Parteien,
sondern wurden vom Monarchen aus seinem Umfeld oder aus der
Ministerialbürokratie berufen. Das änderte sich schlagartig, als sich
mit der Weimarer Reichsverfassung von 1919 das parlamentarische
Regierungssystem durchsetzte. Die Parteiführer mußten nun
gleichsam von heute auf morgen unter ausgesprochen schwierigen
außen- und innenpolitischen Verhältnissen Regierungsverantwortung übernehmen, ohne darauf vorbereitet zu sein. Sie konnten
sich zwar auf eine intakte Ministerialbürokratie stützen, was sicher
ein Vorteil, aber angesichts deren monarchischer Vergangenheit
auch nicht unproblematisch war. Die Parteien bestimmten nun
nicht nur das Parlament, sondern über dieses auch die Regierung
und bis zu einem gewissen Grad die Verwaltung. Allerdings bestand in der Weimarer Zeit noch der Reichspräsident als Gegen-
pol.

Das Grundgesetz hat das parlamentarische Regierungssystem un-   5
eingeschränkt realisiert. Dadurch rücken die Parteien noch mehr in
das staatliche Machtzentrum. Charakteristisch für das heutige Par-
teienwesen sind

– die Entwicklung zu Volks- und Massenparteien, die zur Eineb-
  nung ideologischer Unterschiede führen,
– die Herausbildung großer Parteiapparate, die das einzelne Par-
  teimitglied immer mehr „beherrschen",
– die komplexen und komplizierten Verhältnisse im politischen,
  sozialen und technischen Bereich, die immer höhere Anforderungen an die parteiinterne Meinungs- und Willensbildung und
  die Vertretung ihrer Ergebnisse im Parlament und in der Öffentlichkeit stellen,
– die 5%-Klausel, die die Entstehung neuer Parteien wesentlich
  erschwert.

Aus diesen Gründen hat auch die Zahl der (politisch relevanten) Parteien erheblich abgenommen. Derzeit gibt es in Deutschland zwei Volksparteien (CDU/CSU und SPD) und zwei kleinere, jeweils einer Volkspartei zuneigende Parteien (FDP und Bündnis 90/Die Grünen), ferner die PDS als postkommunistische Regionalpartei im Gebiet der ehemaligen DDR. Aber das kann sich schnell ändern, so daß insoweit nur eine Momentaufnahme möglich ist.

2. Die Verankerung der Parteien im Grundgesetz

6   Das Grundgesetz ist die erste gesamtdeutsche Verfassung, die die Parteien ausdrücklich einbezieht. Art. 21 GG anerkennt und schützt die Parteien als wesentliche Faktoren bei der politischen Willensbildung des Volkes, legt bestimmte Rechte und Pflichten der Parteien fest (Gründungsfreiheit, demokratische Struktur im Innenbereich, Rechenschaftspflicht) und regelt den Ausschluß verfassungsfeindlicher Parteien. Insgesamt ist das Grundgesetz insoweit sehr zurückhaltend. Das Nähere ist einer bundesgesetzlichen Regelung überlassen (Art. 21 III GG). Die Zurückhaltung des Grundgesetzes hat gute Gründe. Die Parteien sollen als politische Organisationen in ihrem Ringen um Macht und Einfluß möglichst wenig reglementiert und beschränkt werden. Daher müssen auch die in Art. 21 III GG vorgesehenen gesetzlichen Regelungen, die dem *Bundes*gesetzgeber vorbehalten sind, zurückhaltend sein. Wenn die Parteien über die Wahlen in die staatliche Sphäre – in das Parlament und ggf. in die Regierung – eindringen, dann sind sie ohnehin an das spezifische Staatsrecht gebunden.

7   Das Grundgesetz ist allerdings nicht die erste deutsche Verfassung, die Regelungen über Parteien enthält. Die badische Verfassung von 1947 enthielt einen ganzen Abschnitt über die politischen Parteien (Art. 118–121). Die Regelungen betrafen die freie Bildung der Parteien, den Beitritt der Staatsbürger zu einer Partei, die Bindung der Parteien an die demokratische und freiheitliche Staatsordnung und die Verantwortung der Parteien für die Gestaltung des politischen Lebens und für die Lenkung des Staates einschließlich daraus folgender Pflichten in der Regierung und in der Opposition. In diesen Vorschriften spiegeln sich die Erfahrungen der Weimarer Zeit und der NS-Zeit wider: Die Parteien werden anerkannt, aber nachdrücklich auf ihre Pflichten und Bindungen hingewiesen. – Ferner finden sich in Art. 15 Bay-

Verf. von 1946 und in Art. 133 II RPVerf. von 1947 Regelungen über den Ausschluß verfassungsfeindlicher Parteien von den Wahlen. – Die Weimarer Reichsverfassung erwähnte die Parteien nur bei den Regelungen über die Beamtenpflichten (Art. 130 WRV). Sie ging aber von der Existenz politischer Parteien aus; denn die in Art. 17 I und 22 I WRV für die Parlamentswahlen vorgeschriebene Verhältniswahl setzte Listen und damit Parteien voraus. Das wurde auch in der zeitgenössischen Literatur so gesehen, vgl. *W. Jellinek,* Verfassung und Verwaltung des Reichs und der Länder, 3. Aufl. 1927, S. 47; *G. Radbruch,* HdbDStR I (1930) S. 285, 290. Der Staatsgerichtshof rechnete die Parteien sogar zu den Staatsorganen i. w. S., die im Wege des Organstreitverfahrens klagen konnten, vgl. *G. Anschütz,* Kommentar, Art. 19 Anm. 8. – Nachweise zum ausländischen Recht finden sich bei *D. Th. Tsatsos/D. Schefold/H.-P. Schneider* (Hg.), Parteienrecht im europäischen Vergleich, 1990; *W. Henke/H. Bergmann,* BK Art. 21 (1991) Rn. 395 ff.

Die Regelung des Art. 21 GG steht in einem doppelten Bezugsfeld. Sie knüpft einmal an Art. 20 GG, speziell an Art. 20 II GG, an und weist den politischen Parteien bei der demokratischen Willensbildung – bei den Wahlen und Abstimmungen des Volkes und über diese bis zu einem gewissen Grad bei der Willensbildung der Staatsorgane – eine maßgebliche, wenn auch noch näher zu differenzierende Rolle zu. Und sie steht zum anderen im Zusammenhang mit denjenigen Grundrechten, die (auch) demokratische Mitwirkungsrechte gewähren. Das Recht auf politische Betätigung (Art. 5 I GG) kann nur zusammen mit anderen Bürgern wirkungsvoll wahrgenommen werden: durch die lockere und kurzfristige Form der Versammlung und Demonstration (Art. 8 I GG), durch die festere und längerfristige Form der Vereinigung (Art. 9 I GG) und schließlich durch die Gründung von und die Mitarbeit in einer Partei (Art. 21 I GG).   **8**

Auch die Parteien sind Vereinigungen. Aber sie fallen unter die Sonderregelung des Art. 21 GG, die als lex specialis die Anwendung des Art. 9 I GG ausschließt. Fraglich ist, ob Art. 9 I GG ganz ausgeschlossen wird oder noch subsidiär anwendbar ist, vgl. dazu *W. Henke,* BK Art. 21 (1991) Rn. 216 m. w. N. Diese Frage ist auch deshalb von Bedeutung, weil Art. 21 GG selbst kein verfassungsbeschwerdebewehrtes Grundrecht oder grundrechtsähnliches Recht i. S. des Art. 93 I Nr. 4 a GG ist. Der Bürger kann die Verletzung „seiner" Parteifreiheit gerichtlich geltend machen, entweder gem. Art. 9 I in Vbg. mit Art. 21 I GG (wenn man die subsidiäre Anwendbarkeit des Art. 9 I GG bejaht) oder gem. Art. 2 I in Vbg. mit Art. 21 I GG (wenn man sie verneint). Den Vorzug verdient die erste Alternative. Zum Rechtsschutz der politischen Parteien vgl. unten Rn. 56 ff.   **9**

3. Die gesetzlichen Regelungen des Parteiwesens

10　a) *Parteiengesetz.* In Ausführung des Regelungsauftrages des Art. 21 III GG ist 1967 das Parteiengesetz ergangen, das seitdem mehrfach geändert worden ist (vgl. Sart. Nr. 58). Der Gesetzgeber schloß sich weitgehend der Rechtsprechung des BVerfG an; das gilt sowohl für die ursprüngliche Fassung als auch für die späteren Änderungen. Das Parteiengesetz bringt zunächst eine – vorwiegend politisch deskriptive, aber für die Auslegung der maßgeblichen Vorschriften auch rechtlich relevante – Beschreibung der Stellung und der Aufgaben der Parteien (§ 1), eine Legaldefinition der Partei (§ 2) und sodann eine Reihe von Regelungen über einzelne Bereiche des Parteiwesens, nämlich über die Parteifähigkeit im Prozeß (§ 3), den Namen (§ 4), die Gleichbehandlung (§ 5), die innere Ordnung (§§ 6 ff.), die Parteienfinanzierung (§§ 18 ff.), die Rechenschaftslegung gem. Art. 21 I 4 GG (§§ 23 ff.) und schließlich den Vollzug des Parteiverbots (§§ 32, 33).

Das 1967 erlassene Parteiengesetz hat – trotz mehrerer Anläufe und Entwürfe – lange auf sich warten lassen. Das hatte verschiedene Gründe, nämlich einmal die Problematik der Parteienfinanzierung und zum andern die der Rechenschaftslegung. Gerade die Parteienfinanzierung führte dann aber doch wieder zu einer beschleunigten Verabschiedung des Gesetzes. Da das BVerfG durch Urteil vom 19. 7. 1966 (BVerfGE 20, 56) die bisherige Parteienfinanzierung für verfassungswidrig, aber die Erstattung der Wahlkampfkosten für zulässig erklärt hatte, bedurfte es einer gesetzlichen Regelung, die dann auch bald durch das Parteiengesetz erfolgte.

11　b) *Ergänzende Regelungen des öffentlichen Rechts.* Das Parteiengesetz wird durch weitere öffentlich-rechtliche Vorschriften ergänzt, die im Zusammenhang mit anderen, jedoch verwandten Regelungsbereichen stehen, so das *Bundeswahlgesetz,* das u. a. die Aufstellung der Kandidaten durch die Parteien eingehend regelt (§§ 18 ff. BWahlG), das *Einkommensteuergesetz,* das die steuerrechtliche Begünstigung von Mitgliedsbeiträgen und Spenden für die Parteien vorsieht (§ 10b II, § 34g EStG), und das *Verfassungsprozeßrecht,* das nicht nur nähere Regelungen zum Parteiverbotsverfahren enthält (§§ 43 ff. BVerfGG), sondern auch – nach der Rechtsprechung des BVerfG – Organstreitverfahren auf Antrag politischer Parteien zuläßt (vgl. dazu näher unten Rn. 26, 57).

Vgl. dazu und zu den landesrechtlichen Regelungen näher *Henke*, BK
Art. 21 (1991) Rn. 386 ff. Schon hier ist anzumerken, daß für das Parteiverbot und seine Folgen – neben Art. 21 II GG – vier weitere Gesetze gelten, nämlich erstens die bereits erwähnten §§ 43 ff. BVerfGG, die das verfassungsgerichtliche Verfahren regeln, zweitens die §§ 32, 33 PartG, die die
Vollstreckung des verfassungsgerichtlichen Urteils und das Verbot von Ersatzorganisationen betreffen, drittens § 46 I Nr. 5 und IV BWahlG, der den Mandatsverlust im Falle der Feststellung der Verfassungswidrigkeit einer Partei
bestimmt, und viertens §§ 84 ff. StGB, die die Fortführung und Unterstützung
einer für verfassungswidrig erklärten Partei unter Strafe stellen.

c) *Privatrechtliche Vorschriften.* Da die politischen Parteien, wie **12**
noch näher darzulegen ist, privatrechtliche Organisationen sind,
kommen auch privatrechtliche Vorschriften, insbesondere die Vorschriften des Vereinsrechts (§§ 21 ff. BGB) zum Zuge. Sie werden
allerdings durch die Vorschriften des Parteiengesetzes und die sonstigen parteibezogenen Regelungen des öffentlichen Rechts überlagert, verdrängt und ersetzt. Soweit diese aber nicht oder nicht
abschließend eingreifen, sind die privatrechtlichen Vorschriften
anwendbar. Das gilt für die Gründung der Partei, für die Mitgliedschaft, für die innere Organisation und für die Selbstauflösung. Die
Satzung, die die Partei gem. § 6 PartG erlassen muß, ist keine
öffentlich-rechtliche Rechtsnorm, sondern eine privatrechtliche
Regelung, so wie andere Vereinssatzungen auch; sie muß den
Vorgaben des Parteiengesetzes entsprechen, was sich aber nur auf
ihren Inhalt, nicht auf ihren Rechtscharakter auswirkt. Es besteht
sonach eine Gemengelage von öffentlichem Recht und Privatrecht.
Das öffentliche Recht hat den Vorrang; das Privatrecht steht unter
dem Vorbehalt des öffentlichen Rechts.

Fall: A ist Mitglied der Partei P, hat aber schon seit zehn Jahren weder an **13**
Parteiveranstaltungen teilgenommen noch seine Mitgliedsbeiträge bezahlt.
Mahnungen blieben bislang erfolglos. Der Vorstand der Partei P teilt nunmehr
dem A mit, daß er wegen Desinteresse ausgeschlossen werde, aber noch seine
rückständigen Mitgliedsbeiträge bezahlen müsse. A widerspricht. Er wolle
Mitglied der Partei bleiben, aber in Ruhe gelassen werden, solange nichts
passiere, was seinen Einsatz rechtfertige. Daraufhin wird A durch Vorstandsbeschluß ausgeschlossen und auf Zahlung der rückständigen Mitgliedsbeiträge
verklagt. Wie ist die Rechtslage?
Als rechtliche Vorschriften kommen – in dieser Stufenfolge – die Satzung
der Partei, das Privatrecht, insbesondere das Vereinsrecht, das Parteiengesetz
und Art. 21 I GG in Betracht. Eine bestimmte Prüfungsfolge wird nicht vorgeschrieben; es empfiehlt sich aber, bei den konkreteren Vorschriften der unteren

Stufe anzusetzen und diese sodann am Recht der höheren Stufe zu prüfen. Eine einschlägige Satzungsvorschrift liegt, so soll hier unterstellt werden, nicht vor. Nach Privatrecht ist der Ausschluß zulässig. Fraglich ist aber, ob das Parteiengesetz eingreift. Maßgeblich sind die materielle Vorschrift des § 10 IV PartG und die formelle Vorschrift des § 10 V PartG. Nach § 10 IV darf ein Mitglied „nur dann aus der Partei ausgeschlossen werden, wenn es vorsätzlich gegen die Satzung oder erheblich gegen Grundsätze oder Ordnung der Partei verstößt und ihr damit schweren Schaden zufügt." Die Verweigerung des Beitrags durch ein Mitglied oder einige wenige Mitglieder dürfte für die Partei noch kein schwerer Nachteil sein. Hinzu kommt, daß § 10 II 2 PartG für diesen Fall den Entzug des Stimmrechts für zulässig erklärt und, so könne man weiter argumentieren, als schwächere Sanktion die stärkere Sanktion des Ausschlusses verdrängt. Freilich ist diese Subsidiarität nicht zwingend. Andererseits ist zu beachten, daß § 10 IV PartG den Ausschluß aus *politischen Gründen* begrenzen will, etwa auf den Fall, daß ein Mitglied beharrlich gegen Parteitagsbeschlüsse opponiert oder die eigene Partei in der Öffentlichkeit diskriminiert. Hier geht es jedoch darum, daß ein Mitglied selbst an der Partei nicht mehr interessiert ist und sich lediglich ein eventuelles Interventionsrecht vorbehalten will. In diesem Fall greift die Sperrwirkung des § 10 IV PartG nicht mehr ein. Die Partei kann jedenfalls nicht verpflichtet sein, sog. Karteileichen auf unbestimmte Zeit weiterzuschleppen. Der Ausschluß des A ist aber deshalb rechtswidrig, weil das Parteischiedsgericht nicht eingeschaltet wurde (§ 10 V PartG). Schließlich ist noch Art. 21 I GG heranzuziehen. Die Ausschlußregelung könnte gegen die Gründungsfreiheit verstoßen, die auch das Recht einschließt, über die Mitgliedschaft in der Partei (Aufnahme und Ausschluß) zu entscheiden. Dem steht jedoch das Demokratieprinzip des Art. 21 I 3 GG entgegen, das u. a. die Meinungsfreiheit und den Minderheitenschutz innerhalb der Partei fordert. Die Regelung des § 10 PartG (freie Aufnahme, begrenzter Ausschluß) stellt in diesem Spannungsverhältnis eine vertretbare gesetzliche Regelung dar. – Die Forderung nach Zahlung der rückständigen Beiträge bestimmt sich ausschließlich nach Privatrecht. Das Parteiengesetz enthält keine einschlägige Regelung; Art. 21 I GG steht jedenfalls dann nicht entgegen, wenn die satzungsrechtliche Beitragsregelung mit dem Gleichheitssatz vereinbar ist. – In beiden Fällen sind – nach dem Parteischiedsgericht – die staatlichen Zivilgerichte zuständig. Vgl. zum Prüfungsumfang zuletzt LG Bonn, NJW 1997, 2958 (Parteiausschluß wegen Mitgliedschaft in der Scientology-Bewegung). Zum Ausschluß wegen Beitragsverweigerung II. *Trautmann,* Innerparteilich Demokratie im Parteienstaat, 1975, S. 213; *Henke,* BK Art. 21 (1991) Rn. 274.

II. Aufgaben und Stellung der politischen Parteien

1. Aufgaben

14   Wenn es in Art. 21 I 1 GG heißt, daß die Parteien bei der politischen Willensbildung des Volkes mitwirken, so wird damit nicht nur die politische Praxis registriert, sondern diese Mitwirkung auch verfassungsrechtlich anerkannt, gefordert und geschützt. Die verfassungsrechtliche Garantie der Parteien wird durch ihre Aufgaben und ihre Funktionen im parlamentarisch-demokratischen Staat bestimmt.

Die wichtigste Aufgabe der Parteien ist sicherlich die Mitwirkung bei den Wahlen im Bund, in den Ländern, in den Landkreisen und Gemeinden sowie in der Europäischen Gemeinschaft (Wahl zum Europäischen Parlament) durch Aufstellung von Kandidaten und Werbung für ihre Kandidaten. Sie werden deshalb auch als „Wahlvorbereitungsorganisationen" bezeichnet (so z.B. BVerfGE 91, 262, 268). Darin erschöpfen sich aber ihre Aufgaben nicht. Sie haben vielmehr auch zwischen den Wahlen wesentliche Aufgaben. Sie sollen die unterschiedlichen politischen Auffassungen und Interessen des Volkes aufnehmen, bündeln, integrieren und darstellen, ferner politische Programme mit Entscheidungsvorschlägen und möglichen Alternativen entwickeln, die Verbindung zwischen dem Volk und den staatlichen Organen im Sinne der demokratischen Rückkoppelung herstellen und pflegen, das Interesse und die Mitwirkung der Bürger am politischen Leben fördern, Nachwuchskräfte für die politischen Führungsaufgaben auf allen Ebenen heranziehen und fördern und schließlich ihre politischen Vorstellungen in die staatlichen Organe (Parlament und Regierung) einbringen. Dabei müssen sich die Parteien stets bewußt sein, daß sie – richtig betrachtet – keine vom Bürger abgehobene Organisationen sind, sondern Vereinigungen von Bürgern darstellen, die gemeinsam politische Ziel verfolgen und im staatlichen Bereich durchsetzen wollen.

15

Vgl. zu den Aufgaben der Parteien BVerfGE 20, 56, 101; 52, 63, 82f.; 85, 264, 284f.; 91, 262, 267f.; *Hesse,* VerfR Rn. 169. – Eine maßgebliche Umschreibung enthält § 1 II PartG, wobei allerdings die dort einzeln aufgezählten Aufgaben nicht durchweg das gleiche Gewicht haben (vgl. BVerfGE 73, 1, 33).

2. Die Einordnung der Parteien

Die Parteien sind sowohl dem politisch-gesellschaftlichen als auch dem staatlichen Bereich zuzurechnen. Ihre Grundlagen und

16

ihr Schwerpunkt liegen im politisch-gesellschaftlichen Bereich. Die Parteien sind frei gebildete und frei zugängliche Vereinigungen mit dem Ziel, Bürger mit gleichen politischen Vorstellungen und Interessen zu sammeln und zu effektiven Handlungseinheiten zusammenzuschließen. Ihr Aktionsfeld ist daher zunächst das politische Feld. Sie beschränken sich aber darauf nicht, sondern sind bestrebt, ihre politischen Ziele im Parlament zur Geltung zu bringen. Daher werden sie auch als „Mittler" oder „Zwischenglieder" zwischen dem Volk und dem Staat bezeichnet. Das ist freilich nicht alles. Die Parteien sind nicht nur Mittler zwischen dem Volk und dem Staat, sondern agieren auch im Staat, wenn sie das dafür erforderliche Mandat des Volkes erhalten haben.

3. Grenzen

17   Sowohl im politisch-gesellschaftlichen als auch im staatlichen Bereich stoßen die Parteien auf spezifische Grenzen.

a) Im *politisch-gesellschaftlichen Bereich* müssen die Parteien die Konkurrenz der zahlreichen Gruppen, Vereinigungen, Verbände und Organisationen akzeptieren, die – auch oder sogar ausschließlich – politische Ziele verfolgen. Nach Art. 21 I GG haben die Parteien nur das Recht, bei der politischen Willensbildung des Volkes *mitzuwirken*. Sie haben also kein Monopol. Daher können die Parteien im politisch-gesellschaftlichen Bereich keine Sonderrechte beanspruchen. Differenzierungen sind zulässig; sie dürfen aber nicht an die Stellung als Partei, sondern nur an andere Kriterien (etwa Größe, Struktur, gesellschaftliche Relevanz usw.) anknüpfen. Der freie Wettbewerb der politischen Auseinandersetzung muß gewährleistet bleiben. Daher ist der staatliche Gesetzgeber nicht nur berechtigt, sondern auch verpflichtet, Machtkartelle politischer Parteien in diesem Bereich zu unterbinden. Die Parteien unterscheiden sich jedoch dadurch erheblich von den sonstigen politischen Vereinigungen und Organisationen, daß sie, wie dargelegt wurde, ihre politischen Ziele auch im Parlament und möglicherweise in der Regierung und damit im staatlichen Bereich vertreten und durchsetzen wollen. Dieser Gesichtspunkt rechtfertigt oder fordert sogar spezielle, nur die Parteien betreffende Regelun-

gen. Deshalb gilt für sie nicht die allgemeine Regelung der Vereinsfreiheit (Art. 9 I GG), sondern die besondere Regelung der
Parteienfreiheit (Art. 21 I GG).

b) Im *staatlichen Bereich* bestehen in doppelter Hinsicht Grenzen. **18**
Zum einen ist zu beachten, daß die Parteien zwar die Möglichkeit und das Recht haben, entsprechend ihrem bei der Wahl erreichten Stimmenanteil das Parlament und ggf. die Regierung zu
„besetzen", sich dann aber nicht mehr auf ihre Parteifreiheit berufen können, sondern an die verfassungsrechtlichen Regelungen
gebunden sind, die für die jeweiligen Staatsorgane bestehen. Da
sich das Staatsorganisationsrecht weitgehend auf „Spielregeln" beschränkt, bestehen noch genügend Möglichkeiten zur politischen
Entfaltung. Der Wechsel von der politischen Beliebigkeit zur
staatsrechtlichen Gebundenheit muß aber beachtet werden. Zudem
ist in diesem Bereich nicht mehr das Parteiinteresse, sondern das
Gemeinwohl maßgeblich. Das mag zwar im konkreten Fall nicht
viel besagen, weil die Parteien ohnehin dazu neigen, ihre Vorstellungen mit dem Gemeinwohl gleichzusetzen, zumal wenn sie die
Mehrheit erreicht haben und sich dadurch legitimiert fühlen. Aber
als Orientierung ist dieser unterschiedliche Bezug doch von Bedeutung.

Zum anderen beschränkt sich der staatsinterne Wirkungsbereich **19**
der Parteien auf das Parlament und die Regierung. Die Verwaltung
und vor allem die Gerichtsbarkeit sind ihnen verschlossen. Das
ergibt sich zwar nicht aus Art. 21 I 1 GG, aber aus Art. 33 II, V
GG und aus Art. 92 ff. GG. Eine Ausnahme besteht nur dort, wo
Verwaltungsorgane unmittelbar vom Volk gewählt werden, nämlich für die Vertretungskörperschaften der Gemeinden und der
Landkreise und neuerdings auch die Bürgermeister und die Landräte.

Vgl. dazu *Hesse,* VerfR Rn. 170; *D. Merten,* Das Berufsbeamtentum als
Element deutscher Rechtsstaatlichkeit, in: K. Lüder (Hg.), Staat und Verwal-
tung, 1997, S. 145, 165 ff. m. w. N. (Fn. 132). – Man kann sogar generell
sagen, daß dort, wo Volkswahlen vorgesehen sind, Einflußmöglichkeiten der
Parteien begründet werden. Freilich ist auch das wieder ambivalent, weil die
Parteien gerade dann, wenn das Volk selbst und unmittelbar entscheidet, an
Einfluß verlieren. Ein typisches Beispiel dafür ist die Wahl der Bürgermeister
(vgl. dazu *Maurer,* VerwR § 23 Rn. 10).

4. Die Rechtsstellung der Parteien

20   a) *Privatrechtliche Vereine.* Da die Parteien primär im politisch-gesellschaftlichen Bereich wurzeln, sind sie entsprechend den in diesem Bereich geltenden Rechtsformen entweder rechtsfähige Vereine gem. § 21 BGB oder nichtrechtsfähige Vereine gem. § 54 BGB. Die Entscheidung zwischen diesen beiden Rechtsformen liegt bei den Parteien selbst. Früher wählten sie – wie die meisten anderen Verbände, etwa die Gewerkschaften – die Rechtsform des nichtrechtsfähigen Vereins, um den mit der Eintragung des rechtsfähigen Vereins in das Vereinsregister verbundenen staatlichen Auflagen und Kontrollen zu entgehen. Obwohl diese Beschränkungen inzwischen weitgehend und für die Parteien durchgehend weggefallen sind, sind auch heute die meisten Parteien traditionell nichtrechtsfähige Vereine.

21   So z.B. die CDU und die SPD, während die CSU und die FDP als rechtsfähige Vereine organisiert sind. Praktisch besteht zwischen diesen beiden Organisationsformen kaum noch ein Unterschied. Die Rechtsprechung wendet auf die körperschaftlich organisierten Vereine, zu denen auch die Parteien zählen, die für die rechtsfähigen Vereine maßgeblichen Vorschriften entsprechend an (vgl. BGHZ 43, 316, 319 f.; ferner etwa *F. Kübler,* Gesellschaftsrecht, 5. Aufl. 1998, S. 129). Der Unterschied besteht im wesentlichen nur noch in der fehlenden Rechtsfähigkeit, die sich aber kaum auswirkt, da alle Parteien – ohne Rücksicht auf die Rechtsform und die Rechtsfähigkeit – im eigenen Namen vor Gericht klagen und verklagt werden können (§ 3 PartG). Andererseits gelten die mit der Eintragung verbundenen Beschränkungen, soweit sie überhaupt noch bestehen, nicht mehr für die Parteien (vgl. § 37 PartG).

22   b) *Verfassungsrechtlicher Status.* Mit dem Hinweis auf den vereinsrechtlichen Charakter ist die Rechtsstellung der Parteien noch nicht abschließend bestimmt. Es stellt sich vielmehr die Frage, welche Folgerungen sich aus der Verankerung der Parteien in der Verfassung ergeben.

23   Das BVerfG hat in seinen ersten Entscheidungen zu den politischen Parteien – vor allem unter dem Einfluß der Parteienstaatslehre von *Leibholz* – die Auffassung vertreten, die Parteien hätten den Charakter von Verfassungsorganen, soweit sie ihre Rechte aus Art. 21 I GG geltend machten. Sie seien zwar keine Staatsorgane i.e.S., übten aber doch Funktionen eines Verfassungsorgans aus: Sie stünden nicht nur dem Staat mit verfassungsmäßig gesicherten

Rechten gegenüber, sondern seien als Faktoren des Verfassungslebens dem verfassungsinternen Bereich zuzurechnen. Offenbar wollte das BVerfG damit zwischen dem engeren staatlich-institutionalisierten Bereich und dem weiteren verfassungsrechtlich-institutionalisierten Bereich unterscheiden.

Praktische Bedeutung hatte die Einordnung der Parteien vor allem in prozessualer Hinsicht. Es ging um die Frage, ob die politischen Parteien ihren verfassungsrechtlichen Status gem. Art. 21 I GG und die sich daraus ergebenden Rechte – wie Verfassungsorgane – im Wege des Organstreitverfahrens oder – wie jedermann – im Wege der Verfassungsbeschwerde geltend machen können und müssen. Das BVerfG entschied sich unter Hinweis auf die organschaftliche Stellung der Parteien für die erste Alternative. Dabei spielte auch die Rechtsprechung des Staatsgerichtshofs der Weimarer Republik eine erhebliche Rolle, der nicht nur den Verfassungsorganen i.e.S. (Landtag, Regierung usw.), sondern auch den politischen Parteien, den Gemeinden, den Landeskirchen, ja sogar reichsritterlichen Familien als Verfassungsorganen i.w.S. die Stellung von Verfahrensbeteiligten in Verfassungsrechtsstreitigkeiten gem. Art. 19 WRV zuerkannte. Es schien dem BVerfG nicht vertretbar, gerade nach der Aufwertung der Parteien durch das Grundgesetz dahinter zurückzugehen. **24**

Die Qualifizierung der Parteien als Verfassungsorgane ist in der Literatur zu Recht auf Kritik und Ablehnung gestoßen. Das Gericht selbst hat sich in der Folgezeit – eingeleitet durch das grundlegende Urteil vom 19. 7. 1966 (BVerfGE 20, 56, 97 ff.) – davon distanziert. Es beschränkt sich nunmehr auf allgemeinere Formulierungen, insbesondere die, daß die Parteien durch Art. 21 GG „in den Rang einer verfassungsrechtlichen Institution" erhoben würden. **25**

Vgl. zur früheren Rechtsprechung BVerfGE 1, 208, 223 ff.; 4, 27, 30 f.; 8, 51, 63; 12, 267, 280. – Die Formel von der „verfassungsrechtlichen Institution" findet sich z.B. in BVerfGE 41, 399, 416; 73, 40, 85. – G. *Leibholz,* Professor für Staatsrecht und Richter am BVerfG von 1951–1971, hat seine Lehre vom „Parteienstaat" in mehreren Beiträgen dargestellt, vgl. vor allem den Sammelband: G. *Leibholz,* Strukturprobleme der modernen Demokratie, 3. Aufl. 1967, S. 71 ff., 78 ff. und öfters. Sein Verdienst ist es, die Bedeutung der politischen Parteien für das Verfassungsleben hervorgehoben zu haben, wenngleich die völlige „Verlagerung" der Parteien aus dem politisch-gesellschaftlichen Bereich in den staatsorganisatorischen Bereich nicht überzeugen kann. Die Wendung durch BVerfGE 20, 56 wurde dadurch erleichtert, wenn nicht sogar ermöglicht, daß *Leibholz* wegen Befangenheit an jener Entscheidung nicht mitwirken konnte (BVerfGE 20, 1, 9, 26), was die Bedeutung der Befangenheitsregelung (§ 19 BVerfGG) illustriert. Die vom BVerfG weiterverwendete und in der Literatur weitgehend übernommene Formel, Art. 21 I GG habe

„die Parteien in den Rang einer verfassungsrechtlichen Institution" erhoben,
mag als allgemeine Umschreibung hingehen, ist aber rechtlich bedeutungslos.

26   Nach wie vor hält das BVerfG aber daran fest, daß die Parteien
als „andere Beteiligte" i. S. des Art. 93 I Nr. 1 GG die Verletzung
ihres durch Art. 21 I GG garantierten verfassungsrechtlichen Status,
d. h. die dadurch vermittelten Rechte, im Wege des Organstreitverfahrens vor dem BVerfG geltend machen könnten und müßten
(BVerfGE 4, 27; st. Rspr., vgl. BVerfGE 82, 322, 335; 92, 80, 87).

Danach ist zwischen dem engeren Begriff des Verfassungsorgans im verfassungsorganisatorischen Sinn und dem weiteren Begriff des Verfassungsorgans
im verfassungsprozessualen Sinn, der auch die Parteien einschließt, zu unterscheiden. Auch das muß auf Bedenken stoßen, wenn man die allgemeinen
organisationsrechtlichen Maßstäbe anlegt. Es gibt Organe des Staates, die für
den Staat handeln, aber keine Organe der Verfassung (für wen sollten sie
handeln?). Das Verfassungsorgan bildet einen Unterfall des Staatsorgans. Es
erfaßt diejenigen Staatsorgane, die ihre Grundlage in der Verfassung haben und
an der gesamtstaatlichen Willensbildung beteiligt sind. Da die Parteien nach
heute unbestrittener Auffassung keine Staatsorgane sind, können sie auch keine
Verfassungsorgane sein. Damit fehlt aber eine wesentliche Voraussetzung des
Organstreitverfahrens, das gerade zwischen zwei Verfassungsorganen stattfindet.
Immerhin hat das BVerfG den Parteien auf diese Weise den Verfassungsrechtsweg eröffnet, wenn sie geltend machen, in ihren Rechten aus Art. 21
GG verletzt zu sein. Der in der Literatur vorgeschlagene Ausweg der Verfassungsbeschwerde führt nicht weiter, weil Art. 21 I GG in Art. 93 I Nr. 4a GG
nicht aufgezählt ist. Vgl. dazu auch unten Rn. 57 ff., ferner allgemein zum
Organstreitverfahren § 20 Rn. 40 ff.

27   Zusammenfassend ergibt sich: Wenn vom verfassungsrechtlichen
Status der Parteien die Rede ist, so ist damit − nicht mehr, aber
auch nicht weniger − die Zusammenfassung der den politischen
Parteien kraft Verfassungsrechts zukommenden Rechte und
Pflichten zu verstehen. Die in der (vor allem früheren) Rechtsprechung und in der Literatur auftauchenden Prädikate und Umschreibungen − verfassungsrechtliche Institutionen, integrierende
Bestandteile der Verfassung, Faktoren des Verfassungslebens, Verfassungsorgane, singulärer öffentlicher Status, verfassungsrechtliche
Quasi-Institutionen usw. − bilden den an sich durchaus berechtigten Versuch, die verfassungsrechtliche Bedeutung der früher verfassungsrechtlich unterbelichteten Parteien hervorzuheben, bringen
aber teilweise eine verfassungsrechtliche Überhöhung zum Ausdruck, die leicht zu Mißverständnissen führen kann.

Vgl. zu den verschiedenen Umschreibungen *Stern,* Staatsrecht I, S. 456 ff.; *Kunig,* HStR II (1987) S. 144. Die verfassungsprozessuale Einordnung der Parteien als „Verfassungsorgane" ist ein technischer Kunstgriff, um einen ausreichenden Rechtsschutz der Parteien, insbesondere der kleinen Parteien, zu gewährleisten. Er würde sich erledigen, wenn Art. 21 GG in den Katalog des Art. 93 I Nr. 4a GG aufgenommen oder – besser – wenn eine besondere Parteiverfassungsbeschwerde (entsprechend der Kommunalverfassungsbeschwerde, aber auf die Parteien zugeschnitten) eingefügt würde.

5. Der Begriff der politischen Partei

Eine präzise begriffliche Bestimmung der Parteien ist schon des- **28** halb erforderlich, weil Art. 21 GG und das Parteiengesetz nur für Parteien gelten, für die übrigen Organisationen, die nicht unter diesen Begriff fallen, dagegen Art. 9 I GG und das Vereinsgesetz zur Anwendung kommen.

a) Eine *Legaldefinition* enthält § 2 I PartG. Sie ist zwar für Art. 21 **29** GG nicht maßgeblich, da der Gesetzgeber die Verfassung nicht durch eine Begriffsbestimmung präjudizieren kann; sie entspricht aber nach allgemeiner Auffassung den Anforderungen des Art. 21 GG, so daß sie auch zu dessen Auslegung herangezogen werden kann (BVerfGE 91, 262, 267). Danach sind Parteien „Vereinigungen von Bürgern, die dauernd oder für längere Zeit für den Bereich des Bundes oder eines Landes auf die politische Willensbildung Einfluß nehmen und an der Vertretung des Volkes im Deutschen Bundestag oder einem Landtag mitwirken wollen, wenn sie nach dem Gesamtbild der tatsächlichen Verhältnisse ... eine ausreichende Gewähr für die Ernsthaftigkeit dieser Zielsetzung bieten." Maßgebend sind sonach vier Merkmale:
– Vereinigung von Bürgern,
– feste und dauerhafte Organisation dieser Vereinigung,
– Ziel, im Bundestag und/oder in einem Landtag mitzuwirken,
– Ernsthaftigkeit dieser Zielsetzung.

b) *Im einzelnen* ist noch zu bemerken: Das maßgebliche, den **30** Parteibegriff gleichsam konstituierende Merkmal ist das Bestreben der Vereinigung, ihre politischen Vorstellungen und Ziele im Parlament zu vertreten und durchzusetzen. Dadurch unterscheidet sie sich von den sonstigen politischen Vereinigungen und Organisationen, die im außerparlamentarischen Bereich verbleiben und verbleiben wollen. Die Absicht der parlamentarischen Mitwirkung genügt. Sie muß in der Beteiligung an Parlamentswahlen (Bundestag, Landtage) zum Ausdruck kommen. Dabei ist es nicht erforderlich, daß sich die Partei an allen Wahlen im Bund und in den Ländern beteiligt, sondern ausreichend, wenn sie an einigen oder wenigstens an einer Wahl teilnimmt, etwa eine Landespartei an der Landtagswahl ihres Landes. Eine Partei kann auch für eine gewisse Zeit ganz aussetzen, etwa nach einer schweren Wahlniederlage, mit dem Ziel, sich zu regenerieren. Erst dann, wenn sie 6 Jahre lang weder an einer Bundestagswahl noch an einer Landtagswahl teilgenommen hat, verliert sie den Status als Partei (§ 2 II PartG) und fällt damit nicht mehr unter Art. 21 GG, sondern unter Art. 9 GG. Sie kann sich aber jederzeit wieder als Partei konstituieren, wenn sie erneut an den Parlamentswahlen teilnimmt. Die *Ernsthaftigkeit* muß nicht nur subjektiv, sondern auch objektiv gegeben sein, d. h. die Partei muß auch tatsächlich − nach ihrem Organisationsgrad, ihrer Mitgliederzahl, ihrer finanziellen Grundlage usw. − in der Lage sein, die typischen Parteiaufgaben wahrzunehmen, insbesondere in einem Parlament mitzuwirken (vgl. dazu eingehend BVerfGE 91, 262, 271 ff.; 91, 276, 288 ff.).

31 Dagegen bestehen keine *inhaltlich-politischen Anforderungen*. Die Frage, *welche* politischen Ziele verfolgt werden, ist unerheblich. Es kann auch nicht darauf ankommen, ob sich die Partei dem Allgemeinwohl verpflichtet fühlt oder spezifische Interessen verfolgt. Die Allgemeinwohlorientierung ist eine verfassungspolitische Forderung, aber kein verfassungsrechtliches Begriffsmerkmal. Das liegt auch nahe, da für die Feststellung des Gemeinwohls die erforderlichen Maßstäbe fehlen. Der Parteibegriff muß formal bleiben, um eine politische Kontrolle und Zensur (etwa bei der Zulassung zur Wahl durch den Wahlleiter gem. § 18 BWahlG) von vornherein auszuschließen. Auch *verfassungsfeindliche* Parteien fallen unter den Parteibegriff, sofern die übrigen Voraussetzungen vorliegen. Sie können nach Art. 21 II GG ausgeschlossen werden; solange dies nicht geschehen ist, müssen sie formal als Partei akzeptiert werden, was natürlich eine politische Auseinandersetzung nicht ausschließt. Vgl. zum Parteiverbot näher unten § 23 Rn. 21 ff.

32 c) Strittig ist, ob *kommunale Wählervereinigungen*, d. h. Vereinigungen, die lediglich auf der kommunalen Ebene tätig werden und nur eine Vertretung im Gemeinderat oder im Kreistag anstreben, unter Art. 21 GG fallen. § 2 I PartG erfaßt sie nicht, wie sich aus

dem Erfordernis der Mitwirkung im Bundestag oder einem Landtag ergibt. Diese gesetzliche Beschränkung ist nach Ansicht des
BVerfG und eines Teils der Literatur verfassungsgemäß, stößt aber
zunehmend auf Widerspruch und Ablehnung. Richtig ist, daß
auch die kommunalen Wählervereinigungen der politischen Willensbildung des Volkes zuzurechnen sind und daß auch die Kommunalwahlen eine Ausübung der Staatsgewalt darstellen. Indessen
ist Art. 21 GG – nach Wortlaut, Entstehungsgeschichte und Sinn
der Regelung – offensichtlich auf Parteien zugeschnitten, die auf
der staatlichen Ebene agieren. Es ist schwerlich vorstellbar, daß das
Verbot einer verfassungsfeindlichen Wählervereinigung, die sich
auf eine Gemeinde beschränkt, dem BVerfG gem. Art. 21 II GG
vorbehalten sein soll; es ist ferner nicht anzunehmen, daß alle Regelungen, die die kommunalen Wählervereinigungen betreffen,
durch Bundesgesetz gem. Art. 21 III GG erfolgen müssen. Auch
die meisten Vorschriften des Parteiengesetzes passen nicht für die
Wählervereinigungen, so daß sie durch umfangreiche Regelungen
erweitert oder ergänzt werden müßten. Die Gegenmeinung ist also
offensichtlich nicht durchdacht. Die Lösung geht in eine andere
Richtung. Die kommunalen Wählervereinigungen (Kommunal-
parteien) werden durch Art. 28 II 1 GG geschützt. Daraus folgt,
daß sie im Kommunalbereich gegenüber den politischen Parteien
nicht benachteiligt werden dürfen und etwaige Differenzierungen
sachlich begründet sein müssen.

Vgl. in diese Richtung BVerfGE 11, 266, 271 ff. (Wahlvorschläge); BVerfGE
69, 92, 110 f.; 78, 350, 358 f. (steuerliche Begünstigung von Spenden); BVerfGE
85, 264, 328; 87, 394, 398 (staatliche Finanzierung); BVerfGE 99, 69
(Befreiung von der Körperschafts- und Vermögenssteuer). – Für die Einbeziehung der kommunalen Wählervereinigungen in Art. 21 GG mit der Folge, daß
§ 2 I PartG insoweit verfassungswidrig ist, etwa *Hesse,* VerfR Rn. 169;
v. Münch, MüK Art. 21 Rn. 13 f.; *Pieroth,* JP Art. 21 Rn. 6; *Kunig,* HStR II
(1987) S. 127 f. – Wie hier BVerfGE 6, 367, 372 f. sowie die oben genannten
BVerfG-Entscheidungen; im Ergebnis auch *Henke,* BK Art. 21 (1991) Rn. 37.

d) *Europaparteien und Ausländer.* Da sich § 2 I PartG auf Parteien **33**
beschränkt, die im Bundestag oder einem Landtag mitwirken wollen, werden auch diejenigen Parteien nicht erfaßt, die ausschließlich
an den Wahlen zum Europäischen Parlament teilnehmen wollen
(Europaparteien). Diese Beschränkung läßt sich schon damit erklä-

ren, daß das Parteiengesetz 1967 erlassen, die Direktwahl des Europäischen Parlaments jedoch erst 1976/1979 eingeführt wurde. Der Gesetzgeber wollte also die Europaparteien nicht bewußt ausschließen; er sah offenbar auch später keinen Ergänzungsbedarf, da sich bislang in Deutschland noch keine spezifische Europapartei gebildet hat. Es bestehen jedoch keine Bedenken, wenn es dazu kommen sollte, die für die politischen Parteien geltenden Vorschriften auch auf die Europaparteien direkt oder wenigstens entsprechend anzuwenden. Das gilt auch dann, wenn sich die Organisation einer Europapartei nicht auf Deutschland beschränken, sondern auf mehrere oder sogar alle Mitgliedstaaten der EU erstrecken sollte.

34   Nach § 2 III PartG sind Vereinigungen, die mehrheitlich aus *Ausländern* bestehen oder die ihren *Sitz im Ausland* haben, keine Parteien. Diese Regelung ist folgerichtig, wenn man auf den Zusammenhang zwischen Parteien und Wahlen abstellt. Sie verliert aber ihre Berechtigung, wenn und soweit Ausländer ein Wahlrecht erhalten. Für das Kommunalwahlrecht der EU-Bürger wird das noch nicht aktuell, weil die kommunalen Wählervereinigungen ohnehin nicht unter den Parteibegriff fallen (str., vgl. oben Rn. 32). Wenn jedoch das Wahlrecht der Ausländer auf Parlamentswahlen erweitert oder die kommunalen Wählervereinigungen als Parteien qualifiziert werden sollten, dann muß der Ausschluß der Ausländerparteien entsprechend reduziert werden.

6. Das Ende der Partei

35   Eine Partei findet zum einen dann ihr Ende, wenn sie sich selbst auflöst oder wenn sie vom BVerfG gem. Art. 21 II GG i. V. mit § 46 III BVerfGG aufgelöst wird. Sie existiert dann auch nicht mehr als Vereinigung i. S. des Art. 9 I GG. Es ist aber zweitens auch möglich, daß sie ihren besonderen Rechtsstatus als Partei und die damit verbundenen Rechte verliert, jedoch als Organisation i. S. des Art. 9 I GG bestehen bleibt. Das ist dann der Fall, wenn die Begriffsmerkmale der politischen Partei wegfallen, wenn die (ehemalige) Partei nicht mehr an den Wahlen teilnimmt, wobei § 2 II PartG eine Karenzfrist von 6 Jahren einräumt, oder wenn sie objektiv nicht mehr in der Lage ist, die Aufgaben einer Partei zu verfolgen.

Vgl. zur zweiten Alternative BVerfGE 91, 262 und 276. Die Verfassungsmäßigkeit des § 2 II PartG wurde angezweifelt, aber vom BVerfG bestätigt
(BVerfGE 24, 260, 265 f.).

III. Die Rechte und Pflichten der Parteien

1. Allgemeines

Das Grundgesetz ist, was die Rechte und Pflichten der Parteien **36**
betrifft, ziemlich wortkarg. Art. 21 I 2 GG gewährleistet nur die
Gründungsfreiheit, die allerdings weitere Rechte impliziert, und
legt sodann bestimmte Bindungen und Pflichten fest (Anforderungen an die parteiinterne Ordnung, Pflicht zur Rechenschaft
über die Finanzen). Darüber hinaus können sich die Parteien auf
Art. 21 I 1 GG berufen, der die Befugnisse einräumt, die erforderlich sind, um die typische Aufgabe der Parteien, nämlich die
Mitwirkung bei der politischen Willensbildung des Volkes, wahrzunehmen. Ferner kann sich die Partei als privatrechtliche, im politisch-gesellschaftlichen Bereich wurzelnde Organisation auf die
Grundrechte berufen (vgl. auch Art. 19 III GG). Art. 21 II GG hat
eine ambivalente Wirkung: Er bindet die Parteien an die freiheitliche demokratische Grundordnung und läßt die Auflösung verfassungsfeindlicher Parteien zu, fordert dafür aber eine Entscheidung des BVerfG (sog. Parteienprivileg, vgl. dazu unten § 23
Rn. 22).

2. Gründungsfreiheit

a) *Gründungsfreiheit.* Die Gründung einer Partei ist frei. Sie darf **37**
weder von formellen Voraussetzungen, etwa einer Genehmigung
oder Registrierung, noch von materiellen Voraussetzungen, die
über den Begriff der Partei gem. Art. 21 I GG hinausgehen, abhängig gemacht werden. Das schließt freilich nicht aus, daß bei
Anwendung bestimmter Gesetze geprüft werden muß, ob eine
Organisation als Partei anzusehen ist. So muß der Bundeswahlleiter
gem. § 18 IV Nr. 2 BWahlG prüfen und feststellen, ob die Vereinigung, die sich als Partei bezeichnet und an der bevorstehenden

Bundestagswahl teilnehmen will, auch wirklich eine Partei ist (vgl. BVerfGE 89, 266 und 291).

38 b) *Organisations- und Programmfreiheit.* Die Gründungsfreiheit bezieht sich nicht nur auf den Gründungsakt als solchen, sondern vermittelt auch das *Recht, die Organisation und vor allem das Programm* der Partei festzulegen. Ferner ergibt sich aus ihr ein entsprechender *Bestandsschutz,* da die Gründungsfreiheit illusorisch würde, wenn die Partei zu einem späteren Zeitpunkt beschränkt oder verdrängt werden könnte.

39 c) *Beitritts- und Austrittsrecht.* Die Gründungsfreiheit steht genau genommen nicht der Partei, sondern den Personen zu, die eine Partei gründen wollen, kommt aber auch der Partei als solcher zugute. Sie vermittelt ferner das Recht, einer bestimmten Partei beizutreten oder aus einer Partei auszutreten. Dieses Recht richtet sich gegen den Staat, u. U. aber auch gegen die Parteien selbst. Es verbietet zum einen staatliche Regelungen und Maßnahmen, die den Eintritt oder den Austritt erschweren; es verbietet zum anderen aber auch Druckmittel der Parteien, mit denen jemand gezwungen werden soll, ihnen beizutreten oder sie nicht zu verlassen. Fraglich ist, ob der Bürger einen Anspruch gegenüber der Partei auf Aufnahme in die Partei oder auf Verbleiben in der Partei hat. Diese Frage wird in § 10 PartG differenzierend geregelt.

40 Nach § 10 I PartG besteht kein Aufnahmeanspruch. Das ist eine zwingende Konsequenz der Freiheit der Parteien. Müßten sie jeden, der Interesse zeigt, oder auch nur jeden, der bestimmte Voraussetzungen erfüllt, aufnehmen, dann würden sie in ihrer Organisations- und Programmfreiheit erheblich beeinträchtigt. Die Partei könnte auf diesem Wege sogar unterwandert und „umgedreht" werden. Die Verfassungsmäßigkeit des § 10 I PartG wird ganz überwiegend bejaht, vgl. BGHZ 101, 193; *v. Münch,* MüK Art. 21 Rn. 57 m. w. N.; a. A. *Morlok,* Festschrift für Knöpfle, 1996, S. 231 ff., der einen (begrenzten) Aufnahmeanspruch annimmt und deshalb § 10 I PartG für teilweise verfassungswidrig erklärt. – Dagegen ist der *Ausschluß* aus der Partei nur zulässig, wenn das Mitglied „vorsätzlich gegen die Satzung oder erheblich gegen Grundsätze oder Ordnung der Partei verstößt und ihr damit schweren Schaden zufügt" (§ 10 IV PartG) und wenn dies in einem besonderen förmlichen Verfahren festgestellt wird (§ 10 V PartG). Das beschränkte Ausschlußrecht soll die innerparteiliche Demokratie gewährleisten (vgl. dazu bereits oben Rn. 13).

3. Betätigungsfreiheit

Die Parteien haben das Recht, all die Aufgaben, die sich aus der **41** Funktionsbestimmung des Art. 21 I 1 GG und dem Aufgabenkatalog des § 1 II PartG ergeben, in der ihnen geeignet erscheinenden Art und Weise wahrzunehmen. Sie sind darauf aber nicht beschränkt, sondern können darüber hinaus alle Rechte und Möglichkeiten nutzen, die auch sonst – den Bürgern und den übrigen Vereinigungen – zur Verfügung stehen. Sie können sich dabei auch auf die Grundrechte berufen, etwa auf Art. 8 I GG, wenn sie eine Versammlung durchführen wollen, oder auf Art. 5 I 2 GG, wenn sie Zeitschriften oder sonstige Druckwerke herausgeben wollen. Allerdings sind sie insoweit auch den für alle geltenden Gesetzen unterworfen. Art. 21 I GG dispensiert nicht von der Gesetzesbindung. Er kann und muß jedoch beachtet werden, wenn es um die Konkretisierung unbestimmter Rechtsbegriffe und vor allem um die Ausübung von Ermessen geht.

Beispiel: Die Partei P möchte vor der Bundestags-Wahl Plakatständer auf dem Marktplatz aufstellen. Sie bedarf dazu nach dem Straßenrecht einer Sondernutzungserlaubnis, deren Erteilung im Ermessen der zuständigen Straßenbehörde steht. Die Behörde ist verpflichtet, bei der Entscheidung über die Erlaubnis die besondere Bedeutung der politischen Parteien für das öffentliche Leben zu berücksichtigen (BVerwGE 56, 56); in Wahlkampfzeiten ist sie sogar grundsätzlich verpflichtet, die Erlaubnis zu erteilen (BVerwGE 47, 280, 283).

4. Recht auf Chancengleichheit

Das Recht der Parteien auf Gleichbehandlung, insbesondere auf **42** Chancengleichheit, ist im parlamentarisch-demokratischen Staat mit mehreren, miteinander konkurrierenden Parteien von grundlegender Bedeutung. Der Staat darf den freien Wettbewerb der Parteien um Einfluß und Macht im politischen und gesellschaftlichen Bereich nicht dadurch stören, daß er die eine oder die andere Partei begünstigt. Das gilt um so mehr, als die im Parlament vertretenen Parteien, insbesondere diejenigen, die die Mehrheit haben und damit am Schalthebel der Gesetzgebung sitzen, durchaus versucht sein könnten, durch entsprechende gesetzliche Regelungen für sich Vorteile herauszuschlagen. Daß diese Gefahr nicht unbegründet ist, zeigen die relativ zahlreichen Entscheidungen des BVerfG, die sich mit dieser Problematik zu beschäftigen hatten.

43   Der Anspruch auf Chancengleichheit wird in Art. 21 GG nicht ausdrücklich geregelt. Er ergibt sich aber aus der Parteienfreiheit des Art. 21 I GG und dem der Verfassung zugrunde liegenden Mehrparteienprinzip (so das BVerfG in st. Rspr., vgl. etwa BVerfGE 82, 322, 337). Im Gegensatz zum allgemeinen Gleichheitsrecht des Art. 3 I GG, das sachlich begründete und dem Verhältnismäßigkeitsgrundsatz entsprechende Differenzierungen zuläßt, ist der Grundsatz der Chancengleichheit zwischen den Parteien strikt und formal. Differenzierungen sind nur zulässig, wenn zwingende Gründe dies erfordern. Besondere Bedeutung erlangt der Grundsatz der Chancengleichheit im Wahlrecht, wo er durch Art. 38 I 2 GG besonders gewährleistet wird. Er beschränkt sich aber nicht auf diesen Bereich, sondern greift überall dort ein, wo es um *die* Parteien und damit das Verhältnis der Parteien zueinander geht.

> Die parteienrechtliche Chancengleichheit ist von der sozialstaatlichen Chancengleichheit (vgl. dazu oben § 8 Rn. 74, 76) zu unterscheiden. Während jene den Staat zur Beseitigung tatsächlicher Ungleichheiten verpflichtet, damit alle Bürger die gleichen Startchancen haben, fordert diese gerade umgekehrt, daß der Staat die bestehenden Unterschiede hinnimmt.

44   Der Grundsatz der Chancengleichheit wird vor allem dann aktuell, wenn der Staat Leistungen oder sonstige Vergünstigungen gewährt. Nach den bisherigen Darlegungen müßten die Parteien völlig gleich behandelt werden. Indessen wäre auch dies problematisch, da zwischen einer großen Partei, die im Bundestag vertreten ist und möglicherweise sogar Regierungsverantwortung trägt, und einer kleinen Splitterpartei erhebliche Unterschiede bestehen. Somit stellt sich eben doch die Frage, ob in diesem oder in jenem Fall die egalitäre oder die proportionale Gleichheit angemessen ist. § 5 PartG läßt eine „abgestufte Gleichbehandlung" zu. Danach „sollen" (nicht: müssen), wenn der Staat oder ein sonstiger Träger öffentlicher Gewalt den Parteien Einrichtungen zur Verfügung stellt oder andere öffentliche Leistungen gewährt, alle Parteien gleich behandelt werden. Was den Umfang der Gewährung betrifft, kann nach der Bedeutung der Parteien abgestuft werden, wobei sich die Bedeutung insbesondere nach den Ergebnissen vorausgegangener Wahlen zu Volksvertretungen bemißt. In der Literatur wird die Verfassungsmäßigkeit des § 5 PartG angezweifelt oder sogar bestritten. Sie ist jedoch bei einschränkender verfassungskonformer Auslegung zu bejahen. Differenzierungen sind – nur – vertretbar, wenn die Kapazität beschränkt ist und gewichtige Gründe – etwa das unterschiedliche Informationsbedürfnis der Wähler im Wahlkampf – dafür sprechen.

Die Rechtsprechung bejaht die Verfassungsmäßigkeit, vgl. BVerfGE 24, 300, 354 f.; BVerwGE 75, 67, 77; ablehnend *Kunig*, HStR II S. 135 f.; *Ipsen*, in: Sachs, Art. 21 GG Rn. 40 ff.; differenzierend *Morlok*, in: Dreier, Art. 21 GG Rn. 84 und *Streinz*, MaKSt Art. 21 Rn. 125 ff., die lediglich die Orientierung des § 5 I 4 PartG an der Vertretung der Parteien im Bundestag insoweit für verfassungswidrig halten, als sie auch für die Landes- und Kommunalebene maßgeblich sein soll; sie schlagen deshalb eine verfassungskonforme Auslegung vor (Orientierung auf der Landes- und Kommunalebene am Landtag bzw. den Kommunalkörperschaften als maßgebliche Bezugseinheiten).

Fall (BVerwGE 75, 67; Sachverhalt etwas abgewandelt): Das Zweite Deutsche Fernsehen (rechtsfähige Anstalt des öffentlichen Rechts) räumt den politischen Parteien vor der Wahl – jeweils fünf Minuten vor 20 Uhr – Sendezeiten für sog. Wahlwerbespots ein. Die CDU und die SPD erhalten jeweils 10 Abende, die FDP, die CSU und die Grünen jeweils 4 Abende. Die übrigen Parteien, die nicht im Bundestag vertreten sind, aber an der bevorstehenden Bundestagswahl teilnehmen, erhalten jeweils 1 Abend. Die FDP ist nicht damit einverstanden, daß sie lediglich 4 Abende erhält, und rügt eine Verletzung der Chancengleichheit. Die Grünen erklären, daß ihnen die zugeteilte Zeit reicht, daß sie aber nicht einsehen, weshalb die CSU neben der CDU eine eigene Sendezeit erhält. Wie sind die Einwände zu beurteilen? – Das Zweite Deutsche Fernsehen ist als rechtsfähige Anstalt des öffentlichen Rechts Träger öffentlicher Gewalt i. S. des § 5 PartG und deshalb an diese Vorschrift gebunden. § 5 PartG begründet keinen Anspruch auf Sendezeiten, aber einen Anspruch darauf, daß, wenn Sendezeiten an Parteien im Wahlkampf vergeben werden, der Gleichheitssatz beachtet wird. Folgt man § 5 PartG, dann müßte die FDP 5 Abende erhalten (vgl. Satz 4 des § 5 I PartG). Ihr Einwand ist daher berechtigt. Fraglich ist dagegen, ob die CDU und die CSU jeweils als eigene Parteien betrachtet und behandelt werden dürfen. Das BVerwG bejaht dies. CDU und CSU seien organisatorisch zwei verschiedene Parteien. Daß sie im wesentlichen dieselben politischen Ziele verfolgten und in keinem Bundesland miteinander im Wettbewerb stünden, sei unerheblich, da es allein auf den formalen Parteibegriff ankomme (BVerwGE 75, 67, 75 ff.). Zu bemerken ist noch, daß sich ein originärer Anspruch auf Zuteilung von Sendezeiten für die Wahlwerbung auch nicht aus Art. 21 I GG oder Art. 5 I GG ableiten läßt (BVerfGE 47, 198, 237; BVerwGE 87, 270, 273 f.; BremStGH LVerfGE 5, 175, 188 f.) und daß § 5 I PartG schon seinem Wortlaut nach nur für öffentlich-rechtliche Rundfunkanstalten gilt, private Rundfunkanstalten also nicht erfaßt. *Weiterge-*

45

hende Ansprüche ergeben sich aber – in unterschiedlicher Weise – aus den staatsvertraglichen und gesetzlichen Rundfunkregelungen der Länder. *Die öffentlich-rechtlichen Rundfunkanstalten* sind verpflichtet, den politischen Parteien vor der Wahl kostenfrei Wahlsendezeiten zu gewähren (vgl. etwa § 11 II ZDF-Vertrag, § 8 II WDR-Gesetz). *Die privaten Rundfunkanstalten,* die bundesweit ausstrahlen, sind vor den Bundestag- und Europawahlen ebenfalls dazu verpflichtet, können aber die Erstattung ihrer „Selbstkosten" verlangen (vgl. § 42 II Rundfunkstaatsvertrag i. d. F. vom 20. 1/12. 2. 1997, Nds. GVBl. S. 280). Im übrigen begründen die Landesmediengesetze oder Landesrundfunkgesetze unter gewissen Voraussetzungen entsprechende Zuteilungsansprüche oder wenigstens Gleichbehandlungsansprüche, indem sie § 5 I PartG für entsprechend anwendbar erklären (vgl. etwa § 5 III LMedienG BW, § 19 II LRG NW). Die von den Parteien konzipierten und verantworteten Wahlwerbesendungen dürfen nur *zurückgewiesen* werden, wenn sie in Wirklichkeit keine Wahlwerbung darstellen oder inhaltlich gegen die Strafgesetze verstoßen (BVerfGE 47, 198, 227 ff.; 69, 257, 268 ff.). – Von den Wahlwerbesendungen der Parteien sind die *redaktionell gestalteten Sendungen* vor der Wahl zu unterscheiden (etwa: der Sender lädt die Parteivorsitzenden zu einem von einem Fernsehjournalisten geleiteten Gespräch ein). In diesem Fall kommt neben der Chancengleichheit der Parteien die Rundfunkfreiheit des Senders ins Spiel, so daß zwischen beiden Rechtspositionen im Wege der praktischen Konkordanz ein Ausgleich zu finden ist (vgl. dazu BVerfGE 82, 54, 58 f.; BayVGH NVwZ 1991, 851; OVG Bremen DVBl. 1991, 1269 f.; BremStGH LVerfGE 5, 175, 190 ff.).

Entsprechende Aspekte ergeben sich bei der *Vergabe einer Stadthalle* für Wahlveranstaltungen oder sonstige Veranstaltungen von Parteien, wenn eine lokale Parteiorganisation vorhanden ist und die Widmung der Stadthalle entsprechende Veranstaltungen erfaßt. Auch in diesem Fall kommen neben § 5 I PartG weitere Vorschriften zur Anwendung, nämlich die kommunalrechtlichen Vorschriften über das Recht zur Benutzung der öffentlichen Einrichtungen der Gemeinde, zu denen nach Maßgabe der Widmung auch die Stadthallen gehören (vgl. etwa § 10 II GemO BW), was durchaus von Interesse ist, weil diese Regelungen nicht nur einen Gleichbehandlungsanspruch, sondern auch einen Zulassungsanspruch begründen (vgl. BVerfGE 32, 333, 337 f.; BVerwG DVBl. 1990, 154; Bad.-Württ. VGH NJW 1987, 2697 und 2698).

Vgl. zum gesamten Komplex *J. Becker* (Hg.), Wahlwerbung politischer Parteien im Rundfunk, 1989; *A. Schulze-Sölde,* Politische Parteien und Wahlwerbung in der dualen Rundfunkordnung, 1994; *E. Benda,* Rechtliche Perspektiven der Wahlwerbung im Rundfunk, NVwZ 1994, 521 ff.; *O. Weihrauch,* Wahlwerbespots und soziale Appelle im Rundfunk, VerwArch. Bd. 85 (1994) S. 399 ff.; *F. Ossenbühl,* Rechtliche Probleme der Zulassung zu öffentlichen Stadthallen, DVBl. 1973, 289 ff.; *U. Gassner,* Grenzen des Zulassungsanspruchs politischer Parteien zu kommunalen öffentlichen Einrichtungen, VerwArch. Bd. 85 (1994) S. 533 ff.

5. Demokratische Binnenstruktur der Parteien

Nach Art. 21 I 3 GG muß die innere Ordnung der Parteien de-   **46**
mokratischen Grundsätzen entsprechen. Das ist ohne weiteres
einsichtig. Da die Parteien bei der politischen Willensbildung des
Volkes mitwirken und über die Wahlen Einfluß auf den staatlichen
Bereich erlangen können, also wesentliche Faktoren des demokratischen Willensbildungsprozesses sind, müssen sie selbst demokratisch strukturiert sein. Das Demokratieprinzip fordert vor allem,
daß die Willensbildung innerhalb der Partei von unten nach oben
geht, daß sich also die Parteiführung nicht verselbständigt, sondern
durch innerparteiliche Wahlen parteidemokratisch legitimiert wird,
was durch eine begrenzte Amtszeit und durch wiederkehrende
Wahlen zu sichern ist. Diese Forderung wendet sich nicht nur
gegen autoritäre Parteien, die dem Führerprinzip huldigen, sondern auch gegen Einzelverstöße grundsätzlich demokratischer Parteien. Allerdings ist zu beachten, daß die demokratischen Regelungen und Grundsätze, die für den Staat gelten, nicht einfach auf die
Parteien übernommen werden dürfen. Dagegen spricht schon, daß
der Staat ein Zwangsverband ohne Konkurrenz ist, während die
politischen Parteien freie Verbände darstellen, die in Konkurrenz
zu anderen Parteien stehen. Das muß sich vor allem auf das Verhältnis der Parteien zu ihren Mitgliedern auswirken.

Die Gestaltung der Parteien und deren Organisation ist grundsätzlich Sache
der Parteien selbst. Sie wird jedoch durch die §§ 6 ff. PartG und die ergänzend
eingreifenden Vorschriften des Vereinsrechts des BGB weitgehend präjudiziert.
Wenn auch diese Vorschriften sehr detailliert sind, so sind sie doch insgesamt
haltbar, da sie das Demokratiegebot verwirklichen, rein formalen Charakter
haben und der Sicherheit im Rechtsverkehr dienen. Für die wichtigste Aufgabe der Parteien, die Aufstellung der Parlamentskandidaten, gelten die Wahlgesetze, etwa für die Bundestagswahl die §§ 18 ff. BWahlG.

6. Rechenschaftspflicht

Die Parteien sind verpflichtet, über die Herkunft und Verwen-   **47**
dung ihrer Mittel sowie über ihr Vermögen öffentlich Rechenschaft zu geben (Art. 21 I 4 GG). Die Rechenschaftspflicht soll
dem Wähler und der Öffentlichkeit die Möglichkeit geben, sich
über die finanziellen Hintergründe der Parteien, insbesondere über

ihre Geldgeber, zu informieren. Das ist um so dringlicher, als durch finanzielle Zuwendungen leicht politische Abhängigkeiten geschaffen werden, die den freien demokratischen Meinungs- und Willensbildungsprozeß unterlaufen und schädigen. Die Rechenschaftspflicht hat vor allem Kontrollfunktion.

Das Publizitätsgebot des Art. 21 I 4 GG wird durch die §§ 23 ff. PartG in der Fassung vom 28. 6. 2002 (BGBl. I S. 2268) näher geregelt. Die Neuregelung sollte vor allem eine Reihe von Unklarheiten und Problemen, die bei verschiedenen Finanz- und Spendenaffären der Parteien sichtbar geworden sind, beseitigen. Nach § 23 PartG sind die Parteien verpflichtet, jährlich innerhalb einer bestimmten Frist einen Rechenschaftsbericht beim Bundestagspräsidenten einzureichen, der von diesem als Bundestags-Drucksache verteilt und damit veröffentlicht wird. Die formalen Anforderungen an den Rechenschaftsbericht werden in § 24 PartG im einzelnen aufgeführt. Wenn der Rechenschaftsbericht nicht fristgerecht eingereicht wird, dann verfällt der Anspruch auf staatliche Mittel (vgl. näher § 19 a III PartG). Die unter der früheren Fassung des Parteiengesetzes strittig gewordene Frage, ob der Rechenschaftsbericht nur formal richtig oder auch inhaltlich richtig sein muß, ist vom OVG Berlin im Sinne der zweiten Alternative entschieden worden (OVG Berlin, DVBl. 2002, 1426 mit Anm. von *Denninger*); zur Literatur vgl. unten Rn. 55.

IV. Parteienfinanzierung

1. Entwicklung

48   Die finanziellen Mittel, die den Parteien für ihre Organisation und Tätigkeit zur Verfügung stehen, stammen im wesentlichen aus Mitgliedsbeiträgen, Spenden und staatlichen Zuwendungen. Im folgenden geht es um die staatlichen Zuwendungen. Dabei ist zwischen der unmittelbaren Parteienfinanzierung und der mittelbaren Parteienfinanzierung zu unterscheiden. Im ersten Fall erhalten die Parteien direkte Zuwendungen aus der Staatskasse. Im zweiten Fall werden die Mitgliedsbeiträge und die Spenden an die Parteien steuerlich begünstigt, so daß der Staat – durch Verzicht auf Steuerleistungen – gleichsam mitbezahlt. Die Steuervergünstigung kommt zwar den Mitgliedern und den Spendern zugute, bildet aber doch einen Anreiz zu (höheren) Zuwendungen an die Parteien.

49   Im Grundgesetz ist die Parteienfinanzierung nicht vorgesehen, aber auch nicht ausgeschlossen. In verfassungsrechtlicher Sicht fragt sich, ob sie überhaupt zulässig ist, und, wenn ja, unter welchen Voraussetzungen und in welchem Umfang sie erfolgen darf und – unter dem Aspekt der Chancengleichheit – nach welchen Maßstäben die Zuwendungen auf die einzelnen Parteien verteilt werden dürfen und müssen. Die Parteienfinanzierung hat in der Bundesrepublik eine wechselvolle Geschichte durchgemacht. Sie wird durch den Versuch der Parteien, sich über das Haushaltsbewilligungsrecht des Bundestages die ihrer Auffassung nach erforderlichen Mittel zu beschaffen, einerseits und das Bestreben des BVerfG, die Parteienfinanzierung in Grenzen zu halten, andererseits geprägt. Gerade in diesem Bereich ist das BVerfG als kräftiger Gegenspieler der politischen Parteien aufgetreten. Seine Rechtsprechung weist allerdings erhebliche Schwankungen und Brüche auf, die sich wiederum in den gesetzlichen Regelungen niederschlagen.

Zunächst stellte das BVerfG durch Urteil vom 24. 6. 1958 fest, es sei zuläs- **50** sig, daß der Staat nicht nur für die Wahlen selbst, sondern auch für die die Wahlen tragenden politischen Parteien finanzielle Mittel zur Verfügung stelle (BVerfGE 8, 51, 63; ferner BVerfGE 12, 276, 280). Daraufhin wurden im Haushalt des Bundes Mittel für die politischen Parteien ausgewiesen, die von 5 Mio. DM im Jahre 1959 in den folgenden Jahren rasch auf 20 Mio. DM stiegen und (nur) an die im Bundestag vertretenen Parteien für ihre Aufgaben nach Art. 21 GG vergeben wurden. In seinem Urteil vom 19. 7. 1966 erklärte das BVerfG – in Abkehr von seinen früheren Äußerungen – die allgemeine Parteienfinanzierung, d. h. die Zuweisung globaler Mittel aus dem Bundeshaushalt, für verfassungswidrig (BVerfGE 20, 56, 96 ff.). Zur Begründung führte es aus, daß die Parteien im gesellschaftlich-politischen Bereich wurzelten und die Willensbildung vom Volk zum Staat – nicht umgekehrt – verlaufe, dieser Willensbildungsprozeß aber nicht durch staatliche Einwirkungen, auch nicht durch eine staatliche Finanzierung der Parteien, die sie der staatlichen Fürsorge überantworteten, beeinträchtigt werden dürfe. Diese Begründung vermochte nicht recht zu überzeugen. Es ist nicht einzusehen, weshalb finanzielle Zuwendungen, die nach allgemeinen Kriterien zur freien Verwendung vergeben werden, zur Abhängigkeit vom Staat führen müssen. Es gibt ja auch sonst zahlreiche gesellschaftliche Gruppen und Verbände (etwa die Kirchen, die Sportverbände usw.), die staatliche Mittel erhalten, ohne daß eingewendet würde, sie gerieten dadurch in Abhängigkeit vom Staat. Andererseits ist die Gefahr, daß Spenden privater Geldgeber zu Abhängigkeiten führen, sicher nicht geringer. Offenbar ging es dem BVerfG auch gar nicht um eine Beseitigung, sondern um eine Begrenzung der staatlichen Parteienfinanzierung. Es führte nämlich weiter aus, daß die Erstattung der notwendigen Kosten eines angemessenen Wahlkampfes verfassungsrechtlich zulässig sei (BVerfGE 20, 56, 113 ff.). Auf dieser Grundlage hat dann die staatliche Parteienfinanzierung in §§ 18 ff. PartG eine Regelung erhalten, die vom BVerfG – mit einigen Korrekturen – gebilligt wurde (BVerfGE 24, 300). Danach erhielten die Parteien für jede Bundestagswahl und jede Europawahl einen Pauschalbetrag in Höhe von (zuletzt) 5 DM pro Wahlberechtigtem (bei – 1990 – über 60 Mio. Wahlberechtigten also über 300 Mio. DM); dieser Betrag wurde auf die Parteien, die bei der Wahl mindestens 0,5% der Stimmen erreicht hatten, entsprechend ihrer Zweitstimmenzahl verteilt; ab dem 2. Jahr der Wahlperiode erhielten die Parteien im Blick auf die (zu erwartenden) Erstattungsbeträge bei der nächsten Wahl Abschlagszahlungen (Vorauszahlungen) in Höhe von 20% pro Jahr, die sich nach dem Ergebnis der vorhergehenden Wahl bestimmten, allerdings wieder zurückgezahlt werden mußten, wenn und soweit das Ergebnis der nächsten Wahl dahinter zurückblieb. In der Folgezeit hatte sich das BVerfG immer wieder mit Problemen im Umfeld der Parteienfinanzierung zu befassen, so zur Wahlkampfkostenerstattung (BVerfGE 24, 300; 73, 40), zur steuerlichen Begünstigung von Parteispenden (BVerfGE 52, 63; 73, 40), zur Wahlkampfkostenerstattung für Einzelbewerber (BVerfGE 41, 399), zur Finanzierung von Freien Wählervereinigungen (BVerfGE 69, 92; 73, 350) und zur Finanzierung sog. parteinaher Stiftungen, etwa der Konrad Adenauer-Stiftung, der Friedrich Ebert-Stiftung usw. (BVerfGE 73, 1). Einer völligen Neuorientierung – sowohl in der Begründung als auch im Ergebnis – brachte das BVerfG-Urteil vom 9. 4. 1992 (BVerfGE 85, 264), das wiederum zu grundlegenden Änderungen der §§ 18 ff. PartG und des Steuerrechts führte. Überblickt man die Entwicklung der letzten Jahrzehnte, dann kann man sagen, daß die Regelungen der Parteienfinanzierung vom BVerfG konzipiert und vom Gesetzgeber in Gesetzesform gebracht wurden. Die wechselvolle Rechtsprechung indiziert die Schwierigkeiten der Materie, aber auch gelegentlichen Fehlentscheidungen des BVerfG. Jedenfalls ist bei der Lektüre der früheren Entscheidungen zu beachten, daß sie weitgehend durch die neuere Rechtsprechung, insbesondere BVerfGE 85, 264, überholt sind.

2. Die unmittelbare Parteienfinanzierung

51   Maßgebend sind derzeit die §§ 18 ff. PartG i. d. F. vom 28. 6. 2002 (BGBl. I S. 2268). Danach gewährt der Staat den Parteien finanzielle Mittel als „Teilfinanzierung der allgemein ihnen nach dem Grundgesetz obliegenden Tätigkeit" (§ 18 I 1 PartG). Der Umfang der den einzelnen Parteien zukommenden Beträge bemißt sich einmal nach dem Erfolg, den die Parteien bei den Wahlen zum Europaparlament, zum Bundestag und zu den Landtagen erzielt haben, und zum anderen nach der Summe der Mitgliedsbeiträge und Spenden, die eine Partei erzielt hat. Dementsprechend erhalten die Parteien jährlich für jede Stimme, die für ihre Liste bei der jeweils letzten Europa-, Bundestags- und Landtagswahl abgegeben worden ist, 0,70 Euro, für die ersten 4 Millionen Stimmen sogar 0,85 Euro. Ferner erhalten sie für jeden Euro, den sie als Mitglieds- oder Mandatsträgerbeitrag oder als Spende bekommen haben, 0,38 Euro, allerdings nur für Zuwendungen natürlicher Personen bis zu jeweils 3300 Euro. Die dabei zusammenkommenden Beträge werden durch eine „absolute Obergrenze" und eine „relative Obergrenze" beschränkt. Die erste betrifft den Gesamtbetrag, der an die Parteien bezahlt wird, und beschränkt sich derzeit gem. § 18 II PartG auf 133 Mio. Euro; die zweite stellt auf die einzelnen Parteien ab und bestimmt, daß die Höhe der staatlichen Teilfinanzierung die Summe der jährlich selbst erwirtschafteten Einnahmen (Mitgliedsbeiträge, Spenden und sonstige Einnahmen) nicht überschreiten darf. Parteien, die bei der letzten Europa- oder Bundestagswahl unter 0,5% und bei der letzten Landtagswahl unter 1,0% geblieben sind, werden nicht berücksichtigt.

Die Einzelheiten werden in § 18 PartG subtil geregelt. Ferner enthält das Parteiengesetz Bestimmungen über die Antragstellung (§ 19), das Feststellungsverfahren (§ 19 a) und die Abschlagszahlung (§ 20). Die (fragliche) Entscheidung des BVerwG vom 17. 5. 2000, daß das Antragserfordernis für die endgültige Festsetzung und Auszahlung der staatlichen Mittel erfüllt ist, wenn die Partei einen Antrag auf Abschlagszahlungen gestellt hat (BVerwGE 111, 175; Vorinstanz OVG Münster DVBl. 1999, 1372), ist durch die Neuregelung des § 19 I 5 PartG überholt, die auf eine Antragstellung ganz verzichtet, wenn bereits im Vorjahr staatliche Mittel für die jeweilige Partei festgesetzt worden sind (kritisch dazu *J. Ipsen,* NJW 2002, 1910). Die sich aus der Beteiligung bei den Landtagswahlen ergebenden staatlichen Mittel sind von den Ländern, die übrigen Mittel vom Bund zu tragen (§ 21 PartG). Schließlich weist § 22 PartG noch darauf hin, daß die Bundesverbände der Parteien für einen parteiinternen Finanzausgleich Sorge zu tragen haben.

Die Begründung für die neue Regelung der Parteienfinanzierung 52 ergibt sich aus dem bereits erwähnten Urteil des BVerfG vom 9. 4. 1992 (BVerfGE 85, 264, 283 ff.), so daß im Zweifel darauf zurückgegriffen werden kann. Die Parteienfinanzierung orientiert sich nicht mehr an der Teilnahme der Parteien an den staatlichen Wahlen, sondern allgemein an den Aufgaben der Parteien gem. Art. 21 I GG. Sie geht davon aus, daß die Parteien als staatsfreie, im politisch-gesellschaftlichen Bereich wurzelnde Vereinigungen sich selbst um die Zustimmung und die Unterstützung der Bürger und Wähler bemühen müssen. Daher knüpft die Finanzierung nicht mehr an die Zahl der Wahlberechtigten, sondern an die Zahl der für eine Partei

abgegebenen Stimmen und die Summe der an sie geleisteten Mitgliedsbeiträge und Spenden an. Die staatliche Parteienfinanzierung
soll und darf nur ein Zuschuß sein. Sie bildet zwar nur eine Teilfinanzierung und endet an bestimmten Obergrenzen, erreicht aber
immer noch eine beachtliche Höhe.

3. Mittelbare Parteienfinanzierung

53   Die steuerliche Begünstigung von Mitgliedsbeiträgen und vor
allem von Spenden hat in der Vergangenheit immer wieder Anlaß
zu Diskussionen in der Literatur und zu verfassungsgerichtlichen
Entscheidungen geführt. Auch insoweit hat das Urteil des BVerfG
vom 9. 4. 1992 neue Maßstäbe gebracht (BVerfGE 85, 264, 312 ff.),
die sich inzwischen im Einkommensteuerrecht niedergeschlagen
haben. Die Problematik liegt auf der Hand. Die steuerliche Begünstigung von Spenden berührt den Grundsatz der Chancengleichheit, weil sie Parteien begünstigt, die von einkommensstär-
keren Bevölkerungsgruppen unterstützt werden, und zwar einmal,
weil diese eher in der Lage sind, überhaupt zu spenden, und zum
anderen, weil die Begünstigung jedenfalls dann, wenn die Spende
als Sonderausgabe abgezogen werden kann, unterschiedliche Auswirkungen hat. Es fragt sich, weshalb Mitgliedsbeiträge und Spenden an Parteien überhaupt steuerlich begünstigt werden. Ein sachlich rechtfertigender Grund ist nicht ersichtlich. Durch die vom
BVerfG veranlaßten Neuregelungen werden die steuerlichen Vergünstigungen jedenfalls erheblich reduziert.

Nach § 34 g EStG mindern Mitgliedsbeiträge und Spenden die zu zahlende
Einkommensteuer um 50 % der gespendeten Summe bis zu 825 Euro jährlich
(bei Zusammenveranlagung von Ehegatten bis zu einer Höhe von 1650 Euro).
Wenn also z. B. jemand 5000 Euro Einkommensteuer zahlen müßte, aber
800 Euro an eine Partei als Spende überwiesen hat, muß er nur 4600 Euro
Einkommensteuer bezahlen. – Nach § 10 b II EStG können Mitgliedsbeiträge
und Spenden als Sonderausgaben bis zu einer Höhe von 1650 Euro (bei Zusammenveranlagung von Ehegatten bis zu einer Höhe von 3300 Euro) abgesetzt werden. Dadurch wird zwar nicht die Einkommensteuer, aber die
Bemessungsgrundlage für die Einkommensteuer reduziert, was sich je nach
Progressionsstufe unterschiedlich auswirkt. Wer 40 % Einkommensteuer bezahlt und 1000 Euro an eine Partei spendet, kann diese 1000 Euro vom steu-
erpflichtigen Einkommen absetzen und zahlt daher 400 Euro weniger Ein-

kommensteuer. Wer keine Einkommensteuer zahlt, kann auch nichts absetzen. Die Steuervergünstigung nach § 10b II EStG kann übrigens nur geltend gemacht werden, wenn keine Steuerermäßigung nach § 34g EStG gewährt worden ist (vgl. § 10b II 2 EStG). – Die früher geregelte Steuervergünstigung für Spenden von Körperschaften (etwa Banken, Wirtschaftsunternehmen und dgl.) ist vom BVerfG für verfassungswidrig erklärt worden (BVerfGE 85, 264, 315). Das schließt natürlich nicht aus, daß solche Unternehmen weiterhin Spenden an bestimmte Parteien leisten, nur können sie nicht mehr steuerlich abgesetzt werden.

Üblicherweise wird unter dem Stichwort „mittelbare Parteifinanzierung" nur die steuerliche Absetzbarkeit von Mitgliedsbeiträgen und Spenden für Parteien erfaßt. Man könnte den Kreis aber auch weiter ziehen und solche Zuwendungen und Vergünstigungen einbeziehen, die für Organisationen und Einrichtungen gewährt werden, die im Zusammenhang mit Parteien stehen und damit – mittelbar – auch diesen zugute kommen. Das gilt vor allem für die Fraktionsfinanzierung, die Abgeordnetenausstattung, die finanziellen Zuwendungen an Jugendorganisationen politischer Parteien (Junge Union, Jungsozialisten usw.), die finanziellen Zuschüsse an parteinahe Stiftungen (Konrad Adenauer-Stiftung, Friedrich Ebert-Stiftung usw.), im weiteren Sinne auch die kostenlose Überlassung von Sendezeiten im Rundfunk und im Fernsehen oder die kostenlose Bereitstellung kommunaler Einrichtungen für die Parteien. **54**

Literatur zur Parteienfinanzierung: Zur Neufassung der §§ 18ff. PartG: *H. H. von Arnim,* Die neue Parteifinanzierung, DVBl. 2002, 1065ff.; *J. Ipsen,* Das neue Parteienrecht, NJW 2002, 1909ff.; ferner allgemein zur Parteifinanzierung vor allem H. H. von Arnim, der nicht nur den rechtlichen, sondern auch den tatsächlichen Problemen der Parteifinanzierung kritisch nachgeht, so etwa *v. Arnim,* Verfassungsfragen der Parteifinanzierung, JA 1985, 121ff. und 207ff.; *ders.,* Verfassungsfragen der Fraktionsfinanzierung im Bundestag und in den Landesparlamenten, ZRP 1988, 83ff.; *ders.,* Der Staat als Beute, 1993, S. 241ff.; *ders.,* Die Partei, der Abgeordnete und das Geld, 1996, m.w.N. S. 507f.; ferner etwa *H. H. Klein,* Parteien sind gemeinnützig – das Problem der Parteifinanzierung, NJW 1982, 735ff.; *ders.,* Die Rechenschaftspflicht der Parteien und ihre Kontrolle, NJW 2000, 1441ff.; *D. Th. Tsatsos,* Parteienfinanzierung im europäischen Vergleich, 1992; *U. Volkmann,* Politische Parteien und öffentliche Leistungen, 1993; *J. Ipsen,* Verfassungsfragen degressiv gestaffelter Globalzuschüsse an politische Parteien, ZParl 1994, 401ff.; *ders.,* Parteispenden als Verfassungsproblem, JZ 2000, 539ff. Bundespräsidialamt (Hg.), Empfehlungen der Kommission unabhängiger Sachverständiger zur Parteienfinanzierung, 1994; *H. Sendler,* Verfassungsgemäße Parteienfinanzierung?, **55**

NJW 1994, 365 ff.; *F. Boyken,* Die neue Parteifinanzierung, 1998; *G. Stricker,* Der Parteifinanzierungsstaat, 1998; *M. Morlok,* Spenden – Rechenschaft – Sanktionen, NJW 2000, 761 ff.; *O. Depenheuer/B. Grzeszick,* Zwischen gesetzlicher Haftung und politischer Verantwortlichkeit, DVBl. 2000, 736 ff.; *H. M. Heinig/T. Streit,* Die direkte staatliche Parteienfinanzierung: Verfassungsrechtliche Grundlagen und parteiengesetzliche Rechtsfragen, Jura 2000, 393 ff.; *W. Leisner,* „Dienstleistungen an Parteien". Spenden – und doch nicht erfaßt? NJW 2000, 1998 f.

V. Die Parteien im Prozeß

56   Das Prozeßrecht dient der Durchsetzung des materiellen Rechts einschließlich des Organisations- und Verfahrensrechts. Deshalb lassen sich prozessuale Fragen nur dann richtig klären und lösen, wenn man von den materiell-rechtlichen Regelungen ausgeht. Da die Parteien in einem komplexen Regelungsgeflecht stehen, ergeben sich auch unterschiedliche prozessuale Konsequenzen. Sie werden jedoch verständlich, wenn man sie in Bezug zum materiellen Recht sieht.

1. Staatliche Gerichtsbarkeit

57   a) *Organstreit vor dem BVerfG.* Nach der Rechtsprechung des BVerfG ist das Organstreitverfahren eröffnet, wenn eine Partei geltend macht, durch ein Verfassungsorgan des Bundes in ihrem verfassungsrechtlichen Status gem. Art. 21 I GG verletzt zu sein (Art. 93 I Nr. 1 GG, § 5, §§ 63 ff. BVerfGG). Diese Rechtsprechung steht und fällt allerdings mit der Annahme, daß die Parteien – jedenfalls in prozessualer Sicht – Verfassungsorgane sind. Verneint man das mit der h. L., dann entfällt auch die Zulässigkeit des Organstreitverfahrens. In der Praxis ist jedoch die Rechtsprechung des BVerfG maßgeblich.

Vgl. dazu bereits oben Rn. 24 ff.; ferner allgemein zum Organstreitverfahren § 20 Rn. 40 ff., dort auch als Beispiel der Fall Rn. 52.

58   b) *Verwaltungsrechtsweg.* Wenn das Organstreitverfahren nicht zulässig ist, weil entweder der Antragsgegner kein Verfassungsorgan ist oder der Streit nicht die Auslegung und Anwendung der Verfassung betrifft, dann ist der Verwaltungsrechtsweg gem. § 40 VwGO zu prüfen. Er ist dann gegeben, wenn es sich um eine öffentlich-rechtliche Streitigkeit nichtverfassungsrechtlicher Art handelt, also gerade um eine Streitigkeit, die nicht unter den Begriff des Organstreitverfahrens fällt, aber doch dem öffentlichen Recht (Verwaltungsrecht) zuzuordnen ist.

Das ist z. B. der Fall, wenn eine Partei die Verteilung der Wahlwerbesendezeiten durch eine öffentlich-rechtliche Rundfunk- und Fernsehanstalt beanstandet, wenn eine von ihr geplante Demonstration durch die Polizei verboten wird, wenn ihr Antrag auf Bereitstellung der Stadthalle für eine Wahlveranstaltung durch den Bürgermeister abgelehnt wird, wenn sich der Bundestagspräsident weigert, die finanzielle Zuweisung gem. § 18 PartG in der beantragten Höhe auszubezahlen (der Bundestagspräsident ist zwar Verfassungsorgan, handelt aber hier aufgrund des Parteigesetzes als Verwaltungsorgan; so BVerfGE 27, 152, 157; 73, 1, 30 f.). Vgl. dazu die Nachweise bei *Maurer*, JuS 1992, 208; ferner oben Rn. 45.

c) *Verfassungsbeschwerde vor dem BVerfG.* Mit der Verfassungsbeschwerde kann die Verletzung von Grundrechten durch die öffentliche Gewalt gerügt werden (Art. 93 I Nr. 4a GG, §§ 90 ff. BVerfGG). Auch die Parteien können Verfassungsbeschwerde erheben, wenn und soweit sie die Verletzung von Grundrechten und grundrechtsähnlichen Rechten geltend machen können. Art. 21 I GG ist in Art. 93 Nr. 4a GG nicht genannt, so daß darauf auch keine Verfassungsbeschwerde gestützt werden kann. Zudem ist die Verfassungsbeschwerde nur zulässig, wenn der Beschwerdeführer *unmittelbar* durch die staatliche Maßnahme in seinen Grundrechten oder grundrechtsähnlichen Rechten betroffen ist und wenn der *Rechtsweg erschöpft ist.* In der Regel muß zunächst das zuständige Verwaltungsgericht angerufen werden. **59**

Die Verfassungsbeschwerde kommt z. B. in Betracht, wenn der verwaltungsgerichtliche Rechtsweg in den Rn. 58 genannten Fällen auf allen Instanzen erfolglos geblieben ist. Der Beschwerdeführer kann dann zwar nicht mehr die Verletzung einfachen Rechts, etwa des § 5 PartG oder des kommunalrechtlichen Zulassungsanspruch, aber die Verletzung des Art. 3 I GG rügen. Ferner kommt die Verfassungsbeschwerde in Betracht, wenn die Partei unmittelbar gegen ein Gesetz vorgeht (und das Organstreitverfahren nicht eingreift) oder wenn ein Eilfall vorliegt (Verfassungsbeschwerde gegen die einstweilige Anordnung des Verwaltungsgerichts gem. 123 VwGO oder einstweilige Anordnung des BVerfG gem. § 32 BVerfGG, was etwa bei Wahlwerbesendungen kurz vor der Bundestagswahl aktuell werden kann).

60   Wenn eine Partei ihre Rechte aus Art. 21 I GG im Wege des Organstreitverfahrens durchsetzen kann (vgl. oben Rn. 58), dann scheidet eine Verfassungsbeschwerde nach der Rechtsprechung des BVerfG generell aus (BVerfGE 4, 27, 30; 66, 107, 115). Da das Organstreitverfahren nur in Betracht kommt, wenn es sich gegen ein Verfassungsorgan richtet, bleibt für die Verfassungsbeschwerde noch genügend Raum. Die unterschiedlichen Rechtswege führen auch zu unterschiedlichen Prüfungsnormen: Im Organstreitverfahren kann nur Art. 21 I GG und im Verfassungsbeschwerdeverfahren können nur die Grundrechte als Prüfungsnormen herangezogen werden. Weitere Konsequenzen ergeben sich daraus aber nicht. Macht eine Partei die Verletzung ihres Rechts auf Chancengleichheit geltend, dann prüft das BVerfG im ersten Fall Art. 21 I GG in Vbg. mit Art. 3 I GG und im zweiten Fall Art. 3 I GG in Vbg. mit Art. 21 I GG. Vom Standpunkt der BVerfG-Rechtsprechung aus erscheint das konsequent. In materiell-rechtlicher Hinsicht kommt das BVerfG in beiden Fällen zu gleichen Ergebnissen.

> Folgt man der h. L., die durchweg auf die Verfassungsbeschwerde verweist, dann wird Art. 21 I GG verfassungsprozessual nur über die Grundrechte relevant, was auch nicht gerade überzeugend ist. Das gilt umso mehr, als im verwaltungsgerichtlichen Verfahren, das der Verfassungsbeschwerde im Blick auf das Erfordernis der Rechtswegerschöpfung vorgeschaltet ist, Art. 21 I GG geprüft werden kann und muß. Vgl. zur Lösung bereits oben Rn. 27.

61   d) *Zivilrechtsweg.* Wenn die Parteien – sei es als rechtsfähige Vereine, sei es als nichtrechtsfähige Vereine – im politisch-gesellschaftlichen Bereich auftreten, kommen die privatrechtlichen Vorschriften zur Anwendung und haben im Streitfall die Zivilgerichte zu entscheiden (§ 13 GVG). Nach § 3 PartG können die Parteien – auch wenn sie nicht rechtsfähig sind – unter ihrem Namen klagen und verklagt werden. § 50 ZPO wird insoweit ergänzt. Gegen die letztinstanzlichen Entscheidungen der Zivilgerichte kann – wie gegen die letztinstanzlichen Entscheidungen der Verwaltungsgerichte – Verfassungsbeschwerde beim BVerfG eingelegt werden. Der Prüfungsumfang des BVerfG ist in diesen Fällen allerdings begrenzt, weil im Privatrechtsbereich lediglich eine mittelbare Grundrechtsbindung besteht.

Der Zivilrechtsweg kommt nicht nur in Betracht, wenn die Partei am allgemeinen Privatrechtsverkehr teilnimmt, etwa Räume mietet oder Kraftfahrzeuge kauft, sondern auch dann, wenn es um parteispezifische Angelegenheiten geht. Die Palette der Möglichkeiten ist breit. So entscheiden z. B. die Zivilgerichte bei Klagen einer Partei gegen eine andere Partei wegen irreführender Namensgebung (BGHZ 79, 265, 267 f.), bei Klagen einer Partei gegen eine private Fernsehanstalt wegen nicht ausreichender Berücksichtigung bei der Verteilung von Wahlsendungen (LG Mainz NJW 1990, 2755), bei Klagen einer Privatperson auf Aufnahme in eine Partei (BGHZ 101, 193) und bei Klagen gegen den Ausschluß aus einer Partei (BGHZ 75, 158; LG Bonn NJW 1997, 2958). Weitere Nachweise bei *Maurer*, JuS 1992, 299. – Bei parteiinternen Streitigkeiten ist allerdings noch zu beachten, daß die Parteien gem. § 14 PartG eigene gerichtliche Instanzen haben und die Zivilgerichte deshalb erst angerufen werden können, wenn der parteiinterne Rechtsweg erschöpft ist (vgl. dazu sogleich unten Rn. 62).

2. Parteischiedsgerichte

62 Die Parteien sind gesetzlich verpflichtet, zur Schlichtung und Entscheidung von parteiinternen Streitigkeiten Schiedsgerichte einzuführen (§ 14 I PartG). Die Einzelheiten über den Aufbau, die Zuständigkeit und das Verfahren ergeben sich aus §§ 14, 10 V und 16 III PartG sowie aus der Satzung und der Schiedsgerichtsordnung, die von der jeweiligen Partei zu erlassen sind. Die Zuständigkeit erstreckt sich vor allem auf Streitigkeiten zwischen Organen und zwischen Gliederungen der Parteien (Landesverbände, Ortsverbände usw.) und auf Streitigkeiten zwischen der Partei und ihren Mitgliedern. In einigen Fällen (Ausschluß von Mitgliedern, Auflösung und Ausschluß nachgeordneter Gebietsverbände, Amtsenthebung ganzer Organe derselben) ist sie gesetzlich zwingend vorgeschrieben. Die Entscheidungen der Parteischiedsgerichte letzter Instanz können im beschränkten Umfang von den staatlichen Gerichten (Zivilgerichte) überprüft werden, nämlich darauf, ob die der Entscheidung des Parteischiedsgerichts zugrunde gelegten Tatsachen in einem rechtsstaatlich einwandfreien Verfahren festgestellt wurden, die angegriffene Maßnahme eine Stütze im Gesetz oder in der Parteisatzung findet und das Willkürverbot beachtet wurde.

Vgl. dazu näher *Henke*, BK Art. 21 (1991) Rn. 308 ff.; *Maurer*, JuS 1992, 299 f. m. w. N.; vgl. aus neuerer Zeit BGH NJW 1994, 2610 (Parteiausschluß wegen Verstoßes gegen die Parteiordnung durch unzulässige Werbeaktion); Bundesschiedsgericht der FDP NVwZ 1995, 519 f.; bestätigt durch LG Bonn

NJW 1997, 2958 (Parteiausschluß aus der CDU wegen Mitgliedschaft bei der Scientology Church); *T. Graf Kerssenbrock,* Der Rechtsschutz des Parteimitgliedes vor Parteischiedsgerichten, 1994; *M. Gehrlein,* Die BGH-Rechtsprechung zur Überprüfung von Vereins- und Parteiausschlüssen, ZIP 1994, 852 ff.

63   **Literatur:** *G. Radbruch,* Die politischen Parteien im System des deutschen Verfassungsrechts, HDStR I (1930) S. 285 ff.; *H. Triepel,* Die Staatsverfassung und die politischen Parteien, 1928; *K. Hesse,* Die verfassungsrechtliche Stellung der politischen Parteien im demokratischen Staat, VVDStRL 17 (1959) S. 11 ff.; *G. Leibholz,* Strukturprobleme der modernen Demokratie, 3. Aufl. 1967 (mit mehreren Beiträgen); *U. Scheuner,* Parteiengesetz und Verfassungsrecht, DÖV 1968, 88 ff.; *W. Henke,* Das Recht der politischen Parteien, 2. Aufl. 1972; *ders.,* Bonner Kommentar, Art. 21 (1991); *H.-R. Lipphardt,* Die Gleichheit der Parteien vor der öffentlichen Gewalt, 1975; *H. Trautmann,* Innerparteiliche Demokratie im Parteienstaat, 1975; *K.-H. Seifert,* Die politischen Parteien im Recht der Bundesrepublik Deutschland, 1975; *K. v. Beyme,* Parteien in westlichen Demokratien, 1982; *H. H. von Arnim,* Politische Parteien, DÖV 1985, 539 ff.; *W. Frotscher,* Die parteienstaatliche Demokratie, DVBl. 1985, 917 ff.; *M. Stolleis/H. Schäffer/R. Rhinow,* Parteienstaatlichkeit – Krisensymptome des demokratischen Verfassungsstaats? Referate mit Diskussion, VVDStRL 44 (1986) S. 7 ff.; *Ph. Kunig,* Parteien, HStR II (1987) S. 103 ff.; *ders.,* Politische Parteien im Grundgesetz, Jura 1991, 287 ff.; *F. Grawert,* Parteiausschluß und innerparteiliche Demokratie, 1987; *D. Th. Tsatsos/D. Schefold/H.-P. Schneider* (Hg.), Parteienrecht im europäischen Vergleich, 1990; *H. Maurer,* Die Rechtsstellung der politischen Parteien, JuS 1991, S. 881 ff.; *ders.,* Die politischen Parteien im Prozeß, JuS 1992, 296 ff.; *R. Herzog,* Verfassungsrechtliche Grundlagen des Parteienstaates, 1993; *G. König,* Die Verfassungsbindung der politischen Parteien, 1993; *D. Grimm,* Politische Parteien, HVerfR S. 599 ff.; *P. M. Huber,* Der Parteienstaat als Kern des politischen Systems – Wie tragfähig ist das Grundgesetz? JZ 1994, 689 ff.; *A. Schulze-Sölde,* Politische Parteien und Wahlwerbung in der dualen Rundfunkordnung, 1994; *J. Ipsen,* Kandidatenaufstellung, innerparteiliche Demokratie und Wahlprüfungsrecht, ZParl 1994, 234 ff.; *H. H. Arnim,* Die Partei, der Abgeordnete und das Geld, 2. Aufl. 1996; *W. Wietschel,* Der Parteibegriff, 1996; *M. Morlok,* Der Anspruch auf Zugang zu den politischen Parteien, Festschrift für Knöpfle, 1996, S. 231 ff.; *A. Kißlinger,* Das Recht auf politische Chancengleichheit, 1998; *H. Merten,* Parteinahe Stiftungen im Parteienrecht, 1999; *F. Ossenbühl,* Die Parteien im System des Grundgesetzes, BayVBl. 2000, 161 ff.; *H. H. Klein,* Parteien – Presse – Rundfunk, Festschrift für Maurer, 2001, S. 193 ff. Zur Parteienfinanzierung vgl. die Nachweise oben Rn. 55; zum Parteiverbot die Nachweise unten § 23 Rn. 36.

64   **Rechtsprechung:** BVerfGE 1, 208, 223 f.; 4, 27, 30 f.; 82, 322, 335 f. (Parteien als Beteiligte im Organstreitverfahren); BVerfGE 2, 1; 5, 85 (Parteiverbot, vgl. dazu näher unten § 23 Rn. 21 ff.); BVerfGE 11, 266 (Freie Wählervereinigungen); BVerfGE 20, 56 (Parteienfinanzierung, erstes Grundsatzurteil); BVerfGE 24, 300 (Parteiengesetz); BVerfGE 47, 198; 69, 257 (Zurückweisung verfassungswidriger Wahlwerbespots durch Rundfunkanstalt); BVerfGE 78, 350 (steuerliche Begünstigung von Spenden an kommunale Wählervereinigungen); BVerfGE 84, 290 (Vermögen der DDR-Parteien); BVerfGE 85, 264 (Parteienfinanzierung, zweites Grundsatzurteil); BVerfGE 91, 262 und 276 (Parteibegriff); BVerfGE 105, 287 (Parteienfinanzierung: Nichtberücksichtigung ehrenamtlicher Leistungen); BVerwGE 31, 368 (Zugang zu öffentlichen Einrichtungen); BVerwGE 75, 67; 75, 79, 87, 270 (Wahlwerbesendungen von Parteien im Rundfunk und Fernsehen); BVerwGE 87, 270 (Wahlwerbesendung, Folgen des Verzichts der anderen Parteien); BVerwGE 106, 177 (Voraussetzungen für die Genehmigung einer parteinahen Stiftung); BVerwGE 110, 126 (Beobachtung einer Partei durch den Verfassungsschutz). – OVG Berlin DVBl. 2002, 1426 (Rechenschaftsbericht). – BGHZ 79, 265 (Namensrecht der Parteien); BGHZ 75, 158 (Ausschluß aus Parteien); BGHZ 101, 193 (kein Anspruch auf Aufnahme in eine Partei); BGH NJW 1994, 2610 (Parteiausschluß).

3. Teil. Die Verfassungsorganisation

Im folgenden sind die Verfassungsorgane des Bundes (Bundestag, Bundesregierung, Bundespräsident und Bundesrat) näher zu behandeln. Die Verfassungsorganisation wird durch das Gewaltenteilungsprinzip in seiner jeweiligen Ausprägung bestimmt (vgl. auch oben § 8 Rn. 12). Daher ist zunächst darauf einzugehen.

§ 12. Gewaltenteilung

I. Allgemeine Bedeutung

1 Die Gewaltenteilung ist ein staatliches Organisations- und Funktionsprinzip. Daher wird sie hier – zu Beginn der beiden folgenden Abschnitte über die Verfassungsorgane und die Staatsfunktionen – behandelt. Sie zielt nicht auf Teilung der Staatsgewalt, sondern auf Teilung der Ausübung der Staatsgewalt und deren Verlagerung auf verschiedene Organe. Dementsprechend ist zwischen der *organisatorischen Gewaltenteilung* und der *funktionellen Gewaltenteilung* zu unterscheiden, die aber – und darin liegt der Sinn der Gewaltenteilung – aufeinander bezogen sind, indem die einzelnen staatlichen Funktionen bestimmten Organen oder Organgruppen zugewiesen werden. Ergänzend kommt noch die *personelle Gewaltenteilung* hinzu, die verhindern soll, daß die organisatorische Gewaltenteilung durch Besetzung der verschiedenen Organe mit denselben Personen unterlaufen wird.

2 Die Gewaltenteilung verfolgt *drei Ziele*. Sie hat zunächst eine *rechtsstaatliche Funktion*. Durch die Verteilung der staatlichen Aufgaben und Kompetenzen und damit der staatlichen Macht auf verschiedene Organe soll – im Interesse der Freiheit und der Sicherheit der Bürger – eine Konzentration der staatlichen Macht und die damit verbundene Gefahr des Machtmißbrauches verhindert oder

wenigstens reduziert werden. Die Teilung der staatlichen Macht allein genügt aber nicht, da dadurch der Machtmißbrauch zwar begrenzt, aber innerhalb der den Teilgewalten gezogenen Grenzen immer noch möglich wäre. Deshalb kommt es entscheidend darauf an, daß die verschiedenen Teilgewalten durch gegenseitige Einwirkungs- und Kontrollrechte miteinander verzahnt und gebändigt werden. Gewaltenteilung bedeutet nicht nur Trennung, sondern auch Verschränkung, Hemmung und Kontrolle der Gewalten.

Die Gewaltenteilung hat zum anderen eine *demokratische Funktion,* da die differenzierende personelle Besetzung der konkurrierenden Staatsorgane die Repräsentation der unterschiedlichen politischen Strömungen und Gruppen im staatlichen Bereich ermöglicht und ihnen einen angemessenen Anteil an der staatlichen Willensbildung sichert. Durch das verfassungsrechtlich geregelte Zusammenspiel der Staatsorgane werden die pluralistischen Kräfte miteinander verknüpft, wird also die Repräsentation durch die Integration ergänzt. Dabei spielen das Mehrheitsprinzip und der Minderheitenschutz eine wesentliche Rolle. **3**

Schließlich dient die Gewaltenteilung der *arbeitsteiligen und damit effektiven Erfüllung* staatlicher Aufgaben durch jeweils sachlich kompetente und entsprechend ausgestattete staatliche Organe. Auch hier geht es um Differenzierung *und* Verbindung. Erst das kooperative Zusammenwirken der jeweils zuständigen Staatsorgane, die gleichsam ein ineinander greifendes Räderwerk darstellen, gewährleistet die angestrebte optimale Erledigung der staatlichen Aufgaben. **4**

In diesem Sinne stellt das BVerfG fest, die Gewaltenteilung ziele „auch darauf ab, daß staatliche Entscheidungen möglichst richtig, das heißt von den Organen getroffen werden, die dafür nach ihrer Organisation, Zusammensetzung, Funktion und Verfahrensweise über die besten Voraussetzungen verfügen" (BVerfGE 68, 1, 86; 95, 1, 15; 98, 218, 252). Diese tatsächlichen und rechtlichen „Voraussetzungen" begründen – wie klarstellend hinzuzufügen ist – keine Zuständigkeiten, können aber zur ergänzenden Auslegung der verfassungsrechtlichen Zuständigkeitsregelungen herangezogen werden.

Diese drei Funktionen (rechtsstaatliche Machtbegrenzung, demokratische Repräsentation, rationale Aufgabenerfüllung) sind nur Leitprinzipien, deren Verwirklichung von den jeweiligen Gegebenheiten und den daran anknüpfenden rechtlichen Regelungen abhängt. **5**

6   Ein besonders sinnfälliges Beispiel für die Funktionsweise der Gewaltenteilung bilden Gesetzgebung und Gesetzesvollzug. Schon die Tatsache, daß der
Staat nicht einfach entscheiden und handeln darf, sondern ein zweistufiges
Verfahren – Gesetzgebung und Gesetzesvollzug – erforderlich ist, ist in rechtsstaatlicher, demokratischer und arbeitsteilig-rationaler Sicht von erheblicher
Bedeutung. Die Gesetzgebung besteht im Erlaß genenell-abstrakter und damit
für alle Bürger gleichermaßen geltenden Vorschriften zur Regelung bestimmter Lebensbereiche durch das demokratisch legitimierte und dem Allgemeinwohl verpflichteten Parlament. Das Gesetz sichert Berechenbarkeit und Ver-
läßlichkeit staatlichen Handelns. Die vollziehenden Behörden sind an das
Gesetz gebunden; sie sind aber aufgrund ihrer spezifischen Sach- und Orts-
kenntnisse zur adäquaten Umsetzung im Einzelfall in der Lage. Das Gesetz
ergeht ohne Ansehen der Person; der Gesetzesvollzug erfolgt dagegen gerade
in Ansehen der Person, aber unter Beachtung der vorgegebenen gesetzlichen
Regelung. Innerhalb dieser beiden „Gewalten" können übrigens weitere
„Gewaltenteilungen" bestehen. Das gilt nicht nur für die Gesetzgebung, an der
mehrere Organe beteiligt sind (vgl. sogleich unten § 17 Rn. 46 ff.), sondern
auch für den Bereich der Verwaltung. Auch dort können neben der eigentlich
entscheidenden Behörde weitere Behörden oder Verwaltungsträger – durch
Zustimmungsrechte, Anhörungsrechte oder sonstige Beteiligungsrechte –
eingeschaltet sein. Eine rechtsstaatliche Funktion hat zudem der Verwaltungsakt selbst. Die Behörde darf nicht einfach „zugreifen", sondern muß zunächst
ihr Zugriffsrecht durch einen verbindlichen und anfechtbaren Verwaltungsakt
(Eingriffsrechtsakt) feststellen.

II. Die klassische Gewaltenteilung

7   Die Erkenntnis, daß die Macht gefährlich ist und zu Machtmißbrauch verleitet, hat schon immer zu Überlegungen darüber geführt, wie ihr wirksam begegnet werden kann. Die Staatslehre hat
sich seit jeher damit beschäftigt, so bereits einige Philosophen in
der Antike (Platon, Aristoteles), ferner vor allem die Naturrechts-
lehre im 17. und 18. Jahrhundert als Reaktion auf die damalige
absolutistische Monarchie (Althusius, Pufendorf, Thomasius, John
Locke u. a.). In der Staatspraxis ist sie – entsprechend den jeweiligen politisch-sozialen Verhältnissen – in verschiedener Weise
verwirklicht worden, wobei auch der Gesichtspunkt der Vertretung oder Repräsentation der unterschiedlichen politischen Kräfte
eine Rolle spielte. Als Beispiel kann auf die Römische Republik
(Senat, Konsul usw.) und auf das alte Deutsche Reich (Kaiser und
Reichstag als Vertretung der Reichsstände) verwiesen werden. Die

Geschichte zeigt, daß nur dort ein menschenwürdiges Leben gewährleistet ist, wo die Macht auf verschiedene Träger verteilt wird. Die „Bündelung aller Kräfte" in einer Zentrale oder gar in einer Person führt in die Diktatur, die ihrerseits im Chaos endet.

Von erheblicher Bedeutung für die weitere Entwicklung wurde **8** die Lehre von *Charles de Montesquieu* (1689–1755). Sie hat als „klassische Gewaltenteilungslehre" die Staatslehre und das Staatsrecht bis heute weltweit nachhaltig geprägt. Montesquieu stellte nach eigenem Bekunden die englischen Verfassungsverhältnisse dar, wollte aber damit ein Konzept zur Überwindung des Absolutismus in Frankreich bieten. Die maßgeblichen Äußerungen finden sich in seinem 1748 in Genf erschienenen Werk: „De l'esprit des lois" (Vom Geist der Gesetze).

Dort stellt er im 6. Kapitel des XI. Buches fest, daß es in jedem Staat drei Arten von Gewalt gibt: Die gesetzgebende Gewalt (puissance législative), die vollziehende Gewalt (puissance exécutrice) und die richterliche Gewalt (puissance de juger) und fährt dann fort: „Wenn in derselben Person oder der gleichen obrigkeitlichen Körperschaft die gesetzgebende Gewalt mit der vollziehenden vereinigt ist, gibt es keine Freiheit; denn es steht zu befürchten, daß derselbe Monarch oder derselbe Senat tyrannische Gesetze macht, um sie tyrannisch zu vollziehen. Es gibt ferner keine Freiheit, wenn die richterliche Gewalt nicht von der gesetzgebenden und vollziehenden Gewalt getrennt ist. Ist sie mit der gesetzgebenden Gewalt verbunden, so wäre die Macht über Leben und Freiheit der Bürger willkürlich, weil der Richter Gesetzgeber wäre. Wäre sie mit der vollziehenden Gewalt verknüpft, so würde der Richter die Macht eines Unterdrückers haben. Alles wäre verloren, wenn derselbe Mensch oder die gleiche Körperschaft der Großen, des Adels oder des Volkes diese drei Gewalten ausüben würde: die Macht, Gesetze zu geben, die öffentlichen Beschlüsse zu vollstrecken und die Verbrechen oder die Streitsachen der einzelnen zu richten." Vgl. die Übersetzung von *E. Forsthoff,* Vom Geist der Gesetze, 2. Aufl. 1992, S. 214 f.; auch abgedruckt bei *Stern,* Staatsrecht II, S. 518.

Montesquieu unterschied danach drei Funktionsbereiche (Legis- **9** lative, Exekutive und Jurisdiktion) und wies sie bestimmten Organen oder Organgruppen zu. Die Exekutive sollte beim Monarchen, die Legislative bei der Volksvertretung und der Vertretung des Adels und die Rechtsprechung bei den Gerichten liegen. Von entscheidender Bedeutung war, daß Montesquieu nicht nur ein theoretisches Modell konzipierte, sondern an die realen politischen Machtfaktoren seiner Zeit anknüpfte. Er wollte vor allem die überkommene Monarchie und das aufstrebende Bürgertum in ein Aus-

gleichssystem bringen, indem er ihnen jeweils bestimmte Macht-
positionen im Verfassungssystem und damit im staatlichen Leben
einräumte.

Gewisse Schwierigkeiten hatte er mit der richterlichen Gewalt, da für sie
kein weiterer vorgegebener Träger mehr vorhanden war. Vielleicht läßt es sich
auch damit erklären, daß er sie als „en quelque façon nulle" (eine Art Null)
bezeichnete (vgl. dazu *W. Weber,* Spannungen und Kräfte im westdeutschen
Verfassungssystem, 3. Aufl. 1970, S. 91 f., 156 ff. m. w. N.). Johann Heinrich
Gottlob von Justi, der das Werk Montesquieu kannte, sprach sich damals dafür
aus, daß Vertreter des Adels die richterlichen Aufgaben übernehmen sollten,
vgl. *von Justi,* Der Grundriß einer guten Regierung, 1759, S. 168 ff.; dazu auch
G.-Chr. von Unruh, JA 1990, 294.

Skizze der klassischen Gewaltenteilung nach Montesquieu:

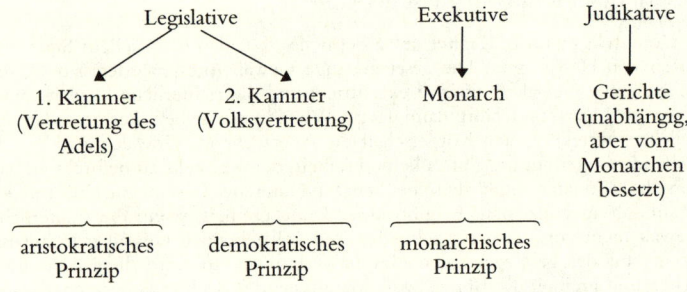

Legislative		Exekutive	Judikative
1. Kammer (Vertretung des Adels)	2. Kammer (Volksvertretung)	Monarch	Gerichte (unabhängig, aber vom Monarchen besetzt)
aristokratisches Prinzip	demokratisches Prinzip	monarchisches Prinzip	

10   Die Gewaltenteilungslehre von Montesquieu wurde damals in
der politischen und staatsrechtlichen Diskussion geradezu als Be-
freiungsschlag empfunden, da sie den Weg aus dem monarchischen
Absolutismus wies, ohne in das andere Extrem des parlamentarischen Absolutismus zu verfallen, und zugleich rechtsstaatliche
Sicherungen für die Entfaltung des Bürgertums bot. Sie fand auch
Eingang in das Verfassungsrecht. In Art. 16 der französischen Erklärung der Menschen- und Bürgerrechte von 1789, die heute
noch von der französischen Verfassung in Bezug genommen wird,
heißt es, daß ein Staat ohne Grundrechte und ohne Gewaltenteilung keine Verfassung habe, d. h. daß die Grundrechte und die
Gewaltenteilung unabdingbare Elemente der rechtsstaatlichen
Verfassung darstellen. Die erste französische Verfassung von 1791
verwirklichte die Gewaltenteilung nach dem Montesquieu'schen
Modell, indem sie die Gesetzgebung der vom Volk gewählten

Nationalversammlung und die Exekutive dem Monarchen und seiner Regierung zuwies (Tit. III Art. 3–5).

Über die französische Verfassung von 1814 gelangte dann das **11** auf Montesquieu zurückgehende Gewaltenteilungsmodell nach Deutschland und prägte maßgeblich das konstitutionelle Staatsrecht des 19. Jahrhunderts (vgl. dazu oben § 2 Rn. 38, 45). Es kam allerdings – wie schon in der französischen Verfassung von 1814 – nur modifiziert und eingeschränkt zur Anwendung. Die Exekutive lag zwar beim Monarchen und seiner Regierung. Die Gesetzgebung stand aber dem Monarchen und der Volksvertretung gemeinsam zu, wobei meistens noch als Erste Kammer – neben der Volksvertretung als Zweiter Kammer – die Vertretung des Adels und sonstiger hervorgehobener Personen hinzukam. Die Volksvertretung konnte sonach nicht allein gesetzgebend tätig werden, aber doch aufgrund ihrer Mitwirkungsbefugnisse maßgeblich auf die Gesetzgebung einwirken. Wesentlich ist auf jeden Fall, daß das Verfassungssystem des Konstitutionalismus an die damaligen politischen Machtfaktoren, nämlich den Monarchen, das Volk und ggf. den Adel, anknüpfte.

Skizze zur Gewaltenteilung im konstitutionellen Staatsrecht des 19. Jh.:

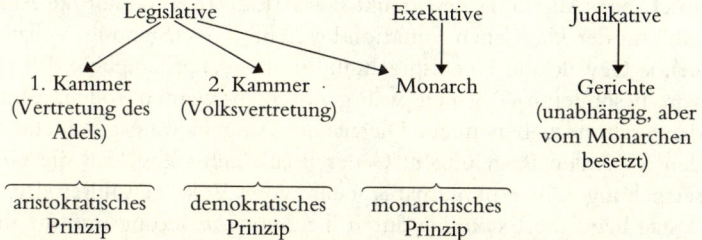

Legislative		Exekutive	Judikative
1. Kammer (Vertretung des Adels)	2. Kammer (Volksvertretung) ·	Monarch	Gerichte (unabhängig, aber vom Monarchen besetzt)
aristokratisches Prinzip	demokratisches Prinzip	monarchisches Prinzip	

Die Auffassung, die Gewaltenteilung sei im konstitutionellen Staatsrecht **12** Deutschlands, insbesondere in den süddeutschen Verfassungen von 1818/1820 nicht oder nur zurückhaltend verwirklicht worden (vgl. dazu *Schmidt-Aßmann,* HStR II, 1987, S. 1010; *Stern,* Staatsrecht II, S. 519), ist nicht haltbar. Dagegen spricht schon die Anlehnung an die französischen Verfassungen und später auch an die belgische Verfassung von 1831. Richtig ist allerdings, daß in den süddeutschen Verfassungen der Monarch zum Inhaber der gesamten Staatsgewalt erklärt wurde. Das wurde aber sogleich durch die Mitwirkungsrechte der Volksvertretung bei der Gesetzgebung relativiert. *E. R. Huber* spricht von einem „System hinkender Gewaltenteilung" (VerfGesch. I, S. 350), was dann vertretbar ist, wenn man die Gewaltenteilungslehre von Montesquieu zum Maßstab nimmt. – Unerheblich ist, ob das Gewaltenteilungsprinzip als solches ausdrücklich in der Verfassung genannt wird. So taucht es z.B. in der US-Verfassung von 1787 nicht als eigener Grundsatz auf, ist aber unbestritten ein beherrschender Grundsatz dieser Verfassung. Andererseits kann man allein aus der Tatsache, daß eine Verfassung Kompetenzen festlegt und auf verschiedene Organe verteilt, noch nicht die Anerkennung des Gewaltenteilungsprinzips folgern. Voraussetzung ist vielmehr, daß die verschiedenen Organe durch verschiedene Machtfaktoren bestimmt werden.

III. Die Verwirklichung der Gewaltenteilung im Grundgesetz

1. Die Regelungen des Grundgesetzes

13   Das Grundgesetz knüpft in Art. 20 II GG ausdrücklich an das klassische Gewaltenteilungsprinzip an. Das ist umso beachtlicher, als frühere deutsche Verfassungen zwar diesem Prinzip als Leitlinie folgten und entsprechende Regelungen konzipierten, es aber nicht ausdrücklich benannten und festlegten. Erst in einigen Nachkriegsverfassungen der Länder wird es ausdrücklich erwähnt (Art. 5 Bay-Verf., Art. 77 RPVerf.), denen sich nunmehr das Grundgesetz anschließt. Allerdings beschränkt sich Art. 20 II 2 GG auf die Aufzählung der klassischen Funktionsbereiche (Gesetzgebung, vollziehende Gewalt und Rechtsprechung) und verlangt lediglich, daß sie von besonderen Organen wahrgenommen werden sollen, ohne diese schon zu benennen. Die nähere Ausgestaltung geschieht in den folgenden Regelungen. Generell läßt sich sagen, daß die Gesetzgebung schwerpunktmäßig beim vom Volk gewählten Bundestag liegt, die Exekutive durch die Bundesregierung und die ihr nachgeordnete Verwaltung ausgeübt wird und die Rechtsprechung den Gerichten anvertraut ist.

Skizze der Gewaltenteilung nach dem Grundgesetz:

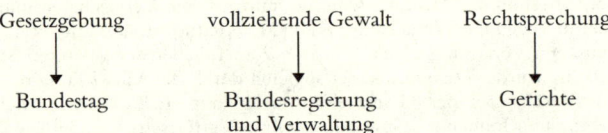

Gesetzgebung	vollziehende Gewalt	Rechtsprechung
↓	↓	↓
Bundestag	Bundesregierung und Verwaltung	Gerichte

Das ganze Konzept wird – wie schon in der Reichsverfassung von 14
1871 und der Weimarer Reichsverfassung von 1919 – dadurch komplizierter, daß die Kompetenzen nicht nur auf der bundesstaatlichen Ebene, sondern auch zwischen dem Bund und den Ländern
sinnvoll verteilt werden müssen. So entzieht sich der Bundesrat,
durch den die Länder an der Willensbildung des Bundes beteiligt
werden und der Mitwirkungsrechte im Bereich der Legislative und
der Exekutive besitzt, den Vorstellungen der klassischen Gewaltenteilung.

Aber auch auf der bundesstaatlichen Ebene bestehen im einzel- 15
nen zahlreiche Überschneidungen und Verzahnungen. Wenn in der
Literatur und Rechtsprechung immer wieder betont wird, daß die
Gewaltenteilung im Grundgesetz „nicht rein verwirklicht", sondern
durch „zahlreiche Ausnahmen und Durchbrechungen" bestimmt
werde, so wird dabei nicht hinreichend beachtet, daß die Gewaltenteilung nicht nur in der Trennung, sondern auch in der gegenseitigen Beschränkung und Kontrolle liegt. Das Grundgesetz hat nicht
das Modell oder *ein* Modell der Gewaltenteilung rezipiert, sondern
die Vorstellungen der traditionellen Gewaltenteilung gleichsam als
Modelliermasse übernommen und daraus ein eigenes Konzept der
Gewaltenteilung entwickelt. Die gegenseitigen Einwirkungen sind
danach keine Ausnahmen, sondern integrierender Teil der grund-
gesetzspezifischen Gewaltenteilung. Sie bestehen im folgenden:

– Mitwirkungsrechte und Einflußmöglichkeiten des Bundestages im Bereich
  der Exekutive: Wahl des Bundeskanzlers (Art. 63 GG), Kontrolle der Regierung und Verwaltung (Art. 43 ff. GG), Zustimmung zu politischen und
  völkerrechtlichen Verträgen (Art. 59 II GG), Bewilligung des Haushalts
  (Art. 110 II 1 GG).
– Mitwirkungsrechte und Einflußmöglichkeiten der Bundesregierung im
  Bereich der Legislative: Gesetzesinitiative (Art. 76 I GG), Zustimmung zu
  finanzwirksamen Gesetzen (Art. 113 GG), Kontrolle der Verfassungsmäßigkeit von Gesetzen durch Anrufung des BVerfG (Art. 93 I Nr. 2 GG), Erlaß
  von Rechtsverordnungen (Art. 80 GG).
– Die Gerichte wirken durch Überprüfung der Gesetze und der Verwaltungsmaßnahmen auf den Bereich der Legislative und der Exekutive ein.
  Dagegen ist der Bereich der Rechtsprechung den gesetzgebenden und vollziehenden Organen verschlossen. Sie dürfen weder Einfluß auf die Rechtsprechung nehmen noch Rechtsprechungsaufgaben punktuell oder generell an sich ziehen (Art. 92, 97 ff. GG; vgl. auch BVerfGE 22, 49, 73 ff.).
  Durch die Bestellung und Beförderung der Richter können sie aber im

Vorfeld Einfluß nehmen. Ferner kann der Gesetzgeber, wenn er eine bestimmte Gesetzesauslegung nicht billigt, das Gesetz für die Zukunft ändern
und präzisieren und damit der künftigen Rechtsprechung den Boden entziehen.

2. Die veränderten Grundlagen

16 Das Gewaltenteilungsprinzip ist zwar ein verfassungsrechtliches
Organisations- und Funktionsprinzip, erhält aber seine eigentliche
Bedeutung erst dadurch, daß hinter den Organen unterschiedliche
Machtträger oder zumindest eigenständige Entscheidungsträger
stehen. Das wird ohne weiteres deutlich, wenn man die historische
Perspektive nicht aus dem Auge verliert. Montesquieu ging, wie
dargelegt wurde, von den zu seiner Zeit bestehenden und miteinander konkurrierenden Machtträgern, nämlich dem Monarchen auf
der einen Seite und dem aufstrebenden Bürgertum, das im Parlament seine Repräsentation fand, auf der anderen Seite aus. Auf
dieser Grundlage, dem Dualismus von Monarch und Volk, beruhte
auch das konstitutionelle Staatsrecht des 19. Jahrhunderts. Mit dem
Ende der Monarchie im November 1918 ist einer der beiden
Machtträger weggefallen. Die Staatsgewalt geht seitdem ausschließlich vom Volke aus. Beide, Parlament und Regierung, müssen
demokratisch legitimiert sein und ihre Grundlage im Volk haben.
Damit stellt sich die Frage, ob unter diesen Voraussetzungen eine
echte, an vorgegebene politische Realitäten anknüpfende Gewaltenteilung noch möglich ist.

17 In den kommunistischen Staaten des Ostblocks wurde dies verneint. Sie
lehnten die Gewaltenteilung als Ausdruck des bürgerlichen Rechtsstaates
grundsätzlich ab und führten eine „konsequent demokratische Verfassung" ein.
Das galt nicht nur für das ursprüngliche Rätesystem, sondern auch für die
späteren Verfassungen. So erklärte die Verfassung der DDR von 1968/74
die (unmittelbar vom Volk gewählte) Volkskammer zum „obersten staatlichen Machtorgan" (Art. 48 I Verf.) und den Staatsrat (das kollektive Staatsoberhaupt) und den Ministerrat (die Regierung) lediglich zu „Organen der
Volkskammer" (Art. 66 I, 76 I Verf.). Die Gewaltenteilung wurde durch den
Parlamentsabsolutismus ersetzt. Auf diese Konzeption, die vielleicht demokra-
tietheoretisch konsequent ist, aber an den Realitäten und den menschlichen
Schwächen vorbeigeht und die Menschenwürde und die Freiheit des Bürgers
zu wenig berücksichtigt, ist hier nicht weiter einzugehen, zumal sie in der
DDR selbst durch die Diktatur der SED (Art. 1 I Verf.) und das sog. Block-
system unterlaufen wurde (vgl. dazu näher oben § 3 Rn. 45 ff.).

Die freiheitlich-demokratischen Staaten versuchen dagegen, das **18**
Gewaltenteilungsprinzip mit dem Demokratieprinzip zu verbinden.
Dabei bieten sich verschiedene Lösungen an, die hier kurz typisie-
rend vorgestellt werden sollen:

– Präsidialsystem: Sowohl das Parlament als auch der Regierungschef (Staatspräsident, Ministerpräsident) werden unmittelbar vom Volk gewählt und stehen rechtlich selbständig nebeneinander. Das Hauptbeispiel bilden die USA.
– Parlamentarisches Regierungssystem: Das Volk wählt (nur) das Parlament,
  das seinerseits den Regierungschef oder die gesamte Regierung wählt und
  diese auch wieder abberufen kann. Die Regierung ist somit in ihrer Existenz
  vom Parlament abhängig, besitzt aber, solange sie im Amt ist, eigene Zuständigkeiten, auch gegenüber dem Parlament, so daß sie nicht nur ein Organ oder ein Ausschuß des Parlaments, sondern ein selbständig neben dem
  Parlament stehendes Organ darstellt. Dieses System hat sich zunächst in
  England herausgebildet, gilt aber heute auch in zahlreichen anderen Staaten.
  In der Praxis spitzt sich die Parlamentswahl immer mehr auf die Person des
  künftigen Regierungschefs zu mit der Folge, daß das Parlament nur noch
  „mitgewählt" wird.
– Mischsystem: Das Volk wählt sowohl das Parlament als auch den Staatspräsidenten mit jeweils eigenen Kompetenzen. Zwischen beiden steht der Regierungschef (Ministerpräsident), der vom Staatspräsidenten ernannt wird und
  entlassen werden kann, aber auch vom Vertrauen des Parlaments abhängig
  ist, da er von diesem jederzeit abgewählt werden kann. Beispiele dafür bieten die Weimarer Reichsverfassung von 1919 und die heutige französische
  Verfassung, ferner neuerdings die meisten Verfassungen des ehemaligen Ostblocks. Auch die russische Verfassung entspricht diesem Modell, nähert sich
  aber wegen der starken Stellung des Staatspräsidenten dem Präsidialsystem an.

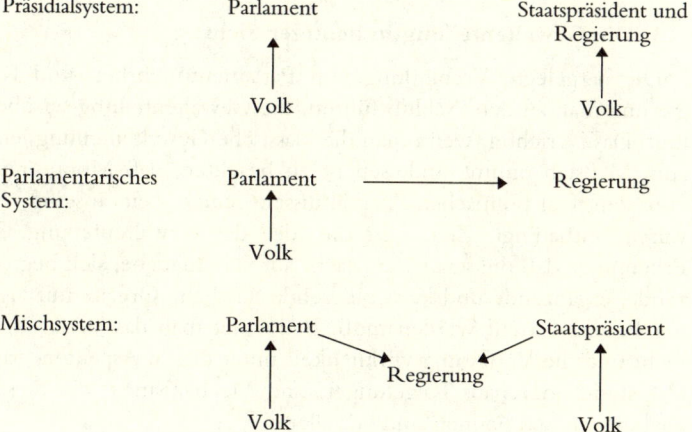

19   Das Grundgesetz verwirklicht das parlamentarische Regierungssystem. Bundestag und Bundesregierung bilden jeweils rechtlich
selbständige Organe mit eigenen Kompetenzen. Da aber der Bundeskanzler und mit ihm die Bundesregierung durch den Bundestag
(die Mehrheitsfraktion oder die Regierungskoalition) gewählt
werden, bestehen enge parteipolitische Beziehungen und Bindungen zwischen der Bundesregierung und der sie tragenden Parlamentsmehrheit, die mit ihrer Mehrheit die Gesetze beschließen
und alle sonstigen wesentlichen Entscheidungen treffen kann. Die
Bindungen werden dadurch noch verstärkt, daß die meisten Regierungsmitglieder aus dem Parlament kommen und nach der
Übernahme ihres Ministeramts im Parlament bleiben und daß sie
enge Kontakte zu „ihren" Fraktionen haben und pflegen. Die
Gewaltenteilung zwischen Parlament und Regierung wird damit
parteipolitisch überlagert und relativiert.

Die Regierung kann damit rechnen, daß die Parlamentsmehrheit – ihre
Mehrheit – die Regierungspolitik unterstützt, und umgekehrt kann die Parlamentsmehrheit erwarten, daß die Regierung ihre politischen Zielvorstellungen
berücksichtigt. Sicher kommt es immer wieder vor, daß die Regierung zu-
rückstecken muß, weil die eigene Fraktion nicht mitmachen will, oder daß sie
auf Wunsch ihrer Fraktion eine bestimmte Richtung einschlagen muß. Bei
Koalitionen wird sich das Konfliktspotential verstärken. In den grundlegenden
und entscheidenden Fragen dürften jedoch Parlamentsmehrheit und Regierung
schon im eigenen Interesse zusammenhalten.

3. Die Gewaltenteilung in heutiger Sicht

20   Die dargelegte Verbindung von Parlamentsmehrheit und Regierung mag zu dem Schluß führen, die Gewaltenteilung sei überholt. Das ist richtig, wenn man die klassische Gewaltenteilungslehre
zum Maßstab nimmt. Indessen ist zu beachten, daß Montesquieu
von den real-politischen Verhältnissen seiner Zeit ausging. Sie
waren zeitbedingt. Zeitlos ist die Idee der Gewaltenteilung, die
Erkenntnis, daß die staatliche Macht auf verschiedene, sich begrenzende, ergänzende und kontrollierende staatliche Organe mit eigener Potenz verteilt werden muß. Betrachtet man das Verfassungsrecht und die Verfassungswirklichkeit unter diesen Aspekten, dann
zeigen sich durchaus Regelungen und Mechanismen, die diesem
Ziel dienen. Zu nennen sind vor allem:

- Die Konkurrenz von Parlamentsmehrheit und Regierung auf der einen Seite und der parlamentarischen Opposition auf der anderen Seite, die durch das Mehrheitsprinzip und den Minderheitenschutz näher bestimmt und geregelt werden;
- das Mehrparteiensystem, das allgemein im politischen und staatlichen Bereich zu einem Wettbewerb der Parteien um Macht und Einfluß führt;
- die vertikale Gewaltenteilung zwischen dem Bund und den Ländern, die u. a. in bemerkenswerter Weise die traditionelle Gewaltenteilung insofern wieder aufnimmt, als der Bund vorwiegend gesetzgebend und die Länder vorwiegend verwaltend tätig werden;
- die kommunale Selbstverwaltung, die die vertikale Gewaltenteilung im Verwaltungsbereich auf der Kreis- und Gemeindeebene fortsetzt;
- die Einbindung Deutschlands in die Europäische Union, die die vertikale Gewaltenteilung gleichsam nach oben fortsetzt;
- der Bundesrat, der gewichtige, vorwiegend einschränkende und kontrollierende Kompetenzen im Bereich der Gesetzgebung und der Verwaltung besitzt (vgl. dazu näher unten § 16 Rn. 24 ff.);
- die Verfassungsgerichtsbarkeit, die – allerdings nur auf Antrag – die Überschreitung der verfassungsrechtlichen Grenzen verbindlich feststellen und damit Machtmißbrauch entgegentreten kann;
- das Berufsbeamtentum, wenngleich wegen der zunehmenden parteipolitischen Ämterpatronage nur noch bedingt;
- die die repräsentative Demokratie ergänzenden plebiszitären Elemente (Volksbegehren, Volksentscheid, Volksinitiative), die derzeit zwar nicht auf der Bundesebene, aber auf der Landesebene und der kommunalen Ebene zulässig sind;
- die grundrechtlich geforderte und gesicherte Unterscheidung von Staat und Gesellschaft, die vor allem im wirtschaftlichen Bereich von erheblicher Bedeutung ist (vgl. dazu oben § 7 Rn. 85);
- last not least die öffentliche Meinung, die mehr oder weniger in der Presse, im Rundfunk, im Fernsehen, ferner in Wahlen auf der landesrechtlichen und der kommunalen Ebene, in Erklärungen von Verbänden und Vereinigungen, in kirchlichen und wissenschaftlichen Stellungnahmen, in Versammlungen und Demonstrationen, in demoskopischen Umfragen, aber auch in allgemeinen, freilich wenig faßbaren Stimmungen, Strömungen und Besorgnissen der Bevölkerung zum Ausdruck kommt.

Wer das Grundgesetz und die verfassungsrechtliche Praxis nur 21 unter dem Gesichtspunkt der klassischen Gewaltenteilungslehre betrachtet, wird bald erhebliche Defizite feststellen. Er übersieht jedoch die Vielfalt der verschiedenen, teils verfassungsrechtlich festgelegten, teils außerverfassungsrechtlich existierenden, aber verfassungsrechtlich akzeptierten Kräfte und Gewichte, die zu einem Wechselspiel und damit zu einer Art Gewaltenteilung i. S. der Checks and balances führen. Das gilt freilich nur, wenn die unterschiedlichen Gewichte stimmen und richtig aufeinander bezogen sind. Die Präponderanz, die die Parteien besitzen und die noch zunimmt, wenn sie sich zu einem Machtkartell zusammenschließen, fordert die Stärkung der Gegenkräfte, etwa der Verfassungsgerichtsbarkeit, der plebiszitären Elemente und der öffentlichen Meinung.

IV. Zum Begriff des Verfassungsorgans

22 Bevor in den folgenden Paragraphen die Verfassungsorgane des Bundes näher behandelt werden, sind zur Überleitung einige Bemerkungen zum Begriff des Verfassungsorgans erforderlich.

Der Staat als solcher kann nicht handeln. Nur Menschen können handeln, Entschlüsse fassen und in die Tat umsetzen. Der Staat ist daher – ebenso wie private Vereine und Organisationen – darauf angewiesen, daß Menschen für ihn handeln, daß Menschen für ihn die Gesetze beschließen, die Regierungsgeschäfte wahrnehmen, die Verwaltungsaufgaben erledigen und die Rechtsprechung übernehmen. Das geschieht durch Einrichtung von Institutionen und Ämtern, denen bestimmte staatliche Aufgaben als Zuständigkeiten zugewiesen werden und die zur Ausübung dieser Aufgaben mit bestimmten Personen besetzt werden. Man bezeichnet sie in der Rechtssprache als Organe und Organwalter. Organe sind Funktionseinheiten, Organwalter sind die Menschen, die für das Organ und damit für den Staat tätig werden. Das Handeln der Organwalter wird dem jeweiligen Organ und über dieses dem Staat zugeordnet. Das Organwalterhandeln ist somit unmittelbares Staatshandeln.

Wenn der Bundespräsident einen völkerrechtlichen Vertrag unterzeichnet, handelt er für die Bundesrepublik Deutschland; durch seine Unterschrift wird nicht er selbst – weder als Person noch als Organ –, sondern wird die Bundesrepublik Deutschland als Staat berechtigt und verpflichtet. Die Bundesgesetze kommen dadurch zustande, daß sie von der erforderlichen Mehrheit der Abgeordneten und damit vom Bundestag beschlossen werden.

23 Unter den Begriff der *Verfassungsorgane* fallen diejenigen Staatsorgane, die organisatorisch und funktionell ihre Grundlage in der

Verfassung haben. Sie sind damit auch verfassungsrechtlich abgesichert. Die Erwähnung in der Verfassung allein genügt allerdings
nicht. Erforderlich ist vielmehr, daß sie − zumindest im wesentlichen − durch die Verfassung ausgestaltet werden und an der Ge-
samtwillensbildung des Staates beteiligt sind. Entsprechend ihrer
Bedeutung für das staatliche und politische Leben gehören dazu der
Bundestag, der Bundesrat, die Bundesversammlung, der Bundespräsident, die Bundesregierung (Bundeskanzler, Kollegium und
Bundesminister), der Gemeinsame Ausschuß gem. Art. 53a GG
und das Bundesverfassungsgericht. Die Qualifizierung als Verfassungsorgan hat auch praktische Bedeutung. Die Verfassungsorgane
nehmen durchweg den gleichen (obersten) Rang ein, sind also
keinem anderen Staatsorgan unterstellt. Ferner sind sie beteiligtenfähig im verfassungsgerichtlichen Organstreitverfahren gem.
Art. 93 I Nr. 1 GG.

Verwaltungsbehörden sind Staatsorgane, aber keine Verfassungsorgane, auch **24**
wenn sie im Grundgesetz genannt sein sollten. Entsprechendes gilt für die
Gerichte mit Ausnahme des BVerfG, dessen Qualität als Verfassungsorgan
zunächst umstritten war, heute aber anerkannt ist (vgl. § 1 I BVerfGG). Fraglich ist, ob der Bundesrechnungshof ein Verfassungsorgan ist (vgl. dazu *Stern*,
Staatsrecht II, S. 449). Parteien sind keine Verfassungsorgane, erhalten aber
nach der Rechtsprechung des BVerfG im Verfassungsprozeßrecht die Stellung
eines Verfassungsorgans, vgl. dazu oben § 10 Rn. 22, 24.

Der Ausdruck „Organ" wird oft in doppeldeutigem Sinne ver- **25**
wendet. Man meint entweder das Organ (das Amt, die Institution)
oder den Organwalter (den Amtsinhaber), so z. B., wenn vom Bundespräsidenten die Rede ist, entweder die Institution des Bundespräsidenten (etwa in dem Sinne, daß er diese oder jene Kompetenzen
habe) oder den jeweiligen, früheren oder derzeitigen Amtsinhaber
(etwa in dem Sinne, daß er seine Aufgaben in hervorragender Weise
erledigt habe). Im folgenden geht es nur um die Organe. Es ist deshalb von der Person des jeweiligen Amtsinhabers zu abstrahieren.
Die Verfassung liefert keine Maßanzüge für einzelne Personen, sondern Konfektionsanzüge. Sie passen oft, sie können aber auch zu
groß oder zu klein sein. Andererseits kommt es immer wieder vor,
daß die Persönlichkeit des jeweiligen Amtsinhabers das Amt prägt
und damit zugleich Maßstäbe für die Zukunft festlegt.

Wenn man den Unterschied zwischen Organ und Organwalter erkannt hat, wird auch deutlich, wie fragwürdig die in einigen Landesverfassungen verwendete weibliche und männliche Form des Verfassungsorgans ist. Das Verfassungsorgan ist weder weiblich noch männlich; lediglich die Person, die das Amt inne hat und wahrnimmt, kann weiblich oder männlich sein. Wenn man die sog. inklusive Sprache verwenden will, sollte man auch konsequent vorgehen.

26 Die Tätigkeit der Verfassungsorgane wird durch die verfassungsrechtlich festgelegten Zuständigkeiten bestimmt und begrenzt. Die Verfassungsorgane sind berechtigt und verpflichtet, die ihnen zugewiesenen Aufgaben unter Einsatz der ihnen rechtlich zur Verfügung stehenden Mittel wahrzunehmen. Kompetenzüberschreitungen sind unzulässig. Eine Kompetenzüberschreitung liegt – entsprechend dem *Grundsatz der Verfassungsorgantreue,* der die gegenseitige Rücksichtnahme der Verfassungsorgane fordert – ausnahmsweise auch dann vor, wenn durch die Wahrnehmung einer formell zustehenden Kompetenz Rechte oder Interessen eines anderen Verfassungsorgans erheblich beeinträchtigt werden würden.

Vgl. dazu bereits oben § 10 Rn. 54, wo die Verfassungsorgantreue im Anschluß an die Bundestreue, die das Verhältnis zwischen dem Bund und den Ländern und den Ländern bestimmt, erwähnt wurde.

27 **Literatur.** *W. Kägi,* Zur Entstehung, Wandlung und Problematik des Gewaltenteilungsprinzipes, 1937; *W. Leisner,* Die quantitative Gewaltenteilung, DÖV 1969, 405 ff.; *H. Rausch* (Hg.), Zur heutigen Problematik der Gewaltenteilung, 1969 (mit grundlegenden Beiträgen verschiedener Autoren); *N. Achterberg,* Probleme der Funktionenlehre, 1970; *H. D. Jarass,* Politik und Demokratie als Elemente der Gewaltenteilung, 1975; *F. Ossenbühl,* Aktuelle Probleme der Gewaltenteilung, DÖV 1980, 585 ff.; *B. Sinemus,* Der Grundsatz der Gewaltenteilung in der Rechtsprechung des Bundesverfassungsgerichts, 1982; *K. U. Meyn,* Kontrolle als Verfassungsprinzip, 1982; *H. Maurer,* Der Verwaltungsvorbehalt, VVDStRL 43 (1985) S. 135, 147 ff.; *J. Becker,* Gewaltenteilung im Gruppenstaat, 1986; *U. Fastenrath,* Gewaltenteilung – Ein Überblick, JuS 1986, 194 ff.; *R. Stettner,* Not und Chance der grundgesetzlichen Gewaltenteilung, JÖR Bd. 35 (1986) S. 57 ff.; *E. Schmidt-Aßmann,* Der Rechtsstaat, HStR Bd. I (1987) S. 987, 1009 ff.; *D. Merten* (Hg.), Gewaltentrennung im Rechtsstaat, 1989; *G.-Chr. von Unruh,* Grundlagen und Probleme der Verteilung der Staatsgewalt, JA 1990, 290 ff.; *R. Wank,* Gewaltenteilung, Jura 1991, 622 ff.; *H. Seiler,* Gewaltenteilung – Allgemeine Grundlagen und schweizerische Ausgestaltung, 1994; *H.-J. Vogel,* Gewaltenvermischung statt Gewaltenteilung? NJW 1996, 1505 ff.; *J. Isensee* (Hg.), Gewaltenteilung heute, 2000 (mit Beiträgen verschiedener Autoren, auch aus schweizerischer, österreichischer und europarechtlicher Sicht); *H.-D. Horn,* Über den Grundsatz der Gewaltenteilung in Deutschland und Europa, JöR Bd. 49 (2001) S. 287 ff.

Rechtsprechung. BVerfGE 3, 225, 247 f. (richterliche Konkretisierung des Gleichberechtigungsgrundsatzes); BVerfGE 9, 268, 279 f. (Bereich der Regierung); BVerfGE 34, 52, 58 f. (Rechtsverordnungsermächtigung); BVerfGE 49, 89, 124 ff. (Grenzen der Legislative); BVerfGE 67, 100, 130, 139 (Untersuchungsverfahren); BVerfGE 68, 1, 87 f. (auswärtige Angelegenheiten); BVerfGE 95, 1, 15 f. (Planfeststellung durch Gesetz); BVerfGE 96, 375, 394 (richterliche Rechtsfortentwicklung); BVerfGE 98, 218, 252 (kein umfassender Parlamentionsbehalt).

§ 13. Der Bundestag

I. Die Wahl des Bundestages

Der Bundestag wird alle vier Jahre vom deutschen Volk in 1 direkter Wahl gewählt. Die Rechtsgrundlagen der Wahl bilden Art. 38 GG und das Bundeswahlgesetz (BWahlG).

1. Die verfassungsrechtlichen Wahlgrundsätze

Das Grundgesetz führt in Art. 38 I 1 GG nicht weniger als fünf 2 Wahlrechtsgrundsätze auf: Allgemeinheit, Unmittelbarkeit, Freiheit, Gleichheit und Geheimheit der Wahl. Diese Grundsätze konnten sich erst allmählich im Laufe der langen Parlamentsgeschichte durchsetzen und stellen daher bedeutsame demokratische Errungenschaften dar. Heute sind sie allgemein anerkannt. Sie bleiben aber aktuell, weil immer wieder wahlrechtliche Fragen auftauchen, die nach diesen Grundsätzen zu klären und zu lösen sind.

Vgl. die Auflistung der Einzelfragen bei *Pieroth, JP* Art. 38 Rn. 22 ff. – Der Regelungsvorbehalt des Art. 38 III GG gilt auch für die Wahlgrundsätze des Art. 38 I 1 GG. Er ermächtigt zwar nicht zu Eingriffen i. S. eines Gesetzesvorbehalts, aber doch zur näheren Ausgestaltung und in diesem Rahmen auch zu Beschränkungen, vor allem, wenn unterschiedliche verfassungsrechtliche Aspekte in Widerstreit geraten (etwa Wahlrechtsgleichheit und Funktionsfähigkeit des Parlaments).

a) *Der Grundsatz der allgemeinen Wahl* fordert, daß *alle* Bürger an 3 der Wahl teilnehmen können. Er verbietet den Ausschluß bestimmter Bevölkerungsgruppen aus politischen, wirtschaftlichen oder sozialen Gründen. Historisch wendet er sich gegen die Wahlrechtsbeschränkungen des 19. Jahrhunderts, insbesondere gegen die

Beschränkung auf Männer (das heute selbstverständliche Frauen-wahlrecht wurde in Deutschland erst 1919 eingeführt) und gegen die Anknüpfung des Wahlrechts an Besitz, Steuerleistungen oder berufliche Selbständigkeit. Art. 38 I GG knüpft insoweit an das Diskriminierungsverbot des Art. 3 III GG an.

4   Die Allgemeinheit der Wahl schließt die Festlegung bestimmter sachlich gebotener Voraussetzungen und damit bestimmter Gren-zen des Wahlrechts nicht aus. Sie müssen sich allerdings wiederum am Grundsatz selbst messen lassen. Wahlberechtigt sind (1) alle Deutschen, die (2) das 18. Lebensjahr vollendet haben, (3) seit mindestens 3 Monaten im Bundesgebiet wohnen und (4) nicht aus besonderen Gründen vom Wahlrecht ausgeschlossen sind.

5   Das Wahlmindestalter ergibt sich aus Art. 38 II GG (die Altersgrenze lag ursprünglich bei 21 Jahren und wurde durch Verfassungsänderung 1970 auf 18 Jahre herabgesetzt). Es entspricht der bürgerlich-rechtlichen Volljährigkeit (§ 2 BGB) und dem Wehrpflichtalter (Art. 12a I GG) und geht von der (generell angenommenen) Reife und Einsichtsfähigkeit aus. Die übrigen Vor-aussetzungen ergeben sich aus Art. 38 III GG in Vbg. mit §§ 12, 13 BWahlG. Die Anknüpfung an die deutsche Staatsangehörigkeit, der die Deutscheneigen-schaft gem. 116 GG gleichsteht, folgt daraus, daß das Wahlrecht als typisch staatsbürgerliches Recht grundsätzlich nur den Mitgliedern des Staatsverban-des, also den Staatsangehörigen, zukommen kann (vgl. dazu bereits oben § 7 Rn. 22 ff.). Die weitere Voraussetzung der *Ansässigkeit* in Deutschland geht davon aus, daß die notwendige Vertrautheit mit der politischen Entwicklung auch eine räumliche Verbindung voraussetzt. Sie wird im übrigen durch § 12 II BWahlG erheblich eingeschränkt und relativiert, insbesondere für Angehörige des öffentlichen Dienstes im Ausland und für Deutsche, die in einem Mitglied-staat des Europarates leben. Die *besonderen Wahlausschlußgründe* sind in § 13 BWahlG aufgeführt; sie beschränken sich auf die Aberkennung des Wahlrechts durch strafgerichtliches Urteil gem. § 45 V StGB sowie auf die Anordnung eines Betreuungsverhältnisses wegen psychischer Krankheit oder körperlicher, geistiger oder seelischer Behinderung gem. § 1896 BGB.

Seit einiger Zeit wird über ein *Kinderwahlrecht* diskutiert, wobei entweder an eine Vertretung der Kinder durch ihre Eltern oder an ein Familienwahlrecht (die Eltern erhalten ein mehrfaches Wahl-recht entsprechend der Zahl ihrer Kinder) gedacht ist.

6   So *H. Hattenhauer,* JZ 1996, 9 ff.; *L. M. Peschel-Gutzeit,* NJW 1997, 2861 f.; *K. Löw,* ZRP 2002, 448 ff.; ablehnend *I. v. Münch,* NJW 1995, 3165 ff.; *G. Roellecke,* NJW 1996, 2773 f.; *R. Mußgnug,* Festschrift für Roellecke, 1997, S. 165 ff. Da das Wahlalter verfassungsrechtlich festgelegt ist, kann es nicht ver-fassungswidrig sein, es sei denn, daß man nicht nur die Änderung der Art. 38 II

GG von 1970, sondern auch die ursprüngliche Regelung des Art. 38 II GG als verfassungswidriges Verfassungsrecht qualifiziert, das den (verfassungsänderndes) Gesetzgeber zur Neuregelung verpflichtet (vgl. dazu *M. Breuer,* NVwZ 2002, 43 ff.; *M. Sachs,* JuS 2002, 288). Das BVerfG hat denn auch eine entsprechende Verfassungsbeschwerde – wenn auch mit mehr als zweifelhafter Begründung, so doch im Ergebnis zutreffend – kurzerhand abgetan (BVerfG NVwZ 2002, 69). Es kann sich daher nur um eine verfassungspolitische Forderung handeln, die jedoch mit dem Grundsatz der Wahlgleichheit und dem höchstpersönlichen Charakter der Wahl nicht zu vereinbaren ist. Fraglich ist auch, was geschieht, wenn sich die Eltern nicht einigen. Der Hinweis auf § 1628 I BGB, wonach das Vormundschaftsgericht das Entscheidungsrecht einem Elternteil übertragen kann, führt das Ganze ad absurdum, zumal der Richter bei dieser Übertragung mittelbar auch in der Sache entscheidet. Entsprechendes gilt für den Vorschlag, jedem Elternteil eine halbe Stimme zu geben. Warum soll dann der Wähler, der sich nicht zwischen zwei Parteien entscheiden kann, nicht auch zwei halbe Stimmen bekommen?

b) *Der Grundsatz der Gleichheit der Wahl* bezieht sich zunächst **7** einmal auf die Wahl selbst und verlangt, daß alle Stimmen gleich gewichtet werden, bei der Mehrheitswahl wenigstens den gleichen Zählwert, bei der Verhältniswahl auch den gleichen Erfolgswert haben (vgl. dazu näher unten Rn. 24). Während der Grundsatz der allgemeinen Wahl (vgl. oben Rn. 3) fordert, daß *alle* Bürger wählen dürfen, verlangt der Grundsatz der gleichen Wahl, daß alle Bürger *in gleicher Weise* wählen dürfen. Er betrifft aber nicht nur die Wahl selbst, sondern alle Vorgänge und Maßnahmen im Zusammenhang mit der Wahl, insbesondere die Wahlvorbereitung, die Zulassung zur Wahl, die Wahlwerbung, das Wahlverfahren sowie die Regelungen, die der Wahl folgen, aber noch mit ihr im Zusammenhang stehen, etwa die Erstattung der Wahlkampfkosten. Der Grundsatz der Gleichheit der Wahl stellt eine Konkretisierung und Präzisierung des allgemeinen Gleichheitssatzes dar, beläßt es aber nicht beim allgemeinen Willkürverbot (so Art. 3 I GG), sondern fordert die *formale* Wahlrechtsgleichheit und die Chancengleichheit der an der Wahl beteiligten Parteien und Personen. Einschränkungen und Differenzierungen sind nicht schlechthin ausgeschlossen, aber nur zulässig, wenn und soweit sie aus zwingenden Gründen erforderlich sind.

Der Grundsatz der Wahlrechtsgleichheit wird immer wieder aktuell, so z.B. **8** bei der 5%-Sperrklausel, der Grundmandatsklausel und den Überhangmandaten (vgl. dazu unten Rn. 31 ff.), ferner etwa bei der Wahlkreiseinteilung, den

Anforderungen an die Kandidatenaufstellung durch die Parteien, den Unterschriftenquoren für Wahlvorschläge, der Wahlwerbung im öffentlich-rechtlichen Rundfunk und Fernsehen, der Anbringung von Wahlplakaten auf öffentlichen Straßen, der Zuteilung der Mandate usw.; vgl. dazu näher *Achterberg/Schulte,* MKSt Art. 38 Rn. 134 ff.; *Trute* MüK Art. 38 Rn. 64. – Auch die Frage einer Quotenregelung für Frauen im Bundestag wäre unter dem Gesichtspunkt der Gleichheit der Wahl zu prüfen.

9   Das krasse Gegenbeispiel bildet – in historischer Sicht – das bis 1918 in Preußen geltende sog. Drei-Klassen-Wahlrecht, das die Wähler entsprechend ihren Steuerleistungen in drei Klassen einteilte und dazu führte, daß die Stimmen der Angehörigen der höheren Klasse erheblich größeres Gewicht erhielten als die der Angehörigen der unteren Klasse(n), vgl. dazu *Meyer/Anschütz,* Staatsrecht, 7. Aufl. 1919, S. 352 f.; *E. R. Huber,* VerfGesch. III, S. 49 ff., 85 ff.

10   c) *Der Grundsatz der Unmittelbarkeit der Wahl* besagt, daß sich zwischen Wähler und Wahlbewerber, zwischen Wahlentscheidung und Wahlergebnis keine weiteren Personen oder Entscheidungen schieben dürfen. Damit wird das System der Wahlmänner, die von den Wählern gewählt werden und ihrerseits dann den oder die Kandidaten zu wählen haben, abgelehnt.

Das war früher öfter der Fall (vgl. das soeben erwähnte Drei-Klassen-Wahlrecht in Preußen bis 1918) und gilt z. B. heute noch für die Wahl des Präsidenten der USA.

11   Die Listenwahl ist mit dem Grundsatz der Unmittelbarkeit der Wahl vereinbar, wenn und weil zum Zeitpunkt der Wahl feststeht, welche Listenkandidaten entsprechend dem Wahlerfolg in den Bundestag gelangen. Das gilt jedenfalls dann, wenn nach freien Listen gewählt wird, während bei der Wahl nach gebundenen Listen neuerdings im Blick auf die derzeitigen parteienstaatlichen Verhältnisse Zweifel angemeldet werden (so *H. H. von Arnim,* JZ 2002, 578 ff.; zum Unterschied zwischen der freien und der gebundenen Liste vgl. unten Rn. 22). Die Regelung des § 48 I 1 BWahlG, wonach der nächste Listenkandidat nachrückt, wenn ein Bundestagsabgeordneter ausscheidet ist mit dem Grundsatz der Unabhängigkeit der Wahl vereinbar, wenn und weil die Liste *nach* der Wahl unverändert bleibt.

Fall: A stand auf der Liste der für den Bundestag kandidierenden Partei P, kam aber nicht mehr zum Zuge. Nunmehr zeichnet sich ab, daß er nach dem Ausscheiden des Bundestagsabgeordneten B nachrücken wird. Die Partei P, die in der letzten Zeit ständig Schwierigkeiten mit A hatte, will das verhindern. Sie schließt ihn deshalb aus der Partei aus und verweist auf § 48 I 2 BWahlG, wonach ein Listenkandidat nicht nachrückt, wenn er zwischenzeitlich aus der Partei ausgeschieden ist. Ist das mit dem Grundsatz der Unmittelbarkeit der Wahl vereinbar? Das ist strittig, aber im Blick auf die begrenzte Ausschlußmöglichkeit nach § 10 IV PartG wohl noch zu bejahen; so BVerfGE 7, 63, 72; a. A. *Pieroth*, JP Art. 38 Rn. 12 m. w. N.

d) *Der Grundsatz der geheimen Wahl* erfordert, daß die Wahl so **12** durchgeführt wird, daß andere Personen nicht in Erfahrung bringen können, wie der einzelne Wähler abgestimmt hat. Grund: Der Wähler muß sichergehen, daß er nicht wegen seiner Wahl mit Nachteilen oder Repressionen zu rechnen hat. Nur dadurch wird die freie Wahl gewährleistet.

Fall: A erklärt im Wahllokal, daß er auf sein Recht auf geheime Stimmabgabe verzichte, da er nichts zu verbergen habe. Er beabsichtigt deshalb, seinen Wahlzettel in aller Öffentlichkeit anzukreuzen. Der Wahlleiter verhindert das. Zu Recht? Ja, denn die geheime Wahl ist nicht nur ein subjektives Recht des Wählers, sondern auch ein allgemeiner Wahlrechtsgrundsatz, auf den – im Interesse der ordnungsgemäßen Durchführung der Wahl und im Interesse aller anderen Wähler – nicht verzichtet werden kann.

Problematisch ist unter den Gesichtspunkten der Wahlfreiheit **13** und des Wahlgeheimnisses vor allem die *Briefwahl*. Sie ist nach der Rechtsprechung des BVerfG verfassungsrechtlich nicht geboten (BVerfGE 12, 139, 142f.; 15, 165, 167), aber zulässig (BVerfGE 21, 200, 204ff.; 59, 119, 124ff.). Der Gesetzgeber ist jedoch verpflichtet, ständig zu prüfen, ob die Grundsätze der Wahlfreiheit und des Wahlgeheimnisses noch ausreichend gewährleistet sind, und muß, wenn das nicht mehr der Fall ist, entsprechend „nachbessern" (so BVerfGE 59, 119, 127).

Die Bedenken gegen die Briefwahl steigen mit der quantitativen Zunahme der Briefwähler (bei der Bundeswahl 1957 waren es 4,9%, 1998 bereits 16,0%, 2002 knapp 20% der Wähler insgesamt). Sie ist m. E. nur gerechtfertigt, wenn der Wähler wegen Krankheit oder beruflicher Abwesenheit an der Teilnahme verhindert ist, was glaubhaft darzulegen ist. Im übrigen ist zu erwarten, daß der Wähler zeitlich so disponiert, daß er am Wahltag persönlich erscheinen kann, was freilich erleichtert würde, wenn die Wahllokale länger – etwa bis 22 Uhr – geöffnet hätten. Freizeitgestaltung und Bequemlichkeit können jedenfalls die Briefwahl nicht begründen. Gegen die Briefwahl spricht auch, daß die Wahl als staatlicher Gesamtakt zeitlich konzentriert durchgeführt werden muß; das durch vorgezogene Stimmabgaben gestreckte Wahlverfahren verfälscht die Wahl.

e) *Der Grundsatz der freien Wahl* wird erstmals im Grundgesetz als **14** Wahlgrundsatz erwähnt (vgl. dagegen Art. 22 WRV, allerdings auch

Art. 125 WRV). Er erscheint im Blick auf den Grundsatz der geheimen Wahl überflüssig, da dieser die freie Wahl garantiert. Gleichwohl hat er in der letzten Zeit immer wieder Bedeutung erlangt. Er enthält vor allem das *Verbot einer unzulässigen Wahlbeeinflussung.*

Jeder Wahlkampf stellt eine Wahlbeeinflussung dar. Ein Verstoß gegen die Wahlfreiheit liegt erst dann vor, wenn besondere Umstände hinzutreten. Generell unzulässig ist die amtliche Wahlwerbung, d. h. eine Wahlwerbung durch Amtsträger unter Ausnutzung des Amtes und seiner Möglichkeiten, so etwa der Einsatz staatlicher Mittel durch die Regierung zugunsten der sie tragenden Partei (vgl. BVerfGE 44, 125: Öffentlichkeitsarbeit der Regierung im Wahlkampf). Eine Wahlwerbung durch private oder gesellschaftliche Organisationen ist erst dann unzulässig, wenn sie unter Druck oder Täuschung oder unter Mißbrauch wirtschaftlicher Macht erfolgt (BVerfGE 66, 369, 380: Ankündigung von Unternehmern, im Falle eines bestimmten Ausgangs der Bundestagswahl Investitionsentscheidungen zu widerrufen). Zur vieldiskutierten Wahl des Hessischen Landtags 1999 („Verstoß gegen die guten Sitten" bzw. „unzulässige Wahlbeeinflussung" der CDU, weil sie ihren Wahlkampf z. T. mit „Schwarzgeld", d. h. rechtswidrig nicht im Rechenschaftsbericht ausgewiesene Gelder, finanziert hatte?): BVerfGE 103, 111 = JZ 2001 mit Anm. von *Hermes;* Hess. Wahlprüfungsgericht NJW 2001, 1054; HessStGH NVwZ 2002, 468; *W. Schmidt,* NJW 2001, 1035 f.; *ders.,* JuS 2001, 545 ff.; *J. Kersten,* DVBl. 2001, 768 ff.; *M. Wild,* DVBl. 888 ff. – Entsprechende Probleme stellen sich bei den Kommunalwahlen, vgl. BVerwGE 104, 323 (Wahlbeeinflussung durch den Bürgermeister).

15   **Fall:** Vor der Bundestagswahl wird ein Hirtenbrief eines Bischofs in den katholischen Kirchen seiner Diözese verlesen, in dem zwar nicht ausdrücklich, aber doch eindeutig für eine bestimmte Partei Stellung genommen wird. Der Kandidat X, der einer anderen Partei angehört, sieht darin einen Verstoß gegen den Grundsatz der freien Wahl. Zu Recht? Der ganze Wahlkampf stellt eine (versuchte) Wahlbeeinflussung dar. Sicher ist es zulässig, daß die Parteien für sich selbst werben. Ebenso ist es zulässig, daß andere Personen, Gruppen und Organisationen ihre Meinung abgeben und Stellung beziehen (Sportvereine, Gewerkschaften usw.). Das muß auch gelten, wenn die Kirchen für eine bestimmte Richtung oder sogar für eine bestimmte Partei oder bestimmte Personen eintreten. Fraglich ist allenfalls, ob diese „Wahlbeeinflussung" deshalb einen nicht mehr akzeptablen Druck darstellt, weil der gläubige Katholik durch den Hirtenbrief in seinem Gewissen verpflichtet und gebunden wird. Das ist jedoch eine Frage des innerkirchlichen Bereichs, die sich der Beurteilung durch den Staat entzieht. Vgl. dazu OVG Münster JZ 1962, 776 mit Anm. von *H. Ridder;* BVerwGE 18, 14.

16   f) *Gesamtbeurteilung.* Die Einzelaufführung der Wahlgrundsätze darf nicht darüber hinwegtäuschen, daß in strittigen Fällen häufig mehrere Wahl- und sonstige Grundsätze zur Anwendung kommen können und deshalb zu prüfen sind.

Fall (ruhendes Mandat): Die Bundestagsfraktion F bringt folgenden Gesetzentwurf im Bundestag ein: § 1. Jedes Mitglied der Bundesregierung, das ein Abgeordnetenmandat im Bundestag innehat, kann dieses während seiner Amtszeit in der Bundesregierung ruhen lassen. § 2. Macht es von dieser Möglichkeit Gebrauch, dann rückt der nächste auf der Liste erscheinende Kandidat nach (§ 48 I BWahlG). § 3. Nach Beendigung des Regierungsamtes lebt das Abgeordnetenmandat wieder auf mit der Folge, daß der Nachrücker aus dem Bundestag ausscheidet. – Wie ist dieser Gesetzentwurf verfassungsrechtlich zu beurteilen? – Die Gesetzgebungskompetenz des Bundes ergibt sich unproblematisch aus Art. 38 III GG. Materiell-rechtlich ist zwischen dem Beginn und dem Ende des „Ruhens" sowie zwischen der Stellung des Abgeordneten-Ministers und der Stellung des Nachrückers zu unterscheiden. Der Grundsatz der Unmittelbarkeit der Wahl ist verletzt, weil das Mandat des Nachrückers nicht nur von der Wählerentscheidung, sondern auch vom (dazwischengeschobenen) Verhalten anderer (der Berufung des Abgeordneten in die Regierung, die Entscheidung des Berufenen, diese anzunehmen) abhängt. Ferner wird gegen den Grundsatz der Gleichheit verstoßen, weil dem Bundestag unterschiedliche Abgeordnete angehören (normale Abgeordnete; Abgeordnete, deren Mandat ruht; Abgeordnete auf Abruf). Schließlich liegt auch eine Verletzung des freien Mandats (Art. 38 I 2 GG) vor, da der Nachrücker jederzeit – bedingt durch das freiwillige oder erzwungene Ausscheiden seines Vorgängers aus der Regierung – sein Mandat wieder verlieren kann. Vgl. dazu Hess.StGH ESVGH 27, 193 = NJW 1977, 2065; *Stern,* Staatsrecht I, S. 1053 f.; *H. H. Klein,* HStR II (1987) S. 377; *Achterberg/Schulte,* MKSt Art. 38 Rn. 58 f.; *Epping,* MKSt Art. 66 Rn. 24 f.; *St. Mückl,* Das ruhende Mandat, Jura 2001, 704 ff.

In Hamburg und in Bremen ist das ruhende Mandat für die Bürgerschaft (Landesparlament) verfassungsrechtlich vorgesehen (Art. 38 a bzw. Art. 108 II LVerf.). Damit stellen sich zwei Fragen: In landesrechtlicher Sicht fragt sich, ob die Ruhens-Regelung als verfassungsrechtlich gedeckte Ausnahme von den genannten, auch in der Landesverfassung festgelegten Wahlrechtsgrundsätzen zulässig ist oder ob sie verfassungswidriges Verfassungsrecht darstellt. Die erste Alternative ist wohl zu bejahen, zumal der Grundsatz der Gewaltenteilung für das Ruhen spricht. In bundesrechtlicher Sicht geht es um die Frage, ob die Ruhens-Regelung mit Art. 28 I 2 GG und den dort auch für die Länder festgeschriebenen Wahlrechtsgrundsätzen vereinbar ist. Das ist zu verneinen, da die Länder zwar von ihren landesverfassungsrechtlichen Wahlrechtsgrundsätzen, nicht aber von den bundesverfassungsrechtlich festgelegten Wahlrechtsgrundsätzen Ausnahmen vorsehen können. Es liegt also kein verfassungswidriges Verfassungsrecht im Landesbereich, aber bundesrechtswidriges Landesverfassungsrecht vor. Vgl. dazu v. Münch, Staatsrecht, Rn. 673 f. mit weiteren Nachw.

2. Die Wahlsysteme

a) *Ausgangslage.* Das Grundgesetz regelt nur die Wahlgrundsätze, **17** die im Prinzip unbestritten sind und allenfalls noch im Detail Probleme aufwerfen. Nicht weniger wichtig ist jedoch das Wahlsystem, d. h. die Frage, wie die Wahl zum Bundestag ablaufen soll. Die Ausgestaltung des Wahlsystems ist nicht nur eine wahltechnische und formelle Angelegenheit, sondern kann erhebliche Auswirkungen für das Wahlergebnis haben. Sie ist daher ein politisches Problem von weitreichender Bedeutung.

18   Anders als die Weimarer Reichsverfassung, die für den Reichstag und die Landtage das Verhältniswahlrecht verbindlich festlegte (Art. 17, 22 WRV), hat das Grundgesetz die Regelung des Wahlsystems dem Bundesgesetzgeber überlassen (Art. 38 III GG). Er ist dabei zwar an die Wahlrechtsgrundsätze des Art. 38 I 1 GG, insbesondere den Grundsatz der Wahlrechtsgleichheit, gebunden, hat aber unter diesen Vorgaben noch einen weiten Gestaltungsspielraum (BVerfGE 95, 335, 349; enger die abweichende Meinung, aaO. S. 368 f.).

Das ist nicht unproblematisch, weil dadurch die Partei oder die Koalition, die gerade die Mehrheit im Bundestag hat, in der Lage ist, das Wahlrecht in ihrem Sinne und zu ihrem Vorteil für die Zukunft festzulegen. Die ursprüngliche Zurückhaltung des Grundgesetzes läßt sich damit erklären, daß dem Gesetzgeber zunächst ein gewisses Experimentierfeld eingeräumt werden sollte. Inzwischen ist es längst an der Zeit, die Grundzüge des Wahlverfahrens verfassungsrechtlich festzulegen. Solange dieses nicht geschehen ist, müssen jedenfalls die sich aus Art. 38 I 1 GG ergebenden Bindungen und Beschränkungen besonders sorgfältig beachtet werden. Bemerkenswert ist übrigens, daß verschiedene Versuche, vor allem in den 60er Jahren, durch entsprechende Änderungen des Wahlrechts das Zwei-Parteien-System einzuführen, trotz vorhandener Mehrheiten politisch nicht durchsetzbar waren. Vgl. *Bundesministerium des Inneren* (Hg.), Zur Neugestaltung des Bundestagswahlrechts. Bericht des vom Bundesminister des Inneren eingesetzten Beirats für Fragen der Wahlrechtsreform, 1968.

19   Das geltende Wahlsystem wird durch das *Bundeswahlgesetz* bestimmt. Danach wird der Bundestag „nach den Grundsätzen einer mit der Personenwahl verbundenen Verhältniswahl gewählt" (§ 1 I 2 BWahlG). Es gilt also das Prinzip der Verhältniswahl, das jedoch mit Elementen der Persönlichkeitswahl verknüpft wird. Worin diese Verknüpfung besteht und wie weit sie geht, ist fraglich. Selbst innerhalb des BVerfG bestehen unterschiedliche Auffassungen, wie das Urteil des BVerfG vom 10. 4. 1997 zu den Überhangmandaten zeigt (BVerfGE 95, 335).

20   b) *Die Wahlsystemmodelle.* Bevor das geltende Wahlrecht näher dargestellt wird, erscheint es zweckmäßig, zunächst die Verhältnis-

wahl und die Persönlichkeitswahl in ihrer „reinen" Form vorzustellen.

aa) *Mehrheitswahl oder Persönlichkeitswahl:* Das gesamte Wahlgebiet   **21**
wird in so viele Wahlkreise eingeteilt, wie Abgeordnete zu wählen
sind. Es gibt also viele und kleine Wahlkreise. In jedem Wahlkreis
ist *ein* Kandidat zu wählen. Gewählt ist, wer die meisten Stimmen
erhält.

Nach dem *relativen Mehrheitswahlrecht* reicht die einfache Mehrheit. Es genügen also z. B. 30%, sofern die anderen Kandidaten noch weniger Stimmen erlangt haben. Nach dem *absoluten Mehrheitswahlrecht* sind dagegen mehr als die
Hälfte der abgegebenen Stimmen – genau genommen 50% plus eine Stimme –
erforderlich. Wird dieses Quorum nicht erreicht, dann muß – in der Regel 14
Tage später – eine neue Wahl stattfinden, bei der entweder eine Stichwahl
zwischen den zwei Bestplazierten erfolgt oder die einfache Mehrheit ausreicht.
Auch diese Unterscheidung ist politisch von Bedeutung, weil im Falle der Wie-
derholungswahl Wahlbündnisse möglich sind, die im ersten Wahlgang noch
nicht in Betracht kommen oder zumindest noch nicht opportun erscheinen.

bb) *Verhältniswahl oder Listenwahl:* Das gesamte Wahlgebiet bildet   **22**
nur einen Wahlkreis oder wird in einige wenige und damit große
Wahlkreise eingeteilt. In diesen Wahlkreisen wird nicht eine Person, sondern eine Liste mit mehreren Personen, also praktisch eine
politische Partei, gewählt. Jede Liste bzw. Partei erhält so viele
Sitze im Parlament, wie prozentual Stimmen für sie abgegeben
worden sind.

Nach dem System der *starren Liste* muß der Wähler die Liste so nehmen, wie
sie ihm vorgelegt wird. Dagegen hat er nach dem System der *freien Liste* die
Möglichkeit, Änderungen vorzunehmen, etwa – je nach gesetzlicher Regelung
– die Reihenfolge auf der Liste zu ändern, einem Kandidaten mehrere Stimmen zu geben (Kumulieren) oder Kandidaten von anderen Listen zu übernehmen (Panaschieren).

cc) *Verfassungspolitische Bewertung.* Für beide Modelle gibt es je-   **23**
weils Argumente pro und contra. Es ist deshalb auch nicht überraschend, daß beide in der Praxis vorkamen und vorkommen. In
Deutschland bestand bis 1914 vorwiegend die absolute Mehrheitswahl, durch die Weimarer Reichsverfassung (Art. 17, 22 WRV)
und dann wiederum durch die meisten der 1946/47 erlassenen
Landesverfassungen wurde die Verhältniswahl eingeführt. In England gilt bekanntlich seit jeher die relative Mehrheitswahl, in

Frankreich seit 1958 wieder die absolute Mehrheitswahl. Schon diese Beispiele zeigen, daß es echte Alternativen gibt. Nur ist zu beachten, daß sie in ihren jeweiligen traditionellen, verfassungsrechtlichen, politischen und soziologischen Zusammenhängen stehen und deshalb nicht einfach übertragbar sind.

24   Bei der *Abwägung der beiden Modelle* fällt zunächst ins Gewicht, daß die Verhältniswahl dem Grundsatz der Wahlrechtsgleichheit besser entspricht als die Mehrheitswahl, da nicht nur – wie bei jener – jede Stimme gleichermaßen gezählt wird (gleicher Zählwert), sondern darüber hinaus auch gleichen Erfolg hat und das Wahlergebnis – wenn auch im Blick auf die große Zahl von Wählern nur minimal – beeinflußt (gleicher Erfolgswert). Der neuerdings auftauchende Ausdruck „gleicher Erfolgschancenwert" präzisiert den Ausdruck „Zählwert", da er klarstellt, daß natürlich die Stimmen nicht nur numerisch gezählt werden, sondern auch die *Chance* haben müssen, auf das Wahlergebnis einzuwirken. Die Verhältniswahl gewährleistet, daß alle politischen Parteien entsprechend ihrem Stimmenanteil im Parlament vertreten sind und somit alle politischen Richtungen, sofern sie in den politischen Parteien zum Ausdruck kommen, im Parlament repräsentiert werden. Spricht sonach der Grundsatz der Wahlrechtsgleichheit und der repräsentative Charakter des Parlaments für das Verhältniswahlrecht, so sind doch auch dessen Mängel nicht zu übersehen. Es besteht die Gefahr, daß zahlreiche kleine oder kleinste Parteien in das Parlament einziehen und dadurch die für die Wahrnehmung der parlamentarischen Aufgaben, insbesondere für die Gesetzgebung und die Wahl der Regierung, erforderliche Mehrheitsbildung erschwert oder sogar vereitelt wird oder aber zu unangemessenen Kompromissen zwingt. Die Mehrheitswahl gibt dagegen in der Regel nur den großen Parteien eine echte Chance. Sie tendiert zum Zwei-Parteien-System. Sie zwingt den Wähler, sich zwischen zwei großen Parteien und ihren Kanzlerkandidaten zu entscheiden, gibt der Partei, die im Parlament die Mehrheit erlangt hat, einen klaren Wählerauftrag für die Gesetzgebung und die Regierung in der laufenden Wahlperiode und erübrigt Auseinandersetzungen und Kompromisse mit Koalitionspartnern. Der Gesichtspunkt der Funktionsfähigkeit des Parlaments spricht daher eher für die Mehrheitswahl. Freilich, eine Garantie, daß diese Vorteile eintreten, besteht nicht, da auch im Zwei-Parteien-System knappe Mehrheiten denkbar sind. Zudem ist fraglich, ob die Reduzierung auf zwei Parteien und die sich daraus ergebende absolute Mehrheit einer Partei überhaupt wünschenswert ist. Das gilt vor allem dann, wenn, was für die Mehrheitswahl geradezu typisch ist, die parlamentarische Mehrheit nicht dem Proporz der Wählerstimmen entspricht. Die Funktionsfähigkeit des Parlaments ist sicher ein wesentlicher Gesichtspunkt. Sie rechtfertigt aber nur dann die Einführung des Mehrheitswahlrechts, wenn sie nicht auch auf andere Weise, etwa durch die 5%-Klausel oder durch parlamentsinterne Vorkehrungen, gewährleistet werden kann.

Die bei der Mehrheitswahl mögliche, wenn nicht sogar typische „Verzerrung" zwischen den Wählerstimmen und den Parlamentssitzen zeigt sich etwa in England. Das englische Wahlrecht soll hier nicht bewertet werden, kann aber doch hinsichtlich seiner Auswirkungen als Beispiel dienen. So erlangten bei der Unterhauswahl 1997 Labour 43,1% der Stimmen und 418 Sitze, die Konservativen 30,6% der Stimmen und 165 Sitze, die Liberalen 16,7% der Stimmen und 46 Sitze und die sonstigen Parteien und Kandidaten 9,6% der Stimmen und 30 Sitze der insgesamt 659 Parlamentssitze. Es kam sogar vor, daß eine Partei die Mehrheit der Unterhaussitze erlangte, obwohl sie weniger Stimmen erhielt als die auf die Oppositionsbank verwiesene Partei. **25**

Ein wesentlicher Vorteil der Mehrheitswahl besteht ferner darin, daß eine Person in einem relativ kleinen Wahlkreis zu wählen ist und daher nicht nur eine echte Personenwahl stattfindet, sondern auch persönliche Beziehungen zwischen dem Abgeordneten und seinem Wahlkreis aufgebaut werden können. Jeder Abgeordnete hat „seinen" Wahlkreis und jeder Wahlkreis hat „seinen" Abgeordneten. Auch die Verhältniswahl ist eine Personenwahl, da die auf der Liste erscheinenden Personen gewählt werden. Aber schon wegen der Größe des Wahlgebietes kommt es in der Regel nicht zu persönlichen Beziehungen zwischen den Abgeordneten und ihren Wählern. **26**

3. Das geltende Wahlsystem (Überblick)

Das Bundeswahlgesetz versucht, durch eine Kombination beider Wahlsysteme deren jeweilige Vorteile zu sichern. Maßgebend sind **27** die Grundsätze der Verhältniswahl. Die Zusammensetzung des Bundestages bestimmt sich nach den jeweils für die einzelnen Parteien prozentual abgegebenen Stimmen. Die Nachteile und Gefahren der reinen Verhältniswahl werden aber einmal durch die 5%-Sperrklausel, die den Einzug von Splitterparteien in den Bundestag verhindern soll, und zum anderen durch die Wahl von Wahlkreiskandidaten, die die persönliche Verbindung zwischen den Abgeordneten und dem Wahlkreis herstellen soll, aufgefangen. Ganz reibungslos geht das jedoch nicht, wie das Problem der Überhangmandate zeigt (vgl. dazu unten Rn. 35 ff.).

Das BVerfG charakterisiert in st. Rspr. die Bundestagswahl als „personalisierte Verhältniswahl", als Wahl, die „den Grundcharakter einer Verhältniswahl trägt", zugleich aber durch die „vorgeschaltete Direktwahl der Wahlkreiskandidaten nach den Prinzipien der Mehrheitswahl" modifiziert werde, vgl. BVerfGE 95, 335, 358, 379 mit weiteren Nachw. Das sind freilich nur allgemeine Kennzeichnungen, die eine genauere Betrachtung der einzelnen Vorschriften nicht ersetzen.

Im folgenden werden zunächst in einem Überblick die einzelnen Stufen der Bundestagswahl dargelegt (vgl. §§ 1, 4–7 BWahlG, ferner *J. Ipsen*, Staatsrecht I, Rn. 104 ff.) und sodann noch einige besondere Probleme erörtert.

28 (1) Es sind insgesamt 598 *Abgeordnete* zu wählen, und zwar 299 direkt in *Einzelwahlkreisen* und 299 über Landeslisten (vgl. § 1 BWahlG).

(2) Jeder Wähler hat zwei Stimmen. Mit der sog. Erststimme wählt er einen Wahlkreiskandidaten, mit der sog. Zweitstimme wählt er eine der Landeslisten, die von den Landesverbänden der verschiedenen politischen Parteien aufgestellt werden (§ 4 BWahlG).

(3) Maßgebend für die Zusammensetzung des Bundestages sind nicht die Erststimmen, sondern ausschließlich die Zweitstimmen. Sie sind Ausdruck des vorherrschenden Verhältniswahlprinzips. Jede Partei erhält prozentual soviel Sitze im Bundestag, wie Zweitstimmen für sie abgegeben worden sind (§ 6 I BWahlG).

(4) Allerdings werden nur die Parteien berücksichtigt, die mindestens 5% der Zweitstimmen erhalten (sog. 5%-Klausel) oder mindestens drei Direktmandate errungen haben (sog. Grundmandatsklausel), vgl. § 6 VI BWahlG, ferner näher unten Rn. 34.

(5) *Die Berechnung* der den Parteien nach der Zweit-Stimmen-Auszählung zukommenden Sitze erfolgt in zwei Stufen. Zunächst wird festgestellt, wieviel Sitze den einzelnen Parteien bundesweit zustehen (Oberverteilung, Bundesproporz). Es besteht zwar keine Bundesliste, aber die Landeslisten einer Partei gelten kraft Gesetzes „als verbunden", so daß über die Fiktion

der Listenverbindung gleichsam eine Bundesliste entsteht (§ 7 I, II BWahlG). Wenn feststeht, wieviel Sitze die jeweilige Partei insgesamt erhält, sind diese wiederum auf die einzelnen Landeslisten zu verteilen (Unterverteilung, Landesproporz). Die Verteilung bestimmt sich in beiden Fällen nach dem sog. Hare/Niemeyer-Verfahren (vgl. dazu sogleich unten Rn. 29).

(6) Nun zur Erststimme: In jedem der 299 Einzelwahlkreise ist ein Kandidat (Direktkandidat) zu wählen. Gewählt ist, wer die meisten Stimmen (relative Mehrheit) erhalten hat.

(7) Die Verteilung der den Parteien nach der Zweit-Stimmen-Auszählung zustehenden Sitze auf die Kandidaten erfolgt in zwei Stufen: Zunächst werden die Direktkandidaten berücksichtigt, sodann werden die noch freien Sitze einer Partei auf die Listenkandidaten nach der Reihenfolge, in der sie auf der Liste erscheinen (starre Liste), besetzt.

4. Berechnungsmethode

Für die Verteilung der nach den Zweitstimmen auf die Parteien **29** und die Landeslisten entfallenden Sitze (vgl. oben Rn. 28 Ziff. 5) bieten sich verschiedene Berechnungsmethoden an. Bei den ersten zehn Bundestagswahlen wurde das von dem belgischen Professor für Zivil- und Steuerrecht d'Hondt entwickelte Höchstzahlverfahren angewandt (sog. d'Hondtsches Verfahren). Seit 1983 gilt das Verfahren der mathematischen Proportion, das von dem englischen Verfassungsjuristen Hare entwickelt und von dem deutschen Mathematikprofessor Niemeyer abgewandelt worden ist (sog. Hare/Niemeyer-Verfahren). Es wird in § 6 II BWahlG wie folgt umschrieben: „Die Gesamtzahl der (verbleibenden) Sitze vervielfacht mit der Zahl der Zweitstimmen, die eine Landesliste im Wahlgebiet erhalten hat, wird durch die Gesamtzahl der Zweitstimmen aller zu berücksichtigen Landeslisten geteilt."

Nach dem d'Hondtschen Höchstzahlverfahren werden dagegen die für eine Partei abgegebenen Stimmen durch 1, 2, 3, 4 usw. geteilt und die zu vergebenden Sitze so lange in der Reihenfolge der dabei entstehenden Höchstzahlen auf die Parteien verteilt, bis alle Sitze vergeben sind. Dieses Verfahren ist also einfacher, begünstigt aber die größeren Parteien, während das Hare/Niemeyer-Verfahren dem tatsächlichen Erfolgswert der für die kleineren Parteien abgegebenen Stimmen besser entspricht und daher (vergleichsweise) für die kleineren Parteien günstiger ist. Für den parlamentsinternen Bereich, nämlich die Besetzung der Ausschüsse und die Verteilung der Ausschußvorsitze, wird seit 1990 überwiegend das von dem französischen Mathematikprofessor Sainte-

Laguë und dem deutschen Ministerialrat in der Bundestagsverwaltung Schepers entwickelte Proportionalverfahren angewandt. Vgl. zu den einzelnen Berechnungsmethoden *Schindler,* Datenhandbuch I S. 46 f. und II S. 2081 ff.; *F. Pukelsheim,* Mandatszuteilungen bei Verhältniswahlen: Vertretungsgewichte der Mandate, KritV 2000, 76 ff.; *ders.,* Mandatszuteilungen bei Verhältniswahlen: Idealansprüche der Parteien, ZfP 2000, S. 239 ff.; BVerfGE 96, 264, 267 ff., 282 f. Das Problem ist jeweils die Verteilung der *Reststimmen,* die nicht mehr für einen Sitz ausreichen, da verständlicherweise keine Bruchteile von Sitzen vergeben werden können.

30   Der Unterscheid zwischen dem d'Hondtschen Verfahren und dem Hare/Niemeyer-Verfahren läßt sich am besten mit Zahlenbeispielen verdeutlichen:

Beispiel (nach *v. Münch,* Staatsrecht I, S. 70 f.): Es sind 100 000 Stimmen abgegeben worden, für die Partei A 50 000 Stimmen, für die Partei B 35 000 Stimmen und für die Partei C 15 000 Stimmen. 11 Abgeordnetensitze sind zu vergeben.

Nach dem d'Hondtschen Höchstzahlverfahren ergibt sich:

Partei	Stimmen	dividiert : 1	dividiert : 2	dividiert : 3	dividiert : 4	dividiert : 5	dividiert : 6
A	50 000	*50 000*[1]	*25 000*[3]	*16 666*[5]	*12 500*[7]	*10 000*[9]	8 333[11]
B	35 000	*35 000*[2]	*17 500*[4]	*11 666*[8]	8 750[10]	7 000[13]	5 833[14]
C	15 000	*15 000*[6]	7 500[12]	3 750	3 750	3 000	2 500

Entsprechend den Höchstzahlen (im Beispiel kursiv) erhält die Partei A 6 Sitze, die Partei B 4 Sitze und die Partei C 1 Sitz.

Nach dem Hare/Niemeyer-Verfahren ergibt sich:

Partei	Stimmen	multipliziert × 11 (Gesamtsitze)	dividiert : 100 000 (Gesamtstimmen)	vorläufige Sitzzahl § 6 II 3 BWahlG	höchste Restzahl § 6 II 4 BWahlG	endgültige Sitzzahl
A	50 000	550 000	5,50	5	0,50	5
B	35 000	385 000	3,85	3	*0,85*	4
C	15 000	165 000	1,65	1	*0,65*	2

Danach erhält die Partei A 5 Sitze, die Partei B 4 Sitze und die Partei C 2 Sitze.

Weitere Beispiele finden sich bei *Stern,* Staatsrecht I, S. 296 ff.; *Badura,* BK Anhang zu Art. 38 GG: BWahlG (1997) Rn. 75 ff., wobei – wie hier – die Zahlen so gewählt sind, daß unterschiedliche Ergebnisse entstehen (was jedoch nicht zwingend ist). Das Hare/Niemeyer-Verfahren kann, da es eher die kleinen Parteien begünstigt, auch dazu führen, daß eine Partei zwar mehr als die Hälfte der Stimmen, aber nicht mehr als die Hälfte der Sitze erlangt. Für diesen Fall bestimmt § 6 III BWahlG die Vorabzuteilung eines Sitzes an diese Partei, bevor die Verteilung der Restsitze nach Zahlenbruchteilen gemäß § 6 II 4 BWahlG erfolgt. – Beide Verfahren sind verfassungsgemäß, so daß der Gesetzgeber ein Wahlrecht hat, vgl. BVerfGE 16, 130, 144 (d'Hondt); BVerfGE 79, 169, 170 f. (Hare/Niemeyer). Entsprechendes gilt für die Landtagswahlen und Kommunalwahlen, vgl. etwa NdsStGHE 1, 335, 364 ff. (Landtagswahlen); BVerwG NVwZ 1982, 34 und NVwZ 1992, 488 (jeweils Kommunalwahlen). Zu den parlamentsinternen Wahlen (Ausschüsse) BVerfGE 96, 264, 282 ff.

5. 5%-Klausel, Grundmandat und Überhangmandate

a) *5%-Sperrklausel und Grundmandatsklausel.* Wie bereits erwähnt **31** wurde, werden bei der Zweitstimmen-Auszählung nur solche Parteien berücksichtigt, die mindestens 5% der abgegebenen gültigen Zweitstimmen erhalten oder mindestens drei Direktmandate errungen haben (§ 6 VI BWahlG). Im zweiten Fall erhält die Partei nicht nur ihre Direktmandate, sondern erlangt auch so viel Sitze im Bundestag, wie prozentual für sie Zweitstimmen abgegeben worden sind.

Die 5%-Klausel ist in der Praxis bislang bei allen Bundestagswahlen zur Anwendung gekommen. Wenn auch meistens nur Splitterparteien ausgeschlossen wurden, so ist doch zu beachten, daß – bei 60 Mio. Wählern – auch noch eine Partei, die etwa 3 Mio. Stimmen erreicht hat und daher 29 Sitze erhalten müßte, nicht in den Bundestag einzieht. – Die Grundmandatsklausel wurde 1953 und 1957 aktuell, da die CDU dem Zentrum (1953) bzw. der DP (1957) drei Wahlkreise „überließ", d.h. in drei Wahlkreisen auf die Aufstellung eines eigenen Kandidaten verzichtete und ihren Wählern empfahl, die Kandidaten des Zentrums bzw. der DP zu wählen (sog. Huckepack-Verfahren). Dieses rechtlich zumindest fragwürdige und politisch anrüchige Verfahren ist seitdem nicht mehr praktiziert worden. 1994 erlangte die PDS in Berlin 4 Direktmandate; aufgrund ihres Zweitstimmenanteils von 4,4% erhielt sie 30 Sitze im Bundestag. (1998 erreichte die PDS ebenfalls 4 Direktmandate, aber auch 5,1% der Zweitstimmen, so daß es für den Einzug in den Bundestag auf die Direktmandate nicht mehr ankam.)

aa) *Die 5%-Klausel* beeinträchtigt den Grundsatz der Wahlrechts- **32** gleichheit, da zwar alle Stimmen den gleichen Zählwert, aber nicht – wie bei der Verhältniswahl – den gleichen Erfolgswert haben. Sie beeinträchtigt ferner die Chancengleichheit der Parteien, weil sie kleineren Parteien den Zugang zum Parlament versperrt. Während der allgemeine Gleichheitssatz Differenzierungen aus sachlichen Gründen im Rahmen der Verhältnismäßigkeit zuläßt, fordert das Wahlrecht, wie das BVerfG immer wieder betont, eine „strenge und formale Gleichheit" (vgl. zuletzt BVerfGE 95, 408, 417). Differenzierungen sind nur zulässig, wenn sie aus zwingenden Gründen notwendig sind. Die 5%-Klausel wird mit der Funktionsfähigkeit des Parlaments begründet, die gefährdet würde, wenn Splitterparteien in das Parlament gelangten und dort die Mehrheitsbildung verhinderten oder zumindest erschwerten. Dieses Argument hat sicherlich Gewicht. Nur darf die 5%-Klausel nicht unbesehen festgelegt werden, sondern ist zu prüfen, ob sie im Blick auf die tatsächlichen und politischen Verhältnisse zur Erreichung dieses Zieles – insgesamt oder in dieser Höhe – noch erforderlich und bei Abwägung der unterschiedlichen Interessen (Funktionsfähigkeit des Parlaments, Vertretung aller politischen Richtungen im Parlament) noch angemessen ist. Selbst das BVerfG, das die 5%-Klausel stets verteidigt hat, hält in besonderen Situationen Abweichungen für geboten. Jedenfalls bildet die 5%-Marke die Höchstgrenze, die grundsätzlich nicht überschritten werden darf.

33   Vgl. zur 5%-Klausel bereits BVerfGE 1, 208, 247 ff.; ferner BVerfGE 82, 322, 338 m. w. N.; zur Höchstgrenze und zu den gegenläufigen Interessen BVerfGE 95, 408, 419. Für die erste gesamtdeutsche Wahl forderte das BVerfG im Blick auf die unterschiedlichen Startbedingungen der politischen Parteien in Ost- und Westdeutschland eine regionalisierte, d. h. jeweils eine auf das alte Bundesgebiet und eine auf die neuen Bundesländer bezogene 5%-Klausel (vgl. BVerfGE 82, 322 und oben § 3 Rn. 68.). In der Literatur ist die 5%-Klausel immer wieder auf Kritik und Ablehnung gestoßen, vgl. etwa *H. Meyer,* HStR II (1987) S. 284 ff. – Bei der Bewertung der 5%-Klausel ist auch zu beachten, daß sie nicht nur den Einzug in den Bundestag verhindert, sondern auch die Entwicklung kleinerer Parteien und vor allem die Neubildung von Parteien behindert: Zum einen haben sie, eben weil sie nicht in den Bundestag gelangen, auch nicht die Chance, sich durch eine positive Parlamentsarbeit zu profilieren und dadurch die Wählerbasis zu verbreitern, und zum anderen wird sich ein Wähler, der an sich geneigt ist, einer um die 5%-Grenze kurvenden Partei seine Stimme zu geben, doch überlegen, ob er das tun soll, weil sie, falls die Partei die 5%-Grenze nicht erreicht, „verlorengeht". Dieser Mangel könnte durch eine *Ersatzstimme* ausgeglichen werden, die dann zum Zuge kommt, wenn die mit der Zweitstimme gewählte Partei nicht in den Bundestag gelangt (vgl. dazu *J. Linck,* DÖV 1984, 884 ff.). Freilich würde dadurch das für den Bürger offenbar ziemlich komplizierte Wahlverfahren mit zwei Stimmen noch komplizierter.

bb) Die *Grundmandatsklausel* sichert den Parteien, die keine 5% **34** der Zweitstimmen, aber mindestens drei Direktmandate erreicht haben, den Einzug in den Bundestag entsprechend ihrem Zweitstimmenanteil. Die Berücksichtigung der Zweitstimmen ist verfassungsrechtlich umstritten (*W. Hoppe,* DVBl. 1995, 265 ff.), wird aber vom BVerfG bejaht (BVerfGE 95, 408). Verschiedentlich wird die Grundmandatsklausel als Ausnahme von der 5%-Klausel und, da diese ihrerseits eine Ausnahme vom Grundsatz der Wahlrechtsgleichheit darstellt, als Ausnahme von der Ausnahme betrachtet. In dieser Sicht erscheint sie verfassungsrechtlich unproblematisch, weil sie die durch die 5%-Klausel hervorgerufene Beeinträchtigung der Wahlrechtsgleichheit wieder reduziert. Das BVerfG entdeckt jedoch „eine neue Ungleichheit", nämlich „zwischen den von der Abmilderung begünstigten und den hiervon weiterhin ausgeschlossenen Parteien", und verlangt – folgerichtig – für diese „weitere Differenzierung rechtfertigende Gründe" (BVerfGE 95, 408, 419 f.). Solche Gründe liegen nach Ansicht des Gerichts vor. Der Gesetzgeber dürfe die „besondere politische Kraft einer Partei" und die „Billigung der politischen Anliegen der Partei", die in der Wahl von drei Direktkandidaten zum Ausdruck kommen, berücksichtigen (BVerfGE 95, 408, 421 ff.). Außerdem handele es sich um Parteien mit regionalen Schwerpunkten, die in ihren räumlichen Bereichen eine größere Bevölkerungsgruppe repräsentieren (so BVerfGE 6, 84, 96). Der Gesichtspunkt der Funktionsfähigkeit des Parlaments tritt nach Sicht des BVerfG in diesen Fällen gegenüber dem Grundsatz der Integrationsfunktion der Wahl zurück.

Dem BVerfG ist im Ergebnis zuzustimmen. Der Umweg über die doppelte Differenzierung und die doppelte Rechtfertigung erscheint indessen zumindest umständlich. Das Bundeswahlgesetz ist direkter: Es bestimmt eben, daß nur solche Parteien in den Bundestag gelangen, die entweder 5% der Zweitstimmen oder drei Direktmandate erreichen. Die Lockerung der 5%-Klausel ist sachlich gerechtfertigt. Es ist ein Unterschied, ob eine Partei flächendeckend die 5%-Marke nicht erreicht oder ob sie, wie die Direktmandate zeigen, in bestimmten Bereichen erheblich darüber hinauskommen.

b) *Überhangmandate.* Während die 5%-Klausel und die Grund- **35** mandatsklausel die kleinen Parteien betreffen und über ihren Einzug in den Bundestag entscheiden, kommen die Überhangmandate in der Praxis den großen Parteien zugute. Sie entstehen dadurch, daß eine Partei in einem Bundesland mehr Direktmandate erlangt, als ihr nach der Zweitstimmen-Auszählung Sitze im Bundestag zustehen. Nach § 6 V BWahlG „verbleiben" diese zusätzlichen Mandate den einzelnen Parteien. Die Folge ist, daß sich die Gesamtzahl der Bundestags-Abgeordneten entsprechend erhöht und daß sich der Parteienproporz im Bundestag zu Gunsten der Parteien mit Überhangmandaten verschiebt. Die Überhangmandate bilden allerdings keine konstante Größe während der gesamten Wahlperiode. Scheidet nämlich ein Abgeordneter eines Landes, in dem Überhangmandate entstanden sind, aus, dann rückt so lange kein Listenkandidat gem. § 48 I BWahlG nach, bis alle Überhangmandate dieses Landes entfallen sind (so BVerfGE 97, 317, 328 f.). So hat z. B. die SPD in der 14. Wahlperiode von ihren 13 Überhangmandaten 4 verloren (das letzte allerdings erst am 13. 9. 2002, also kurz vor Ende der Wahlperiode).

Überhangmandate gab es bereits bei den ersten vier Bundestagswahlen (1949–1961) und dann wieder ab 1980; ihre Zahl war gering (1–3, 1961: 5 Überhangmandate zugunsten der CDU). Bei der ersten gesamtdeutschen Wahl 1990 gab es bereits 6 Überhangmandate (alle für die CDU), 1994 kam es zu 16 Überhangmandaten (12 für die CDU und 4 für die SPD), 1998 zu 13 Überhangmandaten (alle für die SPD), 2002 zu 5 Überhangmandaten (4 für die SPD und 1 für die CDU). Vgl. zu den Zahlen bis 1994 die Nachweise in BVerfGE 95, 335, 340. Wie die Zahlen zeigen, profitiert offenbar die größte Partei am meisten von der Regelung über die Überhangmandate. Die SPD, die diese Regelung nach der Bundeswahl 1994 über die Niedersächsische Landesregierung im Wege der abstrakten Normenkontrolle vor dem BVerfG angriff, kam 1998 selbst in den Genuß der von ihr beanstandeten Regelung.

36   Mit der zunehmenden Zahl von Überhangmandaten verstärkte sich auch die Diskussion über ihre Verfassungsmäßigkeit. Das BVerfG hat durch Urteil vom 15. 4. 1997 mit vier gegen vier Stimmen gem. § 15 III 2 BVerfGG die Verfassungsmäßigkeit der Überhangmandats-Regelung bejaht (BVerfGE 95, 335).

Die die Entscheidung tragenden Richter betonten, daß der Gesetzgeber nach Art. 38 III GG einen weiten Gestaltungsspielraum habe und daher auch eine Verbindung von Persönlichkeitswahlrecht und Verhältniswahlrecht festlegen dürfe. Die Überhangmandate seien eine zulässige Konsequenz der Elemente des Persönlichkeitswahlrechts. Sie müßten sich allerdings „in Grenzen halten", wobei als Orientierungspunkt auf die 5%-Klausel (nunmehr in umgekehrter Richtung) hingewiesen wird (S. 348 ff.). Die dissentierenden Richter halten dagegen die Überhangmandate für verfassungswidrig, sofern sie in ihrem Ausmaß über Unschärfen hinausgehen, welche mit jeder Sitzzuteilung im Proportionalverfahren unausweichlich verbunden seien (S. 367 ff.). Auch sie gehen von der Gestaltungsfreiheit des Gesetzgebers aus, betonen aber seine Bindung an den Grundsatz der egalitären Wahlrechtsgleichheit. Die Persönlichkeitswahl diene nur der Auswahl der einzelnen Abgeordneten, dürfe aber nicht den Parteienproporz im Bundestag verschieben. Der Gesetzgeber sei verpflichtet, durch entsprechende Regelungen die Entstehung von Überhangmandaten ohne Verrechnung oder Ausgleich zu verhindern. Da der Gesetzgeber dies mit seinem Gesetz zur Änderung des Bundeswahlgesetzes vom 15. 11. 1996 nicht getan habe, seien die die Überhangmandate betreffenden Vorschriften (§§ 6 V 2, 7 III 2 BWahlG) verfassungswidrig und müßten für die nächste Wahl geändert werden.

Die Zweifel an der Verfassungsmäßigkeit der Überhangmandate **37** führt zu der Frage, ob und ggf. auf welche Weise sie verhindert oder wenigstens ausgeglichen werden können. Die Frage nach der Verhinderung weist auf die Gründe für die Entstehung von Überhangmandaten. Sie lassen sich teilweise beseitigen (so die unterschiedliche Größe der Wahlkreise und damit die Wahlkreiseinteilung), überwiegend hängen sie aber vom Verhalten der Wähler ab (geringe Wahlbeteiligung, Splitting von Erst- und Zweitstimmen) und sind somit gesetzgeberisch nicht beeinflußbar. Die durch die Überhangmandate bedingte Verschiebung des Parteienproporzes im Bundestag könnte auf zweierlei Weise aufgefangen werden, nämlich durch Verrechnung mit den Listenplätzen der Partei in anderen Bundesländern (wenn die Partei X im Bundesland A zwei Überhangmandate erhält, werden ihr in anderen Bundesländern zwei Listenplätze abgezogen) oder durch Ausgleichsmandate für die anderen Parteien (die Parteien, die keine oder weniger Überhangmandate erlangt haben, erhalten zusätzliche Sitze für ihre Listenkandidaten, bis der Proporz wieder hergestellt ist). Beide Modelle sind realisierbar, aber nicht unproblematisch. Gegen die Verrechnung spricht das in den Landeslisten zum Ausdruck kommende föderalistische Prinzip (z.B.: Warum soll die CDU in Nordrhein-Westfalen auf zwei Listenplätze verzichten, weil die CDU in Sachsen zwei Überhangmandate errungen hat?). Gegen die Ausgleichsregelung spricht, daß sie ggf. die Zahl der Bundestagsabgeordneten erheblich erhöht, was den ohnehin schon zu großen Bundestag noch mehr vergrößern würde. Die Berechnungen, die aufgrund der Bundestagswahl 1994 vergleichsweise angestellt wurden, kamen zudem zu sehr unterschiedlichen Ergebnissen.

Die meisten Bundesländer sehen „zumindest einen beschränkten Ausgleich"
vor, vgl. BVerfGE 95, 335, 339 f. Ob sich diese Regelungen bewährt haben,
wie *J. Ipsen,* JZ 2002, 473 meint, ist jedoch zweifelhaft. In Baden-Württemberg, das wie die meisten Bundesländer eine Ausgleichsregelung kennt, erhöhte sich bei der Landtagswahl 1996 die Abgeordnetenzahl von 120 auf 155
(18 Überhangmandate und 17 Ausgleichsmandate), ging allerdings bei der
Landtagswahl 2001 unter denselben rechtlichen Voraussetzungen wieder auf
128 (6 Überhangmandate und 2 Ausgleichsmandate) zurück.

Vgl. zur neueren Diskussion über die Überhangmandate: BVerfGE 95, 335
= JZ 1997, 679 mit Anm. von *P. Badura;* BVerfGE 97, 317 (Kein Nachrücken
beim Wegfall eines Überhangmandats); *U. Mager/R. Uerpmann,* Überhangmandate und Gleichheit der Wahl, DVBl. 1995, 273 ff.; *H. J. Papier,* Überhangmandate und Verfassungsrecht, JZ 1996, 265 ff.; *D. Ehlers/M. Lechleitner,*
Die Verfassungsmäßigkeit von Überhangmandaten, JZ 1997, 761 ff.; *H. Jakob,*
Überhangmandate und Gleichheit der Wahl, 1998; *J. Lege,* Überhangmandat
und Grundmandatsklausel, Jura 1998, 462 ff.; *H. Nicolaus,* Nachrückverfahren
im Bundestag und Überhangmandate, JuS 2000, 436 ff.; *J. Ipsen,* Wahlrecht im
Umbruch, JZ 2002, 469 ff.

6. Die Aufstellung der Kandidaten

38   a) *Politische Bedeutung.* Wenn die Wähler am Wahltag zur Wahl-
urne gehen, sind bereits wichtige Vorentscheidungen getroffen.
Denn sie können nicht beliebige Personen, sondern nur die von
den Parteien vorgeschlagenen Kandidaten wählen. Die Wahl ist
somit praktisch eine *Aus*wahl zwischen den Kandidaten und Listen
der Parteien und damit – vor allem wenn es um die Listen geht –
zwischen den Parteien selbst.

Lediglich in den Einzelwahlkreisen (Direktwahl) können auch parteiunab-
hängige Bewerber auftreten, sofern sie von mindestens 200 Wahlberechtigten des Wahlkreises unterstützt werden. Die Chancen sind jedoch, wie die
Praxis zeigt, gleich Null. Lediglich bei der ersten Bundestagswahl sind auf
diese Weise drei Kandidaten in den Bundestag gelangt. Immerhin hat aber
bei der sechsten Bundestags-Wahl 1969 ein Einzelbewerber (Mitglied der
CDU, aber nicht von seiner Partei aufgestellt) im Wahlkreis Bonn rund 20%
der Erststimmen erlangt (vgl. dazu bezüglich der Wahlkampfkosten BVerfGE
41, 399).

39   Die Neubildung eines Bundestages verläuft also gleichsam in
zwei Etappen:

– Nominierung der Kandidaten durch die Parteien
– Wahl der Abgeordneten aus dem Kreis der von den Parteien aufgestellten
  Kandidaten (Einzelkandidaten und Listenkandidaten).

Die erste Etappe ist für die personelle Zusammensetzung des Bundestages von erheblicher Bedeutung. Nur wer als Wahlkreiskandidat aufgestellt wird oder einen Platz auf der Landesliste erhält, hat überhaupt die Chance in den Bundestag zu gelangen. Wer von seiner Partei nicht akzeptiert und nominiert wird, scheidet bereits im Vorfeld der Bundestagswahl aus.

Aber auch die Chancen der aufgestellten Kandidaten ist unterschiedlich. Es gibt sichere Wahlkreise d. h. solche, die aller Voraussicht nach der CDU oder der SPD zufallen, und sichere Listenplätze, die aller Wahrscheinlichkeit nach zum Erfolg führen. Umgekehrt gibt es aussichtslose Wahlkreise und Listenplätze. Daher steht − aufgrund der Vorauswahl − am Wahltag schon weitgehend fest, wer im nächsten Bundestag sitzen wird. Fraglich sind nur noch die dazwischen liegenden Wahlkreise und Listenplätze, bei kleineren Parteien auch, ob sie die 5%-Marke erreichen oder drei Direktmandate erringen und damit überhaupt in den Bundestag gelangen.

b) *Rechtliche Regelungen.* Die Aufstellung der Bundestags-Kan- **40** didaten ist eine parteiinterne Angelegenheit. Der Staat muß das respektieren, zugleich aber auch gewährleisten, daß sie formal korrekt und in einem demokratisch einwandfreien Verfahren erfolgt. Maßgeblich ist das Bundeswahlgesetz (§§ 18 ff.), das durch die vom Bundesinnenminister als Rechtsverordnung erlassene Bundeswahlordnung ergänzt wird. Diese Regelungen werden durch die Wahlgrundsätze des Art. 38 I 2 GG, insbesondere den Grundsatz der Wahlrechtsgleichheit, die auf die Kandidatenaufstellung vorwirken, und das Demokratiegebot des Art. 21 I 3 GG, wonach die innere Ordnung der Parteien den demokratischen Grundsätzen entsprechen muß, determiniert (vgl. dazu BVerfGE 89, 243, 250 ff.).

Aus dem Demokratieprinzip ergibt sich auch, daß die Kandida- **41** ten nicht vom Parteivorstand bestimmt werden dürfen, sondern von der Parteibasis − unmittelbar durch die Mitglieder oder mittelbar durch eine von den Mitgliedern gewählte Vertreterversammlung − gewählt werden müssen.

− Die Wahlkreiskandidaten werden von den Parteimitgliedern des jeweiligen Wahlkreises − entweder in einer Mitgliederversammlung oder in einer von den Mitgliedern gewählten Vertreterversammlung − in geheimer Wahl gewählt (§ 21 BWahlG).
− Die Listenkandidaten werden von den Parteimitgliedern des Landesverbands in geheimer Wahl gewählt, allerdings nicht unmittelbar, sondern über eine

von diesen gewählten Vertreterversammlungen (§ 27 BWahlG). Dabei geht es nicht nur um die Frage, wer überhaupt auf die Liste kommt, sondern auch, wer welchen Listenplatz erhält.

42 Eine Bundesliste ist nicht vorgesehen. Daraus folgt, daß die Bundespartei, d. h. der Bundesparteitag oder der Bundesvorstand, keinen unmittelbaren Einfluß auf die Aufstellung der Bundestagskandidaten und damit auf die Zusammensetzung des Bundestages hat. Bundespolitiker können nur über einen Wahlkreis und/oder über eine Landesliste in den Bundestag gelangen.

7. Die Wahlprüfung

43 a) *Rechtsgrundlagen.* Die verfassungsrechtliche Grundlage findet sich in Art. 41 GG. Die Wahlprüfung durch den Bundestag wird im Wahlprüfungsgesetz (WahlprüfG, Sart. Nr. 32) und die verfassungsgerichtliche Überprüfung in § 48 BVerfGG geregelt.

44 b) *Begriff.* Das Grundgesetz selbst enthält keine Definition, sondern bestimmt nur die zuständigen Instanzen. Aus § 1 I WahlprüfG ergibt sich aber, was ohnehin allgemein anerkannt ist, daß unter „Wahlprüfung" die Prüfung der Gültigkeit der Wahl zum Bundestag zu verstehen ist. Es handelt sich um ein objektives Rechtskontrollverfahren, kein subjektives Rechtsschutzverfahren. Daher spielt die Frage der Verletzung subjektiver Rechte – weder positiv noch negativ – keine Rolle.

45 c) Die Wahlprüfung ist zunächst Sache des Bundestages selbst. Sie erfolgt nicht von Amts wegen, sondern aufgrund eines *Einspruchs,* der innerhalb von zwei Monaten ab dem Wahltag beim Bundestag eingehen und begründet werden muß. Gegen die (ablehnende) Entscheidung des Bundestages ist *Beschwerde beim BVerfG* zulässig.

Einspruchsberechtigt sind: Jeder Wahlberechtigte, jede Gruppe von Wahlberechtigten (wobei nur organisierte Gruppen, insbesondere politische Parteien, gemeint sein können), jeder Landeswahlleiter, der Bundeswahlleiter und der Bundestagspräsident. Der Kreis der *Beschwerdeberechtigten* ist enger. Er beschränkt sich auf die Wahlberechtigten, deren Einspruch vom Bundestag verworfen worden ist, wenn ihnen mindestens 100 weitere Wahlberechtigte beitreten, ferner kann eine Fraktion des Bundestages oder eine Minderheit des Bundestages von mindestens 10% der gesetzlichen Mitgliederzahl Be-

schwerde beim BVerfG einlegen. Es ist wiederum eine 2-Monats-Frist ein-
zuhalten.

d) *Gegenstand* der Wahlprüfung ist die Frage, ob die Durchfüh- **46**
rung der Wahl mit dem geltenden Recht vereinbar ist. Der Bundestag prüft nur die Vereinbarkeit mit dem einfachen Recht; das
BVerfG prüft – im Wege der inzidenten Normenkontrolle – auch,
ob das der Wahl zugrunde liegende Wahlgesetz mit der Verfassung
vereinbar ist.

> Vgl. zur *Praxis des Bundestages* die Nachweise bei *W. Schreiber,* Handbuch
> des Wahlrechts, § 49 Rn. 12. Die im Beschluß des Bundestages vom 13. 11.
> 1995 (BT-Drs. 13/2800 S. 53 ff., auch abgedruckt bei *W. Hoppe,* DVBl. 1996,
> 345 f.) vertretene Auffassung, daß sich der Wahlprüfungsausschuß des Bundes-
> tages stets mit den Vorwürfen der Verfassungswidrigkeit auseinandergesetzt
> und sie als unbegründet zurückgewiesen habe, ist nicht nur fraglich, sondern
> auch unklar und widersprüchlich, zumal offen bleibt, was geschieht, wenn sie
> sich als begründet erweisen sollten (kritisch auch *Hoppe,* DVBl. 1996, 344 ff.).
> In der Literatur ist die Zurückhaltung des Bundestages auf Zustimmung, aber
> auch auf Kritik und Ablehnung gestoßen, vgl. die Nachweise bei *Achter-*
> *berg/Schulte,* MKSt Art. 41 Rn. 35 ff. – Die Frage ist, ob der Bundestag eine
> Verwerfungskompetenz hinsichtlich seiner eigenen Gesetze hat oder ob auch
> insoweit das Verwerfungsmonopol des BVerfG gilt. Eine Vorlage gem.
> Art. 100 I GG scheidet schon deshalb aus, weil der Bundestag im Wahl-
> prüfungsverfahren nicht als Gericht fungiert. Sie wird aber gleichsam durch die
> Beschwerdemöglichkeit des Art. 41 II GG ersetzt. Im übrigen können verfas-
> sungswidrige Gesetze jederzeit aufgehoben werden, allerdings nicht durch
> einen einfachen, möglicherweise nur inzidenten Beschluß, sondern nur im
> Wege des Gesetzgebungsverfahrens.

e) *Entscheidung.* Die Wahl ist nur dann *ungültig (nichtig),* wenn **47**
gegen wesentliche Bestimmungen des Wahlrechts verstoßen worden ist *und* dieser Verstoß das Wahlergebnis, d. h. die Sitzverteilung
im Bundestag, beeinflußt hat oder beeinflussen konnte. Der Einspruch und die Beschwerde führen daher nur zum Erfolg, wenn (1)
ein Wahlfehler festgestellt wird und (2) sich dieser Wahlfehler auf
das konkrete Wahlergebnis ausgewirkt hat oder auswirken konnte.
Ferner ist zu beachten, daß im Falle eines ergebnisrelevanten
Wahlfehlers die Korrektur erst dort einzusetzen hat, wo der Wahlfehler erfolgt ist. Wenn lediglich die Stimmen falsch zusammenge-
zählt worden sind, dann genügt eine rechnerische Berichtigung.
Wenn in einem Wahlkreis einige wahlberechtigte Bürger nicht in
das Wählerverzeichnis aufgenommen und damit nicht zur Wahl

zugelassen worden sind, ist zunächst zu fragen, ob es auf diese Stimmen überhaupt ankam, d. h. ob ihre Berücksichtigung zu einem anderen Ergebnis führen konnte; nur dann, wenn dies bejaht wird, ist die Wahl in diesem Wahlkreis aufgrund der bereits durchgeführten Wahlvorbereitung zu wiederholen. Es ist aber auch denkbar, daß sich ein Wahlfehler auf die gesamte Wahl auswirkt und diese daher insgesamt wiederholt werden muß. Nach Auffassung des BVerfG ist zwischen dem Gewicht des Wahlrechtsfehlers und dem „Erfordernis des Bestandsschutzes einer gewählten Volksvertretung, das seine rechtliche Grundlage im Demokratieprinzip findet", abzuwägen (BVerfGE 103, 111, 135; vgl. auch HbgVerfG DVBl. 1993, 1070). Das ist zumindest mißverständlich. Gerade das Demokratieprinzip fordert einwandfreie Wahlen. Richtig ist allerdings, daß die Erheblichkeit des Wahlrechtsfehlers nicht isoliert, sondern im größeren Zusammenhang einschließlich der Konsequenzen für das gewählte Parlament gesehen werden muß. Die Kommentare zum Grundgesetz sind in dieser Beziehung noch ziemlich unklar (*Morlok,* in Dreier, GG, Art. 41 Rn. 17 f.; *Achterberg/Schulte,* MKSt Art. 41 Rn. 44 ff.; *H.-P. Schneider,* AK-GG Art. 41 Rn. 5).

Die Wiederholung der wegen Rechtswidrigkeit aufgehobenen Wahl bestimmt sich nach § 44 BWahlG. Im Falle der Gesamtungültigkeitserklärung muß unverzüglich eine Wiederholungs- oder Neuwahl durchgeführt werden. Die bereits erlassenen Gesetze und die sonstigen Maßnahmen des Parlaments bleiben nach der h. M. bestehen (BVerfGE 1, 14, 38; 34, 81, 95 f.; BVerwGE 108, 169, 177). In Zukunft kann das Parlament aber allenfalls noch vorübergehend – gleichsam geschäftsführend – unaufschiebbare Maßnahmen treffen. Problematisch wird es, wenn das Wahlgesetz insgesamt verfassungswidrig und nichtig ist: Nach welchen Regelungen soll die Neuwahl erfolgen? In Betracht kommt eine einmalige Regelung durch das (verfassungswidrige) Parlament selbst oder durch das BVerfG im Wege der Vollstreckung (vgl. dazu unten § 20 Rn. 34). Vgl. zu diesem Komplex HbgVerfG DVBl. 1993, 1070 (1074 f.); *U. Karpen,* DVBl. 1993, 1080 ff.; *Versteyl,* MüK Art. 41 Rn. 13; *H. Maurer,* Die verfassungswidrige Bundestagswahl, 1969 jeweils m. w. N.

48   f) *Ausschlußwirkung.* Die Bundestagswahl und die mit ihr im Zusammenhang stehenden Entscheidungen und Maßnahmen des Wahlverfahrens können *nur* im Wege der Wahlprüfung gem. Art. 41 GG gerügt werden (vgl. auch § 49 BWahlG). Dadurch soll gewährleistet werden, daß der reibungslose Ablauf der Bundestagswahl nicht durch die Anfechtung einzelner Wahlakte beeinträchtigt wird und daß die Wahl als einheitlicher Gesamtakt nicht durch unterschiedliche Rechtsmittel in Frage gestellt wird. Art. 19 IV GG wird insoweit durch Art. 41 GG als Spezialvorschrift verdrängt. Die Ausschlußwirkung der Wahlprüfung beschränkt sich aber auch auf diese Funktion. Daher kann z.B. ein Wahlfehler, der vor der Wahl erfolgt und bereinigt werden kann, etwa die Nichteintragung in das Wählerverzeichnis, vor dem Verwaltungsgericht geltend gemacht werden (vgl. BVerwGE 51, 69, das sich allerdings nicht auf eine konkrete Bundestagswahl, sondern auf die „künftigen Bundestagswahlen" bezieht). Ferner kann etwa die Verfassungswidrigkeit des Wahlgesetzes durch Verfassungsbeschwerde, durch abstrakte Normenkontrolle oder im Organstreitverfahren geltend gemacht werden (vgl. BVerfGE 82, 322, 335 f.).

Das Bundeswahlgesetz selbst nennt eine Reihe von Entscheidungen des Wahlverfahrens, die mit Rechtsbehelfen angegriffen werden können. Vgl. die Übersicht bei *Schreiber,* Handbuch des Wahlrechts, § 49 Rn. 6 ff. Diese Aufzählung ist aber im Blick auf Art. 19 IV GG nicht abschließend. Einfachgesetzliche Beschränkungen sind nur insoweit zulässig, als sie durch die Schutzfunktion des Art. 41 GG gefordert werden. Vgl. dazu *W.-R. Schenke,* Der gerichtliche Rechtsschutz im Wahlrecht, NJW 1981, 2440 ff.

g) *Praxis.* Wahlprüfungsbeschwerden sind keine Seltenheit mehr **49** (vgl. zuletzt BVerfGE 79, 47; 79, 49; 79, 50; 79, 161; 79, 169; 79, 173, 85, 148; 89, 243; 89, 266; 89, 291; 95, 408; 97, 317). Sie waren zwar bislang im Ergebnis stets erfolglos, aber nicht immer zwecklos, weil sie dem BVerfG Gelegenheit zur Klärung wichtiger Wahlrechtsfragen gaben (vgl. *H. Meyer,* HStR II (1987) S. 307).

In BVerfGE 16, 130 ging es allerdings knapp an einer Ungültigerklärung der **50** gesamten Bundestagswahl vorbei. Das BVerfG stellte fest, daß das Wahlgesetz (die Wahlkreiseinteilung) mit dem Gleichheitssatz nicht vereinbar sei, diese Verfassungswidrigkeit aber zur Zeit der letzten Bundestagswahl noch nicht offenkundig gewesen sei und daher der Gesetzgeber lediglich zur Anpassung bis zur nächsten Bundestagswahl verpflichtet sei. Ähnlich argumentierten die vier, die Entscheidung jedoch nicht tragenden Richter in der Entscheidung zu den Überhangmandaten (BVerfGE 95, 335, 367 ff., vgl. bereits oben Rn. 36). Dagegen hat das HbgVerfG durch Urteil vom 4. 5. 1993 in einem spektakulären Fall die Wahl zur Hamburger Bürgerschaft (Landesparlament) für ungültig erklärt, weil die für die parteiinterne Kandidatenaufstellung maßgeblichen Vorschriften nicht beachtet worden seien (DVBl. 1993, 1070 mit Anm. von *U. Karpen).*

II. Wahlperiode und vorzeitige Auflösung des Bundestages

1. Die Dauer der Wahlperiode

51 Der Bundestag wird auf 4 Jahre gewählt (Art. 39 I 1 GG). Diese zeitliche Festlegung ist sinnvoll, da der Bundestag einerseits eine gewisse Zeit zur effektiven Arbeit braucht, andererseits aber aus Gründen der demokratischen Legitimität sich immer wieder dem Votum der Wähler stellen muß (sog. demokratische Rückkoppelung).

> **Fall:** Die Partei P schlägt vor, die Wahlperiode des Bundestages auf 5 Jahre zu verlängern. Zulässig? Ja, wenn Art. 39 I 1 GG mit $^2/_3$-Mehrheit des Bundestages und des Bundesrates geändert wird (Art. 79 I und II GG). Die Verlängerung darf jedoch nicht für die laufende Wahlperiode, sondern erst für die folgende Wahlperiode wirksam werden. Eine Verlängerung der Wahlperiode auf 7 oder mehr Jahre ist mit dem Demokratieprinzip und sonach mit Art. 79 III GG nicht vereinbar. Zweifelhaft ist, ob eine Verlängerung auf 6 Jahre noch vertretbar wäre. Vgl. dazu auch *Maurer,* JuS 1983, 45 ff.

52 Die Wahlperiode beginnt nicht mit der Wahl, sondern mit dem ersten Zusammentritt (der konstituierenden Sitzung) des neuen Bundestages. Sie endet auch nicht genau 4 Jahre danach, sondern erst mit dem Zusammentritt des nächsten Bundestages. Dadurch soll ein Interim, eine parlamentslose Zeit, vermieden werden. Die Wahlperiode des neuen Bundestages schließt sich nahtlos an die des vorigen Bundestages an. Durch die zeitliche Festlegung des Wahltermins (46 bis 48 Monate nach Beginn der Wahlperiode) und der konstituierenden Sitzung (spätestens 30 Tage nach der Wahl) werden Verzögerungen vermieden (vgl. Art. 39 I 3 und II GG). Der genaue Wahltermin wird vom Bundespräsidenten bestimmt (§ 16 BWahlG).

> Die Folge ist eine Überlappung des noch amtierenden alten und des zwar gewählten, aber noch nicht amtierenden neuen Bundestages. Der „alte" Bundestag ist rechtlich noch voll aktionsfähig, wird sich allerdings politisch zurückhalten.

2. Der Grundsatz der Diskontinuität

53 Der Bundestag ist zwar ein ständiges Organ, das – wie jedes Organ – in seiner Existenz vom Wechsel der Mitglieder unabhängig ist. Gleichwohl wird traditionell – entsprechend der Wahl-perioden – zwischen verschiedenen „Bundestagen" unterschieden (1., 2., 3. usw. Bundestag). Das ist auch sachlich gerechtfertigt, weil mit der Wahl eine völlige Neubesetzung des Bundestages (wenn auch weitgehend mit denselben Personen) erfolgt. Daraus ergibt sich der Grundsatz der Diskontinuität, der sich im 19. Jahrhundert entwickelt hat und heute von der h. L. als Verfassungsgewohnheitsrecht anerkannt wird, allerdings auch nicht unbestritten ist.

Vgl. dazu *J. Jekewitz,* Der Grundsatz der Diskontinuität der Parlamentsarbeit im Staatsrecht der Neuzeit und seine Bedeutung unter der parlamentarischen Demokratie des Grundgesetzes, 1977; *W. Knies,* Diskontinuität der Parlamente – Kontinuität der Regierung, JuS 1975, 420 ff.; *Stern,* Staatsrecht II, S. 74 ff. m. w. N.

Es ist zwischen der materiellen und der organisatorischen Diskon- **54** tinuität zu unterscheiden. Die *materielle Diskontinuität* bezieht sich auf alle Beschlußvorlagen und besagt, daß die Anträge, Eingaben und dgl., die am Ende der Wahlperiode nicht abgeschlossen sind, als erledigt gelten (vgl. auch § 125 GeschOBT). Das schließt nicht aus, daß ein damit abgebrochenes Vorhaben vom neuen Bundestag wieder aufgegriffen wird. Aber es muß neu eingebracht werden und das gesamte Verfahren noch einmal durchlaufen. Die *organisatorische Diskontinuität* bezieht sich auf die Organe des Bundestages, insbesondere die Ausschüsse und die Fraktionen, die mit dem Bundestag ihre konkrete Existenz verlieren. Ein nicht abgeschlossenes Untersuchungsverfahren kann daher schon wegen des Wegfalls des Untersuchungsausschusses nicht mehr weitergeführt werden.

Zu beachten ist, daß sich die Diskontinuität auf den internen **55** Bereich des Bundestages beschränkt. Extern wirkende Rechtsakte, etwa Prozeßhandlungen im verfassungsgerichtlichen Verfahren oder Verträge mit den Angestellten des Bundestages behalten daher ihre Geltung.

So stellt das BVerfG fest, daß ein Normenkontrollantrag des Bundestages nicht dadurch unzulässig werde, daß die Wahlperiode inzwischen zu Ende gegangen ist. Denn „die Diskontinuität des Deutschen Bundestages hat als solche keinen Einfluß auf das Fortbestehen wirksam vorgenommener Rechtshandlungen des Deutschen Bundestages selbst oder eines Teiles seiner Mitglieder" (BVerfGE 79, 311, 327).

3. Vorzeitige Auflösung des Bundestages?

56   *Ausgangsfall*: Im Bundestag ist es durch den Bruch der bisherigen Koalition zu erheblichen Schwierigkeiten gekommen. Der Bundeskanzler hat seine Mehrheit verloren, will aber im Amt bleiben. Der Versuch, eine neue Koalition zu bilden, scheitert. Bei einem Treffen der Fraktionsvorsitzenden setzt sich die Auffassung durch, daß die Auflösung des Bundestages und Neuwahlen die beste Lösung sei. Der Vorsitzende der Fraktion F meint, ein $^2/_3$-Mehrheitsbeschluß des Bundestages müsse doch zur Auflösung genügen. Ist diese Auffassung zutreffend?

Das Grundgesetz kennt in zwei Fällen eine Bundestagsauflösung:

57   a) Art. 63 IV GG: Wenn die Wahl des Bundeskanzlers mit absoluter Mehrheit scheitert, dann kann der Bundespräsident den nur mit einfacher Mehrheit gewählten Kandidaten zum Kanzler (Minderheitenkanzler) ernennen oder den Bundestag auflösen.

58   b) Art. 68 GG: Wenn der Bundeskanzler die Vertrauensfrage stellt, aber nicht die erforderliche absolute Mehrheit erhält, dann kann er entweder als Minderheitenkanzler weiter regieren oder dem Bundespräsidenten die Auflösung des Bundestages vorschlagen. Strittig ist, ob die formelle Auflösungslage genügt (die erforderliche Mehrheit ist rein quantitativ nicht zustandegekommen) oder ob eine materielle Auflösungslage vorliegen muß (der Bundeskanzler hat politisch keine oder keine sichere Mehrheit mehr). Da Art. 68 GG den Zweck hat, einen Ausweg aus einer parlamentarischen Krise zu bieten, ist der zweiten Alternative zuzustimmen. Würde allein das Zahlenverhältnis genügen, dann könnte die jeweilige Regierungsmehrheit – entgegen der Intention des Grundgesetzes – durch ein entsprechendes Stimmverhalten die Auflösung des Bundestages herbeiführen (vgl. dazu auch unten § 14 Rn. 41).

Die Frage wurde aktuell, als Bundeskanzler Kohl kurz nach seiner Wahl gem. Art. 67 GG im Dezember 1982 die Vertrauensfrage stellte und sich verabredungsgemäß die meisten Abgeordneten der CDU/CSU und der FDP der Stimme enthielten. Da die Opposition verständlicherweise gegen den Bundeskanzler stimmte, wurde rein numerisch die Vertrauensfrage verneint; der Bundespräsident löste daraufhin auf Ersuchen des Bundeskanzlers den Bundestag auf (vgl. dazu unten § 13 Rn. 42). Das BVerfG, das von einigen Abgeordneten angerufen wurde, sprach sich für die materielle Auflösungslage aus, bejahte aber im konkreten Fall – unter fraglicher Würdigung der tat-

sächlichen Verhältnisse – die Verfassungsmäßigkeit (BVerfGE 62, 1). – Vgl.
zur damaligen Diskussion *H. Maurer,* Vorzeitige Auflösung des Bundestages,
DÖV 1982, 1001 ff.; *W.-R. Schenke,* Die verfassungswidrige Bundestagsauf-
lösung, NJW 1982, 2521; *ders.,* Zur verfassungsrechtlichen Problematik der
Bundestagsauflösung, NJW 1983, 150 ff.; *H. H. Klein,* Die Auflösung des
Bundestages und Art. 68 GG, ZParl 1983, 402 ff.; *J. Delbrück/W. Wolfrum,*
Die Auflösung des 9. Deutschen Bundestages vor dem BVerfG, JuS 1983,
758 ff.; *W. Heun,* Die Stellung des Bundespräsidenten im Lichte der Vor-
gänge um die Auflösung des Bundestages, AöR Bd. 109 (1984) S. 13 ff.;
W. Schreiber/K.-D. Schnapauff, Rechtsfragen „im Schatten" der Diskussion
um die Auflösung des Deutschen Bundestages nach Art. 68 GG, AöR
Bd. 109 (1984) S. 369 ff.; Bundespräsident *K. Carstens,* Die Auflösung des
Deutschen Bundestages im Januar 1983, Festschrift der Rechtswissenschaftlichen Fakultät zur 600-Jahr-Feier der Universität zu Köln, 1988, S. 661 ff.;
ferner im Blick auf die Auflösung 1972: *H. P. Schneider,* Die vereinbarte
Parlamentsauflösung, JZ 1973, 652 ff.

Die Auflösung des Bundestages ist *nur* in diesen beiden Fällen **59**
zulässig. Eine Selbstauflösung ist nicht vorgesehen und nicht zulässig, auch nicht durch einen Beschluß mit qualifizierter Mehrheit.
Eine entsprechende Änderung des Grundgesetzes für den konkreten Fall wäre ebenfalls verfassungswidrig. In Betracht kommt allenfalls eine generelle Ergänzung des Grundgesetzes. Sie wurde zwar
verschiedentlich gefordert und beantragt, aber jedesmal abgelehnt.
Der Grundgesetzgeber hat sich – vor allem im Blick auf die Weimarer Zeit, in der alle sieben zwischen 1920 und 1931 gewählten
Reichstage wegen parteipolitischer Querelen vorzeitig aufgelöst
worden sind – bewußt für die beiden eng begrenzten Auflösungs-
fälle entschieden: Die Fraktionen und Abgeordneten sollen bei
politischen Schwierigkeiten nicht vorschnell auf Neuwahlen ausweichen, sondern sich um eine Verständigung und sachliche Lösungen bemühen. Nur dann, wenn das Parlament nicht oder nicht
mehr funktionsfähig ist, kann – unter Einschaltung des Bundespräsidenten – eine Auflösung erfolgen.

Vgl. zur Weimarer Zeit *E. R. Huber,* VerfGesch. VI S. 355 ff. – Die Enquete-Kommission Verfassungsreform (vgl. oben § 5 Rn. 46) schlug 1976 vor,
dem Bundestag das Recht zur Selbstauflösung mit 2/3-Mehrheit einzuräumen
(vgl. Zur Sache 3/76 S. 102 ff.); der Vorschlag wurde jedoch vom Bundestag
nicht aufgenommen. Die Gemeinsame Verfassungskommission, die nach der
Wiedervereinigung eingesetzt wurde (vgl. oben § 5 Rn. 30), hat ebenfalls über
ein Selbstauflösungsrecht diskutiert, entsprechende Anträge aber abgelehnt (vgl.
Zur Sache 5/93 S. 171 ff.).

III. Die Rechtsstellung der Abgeordneten

1. Das freie Mandat gem. Art. 38 I 2 GG

60   Die Abgeordneten sind gem. Art. 38 I 2 GG Vertreter des ganzen Volkes, an Aufträge und Weisungen nicht gebunden und nur ihrem Gewissen unterworfen. Damit wird das *freie Mandat* umschrieben. Die Freiheit des Abgeordneten gegenüber Weisungen und Aufträgen gilt in jeder Beziehung; sie richtet sich gegen Forderungen der Wähler, der Bürger des Wahlkreises, der eigenen Partei, gesellschaftlicher Gruppen und natürlich auch gegen staatliche Weisungen und Ansinnen. Lediglich die Verfassung ist auch für die Abgeordneten ein verbindlicher Maßstab. Die Abgeordneten sind sonach an Wahlversprechen nicht gebunden, selbst wenn sie sich vor der Wahl vertraglich verpflichtet haben sollten, da solche Verträge wegen Verstoßes gegen Art. 38 I 2 GG von vornherein nichtig wären. Diese Freiheit bedeutet freilich nicht Willkür, sondern besteht in der Erwartung, daß der Abgeordnete nach eingehender Prüfung und unter Berücksichtigung und Abwägung aller maßgeblichen Gesichtspunkte die seiner Auffassung nach richtige Entscheidung trifft. Die Prüfungsinstanz ist dabei sein Gewissen.

Den Gegensatz zum freien Mandat bildet das imperative Mandat. Danach muß der Abgeordnete die Weisungen seiner Wähler befolgen und kann jederzeit abgewählt werden, wenn er den Wünschen und Vorstellungen seiner Wähler nicht mehr entspricht. Das imperative Mandat ist ein typisches Merkmal des kommunistischen Rätesystems. Es ist scheinbar „besonders demokratisch", aber in Wirklichkeit ein Instrument, um den Abgeordneten durch Manipulierung der Massen zu disziplinieren.

61   Das freie Mandat steht in der Verfassungstradition des 19. Jahrhunderts und gehört daher zu den klassischen Elementen des parlamentarischen Systems. Nach damaliger Auffassung bestand das Parlament aus Abgeordneten, die in ihren Wahlkreisen individuell gewählt wurden, sich durch persönliche und sachliche Unabhängigkeit, Bildung und Besitz auszeichneten, das Volk in seiner Gesamtheit repräsentierten und die anstehenden Probleme aufgrund einer öffentlichen und argumentativ geführten Diskussion eigenverantwortlich entschieden. Man sprach daher vom „Honoratiorenparlament", das in der Frankfurter Nationalversammlung von 1848/49 sein (etwas idealisiertes) Bild fand.

Es kann indessen nicht zweifelhaft sein, daß dieses Bild vom völlig unabhängigen Abgeordneten der heutigen politischen Wirklichkeit nicht mehr entspricht. Die Abgeordneten sind parteimäßig gebunden. Sie kommen über eine politische Partei in den Bundestag, sind dort mit den anderen Abgeordneten ihrer Partei zu einer Fraktion zusammengeschlossen und fühlen sich ihrer Partei und deren Programm verbunden. Sie sind daher bis zu einem gewissen Grad Exponenten ihrer Partei. Diese politische Wirklichkeit wird durch Art. 21 I GG anerkannt. **62**

Zwischen Art. 38 I 2 GG und Art. 21 I GG besteht sonach ein Spannungsverhältnis: Hier der freie Abgeordnete, dort die Parteienstaatlichkeit mit ihren Auswirkungen auf die Stellung des Abgeordneten. Während die Literatur in den ersten Jahren nach dem Erlaß des Grundgesetzes – vor allem unter dem Einfluß der Parteienstaatslehre von *Leibholz* (vgl. oben § 11 Rn. 23 ff.) – teilweise noch schwankte, hat sich bald die Auffassung durchgesetzt, daß das freie Mandat gem. Art. 38 I 2 GG mit seinen rechtlichen Folgerungen auch im Parteienstaat der Gegenwart gilt und sich gegenüber den Forderungen aus Art. 21 I GG behauptet. Art. 38 I 2 GG gehört zu den Vorschriften, die – im Sinne der modernen Gewaltenteilung – die Dominanz der Parteien beschränken. **63**

Das zeigt folgender Fall: **64**

Der Abgeordnete A ist als Mitglied der Partei P über die Landesliste in den Bundestag gewählt worden. Ein Jahr später kommt es zu tiefgreifenden politischen Meinungsverschiedenheiten zwischen dem A und seiner Fraktion. A verläßt aus Protest seine Partei und seine Fraktion. Der Fraktionsvorsitzende meint, A müsse nun folgerichtig auch aus dem Bundestag ausscheiden und dem nächsten Kandidaten auf der Liste Platz machen. Ist diese Auffassung zutreffend?

Man könnte durchaus sagen, daß A sein Mandat seiner Partei verdankt, daß die Wähler nicht oder zumindest nicht in erster Linie ihn, sondern mit ihm seine Partei gewählt haben und es deshalb zu einer Verfälschung des Wählerwillens führen würde, wenn er trotz seines Parteiaustrittes sein Mandat behielte. Mit dieser auf Art. 21 I GG gestützten Argumentation ließe sich also ein

Mandatsverlust im Falle des Parteiaustritts vertreten. Indessen muß vorrangig Art. 38 I 2 GG beachtet werden. Er sichert die Freiheit und Unabhängigkeit des Abgeordneten, auch und gerade gegenüber seiner eigenen Partei. Sie würden beeinträchtigt, wenn die Mitgliedschaft im Bundestag von der fortdauernden Parteizugehörigkeit abhängig gemacht werden würde. § 46 BWahlG bestätigt dies, da er den hier erörterten Fall nicht erwähnt.

65   In diesem Zusammenhang sind vier Konstellationen zu unterscheiden: (freiwilliger) Parteiaustritt, (unfreiwilliger) Parteiausschluß, (freiwilliger) Fraktionsaustritt und (unfreiwilliger) Fraktionsausschluß. Alle vier Konstellationen lassen das Mandat im Bundestag unberührt. Dagegen führt der Parteiaustritt, der jederzeit möglich ist, und der Parteiausschluß, der unter den engen Voraussetzungen des § 10 IV PartG zulässig ist, zum Verlust der Mitgliedschaft in der Fraktion, da der Fraktion nur Mitglieder einer bestimmten Partei angehören und zudem die Mitgliederzahl der Fraktion für den parlamentsinternen Bereich, etwa die Zuteilung der Ausschußsitze, von Bedeutung ist (vgl. auch § 10 III GeschOBT). Zumindest aber bilden der Parteiaustritt bzw. Parteiausschluß einen rechtfertigenden Grund für den Ausschluß aus der Fraktion. Eine weitere Frage ist, ob ein Abgeordneter – unabhängig von seiner Parteimitgliedschaft – von seiner Fraktion ausgeschlossen werden kann. Das ist nicht unproblematisch, weil bestimmte Rechte und Möglichkeiten nur über die Fraktion vermittelt werden (vgl. zum sog. fraktionslosen Abgeordneten unten Rn. 111). Gleichwohl ist ein Ausschluß jedenfalls dann für zulässig zu erachten, wenn es einer Fraktion unzumutbar ist, einen Abgeordneten trotz seines schädigenden Verhaltens weiterhin in ihren Reihen zu behalten, wobei die Regelung des § 10 IV PartG entsprechend herangezogen werden könnte. Vgl. dazu *Stern*, Staatsrecht I, S. 1069 f., 1075; *Schreiber*, Handbuch des Wahlrechts, § 46 Rn. 11; *D. Grimm*, Parlament und Parteien, ParlR S. 209 f.; *S. Kürschner*, Das Binnenrecht der Bundestagsfraktionen, 1995, S. 130 ff. m. w. N.; BremStGH DÖV 1970, 639.

66   Art. 38 I 2 GG schließt auch *Umgehungsversuche* aus, etwa die Forderung der Parteiführung, einen Schuldschein zu unterzeichnen oder eine Blankoverzichtserklärung abzugeben, die dann eingelöst bzw. vorgelegt werden, wenn der Abgeordnete aus der Partei ausscheiden sollte.

Fall: Die Partei P verlangt von allen von ihr für die bevorstehende Bundestagswahl aufgestellten Kandidaten die Ausstellung eines Schuldscheines in Höhe von 30 000 DM, der dann eingelöst werden soll, wenn sie in den Bundestag gewählt werden, aber während der Legislaturperiode aus der Partei ausscheiden. Zur Begründung wird angegeben, daß damit wenigstens ein Teil der von der Partei erbrachten Wahlkampfkosten zurückerstattet werden soll. Der A, der über die Landesliste der Partei in den Bundestag gelangt ist, scheidet ein Jahr später aus seiner Partei und Fraktion aus, weigert sich aber, den Betrag zu bezahlen. Die P klagt auf Zahlung. Wie sind die Erfolgsaussichten? Zuständig sind die Zivilgerichte. Die Klage ist aber unbegründet. Die Ausstellung des Schuldscheines, wie immer sie auch zivilrechtlich beurteilt werden mag (Schuldversprechen oder Schuldanerkenntnis gem. §§ 780 ff. BGB), ist wegen Verstoßes gegen Art. 38 I 2 GG nichtig (vgl. § 134 BGB). Vgl. dazu auch *Ch. Peter,* Abgeordnetenmandat gegen Schuldschein, JZ 1968, 783 ff.; *Th. Eschenburg,* Zur politischen Praxis in der Bundesrepublik, Bd. III, 1972, S. 75 f. – Dem Trick der Blankoverzichtserklärung hat inzwischen § 46 III BWahlG einen Riegel vorgeschoben; danach ist der Verzicht auf das Mandat nur wirksam, wenn er zur Niederschrift des Bundestagspräsidenten, eines deutschen Notars oder einer berechtigten Auslandsvertretung erklärt wird.

In diesem Zusammenhang wird auch die Frage nach dem *Fraktionszwang* bzw. nach der *Fraktionsdisziplin* aktuell. Bevor darauf näher eingegangen wird, ist zunächst zu klären, welche „Zwangsmittel" oder „Disziplinierungsmittel" überhaupt in Betracht kommen. Rechtliche Regelungen oder vertragliche Vereinbarungen, die den Abgeordneten zu einem bestimmten Abstimmungsverhalten zwingen sollen, sind von vornherein nichtig und daher bedeutungslos. Tatsächliche Gewalt, etwa die Verhinderung der Teilnahme an einer Abstimmung, ist rechtswidrig, sogar strafbar und scheidet daher ebenfalls aus. Dasselbe gilt für sonstige strafbare Handlungen (Erpressung, Bestechung). Es bleiben somit nur mittelbare Druckmittel, etwa der nachdrückliche Appell an die parteipolitische Solidarität, der mittelbare Zwang gruppenspezifischer Dynamik, der mehr oder weniger deutliche Hinweis auf Nachteile, z. B. daß man bei der Vergabe parteiinterner Positionen nicht mehr berücksichtigt werden könne oder bei der nächsten Wahl nicht mehr aufgestellt werde, was vor allem für jüngere Abgeordnete, die noch Karriere machen wollen, durchaus von Bedeutung ist. Die Androhung und Verwirklichung solcher „Sanktionen" sind rechtlich kaum faßbar und zumindest als solche nicht rechtswidrig. Eine Partei kann nicht gezwungen werden, Mitglieder, die wesentliche politische Zielsetzungen nicht mehr mittragen, bei der nächsten Wahl wieder aufzustellen. Hier stößt sich die Freiheit des einzelnen Abgeordneten mit der der Partei, die eben darüber entscheidet, wer sie im nächsten Bundestag vertreten soll. Es wäre nachgerade absurd, wenn das Abweichen von der Fraktionslinie einen „Anspruch" auf Wiederaufstellung bei der

67

nächsten Wahl begründen würde. Das Gewissen ist Charakter-
sache, kein Prämierungsgrund.

68 Strittig ist die Zulässigkeit des sog. *Ausschußrückrufs,* d.h. der Abberufung
eines Abgeordneten aus seinem Ausschuß durch die Fraktion und die Zuweisung
an einen anderen Ausschuß, vgl. bejahend *C. Arndt,* ParlR S. 643 (649, 663);
ablehnend *H. H. Klein,* DÖV 1972, 329 ff.; *Achterberg/Schulte,* MKSt Art. 38
Rn. 44 ff. m.w.N. Sie ist jedenfalls dann zu bejahen, wenn der Abgeordnete in
dem Bereich, der zur Zuständigkeit des Ausschusses gehört, grundsätzlich und
permanent von der Linie seiner Partei abweicht und damit seine Fraktion dort
nicht mehr „repräsentiert". Wäre es anders, dann könnten unterschiedliche
Mehrheiten im Ausschuß und im Plenum entstehen, die die Parlamentsarbeit
erschweren, zumindest aber dazu führen, daß die von den Regierungsparteien
nicht getragenen Ausschußbeschlüsse im Plenum wieder gekippt werden. Ferner
muß eine Abberufung aus qualitativen Gründen zulässig sein. Dagegen ist die
Zulässigkeit zu verneinen, wenn der Ausschußrückruf als Disziplinierungsmaß-
nahme erfolgt und gleichsam eine Art „Strafversetzung" darstellt.

69   Im übrigen ist zu beachten, daß es für den Abgeordneten verschiedene, durchaus akzeptable Gründe geben kann, entsprechend
dem Fraktionsbeschluß im Bundestag abzustimmen:

1. Er ist aufgrund eigener Prüfung von der Richtigkeit des Beschlusses überzeugt.
2. Er schließt sich dem Votum der Experten seiner Fraktion an. Kein Abgeordneter kann in allen Bereichen gleichermaßen beschlagen sein. Es liegt
   daher nahe, daß sich z.B. der Haushaltssachverständige in Landwirtschafts-
   angelegenheiten nach überschlägiger Prüfung der Auffassung des Agrarex-
   perten anschließt, sofern sie einigermaßen haltbar erscheint.
3. Politik ist weitgehend eine Sache des Kompromisses. Es ist daher durchaus
   denkbar, daß ein Abgeordneter in einer, ihm nicht so wichtig erscheinenden
   Frage nachgibt, um damit zugleich die Zustimmung für eine andere Angelegenheit zu erlangen, die ihm wesentlich wichtiger ist.
4. Schließlich ist es durchaus legitim, daß sich ein Abgeordneter, der sich in
   seiner Fraktion mit seiner Auffassung nicht durchzusetzen vermochte, aus
   Gründen der Geschlossenheit nach außen der Mehrheitsmeinung der Fraktion anschließt. Zur Demokratie gehört auch das Mehrheitsprinzip; es ist
   daher nicht per se verwerflich, wenn man sich dem Mehrheitsbeschluß
   beugt. Der Abgeordnete darf nur nicht die „Gewissensbindung" des Art. 38
   I 2 GG ignorieren.

2. Die Statusrechte des Abgeordneten

70   Aus Art. 38 I 2 GG und dem dort festgelegten Status des Abgeordneten ergeben sich eine Reihe von Rechten, die der Abgeordnete gegenüber dem Bundestag und seinen Organen, insbesondere

dem Präsidenten des Bundestages, geltend machen kann. Es handelt sich nicht um persönliche Rechte, sondern um Organrechte, genauer: um Zuständigkeiten, die dem Abgeordneten als Mitglied des Bundestages eingeräumt werden.

Das hat auch prozessuale Konsequenzen: Die Verletzung der Statusrechte ist im Wege des Organstreitverfahrens gem. Art. 93 I Nr. 1 GG vor dem BVerfG geltend zu machen (vgl. dazu näher unten § 20 Rn. 40 ff.). Eine Verfassungsbeschwerde (nach vorangegangenem verwaltungsgerichtlichem Verfahren) kommt daher nicht in Betracht. Wenn Art. 93 I Nr. 4a GG den Art. 38 GG insgesamt zitiert, so ist das ungenau; die Verfassungsbeschwerde bezieht sich auf die Verletzung der Rechte des Bürgers aus Art. 38 I 1 und Art. 38 II GG. Der Abgeordnete tritt im Rahmen des Art. 38 I 2 GG nicht als ein (dem Staat gegenüberstehender) Bürger, sondern als ein (dem Staat inkorporierter) Organwalter auf.

Die sich aus dem Status des Bundestagsabgeordneten ergebenden **71** Rechte lassen sich zusammenfassend als *Recht auf Mitwirkung im Bundestag,* insbesondere auf Mitwirkung bei den Beratungen und Beschlußfassungen, bezeichnen. Dazu gehören vor allem:
– das Recht auf Teilnahme an den Sitzungen des Bundestages,
– das Rederecht,
– das Antrags- und Initiativrecht,
– das Recht auf Teilnahme an den Abstimmungen und Wahlen,
– das Frage- und Informationsrecht gegenüber der Regierung,
– das Recht, sich mit anderen Abgeordneten zu einer Fraktion zusammenzuschließen.

Vgl. dazu zusammenfassend BVerfGE 80, 188, 218. Diese Rechte können durch die Geschäftsordnung des Bundestages näher ausgestaltet werden. Einschränkungen, etwa des Rederechts (§§ 35 ff. GeschOBT), sind im Interesse der Funktionsfähigkeit des parlamentarischen Betriebes zulässig, dürfen aber den Kern der parlamentarischen Rechte des Abgeordneten nicht antasten. Im Streitfall ist daher zu prüfen, ob eine den Abgeordneten betreffende Regelung der Geschäftsordnung mit den sich aus Art. 38 I 2 GG ergebenden Statusrechten des Abgeordneten vereinbar ist. Der Abgeordnete kann im Wege des Organstreitverfahrens nicht die Verletzung der Geschäftsordnung als solche rügen, aber geltend machen, daß er durch die Regelung der Geschäftsordnung und ihre Anwendung in seinem Statusrecht gem. Art. 38 I 2 GG verletzt wird, vgl. BVerfGE 10, 4, 12 ff.; 96, 264, 284 ff. (Rederecht des Abgeordneten).

Den Rechten des Abgeordneten stehen *Pflichten* gegenüber. Zu **72** erwähnen ist vor allem die Pflicht zur Anwesenheit und Mitwirkung im Bundestag. Die Einhaltung dieser Pflicht kann nicht erzwungen werden; ihre Verletzung hat aber mittelbare Folgen, insbesondere die Kürzung der Kostenpauschale für die Amtsausstattung (vgl. § 14 AbgG). Gem. § 44 a AbgG hat der Bundestag Verhaltensregeln für die Abgeordneten aufgestellt (vgl. Anhang I zur GeschOBT).

3. Indemnität und Immunität

73 Indemnität und Immunität, beide in Art. 46 GG geregelt, ergänzen und stützen den Grundsatz des freien Mandats.

a) *Indemnität* (Art. 46 I GG). Danach darf ein Abgeordneter zu keiner Zeit (also auch nicht nach dem Ablauf seiner Amtszeit) wegen seiner Äußerungen und Abstimmungen im Bundestag gerichtlich oder dienstlich verfolgt oder sonst außerhalb des Bundestages zur Verantwortung gezogen werden. Art. 46 I GG schließt somit staatsanwaltschaftliche Ermittlungsverfahren und strafgerichtliche Verfahren wegen Beleidigung oder übler Nachrede (§§ 185, 186 StGB), zivilgerichtliche Widerrufs-, Unterlassungs- und Schadensersatzklagen und disziplinarrechtliche Maßnahmen aus. Lediglich Verleumdungen i. S. des § 187 StGB werden nicht erfaßt und sind somit verfolgbar. Die Indemnität dient vor allem dem Schutz des Parlaments. Sie soll die freie Aussprache im Parlament sichern. Daher kann der Abgeordnete auch nicht darauf verzichten. Andererseits beschränkt sich die Indemnität auf den parlamentarischen Bereich (Bundestagsplenum, Ausschüsse, Fraktionen), erstreckt sich also nicht auf den außerparlamentarischen Bereich, etwa Parteiversammlungen oder Wahlkampfveranstaltungen. Regierungsmitglieder genießen den Schutz der Indemnität nur, wenn sie zugleich Abgeordnete sind *und* in dieser Eigenschaft im Bundestag auftreten.

Fall: Der Bundestagsabgeordnete A erklärt im Bundestag, der Unternehmer U habe sich durch unlautere Machenschaften öffentliche Aufträge verschafft. U will das nicht auf sich sitzen lassen. Er verlangt vom Bundestagspräsidenten, daß er ihm die Möglichkeit einräume, vor dem Bundestag eine „Gegenerklärung" abgeben zu können. Ferner verlangt er von A, daß dieser seine Äußerung widerrufe, und klagt, als dieser ablehnt, auf Verurteilung zum Widerruf vor dem Zivilgericht. A erklärt, er sei mit der Klage durchaus einverstanden, da sie die Gelegenheit zur gerichtlichen Klärung gäbe. Wie sind die beiden Forderungen des A zu beurteilen? Zu (1): Das Rederecht im Bundestag haben nur die Mitglieder des Bundestages, ferner gem. Art. 43 II GG die Mitglieder der Bundesregierung und des Bundesrates. Mit der ersten Forderung dringt somit U keineswegs durch. – Zu (2): Grundsätzlich besteht ein Anspruch auf Widerruf geschäftsschädigender und ehrverletzender Äußerungen, der vor den Gerichten geltend gemacht werden kann. Hier greift jedoch Art. 46 I GG ein. Die Widerrufsklage ist deswegen unzulässig. Unerheblich ist, daß A mit einer Klage einverstanden ist.

c) *Immunität* (Art. 46 II GG). Der Bundestagsabgeordnete besitzt **74** Immunität, d. h. er darf wegen einer strafbaren Handlung nur zur Verantwortung gezogen werden, wenn der Bundestag seine Genehmigung erteilt hat. Das gilt nicht nur für das Strafverfahren selbst, sondern schon für das polizeiliche oder staatsanwaltschaftliche Ermittlungsverfahren. Entsprechend darf eine Verhaftung, eine vorläufige Festnahme oder eine Untersuchungshaft nur mit Genehmigung des Bundestages erfolgen, es sei denn, daß der Abgeordnete bei der Begehung der Tat oder im Laufe des folgenden Tages festgenommen wird. Auch die Immunität dient dem Schutz des Parlaments und ist traditionell zu erklären. Im 19. Jahrhundert ist es immer wieder vorgekommen, daß unbequeme Abgeordnete wegen einer (angeblich) strafbaren Handlung, wozu auch kritische und damit staatsgefährdende Äußerungen zählten, auf Veranlassung der Regierung inhaftiert und damit – vor allem vor wichtigen Entscheidungen – aus dem Parlament entfernt wurden. Diese Gefahr besteht heute sicher nicht mehr. Die Immunität wird daher verschiedentlich für überholt erklärt. Der Bundestag selbst hat die Problematik erkannt und die Aufhebung der Immunität durch Grundsätze und Richtlinien erleichtert und schematisiert. Da es sich um ein Privileg des Parlaments handelt, kann auch insoweit der Abgeordnete nicht verzichten. Die Immunität hat im übrigen für ihn nicht nur Vorteile, sondern auch Nachteile, da durch den Antrag auf Aufhebung der Immunität seitens der Staatsanwaltschaft eine strafbare Handlung im Bundestag und damit ggf. in der Öffentlichkeit bekannt wird, was sonst möglicherweise nicht der Fall wäre.

Vgl. dazu § 107 GeschOBT und die Grundsätze in Immunitätsangelegen **75** heiten (Anlage 6 zur GeschOBT). Danach werden z. B. die Entscheidungen weitgehend auf den Ausschuß des Bundestages für Wahlprüfung, Immunität und Geschäftsordnung verlagert, die Einleitung eines staatsanwaltschaftlichen Ermittlungsverfahrens generell genehmigt und bestimmte Straftaten, etwa

Verkehrs- und Bagatelldelikte, allgemein für genehmigungsfähig erklärt. – Nach Art. 46 III GG gelten die Immunitätsgrundsätze auch für den Fall sonstiger Freiheitsentziehungen und für Verfahren der Grundrechtsverwirkung gem. Art. 18 GG. Ferner sind gem. Art. 46 IV GG entsprechende Maßnahmen auf Verlangen des Bundestages auszusetzen.

76   c) *Unterscheidung von Indemnität und Immunität.* Die beiden Rechtsinstitute unterscheiden sich in dreifacher Hinsicht:
- Die Indemnität beschränkt sich auf Äußerungen im Bundestag, die Immunität betrifft darüber hinaus auch den gesamten außerparlamentarischen, insbesondere den privaten Bereich;
- die Indemnität richtet sich gegen alle rechtlichen Maßnahmen und Reaktionen, die Immunität schützt dagegen nur vor der Strafverfolgung;
- die Indemnität gilt zeitlich unbeschränkt, die Immunität schützt dagegen nur für die Zeit der Mitgliedschaft im Bundestag.

4. Anspruch auf angemessene Entschädigung

77   Die Abgeordneten haben gem. Art. 48 III GG einen Anspruch auf angemessene, ihre Unabhängigkeit sichernde Entschädigung. Diese Regelung, die mit ihrer Bezugnahme auf die Sicherung der Unabhängigkeit an die Gewährleistung des freien Mandats gem. Art. 38 I 2 GG anknüpft, ist im Prinzip unproblematisch und auch unbestritten. Fraglich ist allerdings, *was* angemessen ist und *wer* darüber zu entscheiden hat. Bei der inhaltlichen Bestimmung ist von der Intention der Entschädigungsregelung (Sicherung der Unabhängigkeit) und den tatsächlichen Bedingungen des parlamentarischen Mandats in der Gegenwart auszugehen. Während früher die Abgeordneten ehrenamtlich tätig waren und daher Tagegelder (Diäten) und Reisekostenerstattung ausreichten, muß heute veranschlagt werden, daß die parlamentarische Tätigkeit den Abgeordneten – auf der Bundesebene! – voll in Anspruch nimmt und daher zu einer Hauptbeschäftigung (full-time-job) geworden ist. Die „Entschädigung" muß deshalb dem Abgeordneten während seiner Parlamentszugehörigkeit eine ausreichende wirtschaftliche Existenzgrundlage für sich und seine Familie gewährleisten und zudem der Bedeutung und dem Rang des Abgeordnetenmandats gerecht werden (so BVerfGE 40, 296, 315 f.). Das kann, muß aber keine „Vollalimentation" sein, wie das BVerfG später – wohl im Blick auf die Alterssicherung – hinzugefügt hat (BVerfGE 76, 256,

341 f.). Konkrete, ziffernmäßig bestimmte Beträge lassen sich aus dieser verfassungsrechtlichen Vorgabe nicht folgern.

Deshalb kommt der Frage, *wer* darüber zu entscheiden hat, er- **78** hebliche Bedeutung zu. Nach Art. 48 III 3 GG regelt das Nähere ein Bundesgesetz. Da die Bundesgesetze vom Bundestag erlassen werden, bedeutet dies, daß die Bundestagsabgeordneten selbst über ihre Bezüge entscheiden. Diese „Entscheidung in eigener Sache" wird immer wieder kritisiert, im parlamentarisch-demokratischen Staat gibt es aber keine bessere Alternative. Die verschiedenen Diätenkommissionen, die im Bund und in den Ländern in den letzten Jahren zur Ausarbeitung von Vorschlägen eingesetzt wurden, brachten auch keine überzeugenderen Resultate. Umso wichtiger ist es aber, daß die gesetzliche Festlegung der Abgeordnetenbezüge in einem öffentlichen und transparenten Verfahren diskutiert, begründet und beschlossen wird, um die Kontrolle durch die Öffentlichkeit und – soweit es um die Verfassungsmäßigkeit geht – durch das BVerfG zu gewährleisten.

Die Entschädigung der Abgeordneten ist im Abgeordnetengesetz geregelt. **79** Nach § 11 I 1 AbgG erhält der Bundestagsabgeordnete eine monatliche Entschädigung, die sich an den Bezügen eines Bundesrichters (Besoldungsgruppe R 6) bzw. eines kommunalen Wahlbeamten auf Zeit (Besoldungsgruppe B 6) „orientiert". Der genaue Betrag ist gem. § 30 AbgG vom Bundestag zu Beginn der Wahlperiode für die gesamte Wahlperiode, also für die kommenden vier Jahre, zu beschließen. Bis zur Erreichung des in § 11 I 1 AbgG genannten Ziels wurde und wird die Entschädigung stufenweise angehoben. Sie beträgt derzeit (ab 1. 1. 2003) 7009 Euro. Ferner erhält der Bundestagsabgeordnete eine „Amtsausstattung", die in § 12 AbgG näher bestimmt ist. Dazu gehören u. a. die Bereitstellung eines eingerichteten Büros, die freie Benutzung der Bundesbahn und eine Kostenpauschale, die jährlich den allgemeinen Lebenshaltungskosten anzupassen ist und derzeit 3503 Euro beträgt. – Der Versuch, den Maßstab der Abgeordnetenentschädigung *verfassungsrechtlich* festzulegen (Bezüge eines Bundesrichters), ist an der fehlenden Zustimmung des Bundesrates gescheitert, vgl. dazu *H. H. von Arnim,* Die Partei, der Abgeordnete und das Geld, 1996, S. 343 ff.; *W. Schmitt Glaeser,* Festschrift für Stern, 1997, 1183 ff.; *H. H. Klein,* Festschrift für Blümel, 1999, S. 225 ff.

Die Entschädigung muß für alle Abgeordneten gleich hoch sein. **80** Unerheblich ist, ob ein Abgeordneter neben seinem Mandat noch eine bezahlte berufliche Tätigkeit ausübt oder nicht oder ob er durch die Übernahme des Mandats eine gut bezahlte Position aufgegeben hat oder bislang wesentlich weniger verdiente. Das

BVerfG folgert aus der egalitären Wahl auch die egalitäre Gleichstellung der Abgeordneten (BVerfGE 40, 296, 317f.). Lediglich für den Präsidenten und die Vizepräsidenten des Bundestages läßt es eine Ausnahme zu. Sie erhalten dementsprechend nach § 11 II AbgG eine Amtszulage in Höhe von 100% bzw. 50% der Abgeordnetenbezüge.

81 In einer vor kurzem ergangenen Entscheidung hat das BVerfG erneut zur Frage der Zulässigkeit von Zulagen für Abgeordnete mit besonderen Funktionen im Parlament und in den Fraktionen (sog. Funktionszulagen) Stellung genommen (BVerfGE 102, 224: 2. Diäten-Urteil). Die Entscheidung betrifft zwar den Thüringer Landtag, hat aber, da das Gericht maßgeblich auf Art. 38 I GG abstellt, auch für den Bundestag Bedeutung. Das BVerfG zieht in dieser Entscheidung nicht nur – wie in BVerfGE 40, 296 – den Grundsatz der Statusgleichheit der Abgeordneten, sondern auch den Grundsatz des freien Mandats heran, der durch solche Zulagen und die dadurch geförderte Entwicklung zur „Abgeordnetenlaufbahn" und zur „innerparlamentarischen Einkommenshierarchie" beeinträchtigt werden könnte. Deshalb dürften Zulagen nur in geringer Zahl und nur für besonders hervorgehobene politisch-parlamentarische Funktionen gewährt werden. Dazu gehörten – in Thüringen – der Präsident und die Vizepräsidenten des Landtags, sowie die Fraktionsvorsitzenden, nicht aber die parlamentarischen Geschäftsführer der Fraktionen, die stellvertretende Fraktionsvorsitzende und die Ausschußvorsitzende. Inwieweit die konkreten Folgerungen für Thüringen, dessen Landtag lediglich aus 88 Abgeordneten bestand, von denen aber etwa ¹⁄₃ eine Funktionszulage erhielten, auch für größere Parlamente, insbesondere für den Bundestag mit seinen derzeit 668 Abgeordneten, gilt, ist noch offen. – Das 2. Diäten-Urteil ist in der Literatur auf Kritik gestoßen, vgl. *S. Hölscheidt,* DVBl. 2000, 1734ff.; *W. v. Eichborn,* KritV 2001, 55ff.; *B. Laubach,* ZRP 2001, 159ff. – Zu verweisen ist noch auf das Hamburgische Verfassungsgericht, das die ebenfalls in erheblichem Umfang gewährten Funktionszulagen („gestaffelte Diäten für parlamentarische Funktionsträger") verfassungsrechtlich bestätigte, sich dabei aber auf die besonderen Verhältnisse in Hamburg berufen konnte (HbgVerfG, DÖV 1997, 911 = NJW 1998, 1054).

Literatur und Rechtsprechung: *K. Schlaich/H. J. Schreiner,* Die Entschädigung der Abgeordneten, NJW 1979, 673ff.; *H. H. von Arnim,* Entschädigung und Amtsausstattung, ParlR S. 523ff.; *ders.,* Das neue Abgeordnetengesetz, NJW 1996, 1233ff.; *H. H. Rupp,* Legitimation der Parlamente zur Entscheidung in eigener Sache, ZG 1992, 285ff.; *O. R. Kissel,* Der gerechte Lohn des Bundestagsabgeordneten, Festschrift für Zeuner, 1994, S. 79ff.; vgl. ferner die Nachweise im Text. – BVerfGE 32, 157 (Abgeordnetenruhegeld); BVerfGE 40, 296 (Grundsatzentscheidung); BVerfGE 76, 256, 341ff. (Stellung der Abgeordneten im Vergleich zu Beamten); BVerfGE 102, 224 (2. Diätenurteil); HbgVerfG DÖV 1997, 911 (Abgeordnetenentschädigung in Hamburg, Funktionszulagen).

5. Weitere Rechte des Abgeordneten

a) *Zeugnisverweigerungsrecht.* Die Abgeordneten sind berechtigt, zu **82** Angelegenheiten, die sie in ihrer Eigenschaft als Abgeordnete erfahren, die Aussage als Zeuge zu verweigern (Art. 47 GG). Dieses Zeugnisverweigerungsrecht entspricht dem anderer Vertrauenspersonen, etwa von Ärzten, Geistlichen, Journalisten usw., vgl. § 53 StPO.

b) *Urlaub zur Wahlvorbereitung.* Wer sich um einen Sitz im Bun- **83** destag bewirbt, hat Anspruch auf den zur Vorbereitung seiner Wahl erforderlichen Urlaub (Art. 48 I GG). Das Nähere regelt § 3 AbgG: zwei Monate vor dem Wahltag; kein Anspruch auf Fortzahlung der Bezüge.

c) *Behinderungsverbot.* Niemand darf gehindert werden, das Amt **84** eines Abgeordneten zu übernehmen und auszuüben. Diese scheinbar selbstverständliche Vorschrift ist aber keineswegs so unproblematisch, wie folgender Fall zeigt.

Fall: A und B betreiben zusammen eine Handelsgesellschaft in Form einer KG. A ist geschäftsführender Gesellschafter. Er übernimmt nach erfolgreicher Wahl ein Bundestagsmandat. Damit ist seine Tätigkeit im Betrieb erheblich eingeschränkt. B klagt auf Schadensersatz; er macht geltend, der Gesellschaftsvertrag verpflichte den A, seine Arbeitskraft ausschließlich der Geschäftsführung der KG zu widmen. Wie sind die Erfolgsaussichten? Der BGH lehnte einen Anspruch ab, vgl. BGHZ 43, 384.

Fall: P ist Pfarrer der Bremischen Evang. Kirche. Er wird in den Bundestag gewählt. Nach dem maßgeblichen Kirchengesetz wird er deshalb für die Dauer seines Mandats beurlaubt. Diese Vorschrift entspricht dem staatlichen Beamtenrecht. P sieht darin einen Verstoß gegen Art. 48 II GG. Zu Recht? Das wurde vom StGH Bremen bejaht (JZ 1975, 365 = NJW 1975, 635), vom BVerfG dagegen verneint (BVerfGE 42, 312); vgl. dazu auch *D. Dahrmann,* Kirchliches Amt und politisches Mandat, 1977 (mit Wiedergabe der Entscheidungen und der Gutachten in diesem Rechtsstreit).

Vgl. ferner BVerwGE 86, 211: Danach ist es unzulässig, wenn ein Bundesbeamter vom Dienst fernbleibt, um an Sitzungen des Landtags teilzunehmen, da er die Ermäßigung der regelmäßigen Arbeitszeit oder Gewährung von Urlaub ohne Besoldung beantragen kann (§ 89 a II BBG).

6. Ausscheiden aus dem Bundestag

Die Mitgliedschaft des Abgeordneten im Bundestag endet in der **85** Regel mit dem Ende der Wahlperiode und damit mit dem Ende des jeweiligen Bundestages. Eine vorzeitige Auflösung des Bundestages wirkt sich selbstverständlich auch auf die Amtszeit des Abgeordneten aus (daher konnten auch die Abgeordneten gegen die vorzeitige Auflösung des Bundestages 1982/83 im Wege des Organstreitverfahrens klagen, vgl. BVerfGE 62, 1, 32 f.). Darüber hinaus zählt § 46 I BWahlG eine Reihe von Gründen auf, bei deren Erfüllung der Abgeordnete seine Mitgliedschaft im Bundestag verliert.

Die Aufzählung ist nicht abschließend, wie sich aus § 46 I 2 BWahlG ergibt. Zu den „anderen gesetzlichen Vorschriften" gehören vor allem die Inkompatibilitätsregelungen; so können nach Art. 55 GG der Bundespräsident und nach Art. 94 I 3 GG die Bundesverfassungsrichter nicht Mitglied des Bundestages sein, d. h. sie verlieren mit der Übernahme dieser Ämter ihr Mandat im Bundestag. Der Austritt oder der Ausschluß aus der Partei oder der Fraktion bilden dagegen, wie bereits dargelegt wurde, keine Mandatsverlustgründe (vgl. oben Rn. 64 f.).

86   Scheidet ein Abgeordneter aus dem Bundestag aus, so rückt der nächste auf der Liste seiner Partei stehende und bislang noch nicht berücksichtigte Kandidat nach. Das gilt auch für den Fall, daß ein direkt gewählter Bundestagsabgeordneter ausscheidet, es findet also keine Nachwahl im Wahlkreis statt. Wenn eine Partei ein Überhangmandat besitzt, dann fällt dieses nach BVerfGE 97, 317 mit dem Ausscheiden eines Wahlkreisabgeordneten ersatzlos weg.

Vgl. im übrigen § 48 BWahlG. Ist der Listenkandidat zwischenzeitlich aus seiner Partei ausgetreten, wird er nicht berücksichtigt (der Grundsatz des freien Mandats greift noch nicht ein, was folgerichtig ist, weil dieser Grundsatz nur für die Mandatsträger, nicht für die Kandidaten gilt). Ausnahmsweise findet eine Nachwahl („Ersatzwahl") statt, nämlich dann, wenn der ausgeschiedene Wahlkreiskandidat keiner Partei oder Wählergruppe angehörte oder einer solchen Partei oder Wählergruppe angehörte, für die im Land keine Landesliste zugelassen worden war. Dieser Fall ist bislang nicht vorgekommen.

IV. Die Organisation und das Verfahren des Bundestages

1. Die Geschäftsordnung

87   a) *Geschäftsordnungsautonomie.* Der Bundestag ist befugt, zur Regelung der parlamentsinternen Organisation und Arbeitsweise eine Geschäftsordnung zu erlassen (Art. 40 I 2 GG). Die Geschäftsordnung ist ein typisches Merkmal aller Verfassungsorgane. Sie spielt aber beim Bundestag wegen dessen zentraler Stellung im Verfassungsleben und vor allem wegen dessen pluralistischer Zusammensetzung eine besondere Rolle. Sie ist nicht nur für die effektive Parlamentsarbeit unerläßlich, sondern kann durch ihre Verfahrensregelungen auch den Inhalt der außenwirksamen Entscheidungen beeinflussen.

Vgl. dazu bereits oben § 1 Rn. 42; ferner allgemein *H. Schneider,* Die Bedeutung der Geschäftsordnungen oberster Staatsorgane für das Verfassungsleben, Festschrift für Smend, 1952, S. 303 ff.

b) *Der Erlaß der Geschäftsordnung* ist ausschließlich Sache des Bun- **88** destages selbst. Sie wird mit einfacher Mehrheit des Bundestages beschlossen und kann jederzeit wieder mit einfacher Mehrheit abgeändert werden. Andere Verfassungsorgane haben keine Mitwirkungsrechte oder Einflußmöglichkeiten.

Nach § 126 GeschOBT kann im Einzelfall von einer Vorschrift der Geschäftsordnung abgewichen werden, wenn zwei Drittel der anwesenden Mitglieder des Bundestages zustimmen. Diese für Geschäftsordnungen typische Regelung soll eine flexible Handhabung und Anpassung ermöglichen. Sie ist aber im Blick auf den Minderheitenschutz nicht unproblematisch, zumal sich die 2/3-Mehrheit nur auf die anwesenden Mitglieder des Bundestages bezieht und im parlamentarischen Kräftespiel gerade auch der Schutz kleiner Gruppen unabdingbar ist. Indessen ist doch zu beachten, daß die wesentlichen Rechte und Garantien der Abgeordneten und damit auch der Minderheit bereits verfassungsrechtlich abgesichert sind; im übrigen gilt auch für diese Regelung das Verbot mißbräuchlichen Verhaltens.

c) *Der Geltungsbereich der Geschäftsordnung* bezieht und beschränkt **89** sich auf den parlamentsinternen Bereich. Sie gilt – in *persönlicher* Hinsicht – nur für die Mitglieder des Bundestages und – in *sachlicher* Hinsicht – nur, insoweit es um Angelegenheiten des Bundestages geht. Wenn die Geschäftsordnung Externe anspricht, etwa Mitglieder der Bundesregierung, bringt sie lediglich Erwartungen und Forderungen zum Ausdruck, die zwar in der Regel befolgt werden dürften, aber rechtlich nicht verbindlich sind.

Wenn ein Bundesminister zugleich Abgeordneter des Bundestages ist, dann muß im konkreten Fall darauf abgestellt werden, in welcher Funktion er auftritt. Ferner kann nicht zweifelhaft sein, daß die Regierungsmitglieder die Regeln des parlamentarischen Sitzungsablaufs zu beachten haben und insoweit der Ordnungs- und Sitzungsgewalt des Bundestagspräsidenten unterliegen. Entsprechendes gilt, wenn ein Bürger in den parlamentarischen Betrieb einbezogen wird, etwa als Sachverständiger in einem Bundestagsausschuß gehört wird.

90   In *zeitlicher* Hinsicht gilt die Geschäftsordnung nur für die jeweilige Wahlperiode. Sie kann jedoch vom neuen Bundestag pauschal übernommen werden, was regelmäßig auch geschieht. Sollte das nicht der Fall sein, dann kann im Zweifel von einer konkludenten Übernahme ausgegangen werden, zumal dann, wenn in der Praxis nach ihr verfahren wird.

91   d) *Verhältnis zu anderen Rechtsnormen.* aa) Die Geschäftsordnung muß selbstverständlich dem *Grundgesetz* entsprechen. Regelungen der Geschäftsordnung, die mit dem Grundgesetz nicht vereinbar sind, sind verfassungswidrig und nichtig. Andererseits ist zu beachten, daß eine Reihe von Regelungen der Geschäftsordnung verfassungsrechtliche Bestimmungen konkretisieren und insoweit verfassungsrechtlich abgesichert sind.

92   bb) Ferner muß die Geschäftsordnung den *formellen Bundesgesetzen* entsprechen. Dabei stellt sich freilich sofort die Frage, ob und inwieweit der parlamentsinterne Bereich überhaupt durch formelle Bundesgesetze geregelt werden darf. Dieser Frage kann auch nicht mit dem Hinweis ausgewichen werden, daß beide Regelungsarten – das Bundesgesetz und die Geschäftsordnung – vom Bundestag erlassen werden. Denn zwischen beiden bestehen erhebliche Unterschiede. Sie beziehen sich auf den *Erlaß* (die Geschäftsordnung wird ausschließlich vom Bundestag, das Bundesgesetz zwar auch vom Bundestag, aber nur unter Mitwirkung anderer Verfassungsorgane, insbesondere des Bundesrates, erlassen), das *Verfahren* (die Geschäftsordnung ergeht in einem einfachen Beschlußverfahren, das Bundesgesetz dagegen in einem detailliert geregelten Gesetzgebungsverfahren), die *Abänderung* (die Geschäftsordnung kann durch einfachen Beschluß, das Bundesgesetz nur im Wege des Gesetzgebungsverfahrens geändert werden) und die *Geltungskraft* (von der Geschäftsordnung kann im Einzelfall abgewichen werden, vom Bundesgesetz nicht). Geschäftsordnung und Bundesgesetz sind daher nicht einfach austauschbar. Aus Art. 40 I 2 GG folgt, daß der parlamentsinterne Bereich der Geschäftsordnungsautonomie des Bundestages vorbehalten und daher dem gesetzlichen Zugriff

grundsätzlich entzogen ist. Gesetzliche Regelungen sind nur zulässig, wenn eine verfassungsrechtliche Ermächtigung vorliegt oder wenn es sich primär um eine parlamentsexterne Angelegenheit handelt, die zugleich in den parlamentsinternen Bereich einwirkt.

Das BVerfG hält dagegen eine gesetzliche Regelung jedenfalls dann für zulässig, „wenn das Gesetz – auch seine Aufhebung – nicht der Zustimmung des Bundesrates bedarf, der Kern der Geschäftsordnungsautonomie des Bundestages nicht berührt wird und überdies gewichtige sachliche Gründe dafür sprechen, die Form des Gesetzes zu wählen" (BVerfGE 70, 324, 361); allerdings ist diese Auffassung im BVerfG selbst auf Widerspruch gestoßen, wie die Sondervoten von *Mahrenholz* und *Böckenförde* zeigen (BVerfGE 70, 366, 376 ff. und 380, 386 ff.). Die Literatur ist ebenfalls kontrovers, vgl. einerseits *Kretschmer,* ParlR S. 303 (für die Zulässigkeit der Gesetzesform) und andererseits *Pietzcker,* ParlR S. 341 (dagegen), jeweils mit weiteren Nachw.

e) *Verstoß gegen die Geschäftsordnung.* Da die Geschäftsordnung nur **93** parlamentsinterne Wirkungen entfaltet, können schon logischerweise nur Mitglieder und Organe des Bundestages geschäftsordnungswidrig handeln bzw. durch das geschäftsordnungswidrige Verhalten anderer beeinträchtigt werden. Der Verstoß gegen die Geschäftsordnung hat – mit anderen Worten – nur innenrechtliche, keine außenrechtlichen Folgen. Daher wird ein Gesetz auch dann rechtswirksam, wenn es unter Verletzung einer Vorschrift der Geschäftsordnung erlassen worden ist. Anders ist es nur, wenn der Geschäftsordnungsverstoß zugleich eine Verfassungsverletzung darstellt.

Beispiele: Der Bundestag hat ein Gesetz beschlossen, obwohl der Gesetzentwurf nicht von der erforderlichen Zahl von Bundestags-Abgeordneten eingebracht wurde (§§ 75, 76 GeschOBT) und obwohl die für die 3. Lesung vorgesehene Frist nicht eingehalten wurde (§ 84 GeschOBT). Das Gesetz wird gleichwohl gültig, da die Geschäftsordnungswidrigkeit die Verfassungsmäßigkeit nicht berührt. – Der Abgeordnete A macht geltend, der Bundestagspräsident schränke sein in der Geschäftsordnung geregeltes Rederecht ein. Er kann sich im Organstreitverfahren zwar nicht auf die Verletzung der Vorschriften der Geschäftsordnung, aber auf seinen verfassungsrechtlichen Status als Abgeordneter, der auch das Rederecht gewährleistet, berufen.

f) *Die Rechtsnatur der Geschäftsordnung* ist umstritten, wobei es **94** mehr um terminologische als sachliche Differenzen geht. Während früher sehr unterschiedliche Deutungen vertreten wurden (Rechtsverordnung, Satzung, Verwaltungsvorschrift, öffentlich-rechtliche

Vereinbarung, interne Rechtsvorschrift ohne Rechtssatzcharakter, Konventionalregel usw.), wird heute die Geschäftsordnung im Anschluß an das BVerfG überwiegend als „autonome Satzung" qualifiziert. Neuerdings wird sie auch als „parlamentarische Innenrechtsnorm" *(Achterberg)* oder als „Verfassungssatzung" *(Böckenförde)* bezeichnet oder darauf hingewiesen, daß es sich um eine Regelungsform eigener Art handle.

Vgl. BVerfGE 1, 144, 148 f.; ebenso *Hesse,* VerfR, Rn. 577; mit Vorbehalten auch *Stern,* Staatsrecht II, S. 82 f.; *H. P. Schneider,* AK-GG, Art. 40 Rn. 8; vgl. ferner *N. Achterberg,* Parlamentsrecht, 1984, S. 59; *E.-W. Böckenförde,* Die Organisationsgewalt im Bereich der Regierung, 1964, S. 122 f. (für die Geschäftsordnung der Regierung); einen Überblick über die verschiedenen Deutungen geben *Achterberg/Schulte,* MaK Art. 40 Rn. 34 ff.; *Kretschmer,* ParlR S. 304 ff.; *Haug,* aaO. Rn. 97, S. 166 ff.

95 Die Qualifikation als „Satzung" ist schon deshalb nicht sehr glücklich, weil dieser Begriff bereits anderweitig besetzt ist. Man versteht darunter Rechtsnormen, die von rechtsfähigen Verwaltungsträgern (Körperschaften, Anstalten und Stiftungen des öffentlichen Rechts) für ihren Bereich erlassen werden. Da zum Wesen der Satzung die Autonomie gehört, hat das Attribut „autonom" keinen Abgrenzungswert; es geht offenbar auf Vorstellungen der Weimarer Zeit zurück, die inzwischen überholt sind *(Perels,* HdbDStR I, 1930, S. 449 f.). Die Bezeichnung „Verfassungssatzung" bringt wenigstens eine deutliche Abgrenzung zu den Satzungen des Verwaltungsrechts. Wenn schon, dann wäre es jedoch besser, wie auch sonst auf den Normgeber abzustellen und die Bezeichnung „Parlamentssatzung" zu wählen. Indessen ist der Versuch, die Geschäftsordnung unter einen Begriff der Rechtsquellenlehre zu bringen, von vornherein verfehlt, zumal dann, wenn man diese auch noch auf das Außenrecht beschränkt. Die Geschäftsordnung ist ein Regelungstyp eigener Art (Regelung sui generis). Sie ist eine parlamentsinterne und damit eine organinterne Regelung. Diese Qualifikation ist entgegen einiger Einwände in der Literatur keine Ausflucht, sondern macht den Weg für eine adäquate rechtliche Beurteilung frei.

Diese Einordnung gilt auch für die Geschäftsordnungen der anderen Verfassungsorgane. Zur entsprechenden Diskussion bezüglich der Geschäftsordnungen der Kollegialorgane des Verwaltungsrechts vgl. *Maurer,* VerwR § 24

Rn. 12. Man kann also unterscheiden zwischen dem Außenrecht (interpersonales Recht) und dem Innenrecht, das seinerseits aus Regelungen *zwischen* Verfassungs- oder Verwaltungsorganen desselben Rechtsträgers (intrapersonales Recht) und Regelungen *innerhalb* von Verfassungs- oder Verwaltungsorganen (organinternes Recht) besteht.

g) *Abgrenzungen.* Wenn bislang von der Geschäftsordnung die **96** Rede war, so war damit – wie üblich – die vom Bundestag gem. Art. 40 I 2 GG erlassene Kodifikation des parlamentsinternen Rechts gemeint. Von dieser *Geschäftsordnung im formellen Sinne* ist die *Geschäftsordnung im materiellen Sinne* zu unterscheiden. Sie erfaßt – ohne Rücksicht auf ihre Entstehung und Einordnung – alle Rechtsnormen, die den parlamentsinternen Bereich betreffen. Dazu gehört auch das *Parlamentsgewohnheitsrecht,* das – wie das sonstige Gewohnheitsrecht – durch ständige Übung und entsprechende Rechtsüberzeugung entsteht. Vom Parlamentsgewohnheitsrecht ist wiederum der *Parlamentsbrauch* zu unterscheiden, der zwar auch einer ständigen Übung entspricht, aber (noch) nicht den Rang einer verbindlichen Rechtsnorm erreicht hat. Schließlich ist noch auf die *informellen Absprachen* im Parlamentsbereich, insbesondere zwischen den Fraktionen, hinzuweisen, die im politisch sensiblen Parlamentsbereich eine erhebliche Rolle spielen, auch wenn sie – wie der Parlamentsbrauch – nicht rechtsverbindlich sind.

Vgl. zu den Geschäftsordnungen *K. F. Arndt,* Parlamentarische Geschäfts- **97** ordnungsautonomie und autonomes Parlamentsrecht, 1966; *N. Achterberg,* Parlamentsrecht, 1984, S. 38 ff.; *J. Bücker,* Das Parlamentsrecht in der Hierarchie der Rechtsnormen, ZParl 17 (1986) S. 324 ff.; *G. Kretschmer,* Geschäftsordnungen deutscher Volksvertretungen, ParlR S. 291 ff.; *J. Pietzcker,* Schichten des Parlamentsrechts: Verfassung, Gesetze und Geschäftsordnung, ParlRP S. 333 ff.; *H. Schulze-Fielitz,* Parlamentsbrauch, Gewohnheitsrecht, Observanz, ParlR S. 359 ff.; *H. Dreier,* Regelungsform und Regelungsinhalt des autonomen Parlamentsrechts, JZ 1990, 310 ff.; *G. Bollmann,* Verfassungsrechtliche Grundlagen und allgemeine verfassungsrechtliche Grenzen des Selbstorganisationsrechts des Bundestages, 1992; *V. Haug,* Bindungsprobleme und Rechtsnatur parlamentarischer Geschäftsordnungen, 1994; *Th. Schwerin,* Der Deutsche Bundestag als Geschäftsordnungsgeber, 1998.

2. Die Organisation und die Untergliederungen des Bundestages

a) *Das Plenum* des Bundestages ist die Versammlung aller Bun- **98** destagsabgeordneten. Es hat die maßgeblichen Aufgaben des Bundestages wahrzunehmen, so vor allem die Gesetze zu beraten und zu beschließen, die Wahlen vorzunehmen und über grundlegende oder aktuelle Fragen der Nation zu diskutieren (vgl. zu den Aufgaben des Bundestages unten Rn. 119 ff.).

99   Die eigentliche parlamentarische Arbeit geschieht jedoch nicht im Plenum des Bundestages, sondern in seinen Untergliederungen, nämlich den (parteipolitisch organisierten) Fraktionen und den (fachlich orientierten) Ausschüssen. Dort fallen auch die wesentlichen Vorentscheidungen, die vom Bundestagsplenum nur noch – entsprechend den jeweiligen Mehrheitsverhältnissen – nachvollzogen und bestätigt werden. Gleichwohl dürfen die Plenardebatten nicht unterschätzt werden. Sie dienen zwar nicht mehr dem Zweck, den politischen Gegner im Parlament zu überzeugen, verfolgen aber das Ziel, die eigene Position vor der Öffentlichkeit darzulegen und zu begründen. Für die Legitimation des Parlaments ist dieser Öffentlichkeitsbezug von grundlegender Bedeutung.

100   b) *Der Präsident des Bundestages* wird gem. Art. 40 I 1 GG vom Bundestag gewählt. Erforderlich ist die absolute Mehrheit; kommt sie nicht zustande, dann erfolgt im dritten Wahlgang eine Stichwahl (§ 2 II GeschOBT). Traditionell wird der Kandidat der größten Fraktion auch mit den meisten Stimmen der anderen Fraktionen gewählt. Diese Praxis ist rechtlich nicht zwingend, sie hat sich auch nicht gewohnheitsrechtlich verfestigt, entspricht aber einem Parlamentsbrauch (vgl. oben Rn. 96). Eine Abwahl ist rechtlich nicht geregelt, aber wohl – wie die Wahl – mit absoluter Mehrheit zulässig (str.). Die Aufgaben des Bundestagspräsidenten sind in Art. 40 II GG weitgehend, aber nicht abschließend geregelt: Er (1) leitet die Sitzungen des Bundestages, (2) vertritt den Bundestag nach außen, (3) ist Chef der Bundestagsverwaltung und (4) übt das Hausrecht und die Polizeigewalt im Bundestagsgebäude aus (vgl. dazu näher § 7 GeschOBT).

101   c) Zur Unterstützung und ggf. zur Vertretung des Bundestagspräsidenten werden *weitere Leitungsorgane* eingesetzt, nämlich die ebenfalls vom Bundestag zu wählenden *Vizepräsidenten* (mindestens einer pro Fraktion), das *Präsidium,* das aus dem Präsidenten und den Vizepräsidenten besteht, und der *Ältestenrat,* der aus dem Präsidenten, den Vizepräsidenten und 23 weiteren, von den Fraktionen zu benennenden Abgeordneten besteht (vgl. dazu im einzelnen § 5 ff. GeschOBT). Der Ältestenrat hat die Beziehungen zwischen

dem Präsidium und den Fraktionen herzustellen; er beschließt vor
allem über die Sitzungstermine und die Tagesordnung der bevorstehenden Sitzungen.

d) Die *Ausschüsse des Bundestages*. Die eigentliche parlamentari- **102**
sche Arbeit erfolgt nicht im Plenum, sondern in den Ausschüssen
des Bundestages. Ein Gremium von etwa 600 Mitgliedern wäre
auch gar nicht in der Lage, die vielfältigen, oft ins Detail gehenden
Aufgaben selbst zu erledigen. Es liegt daher schon aus organisati-
onstechnischen Gründen nahe, die Sacharbeit auf eine Reihe von
Fachausschüssen zu verlagern. Die Bundestagsausschüsse sind entsprechend der zahlenmäßigen Stärke der Fraktionen zusammenge-
setzt und haben die Beschlüsse des Bundestages vorzubereiten.

Einige Ausschüsse sind bereits im Grundgesetz vorgeschrieben, **103**
so der Ausschuß für Angelegenheiten der Europäischen Union
(Art. 45 GG), der Ausschuß für auswärtige Angelegenheiten und
der Verteidigungsausschuß (Art. 45 a I GG) und der Petitionsausschuß (Art. 45 c GG). Weitere Ausschüsse sind gesetzlich vorgesehen, nämlich der Wahlprüfungsausschuß und der Haushaltsausschuß. Im übrigen liegt es in der Geschäftsordnungsautonomie des
Bundestages, welche weitere ständige Ausschüsse er einrichten will.

Derzeit – 14. Wahlperiode – gibt es 21 ständige Ausschüsse. Die Mitgliederzahl schwankt zwischen 15 und 42 Mitgliedern. Ihre Zuständigkeitsbereiche
entsprechen in der Regel der der Bundesministerien. Ferner können Sonder-
ausschüsse und Unterausschüsse eingesetzt werden. Ein Ausschuß besonderer
Art ist der (nur ad hoc eingesetzte) Untersuchungsausschuß gem. Art. 44 GG
(vgl. dazu näher unten Rn. 135 ff.). Zur Vorbereitung und Entscheidung über
umfangreiche und bedeutsame Sachkomplexe kann der Bundestag gem. § 56
GeschOBT eine Enquete-Kommission einsetzen; sie unterscheidet sich nicht
nur durch ihren (komplexen) Gegenstand, sondern auch durch ihre Zusammensetzung von den Ausschüssen, da neben den Abgeordneten auch Externe
(Sachverständige und/oder Interessenvertreter) zu Mitgliedern berufen werden
können.

Die Zusammensetzung und die Aufgaben sind in der Geschäfts- **104**
ordnung des Bundestages – allerdings nur knapp – geregelt (§§ 12,
54 ff.). Da die Ausschüsse entsprechend der zahlenmäßigen Stärke
der Fraktionen besetzt werden, stellen sie gleichsam eine spiegel-
bildliche Verkleinerung des Bundestages, ein „verkleinertes Parlament" dar. Die Mitglieder des Ausschusses werden nicht vom

Bundestag gewählt, sondern von den Fraktionen benannt. Folgerichtig sind die Fraktionen auch befugt, ein Ausschußmitglied
auszuwechseln (vgl. dazu bereits oben Rn. 68). Die Ausschüsse
werden zur „Vorbereitung der Verhandlungen des Bundestages"
eingesetzt (so § 54 I 1 GeschOBT). Sie haben die Aufgabe, die
ihnen zugewiesenen Aufgaben eingehend zu beraten und entschei-
dungsreife Vorlagen für das Bundestagsplenum zu erarbeiten. Zu
diesem Zweck besitzen sie auch Informations- und Kontrollrechte
gegenüber der Bundesregierung (Art. 43 I GG). Die Beschlüsse der
Ausschüsse sind nicht verbindlich, sondern bilden an sich nur
Arbeitsgrundlagen für das Plenum des Bundestages, die dort allerdings schon wegen der fraktionellen Übereinstimmung in der
Regel auch angenommen werden.

3. Fraktionen und Gruppen im Bundestag

105   a) Die *Fraktionen* bestehen aus Abgeordneten, die derselben Partei angehören, und bilden somit parteibezogene Untergliederungen
des Bundestages. Sie sind, wie sich bereits aus dieser Kennzeichnung
ergibt, nicht Teil der jeweiligen Partei, sondern des Bundestages.
Im Gegensatz zu den Parteien, die dem politisch-gesellschaftlichen
Bereich zuzurechnen sind, sind die Fraktionen als Untergliederungen des Bundestages dem staatsorganisatorischen Bereich zuzuordnen. An dieser rechtlichen Einordnung ändert auch die Tatsache
nichts, daß die Fraktion und die Partei politisch und personell miteinander verbunden sind. Die Fraktionen sind für die Kanalisierung
und Strukturierung der politischen Meinungen im Vorfeld der parlamentarischen Entscheidungen unerläßlich. Sie sind „notwendige
Einrichtungen des Verfassungslebens und maßgebliche Faktoren der
politischen Willensbildung" (so BVerfGE 84, 304, 322). Das Grundgesetz selbst erwähnt die Fraktionen nur beiläufig in dem 1968
eingefügten Art. 53a I GG (Zusammensetzung des Gemeinsamen
Ausschusses). Sie werden aber durch Art. 38 I 2 GG gewährleistet,
der den Abgeordneten auch das Recht vermittelt, sich mit anderen
Abgeordneten zu einer Fraktion zusammenzuschließen.

So zu Recht BVerfGE 84, 304, 322 m. w. N. In der Literatur wird verschiedentlich auf Art. 21 I GG als verfassungsrechtliche Grundlage hingewiesen, so

etwa *W. Zeh,* HStR II (1987) S. 393; auch das BVerfG vertrat früher diese Auffassung, vgl. BVerfGE 10, 4, 14. Aus Art. 21 I GG mag man das Recht der Parteien auf (mittelbaren) Zugang zum Parlament ableiten. Die Fraktion ist aber Teil des Parlaments, nicht Folgeerscheinung der Partei. Die Vorstellung von der Fraktion als „Partei im Parlament" verleitet nur zu Fehlschlüssen. Aus der klaren rechtlichen Trennung von Fraktion und Partei ergibt sich z. B., daß die Fraktion an Parteibeschlüsse nicht gebunden ist, die Abgeordneten übrigens schon gar nicht!

b) Die *maßgeblichen Vorschriften* für die Fraktionen finden sich in §§ 45 ff. AbgG, die 1994 als „Fraktionsgesetz" in das Abgeordnetengesetz eingefügt wurden, und in §§ 10–12 GeschOBT. Sie sind sehr knapp und zurückhaltend und beschränken sich auf das Nötigste. Das Fraktionsgesetz regelt lediglich die Rechtsstellung der Fraktionen im allgemeinen Rechtsverkehr und die Grundlagen der Fraktionsfinanzierung (daher wurde es in der Literatur auch als Fraktionsfinanzierungsgesetz bezeichnet). Die Geschäftsordnung regelt die Bildung der Fraktionen (§ 10), die Reihenfolge der Fraktionen (§ 11), die Besetzung der Ausschüsse und sonstigen parlamentarischen Gremien durch die Fraktionen (§§ 11, 12, 57 II), das Antragsrecht der Fraktionen (etwa §§ 76 I, 85 I). Darüber hinaus wird auch sonst immer wieder auf die Fraktionen verwiesen (vgl. unten Rn. 109). **106**

c) Nach der *Legaldefinition* des § 10 I GeschOBT sind Fraktionen Vereinigungen von Abgeordneten, die derselben Partei oder – gemünzt auf die CDU und CSU – solchen Parteien angehören, die aufgrund gleichgerichteter politischer Ziele in keinem Land miteinander im Wettbewerb stehen. Die Bildung von Fraktionen ist frei, aber in der Praxis schon wegen der dadurch vermittelten Wirkungsmöglichkeiten selbstverständlich. Die einzelnen Abgeordneten sind nicht verpflichtet, „ihrer" Fraktion beizutreten. Es besteht kein Automatismus zwischen Parteimitgliedschaft und Fraktionsmitgliedschaft. Voraussetzung für die Bildung und den Fortbestand einer Fraktion ist, daß sie mindestens 5% der Mitglieder des Bundestages erfaßt (derzeit – 14. Wp. – sind das bei 669 Bundestagsmitgliedern 34 Abgeordnete). **107**

d) Bezüglich der *Rechtsstellung* ist zwischen dem parlamentsinternen Bereich und dem allgemeinen Rechtsverkehr zu unterscheiden. Die parlamentsinternen Rechte ergeben sich aus Art. 38 I 2 **108**

GG und der Geschäftsordnung des Bundestages. Sie können, jedenfalls soweit sie in Art. 38 I 2 GG begründet sind, im Wege des
Organstreitverfahrens vor dem BVerfG geltend gemacht werden
(vgl. Art. 93 I Nr. 1 GG, § 13, §§ 63 ff. BVerfGG). Damit die
Fraktionen auch im allgemeinen Rechtsverkehr auftreten können,
etwa Mitarbeiter einstellen oder Büromaterial einkaufen können,
bestimmt § 46 I, II AbgG, daß sie „rechtliche Vereinigungen" sind
und als solche (prozessual) klagen und verklagt werden können.
Weitere Konsequenzen ergeben sich aus der Verleihung der allgemeinen Rechtsfähigkeit nicht; § 46 III AbgG stellt klar, daß sie
„nicht Teil der öffentlichen Verwaltung" sind und „keine öffentliche Gewalt" ausüben.

Fraglich ist, ob die Fraktionen öffentlich-rechtliche oder privatrechtliche
Vereinigungen sind. Da § 46 AbgG keine öffentlich-rechtlichen Kompetenzen
begründet, ja sogar Vorstellungen in dieser Richtung ausdrücklich ausschließt,
ist anzunehmen, daß die Fraktionen insoweit (!) privatrechtliche Vereinigungen sind oder zumindest privatrechtlichen Vereinigungen gleichzustellen sind.
Soweit die Fraktionen im parlamentarischen Bereich Rechte geltend machen
können, besitzen sie eine (beschränkte) öffentlich-rechtliche Innenrechtsfähig-
keit. Ferner ist noch zu bemerken, daß die Fraktionen nur *im*, nicht *für* den
Bundestag handeln, also keine Organe des Bundestages sind. Die Vorschriften
des Vereinsgesetzes gelten für die Fraktionen ebensowenig wie für die Parteien
(§ 2 II VereinsG).

109   e) Die Aufgaben der Fraktionen werden in § 47 I AbgG mit dem
Hinweis, daß sie „an der Erfüllung der Aufgaben des Deutschen
Bundestages mitwirken", nur sehr allgemein bezeichnet. Sie haben –
ebenfalls noch sehr allgemein ausgedrückt – die Parlamentsarbeit in
organisatorischer und verfahrensmäßiger Hinsicht zu steuern und
durch Vorformung der politischen Willensbildung zu fördern.

Dementsprechend sind sie berechtigt, die Mitglieder der Ausschüsse (§ 57
II 1 GeschOBT), des Ältestenrates (§ 6 I GeschOBT) und weiterer Gremien
zu benennen, „Vorlagen" im Bundestag (d. h. Gesetzentwürfe, Beschlußempfehlungen, Große Anfragen usw.) einzureichen (§§ 75, 76 GeschOBT), die
Herbeirufung von Mitgliedern der Regierung zu beantragen (Art. 43 I GG,
§ 42 GeschOBT) usw., vgl. auch oben Rn. 106.

110   f) *Parlamentarische Gruppe.* Da die Mindeststärke der Fraktion 5%
der Mitglieder des Bundestages betragen muß, kann eine parlamentarische Gruppe, die unter dieser Marke bleibt, keine Fraktion
bilden. Die 5%-Klausel der Fraktionsbildung orientiert sich offen-

bar an der 5%-Klausel des Wahlrechts; dieser Zusammenhang ist aber nicht überzeugend, weil es um unterschiedliche Bezugspunkte geht, nämlich einmal um den Einzug in den Bundestag und zum anderen um die Mitwirkung im Bundestag. Wenn sich *im* Bundestag eine kleinere Anzahl von Abgeordneten einer Partei befindet, dann müssen ihr jedenfalls diejenigen Rechte und Möglichkeiten einer Fraktion eingeräumt werden, die ihrer proportionalen Größe entsprechen. Wenn ihr z.B. auf Grund ihrer zahlenmäßigen Stärke mindestens ein Sitz in den Ausschüssen zustehen würde, dann muß dies auch bei der Vergabe von Ausschußsitzen berücksichtigt werden. Das wird inzwischen auch in § 10 IV GeschOBT ansatzweise bejaht, wonach Abgeordnete einer Partei, die die Fraktionsmindeststärke nicht erreichen, als „Gruppe" anerkannt werden können. Diese Anerkennung bildet die Basis für entsprechende Gruppenrechte. Im einzelnen ist freilich noch vieles fraglich. Auch die weiterführende Entscheidung des BVerfG vom 16. 7. 1991 (BVerfGE 84, 304) hat noch keine abschließende Klärung gebracht. Maßgeblich ist jedenfalls zum einen der Grundsatz der gleichen Mitwirkungsbefugnisse aller Abgeordneten und zum anderen der Grundsatz der Spiegelbildlichkeit der parteipolitischen Zusammensetzung von Parlament und Ausschüssen.

Danach kann die Gruppe verlangen, daß sie – entsprechend ihrer zahlenmäßigen Stärke im Bundestag – Ausschußsitze erhält. Dagegen hat sie nach der Rechtsprechung des BVerfG keinen Anspruch auf einen Ausschußvorsitz, ferner keinen Anspruch auf Mitgliedschaft in Enquete-Kommissionen, in Untersuchungsausschüssen und im Vermittlungsausschuß, ferner nicht im Gemeinsamen Ausschuß gem. Art. 53a GG, des weiteren keinen unbeschränkten Anspruch, Geschäftsordnungsanträge zu stellen und schließlich auch keinen Anspruch auf einen vollen Fraktionszuschuß. So BVerfGE 84, 304, 327 ff.; 96, 264, 278 ff. (jeweils PDS).

g) *Der fraktionslose Abgeordnete.* Wenn ein Abgeordneter aus sei- **111** ner Fraktion austritt oder ausgeschlossen wird, entfallen auch die Rechte, Möglichkeiten und Vergünstigungen, die er mit seiner und über seine Fraktion besitzt. Entsprechendes gilt, wenn jemand im Alleingang über § 20 III BWahlG in den Bundestag gelangt. Bliebe es dabei, dann könnte der fraktionslose Abgeordnete keine politische Wirksamkeit im Bundestag entfalten. Das gilt um so mehr, als die eigentliche Parlamentsarbeit in den Ausschüssen geschieht, die Ausschußsitze aber über die Fraktionen und ggf. die Gruppen vergeben werden. Das würde jedoch gegen das sich aus Art. 38 I 2 GG und dem freien Mandat ergebende Recht auf gleichmäßige Beteiligung aller Abgeordneten an den Aufgaben des Parlaments widersprechen. Dem fraktionslosen Abgeordneten müssen daher zumindest die wesentlichen Mitwirkungsrechte zugestanden werden. Dazu gehören (1) ein angemessenes Rederecht im Plenum, (2) die Mitgliedschaft in einem Ausschuß mit Rede- und Antragsrecht, aber ohne Stimmrecht, (3) ein Ausgleich für die Vergünstigungen, die er über eine Fraktion erhalten würde.

Vgl. dazu BVerfGE 80, 188 (Wüppesahl-Urteil; benannt nach W., der als Abgeordneter der Grünen in den Bundestag kam, später wegen Differenzen aus seiner Partei austrat und aus seiner Fraktion ausgeschlossen wurde). Strittig ist vor allem das *Stimmrecht* des fraktionslosen Abgeordneten im Ausschuß; es wurde vom BVerfG abgelehnt (aaO. S. 224 f.); im abweichenden Sondervotum von *Mahrenholz* dagegen bejaht (aaO. S. 235 ff.). *Dafür* spricht, daß erst das Stimmrecht ein volles Mitwirkungsrecht gewährleistet; *dagegen* spricht, daß es überproportional wirksam wird, ja möglicherweise sogar die Mehrheitsverhältnisse im Ausschuß gegenüber denen im Plenum verschieben würde. *Beispiel:* Der Finanzausschuß hat 39 Mitglieder, 20 gehören den Regierungsparteien an, 19 den Oppositionsparteien; kommt ein fraktionsloser Abgeordneter hinzu, der sich auf die Seite der Opposition schlägt, können sich die Regierungsparteien im Ausschuß nicht mehr durchsetzen, so daß insoweit die Ausschußdebatte in den Bundestag verlagert wird. Die Frage, in welchen Ausschuß der fraktionslose Abgeordnete entsandt werden soll, entscheidet der Bundestagspräsident, der dabei die berechtigten Wünsche des Abgeordneten zu berücksichtigen hat, ihnen aber nicht unbedingt entsprechen muß (vgl. § 57 II 2 GeschOBT).

112   Vgl. zu den Fraktionen: *W.-D. Hauenschild,* Wesen und Rechtsnatur der parlamentarischen Fraktionen, 1968; *H. Borchert,* Die Fraktion, AÖR Bd. 102 (1977) S. 210 ff.; *J. Scherer,* Fraktionsgleichheit und Geschäftsordnungskompetenz des Bundestages, AÖR Bd. 112 (1987) S. 189 ff.; *J. Jekewitz,* ParlR S. 1021 ff.; *S. Kürschner,* Das Binnenrecht der Bundestagsfraktionen, 1995. – Zum Fraktionsgesetz *H. Meyer,* Die Fraktionen auf dem Weg zur Emanzipation der Verfassung, Festschrift für Mahrenholz, 1994, 319 ff.; *E. Schmidt-Jortzig/F. Hansen,* Neue Rechtsgrundlage für die Bundestagsfraktionen, NVwZ 1994, 1145 ff.; *M. Morlok,* Gesetzliche Regelung des Rechtsstatus und der Finanzierung der Bundestagsfraktionen, NJW 1995, 29 ff. – Zum fraktionslosen Abgeordneten und zum Wüppesahl-Urteil (BVerfGE 80, 188): *S. Hölscheidt,* Die Ausschußmitgliedschaft fraktionsloser Bundestagsabgeordneter, DVBl. 1989, 291 ff.; *M. Morlok,* Parlamentarisches Geschäftsordnungsrecht zwischen Abgeordnetenrechten und politischer Praxis, JZ 1989, 1035 ff.; *H. Schulze-Fielitz,* Fraktionslose im Bundestag. Einer gegen alle? DÖV 1989, 829 ff.; *H. H. Trute,* Der fraktionslose Abgeordnete, Jura 1990, 184 ff.; *J. Ziekow,* Der Status des fraktionslosen Abgeordneten, JuS 1991, 28 ff.

4. Das Verfahren des Bundestages

Das Grundgesetz enthält nur wenige Regelungen über die Ar- **113** beitsweise des Bundestages. Es legt lediglich das Öffentlichkeitsprinzip und das Mehrheitsprinzip fest (Art. 42 GG). Im übrigen kommen die Vorschriften der Geschäftsordnung zur Anwendung.

a) *Das Öffentlichkeitsprinzip* fordert, daß jedermann die Sitzungen **114** des Bundestages (im Rahmen der räumlichen Kapazität) besuchen und über sie berichten darf. Es gewährleistet die Transparenz der Verhandlungen und verstärkt die demokratische Legitimität des Bundestages. Die freie Berichterstattung – vor allem durch Presse, Rundfunk und Fernsehen – wird in Art. 42 III GG zusätzlich abgesichert. Art. 42 I GG gilt nur für das *Plenum* des Bundestages. Die *Ausschußsitzungen* sind grundsätzlich nicht öffentlich (§ 69 I 1 GeschOBT).

In beiderlei Hinsicht bestehen Ausnahmen. Die Öffentlichkeit der Plenarsitzungen kann gem. Art. 42 I 2 GG auf Antrag eines Zehntels der Mitglieder des Bundestages oder auf Antrag der Bundesregierung durch 2/3-Mehrheitsbeschluß des Bundestages ausgeschlossen werden, was bislang noch nicht vorgekommen ist und auch wenig sinnvoll wäre, da die nichtöffentlichen Beratungen besonderes Interesse erwecken und daher wohl auch bald durch Indiskretionen in der Öffentlichkeit bekannt würden. Andererseits können die grundsätzlich nicht öffentlich tagenden Ausschüsse beschließen, für bestimmte Verhandlungsgegenstände oder Teile derselben die Öffentlichkeit herzustellen (§ 69 I 2 GeschOBT). Der (besondere) Untersuchungsausschuß verhandelt grundsätzlich in öffentlicher Sitzung, sofern die Öffentlichkeit nicht ausgeschlossen wird (Art. 44 I GG).

b) *Das Mehrheitsprinzip* bezieht sich auf die Beschlußfassung des **115** Bundestages. In der Regel genügt die sog. einfache oder relative Mehrheit der abgegebenen Stimmen (Art. 42 II 1 GG). Die Enthaltungen werden dabei nicht mitgezählt. Das gilt jedoch nur in der Regel. Daher ist stets zu prüfen, ob das Grundgesetz im Einzelfall eine qualifizierte Mehrheit fordert oder umgekehrt eine Minderheit genügen läßt.

Vgl. zu den unterschiedlichen „Mehrheiten" bereits oben § 7 Rn. 55 ff.

c) Die *Beschlußfähigkeit des Bundestages* ist nicht im Grundgesetz, **116** sondern in § 45 GeschOBT geregelt. Danach ist der Bundestag (nur) beschlußfähig, „wenn mehr als die Hälfte seiner Mitglieder im Sitzungssaal anwesend ist." Die Beschlußfähigkeit wird jedoch vermutet, sofern nicht vor der Abstimmung das Gegenteil gem. § 45 II GeschOBT autoritativ festgestellt worden ist.

117　　**Fall:** A wird wegen Verstoßes gegen das Waffengesetz zu einer Geldstrafe verurteilt. Dagegen legt er nach Erschöpfung des Rechtsweges Verfassungsbeschwerde ein. Er macht geltend, daß das Waffengesetz zwar mit überwältigender Mehrheit (bei einer Gegenstimme und einer Enthaltung) angenommen worden sei, bei der Schlußabstimmung aber nur 37 oder 38 Abgeordnete anwesend gewesen seien und damit der Bundestag nicht beschlußfähig gewesen sei. Das BVerfG hat die Verfassungsbeschwerde zurückgewiesen (BVerfGE 44, 308). Da die Beschlußunfähigkeit nicht festgestellt wurde, liegt kein Verstoß gegen § 45 GeschOBT vor. Ein solcher Verstoß wäre auch unerheblich, weil die Verletzung der Geschäftsordnung das Gesetz nicht verfassungswidrig und nichtig macht. Die Frage ist aber, ob die geringe Abstimmungsbeteiligung zugleich einen Verstoß gegen das Grundgesetz darstellt. Art. 42 II GG greift nicht ein, weil er nur die erforderliche Mehrheit, nicht die Beschlußfähigkeit regelt. Aber aus dem Prinzip der repräsentativen Demokratie ergibt sich, daß das Parlament auch wirklich die maßgeblichen Entscheidungen trifft. Das ist dann nicht mehr anzunehmen, wenn nicht einmal die Hälfte der Mitglieder des Bundestages bei der Entscheidung anwesend sind. Die Vermutung des § 45 II GeschOBT ist vertretbar, wenn die Mehrheit knapp verfehlt wird, da sonst immer wieder mit dem Hinweis auf die angeblich fehlende Beschlußfähigkeit die Verfassungsmäßigkeit eines Gesetzes angezweifelt werden könnte. Wenn aber die Mehrheit eindeutig nicht erreicht worden ist, wenn sogar offensichtlich nur ein Bruchteil der Abgeordneten anwesend war, dann vermag diese Vermutungsregelung nicht mehr zu greifen. Der Verfahrensverstoß stellt im Ausgangsfall zugleich eine Grundrechtsverletzung (je nachdem Art. 2 I, 2 II oder im Falle der Einziehung der Tatwaffe Art. 14 I GG) dar, da nur aufgrund eines insgesamt verfassungsmäßigen Gesetzes in Grundrechte eingegriffen werden darf. Das BVerfG zieht zwar ebenfalls das Prinzip der repräsentativen Demokratie heran, lehnt aber eine Verletzung ab, da das Volk nicht nur im Plenum, sondern auch durch die übrige Parlamentsarbeit, insbesondere die Ausschüsse, repräsentiert werde.

118　　d) Der *Ablauf des Verfahrens* im Bundestag und in seinen Ausschüssen wird durch die detaillierten Vorschriften der Geschäftsordnung präzis bestimmt, so etwa die Festlegung der Termine und der Tagesordnung, die Durchführung der Sitzungen, die Reihenfolge der Redebeiträge, die Abstimmungen und Wahlen, ferner die verschiedenen „Vorlagen" (Gesetzentwürfe, Beschlußempfehlungen, Anfragen usw.) und ihre Behandlung im einzelnen.

Vgl. dazu näher *N. Achterberg,* Die parlamentarische Verhandlung, 1979; *H. G. Ritzel/J. Bücker,* Handbuch für die Parlamentarische Praxis mit Kommentar zur Geschäftsordnung des Deutschen Bundestages, Loseblatt-Aus-

gabe; ferner die Beiträge von *B.-O. Bryde, R. Kabel, W. Zeh* u. a. in: ParlR
S. 859 ff.

V. Die Aufgaben des Bundestages

1. Gesetzgebung

Der Bundestag ist in erster Linie zur Gesetzgebung berufen. Das **119**
verschafft ihm eine dominierende Stellung. Denn die Gesetze sind
für alle Staatsorgane und alle Bürger verbindlich. Mit der Gesetzgebung beherrscht der Bundestag somit die staatlichen Organe und
beeinflußt das politische, gesellschaftliche, wirtschaftliche und kulturelle Leben. Der Grundsatz des Gesetzesvorbehalts gewährleistet
zudem, daß *alle* wesentlichen Fragen durch Gesetz, d. h. – kompe-
tenzrechtlich betrachtet – durch das Parlament, durch den Bundestag, geregelt und entschieden werden müssen. Andererseits ist
zu beachten, daß der Bundestag zwar das zentrale, aber nicht das
einzige Gesetzgebungsorgan ist. Vielmehr sind daran in unterschiedlichem Maße auch die Bundesregierung, der Bundesrat und
der Bundespräsident beteiligt.

Vgl dazu näher unten § 17.

2. Wahlen

Der Bundestag hat ferner durch Wahl eine Reihe wichtiger **120**
Staatsorgane zu besetzen oder an deren Besetzung mitzuwirken. Da
er das einzige unmittelbar vom Volk gewählte Bundesorgan ist,
vermittelt er damit den anderen Bundesorganen die erforderliche
demokratische Legitimität.

a) Der Bundestag wählt den Bundeskanzler (Art. 63 GG), der seinerseits wiederum die Bundesminister beruft und damit die Bundesregierung bildet
(Art. 64 GG).
b) Der Bundestag, genauer die Gesamtheit der Bundestagsabgeordneten, bildet
die Hälfte der Bundesversammlung, die den Bundespräsidenten zu wählen
hat (Art. 54 GG). Die andere Hälfte der Bundesversammlung besteht aus
Mitgliedern, die von den Landtagen der Bundesländer gewählt werden (vgl.
näher dazu unten § 15 Rn. 6).
c) Der Bundestag wählt die Hälfte der Richter des BVerfG (Art. 94 I GG),
allerdings nach § 6 BVerfGG nicht unmittelbar, sondern über einen Wahl-

ausschuß, der aus 12 Mitgliedern des Bundestages besteht (vgl. näher dazu unten § 20 Rn. 15).

d) Der Bundestag wählt den Wehrbeauftragten und den Präsidenten des Bundesrechnungshofs (vgl. § 13 Gesetz über den Wehrbeauftragten; § 3 BRHG).

e) Ferner wirken in verschiedenen Wahlgremien auch Abgeordnete des Bundestages mit, so vor allem im Richterwahlausschuß, der die Richter der Obersten Gerichtshöfe des Bundes zu wählen hat (Art. 95 II GG, Richterwahlgesetz).

3. Zustimmung zu wichtigen politischen Akten

121   Einige grundlegende Entscheidungen der Regierung im Exekutivbereich bedürfen der Zustimmung des Bundestages, dem damit ein Kontroll- und Mitentscheidungsrecht eingeräumt wird. Traditionell geschieht dies durch die Gesetzesform, durch die zugleich die Zuständigkeit des (gesetzesbeschließenden) Parlaments begründet wird.

122   a) *Völkerrechtliche Verträge.* Die Verträge der Bundesrepublik mit auswärtigen Staaten und internationalen Organisationen werden von der Bundesregierung ausgehandelt und vom Bundespräsidenten ratifiziert. Die Unterzeichnung durch den Bundespräsidenten darf aber in den Fällen des Art. 59 II GG erst erfolgen, wenn der Bundestag im Wege der Gesetzgebung zugestimmt hat. Der Gesetzesvorbehalt ist bei Verträgen, die unmittelbare Rechte und Pflichten für die Bürger begründen, schon wegen der erforderlichen Transformation des völkerrechtlichen Vertrages in das innerstaatliche Recht erforderlich. Er begründet aber in diesen und in den übrigen Fällen zugleich ein Mitwirkungsrecht des Bundestages im Bereich der Außenpolitik.

Der Bundestag kann die von der Bundesregierung ausgehandelten und paraphierten Verträgen nur insgesamt annehmen oder ablehnen. Änderungen sind im Zustimmungsverfahren nicht mehr möglich. Vgl. auch § 82 II GeschOBT: „Zu Verträgen mit auswärtigen Staaten und ähnlichen Verträgen, welche die politischen Beziehungen des Bundes regeln oder sich auf Gegenstände der Bundesgesetzgebung beziehen (Art. 59 II GG), sind Änderungsanträge nicht zulässig." Der Bundestag muß also die Passagen des Vertrages, die ihm nicht gefallen, akzeptieren, wenn er nicht das gesamte Vertragswerk scheitern lassen möchte.

123   b) *Feststellung des Haushaltsplanes.* Die Aufstellung des Haushaltsplanes, der die erwarteten Einnahmen und die beabsichtigten Ausgaben für das nächste Haushaltsjahr enthält, ist zunächst Sache der Regierung, insbesondere des Finanzministers. Er muß aber durch Gesetz festgestellt werden (Art. 110 II 1 GG). Das bedeutet, daß der Gesetzgeber, d. h. vor allem der Bundestag, letztlich über den Haushaltsplan entscheidet. Da die Regierung und die Verwaltung nur die Beträge ausgeben dürfen, die im Haushaltsplan ausgewiesen sind, vermag der Bundestag auf diesem Wege die künftige Regierungspolitik und die künftige Verwaltungstätigkeit maßgeblich zu lenken und zu beeinflussen. Verweigert der Bundestag die erforderlichen Mittel, dann können zumindest die Projekte, die finanzielle Aufwendungen erfordern, nicht durchgeführt werden.

Vgl. dazu näher unten § 21 Rn. 58 ff. Freilich ist auch der Haushaltsgesetzgeber bereits weitgehend gebunden, da er alle die Ausgaben, die gesetzlich festgelegt sind (Personalkosten, Sozialleistungen usw.) oder durch bestehende Einrichtungen bedingt sind (etwa Verwaltungsbehörden, Gerichte usw.), bewilligen muß.

c) *Einsatz der Bundeswehr.* Die Entscheidung über den militä- **124** rischen Einsatz der Bundeswehr liegt als Exekutivmaßnahme bei der Bundesregierung. Gleichwohl ist strittig geworden, ob die Zustimmung des Bundestages erforderlich ist. Das Grundgesetz enthält dazu keine ausdrückliche Bestimmung. Das BVerfG entnimmt jedoch dem Gesamtzusammenhang des Grundgesetzes einen konstitutiven Parlamentsvorbehalt für den militärischen Einsatz von Streitkräften (BVerfGE 90, 286, 383 ff.). Es folgert ihn aus der Verfassungstradition, dem verstärkten Ausbau der parlamentarischen Kontrolle gegenüber der Bundeswehr und der Befugnis des Bundestages zur Feststellung des Verteidigungsfalles gem. Art. 115a I GG, die ihrerseits Voraussetzung für die Anwendung bestimmter Einzelregelungen ist. Das gilt vor allem für den Einsatz der Bundeswehr außerhalb des NATO-Gebietes im Rahmen von UN-Militäraktionen (darauf bezieht sich auch die erwähnte BVerfG-Entscheidung). Die parlamentarische Zustimmung muß grundsätzlich *vor* dem Einsatz der Bundeswehreinheiten erfolgen. Nur in dringenden Fällen − „bei Gefahr im Verzug" − darf die Bundesregierung den sofortigen Einsatz anordnen, muß dann aber die Zustimmung des Bundestages nachholen und auf Verlangen des Bundestages die Truppen zurückziehen (BVerfGE 90, 286, 388).

Die Entscheidung des BVerfG ist de constitutione lata mehr als zweifelhaft, da Entscheidungskompetenzen des Bundestages im Exekutivbereich zwar nicht ausgeschlossen sind, aber einer hinreichenden verfassungsrechtlichen Grundlage bedürfen, die hier in Wirklichkeit nicht besteht. Sie ist aber gem. § 31 I BVerfGG für alle Staatsorgane verbindlich. Verfassungs*politisch* ist der Zustimmungsvorbehalt zu billigen. Dabei geht es weniger um die Bindung der Bundesregierung, die ohnehin in der Regel mit dem Einverständnis ihrer Parlamentsmehrheit rechnen kann, sondern mehr um die durch die parlamentarische Behandlung gewährleistete öffentliche Diskussion über den Einsatz der Bundeswehrtruppen. Daher ist eine eindeutige Regelung durch Ergänzung des Grundgesetzes in diesem Sinne zu empfehlen, die freilich auch die Einschränkungen zur Gewährleistung der im Einzelfall erforderlichen Geheimhaltung einbeziehen sollte.

4. Parlamentarische Kontrolle

125   Zu den traditionellen Aufgaben des Parlaments gehört die „parlamentarische Kontrolle", d. h. die Kontrolle der Regierung durch das Parlament. Sie entstand bereits in der konstitutionellen Monarchie des 19. Jahrhunderts, hat sich aber inzwischen − vor allem durch die Entwicklung zum parlamentarischen Parteienstaat − wesentlich verändert. Während damals das Gesamtparlament der vom Monarchen ernannten Regierung gegenüberstand und diese (nur) zwingen konnte, in der öffentlichen Parlamentssitzung Rede und Antwort zu stehen, ist sie heute wegen der Verknüpfung von Parlamentsmehrheit und Regierung insbesondere ein Instrument der Opposition. Dementsprechend sind die parlamentarischen Kontrollrechte weitgehend als Minderheitsrechte ausgestaltet. Da sie jedoch nicht zur Lahmlegung der Regierungtätigkeit führen dürfen, ist für die verschärften parlamentarischen Kontrollmittel, nämlich für die Abberufung der Regierung und die Verweigerung des Haushalts, die Mehrheit des Parlaments erforderlich.

126   Der Ausdruck „Kontrolle" wird ohnehin unterschiedlich verwendet. Genau genommen bedeutet er die nachträgliche Überprüfung bestimmter Maßnahmen und Verhaltensweisen. Darüber hinaus wird aber auch von einer „begleitenden Kontrolle" oder sogar von einer „dirigierenden Kontrolle" gesprochen, die dem kontrollierenden Parlament Einfluß auf die Regierungtätigkeit vermitteln. So versteht *H. H. Klein* sogar die Gesetzgebung „als vorauswirkende parlamentarische Kontrolle von Exekutive und Rechtsprechung" (HStR II, 1987, S. 358). Das läßt sich natürlich vertreten, nimmt aber dem Kontrollbegriff jede Abgrenzungsmöglichkeit. Auch die Abwahl der Regierung (durch

Neuwahl des Bundeskanzlers gem. Art. 67 GG) ist genau betrachtet kein Kontrollakt, sondern die Sanktion, die sich aus der vorhergehenden Kontrolle und der sich daraus ergebenden Mißbilligung ergibt.

Das Grundgesetz enthält keine ausdrückliche Regelung über die 127 parlamentarische Kontrolle als umfassende Zuständigkeit des Bundestages. Der Begriff selbst taucht nur einmal auf, nämlich in dem 1957 eingefügten Art. 45b GG, der die verfassungsrechtliche Grundlage für den Wehrbeauftragten bringt. Die parlamentarische Kontrolle kommt aber in einigen Einzelbestimmungen des Grundgesetzes zum Ausdruck, die durch die Geschäftsordnung des Bundestages ergänzt und konkretisiert werden. Sie findet ihre Entsprechung in Art. 65 GG, der die Verantwortlichkeit des Bundeskanzlers und der Bundesminister festlegt.

Im einzelnen ist noch zu erwähnen:

a) *Das Zitier- und Interpellationsrecht.* Nach Art. 43 I GG kön- 128 nen der Bundestag und seine Ausschüsse die Anwesenheit des Bundeskanzlers und der Bundesminister verlangen. Die Anwesenheitspflicht impliziert die Verpflichtung, „Rede und Antwort zu stehen", da ein bloß stummes Dasitzen sinnlos wäre. Sie verpflichtet zur umfassenden, präzisen und wahrheitsgemäßen Auskunft.

Das Fragerecht ist in der Geschäftsordnung des Bundestages dif- 129 fizil geregelt. Diese Regelungen sind für die Regierung an sich nicht verbindlich, steuern aber auch in deren Interesse die Ausübung des in Art. 43 I GG verankerten Fragerechts. Danach ist zu unterscheiden:

- Die Große Anfrage, die von einer Fraktion oder einer Abgeordnetengruppe in Fraktionsmindeststärke einzureichen ist, wichtige Angelegenheiten betrifft und in der Regel nach ihrer Beantwortung eine Debatte im Bundestag auslöst (§§ 100–103 GeschOBT);
- die Kleine Anfrage, die ebenfalls von einer Fraktion oder einer Abgeordnetengruppe in Fraktionsmindeststärke einzureichen und von der Bundesregierung nur schriftlich zu beantworten ist (§ 104 GeschOBT);
- die Fragen einzelner Abgeordneter zu Einzelpunkten, die entweder mündlich in der sog. Fragestunde oder schriftlich beantwortet werden (§ 105 GeschOBT und Anlage 4, die minutiöse Regelungen enthält);
- die mündlichen Fragen einzelner Abgeordneter an die Bundesregierung zu Themen von aktuellem Interesse, insbesondere im Anschluß an die Kabinettssitzung, zu einer festgesetzten Zeit (§ 106 II GeschOBT und Anlage 7: in den Sitzungswochen mittwochs Punkt 13.00 Uhr).

Die Bedeutung der Anfragen liegt in ihrer Öffentlichkeitswirkung, da die Bundesregierung bzw. einzelne Mitglieder der Bundesregierung gezwungen werden, über vielleicht peinliche Angelegenheiten Auskunft zu geben oder sich in bestimmter Weise für die Zukunft festzulegen. Freilich hängt die Öffentlichkeitswirkung wesentlich davon ab, daß Presse und Rundfunk die Antworten in ihren Zusammenhängen weitergeben.

130   b) Das *parlamentarische Untersuchungsverfahren* durch einen eigens dazu eingesetzten Untersuchungsausschuß gem. Art. 44 GG begründet ein erweitertes und intensiviertes Fragerecht, vgl. dazu näher unten Rn. 135 ff.

131   c) Weitere Kontrollrechte bestehen im *Haushaltsbereich*. Ob die Feststellung des Haushaltsplanes durch den Bundestag (Art. 110 II 1 GG) der parlamentarischen Kontrolle zuzurechnen ist, wie dies in der Literatur immer wieder behauptet wird, ist zweifelhaft, da mit dem Haushaltsplan die künftigen Ausgaben und damit die künftige Regierungspolitik bestimmt werden. Die parlamentarischen Beratungen über den Haushaltsplan werden aber von der Opposition regelmäßig dazu benutzt, die bisherige Regierungspolitik einer scharfen Kritik und Generalabrechnung zu unterziehen. Die Kontrolle der bisherigen und die Billigung der künftigen Regierungstätigkeit durch Bewilligung der erforderlichen Geldmittel greifen somit ineinander über. Der Vollzug des Haushaltsplanes liegt bei der Exekutive. Er kann und muß aber durch den Bundestag gem. Art. 114 I GG überprüft werden.

Eine „begleitende Kontrolle" erfolgt durch die rechtlich allerdings nur schwach abgesicherte Praxis der sog. qualifizierten Sperrvermerke und Zustimmungsvorbehalte im Haushaltsplan. Danach darf die Regierung die mit einem solchen Sperrvermerk oder Zustimmungsvorbehalt ausgewiesenen Geldmittel nur ausgeben, wenn sie während des Haushaltsjahres vom Bundestag – d. h. vom Haushaltsausschuß oder dem zuständigen Fachausschuß – freigegeben worden sind. Vgl. dazu *Kisker,* HStR IV (1990) S. 258 ff. m. w. N.

132   d) Eine bemerkenswerte Verstärkung der parlamentarischen Kontrolle erfolgte im *Verteidigungsbereich.* Dem verfassungsändernden Gesetzgeber schien es beim Erlaß der Wehrverfassungsnovelle 1957 erforderlich, die parlamentarische Kontrolle über die Bundeswehr auszubauen. Das geschah in dreifacher Weise: (1) wurde der Verteidigungsausschuß verfassungsrechtlich institutionalisiert und zusätzlich mit den Rechten eines Untersuchungsausschusses ausgestattet (Art. 45a GG); (2) wurde zum Schutze der Grundrechte und als Hilfsorgan des Bundestages bei der parlamentarischen Kontrolle ein Wehrbeauftragter des Bundestages eingesetzt (Art. 45b GG); (3) müssen sich die zahlenmäßige Stärke der Streitkräfte und die Grundzüge ihrer Organisation aus dem Haushaltsplan ergeben (Art. 87a I 2 GG).

Die Einrichtung des Wehrbeauftragten beruht auf dem Gedanken, daß die **133** Kontrolle durch *eine* Person, die sich ausschließlich dieser Aufgabe widmet, sehr viel effektiver wahrgenommen werden kann. Daher wurde der Wehrbeauftragte gelegentlich als ein „Ein-Mann-Ausschuß" bezeichnet. Im Laufe der Zeit hat sich aber eine beachtliche Organisation mit zahlreichen Mitarbeitern herausgebildet, die zunächst als eigene Dienststelle fungierte, sodann 1982 als besondere Abteilung in die Bundestags-Verwaltung integriert wurde. Derzeit sind beim Wehrbeauftragten etwa 60 Personen beschäftigt. – Art. 45b GG bringt nur einige wenige grundsätzliche Bestimmungen, das Nähere regelt das Gesetz über den Wehrbeauftragten (Sart. Nr. 635), durch das diese Institution erst ihre konkrete Gestalt erhält: Der Wehrbeauftragte wird vom Bundestag mit der Mehrheit seiner Mitglieder für 5 Jahre gewählt, Wiederwahl ist zulässig. Er hat – aufgrund einer Weisung des Bundestages oder seines Verteidigungsausschusses oder aufgrund eigener Initiative, wenn ihm Verstöße gegen Grundrechte oder gegen die Grundsätze der inneren Führung bekannt werden – Ermittlungen durchzuführen und eventuelle Mißstände aufzuklären. Dazu besitzt er umfassende Informationsrechte (Auskunft bei allen Dienststellen, Vernehmung von Zeugen und Sachverständigen, Akteneinsicht, Truppenbesuche). Wenn er Mißstände feststellt, dann kann er zwar nicht selbst eingreifen (etwa einen rechtswidrigen Befehl aufheben oder ein Disziplinarverfahren einleiten), aber die zuständige Stelle zur Bereinigung der Angelegenheit veranlassen, die vorgesetzten Dienststellen bis hin zum Verteidigungsminister informieren, den Vorgang der für die Einleitung des Straf- oder Disziplinarverfahrens zuständigen Stelle zuleiten und schließlich dem Verteidigungsausschuß berichten. Ferner hat er jährlich einen schriftlichen Gesamtbericht zu erstatten, der dem Bundestag vorzulegen ist und als Bundestagsdrucksache veröffentlicht wird. Jeder Soldat kann sich unmittelbar an den Wehrbeauftragten wenden. Dadurch erhält dieser eine weitere wichtige Informationsquelle und die Möglichkeit, im Interesse der betroffenen Soldaten tätig zu werden. Vgl. ferner noch §§ 113–115 GeschOBT. – Der Wehrbeauftragte hat sein Vorbild im schwedischen Ombudsman, der inzwischen weltweite Verbreitung gefunden hat, beschränkt sich aber auf den Bereich der Bundeswehr. Die Forderung, einen für alle Bereiche zuständigen Ombudsman (Parlamentsbeauftragten, Bürgerbeauftragten) einzuführen, ist bislang nur in einigen Bundesländern (Rheinland-Pfalz, Mecklenburg-Vorpommern) verwirklicht worden. Der Datenschutzbeauftragte, der im Bund und in den Bundesländern eingeführt wurde, entspricht bereichsspezi-

fisch in etwa dem Ombudsman, sofern er dem Parlament zugeordnet ist. Einen (allgemeinen) Bürgerbeauftragten kennt auch die EG für ihren Bereich (Art. 195 EGV).
Vgl. zum Wehrbeauftragten die umfassende Kommentierung des Art. 45b GG von *E. Busch* im Bonner Kommentar (Zweitbearbeitung 1989) mit umfangreichen Nachweisen; *ders.*, Der Wehrbeauftragte. Organ der parlamentarischen Kontrolle, 4. Aufl. 1991; *H. Maurer*, Wehrbeauftragter und Parlament, 1965; zum Bürgerbeauftragten in Rheinland-Pfalz: *U. Kempf*, Der Bürgerbeauftragte, 1976; *H. Matthes*, Der Bürgerbeauftragte, 1981.

134   e) *Schlichte Parlamentsbeschlüsse:* Der Bundestag kann ferner zu allen Fragen Stellung nehmen und Empfehlungen aussprechen. Sie sind zwar rechtlich nicht verbindlich, können aber als Ausdruck der Einschätzungen und Zielvorstellungen des Parlaments – zumal bei entsprechender Resonanz in der Öffentlichkeit – politisch durchaus effektiv werden. Sie dienen der parlamentarischen Kontrolle der Regierung, darüber hinaus enthalten sie aber auch Anregungen und Aufforderungen zu entsprechendem Tätigwerden der Regierung, haben also nicht nur eine Kontrollfunktion, sondern auch eine Lenkungs- und Leitungsfunktion.

VI. Parlamentarisches Untersuchungsverfahren

1. Allgemeines

135   Der Bundestag hat gem. Art. 44 GG das Recht, zur Klärung und Bewertung von Sachverhalten Untersuchungsausschüsse einzusetzen (Untersuchungsrecht oder Enqueterecht). Die Untersuchungsausschüsse können unterschiedliche Ziele verfolgen. Die *Gesetzgebungsenquete* dient der Beschaffung von Informationen und Erkenntnissen für umfassende und komplizierte Gesetzgebungsvorhaben. Sie kommt allerdings heute kaum noch vor, da mit der Enquete-Kommission gem. § 56 GeschOBT und der öffentlichen Anhörung in den Fachausschüssen gem. § 70 GeschOBT (sog. Hearings) geeignetere und effektivere Instrumente zur Verfügung stehen. Dagegen spielt die sog. *Mißbrauchsenquete*, die die Aufdekkung und Klärung von Mißständen im Exekutivbereich bezweckt, in der Praxis eine erhebliche Rolle. Auf sie beziehen sich im wesentlichen auch die folgenden Ausführungen.

In der Literatur finden sich z.T. weitere Differenzierungen (Kontroll-   **136** enquete, Skandalenquete, Kollegialenquete, Exekutivenquete, Justizenquete, Beschlußvorbereitungsenquete und Wahlenquete). Sie bilden jedoch lediglich Unterfälle der soeben genannten Systematisierung oder sind in der Praxis bedeutungslos (vgl. *Versteyl,* MüK Art. 44 Rn. 3 und 19). In BVerfGE 94, 351, 366 ff. (Überprüfung der Stasi-Vergangenheit von Bundestags-Abgeord- neten) taucht zwar die Bezeichnung Kollegialenquete auf, unter der man üblicherweise eine Untersuchung zur Wahrung des Ansehens und der Integri- tät des Parlaments versteht; indessen handelte es sich im konkreten Fall nicht um ein echtes parlamentarisches Untersuchungsverfahren gem. Art. 44 GG, sondern um eine parlamentarische Überprüfung von Abgeordneten durch den Wahlprüfungsausschuß aufgrund des § 44 b II AbgG.

2. Rechtsgrundlagen

Das Grundgesetz legt in Art. 44 nur die Grundzüge der parla-   **137** mentarischen Untersuchung – und auch diese nur lückenhaft – fest. Die schon seit langem erhobene Forderung nach einem *Ausfüh- rungsgesetz* wurde endlich durch das Gesetz zur Regelung des Rechts der Untersuchungsausschüsse des Deutschen Bundestages (Untersuchungsausschußgesetz – PUAG) vom 19. 6. 2001 (Sart. Nr. 6) verwirklicht. Das Untersuchungsausschußgesetz, das sich weitgehend an der bisherigen Praxis, der Rechtsprechung des BVerfG und früheren Gesetzentwürfen orientiert, regelt die Einset- zung der Untersuchungsausschüsse, den Ablauf des Untersu- chungsverfahrens, insbesondere die Beweiserhebung, und die ge- richtliche Zuständigkeiten. Art. 44 GG blieb unverändert. Daher finden für die Beweiserhebungen, das Kernstück der Untersu- chungsverfahren, (auch) die Vorschriften über den Strafprozeß, also der StPO und des GVG, sinngemäß Anwendung (Art. 44 II 2 GG). Der Verweis auf die StPO hat auch weiterhin erhebliche Bedeu- tung, so etwa für das Aussageverweigerungsrecht der Zeugen, den Richtervorbehalt bei bestimmten Zwangsmaßnahmen usw.

Art. 44 GG hat somit zwei Ausführungsgesetze, wobei die StPO-Vor-   **138** schriften nur sinngemäß, aber verfassungsrechtlich gefordert anzuwenden sind, während die Vorschriften des PUAG unmittelbar zur Anwendung kommen, aber verfassungsrechtlich nicht direkt geboten sind, wenngleich sie das Ziel verfolgen, den verfassungsrechtlichen Gehalt des Art. 44 GG – nach Maßgabe der Rechtsprechung des BVerfG – zu konkretisieren. Reibungen beider Ge- setze werden wohl in der Anfangszeit nicht ausbleiben, allerdings dadurch gemildert, daß das PUAG verschiedentlich auf *bestimmte* StPO-Vorschriften verweist und diese damit ausdrücklich einbezieht. Man könnte auch darüber diskutieren, ob die beiden Gesetze – entsprechend ihrem jeweiligen verfassungsrechtlichem Bezug – unterschiedlichen Rang besitzen. Jedenfalls lassen sich etwaige Kollisionen nicht einfach mit der Regel „lex posterior derogat legi priori" lösen.

3. Gegenstand und Grenzen der Untersuchung

139   Die parlamentarischen Untersuchungsverfahren können sich grundsätzlich auf alle Angelegenheiten erstrecken, die in den Kompetenzbereich des Bundestages fallen (vgl. auch § 1 III PUAG). Sie sind darauf aber auch begrenzt, da die Zuständigkeit eines Unterorgans nicht weiter reichen kann als die des einsetzenden und ermächtigenden Organs selbst.

Die *Mißbrauchsenquete* beschränkt sich zudem auf den Bereich der parlamentarischen Kontrolle und damit auf die Kontrolle der Regierung und der ihrer Aufsicht unterliegenden Verwaltung. Die h.L. geht freilich weiter und läßt auch die Untersuchung gesellschaftlicher, wirtschaftlicher und sogar privater Angelegenheiten zu, sofern ein öffentliches Interesse daran besteht. Diese Auffassung ist jedoch – im Blick auf den traditionellen Hintergrund, den Wortlaut des Art. 44 GG und seine systematische Stellung – schwerlich haltbar. Vertretbar ist allenfalls die Einbeziehung von solchen Vorgängen des gesellschaftlichen, wirtschaftlichen und privaten Bereichs, die im Zusammenhang mit Regierungs- und Verwaltungsmaßnahmen stehen, so etwa wenn es um den Verdacht einer durch staatliche Stellen veranlaßten oder geduldeten zweckwidrigen Verwendung von Subventionen durch ein bestimmtes Wirtschaftsunternehmen oder den Vorwurf privater Nutzung öffentlicher Mittel durch einen Minister oder einen anderen Amtsträger geht.

Vgl. zur h.L. BVerfGE 77, 1, 44 ff., das seine allgemeinen Aussagen allerdings im konkreten Fall auf solche privaten Unternehmen beschränkt („jedenfalls"), „die aufgrund gemeinwirtschaftlicher Zielsetzung ihrer Tätigkeit in erheblichem Umfang aus staatlichen Mitteln gefördert oder steuerlich begünstigt werden und besonderen rechtlichen Bindungen unterliegen"; ferner – allerdings im einzelnen unterschiedlich – *Stern,* Staatsrecht II, S. 63; *Hesse,* VerfR, Rn. 582; *Pieroth,* JP Art. 44 Rn. 4; *Magiera,* in: Sachs, Grundgesetz, Art. 44 Rn. 10; *Morlok,* in: Dreier, Grundgesetz, Art. 44 Rn. 18 ff.

Die in der Literatur vertretene Auffassung, daß das „öffentliche Interesse" als Zulässigkeitsvoraussetzung im PUAG nicht erwähnt werde und daher auch nicht mehr besonders zu prüfen sei, sondern mit der Antragstellung durch ein Viertel der Mitglieder unwiederleglich vermutet werde (so *H.-P. Schneider,* NJW 2001, 2605), ist nicht haltbar. Diese Voraussetzung ergibt sich vielmehr aus der allgemeinen Regelung des § 1 III PUAG („im Rahmen der verfassungsmäßigen Zuständigkeit des Bundestages"), so zutr. – unter Hinweis auf die Entstehungsgeschichte – *Wiefelspütz,* NVwZ 2002, 10 ff.

Im Gegensatz zur Mißbrauchsenquete kann, ja muß sich vielfach **140** sogar die *Gesetzgebungsenquete* auf Sachverhalte und Entwicklungen des gesellschaftlichen und des privaten Bereichs erstrecken. Das ist auch unproblematisch, wenn und weil es nicht um die Untersuchung konkreter Fälle, sondern – entsprechend dem generell-abstrakten Charakter des beabsichtigten Gesetzes – um die Klärung allgemeiner Sachverhalte und Entwicklungen geht.

Auch wenn man der h.L. folgt und das „öffentliche Interesse" **141** genügen läßt, bestehen für die Mißbrauchsenquete drei – sich aus dem Bundesstaatsprinzip, der Gewaltenteilung und den Grundrechten ergebenden – Grenzen:

a) *In bundesstaatlicher Hinsicht* beschränkt sich das Untersuchungsrecht des Bundestages und seiner Untersuchungsausschüsse auf den Kompetenzbereich des Bundes. Angelegenheiten, die in den Landesbereich (einschließlich der Kommunalverwaltung) fallen, dürfen nicht einbezogen werden, es sei denn, daß sie auf den Bundesbereich übergreifen, aber auch dann nur insoweit, als der Bundesbezug besteht. Entsprechend sind die Untersuchungsausschüsse der Landtage auf den Kompetenzbereich des jeweiligen Landes beschränkt.

b) Unter dem Gesichtspunkt der *Gewaltenteilung* sind die Zustän- **142** digkeiten der anderen Staatsorgane oder Staatsorgangruppen zu beachten. Einwirkungen auf die Rechtsprechung sind gem. Art. 92 GG schlechthin ausgeschlossen; daher sind auch gerichtliche Urteile der parlamentarischen Untersuchung nicht zugänglich. Der Exekutivbereich steht zwar der parlamentarischen Untersuchung offen, er ist sogar das eigentliche Feld parlamentarischer Untersuchung, aber auch hier besteht ein „Kernbereich exekutiver Eigenverantwortung", der einen grundsätzlich nicht ausforschbaren Initiativ-, Beratungs- und Handlungsbereich einschließt (so BVerfGE 67, 100, 139 unter Berufung auf *Scholz,* AÖR Bd. 105, 1980, S. 598). Dazu gehören alle noch nicht abgeschlossenen Vorgänge, insbesondere die interne Willensbildung der Regierung und die diese vorbereitenden Maßnahmen im Ressort- und Kabinettsbereich.

143   c) *Die Grundrechte,* die den privaten und gesellschaftlichen Bereich gegenüber staatlichen Einwirkungen absichern, setzen auch dem parlamentarischen Untersuchungsrecht Grenzen. In Betracht kommen vor allem das Persönlichkeitsrecht des Art. 2 I GG, das den Datenschutz einschließt, und die wirtschaftlich relevanten Grundrechte des Art. 12 I und 14 I GG. Wenn auch die Ermittlungen und die Berichte des Untersuchungsausschusses keine Rechtsfolgen auslösen, so können sie doch wegen ihrer Öffentlichkeitswirkung zu erheblichen Beeinträchtigungen der Privatsphäre und des gewerblichen Bereichs führen. Die Grundrechte können zwar eingeschränkt werden, und zu den Grundrechtsschranken gehört auch das Recht des Bundestages zur Durchführung parlamentarischer Untersuchungsverfahren. Aber die Grundrechtsschranken stoßen ihrerseits wiederum auf Schranken. Im einzelnen ist auf die jeweils betroffenen Grundrechte und ihre Schrankenregelungen abzustellen. Durchweg ist der Grundsatz der Verhältnismäßigkeit zu beachten, der eine Abwägung zwischen dem Untersuchungsinteresse (der öffentlichen Aufklärung vermeintlicher Mißstände) einerseits und dem Individualinteresse (der Vertraulichkeit privater und wirtschaftlicher Angelegenheiten) andererseits erfordert. Dabei ist auch zu berücksichtigen, daß selbst dann, wenn sich der Verdacht des Mißbrauchs als unbegründet erweist, die erfolgte Offenlegung privater und wirtschaftlicher Belange nicht mehr korrigiert werden kann.

Die Grundrechte kommen gleichsam auf zwei Ebenen zum Zuge, nämlich einmal, wenn es um die Zulässigkeit des Untersuchungsverfahrens überhaupt, und zum anderen, wenn es um die Zulässigkeit einzelner Maßnahmen im Rahmen eines zulässigen Untersuchungsverfahrens geht. Sie werden daher später – vor allem bei der Beweiserhebung – noch einmal aktuell. Dazu näher unten Rn. 148 f. Vgl. zur grundrechtsbedingten Beschränkung des Untersuchungsrechts auch die anschaulichen Entscheidungen des BayVerfGH NVwZ 1995, 681 und NVwZ 1996, 1206.

d) Die Untersuchungsausschüsse dürfen nur ad hoc zur *Aufklä-*   **144**
rung eines bestimmten Falles eingesetzt werden. Die Einsetzung eines
Dauer-Untersuchungsausschusses zur ständigen Kontrolle und Be-
gleitung der Regierungstätigkeit oder auch nur eines Teils der
Regierungstätigkeit wäre mit Art. 44 GG nicht vereinbar.

Auch der Verteidigungsausschuß ist kein ständiger Untersuchungsausschuß.
Aus Art. 45 a II GG ergibt sich zwar, daß er „die Rechte eines Untersuchungsausschusses" hat. Die Wahrnehmung dieser Rechte setzt aber voraus, daß er
sich jeweils als Untersuchungsausschuß konstituiert (durch Mehrheitsbeschluß
oder auf Antrag eines Viertels seiner Mitglieder).

4. Die Einsetzung und das Ende der Untersuchungs-
ausschüsse

a) *Einsetzung.* Der Bundestag hat zwar das Untersuchungsrecht,   **145**
kann es aber nicht selbst, d. h. als Plenum, sondern nur durch einen
eigens dazu berufenen Ausschuß ausüben. Die Einsetzung erfolgt
entweder durch einen Mehrheitsbeschluß des Bundestages (Mehr-
heitsenquete) oder auf Antrag von mindestens einem Viertel der
Mitglieder des Bundestages (Minderheitsenquete). Da bereits eine
Minderheit die Einsetzung eines Untersuchungsausschusses verlangen kann, wird die parlamentarische Untersuchung zu einem ge-
wichtigen Instrument der Opposition. Tatsächlich werden auch die
meisten Untersuchungsausschüsse von der Opposition beantragt.
Mit der Einsetzung des Untersuchungsausschusses ist zugleich der
Gegenstand der Untersuchung genau festzulegen und abzugrenzen.
Im Falle der Minderheitenenquete geschieht dies durch die Antragsteller. Die Opposition kann daher nicht nur verlangen, *daß* ein
Untersuchungsausschuß eingesetzt wird, sondern auch bestimmen,
was untersucht werden soll. Die Mehrheit darf dieses Minderheitenrecht nicht dadurch unterlaufen, daß sie den Untersuchungsge-
genstand verkürzt, erweitert oder sonstwie ändert und damit das
Untersuchungsverfahren in eine andere Richtung lenkt.

Im Falle der Minderheitsenquete besteht – fast möchte man sagen – ein ganz
normales Spannungsverhältnis zwischen dem Mehrheitsprinzip und dem Minderheitenschutz. Das PUAG versucht beide Seiten angemessen zu berücksichtigen. Im Blick auf die bisherige Praxis ist der Minderheitenschutz verstärkt
worden, vgl. § 2 (Einsetzung des Untersuchungsausschusses, Festlegung des

Untersuchungsgegenstandes), § 3 (Maßgeblichkeit des Untersuchungsauftrages), § 10 I (Bestellung eines Ermittlungsbeauftragten), §§ 2 III, 18 III, 23 II, 29 III (Anrufung des BVerfG bzw. des BGH). – Auch im Falle der Minderheitenquete beschließt der Bundestag mehrheitlich über die Einsetzung des Untersuchungsausschusses. Er muß aber dem Einsetzungsantrag entsprechen, es sei denn, daß dieser verfassungswidrig ist. Ist er nur teilweise verfassungswidrig, dann muß der Untersuchungsausschuß eingesetzt, aber auf den verfassungsmäßigen Teil des Untersuchungsgegenstandes beschränkt werden (§ 2 III).

146   b) Der Untersuchungsausschuß findet sein Ende, wenn (1) der Untersuchungsauftrag durch Vorlage eines Abschlußberichts erfüllt ist, (2) der Untersuchungsausschuß durch den Bundestag aufgelöst wird, was jederzeit zulässig ist, bei einer Minderheitenquete aber eines $^3/_4$-Mehrheitsbeschlusses bedarf, oder (3) die Wahlperiode des Bundestages endet, weil der Grundsatz der Diskontinuität auch die Bundestagsausschüsse erfaßt (dazu oben Rn. 54).

5. Die Durchführung des Verfahrens

147   Die Untersuchungsausschüsse haben bestimmte Sachverhalte aufzuklären und in tatsächlich-politischer Hinsicht zu bewerten. Dadurch unterscheiden sie sich von den Gerichten, die ebenfalls umstrittene Sachverhalte aufzuklären haben, diese sodann aber rechtlich beurteilen und entscheiden müssen. Dieser zweite Abschnitt fehlt bei den Untersuchungsausschüssen.

148   Die zur Ermittlung des Sachverhaltes erforderliche Beweiserhebung bestimmt sich nach den §§ 17 ff. PUAG und den entsprechend anwendbaren StPO-Vorschriften. Der Untersuchungsausschuß kann – und muß gem. § 17 II PUAG auf Antrag eines Viertels der Ausschußmitglieder – Zeugen vorladen und vernehmen, Sachverständige anhören, die Vorlage von Akten fordern und sich im Wege der Augenscheinseinnahme einen unmittelbaren Eindruck verschaffen. Im Weigerungsfalle können diese Beweismittel nach den Vorschriften des PUAG und der StPO zwangsweise beschafft werden. Da die zwangsweise Durchsetzung schwerwiegender Grundrechtseingriff ist, müssen die dafür bestehenden Grenzen und Einschränkungen, insbesondere der Grundsatz der Verhältnismäßigkeit, besonders beachtet werden. Die zwangsweise Vorführung von Zeugen, die Beugehaft zur Erzwingung einer

Aussage, die Beschlagnahme von Akten und die Untersuchung von Wohnungen sind entsprechend der strafprozessualen Vorschriften nur aufgrund einer richterlichen Anordnung zulässig (Richtervorbehalt), es sei denn, daß die Staatsanwaltschaft in vergleichbaren Fällen ausnahmsweise und vorläufig eine entsprechende Zwangsmaßnahme anordnen dürfte.

Besonders eingehend regelt das PUAG – im Blick auf strittige Fälle in der **149** Vergangenheit – die Zeugenaussagen. Die als Zeugen benannten Personen sind zum Erscheinen und zur Aussage verpflichtet, sofern ihnen kein besonderer Verweigerungsgrund zusteht (zum Zeugnisverweigerungsrecht vgl. §§ 52 ff. StPO). Kommen sie dieser Verpflichtung nicht nach, dann können ihnen die durch ihre Weigerung entstandenen Kosten auferlegt, ein Ordnungsgeld verhängt und die zwangsweise Vorführung bzw. eine Beugehaft angeordnet werden. Wenn die Reihenfolge der Zeugenvernehmungen zwischen der Mehrheit und der Minderheit im Ausschuß strittig ist, ist – entsprechend der Regelung für die Rednerliste im Bundestag (§ 28 GeschOBT) – das sog. Reißverschlußverfahren anzuwenden, nach dem zunächst der von der Opposition benannte Zeuge, dann der von der Mehrheit benannte Zeuge usw. gehört werden soll (§ 17 III PUAG).

Die Grundrechte, die nicht nur bei der Frage, ob überhaupt ein **150** Untersuchungsverfahren durchgeführt werden darf, sondern auch und vor allem bei der Durchführung des Untersuchungsverfahrens, insbesondere bei Zwangsmaßnahmen, aktuell werden (vgl. oben Rn. 143), zwingen nicht zu einem strikten Entweder-Oder. So kann z. B. das Spannungsverhältnis zwischen dem öffentlichen Untersuchungsinteresse und dem individuellen Geheimhaltungsinteresse auch dadurch gelöst oder wenigstens gelockert werden, daß die Öffentlichkeit ausnahmsweise ausgeschlossen wird, daß die problematischen Akten nur vom Vorsitzenden oder einigen weiteren Ausschußmitgliedern eingesehen werden, daß die Geheimschutzordnung des Bundestages (§ 17 GeschOBT) herangezogen wird, daß der die Beschlagnahme von Akten anordnende Richter eine Vorprüfung vornimmt und die beweisrelevanten Akten aussondert usw. Entsprechendes gilt, wenn sich die Regierung gem. § 96 StPO auf das „öffentliche Wohl des Bundes oder eines Landes" beruft. Vgl. dazu BVerfGE 67, 100, 133 ff. (Flick-Untersuchungsausschuß). Im übrigen dürfen die Untersuchungsausschüsse nur die *erforderlichen* Beweiserhebungen treffen. Über die Erforderlichkeit entscheiden bei einer Minderheitsenquete – wie schon bei der Bestimmung des Untersuchungsgegenstandes – die Antragsteller.

151   Sind die Ermittlungen abgeschlossen, dann hat der Untersuchungsausschuß dem Bundestag einen Abschlußbericht über die Ergebnisse seiner Aufklärung zu erstatten. Die überstimmte Minderheit hat das Recht, dem von der Mehrheit beschlossenen Bericht ein Minderheitenvotum anzuschließen.

6. Rechtsschutz

152   Die Beschlüsse der Untersuchungsausschüsse, d. h. die abschließenden Feststellungen und Bewertungen der Untersuchungsausschüsse, sind gem. Art. 44 IV 1 GG gerichtlich nicht überprüfbar. Daher kann ein Bürger, der der Meinung ist, daß die ihn betreffenden Feststellungen eines Untersuchungsausschusses unzutreffend und ehrverletzend sind und ihn in seinem Persönlichkeitsrecht beeinträchtigen, nicht klagen. Art. 44 IV 1 GG beschränkt insoweit die Rechtsschutzgarantie des Art. 19 IV GG. Das ist zumindest verfassungspolitisch nicht unproblematisch. Die sachlichen Beschlüsse der Untersuchungsausschüsse entfalten zwar keine rechtlichen Wirkungen, stellen insbesondere keine Verurteilung mit irgendwelchen Sanktionen dar, können aber doch den Bürger in seiner persönlichen und gesellschaftlichen Stellung ganz erheblich treffen.

Das Problem wird nunmehr durch § 32 PUAG entschärft. Danach ist Personen, die durch die Veröffentlichung des Abschlußberichtes in ihren Rechten erheblich beeinträchtigt werden können, vor Abschluß des Untersuchungsverfahrens Gelegenheit zu geben, zu den sie betreffenden Ausführungen im Entwurf des Abschlußberichtes Stellung zu nehmen, allerdings nur, soweit diese Ausführungen nicht mit ihnen in einer Sitzung zur Beweisaufnahme erörtert worden sind. Der wesentliche Inhalt dieser Stellungnahme ist in dem Bericht wiederzugeben.

153   Andererseits werden die Gerichte durch die Feststellungen und Bewertungen der Untersuchungsausschüsse nicht gebunden. Sie können also – etwa in einem gleichzeitig laufenden oder nachfolgenden Strafverfahren, in dem es um denselben Sachverhalt geht, – durchaus zu anderen Erkenntnissen und Bewertungen gelangen und müssen diese ihren Entscheidungen zu Grunde legen. Parla-

mentarisches Untersuchungsverfahren und gerichtliches Verfahren stehen also nebeneinander.

Im übrigen bestehen durchaus gerichtliche Rechtsschutzmöglichkeiten:

a) Bei Streit zwischen der Mehrheit und der Minderheit im **154** Bundestag bzw. im Untersuchungsausschuß können beide Seiten das BVerfG anrufen. Es handelt sich um ein Organstreitverfahren (vgl. unten § 20 Rn. 40 ff.). Antragsteller und Antragsgegner sind – je nach Streitstand – der Bundestag (die ihn repräsentierende Mehrheit), eine Fraktion (die eigene Rechte oder Rechte des Bundestages aus Art. 44 GG geltend macht), die qualifizierte Minderheit des Art. 44 GG (die die Einsetzung des Untersuchungsausschusses beantragt oder das Verfahren voranbringen möchte) und schließlich die „Fraktion im Untersuchungsausschuß" (die Rechte im Verlauf des Untersuchungsverfahrens geltend macht).

Vgl. dazu BVerfGE 67, 100, 124 ff.; BVerfGE 105, 197, 219; ferner für bestimmte Einzelfragen §§ 2 III, 18 III PUAG.

b) Ferner sind die Entscheidungen und sonstige Maßnahmen des **155** Untersuchungsausschusses, die in Rechte Dritter eingreifen, gerichtlich überprüfbar, so etwa die Vorladung eines Zeugen, die Verhängung eines Ordnungsgeldes usw. Das ergibt sich bereits aus Art. 19 IV GG. Die Sonderregelung des Art. 44 IV GG beschränkt sich auf den Abschlußbericht des Untersuchungsausschusses und greift deshalb hier nicht ein. Entsprechendes gilt für Maßnahmen des Untersuchungsausschusses, die dem strafprozessualen Richtervorbehalt zufolge auf einer gerichtlichen Anordnung beruhen. Die früher problematische Frage nach dem Rechtsweg (Verwaltungsrechtsweg nach § 40 I VwGO oder ordentlicher Rechtsweg nach den Vorschriften der StPO) wird nunmehr durch § 36 PUAG entschieden. Danach ist durchgängig der BGH bzw. der Ermittlungsrichter des BGH zuständig. Bemerkenswert ist die Bestimmung, daß der BGH bzw. der Ermittlungsrichter des BGH dann, wenn sie den Beschluß des Bundestages über die Einsetzung des Untersuchungsausschusses für verfassungswidrig halten und es für die Gültigkeit ihrer Entscheidung darauf ankommt, dem BVerfG vorlegen müssen. Diese Richtervorlage hat offensichtlich die Richtervorlage gem. Art. 100 I GG zum Vorbild, die dann erfolgen muß, wenn der Prozeßrichter ein entscheidungserhebliches Gesetz für verfassungswidrig hält (sog. konkrete Normenkontrolle, vgl. dazu unten § 20 Rn. 96 ff.).

7. Abschließende Bewertung

156   Die Untersuchungsausschüsse dienen der *Aufklärung von Sachverhalten.* Sie sollen herausfinden, was tatsächlich geschehen ist und wer die Verantwortung dafür trägt. In der Feststellung und Bewertung von Sachverhalten erschöpft sich aber auch ihre Aufgabe. Dadurch unterscheiden sie sich, wie dargelegt wurde, von den Gerichten, die die sich aus dem festgestellten Sachverhalt ergebenden juristischen Folgerungen ziehen müssen (Strafausspruch, Verurteilung zum Schadensersatz usw.).

157   Die *bloße Feststellung der Wahrheit* kann durchaus eigene Bedeutung haben. Sie beseitigt Zweifel, Vermutungen und Verdächtigungen und hat somit eine reinigende Wirkung. Sie kann die Betroffenen veranlassen, selbst die erforderlichen Konsequenzen zu ziehen, etwa von sich aus die Angelegenheit zu bereinigen oder durch Rücktritt den Weg für einen Neuanfang freizumachen. Sie kann ferner einen politischen Druck des Parlaments und der öffentlichen Meinung auslösen.

158   Eine andere Frage ist, ob der Untersuchungsausschuß *ein geeignetes Gremium* zur Wahrheitsfindung ist. Der Richter ist ein objektiver und unparteiischer Dritter, der in fremder Sache entscheidet. Anders liegt es dagegen beim Untersuchungsausschuß. Er ist – wie jeder Bundestagsausschuß – mit Abgeordneten aller Fraktionen entsprechend ihrer zahlenmäßigen Größe besetzt. Die Abgeordneten der Regierungspartei(en), die auch die Mehrheit im Untersuchungsausschuß stellen, werden bestrebt sein, die Regierung zu decken; die Abgeordneten der Opposition neigen verständlicherweise dazu, ein etwaiges Fehlverhalten der Regierung hochzuspielen. Abgesehen davon, daß sich manche Punkte eben nicht oder noch nicht klären lassen, bleibt die Beurteilung häufig kontrovers. Man spricht daher auch von der „Proporzwahrheit", die sich im Mehrheitsbericht und im Minderheitsbericht niederschlägt.

Gleichwohl darf das parlamentarische Untersuchungsverfahren **159** nicht unterschätzt werden. Es vermittelt der Opposition ein *erweitertes* und *verstärktes Fragerecht*. Das Fragerecht wird erweitert, weil nicht nur die Regierungsmitglieder, sondern auch Verwaltungsbeamte und sonstige öffentliche Bedienstete, ja sogar Privatpersonen vernommen werden können und weil über das Beweiserhebungsrecht weitere Aufklärungsmittel zur Verfügung stehen. Es wird verstärkt, weil eine Pflicht zur wahrheitsgemäßen Aussage und zur Vorlage von Akten besteht und diese Pflicht auch zwangsweise durchgesetzt werden kann. Wenn man nicht so sehr auf das Ergebnis, sondern auf die „öffentliche Befragung" und damit auf die Publizität des Untersuchungsverfahrens abstellt, dann hat das Untersuchungsverfahren durchaus einen Sinn. Es verhindert jedenfalls, daß Mißstände im Exekutivbereich „einfach unter den Tisch gekehrt" werden, und hat somit eine wichtige Ventilfunktion im Blick auf die die Öffentlichkeit erregenden Skandale.

Die zunehmende Zahl von Untersuchungsausschüssen, die langen und zähflüssigen Verfahren, die gegenseitigen Tricks und Winkelzüge der Parteien und die oft entstellenden Abschlußberichte schaden freilich dieser Institution. Sie haben zur Folge, daß das Interesse der Öffentlichkeit abnimmt und damit der Sinn der parlamentarischen Untersuchung verloren geht.

Literatur: *J. Hatschek,* Das Parlamentsrecht des Deutschen Reiches, 1915; **160** *E. Friesenhahn/K. Partsch* Parlament und Regierung im modernen Staat, Referate mit Diskussion, VVDStRL 16 (1958) S. 9 ff.; *G. Loewenberg,* Parlamentarismus im politischen System der Bundesrepublik Deutschland, 1969; *H. P. Schneider,* Die parlamentarische Opposition im Verfassungsrecht der Bundesrepublik Deutschland, 1974; *Th. Oppermann/H. Meyer,* Das parlamentarische Regierungssystem, Referate mit Diskussion, VVDStRL 33 (1975) S. 7 ff.; *P. Häberle,* Freiheit, Gleichheit und Öffentlichkeit des Abgeordnetenstatus, NJW 1976, 537 ff.; *S. Magiera,* Parlament und Staatsleitung, 1979; *N. Achterberg,* Parlamentsrecht, 1984; *W. Mößle,* Regierungsfunktionen des Parlaments, 1986; *H. H. Klein,* Aufgaben des Bundestages, HStR II (1987) S. 341 ff.; *ders.,* Status des Abgeordneten, ebenda, S. 367 ff.; *W. Zeh,* Gliederung und Organe des Bundestages, HStR II (1987) S. 391 ff.; *ders.,* Parlamentarisches Verfahren, ebenda, S. 425 ff.; *H. P. Schneider/W. Zeh* (Hg.), Parlamentsrecht und Parlamentspraxis, 1989 (umfassende Darstellung mit Beiträgen zahlreicher Autoren, zit.: ParlR); *D. C. Umbach,* Parlamentsauflösung in Deutschland. Verfassungsgeschichte und Verfassungsprozeß, 1989; *U. Di Fabio,* Parlament und Parlamentsrecht, Der Staat Bd. 29 (1990) S. 599 ff.; *Ph. Kunig,* Politische Kontrolle der Bundesregierung durch das Parlament, Jura 1993, 220 ff.; *H.-P. Schneider,* Das parlamentarische System, HVerfR S. 537 ff.; *W. Demmler,* Der Abgeordnete im Parlament der Fraktionen, 1994; *H. H. Klein,* Die Funktion des Parlaments im politischen Prozeß, ZG 1997, 209 ff.; *M. Kühnreich,* Das Selbstorganisationsrecht des Deutschen Bundestages unter besonderer Berücksichtigung des Hauptstadtbeschlusses, 1997; *M. Schmidt-Preuß,* Gestaltungskräfte im parlamentarischen Regierungssystem der Bundesrepublik Deutschland, Festschrift für Leisner, 1999, S. 467 ff.; *W. Ismayr,* Der Deutsche Bundestag, 2000; *S. Hölscheidt,* Die Finanzen der Bundestagsfraktionen, DöV 2000, 712 ff.; *U. Rühl,* Das „Freie Mandat": Elemente einer Institutions- und Problemgeschichte, Der Staat, Bd. 39 (2000) S. 23 ff.; *E. Schmidt-Jortzig,* Regierungskontrolle durch die Parlamentsmehrheit, Festschrift für Rauschning, 2001, S. 143 ff.; *J. Isensee,* Nemo iudex in causa sua – auch nicht das Parlament? – Insichgeschäft und Gewaltenfusion in der Volksvertretung, Festschrift für Schiedermair, 2001, S. 181 ff.; *Th. Wilrich,* Der Bundestagspräsident, DÖV 2002, 152 ff.; *D. Wiefelspütz,* Die Immunität des Abgeordneten, DVBl. 2002, 1229 ff.; *R. Vierhaus/L. Herbst* (Hg.), Biographisches Handbuch der Mitglieder des Deutschen Bundestages 1949–2002, 3 Bde., 2002/03.

161   **Literatur zum Wahlrecht:** *P. Badura,* Über Wahlen, AÖR Bd. 97 (1972) S. 1 ff.; *H. Meyer,* Wahlsystem und Verfassungsordnung, 1973; *ders.,* Demokratische Wahl und Wahlsystem; Wahlgrundsätze und Wahlverfahren, HStR Bd. II (1987) S. 249 ff.; 269 ff.; *ders.,* Der Überhang und anderes Unterhaltsame aus Anlaß der Bundestagswahl 1994, KritV 1994, 312 ff.; *H.-U. Erichsen,* Die Wahlrechtsgrundsätze des Grundgesetzes, Jura 1983, 635 ff.; *ders.,* Wahlsysteme, Jura 1984, 22 ff.; *E. Jesse,* Wahlrecht zwischen Kontinuität und Reform, 1985; *U. Wenner,* Sperrklauseln im Wahlrecht der Bundesrepublik Deutschland, 1986; *Ch. J. Walther,* Wahlkampfrecht, 1989; *E. Becht,* Die 5-Prozent-Klausel im Wahlrecht, 1990; *J. Ipsen,* Kandidatenaufstellung, innerparteiliche Demokratie und Wahlprüfungsrecht, ZParl. 1994, 295 ff.; *ders.,* Wahlrecht im Umbruch, JZ 2002, 469 ff.; *W. Hoppe,* Die Verfassungswidrigkeit der Grundmandatsklausel (§ 6 Abs. 6 Bundeswahlgesetz), DVBl. 1995, 265 ff.; *C. Lenz,* Die Wahlrechtsgleichheit und das Bundesverfassungsgericht, AÖR Bd. 121 (1996) S. 337 ff.; *M. Heintzen,* Die Bundestagswahl als Integrationsvorgang, DVBl. 1997, 744 ff.; *St. Hobe,* Alte und neue Probleme der Wahlrechtsgleichheit, JA 1998, 50 ff.; *W. Pauly,* Das Wahlrecht in der neueren Rechtsprechung des Bundesverfassungsgerichts, AÖR Bd. 123 (1998) S. 232 ff.; *G. Roth,* Zur Durchsetzung der Wahlrechtsgrundsätze vor dem Bundesverfassungsgericht, DVBl. 1998, 214 ff.; *H. H. von Arnim,* Wählen wir unsere Abgeordneten unmittelbar?, JZ 2002, 578 ff.; *W. Schreiber,* Handbuch des Wahlrechts zum Deutschen Bundestag. Kommentar zum Bundeswahlgesetz, 7. Aufl. 2002. – Vgl. ferner die weiteren Nachweise zu den Überhangmandaten oben Rn. 37.

162   **Literatur zum Untersuchungsausschuß:** *K. Heck,* Das parlamentarische Untersuchungsrecht, 1925; *R. Scholz,* Parlamentarischer Untersuchungsausschuß und Steuergeheimnis, AÖR Bd. 105 (1980) S. 564 ff.; *A. Schleich,* Das parlamentarische Untersuchungsrecht des Bundestages, 1985; *U. Di Fabio,* Rechtsschutz im parlamentarischen Untersuchungsverfahren, 1988; *M. Schröder,* Untersuchungsausschüsse, ParlR S. 1245 ff.; *B. K. Buchholz,* Der Betroffene im parlamentarischen Untersuchungsausschuß, 1990; *K.-H. Kästner,* Parlamentarisches Untersuchungsrecht und richterliche Kontrolle, NJW 1990, 2649 ff.; *W. Richter,* Privatpersonen im parlamentarischen Untersuchungsausschuß, 1991; *S. Studenroth,* Die parlamentarische Untersuchung privater Bereiche, 1992; *J. Vetter,* Abgeordneten-Überprüfung durch Untersuchungsausschüsse?, ZParl 1993, 211 ff.; *P. Badura,* Das Recht der Minderheit auf Einsetzung eines parlamentarischen Untersuchungsausschusses, Festschrift für Helmrich, 1994, S. 191 ff.; *R. Klenke,* Zum Konflikt zwischen parlamentarischem Enqueterecht und dem Recht auf informationelle Selbstbestimmung des Betroffenen, NVwZ 1995, 644 ff.; *M. Köhler,* Umfang und Grenzen des parlamentarischen Untersuchungsrechts gegenüber Privaten im nichtöffentlichen Bereich, 1996; *J. S. Gilcher,* Datenschutz und Parlament. Modell einer Datenschutzregelung für den Deutschen Bundestag, Jur. Diss. Bonn 1996; *J. Masing,* Parlamentarische Untersuchungen privater Sachverhalte, 1998; *K. Pabel,* Verhängung von Beugehaft durch einen Untersuchungsausschuss, NJW 2000, 788 ff.; *M. Schröder,* Altes und Neues zum Recht der parlamentarischen Untersuchungsausschüsse aus Anlass der CDU-Parteispendenaffäre, NJW 2000, 1455 ff.; *P. Badura,* Das parlamentarische Untersuchungsrecht in der Parteiendemokratie, Festschrift für Rudolf, 2001, S. 235 ff.; *U. Schliesky,* Art. 44 GG – Zulässigkeit der Änderung des Untersuchungsgegenstandes gegen den Willen der Einsetzungsmehrheit, AöR Bd. 126 (2001) S. 244 ff.

Zum neuen Untersuchungsausschußgesetz: *H.-P. Schneider,* Spielregeln für den investigativen Parlamentarismus, NJW 2001, 2604 ff.; *U. Mager,* Das neue Untersuchungsausschussgesetz des Bundes – parlamentarische Organisation von Kontrolle durch Publizität, Der Staat, Bd. 41 (2002) S. 597 ff.; *D. Wiefelspütz,* Untersuchungsausschuss und öffentliches Interesse, NVwZ 2002, 10 ff.; *ders.,* Die Änderung des Untersuchungsauftrags von Untersuchungsausschüssen, DÖV 2002, 803 ff.

Rechtsprechung: BVerfGE 1, 144 (Geschäftsordnung, Gesetzesinitiative); **163** BVerfGE 44, 308 (Beschlußfähigkeit); BVerfGE 45, 1 (Haushaltsrecht des Bundestages, sog. Notkompetenz des Bundesfinanzministers); BVerfGE 62, 1 (Auflösung des Bundestages gem. Art. 68 GG); BVerfGE 70, 324 (parlamentarischer Geheimschutz; Regelung durch Geschäftsordnung oder Gesetz?); BVerfGE 80, 188 (fraktionsloser Abgeordneter); BVerfGE 84, 304; 96, 264 (parlamentarische Gruppe); BVerfGE 90, 286, 383 ff. (Zustimmung des Bundestages zu militärischen Einsätzen der Bundeswehr im Ausland); BVerfGE 94, 351; 99, 19 (Stasi-Überwachung von Bundestagsabgeordneten gem. § 44 b AbgG); BVerfGE 102, 224 (Funktionszulage für Abgeordnete); BVerfGE 104, 151 (Zustimmung des Bundestages bei Fortentwicklung des strategischen Konzepts der NATO im Rahmen der ursprünglichen Ermächtigung?); BVerfGE 104, 310 (Pofalla: Immunität der Abgeordneten).

Rechtsprechung zum Wahlrecht: BVerfGE 1, 208, 241 ff. (Wahl- **164** rechtsgleichheit); BVerfGE 6, 84 (5%-Sperrklausel); BVerfGE 16, 130 (Wahlkreiseinteilung); BVerfGE 51, 222 (Europawahl); BVerfGE 82, 322 (erste gesamtdeutsche Wahl, regionalisierte 5%-Klausel); BVerfGE 95, 335 (Überhangmandate); BVerfGE 95, 408 (Grundmandatsklausel); BVerfGE 97, 317 (Überhangmandat – Nachrückerregelung); BVerfGE 99, 1 (Wahlrechtsgleichheit bei Landtagswahlen); BVerfGE 103, 111 (Hessen-Wahl: Unzulässige Wahlbeeinflussung); BVerfGE 104, 14 (Wahlkreiseinteilung). – BVerwGE 51, 69 (Eintragung in das Wählerverzeichnis); HbgVerfG DVBl. 1993, 1070 (Verstoß gegen die Vorschriften über die parteiinterne Kandidatenaufstellung, Ungültigkeit der Wahl und ihre Folgen).

165 **Rechtsprechung zum parlamentarischen Untersuchungsausschuß:** BVerfGE 49, 70 (Schleswig-Holstein: Festlegung des Untersuchungsgegenstandes durch die Minderheit); BVerfGE 67, 100 (Flick: Aktenvorlage der Regierung und Steuergeheimnis); BVerfGE 76, 363 (Lappas: Erzwingung der Aussage eines Zeugen); BVerfGE 77, 1 (Neue Heimat: Beschlagnahme von Aufsichtsrats-Protokollen); BVerfGE 83, 175 (U-Boot-Ausschuß: Festlegung des Untersuchungsgegenstandes, Erledigung durch außergerichtlichen Vergleich); BVerfGE 93, 195 (Ausschluß eines Fraktionsmitarbeiters vom Untersuchungsausschuß und Hbg. Verfassungsrecht); BVerfGE 105, 197 (Minderheitenrecht auf Beweiserhebung); BVerfG NVwZ 1994, 55 (Mecklenburg-Vorpommern, Durchsuchung und Beschlagnahme). – BVerwGE 79, 339 (Verpflichtung eines nicht im Lande ansässigen Zeugen zur Aussage vor einem Landtags-Untersuchungsausschuß); BremStGH NVwZ 1989, 955 (Vorlage von Senatsprotokollen an parlamentarischen Untersuchungsausschuß); Bay-VerfGH NVwZ 1995, 681 („Amigo-Ausschuß": Untersuchung privater Angelegenheiten); NWVerfGH NVwZ 2002, 75 (Änderung des Untersuchungsantrags durch Landtagsmehrheit).

§ 14. Die Bundesregierung

I. Die Rechtsgrundlagen

1 *Das Grundgesetz* regelt die Bundesregierung in einem besonderen Abschnitt (Art. 62–69 GG), der durch eine ganze Reihe weiterer, über das ganze Grundgesetz verstreuter Bestimmungen ergänzt wird.

So etwa Art. 76 GG (Gesetzesinitiative), Art. 113 GG (Zustimmung zu finanzwirksamen Gesetzen), Art. 80 GG (Erlaß von Rechtsverordnungen), Art. 43 und 53 GG (Auftreten der Mitglieder der Bundesregierung im Bundestag und Bundesrat), Art. 112 GG (Zustimmung des Bundesfinanzministers zu überplanmäßigen oder außerplanmäßigen Ausgaben).

2 Auf der *einfach-gesetzlichen Ebene* ist vor allem das Gesetz über die Rechtsverhältnisse der Mitglieder der Bundesregierung (Bundesministergesetz) zu nennen, das die amtsrechtliche Stellung der Mitglieder der Bundesregierung näher bestimmt (BMinG, Sart.

Nr. 45). Ferner finden sich im Staats- und Verwaltungsrecht zahlreiche weitere Vorschriften, die die Bundesregierung oder einzelne Bundesminister betreffen, insbesondere Zuständigkeits-, Aufsichts- und Mitwirkungsregelungen begründen.

Wie alle Verfassungsorgane hat auch die Bundesregierung eine **3** *Geschäftsordnung,* die von ihr selbst beschlossen wird und vom Bundespräsidenten genehmigt werden muß (Art. 65 S. 4 GG).

Die Geschäftsordnung der Bundesregierung (GeschOBReg., Sart. Nr. 38) entspricht der Geschäftsordnung des Bundestages (vgl. dazu oben § 13 Rn. 87 ff.). Sie ist – wie diese – eine organinterne Regelung eigener Art und bindet daher nur die Mitglieder der Bundesregierung. Nach einem Wechsel der Bundesregierung gilt sie weiter, kann aber selbstverständlich von der neuen Bundesregierung jederzeit geändert werden. Der Genehmigungsvorbehalt des Bundespräsidenten ist politisch überholt, aber geltendes Recht. Er ist ein Relikt aus der Zeit, als der Monarch bzw. Präsident noch ein der Regierung übergeordneter Teil der Exekutive war. Vgl. zur GeschOBReg. auch BVerfGE 91, 148, 167 ff.; BVerwGE 89, 121, 125 ff.

II. Die Struktur der Bundesregierung

Die Bundesregierung besteht, wie es in Art. 62 GG heißt, aus **4** dem Bundeskanzler und den Bundesministern. Sie ist ein Kollegialorgan, dessen Mitglieder allerdings nicht nur Mitgliedschaftsrechte, sondern darüber hinaus weitere Aufgaben und eigene Befugnisse haben, wie sogleich noch darzulegen ist. Traditionell wird auch vom Kabinett oder vom Bundeskabinett gesprochen, obwohl dieser Begriff im Grundgesetz nicht auftaucht.

1. Der Bundeskanzler

Der Bundeskanzler ist der Vorsitzende der Bundesregierung und **5** hat als solcher ihre Geschäfte zu führen und ihre Sitzungen zu leiten. Er ist jedoch nicht nur „primus inter pares", sondern bestimmt kraft seiner Richtlinienkompetenz die gesamtpolitische Richtung.

Der Titel „Kanzler" hat im deutschen Staatsrecht eine lange Tradition. Er taucht bereits im Mittelalter auf (der Erzbischof von Mainz war zugleich der Kanzler des Deutschen Reiches, vgl. dazu *P. C. Hartmann* (Hg.), Der Mainzer Kurfürst als Reichserzkanzler, 1997). Im 19. Jahrhundert bezeichnete er verschiedentlich, vor allem in Preußen, den leitenden Minister. In diesem Sinne wurde er auch von den Verfassungen des Norddeutschen Bundes von 1867 und des Deutschen Reiches von 1871 übernommen. Nach der Weimarer Reichsverfassung von 1919 war der Reichskanzler Vorsitzender der Reichsregierung mit erweiterten Befugnissen. Daran knüpft das Grundgesetz an.

2. Die Bundesminister

6   a) Die Bundesminister sind einmal stimmberechtigte Mitglieder des Regierungskollegiums und zum anderen Leiter eines bestimmten Fachministeriums und damit in der Regel eines bestimmten Verwaltungszweigs. Die Aufteilung in verschiedene Fachministerien hat sich zu Beginn des 19. Jahrhunderts herausgebildet. Damals entstanden fünf „klassische Ministerien", nämlich das Außenministerium, das Innenministerium, das Finanzministerium, das Justizministerium und das Kriegsministerium. Diese Ministerien (das Kriegsministerium als Verteidigungsministerium) bestehen auch heute noch, haben sich jedoch teilweise − vor allem das Innenministerium − weiter aufgegliedert.

7   Die Unterscheidung zwischen Regierungsmitglied und Fachminister ist auch praktisch bedeutsam:

− Die Vertretung des Ministers ist unterschiedlich geregelt. Als Mitglied der Regierung wird er durch einen anderen Bundesminister und als Leiter seines Ministeriums wird er durch den (beamteten) Staatssekretär vertreten, vgl. § 14 GeschOBReg. − Der Parlamentarische Staatssekretär vertritt seinen Minister lediglich bei Erklärungen vor dem Bundestag, dem Bundesrat und in Sitzungen der Bundesregierung.
− Ferner ist es möglich, daß jemand *nur* Mitglied des Regierungskollegiums, aber nicht Fachminister ist (Minister ohne Geschäftsbereich, Minister ohne portefeuille). Eine solche Beschränkung kann unterschiedliche Gründe haben, etwa die Berücksichtigung des Parteienproporzes in der Regierung, die Bestellung eines Regierungsmitglieds für besondere Aufgaben oder der Wunsch, eine Persönlichkeit für das Kabinett zu gewinnen, die nicht bereit oder nicht in der Lage ist, ein Ministerium zu führen, auf deren Erfahrungen und Rat im Regierungskollegium man aber nicht verzichten will.

8   b) Der *Rechtsstatus der Bundesminister* wird durch das Bundesministergesetz (vgl. oben Rn. 2) näher geregelt, das entgegen seiner üblichen Kurzbezeichnung auch für den Bundeskanzler gilt. Die

Bundesminister sind nicht Beamte, sondern stehen in einem „öffentlich-rechtlichen Amtsverhältnis" zum Bund (§ 1 BMinG). In verschiedener Hinsicht bestehen Inkompatibilitäten, so darf ein Bundesminister nicht zugleich Mitglied einer Landesregierung sein (§ 4 BMinG) und keine andere berufliche Tätigkeit ausüben (Art. 66 GG, § 5 BMinG). Ferner ist er verpflichtet, bei Gefährdung der freiheitlichen demokratischen Grundordnung für deren Erhaltung einzutreten (§ 6 III BMinG). Schließlich muß der Bundesminister nach der h. L. die Voraussetzungen für die Wählbarkeit zum Bundestag erfüllen, insbesondere Deutscher i. S. des Art. 116 GG sein. Das ist zwar nicht ausdrücklich geregelt, ergibt sich aber aus einem Erst-recht-Schluß: Wer nicht Abgeordneter des Bundestages sein kann, kann „erst recht" nicht Bundesminister werden.

Vgl. dazu *Schenke*, BK (1980) Art. 64 Rn. 32 f.; *Stern*, Staatsrecht II, S. 276 f. Da die Bundesminister nicht Beamte sind, kommen die beamtenrechtlichen Vorschriften nicht zur Anwendung. Sie sind aber „Beamte" – oder besser: Amtsträger – im haftungsrechtlichen und strafrechtlichen Sinn. Daher haftet der Bund für Fehlverhalten eines Bundesministers gem. Art. 34 GG/§ 839 BGB.

3. Die Staatssekretäre

Die Staatssekretäre sind *keine* Mitglieder der Bundesregierung, 9 aber dem Bundeskanzler oder einem Bundesminister zugeordnet und daher hier zu erwähnen. Es sind zwei Gruppen zu unterscheiden, nämlich einmal die sog. beamteten Staatssekretäre und zum anderen die Parlamentarischen Staatssekretäre.

a) Der *Staatssekretär* (im Unterschied zum Parlamentarischen 10 Staatssekretär wird er meistens als beamteter Staatssekretär bezeichnet) bildet die Spitze des Verwaltungsapparats im Ministerium. Er ist Vorgesetzter aller übrigen Bediensteten des Ministeriums und hat deren Arbeit zu lenken, zu koordinieren und zu beaufsichtigen. Die Vorlagen der verschiedenen Abteilungen gehen über ihn zum Minister. Grundsätzlich hat jedes Ministerium nur *einen* Staatssekretär, in der letzten Zeit sind jedoch in größeren Ministerien *zwei* Staatssekretäre eingeführt worden. Der Staatssekretär ist Beamter. Daher finden auf ihn grundsätzlich die Vorschriften des

Beamtenrechts Anwendung. Als „politischer Beamter" kann er jedoch – im Gegensatz zu den sonstigen Beamten – jederzeit in den einstweiligen Ruhestand versetzt werden (§ 36 I Nr. 1 BBG; vgl. ferner § 31 I BRRG). Er kann daher nicht nur bei einem Ministerwechsel, sondern auch dann ohne weiteres abgelöst werden, wenn der Minister zur Auffassung gelangt, daß die Voraussetzungen für eine vertrauensvolle Zusammenarbeit nicht mehr gegeben sind.

Bei der Bestellung und Ablösung von Staatssekretären spielen natürlich parteipolitische Gesichtspunkte eine erhebliche Rolle. Sie sind auf dieser Ebene – trotz des Art. 33 II GG – auch zulässig. Indessen ist für solche Positionen die Qualität wichtiger als die parteipolitische Anlehnung. Es kommt daher auch immer wieder vor, daß bei einem Regierungswechsel der eine oder andere Staatssekretär wegen seiner Erfahrungen und seiner Qualitäten im Amt belassen wird. Vgl. zu den Grundlagen und Grenzen der Versetzung eines politischen Beamten in den einstweiligen Ruhestand auch BVerwGE 52, 33.

11   b) Der *Parlamentarische Staatssekretär* ist eine relativ neue Einrichtung. Sie wurde 1967 im Zuge der Bildung der Großen Koalition geschaffen, zunächst einmal, um weitere Anwärter auf ein Regierungsamt berücksichtigen zu können, sodann aber auch, um die Minister zu entlasten und Nachwuchskräften eine Chance zur Bewährung zu geben. Das Grundgesetz erwähnt die Parlamentarischen Staatssekretäre nicht. Ihre Rechtsgrundlagen bilden das Gesetz über die Rechtsverhältnisse der Parlamentarischen Staatssekretäre (ParlStG, Sart. Nr. 47) und die Geschäftsordnung der Bundesregierung (§§ 14, 14a, 23), die sich allerdings jeweils auf wenige Vorschriften beschränken.

12   Die Parlamentarischen Staatssekretäre werden, wie es in § 1 ParlStG heißt, den Mitgliedern der Bundesregierung, also dem Bundeskanzler und den Bundesministern, zur Unterstützung bei der Erfüllung ihrer Regierungsaufgaben „beigegeben". Sie müssen Mitglieder des Bundestages sein.

Lediglich für die Parlamentarischen Staatssekretäre beim Bundeskanzler kann aufgrund der sog. lex Naumann, der Änderung der §§ 1 und 4 ParlStG vom 15. 1. 1999, von diesem Erfordernis abgesehen werden (N. war nicht Mitglied des Bundestages, sollte aber zum Parlamentarischen Staatssekretär für kulturelle Angelegenheiten beim Bundeskanzler mit dem Titel Staatsminister berufen werden).

Die Parlamentarischen Staatssekretäre werden auf Vorschlag des Bundeskanzlers, der im Einvernehmen mit dem jeweiligen Bundesminister erfolgt, vom Bundespräsidenten ernannt. Sie können jederzeit auf gleiche Weise entlassen werden. Entsprechend ihrer Stellung zwischen Bundestag und Bundesminister verlieren sie ihr Amt auch dann, wenn sie ihr Bundestagsmandat aufgeben oder wenn ihr Minister aus dem Amt scheidet. Der Tätigkeitsbereich der Parlamentarischen Staatssekretäre wird mit dem Hinweis auf die „Regierungsaufgaben" nur sehr allgemein umschrieben. Er wird auch durch andere Regelungen nicht näher bestimmt. Vielmehr hat gem. § 14a GeschOBReg. der jeweilige Bundesminister zu bestimmen, welche Aufgaben der Parlamentarische Staatssekretär wahrnehmen soll. Generell läßt sich sagen, daß er vor allem die Kontakte zum Parlament, zur Öffentlichkeit und zu ausländischen Instanzen pflegen soll.

Die formale Rechtsstellung des Parlamentarischen Staatssekretärs kommt **13** der des Bundesministers nahe. Er steht wie dieser in einem „öffentlich-rechtlichen Amtsverhältnis" zum Bund (§ 1 III ParlStG). Nach § 8 ParlStG kann ihm das Recht verliehen werden, die Bezeichnung „Staatsminister" zu führen. Dieser Titel begründet keine weiteren Kompetenzen oder statusrechtliche Aufwertungen, sondern hat nur protokollarische Bedeutung, was vor allem bei den Kontakten zum Ausland wichtig werden kann (bei der internationalen Konferenz erscheint eben nicht nur ein „Staatssekretär", sondern ein „Minister"). Daher wird den Parlamentarischen Staatssekretären im Bundeskanzleramt und im Auswärtigen Amt üblicherweise dieser Titel zugesprochen.

Das Verhältnis zwischen den beamteten und den Parlamentarischen **14** *Staatssekretären* war anfangs zweifelhaft und umstritten. Die beamteten Staatssekretäre befürchteten eine Beeinträchtigung ihrer Stellung und setzten sich dagegen zur Wehr. Inzwischen haben sich die Fronten geklärt. Die beamteten Staatssekretäre behalten ihre Position als weisungsbefugte Chefs der gesamten Ministerialverwaltung. Die Parlamentarischen Staatssekretäre haben innerhalb des Ministeriums nur die Aufgaben, die ihnen – ausnahmsweise – besonders zugewiesen worden sind. Im Vordergrund steht die Unterstützung des Ministers auf der Regierungsebene, vor allem durch die Darstellung und Vertretung der Politik des Ministers nach außen.

Bildlich läßt sich dies so darstellen:

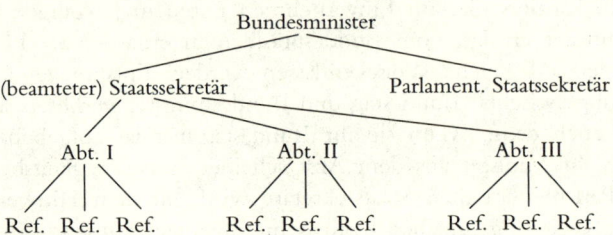

(Abt. = Abteilung jeweils mit Ministerialdirektor an der Spitze, Ref. = Referat, die jeweilige Dreiteilung ist selbstverständlich beispielhaft, nicht abschließend).

Literatur: *A. Laufer,* Der Parlamentarische Staatssekretär, 1969; *R. Wahl,* Die Weiterentwicklung der Institution des Parlamentarischen Staatssekretärs, Der Staat Bd. 8 (1969) S. 327 ff.; *E. Klein,* Politische Staatssekretäre und parlamentarische Kontrolle, DÖV 1974, 590 ff.; *M. Neumann,* Parlamentarische Staatssekretäre in der Bundesverwaltung, ZRP 2002, 203 ff.

15   c) *Der sog.* Kanzleramtsminister ist der Chef des Bundeskanzleramtes und insoweit funktionell Staatssekretär. Er nimmt aber diese Aufgabe als Bundesminister (Bundesminister für besondere Aufgaben) wahr. Diese Verquickung ist nicht unproblematisch. Als Bundesminister ist er im Regierungskollegium dem Bundeskanzler grundsätzlich gleichgeordnet und könnte daher sogar gegen ihn stimmen. Als Chef des Bundeskanzleramtes ist er dagegen dem Bundeskanzler untergeordnet und weisungsgebunden. Praktisch dürfte diese Doppelstellung jedoch kaum zu Schwierigkeiten führen, da der Bundeskanzler ohnehin nur einen Kanzleramtsminister halten wird, mit dem er vertrauensvoll zusammenarbeiten kann. Gewichtiger ist die dadurch bedingte Aufwertung des Chefs des Bundeskanzleramtes gegenüber den anderen Bundesministern.

Vgl. dazu *Schenke,* BK (1980), Art. 64 Rn. 54; *K. Kröger,* Die Ministerverantwortlichkeit in der Verfassungsordnung der Bundesrepublik Deutschland, 1972, S. 46; *J. Brauneck,* Die rechtliche Stellung des Bundeskanzleramtes, 1994, S. 30 ff. − Zum erstenmal wurde 1964 unter Bundeskanzler Erhard ein Staatssekretär des Bundeskanzleramts zum Bundesminister ernannt. Der Grund war an sich banal. Da für den beamteten Staatssekretär, nicht aber für den Bundesminister eine Altersgrenze besteht, Erhard aber auf seinen bisherigen Staatssekretär Westrick, der die Altersgrenze erreicht hatte, nicht verzichten wollte, schlug er dem Bundespräsidenten dessen Ernennung zum Bundesminister vor.

Seitdem ist der Chef des Bundeskanzleramts entweder beamteter Staatssekretär oder Bundesminister für besondere Angelegenheiten, hat aber jeweils dieselben Aufgaben.

III. Die Regierungsbildung

Die Bundesregierung wird nach dem Grundgesetz nicht insge- **16** samt in einem Akt, sondern in zwei Abschnitten gebildet. Zunächst wählt der Bundestag den Bundeskanzler (dazu 1); sodann stellt dieser seine Regierung zusammen, indem er dem Bundespräsidenten die Bundesminister zur Ernennung vorschlägt (dazu 2). Dieses verfassungsrechtlich vorgeschriebene Verfahren setzt im Vorfeld Verhandlungen voraus, die, wenn eine Koalition angestrebt wird, in der Regel in eine Koalitionsvereinbarung einmünden (dazu unten 3). Die Zahl und die Art der Ministerien sind im Grundgesetz nicht abschließend festgelegt, so daß auch darüber im Rahmen der Regierungsbildung zu entscheiden ist (dazu 4).

1. Die Wahl des Bundeskanzlers

Die Wahl des Bundeskanzlers ist in Art. 63 GG eindeutig gere- **17** gelt. Es lassen sich – je nach Entwicklung – drei Runden unterscheiden.

a) In der ersten Runde ist zunächst der Bundespräsident am Zuge. Er ist berechtigt und verpflichtet, einen Kandidaten vorzuschlagen, über den der Bundestag abzustimmen hat. Wenn der Vorgeschlagene die absolute Mehrheit, d.h. die Stimmen der Mehrheit der Mitglieder des Bundestages (bei 598 Abgeordneten also mindestens 300 Stimmen, bei Überhangmandaten entsprechend mehr) erreicht, dann muß er vom Bundespräsidenten zum Bundeskanzler ernannt werden. Das Verfahren ist damit abgeschlossen.

Der Bundespräsident ist bei der Abgabe des Vorschlages frei. Er wird in der Regel die von der Mehrheitspartei oder von der Koalition als Bundeskanzler vorgesehene Person benennen, da es keinen Sinn macht, einen Kandidaten vorzuschlagen, der doch nicht gewählt werden wird. Das würde nur zu einem Prestigeverlust führen. Das Vorschlagsrecht wird aber bei unklaren Mehrheitsverhältnissen im Bundestag bedeutsam. Der Bundespräsident kann in diesem Fall mit seinem Vorschlag einen Weg aus den Schwierigkeiten weisen.

18 b) Wenn der vom Bundespräsidenten Vorgeschlagene nicht die erforderliche Mehrheit erhalten hat, dann kann der Bundestag innerhalb von 14 Tagen von sich aus einen Bundeskanzler wählen (Art. 63 III GG). Der Wahlvorschlag muß nunmehr aus den Reihen des Bundestages kommen. § 4 S. 2 GeschOBT verlangt, daß er von einem Viertel der Mitglieder des Bundestages unterzeichnet wird. Das ist nicht unproblematisch, da die Wahl selbst geheim ist und auf diese Weise ein großer Teil der Wähler ihre Optionen offenbaren müssen. Der Bundespräsident ist jedenfalls nicht mehr vorschlagsberechtigt; sein Vorschlagsrecht ist mit der erfolglosen Wahl der ersten Runde verbraucht. Wenn bei der nun folgenden Wahl ein Kandidat die Mehrheit der Stimmen des Bundestages erreicht, muß er vom Bundespräsidenten ernannt werden. Wenn dieses Quorum nicht erreicht wird, ist die Wahl gescheitert. Entsprechendes gilt für weitere Wahlgänge in dieser Zeit.

19 c) Nach erfolglosem Ablauf der 14-Tage-Frist – sei es, daß keine Wahl stattfand, sei es, daß kein Kandidat die erforderliche Mehrheit erhielt – kommt es zur dritten Runde. Der Bundestag ist nunmehr verpflichtet, (erneut) zu wählen. Diese Wahl ist auf jeden Fall maßgebend. Der Bundespräsident muß ernennen, wenn ein Kandidat die absolute Mehrheit des Bundestages erlangt hat. Dagegen hat er ein Wahlrecht, wenn das nicht der Fall ist: Er kann entweder denjenigen, der die meisten Stimmen erlangt hat, zum Bundeskanzler ernennen oder aber den Bundestag auflösen. Die erste Alternative bietet sich an, wenn anzunehmen ist, daß sich der „Minderheitenkanzler" behaupten und durchsetzen wird; die zweite Alternative liegt nahe, wenn berechtigte Hoffnung besteht, daß durch die nach der Auflösung des Bundestages erforderlichen Neuwahlen klare Mehrheitsverhältnisse geschaffen werden.

In der Regel dürfte die Wahl und die Ernennung des Bundeskanzlers bereits in der ersten Runde erfolgen. Das war bislang in der Praxis der Bundesrepublik auch durchweg der Fall. Die zweite Runde wird nur aktuell, wenn im Bundestag keine klaren Mehrheitsverhältnisse bestehen oder wenn der Bundespräsident die Mehrheitsverhältnisse im Bundestag nicht richtig einschätzt oder ignoriert. Die dritte Runde ist als Notbehelf für den Fall gedacht, daß der Bundestag nicht zur Mehrheitsbildung fähig oder bereit ist.

2. Die Berufung der Bundesminister

Die Bundesminister werden nach Art. 64 I GG auf Vorschlag 20
des Bundeskanzlers vom Bundespräsidenten ernannt. Diese Vorschrift ist nicht eindeutig. Sie hat daher in der Literatur zu unterschiedlichen Deutungen und in der Praxis gelegentlich zu Meinungsverschiedenheiten geführt.

Sicher ist allerdings, daß der Bundespräsident *nur* eine vom Bun- 21
deskanzler vorgeschlagene Person zum Bundesminister ernennen
darf. Ohne oder gar gegen den Willen des Bundeskanzlers kann
also niemand Bundesminister werden. Bestritten ist aber, ob der
Bundespräsident dem Vorschlag des Bundeskanzlers entsprechen
muß oder ob er ein (beschränktes) Ablehnungsrecht hat.

Fall: Der neugewählte Bundeskanzler legt dem Bundespräsidenten seine
Ministerliste vor. Der N ist als Arbeits- und Sozialminister vorgesehen. Der
Bundespräsident lehnt die Ernennung des N ab, da er durch seine DDR-
Vergangenheit zu stark belastet sei. Der Bundeskanzler besteht auf der Ernennung. Er erklärt, daß er mit der Berufung des N zum Bundesminister ein
Zeichen der Verständigung setzen wolle. Wie ist zu entscheiden?
Nach den allgemeinen Auslegungskriterien, die auch hier heranzuziehen
sind, ergibt sich:
1. *Wortlaut.* Die Formulierung des Art. 64 I GG (werden ernannt) ist indi-
kativ und damit offen. Das zeigt ein Vergleich mit Art. 63 II 2 GG, wonach
der vom Bundestag gewählte Bundeskanzler vom Bundespräsidenten zu ernennen *ist*, also ernannt werden muß. Andererseits wird dem Bundespräsidenten auch kein Ermessen eingeräumt, was üblicherweise mit dem Wort „kann"
zum Ausdruck gebracht wird. Auch der Ausdruck „Ernennung" ist noch offen,
da er zwar im Sinne einer echten Entscheidung, aber auch im Sinne eines
bloßen Formalaktes verstanden werden kann, wie z. B. Art. 63 II 2 GG zeigt.
2. *Entstehungsgeschichte.* Aus den Vorlagen und den Beratungen im Parlamentarischen Rat läßt sich zu dieser Frage nichts entnehmen (im übrigen wird
bei einer Klausur nicht erwartet, daß der Bearbeiter die Entstehungsgeschichte
kennt).
3. *Historische Auslegung.* Art. 64 I GG entspricht Art. 53 WRV, der bestimmte, daß die Reichsminister auf Vorschlag des Reichskanzlers vom
Reichspräsidenten ernannt werden. Damals war allgemein anerkannt, daß der
Reichspräsident berechtigt ist, den Vorschlag abzulehnen und einen Alterna-
tivvorschlag zu verlangen. Gegen die Übernahme der damaligen Interpretation
spricht jedoch, daß das Grundgesetz die Regierungsbildung und das Verhältnis
zwischen dem Kanzler und dem Präsidenten wesentlich anders geregelt hat als
die Weimarer Reichsverfassung. Das folgt schon aus Art. 53 WRV selbst, der –
im Gegensatz zum Grundgesetz – dem Reichspräsidenten auch die Auswahl

des Reichskanzlers überließ (der Reichskanzler wurde nicht vom Reichstag gewählt, sondern konnte lediglich von diesem abgewählt werden).

4. *Systematische Auslegung.* Betrachtet man Art. 64 GG im System des Grundgesetzes, insbesondere im Zusammenhang mit den umliegenden Vorschriften, dann ergibt sich: (a) Die Regierungsbildung geht vom Bundestag aus, der zunächst gem. Art. 63 GG den Bundeskanzler wählt und mit dessen Wahl auch Einfluß auf die Zusammensetzung der Bundesregierung erlangt und erlangen soll. Das schließt es aus, daß der Bundespräsident als „Gegenspieler" des Bundeskanzlers und damit des Bundestages auftritt. (b) Da der Bundeskanzler gem. Art. 65 S. 1 GG die Richtlinien der Politik bestimmt, muß er auch das Recht haben, die Personen zu bestimmen, die in der Lage und bereit sind, seine politischen Vorstellungen zu verwirklichen. (c) Diese Deutung wird durch die Gegenzeichnungsregelung des Art. 58 GG bestätigt, die eine eigene, die Regierungspolitik durchkreuzende Sach- und Personalpolitik des Bundespräsidenten verhindern und damit die Einheitlichkeit der politischen Führung gewährleisten soll. (d) Die den Bundespräsidenten insgesamt betreffenden Regelungen des Grundgesetzes zeigen, daß er im wesentlichen auf Repräsentations- und Integrationsaufgaben beschränkt ist und allenfalls dann, wenn das parlamentarische Regierungssystem nicht funktioniert, wegweisend eingreifen darf. (e) Die in diesem Zusammenhang immer wieder herangezogene Eidesformel der Art. 56 GG ändert daran nichts, da sie keine generalklauselartige oder auch nur subsidiäre Kompetenzerweiterung begründet, sondern nur darauf hindeutet, *wie* der Bundespräsident seine anderweitig bereits festgelegten Kompetenzen wahrzunehmen hat.

5. *Gesetzeszweck.* Die Ernennung durch den Bundespräsidenten hat nicht das Ziel, diesen in den politischen Prozeß der Regierungsbildung einzubeziehen. Sie soll vielmehr die Bedeutung und die Staatsbezogenheit der Ministerbestellung hervorheben und den korrekten Verfahrensablauf und das Vorliegen der rechtlichen Voraussetzungen dokumentieren.

22   6. *Ergebnis.* Der Bundespräsident darf also den Vorschlag des Bundeskanzlers nicht aus politischen oder gar aus parteipolitischen Gründen ablehnen. Auch der Hinweis, daß dem Vorgeschlagenen die persönliche Eignung oder fachliche Befähigung fehle, rechtfertigt keine Ablehnung. Diese Aspekte fallen in den Verantwortungsbereich des Bundeskanzlers, der dafür auch im Parlament und vor der Öffentlichkeit geradestehen muß. Dagegen ist der Bundespräsident berechtigt und verpflichtet, die Ernennung abzulehnen, wenn die rechtlichen Voraussetzungen nicht vorliegen, wenn z.B. ein Ausländer vorgeschlagen würde (vgl. dazu bereits oben Rn. 8). Ferner lassen sich Fälle konstruieren, die eine Ernennung zum Minister schlechthin ausschließen (etwa die Ernennung eines mehrfach Vorbestraften zum Justizminister); sie können jedoch als rein theoretisch außer Betracht bleiben.

Im Ausgangsfall liegt die Verantwortung für die Berufung des N zum Minister beim Bundeskanzler. Der Bundespräsident dürfte dann, aber auch nur dann, ablehnen, wenn das frühere Verhalten des Vorgeschlagenen zur DDR-Zeit den Schluß aufdrängt, daß er nicht die erforderliche Gewähr der Verfassungstreue bietet, weil sie Voraussetzung für die Ernennung zum Bundesminister ist. Bloße Vermutungen genügen freilich nicht; vielmehr müssen beweisbare Tatsachen vorliegen, die eindeutig die Prognose der mangelnden Verfassungstreue begründen.

3. Koalitionsvereinbarungen

Der Bundeskanzler wird nach Art. 63 I GG *ohne Aussprache* gewählt. Dasselbe gilt für die folgenden Wahlgänge. Dadurch wird jedoch nur eine Personaldebatte *im Bundestag* ausgeschlossen. Kontakte, Verhandlungen und Absprachen im Vorfeld der Wahl werden dadurch nicht verboten, sondern geradezu vorausgesetzt. Sie sind nicht nur zulässig, sondern sogar notwendig, wenn die Kanzlerwahl nicht zum Zufallsprodukt werden soll. **23**

Das ist vor allem dann der Fall, wenn die Mehrheitsverhältnisse im Bundestag eine Koalition erfordern. Es liegt auf der Hand, daß sich die Gespräche und Vereinbarungen zwischen den koalitionswilligen Parteien nicht auf die Kanzlerwahl beschränken, sondern auf die gemeinsam zu verfolgende Regierungspolitik und die Ressortverteilung erstrecken. Aber auch der Kanzler, der auf keine Koalition angewiesen ist, weil seine Partei die Mehrheit im Bundestag besitzt, ist nicht völlig frei. Er muß auf die unterschiedlichen Kräfteverhältnisse, Interessen, landsmannschaftlichen Verbundenheiten usw. in seiner Partei Rücksicht nehmen. Wer nur die verfahrensabschließenden Akte der Kanzlerwahl und der Ministerernennung betrachtet, bekommt den in der Regel schwierigen Prozeß der Regierungsbildung nicht voll in den Blick. Die verfassungsrechtlich geregelten Akte bilden aber die rechtlichen Fixpunkte im politischen Getriebe. Sie stehen nicht zur Disposition; sie dürfen auch nicht durch Fremdbindungen unterlaufen werden. Das ergibt sich nicht nur aus ihrer rechtlichen Verbindlichkeit, sondern auch aus ihrer Funktion, das Verfahren der Regierungsbildung zu strukturieren und die Verantwortlichkeiten festzulegen.

Besondere Beachtung bedürfen in diesem Zusammenhang die *Koalitionsvereinbarungen*. Obwohl solche Vereinbarungen bereits in der Weimarer Zeit und in den Jahren nach 1949 vorkamen, sind sie erst 1961 mit dem Koalitionsabkommen zwischen der CDU und der FDP in das Licht der Öffentlichkeit gerückt und in der Literatur eingehender erörtert worden. Seitdem sind sie eine bekannte Erscheinung. **24**

25   Koalitionsvereinbarungen sind Absprachen zwischen zwei oder
mehreren Parteien über die Bildung einer gemeinsamen Regierung, die künftige Regierungspolitik und die Verteilung der Re-
gierungsämter. Die Frage, ob und inwieweit solche Vereinbarungen verfassungsrechtlich zulässig sind, läßt sich nicht pauschal
beantworten, sondern hängt von ihrem Inhalt und von ihrer Verbindlichkeit ab. Daher muß ins Detail gegangen werden.

26   a) *Partner* der Koalitionsvereinbarung sind die politischen Partei-
en, die eine Koalition eingehen wollen, nicht der Bundeskanzler,
die Bundesminister oder sonstige Inhaber von Staatsämtern. Dementsprechend bestehen die Verhandlungsdelegationen aus den
Parteivorsitzenden und sonstigen Repräsentanten der Parteien.
Wenn der (noch) amtierende Bundeskanzler mitwirkt und unterzeichnet, dann tut er das nicht als Amtsträger, sondern in seiner
Eigenschaft als Parteivorsitzender oder Mitglied der Verhandlungs-
delegation seiner Partei. Daraus folgt, daß der Bundeskanzler und
die Bundesminister durch die Koalitionsvereinbarung – wie auch
immer ihre Verbindlichkeit beurteilt werden mag – nicht verpflichtet werden. Fraglich ist, ob auch die Fraktionen (Fraktionsvorsitzende, Fraktionsgeschäftsführer usw.) Partner von Koalitionsvereinbarungen sein können. Das wird teilweise bejaht, ist aber zu
verneinen, da die Fraktion als Untergliederung des Bundestages
dem institutionalisierten Bereich der Staatlichkeit angehört. Praktisch kommt dieser Frage keine Bedeutung zu, da der Fraktionsvorsitzende, der Fraktionsgeschäftsführer usw. als Repräsentanten
ihrer Partei auftreten können.

27   b) *Die Form* der Koalitionsvereinbarung kann sehr unterschiedlich sein. In Betracht kommen mündliche Absprachen, Gesprächs-
protokolle, Briefwechsel usw. In der Regel wird heute die Koalitionsvereinbarung in einer Urkunde festgelegt und von beiden
Seiten unterzeichnet.

28   c) *Der Inhalt* der Koalitionsvereinbarung kann ebenfalls sehr unterschiedlich sein. Im Vordergrund stehen jedenfalls die Festlegung
der gemeinsamen Regierungspolitik, die Verteilung der Ressorts,
die Vorsorge für die Bereinigung eventuell auftretender Streitfragen, die Einsetzung eines Koordinierungsausschusses und die Zusa-

ge, nicht mit wechselnden Mehrheiten im Parlament abzustimmen. Die Koalitionsvereinbarungen werden immer perfektionistischer. So werden z. T. nicht nur die großen Linien festgelegt, sondern (allerdings mehr bei Koalitionsvereinbarungen im Landesbereich) auch Einzelfragen entschieden, bis hin zum Bau oder Nichtbau einer Bundesstraße, zur Errichtung einer Mülldeponie und dgl. Vor allem die kleineren Parteien versuchen vorsorglich, einige für sie wichtige und wählerwirksame Projekte einzubringen.

d) *Die Bindungswirkung* der Koalitionsvereinbarung gehört zu den   29
in der Literatur umstrittensten Aspekten. Sicher ist, daß der Koalitionspartner durch die Koalitionsvereinbarung „festgelegt" werden soll. Die Frage ist aber, ob diese Festlegung *rechtlich* verbindlich sein soll mit der Konsequenz, daß man selbst entsprechende Bindungen eingeht. Das hängt vom Bindungswillen der Koalitionspartner ab. In der Regel dürfte der Wille zur rechtlichen Bindung fehlen. Die Koalitionsvereinbarung zielt nicht auf eine rechtliche, möglicherweise sogar gerichtlich einklagbare, sondern auf eine politische Bindung. Dementsprechend fehlt auch meistens eine Kündigungsklausel. Die faktisch-politische Bindungskraft besteht in den gemeinsamen Interessen. Erlöschen diese oder setzt sich ein Partner ab, dann kommt es eben zum Koalitionsbruch. Wer diesen nicht riskieren will, wird sich – im eigenen Interesse – an die Koalitionsvereinbarung halten.

e) *Die Rechtsnatur der Koalitionsvereinbarung.* Folgt man der hier   30
vertretenen Meinung, daß die Koalitionsvereinbarung keine rechtliche Bindung erzeugt, dann ist sie auch kein Vertrag im rechtlichen Sinne. Die in der Literatur immer wieder anzutreffende Annahme, die Koalitionsvereinbarung stelle einen rechtlich nicht verbindlichen Vertrag dar, ist ein Widerspruch in sich. Diese Konstruktion ist auch nicht notwendig. Es liegt vielmehr nahe, die Koalitionsvereinbarungen den informellen Absprachen zuzurechnen, die inzwischen auch im Bereich des Staats- und Verwaltungsrechts allgemein bekannt und grundsätzlich anerkannt sind.

Wenn man dagegen mit einem Teil der Literatur die Koalitionsvereinbarung als Vertrag qualifiziert, dann fragt sich, wie er einzuordnen ist. Die Auffassung, es handle sich um einen privatrechtlichen Vertrag (weil die eine Koalitionsver-

einbarung abschließenden Parteien als rechtsfähige oder nichtrechtsfähige
Vereine dem Privatrecht angehören) oder um einen verwaltungsrechtlichen
Vertrag (so BGHZ 29, 187 im Blick auf die technischen Vorfragen einer
Koalitionsabsprache), wird heute zu Recht allgemein abgelehnt. Wenn, dann
handelt es sich um einen verfassungsrechtlichen Vertrag.

31   f) *Justitiabilität.* Nach allgemeiner Auffassung können Koalitionsvereinbarungen gerichtlich nicht durchgesetzt werden. Die Begründungen sind allerdings unterschiedlich. Wenn man − wie
hier − die rechtliche Verbindlichkeit der Koalitionsvereinbarungen
verneint, versteht sich die fehlende Justitiabilität von selbst, da die
Gerichte nur über *Rechts*streitigkeiten entscheiden können. Problematisch wird es, wenn man die Koalitionsvereinbarungen als
rechtlich verbindliche Verträge qualifiziert. Ein Teil der dieser
Deutung folgenden Literatur lehnt die gerichtliche Durchsetzbarkeit grundsätzlich ab, wobei offen bleibt, warum ein Vertrag
vorliegen, aber kein Rechtsschutz gegeben sein soll. Andere sind
offenbar der Meinung, daß die gerichtliche Kontrolle nicht grundsätzlich, aber nach geltendem Prozeßrecht ausgeschlossen sei; da die
Koalitionsvereinbarungen Verfassungsverträge seien, käme nur der
Rechtsweg zum BVerfG in Betracht, der aber vom enumerativen
Zuständigkeitskatalog des BVerfG nicht erfaßt werde. Wenn dem
so wäre, dann wären die Koalitionsvereinbarungen die einzigen
Rechtsakte in unserem „Rechtswegestaat", die sich der gerichtlichen Kontrolle und Durchsetzbarkeit entzögen. Die Rechtsverbindlichkeit der Koalitionsverträge wäre dann nur ein Beiwort, das
rechtlich nichts brächte und allenfalls politisch einsetzbar wäre.
Auch von diesem Ergebnis her drängt sich der Rückschluß auf,
daß die Koalitionsvereinbarungen keine rechtlich verbindlichen
Verträge sind.

Im übrigen ist durchaus fraglich, ob das BVerfG − unterstellt, die Koalitionsvereinbarungen sind Verfassungsverträge − nicht doch zuständig ist. Die Zuständigkeit ließe sich mit Art. 93 I Nr. 1 GG begründen, da es sich um eine
verfassungsrechtliche Streitigkeit („Verfassungsvertrag") handelt und die politischen Parteien verfassungsprozessual als Verfassungsorgane auftreten können
(vgl. dazu § 11 Rn. 22 ff., § 20 Rn. 44). Für eine solche − möglicherweise
extensive − Auslegung spricht auch die staatliche Justizgewährleistungspflicht,
die sich aus dem Rechtsstaatsprinzip ergibt (vgl. dazu BVerfGE 85, 337, 345
im Blick auf bürgerlich-rechtliche Streitigkeiten; Entsprechendes muß aber
auch für verfassungsrechtliche Streitigkeiten selbständiger Rechtsträger gelten).

g) *Zusammenfassend* läßt sich feststellen, daß die Koalitionsverein- 32
barungen zwar *politisch* erhebliche Bedeutung haben oder haben
können, aber *rechtlich* nicht verbindliche Absprachen darstellen. Da
sie schon ihrer Natur nach keine Rechtsakte sind und, selbst wenn
sie solche wären, die staatlichen Amtsträger und Organe als Externe
nicht binden, verstoßen sie auch nicht gegen das Verfassungsrecht.
Es kann zwar nicht übersehen werden, daß sie in tatsächlich-
politischer Hinsicht Bindungen erzeugen können. Sie ergeben sich
jedoch genau betrachtet schon aus den jeweiligen Situationen.
Sollten die Koalitionsvereinbarungen Vorhaben betreffen, deren
Verwirklichung das Recht verletzen würde, dann wäre deren *Umsetzung* durch die Regierung rechtswidrig und könnte mit den
bestehenden Rechtsmitteln abgewehrt werden. Schließlich ist noch
zu beachten, daß die Verfassung im Bereich der Regierungsbildung
nur einen Rahmen setzt und Fixpunkte festlegt, im übrigen aber
für die politische Gestaltung und Entwicklung offen ist. Diese
Freiräume können die politischen Parteien, die selbst verfassungsrechtlich verankert sind (Art. 21 I GG), auch durch gegenseitige
Absprachen nutzen.

Vgl. zu den Koalitionsvereinbarungen näher: *A. Schüle,* Koalitionsvereinbarungen im Lichte des Verfassungsrechts, 1964; *P. Häberle,* Die Koalitionsvereinbarung im Lichte des Verfassungsrechts, ZfP 12 (1965) S. 293 ff. (auch
abgedruckt in: *ders.,* Verfassung als öffentlicher Prozeß, 1978, S. 620 ff.);
H. Weber, Der Koalitionsvertrag, 1966; *H. Schulze-Fielitz,* Koalitionsvereinbarungen als verfassungsrechtliches Problem, JA 1992, 332 ff.; *I. v. Münch,* Rechtliche und politische Probleme von Koalitionsregierungen, 1993 (mit weiteren
Literaturangaben S. 11 f.); *R. Zuck,* Verfassungswandel durch Vertrag? ZRP
1998, 457 ff.; *M. Schröder,* MKSt Art. 63 Rn. 16 ff.; *Meyn,* MüK Art. 65
Rn. 6 f. Vgl. als Beispiel die nach der Bundestagswahl 1998 abgeschlossene
Koalitionsvereinbarung zwischen der SPD und den Grünen vom 20. 10. 1998,
abgedruckt in ZRP 1998, 485 ff.

4. Die Zahl und die Abgrenzung der Bundesministerien

Das Grundgesetz enthält keine Aussagen über die Zahl der 33
Ministerien und die Abgrenzung ihrer Geschäftsbereiche. Lediglich
einige Minister werden im Grundgesetz genannt, die damit zwingend vorgeschrieben sind.

Es handelt sich um den Bundesverteidigungsminister (Art. 65 a GG), den Bundesfinanzminister (Art. 108 III 2, 112 S. 2 und Art. 114 I GG) und den Bundesjustizminister (Art. 96 II 4 GG).

Im übrigen hat der Bundeskanzler darüber zu entscheiden. Das ergibt sich aus Art. 64 I GG, der ihm nicht nur das Recht gibt, die für die Besetzung der Ministerien vorgesehenen Personen zu bestimmen (sog. Personalgewalt), sondern auch das Recht impliziert, die Zahl, die Art und die Abgrenzung der Ministerien im einzelnen festzulegen (sog. Organisationsgewalt). Die Richtlinienkompetenz des Bundeskanzlers gem. Art. 65 S. 1 GG bestätigt dies, da Sachfragen und Personalfragen eng miteinander verknüpft sind oder zumindest miteinander verknüpft sein können.

Art. 86 GG, der die Organisationsgewalt der Bundesregierung zuweist und zudem unter Gesetzesvorbehalt stellt, greift hier nicht ein, weil er die gesetzesausführende Bundesverwaltung regelt, die Ministerien aber vor allem dem Regierungsbereich zuzurechnen sind. Sollte man Art. 86 GG gleichwohl anwenden, dann würde er insoweit durch Art. 64 I GG als lex specialis verdrängt. Auch sachlich ist es schwer vorstellbar, daß der Bundesregierung oder sogar den einzelnen Bundesministern, die ja erst durch die Kabinettsbildung ihr Amt erlangen, die Organisationsgewalt im Regierungsbereich zukommt. Daß sich die soeben erörterten Koalitionsvereinbarungen auch auf den Organisationsbereich erstrecken, liegt auf der Hand; die bereits erörterten Beschränkungen gelten aber auch hier.

IV. Die Amtszeit der Bundesregierung und
ihr vorzeitiges Ende

34   Nach den Regelungen des Grundgesetzes hängt nicht nur die Bildung der Bundesregierung, sondern auch ihr Bestand und ihr Ende maßgeblich vom Bundeskanzler ab. Daher ist zunächst auf diesen einzugehen.

1. Die Amtszeit des Bundeskanzlers

Der Bundeskanzler bleibt bis zum Ende der Wahlperiode des Bundestages, der ihn gewählt hat, im Amt, sofern er nicht vorher zurücktritt oder abgewählt wird.

a) Die *reguläre Amtszeit* wird durch Art. 69 II GG bestimmt, wo- **35** nach der Bundeskanzler (spätestens) mit dem Zusammentritt des neuen Bundestages aus seinem Amt ausscheidet. Das ist auch der Zeitpunkt, an dem die Wahlperiode des bisherigen Bundestages endet (vgl. Art. 39 I 2 GG). Das Ende der Wahlperiode und das Ende der Amtszeit des Bundeskanzlers sind damit gleichgeschaltet. Jeder Bundestag wählt *seinen* Bundeskanzler.

b) Der *freiwillige Rücktritt* ist jederzeit möglich. Er führt zur **36** Wahl eines neuen Bundeskanzlers gem. Art. 63 GG, wobei es nicht ausgeschlossen ist, daß der zurückgetretene Kanzler erneut kandidiert.

c) *Abwahl.* Nach Art. 67 GG kann der Bundestag dem Bundes- **37** kanzler „das Mißtrauen … aussprechen." Das Mißtrauensvotum ist ein traditioneller Begriff des parlamentarischen Regierungssystems und bringt die existentielle Abhängigkeit der Regierung vom Parlament zum Ausdruck. Es zwingt zum Rücktritt und bedeutet damit Abwahl. Während es früher – vor allem nach Art. 54 WRV – genügte, daß sich die Mehrheit des Parlaments *gegen* den amtierenden Kanzler aussprach (sog. einfaches oder destruktives Mißtrauensvotum), ist es nunmehr gem. Art. 67 GG erforderlich, daß sie zugleich einen neuen Kanzler wählt (sog. konstruktives Mißtrauensvotum). Die Abwahl erfolgt also durch Neuwahl. Ist ein neuer Kanzler gewählt, dann verliert der bisherige Kanzler automatisch sein Amt.

Das konstruktive Mißtrauensvotum soll verhindern, daß sich im **38** Bundestag Mehrheiten zusammenfinden, die sich – negativ – in der Ablehnung des amtierenden Kanzlers einig sind, aber nicht – positiv – zur Neuwahl eines Nachfolgers bereit oder fähig sind. Das Grundgesetz reagiert damit auf die Weimarer Zeit, in der dies immer wieder vorkam, insbesondere als die immer stärker werdenden links- und rechtsradikalen Parteien, die Kommunisten und die Nationalsozialisten, zwar den Reichskanzler ablehnten, aber aus naheliegenden Gründen keinen Nachfolger stellen konnten. Bereits damals wurde verschiedentlich in der Literatur eine Koppelung von Abwahl und Neuwahl gefordert. Dieser Vorschlag wurde in einigen nach 1945 erlassenen Landesverfassungen aufgenommen und ist über diese in das Grundgesetz eingegangen. Gleichwohl darf die verfassungspolitische Bedeutung des Art. 67 GG nicht überschätzt werden. Der Kanzler, der die Mehrheit im Bundestag verloren hat, bleibt zwar im Amt, kann aber als Minderheitenkanzler nur noch bedingt weiterregieren. Er ist auf Kompromisse oder wenigstens auf die Duldung oppositioneller Abgeordneter und Fraktionen des Bundestages angewiesen, wenn er seine Gesetze und den Haushaltsplan durchbringen will. Andererseits blieb auch in der Weimarer Zeit der gestürzte Kanzler bis zur Bestellung seines Nachfolgers als „geschäftsführender Kanzler" im Amt. In der Praxis ist der Unterschied zwischen dem Minderheitenkanzler und dem geschäftsführenden Kanzler gering. Die Stabilität der Regierungen in der Bundesrepublik seit ihrem Bestehen beruht nicht auf Art. 67 GG, sondern auf den klaren Mehrheitsverhältnissen im Bundestag, die andere Gründe haben, etwa die Einsicht der Wähler, die Ausgestaltung des Wahlrechts, die Dominanz bestimmter Parteien usw. Immerhin sollte die disziplinierende Wirkung des Art. 67 GG nicht unterschätzt werden.

39   Art. 67 GG wurde bislang zweimal aktuell: (1) Die nach der Bundestagswahl 1969 gebildete SPD/FDP-Koalition verlor eine Reihe von Abgeordneten, die nicht bereit waren, die neue Ostpolitik mitzutragen. Daraufhin beantragte 1972 die CDU/CSU-Fraktion, dem amtierenden Bundeskanzler Brandt (SPD) das Mißtrauen auszusprechen und den Abgeordneten Barzel (CDU) zum neuen Bundeskanzler zu wählen. Der Antrag verfehlte knapp die erforderliche Mehrheit und war damit gescheitert. – (2) Im September 1982 kam es zum Bruch der SPD/FDP-Koalition und zur Bildung einer Koalition von CDU/CSU und FDP. Die neuen Koalitionsfraktionen beantragten, dem amtierenden Bundeskanzler Helmut Schmidt (SPD) das Mißtrauen auszusprechen und den Abgeordneten Helmut Kohl (CDU) zum neuen Bundeskanzler zu wählen. Der Antrag erhielt die erforderliche Mehrheit und führte zum Regierungswechsel. – Vgl. zu beiden Vorgängen die Angaben bei *P. Schindler,* Datenhandbuch, Bd. I, S. 1228 ff.

40   c) *Die Vertrauensfrage gem. Art. 68 GG.* In engem Zusammenhang mit dem Mißtrauensvotum des Art. 67 GG steht die in Art. 68 GG geregelte Vertrauensfrage des Bundeskanzlers. In diesem Fall geht die Initiative vom Bundeskanzler aus. Er kann von sich aus den Antrag stellen, ihm das Vertrauen auszusprechen. Findet der Antrag die erforderliche absolute Mehrheit im Bundestag, dann ergeben sich keine weiteren rechtlichen Konsequenzen, der Bundeskanzler ist aber politisch gestärkt. Erhält der Antrag nicht die erforderliche Mehrheit, dann bestehen drei rechtliche Möglichkeiten:

(1) Der Bundeskanzler kann als Minderheitenkanzler weiterregieren;
(2) der Bundeskanzler kann dem Bundespräsidenten die Auflösung des Bundestages vorschlagen, der jedoch dem Vorschlag nicht entsprechen muß, sondern nach seinem Ermessen unter Berücksichtigung aller Umstände zu entscheiden hat (vgl. dazu bereits oben § 13 Rn. 58);
(3) der Bundeskanzler kann zurücktreten und damit den Weg für eine Neuwahl gem. Art. 63 GG freimachen.

Welche dieser drei Möglichkeiten der Bundeskanzler wählt, liegt **41** in seinem Ermessen; im Fall (2) ist er allerdings auf die Mitwirkung des Bundespräsidenten angewiesen. Art. 68 GG hat den Sinn und Zweck, im Falle einer parlamentarischen Krise Auswege anzubieten. Er setzt daher voraus, daß die Kanzlermehrheit im Bundestag zweifelhaft oder sogar geschwunden ist. Der Bundeskanzler kann den Antrag stellen, um zu dokumentieren, daß er doch noch die Mehrheit hinter sich hat, oder um schwankende Abgeordnete vor die Entscheidung zu stellen und auf seine Seite zu ziehen. Er kann aber auch den Antrag in der Erwartung stellen, daß er abgelehnt wird, um den Weg für eine Parlamentsauflösung und Neuwahl freizumachen. Voraussetzung ist in allen Fällen, daß der Bundeskanzler keine oder doch zumindest keine sichere Mehrheit im Bundestag hat. Es wäre ein Rechtsmißbrauch, wenn der Bundeskanzler trotz sicherer Mehrheit im Bundestag die Vertrauensfrage stellen würde, um eine ihm opportun erscheinende vorzeitige Auflösung und Neuwahl des Bundestages zu erreichen (vgl. dazu auch oben § 13 Rn. 58).

Die Vertrauensfrage nach Art. 68 GG wurde bislang vier Mal gestellt: In **42** zwei Fällen mit dem Ziel, über eine (abgesprochene) Abstimmungsniederlage die Auflösung und die Neuwahl des Bundestages zu erreichen (Bundeskanzler Brandt 1972, Bundeskanzler Kohl 1982), in beiden Fällen mit dem gewünschten Erfolg. In zwei weiteren Fällen mit dem Ziel, die fraglich gewordene Regierungsmehrheit im Bundestag zu stabilisieren, wobei es einmal um die gesamte Regierungspolitik ging (Bundeskanzler Schmidt 1982) und zum anderen um die Mehrheit für eine konkrete Sachfrage (Bundeskanzler Schröder 2001, Bundeswehr-Einsatz in Afghanistan). Der letzte Fall hat die Frage aufgeworfen, ob die Vertrauensfrage nach Art. 68 GG mit einer Sachentscheidung verbunden werden darf; das ist zu bejahen, a. A. *Ch. Schönberger, JZ*

2002, 211 ff. – Vgl. zur Praxis *Schindler,* Datenhandbuch, Bd. I, S. 1237 ff.; zum letzten Fall die Nachweise bei *Schönberger,* aaO.; ferner die ausführlichere Darstellung in der 2. Auflage dieses Buches § 14 Rn. 42.

2. Die Amtszeit der Bundesminister

43   Das Amt der Bundesminister ist eng mit dem des Bundeskanzlers verknüpft. Es endet gem. Art. 69 II GG automatisch mit der Erledigung des Amtes des Bundeskanzlers (Rücktritt, Abwahl, Ende der Wahlperiode). Ferner kann der Bundeskanzler jederzeit dem Bundespräsidenten die Entlassung eines Bundesministers vorschlagen (Art. 64 I GG). Der Bundespräsident ist verpflichtet, dem Vorschlag zu entsprechen. Er darf dem Bundeskanzler keinen Bundesminister aufzwingen – weder durch Ernennung ohne Vorschlag noch durch Ablehnung der Entlassung trotz Vorschlag. Andererseits kann der Bundestag die einzelnen Bundesminister nicht abwählen. Diese Möglichkeit bestand in der Weimarer Zeit (Art. 54 WRV), ist aber vom Grundgesetz bewußt nicht übernommen worden. Ein „Mißtrauensvotum" gegen einen Bundesminister, wie es gelegentlich im Bundestag von der Opposition beantragt worden ist, hat, falls es überhaupt zulässig ist, nur politische, keine rechtliche Bedeutung. Wenn der Bundestag unbedingt die Entlassung eines Bundesministers will, dann bleibt ihm nur die Abwahl des Bundeskanzlers und damit der gesamten Bundesregierung (Art. 67, 69 II GG), was freilich praktisch kaum einmal aktuell werden dürfte. Dadurch werden die Bundesminister noch stärker an den Bundeskanzler gebunden. Die Abwahlmöglichkeit zur Weimarer Zeit brachte die Minister zwar in unmittelbare Abhängigkeit vom Parlament, stärkte sie aber auch gegenüber dem Kanzler, da sie sich ihm gegenüber darauf berufen konnten, daß sie trotz gewisser Kontroversen und Schwierigkeiten vom Parlament nicht abgewählt worden seien und daher noch dessen Vertrauen besäßen.

44   Selbstverständlich kann der Bundesminister jederzeit auch von sich aus zurücktreten. Rechtstechnisch läuft das so, daß der Bundesminister den Bundeskanzler bittet, dem Bundespräsidenten die Entlassung vorzuschlagen. Bundeskanzler und Bundespräsident sind dazu verpflichtet, da niemand gezwungen werden kann, gegen seinen Willen Minister zu werden oder zu bleiben. Da-

von zu unterscheiden ist das Entlassungs- oder Rücktrittsangebot. Es besteht darin, daß der Bundesminister dem Bundeskanzler den „Rücktritt" in der dargelegten Weise anbietet, aber die Entscheidung darüber dem Bundeskanzler überläßt. Praktisch-politisch bedeutet die Ablehnung dieses Angebots zugleich ein Vertrauensvotum des Bundeskanzlers für den Minister.

V. Die Aufgaben der Regierung

1. Einordnung und Überblick

Der Begriff der Regierung ist *mehrdeutig*. Er kann im organisato- **45** rischen Sinn (Regierungsorgan, Kabinett), im funktionellen Sinn (Wahrnehmung der Regierungsaufgaben) und im formellen Sinn (alle dem Regierungsorgan verfassungsrechtlich zugewiesenen Aufgaben ohne Rücksicht auf ihre funktionelle Einordnung) verstanden werden. Der Begriff der *Regierung im organisatorischen Sinn* läßt sich weiter aufgliedern, je nachdem ob die Regierung als Gesamtheit oder ob die einzelnen, handlungs- und entscheidungsfähigen Teile der Regierung (Bundeskanzler, Bundesminister, Kollegium) gemeint sind. Wenn das Grundgesetz von der Bundesregierung spricht, dann meint es in aller Regel das Kollegium in Abgrenzung zum Bundeskanzler und den Bundesministern, evtl. aber auch die Bundesregierung als Gesamtheit, wobei die interne Zuständigkeitsverteilung noch offen bleibt. Die *Regierung im funktionellen Sinn* läßt sich nur umschreiben, nicht präzis definieren. In der Literatur versteht man darunter allgemein die staatsleitende Tätigkeit oder die politische Führung auf höchster Ebene (vgl. dazu näher unten § 18 Rn. 5 ff.). Das Grundgesetz verzichtet auf eine begriffliche Festlegung. Es weist vielmehr der Bundesregierung bzw. ihren Teilen eine Reihe von Aufgaben zu, die zwar überwiegend, aber nicht ausschließlich als typische Regierungsaufgaben angesehen werden können. Die Summe dieser verfassungsrechtlich zugewiesenen Aufgaben mag man als *Regierung im formellen Sinne* bezeichnen, nur muß man beachten, daß dieser Begriff keinen besonderen Erkenntniswert hat. Wenngleich das Grundgesetz der Bundesregierung und ihren Teilen nur *bestimmte* Regierungsaufgaben zuweist, so läßt sich doch im Blick auf ihre weitgreifenden und politisch offenen Kompetenzen generell sagen, daß die Bundesregierung als politisches Führungsorgan zur Staatsleitung berufen ist.

Zur Staatsleitung gehört auch die Informationsarbeit der Bundesregierung, d.h. die Unterrichtung der Bevölkerung über Entwicklungen im staatlichen, gesellschaftlichen und wirtschaftlichen Bereich, evtl. verbunden mit kritischen Stellungnahmen, Empfehlungen und Warnungen; vgl. BVerfG DVBl. 2002, 1351 (Warnungen vor sog. Jugendsekten) und BVerfG DVBl. 2002, 1358 (Verbraucherschutz: Warnungen vor glykolversetztem Wein).

Die Bundesregierung trifft bei der Wahrnehmung ihrer Aufgaben immer wieder auf andere Verfassungsorgane, die ebenfalls staatsleitende Aufgaben haben. Das gilt vor allem für den Bundestag. Die Konkurrenz zwingt zur Zusammenarbeit. So kann z.B. der Bundeskanzler seine Politik nur durchsetzen, wenn er – falls dazu Gesetze oder finanzielle Mittel erforderlich sind – den Bundestag und ggf auch den Bundesrat dafür gewinnt. In der Literatur wird deshalb davon gesprochen, die Staatsleitung stehe „der Regierung und dem Parlament gewissermaßen zur gesamten Hand zu" (so die vielzitierte Formel von *Friesenhahn,* VVDStRL 16, 1958, S. 38). Dieses aus dem Privatrecht entlehnte Bild veranschaulicht, darf aber nicht irreführen. Regierung und Parlament haben je ihre eigenen Kompetenzen, müssen aber zur Wahrnehmung ihrer Aufgabe der Staatsleitung zusammenwirken. Der Regierung obliegt mehr die Initiative, Planung und Durchsetzung, dem Parlament mehr die öffentliche Beratung und Beschlußfassung, die Vermittlung der demokratischen Legitimität und die Kontrolle.

Im anglo-amerikanischen Recht kommt die Unterscheidung zwischen der Staatsleitung und der Regierung terminologisch deutlicher zum Ausdruck. Administration ist nicht nur die Verwaltung, sondern die Exekutive einschließlich der Regierung; government ist die Staatsleitung durch die Regierung und das Parlament (die Parlamentsmehrheit).

46   Verfassungssystematisch wäre es durchaus denkbar, daß zunächst die Aufgaben und Kompetenzen der Bundesregierung festgelegt und dann auf den Bundeskanzler, die Bundesminister und das Kollegium verteilt werden. Das Grundgesetz verzichtet jedoch auf diese erste Stufe und bestimmt – gleichsam im Durchgriff –

sogleich die Aufgaben und Kompetenzen der einzelnen Regierungsteile. Man unterscheidet zwischen dem Kanzlerprinzip, dem Ressortprinzip und dem Kollegialprinzip. Sie bedeuten – zunächst in reiner Form vorgestellt – folgendes:

– Nach dem *Kanzlerprinzip* liegen alle Regierungsbefugnisse in der Hand des Kanzlers. Dieses Prinzip wurde in der Reichsverfassung von 1871 verwirklicht. Der Reichskanzler war die beherrschende Figur. Eine Reichsregierung gab es nicht. Die Leiter der verschiedenen Ressorts, die zudem erst allmählich eingeführt wurden, waren dem Reichskanzler unterstellt und an seine Weisungen gebunden. Daher wurden sie konsequenterweise auch nicht als Minister, sondern als Staatssekretäre bezeichnet. Entsprechendes gilt für die USA. Der Präsident bildet die Regierung; die Ressortchefs, ebenfalls Staatssekretäre genannt, sind ihm untergeordnet.
– Nach dem *Ressortprinzip* leitet jeder Minister seinen Geschäftsbereich eigenverantwortlich, selbständig und unabhängig.
– Nach dem *Kollegialprinzip* werden alle oder zumindest alle wesentlichen Entscheidungen vom Regierungskollegium durch Mehrheitsbeschluß getroffen. Der Ministerpräsident ist lediglich Vorsitzender dieses Gremiums.

Das Grundgesetz nimmt alle diese drei Prinzipien auf und verknüpft sie miteinander. Es steht insoweit zwischen der Reichsverfassung von 1871 mit seinem ausgeprägten Kanzlerprinzip und der Weimarer Reichsverfassung, die das Kollegialprinzip betonte, allerdings auch die beiden anderen Prinzipien berücksichtigte.

2. Die Aufgaben und Kompetenzen des Bundeskanzlers

Der Aufgabenbereich des Bundeskanzlers läßt sich durch die **47** Stichworte Richtlinienkompetenz, Kabinettsbildungskompetenz und Geschäftsleitungskompetenz charakterisieren.

a) *Richtlinienkompetenz.* Der Bundeskanzler bestimmt gem. Art. 65 S. 1 GG die Richtlinien der Politik und gibt damit die Ziele der Politik und die Wege zu deren Verwirklichung an. *Der Begriff* der Richtlinie ist schwer zu bestimmen. In der Regel fallen darunter nur allgemeine Vorgaben und somit generelle Weisungen. Ausnahmsweise können sie sich aber auch auf Einzelfälle und Detailfragen beziehen, nämlich dann, wenn ihre Klärung und Entscheidung zugleich Grundsatzcharakter haben. *Adressat* der Richtlinien sind ausschließlich die Bundesminister. Die anderen

Verfassungsorgane werden nicht gebunden. Das gilt vor allem für den Bundestag, der selbstverständlich bei der Gesetzgebung die Richtlinienvorstellungen des Bundeskanzlers nicht zu beachten braucht. Der Bundespräsident wird ebenfalls von der Richtlinienbestimmung nicht erfaßt; die erforderliche Einheitlichkeit der Staatsführung in diesem Bereich wird durch die Gegenzeichnungsregelung des Art. 58 GG gewährleistet (vgl. dazu unten § 15 Rn. 25 ff.). Aber auch in den internen Bereich eines Ministeriums kann der Bundeskanzler nicht eingreifen. Es ist vielmehr Sache des Bundesministers, die (zulässigen) Richtlinien in seinem Ministerium umzusetzen. Der *Rechtscharakter* der Richtlinien ist umstritten. Es ist indessen wenig sinnvoll, sie in das Schema der bekannten Handlungsformen des Staats- und Verwaltungsrechts zu pressen. Näher liegt es, sie als das zu nehmen, was sie in Wirklichkeit sind, nämlich Rechtsakte eigener Art.

Ein Rechtsstreit zwischen einem Bundesminister und dem Bundeskanzler über das Vorliegen und die Zulässigkeit einer Richtlinie ist theoretisch denkbar. In Betracht käme ein Organstreitverfahren gem. Art. 93 I Nr. 1 GG vor dem BVerfG. Praktisch ist das jedoch nicht vorstellbar. Der Bundeskanzler kann einen Bundesminister, der sich seinen Richtlinien widersetzt, entlassen!

48   b) *Kabinettsbildungsrecht.* Wie bereits dargelegt wurde, bestimmt der Bundeskanzler die Zahl und die Abgrenzung der Bundesministerien und ihre personelle Besetzung. Er besitzt daher im Blick auf die Regierung die Organisationskompetenz und die Personalkompetenz.

49   c) *Geschäftsleitungskompetenz.* Der Bundeskanzler hat als Vorsitzender die Sitzungen der Bundesregierung vorzubereiten, einzuberufen und zu leiten. Ferner hat er kraft seiner Geschäftsleitungskompetenz die Aufgabe, die Arbeit innerhalb der Regierung und zwischen den Ministerien zu koordinieren. Dabei wird er durch den Staatssekretär des Bundeskanzleramtes, der zugleich Staatssekretär der Bundesregierung ist, unterstützt.

3. Die Aufgaben und Kompetenzen der Bundesminister

50   Die Bundesminister sind gem. Art. 65 S. 2 GG an die Richtlinien des Bundeskanzlers gebunden, leiten im übrigen aber ihr

Ressort (ihren Geschäftsbereich) selbständig und unter eigener Verantwortung. Das gilt sowohl für die Festlegung der politischen Richtung und die Entscheidung einzelner Sachfragen als auch für die innere Organisation und die Einstellung und Entlassung der Beamten und sonstigen Bediensteten (sog. Organisationsgewalt und Personalgewalt). Die Verantwortung besteht gegenüber dem Parlament. Die Minister können zwar nach geltendem Verfassungsrecht vom Bundestag nicht abgewählt werden, sie müssen aber dem Bundestag Rede und Antwort stehen und sich damit rechtfertigen (Art. 43 I GG). Ferner müssen sie sich ggf. auch gegenüber dem Bundeskanzler und in der Bundesregierung verantworten.

Fraglich ist, ob der Vorrang und die Bindungswirkung der **51** Richtlinien des Bundeskanzlers auch dann gelten, wenn unmittelbar durch das Grundgesetz einem Bundesminister eine besondere Kompetenz zugewiesen wird. Hier ist zu differenzieren: Wenn die Zuweisung – wie in Art. 65a GG die Befehls- und Kommandogewalt des Bundesverteidigungsministers – lediglich klarstellend eine ohnehin in das Ressort fallende Kompetenz benennt, besteht die Richtlinienkompetenz des Bundeskanzlers. Wenn dagegen – wie in Art. 112 GG die Zustimmung des Bundesfinanzministers zu über- und außerplanmäßigen Ausgaben – eine zusätzliche und eigenständige Kompetenz begründet wird, kommt die Richtlinienkompetenz des Bundeskanzlers nicht zur Anwendung.

Vgl. zur Befugnis des Bundesfinanzministers gem. Art. 112 GG unten § 21 Rn. 73 f.; zum Verhältnis der Richtlinienkompetenz des Bundeskanzlers und der Sonderkompetenzen der Bundesminister *Maurer,* Festschrift für Thieme, 1993, 123, 132 ff. mit weiteren Nachw.

4. Die Aufgaben und Befugnisse des Regierungskollegiums

Die Fälle, in denen die Bundesregierung als Kollegium zu ent- **52** scheiden hat, also das Kollegialprinzip gilt, sind enumerativ aufgezählt. Im Grundgesetz finden sich eine ganze Reihe sehr unterschiedlicher Bezugspunkte, die sich nur schwer in ein einheitliches Schema bringen lassen, zumal sie sich teilweise überschneiden. Im folgenden sollen die wichtigsten Zuständigkeiten aufgeführt werden (vgl. im übrigen die Aufzählung bei *Achterberg*, HStR II (1987) S. 653 f.; *Stern*, Staatsrecht II, S. 311 f.):

a) Zuständigkeiten im regierungsinternen Bereich: Entscheidung über Meinungsverschiedenheiten zwischen Bundesministern (Art. 65 S. 3 GG), Erlaß der Geschäftsordnung der Bundesregierung (Art. 65 S. 4 GG);

b) Mitwirkung im Bereich der Gesetzgebung: Gesetzesinitiative (Art. 76 GG), Anrufung des Vermittlungsausschusses (Art. 77 II 4 GG), Zustimmung zu finanzwirksamen Gesetzen (Art. 113 GG);

c) Erlaß von Rechtsverordnungen: allgemein (Art. 80 GG), Sonderfälle (Art. 109 IV 2, 119, 129 GG);

d) Zuständigkeiten im Verwaltungsbereich: Erlaß von Verwaltungsvorschriften und Aufsicht hinsichtlich des Vollzugs der Bundesgesetze durch die Länder (Art. 84, 85, 87 b II 2 GG), Organisationsgewalt im Bundesbereich (Art. 86 GG), Finanzverwaltung (Art. 108 II, VII GG);

e) Zuständigkeiten im Haushaltsbereich: Vorlage des Haushaltsgesetzes (Art. 110 III GG), Zustimmung zu finanzwirksamen Gesetzen (Art. 113 GG), Rechnungslegung und Entlastung (Art. 114 GG);

f) Anrufung des BVerfG (Art. 93 I GG, ferner Art. 18, 21, 126 GG);

g) weitere Genehmigungen und Zustimmungen: Herstellung, Beförderung und Vertrieb von Kriegswaffen (Art. 26 II GG), Verträge der Bundesländer mit auswärtigen Staaten (Art. 32 III GG);

h) Anwendung des Bundeszwangs (Art. 37 GG);

i) Zuständigkeiten im Not- und Verteidigungsfall: Katastrophenfall (Art. 35 III GG), Spannungsfall (Art. 80 a III GG), innerer Notstand (Art. 91 II GG), Verteidigungsfall (Art. 115 a ff. GG).

53 Fraglich ist auch hier das Verhältnis zur Richtlinienkompetenz des Bundeskanzlers. Die h. L. ist der Auffassung, daß das Kanzlerprinzip vorgehe und deshalb auch das Kabinett an die Richtlinien des Bundeskanzlers gebunden sei. Diese Auffassung hält einer näheren Prüfung nicht stand. Dagegen spricht schon der Wortlaut des Art. 65 GG, wonach nur die Bundesminister an die Richtlinien gebunden sind. Dagegen spricht zum anderen die Gesetzes- und Auslegungssystematik, wonach die speziellen Zuständigkeitsregelungen (hier zugunsten der Bundesregierung) den allgemeinen Zuständigkeitsregelungen (hier zugunsten des Bundeskanzlers) vorgehen. Dagegen spricht ferner die den Grundgesetzregelungen zugrunde liegende Koordinationsfunktion der Bundesregierung, die durch die gemeinsame Beratung und Beschlußfassung bewirkt werden soll. Schließlich bleibt auch offen, wie der (angebliche) Vorrang der Richtlinienkompetenz des Bundeskanzlers realisiert werden soll. Es ist schwerlich anzunehmen, daß die Mitglieder der

Bundesregierung einem Gesetzentwurf entgegen ihrer eigenen Vorstellung allein deshalb zustimmen müssen, weil er vom Bundeskanzler zur Richtlinienangelegenheit erklärt worden ist. Ebenso ist nicht anzunehmen, daß sie ihn unter diesen Voraussetzungen ablehnen müssen. Dies käme einem Vetorecht des Bundeskanzlers gleich, das jedoch gerade nicht vorgesehen ist. Es bleibt also bei der Feststellung, daß die Richtlinien des Bundeskanzlers nur die Bundesminister als Ressortleiter betreffen. Das schließt nicht aus, daß der Bundeskanzler über seine Geschäftsleitungskompetenz die Beratungen und Beschlußfassungen des Kabinetts zu lenken versucht und dabei gelegentlich vielleicht sogar unter Hinweis auf sein Kabinettsbildungsrecht, das eine Entlassung der Minister einschließt, einen gewissen Druck ausübt. Außerdem kann die über die rechtliche Bindungswirkung hinausgehende politische Bedeutung der Richtlinienkompetenz in diesem Zusammenhang eine Rolle spielen. Es darf insgesamt nicht übersehen werden, daß die politische Wirksamkeit der Bundesregierung wesentlich durch die einzelnen Persönlichkeiten und die hinter ihr stehenden politischen Gruppierungen bestimmt wird.

Wie hier: *Oldiges*, Bundesregierung, aaO. Rn. 55, S. 458 ff.; *ders.*, in: Sachs, Grundgesetz, Art. 65 Rn. 36 f.; *Hermes*, in: Dreier, Art. 65 Rn. 26; *Schröder*, MKSt Art. 65 Rn. 25; *Maurer*, Festschrift für Thieme, S. 135 ff. mit weiteren Nachw. pro und contra. – Zur Gegenmeinung etwa: *Stern*, Staatsrecht II, S. 304 ff.; *Hesse*, VerfR Rn. 642; *Schenke*, Jura 1982, 342 ff.; *Meyn*, MüK Art. 65 Rn. 11; *Degenhart*, Staatsrecht, Rn. 539.

Fraglich ist des weiteren, ob die verfassungsrechtlich festgelegten **54** Zuständigkeiten der Bundesregierung als Kollegium durch Gesetz und/oder durch die Geschäftsordnung der Bundesregierung erweitert werden können. Das ist zu verneinen, sofern solche Erweiterungen echte Entscheidungskompetenzen der Bundesregierung zu Lasten der Ressortleitungskompetenz der Fachminister oder zu Lasten der Richtlinienkompetenz des Bundeskanzlers begründen. Innerhalb dieses Rahmens gibt es aber durchaus Spielräume und Möglichkeiten. So ist nichts dagegen einzuwenden, wenn der Bundesregierung im Interesse der gegenseitigen Information und der gemeinsamen Koordination wichtige Angelegenheiten zur Beratung zugewiesen werden. Selbst eine Beschlußfassung ist zulässig, sofern die genannten Grenzen eingehalten werden, die Beschlußfassung also etwa das Meinungsbild innerhalb des Kollegiums feststellen, das gemeinsame Vorgehen koordinieren oder bereits bestehende Zuständigkeiten konkretisieren und ergänzend abrunden soll.

Unter diesen Voraussetzungen ist auch § 15 GeschOBReg. haltbar, der bestimmt: „Der Bundesregierung sind zur Beratung und Beschlußfassung zu unterbreiten alle Angelegenheiten von allgemeiner innen- oder außenpolitischer, wirtschaftlicher, sozialer, finanzieller oder kultureller Bedeutung, insbesondere ..."

55   **Literatur:** *U. Scheuner,* Der Bereich der Regierung, Festschrift für Smend, 1952, 253 ff.; *E. Friesenhahn/K. J. Partsch,* Parlament und Regierung im modernen Staat, Referate mit Diskussion, VVDStRL 16 (1958) S. 9 ff.; *E.-W. Böckenförde,* Die Organisationsgewalt im Bereich der Regierung, 1964, 2. unveränderte Aufl. 1999; *W. Hennis,* Richtlinienkompetenz und Regierungstechnik, 1964; *W. Frotscher,* Regierung als Rechtsbegriff, 1975; *S. Magiera,* Parlament und Staatsleitung in der Verfassungsordnung des Grundgesetzes, 1979; *W.-R. Schenke,* Die Bildung der Bundesregierung, Jura 1982, 57 ff.; *ders.,* Aufgabenverteilung innerhalb der Bundesregierung, Jura 1982, 337 ff.; *M. Oldiges,* Die Bundesregierung als Kollegium, 1983; *H. Maurer/F. E. Schnapp,* Der Verwaltungsvorbehalt, Referate mit Diskussion, VVDStRL 43 (1985), S. 135 ff.; *M. Schröder,* Aufgaben der Bundesregierung, HStR II (1987) S. 585 ff.; *ders.,* Bildung, Bestand und parlamentarische Verantwortung der Bundesregierung, HStR II (1987) S. 603 ff.; *N. Achterberg,* Innere Ordnung der Bundesregierung, HStR II (1987) S. 629 ff.; *M. Schmidt-Preuß,* Das Bundeskabinett, DV Bd. 21 (1988) S. 199 ff.; *H. P. Schneider/W. Zeh,* Koalitionen, Kanzlerwahl und Kabinettsbildung, ParlR, S. 1297 ff.; *F. Schürmann,* Die Öffentlichkeitsarbeit der Bundesregierung, 1992; *H. Maurer,* Die Richtlinienkompetenz des Bundeskanzler, Festschrift für Thieme, 1993, S. 123 ff.; *ders.* Zur Organisationsgewalt im Bereich der Regierung, Festschrift für K. Vogel, 2000, 331 ff.; *V. Busse,* Regierungsbildung aus organisatorischer Sicht, DÖV 1999, 313 ff.; *ders.,* Bundeskanzleramt und Bundesregierung, 3. Aufl. 2001; *V. Mehde,* Die Ministerverantwortlichkeit nach dem Grundgesetz, DVBl. 2001, 13 ff.; *G. Beaucamp,* Konflikte in der Bundesregierung, JA 2001, 478 ff.; *Gerhard A. Ritter/M. Niehuss,* Die Regierungen der Bundesrepublik Deutschland, JöR Bd. 49 (2001) S. 215 ff.

56   **Rechtsprechung:** BVerfGE 44, 125; 63, 230 (Öffentlichkeitsarbeit der Bundesregierung); BVerfGE 62, 1 (Vertrauensfrage gem. Art. 68 GG); BVerfGE 67, 100 (Herausgabe von Akten für parlamentarisches Untersuchungsverfahren); BVerfGE 90, 286 (Entscheidung über Einsatz der Bundeswehr im Ausland); BVerfGE 91, 148, 165 ff. (Beschlußfassung der Bundesregierung, Geschäftsordnung); BVerfGE 100, 249 (Erlaß von Verwaltungsvorschriften); BVerfG DVBl. 2002, 1351 und 1358 (Informationstätigkeit der Bundesregierung).

§ 15. Der Bundespräsident

I. Das „Staatsoberhaupt" im parlamentarisch-demokratischen Staat

Bevor das Verfassungsorgan „Bundespräsident" näher behandelt **1**
wird, ist der allgemeinen Frage nachzugehen, weshalb es in den
meisten parlamentarisch-demokratisch verfaßten Staaten neben dem
Parlament und der Regierung noch ein weiteres Verfassungsorgan
gibt, das üblicherweise sogar als Staatsoberhaupt bezeichnet wird,
aber nur mit schwachen Kompetenzen ausgestattet ist. Die Klärung
dieser Frage trägt auch zum Verständnis der Regelungen über den
Bundespräsidenten im Grundgesetz bei. Daß eine solche Einrichtung nicht selbstverständlich ist, zeigen in verfassungsdogmatischer
Sicht die Schwierigkeiten, sie in das Gewaltenteilungsschema einzuordnen, und in rechtsvergleichender Sicht die Verfassungen der
USA und der Schweiz, die kein besonderes Staatsoberhaupt kennen.

1. Historische Entwicklung

Wie häufig im Verfassungsrecht läßt sich auch diese Einrichtung **2**
nur historisch erklären. Das „Staatsoberhaupt" als besonderes Verfassungsorgan geht auf den Monarchen zurück, dessen ursprüngliche Machtfülle im Laufe der Zeit immer mehr eingeschränkt und
schließlich auf reine Formalrechte reduziert wurde, der aber
gleichwohl als Verfassungsorgan bestehen blieb und sogar im demokratisch gewählten Staatspräsidenten einen Nachfolger fand.
Deshalb ist es auch verständlich, daß gerade die Staaten ohne monarchische Vergangenheit – nämlich die USA und die Schweiz –
keinen besonderen Staatspräsidenten neben der Regierung haben.

Historisch lassen sich systematisierend und typisierend verschie- **3**
dene Etappen feststellen:

a) *Absolute Monarchie*: Die gesamte Staatsgewalt liegt beim Monarchen, der sie
mit Hilfe seiner Beamtenschaft ausübt. Er ist Staatsoberhaupt im wahren
Sinne des Wortes.

b) *Konstitutionelle Monarchie:* Der Monarch ist zwar nach wie vor Inhaber der Staatsgewalt, wird aber durch die Mitwirkungsrechte der Volksvertretung bei der Gesetzgebung und durch die parlamentarische Kontrolle seiner Regierung beschränkt.

c) *Parlamentarische Monarchie:* Der Monarch bleibt als Verfassungsorgan bestehen. Die Staatsgewalt geht aber im wesentlichen auf die Volksvertretung über, die nunmehr allein die Gesetze erläßt und die Regierung bestellt. Die Kompetenzen des Monarchen werden zwar nicht beseitigt, aber inhaltlich entleert und auf reine Formalrechte reduziert, deren Sinn darin besteht, die vom Parlament und der Regierung getroffenen Entscheidungen als Staatsakte zu bestätigen und zu dokumentieren. Typisches Beispiel dafür ist England, dessen Königin den Führer der Mehrheitspartei zum Premierminister zu ernennen und die vom Parlament beschlossenen Gesetze auszufertigen hat; selbst die jährliche Thronrede der Königin ist nichts anderes als die vom Premierminister verfaßte Regierungserklärung.

d) *Parlamentarische Demokratie:* Der Monarch als Verfassungsorgan fällt weg, die gesamte Staatsgewalt liegt beim Parlament und der aus ihm hervorgegangenen Regierung. Das „Staatsoberhaupt" bleibt aber in Nachfolge des Monarchen und als demokratisch gewählter Staatspräsident bestehen.

4   Diese Entwicklung läßt sich besonders deutlich in Deutschland nachweisen: Absolute Monarchie im 17. und 18. Jahrhundert, konstitutionelle Monarchie im 19. Jahrhundert, parlamentarische Monarchie – allerdings nur wenige Tage – im Oktober 1918, parlamentarische Demokratie in der Weimarer Zeit mit dem Reichspräsidenten als „Ersatzkaiser", parlamentarische Demokratie mit dem Bundespräsidenten als Nachfolger des Reichspräsidenten mit allerdings wesentlich verminderten Kompetenzen. Vgl. dazu auch oben § 7 Rn. 3 ff.

2. Typische Aufgaben des Staatsoberhauptes

5   Wiederum typisierend, lassen sich folgende Aufgaben des Staatsoberhauptes feststellen, die freilich in den einzelnen Staaten sehr unterschiedlich geregelt sein können und auch nicht durchweg vorkommen.

a) *Repräsentation und Vertretung des Staates nach außen:* Das Staatsoberhaupt hat die völkerrechtlichen Verträge zu unterzeichnen, die ausländischen Botschafter zu empfangen, den Staat durch Auslandsreisen zu repräsentieren usw. Diese Repräsentations- und Vertretungsbefugnisse bestehen nur im Außenverhältnis; eine andere Frage ist, ob und inwieweit das Staatsoberhaupt in die interne Willensbildung eingeschaltet ist.

b) *Integration im staatlichen und gesellschaftlichen Bereich:* Das Staatsoberhaupt hat die Gemeinsamkeiten herauszustellen und die unterschiedlichen Gruppen und Meinungen im staatlichen und gesellschaftlichen Bereich zusammenzuführen, indem er Brücken schlägt, aber auch warnt und mahnt.

c) *Reservebefugnisse:* Das Staatsoberhaupt darf zwar keine aktive Politik betreiben, muß aber bereitstehen, wenn das parlamentarische System nicht funktioniert oder wenn Notstandssituationen entstehen, wobei wiederum danach zu unterscheiden ist, ob er in diesen Fällen selbst tätig werden darf und muß oder lediglich den Weg für das Handeln anderer Organe freizumachen hat.

d) *Gegengewicht gegenüber Parlament und Parteien:* Schließlich ist es möglich, daß das Staatsoberhaupt eigene Befugnisse von substantieller Bedeutung erhält, etwa Mitwirkungsrechte bei der Bestellung des Regierungschefs, Vetorechte oder die Befugnis, im außenpolitischen Bereich eigene Initiativen zu entfalten. Das galt z. B. für den Reichspräsidenten der Weimarer Zeit und gilt derzeit z. B. für den Präsidenten der französischen Republik.

II. Die Wahl des Bundespräsidenten

1. Die Bundesversammlung

Der Bundespräsident wird gem. Art. 54 GG von der Bundesversammlung gewählt. Sie besteht aus den Mitgliedern des Bundestages und einer gleich großen Anzahl von Mitgliedern, die von den Landtagen nach den Grundsätzen der Verhältniswahl gewählt werden. Die von den Landtagen gewählten Mitglieder können, müssen aber nicht Abgeordnete des Landtags sein. Die Bundesversammlung hat nur den einmaligen Auftrag, den Bundespräsidenten zu wählen, und tritt nach Erfüllung dieses Auftrags wieder auseinander. Sie ist also kein ständiges (im Falle der anstehenden Wahl aktiv werdendes) Gremium, sondern nur ein ad hoc gebildetes Organ.   **6**

Die Frage, auf welche Weise der Bundespräsident gewählt werden soll, war im Parlamentarischen Rat umstritten. Eine Volkswahl wurde im Blick auf die Erfahrungen der Weimarer Zeit (Hindenburg) und die geringen Kompetenzen des Bundespräsidenten abgelehnt. Eine Wahl nur durch den Bundestag wäre eine zu schmale Basis gewesen. Eine Wahl durch den Bundestag und den Bundesrat wurde zwar erwogen, aber abgelehnt, u. a. auch deshalb, weil die Mitglieder des Bundesrates weisungsgebunden seien (vgl. dazu allerdings unten § 16 Rn. 10). Die schließlich gefundene Lösung geht – nach eigenem Bekunden – auf einen Vorschlag des späteren Bundespräsidenten Heuss zurück (vgl. dessen Abschiedsrede vom 12. 9. 1959, abgedruckt im Bulletin vom 15. 9. 1959). Sie berücksichtigt sowohl das demokratische als auch das föderalistische   **7**

Prinzip. Tatsächlich sind es wiederum die politischen Parteien, die entsprechend den Mehrheitsverhältnissen in der Bundesversammlung, die allerdings wegen der von den Landtagen zugewählten Mitglieder anders liegen können als im Bundestag, die Wahl bestimmen.

8 Wählbar ist jeder Deutsche, der das Wahlrecht zum Bundestag besitzt und das 40. Lebensjahr vollendet hat. Gewählt ist, wer die absolute Mehrheit oder – im 3. Wahlgang – die relative Mehrheit in der Bundesversammlung erreicht hat.

Vgl. dazu *K. Schlaich,* Die Bundesversammlung und die Wahl des Bundespräsidenten, HStR II (1987) S. 523 ff.; *B. Braun,* Die Bundesversammlung, 1993; *Deutscher Bundestag* (Hg.), Die Bundesversammlungen 1949–1989. Eine Dokumentation, 1994.

2. Die Amtszeit des Bundespräsidenten

9 Der Bundespräsident wird für eine bestimmte Zeit, nämlich für 5 Jahre, gewählt. Eine anschließende Wiederwahl ist gem. Art. 54 II 2 GG nur *einmal* zulässig. Aus dem Wort „anschließend" ergibt sich, daß eine spätere – nach zwischenzeitlicher Amtierung eines anderen Präsidenten erfolgende – Wiederwahl zulässig ist (str.). Eine vorzeitige Abwahl ist nicht vorgesehen. Möglich ist nur eine Präsidentenanklage gem. Art. 61 GG beim BVerfG wegen vorsätzlicher Verletzung des Grundgesetzes oder eines anderen Bundesgesetzes (also nicht wegen schlechter Amtsführung, unwürdigen Verhaltens oder dgl.). Das BVerfG kann (nicht muß) auf Amtsverlust erkennen, wenn es eine solche Rechtsverletzung festgestellt hat.

Die formellen Hürden der Präsidentenanklage sind ziemlich hoch, da bereits der Antrag von 1/4 der Mitglieder des Bundestages (oder des Bundesrates) unterstützt werden muß und die Anklageerhebung selbst einer 2/3-Mehrheit im Bundestag (oder im Bundesrat) bedarf. Ferner muß die Feststellung der vorsätzlichen Rechtsverletzung vom zuständigen Senat des BVerfG mit 2/3-Mehrheit getroffen werden (§ 15 III 1 BVerfGG). Es ist kaum denkbar, daß die Präsidentenanklage jemals aktuell wird.

3. Die Vertretung des Bundespräsidenten

10 Wenn der Bundespräsident verhindert ist oder vorzeitig aus seinem Amt scheidet, nimmt der Präsident des Bundesrates seine

Befugnisse wahr (Art. 57 GG). Es handelt sich um eine Ersatzvertretung, keine Nebenvertretung. Der Bundesratspräsident rückt voll in die Position des Bundespräsidenten ein, wenn dieser nicht (mehr) in der Lage ist, seine Amtsgeschäfte auszuüben. Eine Nebenvertretung, d. h. eine Beauftragung des Bundesratspräsidenten durch den Bundespräsidenten im Einzelfall oder gar für einen Teil der präsidialen Aufgaben ist nicht vorgesehen; sie wäre, wie sich im Umkehrschluß aus Art. 57 GG ergibt, nicht zulässig. Verhinderungsgründe sind z. B. Krankheit, Urlaub, Auslandsaufenthalt, wohl auch Befangenheit (wobei sich mangels anderweitiger Regelung eine analoge Heranziehung des § 18 BVerfGG anbietet). Die vorzeitige Erledigung des Amtes erfolgt im Falle des Rücktritts oder des Todes. Während sich die Erledigung des Amtes eindeutig feststellen läßt, kann das Vorliegen eines Verhinderungsgrundes zweifelhaft sein. Damit stellt sich die Frage, wer darüber zu entscheiden hat. Das Grundgesetz sagt dazu nichts. Es ist jedoch anzunehmen, daß die Feststellungskompetenz zunächst beim Bundespräsidenten liegt, aber dann auf den Bundesratspräsidenten übergeht, wenn jener – objektiv oder subjektiv – dazu nicht mehr in der Lage ist. Im Konfliktsfall müßte das BVerfG im Organstreitverfahren entscheiden, erforderlichenfalls durch eine einstweilige Anordnung gem. § 32 BVerfGG. Da der vertretende Bundesratspräsident funktionell voll in die Position des Bundespräsidenten einrückt, ist er an Weisungen des Bundespräsidenten nicht gebunden. Der Grundsatz der Verfassungsorgantreue verpflichtet ihn aber, die Amtsgeschäfte i. S. des Bundespräsidenten zu führen, insbesondere die Kontinuität zu wahren und abrupte Änderungen zu vermeiden.

Fall: Der Bundespräsident gibt dem Bundeskanzler zu verstehen, daß er den von ihm als Außenminister vorgeschlagenen A wegen seiner politischen Vergangenheit für völlig ungeeignet halte und daher nicht ernennen werde. Der Bundeskanzler besteht auf der Ernennung. Bevor die Angelegenheit zwischen den beiden geklärt ist, begibt sich der Bundespräsident auf eine schon lange geplante Auslandsreise, um einigen afrikanischen Staaten einen Staatsbesuch abzustatten. Da der Bundeskanzler drängt, nimmt der Bundesratspräsident „in Vertretung des Bundespräsidenten" die Ernennung vor. Ist die Ernennung rechtswirksam? Es fragt sich zunächst, ob überhaupt ein Vertretungsfall vorliegt, d. h. ob der Bundespräsident verhindert ist (eine vorzeitige Erledigung des Amtes scheidet offensichtlich aus). Die Besonderheit der dienstlichen

Auslandsreisen besteht darin, daß der Bundespräsident durchaus im Amt ist und Amtsgeschäfte wahrnimmt, daß er aber wegen seines Auslandsaufenthaltes die in Deutschland anfallenden Amtsgeschäfte nicht besorgen kann. In der Literatur wird gleichwohl ohne weitere Problematisierung eine Verhinderung angenommen (so etwa *Stern,* Staatsrecht II, S. 209). Die Gegenmeinung lehnt zwar eine Verhinderung ab, hält aber in diesem besonders gelagerten Fall ausnahmsweise eine Nebenvertretung des Bundesratspräsidenten für zulässig (so *K. Schlaich,* HStR II, S. 538). Man könnte in diesem Fall aber auch eine teilweise Verhinderung annehmen, die zu einer entsprechenden teilweisen Vertretung berechtigt. Alle diese Auffassungen führen hier zum gleichen Ergebnis, nämlich zur Vertretungsbefugnis des Bundesratspräsidenten. Folgt man diesem Ergebnis, dann liegt zwar intern − im Verhältnis zum Bundespräsidenten − möglicherweise ein Verstoß gegen den Grundsatz der Verfassungsorgantreue vor, extern ist aber die Ernennung rechtswirksam.

III. Die Aufgaben und Zuständigkeiten des Bundespräsidenten

1. Vertretung der Bundesrepublik Deutschland nach außen

11   Der Bundespräsident hat die Bundesrepublik Deutschland (den Bund, nicht die Länder) im völkerrechtlichen Verkehr zu vertreten (Art. 59 I GG). Er hat die völkerrechtlichen Verträge zu unterzeichnen (zu ratifizieren), die deutschen Botschafter im Ausland zu beglaubigen und die ausländischen Botschafter in Deutschland zu empfangen (zu akkreditieren), er hat ferner prominente Staatsgäste, insbesondere fremde Staatsoberhäupter, zu empfangen, ausländische Staaten zu besuchen usw. Die Vertretung der Bundesrepublik Deutschland durch den Bundespräsidenten als Staatsoberhaupt entspricht dem Völkerrecht, das insofern auf klare Bezugspunkte und Zuständigkeiten drängt. Über die innerstaatliche Willensbildung ist damit noch nichts gesagt. Sie liegt verfassungsrechtlich bei der Bundesregierung und − teilweise − beim Bundestag und Bundesrat (Art. 59 II GG). Es ist also zwischen der externen Vertretungsmacht und der internen Willensbildung, zwischen dem rechtlichen Können und dem rechtlichen Dürfen, zu unterscheiden. Art. 59 I GG begründet keine Kompetenz des Bundespräsidenten zur Außenpolitik.

2. Die Ernennung der Inhaber der wichtigsten Staatsämter

Der Bundespräsident hat den Bundeskanzler (Art. 63 GG), die **12** Bundesminister (Art. 64 I GG), die Bundesrichter, die Bundesbeamten und die Bundeswehroffiziere (Art. 60 I GG) zu ernennen und zu entlassen. Ernennung und Entlassung sind die rechtlich konstitutiven Akte, durch die ein Amtsverhältnis begründet bzw. beendet wird. Verweigert der Bundespräsident die Ernennung, dann kommt das Amtsverhältnis eben nicht zustande. In allen diesen Fällen trifft der Bundespräsident jedoch in der Regel keine eigene Entscheidung, sondern vollzieht einen ihm unterbreiteten Vorschlag. Die Frage ist daher nur noch, ob und inwieweit er ein Ablehnungsrecht hat.

Generell läßt sich feststellen, daß der Bundespräsident die Er- **13** nennung verweigern darf, ja sogar verweigern muß, wenn die *rechtlichen* Voraussetzungen nicht vorliegen. Dagegen kann er – vorbehaltlich gewisser Einschränkungen – die Ernennung nicht aus politischen, sachlichen oder persönlichen Gründen ablehnen. Dafür trägt das den Vorschlag unterbreitende Verfassungsorgan die Verantwortung.

Daß der Bundespräsident den mit absoluter Mehrheit gewählten *Bundeskanzler* ernennen muß, ergibt sich eindeutig aus Art. 63 GG. Dagegen hat er ein Wahlrecht (Ernennung oder Nichternennung und Bundestagsauflösung), wenn der Bundeskanzler-Kandidat nur die relative Mehrheit erreicht (vgl. oben § 14 Rn. 19). Dem Vorschlag des Bundeskanzlers auf Ernennung eines Bundesministers muß der Bundespräsident, wie bereits dargelegt wurde, grundsätzlich entsprechen (vgl. § 14 Rn. 20 f.). Dasselbe gilt für die vom Bundestag oder Bundesrat gewählten Bundesverfassungsrichter und wohl auch für die vom Richterwahlausschuß gewählten übrigen Bundesrichter. Da die Personalhoheit beim zuständigen Ressortminister, evtl. auch bei der Bundesregierung, jedenfalls aber nicht beim Bundespräsidenten liegt, muß er dem Vorschlag auf Einstellung eines Bundesbeamten und eines Bundeswehroffiziers ebenfalls entsprechen. Die Einstellungsbehörde muß jedoch die Voraussetzungen des Art. 33 II GG beachten. Dementsprechend kann der Bundespräsident prüfen, ob die Voraussetzungen dieser Vorschrift – die Eignung, Befähigung und fachliche Leistung des Vorgeschlagenen – gegeben sind. Wenn das nicht der Fall ist, kann er die Ernennung ablehnen. Ein bloßes „Nein" genügt freilich nicht; die Ablehnung muß vielmehr ausreichend begründet werden.

3. Ausfertigung der Gesetze

14 Der Bundespräsident hat ferner gem. Art. 82 I GG die vom Bundestag unter Mitwirkung des Bundesrates verabschiedeten Gesetze auszufertigen. Erst dann, wenn der Bundespräsident unterzeichnet hat, kann das Gesetz verkündet werden und damit in Kraft treten. Unstrittig ist, daß der Bundespräsident die Ausfertigung nicht ablehnen darf, wenn er das Gesetz für politisch verfehlt oder sachlich unzweckmäßig hält. Strittig ist dagegen, ob er das Gesetz auf seine Verfassungsmäßigkeit hin überprüfen und, wenn er diese verneint, die Ausfertigung des Gesetzes verweigern darf. Darauf sowie auf die weiteren mit der Ausfertigung zusammenhängenden Fragen ist unten bei der Erörterung des Gesetzgebungsverfahrens näher einzugehen (vgl. § 17 Rn. 86 ff.).

4. Begnadigung

15 Der Bundespräsident übt für den Bund das Begnadigungsrecht aus (Art. 60 II GG). Unter Begnadigung ist der teilweise oder vollständige Verzicht auf die Vollstreckung einer rechtskräftig festgesetzten Strafe zu verstehen. In Betracht kommen Strafurteile, aber auch Disziplinarurteile und sonstige Sanktionen strafrechtsähnlichen Charakters. „Für den Bund" bedeutet, daß nur solche Strafen erfaßt werden, die von einem *Bundesgericht* in erster Instanz verhängt werden. Da die Strafgerichtsbarkeit grundsätzlich Sache der Länder und damit der Landesgerichte ist, bleibt „für den Bund" nicht mehr viel übrig. Das Begnadigungsrecht des Bundespräsidenten beschränkt sich auf Strafurteile der Oberlandesgerichte in Staatsschutzsachen, da die Oberlandesgerichte insoweit als Bundesgerichte tätig werden (vgl. Art. 96 V GG, §§ 120 VI, 142a GVG). In der Praxis handelt es sich daher nur um wenige Fälle, die allerdings oft erhebliche Bedeutung haben und dementsprechend auch immer wieder in der Öffentlichkeit Diskussionen auslösen. Die Begnadigung im Disziplinarbereich, die quantitativ eine größere Rolle spielt, ist weitgehend auf nachgeordnete Instanzen delegiert worden.

16 Zur rechtlichen Bindung und gerichtlichen Kontrolle der Begnadigung vgl. bereits oben § 8 Rn. 13, 29. Von der Begnadigung, die schon begrifflich nur im Einzelfall erfolgt, ist die Abolition (Niederschlagung eines anhängigen Verfahrens) und die Amnestie (Verzicht auf die Durchführung von Strafverfahren oder auf die Vollstreckung von Strafurteilen für eine größere Personengruppe) zu unterscheiden. Die Abolition ist unzulässig; die Amnestie bedarf als generelle Regelung eines formellen Bundesgesetzes.

5. Sonstige herkömmliche Repräsentationsbefugnisse

Der Bundespräsident ist nicht nur zur Vertretung und Repräsentation des Staates nach außen (vgl. bereits oben Rn. 11), sondern auch zur Repräsentation und Integration im staatsinternen Bereich berufen. Das ist zwar im Grundgesetz nicht ausdrücklich geregelt, ergibt sich aber aus den traditionellen und gewohnheitsrechtlich verfestigten Prärogativen des Staatsoberhaupts. Die Mittel dafür sind die öffentlichen Reden, Empfänge, Schirmherrschaften, Preisverleihungen usw., aber ggf. auch das vertrauliche Gespräch. Die politische Bedeutung dieser Tätigkeit kann nicht hoch genug eingeschätzt werden, da der Bundespräsident durch sein öffentliches Auftreten und Reden nachhaltig auf die öffentliche Meinung und damit auf das allgemeine Bewußtsein der Bevölkerung einwirken kann. Sie hängt allerdings auch von der Person des jeweiligen Bundespräsidenten und seiner Ausstrahlungskraft ab. **17**

Die Geschichte der Bundesrepublik Deutschland zeigt, daß fast alle Bundespräsidenten diese wesentliche Aufgabe in hervorragender Weise erfüllt haben. Das gilt bereits für den ersten Bundespräsidenten, Theodor Heuss (1949–1959), aber auch z.B. für die Bundespräsidenten Richard von Weizsäcker (1984–1994) und Roman Herzog (1994–1999). Vgl. zur öffentlichen Rede Bundespräsident R. *Herzog*, Rhetorik in der Demokratie, Vorlesung an der Universität Tübingen am 8. 7. 1997, Bulletin vom 23. 7. 1997, S. 738ff. – zu den vertraulichen Gesprächen sehr eindrucksvoll: Adenauer-Heuß. Unter vier Augen. Gespräche aus den Gründerjahren 1949–1959, bearbeitet von H. P. Mensing, 1997.

6. Festsetzung von Staatssymbolen und Verleihung von Orden

Zu den Staatssymbolen gehören vor allem die Bundesflagge, das Bundeswappen, die Nationalhymne, die nationalen Feiertage, die Orden und Ehrenzeichen, die nationalen Gedenkstätten, die Uniformen und Amtstrachten, also – nach der Begriffsbestimmung von **18**

Stern (Staatsrecht I, S. 277) – „sinnlich wahrnehmbare (hörbare oder sichtbare) Zeichen, die einen staatlichen oder nationalen Bezug von historischer oder gegenwärtiger Bedeutsamkeit besitzen." Eine eindeutige Abgrenzung ist freilich nicht möglich. So kann man darüber diskutieren, ob dazu auch die Festlegung der Bundeshauptstadt (die schon wegen der dadurch bedingten Festlegung der örtlichen Zuständigkeiten erhebliche Bedeutung für den Bürger hat) oder die Anordnung eines Staatsbegräbnisses zu rechnen sind. Traditionell gehören die Festlegung von Staatssymbolen und die Verleihung von Orden und Ehrenzeichen zu den Prärogativen des Staatsoberhauptes. Das gilt auch heute noch, allerdings mit dem Vorbehalt einer vorrangigen verfassungsrechtlichen oder gesetzlichen Regelung.

19   Im einzelnen ergibt sich nach der derzeitigen Rechtslage ein buntscheckiges Bild:

– Die Bundesflagge ist bereits durch das Grundgesetz festgelegt worden (Art. 22).
– Das Bundeswappen wurde aufgrund eines Beschlusses der Bundesregierung durch Bekanntmachung des Bundesministers des Innern vom 20. 1. 1950 bestimmt (BGBl. I S. 26).
– Die Nationalhymne (das von Hoffmann von Fallersleben verfaßte „Lied der Deutschen") wurde durch einen Briefwechsel zwischen Bundeskanzler Adenauer und Bundespräsident Heuss vom 29. 4. 1952/2. 5. 1952 mit der Maßgabe festgelegt, daß bei staatlichen Veranstaltungen nur die dritte Strophe des Liedes der Deutschen gesungen werden soll (Bulletin vom 6. 5. 1952, S. 537; wieder abgedruckt im Bulletin vom 27. 8. 1991, S. 714). Durch einen Briefwechsel zwischen Bundespräsident von Weizsäcker und Bundeskanzler Kohl vom 19.8./23. 8. 1991 wurde unter Bezugnahme auf jenen Briefwechsel die dritte Strophe des Deutschlandlieds zur Nationalhymne erklärt. Der Bundespräsident schrieb an den Bundeskanzler: „Die 3. Strophe des Liedes der Deutschen von Hoffmann von Fallersleben mit der Melodie von Joseph Haydn ist die Nationalhymne für das deutsche Volk." – Der Bundeskanzler erwiderte: „Der Wille der Deutschen zur Einheit in freier Selbstbestimmung ist die zentrale Aussage der 3. Strophe des Deutschlandlieds. Deshalb stimme ich Ihnen namens der Bundesregierung zu, daß sie die Nationalhymne der Bundesrepublik ist." (vgl. Bulletin vom 27. 8. 1991, S. 713).
– Der Nationalfeiertag (3. 10. als Tag der Deutschen Einheit) wurde durch den Einigungsvertrag festgelegt (Art. 2 II EV). Da der Einigungsvertrag mit verfassungsändernder Mehrheit angenommen worden ist, erledigt sich auch die Frage, ob der Bund überhaupt – im Blick darauf, daß das Feiertagsrecht Landessache ist – zur Regelung dieser Frage zuständig ist. Sie wäre übrigens zu bejahen, da der Bund insoweit eine Zuständigkeit kraft Natur der Sache besitzt.

– Die Bundeshauptstadt (Berlin) wurde ebenfalls, allerdings nur halbherzig, durch den Einigungsvertrag bestimmt (Art. 2 I EV); die noch offene Frage des Sitzes des Parlaments und der Regierung wurde inzwischen durch den Beschluß des Bundestages vom 20. 6. 1991 und das daraufhin ergangene Gesetz zur Umsetzung dieses Beschlusses vom 26. 4. 1994 (BGBl. I S. 918) geregelt.

– Die Verleihung von Orden und sonstigen Auszeichnungen ist durch das Gesetz über Titel, Orden und Ehrenzeichen geregelt (Sart. Nr. 60). Danach ist der Bundespräsident ermächtigt, Orden zu stiften und im Einzelfall zu verleihen.

Soweit positiv-rechtliche Regelungen fehlen, ist der Bundes-   **20** präsident gewohnheitsrechtlich zur Festlegung der Staatssymbole befugt. Fraglich ist die Rechtsnatur der (verfassungsrechtlich, gesetzlich oder gewohnheitsrechtlich begründeten) Festlegung der Staatssymbole. Es liegt nahe, sie als Rechtsverordnungen zu qualifizieren, wenn sie Außenwirkung haben (sollen), und als Verwaltungsvorschriften, wenn sie sich auf den staatsinternen Bereich beschränken (sollen). In der Literatur wird jedoch eingewandt, daß Art. 80 I GG, der die Voraussetzungen für den Erlaß von Rechtsverordnungen festlegt, den Bundespräsidenten nicht nennt. Das ist richtig. Indessen ist doch anzunehmen, daß die Befugnis des Bundespräsidenten zur Festlegung der Staatssymbole auch die Befugnis enthält, die dafür erforderlichen Rechtsformen zu wählen. Eine andere Frage ist, wie weit er dabei gehen darf. Eine Verpflichtung der Bürger, an bestimmten Feiertagen ihre Häuser zu flaggen, würde durch die Befugnis zur Festlegung von Staatssymbolen nicht mehr gedeckt, sie wäre im übrigen auch mit Art. 2 I, 14 I GG nicht vereinbar.

Vgl. zu den Staatssymbolen und ihrer Festlegung *Stern*, Staatsrecht I, S. 276 ff.; *E. Klein*, Die Staatssymbole, HStR I (1987) S. 733 ff.; *H. Quaritsch*, Probleme der Selbstdarstellung des Staates, 1977; *H. Hattenhauer*, Deutsche Nationalsymbole, 2. Aufl. 1990; *D. Murswiek*, Verfassungsfragen der staatlichen Selbstdarstellung, Festschrift für Quaritsch, 2000, S. 307 ff. – Zur Rechtsnatur der Festsetzung der Staatssymbole vgl. *Schlaich*, HStR II (1987) S. 544 m. w. N.

7. Gesetzlich festgelegte Befugnisse

Weitere Befugnisse des Bundespräsidenten sind nicht verfas-   **21** sungsrechtlich, aber gesetzlich bestimmt. So hat der Bundespräsi-

dent nach dem Bundeswahlgesetz die Mitglieder der Wahlkreiskommission zu ernennen (§ 3) und den Wahltag innerhalb der
zeitlichen Vorgaben des Art. 39 I 3, 4 GG zu bestimmen (§ 16),
nach dem Parteiengesetz die Mitglieder der Sachverständigenkommission für die Parteifinanzierung zu berufen (§ 18 VI) und
nach dem Bundesbeamtengesetz die erforderliche oder übliche
Dienstkleidung der Bundesbeamten zu bestimmen und die Amtsbezeichnungen der Bundesbeamten festzulegen (§§ 76, 81; entsprechendes gilt für die Soldaten gem. § 4 III Soldatengesetz).
Solche gesetzlich begründeten Befugnisse sind zulässig, wenn und
weil sie an die überparteiliche Stellung und die typischen Prärogativen des Staatsoberhauptes anknüpfen und zu keiner „Machtverschiebung" im gesamten Verfassungssystem führen. Auch in diesen
Fällen wird der Bundespräsident in der Regel nicht von sich aus
aktiv werden, sondern auf entsprechende Vorschläge der zuständigen Minister reagieren. Es liegt aber in seinem Ermessen, ob und
inwieweit er auf diese Vorschläge eingehen will.

8. Die sog. Reservebefugnisse des Bundespräsidenten

22   In Ausnahmefällen, nämlich wenn das parlamentarische Regierungssystem nicht (mehr) funktioniert, wenn im Bundestag keine
regierungsfähige Mehrheit zustande kommt oder wenn die Regierungsmehrheit zerfällt, hat der Bundespräsident echte politische
Entscheidungsbefugnisse.

– Nach Art. 63 IV GG kann er, wenn der Bundestag nicht imstande ist, einen
  Mehrheitskanzler zu wählen, den Minderheitenkanzler ernennen oder aber
  den Bundestag auflösen und damit eine Neuwahl veranlassen.
– Nach Art. 68 GG kann er, wenn der Bundeskanzler seine Mehrheit im
  Bundestag verloren hat, auf Ersuchen des Bundeskanzlers den Bundestag
  auflösen und damit ebenfalls den Weg für Neuwahlen freimachen.
– Nach Art. 81 GG kann er den Minderheitenkanzler unterstützen, indem er
  den Gesetzgebungsnotstand erklärt und damit Gesetze ohne den sonst erforderlichen Mehrheitsbeschluß des Parlaments ermöglicht.

23   Der Bundespräsident hat in diesen Fällen politische Entscheidungen zu treffen. Er kann aber keine eigene Sachpolitik betreiben
oder gar die politische Führung übernehmen, sondern nur die Weichen stellen und einen Ausweg aus der Krise weisen, sei es, daß er

den Minderheitenkanzler hält, sei es, daß er den Bundestag auflöst und damit einen Neuanfang ermöglicht. Man spricht von Legalitätsreserven, weil der Bundespräsident gleichsam in Reserve steht und mit legalen Mitteln zur Bewältigung der Krise beitragen kann.

Bemerkenswert ist allerdings, daß diese Vorschriften und Möglichkeiten nur bei Funktionsstörungen des parlamentarischen Regierungssystems (Konflikte zwischen dem Bundestag und der Bundesregierung), nicht aber bei Funktionsstörungen im bundesstaatlichen Bereich (Konflikte zwischen der Bundestagsmehrheit und der daraus hervorgegangenen Bundesregierung einerseits und dem Bundesrat andererseits) und auch nicht im Verteidigungsfall oder in sonstigen Notstandssituationen eingreifen. Sie haben lediglich die Schwierigkeiten im Auge, die Anfang der dreißiger Jahre dadurch entstanden, daß der Reichstag nicht mehr zur Bildung einer regierungsfähigen Mehrheit imstande war.

IV. Die Gegenzeichnung der Präsidialakte

Das Verhältnis zwischen dem Bundespräsidenten und der Bundesregierung wird durch Art. 58 GG bestimmt, wonach die „Anordnungen und Verfügungen" des Bundespräsidenten der Gegenzeichnung durch den Bundeskanzler oder einen Bundesminister bedürfen. Der Anwendungsbereich des Art. 58 GG ist umstritten. Kontrovers ist vor allem, ob nur Rechtsakte oder auch sonstige Amtshandlungen des Bundespräsidenten gegenzeichnungspflichtig sind. **24**

Fall: Der Bundespräsident hält auf Einladung einer Studentengruppe an der Universität U eine öffentliche Rede, in der er sehr kritisch zur Außenpolitik der Bundesregierung Stellung nimmt und Alternativen entwickelt. Presse und Rundfunk berichten eingehend darüber. Der Bundeskanzler ist verärgert. Er meint, die Außenpolitik sei Sache der Bundesregierung. Er schreibt deshalb dem Bundespräsidenten, er möge sich künftig zurückhalten oder zumindest politisch brisante Reden mit ihm abstimmen. Der Bundespräsident weist dieses Ansinnen zurück. Wie ist zu entscheiden? – Art. 5 I GG (Meinungsfreiheit) greift nicht ein, weil der Bundespräsident nicht als Privatmann und somit als Grundrechtsträger, sondern als Amtsträger und damit als Verfassungsorgan gesprochen hat. Es geht nicht um ein Grundrechtsproblem, sondern um ein Kompetenzproblem. Art. 59 I GG (außenpolitische Vertretung der Bundesrepublik) kommt ebenfalls nicht zum Zuge, da diese Vorschrift, wie bereits dargelegt wurde, keine Kompetenz für außenpolitische Aktivitäten des Bundespräsidenten begründet. Ferner scheidet Art. 56 GG (Amtseid) aus, da er keine Kompetenz begründet, sondern die rechte Wahrnehmung der anderweitig begründeten Kompetenzen betrifft. Art. 65 GG (Kompetenzen des Bundeskanzlers und der Bundesminister) kommt ebenfalls nicht zur Anwendung, da er nur die Kompetenzverteilung *innerhalb* der Regierung regelt. Selbst wenn man annimmt, daß er darüber hinaus allgemein zum Ausdruck bringt, daß die Entwicklung und Durchsetzung der politischen Ziele Sache der Regierung ist, bleibt doch die genaue Abgrenzung zum Funktionsbereich des Bundespräsidenten offen. Die Problematik spitzt sich daher auf die Frage zu, ob Art. 58 GG zur Anwendung kommt. Das ist dann, aber auch nur dann, zu bejahen, wenn diese Vorschrift nicht nur Rechtsakte, sondern auch die sonstigen Amtshandlungen des Bundespräsidenten einschließlich seiner Reden in der Öffentlichkeit erfaßt.

25   Der *Wortlaut* des Art. 58 GG spricht eher für die engere, auf Rechtsakte beschränkte Auslegung. Zwar sind die Ausdrücke „Anordnungen und Verfügungen" keine festen Rechtsbegriffe. Sie werden aber üblicherweise für Rechtsakte verwendet. Außerdem betrifft das Wort „Gültigkeit" die Rechtswirksamkeit von rechtlichen Maßnahmen, setzt also Rechtsakte voraus. Versteht man die „Gegenzeichnung" als Mitunterschrift, dann beschränkt sich Art. 58 GG sogar auf schriftliche Erklärungen des Bundespräsidenten. Zu einem anderen Ergebnis gelangt man jedoch, wenn man die übrigen Auslegungskriterien heranzieht. Die *historische Auslegung* ergibt, daß der Grundgesetzgeber an die traditionellen Regelungen der Gegenzeichnung anknüpfte, die – vor allem in der Weimarer Zeit – alle Amtshandlungen des Monarchen bzw. des Präsidenten erfaßte (vgl. sofort unten). Das entspricht auch *Sinn und Zweck* der Gegenzeichnung, die darin bestehen, die Einheitlichkeit der Staatsleitung sicherzustellen und über die Bundesregierung die parlamentarische Verantwortlichkeit des Bundespräsidenten herzustellen. Schließlich gelangt man in *verfassungssystematischer Sicht* zu diesem Ergebnis, da das Grundgesetz bewußt den Dualismus zwischen dem Reichstag und dem Reichspräsidenten der Weimarer Reichsverfassung aufgegeben und statt dessen das parlamentarische Regierungssystem konsequent verwirklicht hat.

26   Die Gegenzeichnung hat sich als charakteristisches Instrument des konstitutionellen Staatsrechts des 19. Jahrhunderts herausgebildet, das den Dualismus zwischen der überkommenen Monarchie und dem aufstrebenden Bürgertum in Ausgleich zu bringen versuchte (vgl. *M. Nierhaus,* aaO. Rn. 30, S. 9 ff.). Die Volksvertretung erlangte nicht nur Mitwirkungsrechte bei der Gesetzgebung, sondern konnte auch die Minister im Parlament und damit vor der Öffentlichkeit zur Verantwortung ziehen (allerdings nicht abwählen). Der Monarch blieb

dagegen der parlamentarischen Kontrolle entzogen. Er war, wie die Verfassungen jener Zeit bestimmten, „unverletzlich" (so etwa Art. 43 Preuß. Verf. 1850; die früheren süddeutschen Verfassungen von 1818/1819 bezeichneten ihn sogar als „heilig und unverletzlich"), d. h. er konnte weder rechtlich (gerichtlich) noch politisch (parlamentarisch) zur Verantwortung gezogen werden. Aber der Minister mußte für das Verhalten seines Monarchen einstehen. Das war jedoch nur möglich, wenn er entsprechende Einflußrechte hatte. Sie wurden durch die Gegenzeichnung begründet, die die Regierungsakte des Monarchen von der Zustimmung des Ministers abhängig machte. Der Monarch war damit an seinen Minister gebunden, aber ihm nicht ausgeliefert, da er diesen jederzeit entlassen und durch eine andere Person ersetzen konnte. Bereits im 19. Jahrhundert wurde weitgehend angenommen, daß die Gegenzeichnungspflicht alle Amtshandlungen des Monarchen erfaßt, wenngleich die Rechtsakte im Vordergrund standen. Art. 44 Preuß. Verf. 1850 erstreckte die Gegenzeichnung sogar ausdrücklich auf „alle Regierungsakte". Art. 17 RVerf. 1871 und Art. 50 WRV sprachen dagegen nur von „Anordnungen und Verfügungen". Nach überwiegender Auffassung erfaßten sie aber alle Regierungsakte bzw. alle Amtshandlungen des Kaisers bzw. des Reichspräsidenten. So heißt es in dem führenden Kommentar zur Weimarer Reichsverfassung von *Anschütz,* die Gegenzeichnungspflicht erstrecke sich „auf das gesamte amtliche Verhalten und Auftreten des Reichspräsidenten, insbesondere auch auf Unterlassungen, sowie auf solche Handlungen und Äußerungen, die, obwohl nicht in amtliche Form gekleidet und möglicherweise privatim gemeint (Briefe, Reden und Äußerungen in Gesprächen), politische Wirkungen herbeigeführt haben oder geeignet sind, sie herbeizuführen" (Anm. 3 zu Art. 50 WRV). Wenn der Grundgesetzgeber nicht nur die Gegenzeichnungspflicht insgesamt, sondern auch den Begriff der „Anordnungen und Verfügungen" übernommen hat, dann ist anzunehmen, daß er im gleichen Sinne wie früher zu verstehen ist. Daran ändert auch nichts, daß heute nicht mehr die parlamentarische Verantwortlichkeit, sondern die Einheitlichkeit der Staatsführung als Leitprinzip im Vordergrund steht.

Als Ergebnis läßt sich somit feststellen, daß sich die Gegenzeich- **27** nung grundsätzlich auf alle Amtshandlungen des Bundespräsidenten, auch auf Reden und sonstige Repräsentationsakte, erstreckt. Sie besteht in der Billigung der Präsidialakte, die bei schriftlich abgefaßten Rechtsakten in der Mitunterschrift zum Ausdruck kommt, im übrigen aber auch auf andere Art und Weise, möglicherweise durch stillschweigende Hinnahme erfolgen kann. Wenn in der Literatur gelegentlich mit dem Ziel, die Gegenzeichnung für Reden ad absurdum zu führen, behauptet wird, daß dann der Bundespräsident über nichts mehr reden dürfe, ohne die Bundesregierung vorher zu fragen, so geht das nicht nur an der Praxis, sondern auch an den rechtlichen Anforderungen vorbei. Art. 58 GG stellt klar, daß die parlamentarisch verantwortliche Bundesregierung die Politik bestimmt. Der Bundespräsident darf die Regierungspolitik nicht durchkreuzen oder stören. Wenn er zu aktuellen politischen Fragen oder zu längerfristigen politischen Tendenzen Stellung nehmen und dabei tatsächlich oder vermutlich von der Regierungspolitik abweichen will, muß er sich vorher mit dem Bundeskanzler oder dem zuständigen Bundesminister abstimmen. Kommt es zu keiner Übereinstimmung, dann muß der Bundespräsident zurückstehen. Art. 58 GG bringt damit das Prinzip der Verfassungsorgantreue zum Ausdruck, betont aber zugleich auch den Vorrang der Bundesregierung im politischen Bereich.

28   Die Gegenmeinung, die Art. 58 GG auf Rechtsakte des Bundespräsidenten beschränkt, kommt im wesentlichen zu demselben Ergebnis, indem sie unmittelbar den Grundsatz der Verfassungstreue heranzieht (vgl. etwa *Schenke,* BK Art. 58 Rn. 16, 49, 52 f.). Indessen ist es schon aus methodischen Gründen verfehlt, auf einen allgemeinen Verfassungsgrundsatz zu verweisen, wenn sich eine positiv-rechtliche Regelung anbietet. Das gilt hier umso mehr, als Art. 58 GG das Verhältnis zwischen dem Bundespräsidenten und dem Bundeskanzler präziser bestimmt (vgl. dazu *Maurer,* Festschrift für Carstens, S. 718 f.).

V. Gesamtbeurteilung

29   Nach allgemeiner Auffassung ist die Stellung des Bundespräsidenten wesentlich schwächer ausgestaltet als die des Reichspräsidenten der Weimarer Reichsverfassung. Er wird nicht unmittelbar vom Volk gewählt, sondern besitzt nur eine mittelbare – durch die Bundesversammlung vermittelte – demokratische Legitimation. Er hat ferner weniger Kompetenzen als der Reichspräsident. Man wird der Stellung des Bundespräsidenten jedoch nicht gerecht, wenn man ihn nur quantitativ an den gegenüber der Stellung und den Befugnissen des Reichspräsidenten vorgenommenen Abstrichen bemißt. Der Bundespräsident hat eine *andere* Stellung als der Reichspräsident. Daher führt der quantifizierende Vergleich mit dem Reichspräsidenten nur bedingt weiter. Das Weimarer Verfassungssystem beruhte auf zwei Säulen, nämlich dem vom Volk gewählten Reichstag und dem vom Volk gewählten Reichspräsidenten. Die Reichsregierung war beiden verantwortlich und von beiden abhängig. Der Reichspräsident konnte und durfte selbst Politik betreiben – im Einklang mit dem Parlament, aber auch gegen das Parlament. Das Grundgesetz verwirklicht dagegen konsequent das parlamentarische Regierungssystem. Die Bundesregierung geht aus dem Parlament hervor und ist nur ihm verantwortlich. Der Bundespräsident ist zur Repräsentation und Integration berufen und nimmt damit eine Aufgabe wahr, die gerade im pluralistischen Staat der Gegenwart unentbehrlich ist.

Literatur: *U. Scheuner,* Das Amt des Bundespräsidenten als Aufgabe ver- **30** fassungsrechtlicher Gestaltung, 1966; *H. Maurer,* Hat der Bundespräsident ein politisches Mitspracherecht?, DÖV 1966, 665 ff.; *O. Kimminich/P. Pernthaler,* Das Staatsoberhaupt in der parlamentarischen Demokratie, Referate mit Diskussion, VVDStRL 25 (1967) S. 2 ff.; *H.-J. Winkler,* Der Bundespräsident. Repräsentant oder Politiker?, 1967; *R. Herzog,* Entscheidung und Gegenzeichnung, Festschrift für G. Müller, 1970, S. 117 ff.; *R. Wahl,* Die Stellvertretung im Verfassungsrecht, 1971; *M. Nierhaus,* Entscheidung, Präsidialakt und Gegenzeichnung, 1973; *H. Maurer,* Die Gegenzeichnung nach dem Grundgesetz, Festschrift für Carstens, 1984, S. 701 ff.; *K. Schlaich,* Der Bundespräsident (Wahl, Status, Funktionen), HStR II (1987) S. 523 ff.; *H. Butzer,* Der Bundespräsident und sein Präsidialamt, VerwArch. Bd. 82 (1981) S. 497 ff.; *K. Carstens,* Die Auflösung des Deutschen Bundestages im Januar 1983, Festschrift der Rechtswissenschaftlichen Fakultät zur 600-Jahr-Feier der Universität zu Köln, 1988, S. 661 ff.; *J. Isensee/D. Leuze,* Braucht die Republik einen Präsidenten?, NJW 1994, 1329 f., 1768 f.; *Ph. Kunig,* Der Bundespräsident, Jura 1994, 217 ff.; *H. Seltenreich,* Volkswahl des Bundespräsidenten, KJ 1995, 238 ff.; *G. Scholz,* Die Bundespräsidenten. Biographien eines Amtes, 3. Aufl. 1996.

Rechtsprechung: BVerfGE 62, 1 (Auflösung des Bundestages durch den Bundespräsidenten); BVerfGE 89, 359 (Kandidatur des Bundesverfassungsgerichtspräsidenten für das Amt des Bundespräsidenten).

§ 16. Der Bundesrat

I. Der Bundesrat als föderatives Organ

Art. 50 GG bestimmt, daß die Länder durch den Bundesrat bei **1** der Gesetzgebung und Verwaltung des Bundes und in Angelegenheiten der Europäischen Union mitwirken. Er umschreibt damit – noch ganz allgemein – die Organisation und die Aufgaben des

Bundesrates. Näheres ergibt sich aus den folgenden Regelungen des IV. Abschnitts des Grundgesetzes (Art. 51–53) und einer Reihe weiterer über das ganze Grundgesetz verstreuter Regelungen.

2   Wie die anderen Verfassungsorgane hat auch der Bundesrat eine von ihm selbst erlassene Geschäftsordnung (vgl. Sart. Nr. 37). Hinzu kommen weitere einfach-gesetzliche Regelungen, die Zustimmungs- und Mitwirkungsrechte des Bundesrates unterschiedlichster Art begründen, vgl. den Überblick bei *Stern*, Staatsrecht II, S. 150 ff. Sie sind verfassungsrechtlich jedoch nur haltbar, wenn sie sich in die Kompetenzordnung des Grundgesetzes einfügen lassen.

3   Während der unmittelbar vom Volk nach den Grundsätzen der allgemeinen und gleichen Wahl gewählte Bundestag das Bundesvolk in seiner Gesamtheit repräsentiert, stellt der Bundesrat eine Vertretung der Bundesländer dar. Er ist aber keine Ländereinrichtung, sondern ein Bundesorgan, das auf der gleichen Ebene wie die anderen ständigen Verfassungsorgane (der Bundestag, die Bundesregierung, der Bundespräsident und das Bundesverfassungsgericht) steht. Als Bundesorgan nimmt er an der politischen Willensbildung des Bundes teil. Seine Besonderheit gegenüber den anderen Verfassungsorganen des Bundes besteht aber gerade darin, daß er – das Bundesstaatsprinzip zur Geltung bringend – die Länder an der Willensbildung des Bundes beteiligt. Dementsprechend wird der Bundesrat als föderatives Verfassungsorgan – im Gegensatz zum Bundestag als unitarisches Verfassungsorgan – bezeichnet.

Durch die Beteiligung der Länder an der Willensbildung des Bundes sollen die sich aus der Einordnung in den Bund ergebenden Beschränkungen kompensiert werden, was freilich nur bedingt möglich ist, weil das föderative Organ nur *Mit*wirkungsrechte auf der Bundesebene hat und haben kann und weil das einzelne Land im föderativen Organ überstimmt werden kann.

II. Die Zusammensetzung und die Mitglieder des Bundesrates

1. Die Regelungen des Grundgesetzes

4   *a) Zusammensetzung.* Der Bundesrat besteht, wie Art. 51 GG sagt, „aus Mitgliedern der Regierungen der Länder." Wer Regierungsmitglied ist, bestimmt sich nach dem Landesverfassungsrecht. Dazu gehören die Ministerpräsidenten und die Minister der Flächenstaaten, die Bürgermeister und die Senatoren der Stadtstaaten

(Berlin, Hamburg, Bremen), ferner Staatssekretäre und Staatsräte, wenn sie − wie in Baden-Württemberg, Bayern und Sachsen − Sitz und Stimme im Kabinett haben. Im folgenden wird vereinfachend und zusammenfassend von Landesministern gesprochen.

b) Bestellung und Abberufung. Die Mitglieder des Bundesrates 5 werden, nicht − wie die Mitglieder der föderativen Organe anderer Bundesstaaten − vom Volk oder vom Parlament gewählt, sondern von der jeweiligen Landesregierung „bestellt" (Art. 51 I 1 GG). Erforderlich ist ein Beschluß oder eine Wahl der Landesregierung, deren Ergebnis gem. § 1 GeschOBR dem Präsidenten des Bundesrates mitzuteilen ist. Die Mitgliedschaft im Bundesrat endet mit der − jederzeit möglichen − Abberufung oder mit dem Verlust des Ministeramtes (Rücktritt, Entlassung oder Wechsel der gesamten Regierung). Jeder Regierungswechsel in einem Bundesland führt auch zum Wechsel der Landesvertretung im Bundesrat und damit möglicherweise zu einer Verschiebung der (parteipolitischen) Mehrheitsverhältnisse im Bundesrat.

c) Vertretung. Die Mitglieder des Bundesrates können sich durch 6 andere Minister ihrer Regierung vertreten lassen (Art. 51 I 2 GG). Die stellvertretenden Mitglieder werden in gleicher Weise wie die der ordentlichen Mitglieder bestellt und abberufen. In der Praxis ist es üblich geworden, daß alle diejenigen Minister, die dem Bundesrat nicht als ordentliche Mitglieder angehören, zu stellvertretenden Mitgliedern berufen werden. Daher kommt es nicht mehr darauf an, *wer* im Bundesrat erscheint; entscheidend ist nur, daß ein Landesminister auftritt, der zugleich seine Ministerkollegen vertreten kann.

d) Stimmenzahl. Die Länder haben − gestaffelt nach der Einwoh- 7 nerzahl − drei bis sechs Stimmen im Bundesrat und können dementsprechend drei bis sechs Mitglieder in den Bundesrat entsenden (Art. 51 II, III GG). Das Grundgesetz wählt damit einen Mittelweg zwischen der egalitären Gleichheit (jedes Land erhält die gleiche Zahl von Stimmen und Mitgliedern im Bundesrat) und der proportionalen Gleichheit (jedes Land erhält eine seiner Bevölkerungszahl entsprechende Zahl von Stimmen und Mitgliedern im Bundesrat). Der Einwohnerbegriff erfaßt − wie auch sonst − alle Personen, die in dem jeweiligen Bundesland ihren Wohnsitz oder ständigen Aufenthalt haben, also nicht nur deutsche Staatsangehörigen oder gar nur wahlberechtigte Bürger, sondern auch Ausländer und Staatenlose. Die Feststellung der Einwohnerzahl erfolgt gem. § 27 GeschOBR nach dem Ergebnis der letzten Volkszählung bzw. deren amtlichen Fortschreibung.

Vgl. dazu *C. Deecke,* Verfassungsrechtliche Anforderungen an die Stimmverteilung im Bundesrat, 1998. Die Einbeziehung der Ausländer und Staatenlosen ist in der Literatur auf Kritik und Ablehnung gestoßen: *R. Scholz* ist der Auffassung, daß sie gegen das Demokratieprinzip, insbesondere gegen die Grundsätze der Volkssouveränität und der demokratischen Gleichheit verstoße (MD Art. 51, 1996, Rn. 3). Dieser Einwand wirft bereits verfassungsdogmatische Vorfragen auf. Handelt es sich um eine verfassungswidrige Verfassungsnorm? Oder erfordert das Demokratieprinzip eine einschränkende, Art. 79 III GG-konforme Auslegung? Darauf braucht hier jedoch nicht weiter eingegangen zu werden, weil die Bedenken von *Scholz* (auch) sachlich nicht durchgreifen. Da Art. 51 II GG nicht die demokratische Legitimität der Mitglieder des Bundesrates regelt (sie wird über den vom Volk gewählten Landtag hergestellt), sondern nur den Bezugspunkt für die institutionelle Zusammensetzung des Bundesrates bestimmt, bildet die Einwohnerzahl einen vertretbaren Anknüpfungspunkt. Das gilt um so mehr, als Art. 51 II GG auf die unterschiedliche „Größe" der Länder abstellt. Die sich daraus ergebenden Differenzierungen werden durch das Bundesstaatsprinzip gedeckt, das Unterschiede zwischen der ersten und der zweiten Kammer nicht nur zuläßt, sondern geradezu fordert. Ebenso *Bauer,* in: Dreier, Grundgesetz, Art. 51 Rn. 19 f.; *C. Deecke,* aaO. S. 38 ff., die außerdem zu Recht kritisieren, daß die Berechnungsmethode nur durch die Geschäftsordnung des Bundesrates und nicht durch Gesetz festgelegt wird.

Nach dem derzeitigen Stand ergibt sich folgende Stimmverteilung:

- 3 Stimmen: Bremen, Hamburg, Mecklenburg-Vorpommern, Saarland
- 4 Stimmen: Brandenburg, Berlin, Rheinland-Pfalz, Sachsen, Sachsen-Anhalt, Schleswig-Holstein, Thüringen
- 5 Stimmen: Hessen
- 6 Stimmen: Baden-Württemberg, Bayern, Niedersachsen, Nordrhein-Westfalen.

Insgesamt macht das 69 Stimmen. Die in Art. 52 III 1 GG geforderte absolute Mehrheit („Mehrheit seiner Stimmen") beträgt sonach 35 Stimmen.

8   *e) Gebot der einheitlichen Stimmabgabe.* Charakteristisch für die Struktur und die Arbeitsweise des Bundesrates ist die Regelung des Art. 51 III 2 GG, daß die Stimmen eines Landes *einheitlich* abgegeben werden müssen (vgl. Urteil des BVerfG vom 18. 12. 2002, DVBl. 2003, 194 und unten Rn. 23). So können z.B. die 6 aus

Nordrhein-Westfalen kommenden Bundesratsmitglieder nicht unterschiedlich votieren, sondern müssen ihre Stimmen gleichlautend abgeben. Das setzt eine *vorhergehende* Festlegung der Stimmabgabe voraus. Die Frage, *wer* dafür zuständig ist, wird im Grundgesetz nicht ausdrücklich geregelt. Sie bleibt dem Landesrecht überlassen, das aber die bundesrechtliche Konzeption des Bundesrates als Regierungsorgan beachten muß. Denkbar ist zunächst, daß die im Bundesrat vertretenen Landesminister eine entsprechende Verabredung treffen. Das scheitert aber schon daran, daß die Landesvertretung nicht institutionalisiert ist und daher auch keine verbindlichen Beschlüsse fassen kann, was zur Sicherung der einheitlichen Stimmabgabe erforderlich wäre. Die Entscheidung muß zudem schon aus sachlichen Gründen im Landesbereich fallen. Da die *Landesregierungen* die Mitglieder des Bundesrates bestellen, liegt es nahe, daß *sie* durch Mehrheitsbeschluß über die Stimmabgabe im Bundesrat entscheiden. Die meisten Landesverfassungen enthalten eine entsprechende Regelung (so etwa Art. 49 II BWVerf., Art. 37 II Nr. 2 NdsVerf., Art. 24 SächsVerf.). Vertretbar ist aber auch eine Regelung, die die Entscheidung über die Stimmabgabe – generell oder für bestimmte Fallgruppen – dem Ministerpräsidenten kraft seiner Richtlinienkompetenz zuweist (anders offenbar BVerfG DVBl. 2003, 194, 196).

Fall: Der Landtag von Baden-Württemberg beschließt mit der erforderlichen Mehrheit folgenden Art. 49a in die Landesverfassung einzufügen: „Die Landesregierung ist verpflichtet, Beschlüsse des Landtages, die die Stimmabgabe im Bundesrat betreffen, zu beachten". **8 a**

Lösung: Art. 49 II LVerf. bestimmt zwar, daß die Landesregierung über die Stimmabgabe im Bundesrat zu beschließen hat, der Landtag also insoweit keine Entscheidungsbefugnisse besitzt. Der neu eingefügte Art. 49a soll aber gerade eine Ausnahme von der ausschließlichen Entscheidungskompetenz der Regierung machen mit dem Ziel, dem Landtag bindende Einflußmöglichkeiten zu verschaffen. Die Frage ist, ob Art. 49a LVerf. (1) mit der Landesverfassung und (2) mit dem Grundgesetz vereinbar ist. (1) In landesverfassungsrechtlicher Sicht kommt, da Art. 49a LVerf. selbst Verfassungsrang besitzt, lediglich Art. 64 I 2 LVerf. in Betracht, der – entsprechend Art. 79 III GG – bestimmt, daß Verfassungsänderungen „den Grundsätzen des republikanischen, demokratischen und sozialen Rechtsstaats nicht widersprechen" dürfen. Eine Verletzung dieser Grundsätze liegt jedoch nicht vor. Die von *Stern* (Staatsrecht II, S. 138 f.) – wohl im Blick auf das Grundgesetz – vertretene Auffassung, daß eine solche Regelung gegen den Grundsatz der Gewaltenteilung verstoße und den Kernbereich der Exekutive antaste, vermag nicht zu überzeugen. Der Bundesrat und die Mitwirkung des Bundesrates lassen sich schwerlich in das traditionelle Gewaltenteilungsschema einordnen, jedenfalls gehören sie nicht zum Kernbereich der Exekutive, zumal der Bundesrat schwerpunktmäßig im Bereich der Gesetzgebung tätig wird. (2) Problematischer ist die Vereinbarkeit mit dem Grundgesetz. Die generelle oder auch nur punktuelle Verlagerung der Entscheidungskompetenz auf den Landtag ist mit der typischen gouvernementalen Ausrichtung des Bundesrates nicht vereinbar; sie würde die vom Grundgesetz getroffene Bundesratslösung (im Gegensatz zur Senatslösung) unterlaufen (vgl. dazu näher unten Rn. 31 ff.). Dagegen bestehen keine durchgreifenden Bedenken, daß die Landtage im Rahmen ihrer parlamentarischen Kontrolle auch über das Verhalten der Regierung im Bundesrat, insbesondere über die Stimmabgabe, diskutieren und (rechtlich unverbindliche) Empfehlungen aussprechen. Vgl. dazu BVerfGE 8, 104, 120 f.; BWStGH ESVGH 36, 161, 163 = VBlBW 1986, 335; *Krebs*, MüK Art. 51, Rn. 14; *Bauer,* in: Dreier, Grundgesetz, Art. 51 Rn. 23 m. w. N.; strittig, a. A. *H.-W. Arndt,* VBlBW 1986, 189 ff.; 416 ff. *(für die Zulässigkeit eines landesverfassungsrechtlich festgelegten Weisungsrechts des Parlaments).*

9   *f) Weisungsgebundenheit.* Aus dem Gebot der einheitlichen Stimmabgabe und der sich daraus ergebenden Entscheidungskompetenz der Landesregierung (sei es des Kollegiums, sei es des Ministerpräsidenten) ergibt sich, daß die einzelnen Mitglieder des Bundesrates an die Entscheidungen ihrer Landesregierungen gebunden sind. Sie besitzen somit – im Gegensatz zu den Abgeordneten des Bundestages (Art. 38 I 2 GG) – kein freies Mandat. In der Praxis des Bundesrates führt das dazu, daß die Stimmen eines Landes nicht einzeln, sondern gemeinsam – durch den sog. Stimmführer – abgegeben werden.

2. Die Länder als Mitglieder des Bundesrates

10   Betrachtet man die soeben dargelegten Regelungen des Grundgesetzes im größeren Zusammenhang, dann ergibt sich, daß die eigentlichen Mitglieder des Bundesrates nicht die einzelnen Landesminister, sondern die Länder selbst sind. Sie werden – wie auch sonst, etwa im Verfassungsprozeß – durch ihre Landesregierungen und diese wiederum durch die in den Bundesrat entsandten Landesminister vertreten. Das folgt bereits aus dem Wortlaut des Grundgesetzes, wonach „die Länder" durch den Bundesrat im Bundesbereich mitwirken (Art. 50 GG) und „jedes Land" drei oder

mehr Stimmen im Bundesrat hat (Art. 51 I GG). Damit erklärt sich auch die zunächst merkwürdig erscheinende Regelung, daß die Stimmen eines Landes einheitlich abgegeben werden müssen. *Ein und dasselbe* Mitglied kann nicht mit doppelter Zunge sprechen. Genau genommen handelt es sich um *eine* Stimme, allerdings mit *unterschiedlichem Gewicht*. Die Stimmen der kleineren Länder zählen dreifach, die der größeren Länder zählen vier-, fünf- oder sechsfach. Damit relativiert sich auch der übliche Hinweis, die Mitglieder des Bundesrates hätten ein imperatives Mandat. Die Länder und die Landesregierungen entscheiden frei; die Vertreter im Bundesrat haben die Entscheidungen ihrer Regierung, an der sie selbst mitgewirkt haben, zu respektieren und im Bundesrat entsprechend abzustimmen.

Die Auffassung, daß die Länder die eigentlichen Mitglieder des Bundesrates sind, kommt auch in einer ganzen Reihe von Vorschriften der Geschäftsordnung des Bundesrates zum Ausdruck, die den „Ländern" bestimmte Rechte einräumen, so etwa § 23 III, IV (Tagesordnung), § 19 II (Fragerecht) und § 26 I (Antragsrecht).

3. Die personellen Mitglieder des Bundesrates

Es wäre freilich verfehlt, wenn man die in den Bundesrat entsandten Landesminister nur als numerische Größen betrachten würde. Sie haben die Aufgabe, für ihre Länder und ihre Landesregierungen im Bundesrat aufzutreten und dort für sie zu agieren. Zur Wahrnehmung dieser Aufgaben besitzen sie bestimmte Mitgliedschaftsrechte im Bundesrat. Daher ist zwischen den Mitgliedschaftsrechten der Länder (institutionelle Mitglieder) und den Mitgliedschaftsrechten der dem Bundesrat angehörenden Landesminister (personelle Mitglieder) zu unterscheiden. Zu den personellen Mitgliedschaftsrechten gehört etwa das Recht auf Teilnahme an den Sitzungen des Bundesrates, das Rederecht, das Fragerecht (im Rahmen des § 19 I GeschOBR). Wenn Art. 43 II GG bestimmt, daß die Mitglieder des Bundesrates – wie die Mitglieder der Bundesregierung – das Recht auf Zutritt und auf Anhörung im Bundestag und seinen Ausschüssen haben, dann sind damit die personellen Mitglieder des Bundesrates gemeint. **11**

Ebenso können im Vermittlungsausschuß (Art. 77 GG) und im Gemeinsamen Ausschuß (Art. 53 a GG) nur Personen, also nur die personellen Mitglieder des Bundesrates, vertreten sein, die dort aber den Bundesrat repräsentieren. Die Bestimmung des Art. 77 II 3 GG, daß die Mitglieder des Bundesrates im Vermittlungsausschuß „nicht an Weisungen gebunden" sind, begründet kein „freies Mandat" i. S. des Art. 38 I 2 GG, sondern soll den Spielraum gewähren, der erforderlich ist, um zu Kompromissen zu gelangen, die dann ohnehin noch der Bestätigung durch den Bundestag und den Bundesrat bedürfen.

4. Vergleich zwischen Bundestag und Bundesrat

12   Wenn man Bundestag und Bundesrat miteinander vergleicht, ergeben sich erhebliche Unterschiede, die zugleich die Eigenarten der beiden Organe deutlich werden lassen. Eine Gegenüberstellung der Abgeordneten des Bundestages und der Mitglieder des Bundesrates ergibt:

a) Wahl durch das Volk – Bestellung durch die Landesregierung;
b) unmittelbare demokratische Legitimation – durch den Landtag und die Landesregierung vermittelte demokratische Legitimation;
c) begrenzte Amtszeit von 4 Jahren (mit Wiederwahlmöglichkeit) – unbestimmte Amtszeit, bis zur Abberufung oder zum Verlust des Ministeramtes;
d) freies Mandat – weisungsgebunden;
e) Vertretung nicht möglich – Vertretung zulässig;
f) Indemnität, Immunität und Zeugnisverweigerungsrecht – diese, sich aus dem freien Mandat ergebenden Rechte bestehen nicht für die Bundesratsmitglieder, sie können sich aber ggf. auf die ihnen als Landesminister zustehenden Rechte berufen.

13   Stellt man auf den Bundestag und den Bundesrat insgesamt ab, so ist festzustellen: Der Bundestag wird im Rhythmus von 4 Jahren vom Volk gewählt (sofern keine vorzeitige Auflösung des Bundestages stattfindet). Der Bundestag läßt sich somit in Wahlperioden gliedern, die durch den Grundsatz der Diskontinuität noch schärfer abgegrenzt werden (vgl. dazu oben § 13 Rn. 53). Der Bundesrat ist dagegen ein kontinuierliches oder permanentes Organ, dessen Mitglieder entsprechend den landespolitischen Entwicklungen zu unterschiedlichen Zeitpunkten wechseln. Daher greift hier der Grundsatz der parlamentarischen Diskontinuität nicht ein. Lediglich aus arbeitstechnischen Gründen wird nach „Geschäftsjahren" unterschieden, die jeweils am 1. November eines Jahres beginnen und am 31. Oktober des folgenden Jahres enden.

Vgl. § 3 GeschOBR. Dementsprechend werden die Drucksachen und die Protokolle des Bundesrates nicht nach Wahl- oder Amtsperioden, sondern nach Jahren zitiert, etwa BR-Drs. 75/1995 und BR-Prot. 1995 S. 316 ff. Im Gegensatz dazu werden die Drucksachen und die Verhandlungen des Bundestages nach Wahlperioden zitiert, so etwa BT-Drs. 14/318 und BT-Prot. 14. Wp. S. 326 ff.

III. Die Organisation und das Verfahren des Bundesrates

1. Plenum und Ausschüsse

a) *Das Plenum* des Bundesrates besteht aus der Gesamtheit der 69 personellen Mitglieder bzw. der Länder mit insgesamt 69 Stimmen (vgl. dazu oben Rn. 6). Alle wesentlichen Entscheidungen, insbesondere die Beschlüsse mit Außenwirkung, werden vom Plenum getroffen.   **14**

Eine Ausnahme besteht lediglich für die Europakammer (vgl. sogleich unten Rn. 16). Da die personellen Mitglieder des Bundesrates durch ihr Hauptamt als Ministerpräsident oder Minister stark belastet sind, tagt das Plenum relativ selten – in der Regel nur freitags im Abstand von etwa 4 Wochen – und erledigt die zahlreich anstehenden Entscheidungen überwiegend routinemäßig. Lediglich wichtigere politische Fragen lösen gelegentlich eine Diskussion aus. Da die Stimmen eines Landes einheitlich abgegeben werden müssen und dies eine Vorentscheidung voraussetzt, fehlt auch die Basis für eine echte Diskussion.

b) Die Hauptarbeit geschieht in den *Ausschüssen,* in die jedes Land ein Mitglied mit gleichem Stimmengewicht entsendet. Derzeit bestehen 16 Ausschüsse, die – wie die Ausschüsse des Bundestages – in etwa der Zuständigkeitsverteilung der Bundesministerien entsprechen. Von Bedeutung ist, daß sich die Minister in den Ausschüssen durch Ministerialbeamte vertreten lassen können und in der Regel auch vertreten lassen, so daß dort vor allem die Experten der Ministerialbürokratie der Länder zusammenkommen. Die Ausschüsse treffen keine (endgültigen) Entscheidungen, sondern haben die Entscheidungen des Plenums vorzubereiten.   **15**

c) *Die Europakammer* ist ebenfalls ein Ausschuß des Bundesrates, aber ein Ausschuß besonderer Art. Er wird nicht nur vorbereitend tätig, sondern kann anstelle des Bundesrates Beschlüsse fassen, die   **16** die gleiche Wirkung wie die Bundesrats-Beschlüsse haben. Deshalb gilt die Regelung über die Stimmverteilung im Plenum des Bundesrates auch für diesen Ausschuß. Die Europakammer, die durch die Grundgesetz-Novelle vom 21. 12. 1992 im Grundgesetz verankert wurde, soll gewährleisten, daß auf die oft eiligen Angelegenheiten im Bereich der Europäischen Union rasch und angemessen reagiert werden kann.

> Vgl. dazu Art. 52 III a GG, §§ 45 b–k GeschOBR; ferner Art. 23 GG und das Gesetz über die Zusammenarbeit von Bund und Ländern in Angelegenheiten der Europäischen Union vom 12. 3. 1993 (Sart. Nr. 97).

2. Der Präsident des Bundesrates

17 a) Nach der knappen Regelung des Art. 52 I GG *wählt* der Bundesrat seinen *Präsidenten* für ein Jahr. § 5 I GeschOBR ergänzt diese Regelung und bestimmt, daß er den Präsidenten „aus seinen Mitgliedern" wählt. Ganz selbstverständlich ist diese Ergänzung nicht. Den Vorsitz im Reichsrat und in seinen Ausschüssen führte ein Mitglied der Reichsregierung (Art. 65 I WRV), den Vorsitz im Senat der USA hat der Vizepräsident der USA. Die Ergänzung liegt jedoch noch in der Geschäftsordnungsautonomie des Bundesrates, zumal mangels einer anderen Regelung nicht ersichtlich ist, wer sonst in Betracht kommt.

18 Bereits 1950 hatten die Ministerpräsidenten der Länder im sog. Königsteiner Abkommen vom 30. 8. 1950 vereinbart, daß die Regierungschefs der Länder in einem bestimmten Turnus – nämlich der Größe der Länder folgend – zum Präsidenten des Bundesrates gewählt werden. Diese informelle Absprache ist zwar rechtlich nicht verbindlich, wurde aber bislang durchweg eingehalten. Auf diese Weise soll das Amt des Präsidenten des Bundesrates aus der Macht- und Parteipolitik herausgehalten werden. Diesem Ziel dient auch die Befristung auf ein Jahr, die allerdings eine Wiederwahl nicht ausschließen würde. Bei der Regierungsbildung im September 1949 hatte Adenauer noch versucht, das Amt des Präsidenten des Bundesrates in die Koalitionsverhandlungen mit einzubeziehen. Bundeskanzler: Adenauer/CDU; Bundespräsident: Heuss/FDP; Bundesratspräsident: Ehard/CSU. Der Bundesrat machte jedoch nicht mit und wählte den Ministerpräsidenten des volkreichsten Landes Nordrhein-Westfalen, Karl Arnold, zu seinem Präsidenten. Ihm folgte 1950 der Ministerpräsident des nach der Bevölkerungszahl zweitgrößten Landes Bayern, Hans Ehard. Eine entsprechende Regelung gilt für die Wahl der Vizepräsidenten. Scheidet ein zum Bundesratspräsidenten gewählter Ministerpräsident aus der Landesregierung und damit aus dem Bundesrat aus, wird sein Nachfolger für den Rest der Amtszeit gewählt. Das mag zwar im Blick auf Art. 52 I GG (ein Jahr!) zweifelhaft sein, entspricht aber der Auffassung, daß die Länder, vertreten durch die Landesregierungen, Mitglieder des Bundesrates sind und somit auch das Amt des Bundesratspräsidenten nicht personen-, sondern regierungsbezogen ist.

b) Der Präsident des Bundesrates hat die *Aufgaben,* die üblicher- **19** weise dem Vorsitzenden eines solchen Gremiums zukommen. Darüber hinaus hat er als *Vertreter des Bundespräsidenten* dessen Befugnisse wahrzunehmen, wenn dieser verhindert ist oder vorzeitig aus seinem Amt ausscheidet (Art. 57 GG, näher dazu oben § 15 Rn. 10). Bereits aus dem Wortlaut dieser Vorschrift ergibt sich, daß der Bundesratspräsident in dieser Zeit voll in das Amt des Bundespräsidenten einrückt. Um Interessenkonflikte zu vermeiden, bestimmt § 7 I GeschOBR, daß der Bundesratspräsident von seinen Präsidialgeschäften ausgeschlossen ist, solange er die Vertretung des Bundespräsidenten wahrnimmt.

3. Verfahren

Das Verfahren im Bundesrat und seinen Ausschüssen entspricht **20** den üblichen parlamentarischen Verfahrensregelungen. Das Grundgesetz enthält in Art. 52 GG dazu nur wenige Vorschriften (Einberufung des Bundesrates, Abstimmungsquorum, Öffentlichkeitsprinzip). Von Bedeutung ist die Bestimmung, daß der Bundesrat seine Beschlüsse mit „mindestens der Mehrheit seiner Stimmen" faßt (Art. 52 III 1 GG). Daraus folgt, daß ein Beschluß nur dann zustande kommt, wenn von den 69 Stimmen im Bundesrat mindestens 35 *für* den Antrag votieren. Stimmenthaltungen haben die gleiche Wirkung wie Nein-Stimmen.

In den auf der Landesebene abgeschlossenen Koalitionsvereinbarungen wird **21** üblicherweise bestimmt, daß sich das Land im Bundesrat der Stimme enthalte, wenn sich die Koalitionspartner nicht einigen können. Das erscheint auch naheliegend; man sagt nicht ja und nicht nein, sondern hält sich heraus, wenn man keine Einigung erreicht. In Wirklichkeit wird aber doch – wegen der erforderlichen absoluten Mehrheit im Bundesrat – eine Sachentscheidung getroffen: Zustimmungsgesetze werden durch Verweigerung der Zustimmung abgelehnt, Einspruchsgesetze durch Verzicht auf ein Veto akzeptiert. Verfassungsrechtlich ist eine solche generelle Vorausfestlegung, die auf eine reine Obstruktionspolitik im Bundesrat hinausläuft, nicht haltbar. Völlig indiskutabel ist übrigens die laut Pressebericht in einem Bundesland getroffene Vereinbarung, im Falle der Nichteinigung das Los entscheiden zu lassen.

22   Da die Stimmen eines Landes nur einheitlich abgegeben werden können, erfolgt in der Praxis keine individuelle, sondern eine landesbezogene Abstimmung (vgl. auch § 29 I GeschOBR). Der sog. Stimmführer gibt alle Stimmen seines Landes ab. Wenn der Stimmführer entgegen den Beschlüssen seiner Landesregierung abstimmt, dann handelt er landesintern rechtswidrig, extern aber rechtswirksam. Für die Entscheidung im Bundesrat kommt es allein auf die Erklärung des abstimmungsberechtigten Bundesratsmitgliedes an. Wie auch sonst ist zwischen der externen Vertretungsmacht und der internen Willensbildung zu unterscheiden. Wäre es anders, dann könnten Bundesratsbeschlüsse immer wieder mit dem Hinweis in Frage gestellt werden, die eine oder andere Stimmabgabe entspreche nicht dem Beschluß der Landesregierung. Der Stimmführer kann aber, wenn er den Beschluß seiner Regierung ignoriert, landesintern zur Rechenschaft gezogen werden. Für die Abstimmung im Bundesrat wäre es auch unerheblich, wenn durch Landesgesetz oder sogar durch die Landesverfassung bestimmt würde, daß die Landesvertretung im Bundesrat an das Votum des Landtags gebunden ist (vgl. dazu bereits oben Rn. 8).

23   Die Abstimmung im Bundesrat hat – abgesehen von einer „Panne" im Jahre 1949, die durch das Votum des Ministerpräsidenten rasch beseitigt werden konnte – über 50 Jahre keine verfassungsrechtlichen Probleme in der Praxis aufgeworfen. Um so überraschender war der Eklat, der 2002 bei der Beratung des zwischen der Regierungskoalition und der CDU-Opposition umstrittenen Zuwanderungsgesetzes im Bundesrat entstand. Das Land Brandenburg, das von einer SPD/CDU-Koalition regiert wurde, bildete nach den Stimmenverhältnissen im Bundesrat gleichsam das Zünglein an der Waage. Da sich die Landesregierung über die Stimmabgabe im Bundesrat nicht einigen konnte, wurden bei der Abstimmung unterschiedliche Voten abgegeben; auch die Nachfragen des Bundesratspräsidenten brachten keine eindeutige Klärung. Das BVerfG, das von einigen Landesregierungen im Wege der abstrakten Normenkontrolle (Art. 93 I Nr. 2 BVerfGG) angerufen wurde, erklärte das Zuwanderungsgesetz für verfassungswidrig, da es nicht die erforderliche Zustimmung des Bundesrates gefunden habe. Es legte dar, daß die Stimmen eines Landes nur einheitlich abgegeben werden könnten, was im Blick auf Art. 51 III 2 GG nicht zweifelhaft ist. Gegen die Praxis der Stimmführerschaft sei an sich nichts einzuwenden; sie entfalle aber, wenn ein Bundesratsmitglied des Landes widerspreche. Da der Dissens in der Landesregierung „klar zu Tage" gelegen habe, seien die Nachfragen des Bundesratspräsidenten unzulässig gewesen, im übrigen hätten sie auch keine weitere Klärung gebracht. Die in der Literatur gelegentlich vertretene Auffassung, daß bei unterschiedlicher Stimmabgabe die Stimme des Ministerpräsidenten maßgeblich sei (so *Stern,* Staatsrecht II, S. 137), lehnte das BVerfG ebenfalls ab. Vgl. BVerfG, Urteil vom 18. 12. 2002, DVBl. 2003, 194. Schon vor dieser Entscheidung hatten sich zahlreiche Staatsrechtslehrer in Tageszeitungen und Fachzeitschriften zu diesem Fall geäußert, die Beiträge sind teilweise abgedruckt in dem Sammelband von *H. Meyer,* (Hg.), Abstimmungskonflikt im Bundesrat im Spiegel der Staatsrechtslehre, 2003.

IV. Die Aufgaben und Zuständigkeiten des Bundesrates

Art. 50 GG umschreibt die Aufgaben des Bundesrates (Mit-   24
wirkung bei der Gesetzgebung und Verwaltung des Bundes und in Angelegenheiten der Europäischen Union), gibt aber noch keinen Rechtstitel für bestimmte Tätigkeiten. Die Zuständigkeiten des Bundesrates ergeben sich erst aus anderen Vorschriften des Grundgesetzes. Tatsächlich sind solche Vorschriften auch reichlich vorhanden. Überblickt man sie, dann fällt auf, daß der Bundesrat – im Gegensatz zum Bundestag (Gesetzgebung), zur Bundesregierung (Regierungstätigkeit), zum Bundespräsidenten (Repräsentation) und zum Bundesverfassungsgericht (Verfassungsrechtsprechung) – keinen spezifischen Aufgabenbereich besitzt, sondern nur Mitwirkungsrechte bei der Wahrnehmung von Aufgaben anderer Organe hat, dies aber in fast allen Bereichen. Die Mitwirkungsrechtes des Bundesrates bestehen vor allem in Zustimmungs-, Einspruchs- und Informationsrechten, selten in Initiativrechten. Seine Zuständigkeit ist mehr auf Kontrolle, Korrektur und Mäßigung als auf aktive Gestaltung angelegt.

1. Die Mitwirkung im Bereich der Gesetzgebung

Der Bundesrat hat – neben der Bundesregierung und Mitgliedern   25
des Bundestages – das Recht zur Gesetzesinitiative (Art. 76 I GG). Er kann also jederzeit ein Gesetzgebungsverfahren in Gang bringen. Wenn – wie überwiegend – die Gesetzesinitiative von der Bundesregierung ausgeht, müssen deren Gesetzentwürfe zunächst dem Bundesrat zur Stellungnahme zugeleitet werden und dürfen erst dann – mit der Stellungnahme des Bundesrates und der Entgegnung der

Bundesregierung – im Bundestag zur Beratung und Beschlußfassung eingebracht werden (vgl. Art. 76 II GG, sog. erster Durchgang). Hat der Bundestag einen Gesetzesbeschluß gefaßt, muß der Bundesrat auf jeden Fall – ohne Rücksicht darauf, ob der erste Durchgang gem. Art. 76 II GG erforderlich war oder nicht – eingeschaltet werden (vgl. Art. 77 GG, sog. zweiter Durchgang). Er kann – je nach Art des Gesetzes – entweder ein suspensives Veto (Einspruch) oder ein absolutes Veto (Verweigerung der Zustimmung) einlegen.

Vgl. dazu näher die Darlegungen zur Gesetzgebung (unten § 17 Rn. 62ff.). Die Mitwirkung des Bundesrates im Bereich der Gesetzgebung ist von ganz erheblicher Bedeutung, weil alle wesentlichen Regelungen, insbesondere im Verhältnis von Staat und Bürger, durch Gesetz ergehen müssen. Darüberhinaus bedürfen weitere staatsleitende Akte – nämlich der Abschluß völkerrechtlicher Verträge (Art. 59 II GG), die Feststellung des Haushaltsplanes (Art. 110 II 1 GG) und die Aufnahme von Krediten (Art. 115 I 1 GG) – der Zustimmung durch Gesetz.

2. Die Mitwirkung im Bereich der Exekutive

26   In Art. 50 GG ist zwar nur von der Mitwirkung des Bundesrates bei der „Verwaltung des Bundes" die Rede. Tatsächlich erstrecken sich die im einzelnen festgelegten Mitwirkungsrechte des Bundesrates auf den gesamten Exekutivbereich, auch auf den Bereich der Regierung. Jedenfalls tritt der Bundesrat – seiner verfassungsrechtlichen Stellung entsprechend – als Partner und Gegenspieler der Bundesregierung auf. Fast alle Zustimmungs- und Mitwirkungsrechte des Bundesrates betreffen Maßnahmen der Bundesregierung.

Der Zustimmung des Bundesrates bedürfen:

– die meisten Rechtsverordnungen, die die Bundesregierung oder ein Bundesminister erlassen will (Art. 80 II GG);
– die Verwaltungsvorschriften, die den Vollzug der Bundesgesetze durch die Landesbehörden lenken und regeln sollen (Art. 84 II, 85 II GG);
– bestimmte Maßnahmen der Bundesaufsicht beim Vollzug von Bundesgesetzen als eigene Angelegenheit der Länder gem. Art. 84 III GG;
– die Errichtung bundeseigener Mittel- und Unterbehörden (Art. 87 III GG);
– die Maßnahmen der Bundesaufsicht (Art. 37 I GG).

Ferner hat der Bundesrat das Recht,

- die Aufhebung von Maßnahmen der Bundesregierung zu verlangen, die diese im Rahmen der Katastrophenhilfe oder im Falle des inneren Notstandes getroffen hat (Art. 35 III, 91 II GG);
- über die Mängelrüge der Bundesregierung, die den Vollzug von Bundesgesetzen durch die Länder als eigene Angelegenheit betreffen, zu entscheiden (Art. 84 IV GG).

Schließlich hat der Bundesrat noch der Feststellung des Verteidigungsfalles durch den Bundestag zuzustimmen (Art. 115 a I GG) und im Verteidigungsfall selbst eine Reihe besonderer Rechte, die hier nicht weiter darzustellen sind (vgl. Art. 115 a ff. GG).

3. Mitwirkung im Bereich der Judikative

Eine unmittelbare Einflußnahme auf die Rechtsprechung scheidet 27 wegen der Unabhängigkeit der Gerichte von vornherein aus. Aber im Vorfeld hat der Bundesrat durchaus Kompetenzen. Er wählt die Hälfte der Richter des Bundesverfassungsgerichts (Art. 94 I GG). Ferner kann er das BVerfG anrufen und damit eine verfassungsgerichtliche Entscheidung herbeiführen.

Er kann in eigener Sache ein Organstreitverfahren einleiten (Art. 93 I Nr. 1 GG), ferner eine abstrakte Normenkontrolle zur Prüfung eines Gesetzes an Art. 72 II GG beantragen (Art. 93 I Nr. 2 a GG), ein Parteiverbotsverfahren herbeiführen (Art. 21 II GG, § 43 I BVerfGG), eine Präsidentenanklage erheben (Art. 61 GG) und einen Antrag bei Meinungsverschiedenheiten über die Fortgeltung von früherem Recht als Bundesrecht stellen (Art. 126 GG, § 86 I BVerfGG).

4. Die Mitwirkung in Angelegenheiten der Europäischen Union

Die fortschreitende europäische Integration führt zu erheblichen 28 Kompetenzverlusten des Bundesrates und der Bundesländer. Sie sollen durch verstärkte Mitwirkungsbefugnisse des Bundesrates bei der bundesinternen Willensbildung in europäischen Angelegenheiten wenigstens teilweise aufgefangen und ausgeglichen werden. Vgl. dazu bereits oben § 4 Rn. 33.

V. Der Bundesrat in historischer und
verfassungspolitischer Sicht

1. Rechtsvergleichende Hinweise

29   Ein wesentliches Merkmal aller Bundesstaaten ist die Beteiligung
der Gliedstaaten an der politischen Willensbildung des Gesamtstaates. Dementsprechend gibt es in allen demokratischen Bundesstaaten neben der unmittelbar gewählten Volksvertretung, die das
Bundesvolk in seiner Gesamtheit repräsentiert, ein föderatives
Organ, das auf die Gliederung in Länder abstellt, so etwa in den
USA neben dem Repräsentantenhaus den Senat, in der Schweiz
neben dem Nationalrat den Ständerat, in Österreich neben dem
Nationalrat den Bundesrat und in Belgien neben der Abgeordnetenkammer den Senat, um nur einige naheliegende Beispiele zu
erwähnen. Die Frage nach der adäquaten Zusammensetzung des
föderativen Organs im demokratischen Bundesstaat stößt auf
Schwierigkeiten. Einerseits muß es demokratisch legitimiert sein,
da das Demokratieprinzip die Verankerung der gesamten Staatsgewalt im Volk fordert. Andererseits sollte es sich aber auch von dem
nach egalitär-demokratischen Grundsätzen gewählten Bundesparlament unterscheiden, weil sonst zwei spiegelgleiche Organe bestünden, was kaum sinnvoll wäre. Die meisten Bundesstaaten
bestimmen, daß die Mitglieder des föderativen Organs unmittelbar
vom Volk der Gliedstaaten oder mittelbar vom Landesparlament
der Gliedstaaten gewählt werden. Dadurch wird die demokratische
Legitimation gewährleistet. Aber der Unterschied zur eigentlichen
Volksvertretung bleibt – zumal im Parteienstaat, in dem die Wahlen zu beiden Organen weitgehend durch die Parteien bestimmt
werden – gering. Er wird nur dadurch einigermaßen erreicht, daß
alle Gliedstaaten – ohne Rücksicht auf ihre Größe – die gleiche
Zahl von Abgeordneten entsenden oder daß die unterschiedliche
Größe bei der Zahl der zu entsendenden Abgeordneten nur teilweise berücksichtigt wird.

30   In den USA werden in jedem Bundesstaat zwei Senatoren unmittelbar vom
Volk der Einzelstaaten gewählt. Die unmittelbare Volkswahl und die Beschränkung auf zwei Senatoren pro Einzelstaat gewährleisten – jedenfalls in den

USA – in besonderer Weise, daß hervorragende und trotz ihrer Parteibindung unabhängige Persönlichkeiten im Senat sind. – In Österreich werden die Mitglieder des Bundesrates von den Landesparlamenten gewählt und zwar – je nach Größe des Landes – zwischen drei und zwölf Mitglieder. Nach Feststellung österreichischer Verfassungsrechtler setzt sich der dortige Bundesrat „in parteipolitisch ähnlicher Weise wie der Nationalrat" zusammen, ist er „durch und durch parteipolitisch organisiert" (vgl. *Th. Öhlinger,* Verfassungsrecht, 2. Aufl. 1995, S. 111; *F. Ermacora,* JöR Bd. 40 (1991/92) S. 537, 553 f.).

Von dieser Konzeption weicht das Grundgesetz mit der Festle- **31** gung des gouvernemental orientierten Bundesrates ab. Die Gründe für diese Entscheidung führen in die Geschichte. Der Parlamentarische Rat hat zwar verschiedene Versionen des föderativen Organs diskutiert. Letztlich entschied er sich aber doch für die Bundesratslösung, die der deutschen Verfassungstradition entsprach und auch für die Gegenwart geeignet erschien.

2. Die historische Entwicklung zum Bundesrat

a) *Der Reichstag des alten Deutschen Reichs.* Die historische Tradi- **32** tion geht bis zum Reichstag des alten Deutschen Reichs zurück, der sich als Vertretung der Reichsstände (weltliche und geistliche Fürsten, später auch Reichsstädte) neben dem Kaiser als zweites Reichsorgan herausbildete. Anfangs erschienen die Fürsten zu den nach Bedarf einberufenen Tagungen überwiegend persönlich, später ließen sie sich zunehmend vertreten. Seit 1663 tagte der Reichstag als ständige Einrichtung in Regensburg (sog. Immerwährender Reichstag). Er wurde zum Gesandtenkongreß, auf dem die Bevollmächtigten der Fürsten und Reichsstädte zusammenkamen und entsprechend der ihnen erteilten Instruktionen verhandelten. Mit dem Ende des alten Deutschen Reichs 1806 löste sich auch der Reichstag auf.

b) *Die Bundesversammlung des Deutschen Bundes.* Der Reichs- **33** tag fand jedoch in der Bundesversammlung des Deutschen Bundes, der nach der Niederwerfung Napoleons 1815 als Staatenbund innerhalb der Grenzen des früheren Deutschen Reiches gegründet wurde, in gewisser Weise seine Fortsetzung. Sie war wieder ein Gesandtenkongreß, auf dem die weisungsgebundenen Bevollmächtigten der im Deutschen Bund zusammengeschlossenen Für-

sten und Freien Städte zusammenkamen, um über die gemeinsamen Bundesangelegenheiten zu beraten und zu beschließen.

34   c) *Der Bundesrat von 1867 und 1871.* An diese Konzeption
knüpften sodann die Verfassungen des Norddeutschen Bundes von
1867 und des Deutschen Reichs von 1871 mit der Einrichtung des
Bundesrates an. Aus dem Staatenbund war ein Bundesstaat geworden. Die Fürsten, die ihre Hoheitsrechte weitgehend auf den Bund
übertragen hatten, sollten sie nunmehr gemeinsam im Bundesrat
ausüben. Daher wurde der Bundesrat auch als Träger der Staatsgewalt des Reiches, als Träger der Reichsgewalt, angesehen. Die
Fürsten erschienen allerdings nicht selbst, sondern ließen sich wiederum durch weisungsgebundene Bevollmächtigte vertreten, so
daß der Bundesrat wiederum als ein Gesandtenkongreß in Erscheinung trat. Während der Bundesrat das monarchische Prinzip verkörperte, kam im unmittelbar vom Volk gewählten Reichstag das
demokratische Prinzip zum Ausdruck. Vgl. dazu oben § 2 Rn. 61.

35   d) *Der Reichsrat von 1919.* An sich bestand nach dem Wegfall
der Monarchie im November 1918 kein Anlaß, die traditionelle
Einrichtung des Bundesrates weiterzuführen. Tatsächlich wurde
sie in den ersten Verfassungsentwürfen auch nicht vorgesehen.
Die Länder, insbesondere die Landesregierungen, forderten jedoch mit Erfolg ihre Beibehaltung. Die Weimarer Reichsverfassung von 1919 sah dementsprechend neben dem Reichstag, dem
nunmehr dominierenden Verfassungsorgan, einen Reichsrat vor,
der aus Mitgliedern der Landesregierungen bestehen und bei der
Gesetzgebung und Verwaltung des Reiches mitwirken sollte (Art.
60 ff. WRV). Da sich die Regierungsmitglieder im Reichsrat
vertreten lassen konnten und tatsächlich auch überwiegend durch
Ministerialbeamte vertreten ließen, war auch dieses Gremium
praktisch ein Gesandtenkongreß. Eine gewisse Modifikation bestand jedoch für Preußen (dessen Vertreter zur Hälfte von den
Provinzialausschüssen gewählt wurden und ein freies Stimmrecht
hatten). Mit dem Untergang der Weimarer Republik verlor der
Reichsrat seine politische Grundlage. 1934 wurde er durch Gesetz der Reichsregierung vom 14. 2. 1934 (RGBl. I S. 89) auch
förmlich „aufgehoben".

e) *Der Länderrat von 1948.* Schon in der Nachkriegszeit – noch **36** vor der Gründung der Bundesrepublik – wurden in der amerikanischen Besatzungszone und sodann im Vereinigten Wirtschaftsgebiet der englischen und der amerikanischen Besatzungszonen, der sog. Bizone, bundesratsähnliche Einrichtungen geschaffen. In der Bizone bestand neben dem Wirtschaftsrat als parlamentarischem Gremium und dem Verwaltungsrat als Exekutivorgan der Länderrat, der aus je zwei Vertretern der Landesregierungen bestand (vgl. dazu bereits oben § 3 Rn. 13). Es ist offensichtlich, daß dieser Länderrat im wesentlichen dem früheren Reichsrat und dem späteren Bundesrat entsprach.

f) *Der Bundesrat von 1949.* Der Grundgesetzgeber schloß sich **37** nicht einfach der bisherigen Tradition an. Bei den Beratungen des Grundgesetzes war zwar unbestritten, daß ein föderatives Organ neben dem Bundestag gebildet werden soll; umstritten war aber, ob dies ein von den Landesregierungen bestellter Bundesrat oder ein von den Landtagen gewählter Senat oder eine Zwischenlösung sein soll. Erst nach langen und heftigen Diskussionen fiel die Entscheidung für die Bundesratslösung. Der Bundesrat des Grundgesetzes entspricht sonach den föderativen Organen des früheren deutschen Verfassungsrechts. Diese historische Komponente ist auch bei der Auslegung der den Bundesrat betreffenden Verfassungsvorschriften zu beachten, darf allerdings auch nicht überbewertet werden. Der Bundesrat muß vor allem in *seinem* verfassungsrechtlichen Umfeld betrachtet werden. Ein wesentlicher Unterschied zeigt sich in der Besetzung. Während die Vorgängergremien aus Bevollmächtigten der Fürsten und Regierungen (Diplomaten und Ministerialbeamte) bestanden, müssen nunmehr die Mitglieder des Bundesrates den Landesregierungen angehören, also Ministerpräsidenten oder Minister der Länder sein. Sie können sich zwar vertreten lassen, aber wiederum nur durch Regierungsmitglieder. Der (derzeitige) Bundesrat ist also – anders als früher – kein Gesandtenkongreß, sondern ein Regierungskongreß. Das gilt jedoch nur für die Ebene des Plenums, wo die Entscheidungen fallen. Auf der Ausschußebene können sich die Minister von ihren Ministerialbeamten vertreten lassen, was sie auch tatsächlich weitgehend tun.

Vgl. zur historischen Entwicklung *H.-U. Erichsen,* Verfassungsrechtsge-schichtliche Prolegomena zur Bestimmung von Standort und Funktion des Bundesrates, in: Der Bundesrat (Hg.), Der Bundesrat als Verfassungsorgan und politische Kraft, 1974, S. 9 ff.; *Th. Eschenburg,* Bundesrat – Reichsrat – Bundes-rat. Verfassungsvorstellungen und Verfassungswirklichkeit, ebda., S. 35 ff.; *E. R. Huber,* VerfGesch. S. 848 ff.; Bd. VI, S. 373 ff.; *U. Scholl,* Der Bundesrat in der deutschen Verfassungsentwicklung. Reichsverfassung von 1871 und Grundgesetz, 1982; *K. Reuter,* Praxishandbuch Bundesrat, S. 51 ff. – Ferner bereits aus der Sicht jeweils ihrer Zeit; *J. L. Klüber,* Öffentliches Recht des Teutschen Bundes und der Bundesstaaten, 3. Aufl. 1831, S. 123 ff.; *P. Laband,* Das Staatsrecht des Deutschen Reiches, Bd. 1, 5. Aufl. 1911, S. 233 ff.; *G. An-schütz,* Die Verfassung des Deutschen Reichs, 14. Aufl. 1933, S. 335 f.

3. Die verfassungsrechtliche Funktion und die verfassungs-politische Bedeutung des Bundesrates.

38   a) *Der Bundesrat als föderatives Organ.* Durch den Bundesrat wir-ken die Länder bei der Willensbildung des Bundes mit (vgl. bereits oben Rn. 2). Er gibt den Ländern die Möglichkeit, ihre Einsichten und Erfahrungen, aber auch ihre politischen Ziele und Interessen auf der Bundesebene einzubringen. Die in den politischen Aus-einandersetzungen immer wieder aufgestellte Behauptung, der Bundesrat dürfe als Landesvertretung nur landespolitische Gesichts-punkte geltend machen und müsse sich daher in eindeutig bun-despolitischen, insbesondere außenpolitischen Angelegenheiten zurückhalten, ist ebensowenig haltbar wie die gegenteilige Auffas-sung, der Bundesrat bzw. die einzelnen Landesvertretungen im Bundesrat dürften, weil der Bundesrat ein Bundesorgan sei, keine spezifischen Landesinteressen verfolgen. Da der Bund und die Länder eine Einheit bilden und bilden sollen, lassen sich Bundes-interessen und Landesinteressen nicht einfach auseinanderdividie-ren. Vielmehr hat der Bund auch die Interessen der Länder, die Teile des Bundes sind, zu berücksichtigen, wie umgekehrt die Landesinteressen im Rahmen der Belange des Bundes zu sehen sind. Die Aufgabe des Bundesrates besteht gerade darin, die spezi-fischen Gesichtspunkte und Interessen der Länder in die Willens-bildung des Bundes zu integrieren.

39   b) *Der Bundesrat als Element der Gewaltenteilung.* Das Grundgesetz knüpft zwar in Art. 20 II an das klassische, auf Montesquieu zurückgehende Gewaltenteilungsschema an, entwickelt es aber ändernd und ergänzend weiter (vgl. bereits oben § 12 Rn. 20). Im grundgesetzlichen Gewaltenteilungssystem kommt dem Bundesrat eine wichtige Rolle zu. Er bildet ein Gegengewicht zum Bundestag und zur Bundesregierung, genauer: zur Bundestagsmehrheit und der aus ihr hervorgegangenen Bundesregierung. Insofern rückt er in die Nähe der parlamentarischen Opposition, hat aber eine wesentlich stärkere Stellung, da er nicht nur – wie jene – die Gegenposition artikulieren, sondern auch der Regierungspolitik wirksam entgegentreten kann. Überblickt man die Zuständigkeiten des Bundesrates, dann zeigt sich allerdings, daß sie zwar weit reichen, aber im wesentlichen auf Kontrolle und Korrektur angelegt sind. Der Bundesrat ist rechtlich und politisch nicht in der Lage, eine Führungsrolle zu übernehmen und eine eigene Politik als Alternative zur Regierungspolitik zu entwickeln und durchzusetzen. Immerhin kann er in den zahlreichen Fällen, in denen seine Zustimmung erforderlich ist, durch Verweigerung der Zustimmung die Entscheidungen des Bundestages und der Bundesregierung blockieren. Auch wenn es sich nur um Einzelentscheidungen handelt, kann damit doch die gesamte Regierungspolitik zum Scheitern gebracht werden. Der Bundesrat muß dann aber auch die Verantwortung übernehmen. Insofern hat es die parlamentarische Opposition einfacher, die zwar die Regierungspolitik ablehnen kann, die Folgen ihrer Ablehnung aber nicht tragen muß. Kommt es in wesentlichen Fragen zu erheblichen Meinungsverschiedenheiten zwischen der Bundestagsmehrheit/Bundesregierung und dem Bundesrat, dann bleibt nur die Möglichkeit des Kompromisses, wenn es weitergehen soll.

Diesen Weg weist auch das Grundgesetz mit der Einrichtung des Vermittlungsausschusses, der im Gesetzgebungsverfahren angerufen werden kann und einen Einigungsvorschlag ausarbeiten soll (Art. 77 II GG). Weitere institutionelle Vorkehrungen zur Konfliktbewältigung sieht das Grundgesetz nicht vor. Während schwerwiegende Konflikte zwischen dem Bundestag und der Bundesregierung dadurch gelöst werden können, daß der Bundeskanzler und damit die Bundesregierung abgewählt werden (Art. 67 GG) oder der Bundestag aufgelöst wird (Art. 68 GG), bestehen im Verhältnis zwischen dem Bundestag und der Bundesregierung einerseits und dem Bundesrat andererseits keine entsprechenden Lösungsmöglichkeiten. Die Bundesregierung kann sogar, wenn sich das Parlament verweigert, unter den engen Voraussetzungen des Art. 81

GG allein mit dem Bundesrat ein Gesetz erlassen, hat aber im Falle der Verweigerung des Bundesrates keine verfassungsrechtliche Handhabe.

40   c) *Die administrative Kompetenz des Bundesrates.* Die Ministerpräsidenten und die Minister der Länder, die ihre Landesregierung im Bundesrat vertreten, sind nicht nur Spitzenpolitiker, sondern auch Chefs der Landesverwaltungen. Hinter ihnen steht die Ministerialbürokratie der Länder, die ihrerseits Kontakte zu den unteren Verwaltungsbehörden hat. Sie sind daher auch in der Lage, die Kenntnisse, die Erfahrungen und den Sachverstand der Landesverwaltungen in die Gesetzgebung und die Exekutive des Bundes einzubringen. Dadurch wird zugleich ein Defizit auf der Bundesebene ausgeglichen. Da die Gesetze überwiegend durch die Landesverwaltungsbehörden vollzogen werden und die Verwaltungstätigkeit überwiegend bei den Ländern liegt, fehlen den Bundesministerien weitgehend die für die Gesetzgebung erforderlichen Kenntnisse und Erfahrungen der Praxis. Die Landesminister sind auch in besonderer Weise an einer sorgfältigen Gesetzgebung interessiert, weil etwaige Mängel der Gesetze vor allem die vollziehende Landesverwaltung betreffen und belasten. Die administrative Kompetenz des Bundesrates wird dadurch noch verstärkt, daß in den Ausschüssen des Bundesrates die Vertreter der Ministerialbürokratie der Länder zusammenkommen und aufgrund ihrer gemeinsamen fachlichen Ausrichtung zur integrativen Zusammenarbeit befähigt sind. Wenn auch die Ausschußarbeit nur vorbereitenden Charakter hat, so dürfte sie doch die Entscheidungen im Plenum des Bundesrates erheblich beeinflussen.

41   d) *Der Bundesrat im Parteienstaat.* Es ist selbstverständlich, daß im Bundesrat auch parteipolitische Gesichtspunkte zum Zuge kommen. Die Ministerpräsidenten und Minister im Bundesrat sind Politiker und damit Parteipolitiker; sie werden von den Landtagen entsprechend den jeweiligen Mehrheitsverhältnissen unter parteipolitischen Gesichtspunkten gewählt; sie haben im Bundesrat über politische Fragen zu entscheiden, die häufig auch parteipolitisch relevant sind. Durch diese parteipolitische Ausrichtung ergeben sich auch Querverbindungen zu den anderen Verfassungsorganen, insbesondere zum Bundestag und dessen Fraktionen, und zu den

Bundesvorständen der politischen Parteien. Die parteipolitische Zusammensetzung des Bundesrates wird vor allem dann aktuell, wenn unterschiedliche Mehrheitsverhältnisse im Bundestag und im Bundesrat bestehen, so 1969 bis 1982 (sozialliberale Regierungskoalition und CDU/CSU-Mehrheit im Bundesrat), sodann mit umgekehrten Vorzeichen von 1990/91 bis 1998 (CDU/CSU/FDP-Regierungskoalition und SPD-Mehrheit im Bundesrat) und nun wieder umgekehrt (rot-grüne Regierungskoalition und CDU/CSU-Mehrheit im Bundesrat). Problematisch sind aber nicht nur, was meist übersehen wird, die unterschiedlichen, sondern auch die sich entsprechenden Mehrheitsverhältnisse in beiden Organen, weil sie die gewaltenteilende Funktion des Bundesrates in Frage stellen.

Die hin und wieder aufgestellte Forderung, der Bundesrat **42** müsse parteipolitisch neutral sein, ist nicht nur wirklichkeitsfremd, sondern geht auch an der Verfassung vorbei. Mit der Besetzungsregelung akzeptiert das Grundgesetz die sich daraus ergebenden parteipolitischen Implikationen. Es ist zwar richtig, daß der Bundesrat die Erfahrungen und die Interessen der Länder in den Willensbildungsprozeß des Bundes einbringen soll. Das schließt aber die Einbeziehung parteipolitischer Interessen nicht aus, zumal zur Eigenart der Länder auch ihre jeweiligen Mehrheitsverhältnisse gehören.

Andererseits verhindert die Bundesratslösung des Grundgesetzes **43** eine weitgehende oder sogar ausschließliche parteipolitische Orientierung des föderativen Organs, jedenfalls sehr viel mehr als die Senatslösung, die die unmittelbare oder mittelbare Wahl von Volksvertretern vorsieht. Die Parteibindung wird durch eine ganze Reihe von Umständen gelockert und relativiert. Die Ministerpräsidenten und die Minister werden im Bundesrat stets auch die Interessen und Bedürfnisse ihres Landes im Auge haben, schon weil sie mit den Problemen des Landes leben müssen und die positive Lösung dieser Probleme auf ihrem Erfolgskonto erscheint, was wiederum für die nächste Wahl von Bedeutung ist; sie können ferner den Sachproblemen, die sie aus eigener Anschauung oder durch Vermittlung ihrer Ministerialbeamten kennen, nur schwer ausweichen; sie werden dementsprechend auch ohne Rücksicht auf die

parteipolitische Bindung immer wieder mit anderen Landesvertretungen eine „Sachkoalition" eingehen, soweit dies zweckmäßig
erscheint; sie müssen des weiteren auf ihren Koalitionspartner
Rücksicht nehmen, zumal dann, wenn dessen Partei auf der Bundesebene im anderen Lager steht; sie sind zudem selbstbewußt
genug, um sich nicht ohne weiteres von dem Bundesvorstand ihrer
Partei in Bonn an die Leine legen zu lassen; schließlich ergeben
sich auch aus der doppelten Mediatisierung der Bundesratsmitglieder (Volk, Landtag, Landesregierung) ganz von selbst parteipolitische Verschiebungen gegenüber dem Bundestag.

Die Geschichte der Bundesrepublik zeigt, daß im Bundesrat meistens die
sachlichen Gesichtspunkte im Vordergrund standen. Das gilt vor allem für die
Alltagsarbeit, die überwiegend durch administrative Fragen und gesetzliche
Detailregelungen bestimmt wird. Die parteipolitische Orientierung tritt in der
Regel nur bei politisch wichtigen Entscheidungen auf. Aber auch hier werden immer wieder die rechtlichen und tatsächlichen Grenzen sichtbar. Es ist
bemerkenswert, daß die grundlegenden außen- und deutschlandpolitischen
Vertragswerke der jeweiligen Bundesregierung und der sie tragenden Bundestagsmehrheit bei der Opposition im Bundestag auf erheblichen Widerstand
stießen, die mit ihr parteipolitisch verbundene Bundesratsmehrheit aber die
Verträge passieren ließ. Vgl. zu den Westverträgen 1952/53 *A. Baring,* Außenpolitik in Adenauers Kanzlerdemokratie, 1969, S. 261 ff.; *K.-L. Sommer,* Der
Bundesrat als politische Kontrollinstanz in den Anfangsjahren der Bundesrepublik, ZParl 1982, 537 ff.; zu den Ostverträgen 1971/73 *A. Baring,* Macht-
wechsel, 1982, S. 427 ff.; *J. Krause,* Außenpolitische Opposition im Bund über
den Bundesrat. Eine Fallstudie am Beispiel der Auseinandersetzungen um die
Ratifizierung der deutsch-polnischen Vereinbarungen vom Oktober 1975,
ZParl 1980, 423 ff.; zum Währungsvertrag die Diskussionen im Bundesrat vom
22. 5. 1990 und vom 22. 6. 1990, BR-Prot. 1990, S. 253 ff., 324 ff.

44   e) *Rückwirkungen auf den Landesbereich.* Die Einrichtung des Bundesrates soll den Ländern Einfluß auf der Ebene des Bundes vermitteln und tut dies auch. Aber eben deshalb hat sie wiederum
Rückwirkungen auf den Landesbereich. Zum einen stärkt sie die
Exekutivspitze, weil *sie* im Bundesrat vertreten ist und dort mit
entscheidet. Die Landesparlamente können allenfalls mittelbar –
und wenig effektiv – über die parlamentarische Kontrolle das Verhalten und die Stimmabgabe ihrer Regierung im Bundesrat beeinflussen. Die Landtagsmehrheit ist immerhin bis zu einem gewissen
Grad über ihre Regierung am Bundesrat „beteiligt". Dagegen fällt
die Opposition völlig heraus.

Zum anderen hat die Einrichtung des Bundesrates Rückwirkun- **45**
gen auf die *Landtagswahlen,* weil mit ihnen nicht nur die Landtags-
abgeordneten und damit mittelbar die Landesregierung, sondern
mit der Landesregierung auch die Vertretung im Bundesrat gewählt
werden. Jeder Regierungswechsel im Landesbereich führt auch zu
einer Verschiebung der Mehrheitsverhältnisse im Bundesrat. Inwieweit der Wähler bei der Landtagswahl den Bundesrat im Auge
hat, ist freilich noch offen. Es spricht einiges dafür, daß die Bundespolitiker diese Frage überschätzen.

f) *Der Bundesrat als Zweite Kammer?* In der Literatur wird die Fra- **46**
ge, ob der Bundesrat eine Zweite Kammer ist, teils bejaht und teils
verneint. Die Beantwortung dieser Frage hängt davon ab, was
unter einer Zweiten Kammer zu verstehen ist. Versteht man darunter ein Verfassungsorgan, das eine parlamentarische Struktur
aufweist und gleichberechtigt an der Gesetzgebung beteiligt ist –
wie z.B. der Senat der USA oder der Ständerat der Schweiz, die
zusammen mit der Volksvertretung den Kongreß bzw. die Bundesversammlung bilden –, dann ist der Bundesrat keine Zweite Kammer. Fraglich ist bereits, ob er als parlamentarisches Gremium angesprochen werden kann. Jedenfalls ist er nicht gleichberechtigt an
der Gesetzgebung beteiligt. Selbst wenn man dies für die Zustimmungsgesetze noch annehmen sollte, so fehlt dieses Kriterium bei
den Einspruchsgesetzen. Andererseits hat der Bundesrat, wie dargelegt wurde, nicht nur Kompetenzen im Bereich der Gesetzgebung, sondern auch der Exekutive. Die verfassungstheoretische
Einordnung des Bundesrates mag von wissenschaftlichem Interesse
sein, hat aber keine praktischen Konsequenzen, weil es für die
Stellung und vor allem die Zuständigkeiten des Bundesrates nicht
auf vorgegebene verfassungstheoretische Kategorien, sondern auf
die konkreten verfassungsrechtlichen Regelungen ankommt. Zur
Vermeidung von Fehlschlüssen erscheint es daher angebracht, auf
diese Kennzeichnung zu verzichten.

Ablehnend: BVerfGE 37, 363, 380; *Stern,* Staatsrecht I, S. 741 ff.; *ders.,*
Staatsrecht II, S. 126 (er bezeichnet den Bundesrat als „Organ sui generis");
wohl auch *H. H. Klein,* AÖR Bd. 108 (1983) S. 330 ff.; dagegen bejahend
D. Wyduckel, DÖV 1989, 181 ff., jeweils mit weit. Nachw.

4. Die demokratische Legitimation des Bundesrates

47　　Wenn der Bundesrat auch nicht – wie der vom Volk gewählte Bundestag – *unmittelbar* demokratisch legitimiert ist, so besitzt er doch eine ausreichende demokratische Legitimation. Sie kann auch durch Zwischenglieder hergestellt werden. Erforderlich ist nur, wie das BVerfG feststellt, „eine ununterbrochene Legitimationskette vom Volk über die von diesem gewählte Vertretung zu den mit staatlichen Aufgaben betrauten Organen und Amtswaltern" (BVerfGE 83, 60, 73). Eine solche Legitimationskette ist beim Bundesrat gegeben, da seine einzelnen Mitglieder ihr Amt über die Landesregierungen und die Landtage auf das Volk zurückführen können. Auch die erforderliche demokratische Rückkoppelung, die die zeitliche Begrenzung des Mandats fordert, ist gegeben, weil die Amtszeit der Landesregierungen auf die Wahlperiode der Landtage beschränkt ist und damit der ständigen Erneuerung bedarf. Daß die Landesregierung und damit die sie tragende Regierungsmehrheit über *alle* Stimmen im Bundesrat verfügt, die Opposition im Landtag also leer ausgeht, ändert daran nichts. Diese Verengung trifft auf alle Funktionen der Regierung zu. Sie ergibt sich aus dem Mehrheitsprinzip und kann daher nicht grundsätzlich in Frage gestellt werden. Sollten gleichwohl noch „demokratische Defizite" festgestellt werden, so ist zu beachten, daß der Bundesrat als föderatives Organ im Bundesstaatsprinzip einen spezifischen Legitimationsstrang hat, der auch eine spezifische Organisation und Ausgestaltung rechtfertigt. Jedenfalls kann in der politischen Auseinandersetzung der Gesichtspunkt der (schwächeren) demokratischen Legitimation im Verhältnis zum Bundestag nicht gegen den Bundesrat ausgespielt werden, wenn er von seinen verfassungsrechtlich festgelegten Kompetenzen Gebrauch macht und damit seine verfassungsrechtlich festgelegten Rechte und Pflichten ausübt. Die demokratische Legitimation wird auch über die demokratische Bundesverfassung vermittelt.

48　　**Literatur:** *Der Bundesrat* (Hg.), Der Bundesrat als Verfassungsorgan und politische Kraft, 1974 (mit Beiträgen verschiedener Autoren); *Der Bundesrat* (Hg.), Vierzig Jahre Bundesrat. Tagungsband eines wissenschaftlichen Symposion, 1989; *Wilke/Schulte* (Hg.), Der Bundesrat, 1990 (Sammelband mit

Beiträgen zum föderativen Organ in Geschichte und Gegenwart); *K. Reuter,* Praxishandbuch Bundesrat, 1991; *R. Herzog,* Der Bundesrat (Stellung, Aufgaben, Zusammensetzung und Verfahren), in: HStR II (1987) S. 467 ff.; *W.-R. Schenke,* Gesetzgebung zwischen Parlamentarismus und Föderalismus, ParlR S. 1485 ff.; *D. Posser,* Der Bundesrat und seine Bedeutung, HVerfR, S. 1145 ff.; *G. Ziller / G.-B. Oschatz,* Der Bundesrat, 10. Aufl. 1998; *Bundesrat* (Hg.), Handbuch des Bundesrates, erscheint jährlich. – *H. Schäfer,* Der Bundesrat, 1955; *K. Neunreither,* Der Bundesrat zwischen Politik und Verwaltung, 1959; *H. Pollmann,* Repräsentation und Organschaft. Eine Untersuchung zur verfassungsrechtlichen Stellung des Bundesrates der Bundesrepublik Deutschland, 1969; *H. H. Klein,* Parteipolitik im Bundesrat? DÖV 1971, 325 ff.; *T. Jaag,* Die Zweite Kammer im Bundesstaat. Funktion und Stellung des schweizerischen Ständerates, des deutschen Bundesrates und des amerikanischen Senats, 1976; *F. K. Fromme,* Gesetzgebung im Widerstreit. Wer beherrscht den Bundesrat?, 2. Aufl. 1979; *E. V. Heyen,* Der Bundesrat – ein Rat der autonomen Kabinette? Der Staat Bd. 21 (1998) S. 191 ff.; *K. Lange,* Die Legitimationskrise des Bundesrates, Festschrift für E. Stein, 1983, S. 181 ff.; *H. H. Klein,* Der Bundesrat der Bundesrepublik Deutschland – die „Zweite Kammer", AÖR Bd. 108 (1983) S. 329 ff.; *R. Scholz,* Landesparlamente und Bundesrat, Festschrift für Carstens, 1984, S. 831 ff.; *D. Wyduckel,* Der Bundesrat als Zweite Kammer, DÖV 1989, S. 181 ff.; *M. Heger,* Deutscher Bundesrat und Schweizer Ständerat. Gedanken zu ihrer Entstehung, ihrem aktuellen Erscheinungsbild und ihrer Rechtfertigung, 1990; *H.-J. Blanke,* Der Bundesrat im Verfassungsgefüge des Grundgesetzes, Jura 1995, 57 ff.; *H. Schambeck,* Bundesstaat und Bundesrat in Österreich, 1997; *H. Maurer,* Der Bundesrat im Verfassungsgefüge der Bundesrepublik Deutschland, Festschrift für Winkler, 1997, S. 615 ff.; *R. Dolzer / M. Sachs,* Das parlamentarische Regierungssystem und der Bundesrat – Entwicklungsstand und Reformbedarf, Referate mit Diskussion, VVDStRL 58 (1999) S. 7 ff.; *Th. Fleiner,* Deutscher Bundesrat – Schweizerischer Ständerat. Zweikammer-Entwicklungen im Vergleich, Festschrift für Maurer, 2001, S. 67 ff.; *H. H. Klein,* Der Bundesrat im Regierungssystem der Bundesrepublik Deutschland, ZG 2002, 297 ff.; *H. Meyer* (Hg.), Abstimmungskonflikt im Bundesrat im Spiegel der Staatsrechtslehre, 2003.

Rechtsprechung: BVerfGE 8, 104, 120 f. (landesinterne Bindung der Bundesratsmitglieder); BVerfGE 37, 363, 379 ff. (verfassungsrechtliche Stellung, Zustimmung zu Gesetzen); BVerfGE 55, 274, 318 ff. (Zustimmung zu Gesetzen); BVerfGE 92, 203, 232 ff. (Mitwirkung beim Erlaß von EG-Richtlinien); BVerfG DVBl. 2003, 194 (Abstimmung im Bundesrat). **49**

50   **Abschließender Überblick über die**
                    Verfassungsorganisation:

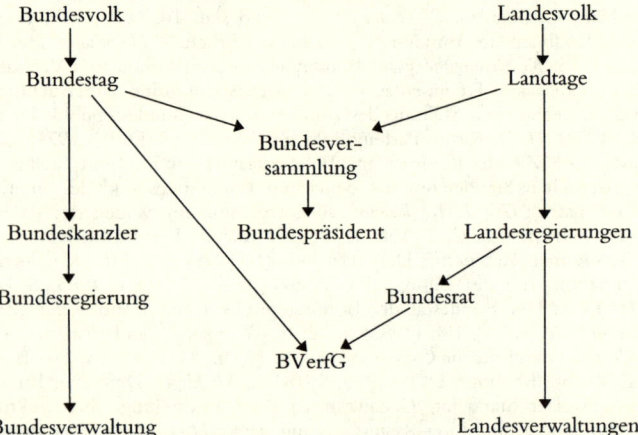

Die Pfeile betreffen die Wahl bzw. Bestellung der unteren Organe und damit die Vermittlung der demokratischen Legitimation.

4. Teil. Die Staatsfunktionen

§ 17. Die Gesetzgebung

I. Überblick

Bislang wurden die Verfassungsorgane des Bundes behandelt. **1** Nunmehr geht es um die Tätigkeit des Bundes und damit um die staatlichen Funktionsbereiche. Nach der traditionellen Gewaltenteilungslehre wird zwischen der Gesetzgebung, der Exekutive (Regierung und Verwaltung) und der Rechtsprechung unterschieden. Das Grundgesetz schließt sich dieser Unterscheidung an und behandelt die drei Funktionsbereiche in je einem Abschnitt (Abschnitte VII–XI). Das geschieht aber nicht durchgehend. Das Finanz- und Haushaltswesen wird vielmehr unter Einbeziehung der Verteilung des Steueraufkommens und des Finanzausgleiches zusammenfassend in einem eigenen Abschnitt geregelt (Abschnitt X).

Es ist noch einmal darauf hinzuweisen, daß der Sinn der Gewaltenteilung in der Verschränkung von organisatorischen und funktionellen Elementen besteht. Die einzelnen Funktionsbereiche werden verschiedenen Organen – ausschließlich oder partiell – zugewiesen, um eine staatliche Machtkonzentration zu verhindern, die demokratische Repräsentation zu verstärken und eine arbeitsteilige Aufgabenerledigung zu gewährleisten (vgl. dazu bereits oben § 12 Rn. 2 ff.).

Im folgenden geht es um die Bundesgesetzgebung. Sie wirft **2** zwei Fragen auf: Wann ist der Bund – im Gegensatz zu den Ländern – zuständig? Wie läuft das Gesetzgebungsverfahren ab? Die Gesetzgebungskompetenz des Bundes ist in Art. 70–75 GG sowie in einigen weiteren Vorschriften (dazu III) und das Gesetzgebungsverfahren in Art. 76–79, 82 GG (dazu IV) geregelt. Von der ordentlichen Gesetzgebung ist die Gesetzgebung in besonderen Konflikt- und Notsituationen zu unterscheiden (dazu VII). Im Zusammenhang mit der Gesetzgebung stehen die Fragen, wann ein Gesetz in Kraft tritt (dazu V) und unter welchen Voraussetzungen

ein rückwirkendes Gesetz erlassen werden darf (dazu VI). Schließlich ist noch auf den Erlaß von Rechtsverordnungen, d. h. Rechtsnormen der Exekutive aufgrund gesetzlicher Ermächtigung, einzugehen (dazu VIII). Vorweg sind aber einige Bemerkungen zum
Gesetzesbegriff erforderlich (dazu II).

II. Der Begriff des Gesetzes

1. Gesetz im rechtlichen und im außerrechtlichen Sinn

3   Der Begriff des Gesetzes ist nicht auf den Rechtsbereich beschränkt, sondern kommt mit eigenem Sinngehalt auch in anderen
Bezugsfeldern vor. Das hier interessierende Rechtsgesetz ist vor
allem vom naturwissenschaftlichen Gesetz und vom Sittengesetz
abzugrenzen.

4   a) *Das naturwissenschaftliche Gesetz* bezieht sich auf Tatsachen. Es
stellt fest, was ist. Durch das naturwissenschaftliche Gesetz werden
bestimmte Zustände oder bestimmte Geschehensabläufe der realen
Wirklichkeit auf eine kurze Formel gebracht, etwa das Gesetz der
Schwerkraft, der Satz des Thales oder die Relativitätstheorie. *Das
juristische Gesetz* bezieht sich dagegen nicht auf das Sein, sondern
auf das Sollen. Es sagt nicht, was ist, sondern bestimmt, was sein
soll. Es enthält verbindliche Regeln über das menschliche Zusammenleben und das Verhalten des Einzelnen im sozialen Bereich.
Aus dieser Unterscheidung ergibt sich: Das naturwissenschaftliche
Gesetz wird entdeckt; der Forscher stellt fest, daß unter gewissen
Voraussetzungen ein Geschehen in bestimmter Richtung abläuft
oder daß das Zusammentreffen bestimmter Faktoren regelmäßig zu
einem bestimmten Ergebnis führt. Das juristische Gesetz wird
dagegen nicht entdeckt, sondern geschaffen; es wird nicht *ge*funden, sondern *er*funden. Der Gesetzgeber stellt bestimmte Regelungen auf und verlangt, daß sich die Bürger daran orientieren.

5   b) *Das Sittengesetz,* das dem Bereich der Ethik und Moral angehört, fordert ebenfalls ein bestimmtes Verhalten und stellt daher
ebenfalls einen Sollenssatz dar. Es dient aber nicht – wie das
Rechtsgesetz – der Herstellung und Erhaltung der äußeren Ord-

nung des menschlichen Zusammenlebens, sondern der Erfüllung ethischer oder religiöser Wertvorstellungen. Während das Rechtsgesetz äußerlich verbindlich ist und zwangsweise durchgesetzt werden kann, bindet das Sittengesetz lediglich im Gewissen.

c) Trotz der Unterschiede zwischen dem Rechtsgesetz einerseits **6** und dem naturwissenschaftlichen Gesetz und dem Sittengesetz andererseits dürfen gewisse Verbindungslinien nicht übersehen werden. Das Rechtsgesetz wird zwar nicht durch vorgegebene Tatsachen oder durch vorgegebene Wertprinzipien determiniert, sondern kann vom Gesetzgeber nach seinen Vorstellungen „gegeben" werden. Er ist dabei aber doch nicht frei, sondern muß vielerlei Vorgaben in tatsächlicher, wirtschaftlicher, technischer, kultureller, ethischer usw. Hinsicht beachten:

– Der Gesetzgeber muß die tatsächlichen und sozialen Gegebenheiten und Bedingungen seiner Zeit beachten, wenn er eine sinnvolle Regelung treffen will. Das schließt z.B. eine Regelung aus, deren Erfüllung tatsächlich nicht möglich ist oder einen Wirtschaftszweig in den Ruin treiben würde. Ferner muß er die Sachgesetzlichkeiten beachten, vor allem wenn es um technische Regelungen im Bereich des Baurechts, des Umweltrechts oder des Industrierechts geht.
– Der Gesetzgeber muß ferner die geistigen und kulturellen Bestrebungen im gesellschaftlichen Bereich beachten und fördern. Die ethischen und sittlichen Wertvorstellungen dürfen zwar nicht zum Gegenstand gesetzlicher Regelungen gemacht werden, bilden aber gleichsam das Rückgrat jeder Gemeinschaft und müssen daher durch den Gesetzgeber respektiert werden.

2. Gesetz im formellen und im materiellen Sinn

a) Die Unterscheidung zwischen dem Gesetz im formellen Sinne **7** und dem Gesetz im materiellen Sinne geht auf das konstitutionelle Staatsrecht des 19. Jahrhunderts zurück. Während im absoluten Staat des 17. und 18. Jahrhunderts die Gesetzgebung ausschließlich beim Monarchen lag, bestimmten die Verfassungen des 19. Jahrhunderts, daß die Gesetze vom Monarchen mit Zustimmung der Volksvertretung zu erlassen seien. Damit stellte sich die Frage, welche Regelungen als „Gesetz" der Zustimmung der Volksvertretung bedürfen, und welche Regelungen nicht unter den Gesetzesbegriff fallen und daher wie bislang – als Verordnungen – allein vom Monarchen getroffen werden dürfen. Der Gesetzesbegriff begründete also die Zuständigkeit der Volksvertretung und war damit zugleich Kompetenzbegriff. Obwohl er dadurch zu einem Angelpunkt des konstitutionellen Staatsrechts wurde, sind unterschiedliche Begriffsbestimmungen vertreten worden. Im Vordergrund standen – in entsprechender zeitlicher Verschiebung – folgende drei Theorien: (1) Gesetz sind alle Regelungen, die Eingriffe in Freiheit und Eigentum regeln; (2) Gesetz sind alle Regelungen, die der „sozialen Schrankenbestimmung" dienen, d. h. die Schranken zwischen selbständigen Rechtssubjekten festlegen; (3) Gesetz sind alle generell-abstrakten, alle allgemeinverbindlichen Rechtsnormen.

8   Diese unterschiedlichen Gesetzesbegriffe tauchten bereits in den frühkonstitutionellen Verfassungen des 19. Jahrhunderts auf, die teilweise die sog. „Freiheit und Eigentum"-Formel übernahmen (so § 2 Nr. 1 Verf. Nassau 1814; Tit. VII § 2 Verf. Bayern 1818; § 65 Verf. Baden 1818), teilweise allgemein von „Gesetz" sprachen (so § 88 Verf. Württemberg 1819; § 72 Verf. Hessen-Darmstadt 1820; § 86 Verf. Sachsen 1831), was in der Literatur als allgemeinverbindliche Regelung verstanden wurde (so *P. A. Pitzer*, Das Recht der Steuerverwilligung, 1836, S. 17; *R. v. Mohl*, Das Staatsrecht des Königreichs Württemberg, 2. Aufl. 1840, Bd. 1, S. 67 f., 193 ff.; *O. Mayer*, Das Staatsrecht des Königreichs Sachsen, 1909, S. 157 f.) – Die Schrankenziehung-Formel erhielt durch G. Jellinek ihre prägnante Formulierung (*Jellinek*, Gesetz und Verordnung, 1887, S. 240) und bildete eine zeitgemäße Fortbildung der früheren Freiheits- und Eigentums-Formel. Die Praxis orientierte sich vor allem an der Bedeutung des Regelungsgegenstandes (und nahm damit die Wesentlichkeitstheorie des BVerfG sachlich vorweg), vgl. für Baden *F. Rosin*, Gesetz und Verordnung nach badischem Staatsrecht, 1911, S. 90 ff. Wenn sich Monarch und Parlament über die Wahl der Gesetzesform einig waren, kam es auf die theoretische Abgrenzung ohnehin nicht mehr an (vgl. zu den sog. fakultativen Gesetzen *H. Maurer*, VVDStRL 43, 1985, S. 143 m. w. N.).

9   Da das Gesetz ein Kompetenzbegriff war, wurde die Gesetzesform auch für andere Hoheitsakte vorgeschrieben, um die Zuständigkeit des Parlaments zu begründen. Das klassische Beispiel ist der Haushaltsplan, der zwar unter keinen der erwähnten Gesetzesbegriffe fiel, aber durch Gesetz festgestellt werden mußte.

10   Das führte zu einem dualistischen Gesetzesbegriff. Das Gesetz im formellen Sinne bezog sich auf die Form. Es war – ohne Rücksicht auf den Inhalt – jeder Hoheitsakt, der vom verfassungsrechtlichen Gesetzgeber im Gesetzgebungsverfahren als Gesetz erlassen wurde. Der Begriff des Gesetzes im materiellen Sinne stellte dagegen auf den Inhalt ab. Da aber der Inhalt, insbesondere die allgemeinverbindliche Rechtsnorm, auch in anderer Form, nämlich als Rechtsverordnung oder als Satzung, ergehen konnte, deckten sich die beiden Begriffe nicht, sondern bildeten gleichsam zwei sich überschneidende Kreise.

Die Unterscheidung zwischen dem formellen Gesetz und dem materiellen Gesetz wurde, soweit ersichtlich, erstmals von *Pfizer* und *v. Mohl* (aaO Rn. 8) vertreten und später durch *P. Laband* zur herrschenden Lehre; vgl. *Laband,* Das Budgetrecht, 1871 (Nachdruck 1971) S. 2 ff.; *ders.,* Das Staatsrecht des Deutschen Reiches, 5. Aufl. 1911, Bd. 2, S. 1 ff. Sie stieß allerdings auch auf Ablehnung, so vor allem durch *A. Haenel,* Das Gesetz im formellen und im materiellen Sinn, 1888, S. 116 ff. – Vgl. die weiteren Nachw. bei *Meyer/ Anschütz,* Lehrbuch des Deutschen Staatsrechts, 7. Aufl. 1919, S. 637 ff.; *E. R. Huber,* VerfGesch. I, S. 346 f., III, S. 912 ff.; *E.-W. Böckenförde,* Gesetz und Gesetzgebende Gewalt, 2. Aufl. 1981, S. 226 ff.; *U. Karpen,* Verfassungsgeschichtliche Entwicklung des Gesetzesbegriffs in Deutschland, Gedächtnisschrift für W. Martens, 1987, S. 137 ff.

b) Die *Lehre vom dualistischen Gesetzesbegriff* wird auch heute **11** noch vertreten. Der Begriff des formellen Gesetzes und der Begriff des materiellen Gesetzes decken sich danach weitgehend, aber nicht vollständig. Nur-formelle Gesetze sind das Haushaltsgesetz, das den Haushaltsplan feststellt (Art. 110 II 1 GG), und das Zustimmungsgesetz zu völkerrechtlichen Verträgen, soweit es keine allgemein-verbindliche Regelungen enthält (Art. 59 II 1 GG); nur-materielle Gesetze sind dagegen die Rechtsverordnung und die Satzung. Diese Auffassung stößt jedoch in der Literatur zunehmend auf Kritik und Ablehnung (vgl. vor allem *Hesse,* VerfR Rn. 502, ferner etwa *Badura,* Staatsrecht, S. 464). Die Kritik ist terminologisch berechtigt, ändert aber an der Sache nicht viel. Die Unterscheidung zwischen Form und Inhalt bleibt bestehen. Es gibt zwar keinen Inhalt ohne Form, aber der Inhalt kann in verschiedenen Formen auftreten und die Form kann unterschiedliche Inhalte aufnehmen. Das gilt im Rechtsbereich nicht anders als im täglichen Leben: Eine Flasche kann Wein oder Wasser enthalten; der Wein kann in einer Flasche, aber auch in einem sonstigen Behälter kredenzt werden. Als *Rechtsformen* kommen vor allem das Gesetz, die Rechtsverordnung und die Satzung in Betracht. *Inhalt* dieser Rechtsformen können allgemeinverbindliche Regelungen, situationsbedingte Regelungen, Einzelfallregelungen und Organisations-

akte sein. Dementsprechend gibt es neben den Gesetzen, die allgemeinverbindliche Regelungen enthalten, auch *Maßnahmegesetze,*
die auf eine bestimmte Situation zweckbedingt reagieren, aber noch
genereller Natur sind, *Einzelfallgesetze,* die einen konkreten Fall
erfassen und abschließend regeln, und *Organisationsgesetze,* die die
Errichtung und Zuständigkeit staatlicher Einrichtungen, Behörden
und Gerichte bestimmen.

Ebenso sind die Rechtsverordnungen und Satzungen nicht nur generell-
abstrakte Regelungen und damit „Gesetze im materiellen Sinn" entsprechend
der Lehre vom dualistischen Gesetzesbegriff. Vielmehr können auch sie unterschiedliche Rechtsakte enthalten. Es sei nur auf die Gemeindesatzung hingewiesen, die als Haushaltssatzung den Haushaltsplan feststellt, als Bebauungsplan
die Bebaubarkeit eines bestimmten Gemeindegebietes teilweise ganz konkret
bestimmt und als Hauptsatzung die gemeindeinterne Organisation betrifft (vgl.
dazu näher *Maurer,* DÖV 1993, 186).

12   Als Ergebnis ist somit festzuhalten: Die Bezeichnungen Gesetz,
Rechtsverordnung und Satzung beziehen sich auf die Rechtsform;
sie können unter dem Begriff „Rechtssatz" zusammengefaßt werden. Gegenstand dieser Rechtssätze können grundsätzlich alle Regelungen sein, d. h. alle hoheitlichen Akte, die Rechtswirkungen
hervorbringen (im Gegensatz zu Empfehlungen, Informationen
usw.). Die „Rechtsnorm" bildet einen Unterfall der Regelung; sie
bezeichnet die generell-abstrakte und damit allgemeinverbindliche
Regelung im Außenverhältnis (im Staat-Bürger-Verhältnis).

13   Wenn im folgenden vom „Gesetz" die Rede ist, so ist damit
das Gesetz im formellen Sinne, das Parlamentsgesetz, gemeint.
Das entspricht auch der heute überwiegenden Literatur. Die Terminologie ist aber noch nicht einheitlich. Das gilt auch für das
Grundgesetz selbst. In der Regel ist dort zwar das formelle Gesetz gemeint, gelegentlich wird sogar ausdrücklich vom „förmlichen Gesetz" (Art. 104 I 1 GG: Freiheitsbeschränkung) oder von
der „Form eines Bundesgesetzes" (Art. 59 II 1 GG: Zustimmung
zu völkerrechtlichen Verträgen) gesprochen. Verschiedentlich genügt aber auch – vor allem bei Grundrechtseinschränkungen – eine
Rechtsverordnung, wobei freilich zu beachten ist, daß die Rechtsverordnung keine originäre Rechtsquelle darstellt, sondern nur
auf Grund und nach Maßgabe eines Gesetzes erlassen werden darf.

Vgl. zur Verwendung des Wortes „Gesetz" im Grundgesetz *Stern,* Staatsrecht II, S. 567 f., III 2 S. 427 ff.; *Ch. Starck,* Der Gesetzesbegriff des Grundgesetzes, 1970, S. 21 ff.

c) Das Gesetz hat auch heute noch eine kompetenzbegründende **14** Funktion. Wenn festgestellt wird, daß eine bestimmte Angelegenheit durch Gesetz geregelt werden muß, dann bedeutet das eben auch, daß der Bundestag (unter Mitwirkung weiterer Verfassungsorgane) in einem besonderen, durch Öffentlichkeit und bestimmte Verfahrensgarantien geprägten Verfahren entscheiden muß. Die das konstitutionelle Staatsrecht des 19. Jahrhunderts beherrschende Frage, was durch den parlamentarischen Gesetzgeber geregelt werden *muß* und was (auch) durch die Exekutive geregelt werden *kann,* ist immer noch aktuell. Sie wird, wie bereits oben dargelegt wurde, durch den Grundsatz des Gesetzesvorbehalts und seine Reichweite bestimmt (vgl. § 8 Rn. 19 ff.).

Es stellt sich jedoch nicht nur die Frage, was der Gesetzgeber **15** regeln *muß* (Gesetzesvorbehalt), sondern auch die Frage, was der Gesetzgeber – jenseits des vom Gesetzesvorbehalt erfaßten Bereich – regeln darf (sog. Zugriffsrecht des Gesetzgebers). Darf er alle Angelegenheiten regelnd an sich ziehen oder ist er durch Vorbehalte zugunsten anderer Staatsorgane beschränkt? Der Gesetzesbegriff hilft hier nicht weiter, jedenfalls dann nicht, wenn man den Begriff des formellen Gesetzes vertritt. Es geht vielmehr um die Abgrenzung der Zuständigkeiten zwischen dem Gesetzgeber einerseits und der Exekutive und der Gerichtsbarkeit andererseits. Die Rechtsprechung ist nach Art. 92 GG ausschließlich den Richtern und damit der Gerichtsbarkeit vorbehalten. Damit sind Einwirkungen der Legislative auf den Bereich der Rechtsprechung im konkreten Fall ausgeschlossen (sog. Richtervorbehalt). Dagegen gibt es keinen allgemeinen Exekutivvorbehalt (Regierungs- und Verwaltungsvorbehalt), aber doch einige Vorbehaltsbereiche, die von der Legislative zu respektieren sind.

Dazu gehören auf der Regierungsebene: **16**

– die Richtlinienkompetenz des Bundeskanzlers und die Ressortleitungskompetenz der Bundesminister (Art. 65 GG);
– ein „Kernbereich exekutiver Eigenverantwortung", der einen „grundsätzlich nicht ausforschbaren Initiativ-, Beratungs- und Handlungsbereich einschließt" (BVerfGE 67, 100, 139),

– die militärische Befehls- und Kommandogewalt (Art. 65 a GG),
– die finanzverfassungsrechtlichen Befugnisse der Regierung bzw. des Bundesfinanzministers (Art. 110 II, III, Art. 112, Art. 113 GG),
– die Außenpolitik, vorbehaltlich des parlamentarischen Zustimmungsrechts gem. Art. 59 II GG (BVerfGE 90, 286, 357),
– die Personalgewalt,

ferner auf der Verwaltungsebene:

– der Gesetzesvollzug.

Vgl. dazu näher *K. Vogel* und *R. Herzog,* Gesetzgeber und Verwaltung, Referate mit Diskussion, VVDStRL 24 (1966) S. 125 ff.; *H. Maurer* und *F. Schnapp,* Der Verwaltungsvorbehalt, Referate mit Diskussion, VVDStRL 43 (1985) S. 135 ff.; *F. Ossenbühl,* Der Vorbehalt des Gesetzes und seine Grenzen, in: Götz/Klein/Starck (Hg.), Die öffentliche Verwaltung zwischen Gesetzgebung und richterlicher Kontrolle, 1985, S. 9 (28 ff.); *A. Janssen,* Über die Grenzen des legislativen Zugriffsrechts, 1990, jeweils m. w. Nachw.

3. Die Rangordnung der Rechtsnormen

17   a) *Bedeutung.* Die Vielzahl bestehender Rechtsnormen, die von staatlichen Organen zu beachten und von den Bürgern zu befolgen sind, werden in eine systematische Ordnung gebracht. Dadurch soll nicht nur der Überblick über den gesamten Normenbestand erleichtert, sondern auch und vor allem die Lösung von Normwidersprüchen ermöglicht werden. Die Rangordnung der Rechtsnormen orientiert sich an den Normgebern und damit am Entstehungsgrund der Rechtsnormen. Man spricht daher auch von den Rechtsquellen und der Rangordnung der Rechtsquellen. Im Vordergrund stehen nach Zahl und Bedeutung die sog. *geschriebenen Rechtsquellen,* die in einem förmlichen Rechtsetzungsverfahren ergehen, in einer schriftlichen Urkunde in Erscheinung treten und im Gesetzblatt veröffentlicht werden. Sie werden durch das *Gewohnheitsrecht* und das sog. *Richterrecht* ergänzt.

Das Gewohnheitsrecht beruht auf einer ständigen Praxis und der Überzeugung, daß diese Praxis rechtsverbindlich ist. Das Richterrecht besteht aus den von den Gerichten entwickelten Rechtsgrundsätzen. Vgl. dazu näher *Maurer,* VerwR § 4 Rn. 19 ff., 29.

18   b) *Rechtskreise.* Zunächst ist zwischen verschiedenen Rechtskreisen und dann innerhalb dieser Rechtskreise zwischen verschiedenen Stufen von Rechtssätzen zu unterscheiden. Die Rechtskreise werden – nach dem derzeitigen Stand der Entwicklung – durch das Recht der Europäischen Gemeinschaften (EG-Recht, Gemeinschaftsrecht), das Bundesrecht und das Landesrecht gebildet, je nachdem, ob die Rechtsvorschriften von Organen der Europäischen Gemeinschaften, des Bundes oder der Bundesländer erlassen werden. Das Bundesrecht geht dem Landesrecht vor (vgl. bereits oben § 10 Rn. 32 ff.). Das EG-Recht geht dem nationalen Recht (Bundesrecht und Landesrecht) vor. Der Vorrang wirkt sich allerdings unterschiedlich aus. Landesrecht, das mit dem Bundesrecht nicht im Einklang steht, ist ungültig und nichtig. Nationales Recht, das mit dem EG-Recht nicht vereinbar ist, ist dagegen nicht nichtig, sondern nur unanwendbar. Das Bundesrecht hat somit Geltungsvorrang, das EG-Recht nur Anwendungsvorrang. Die Unterschiede werden vor allem dann deutlich, wenn die höherrangige Rechtsnorm wegfällt oder eingeschränkt wird. Die durch eine EG-Vorschrift verdrängte nationale Rechtsnorm wird wieder anwendbar, während die durch eine bundesrechtliche Vorschrift beseitigte landesrechtliche Rechtsnorm unwirksam bleibt und allenfalls durch eine neue Rechtsnorm ersetzt werden kann.

c) *Europäisches Gemeinschaftsrecht.* Es ist zwischen dem primären **19** Gemeinschaftsrecht und dem sekundären Gemeinschaftsrecht zu unterscheiden. Das *primäre Gemeinschaftsrecht* besteht aus den Gründungsverträgen (vgl. oben § 4 Rn. 10) einschließlich der späteren Vertragsänderungen und der vom Europäischen Gerichtshof (EuGH) zu ihrer Ergänzung entwickelten Rechtsgrundsätze. Das *sekundäre Gemeinschaftsrecht* besteht aus den Rechtsvorschriften, die von den EG-Organen aufgrund und im Rahmen der Gemeinschaftsverträge erlassen wurden. Nach Art. 249 EGV kommen folgende Regelungen in Betracht:

– Die Verordnungen, die unmittelbar im Bereich der Mitgliedstaaten gelten,
– die Richtlinien, die nur verbindliche Ziele angeben, aber noch der Umsetzung durch die rechtsetzenden Organe der Mitgliedstaaten bedürfen, allerdings im Falle der nicht rechtzeitigen Umsetzung unmittelbare Geltung erlangen, wenn sie hinreichend bestimmt sind,
– die Entscheidungen, die Einzelfälle betreffen.

Im einzelnen kann auf die Rechtsvorschriften des Europäischen Gemeinschaftsrechts im Rahmen dieses Staatsrechts-Lehrbuchs nicht weiter eingegangen werden. Vgl. dazu näher die eingangs (S. XXXVI) zitierten Lehrbücher zum Europarecht, etwa *M. Herdegen*, Rn. 160 ff.; *Oppermann*, Rn. 464 ff.; *Schweitzer/W. Hummer*, Europarecht, Rn. 143 ff., 355 ff.; *Streinz*, Rn. 346 ff.; ferner *Maurer*, VerwR § 4 Rn. 49 ff.; zum Anwendungsvorrang des EG-Rechts EuGH NVwZ 1991, 461; BVerfGE 75, 223, 244; 85, 191, 204; BVerwGE 87, 154, 158 ff.; *M. Zuleeg*, VVDStRL 53 (1994) S. 159 ff.

20 d) Das *Bundesrecht* besteht aus dem *Grundgesetz*, das als Verfassung die Grundlage der gesamten (deutschen) Staats- und Rechtsordnung bildet, aus den (formellen) *Gesetzen*, die vom Bundestag unter Mitwirkung des Bundesrates verabschiedet werden, aus den *Rechtsverordnungen*, die von den Exekutivorganen des Bundes (Bundesregierung, Bundesminister, Verwaltungsbehörden des Bundes) nach Maßgabe des Art. 80 GG erlassen werden, und aus den *Satzungen*, die von den Organen der dem Bund zuzuordnenden juristischen Personen des öffentlichen Rechts (rechtsfähige Körperschaften, Anstalten und Stiftungen des öffentlichen Rechts) erlassen werden.

Zu diesen – ausschließlich oder doch vornehmlich das Außenverhältnis betreffenden Vorschriften – kommen noch die den staatlichen Innenbereich betreffenden Regelungen, nämlich einmal die organintern verbindlichen Geschäftsordnungen des Bundestages und der sonstigen Verfassungsorgane (vgl. dazu oben § 13 Rn. 87 ff.) und die Verwaltungsvorschriften, die ihre Grundlage in der hierarchischen Struktur der Verwaltung haben und von den vorgesetzten Behörden und den Behördenleitern für die nachgeordneten Behörden oder Bediensteten erlassen werden. Vgl. dazu näher m. w. Nachw. *Maurer*, VerwR § 4 Rn. 5 ff.; zu den Verwaltungsvorschriften und ihren evtl. mittelbaren Außenwirkungen dort § 24 Rn. 1 ff.

21 d) *Das Landesrecht* entspricht, was die Art und die Rangfolge der Rechtssätze betrifft, dem Bundesrecht, so daß darauf verwiesen werden kann.

Zusammenfassender Überblick:

22 Rechtskreise: EG-Recht
　　　　　　　Bundesrecht
　　　　　　　Landesrecht

　– EG-Recht: primäres Gemeinschaftsrecht (Gründungsverträge)
　　　　　　　sekundäres Gemeinschaftsrecht (Verordnungen, Richtlinien)

　– Bundesrecht: Verfassung (Grundgesetz)
　　　　　　　　Gesetze
　　　　　　　　Rechtsverordnungen
　　　　　　　　Satzungen

– Landesrecht: Landesverfassung
Gesetze
Rechtsverordnungen
Satzungen, insbes. Gemeindesatzungen

III. Die Gesetzgebungskompetenzen des Bundes

1. Das Verteilungsprinzip

In jedem Bundesstaat stellt sich die Frage, wie die Gesetzgebung **23** zwischen dem Bund und den Ländern zu verteilen ist. Theoretisch bestehen drei Möglichkeiten: Die Gesetzgebungsmaterien werden einzeln benannt und auf den Bund und die Länder verteilt. Der Nachteil dieser Konzeption ist, daß für Materien, die bei der Verteilung vergessen wurden oder zwischenzeitlich neu aufgetaucht sind, überhaupt keine Kompetenz besteht. Als Alternative bietet sich daher die Verknüpfung einer Generalklausel mit einer Ausnahmeregelung an, sei es daß der Bund zuständig ist, soweit nicht den Ländern bestimmte Materien zugewiesen worden sind, sei es daß die Länder zuständig sind, soweit keine Bundeszuständigkeit besteht. Das Grundgesetz folgt dem dritten Modell, verbindet aber die sachlichen Zuweisungen an den Bund mit unterschiedlichen modalen Einschränkungen.

Die maßgeblichen Regelungen sind in Art. 70–75 GG enthal- **24** ten. Art. 70 I GG schließt sich der allgemeinen bundesstaatlichen Kompetenzabgrenzungsregelung des Art. 30 GG an und bestimmt, daß die Länder „das Recht der Gesetzgebung (haben), soweit dieses Grundgesetz nicht dem Bunde Gesetzgebungsbefugnisse verleiht." Es besteht somit ein Regel-Ausnahme-Verhältnis zugunsten der Länder. Der in der Literatur gelegentlich anzutreffende Hinweis, die „Vermutung" spreche für die Länder, ist allerdings ungenau und irreführend. Es wird nichts „vermutet". Vielmehr ist der Bund dann, aber auch nur dann zuständig, wenn er einen Kompetenztitel im Grundgesetz nachweisen kann.

Die Zuständigkeitsregelungen des Grundgesetzes sind zwingend und ab- **25** schließend. Es wäre daher verfassungswidrig, wenn durch Staatsvertrag die Kompetenzgrenzen zwischen dem Bund und den Ländern verschoben würden. Ebenso wäre eine Delegation der Gesetzgebung vom Bund auf die Länder und umgekehrt unzulässig. Allerdings gilt das nur bedingt. Nach Art. 71 GG kann der Bundesgesetzgeber im Bereich der ausschließlichen Gesetzgebung des Bundes die Länder zur Gesetzgebung ermächtigen. Ferner kann der Bund dadurch, daß er auf die Wahrnehmung seiner konkurrierenden Gesetzgebungskompetenz verzichtet, den Ländern ihre subsidiäre Gesetzgebungskompetenz belassen. Das Delegationsverbot gilt sonach genau genommen nur für die Länder.

26   Zu beachten ist, daß die Art. 70 ff. GG lediglich Kompetenzvorschriften im Bund-Länder-Verhältnis, keine Eingriffsermächtigungen im Staat-Bürger-Verhältnis enthalten. Die Zuständigkeit des Bundes zur Regelung einer bestimmten Frage allein begründet daher keine Befugnis zu Grundrechtseingriffen. Die Frage, ob und inwieweit die Grundrechte eingeschränkt werden dürfen, bestimmt sich vielmehr nach den jeweils maßgeblichen Gesetzes- und Schrankenvorbehalten der Verfassung. Eine Verknüpfung zwischen Gesetzgebungskompetenzen und Eingriffsermächtigungen besteht nur – negativ – insofern, als ein kompetenzwidriges Gesetz verfassungswidrig und nichtig ist und daher von vornherein keine Grundrechtsbeschränkung zu rechtfertigen vermag.

27   In dieser Sicht ist es auch mehr als problematisch, wenn das BVerfG und ein Teil der Lehre aus den bundesstaatlichen Kompetenzvorschriften verfassungsrechtliche Grundentscheidungen folgern und sie zur Einschränkung von Grundrechten heranziehen. So z. B. ist das BVerfG der Meinung, daß sich aus Art. 73 Nr. 1 GG (und weiteren Kompetenzvorschriften) die Grundentscheidung für die militärische Landesverteidigung und für die Einrichtung und Funktionsfähigkeit der Bundeswehr ergebe, durch die auch das Recht zur Kriegsdienstverweigerung gem. Art. 4 III GG beschränkt werde, vgl. BVerfGE 28, 243, 261; 69, 1, 21 f.; abl. die Sondervoten von *Mahrenholz* und *Böckenförde*, BVerfGE 69, 57, 59 f.; vgl. ferner eingehend und abl. *Stern/Sachs*, Staatsrecht III 2, S. 582 ff., 683 ff. – Dagegen ist es vertretbar, wenn aus bestimmten Kompetenzvorschriften gefolgert wird, daß der Staat grundsätzlich befugt ist, die dort genannten Angelegenheiten zu übernehmen und zu regeln, so etwa die Regelung der Erzeugung und Nutzung der Kernenergie zu friedlichen Zwecken (Art. 74 I Nr. 11 a GG; BVerfGE 53, 30, 56) oder die Erhebung von Gebühren für die Benutzung öffentlicher Straßen mit Fahrzeugen, was im Blick auf den an sich entgeltfreien Gemeingebrauch durchaus von Bedeutung ist (Art. 74 I Nr. 22 GG).

27 a   Andererseits ist zu beachten, daß die Kompetenzvorschriften des Grundgesetzes nur eine Befugnis, keine Pflicht zur Gesetzgebung begründen. Es liegt im Ermessen des Bundes bzw. der Länder, ob sie von ihren Gesetzgebungskompetenzen Gebrauch machen wollen. Indessen ist es durchaus möglich, daß sich aus *anderen* Vorschriften des Grundgesetzes eine Pflicht zur Regelung bestimmter Angelegenheiten oder bestimmter Bereiche ergibt. Sofern keine Spezialvorschriften bestehen, richtet sich die Erfüllung dieser Pflichten nach den allgemeinen Kompetenzvorschriften. Das gilt auch für die grundrechtlichen Schutzpflichten (vgl. dazu oben § 9 Rn. 25f.), die von dem jeweils nach Art. 70 ff. GG zuständigen Gesetzgeber konkretisiert werden müssen. Handelt es sich um einen Fall der konkurrierenden Gesetzgebung, sind zunächst der Bund *und* die Länder zuständig, allerdings mit Vorrang der bundesgesetzlichen Regelung. Fraglich ist die Rechtslage, wenn – trotz bestehender Verpflichtung – weder der Bund noch die Länder im Wege der konkurrierenden Gesetzgebung tätig werden. Gegen wen wäre z. B. die Klage auf Erlaß einer entsprechenden Regelung zu richten? Zuständig sind beide, so daß auch grundsätzlich beide in Anspruch genommen werden können. Entsprechendes gilt für die Umsetzung von EG-Richtlinien, für die Art. 70 ff. GG direkt (oder zumindest analog) Anwendung finden.

Vgl. dazu BVerfGE 96, 265, 299 ff. (Bay. Schwangerenhilfeergänzungsgesetz): Nach der früheren Konzeption wurde der durch Art. 2 II 1 GG gebotene Schutz des werdenden Lebens durch strafrechtliche Vorschriften gewährleistet. Später ersetzte der Bundesgesetzgeber dieses Konzept z. T. durch das sog. Beratungskonzept, das auf strafrechtliche Vorschriften verzichtet und statt dessen eine Beratung als bessere und effektivere Regelung forderte. Die strafrechtlichen Vorschriften waren durch Art. 74 I Nr. 1 GG (Strafrecht) gedeckt. Fraglich ist dagegen die Grundlage für das Beratungskonzept. Das BVerfG nahm eine ungeschriebene Bundeskompetenz kraft Sachzusammenhangs im Blick auf Art. 74 I Nr. 1 GG an, von der durch „absichtsvolles Unterlassen einer Regelung" Gebrauch gemacht worden sei, das seinerseits eine landesgesetzliche Regelung sperre. Diese Rechtsprechung ist in der Literatur zu Recht auf Kritik gestoßen. Das Problem liegt darin, daß der Bund nur auf den strafrechtlichen Schutz, nicht aber auf den Schutz insgesamt verzichten wollte, für die Alternative jedoch keine Gesetzgebungskompetenz besaß. Die Lösung kann nur darin bestehen, daß nunmehr die Länder zur Regelung der Alternative verpflichtet sind, wobei sie – aus Gründen der Bundestreue – den Ausgangspunkt der Konzeption des Bundesgesetzgebers berücksichtigen müssen. Vgl. zu BVerfGE 96, 265: *W. Rüfner,* Ungeschriebene Bundeskompetenzen im Widerstreit, ZG 1999, S. 366 ff.; *Ch. Starck,* Neues zur Gesetzgebungskompetenz des Bundes kraft Sachzusammenhangs, Festschrift für Maurer, 2001, S. 281 ff.

28   Das Grundgesetz beschränkt sich nicht darauf, dem Bund bestimmte Gesetzgebungsmaterien zuzuweisen, sondern differenziert
weiter nach Regelungsmodalitäten und Regelungsintensitäten.
Gesetzestechnisch geschieht das in der Weise, daß zunächst der
jeweilige Typ definiert wird und anschließend die darunter fallenden Materien im einzelnen aufgezählt werden. Demnach gibt es
die ausschließliche Gesetzgebung (dazu 2), die konkurrierende
Gesetzgebung oder besser die Vorranggesetzgebung (dazu 3), die
Rahmengesetzgebung (dazu 4) und die Grundsatzgesetzgebung
(dazu 5).

2. Ausschließliche Gesetzgebung des Bundes

29   Nach der Legaldefinition des Art. 71 GG bedeutet ausschließliche Gesetzgebung, daß die darunter fallenden Materien dem
Bundesgesetzgeber vorbehalten sind. Die Landesgesetzgeber sind
nur zuständig, wenn und soweit ein Bundesgesetz ausdrücklich
dazu ermächtigt, was in der Praxis bislang äußerst selten vorgekommen ist.

30   Die unter die ausschließliche Gesetzgebung fallenden Materien
werden zunächst in Art. 73 GG aufgezählt. Dazu gehören die
Auswärtigen Angelegenheiten, die militärische Verteidigung, das
Paßwesen, die Ein- und Auswanderung, das Währungs-, Geld-
und Münzwesen, die Rechtsverhältnisse der Bundesbediensteten
usw. Es handelt sich um Materien, die entweder nur den Bund
betreffen oder aus sachlichen Gründen bundeseinheitlich geregelt
werden müssen.

31   Der Katalog des Art. 73 GG ist nicht abschließend. Nach
Art. 105 I GG hat der Bund auch die ausschließliche Gesetzgebung
über die Zölle und Finanzmonopole. Zölle sind „Abgaben, die nach
Maßgabe des Zolltarifs von der Warenbewegung über die Zollgrenze erhoben werden" (BVerfGE 8, 260, 269); unter Finanzmonopol ist das Recht zu verstehen, zur Erzielung von Einnahmen
bestimmte Wirtschaftsgüter ausschließlich herzustellen und zu
vertreiben (vgl. dazu näher unten § 21 Rn. 21 ff.). Ferner fallen
unter die ausschließliche Bundesgesetzgebung alle diejenigen Materien, die nach den über das gesamte Grundgesetz verstreuten

Bestimmungen „durch *Bundes*gesetz" näher zu regeln sind. Denn der Hinweis auf das Bundesgesetz indiziert zugleich die ausschließliche Zuständigkeit des *Bundes*gesetzgebers.

Der Verweis auf die nähere Regelung durch Bundesgesetz findet sich z. B. in Art. 4 III 2 GG (Kriegsdienstverweigerung), Art. 21 III GG (politische Parteien), Art. 26 II 2 GG (Kriegswaffenverbot), Art. 29 GG (Neugliederung des Bundesgebietes), Art. 38 III GG (Bundestagswahl), Art. 41 III GG (Wahlprüfung), Art. 45b GG (Wehrbeauftragter). Die Frage, ob in diesen Fällen eine Ermächtigung an den Landesgesetzgeber gem. Art. 71 GG zulässig ist, erledigt sich in den meisten Fällen von selbst, da schon aus sachlichen Gründen nur ein Bundesgesetz in Betracht kommt, dürfte aber im übrigen, etwa bei der Parteiengesetzgebung gem. Art. 21 III GG, zu bejahen sein.

3. Konkurrierende Gesetzgebung des Bundes

Nach der Legaldefinition des Art. 72 I GG haben im Bereich der **32** konkurrierenden Gesetzgebung die Länder die Befugnis zur Gesetzgebung, solange und soweit der Bund von seiner Gesetzgebungszuständigkeit nicht durch Gesetz Gebrauch gemacht hat. Anders gewendet bedeutet das: Der Bund besitzt die Gesetzgebungskompetenz; solange und soweit er von seiner Kompetenz keinen Gebrauch gemacht hat, dürfen die Länder gesetzgebend tätig werden. Es handelt sich also genau genommen nicht um eine Konkurrenz zwischen Bund und Ländern; vielmehr hat der Bund den Vorrang, die Länder sind nur subsidiär zuständig (Vorranggesetzgebung des Bundes, subsidiäre Gesetzgebung der Länder).

Das im Bereich der konkurrierenden Gesetzgebung erlassene Bundesgesetz **33** hat eine zeitliche Sperrwirkung („solange") und eine sachliche Sperrwirkung („soweit"). Die zeitliche Sperrwirkung beginnt mit der Verkündung des Bundesgesetzes und endet mit dessen Aufhebung. Wird der Regelungsbereich durch Aufhebung des Bundesgesetzes wieder frei, dann lebt zwar die frühere landesrechtliche Regelung nicht wieder auf, kann aber der Landesgesetzgeber wieder gesetzgebend tätig werden (BVerfGE 29, 11, 17). Die sachliche Sperrwirkung bezieht sich auf den Regelungsbereich. Wenn der Bundesgesetzgeber einen bestimmten Sachbereich kodifikatorisch und damit abschließend geregelt hat, bleibt für den Landesgesetzgeber kein Raum mehr. Das gilt z. B. für das Strafgesetzbuch. Es ist aber durchaus möglich, daß sich der Gesetzgeber – stillschweigend oder ausdrücklich – auf einen Teilbereich beschränkt, so daß im übrigen der Landesgesetzgeber weiterhin tätig werden kann. Ferner ist es möglich, daß der Bundesgesetzgeber Einzelfragen oder Teilbereiche ausklammert, etwa durch schlichte Nichtregelung, durch Vorbehalte zugunsten des

Landesgesetzgebers oder durch den Hinweis, daß landesrechtliche Regelungen unberührt bleiben sollen. Die Vorbehalte der Art. 55 ff. EGBGB zugunsten der Landesgesetze begründen keine Landeszuständigkeiten, sondern überlassen diese Bereiche der originären Landeskompetenz.

34   Die bundesgesetzliche Regelung ist nach Art. 72 II GG nur zulässig, wenn und soweit sie (a) zur Herstellung gleichwertiger Lebensverhältnisse im Bundesgebiet oder (b) zur Wahrung der Rechts- oder Wirtschaftseinheit im gesamtstaatlichen Interesse erforderlich ist. Die ursprüngliche Fassung des Art. 72 GG verlangte lediglich ein Bedürfnis nach bundeseinheitlicher Regelung. Diese Bedürfnisklausel blieb jedoch praktisch wirkungslos, da das BVerfG die Auffassung vertrat, die Bedürfnisfrage setze eine politische Wertung des Bundesgesetzgebers voraus, die vom BVerfG zu respektieren sei (BVerfGE 13, 230, 233; 78, 249, 270). Durch die Neufassung des Art. 72 GG von 1994 wurde die Bedürfnisklausel durch die Erforderlichkeitsklausel mit dem erklärten Ziel ersetzt, eine volle gerichtliche Überprüfung der Voraussetzungen des Art. 72 II GG zu erreichen. Zu diesem Zweck wurde auch die abstrakte Normenkontrolle beim BVerfG durch Erweiterung der Antragsberechtigten verstärkt (Art. 93 I Nr. 2 a GG). Ob die Neuregelung zu dem beabsichtigten Erfolg führt, bleibt noch abzuwarten.

Das BVerfG hat inzwischen den ersten Schritt in diese Richtung getan. In seinem Urteil zum Altenpflegegesetz vom 24. 10. 2002 Rat es erstmals die Zielrichtung des verfassungsändernden Gesetzgebers bestätigt und das ihm vorgelegte Gesetz eingehend auf seine Vereinbarkeit mit Art. 72 II GG überprüft (BVerfG NJW 2003, 41, 51 ff. = DVBl. 2003, 44, 46 ff.; vgl. auch die Ankündigung in BVerfGE 103, 23, 30 f.). – Für die Anfertigung für Klausuren und Hausarbeiten sei noch vorsorglich (weil das immer wieder falsch gemacht wird) darauf hingewiesen, daß Art. 72 II GG keine Kompetenz des Bundes begründet, sondern eine an sich nach Art. 72 I, 74 GG begründete Kompetenz des Bundes begrenzt.

35   Die von der konkurrierenden Gesetzgebung erfaßten Materien werden in Art. 74, 74 a und 105 II GG aufgeführt. Art. 74 GG enthält nicht weniger als 30, z. T. sachlich sehr weitreichende Titel, so etwa das bürgerliche Recht, das Strafrecht, das Prozeßrecht, das Vereins- und Versammlungsrecht, das Ausländerrecht, das Recht der öffentlichen Fürsorge, das Wirtschaftsrecht, das Arbeitsrecht, den Straßenverkehr und die Unterhaltung der Bundesfernstraßen, seit der Verfassungsreform von 1994 auch die Staatshaftung sowie die Gentechnik und die medizinische Organtransplantation. Art. 74 a GG betrifft die Besoldung und Versorgung der Beamten. Art. 105 II GG erfaßt nahezu den gesamten Bereich der Steuergesetzgebung.

Im einzelnen wird – trotz der Auflistung des Art. 74 I GG – immer wieder zweifelhaft, ob eine Bundeskompetenz besteht oder nicht, vgl. dazu etwa BVerfGE 61, 149 (Staatshaftung, inzwischen durch Art. 74 I Nr. 25 GG festgelegt); BVerfGE 67, 299 (Abgrenzung von Straßenrecht und Straßenverkehrsrecht im Blick auf Parkregelungen); BVerfGE 98, 83 und 106 (steuer- und abgabenrechtliche Regelungen mit Lenkungsfunktion); BVerfGE 103, 197, 215 ff. (Pflegeversicherung). – Eine umfassende Darstellung der Gesetzgebungskompetenzen bringt *Ch. Pestalozza,* in: v. Mangoldt/Klein, Grundgesetz, Bd. 8 (1996) Art. 70–75 GG; vgl. ferner zur konkurrierenden Gesetzgebung *H. D. Jarass,* Regelungsspielräume des Landesgesetzgebers im Bereich der konkurrierenden Gesetzgebung und in anderen Bereichen, NVwZ 1996, 1041 ff.; *Ch. Neumeyer,* Geschichte eines Irrläufers – Anmerkungen zur Reform des Art. 72 Abs. 2 GG, Festschrift für Kriele, 1997, 543 ff.; *Ch. Calliess,* Die Justitiabilität des Art. 72 Abs. 2 GG vor dem Hintergrund von kooperativem und kompetitivem Föderalismus, DÖV 1997, 889 (893 ff.); ferner die Übersicht über die Literatur zu den einzelnen Titeln bei *Degenhart,* in: Sachs, Grundgesetz, Art. 74.

4. Rahmengesetzgebung

Nach Art. 75 I GG hat der Bund ferner das Recht, „Rahmen- **36** vorschriften für die Gesetzgebung der Länder zu erlassen". Rahmenvorschriften sind Regelungen, die allgemeine Grundsätze und Richtlinien enthalten, aber noch der Ausführung und Konkretisierung durch die Länder bedürfen. Sie begründen daher in der Regel keine für den Bürger unmittelbar geltende Rechte und Pflichten, sondern wenden sich an den Landesgesetzgeber und verpflichten diesen, entsprechende Ausführungsregelungen zu erlassen. Die Rahmenvorschriften müssen dem Landesgesetzgeber noch einen Entscheidungsspielraum belassen. Sie müssen „ausfüllungsfähig und ausfüllungsbedürftig" sein (so bereits BVerfGE 4, 115, 129 f.). Wenn für den Landesgesetzgeber nichts mehr zu regeln übrig bleibt, liegt keine Rahmenvorschrift, sondern eine vollständige Regelung vor. Früher wurde die Auffassung vertreten, die Rahmengesetzgebung schließe nicht aus, daß für Teilbe-

reiche eine vollständige Regelung oder unmittelbar geltendes
Recht für den Bürger getroffen werden könne. Dieser Auffassung
schiebt Art. 75 II GG i.d.F. von 1994 einen Riegel vor. Danach
dürfen Rahmenvorschriften nur (noch) „in Ausnahmefällen in Einzelheiten gehen oder unmittelbar geltende Regelungen enthalten".

37   Strittig ist, ob die Rahmengesetzgebung ein Unterfall der konkurrierenden
Gesetzgebung ist oder einen eigenen Gesetzgebungstyp darstellt (vgl. einerseits
Art. 70 II GG, der nur die ausschließliche und die konkurrierende Gesetzgebung nennt, und andererseits Art. 75 I GG, der auf Art. 72 GG verweist, was
nicht erforderlich wäre, wenn die Rahmengesetzgebung einen Unterfall der
konkurrierenden Gesetzgebung darstellte). Voraussetzung der Rahmengesetzgebung ist jedenfalls, daß die Erforderlichkeit gem. Art. 72 II GG gegeben ist.
Die Sperrwirkung des Art. 72 I GG greift dagegen für die Rahmengesetze
nicht ein. Der Landesgesetzgeber ist nicht gehindert, sondern sogar verpflichtet, eine dem Rahmengesetz entsprechende Regelung zu erlassen. Bis zum
Zeitpunkt der landesrechtlichen Anpassungsregelung gilt das bisherige Landesrecht weiter. Sollte die Neuregelung mit dem Rahmengesetz nicht im Einklang stehen, ist sie verfassungswidrig und nichtig (Art. 31 GG). Nur dann,
wenn die Rahmenregelung ausnahmsweise unmittelbar verbindliches Recht
enthält, wird das damit nicht vereinbare Landesrecht bereits mit dem Inkrafttreten des Rahmengesetzes unwirksam.

38   Die Bereiche, die im Wege der Rahmengesetzgebung geregelt
werden können, sind in Art. 75 GG näher aufgeführt. Sie betreffen
u.a. die Rechtsverhältnisse der im öffentlichen Dienst stehenden
Personen (Beamte, Angestellte und Arbeiter im öffentlichen
Dienst), das Hochschulwesen, das Pressewesen, den Naturschutz,
die Raumordnung, den Wasserhaushalt usw. Ferner kann der Bund
gem. Art. 98 III 2 GG Rahmenvorschriften für die Rechtsstellung
der Richter in den Ländern erlassen (für die Bundesrichter besteht
eine ausschließliche Gesetzgebung des Bundes gem. Art. 98 I GG).

Aufgrund des Art. 75 GG sind gewichtige Bundesgesetze ergangen, so etwa
das Beamtenrechtsrahmengesetz (BRRG, Sart. Nr. 150), das Hochschulrahmengesetz (HRG, Sart. Nr. 500), das Bundesnaturschutzgesetz (BNatSchG,
Sart. Nr. 880) und das Raumordnungsgesetz (ROG, Sart. Nr. 340). Die Länder haben diese Gesetze ausgefüllt und umgesetzt, so z.B. das Beamtenrechtsrahmengesetz durch die Landesbeamtengesetze und das Hochschulrahmengesetz durch die Hochschul- und Universitätsgesetze der Länder. Aufgrund des
Art. 98 I, III 2 GG ist das für die Bundesrichter und die Landesrichter geltende
Deutsche Richtergesetz (DRiG, Schönfelder, Rn. 97) ergangen, dessen für die
Landesrichter geltenden Rahmenvorschriften (§§ 71 ff.) durch die Landesrich-
tergesetze ergänzt werden.

5. Grundsatzgesetzgebung

Die Grundsatzgesetzgebung erscheint nicht im Abschnitt über **39**
die Verteilung der Gesetzgebungskompetenzen (Art. 70–75 GG),
sie wird auch sonst nicht als besonderer Gesetzgebungstyp verfassungsrechtlich geregelt, sondern taucht nur beiläufig und punktuell
bei den jeweiligen Sachbereichen auf. Es handelt sich um wenige
Fälle:

a) Der erste Fall betrifft die Haushaltswirtschaft in Bund und Ländern: Nach
Art. 109 III GG können durch Bundesgesetz „für Bund und Länder gemeinsam geltende Grundsätze für das Haushaltsrecht, für eine konjunkturgerechte Haushaltswirtschaft und für eine mehrjährige Finanzplanung
aufgestellt werden." Aufgrund dieser Ermächtigung ist das Haushaltsgrundsätzegesetz (Sart. Nr. 699) und das sog. Stabilitätsgesetz (Sart. Nr. 720) ergangen. Vgl. dazu näher unten § 21 Rn. 53 ff.
b) Der zweite Fall betrifft die Gemeinschaftsaufgaben von Bund und Ländern:
Art. 91 a II GG sagt zunächst, daß die Gemeinschaftsaufgaben durch Bundesgesetz näher bestimmt werden (ausschließliche Gesetzgebungskompetenz), und sagt sodann, daß das Gesetz „allgemeine Grundsätze für ihre Erfüllung enthalten" soll (Grundsatzgesetzgebung). Vgl. zu den Ausführungsgesetzen näher *Rengeling,* HStR IV (1990) S. 487 ff.
c) Schließlich ist noch auf Art. 140 GG in Vbg. mit Art. 138 I WRV hinzuweisen, die die Ablösung der Staatsleistungen an die Kirchen und sonstigen
Religionsgesellschaften vorsehen, zugleich aber bestimmen, daß das Reich
(jetzt der Bund) „die Grundsätze hierfür" aufzustellen habe. Diese Grundsätze sind im Sinne des Art. 11 WRV zu verstehen und dürften im wesentlichen denen des Art. 91 a II GG und Art. 109 III GG entsprechen. Art. 140
GG/Art. 138 I WRV bilden allerdings – genau genommen – keine zukunftsorientierte Gesetzgebungskompetenz, sondern betreffen eine einmalige Fallkonstellation, die sich mit ihrer (noch ausstehenden) Erfüllung erledigt hat.
Solange die Grundsätze nicht ergangen sind, darf der Landesgesetzgeber
nicht tätig werden. Der Ablösungsvorbehalt hat sich somit zu einer (allerdings nunmehr fragwürdig gewordenen) Bestandsgarantie entwickelt.

Die Grundsatzregelung deckt sich weitgehend, aber nicht voll **40**
ständig mit den Rahmenvorschriften. Sie darf – wie jene – inhaltlich keine abschließenden Regelungen enthalten, sondern muß
noch für ergänzende und konkretisierende Regelungen offen sein.
Die für die Rahmenvorschriften maßgebliche Faustregel, daß sie
„ausfüllungsfähig und ausfüllungsbedürftig" sein müssen, gilt auch
hier. Im Unterschied zu den Rahmenvorschriften binden und
verpflichten die Grundsatzregelungen – zumindest die Grundsätze
i. S. des Art. 91 a II GG und des Art. 109 III GG – jedoch nicht

nur den Landesgesetzgeber, sondern auch den Bundesgesetzgeber. Ferner dürfen sie nicht – auch nicht ausnahmsweise – Regelungen enthalten, die die Bürger unmittelbar betreffen (was in den beiden genannten Fällen aus sachlichen Gründen ohnehin nicht in Betracht kommt).

41   Die Grundsatzregelung zeigt, daß es innerhalb einer Gruppe von Rechtssätzen unterschiedliche Rangstufen geben kann: Das Haushaltsgesetz muß der Bundeshaushaltsordnung entsprechen und diese wiederum dem Haushaltsgrundsätzegesetz. Die Grundsatzregelung stellt somit auch eine Selbstbindung des Bundesgesetzgebers dar. Der Bundesgesetzgeber kann zwar das Haushaltsgrundsätzegesetz ändern, wenn es einer beabsichtigten Änderung der Bundeshaushaltsordnung entgegensteht, aber – und das ist entscheidend – nur mit Zustimmung des Bundesrates. Änderungen der Grundlagen des Haushaltsrechts, die der Bund für sich erstrebt, muß er auch den Ländern zugestehen. Die Bundeshaushaltsordnung bedarf dagegen nicht der Zustimmung des Bundesrats. Ein Verstoß der Bundeshaushaltsordnung gegen das Haushaltsgrundsätzegesetz ist zugleich ein Verstoß gegen Art. 109 III GG und daher verfassungswidrig und nichtig.

42   Der Unterschied zwischen dem Rahmengesetz und dem Grundsätzegesetz soll abschließend noch durch einen Vergleich zwischen dem Beamtenrechtsrahmengesetz (BRRG) und dem Haushaltsgrundsätzegesetz (HGrG) verdeutlicht werden:

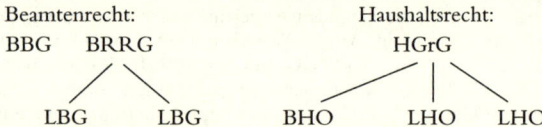

Beamtenrecht: Haushaltsrecht:
BBG   BRRG   HGrG

LBG   LBG   BHO   LHO   LHO

Das Bundesbeamtengesetz (BBG) steht neben dem Beamtenrechtsrahmengesetz (BRRG), während die Bundeshaushaltsordnung (BHO) wie die Landeshaushaltsordnungen (LHO) unter dem Haushaltsgrundsätzegesetz (HGrG) steht.

6. Exkurs: Das Maßstäbegesetz

42 a   In diesem Zusammenhang ist noch das sog. Maßstäbegesetz zu erwähnen, das vom BVerfG in seinem dritten Finanzausgleichs-Urteil vom 11. 11. 1999 (BVerfGE 101, 158, 214 ff.) kreiert worden ist. Es handelt sich hierbei zwar nicht um eine weitere Variante der Gesetzgebungskompetenzen, aber um einen Gesetzestyp, der gewisse Ähnlichkeiten mit dem Rahmengesetz und dem Grundsätzegesetz aufweist. Nach Art. 106, 107 GG hat der Gesetzgeber die Verteilung der Umsatzsteuer zwischen dem Bund und den Ländern, die Verteilung des Länderbetrages zwischen den einzelnen Bundesländern und die Bundesergänzungszuweisungen näher zu bestimmen. Da die Art. 106, 107 GG dafür keine unmittelbar vollziehbaren Maßstäbe, sondern unbestimmte Rechtsbegriffe enthalten, ist nach Auffassung des BVerfG der Gesetzgeber zunächst einmal verpflichtet, das Steuerverteilungs- und Ausgleichssystem der Art. 106, 107 GG durch anwendbare Maßstäbe zu konkretisieren und zu ergänzen, die dann die Grundlage für das eigentliche Finanzausgleichsgesetz bilden können. Es besteht sonach ein dreistufiges Regelungssystem: das Grundgesetz, das die allgemeinen Prinzipien für die gesetzliche Steuerzuteilung und den gesetzlichen Finanzausgleich vorgibt, das Maßstäbegesetz, das daraus langfristige, im Rahmen kontinuierlicher Planung fortzuschreibende Zuteilungs- und Ausgleichsmaßstäbe ableitet, und das eigentliche Finanzausgleichsgesetz, das in Anwendung dieser Maßstäbe die konkrete Verteilung und Zuweisung bestimmt. Das Maßstäbegesetz geht dem Finanzausgleichsgesetz zeitlich und rechtlich vor. Es muß zeitlich vorliegen, bevor das Finanzausgleichsgesetz beschlossen wird, und es ist für den Finanzausgleichsgesetzgeber verbindlich. Der Gesetzgeber kann zwar sein Maßstäbegesetz ändern; solange dies aber nicht geschehen ist, bleibt es maßgeblich. Während die Rahmengesetze des Art. 75 GG den Landesgesetzgeber und die Grundsätzegesetze des Art. 109 III GG den Bundesgesetzgeber *und* den Landesgesetzgeber binden, betrifft das Maßstäbegesetz ausschließlich den Bundesgesetzgeber selbst. Es besteht sonach eine Stufenfolge innerhalb ein und derselben Rechtsquelle. Zudem dürften an die Regelungsdichte der Maßstäbe höhere Anforderungen zu stellen sein als an die Regelungsdichte der Grundsätze und vor allem der Rahmenregelungen.

Im einzelnen wirft die neue Rechtsfigur des Maßstäbegesetzes, die sich **42 b** allerdings – derzeit – auf den Bereich des Finanzausgleiches beschränkt, eine Reihe von Problemen auf: Rechtsgrundlage im Grundgesetz? Übertragbarkeit des vom BVerfG herangezogenen rechtsstaatlichen Gesetzesbegriffs, der im Staat-Bürger-Verhältnis seine volle Berechtigung hat, auf die Beziehungen zwischen dem Bund und den 16 Bundesländern in dem überschaubaren Bereich des Finanzausgleiches? Gesetzgebung ohne Berücksichtigung der kon-

kreten Auswirkungen? Dogmatische Einordnung des Maßstäbegesetzes in die
Rechtsquellenlehre? Folgen des Verstoßes des Finanzausgleichsgesetzes gegen
das Maßstäbegesetz und des (direkten oder durch die Anwendung des Maßstäbegesetzes bedingten) Verstoßes gegen das Grundgesetz? Gerichtliche Kontrolle dieser Verstöße? – Im einzelnen kann auf diese und weitere Fragen zum
Maßstäbegesetz hier nicht weiter eingegangen werden. In der Literatur ist die
Entscheidung des BVerfG überwiegend auf Kritik und Ablehnung gestoßen,
vgl. *H. H. Rupp,* Länderfinanzausgleich, JZ 2000, 269 ff., *B. Pieroth,* Die Mißachtung gesetzter Maßstäbe durch das Maßstäbegesetz, NJW 2000, 2088 f.,
H. P. Bull / V. Mehde, Der rationale Finanzausgleich – ein Gesetzgebungsauftrag
ohnegleichen, DÖV 2000, 305 ff.; *J. Linck,* Das „Maßstäbegesetz" zur Finanz-
verfassung – ein dogmatischer und politischer Irrweg, DÖV 2000, 325 ff.;
J. Wieland, Das Konzept eines Maßstäbegesetzes zum Finanzausgleich, DVBl.
2000, 1310 ff.; *Ch. Trzaskalik,* Bemerkungen zum Finanzausgleichsurteil vom
11. November 1999, Festschrift für Rudolf, 2001, S. 379 ff.; *G. Henneke,*
Empfiehlt sich auch für den kommunalen Finanzausgleich ein Maßstäbegesetz?,
NdsVBl. 2001, 53 ff. (S. 60: „sehr schwankender Grund"); *W. Weiß,* Über
Maßstäbegesetze als neue Kategorie der Gesetzgebung, ZG 2001, 210 ff.; vgl.
ferner – mit verhaltener Zustimmung – *Ch. Degenhart,* Maßstabsbildung und
Selbstbindung des Gesetzgebers als Postulat der Finanzverfassung des Grundgesetzes, ZG 2000, 79 ff.; *Ch. Waldhoff,* Reformperspektiven der bundesstaatli-
chen Finanzverfassung im gestuften Verfahren, ZG 2000, 193 ff.; *F. Ossenbühl,*
Das Maßstäbegesetz – dritter Weg oder Holzweg des Finanzausgleichs? Festschrift für K. Vogel, 2000, S. 227 ff.

Inzwischen ist das geforderte Gesetz erlassen worden: Maßstäbegesetz vom
9. 9. 2001 (BGBl. I S. 2302); vgl. zur Entstehung und Anwendung dieses
Gesetzes *St. Korioth,* Maßstabgesetzgebung im bundesstaatlichen Finanzausgleich – Abschied von der „rein interessenbestimmten Verständigung über
Geldsummen"?, ZG 2002, 335 ff.; *J. A. Kämmerer,* Maßstäbe für den Bundesfi-
nanzausgleich? – Dramaturgie einer verhinderten Reform, JuS 2003, 214 ff.

7. Zuständigkeit des Bundes kraft Sachzusammenhangs und kraft Natur der Sache

43   Der Katalog der Bundeszuständigkeiten ist abschließend. Eine
Erweiterung durch Rückgriff auf allgemeine Verfassungsgrundsätze,
durch Analogieschlüsse oder durch extensive Auslegung ist nicht
zulässig. Wenn keiner der enumerativ aufgezählten Zuständigkeits-
tatbestände gegeben ist, dann ist eben nicht der Bund, sondern sind
die Länder zur Gesetzgebung befugt. Indessen kann es doch Fälle
geben, die dem Bund nicht ausdrücklich zugewiesen sind, die aber
auch nicht oder nicht sinnvoll von den Ländern geregelt werden
können, sondern auf den Bund weisen. Es wäre reiner Dogmatis-
mus, wenn man auch in diesen Fällen am Enumerationsprinzip

festhalten wollte. Es ist vielmehr zu prüfen, ob eine Zuständigkeit kraft Sachzusammenhangs (eine dem Bund ausdrücklich zugewiesene Materie kann nicht ohne Einbeziehung einer ihm nicht zugewiesenen Materie geregelt werden) oder eine Zuständigkeit kraft Natur der Sache (schon aus sachlogischen Gründen kommt nur eine Regelung durch den Bund in Betracht) vorliegt. Wenn das zu bejahen ist, dann wird vom BVerfG und der h. L. zu Recht eine Zuständigkeit des Bundes akzeptiert. Allerdings sind diese Ausnahmen eng auszulegen. Vgl. dazu näher oben § 10 Rn. 27 ff.

8. Die Zuständigkeit der Länder

a) Obwohl Art. 70 I GG ein Regel-Ausnahme-Verhältnis zu- **44** gunsten der Länder festlegt, liegt das Schwergewicht der Gesetzgebung in der Praxis eindeutig beim Bund. Das widerspricht nicht der Intention des Art. 70 GG, wie gelegentlich behauptet wird, da diese Regelung nur ein Verteilungsprinzip festlegt und keine präjudizierende Sachentscheidung zugunsten der Länder treffen will. Die Gesetzgebung des Bundes hat allerdings in den letzten Jahrzehnten ständig zugenommen. Das hat verschiedene Gründe: Zum einen hat der Bund von seinen Gesetzgebungskompetenzen fast durchweg Gebrauch gemacht, auch und vor allem im Bereich der konkurrierenden Gesetzgebung, die den Ländern subsidiäre Gesetzgebungsmöglichkeiten eröffnet; zum anderen sind die Kompetenzregelungen eher großzügig zugunsten des Bundes ausgelegt worden; zum dritten ist der Katalog der Bundeszuständigkeiten laufend erweitert worden. Für eine solche Erweiterung sprachen sicher gute Gründe, da es sich meist um neu auftretende oder jetzt erst aktuell werdende Sachbereiche handelte, die nur vom Bund vernünftig geregelt werden können, so z. B. die friedliche Nutzung der Kernenergie (Art. 74 I Nr. 11 a GG), die Staatshaftung (Art. 74 I Nr. 25 GG) und die Gentechnik (Art. 74 I Nr. 26 GG). Aber sie führten eben doch zur quantitativen und damit auch qualitativen Ausweitung und Stärkung der Gesetzgebung des Bundes.

Als Ausgleich wurden in vielen Fällen die Mitwirkungsrechte des Bundesrates verstärkt, indem das Zustimmungserfordernis für Bundesgesetze entsprechend erweitert wurde. Der Kompetenzverlust der Länder und damit der

Landesparlamente wird dadurch aber nur teilweise wett gemacht, da im Bundesrat die Landesregierungen vertreten sind und zudem das Mehrheitsprinzip gilt, ganz abgesehen davon, daß das Zustimmungsrecht des Bundesrates allenfalls ansatzweise Gestaltungsmöglichkeiten vermittelt.

45   b) Immerhin haben die Länder – ganz oder teilweise – die Gesetzgebungskompetenz für das Schulrecht, das Hochschulrecht, das Denkmalschutzrecht, das Rundfunkrecht, das Staatskirchenrecht, das Feiertagsrecht, das allgemeine Polizeirecht, das Bauordnungsrecht, das Raumordnungsrecht im Lande, das Straßenrecht (mit Ausnahme der Bundesfernstraßen), das Kommunalrecht sowie das Verwaltungsorganisationsrecht und das Verwaltungsverfahrensrecht im Landesbereich. Die Landesgesetzsammlungen (vgl. etwa Dürig, Gesetze des Landes Baden-Württemberg) haben immer noch einen erheblichen Umfang, wenngleich sich viele Gesetze dieser Sammlungen als reine Vollzugsregelungen zu Gesetzen des Bundes entpuppen.

46   c) Wenig beachtet wird, daß die Landesgesetzgeber zunehmend durch die Rechtsprechung der Bundesgerichte, insbesondere die Rechtsprechung des BVerfG, beschränkt und determiniert werden. Das Rundfunk- und Fernsehrecht ist zwar eine Domäne der Landesgesetzgeber; das BVerfG hat aber in einer Reihe von Entscheidungen aus Art. 5 I GG einen ganzen Strauß von Vorgaben entwickelt, die bis ins Detail gehen und von den Landesgesetzgebern zu beachten sind. Entsprechendes ließe sich für das heutige Staatskirchenrecht sagen, das in seinen wesentlichen Grundzügen nicht vom Landesgesetzgeber oder durch Staatskirchenverträge, sondern vom BVerfG konzipiert worden ist. Die sich aus der Verfassung und der Verfassungsauslegung ergebende Dominanz des BVerfG gilt zwar auch für den Bundesgesetzgeber, der vielfach nur noch verfassungsgerichtliche Vorgaben nachvollzieht und konkretisiert. Die Einwirkung auf den Landesgesetzgeber hat aber auch noch bundesstaatlich nivellierende Konsequenzen, da landesrechtliche Besonderheiten in aller Regel keine Rolle spielen.

Das kommt in der viel diskutierten Kruzifix-Entscheidung BVerfGE 93, 1 deutlich zum Ausdruck; vgl. dagegen vor allem das Sondervotum der Richter Seidl und Söllner und der Richterin Haas, BVerfGE 93, 25 ff.

9. Die Reichweite der Regelungen über die Gesetzgebungs- kompetenzen

Die bislang erörterten Vorschriften über Gesetzgebungskompe- **47** tenzen von Bund und Ländern gelten auf jeden Fall für die *Gesetze* (formelle Gesetze, Parlamentsgesetze). Sie gelten ferner für die nach Landesrecht zulässigen *Volksbegehren und Volksentscheide,* soweit sie auf den Erlaß gesetzlicher Regelungen abzielen. Ein landesrecht- licher Volksentscheid, der in den Kompetenzbereich des Bundes eingreift, ist schon aus kompetenzrechtlichen Gründen verfassungs- widrig und nichtig.

Dagegen spielen die Gesetzgebungskompetenzvorschriften für den Erlaß von Rechtsverordnungen keine Rolle. Für sie ist ausschließlich die gesetzliche Er- mächtigungsgrundlage maßgeblich (die selbstverständlich ihrerseits den Vor- schriften über die Gesetzgebungskompetenzen entsprechen muß). Für die Exe- kutive sind auch im übrigen nicht die Art. 70 ff. GG, sondern die Art. 83 ff. GG maßgeblich. Ein gewisser Zusammenhang zwischen den Gesetzgebungskom- petenzen und den Verwaltungskompetenzen besteht aber insoweit, als nach Auffassung des BVerfG die im konkreten Fall zweifelhaften Grenzen der Ver- waltungskompetenzen des Bundes jedenfalls nicht weiter gehen können als die Gesetzgebungskompetenzen des Bundes (vgl. BVerfGE 12, 205, 229; 78, 374, 386; BVerwGE 87, 181, 184).

10. Hinweise zur Lösung von Fällen

Wenn sich die Frage stellt, ob ein Bundesgesetz verfassungsge- **48** mäß ist, dann ist zunächst die formelle Verfassungsmäßigkeit und in diesem Rahmen zuerst die Gesetzgebungskompetenz des Bundes zu prüfen. Dabei empfiehlt sich diese Reihenfolge:

1. Liegt ein Fall der ausschließlichen Gesetzgebungskompetenz des Bundes vor (Art. 71 GG)? Das ist dann zu bejahen, wenn eine der Ziffern des Art. 73 GG oder Art. 105 I GG (Zölle und Finanzmonopole) oder eine der Vor- schriften des Grundgesetzes eingreift, die auf die nähere Regelung durch ein *Bundes*gesetz verweist.
2. Liegt ein Fall der konkurrierenden Gesetzgebung des Bundes vor (Art. 72 GG)? Das ist dann anzunehmen, wenn eine Ziffer des Art. 74 I GG oder Art. 74a GG eingreift und die Erforderlichkeit gem. Art. 72 II GG gegeben ist oder wenn die Voraussetzungen des Art. 105 II GG (Steuergesetzgebung) vorliegen.

3. Liegt ein Fall der Rahmengesetzgebung vor? Das ist dann anzunehmen, wenn eine der Ziffern des Art. 75 GG oder Art. 98 III 2 GG (Landesrichter) eingreifen.

4. Liegt ein Fall der Grundsatzgesetzgebung vor? Das ist dann anzunehmen, wenn die Voraussetzungen des Art. 91 a II 2 GG (Gemeinschaftsaufgaben) oder des Art. 109 III GG (Haushaltswirtschaft) gegeben sind.

5. Wenn die genannten Zuständigkeitsregelungen nicht eingreifen, fragt sich abschließend noch, ob – ausnahmsweise – eine Zuständigkeit des Bundes kraft Sachzusammenhangs oder kraft Natur der Sache gegeben ist.

49 Es empfiehlt sich bei Klausuren und Hausarbeiten, die einzelnen Zuständigkeitsregelungen gedanklich durchzugehen, aber nur diejenigen in der Arbeit selbst eingehender zu erörtern, die fraglich sind. Bei Steuergesetzen genügt es z.B., Art. 105 GG näher zu prüfen. Wird eine Nummer der Prüfungsfolge bejaht, entfallen die folgenden Nummern (es wäre sinnlos, dem Bund eine Rahmenkompetenz zuzugestehen, wenn er bereits eine ausschließliche Gesetzgebungskompetenz besitzt).

50 **Fall:** Nach § 3 Ladenschlußgesetz (LSchG, Sart. Nr. 805) müssen Einzelhandelsgeschäfte von Montag bis Freitag ab 20 Uhr für den geschäftlichen Verkehr mit den Kunden geschlossen sein. B, der in der Innenstadt eine Bäckerei betreibt, möchte sein Geschäft bis 21 Uhr geöffnet halten, weil es, wie er wisse, genügend Leute gäbe, die auch nach 20 Uhr Brötchen oder sonstige Backwaren kaufen möchten. Er ist – beraten durch seinen Rechtsanwalt – der Meinung, daß der Bundesgesetzgeber keine Kompetenz zur Regelung der Ladenschlußzeiten habe, und erhebt deshalb Verfassungsbeschwerde beim Bundesverfassungsgericht. Wie sind die Erfolgsaussichten? Die Zulässigkeit der Verfassungsbeschwerde ist zu bejahen: B kann die Verletzung seines Grundrechts auf Berufs- und Gewerbefreiheit (Art. 12 I GG) geltend machen. Eine Grundrechtsverletzung liegt auch dann vor, wenn durch ein kompetenzwidriges und damit verfassungswidriges Gesetz in den Schutzbereich seines Grundrechts eingegriffen wird. Da § 3 LSchG keines Vollzugs mehr bedarf, ist B auch, wie das BVerfG fordert, selbst, gegenwärtig und unmittelbar in seinem Grundrecht betroffen. – Im Rahmen der Begründetheit ist die formelle Verfassungsmäßigkeit (Gesetzgebungskompetenz, Gesetzgebungsverfahren) und die materielle Verfassungsmäßigkeit (Vereinbarkeit mit den Grundrechten und den allgemeinen Verfassungsgrundsätzen) zu prüfen. Zur Gesetzgebungskompetenz, die hier besonders interessiert: Art. 73 GG scheidet offensichtlich aus. Dagegen kommt Art. 74 I Nr. 11 GG (Wirtschaft: Gewerbe, Handel) und, wenn das Ladenschlußgesetz eine entsprechende Zielrichtung verfolgt, Art. 74 I Nr. 12 GG (Arbeitsschutz) zur Anwendung. Es fragt sich jedoch, ob die Erforderlichkeit i.S. des Art. 72 II GG gegeben ist. Das ist im ersten Fall (Art. 74 I Nr. 11 GG) zu verneinen, da nicht einzusehen ist, weshalb die Ladenschlußzeiten in der Bundesrepublik unbedingt einheitlich festgelegt sein müssen, jedoch im zweiten Fall (Art. 74 I Nr. 12 GG) wohl zu bejahen, da die

Regelungen über den Arbeitsschutz einheitlich in der gesamten Bundesrepublik gelten müssen. Eine weitere Frage ist, ob die Ladenschlußregelung dem Grundsatz der Verhältnismäßigkeit entspricht und insoweit erforderlich ist. Das ist kein Problem der Gesetzgebungskompetenz, sondern der Vereinbarkeit mit den Grundrechten, insbesondere mit Art. 12 I GG. Die (grundrechtsspezifische) Erforderlichkeit ist zu verneinen, weil der Schutz der Angestellten durch unmittelbare Arbeitsschutzregelungen, die die Geschäftsinhaber weniger belasten, genau so gut erreicht werden kann. – Vgl. dazu BVerfGE 13, 230, das (allerdings noch zur früheren Rechtslage) die Verfassungsmäßigkeit des § 3 LSchG bejaht hatte; zu einem Ausnahmefall BVerfGE 104, 357 (verkaufsoffene Sonntage für Apotheken); *A. Schunder*, Das Ladenschlußgesetz – heute, 1994, S. 137ff.; *D. Heckmann*, Ladenschlußrecht, in: Achterberg/Püttner/Würtenberger, Besonderes Verwaltungsrecht, Bd. I, 2. Aufl. 2001, S. 218, 229ff.

IV. Das Gesetzgebungsverfahren

Die Gesetzgebung erfolgt in einem förmlichen Verfahren, das **51** durch die Einbeziehung fast aller Verfassungsorgane, durch den Öffentlichkeitsbezug und durch eine Reihe von Verfahrensgarantien eine optimale Lösung ermöglicht. Das zentrale Gesetzgebungsorgan ist der Bundestag, der als Volksvertretung dem Gesetz die demokratische Legitimität und damit Rang und Autorität vermittelt. Wenn auch die Gesetze in der Regel nur der Zustimmung der Parlamentsmehrheit bedürfen, so hat die Opposition doch erhebliche Einwirkungsmöglichkeiten im parlamentarischen Verfahren, die gewährleisten, daß alle wesentlichen Gesichtspunkte berücksichtigt werden und oft auch im Wege des Kompromisses in das Gesetzeswerk einfließen.

Das Grundgesetz regelt das Gesetzgebungsverfahren in Art. 76–78 **52** und Art. 82. Zusätzliche Regelungen bestehen für das Haushaltsgesetz (Art. 110 III GG) und für finanzwirksame Gesetze (Art. 113 GG). Auch die Verfassungsänderungen werden im Wege des Gesetzgebungsverfahrens beschlossen, erfordern allerdings qualifizierte Mehrheiten (Art. 79 GG). Die verfassungsrechtlichen Regelungen werden durch die Geschäftsordnungen der am Gesetzgebungsverfahren beteiligten Verfassungsorgane ergänzt.

Maßgeblich sind für die Behandlung im Bundestag die §§ 75ff. GeschOBT (Sart. Nr. 35), für die Behandlung im Bundesrat die §§ 23ff. GeschOBR (Sart. Nr. 37), für das Vermittlungsverfahren die Gemeinsame Geschäftsordnung des

Bundestages und des Bundesrates für den Vermittlungsausschuß (Sart. Nr. 39) und für die Gesetzesinitiative der Bundesregierung die §§ 15, 16 III, 28 und 29 GeschOBReg. (Sart. Nr. 38). Für die Vorbereitung der Gesetzentwürfe in den zuständigen Ministerien gelten die §§ 40 ff. GGO (Gemeinsame Geschäftsordnung der Bundesministerien i. d. F. vom 25. 7. 2000, GMBl. S. 526, auch abgedruckt im Bonner Kommentar als Anhang zu Art. 76 GG); die GGO ist entgegen ihrer Bezeichnung keine (organinterne) Geschäftsordnung, sondern eine Verwaltungsvorschrift für die Bediensteten der Bundesministerien.

53   Das im Grundgesetz geregelte Gesetzgebungsverfahren läßt sich – grob skizziert – in fünf Abschnitte untergliedern: (1) Gesetzesinitiative, (2) Beratung und Beschlußfassung des Bundestages, (3) Mitwirkung des Bundesrates und evtl. erneute Beschlußfassung des Bundestages, (4) Ausfertigung durch den Bundespräsidenten und (5) Verkündung des Gesetzes im Bundesgesetzblatt.

1. Die Gesetzesinitiative

54   Unter Gesetzesinitiative ist die Einbringung eines Gesetzentwurfs beim Bundestag zu verstehen. Mit der Gesetzesinitiative beginnt das eigentliche Gesetzgebungsverfahren. Der Gesetzentwurf muß ausformuliert sein; er muß so abgefaßt sein, daß er ohne weiteres angenommen werden könnte. Er muß ferner begründet werden. Schon diese Voraussetzungen zeigen, daß die Gesetzesinitiative in der Regel erhebliche Vorarbeiten erfordert.

Das Recht zur Gesetzesinitiative steht nach Art. 76 I GG nur der Bundesregierung, dem Bundesrat und den Bundestagsabgeordneten zu.

55   a) *Die Gesetzesinitiative der Bundesregierung.* Die meisten Gesetzentwürfe – etwa 80% – gehen von der Bundesregierung aus. Das ist auch verständlich, sie besitzt mit den Bundesministerien und der Ministerialbürokratie den erforderlichen Apparat zur Ausarbeitung der Entwürfe. Da die Verhältnisse immer komplizierter und komplexer werden, wird auch die Gesetzesvorbereitung immer schwieriger. Das regierungsinterne Vorverfahren wird im Grundgesetz nicht geregelt, nicht einmal erwähnt. Lediglich in der GGO finden sich dazu einige Vorschriften (vgl. bereits oben Rn. 52).

56   Der Anstoß zur Gesetzesvorbereitung kann auf verschiedenen Gründen beruhen (Entscheidung des Ministers, Vollzug eines Kabinettsbeschlusses, einer

Koalitionsvereinbarung oder eines parlamentarischen Ersuchens, verfassungsrechtliche oder gemeinschaftsrechtliche Verpflichtung, Vorschlag aus der Mitte des Ministeriums usw.). Die Ausarbeitung des Gesetzentwurfs beginnt damit, daß der kompetente Sachbearbeiter des zuständigen Bundesministeriums (Referent) einen Gesetzentwurf ausarbeitet und mit eingehender Begründung versieht (sog. Referentenentwurf). Das erfordert auch Kontakte mit anderen Bundesministerien, Interessenverbänden sowie externen Sachverständigen. Die GGO II bestimmt, daß – in jeweils unterschiedlicher Weise – das Bundeskanzleramt, die anderen Bundesministerien, soweit sie rechtlich oder sachlich betroffen sind, die interessierten Verbände und Fachkreise, die Bundesländer, die Fraktionen und Abgeordneten, ggf. auch die Presse und die Öffentlichkeit zu unterrichten oder sogar zu beteiligen sind. Wichtige und weittragende Gesetzentwürfe werden verschiedentlich auch veröffentlicht, um sie in der allgemeinen Diskussion zu testen und Stellungnahmen der Wissenschaft und der Interessenvertreter auszulösen. Wenn der – in der Regel mehrfach überarbeitete – Referentenentwurf die abschließende Billigung des Bundesministers gefunden hat, wird er der Bundesregierung zur „Beratung und Beschlußfassung unterbreitet" (so § 15 GeschOBReg). Vgl. zum regierungsinternen Vorverfahren neben den unten Rn. 161 angegebenen allgemeinen Werken zur Gesetzgebung und zur Gesetzgebungslehre insbesondere noch *K. König,* Gesetzgebungsvorhaben im Verfahren der Ministerialverwaltung, Festschrift für Ule, 1987, S. 121 ff.

Die Gesetzesinitiative erfordert einen Beschluß der Bundesregierung. Sie ist also nicht nur eine Angelegenheit des zuständigen Ressortministers, sondern muß zumindest von der Mehrheit der Kabinettsmitglieder getragen werden. Im Kollegium ist der Bundeskanzler nur primus inter pares, so daß er einen Regierungsentwurf gegen die Mehrheit des Kabinetts weder erzwingen noch verhindern kann (vgl. dazu bereits oben § 14 Rn. 53). Freilich wird sich der Bundeskanzler in der Praxis schon wegen seiner politischen Präponderanz durchsetzen. Die Gesetzesinitiative steht im Schnittpunkt von Regierung und Gesetzgebung. Sie bringt die Gesetzgebung in Gang und ist damit der erste Teil des Gesetzgebungsverfahrens. Sie ist aber auch originäres Regierungshandeln, weil sie das Mittel zur Durchsetzung der politischen Zielvorstellungen der Regierung ist, soweit sie einer gesetzlichen Regelung bedürfen. **57**

Der von der Bundesregierung beschlossene Gesetzentwurf wird dem Bundestag nicht direkt zugeleitet, sondern geht zunächst an den Bundesrat, der dazu Stellung nehmen kann und in der Regel auch Stellung nimmt, sodann wieder zurück zur Bundesregierung, die zur Stellungnahme des Bundesrates eine Äußerung abgeben **58**

kann und in der Regel auch abgibt, und erst anschließend – mit
der Regierungsbegründung, der Stellungnahme des Bundesrates
und der Gegenäußerung der Bundesregierung – an den Bundestag.
Der sog. erste Durchgang beim Bundesrat (der zweite folgt nach
der Beschlußfassung des Bundestages) gibt dem Bundesrat die Gelegenheit, den Bundestag über seine Vorstellungen und Einwände
zu informieren, was vor allem dann von Bedeutung ist, wenn es
sich um ein zustimmungsbedürftiges Gesetz handelt.

> Vgl. dazu Art. 76 II GG. Da das Hin- und Her-Verfahren zu Verzöge-
> rungen führen kann, legt die Neufassung des Art. 76 II GG durch die Verfas-
> sungsreform von 1994 Fristen fest. Die Stellungnahme des Bundesrates ist nicht
> verbindlich (weder er selbst noch andere Organe werden gebunden). Die
> Bundesregierung kann sie auch nicht zum Anlaß nehmen, ihren Gesetzentwurf
> entsprechend zu ändern. Sollte sie es gleichwohl tun, dann beginnt das Gesetz-
> gebungsverfahren von neuem (mit Vorlage an den Bundesrat usw.). Die Bun-
> desregierung kann aber im Blick auf die Einwände des Bundesrates von ihrem
> Gesetzesvorhaben Abstand nehmen und auf die Weiterleitung ihres Entwurfs
> an den Bundestag verzichten.

59 Bildlich stellt sich die Gesetzesinitiative der Bundesregierung wie
folgt dar:

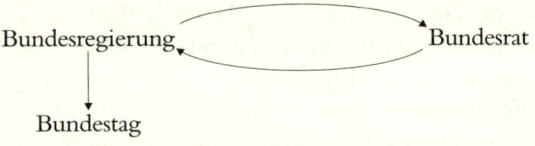

60 b) *Die Gesetzesinitiative des Bundesrates*. Neben der Bundesregierung ist auch der Bundesrat initiativberechtigt. Voraussetzung ist,
daß der Bundesrat mehrheitlich einen entsprechenden Gesetzentwurf beschließt. Über den Bundesrat kann auch jede Landesregierung ein Gesetzgebungsverfahren beim Bundestag veranlassen. Sie
muß dazu im Bundesrat einen entsprechenden Antrag stellen (dem
der ausformulierte Gesetzentwurf beizufügen ist) und dafür die
Mehrheit im Bundesrat gewinnen. Da die Anfertigung eines Ge-
setzentwurfes erhebliche Vorarbeiten erfordert, dürften die Gesetzentwürfe des Bundesrates in der Regel von der Ministerialbürokratie eines Landes ausgearbeitet werden.

61 Der Gesetzentwurf des Bundesrates wird dem Bundestag nicht
direkt, sondern über die Bundesregierung zugeleitet, die dazu ihre

Auffassung darlegen „soll" (soll bedeutet, daß sie in der Regel dazu verpflichtet ist, in begründeten Ausnahmefällen aber davon absehen kann).

Vgl. dazu Art. 76 III GG, der ebenfalls seit der Neufassung durch die Verfassungsreform von 1994 Fristbestimmungen enthält. Nach Art. 76 III 6 GG *muß* der Bundestag über die Vorlagen des Bundesrates in angemessener Frist beraten und beschließen. Diese Vorschrift hat nur deklaratorische Bedeutung, da der Bundestag *alle* Gesetzentwürfe in angemessener Frist behandeln muß. Umkehrschlüsse aus Art. 76 III 6 GG wären völlig verfehlt. Vgl. dazu *G.-B. Oschatz/H. Risse,* Zum Gesetzesinitiativrecht des Bundesrates, ZG 1989, 316 ff.

c) Gesetzesinitiative aus der Mitte des Bundestages. Schließlich kön- **62** nen auch Mitglieder des Bundestages die Initiative ergreifen. Art. 76 I GG beschränkt sich allerdings auf den allgemeinen Hinweis, daß Gesetzesvorlagen „aus der Mitte des Bundestages" eingebracht werden können. § 76 GeschOBT konkretisiert dies und fordert, daß der Gesetzentwurf von einer Fraktion oder von mindestens 5% der Mitglieder des Bundestages (= Fraktionsstärke) unterzeichnet sein muß. Diese Konkretisierung ist mit Art 76 I GG noch vereinbar, zumal ein Gesetzentwurf, der nicht einmal von 5% der Mitglieder des Bundestages unterstützt wird, auch kaum erfolgreich sein dürfte. Eine Zwischenschaltung der Bundesregierung oder des Bundesrates ist nicht vorgesehen.

Um dem Umweg über den Bundesrat und dem dadurch bedingten Zeit- **63** aufwand zu entgehen, läßt die Regierung gelegentlich ihre Gesetzentwürfe über Abgeordnete der Regierungsfraktionen einbringen. Die Verfassungsmäßigkeit dieses Vorgehens ist fraglich und strittig. Sie ist zu verneinen, wenn das gezielt zu dem Zweck geschieht, den Bundesrat im ersten Durchgang auszuschalten; sie ist dagegen zu bejahen, wenn sich vertretbare Gründe dafür finden lassen, wenn z. B. auf diese Weise ein Gesetzentwurf eingebracht wird, der bereits in der vorigen Wahlperiode unter Einschaltung des Bundesrates dem Bundestag vorgelegt und dort auch behandelt wurde, aber wegen der Diskontinuität mit dem Ende der Wahlperiode verfallen ist (vgl. *Stern,* Staatsrecht II, S. 620 f. m. w. N.).

Abgeordneteninitiativen stoßen auf tatsächliche Schwierigkeiten. **64** Es fehlt der erforderliche Apparat für die Ausarbeitung eines brauchbaren und allseits abgesicherten Gesetzentwurfs, eben das, was die Regierung mit ihrer Ministerialbürokratie besitzt. Die den Regierungsparteien angehörenden Abgeordneten können mit der

Unterstützung der Regierung, d. h. der Ministerialbürokratie des zuständigen Bundesministeriums, rechnen. Die Abgeordneten der Opposition haben diese Möglichkeit nicht. Gerade Abgeordnete kleinerer Oppositionsparteien werden immer wieder aktiv; sie wissen zwar, daß ihre Initiative erfolglos bleibt, wollen damit aber „politische Zeichen setzen" und eine „publikumswirksame Diskussion" im Bundestag auslösen.

2. Beratung und Beschlußfassung des Bundestages

65   Obwohl der Bundestag das zentrale Gesetzgebungsorgan ist und die Beratungen des Bundestages den Mittelpunkt des Gesetzgebungsverfahrens bilden, beschränkt sich das Grundgesetz auf den Satz, daß die Bundesgesetze vom Bundestag beschlossen werden (Art. 77 I 1 GG). Näheres regelt die Geschäftsordnung des Bundestages.

Nach §§ 79 ff. GeschOBT finden drei Lesungen (Beratungen) statt. In der *ersten Lesung* wird der Gesetzentwurf – entweder nach einer allgemeinen Aussprache oder ohne eine solche sofort – einem Ausschuß oder – ausnahmsweise – mehreren Ausschüssen überwiesen, wobei im zweiten Fall ein Ausschuß als „federführend" zu bestimmen ist und die übrigen „mitberatend" sind. In den Ausschüssen wird der Gesetzentwurf eingehend geprüft und beraten; meistens sind auch Regierungsvertreter anwesend, um auf Fragen zu antworten und Formulierungshilfe zu leisten. In der *zweiten Lesung* – die ebenfalls mit einer allgemeinen Aussprache beginnen kann – werden die einzelnen Bestimmungen nacheinander beraten und beschlossen. Grundlage der zweiten Lesung ist der Gesetzentwurf in der Fassung, die er durch den (federführenden) Ausschuß erhalten hat. Jeder Abgeordnete kann Änderungsanträge stellen. In der *dritten Lesung* können Änderungsanträge nur noch von einer Fraktion oder einer Gruppe von Abgeordneten in Fraktionsstärke gestellt werden, und auch nur hinsichtlich Bestimmungen, die in der zweiten Lesung geändert worden sind. Die dritte Lesung und damit das parlamentsinterne Verfahren endet mit der *Schlußabstimmung,* die sich auf das Gesetz in der Fassung bezieht, die es durch den (federführenden) Ausschuß und die späteren Änderungen im Parlament erhalten hat. Die Regelungen über die drei Lesungen sind verfassungsrechtlich nicht zwingend, so daß ein Verstoß gegen sie das Gesetz nicht verfassungswidrig macht. Vgl. BVerfGE 1, 144, 151; 29, 221, 234. Es stellt sich sogar die Frage, ob sie (heute noch) sinnvoll sind. Vgl. dazu *J. Jekewitz,* Ein ritualisierter historischer Irrtum. Zur Herkunft, Ausgestaltung und Notwendigkeit von drei Lesungen im parlamentarischen Gesetzgebungsverfahren, Der Staat, Bd. 15 (1976) S. 537 ff.

Die *Schlußabstimmung* am Ende der dritten Lesung ist der in **66**
Art. 77 I 1 GG vorgesehene *Gesetzesbeschluß* des Bundestages. Er
bildet die Grundlage für das weitere Gesetzgebungsverfahren. Da-
her darf er auch nicht mehr vom Bundestag geändert oder aufge-
hoben werden (Grundsatz der Unverrückbarkeit parlamentarischer
Beschlüsse; ob und inwieweit dieser Grundsatz auch für andere
Beschlüsse des Bundestages gilt, soll hier dahingestellt bleiben).
Etwas anderes gilt nur, wenn der Bundestag nach Durchführung
eines Vermittlungsverfahrens erneut mit der Sache befaßt wird (vgl.
Art. 77 II 5 GG und sogleich unten).

3. Die Mitwirkung des Bundesrates

a) *Allgemeine Bedeutung.* Nach der Beschlußfassung des Bundesta- **67**
ges gem. Art. 77 I 1 GG kommt der Bundesrat zum Zuge. Er ist
allerdings kein gleichberechtigtes Gesetzgebungsorgan. Die Bundesgesetze kommen nicht durch übereinstimmende Beschlüsse des
Bundestages und des Bundesrates zustande, wie das die Reichsverfassung von 1871 im Blick auf den Reichstag und den Bundesrat bestimmt hatte (Art. 5 RVerf. 1871) und dies heute noch in
einer Reihe ausländischer Bundesstaaten für die Volksvertretung
und das föderative Organ gilt (vgl. Art. 1 Verf. USA; Art. 156, 163
Verf. Schweiz). Der Bundesrat hat aber erhebliche Mitwirkungsrechte. Er kann sich bereits im Vorfeld einschalten, indem er, wie
bereits dargelegt wurde, zu den Regierungsentwürfen Stellung
nimmt (Art. 76 II GG) oder selbst die Gesetzesinitiative ergreift
(Art. 76 I GG). Und er kann vor allem die Gesetzesbeschlüsse des
Bundestages überprüfen und, falls er sie nicht billigt, Einspruch
einlegen oder sogar die erforderliche Zustimmung verweigern
(Art. 77 II–IV GG).

Prima facie sind diese Mitwirkungsrechte nicht auf aktive Gestaltung, **68**
sondern reagierend auf Kontrolle angelegt. Sie entfalten aber – wie alle Kontrollrechte – auch Vorwirkungen. Mit dem Hinweis auf das spätere (suspen-
sive oder absolute) Veto kann der Bundesrat durchaus Einfluß auf den Gesetzesinhalt nehmen. Der aus Mitgliedern des Bundestages und des Bundesrates
bestehende Vermittlungsausschuß hat sogar den Zweck, Meinungsverschiedenheiten zwischen dem Bundestag und dem Bundesrat zu überbrücken
und einen Kompromißvorschlag zu entwickeln (vgl. dazu sogleich unten
Rn. 78 ff.).

69   b) *Formen der Mitwirkung*. Das Grundgesetz unterscheidet zwischen Einspruch und Zustimmung und dementsprechend – zwar nicht ausdrücklich, aber der Sache nach – zwischen Einspruchsgesetzen und Zustimmungsgesetzen. *Der Einspruch* verhindert zunächst das Zustandekommen des Gesetzes; er kann aber vom Bundestag überwunden werden, indem er den Einspruch zurückweist. Immerhin bedarf die Zurückweisung nicht nur der einfachen Mehrheit, sondern der absoluten Mehrheit des Bundestages oder sogar, wenn der Bundesrat den Einspruch mit $^2/_3$-Mehrheit beschlossen hat, ebenfalls einer $^2/_3$-Mehrheit im Bundestag. *Zustimmung* bedeutet dagegen, daß das Gesetz nur zustande kommt, wenn der Bundesrat ausdrücklich seine Zustimmung erklärt. Verweigert er diese, dann ist das Gesetzesvorhaben endgültig gescheitert.

Der Einspruch stellt sonach ein suspensives Veto, die Verweigerung der Zustimmung ein absolutes Veto dar. Wird kein Einspruch eingelegt, dann kommt das Gesetz zustande; wird keine Zustimmung erteilt, kommt es nicht zustande. Diese Unterscheidung ist auch im Blick auf das Abstimmungsquorum im Bundesrat von Bedeutung (vgl. Art. 52 III 1 GG und oben § 16 Rn. 20). Kommt die erforderliche Mehrheit von 35 Stimmen nicht zusammen, dann passiert das Einspruchsgesetz und scheitert das Zustimmungsgesetz.

70   c) *Abgrenzung*. Im Blick auf die unterschiedlichen Anforderungen und Wirkungen kommt der Frage, wann ein Einspruch möglich und wann eine Zustimmung erforderlich ist, wann also ein Einspruchsgesetz oder ein Zustimmungsgesetz vorliegt, erhebliche Bedeutung zu. Nach der Konzeption des Grundgesetzes ist das Einspruchsgesetz die Regel. Die Zustimmung ist nur dann erforderlich, wenn dies im Grundgesetz ausdrücklich bestimmt wird. Das ist vor allem dann der Fall, wenn in besonderer Weise Interessen der Länder berührt werden. Nur ist zu beachten, daß „die Länderinteressen" das Motiv, nicht der Rechtsgrund der Zustimmungsbedürftigkeit sind. Es ist jeweils im konkreten Fall ein besonderer Titel im Grundgesetz nachzuweisen. Gelingt das nicht, dann liegt ein Einspruchsgesetz vor. Eine Erweiterung durch Rückgriff auf allgemeine Verfassungsgrundsätze (etwa das Bundesstaatsprinzip), durch Analogie oder durch Hinweis auf „die Natur der Sache" ist ausgeschlossen.

Die die Zustimmungsbedürftigkeit begründenden Vorschriften 71
sind über das ganze Grundgesetz verstreut. Es sind vor allem Gesetze, die

- die Verwaltungshoheit der Länder betreffen, so etwa Art. 84 I und 85 I GG
  (Organisation und Verfahren der Landesbehörden beim Vollzug von Bundesgesetzen durch die Länder), Art. 87 III GG (Erweiterung der Bundesverwaltung), Art. 87 c GG (Vollzug des Atomgesetzes), Art. 91 a II GG (Bestimmung von Gemeinschaftsaufgaben);
- den Finanz- und Haushaltsbereich der Länder betreffen, so etwa Art. 105 III
  GG (Steuergesetzgebung), Art. 106 III GG (Verteilung des Aufkommens
  der Umsatzsteuer auf Bund und Länder), Art. 107 GG (Finanzausgleich),
  Art. 109 III GG (Haushaltsgrundsätzegesetz);
- Ausnahme- und Notsituationen betreffen, so etwa Art. 81 III GG (Gesetzgebungsnotstand), Art. 115 a ff. GG (Verteidigungsfall);
- aber auch andere Bereiche betreffen, so etwa Art. 16 a II, III GG (Asylrecht), Art. 29 VII GG (Neugliederung), Art. 74 II GG (Staatshaftung).

Vgl. die Aufzählungen bei *Stern*, Staatsrecht II, S. 145 f.; *Bryde*, MüK Art. 77
Rn. 20; *Lücke*, in: Sachs, Grundgesetz, Art. 77 Rn. 13.

Die Zahl der GG-Vorschriften, die die Zustimmung des Bun- 72
desrates festlegen, nimmt ständig zu. Das liegt nicht nur daran, daß
die Verluste, die den Ländern durch Abwanderung von Gesetzgebungszuständigkeiten an den Bund entstehen, ausgeglichen werden
sollen, sondern auch daran, daß der Bundestag gelegentlich die
erforderliche Zustimmung des Bundesrates zu Grundgesetzänderungen durch entsprechende Zugeständnisse „erkauft" (so etwa im
Blick auf die Eisenbahnen und das Postwesen, Art. 87 a V und 87 f
I GG).

d) *Die Reichweite der Zustimmungsbedürftigkeit.* Fraglich und strittig 73
ist, auf welche Bereiche sich die erforderliche Zustimmung des
Bundesrates erstreckt.

aa) *Neue Gesetze.* Das BVerfG und ihm folgend die h. L. sind 74
der Meinung, daß ein Gesetz *insgesamt* zustimmungsbedürftig ist,
auch wenn nur eine einzige Vorschrift die Zustimmungsbedürftigkeit auslöst. Wenn also z. B. ein Gesetz 100 materiell-rechtliche
Regelungen enthält, die für sich betrachtet nicht zustimmungspflichtig sind, am Ende aber noch eine verfahrensrechtliche Vorschrift gem. Art. 84 I GG folgt, dann soll sich die Zustimmungsbedürftigkeit nicht nur auf diese letzte Vorschrift, sondern auf das

ganze Gesetz erstrecken. Der Bundesrat kann danach die Zustimmung auch dann verweigern, wenn und weil er eine der materiellrechtlichen Regelungen nicht billigt. Diese Auffassung ist nicht haltbar. Sie widerspricht schon dem Text des Art. 77 II a und III GG, der mit dem Wort „soweit …“ (und nicht: „wenn …“) für die einschränkende Auslegung spricht. Das BVerfG beruft sich auf die gesetzestechnische Einheit der Gesetze, die es ausschließe, daß durch die Versagung der Zustimmung Teile aus dem Gesetz herausgebrochen werden. Das ist formal betrachtet richtig, rechtfertigt aber nicht, daß der Bundesrat die Zustimmung im Blick auf Regelungen versagen darf, die für sich betrachtet von der Zustimmungsbedürftigkeit überhaupt nicht erfaßt werden. Abwegig ist auch der Hinweis, der Bundesrat übernehme mit der Zustimmung die Verantwortung für das gesamte Gesetz, – er übernimmt die Verantwortung so weit, wie seine Kompetenz, d.h. sein Zustimmungsrecht, reicht. Bei zutreffender Betrachtung ergibt sich vielmehr: Der Bundesrat kann nur den zustimmungsbedürftigen Vorschriften eines Gesetzes die Zustimmung verweigern; tut er dies, dann wird das Gesetz insoweit nicht rechtswirksam; die übrigen Vorschriften des Gesetzes treten dagegen nach Maßgabe der entsprechend anzuwendenden Regeln über die Teilnichtigkeit eines Gesetzes in Kraft, es sei denn, daß der Bundesrat gegen diesen nicht zustimmungsbedürftigen Teil des Gesetzes Einspruch einlegt. Sollte sich die Verweigerung der Zustimmung auf einen nicht zustimmungsbedürftigen Teil des Gesetzes beziehen, dann wäre sie verfassungswidrig und unbeachtlich.

So im wesentlichen *M. Antoni,* Zustimmungsvorbehalte des Bundesrates zu Rechts-setzungsakten des Bundes – Die Zustimmungsbedürftigkeit von Bundesgesetzen, AÖR Bd. 113 (1988) S. 329, 333 ff.; *Kokott,* BK, Art. 77 (1997) Rn. 35 ff.; *Lücke,* in: Sachs, Art. 77 Rn. 15; vgl. ferner die Sondervoten der Richter *Rottmann* und *Hirsch* (BVerfGE 55, 274, 331 ff. und 341 ff.), die zu Recht eine Teilnichtigerklärung für den Fall annehmen, daß ein Gesetz eine zustimmungsbedürftige Norm enthält, aber keine Zustimmung des Bundesrates vorliegt; anders dagegen BVerfGE 8, 274, 294 f.; 37, 363, 381; 55, 274, 318, 326 f.; *Stern,* Staatsrecht II, S. 145; *Maunz,* MD Art. 77 Rn. 8; *Masing,* MKSt Art. 77 Rn. 51 m. w. N.

75   Die Rechtsprechung und die h. L. führen zu einer weiteren Zunahme der zustimmungsbedürftigen Vorschriften, da zahlreiche

Gesetze gegen Ende eine gem. Art. 84 I GG zustimmungsbedürftige Verfahrensregelung enthalten. Allein wegen einer solchen verfahrensrechtlichen Annex-Regelung ein größeres, vielleicht sogar kodifizierendes Gesetz insgesamt für zustimmungspflichtig zu erklären, ist offensichtlich mit der Konzeption des Grundgesetzes nicht vereinbar. Der Bundestag kann übrigens diesem Ergebnis ausweichen, wenn er, was zulässig ist (BVerfGE 39, 1, 35 m. w. N.), die nicht zustimmungsbedürftigen materiell-rechtlichen Regelungen und die zustimmungsbedürftigen verfahrensrechtlichen Regelungen in jeweils einem besonderen Gesetz beschließt.

bb) *Änderungsgesetze.* Folgt man der hier vertretenen Auffassung, **76** daß sich die Zustimmung des Bundesrates nur auf die wirklich zustimmungsbedürftigen Regelungen des Gesetzes bezieht und beschränkt, bedürfen die Änderungen dieser Vorschriften selbstverständlich wiederum der Zustimmung. Für die h. L. stellt sich dagegen die Frage, ob jede Änderung des mit Zustimmung des Bundesrates angenommenen Gesetzes wiederum der Zustimmung bedarf. Der Bundesrat hatte dies bejaht, da er mit der Zustimmung das gesamte Gesetz in seiner Verantwortung aufgenommen habe. Das BVerfG hat jedoch eine solche weite Auslegung abgelehnt. Es stellt nicht auf das frühere Gesetz, sondern auf das Änderungsgesetz ab und prüft, ob dieses – für sich betrachtet – zustimmungsbedürftig ist. Das ist nach Auffassung des BVerfG dann der Fall, wenn (1) das Änderungsgesetz selbst zustimmungsbedürftige Regelungen enthält, etwa Verfahrensvorschriften gem. Art. 84 I GG, (2) das Änderungsgesetz Vorschriften des ursprünglichen Gesetzes betrifft, die die Zustimmungsbedürftigkeit des ursprünglichen Gesetzes ausgelöst haben, etwa wiederum Verfahrensvorschriften gem. Art. 84 I GG, oder (3) das Änderungsgesetz dem ursprünglichen Gesetz inhaltlich eine wesentlich andere Bedeutung und Tragweite verleiht, eine „Systemverschiebung" bewirkt, die von der ursprünglichen Zustimmung des Bundesrates nicht mehr als gedeckt angesehen werden kann.

Vgl. BVerfGE 37, 363, 381 f.; 48, 127, 180 f.; 55, 274, 318 ff.; *Ipsen,* Staatsrecht, Rn. 308 ff. – Beispiel (BVerfGE 48, 127): Das mit Zustimmung des Bundesrates erlassene Wehrpflichtgesetz von 1956, das für die Anerkennung als Kriegsdienstverweigerer gem. Art. 4 III GG ein Anerkennungsverfahren vor besonderen Ausschüssen forderte, wurde 1977 geändert und statt des Anerkennungsverfahrens nur noch eine Mitteilung an die zuständige Behörde verlangt (sog. Postkartenlösung). Der Bundesrat verweigerte dem Änderungsgesetz die Zustimmung. War die Zustimmung überhaupt erforderlich? Das BVerfG bejahte dies, da das Änderungsgesetz „eine grundlegende qualitative Veränderung des bisherigen zivilen Ersatzdienstes" und damit „eine neuerliche Systemverschiebung im föderativen Gefüge" bewirke (S. 180 f.). Der vom BVerfG verwendete Argumentationstopos „Systemverschiebung" trägt freilich mehr zur Verwirrung als zu Klärung bei. Offenbar knüpft das BVerfG damit an die Beratungen im Parlamentarischen Rat an, wo dieser Begriff im Anschluß an den Herrenchiemseer Entwurf diskutiert, aber gerade nicht übernommen wurde (vgl. JÖR Bd. 1, 1951, S. 455 f., 615 ff.).

77   Der Bundesrat hat, wenn die Zustimmung erforderlich ist, „in angemessener Frist" darüber zu beschließen (so ausdrücklich der 1994 eingefügte Art. 77 II a GG).

Fall: Der Bundesrat verweigert für ein bestimmtes Gesetz die Zustimmung. Die Bundesregierung ist der Meinung, daß dieses Gesetz überhaupt nicht zustimmungspflichtig ist. Der Bundespräsident teilt diese Meinung und unterschreibt das Gesetz, das anschließend verkündet wird. Der Bundesrat ist dagegen der Auffassung, daß – wenn schon – die Zustimmungsverweigerung in einen Einspruch umzudeuten sei. Wie ist die Rechtslage? Eine Umdeutung scheidet schon deshalb aus, weil der Einspruch die Anrufung des Vermittlungsausschusses voraussetzt (Art. 77 III 1 GG). Abgesehen davon müssen die Beschlüsse des Bundesrates klar ergeben, ob eine Zustimmungsverweigerung oder ein Einspruch gemeint ist. Zulässig ist aber, daß der Bundesrat durch Beschluß die Zustimmung verweigert *und* hilfsweise für den Fall, daß eine Zustimmung nicht erforderlich ist, unter den Voraussetzungen des Art. 77 GG Einspruch einlegt. Vgl. BVerfGE 37, 363, 396.

78   d) *Zustandekommen des Gesetzes.* Das Grundgesetz unterscheidet zwischen dem Gesetzesbeschluß des Bundestages nach Art. 77 I 1 GG, der durch die Schlußabstimmung am Ende der 3. Lesung erfolgt, und dem Zustandekommen des Gesetzes gem. Art. 78 GG, das dann eintritt, wenn der Gesetzesbeschluß des Bundestages den Bundesrat erfolgreich passiert hat. Ein Gesetz kommt zustande, wenn

– bei Einspruchsgesetzen: der Bundesrat keinen Einspruch einlegt oder einen eingelegten Einspruch zurücknimmt oder der Einspruch vom Bundestag mit der erforderlichen Mehrheit zurückgewiesen wird,
– bei Zustimmungsgesetzen: der Bundesrat ausdrücklich zustimmt.

Der Bundesrat kann die Gesetzesbeschlüsse des Bundestages nur annehmen oder ablehnen, aber nicht inhaltlich verändern. Möglich

ist allerdings, daß der Vermittlungsausschuß Änderungs- oder Er-
gänzungsvorschläge macht; werden sie vom Bundestag angenommen (Art. 77 II 5 GG), bildet der auf diese Weise geänderte
Gesetzesbeschluß des Bundestages die Grundlage für das weitere
Verfahren im Bundesrat.

4. Der Vermittlungsausschuß

Der Vermittlungsausschuß ist eine neuartige Einrichtung im **79**
deutschen Verfassungsrecht. Er ist paritätisch mit Mitgliedern des
Bundestages und des Bundesrates (je 16) besetzt und hat die Aufgabe, einen Einigungsvorschlag auszuhandeln und vorzulegen, wenn
ein Gesetzesbeschluß des Bundestages im Bundesrat zu scheitern
droht. Die näheren Regelungen finden sich in Art. 77 II–IV GG
und der bereits erwähnten Geschäftsordnung für den Vermittlungsausschuß (GeschOVermA, Sart. Nr. 36), die vom Bundestag mit
Zustimmung des Bundesrats erlassen worden ist. Art. 77 II 3 GG
bestimmt ausdrücklich, daß die vom Bundesrat entsandten Mitglieder des Vermittlungsausschusses (anders als die Bundesratsmitglieder im Plenum, aber wie in den Bundesratsausschüssen) nicht an
Weisungen gebunden sind, um ihnen den erforderlichen Spielraum
für das Aushandeln von Kompromißlösungen zu ermöglichen.

Der verfassungsrechtliche Status des Vermittlungsausschusses ist strittig; teilweise wird er als selbständiges Verfassungsorgan, teilweise als gemeinsames
Organ von Bundestag und Bundesrat betrachtet. Praktische Folgerungen
ergeben sich aus diesem Meinungsstreit nicht. Er kann – im verfassungsgerichtlichen Organstreitverfahren – klagen und verklagt werden, soweit er
eigene Rechte oder Pflichten besitzt oder die des Bundestages bzw. des Bundesrates geltend machen kann.

Die Einberufung des Vermittlungsausschusses ist für Einspruchs- **80**
gesetze und für Zustimmungsgesetze unterschiedlich geregelt:

– Bei Einspruchsgesetzen *kann nur* der Bundesrat die Einberufung des Vermittlungsausschusses verlangen. Er *muß* dies, wenn er beabsichtigt, gegen
einen Gesetzesbeschluß des Bundestages Einspruch einzulegen. Die Einberufung des Vermittlungsausschusses liegt vor allem im Interesse des Bundesrates, weil er auf diese Weise erreichen kann, daß im Wege des Kompromisses seine Einwände doch noch ganz oder teilweise berücksichtigt
werden, zumal der Einspruch selbst nur aufschiebende Wirkung hat.

– Bei Zustimmungsgesetzen können neben dem Bundesrat auch der Bundestag und die Bundesregierung den Vermittlungsausschuß anrufen. Die Interessenlage verschiebt sich. Da der Bundesrat die Zustimmung verweigern und damit das Gesetzgebungsverfahren scheitern lassen kann, sind nunmehr die beiden anderen Organe daran interessiert, das Gesetz doch noch im Wege des Kompromisses, wenn auch möglicherweise mit erheblichen Änderungen, zu „retten".

81   Der Kompromißvorschlag des Vermittlungsausschusses, falls es überhaupt zu einem solchen kommt, ist nicht verbindlich. Der Erfolg des Vermittlungsverfahrens hängt davon ab, daß der Bundestag und der Bundesrat den Vermittlungsvorschlag akzeptieren. Strittig ist, ob und inwieweit in das Vermittlungsverfahren auch andere Projekte und sonstige Gesetzentwürfe einbezogen werden dürfen. Sicher werden die Erfolgschancen erhöht, wenn ein größeres Paket geschnürt werden kann. Andererseits dürfen der Bundestag und der Bundesrat nicht durch voreilige Beschlüsse des Vermittlungsausschusses überfahren und faktisch festgelegt werden. Die Voraussetzung für eine Erweiterung ist jedenfalls, daß ein legislatorischer und sachlicher Zusammenhang besteht.

Vgl. dazu BVerfGE 72, 175, 187 ff. (die Einbeziehung von Gesetzentwürfen, die nicht Gegenstand des Einberufungsbegehrens waren, aber vom Bundestag zumindest in erster Lesung behandelt worden sind, ist zulässig); ebenso BVerfGE 78, 249, 271; enger dagegen BVerfGE 101, 297, 305 ff. (der Vermittlungsvorschlag muß im Rahmen des Anrufungsbegehrens und des ihm zugrundeliegenden Gesetzgebungsverfahren verbleiben); ferner *W. R. Schenke*, Die verfassungsrechtlichen Grenzen der Tätigkeit des Vermittlungsausschusses, 1984. – Allgemein zum Vermittlungsausschuß *M. Dietlein*, Vermittlung zwischen Bundestag und Bundesrat, ParlR S. 1565 ff.; *K. Reuter*, Praxishandbuch Bundesrat, S. 536 ff.; *M. Cornils*, Politikgestaltung durch den Vermittlungsausschuß, DVBl. 2002, 497 ff.; *Masing*, MKSt Art. 77 Rn. 56 ff.

5. Die Ausfertigung durch den Bundespräsidenten

82   a) *Begriff und Bedeutung der Ausfertigung*. Die nach Art. 76–78 GG zustande gekommenen Gesetze werden gem. Art. 82 I GG vom Bundespräsidenten ausgefertigt. Unter Ausfertigung ist die Herstellung der Urschrift des Gesetzes zu verstehen. Sie erfolgt durch die Unterschrift des Bundespräsidenten als verfahrensabschließenden Akt. Daher wird auch das Gesetz unter dem Datum der Ausfertigung durch den Bundespräsidenten zitiert.

Die Ausfertigung hat eine dreifache Funktion: **83**

- Sie bescheinigt den Abschluß des (internen) Gesetzgebungsverfahrens und dessen Ergebnis, nämlich das beschlossene Gesetz.
- Sie bestätigt zum anderen, daß die Urschrift des Gesetzes mit dem von den gesetzgebenden Organen beschlossenen Gesetzestext wörtlich übereinstimmt (Echtheit des Wortlauts) und daß das Gesetz nach den Vorschriften des Grundgesetzes zustande gekommen ist (Legalität). Die Bestätigung begründet eine, allerdings widerlegliche Vermutung für die Echtheit und die Legalität (vgl. dazu auch unten Rn. 86 ff.).
- Sie dient schließlich der Repräsentation und der Integration, da sie den Erlaß des Gesetzes – ungeachtet aller vorhergehenden politischen Auseinandersetzungen – als Akt der Staatswillensbildung und das Gesetz als Teil der gemeinsamen Rechtsordnung herausstellt.

b) *Die Zuständigkeit des Bundespräsidenten zur Ausfertigung* ist verfassungsrechtlich eindeutig festgelegt, verfassungspolitisch aber nicht ganz unbestritten. *Friesenhahn* hat schon vor Jahren die Auffassung vertreten, die Ausfertigung durch den Bundespräsidenten stelle ein in der parlamentarischen Demokratie inkonsequentes „Relikt der konstitutionellen Monarchie" dar, und statt dessen für die Zuständigkeit des Parlamentspräsidenten votiert. Er wies dabei auf Art. 46 II BerlVerf. von 1950 hin, der die Ausfertigung der Gesetze dem Präsidenten des Abgeordnetenhauses (Landesparlament) übertragen hatte. Inzwischen gibt es eine ganze Reihe von Landesverfassungen, die den Landtagspräsidenten für zuständig erklärt haben. Das mag in den Ländern hingehen, da dort die Gesetze ausschließlich vom Landtag ohne Mitwirkung weiterer Organe beschlossen werden und kein besonderer Staatspräsident besteht, vielmehr die typischen Befugnisse des Staatsoberhauptes anderen Organen zugewiesen werden müssen (bislang vorwiegend dem Ministerpräsidenten oder der Landesregierung). Anders liegt es dagegen auf der Bundesebene: Dem Gesetzesbeschluß des Bundestages folgen die Mitwirkungsakte des Bundesrates, ferner gibt es dort ein Staatsoberhaupt als besonderes Verfassungsorgan. Abgesehen davon ist es auch der Sache nach gerechtfertigt, den Bundespräsidenten einzuschalten. Seine Ausfertigung macht deutlich, daß es sich nicht nur um ein Gesetz des Bundestages oder sogar nur der Regierungsparteien im Bundestag, sondern um ein Gesetz der Bundesrepublik Deutschland handelt.   **84**

Vgl. zur Zuständigkeit des Parlamentspräsidenten: *E. Friesenhahn,* Zum Prüfungsrecht des Bundespräsidenten, Festschrift für Leibholz, 1966, 679 ff.; ferner die Landesverfassungen von Berlin (Art. 60 II), Brandenburg (Art. 81 I), Niedersachsen (Art. 45 I), Thüringen (Art. 85 I), Sachsen (Art. 76 I) und Sachsen-Anhalt (Art. 82 I), in den beiden zuletzt genannten Ländern erfolgt die Ausfertigung durch den Landtagspräsidenten nach Gegenzeichnung durch den Ministerpräsidenten und den zuständigen Fachminister. Vgl. ferner *Maurer,* BK Art. 82 (1988) Rn. 23 ff. m. w. N.

85   c) *Gegenzeichnung.* Die Ausfertigung des Bundespräsidenten erfolgt gem. Art. 82 I GG „nach Gegenzeichnung." *Wer* gegenzeichnungspflichtig ist, ergibt sich nicht aus Art. 82 I GG, sondern aus der allgemeinen Gegenzeichnungsvorschrift Art. 58 GG, der sich Art. 82 I GG für den Bereich der Ausfertigung von Gesetzen anschließt. Zuständig ist danach der Bundeskanzler *oder* der zuständige Bundesminister. § 29 I GeschOBReg bestimmt – verfassungsrechtlich zulässig, aber nicht zwingend – die Gegenzeichnung durch den Bundeskanzler *und* den oder die zuständigen Ressortminister.

Obwohl der Ausdruck Gegen-Zeichnung auf einen nachträglichen Akt hindeutet, verlangt Art. 82 I GG *zunächst* die Unterschrift des Bundeskanzlers und der Ressortminister und erst anschließend die des Bundespräsidenten. Das ist auch sinnvoll. Da der Bundeskanzler und vor allem die zuständigen Bundesminister in der Regel das Gesetzgebungsverfahren begleiten, sind sie auch in der Lage, die Ordnungsmäßigkeit des Verfahrens zu gewährleisten und zu bestätigen.

6. Die Prüfungskompetenz des Bundespräsidenten

86   Zum Thema Ausfertigung gehört auch die Frage, ob und inwieweit der Bundespräsident berechtigt und verpflichtet ist, einen ihm zur Ausfertigung vorgelegten Gesetzesbeschluß auf seine Verfassungsmäßigkeit hin zu überprüfen und im Falle festgestellter Verfassungswidrigkeit die Ausfertigung abzulehnen. Wenn verkürzt von Prüfungskompetenz gesprochen wird, so ist zu beachten, daß sie – als mögliche Konsequenz der Prüfung – die Ablehnung der Unterzeichnung einschließt. Die Ablehnung hat zur Folge, daß das Gesetzgebungsverfahren nicht zum Abschluß kommt und das geplante Gesetz nicht in Kraft tritt.

Die Prüfungskompetenz betrifft *nur* die Verfassungsmäßigkeit des Gesetzes. Es kann nicht zweifelhaft sein, daß der Bundespräsident die Unterschrift nicht

aus politischen oder sachlichen Gründen verweigern darf, etwa weil er das
Gesetz für wirtschaftspolitisch verfehlt, moralisch bedenklich oder in seinen
Auswirkungen unbillig hält. Die politische Verantwortung liegt ausschließlich
bei den (anderen) gesetzgebenden Organen. Die Auffassung von *F. E. Schnapp*,
JuS 1995, 286 ff., der Bundespräsident sei nur als Organ, nicht aber als Person
verpflichtet, verfassungsgemäße Gesetze auszufertigen, ist abwegig. Sie ver-
kennt, daß der Organwalter (der Bundespräsident als Person) verpflichtet ist,
die Aufgaben und Zuständigkeiten des Organs (der Bundespräsident als Institution) wahrzunehmen.

a) *Literatur.* Die Prüfungskompetenz des Bundespräsidenten ge- **87**
hört zu den umstrittensten Fragen der Staatsrechtslehre. Überwiegend wird zwischen der *formellen* Prüfungskompetenz (Beachtung
der Vorschriften über die Gesetzgebungskompetenzen und das
Gesetzgebungsverfahren) und der *materiellen* Prüfungskompetenz
(Vereinbarkeit des Gesetzesinhalts mit der Verfassung, insbesondere
mit den Grundrechten und den Verfassungsprinzipien) unterschieden. Das gilt freilich nicht durchweg. Gelegentlich findet sich noch
– in verfehlter Anlehnung an eine zur Weimarer Zeit vertretenen
Lehre – die Auffassung, daß jede materielle Verfassungswidrigkeit
zugleich eine formelle Verfassungswidrigkeit darstelle, weil das
materiell verfassungswidrige Gesetz dann verfassungsgemäß sei,
wenn es unter Beachtung der für die Verfassungsänderung maßgeblichen Vorschriften erlassen werde. Dagegen spricht jedoch, daß
ein Gesetz – anders als zur Weimarer Zeit – nicht schon dadurch
verfassungsgemäß wird, daß es mit qualifizierter Mehrheit angenommen wird (vgl. Art. 79 GG). Während die formelle Prüfungskompetenz von der h.L. bejaht wird, ist die materielle Prüfungskompetenz heftig umstritten. Allerdings räumen auch die Gegner
der materiellen Prüfungskompetenz ein, daß der Bundespräsident
die Unterschrift verweigern muß, wenn eine offensichtliche oder
schwerwiegende Verfassungsverletzung vorliegt. Insgesamt tendiert
die Literatur wohl auf eine differenzierende Lösung.

Überblickt man die Literatur, so fällt auf, daß häufig ein und **88**
dasselbe Argument sowohl für als auch gegen die materielle Prüfungskompetenz des Bundespräsidenten vorgetragen wird. Es gibt
wohl kaum eine verfassungsrechtliche Diskussion, in der so oft der
anderen Seite ein Zirkelschluß vorgeworfen wird. Im einzelnen
werden folgende Gesichtspunkte relevant:

Der Wortlaut des Art. 82 I GG ist nicht eindeutig. Sicher ist zwar, daß der Bundespräsident (nur) ein Gesetz unterzeichnen darf, das „nach den Vorschriften des Grundgesetzes zustande gekommen" ist, und daher eine entsprechende Prüfungskompetenz hat. Fraglich ist aber, ob sich diese Formel nur auf die vorhergehenden Verfahrensvorschriften oder auf alle Vorschriften des Grundgesetzes, auch auf die Grundrechte, bezieht. Im ersten Fall hätte der Bundespräsident nur ein formelles Prüfungsrecht, im zweiten Fall hätte er auch ein materielles Prüfungsrecht. Die in der Literatur in diesen und ähnlichen Zusammenhängen immer wieder herangezogene *Vorschrift über den Amtseid* (Art. 56 GG) greift nicht ein, da sie keine Kompetenz begründet, sondern nur die rechte Wahrnehmung der anderweitig begründeten Kompetenzen betrifft. Die *Entstehungsgeschichte* ist unergiebig. Die *historische Auslegung* führt ebenfalls nicht weiter. Art. 82 I GG knüpft an Art. 70 WRV und Art. 17 I RVerf. 1871 an, die die Ausfertigung der Reichsgesetze dem Reichspräsidenten bzw. dem Kaiser übertrugen und nach der h. L. eine Prüfungskompetenz des Staatsoberhauptes begründeten. Indessen hat sich das verfassungsrechtliche Umfeld der Ausfertigung doch so erheblich geändert, daß daraus keine Folgerungen für die Gegenwart gezogen werden können. In der Literatur wird denn auch auf die umfassende *Normenkontrollkompetenz des BVerfG* hingewiesen, die ein Prüfungsrecht des Bundespräsidenten überflüssig mache oder ausschließe. Dagegen wird wiederum eingewandt, daß sich das Verwerfungsmonopol des BVerfG (Art. 100 I GG) auf den Bereich der Gerichtsbarkeit beschränke, die vorhergehende Prüfung des Bundespräsidenten – wie die aller anderen am Gesetzgebungsverfahren beteiligten Organe – aber nicht beschränke. Zudem nehme die verfassungsgerichtliche Normenkontrolle der Prüfungskompetenz des Bundespräsidenten die Schärfe, da sie – anders als die des Reichspräsidenten und des Kaisers – unter dem Vorbehalt der verfassungsgerichtlichen Bestätigung stehe. Ferner wird das *Verhältnis des Bundespräsidenten zum Bundestag und Bundesrat* angesprochen. Auch wenn die Prüfungskompetenz nur die Verfassungsmäßigkeit des Gesetzes betreffe, so komme doch die Ablehnung der Ausfertigung einem *suspensiven oder sogar absoluten Veto* gleich. Es könne aber doch wohl nicht sein, daß ein Gesetz, das vom demokratisch legitimierten Bundestag und föderativ begründeten Bundesrat – unter Prüfung der verfassungsrechtlichen Vorgaben – beschlossen worden sei, vom Bundespräsidenten verworfen werde. Das gelte um so mehr, als die Verfassungswidrigkeit in aller Regel nicht eindeutig sei und somit Meinung gegen Meinung stehe. Ambivalent eingesetzt wird schließlich auch *die Verfassungsbindung aller Staatsorgane* nach Art. 20 III GG. Einerseits wird gerade aus der Verfassungsbindung die Verpflichtung abgeleitet, nur verfassungsgemäße Gesetze auszufertigen; andererseits wird erklärt, daß der Bundespräsident nur im Rahmen seiner verfassungsrechtlichen Kompetenzen handeln dürfe, diese aber die Prüfung der (materiellen) Verfassungsmäßigkeit von Gesetzen gerade nicht erfasse.

89   Wägt man die unterschiedlichen Argumente miteinander und gegeneinander ab, so kommt man m. E. zu dem Ergebnis, daß der Bundespräsident nicht nur ein formelles, sondern auch ein materielles Prüfungsrecht besitzt. Im Verfassungsstaat des Grundgesetzes geht es nicht an, daß ein Staatsorgan eine Entscheidung oder eine Maßnahme trifft, ohne die verfassungsrechtlichen Voraussetzungen hierzu zu prüfen. Das muß auch und gerade für den Bundespräsidenten, das Staatsoberhaupt, und für die Ausfertigung von Gesetzen, die obersten und in der Regel auch wichtigsten Staatsakte, gelten. Die Prüfungskompetenz ist im Verfassungsgefüge des Grundgesetzes sinnvoll, da sie verhindert, daß ein verfassungswidriges Gesetz erlassen und ein – wenn auch im Blick auf die verfassungsgerichtliche Nichtigerklärung nur temporärer – verfassungswidriger Zustand geschaffen wird. Die Interessen des Bundestages und des Bundesrates werden durch die Möglichkeit der Klage beim BVerfG hinreichend gesichert. Tendenziell geht es ohnehin nicht um eine Kontrolle der gesetzgebenden Organe, sondern um die Prüfung der Voraussetzungen für das eigene Tätigwerden. Der Bundespräsident ist keine Rechtsaufsichtsinstanz und schon gar kein Gericht, sondern ein politisches Organ. Er hat daher nicht allen möglichen Mängeln nachzuspüren, sondern den Bedenken nachzugehen, die sich ihm aufdrängen oder die von dritter Seite vorgebracht werden. Wenn der Bundespräsident zur Auffassung gelangt, daß ein Gesetz verfassungswidrig ist, wird er in der Regel die Unterschrift verweigern. Aber zwingend ist das nicht. Selbst das BVerfG erklärt nicht jedes verfassungswidrige Gesetz für nichtig, sondern hat inzwischen ein differenziertes Instrumentarium zur Beseitigung von Verfassungsverstößen entwickelt. Es ist daher durchaus möglich und zulässig, daß der Bundespräsident ein verfassungswidriges Gesetz ausfertigt, um den Weg für eine verfassungsgerichtliche Bereinigung freizumachen. Das ist vor allem dann naheliegend, wenn nur relativ unbedeutende Teile des Gesetzes verfassungswidrig sind. Im Gegensatz zum Bundesverfassungsgericht, das sich auf eine Teilnichtigerklärung oder eine Verfassungswidrigerklärung oder sogar auf eine sog. Apellentscheidung beschränken kann, kann der Bundespräsident nur das Gesetz insgesamt ausfertigen oder insgesamt ablehnen. Da die zweite Alternative aus rechtlichen oder politischen Gründen nicht immer vertretbar ist, muß er auch befugt sein, ggf. ein seiner Auffassung nach verfassungswidriges Gesetz auszufertigen. Maßgebende Kriterien für die Entscheidung über die Ausfertigung bzw. Nichtausfertigung

in diesen Fällen sind (1) das Gewicht der für und gegen die Verfassungswidrigkeit sprechenden Argumente, (2) das Ausmaß der
Verfassungswidrigkeit und vor allem (3) die Folgen der Ausfertigung bzw. der Nichtausfertigung.

> Vgl. dazu näher *K. Schlaich*, HStR II (1987) S. 558 f.; *Maurer*, BK Art. 82
> (1988) Rn. 45 ff.; *Nierhaus*, Festschrift für Friauf, S. 248 f.

90   b) *Praxis*. Die ausgiebige Diskussion in der Literatur findet keine
Entsprechung in der Praxis. Die Bundespräsidenten haben bislang
die Prüfungskompetenz bejaht und für sich in Anspruch genommen, aber nur in ganz wenigen Fällen die Ausfertigung eines Gesetzes wegen dessen Verfassungswidrigkeit abgelehnt. Die anderen
Verfassungsorgane (Bundestag, Bundesrat, Bundesregierung) haben
die Ablehnung der Ausfertigung und damit das Scheitern des Gesetzes hingenommen, was sicher auch dadurch erleichtert wurde,
daß es sich um politisch weniger gewichtige Gesetze handelte.

> Vgl. dazu die Nachweise bei *Schindler*, Datenhandbuch II, S. 2453 ff.;
> *H. Schneider*, Gesetzgebung, S. 267 ff.; *Maurer*, BK Art. 82 (1988) Rn. 31 ff.;
> *Hederich*, ZG 1999, 141 f. – Bemerkenswert sind vor allem zwei Fälle: 1981
> stand Bundespräsident Carstens vor der Frage, ob er das Staatshaftungsgesetz
> ausfertigen soll. Bereits im vorangegangenen Gesetzgebungsverfahren war die
> Gesetzgebungskompetenz des Bundes und die Zustimmungsbedürftigkeit des
> Gesetzes umstritten. Die Bundesregierung und der Bundestag bejahten die Bun-
> deskompetenz und verneinten die Zustimmungsbedürftigkeit; der Bundesrat
> bestritt die Gesetzgebungskompetenz und verweigerte die seiner Auffassung nach
> erforderliche Zustimmung. Bundespräsident Carstens zögerte zunächst, unter-
> zeichnete dann aber doch. In einem gleichlautenden Schreiben an den Bun-
> destagspräsidenten, den Bundesratspräsidenten und den Bundeskanzler legte er
> dar, daß er erhebliche Zweifel an der Verfassungsmäßigkeit des Gesetzes – sowohl
> im Blick auf die Gesetzgebungskompetenz als auch im Blick auf die fehlende
> Zustimmung des Bundesrates – habe, aber doch unterzeichne, weil auch die
> Argumente der Gegenseite „einiges Gewicht" hätten und durch die Unterschrift
> der Weg für eine verfassungsgerichtliche Normenkontrolle frei gemacht wer-
> den würde; er fügte allerdings hinzu, daß er anders entschieden hätte, wenn das
> Gesetz „offenkundig und zweifelsfrei" verfassungswidrig wäre (vgl. Bulletin
> 1981, 545; ferner allgemein Bulletin 1983, 943). – 1991 lehnte Bundespräsi-
> dent von Weizsäcker die Unterzeichnung des Gesetzes über die Privatisierung
> der Flugsicherung ab, da die erforderliche verfassungsrechtliche Grundlage für
> die beabsichtigte Organisationsprivatisierung fehle (Bulletin 1991, 46). Darauf-
> hin wurde durch Ergänzung des Grundgesetzes (Art. 87 d I 2 GG i. d. F. vom
> 14. 7. 1992) die erforderliche verfassungsrechtliche Grundlage geschaffen und
> auf dieser Grundlage erneut ein Gesetz über die Privatisierung der Flugsiche-
> rung beschlossen, das dann auch vom Bundespräsidenten unterzeichnet wurde.

c) Das *BVerfG* hatte sich bislang noch nicht mit der Prüfungs-   **91**
kompetenz des Bundespräsidenten zu befassen. Es finden sich nur
einige beiläufige Bemerkungen, die den Schluß zulassen, daß es die
Prüfungskompetenz wohl bejaht, vgl. BVerfGE 1, 396, 413 f.; 2,
143, 169; 35, 9, 22 f.

d) *Frist und Folgen der Ablehnung.* Das Grundgesetz schreibt keine   **92**
Frist für die Ausfertigung vor. Es kann aber nicht zweifelhaft sein,
daß die Ausfertigung innerhalb angemessener Frist erfolgen muß.
Lehnt der Bundespräsident die Ausfertigung aus verfassungsrechtlichen Gründen ab, dann kann er den Gesetzesbeschluß nicht
einfach liegen lassen, sondern muß seine Ablehnung ausdrücklich
erklären. In der Praxis geschieht dies durch gleichlautende Schreiben des Bundespräsidenten an den Bundestagspräsidenten, den
Bundesratspräsidenten und den Bundeskanzler. Die anderen Verfassungsorgane können im Wege des Organstreitverfahrens gegen
die Ablehnung klagen.

Art. 93 I Nr. 1 GG, § 13 Nr. 5, §§ 63 ff. BVerfGG: Antragsteller sind – je
nach dem – die Bundesregierung, der Bundestag oder der Bundesrat; Antragsgegner ist der Bundespräsident; Gegenstand des Verfahrens ist die Unterlassung
der Ausfertigung; die Antragsteller können (entsprechend ihrer Beteiligung am
Gesetzgebungsverfahren) geltend machen, daß sie durch die Nichtausfertigung
in ihrem Recht auf Durchführung und Abschluß des Gesetzgebungsverfahrens
verletzt sind.

Literatur: *E. Friesenhahn,* Zum Prüfungsrecht des Bundespräsidenten, Festschrift für Leibholz, Bd. 2, 1966, S. 679 ff.; *J. Mewing,* Die Prüfungskompetenz
des Bundespräsidenten bei der Gesetzesausfertigung, insbesonders beim teil-
nichtigen Gesetz, 1977; *K. Stern,* Staatsrecht II, S. 230 ff.; *K. H. Friauf,* Zur
Prüfungszuständigkeit des Bundespräsidenten bei der Ausfertigung der Bundesgesetze, Festschrift für K. Carstens, 1984, S. 545 ff.; *K. Schlaich,* HStR II (1987)
S. 554 ff.; *H. Maurer,* BK Art. 82 (1988) Rn. 27 ff.; *V. Epping,* Das Ausferti-
gungsverweigerungsrecht, JZ 1991, 1102 ff.; *G. Lehnguth,* Die Verweigerung
der Ausfertigung von Gesetzen durch den Bundespräsidenten und das weitere
Verfahren, DÖV 1992, 439 ff.; *K. Ipsen/V. Epping,* Der Staatsnotar blockt, JuS 1992, 305 ff.; *P. Martini,* Zur Prüfungskompetenz des Bundespräsidenten,
JuS 1994, 717 f. (Stellungnahme zu früheren Beiträgen in der JuS); *M. Nier-
haus;* Nochmals: Das Prüfungsrecht des Bundespräsidenten bei der Ausfertigung von Bundesgesetzen, Festschrift für Friauf, 1996, S. 233 ff.; *ders.,* in:
Sachs, Art. 54 Rn. 9 ff.; *M. Hederich,* Zur Kompetenz des Bundespräsidenten,
die Gesetzesausfertigung zu verweigern, ZG 1999, 123 ff.; *W. M. Pohl,* Die
Prüfungskompetenz des Bundespräsidenten bei der Ausfertigung von Gesetzen,
2001.

7. Die Verkündung des Gesetzes

93   a) Der letzte, aber auch unverzichtbare Akt des Gesetzgebungsverfahrens ist die Verkündung. Darunter ist die amtliche Bekanntgabe einer Rechtsvorschrift in einem dafür bestimmten, laufend erscheinenden und jedermann zugänglichen Publikationsorgan zu verstehen. Die öffentliche Bekanntgabe ist schon deshalb erforderlich, weil die Beachtung eines Gesetzes nur dann erwartet werden kann, wenn die Adressaten Kenntnis davon haben. Sie ist ferner ein Gebot der Rechtsstaatlichkeit, da nur ein veröffentlichtes Gesetz Rechtssicherheit und Rechtsklarheit verbürgt und dem Bürger die Möglichkeit gibt, sich über seine Rechte und Pflichten zu informieren (vgl. BVerfGE 65, 283, 291). Während bei Verwaltungsakten eine individuelle Bekanntgabe erforderlich ist (vgl. § 43 I VwVfG), genügt bei Gesetzen und sonstigen Rechtsvorschriften, daß die Bürger die Möglichkeit der Kenntnisnahme haben. Die Gesetzeskenntnis wird vermutet, wenn das Gesetz im amtlichen Publikationsorgan veröffentlicht ist.

94   Nach Art. 82 I 1 GG müssen die Bundesgesetze *im Bundesgesetzblatt* verkündet werden. Ein „Gesetz", das dort nicht abgedruckt ist, ist nicht etwa ein verfassungswidriges Gesetz, sondern überhaupt kein Gesetz.

> Das Bundesgesetzblatt (BGBl.) erscheint in drei Teilen. Teil I enthält alle (innerstaatlichen) Gesetze und Verordnungen. Teil II enthält vor allem die völkerrechtlichen Verträge und sonstigen zwischenstaatlichen Abmachungen, ferner die Rechtsvorschriften auf dem Gebiet des Zolltarifwesens. Teil III enthält das als (fort)geltend festgestellte Bundesrecht (vgl. Gesetz über die Sammlung des Bundesrechts vom 10. 7. 1958, BGBl. I S. 437); es dient somit der Rechtsbereinigung.

95   b) *Die Zuständigkeit* für die Verkündung ist fraglich. Die h. L. nimmt unter Bezugnahme auf Art. 82 I GG die Zuständigkeit des Bundespräsidenten an. Der Wortlaut des Art. 82 I GG zwingt jedoch nicht zu dieser Annahme. Er läßt sich – zumal im Blick auf die andere Formulierung der Vorgängerregelungen Art. 70 WRV und Art. 17 I RVerf. 1871 – durchaus auch dahingehend deuten, daß dem Bundespräsidenten nur die Ausfertigung, nicht aber die Verkündung obliegt. Tatsächlich werden die Bundesgesetze auch vom Bundesjustizminister, der die Schriftleitung des Bundesgesetzblattes innehat, veröffentlicht. Das ist korrekt. Da Art. 82 I GG die Zuständigkeit für die Verkündung nicht regelt, obliegt sie eben der Regierung als oberstem Vollzugsorgan und in deren Rahmen dem Bundesjustizminister als zuständigem Ressortminister.

Auch die h.L. kann nicht daran vorbeigehen, daß die Verkündung tatsächlich durch den Bundesjustizminister, nicht durch den Bundespräsidenten erfolgt. Sie behilft sich deshalb mit der Konstruktion des Verkündungsbefehls: Die Verkündung des Bundespräsidenten enthalte einen Verkündungsbefehl, der vom Bundesjustizminister zu vollziehen sei. So etwa *Stern*, Staatsrecht II, S. 632, 634; *Bryde*, MüK Art. 82 Rn. 11; wie hier *Pieroth*, JP Art. 82 Rn. 5; vgl. näher *Maurer*, BK Art. 82 (1988) Rn. 94 f.

c) *Der Zeitpunkt* der Verkündung ist aus verschiedenen Gründen **96** von erheblicher Bedeutung. Zum einen wird das Gesetz zum Zeitpunkt der Verkündung rechtlich existent, zum anderen orientiert sich das Inkrafttreten des Gesetzes am Zeitpunkt der Verkündung, wenn kein genaues Datum angegeben wird, und drittens kann das Gesetz ab dem Zeitpunkt der Verkündung (nicht des Inkrafttretens) im Wege der Normenkontrolle verfassungsgerichtlich überprüft werden. Der Hinweis auf die „Ausgabe" des Bundesgesetzblattes in Art. 82 II 2 GG ist noch nicht hinreichend bestimmt. Da die Veröffentlichung des Bundesgesetzblattes die Möglichkeit der Kenntnisnahme durch die Bürger schaffen soll, kommt es nicht darauf an, wann das Bundesgesetzblatt die Bundesdruckerei verläßt, sondern darauf, wann es in der Öffentlichkeit ankommt. Das ist regelmäßig der Tag nach der Einlieferung bei der Post. Dementsprechend gibt auch die Schriftleitung des Bundesgesetzblattes auf der Kopfleiste des jeweiligen Exemplares den auf die Einlieferung bei der Post folgenden Tag als Ausgabedatum an. Das setzt freilich voraus, daß man weiterhin davon ausgehen kann, daß die postalische Zusendung den Empfänger am folgenden Tag erreicht.

Vgl. dazu BVerfGE 16, 6, 18 ff.; 87, 48, 60; BSGE 67, 90, 92; *G. Dürig*, Festschrift für Kiesinger, S. 297 ff.

V. Inkrafttreten des Gesetzes

Mit der Verkündung ist das Gesetzgebungsverfahren abge- **97** schlossen. Eine weitere Frage ist, wann das Gesetz in Kraft tritt, wann es seine Rechtswirkungen hervorbringt und die Adressaten berechtigt oder verpflichtet. Das Inkrafttreten ist kein Teil des Gesetzgebungsverfahrens, sondern ein Teil des Gesetzesinhalts (BVerfGE 34, 9, 23; 87, 48, 60). Daher muß auch der Gesetzgeber darüber bestimmen, wann ein Gesetz in Kraft treten und verbindlich werden soll. Möglich ist, daß das Gesetz zum Zeitpunkt der Verkündung in Kraft tritt; in der Regel wird jedoch ein späterer Termin festgelegt, um den staatlichen Organen und den Bürgern Gelegenheit zu geben, sich mit dem Gesetzesinhalt vertraut zu machen und sich darauf einzustellen; möglich ist aber auch, daß der Zeitpunkt des Inkrafttretens vordatiert wird und das Gesetz rückwirkende Kraft erhält (vgl. zur Rückwirkung von Gesetzen zugleich unten Rn. 101 ff.).

98   Es sind also drei auch nach außen wichtige Daten zu unterscheiden: Das Datum der Ausfertigung durch den Bundespräsidenten, unter dem das Gesetz zitiert wird; das Datum der Verkündung des Gesetzes, an dem es rechtlich existent wird; das Datum des Inkrafttretens des Gesetzes, an dem es seine Geltung erlangt und seine Rechtswirkungen entfaltet.

99   Die zeitliche Festlegung des Inkrafttretens des Gesetzes ist nicht nur eine terminliche Angelegenheit, sondern kann erhebliche *materiell-rechtliche Auswirkungen* haben. Es sei nur auf Gesetze hingewiesen, die bislang gewährte steuerliche Vergünstigungen für bestimmte Investitionen beseitigen oder bislang bestehende Zulassungsvoraussetzungen für eine berufliche Tätigkeit verschärfen oder reduzieren. Wenn z.B. eine Steuervergünstigung für betriebliche Investitionen ab 1. 1. des folgenden Jahres beseitigt wird, dann erhält eben derjenige, der vorher investiert hat, nicht aber derjenige, der danach die Investitionen vornimmt, die frühere steuerliche Vergünstigung. Damit wird auch der Gleichheitssatz berührt. Eine Verletzung des Art. 3 I GG liegt jedoch in der Regel nicht vor, da der Gesetzgeber grundsätzlich befugt ist, seine gesetzliche Regelung für die Zukunft zu ändern und somit ein sachlicher Grund besteht. Wenn eine Neuregelung erlassen wird, dann muß eben irgendwo der zeitliche Schnitt gemacht und eine *Stichtagsregelung* getroffen werden. Die damit verbundenen Härten für denjenigen, der „gerade nicht mehr" unter die günstigere Regelung fällt, müssen hingenommen werden. Voraussetzung ist allerdings, daß die Stichtagsregelung nicht willkürlich ist, sondern sich am Regelungsgegenstand orientiert und sachlich vertretbar ist. In besonders gelagerten Fällen kann auch ein gleitender Übergang durch Anpassungsregelungen erforderlich sein.

Vgl. dazu BVerfGE 47, 85, 93 f.; *Dürig*, MD Art. 3 I Rn. 200 ff.; *Maurer*, BK Art. 82 (1988) Rn. 120 ff.

Nach Art. 82 II GG soll das Gesetz, d. h. der Gesetzgeber, den **100** Tag des Inkrafttretens bestimmen. Er kann entweder einen kalendermäßig bestimmten Tag festlegen (etwa: das Gesetz tritt am 1. 1. 1999 in Kraft) oder eine Frist ab dem Zeitpunkt der Verkündung festlegen (etwa: das Gesetz tritt 14 Tage nach seiner Verkündung in Kraft). Die erste Alternative verdient aus Gründen der Rechtssicherheit den Vorzug; die zweite Alternative kommt vor allem dann in Betracht, wenn zum Zeitpunkt der Beschlußfassung im Bundestag noch nicht abzusehen ist, wie lange sich das Gesetzgebungsverfahren im Bundesrat und im Vermittlungsausschuß hinziehen wird. Art. 82 II GG enthält nur eine „Soll"-Vorschrift. Wie auch immer diese Soll-Vorschrift zu verstehen ist, sicher ist jedenfalls, daß das Fehlen einer entsprechenden Bestimmung das Gesetz nicht verfassungswidrig und nichtig macht. Vielmehr greift dann subsidiär die Regelung des Art. 82 II 2 GG ein, wonach das Gesetz 14 Tage nach seiner Verkündung in Kraft tritt.

Trotz dieser Vorschrift stößt die Bestimmung der im konkreten Fall maßgeblichen Frist immer wieder auf Schwierigkeiten. Im Zweifel kann ein Rückgriff auf die Fristenregelungen des BGB (§§ 187 ff. BGB) hilfreich sein. Selbst das Inkrafttreten des Grundgesetzes ist fraglich und strittig, vgl. dazu bereits oben § 3 Rn. 25.

VI. Rückwirkung von Gesetzen

1. Problematik

Die Rückwirkung von Gesetzen ist nicht nur ein Problem des **101** Staats- und Verfassungsrechts, sondern aller Rechtsgebiete und damit der allgemeinen Rechtslehre. Obwohl sie seit langem diskutiert wird – es sei nur auf die auch heute noch lesenswerten Darle-

gungen von *Friedrich Carl von Savigny,* Das System des heutigen
Römischen Rechts, Bd. VIII, 1849, S. 381 ff. hingewiesen –, bestehen bis heute sehr unterschiedliche Auffassungen in begrifflicher,
sachlicher und rechtlicher Hinsicht.

102 Die Rückwirkungsproblematik steht in engem Zusammenhang
mit dem Zeitpunkt des Inkrafttretens von Gesetzen, wird aber
durch diesen zeitlichen Aspekt nicht voll erschöpft. Theoretisch
kann der Gesetzgeber die Rechtsfolgen eines gesetzlichen Tatbestandes zu einem beliebigen Zeitpunkt eintreten lassen, also auch
zu einem Zeitpunkt, der *vor* der Verkündung des Gesetzes und
damit in der Vergangenheit liegt. Der Gesetzgeber kann zwar das,
was tatsächlich geschehen ist, nicht ungeschehen machen; er kann
noch weniger nachträglich ein bestimmtes Verhalten des Bürgers
verlangen und erzwingen; er kann aber das frühere Geschehen und
Verhalten einer anderen rechtlichen Bewertung unterwerfen. Ein
Vergangenheitsbezug liegt außerdem dann vor, wenn Gesetze zwar
nur für die Zukunft gelten, aber Sachverhalte und Rechtsverhältnisse erfassen, die bereits unter der Herrschaft des früheren Rechts
entstanden sind und nunmehr – für die Zukunft – nach dem neuen
Recht beurteilt werden sollen.

103 In der Praxis spielt die Rückwirkung von Gesetzen eine erhebliche Rolle.
Das BVerfG hatte sich immer wieder mit diesem Komplex zu beschäftigen.
Die einschlägigen Entscheidungen reichen vom ersten bis derzeit letzten Band
der Entscheidungssammlung (vgl. BVerfGE 1, 264, 279 f. – BVerfGE 105, 48).
Sie betreffen Steuer- und Abgabengesetze, Sozialleistungsgesetze, Subventions-
gesetze und andere Leistungsgesetze, ferner etwa gewerberechtliche Regelun-
gen, verfahrensrechtliche Vorschriften usw. Aber auch die anderen obersten
Gerichtshöfe des Bundes – das Bundesverwaltungsgericht, das Bundessozialge-
richt, der Bundesfinanzhof und der Bundesgerichtshof – werden immer wieder
mit Rückwirkungsfragen konfrontiert. Vgl. dazu die Nachw. unten Rn. 127;
Sachs, Grundgesetz, Art. 20 Rn. 85 ff.; *Jarass,* JP Art. 20 Rn. 47 ff. – Die
Grundsätze über die Rückwirkung von Gesetzen gelten auch für andere
Rechtsvorschriften, etwa Rechtsverordnungen (BVerfGE 45, 142, 173) und
Satzungen (BVerwGE 67, 169).

104 Die Rückwirkung von Gesetzen wirft zwei Fragen auf:

a) Wann liegt überhaupt ein Fall der Rückwirkung vor (Begriff oder Tatbestand der Rückwirkung)?
b) Ist die Rückwirkung zulässig und, wenn ja, unter welchen Voraussetzungen
(Zulässigkeit der Rückwirkung)?

Beide Fragen werden in der Literatur noch sehr kontrovers behandelt (vgl. die Nachweise Rn. 126). Auch innerhalb des BVerfG bestehen − zumindest in begrifflicher Hinsicht − erhebliche Unterschiede zwischen dem Ersten und dem Zweiten Senat.

2. Der Begriff der Rückwirkung

a) *Die Rechtsprechung des BVerfG.* Nach einigen, nur vorläufigen **105** Stellungnahmen unterschied das BVerfG erstmals in BVerfGE 11, 139, 145 f. zwischen der echten und der unechten Rückwirkung. Eine echte (retroaktive) Rückwirkung liege „nur vor, wenn ein Gesetz nachträglich ändernd in abgewickelte, der Vergangenheit angehörende Tatbestände eingreift." Eine unechte Rückwirkung (retrospektive Rückwirkung) sei dagegen anzunehmen, wenn das Gesetz „nur auf gegenwärtige, noch nicht abgeschlossene Sachverhalte und Rechtsbeziehungen für die Zukunft einwirkt." Während der 1. Senat diese Unterscheidung bis heute beibehalten hat (vgl. BVerfGE 95, 64, 86; 101, 239, 263), hat der 2. Senat 1983/86 eine andere Begrifflichkeit entwickelt. Eine Rechtsnorm entfaltet danach dann „Rückwirkung, wenn der Beginn ihres zeitlichen Anwendungsbereichs normativ auf einen Zeitpunkt festgelegt ist, der *vor* dem Zeitpunkt liegt, zu dem die Norm rechtlich existent, d. h. gültig geworden ist" (BVerfGE 63, 343, 353; 72, 200, 241). Während also der 1. Senat an den Sachverhalt und dessen Abgeschlossensein anknüpft, stellt der 2. Senat auf die Rechtsfolgen der gesetzlichen Regelung ab. Er qualifiziert dementsprechend auch die Rückwirkung als „Rückbewirkung von Rechtsfolgen". Freilich kann auch der 2. Senat nicht daran vorbeigehen, daß es Gesetze gibt, die zwar nur für die Zukunft gelten, aber auf bereits in der Vergangenheit entstandene Sachverhalte oder Rechtsbeziehungen einwirken und diese nunmehr entwerten. Das ist jedoch für ihn keine Frage des zeitlichen Anwendungsbereichs und damit der Rückwirkung, sondern des sachlichen Anwendungsbereichs des Gesetzes. Er spricht in diesem Fall von einer „tatbestandlichen Rückanknüpfung" die „einer Norm insoweit eigen (sei), als sie den Eintritt ihrer Rechtsfolgen von Gegebenheiten aus der Zeit *vor* ihrer Verkündung abhängig macht" (BVerfGE 72, 200, 242). Der

2. Senat hat an seiner neuen Rechtsprechung ebenfalls festgehalten (vgl. BVerfGE 97, 67, 78 f.).

106 Es bestehen sonach zwei Begriffspaare: Echte und unechte Rückwirkung (1. Senat) und Rückbewirkung von Rechtsfolgen und tatbestandliche Rückanknüpfung (2. Senat). Sie dürften sich jedoch decken. Jedenfalls ist jede Vordatierung der Rechtsfolgen (Rückbewirkung von Rechtsfolgen) eine echte Rückwirkung i. S. des 1. Senats. Fraglich ist allenfalls, ob die Grenzen zwischen der echten/unechten Rückwirkung und der Rückbewirkung/Rückanknüpfung genau gleich verlaufen. Praktische Konsequenzen hat es nicht, weil – zumindest bislang – die beiden Senate über ihre jeweiligen Begriffe zum gleichen Ergebnis kommen. Das sehen offenbar auch die Senate selbst so, da sie sonst gem. § 16 I BVerfGG verpflichtet wären, das Plenum des Bundesverfassungsgerichts anzurufen.

107 b) *Stellungnahme.* Der rechtsfolgenorientierte Rückwirkungsbegriff verdient den Vorzug. Er ermöglicht eindeutige Ergebnisse, weil er an die klare Regelung des Art. 82 II GG anknüpfen kann. Er ist aber auch sachlich gerechtfertigt, weil es sowohl in struktureller als auch in rechtlicher Hinsicht ein erheblicher Unterschied ist, ob ein Gesetz für die Vergangenheit (ex tunc) oder für die Zukunft (ex nunc) gelten soll. Im ersten Fall wird die früher maßgebliche Regelung nachträglich ausgetauscht und der Vergangenheit fiktiv eine Regelung unterschoben, die seinerzeit nicht gegolten hat und daher auch von niemanden beachtet werden konnte. Im zweiten Fall wird dagegen lediglich die bislang maßgebliche Regelung durch ein neues Gesetz sukzessiv abgelöst. Auch wenn die Neuregelung bereits entstandene Sachverhalte und Rechtspositionen erfaßt (sog. Altfälle), so gilt sie eben doch nur für die Zukunft und nicht für die Vergangenheit. Da angesichts der heutigen Regelungsdichte fast alle Gesetze Änderungsgesetze sind, stellt sich immer wieder die Frage, ob und inwieweit solche Altfälle einbezogen werden sollen und dürfen.

  In der Literatur wird verschiedentlich die Auffassung vertreten, daß die Unterscheidung zwischen der echten und der unechten Rückwirkung im Einzelfall zu willkürlichen Entscheidungen führe oder sogar sachlogisch verfehlt sei, und daraus die Folgerung gezogen, auf diese Unterscheidung ganz zu verzichten und alle Gesetze mit Vergangenheitsbezug einheitlich, aber doch je wieder nach Sachlage gestuft, unter dem Gesichtspunkt der Rechtssicherheit und des Vertrauensschutzes zu beurteilen, so *Friauf,* BB 1972, 675; *Muckel,* JA 1994, 14. Diese Kapitulation ist jedoch sachlich nicht gerechtfertigt und liefert diesen Bereich ganz der Einzelfallkasuistik aus. Im übrigen handelt es sich bei diesen begrifflichen Unterscheidungen um Leitlinien, die eine Orientierung und Prüfung an den zugrundeliegenden Prinzipien der Rechtsstaatlichkeit, der Rechtssicherheit und vor allem des Vertrauensschutzes nicht ausschließen, sondern voraussetzen.

Über die *Terminologie* kann man natürlich streiten. Die Be- **108** zeichnungen des 2. Senats (Rückbewirkung von Rechtsfolgen, tatbestandliche Rückanknüpfung) sind sachlich treffend, aber umständlich. Die Bezeichnungen des 1. Senats und auch früher des 2. Senats (echte und unechte Rückwirkung) sind dagegen griffig und einprägsam, aber sachlich nicht gerade geglückt. Deshalb wird hier vorgeschlagen, die Unterscheidung „Rückwirkung" und „Einwirkung" bzw. „rückwirkendes Gesetz" und „einwirkendes Gesetz" zu verwenden. Das Gesetz ist rückwirkend, wenn und weil es in die Vergangenheit greift, und einwirkend, wenn und weil es zwar für die Zukunft gilt, aber in bestehende Rechtspositionen eingreift („einwirkt").

Zusammenfassend läßt sich feststellen: **109**

– Ein Fall der Rückwirkung (echte Rückwirkung, Rückbewirkung von Rechtsfolgen) ist dann anzunehmen, wenn ein Gesetz bestimmt, daß seine Rechtsfolgen zu einem Zeitpunkt eintreten sollen, der *vor* der Verkündung und damit *vor* dem Erlaß des Gesetzes liegt, wenn also das Inkrafttreten des Gesetzes *vordatiert* wird.

– Ein Fall der Einwirkung (unechte Rückwirkung, tatbestandliche Rückanknüpfung) ist dagegen anzunehmen, wenn ein Gesetz zwar nur für die Zukunft gilt, aber Sachverhalte, Rechtsverhältnisse oder Rechtspositionen erfaßt, die bereits vor der Verkündung und damit *vor* dem Erlaß des Gesetzes entstanden und auf Dauer angelegt sind.

d) Beispiele

Fall 1: Durch § 10 des Mittelstandsförderungsgesetzes vom 1. 11. 1991 **110** (MFG) wird bestimmt, daß die Kosten für die Anschaffung näher bezeichneter betrieblicher Anlagen im Anschaffungsjahr von der Einkommensteuer und der Körperschaftssteuer abgesetzt werden können. A erwirbt am 1. 6. 1995 eine solche Anlage für 30000,– DM. Da seine Steuerlast 33% der Einkünfte beträgt, errechnet er eine Steuervergünstigung in Höhe von 10000,– DM. Durch Gesetz vom 1. 2. 1996 wird § 10 MFG mit Wirkung vom 1. 1. 1995 aufgehoben. Zur Begründung wird auf die angespannte Haushaltslage verwiesen, die zum Abbau nicht unbedingt erforderlicher Subventionen zwinge. Als A gleichwohl die Steuervergünstigung in seiner Steuererklärung für 1995, die er ordnungsgemäß im Mai 1996 abgibt, beantragt, erklärt das Finanzamt, daß hierfür keine gesetzliche Grundlage mehr bestehe.

Fall 2 (Fallabwandlung): Durch § 10 MFG wird bestimmt, daß die Anschaffungskosten im Anschaffungsjahr und in den folgenden 9 Jahren in Höhe von jeweils 10% der Gesamtsumme von der Einkommensteuer und der Körperschaftssteuer abgesetzt werden können. A erwirbt wiederum am 1. 6. 1995 eine entsprechende Anlage. Durch Gesetz vom 1. 2. 1996 wird § 10 MFG mit Wirkung vom 1. 1. 1997 aufgehoben.

Im ersten Fall handelt es sich um eine Rückwirkung (echte Rückwirkung), weil die Neuregelung für die Vergangenheit, das Vorjahr, gilt. – Im zweiten Fall handelt es sich dagegen um eine Einwirkung (unechte Rückwirkung), weil die Neuregelung erst in Zukunft wirksam wird, aber den ursprünglichen Anspruch auf Steuervergünstigung für die folgenden acht Jahre beseitigt. Vgl. zur Lösung unten Rn. 125.

110 a Problematisch ist die Einordnung, wenn eine Steuervergünstigung *während eines Veranlagungszeitraums* gestrichen wird, was vor allem für die Einkommensteuer aktuell werden kann, da die Steuerpflicht erst am Jahresende entsteht. Wenn man auf den Vertrauensschutz abstellt, ist nicht das Ende des Kalenderjahres, sondern der Zeitpunkt, zu dem die steuerbegünstigte Disposition getroffen wird, maßgeblich, so bereits *K. H. Friauf*, BB 1972, 675; *P. Kirchhof*, DStR 1979, 279; ferner nunmehr auch BVerfGE 97, 67, 80; früher stellte das Gericht auf das Ende des Kalenderjahres ab und nahm deshalb durchweg eine unechte Rückwirkung an, vgl. BVerfGE 13, 274, 277 f.; 72, 200, 225 f.

Beispiel: Nach dem Einkommensteuergesetz können bestimmte betriebliche Anschaffungen von der Steuer abgesetzt werden. A macht am 15. 3. 1999 und B am 15. 6. 1999 eine entsprechende Anschaffung. Am 15. 5. 1999 wird diese Steuervergünstigung mit Wirkung vom 1. 1. 1999 aufgehoben. Im Fall A liegt eine echte Rückwirkung, im Fall B überhaupt keine Rückwirkung vor.

3. Rückwirkung und Vertrauensschutz

111 a) *Das Grundgesetz* enthält keine *ausdrückliche Regelung* über die Zulässigkeit bzw. Unzulässigkeit der Rückwirkung von Gesetzen. Eine Ausnahme besteht nur für das Strafrecht. Aus Art. 103 II GG ergibt sich, daß strafbegründende oder strafverschärfende Gesetze nicht mit rückwirkender Kraft erlassen werden dürfen. Dieses

Verbot läßt aber keine Analogie- oder Umkehrschlüsse für andere Fallgestaltungen und Regelungen zu.

b) Damit stellt sich die Frage, ob und welche Folgerungen sich **112** aus *allgemeinen Verfassungsgrundsätzen* ergeben. Maßgebend ist der Grundsatz des *Vertrauensschutzes*. Der Bürger muß sich auf den Bestand der geltenden Gesetze verlassen können und darf nicht durch nachträgliche Rechtsänderungen in seinen Planungen und Dispositionen beeinträchtigt werden. Das gilt vor allem im modernen Industrie- und Sozialstaat, der den Bürger zwingt, bei seiner wirtschaftlichen und privaten Lebensgestaltung eine Vielzahl gesetzlicher Vorschriften zu beachten und sich darauf einzustellen. Der Grundsatz des Vertrauensschutzes ist sowohl im Falle der Rückwirkung als auch im Falle der Einwirkung zu beachten, hat aber in den beiden Fallgruppen unterschiedliches Gewicht. Er kann in Widerstreit mit dem öffentlichen Interesse an einer Rechtsänderung geraten und muß dann mit diesem in Ausgleich gebracht werden. Nach der vom BVerfG entwickelten Faustformel ist die Rückwirkung (echte Rückwirkung) grundsätzlich unzulässig und nur ausnahmsweise zulässig, die Einwirkung (unechte Rückwirkung) dagegen grundsätzlich zulässig und nur ausnahmsweise unzulässig. Mehr als eine Faustregel – oder besser: eine Orientierungshilfe – kann das aber nicht sein. Vor allem im Falle der Einwirkung ist der scharfe Schnitt der Stichtagsregelung nach Möglichkeit zu vermeiden und eine Übergangsregelung vorzusehen (vgl. dazu näher unten Rn. 124).

Der *Grundsatz des Vertrauensschutzes* ist bürgerbezogen, er stellt auf den **113** Schutz des Vertrauens des Bürgers ab. Daraus folgt, daß er nur bei belastenden Gesetzen, nicht aber bei begünstigenden oder neutralen Gesetzen eingreift (vgl. BVerfGE 50, 177, 193). Da er Rechtspositionen des Bürgers schützen soll, kommt er ferner nicht in Betracht, wenn eine rückwirkende Besserstellung verlangt wird (BVerfGE 94, 241, 255 f.). Der im Rechtsstaatsprinzip verankerte *Grundsatz der Rechtssicherheit* beschränkt sich jedoch nicht auf den Schutz des Vertrauens des Bürgers, sondern fordert allgemein die Beständigkeit des Rechts. Wenn dieser Gesichtspunkt bislang noch nicht hinreichend beachtet worden ist, so liegt das daran, daß mangels Beschwer in diesen Fällen nicht die Gerichte angerufen werden können und daher auch die maßgeblichen Grenzen nicht herausgearbeitet werden. Generell ist zu sagen, daß der Staat zwar in der Lage sein muß, flexibel auf Veränderungen – evtl. auch rückwirkend – zu reagieren, daß er dabei aber kontinuierlich vorgehen und sprunghafte Änderungen, die möglicherweise bald wieder änderungsbedürftig sind, vermeiden muß.

114 c) Die *Grundlagen des Vertrauensschutzes* sind hier – wie übrigens auch in anderen Zusammenhängen – fraglich und strittig. In der Rechtsprechung und in der Literatur wird er teilweise im Rechtsstaatsprinzip (rechtsstaatlicher Vertrauensschutz) und teilweise in den jeweils betroffenen Grundrechten (grundrechtlicher Vertrauensschutz) verankert, wobei verschiedentlich wiederum zwischen der Rückwirkung und der Einwirkung differenziert wird.

115 Das BVerfG hat in seiner Grundsatzentscheidung vom 19. 12. 1961 (BVerfGE 13, 261, 271) das Rechtsstaatsprinzip herangezogen: Aus dem Rechtsstaatsprinzip ergebe sich die Rechtssicherheit und aus dieser wiederum der Vertrauensschutz. Die Ableitungskette Rechtsstaatsprinzip – Rechtssicherheit – Vertrauensschutz wird in der Folgezeit immer wieder zitiert. Zunehmend werden jedoch in der Literatur, aber auch in der Rechtsprechung des BVerfG die Grundrechte herangezogen, sei es, daß der Vertrauensschutz dort verankert wird, sei es, daß auf den Vertrauensschutz ganz verzichtet wird und entsprechende Erwägungen unmittelbar aus dem Grundrecht deduziert werden. So wird bei gewerberechtlichen Regelungen auf Art. 12 I GG, bei eigentumsrelevanten Regelungen auf Art. 14 I GG und bei beamtenrechtlichen Regelungen auf Art. 33 V GG verwiesen (vgl. die Nachweise bei *Maurer*, HStR III, 1988, S. 226 f., 236 ff.). Ferner wird behauptet, daß diese beiden Begründungsansätze sich nicht gegenseitig ausschließen, vielmehr der rechtsstaatliche Vertrauensschutz dann – subsidiär – zur Anwendung käme, wenn der grundrechtliche Vertrauensschutz nicht eingreift. Da die Grundrechte alle Eingriffe und Beeinträchtigungen des Bürgers auffangen, fragt sich freilich, ob dafür noch Raum besteht. Der 2. Senat hat in seiner Entscheidung vom 14. 5. 1986, die die begriffliche Neuorientierung absichert, die Ansicht entwickelt, daß die Rückbewirkung von Rechtsfolgen „vorrangig an den allgemeinen rechtsstaatlichen Grundsätzen, insbesondere des Vertrauensschutzes und der Rechtssicherheit", die tatbestandliche Rückanknüpfung (Einwirkung) dagegen „vorrangig an den jeweiligen Grundrechten" zu messen sei (BVerfGE 72, 200, 242). Der Zusatz „vorrangig" zeigt, daß durchaus Überschneidungen bestehen können. – In der Praxis wirkt sich die Unstimmigkeit über die Rechtsgrundlagen des Vertrauensschutzes, soweit ersichtlich, nicht aus; sie führt aber dazu, daß die Frage der Zulässigkeit der Rückwirkung bzw. der Einwirkung von Gesetzen meist fallbezogen – unter Einbeziehung der relevanten oder relevant erscheinenden Gesichtspunkte – entschieden wird.

116 In dogmatischer Hinsicht ist der Unterschied zwischen dem rechtsstaatlichen Vertrauensschutz und dem grundrechtlichen Vertrauensschutz durchaus bedeutsam. Wird der Vertrauensschutz in den Grundrechten verankert, ist er Teil des Abwägungsmaterials

und als solcher mit den anderen abwägungsrelevanten Gesichtspunkten und Grundsätzen in Ausgleich zu bringen. Stellt man
dagegen auf den rechtsstaatlichen Vertrauensschutz ab, dann ist
zunächst zu prüfen, ob das rückwirkende oder einwirkende Gesetz
mit dem Grundsatz des Vertrauensschutzes und damit mit dem
Rechtsstaatsprinzip vereinbar ist. Wird das verneint, dann ist das
Gesetz verfassungswidrig und nichtig und deshalb auch nicht geeignet, im konkreten Fall das Grundrecht zu beschränken.

Im Vertrauensschutz und seiner Begründung spiegeln sich die derzeit diffusen
Grundrechtslehren wider. So spricht – um ein Beispiel zu nennen – das BVerfG
in E 95, 64, 86 von „den Regeln über die Rückwirkung von Rechtsnormen
in der Ausprägung, die sie durch Art. 14 Abs. 1 GG erfahren haben", geht aber
nicht weiter darauf ein, was unter dieser „Ausprägung" zu verstehen ist, sondern
stellt weiter fest, daß diese Regeln „für verschiedene Fallgruppen unterschiedliche Anforderungen" enthalten, entwickelt aber auch diese nicht, sondern gelangt zur traditionellen Unterscheidung zwischen der echten Rückwirkung und
der unechten Rückwirkung, wobei nicht nur der Grundsatz des Vertrauensschutzes, sondern auch das Verhältnismäßigkeitsprinzip herangezogen werden.

4. Das Rückwirkungsverbot und seine Ausnahmen

a) Die Rückwirkung (echte Rückwirkung, Rückbewirkung **117**
von Rechtsfolgen) von Gesetzen, die in die Rechte des Bürgers
eingreifen und daher belastenden Charakter haben, ist grundsätzlich unzulässig. Darüber besteht trotz der unterschiedlichen Begründungsansätze im wesentlichen Einigkeit. Maßgebend ist der
Grundsatz des Vertrauensschutzes. Mit diesem Grundsatz ist nicht
vereinbar, daß eine gesetzliche Regelung, die für einen bestimmten
Zeitraum gegolten hat, verbindlich war und angewendet wurde,
nachträglich durch eine neue Regelung ersetzt wird und damit das,
was unter der Herrschaft des früheren Rechtes geschehen ist, nunmehr zum Nachteil des Bürgers einer anderen rechtlichen Beurteilung unterworfen wird. Vertrauensschutz ist vor allem Dis-
positionsschutz. Die Dispositionen, die der Bürger aufgrund des
geltenden Rechts getroffen hat, dürfen nicht dadurch entwertet
werden, daß diese Rechtsgrundlage nachträglich beseitigt wird.

Die Rückwirkung ist vor allem dann unhaltbar, wenn der Bürger durch eine
rückwirkende Regelung „ins Unrecht gesetzt" wird, wenn z.B. ein Verhalten
nachträglich für rechtswidrig erklärt wird und daran bestimmte Sanktionen

(etwa disziplinarrechtliche Maßnahmen, Schadensersatz usw.) geknüpft werden; vgl. dazu BVerfGE 63, 343, 357.

118   b) *Ausnahmen.* Das Rückwirkungsverbot gilt nur grundsätzlich. Ausnahmen sind zulässig; sie müssen aber durch besondere und schwerwiegende Gründe gerechtfertigt sein. Das BVerfG zieht auch insoweit den Vertrauensschutz heran. Er bilde nicht nur den Grund, sondern auch die Grenzen des Rückwirkungsverbotes. Die Rückwirkung ist danach zulässig, wenn (1) kein Vertrauenstatbestand gegeben war oder (2) bestehendes Vertrauen nicht schutzwürdig war oder (3) dem schutzwürdigen Vertrauen überwiegende öffentliche Interessen entgegenstehen. Diese Einschränkungen hat das BVerfG durch eine Reihe von Kriterien konkretisiert.

119   Eine Rückwirkung ist danach ausnahmsweise zulässig, wenn

(1) der betroffene Bürger zu dem Zeitpunkt, auf den sich die Rückwirkung bezieht, mit der Neuregelung rechnen mußte;

(2) die bisherige Regelung unklar und verworren ist und dieser Mangel durch eine rückwirkende Neuregelung bereinigt werden soll;

(3) die bisherige Regelung verfassungswidrig und nichtig ist und durch eine rückwirkende Neuregelung ersetzt werden soll;

(4) die Belastung durch die Rückwirkung unwesentlich ist (sog. Bagatellvorbehalt);

(5) überwiegende Gründe des Allgemeinwohls die Rückwirkung erfordern.

Vgl. dazu die Zusammenfassungen in BVerfGE 13, 261, 272; 88, 384, 404 (jeweils 1. Senat); BVerfGE 72, 200, 258 ff.; 87, 48, 60 f. (jeweils 2. Senat).

In den Fällen (1)–(3) fehlt es am schutzwürdigen Vertrauen, und zwar im Fall (1), weil der Betroffene mit der Neuregelung rechnen mußte, also auf den Fortbestand der alten Regelung nicht vertrauen durfte, und in den Fällen (2) und (3), weil die bisherige Regelung keine tragfähige Vertrauensgrundlage bot; im Fall (4) ist die rückwirkende Belastung wegen ihrer Geringfügigkeit irrelevant; im Fall (5) liegt zwar schutzwürdiges Vertrauen vor, es muß aber wegen des überwiegenden Allgemeininteresses zurückstehen.

120   Problematisch ist vor allem Fall (1). Es stellt sich die Frage, ab wann der Bürger mit einer Neuregelung rechnen muß. Nach Auffassung des BVerfG ist das nicht schon dann der Fall, wenn in der Öffentlichkeit über eine Novellierung diskutiert wird, wenn eine Gesetzesinitiative beim Bundestag eingeht oder der Bundestag darüber verhandelt, aber dann, wenn der Bundestag die Neuregelung beschlossen hat. Indessen ist auch dieser Zeitpunkt aus verschiedenen Gründen noch bedenklich: Erstens ist vor Erlaß des rückwirkenden Gesetzes noch offen, ob überhaupt und, wenn ja, wann der Gesetzesbeschluß des Bundestages wirklich Gesetz wird, weil noch die Mitwirkung des Bundesrates, die Ausfertigung des Bundespräsidenten und die Verkündung im Bundesgesetzblatt erforderlich sind; zweitens kann vom Bürger zwar die Kenntnis eines Gesetzes, nicht aber die Kenntnis eines (amtlich nicht verkündeten) Gesetzesbeschlusses des Bundestages verlangt werden; drittens entsteht für den Bürger vor Erlaß der rückwirkenden Regelung ein unhaltbarer Zustand (das alte Gesetz gilt noch, bildet aber keine sinnvolle Dispositionsgrundlage mehr, da ja mit seiner Ersetzung zu rechnen ist; das neue Gesetz gilt aber auch noch nicht und bildet eben deshalb zumindest derzeit noch keine Dispositionsgrundlage). Es mag zwar immer wieder ein öffentliches Interesse daran bestehen, ein wirtschafts- oder finanzpolitisches Gesetz, das bestimmte Vergünstigungen, etwa Subventionen, beseitigen oder reduzieren will, schon vor der Verkündung im Bundesgesetzblatt greifen zu lassen, um zu verhindern, daß die bisherige Regelung kurz vor Torschluß noch übermäßig ausgenutzt und damit die Neuregelung in ihrer Zielsetzung durchkreuzt wird. Dieses – möglicherweise durchaus berechtigte – Anliegen kann jedoch auch mit dem Hinweis auf das überwiegende Allgemeininteresse erreicht werden (Fall (5)). Die dabei erforderliche Abwägung ermöglicht sogar eine angemessene zeitliche Festlegung, so daß man nicht nur auf den fixen Termin des Gesetzesbeschlusses des Bundestages angewiesen ist. In diesem Sinn nunmehr auch BVerfGE 97, 67, 81 ff.

Die „Umkehrung" des Vertrauensschutzes durch das BVerfG (nicht nur **121** Grund, sondern auch Grenze des Rückwirkungsverbots, vgl. oben Rn. 118) ist nicht überzeugend. Sie zwingt zu Vermutungen und Unterstellungen. Es sollten sachliche Gesichtspunkte herausgearbeitet werden, die eine Rückwirkung ausnahmsweise rechtfertigen oder sogar erfordern. Vgl. dazu näher mit Beispielen *Maurer*, HStR III (1988) S. 233 f.

5. Die Grenzen der Einwirkung (unechten Rückwirkung)

Gesetzliche Regelungen, die nur *künftig entstehende Sachverhalte* **122** betreffen, kollidieren nicht mit dem Grundsatz des Vertrauensschutzes. Der Bürger kann nicht darauf vertrauen, daß das bestehende Recht auch in Zukunft erhalten bleibt (BVerfGE 38, 61, 83). Etwas anderes gilt lediglich ausnahmsweise im Falle der Selbstbindung des Gesetzgebers (vgl. dazu BVerfGE 102, 68, 96 ff.; *Maurer*, HStR III, 1988, S. 244 f.). Zwischen den rückwirkenden Gesetzen und den zukunftsbezogenen Gesetzen stehen die einwirkenden Gesetze, d. h. diejenigen Gesetze, die – meistens im Rahmen und im Zusammenhang mit einer zukunftsbezogenen Regelung – Sachverhalte oder Rechtsverhältnisse erfassen, die aufgrund der früheren Rechtslage entstanden sind und noch andauern (sog. Altfälle). Auch in diesen Fällen kommt der Vertrauensschutz ins Spiel, verliert aber an Gewicht. Nach Auffassung des BVerfG ist die unechte Rückwirkung – im Gegensatz zur echten Rückwirkung – grundsätzlich zulässig und nur ausnahmsweise unzulässig (vgl. etwa BVerfGE 30, 392, 402; 95, 64, 86). Immerhin erfordert das aber jeweils eine sorgfältige Prüfung der für und gegen die Zulässigkeit sprechenden Gründe.

123   Einerseits ist zu prüfen, ob und inwieweit sich der Bürger auf den Fortbestand der früheren Regelung verlassen durfte und wie gewichtig die aufgrund der früheren Rechtslage getroffenen Dispositionen sind. Andererseits ist zu beachten, daß es nicht um einen rückwirkenden Austausch, sondern um eine zukunftsbezogene Ablösung einer Rechtsnorm geht, daß mit Gesetzesänderungen im Laufe der Zeit zu rechnen ist und daß die Folgen einer zukunftsbezogenen Neuregelung von den Betroffenen leichter aufgefangen oder wenigstens abgemildert werden können. Ferner sprechen die Gründe, die den Gesetzgeber zur Neuregelung veranlaßt haben, häufig auch für eine Neubeurteilung der Altfälle. Schließlich besteht – zumal bei größeren Reformvorhaben – ein legitimes Interesse an einer einheitlichen und gleichmäßigen Regelung für alle Fälle; würde das bisherige Recht für die Altfälle uneingeschränkt weitergelten, dann bestünden zwei Regelungssysteme, nämlich einmal für die Altfälle und zum anderen für die neu entstehenden Fälle, nebeneinander, was die Rechtseinheit erheblich beeinträchtigen würde.

124   Die strikte Alternative – entweder zulässig oder unzulässig – ist zudem zu starr. Es handelt sich in Wirklichkeit um ein *Überleitungsproblem*. Der Gesetzgeber hat die besonderen Belastungen und Härten, die sich durch die Neuregelung für die Altfälle ergeben oder ergeben könnten, durch Übergangsregelungen aufzufangen und abzumildern. In Betracht kommen etwa eine befristete oder auslaufende Weitergeltung des bisherigen Rechts für die Alt-

fälle, der stufenweise Abbau von Vergünstigungen, Ausnahmeregelungen für besondere Härten, Bereitstellung von Alternativen
oder die Gewährung von Beihilfen. Ob und welche Übergangsregelungen zu treffen sind, hängt wiederum vom Vertrauensinteresse des Bürgers und dem entgegenstehenden öffentlichen Interesse an einer alle Fälle erfassenden und einheitlichen Neuregelung
ab.

Vgl. dazu etwa BVerfGE 53, 257, 308 ff.: Durch das Ehereformgesetz vom
14. 6. 1976, das am 1. 7. 1977 in Kraft getreten ist, wurde das Scheidungsfol-
gerecht neu geregelt und der sog. Versorgungsausgleich eingeführt. Zugleich
wurde – im Interesse eines einheitlichen Ehe- und Versorgungsrechts – bestimmt, daß die Neuregelung auch für die vor dem 1. 7. 1977 geschlossenen
Ehen gelten soll. Einige Männer, die vor dem Stichtag geheiratet hatten,
hielten diese während ihrer Ehe erlassene und für sie nachteilige Regelung für
verfassungswidrig (unechte Rückwirkung!). Das BVerfG bestätigte jedoch die
Verfassungsmäßigkeit, allerdings nur im Blick auf die gesetzlich vorgesehenen
Übergangsregelungen. Vgl. ferner BVerfGE 53, 224, 253 ff.; 57, 361, 391 ff. –
Eine juristische Prüfungsordnung wird geändert und ein bisheriges Wahlfach
zum Pflichtfach erklärt. Aus Gründen des Vertrauensschutzes darf die Neuregelung nicht sofort und uneingeschränkt angewendet werden. Vielmehr ist in
einer Übergangsregelung ein späterer, möglicherweise auch gleitender Termin
(etwa Studienbeginn) oder ein Wahlrecht der Prüflinge vorzusehen, dazu *Geis,*
in Hailbronner/Geis, Hochschulrahmengesetz, 2000, § 8 Rn. 35.

Lösung der Beispielsfälle (oben Rn. 110)   **125**
Im 1. Fall liegt eine (echte) Rückwirkung vor. A kann sich auf Vertrauensschutz berufen. Die Sanierung des Haushalts ist sicher ein gewichtiges öffentliches Interesse. Es greift aber gegenüber dem Vertrauensinteresse des A nicht
durch. Anders wäre es nur, wenn der Haushalt kurz vor dem Ruin stünde. –
Im 2. Fall handelt es sich um eine Einwirkung (unechte Rückwirkung). Sie ist
grundsätzlich zulässig. Es spricht jedoch einiges für eine Übergangsregelung,
die die Subvention stufenweise abbaut.

Literatur: *G. Kisker,* Die Rückwirkung von Gesetzen, 1963; *F. Klein/*   **126**
G. Barbey, Bundesverfassungsgericht und Rückwirkung von Gesetzen, 1964;
K. H. Friauf, Gesetzesankündigung und rückwirkende Gesetzgebung im
Steuer- und Wirtschaftsrecht, BB 1972, 696 ff.; *V. Götz,* Bundesverfassungs-
gericht und Vertrauensschutz, Festschrift für das BVerfG, 1976, Bd. II, S. 421
(423 ff.); *K. Stern,* Zur Problematik rückwirkender Gesetze, Festschrift für
Maunz, 1981, S. 381 ff.; *B. Pieroth,* Rückwirkung und Übergangsrecht, 1981;
ders., Grundlagen und Grenzen verfassungsrechtlicher Gebote rückwirkender
Gesetze, Jura 1983, S. 122 ff.; *ders.,* Die neuere Rechtsprechung des Bundesverfassungsgerichts zum Grundsatz des Vertrauensschutzes, JZ 1990, 279 ff.;
H. Bauer, Bundesverfassungsgericht und Rückwirkungsverbot, JuS 1984,
241 ff.; *ders.,* Neue Tendenzen in der bundesverfassungsgerichtlichen Recht-

sprechung zum Rückwirkungsverbot, NVwZ 1984, 220 ff.; *K. Vogel,* Rechts-
sicherheit und Rückwirkung zwischen Vernunftrecht und Verfassungsrecht,
JZ 1988, 833 ff.; *H. Maurer,* Kontinuitätsgewähr und Vertrauensschutz, HStR
III (1988) S. 211 (218 ff.); *S. Muckel,* Kriterien des verfassungsrechtlichen
Vertrauensschutzes bei Gesetzesänderungen, 1989; *ders.,* Die Rückwirkung
von Gesetzen in der neueren Rechtsprechung des Bundesverfassungsgerichts,
JA 1994, 13 ff.; *J. Jekewitz,* Der Zeitpunkt wirksamer Zerstörung des Vertrau-
ensschutzes bei rückwirkenden Rechtsnormen, NJW 1990, 89 ff.; *J. Isensee,*
Vertrauensschutz für Steuervorteile, Festschrift für Franz Klein, 1994,
S. 611 ff.; *Ch. Brüning,* Die Rückwirkung von Legislativakten, NJW 1998,
1525 ff.; *H.-W. Arndt/A. Schumacher,* Echte Fortschritte bei der unechten
Rückwirkung? NJW 1998, 1538 f.; *K. Vogel,* Rückwirkung: Eine festgefahre-
ne Diskussion. Ein Versuch, die Blockade zu lösen, Festschrift für M. Heckel,
1999, 875 ff.; *M. Jachmann,* Zur verfassungsrechtlichen Zulässigkeit rückwirkender Steuergesetze, ThürVBl. 1999, 269 ff.; *R. Wernsmann,* Grundfälle zur
verfassungsrechtlichen Zulässigkeit rückwirkender Gesetze, JuS 1999, 1177 ff.
und 2000, 39 ff.; *P. Kirchhof,* Rückwirkung von Steuergesetzen, StuW 2000,
221 ff.; *A. Leisner,* Kontinuität als Verfassungsprinzip, 2002, insbes. S. 475 ff.

127   **Rechtsprechung** (die römische Ziffer gibt den jeweiligen Senat an):
BVerfGE 11, 139, 145 f. (II, Abgrenzung zwischen echter und unechter Rückwirkung, Gerichtskostengesetz); BVerfGE 13, 261, 270 ff. (II, Grundsatzurteil,
echte Rückwirkung, Körperschaftssteuergesetz); BVerfGE 14, 288, 297 ff. (I,
unechte Rückwirkung, Rentenversicherung); BVerfGE 25, 269, 289 ff. (II,
Verlängerung der Verjährungsfristen); BVerfGE 30, 367, 380 ff. (II, echte Rückwirkung, Stichtagsregelung); BVerfGE 30, 392, 401 ff. (II, vorzeitige Aufhebung
eines zeitlich befristeten Subventionsgesetzes); BVerfGE 45, 142, 173 ff. (II,
Rückwirkung von Rechtsverordnungen); BVerfGE 63, 343, 353 ff. (II, Neuorientierung der Rechtsprechung des 2. Senats, Rechtshilfevertrag); BVerfGE
72, 200, 241 ff. (II, Grundsatzurteil, Einkommensteuergesetz); BVerfGE 75,
246, 278 ff. (I, Berufsregelung, Übergangsregelung); BVerfGE 76, 256, 345 ff.
(II, Beamtenversorgung); BVerfGE 87, 48, 59 ff. (II, Rückbewirkung und
Rückanknüpfung, Rechtsmittelausschluß); BVerfGE 88, 384, 403 ff. (I, echte
und unechte Rückwirkung, Zinsanpassungsgesetz); BVerfGE 94, 241, 258 f. (I,
kein Anspruch auf rückwirkende Besserstellung, Kindererziehungszeiten);
BVerfGE 95, 64, 86 ff. (I, echte und unechte Rückwirkung, Wohnungsbin-
dungsgesetz); BVerfGE 97, 67 (II, rückwirkende Aufhebung einer Steuervergünstigung); BVerfGE 98, 17, 39 f. (I, Wiedervereinigungsbedingte Rückwirkung: Sachenrechtsänderungsgesetz); BVerfGE 101, 239, 262 ff. (I, ebenso:
Vermögensgesetz); BVerfGE 103, 271, 287 (I, unechte Rückwirkung: Pflegeversicherung); BVerfGE 103, 392, 403 (I, unechte Rückwirkung: Kranken-
versicherung). – BVerwGE 61, 352, 354 (Haushaltsstrukturgesetz); BVerwGE
67, 129 (rückwirkende Ersetzung einer Gemeindesatzung); BVerwGE 89, 57,
61 ff. (Beihilfe); BVerwGE 99, 315 (Fristbestimmung); BVerwGE 110, 265,
269 ff. (Erhöhung des Hundesteuersatzes). – BSGE 57, 247, 250 f.; 71, 202,
206 ff.; 72, 303, 305 ff.; 78, 201, 206 (jeweils Sozialleistungen). – BGHZ 44,
263, 269 (Patentanmeldung); BGHZ 74, 38, 73 ff. (Versorgungsausgleich);
BGHZ 120, 361, 364 f. (Landwirtschaftsanpassungsgesetz).

VII. Gesetzgebung in besonderen Konflikts- und Notsituationen

1. Allgemeines

Die bisherigen Darlegungen betrafen das ordentliche Gesetzge- **128** bungsverfahren. Daneben kann es in besonderen Ausnahmesitua- tionen unter engen Voraussetzungen auch zu einem außeror- dentlichen Gesetzgebungsverfahren kommen, nämlich einmal, wenn das Parlament nicht mehrheitsfähig und daher nicht funkti- onsfähig ist, und zum anderen, wenn der Verteidigungsfall festge- stellt wurde.

Der Grundgesetzgeber hat bewußt davon abgesehen, ein dem Art. 48 II **129** WRV entsprechendes Notverordnungsrecht der Regierung oder gar des Präsidenten festzulegen. Nach Art. 48 II WRV konnte der Reichspräsident, wenn im Deutschen Reich die öffentliche Sicherheit und Ordnung erheblich gestört oder gefährdet wurde, die zur Wiederherstellung der öffentlichen Sicherheit und Ordnung nötigen Maßnahmen treffen und zu diesem Zweck vorübergehend einige wesentliche Grundrechte (Freiheit der Person, Unver- letzlichkeit der Wohnung, Meinungsfreiheit, Versammlungsfreiheit u. a.) ganz oder teilweise außer Kraft setzen. In der Praxis wurde die durch Art. 48 II WRV begründete „Diktaturgewalt" des Reichspräsidenten extensiv ausgelegt. Es wurde die Auffassung vertreten, daß unter den Begriff „Maßnahmen" auch Verordnungen mit Gesetzeskraft (gesetzesvertretende Verordnungen) und unter den Begriff „Störung oder Gefährdung der öffentlichen Sicherheit und Ordnung" nicht nur, wie der aus dem Polizeirecht entnommene Ausdruck vermuten lassen konnte, Gefahren im polizeilichen Sinn, sondern auch wirt- schaftliche und soziale Krisensituationen fielen. Bereits der erste Reichspräsi- dent, Friedrich Ebert, erließ zwischen 1920 und 1924 zahlreiche Verordnun- gen mit Gesetzeskraft zur Bekämpfung innerer Unruhen, aber auch und vor allem zur Überwindung wirtschaftlicher und sozialer Schwierigkeiten. Als 1930 im Reichstag keine Mehrheit mehr zustande kam, regierten die vom Reichspräsidenten von Hindenburg eingesetzten Reichsregierungen (sog. Präsidialkabinette) mit Hilfe des präsidialen Notverordnungsrechts gem. Art. 48 II WRV. In einem Teil der Literatur stieß diese großzügige Praxis freilich auf entschiedene Ablehnung, vgl. bereits, wenn auch der Praxis grund- sätzlich zustimmend, *Anschütz,* Kommentar zur Weimarer Reichsverfassung, Art. 48 Anm. 8 ff.; ferner etwa *J. Heckel,* Diktatur, Notverordnungsrecht, Staatsnotstand, AÖR Bd. 22 (1932) S. 275 ff.; *R. Grau,* Die Diktaturgewalt des Reichspräsidenten, in: HdbStR II (1932) S. 274 ff.; in historischer Sicht *E. R. Huber,* VerfGesch. VI, S. 444 ff. 687 ff.; *Ch. Gusy,* Die Weimarer Reichsver- fassung, 1997, S. 107 ff.; *L. Richter,* Das präsidiale Notverordnungsrecht in den ersten Jahren der Weimarer Republik, in: E. Kolb (Hg.), Friedrich Ebert als Reichspräsident, 1997, S. 207 ff.

130 In der Weimarer Zeit wurde jedoch nicht nur der Reichspräsident durch Art. 48 II WRV, sondern auch die Reichsregierung durch besondere Ermächtigungsgesetze der Nationalversammlung bzw. des Reichstags zum Erlaß von Rechtsverordnungen mit Gesetzkraft im wirtschaftlichen, sozialen und finanziellen Bereich ermächtigt, vgl. dazu *E. R. Huber,* Dokumente III Nr. 177–183; *ders.,* VerfGesch. V, S. 1088 f.; VI, S. 438 ff.; *Stern,* Staatsrecht V, S. 522, 632, 671 f. Unter der Herrschaft des Grundgesetzes sind sowohl generelle Ermächtigungsgesetze als auch gesetzesvertretende Verordnungen verfassungsrechtlich ausgeschlossen (Art. 80 I GG). Die Ausnahme des Art. 119 GG für den Bereich der Flüchtlings- und Vertriebenenangelegenheiten hat sich durch das zwischenzeitlich erlassene Bundesvertriebenengesetz erledigt.

2. Gesetzgebungsnotstand gem. Art. 81 GG

131 Obwohl der Grundgesetzgeber ein Notverordnungsrecht der Exekutive strikt ablehnte, hat er doch Vorsorge für den Fall getroffen, daß das parlamentarische Regierungssystem nicht mehr funktioniert. Gedacht war dabei an die Verhältnisse gegen Ende der Weimarer Republik, insbesondere an das Anwachsen der links- und rechtsradikalen Parteien, die dazu führten, daß der Reichstag nicht mehr in der Lage war, eine regierungsfähige Mehrheit zu bilden. Art. 81 GG geht davon aus, daß die Mehrheit des Bundestages die Vertrauensfrage des Bundeskanzlers gem. Art. 68 GG verneint, aber auch nicht imstande ist, gem. Art. 67 GG einen Nachfolger zu wählen. Der Bundeskanzler hat in diesem Fall drei Möglichkeiten:

– Er kann zurücktreten;
– er kann den Bundespräsidenten ersuchen, den Bundestag gem. Art. 68 I GG aufzulösen, wozu der Bundespräsident berechtigt, aber nicht verpflichtet ist;
– er kann schließlich als Minderheitenkanzler weiterregieren.

132 Entscheidet sich der Bundeskanzler für die dritte Möglichkeit, gerät er in Schwierigkeiten, wenn ein dringliches Gesetz zu erlassen ist, die – ihn ablehnende – Bundestagsmehrheit aber blockiert und den vorgelegten Gesetzentwurf ablehnt. In diesem Fall greift Art. 81 GG ein. In einem komplizierten Verfahren, das ein mißbräuchliches Handeln von vornherein verhindern soll, kann der Bundeskanzler ein von ihm als dringlich bezeichnetes Gesetz auch ohne den Bundestag durchbringen, wenn der Bundespräsident den

Gesetzgebungsnotstand erklärt und die übrigen Verfassungsorgane, die Bundesregierung und vor allem der Bundesrat, mitwirken und zustimmen. Liegen die Voraussetzungen des Art. 81 GG vor, dann „gilt das Gesetz als zustande gekommen" (so Art. 81 II 2 GG). Diese Formulierung knüpft offensichtlich an Art. 78 GG an; allerdings dürfte der Beschluß des Bundestages nicht „fingiert" (so aber *H. Schneider*, Gesetzgebung, S. 105), sondern ersetzt werden.

Der Gesetzgebungsnotstand des Art. 81 GG ist bislang noch nicht aktuell geworden. Im Blick auf seine zeitlichen und sachlichen Grenzen ist auch fraglich, ob er im Ernstfall wirklich weiterhilft. Vgl. näher dazu *H. Schneider*, Kabinettsfrage und Gesetzgebungsnotstand nach dem Bonner Grundgesetz, VVDStRL 8 (1950) S. 21 (31 ff., dort auch zum Unterschied zwischen dem Gesetzgebungsnotstand und der Regelung des Art. 48 II WRV, S. 35 f.); *K. Stern*, Der Gesetzgebungsnotstand – eine vergessene Verfassungsnorm, Festschrift für F. Schäfer, 1980, S. 129 ff.; *E. Klein*, Funktionsstörungen in der Staatsorganisation, HStR VII (1992) S. 361 (374 ff.).

3. Gesetzgebung im Verteidigungsfall

Der Verteidigungsfall liegt vor, wenn das Bundesgebiet mit **133** Waffengewalt angegriffen wird oder ein solcher Angriff unmittelbar droht; er bedarf der besonderen Feststellung, die durch einen $2/_3$-Mehrheits-Beschluß des Bundestages oder, falls dieser dazu nicht mehr in der Lage ist, durch einen $2/_3$-Mehrheits-Beschluß des Gemeinsamen Ausschusses gem. Art. 53 a GG zu treffen ist oder, falls auch dies nicht mehr möglich ist, fingiert wird (vgl. Art. 115 a GG). Im Verteidigungsfall hat der Bund erweiterte Gesetzgebungskompetenzen (Art. 115 c GG); ferner gelten einige, das Gesetzgebungsverfahren abkürzende Vorschriften (Art. 115 d GG).

Wenn der Bundestag nicht mehr aktionsfähig ist, dann hat der **134** Gemeinsame Ausschuß gem. Art. 53 a GG (das sog. Notparlament) die Stellung und die Rechte des Bundestages und des Bundesrates, insbesondere das Recht zur Gesetzgebung (Art. 115 e GG). Der Gemeinsame Ausschuß ist kein Organ des Bundestages und des Bundesrates, sondern ein selbständiges Verfassungsorgan (BVerfGE 84, 304, 334 f.). Er steht gleichsam in Reserve und wird dann tätig, wenn der Bundestag aus tatsächlichen Gründen ausscheidet. Er besteht zu $2/_3$ aus Abgeordneten des Bundestages und zu $1/_3$ aus Mitgliedern des Bundesrates, derzeit aus 32 Mitgliedern des Bundestages (entsprechend der Fraktionsstärke) und aus 16 Mitgliedern des Bundesrates (je 1 Mitglied pro Land). Auch im Verteidigungsfall erhält also die Exekutive keine Kompetenz zur Gesetzgebung oder zum Erlaß gesetzesvertretender Verordnungen, sondern bleibt die Gesetzgebung selbst dann im Legislativbereich, wenn der Bundestag nicht mehr zusammentreten kann.

Auch der Verteidigungsfall und damit die Gesetzgebung im Verteidigungsfall ist bislang noch nicht aktuell geworden. Es ist in heutiger Sicht auch nicht zu erwarten, daß er überhaupt oder zumindest demnächst aktuell wird. Vgl. zur Literatur *Graf Vitzthum,* Der Spannungs- und der Verteidigungsfall, HStR VII (1993) S. 415 ff., insbes. S. 444 ff.; *R. Schick,* Der Gemeinsame Ausschuß, ParlR S. 1579 ff.; *G. Fritz,* Handlungsbereich und Tätigkeitsdauer des Gemeinsamen Ausschusses im Verteidigungsfall, BayVBl. 1993, 72 ff.

VIII. Der Erlaß von Rechtsverordnungen

1. Begriff der Rechtsverordnung

135   a) *Begriff.* Rechtsverordnungen sind Rechtssätze, die von Exekutivorganen erlassen werden (vgl. bereits oben Rn. 20). Da es sehr unterschiedliche Exekutivorgane gibt, gibt es auch nach Reichweite, Rang und Bedeutung sehr unterschiedliche Rechtsverordnungen. Es sei nur auf die Straßenverkehrsordnung, die vom Bundesverkehrsminister erlassen wird, bundesweit gilt und alle Bürger betrifft, einerseits und auf die gemeindliche Straßenreinigungsordnung, die vom Bürgermeister erlassen wird, nur für den örtlichen Bereich gilt und lediglich die Straßenanlieger betrifft, andererseits hingewiesen. Die Rechtsverordnung steht im Schnittpunkt von Gesetzgebung und Verwaltung. Die Rechtsverordnungen von Regierungsorganen dienen der konkretisierenden und weiterführenden Ergänzung von Gesetzen und sind daher der Legislative im weiteren Sinne zuzurechnen. Die von den Verwaltungsbehörden erlassenen Rechtsverordnungen bilden dagegen Verwaltungsmaßnahmen zur Erledigung einer Mehrzahl von Fällen in Vollzug gesetzlicher Regelungen und sind daher dem Verwaltungsbereich zuzuordnen. Wenn auch eine strikte Trennung nicht möglich ist, zumal der Minister sowohl dem Regierungsbereich als auch dem Verwaltungsbereich angehört, so kann doch typologisch zwischen Regierungsrechtsverordnungen (legislative Rechtsverordnungen) und Verwaltungsrechtsverordnungen (administrative Rechtsverordnungen) unterschieden werden. In staatsrechtlicher Sicht interessieren vor allem die von Regierungsinstanzen erlassenen Rechtsverordnungen. Darauf beschränken sich die folgenden Ausführungen. Die administrativen Rechtsverordnungen werden üblicherweise in den Lehrbüchern zum Verwaltungsrecht behandelt (vgl. etwa *Maurer, VerwR* § 4 Rn. 10 ff. und § 13 Rn. 1 ff.).

b) *Abgrenzung.*　　　　　　　　　　　　　　　　　　　　　**136**

aa) Die Rechtsverordnung unterscheidet sich vom (formellen) *Gesetz* zum einen durch den jeweiligen *Urheber* (Parlament, Exekutivorgan) und zum anderen durch die für die Gesetzgebung typische und bei der Verordnunggebung in der Regel *fehlende Publizität* des Verfahrens. Sie besitzt daher nicht die unmittelbare demokratische Legitimität des Gesetzes, erlangt aber doch materiell durch die Anbindung an das ermächtigende Gesetz und organisatorisch durch die auf das Parlament zurückgehende Bestellung der Exekutiv- und Verwaltungsorgane mittelbare demokratische Legitimität.

bb) Die Rechtsverordnung ist ferner von der *Verwaltungsvorschrift* abzugrenzen, die zwar ebenfalls von einem Exekutivorgan erlassen wird, aber – zumindest zunächst – nur verwaltungsintern wirkt, während die Rechtsverordnung Außenwirkung besitzt und daher die Bürger unmittelbar berechtigt und verpflichtet (vgl. dazu näher *Maurer, VerwR* § 24 Rn. 1 ff.).

cc) Schließlich ist die Rechtsverordnung von der „Verordnung" i.S. des Art. 249 II EGV zu unterscheiden, die unmittelbar in den Mitgliedstaaten der EG gilt. Fraglich ist schon, ob der Ministerrat, der die EG-Verordnungen erläßt, als Exekutivorgan qualifiziert werden kann. Selbst wenn man sich für diese Deutung entscheidet, so ist weiter zu beachten, daß das Europäische Parlament erhebliche Mitwirkungs- oder sogar Mitentscheidungsrechte hat. Jedenfalls ist die EG-Verordnung nach rechtlicher Qualität und sachlicher Bedeutung eher mit dem formellen Gesetz des deutschen Rechts zu vergleichen.

c) Zur *Einordnung* der Rechtsverordnung im deutschen Recht ist im An-
schluß an Rn. 20 noch zu bemerken: Die Rechtsverordnung nimmt am Rang
ihres jeweiligen Rechtskreises teil. Daher geht die Rechtsverordnung des
Bundes allen landesrechtlichen Regelungen, auch den Landesgesetzen, vor.
Innerhalb der jeweiligen Rechtskreise steht die Rechtsverordnung unter dem
Gesetz und über der Satzung. Innerhalb der Gruppe der Rechtsverordnungen
geht die Rechtsverordnung der höheren Verwaltungsbehörde der der unteren
Verwaltungsbehörde vor.

2. Die verfassungsrechtliche Einordnung der Rechtsverordnung

137   a) *Rechtsgrundlagen*. Die maßgebliche Regelung für den Erlaß von
Rechtsverordnungen bildet Art. 80 GG, der nicht zufällig im Abschnitt über die Gesetzgebung steht, sondern bereits mit seiner
systematischen Stellung die Beziehung zur Gesetzgebung indiziert.
Er wird ergänzt durch Art. 82 GG, der die Ausfertigung und die
Verkündung sowie das Inkrafttreten von Gesetzen und Rechtsverordnungen regelt. Hinzu kommen noch Spezialvorschriften, nämlich Art. 109 IV GG für den Fall einer Störung des gesamtwirtschaftlichen Gleichgewichts und einige Übergangsregelungen, die
sich inzwischen erledigt haben (Art. 119, 127, 129 und 132 IV GG).

138   b) *Die Zulässigkeit und die Grenzen der Verordnungsgebung* werden
in Art. 80 I GG geregelt. Danach kann der Gesetzgeber die Re-
gierungsorgane zum Erlaß von Rechtsverordnungen ermächtigen,
allerdings nur durch ein Gesetz, das Inhalt, Zweck und Ausmaß der
zu erlassenden Rechtsverordnung bestimmt. Eine Generalermäch-
tigung genügt also nicht. Vielmehr ist eine spezielle Ermächtigung
erforderlich, die dem Verordnungsgeber nur noch die Konkretisierung und Ergänzung der bereits gesetzlich festgelegten Konzeption überläßt. Die Anforderungen an das Bestimmtheitsgebot des
Art. 80 I 2 GG sind freilich im Einzelfall immer wieder fraglich
und strittig. Es gibt inzwischen eine ganze Reihe von Entscheidungen des BVerfG, die von verschiedenen Ansätzen ausgehen
und nachhaltig durch den Einzelfall geprägt sind.

139   Die Entscheidungen beginnen bereits im 1. Band (BVerfGE 1, 14, 59 f.) und
reichen bis zu BVerfGE 101, 1, 31 ff. In der Literatur wird versucht, die
Rechtsprechung durch bestimmte Formeln zu erfassen. Nach der Selbstent-
scheidungsformel muß der Gesetzgeber selbst darüber entscheiden, was (Inhalt)

in welchem Umfang (Ausmaß) und mit welcher Zielrichtung (Zweck) durch die Rechtsverordnung geregelt werden soll. Nach der Programmformel hat der Gesetzgeber das gesetzgeberische Programm festzulegen, so daß dem Verordnungsgeber nur noch die Ausgestaltung im Detail verbleibt. Nach der Vorhersehbarkeitsformel muß der Bürger bereits aus dem ermächtigenden Gesetz hinreichend deutlich ersehen können, in welchen Fällen und mit welchem Inhalt und welcher Tendenz von der Ermächtigung Gebrauch gemacht werden kann. Vgl. dazu *Hasskarl*, AÖR Bd. 94 (1969) S. 85 (88 f.); *Bryde*, MüK Art. 80 Rn. 20; *Jarass*, JP Art. 80 Rn. 11 mit weiteren Nachw., insbes. aus der Rechtsprechung des BVerfG. Die erforderliche Bestimmtheit braucht sich nicht ausdrücklich aus der ermächtigenden Vorschrift selbst zu ergeben; es genügt vielmehr, wenn sie sich im Wege der Auslegung unter Einbeziehung der übrigen Vorschriften des gesamten Gesetzes ermitteln läßt.

140 Als Leitlinie ist jedenfalls zu beachten, daß Art. 80 I GG keine Grundlage für eine originäre Rechtsetzung der Exekutive bildet, sondern nur Annex-Regelungen zur Konkretisierung und Ergänzung formeller Gesetze zuläßt.

141 c) *In der Praxis* kommt der Rechtsverordnung erhebliche Bedeutung zu. Sie bildet ein unentbehrliches Instrument im modernen Wirtschafts- und Sozialstaat. Sie dient vor allem der Entlastung des parlamentarischen Gesetzgebers, der sich auf die grundsätzlichen Fragen beschränken und die Regelung der Details dem Verordnungsgeber überlassen kann. Das gilt vor allem für technische Details, bei deren Regelung das Parlament ohnehin auf den Sachverstand der Ministerialbürokratie angewiesen wäre. Diese Details brauchen nicht mit der Gesetzesinitiative in den Bundestag eingebracht und im Gesetzgebungsverfahren mitgeschleppt zu werden, sondern können nach Erlaß des Gesetzes von der Exekutive durch eine Rechtsverordnung ergänzend hinzugefügt werden. Ferner ermöglicht die Rechtsverordnung eine rasche und einfache Anpassung an die Änderung der tatsächlichen Verhältnisse, die gerade im technischen Bereich immer wieder notwendig ist. Schließlich können die von den Landesregierungen erlassenen Rechtsverordnungen die landesrechtlichen Besonderheiten und die regionalen Unterschiede berücksichtigen.

142 Freilich darf die praktische Bedeutung der Rechtsverordnungen auch nicht überschätzt werden. Die in der Literatur immer wieder vorgetragenen Vergleichszahlen – 5000 Gesetze gegenüber 15000 Rechtsverordnungen in der Zeit zwischen 1949 und 1994 (vgl. Statistisches Jahrbuch 1994 für die Bundesrepublik Deutschland, 1994, S. 102; vgl. auch die Zahlenangaben bei

H. Schneider, Gesetzgebung, Rn. 231) – besagen für sich betrachtet noch
wenig. Würde man alle Paragraphen der Gesetze zusammenzählen, käme man
zu erheblich mehr Gesetzesvorschriften als Verordnungsvorschriften. Zudem
werden die wichtigeren Regelungen in den Gesetzen getroffen und durch die
Rechtsverordnungen nur ergänzt.

143   d) In verfassungsdogmatischer Sicht erscheint die Verordnungsgebung, d. h. die Rechtsetzung durch die Exekutive, nicht unproblematisch. Sie betrifft das Gewaltenteilungsprinzip, wonach die
Gesetzgebung grundsätzlich Sache des Parlaments ist (Art. 20 II
GG), und damit auch das Demokratie- und Rechtsstaatsprinzip.
Eine Durchbrechung des Gewaltenteilungsprinzips liegt jedoch
wegen der engen Anbindung der Verordnungsgebung an die gesetzliche Ermächtigung nicht vor. Das gilt um so mehr, als auch die
Gesetzgebung nicht ausschließlich dem Parlament vorbehalten ist,
sondern andere Organe (neben dem Bundesrat auch die Bundesregierung) daran beteiligt sind. Maßgeblich ist nur, daß der Vorrang
des Parlaments erhalten und gesichert bleibt. Art. 80 I GG versucht
das Spannungsverhältnis zu lösen, in dem er einerseits die Rechtsverordnungen zuläßt, andererseits aber auch an das Gesetz und
damit den Gesetzgeber bindet und begrenzt.

Die Rechtsverordnung des Grundgesetzes ist mit der Verordnung des Monarchen in früheren Jahrhunderten einschließlich des 19. Jahrhunderts, nicht zu
vergleichen. Während der Monarch damals kraft eigener Machtvollkommen-
heit Verordnungen erließ, kann heute die Exekutive nur aufgrund einer gesetzlichen und damit parlamentarischen Ermächtigung rechtsetzend tätig
werden. Daher führen historische Bezugnahmen nicht weiter.

3. Die Rechtsverordnung im Bund–Länder–Verhältnis

144   a) Die Regelung des Art. 80 GG gilt nur für den *Bundesbereich,*
genauer: nur für Rechtsverordnungen aufgrund einer bundesgesetzlichen Ermächtigung. Sie greift aber insoweit über den Bundesbereich hinaus, als auch die Landesregierungen (und über diese
ggf. weitere Landesbehörden) ermächtigt werden können. Das ist
vor allem dann von Bedeutung, wenn die ermächtigten Landesorgane nicht nur berechtigt, sondern auch verpflichtet sind, von der
Ermächtigung Gebrauch zu machen.

b) Die von Bundesorganen erlassenen Rechtsverordnungen sind **145** unbestritten dem Bundesrecht zuzuordnen. Strittig ist dagegen, ob die von den Landesregierungen aufgrund der bundesgesetzlichen Ermächtigung des Art. 80 I GG erlassenen Rechtsverordnungen dem Bundesrecht oder dem Landesrecht zuzurechnen sind. Die h. M. nimmt zutr. die zweite Alternative an (BVerfGE 18, 407, 414 ff.; *Jarass*, JP Art. 80 Rn. 21 m. w. N.; a. A. *Wilke*, in: von Mangoldt/Klein, GG, Art. 80 Anm. V 4 c).

c) Die Landesverfassungen enthalten für den Landesbereich ent- **146** sprechende Regelungen. Danach kann der Landesgesetzgeber die Regierungs- und Verwaltungsorgane des Landes zum Erlaß von Rechtsverordnungen ermächtigen. Die Länder können die Anforderungen an die Verordnungsermächtigung nach ihren Vorstellungen festlegen. Sie sind aber – über das Homogenitätsprinzip des Art. 28 I GG – an die in Art. 80 I GG zum Ausdruck kommenden rechtsstaatlichen und demokratischen Grundsätze gebunden. Das bedeutet, daß sie die wesentlichen Regelungen des Art. 80 I GG (gesetzliche Ermächtigung, Bestimmtheitsgebot), nicht aber die zusätzlichen Regelungen (Zitiergebot, Weiterermächtigung) beachten müssen. Vgl. dazu BVerfGE 41, 251, 266; 73, 388, 400; 102, 197, 222. Die Landesverfassungen entsprechen fast durchweg diesen Anforderungen. Lediglich in Hessen (Art. 107, 118 Verf.) bestehen noch Defizite.

4. Zuständigkeit und Verfahren

a) *Die Zuständigkeit* zum Erlaß von Rechtsverordnungen ergibt **147** sich im Einzelfall aus dem ermächtigenden Gesetz. In Betracht kommen die Bundesregierung, ein Bundesminister und die Landesregierungen. Aus der Formulierung des Art. 80 I 1 GG „die Landesregierungen" (Plural) ergibt sich, daß sich die Ermächtigung in der Regel auf alle Landesregierungen erstreckt; in besonders gelagerten Fällen sind jedoch Differenzierungen zulässig. Weitere Ermächtigungsadressaten sind nicht vorgesehen (also z. B. nicht die Landesminister). Es ist aber möglich, daß die Ermächtigung weitergegeben wird (Subdelegation). Das ist gem. Art. 80 I 4 GG zulässig, wenn (1) die Weiterermächtigung im ermächtigenden Gesetz

vorgesehen ist und (2) die Weiterermächtigung selbst durch
Rechtsverordnung erfolgt.

Vgl. dazu näher mit Beispiel *Maurer, VerwR* § 13 Rn. 9.

148   b) *Die Zuständigkeit des Landesgesetzgebers.* Nach Art. 80 IV GG,
der durch die Verfassungsreform von 1994 eingeführt wurde,
kann an Stelle der Landesregierung der Landesgesetzgeber (das
Landesparlament) von einer bundesgesetzlichen Ermächtigung des
Art. 80 I GG Gebrauch machen und ein entsprechendes Landesgesetz erlassen. Es besteht sonach eine konkurrierende Zuständigkeit der Landesregierung und des Landesgesetzgebers. Zunächst
ist die Landesregierung als sog. Erstdelegatar zuständig; der Landesgesetzgeber kann aber jederzeit die Angelegenheit regelnd an
sich ziehen. Der Kollisionsfall wird durch den Vorrang des Gesetzes gelöst. Das gem. Art. 80 IV GG erlassene Landesgesetz hat
Aufhebungswirkung gegenüber einer bestehenden Rechtsverordnung der Landesregierung und Sperrwirkung gegenüber einer
künftigen Rechtsverordnung der Landesregierung. Durch Art. 80
IV GG sollen, wie es in der Begründung heißt, die Landesparlamente, die durch die Entwicklungen im Bundesbereich und im
EG-Bereich zunehmend an Kompentenzen und damit an Einfluß·
und Bedeutung verlieren, gestärkt werden. Ob dieses Ziel erreicht wird, ist zweifelhaft. Soweit ersichtlich, ist diese Kompetenz in der Praxis noch nicht aktuell geworden. Es fragt sich
auch, ob die Detailregelungen im Verordnungsbereich für den
Landesgesetzgeber attraktiv genug sind. Immerhin eröffnet Art. 80
IV GG dem Landesgesetzgeber einen bisher verschlossenen Bereich. Das zeigt sich, wenn man bedenkt, daß die aufgrund einer
bundesgesetzlichen Ermächtigung tätig werdende Landesregierung
nur an die Bundesgesetze, nicht an die Landesgesetze gebunden
ist. Diese Einschränkung bleibt zwar weiterhin bestehen; der
Landesgesetzgeber kann sie aber überwinden, indem er selbst
regelt.

Verfassungsdogmatisch nimmt der Landesgesetzgeber in diesem
Fall nicht – wie beim Erlaß der sonstigen Landesgesetze – originäre,
sondern abgeleitete Rechtssetzung wahr. Er ist – wie die Landesregierung – an die Vorgaben der bundesgesetzlichen Ermächtigungs-

regelung gebunden. In der Literatur wird daher von einem „verordnungsvertretendem Gesetz" gesprochen. Indessen dürfen daraus keine voreiligen Schlüsse gezogen werden. Art. 80 IV GG ermächtigt nicht zum Erlaß einer „Parlamentsverordnung" (eine im Ausland gelegentlich vorkommende Rechtsfigur), sondern zum Erlaß eines „Landesgesetzes". Für die rechtliche Beurteilung ist die Rechtsform maßgeblich. Das gilt insbesondere für den Rechtsschutz (str., die Gegenmeinung behandelt das verordnungsvertretende Gesetz wie eine Rechtsverordnung mit der Folge, daß Rechtsschutz über die verwaltungsgerichtliche Normenkontrolle gewährt wird).

Vgl. dazu sowie allgemein zur Neuregelung des Art. 80 IV GG: *J. Lücke,* in: **149** Sachs, Grundgesetz, Art. 80 Rn. 48 ff.; *M. Nierhaus,* BK Art. 80 (1998) Rn. 817 ff.; *P. Schütz,* Der neue Art. 80 IV GG – Gesetzgebung an Verordnungs Statt, NVwZ 1996, 37 ff.; *E. Wagner/L. Brocker,* Das „verordnungsvertretende Gesetz" nach Art. 80 IV GG, NVwZ 1997, 759 ff.; *S. Dette/Th. Burfeind,* Verordnungsvertretende Gesetze nach Art. 80 Abs. 4 GG – ein größerer Gestaltungsspielraum für die Landesparlamente?, ZG 1998, 257 ff.; *S. Jutzi,* Gesetzgebungskompetenz der Landesparlamente nach Art. 80 Abs. 4 GG, ZG 1999, 238 ff.; *ders.,* Zur Vorlagepflicht der Instanzgerichte nach Art. 100 GG bei Landesgesetzen gem. Art. 80 IV GG, NVwZ 2000, 1390 ff.; *H. Maurer,* Das verordnungsvertretende Gesetz, Festschrift für Leisner, 1999, 583 ff.

c) *Verfahren.* Besondere Verfahrensvorschriften bestehen in der **150** Regel nicht. Damit fehlt, wie bereits dargelegt wurde, der Verordnungsgebung die die Gesetzgebung prägende Publizität. Die Initiative zum Erlaß von Rechtsverordnungen liegt bei dem jeweils zuständigen Exekutivorgan. Nach Art. 80 III GG i. d. F. vom 27. 10. 1994 hat auch der *Bundesrat* ein Initiativrecht für Rechtsverordnungen, die seiner Zustimmung bedürfen.

Eine *Verpflichtung* zum Erlaß einer Rechtsverordnung und damit auch zu einer entsprechenden (internen) Initiative besteht nur, wenn dies ausdrücklich in der Ermächtigungsnorm bestimmt ist oder sich aus dem Regelungszusammenhang ergibt (etwa weil ein Gesetz ohne ergänzende Rechtsverordnung nicht anwendbar ist). Vgl. dazu BVerfGE 78, 249, 272 ff.; entsprechendes gilt für die Frage der Aufhebung einer Rechtsverordnung, so OVG Schleswig NVwZ 1998, 301.

d) *Form, Ausfertigung und Verkündung.* Die Rechtsverordnung **151** muß in einer Urkunde festgelegt und durch Unterschrift ausgefertigt werden (vgl. zur entsprechenden Ausfertigung bei Gesetzen oben Rn. 82 ff.). Die Ausfertigung erfolgt bei Rechtsverordnungen der Bundesregierung durch den Bundeskanzler und/oder den zuständigen Bundesminister, bei Rechtsverordnungen eines Bundesministers durch diesen oder seinen Vertreter; entsprechendes gilt bei Rechtsverordnungen der Landesregierung oder eines Landesministers. Nach Art. 80 I 3 GG muß die Rechtsgrundlage in der Rechtsverordnung (und zwar zu Beginn) angegeben werden. Dieses Zitiergebot dient einmal der Selbstkontrolle des Verordnungsgebers und erleichtert zum anderen die Überprüfung durch die Adressaten der Rechtsverordnung. Wie alle (außenwirksamen) Rechtsnormen muß die Rechtsverordnung in einem allgemein zugänglichen amtlichen Publikationsorgan verkündet werden.

152 Für die Rechtsverordnungen des Bundes bestimmt Art. 82 I 2 GG das Bundesgesetzblatt als Publikationsorgan, soweit gesetzlich nichts anderes bestimmt ist. Das Nähere ist im Gesetz über die Verkündung von Rechtsverordnungen vom 30. 1. 1950 (Sart. Nr. 70) geregelt, das für bestimmte Fälle die Verkündung im Bundesanzeiger vorsieht. Die Verkündung der Rechtsverordnungen der Landesregierungen und der sonstigen Landesorgane bestimmt sich nach dem Landesverfassungsrecht, das in der Regel die Verkündung im Landesgesetzblatt vorsieht.

4. Zustimmungs- und Mitwirkungsvorbehalte

153 a) *Zustimmung des Bundesrates.* Zahlreiche Rechtsverordnungen der Bundesregierung und der Bundesminister bedürfen der vorherigen Zustimmung des Bundesrates. Die wesentlichen Zuständigkeitsfälle sind in Art. 80 II GG aufgeführt. Sie betreffen – neben den weniger wichtigen sog. Verkehrsverordnungen – alle Rechtsverordnungen aufgrund eines zustimmungspflichtigen Bundesgesetzes oder aufgrund eines Bundesgesetzes, das von den Ländern als eigene Angelegenheit oder als Auftragsangelegenheit ausgeführt wird. Damit werden in der Praxis etwa die Hälfte der Rechtsverordnungen des Bundes erfaßt. Ferner ist noch auf Art. 109 IV GG hinzuweisen, der für Rechtsverordnungen, die der Abwehr einer Störung des gesamtwirtschaftlichen Gleichgewichts dienen, die Zustimmung des Bundesrates vorsieht, aber praktisch bislang kaum aktuell geworden ist. Der Bundesgesetzgeber kann darüber hinaus – wie sich aus dem Vorbehalt einer anderweitigen gesetzlichen Regelung in Art. 80 II GG ergibt – das Zustimmungsrecht des Bundesrates auf weitere Fälle erstrecken, aber auch reduzieren (vgl. dazu BVerfGE 28, 66, 76 ff.). Wenn der Bundesrat die Zustimmung verweigert, ist die beabsichtigte Rechtsverordnung gescheitert; wenn er sie erteilt, dann kann (muß nicht) die Bundesregierung bzw. der Bundesminister die Rechtsverordnung ausfertigen und verkünden und damit in Kraft setzen. Die Zustimmung selbst ist ein interner Akt (entsprechend der Zustimmung des Bundesrates im Gesetzgebungsverfahren). Sinn des Zustimmungserfordernisses ist es, den Bundesrat bei Rechtsverordnungen, die Landesinteressen betreffen, einzuschalten und die Verwaltungserfahrung der Landesverwaltung über den Bundesrat nutzbar zu machen.

Fraglich ist, ob der Bundesrat seine Zustimmung „mit der Maßgabe" erteilen darf, daß noch bestimmte inhaltliche Änderungen im Verordnungsentwurf vorgenommen werden (sog. Maßgabebeschlüsse des Bundesrates). Sicher wäre der Bundesrat befugt, eine Rechtsverordnung abzulehnen, zugleich aber darauf hinzuweisen, daß er, wenn bestimmte Änderungen vorgenommen würden, dem wieder vorgelegten Verordnungsentwurf zustimmen würde. Wenn dem aber so ist, dann muß es auch zulässig sein, daß der Bundesrat in einem gleichsam verkürzten Verfahren eine bedingte oder antizipierte Zustimmung für den Fall erteilt, daß bestimmten Änderungswünschen entsprochen wird. Die „Maßgaben" müssen allerdings klar bestimmt sein und sich auf den Text der Rechtsverordnung beziehen. Die Regierung ist übrigens daran nicht gebunden, sondern kann, wenn sie den „Maßgaben" nicht folgen will, auf die geplante Rechtsverordnung ganz verzichten. Vgl. dazu auch *R. Scholz,* Die Zustimmung des Bundesrats zu Rechtsverordnungen des Bundes, DÖV 1990, 455 ff. m. w. N.

154

b) *Mitwirkungsrechte des Bundestages?* Diese Frage mag zunächst überraschend erscheinen, da der Sinn der Rechtsverordnung ja gerade in der Delegation der Rechtsetzung und in der Entlastung des Bundestages besteht. Indessen gab es schon unter der Reichsverfassung von 1871 und der Reichsverfassung von 1919 Mitwirkungsrechte des Reichstags, an die die Staatspraxis nach 1949 anknüpfte (vgl. BVerfGE 8, 274, 319 ff.). Eine verfassungsrechtliche Regelung findet sich allerdings nur in dem bereits erwähnten Art. 109 IV GG, der dem Bundestag das Recht einräumt, die Aufhebung der dort genannten Rechtsverordnungen zu verlangen. Es stellt sich damit die Frage, ob der Gesetzgeber weitere Mitwirkungsrechte des Bundestages begründen darf, d. h. ob der Bundes-

155

tag selbst solche Mitwirkungsrechte für sich in Anspruch nehmen darf. Bevor darauf näher eingegangen wird, sind die verschiedenen – in der Praxis vorkommenden – Mitwirkungsvorbehalte und Mitwirkungsakte des Bundestages aufzuführen:

– Kenntnisgabevorbehalt: Danach hat die Exekutive den Verordnungsentwurf dem Bundestag zur Kenntnis vorzulegen, um diesem die Möglichkeit zur Stellungnahme und zu ggf. weiteren Maßnahmen zu geben.
– Zustimmungsvorbehalt: Danach bedarf die Rechtsverordnung der vorhergehenden Zustimmung des Bundestages, die ausdrücklich zu erteilen ist oder nach Ablauf einer bestimmten Frist fingiert wird (vgl. § 3 I 3 UVPG, § 51 II EStG).
– Ablehnungsvorbehalt: Er entspricht strukturell den Zustimmungsvorbehalten, unterscheidet sich aber dadurch von ihm, daß keine positive Zustimmung, sondern nur ein negatives Veto vorgesehen ist (vgl. etwa § 40 I GenTG, § 59 KrW-/AbfG).
– Änderungsvorbehalt: Danach kann der Bundestag den Inhalt des Verordnungsentwurfes selbst ändern oder die Änderung durch die Bundesregierung bzw. den Bundesminister verlangen (vgl. die Nachweise unter Ablehnungsvorbehalt).
– Aufhebungsvorbehalt: Während die bisherigen Vorbehalte Einwirkungsmöglichkeiten des Bundestages vor Erlaß der Rechtsverordnung betreffen, geht es nunmehr um das Recht des Bundestages, durch Beschluß eine Rechtsverordnung aufzuheben oder deren Aufhebung zu verlangen (vgl. § 27 II 3 AWG, § 20 V 2 StWG).

156 Zur Illustration der gesetzgeberischen Vielfalt sollen zwei Beispiele zitiert werden:

§ 3 I 3 UVPG: „Rechtsverordnungen auf Grund dieser Ermächtigung bedürfen der Zustimmung des Bundestages. Die Zustimmung gilt als erteilt, wenn der Bundestag nicht innerhalb von drei Sitzungswochen nach Eingang der Vorlage der Bundesregierung die Zustimmung verweigert hat." – § 59 KrW-/AbfG: „Rechtsverordnungen nach §§ ... dieses Gesetzes sind dem Bundestag zuzuleiten. Die Zuleitung erfolgt vor der Zuleitung an den Bundesrat. Die Rechtsverordnungen können durch Beschluß des Bundestages geändert oder abgelehnt werden. Der Beschluß des Bundestages wird der Bundesregierung zugeleitet. Hat sich der Bundestag nach Ablauf von drei Sitzungswochen seit Eingang der Rechtsverordnung nicht mit ihr befaßt, so wird die unveränderte Rechtsverordnung dem Bundesrat zugeleitet." – Diese erst 1994 erlassene Regelung ist ein Beispiel dafür, daß die Gesetzgebung immer komplizierter wird!

157 Die spezielle Regelung des Art. 109 IV GG, die zudem erst 1967 in das Grundgesetz eingefügt wurde, läßt keine allgemeinen Schlüsse, auch keinen Umkehrschluß, zu, so daß die Verfassungsmäßigkeit der parlamentarischen Mitwirkungsakte nach den allgemeinen Grundsätzen zu beurteilen ist. Die h. L. bejaht die Verfassungsmäßigkeit der gesetzlich festgelegten Zustimmungsvorbehalte. Sie beruft sich dabei auf BVerfGE 8, 274, 321, das darauf abstellt, daß eine Ermächtigung mit Zustimmungsvorbehalt im Vergleich zur vollen Delegation „ein Minus" darstelle. Allerdings fügt das BVerfG sogleich noch absichernd hinzu, was in der Literatur meist nicht hinreichend beachtet wird, daß „jedenfalls" im konkreten Fall „ein legitimes Interesse" an einem solchen Zustimmungsvorbehalt bestanden habe. Auch wenn man diese Bemerkung nicht ohne weiteres verallgemeinern darf, so läßt sich doch feststellen, daß der Zustimmungsvorbehalt einer speziellen sachlichen Rechtfertigung bedarf. Die für den Zustimmungsvorbehalt maßgeblichen Erwägungen gelten entsprechend für den Ablehnungsvorbehalt.

Anders liegt es dagegen beim Änderungsvorbehalt. Er betrifft **158** nicht das Wirksamwerden der von der Exekutive konzipierten Regelung, sondern deren Inhalt. Er ist kein „Minus", sondern führt zu einem „Aliud". Die Rechtsverordnung ist, wenn von dem Änderungsvorbehalt Gebrauch gemacht wird, ein Mixtum, das die Zuständigkeiten und Verantwortlichkeiten verwischt und sich nicht mehr eindeutig in die Formentypik des Grundgesetzes einfügen läßt. Zudem werden die Vorschriften über das Gesetzgebungsverfahren unterlaufen, weil der Bundestag auf dem Wege über die Rechtsverordnung rechtsetzend tätig wird. Die Änderungsvorbehalte sind daher verfassungswidrig.

Die rechtsstaatliche Problematik wird spätestens deutlich, wenn sich Rechtsschutzfragen, Haftungsfragen und dgl. stellen. Wem sind die vom Bundestag eingefügten oder geforderten Teile der Rechtsverordnung zuzurechnen? Die Einwirkungen des Bundestages mögen die „demokratische Legitimation" der Rechtsverordnungen erhöhen (so *Ossenbühl,* HStR III (1988) S. 411, im Blick auf die Zustimmungsverordnungen), beeinträchtigen aber die Rechtsstaatlichkeit, die klare und sichere Formen verlangt. Vgl. zur entsprechenden Problematik bei „verordnungsvertretenden Landesgesetzen" gem. Art. 80 IV GG oben Rn. 148.

Der Aufhebungs- oder Kassationsvorbehalt betrifft den Fortbe- **159** stand einer Rechtsverordnung. Er bildet daher das Pendant zum Zustimmungsvorbehalt. Man kann – bei Zustimmungsverordnungen – darin den Entzug der Zustimmung sehen. Indessen ist es doch ein Unterschied, ob der Erlaß einer Rechtsverordnung verhindert oder eine erlassene Rechtsverordnung beseitigt wird. Im Aufhebungsfall wird der Bundestag rechtsetzend tätig und unterläuft damit – wie beim Änderungsvorbehalt – die Vorschriften über das Gesetzgebungsverfahren. Keine Bedenken bestehen dagegen, wenn eine Rechtsverordnung – entsprechend dem Grundsatz des Gesetzesvorrangs – durch ein Gesetz aufgehoben wird.

> Vgl. näher zu den Mitwirkungsakten des Bundestages *Ossenbühl*, HStR III (1988) S. 409 ff. *H. Schneider*, Gesetzgebung, Rn. 253 ff.; *H. H. Rupp*, Rechtsverordnungsbefugnis des Deutschen Bundestages?, NVwZ 1993, 756 ff.; *O. Konzak*, Die Änderungsvorbehaltsverordnung als neue Mitwirkungsform des Bundestags beim Erlaß von Rechtsverordnungen, DVBl. 1994, 1107 ff.; *St. Studenroth*, Einflußnahme des Bundestages auf Erlaß, Inhalt und Bestand von Rechtsverordnungen, DÖV 1995, 525 ff.; *S. Thomsen*, Rechtsverordnungen unter Änderungsvorbehalt des Bundestages?, DÖV 1995, 989 ff.; *K. P. Sommermann*, Verordnungsermächtigung und Demokratieprinzip, JZ 1997, 434 ff.; *A. Uhle*, Parlament und Rechtsverordnung, 1999; *ders.*, Verordnungsgeberische Entscheidungsmacht und parlamentarischer Kontrollvorbehalt, NVwZ 2002, 15 ff.

160   c) *Weitere Mitwirkungs- und Mitspracherechte.* Neben den Mitwirkungsrechten des Bundesrates und des Bundestages sind gesetzlich noch weitere (verbindliche) Mitwirkungsrechte und (konsultative) Mitspracherechte verschiedener staatlicher Organe und außerstaatlicher Stellen vorgesehen. Vorweg ist zu bemerken, daß Zustimmungs-, Änderungs- und Aufhebungsvorbehalte parlamentarischer Ausschüsse, die derzeit nicht im Bundesbereich, aber verschiedentlich im Landesbereich vorkommen, verfassungsrechtlich unzulässig sind. Das ergibt sich bereits daraus, daß die Ausschüsse als Organe des Parlamentes nicht außenwirksam tätig werden können und dürfen. Im übrigen greifen die gegen die Parlamentsvorbehalte bestehende Einwände hier noch stärker ein. – Die Regelung, daß zwei oder mehrere Bundesminister gemeinsam eine Rechtsverordnung zu erlassen haben (so etwa § 21 I 1 AWG, § 21 LMBG: „im Einvernehmen"), ist nicht zu beanstanden, wenn und weil der von der Rechtsverordnung zu regelnde Bereich in die Zuständigkeit zweier Bundesministerien fällt. Außerstaatlichen Stellen und Verbänden dürfen keine Mitwirkungsrechte beim Erlaß von Rechtsverordnungen oder sonstigen Mitwirkungsakte eingeräumt werden; das ergibt sich bereits aus dem Demokratieprinzip, nach dem alle an staatlichen Entscheidungsprozessen beteiligte Organe und Stellen demokratisch legitimiert sein müssen. Dagegen ist es durchaus sinnvoll und rechtlich zulässig, solche Stellen und Verbände vorher anzuhören (vgl. etwa § 43 I BImSchG). Die Anhörung kann sogar zu einem Anhörungsrecht, das gerichtlich durchsetzbar ist, ausgestaltet sein. Das ändert aber nichts daran, daß die Entscheidung selbst ausschließlich beim staatlichen Verordnungsgeber liegt.

Literatur: *H. Triepel,* Der Weg der Gesetzgebung nach der neuen Reichsverfassung, AöR Bd. 39 (1920) S. 456 ff.; *H. J. Hallier,* Die Ausfertigung und Verkündung von Gesetzen und Verordnungen in der Bundesrepublik Deutschland, AöR Bd. 85 (1960) S. 391 ff.; *H. Müller,* Handbuch der Gesetzgebungstechnik, 2. Aufl. 1968; *G. Roellecke,* Der Begriff des positiven Gesetzes und das Grundgesetz, 1969; *Ch. Starck,* Der Gesetzesbegriff des Grundgesetzes, 1970; *P. Noll,* Gesetzgebungslehre, 1973; *U. Scheuner,* Staatstheorie und Staatsrecht. Gesammelte Schriften, 1978, S. 501 ff. (verschiedene Beiträge auch zu Gesetz und Gesetzgebung); *G. Müller,* Inhalt und Formen der Rechtssetzung als Problem der demokratischen Kompetenzordnung, 1979; *E.-W. Böckenförde,* Gesetz und gesetzgebende Gewalt, 2. Aufl. 1981; *K. Eichenberger/R. Novak/M. Kloepfer,* Gesetzgebung im Rechtsstaat, VVDStRL 40 (1982) S. 7 ff. (Referate mit Diskussion); *H. Hill,* Einführung in die Gesetzgebungslehre, 1982; *M. Schürmann,* Grundlagen und Prinzipien des legislatorischen Einleitungsverfahrens nach dem Grundgesetz, 1987; *F. Ossenbühl,* Gesetz und Recht – Die Rechtsquellen im demokratischen Rechtsstaat, HStR III (1988) S. 281 ff.; *ders.,* Verfahren der Gesetzgebung, HStR III (1988) S. 351 ff.; *H. Schulze-Fielitz,* Theorie und Praxis parlamentarischer Gesetzgebung, 1988; *H. P. Schneider/W. Zeh* (Hg.), Parlamentsrecht und Parlamentspraxis, 1989; *H. Hill* (Hg.), Zustand und Perspektiven der Gesetzgebung, 1989; *H.-W. Rengeling,* Gesetzgebungszuständigkeit, HStR IV (1990) S. 723 ff.; *E. Handschuh,* Gesetzgebung. Programm und Verfahren, 4. Aufl. 1991; *Ch. Starck* (Hg.), Rangordnung der Gesetze, 1995; *R. Sannwald,* Die Neuordnung der Gesetzgebungskompetenzen und des Gesetzgebungsverfahrens im Bundesstaat, 1996.; *K. von Beyme,* Der Gesetzgeber, 1997; *D. Heckmann,* Geltungskraft und Geltungsverlust von Rechtsnormen, 1997; *H. J. Mengel,* Gesetzgebung und Verfahren, 1997; *G. F. Schuppert* (Hg.), Das Gesetz als zentrales Steuerungsinstrument des Rechtsstaates, 1998; *G. Müller,* Elemente einer Rechtssetzungslehre, 1999; *A. Uhle,* Parlament und Rechtsverordnung, 1999; *C. Pegatzky,* Parlament und Verordnungsgeber, 1999; *H. Maurer,* Die Mitwirkung der Exekutive bei der Gesetzgebung, in: Bauer/Hendler u. a. (Hg.), Entwicklungstendenzen des Allgemeinen Verwaltungsrechts und des Städtebaurechts, 1999 S. 109 ff.; *P. Axer,* Normsetzung der Exekutive in der Sozialversicherung, 2000; *A. von Bogdandy,* Gubernative Rechtssetzung, 2000; *F. Ossenbühl,* Die Not des Gesetzgebers im naturwissenschaftlich-technischen Zeitalter, 2000; *H. D. Jarass,* Allgemeine Probleme der Gesetzgebungskompetenz des Bundes, NVwZ 2000, 1089 ff.; *H. Maurer,* Der Bereich der Landesgesetzgebung, Festschrift für Rudolf, 2001, S. 337 ff. *H. Schneider,* Gesetzgebung, 3. Aufl. 2002; *E. Reh-*

161

binder/R. Wahl, Kompetenzprobleme bei der Umsetzung von europäischen Richtlinien, NVwZ 2002, 21 ff. – Vgl. ferner die Nachweise im Text.

Rechtsprechung: Vgl. die Nachweise im Text.

§ 18. Die Exekutive

I. Regierung und Verwaltung

1. Allgemeine Bedeutung

1   Das Grundgesetz unterscheidet, wie bereits mehrfach dargelegt wurde, drei Funktionsbereiche, nämlich die Gesetzgebung, die vollziehende Gewalt und die Rechtsprechung (Art. 1 III, 20 II 2 GG). Die vollziehende Gewalt, die in der Literatur und Rechtsprechung auch als Exekutive bezeichnet wird, erfaßt die Regierung und die Verwaltung. Die beiden Begriffe Regierung und Verwaltung sind allerdings doppeldeutig. Sie können sowohl im organisatorischen Sinne (die Bundesregierung als Organ, die Verwaltungsträger und Verwaltungsbehörden) als auch im funktionellen Sinne (regierende und verwaltende Tätigkeit) verstanden werden. Im folgenden geht es um die zweite Alternative.

2   Die nähere Bestimmung der Exekutive im funktionellen Sinn stößt auf erhebliche Schwierigkeiten. Das liegt daran, daß die gesamte Staatstätigkeit nicht auf eine knappe Formel gebracht werden kann. Überwiegend wird die Exekutive *negativ* abgegrenzt und als die Staatstätigkeit bezeichnet, die nicht Gesetzgebung und nicht Rechtsprechung ist. Diese negative Abgrenzung läßt sich historisch erklären. Im 17. und 18. Jahrhundert lag die gesamte Staatsgewalt beim Monarchen. Im 19. Jahrhundert wurden dann zwei Funktionsbereiche ausgesondert, nämlich einmal die Rechtsprechung, die den selbständig und unabhängig gewordenen Gerichten übertragen wurde, und zum anderen die Gesetzgebung, die nunmehr der Mitwirkung des Parlaments bedurfte. Sie mußten näher bestimmt werden; das übrige blieb als Exekutive beim Monarchen mit seinem Regierungs- und Beamtenapparat. Als erster Orientierungspunkt hat die Eingrenzung auch heute noch Erkenntniswert, eine Definition

kann sie allerdings nicht ersetzen. Immerhin spiegelt sie das Gewaltenteilungsprinzip wider.

Will man die Exekutive *positiv* bestimmen, so ist bei der „Vollziehung" anzuknüpfen. Exekutive bedeutet zunächst einmal Vollzug der Gesetze. Die Regierungs- und Verwaltungsorgane haben die Aufgabe, die generell-abstrakten Gesetze im konkreten Fall zu vollziehen und damit in die Wirklichkeit umzusetzen. **3**

Vgl. zur rechtsstaatlichen Bedeutung dieser zweistufigen Verfahren oben § 11 Rn. 13 ff.

Die Exekutive beschränkt sich jedoch nicht auf den Gesetzesvollzug. Vollziehung kann und muß in diesem Zusammenhang im weiteren Sinne als unmittelbare Gestaltung des staatlichen und gesellschaftlichen Lebens verstanden werden. Sie erstreckt sich daher auch auf den gesetzesfreien Bereich, indem sie dort eigene Vorstellungen konzipiert und durchsetzt. Schließlich hat die Exekutive nicht nur Gesetze auszuführen, sondern auch zu prüfen, ob die bestehenden Gesetze (noch) den Anforderungen der Praxis entsprechen und erforderlichenfalls Änderungen und Ergänzungen vorzubereiten und entsprechende Vorschläge beim Parlament einzubringen (vgl. zur Gesetzesinitiative bereits oben § 17 Rn. 54 ff.). Exekutive bedeutet somit zusammenfassend die Verwirklichung und Durchsetzung gesetzlicher oder eigener Konzeptionen. **4**

Die Exekutive steht, wie diese drei Wirkungsbereiche (Gesetzesvollzug, Gestaltung im gesetzesfreien Raum, Gesetzesvorbereitung) zeigen, in einem Komplementärverhältnis zur Gesetzgebung. Während im konstitutionellen Verfassungsrecht des 19. Jahrhunderts die Exekutive im Mittelpunkt stand und lediglich gewisse Einschränkungen durch die Gesetzgebung und die Rechtsprechung hinnehmen mußte, ist nunmehr die Gesetzgebung der maßgebliche Bezugspunkt der Exekutive. Vgl. dazu *Maurer,* VVDStRL 43 (1985) S. 154 ff.

2. Regierung

In der Literatur wird die Regierung im funktionellen Sinn mit unterschiedlichen Formulierungen, aber in der Sache übereinstimmend als staatsleitende Tätigkeit umschrieben. **5**

So etwa: „Wahrnehmung der politischen Leitungsaufgaben, die der Staatstätigkeit die Richtung geben" (*Stern,* Staatsrecht II, S. 681); „Politische Staatsführung, verantwortliche Leitung des Ganzen der inneren und äußeren Politik, zu der im besonderen auch die Steuerung des Wirtschaftsprozesses gehört" (*Hesse*, VerfR § 14 Rn. 531); „Leitung und Führung des Staatsganzen" (*Wolff*/ *Bachof*/*Stober*, VerwR § 20 Rn. 27); etwas eingehender: „derjenige Teil der Exekutive, in dem es um die schöpferische Entscheidung, die politische Initiative und die zusammenfassende Leitung des Staatsganzen, sowie die dirigierende Kontrolle der ausführenden Tätigkeiten geht" (*Scheuner*, Festschrift für Smend, 1952, S. 278).

6   Das Grundgesetz bringt keine begriffliche Bestimmung der Regierung (vgl. bereits oben § 14 Rn. 45), aber doch eine Reihe von Vorschriften, die bestimmte Tätigkeitsbereiche als Teil der Exekutive ausweisen. Das gilt etwa für:

– die Richtlinienkompetenz des Bundeskanzlers und die Ressortleitungskompetenz der Bundesminister: Art. 65 GG;
– die Außenpolitik: Art. 59 II GG vermittelt zwar dem Bundestag und dem Bundesrat gewisse Mitwirkungsbefugnisse, bringt aber gerade dadurch zum Ausdruck, daß die Wahrnehmung der auswärtigen Angelegenheiten grundsätzlich in den Exekutivbereich fällt (vgl. auch BVerfGE 90, 286, 357);
– die Führung der Bundeswehr: Art. 65a GG (Befehls- und Kommandogewalt des Bundesverteidigungsministers);
– die Aufstellung, Durchführung und Kontrolle des Haushalts: Art. 110 ff. GG;
– die Gesetzesinitiative: Art. 76 I GG (vgl. dazu bereits oben § 17 Rn. 5 ff.);
– der Bundeszwang: Art. 37 GG.

7   Diese Aufgaben stehen allerdings der Bundesregierung nicht allein zu. Abgesehen davon, daß die Wahrnehmung dieser Aufgaben der parlamentarischen Kontrolle mit ihren auch vorwirkenden Einflußmöglichkeiten unterliegt, haben der Bundestag bzw. der Bundesrat direkte Mitwirkungsbefugnisse. Hinzu kommt, daß viele Regierungsprojekte nur über die Gesetzgebung verwirklicht werden können. Damit erweist sich, daß die Staatsleitung nicht nur eine Regierungsaufgabe im engeren Sinne ist, sondern eine gemeinsame Angelegenheit des Regierungsorgans und des Parlaments darstellt, freilich nicht in dem Sinne, daß beide gleichermaßen berechtigt sind und quasi Generalvollmacht besitzen, sondern in dem Sinne, daß jeder seinen verfassungsrechtlich festgelegten Aufgabenbereich hat und sich daran halten muß.

Vgl. dazu bereits oben § 14 Rn. 45. Man könnte dementsprechend auch von der Regierung im engeren Sinne und der Regierung im weiteren Sinne sprechen, je nach dem, ob es sich nur um eine Exekutivmaßnahme oder um eine kombinierte Exekutiv- und Legislativmaßnahme handelt.

3. Verwaltung

Die Verwaltung, der zweite Teil der Exekutive, dient mehr dem 8
Vollzug der Gesetze und der Verwirklichung der staatlichen Aufgaben im Einzelfall und damit im Alltag, aber auch, was meist
übersehen wird, der Unterstützung der Minister bei der Wahrnehmung ihrer Regierungsaufgaben, etwa bei der Gesetzesvorbereitung, der Konzeption der Regierungsprojekte und der Aufsicht
der nachgeordneten Verwaltungsorgane. Verwaltung und Regierung lassen sich ohnehin nicht scharf voneinander trennen. Das
zeigt nicht nur der Minister, der die Spitze seines Verwaltungs-
zweiges bildet, aber zugleich Regierungsmitglied ist, sondern auch
die Ministerialverwaltung, die zwischen der Regierung und der
eigentlichen Vollzugsverwaltung steht.

Der Begriff der Verwaltung ist nicht weniger problematisch und in der Literatur nicht weniger umstritten als der der Regierung, vgl. dazu näher die
Lehrbücher zum Verwaltungsrecht, etwa *Maurer*, VerwR, § 1 Rn. 1 ff. m. w. N.

II. Die Verteilung der Verwaltungskompetenzen
zwischen Bund und Ländern

1. Überblick

a) Nach der allgemeinen Kompetenzverteilungsregelung des 9
Art. 30 GG ist die Wahrnehmung der staatlichen Aufgaben und
damit auch der Vollzug der Gesetze und die sonstige (gesetzes-
freie) Verwaltung Sache der Länder, soweit das Grundgesetz keine
andere Regelung trifft oder zuläßt. Der VIII. Abschnitt des Grundgesetzes über die „Ausführung der Bundesgesetze und die Bundesverwaltung" (Art. 83 ff.) bestätigt diese Grundentscheidung, legt
aber zugleich auch die Kompetenzen des Bundes im Verwaltungsbereich fest, indem er einmal bestimmte Einwirkungsrechte des
Bundes beim Vollzug seiner Gesetze durch die Länder und zum
anderen bestimmte Verwaltungskompetenzen des Bundes begründet. Wie im Bereich der Gesetzgebung ist der Bund auch im Bereich der Verwaltung nur zuständig, wenn und soweit er einen
Titel nachweisen kann. Auch die Ausführung der *Bundes*gesetze ist

grundsätzlich Sache der Länder. Die Verwaltungskompetenzen des
Bundes entsprechen also umfangmäßig nicht seinen Gesetzgebungskompetenzen, sondern bleiben erheblich dahinter zurück. Man kann
sogar sagen, daß die Gesetzgebungskompetenzen des Bundes die
äußerste Grenze für seine Verwaltungskompetenzen darstellen (so
BVerfGE 12, 205, 229; 78, 374, 386; BVerwGE 87, 181, 184).
Während der Schwerpunkt der Gesetzgebung – trotz des grundgesetzlichen Regel-Ausnahme-Verhältnisses zugunsten der Länder –
beim Bund liegt, liegt der Schwerpunkt der Verwaltung auch tatsächlich bei den Ländern.

Der Vollzug von *Bundes*gesetzen durch *Landes*behörden dient zum einen der
vertikalen Gewaltenteilung, die die horizontale Gewaltenteilung ergänzt (vgl.
dazu bereits oben § 10 Rn. 75). Sie entlastet zum anderen den Bund, der für
die Ausführung der von ihm erlassenen Gesetze keine eigenen Verwaltungsbehörden aufbauen muß, sondern die bestehende Verwaltungsorganisation der
Länder in Anspruch nehmen kann. Sie gewährleistet drittens den einheitlichen
Vollzug sich ergänzender Bundes- und Landesgesetze, etwa des Baugesetz-
buches des Bundes und der Bauordnungen der Länder, durch die Landesbau-
behörden.

10   b) Der *Vollzug der Landesgesetze* liegt mangels anderweitiger Regelungen des Grundgesetzes gem. Art. 30 GG durchweg bei den Ländern. Für den *Vollzug der Bundesgesetze* bestehen gem. Art. 83 ff. GG
drei verschiedene Modelle (Vollzugsformen oder Vollzugstypen):

– Vollzug der Bundesgesetze durch die Länder als eigene Angelegenheit gem.
  Art. 84 GG (Eigenverwaltung),
– Vollzug der Bundesgesetze durch die Länder im Auftrage des Bundes gem.
  Art. 85 GG (Auftragsverwaltung),
– Vollzug der Bundesgesetze durch den Bund selbst gem. Art. 86 GG
  (Bundesverwaltung).

Die Regel ist die Eigenverwaltung (Art. 83, 84 GG). Die anderen beiden Vollzugsformen kommen nur dann zur Anwendung,
wenn dies im Grundgesetz ausdrücklich bestimmt ist.

In begrifflich-dogmatischer Hinsicht ist noch zu bemerken: Unter Vollzug
ist die Anwendung und Durchsetzung der materiell-rechtlichen Vorschriften eines Gesetzes zu verstehen, etwa die Anwendung des Baurechts durch Prüfung
und Genehmigung eines Bauvorhabens, die Anwendung des Bundesausbil-
dungsförderungsgesetzes durch Prüfung und Auszahlung bestimmter Leistungen an einzelne Studenten. Der Vollzug selbst bedarf ebenfalls der gesetzlichen
Regelung. Das geschieht durch das Organisations- und Verfahrensrecht, das
deshalb als *Vollzugsrecht* bezeichnet werden kann. Es erfaßt die Rechtsvor-

schriften, die bestimmen, welche Verwaltungsorgane in welcher Weise das materielle Recht im Einzelfall anzuwenden haben. Vgl. dazu auch *J. Ipsen,* Staatsrecht, Rn. 607, der insoweit von „Rechtsanwendungsrecht" spricht.

Die folgende Skizze gibt einen Überblick über den Gesetzesvoll- **11** zug und anschließend über das jeweils anzuwendende Verwaltungsverfahrensgesetz.

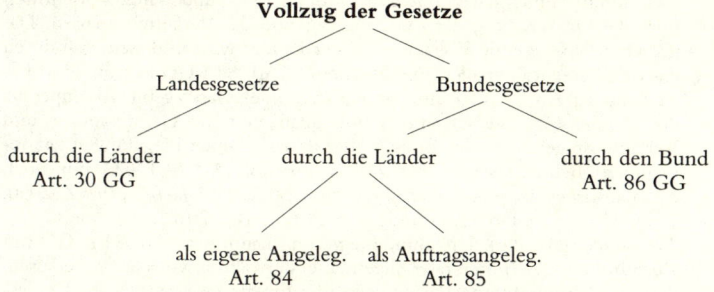

Vollzug der Gesetze

Landesgesetze   Bundesgesetze

durch die Länder   durch die Länder   durch den Bund
Art. 30 GG   Art. 86 GG

als eigene Angeleg.   als Auftragsangeleg.
Art. 84   Art. 85

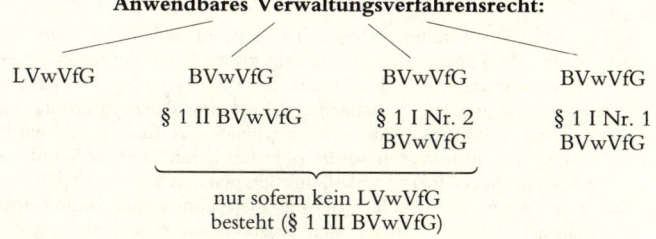

Anwendbares Verwaltungsverfahrensrecht:

LVwVfG   BVwVfG   BVwVfG   BVwVfG

        § 1 II BVwVfG   § 1 I Nr. 2   § 1 I Nr. 1
                               BVwVfG   BVwVfG

nur sofern kein LVwVfG
besteht (§ 1 III BVwVfG)

Erklärung: LVwVfG = Landesverwaltungsverfahrensgesetz
              BVwVfG = Verwaltungsverfahrensgesetz des Bundes

2. Der Vollzug der Bundesgesetze durch die Länder als eigene Angelegenheit

a) *Die Vollzugsform.* Der Vollzug der Bundesgesetze durch die **12** Länder „als eigene Angelegenheit" bedeutet, daß die Länder die Bundesgesetze wie ihre eigenen Gesetze vollziehen. Es handelt sich um originäre Landesverwaltung. Maßgeblich ist das Vollzugsrecht der Länder. Die Länder bestimmen auch darüber, welche Behörden oder Verwaltungsträger des Landes zuständig sind. Sie sind aber nicht ganz frei. Vielmehr hat der Bund bestimmte Aufsichts- und Einwirkungsrechte, um den ordnungsgemäßen Vollzug zu gewährleisten. Sie sind in Art. 84 GG genau festgelegt und nur unter den dort genannten Voraussetzungen zulässig.

13	Im einzelnen gilt:

(1) *Bundesgesetzliche Regelungen:* Der Bund kann gem. Art. 84 I letzter Halbsatz GG durch Bundesgesetz mit Zustimmung des Bundesrates Vorschriften über die Organisation, die Zuständigkeit und das Verfahren erlassen. Das grundsätzlich geltende Vollzugsrecht der Länder wird in diesem Fall durch das Bundesrecht überlagert und beschränkt. Art. 84 I GG begründet in Ergänzung zu Art. 74 GG eine (konkurrierende) Gesetzgebungskompetenz des Bundes (str., die Gegenmeinung qualifiziert die Organisations- und Verfahrensregelungen des Bundes als zulässige Annex-Regelungen zur jeweiligen Sachmaterie des Art. 74 GG, so daß Art. 84 I GG nur noch deklaratorische Bedeutung hat, vgl. zum Streitstand *Jarass,* NVwZ 2000, 1091; *Hermes,* in: Dreier, Grundgesetz, Art. 83 Rn. 20 ff.).

(2) *Verwaltungsvorschriften:* Die Bundesregierung kann gem. Art. 84 II GG mit Zustimmung des Bundesrates allgemeine Verwaltungsvorschriften erlassen, d. h. verwaltungsinterne Regelungen, die für die nachgeordneten Landesbehörden bei der Ausführung der Bundesgesetze verbindlich sind (vgl. zur Rechtsnatur und Bedeutung der Verwaltungsvorschriften *Maurer,* VerwR, § 24 Rn. 1 ff.).

(3) *Bundesaufsicht:* Die Bundesregierung hat gem. Art. 84 III GG darüber zu wachen, daß die Länder, d. h. die jeweils zuständigen Verwaltungsbehörden und Verwaltungsträger des Landes, die Bundesgesetze dem geltenden Recht gemäß ausführen. Es handelt sich um eine Rechtskontrolle, keine Zweckmäßigkeitskontrolle. Als – ein mögliches – Aufsichtsmittel wird die Entsendung von Beauftragten an die obersten Landesbehörden und subsidiär auch an nachgeordnete Landesbehörden genannt.

(4) *Mängelrüge:* Wenn die Bundesregierung im Rahmen der Bundesaufsicht (Rechtsaufsicht!) Rechtsverletzungen feststellt, kann sie gem. Art. 84 IV GG die Beseitigung dieser Mängel fordern und, wenn die Mängelrüge erfolglos bleibt, in einem komplizierten Verfahren den Bundesrat und schließlich das Bundesverfassungsgericht anrufen (vgl. dazu näher Art. 84 IV GG; ferner Art. 93 I Nr. 3 GG, §§ 68 ff. BVerfGG).

(5) *Einzelweisungen:* Ausnahmsweise kann gem. Art. 84 V GG der Bundesregierung durch Bundesgesetz mit Zustimmung des Bundesrates die Befugnis verliehen werden, für besondere Fälle Einzelweisungen zu erteilen, die grundsätzlich an die obersten Landesbehörden (Landesminister) zu richten sind, im Dringlichkeitsfalle aber auch an nachgeordnete Landesbehörden gerichtet werden können. Die Einzelweisungen können nicht nur Rechtsfragen, sondern auch Sachfragen betreffen. Sie sind interne Weisungen i. S. des Verwaltungsrechts (vgl. *Maurer,* VerwR § 8 Rn. 27), also keine (von den Ländern oder Dritten anfechtbare) Verwaltungsakte. In der Praxis kommen – zu Recht – solche Weisungsermächtigungen nur selten vor. Als Beispiele wären etwa § 15 IV 3 WPflG und § 65 II AuslG zu

nennen. In der Literatur und Rechtsprechung (vgl. etwa BVerwGE 67, 173, 175 f.) wird die Meinung vertreten, Art. 84 V GG lasse als schwächere Form gegenüber der Weisung auch Zustimmungsvorbehalte und Berichtspflichten zu. Das widerspricht jedoch dem Ausnahmecharakter dieser Vorschrift, die nicht – auch nicht im Wege des A maiore ad minus-Schlusses – ausgedehnt werden darf. Außerdem kann der Zustimmungsvorbehalt leicht zum aliud werden, nämlich dann, wenn er nicht punktuell, sondern generell wirkt. Vgl. dazu auch *Blümel,* HStR IV (1990) S. 877 f., der insoweit auf Art. 84 I GG verweist.

b) *Anwendungsbereich.* Die Eigenverwaltung des Art. 84 GG ist **14** der Regelfall. Sie kommt daher, wie bereits dargelegt wurde, stets dann zur Anwendung, wenn verfassungsrechtlich keine andere Vollzugsform vorgesehen ist.

3. Der Vollzug der Bundesgesetze im Auftrag des Bundes

a) *Die Vollzugsform.* Auch im Falle der Auftragsverwaltung be- **15** stimmt sich der Vollzug der Bundesgesetze nach dem Vollzugsrecht (Organisations- und Verfahrensrecht) der Länder. Die Auftragsverwaltung ist Landesverwaltung (BVerfGE 81, 310, 331; BVerwGE 100, 56, 58). Aber der Bund hat in diesem Fall weitergehende Aufsichtsrechte und stärkere Einwirkungsmöglichkeiten als auf dem Gebiet der Landeseigenverwaltung. Das zeigt sich im folgenden (vgl. die Parallelaufzählung bei der Eigenverwaltung oben Rn. 13):

(1) *Bundesgesetzliche Regelungen:* Der Bund kann bei der Eigenverwaltung **16** – gem. Art. 85 I GG durch Bundesgesetz mit Zustimmung des Bundesrates die Organisation und das Verfahren regeln, so daß auch hier eine Überlagerung und Beschränkung des landesrechtlichen Vollzugsrechts möglich ist. Daß Art. 85 I GG – im Gegensatz zu Art. 84 I GG – das Verfahren nicht erwähnt, ist offensichtlich ein Redaktionsversehen, da nicht anzunehmen ist, daß die Einwirkungsmöglichkeiten des Bundes bei der ihm näherstehenden Auftragsverwaltung schwächer sein sollen als bei der Eigenverwaltung (so BVerfGE 26, 338, 385 und die h. L.; str., vgl. etwa *Lerche,* MD Art. 85 GG Rn. 26 ff.).

(2) *Verwaltungsvorschriften:* Die Bundesregierung kann gem. Art. 85 II GG – ebenso wie bei der Eigenverwaltung gem. Art. 84 II GG – mit Zustimmung des Bundesrates allgemeine Verwaltungsvorschriften für die Landesbehörden erlassen. Ferner kann sie die einheitliche Ausbildung der Beamten und Angestellten regeln (wohl nur durch Verwaltungsvorschrift, da eine Rechtsverordnung einer gesetzlichen Ermächtigung bedürfte, die dafür erforderliche Kompetenz aber nicht besteht). Die in Art. 85 II GG

weiter erwähnte Mitwirkung bei der Bestellung der Leiter der Mittelbehörden ist praktisch kaum bedeutsam, da es nur um die Mittelbehörden geht, die ausschließlich mit Auftragsangelegenheiten betraut sind, solche aber in der Praxis so gut wie nicht vorkommen.

(3) *Bundesaufsicht:* Die der Bundesregierung obliegende Bundesaufsicht erstreckt sich nicht nur, wie bei der Eigenverwaltung, auf die Rechtmäßigkeit, sondern auch auf die Zweckmäßigkeit des Gesetzesvollzugs (Art. 85 IV GG). Daher kann bei Ermessensentscheidungen nicht nur geprüft werden, ob die rechtlichen Bindungen und Grenzen des Ermessens beachtet worden sind, sondern auch, ob die Ausführung sachlich vernünftig und politisch opportun ist, wobei die Vorstellungen der Bundesregierung maßgeblich sind.

(4) *Weisungen:* Während bei der Eigenverwaltung die Bundesregierung lediglich die Beseitigung festgestellter Rechtsmängel verlangen kann und nur ausnahmsweise in besonderen Fällen aufgrund gesetzlicher Ermächtigung Einzelweisungen erteilen darf, ist bei der Auftragsverwaltung die zuständige oberste Bundesbehörde (der zuständige Bundesminister) gem. Art. 85 III GG jederzeit berechtigt, Einzelweisungen und allgemeine Weisungen in rechtlicher und in tatsächlicher Hinsicht an die obersten Landesbehörden (Landesminister), im Dringlichkeitsfalle auch an nachgeordnete Landesbehörden, zu richten. Art. 85 III GG begründet ein Über-Unterordnungsverhältnis zwischen dem Bund und den Ländern, was bereits im Wortlaut deutlich zum Ausdruck kommt („die Landesbehörden unterstehen …"). Vgl. näher zum Weisungsrecht des Art. 85 III GG unten Rn. 18.

17 b) *Anwendungsbereich.* Die Auftragsverwaltung mit ihren Rechtsfolgen kommt nur dann zur Anwendung, wenn dies im Grundgesetz ausdrücklich vorgesehen oder zugelassen ist. Es gilt also das Enumerationsprinzip. Man unterscheidet zwischen der obligatorischen Auftragsverwaltung und der fakultativen Auftragsverwaltung. Im ersten Fall ist die Auftragsverwaltung im Grundgesetz selbst verbindlich festgelegt. Im zweiten Fall ist der Gesetzgeber berechtigt, aber nicht verpflichtet, die Auftragsverwaltung einzuführen; macht er von dieser Ermächtigung keinen Gebrauch, bleibt es bei der Regelform der Eigenverwaltung. Darüber hinaus sieht das Grundgesetz Kombinationen der verschiedenen Verwaltungstypen vor. So kann der Gesetzgeber in einigen Fällen statt der bundeseigenen Verwaltung die Auftragsverwaltung bestimmen oder zwischen den verschiedenen Verwaltungstypen wählen oder die Auftragsverwaltung auf einen Teil des Gesetzesvollzugs beschränken. Maßgeblich ist jeweils die verfassungsrechtliche Regelung. Eine Erweiterung oder Verschiebung der Verwaltungskompetenzen durch Rückgriff auf allgemeine Verfassungsgrundsätze, durch Analogie- oder Umkehrschlüsse oder durch Bezugnahme auf die Natur der Sache scheiden von vornherein aus.

Die ursprüngliche Fassung des Grundgesetzes beschränkte sich auf drei Fälle der Auftragsverwaltung, nämlich die obligatorische Auftragsverwaltung gem. Art. 90 II GG (Bundesstraßenverwaltung) und die fakultative Auftragsverwaltung gem. Art. 89 II GG (Bundeswasserstraßenverwaltung) und gem. Art. 108 GG a. F. (Finanzverwaltung). Im Laufe der Zeit sind weitere Fälle der Auftragsverwaltung – und zwar der fakultativen Auftragsverwaltung – hinzugekommen, so bereits 1952 durch Art. 120a GG (Durchführung des Lastenausgleichs), 1956 durch Art. 87b II GG (Verteidigungsverwaltung), 1959 durch Art. 87c GG (Kernenergieverwaltung), 1961 durch Art. 87d II GG (Luftverkehrsverwaltung). – Art. 108 III GG in der derzeit geltenden Fassung sieht eine weitere obligatorische Auftragsverwaltung im Bereich der Finanzverwaltung vor. – Bemerkenswert ist schließlich Art. 104a III GG, der bestimmt, daß Geldleistungsgesetze, die regeln, daß der Bund die Hälfte der Ausgaben oder mehr trägt, im Auftrage des Bundes durchgeführt werden (obligatorische Auftragsverwaltung). Ein Beispiel dafür bildet das Bundesausbildungsförderungsgesetz (BAföG, Sart. Nr. 420).

c) *Das Weisungsrecht des Bundesministers gem. Art. 85 III GG,* das **18** der Auftragsverwaltung – im Gegensatz zur Eigenverwaltung – das wesentliche Gepräge gibt, soll im folgenden an einem Beispielsfall näher erörtert werden (vgl. dazu BVerfGE 81, 310; 84, 25).

Das Energieversorgungsunternehmen E will sein im Land Hessen gelegenes Kernkraftwerk erweitern. Es beantragt deswegen bei dem zuständigen Umweltminister des Landes die nach § 7 AtomG erforderliche Genehmigung. Der Minister erklärt, er beabsichtige, die Genehmigung nicht zu erteilen. Die gesetzlichen Voraussetzungen lägen zwar vor, bei pflichtgemäßer Ermessensprüfung müsse er jedoch ablehnen, weil im Blick auf die Gefahren und Risiken der Kernenergie der Bestand an Kernkraftwerken nicht erweitert, sondern umgekehrt abgebaut werden müsse. Nunmehr schaltet sich der Bundesumweltminister ein. Die Erweiterung des Kernkraftwerkes sei erforderlich, um die Stromversorgung für die Bevölkerung und die Wirtschaft zu gewährleisten. Da sich der Landesumweltminister dadurch nicht beeindrucken läßt, weist ihn der Bundesumweltminister an, die Genehmigung zu erteilen. (1) Ist der Bundesumweltminister überhaupt weisungsberechtigt? (2) Wie ist zu entscheiden, wenn der Landesminister die Genehmigung ablehnt, weil die Reaktorsicherheit noch nicht abschließend geklärt sei, der Bundesminister aber die Meinung vertritt, daß die jahrelange technische Prüfung ausreiche und abgeschlossen sei und deshalb die Genehmigung erteilt werden könne und müsse. (3) Kann das Land gegen die Weisung klagen?

Zu 1.: Als Ermächtigungsgrundlage für die Weisung kommt Art. 85 III GG in Betracht. Voraussetzung dafür ist, daß überhaupt die Vollzugsform „Auftragsverwaltung" i. S. des Art. 85 GG zur

Anwendung kommt. Das ist gem. Art. 87 c, 74 I Nr. 11 a GG und
§ 24 I 1 AtomG zu bejahen. Nach Art. 87 c GG kann der Bundesgesetzgeber bestimmen, daß die Gesetze, die die Erzeugung und
die Nutzung der Kernenergie zu friedlichen Zwecken regeln
(Art. 74 I Nr. 11 a GG), „von den Ländern im Auftrage des Bundes
ausgeführt werden" (sog. Auftragsverwaltung). Von dieser Ermächtigung hat der Bundesgesetzgeber durch § 24 I AtomG Gebrauch
gemacht. Der Bundesumweltminister ist als „oberste Bundesbehörde" zuständig. Der Landesumweltminister ist der richtige Adressat.
Besondere Verfahrens- oder Formvorschriften enthält Art. 85 III
GG nicht, sie werden aber vom BVerfG aus der Pflicht zu bundes-
freundlichem Verhalten abgeleitet (BVerfGE 81, 310, 335 ff.).
Danach muß der Bundesumweltminister die beabsichtigte Weisung
ankündigen und dem Landesumweltminister Gelegenheit zur Äußerung geben; ferner muß die Weisung hinreichend bestimmt sein.
Diese formellen Anforderungen dürften im vorliegenden Fall erfüllt sein. In materiell-rechtlicher Hinsicht ist die Weisung nicht
auf Rechtsfragen beschränkt, sondern kann auch − wie hier − die
Ausübung des Ermessens betreffen (Art. 85 IV GG). Die Weisung
des Bundesumweltministers ist somit rechtmäßig. − Zu 2.: Zwischen dem Bundesumweltminister und dem Landesumweltminister
ist strittig, ob die Genehmigung erteilt werden darf oder nicht. Der
Bundesumweltminister bejaht dies, der Landesumweltminister verneint dies, da nicht alle Genehmigungsvoraussetzungen geklärt
seien. Es stellt sich somit die Frage, ob der Landesminister die seiner Auffassung nach rechtswidrige Weisung befolgen muß. Das
BVerfG bejaht diese Frage. Es unterscheidet zwischen der Wahrnehmungskompetenz (die Befugnis zum Handeln nach außen und
damit auch zum Erlaß der Genehmigung) und der Sachkompetenz
(die Befugnis zur Sachbeurteilung und zur Sachentscheidung). Die
Wahrnehmungskompetenz liege stets beim Land. Auch die Sachkompetenz liege zunächst beim Land. Aber der Bund könne sie
jederzeit kraft seines Weisungsrechts an sich ziehen. Der Landesumweltminister muß sonach der Weisung des Bundesumweltministers nachkommen und die Genehmigung erteilen. Etwas anderes
gilt nach Meinung des BVerfG nur „in dem äußersten Fall, daß eine
zuständige oberste Bundesbehörde unter grober Mißachtung der ihr

obliegenden Obhutspflicht zu einem Tun oder Unterlassen anweist, welches im Hinblick auf die damit einhergehende allgemeine Gefährdung oder Verletzung bedeutender Rechtsgüter schlechterdings nicht verantwortet werden kann" (so BVerfGE 81, 310, 334). Diese Voraussetzung dürfte jedoch im vorliegenden Fall nicht gegeben sein. – Zu 3.: Das Land kann im Wege des Bund-Länder-Streitverfahrens gem. Art. 93 I Nr. 3 GG beim BVerfG gegen den Bund klagen. Die Klage kann jedoch nur auf die Verletzung von Verfassungsrecht gestützt werden. Das Land kann daher nicht geltend machen, daß die Weisung gegen einfaches Recht verstoße und deshalb inhaltlich rechtswidrig sei, sondern nur rügen, daß (a) die Inanspruchnahme der Weisung verfassungswidrig sei, etwa weil kein Fall der Bundesauftragsverwaltung vorliege, oder (b) die sich aus dem Gebot des bundesfreundlichen Verhaltens ergebenden Anforderungen an das Verfahren und die Form nicht beachtet worden seien oder (c) eine grobe Rechtsverletzung in der dargelegten Art vorliege. Angesichts dieser verfassungsgerichtlichen Grenzen stellt sich die weitere Frage, ob das Land die inhaltliche Rechtswidrigkeit der Weisung durch eine Klage beim BVerwG geltend machen kann (§ 40 I, § 50 I Nr. 1 VwGO). Eine solche Doppelzuständigkeit wird in der Literatur z. T. bejaht. Das BVerwG verneint dies, da eine ausdrücklich auf Art. 85 III GG gestützte Weisung des Bundes „stets verfassungsrechtliche Qualität" besitze und daher eine den Verwaltungsrechtsweg ausschließende verfassungsrechtliche Streitigkeit vorliege (BVerwG NVwZ 1998, 500). Sie würde im übrigen daran scheitern, daß das Land kein subjektives Recht hat, mit dessen Hilfe es die rechtswidrige Weisung abwehren könnte. – Zur Abrundung ist noch zu bemerken, daß die in der Nähe des Kernkraftwerkes wohnenden und durch das Kernkraftwerk in ihren Rechten betroffenen Bürger (Art. 2 II, 14 I GG) zwar nicht gegen die Weisung (da diese sich auf das Bund-Land-Verhältnis beschränkt), aber gegen die aufgrund der Weisung ergangene Genehmigung des Landesumweltministers klagen können. Adressat der Klage (Anfechtungsklage gem. § 42 VwGO) ist das Land. Adressat einer evtl. Amtshaftungsklage gem. Art. 34 GG i. Vbg. mit § 839 BGB ist der Bund (da mit der Weisung die haftungsrechtliche Verantwortung auf ihn übergeht).

Vgl. zum ganzen – neben den bereits erwähnten Entscheidungen BVerfGE
81, 310, 330 ff.; 84, 25, 31 ff.; BVerwG NVwZ 1998, 500 – BVerfGE 102,
167, 172 ff. = JZ 2001, 91 mit Anm. von *Hermes* (Herabstufung einer Bundesstraße); BVerfGE 104, 249 (Biblis: Vorbereitung einer Weisung einschließlich
Kontakte mit Dritten); *W. Pauly,* Anfechtbarkeit und Verbindlichkeit von
Weisungen in der Bundesauftragsverwaltung, 1989; *F. Ossenbühl,* Weisungen
des Bundes in der Bundesauftragsverwaltung, Der Staat, Bd. 28 (1989) S. 31 ff.;
K. Lange, Das Weisungsrecht des Bundes in der atomrechtlichen Auftragsverwaltung, 1990; *P. Dieners,* Länderrechte in der Bundesauftragsverwaltung,
DÖV 1991, 923 ff.; *B. Zimmermann,* Die Kontrolldichte gerichtlichen Rechts-
schutzes gegen Weisungen in der Bundesauftragsverwaltung – ein Problem der
Zuständigkeitsverteilung zwischen BVerfG und BVerwG?, DVBl. 1992, 93 ff.;
Ch. Heitsch, Verfassungswidrigkeit des Bundesgesetzes als Grenze des Weisungsrechts, DÖV 2002, 368 ff.; *Kisker/Höfling,* Fälle zum Staatsorganisationsrecht, S. 3 ff. jeweils mit weiteren Nachw.

4. Der Vollzug der Bundesgesetze durch den Bund

19   a) *Vollzugsform*. Art. 86 GG schließt sich an die vorhergehenden
Vorschriften über den Vollzug der Bundesgesetze durch die Länder
an und bestimmt als dritte Vollzugsform die Ausführung der Bundesgesetze durch den Bund selbst. Er eröffnet damit zugleich die Reihe
der die Bundesverwaltung betreffenden Regelungen des Grundgesetzes (Art. 87–90 GG). Der Bundesvollzug erfolgt entweder durch
bundeseigene Verwaltung oder durch bundesunmittelbare Körperschaften oder Anstalten des öffentlichen Rechts. Diese Terminologie
ist mißverständlich. In der Literatur besteht aber Einigkeit darüber,
daß unter der „bundeseigenen Verwaltung" die Verwaltungsbehörden und die sonstigen, rechtlich unselbständigen Verwaltungseinrichtungen des Bundes (unmittelbare Bundesverwaltung) und unter
den „bundesunmittelbaren Körperschaften oder Anstalten des öffentlichen Rechts" die vom Bund errichteten und ihm zugeordneten
rechtsfähigen Körperschaften und Anstalten des öffentlichen Rechts
(rechtsfähige Verwaltungsträger, mittelbare Bundesverwaltung) zu
verstehen sind. Der Unterschied zwischen beiden Gruppen besteht in
der Rechtsfähigkeit der Verwaltungseinrichtungen.

Die Aufzählung der rechtlich selbständigen Verwaltungsträger in Art. 86 GG
ist beispielhaft. Jedenfalls bestehen keine ernsthaften Bedenken, ihn entsprechend auch auf rechtsfähige Stiftungen des öffentlichen Rechts, Beliehene und
privatrechtlich organisierte Verwaltungsträger anzuwenden (vgl. zu diesen
Organisationsformen *Maurer,* VerwR § 21 Rn. 8 ff.).

Die Regelung der Organisation und des Verfahrens des Bundes- **20** vollzugs liegt gem. Art. 86 GG zunächst einmal bei der *Bundesregierung*. Als Regelungsform kommen die Verwaltungsvorschriften in Betracht. Strittig ist, ob mit der Bundesregierung im Sinne dieser Vorschrift nur das aus dem Bundeskanzler und den Bundesministern bestehende Kollegium (Art. 62 GG) oder auch jeder Bundesminister gemeint ist. Art. 86 GG bezieht sich nach Wortlaut, Sinn und Zusammenhang eindeutig auf die Bundesregierung, schließt aber die sich aus der Ressortleitungskompetenz der Bundesminister ergebende Befugnis zum Erlaß von Verwaltungsvorschriften für ihren Bereich nicht aus. Die von der Bundesregierung erlassenen Verwaltungsvorschriften genießen allerdings gegenüber den Verwaltungsvorschriften der Bundesminister Vorrang.

Eine den Art. 84, 85 GG entsprechende, auf das Bund-Länder- **21** Verhältnis zugeschnittene Bundesaufsicht fehlt natürlich beim Bundeseigenvollzug. Aus der hierarchischen Struktur der Verwaltung ergibt sich, daß die Bundesminister alle ihnen nachgeordneten Behörden und Einrichtungen beaufsichtigen und ihnen Weisungen in rechtlicher und sachlicher Hinsicht erteilen können. Die rechtsfähigen Körperschaften, Anstalten und Stiftungen des öffentlichen Rechts unterliegen in der Regel nur der Rechtsaufsicht; über sie kann aber zumindest die Rechtmäßigkeit des Gesetzesvollzugs sichergestellt werden.

Anzumerken ist noch, daß der Gesetzgeber verschiedentlich die Weisungs- **22** kompetenz der Bundes- bzw. Landesminister gegenüber nachgeordneten Behörden ausschließt (sog. ministerialfreie Räume). Das ist wegen der grundsätzlich gebotenen Kontrolle der Verwaltung durch die Regierung und – über diese – durch das Parlament nur ausnahmsweise aus zwingenden sachlichen Gründen zulässig, vgl. BVerfGE 9, 268, 282 (verneint für die Einigungsstelle nach dem Bremer Personalvertretungsgesetz); BVerfGE 83, 130, 150 (bejaht für die Bundesprüfstelle für jugendgefährdende Schriften); ferner *Lerche*, MD Art. 86 Rn. 70 ff.; *Jarass*, JP Art. 83 Rn. 3; *Böckenförde*, HStR I (1987) S. 962; *J. Oebbecke*, Weisungs- und unterrichtungsfreie Räume in der Verwaltung, 1986; *K. Waechter*, Geminderte demokratische Legitimation staatlicher Institutionen im parlamentarischen Regierungssystem, 1994.

b) *Anwendungsbereich*. Die Bundesverwaltung kommt – wie die **23** Auftragsverwaltung der Länder – zur Anwendung, wenn und soweit dies durch das Grundgesetz geregelt wird. Maßgeblich sind die Art. 87 ff. GG. Wie bei der Auftragsverwaltung ist zwischen der obligatorischen Bundesverwaltung und der fakultativen Bundesverwaltung zu unterscheiden, je nachdem, ob die Bundesverwaltung zwingend vorgeschrieben ist oder aber der Gesetzgeber ermächtigt wird, die Bundesverwaltung einzuführen. Die dem Bund gem. Art. 87 ff. GG zugewiesenen Verwaltungsaufgaben beschränken sich nicht auf den Gesetzesvollzug, sondern erstrecken sich darüber hinaus auf den gesetzesfreien (nicht gesetzesakzessorischen) Bereich. Verschiedentlich ergibt sich die Zuweisung von Verwaltungsaufgaben an den Bund erst durch Regelungen, die obligatorisch oder fakultativ die Einrichtung bestimmter Behörden oder Verwaltungsträger vorsehen und damit implizit die damit verbundenen Verwaltungsaufgaben dem Bund zuweisen. Vermittelt schon die unterschiedliche Zuordnung von Verwaltungsaufgaben an den Bund ein vielfältiges Bild, wird dieses dadurch noch differenzierter, daß die Zuweisungen meist mit organisatorischen Vorschriften verbunden sind. Die Verwaltungsaufgaben des Bundes werden, wie bereits erwähnt wurde, teils durch Verwaltungsbehörden oder Verwaltungseinrichtungen des Bundes (unmittelbare Bundesverwaltung) und teils durch selbständige Verwaltungsträger (mittelbare Bundesverwaltung) wahrgenommen; in beiden Fällen ist weiter danach zu unterscheiden, ob der Bund auf Oberbehörden beschränkt ist oder einen eigenen Verwaltungsunterbau einrichten kann oder muß.

24   Art. 87 GG läßt noch eine gewisse Systematik erkennen. Danach regeln Art. 87 I 1 GG die obligatorische unmittelbare Bundesverwaltung mit eigenem Unterbau (Auswärtiger Dienst, Bundesfinanzverwaltung, Bundeswasserstraßenverwaltung mit Vorbehalt, früher auch die Bundespost und die Bundesbahn), Art. 87 I 2 die fakultative unmittelbare Bundesverwaltung mit Unterbau (Bundesgrenzschutz) oder ohne eigenen Unterbau (sog. Zentralstellen: Bundeskriminalamt, Bundesverfassungsschutzamt), Art. 87 II GG die obligatorische mittelbare Bundesverwaltung (Sozialversicherungsträger) und Art. 87 III GG die (fakultative) Erweiterung der unmittelbaren und der mittelbaren Bundesverwaltung unter bestimmten Voraussetzungen. Durch spätere Grundgesetzergänzungen wurde dieser Abschnitt ziemlich unübersichtlich, zumal die Regelungen über die Bundesverwaltung und über die Auftragsverwaltung der Länder durcheinander gehen. Art. 87 b I GG weist die Bundeswehrverwaltung, die für das Personalwesen und die unmittelbare Deckung des Sachbedarfs der Streitkräfte zuständig ist, als obligatorische bundesunmittelbare Verwaltung mit eigenem Verwaltungsunterbau aus; nach Art. 87 b II GG gehört die Verteidigungsver-

waltung im übrigen zum Bereich der fakultativen unmittelbaren Bundesverwaltung. Die Luftverkehrsverwaltung wird gem. Art. 87 d GG „in bundeseigener
Verwaltung" geführt, wobei durch Bundesgesetz über „die öffentlich-rechtliche oder privat-rechtliche Organisationsform" zu entscheiden ist. Die Bundesbahn und die Bundespost wurden mit ihrer Privatisierung und ihrer Um-
wandlung in privatrechtlich organisierte Wirtschaftsunternehmen aus dem
Bereich der Bundesverwaltung entlassen, allerdings bestehen noch bestimmte
Restbestände bundeseigener Verwaltung (vgl. Art. 87 e I GG, Art. 87 f. II 2
GG). Die Bundesfinanzverwaltung wird zwar nach Art. 87 I 1 GG in bundeseigener Verwaltung mit eigenem Verwaltungsunterbau geführt, ist aber, wie
sich aus Art. 108 GG und dem Finanzverwaltungsgesetz ergibt, teilweise mit
der Landesfinanzverwaltung verknüpft. – Vgl. dazu näher die Erläuterungen
der Art. 87 ff. GG in den Grundgesetz-Kommentaren; ferner etwa *Stern,*
Staatsrecht II, S. 821 ff.; *A. Dittmann,* Bundesverwaltung, S. 81 ff.; *W. Blümel,*
HStR IV (1990) S. 912 ff.

5. Die Organisationsgewalt im Bundesbereich

Die „Organisationsgewalt" betrifft die Frage, wer – im Verhält-   25
nis zwischen dem Gesetzgeber und der Regierung – die Befugnis
zur rechtlichen Regelung der Verwaltungsorganisation besitzt. Die
meisten Landesverfassungen weisen die Organisationsgewalt dem
Gesetzgeber zu. So bestimmt z. B. Art. 70 BWVerf., daß „Aufbau,
räumliche Gliederung und Zuständigkeiten der Landesverwaltung"
durch Gesetz geregelt werden; lediglich die Einrichtung der staatlichen Behörden im einzelnen, d. h. die verwaltungsinterne Ausgestaltung und Abgrenzung, bleibt der Regierung und den von ihr
ermächtigten Ministern überlassen. Das Grundgesetz enthält keine
entsprechende Generalklausel. Art. 86 S. 2 GG bestimmt vielmehr,
daß die *Bundesregierung* die Einrichtung der Behörden und Verwaltungsträger regelt, wobei allgemein anerkannt ist, daß unter „Einrichtung" nicht nur die interne Ausgestaltung und Abgrenzung,
sondern auch die Errichtung der Behörden einschließlich der Festlegung ihrer Zuständigkeiten zu verstehen ist. Das Grundgesetz
knüpft damit an traditionelle Vorstellungen an, bleibt dabei aber
nicht stehen. Schon Art. 86 GG bestimmt, daß die Zuständigkeit
der Bundesregierung nur besteht, wenn gesetzlich nichts anderes
bestimmt ist, der Gesetzgeber also jederzeit regelnd eingreifen kann.
Ferner enthält das Grundgesetz eine ganze Reihe von Vorschriften,
die in den meisten relevanten Fällen entweder selbst eine Organi-

sationsregelung enthalten oder aber eine gesetzliche Regelung fordern (so insbesondere Art. 87 ff. GG). Der Unterschied zu den Landesverfassungen ist daher in der Praxis nicht so groß, wie es zunächst erscheint. Er läßt sich damit erklären, daß der Bund – im Gegensatz zu den Ländern – keine allgemeine Verwaltung, sondern nur besondere, durch das Grundgesetz zugewiesene Verwaltungsbereiche und Verwaltungsinstanzen besitzt. Strittig ist, ob der allgemeine, aus dem Demokratieprinzip und dem Rechtsstaatprinzip abgeleitete und durch die Wesentlichkeitstheorie des BVerfG bestimmte Gesetzesvorbehalt auch den Organisationsbereich erfaßt (sog. institutioneller oder organisationsrechtlicher Gesetzesvorbehalt). Das ist dann, aber auch nur dann, zu bejahen, wenn die Organisationsregelungen – insbesondere die Errichtung von Verwaltungsbehörden und Verwaltungsträgern und die Festlegung ihrer Zuständigkeiten – als außenwirksame Rechtsvorschriften auch die Rechtsstellung der Bürger betreffen. Diesen Anforderungen genügen bereits die Regelungen des Grundgesetzes, die im Zweifel in diesem Sinne ausgelegt werden müßten. Die „Wesentlichkeit" einer Angelegenheit begründet jedenfalls keinen organisatorischen Gesetzesvorbehalt (vgl. dazu bereits oben § 8 Rn. 22).

Vgl. *Jarass,* JP Art. 20 Rn. 57 f.; *Pieroth,* JP Art. 86 Rn. 2; teilweise anders *Schulze-Fielitz,* in: Dreier, Grundgesetz, Art. 20 (Rechtsstaat) Rn. 112 ff.; *Lerche,* MD Art. 86 Rn. 75 ff.

26 Zu bemerken ist noch, daß Art. 86 GG – wie der gesamte VIII. Abschnitt des Grundgesetzes – nur für den Verwaltungsbereich gilt, die Regierungsebene also nicht erfaßt. Die Organisationsgewalt im Bereich der Regierung liegt beim Bundeskanzler und – für die einzelnen Ministerien – bei den Bundesministern (vgl. dazu bereits oben § 14 Rn. 33).

6. Gemeinschaftsaufgaben

27 a) *Mischverwaltung?* Die Verwaltungen des Bundes und der Länder sind – sowohl in organisatorischer als auch in funktioneller Hinsicht – grundsätzlich voneinander getrennt. Die Bundesverwaltung ist der Landesverwaltung nicht übergeordnet. Es gibt keinen Instanzenzug im Verwaltungsbereich von den Ländern zum

Bund. Eine Mischverwaltung, d. h. eine Verknüpfung von Bundesverwaltung und Landesverwaltung oder die Einräumung von Mitwirkungsbefugnissen der anderen Seite bei der Erledigung von Verwaltungsaufgaben, ist nach der h. L. grundsätzlich unzulässig. Die „Mischverwaltung" ist freilich kein Rechtsbegriff, aus dem sich bestimmte rechtliche Folgerungen ableiten ließen. Maßgeblich sind vielmehr die Regelungen des Grundgesetzes. Die dort festgelegten Zuständigkeiten, Einrichtungen und Verfahrensbestimmungen dürfen nicht durch Gesetz oder Vereinbarung verschoben oder durch die Praxis unterlaufen werden. Das Grundgesetz zeigt aber auch, daß die Bundesverwaltung und die Landesverwaltungen nicht so strikt abgeschottet sind, wie dies verschiedentlich angenommen wird. So hat der Bund gerade im Verwaltungsbereich erhebliche Einwirkungsrechte auf die Landesverwaltungen, wie die Aufsichts- und Weisungsrechte der Art. 84, 85 GG zeigen. Andererseits können die Länder auf den Bund Einfluß nehmen, etwa schon durch den Vollzug der Bundesgesetze und der damit verbundenen Gesetzesauslegung oder über den Bundesrat. Im übrigen können Bund und Länder, soweit das Grundgesetz noch Spielräume offenläßt, durchaus im Wege der Kooperation zusammenwirken.

Vgl. dazu BVerfGE 63, 1, 36 ff.; 97, 198, 227 f.; *Lerche,* MD Art. 83 Rn. 85 ff.; *Blümel,* HStR IV (1990) S. 935 ff.; *Maurer,* VerwR § 22 Rn. 43.

b) *Gemeinschaftsaufgaben.* Einen besonders signifikanten Bereich 28 des Zusammenwirkens von Bund und Ländern regelt das Grundgesetz in den Art. 91 a und b, die sogar in einem eigenen Abschnitt mit der Überschrift „Gemeinschaftsaufgaben" zusammengefaßt werden. Diese Regelungen wurden durch das Finanzreformgesetz von 1969 in das Grundgesetz aufgenommen. Ihr Zweck war es, die bislang zunehmende Mitfinanzierung von Landesprojekten durch den Bund, die verständlicherweise mit Vorgaben und Bedingungen verbunden waren, verfassungsrechtlich zu kanalisieren und zu disziplinieren. Zu den Gemeinschaftsaufgaben gehören nach der abschließenden Aufzählung des Art. 91 a I GG (1) der Ausbau und Neubau von Hochschulen, (2) die Verbesserung der regionalen Wirtschaftsstruktur und (3) die Verbesserung der Agrarstruktur und des Küstenschutzes. Ein wesentliches Element des Instituts der

Gemeinschaftsaufgaben ist die gemeinsame Rahmenplanung von
Bund und Ländern, in die die förderungswürdigen Projekte und
die vom Bund zu bezahlenden Kosten aufgenommen werden. Das
Nähere ist durch Bundesgesetz mit Zustimmung des Bundesrates
zu regeln. Die Verbindlichkeit der Rahmenpläne ist fraglich und
strittig; sie hängt auch von der näheren Regelung der jeweiligen
Ausführungsgesetze ab. Jedenfalls sind die Parlamente im Bund und
in den Ländern bei der Feststellung des Haushaltsplanes nicht an
die Rahmenpläne gebunden (Art. 91a IV 4 GG), dürften sich
ihnen aber faktisch kaum entziehen können.

Die nähere gesetzliche Regelung erfolgte durch das Hochschulbauförde-
rungsgesetz vom 1. 9. 1969 (BGBl. I S. 1556), zuletzt geändert durch Gesetz
vom 12. 4. 2001 (BGBl. I S. 610); das Gesetz über die Gemeinschaftsaufgabe
„Verbesserung der regionalen Wirtschaftsstruktur" vom 6. 10. 1969 (BGBl. I
S. 1861), zuletzt geändert durch Gesetz vom 24. 6. 1991 (BGBl. I S. 1322)
und das Gesetz über die Gemeinschaftsaufgabe „Verbesserung der Agrarstruktur und des Küstenschutzes" vom 3. 9. 1969 (BGBl. I S. 1573), i. d. F.
vom 21. 7. 1988 (BGBl. I S. 1055), zuletzt geändert durch Gesetz vom 8. 8. 1997
(BGBl. I S. 2027). – Literatur: *J. A. Frowein/I. v. Münch*, Gemeinschaftsaufgaben im Bundesstaat, Referate mit Diskussion, VVDStRL 31 (1973) S. 13ff.;
W. Blümel, HStR IV (1990) S. 939ff.; *P. Badura*, Staatsrecht, S. 559ff.

29   Art. 91b GG betrifft das Zusammenwirken von Bund und Ländern bei der Bildungsplanung und Forschungsförderung. Im Gegensatz zu Art. 91a GG begründet er keine Mitwirkungspflicht des
Bundes, erfolgt die nähere Regelung nicht durch Gesetz, sondern
durch Vereinbarung zwischen dem Bund und den Ländern und ist
die Finanzierung nicht im Grundgesetz festgelegt, sondern der
Vereinbarung überlassen.

30   Der 1969 in das Grundgesetz eingefügte Art. 91b GG geht auf die
bildungs- und forschungspolitischen Forderungen der sechziger Jahre zurück.
Die gemeinsame Bildungsplanung blieb trotz gewisser Ansätze (Bildungsge-
samtplan, der 1973 von einer Bund-Länder-Kommission vorgelegt und von
den Regierungschefs von Bund und Ländern gebilligt wurde) Anfang der
achtziger Jahre in den bildungspolitischen Differenzen der politischen Parteien
stecken. Die Forschungsförderung bildet dagegen die Grundlage für die Förderung der Deutschen Forschungsgemeinschaft, der Max-Planck-Gesellschaft
und anderer Einrichtungen. Auch der 1957 gebildete Wissenschaftsrat erhält
durch Art. 91b GG eine verfassungsrechtliche Grundlage. Vgl. dazu *Blümel*,
HStR IV (1990) S. 955ff.; *Th. Köstlin*, Die Kulturhoheit des Bundes, 1989,
S. 83f., 259f.

Literatur: *A. Köttgen,* Der Einfluß des Bundes auf die deutsche Verwaltung **31** und die Organisation der bundeseigenen Verwaltung, JÖR Bd. 3 (1954) S. 67ff. und Bd. 11 (1962) S. 173ff.; *E.-W. Böckenförde,* Die Organisationsgewalt im Bereich der Regierung, 1964; *Th. Maunz,* Die geteilte Verwaltung im Bundesstaat, Festschrift für den Boorberg-Verlag, 1977, S. 95ff.; *E. Schmidt-Aßmann,* Verwaltungsorganisation zwischen parlamentarischer Steuerung und exekutivischer Organisationsgewalt, Festschrift für Ipsen, 1977, S. 333ff.; *A. Dittmann,* Die Bundesverwaltung, 1983; *P. Lerche,* Kommentierung der Art. 83–87 in: Maunz/Dürig, 1983/1992; *W. Krebs,* Verwaltungsorganisation, HStR III (1988) S. 567ff.; *W. Blümel,* Verwaltungszuständigkeit, HStR IV (1990) S. 857ff.; *M. Schulte,* Zur Rechtsnatur der Bundesauftragsverwaltung, Verw-Arch. Bd. 81 (1990) S. 415; *H. Butzer,* Zum Begriff der Organisationsgewalt, DV 27 (1994) S. 157ff.; *G. Britz,* Bundeseigenverwaltung durch selbständige Bundesoberbehörden nach Art. 87 III 1 GG, DVBl. 1998, 167ff.; *Ch. Heitsch,* Die Ausführung der Bundesgesetze durch die Länder, 2001; *K.-P. Sommermann,* Grundfragen der Bundesauftragsverwaltung, DVBl. 2001, 1549ff.; *T. Hebeler,* Die Ausführung der Bundesgesetze (Art. 83ff. GG), Jura 2002, 164ff.; vgl. ferner die weitere Literatur zur Weisung gem. Art. 85 III GG oben Rn. 18.

Rechtsprechung: BVerfGE 12, 205 (Errichtung von Rundfunkanstalten); **32** BVerfGE 26, 338 (Eisenbahnkreuzungsgesetz: Verwaltungskompetenzen des Bundes); BVerfGE 63, 1 (Versorgungsanstalt: eigenverantwortliche Aufgabenwahrnehmung); BVerfGE 75, 108 (Künstlersozialversicherung: Behörden und Verfahren gem. Art. 84 I GG); BVerfGE 81, 310; 84, 25; 102, 167, 172ff. (Kalkar, Schacht Konrad, Herabstufung eines Bundesstraße: jeweils Weisungskompetenz des Bundesministers gem. Art. 85 III GG); BVerfGE 83, 130, 149ff. (Besetzung der Bundesprüfstelle für jugendgefährdende Schriften); BVerfGE 97, 198 (Übertragung von Aufgaben der Bahnpolizei und der Flughafensicherung auf den Bundesgrenzschutz); BVerfGE 100, 249 (Verwaltungsvorschriften gem. Art. 85 II GG); BVerfGE 104, 249 (Biblis: Maßnahmen im Vorfeld einer Weisung gem. Art. 85 III GG). – BVerwG NVwZ 1998, 500 (Abstufung einer Bundesstraße, Weisungskompetenz gem. Art. 85 III GG).

§ 19. Rechtsprechung und Gerichtsbarkeit

I. Die Rechtsprechung

1. Überblick und Rechtsgrundlagen

Neben der Legislative und der Exekutive ist die Rechtsprechung **1** oder Judikative der dritte Funktionsbereich im Sinne der Gewaltenteilungslehre (vgl. oben § 12). Sie ist im IX. Abschnitt des Grundgesetzes (Art. 92ff. GG) geregelt. Während die Bezeichnung

„Verwaltung" doppeldeutig ist und sowohl auf die Verwaltungstätigkeit als auch auf die Verwaltungsorganisation bezogen werden kann, betrifft die „Rechtsprechung" nur den Tätigkeitsbereich. Sie erhält aber dadurch ihre spezifische Prägung, daß sie durch unabhängige Gerichte in einem besonders ausgestalteten Verfahren ausgeübt wird. Es ist daher nur konsequent, daß das Grundgesetz in den Abschnitt über die Rechtsprechung auch die Gerichtsbarkeit einbezieht. Es beschränkt sich aber auf einige wesentliche Regelungen und überläßt die nähere Ausgestaltung dem einfachen Gesetzgeber. Im einzelnen regelt das Grundgesetz:

– die Verfassungsgerichtsbarkeit (Art. 93, 94, 99, 100 GG), vgl. dazu näher unten § 20,
– die Gerichtsbarkeit des Bundes im übrigen (Art. 95, 96 GG),
– die Rechtsstellung der Richter (Art. 97, 98 GG),
– einige wesentliche Verfahrensgrundsätze, insbesondere im strafprozessualen Bereich (Art. 103, 104 GG).

2　　Der Abschnitt über die Rechtsprechung und die Gerichtsbarkeit muß im *Gesamtzusammenhang* des Grundgesetzes gesehen werden. Vor allem ist Art. 19 IV GG zu beachten, der einen umfassenden *gerichtlichen Rechtsschutz* gegen staatliche Maßnahmen gewährleistet und durch die Vorschriften der Art. 92 ff. GG weitergeführt wird. Darüber hinaus ist die Gerichtsbarkeit ganz allgemein Ausdruck des *Rechtsstaatsprinzips,* das nicht nur Anforderungen an das materielle Recht stellt, sondern auch die Durchsetzbarkeit des Rechts verlangt. Das Rechtsstaatsprinzip greift deshalb subsidiär und ergänzend ein, wenn spezielle Regelungen im Bereich der Rechtsprechung und Gerichtsbarkeit fehlen oder unvollständig sind.

Vgl. dazu bereits oben § 8 Rn. 3; ferner zur Rechtsschutzgarantie des Art. 19 IV GG § 8 Rn. 23 ff., zum allgemeinen Justizgewährungsanspruch § 8 Rn. 35 und zu den strafprozessualen Grundsätzen § 8 Rn. 37 ff.

2. Zum Begriff der Rechtsprechung

3　　Das Grundgesetz enthält keine Definition der Rechtsprechung. In der Literatur finden sich unterschiedliche Begriffsbestimmungen, die sich aber im Ergebnis doch meistens nahekommen. Der formelle Rechtsprechungsbegriff, der auf die den Gerichten gesetzlich übertragenen Aufgaben abstellt, scheidet schon deshalb aus, weil er zu einem Zirkelschluß führte (Rechtsprechung ist richterliche Tätigkeit, richterliche Tätigkeit ist Rechtsprechung) und zudem die Zuordnung der Rechtsprechung dem Gesetzgeber ausliefert. Auch die Auffassung, der Rechtsprechungsbegriff des Art. 92 GG bilde lediglich eine Zusammenfassung der im Grundgesetz festgelegten Richter- und Rechtswegevorbehalte (so aber wohl *Herzog,* MD Art. 92 Rn. 42 ff.), vermag nicht zu überzeugen. Abgesehen davon, daß dann die zentrale Vorschrift des Art. 92 GG nur noch deklaratorische Bedeutung hätte, ist diese Auffassung teilweise zu eng und teilweise zu weit, – zu eng, weil sie traditionelle Rechtsbereiche (insbesondere die Entscheidung von zivilrechtlichen Streitigkeiten und die Strafrechtspflege, die im Grundgesetz nicht ausdrücklich den Gerichten zugewiesen werden) nicht erfaßt, und zu weit, weil sie möglicherweise Tätigkeiten einbezieht, die nicht als Rechtsprechung zu qualifizieren sind, aber vom Grundgesetz der richterlichen Entscheidung zugewiesen werden. Richtig ist allerdings, daß sich dann, wenn das Grundgesetz eine Aufgabe den Gerichten oder den Richtern zuweist, die Rechtsprechungsfrage in der Praxis nicht mehr stellt. Der Begriff der Rechtsprechung i. S. des Art. 92 GG muß nach materiellen Kriterien bestimmt werden. Das folgt auch aus dem Gewaltenteilungsprinzip, das in der Zuordnung von organisatorischen und funktionellen Elementen besteht (vgl. bereits oben § 12 Rn. 1).

Allgemein anerkannt ist, daß zur Rechtsprechung jedenfalls die traditionellen Bereiche, nämlich die Entscheidung zivilrechtlicher Streitigkeiten und die Strafrechtspflege, gehören. Ferner ergibt sich aus Art. 19 IV GG, daß auch die abschließende rechtliche Überprüfung staatlicher Maßnahmen dazuzurechnen sind; das gilt um so mehr, als ursprünglich – im 19. Jahrhundert – die Streitigkeiten zwischen dem Bürger und dem Staat meistens als Angelegenheit der ordentlichen Gerichte betrachtet wurden und sich erst mit der Herausbildung der Verwaltungsgerichtsbarkeit absonderten. Fraglich ist jedoch, welche Kriterien für die Bestimmung des materiellen Rechtsprechungsbegriffs maßgebend sind und wie er sich über die genannten Bereiche hinaus abgrenzen läßt. Während früher auf einige wesentliche Merkmale abgestellt wurde (Streitentscheidung, Feststellung umstrittenen oder ungewissen Rechts im Einzelfall, Letztverbindlichkeit, Entscheidung durch einen objektiven Dritten, Kontrolltätigkeit), finden sich heute – entsprechend der Ausdifferenzierung der Verfassungs- und Rechtsdogmatik – umfassende Definitionen. Es sei nur auf die Begriffsbestimmungen von *Hesse,* VerfR Rn. 548 und *Stern,* Staatsrecht II,

4

S. 898 ff. verwiesen. Vgl. im übrigen die Übersichten bei *N. Achterberg,* Der Begriff „Rechtsprechung im materiellen Sinne", Festschrift für Menger, 1985, S. 125 ff.; *A. Voßkuhle,* Rechtsschutz gegen Richter, 1993, S. 69 ff.; *St. Detterbeck,* in: Sachs, Grundgesetz, Art. 92 Rn. 21 ff.; ferner bereits zu früheren Deutungen BVerfGE 22, 49, 75 f.

5   Die Frage, ob ein präziser und doch alle Varianten erfassender Rechtsprechungsbegriff überhaupt erreichbar ist, soll hier dahingestellt bleiben. Sinnvoller ist es (wie beim Begriff der Verwaltung), auf typische Merkmale hinzuweisen, die die Eigenart der Rechtsprechung kennzeichnen und Anhaltspunkte für die Lösung konkreter Fälle geben. In dieser Hinsicht ist Rechtsprechung die verbindliche Entscheidung von Rechtsstreitigkeiten durch eine unabhängige, allein an Gesetz und Recht gebundene staatliche Instanz in einen mit besonderen Garantien ausgestalteten Verfahren.

Vgl. BVerfGE 103, 111, 137 f., das zu dem Ergebnis kommt: „Kennzeichen rechtsprechender Tätigkeit ist daher typischerweise die letztverbindliche Klärung der Rechtslage in einem Streitfall im Rahmen besonders geregelter Verfahren." Kurz und prägnant *Ipsen,* Staatsrecht, Rn. 744: „Rechtsprechung ist die durch einen unbeteiligten (und unabhängigen) Dritten am Maßstab des Rechts in einem förmlichen Verfahren getroffene Rechtsentscheidung."

Im einzelnen ergibt sich daraus:

6   a) *Rechtsstreitigkeiten.* Gegenstand der Rechtsprechung sind Rechtsstreitigkeiten, nicht politische, gesellschaftliche oder persönliche Streitfragen, auch wenn sie für die Entscheidung von Rechtsstreitigkeiten eine gewisse Bedeutung erlangen können. Alleiniger Maßstab der Rechtsprechung ist das Recht. Da der Streit zwei Parteien voraussetzt, erfolgt die Rechtsprechung in einem kontradiktorischen Verfahren, in dem sich Meinung und Gegenmeinung, Kläger und Beklagte gegenüberstehen. Das gilt im weiteren Sinne auch für das strafgerichtliche Verfahren, da sich dort der anklagende Staatsanwalt und der sich verteidigende Angeklagte gegenüberstehen. Selbst die abstrakte Normenkontrolle läßt sich noch darunter subsumieren; sie kennt zwar keinen Antragsgegner, zwingt aber doch das Gericht, in dem angenommenen Konflikt zwischen der Verfassungsmäßigkeit und der Verfassungswidrigkeit des Gesetzes zu entscheiden.

7   b) *Verbindlichkeit.* Zum Wesen der Rechtsprechung gehört die das Verfahren abschließende Verbindlichkeit der (letztinstanzlichen) Entscheidung. Gerichtliche Urteile erwachsen in Rechtskraft.

Formelle Rechtskraft bedeutet, daß die Entscheidung – nach Ablauf der Rechtsmittelfristen, dem Verzicht auf Rechtsmittel oder der Erschöpfung des Rechtswegs – nicht mehr angefochten werden kann; *materielle Rechtskraft* bedeutet, daß die abschließende Entscheidung zwischen den beiden Parteien verbindlich ist und daher auch in anderen Rechtsstreitigkeiten nicht mehr in Frage gestellt werden kann. Der Sinn der Rechtsprechung besteht gerade darin, eine Rechtsstreitigkeit definitiv zu beenden und damit den Rechtsfrieden wieder herzustellen (vgl. dazu bereits oben § 8 Rn. 53).

c) *Unabhängigkeit.* Die Rechtsprechung stellt gewisse Anforderun- **8** gen an die rechtsprechenden Organe. Sie müssen neutral und unabhängig sein, um als unbeteiligte Dritte objektiv entscheiden zu können. Das erfordert einmal die organisatorische Verselbständigung der Gerichtsbarkeit und zum anderen die sachliche und persönliche Unabhängigkeit der im konkreten Fall entscheidenden Richter.

d) *Verfahren.* Die besonderen Garantien des Gerichtsverfahrens sollen eine sachlich und rechtlich „richtige" Entscheidung gewährleisten, die Frieden stiftet und Rechtssicherheit schafft.

e) *Reagierende Tätigkeit.* Aus dem Entscheidungscharakter der **9** Rechtsprechung ergibt sich, daß die rechtsprechenden Organe nicht initiativ und gestaltend tätig werden, sondern bereits entstandene Streitfragen zu beurteilen haben. Rechtsprechung ist eine rechtswahrende, keine rechtsgestaltende Funktion, was nicht ausschließt, daß im Wege der Rechtsfortbildung neue Entwicklungen eingeleitet werden. Aber auch die Rechtsfortbildung ist an das bestehende Recht gebunden. Rechtsprechung ist kein politischer Willensbildungsprozeß, sondern ein rechtsgebundener Erkenntnisprozeß.

f) *Antragserfordernis.* Aus der reagierenden Funktion der Recht- **10** sprechung ergibt sich schließlich, daß die rechtsprechenden Organe nicht von sich aus, sondern nur auf Antrag tätig werden dürfen. Wo kein Kläger ist, da ist auch kein Richter!

3. Der Richtervorbehalt

a) *Allgemeiner Richtervorbehalt.* Nach Art. 92 GG ist die Rechtspre- **11** chung den Richtern anvertraut. Diese Formulierung ist zunächst überraschend. Während die Abschnitte über die Gesetzgebung und über die Verwaltung mit der Verteilung der Kompetenzen zwischen dem Bund und den Ländern einsetzen und dann z. T. noch die zuständigen Organe benennen, beginnt der Absatz über die Rechtsprechung mit den Organwaltern. Mit dieser Ouvertüre soll die Bedeutung und die Verantwortung der Richter betont werden. Dem Grundgesetzgeber war nach den schrecklichen Erfahrungen des nationalsozialistischen Unrechtssystems daran gelegen, den Rechtsstaat und in diesem Rahmen vor allem auch die Gerichtsbarkeit auszubauen; er wollte es dabei nicht nur bei institutionellen Wendungen belassen, sondern die Richter ganz persönlich ansprechen. Das ändert aber nichts daran, daß die Rechtsprechung nicht von den Richtern A oder B, sondern von den Gerichten als staatlichen Organen wahrgenommen wird. Der Hinweis auf die „Richter" ist also nicht personell, sondern institutionell im Sinne der Gerichtsbarkeit zu verstehen. Das wird durch den zweiten Halbsatz des Art. 92 GG bestätigt, der auf die Gerichte und die Kompetenzverteilung der Gerichtsbarkeit zwischen dem Bund und den Ländern hinweist. Der bereits durch das Grundgesetz nahegelegte Ausdruck „Richtervorbehalt", der sich auch aus Art. 13 II und 104 II GG entnehmen läßt, ist daher zumindest mißverständlich.

12   Verfehlt ist es jedenfalls, wenn in der Literatur die Auffassung vertreten wird, Art. 92 GG mache „die Richter zu verfassungsunmittelbaren Organen und nicht bloß zu Organwaltern der Rechtsprechung", so *Wassermann*, AK-GG, Art. 92 Rn. 36; *Detterbeck*, in: Sachs, Grundgesetz, Art. 92 Rn. 24. Das ist bei Kollegialgerichten evident, die als solche und nicht als eine Art Organwaltergemeinschaft entscheiden; das gilt aber auch für den Einzelrichter am Amtsgericht, dessen Entscheidung nicht ihm, sondern dem Amtsgericht zugerechnet wird. Die überkommene Dogmatik und Unterscheidung zwischen juristischer Person, Organ und Organwalter (vgl. dazu *Maurer*, VerwR, § 21 Rn. 2 ff.) soll durch die Formulierung des Art. 92 Hs. 1 GG sicher nicht aufgelöst werden.

13   Die Rechtsprechung fällt *ausschließlich* in den Kompetenzbereich der Gerichte. Während zwischen der Legislative und der Exekutive verschiedene Überschneidungen und gegenseitige Einwirkungsmöglichkeiten bestehen, ist zwischen diesen und der Rechtsprechung eine klare Grenze gezogen (vgl. dazu oben § 12 Rn. 15). Die Übertragung von Rechtsprechungsaufgaben auf Organe der Legislative oder der Exekutive oder auch nur Einwirkungen von diesen auf die Rechtsprechung sind verfassungsrechtlich unzulässig.

Eine völlige Trennung ist freilich nicht möglich; sie würde auch die Gerichtsbarkeit in die Isolation treiben. Die Organisation, die Zuständigkeiten und das Verfahren werden durch den Gesetzgeber bestimmt. Die personelle Besetzung der Gerichte erfolgt durch die Parlamente und/oder die Regierung. Die Richter stehen ferner unter der Dienstaufsicht des Justizministers bzw. des sonst zuständigen Ministers, die jedoch die sachliche und persönliche Unabhängigkeit der Richter beachten müssen. Ferner ist nach der h. L. nicht ausgeschlossen, daß den Gerichten – neben der Verwaltung der eigenen Angelegenheiten (Gerichtsverwaltung) – in beschränktem Umfang die Erledigung gewisser sachnaher Verwaltungsaufgaben übertragen wird (BVerfGE 76, 100, 106). § 39 VwGO schließt das allerdings für die allgemeine Verwaltungsgerichtsbarkeit auf der einfachgesetzlichen Ebene aus.

b) *Spezielle Richtervorbehalte.* Das Grundgesetz kennt neben dem **14** allgemeinen Richtervorbehalt einige spezielle Richtervorbehalte. So bedürfen die Durchsuchungen und die akustischen Überwachungen von Wohnungen gem. Art. 13 GG einer „richterlichen Anordnung" und die Freiheitsentziehungen gem. Art. 104 GG (polizeiliche Festnahmen, U-Haft, Einweisung in eine geschlossene Anstalt) einer „richterlichen Entscheidung". Auch in diesen Fällen werden die Gerichte nicht verwaltend, sondern rechtsprechend tätig. Sie dürfen diese Anordnungen und Entscheidungen nicht von sich aus, sondern nur auf Antrag der zuständigen Verwaltungsbehörden treffen. Die Sachentscheidung liegt also bei der Verwaltung, sie wird aber erst nach der rechtlichen Bestätigung durch das Gericht wirksam. Es handelt sich um einen vorgezogenen Rechtsschutz. Während normalerweise die Verwaltungsbehörde handelt und anschließend der Bürger beim Verwaltungsgericht klagen kann, muß hier die Verwaltung vorweg und von Amts wegen die richterliche Entscheidung einholen. Das Gericht muß – wie beim nachfolgenden Rechtsschutz – die sachlichen und rechtlichen Voraussetzungen des beabsichtigten Eingriffs selbst feststellen (BVerfGE 83, 24, 33 f.). – Entsprechendes gilt auch für die Verwirkung von Grundrechten (Art. 18 GG) und das Parteiverbot (Art. 21 II GG), über die das BVerfG – auf Antrag der Bundesregierung, des Bundestages oder des Bundesrates – zu entscheiden hat.

Von den soeben dargelegten speziellen Richtervorbehalten (als Präventiv- **15** kontrollen) sind die grundgesetzlich festgelegten *Rechtswegeregelungen* zu unterscheiden. Nach Art. 14 III 4, Art. 15 S. 2 und Art. 34 S. 3 GG haben über die Entschädigung und den Schadensersatz bei Enteignungen, Sozialisierungen und Amtspflichtverletzungen die ordentlichen Gerichte zu entscheiden. Diese Regelungen sind traditionell zu erklären. Ihre Vorgängerregelungen hatten den Sinn, den Rechtsweg für diese Fälle überhaupt zu begründen. Heute ergibt sich der Rechtsweg bereits aus Art. 92 GG. Daher haben diese Regelungen nur noch die Funktion, einen bestimmten Rechtsweg, nämlich den Rechtsweg zu den Zivilgerichten, zu eröffnen. Wenn diese Regelungen nicht bestehen oder aufgehoben würden, dann wären die Verwaltungsgerichte gem. § 40 I VwGO zuständig.

II. Die Gerichtsbarkeit

1. Bundesstaatliche Kompetenzverteilung

16   Das Grundgesetz enthält keine ausdrückliche Regelung, die die Rechtsprechung – wie die Gesetzgebung und die Verwaltung – zwischen dem Bund und den Ländern verteilt. Fraglich ist, ob Art. 30 GG herangezogen werden kann. Das kann hier jedoch dahingestellt bleiben, weil jedenfalls die Art. 92 ff. GG über die Gerichtsbarkeit eine klare Kompetenzabgrenzung bringen. Die Rechtsprechung fällt in den Bereich des Bundes, soweit die im Grundgesetz aufgeführten Bundesgerichte zuständig sind. Im übrigen wird sie durch die Gerichte der Länder ausgeübt, die dabei Landesstaatsgewalt wahrnehmen (BVerfGE 96, 345, 366). Obwohl somit die Rechtsprechung und die Gerichtsbarkeit überwiegend Landessache sind, werden sie doch auch insoweit durch das Bundesrecht bestimmt. Der Bund besitzt die konkurrierende Gesetzgebungskompetenz für die Regelung der Gerichtsorganisation und des gerichtlichen Verfahrens (Art. 74 I Nr. 1 GG), im Blick auf die Finanzgerichtsbarkeit sogar die ausschließliche Gesetzgebungskompetenz (Art. 108 VI GG). Er hat auch von seinen Gesetzgebungskompetenzen umfassend Gebrauch gemacht. Den Ländern verbleiben insoweit nur noch gewisse Restkompetenzen, etwa die Festlegung der Gerichtsbezirke. Freilich gilt das nur für die rechtliche Ausgestaltung. Die Besetzung der Landesgerichte und damit die Personalpolitik liegt wieder ausschließlich bei den Ländern.

2. Die Rechtsstellung der Richter

17   a) *Unabhängigkeit.* Die Richter sind sachlich und persönlich unabhängig (Art. 97, 98 GG). Die *sachliche Unabhängigkeit* bezieht sich

auf die Rechtsprechungstätigkeit. Sie verbietet Weisungen und sonstige Einflußnahmen staatlicher Organe, um die ausschließliche Bindung der Richter an das Recht zu gewährleisten. Sachliche Unabhängigkeit und Gesetzesbindung stehen in einem sich gegenseitig bedingenden Zusammenhang.

Die Weisungsfreiheit der Richter legt einen Vergleich mit der Weisungsfreiheit der Abgeordneten gem. Art. 38 I 2 GG nahe. Der entscheidende Unterschied besteht aber darin, daß die Abgeordneten im Rahmen der Verfassung frei entscheiden können und müssen, während die Richter entsprechend dem Gesetz zu entscheiden haben. Die richterliche Unabhängigkeit ist in früherer Zeit entwickelt und durchgesetzt worden, um Eingriffe des Monarchen in die Rechtsprechung abzuwehren. Heute droht die Gefahr eher aus dem gesellschaftlichen Bereich, insbesondere von bestimmten Medien, die durch Vorverurteilungen, Indiskretionen und Manipulationen ihr Geschäft machen wollen. Wenn auch anzunehmen ist, daß sich die Richter dadurch nicht beeinflussen lassen, so ist es doch höchste Zeit, im Interesse der Betroffenen wenigstens grundsätzlich klare Grenzen zu ziehen.

Die sachliche Unabhängigkeit wird durch die *persönliche Unab-* **18** *hängigkeit* ergänzt und abgesichert. Die Richter, die hauptamtlich und planmäßig endgültig angestellt sind, was die Regel ist, dürfen nicht gegen ihren Willen versetzt oder entlassen werden. Dadurch soll verhindert werden, daß die Rechtsprechung durch Versetzungen gesteuert wird oder auch nur ein Richter im Blick auf eine mögliche Versetzung im Sinne der Regierung entscheidet.

Die persönliche Unabhängigkeit gilt nur grundsätzlich. Es versteht sich von selbst, daß ein Richter bei Vorliegen besonderer Umstände, etwa bei schwerwiegenden Verletzungen seiner Dienstpflichten, disziplinarrechtlich belangt und ggf. aus dem Dienst entfernt werden kann. Voraussetzung ist aber, daß dies aufgrund einer gesetzlichen Regelung, durch eine gerichtliche Entscheidung und unter Beachtung des gesetzlich vorgeschriebenen Verfahrens geschieht. Das Nähere regelt das Deutsche Richtergesetz (Schönfelder Nr. 97). Ferner schließt der Grundsatz der persönlichen Unabhängigkeit die Bestellung von Richtern auf Zeit nicht generell aus. Die zeitliche Begrenzung besteht in der Regel bei den Verfassungsrichtern und durchweg bei den ehrenamtlichen Richtern (d. h. den sog. Laienrichtern, im Gegensatz zu den Berufsrichtern). Während der Amtszeit gilt aber auch für die Zeitrichter der Grundsatz der persönlichen Unabhängigkeit wie für die lebenslänglich angestellten Berufsrichter.

b) *Die Bestellung der Richter.* Die Frage, wer die Richter zu **19** bestellen hat, erhält wegen der Unabhängigkeit der Richter und der Kompetenz der Richter zur verbindlichen Letztentscheidung erhebliche Bedeutung. Denkbar ist (1) die Wahl durch das Parlament, (2) die Berufung durch die Regierung oder den zuständigen Minister oder (3) die Kooptation durch eine Vertretung der Richter, wobei diese verschiedenen Möglichkeiten weiter differenziert oder miteinander kombiniert werden können. De lege lata bestehen unterschiedliche Regelungen.

Die *Richter des BVerfG* werden je zur Hälfte vom Bundestag und vom Bundesrat gewählt (vgl. dazu unten § 20 Rn. 15). Die *Richter an den obersten Bundesgerichten* (Art. 95 I GG) werden vom zuständigen Bundesminister, in der Regel vom Bundesjustizminister, gemeinsam mit dem Richterwahlausschuß, der aus den jeweils zuständigen Ministern der 16 Bundesländer und einer gleichen Anzahl von Abgeordneten des Bundestages besteht, berufen (vgl. Art. 95 II GG und das Richterwahlgesetz, Sart. Nr. 610). Der Richterwahlausschuß entscheidet mit der Mehrheit der abgegebenen Stimmen über die jeweiligen Vorschläge; der zuständige Bundesminister muß zustimmen. Hier wirken also exekutive, parlamentarische und föderalistische Elemente zusammen. Die Bestellung der *Richter an den Landesgerichten* wird durch das Landesrecht bestimmt. Die *Richter an den Landesverfassungsgerichten* werden durchweg durch die Landesparlamente gewählt, sofern nicht schon eine Mitgliedschaft kraft Amtes besteht (etwa der OVG-Präsident zugleich Mitglied oder sogar Vorsitzender des Landesverfassungsgerichts ist). Die *Richter der übrigen Landesgerichte* werden durch die Landesregierung oder den zuständigen Landesminister (Landesjustizminister) berufen, wobei meistens noch die Mitwirkung eines parlamentarisch besetzten Richterwahlausschusses vorgesehen ist (vgl. dazu Art. 98 IV GG). Das Kooptationsprinzip ist nicht verwirklicht. Aber bei den obersten Bundesgerichten und bei den Landesgerichten (jeweils für einen Gerichtszweig) ist ein mit Richtern besetzter *Präsidialrat* zu bilden, der vor der Ernennung eine schriftlich begründete Stellungnahme über die persönliche und fachliche Eignung des Kandidaten abzugeben hat. Das Votum ist nicht verbindlich, vermittelt aber doch ein Mitspracherecht. Die dargelegten Regelungen gelten nur für die Ernennung, nicht für die Beförderung.

3. Aufbau der Gerichtsbarkeit

20 a) *Bundesgerichte.* Die Gerichte des Bundes lassen sich in drei Gruppen einteilen:

– das Bundesverfassungsgericht gem. Art. 93, 94 GG, vgl. dazu näher sogleich unten § 20 Rn. 3 ff.;
– oberste Bundesgerichte für bestimmte Bereiche gem. Art. 95 I GG, die in der Regel als Revisionsgerichte, ausnahmsweise auch als erste Instanz entscheiden: der Bundesgerichtshof (für Zivil- und Strafsachen) in Karlsruhe, das Bundesverwaltungsgericht in Leipzig, der Bundesfinanzhof in München, das Bundesarbeitsgericht in Erfurt und das Bundessozialgericht in Kassel;
– weitere Gerichte für bestimmte Bereiche gem. Art. 96 GG: das Bundespatentgericht in München für Angelegenheiten des gewerblichen Rechtsschut-

zes, das Bundesdisziplinargericht in Frankfurt a. M. für Disziplinarangelegenheiten der Bundesbeamten, die Truppendienstgerichte für Beschwerden und Disziplinarangelegenheiten der Soldaten, jeweils mit dem BGH bzw. dem BVerwG als Rechtsmittelinstanz.

Wenn eines der obersten Bundesgerichte gem. Art. 95 I GG in **21** einer Rechtsfrage von einer Entscheidung eines anderen obersten Bundesgerichts abweichen will, muß es die Entscheidung des *Gemeinsamen Senats der obersten Gerichtshöfe des Bundes* herbeiführen. Dadurch soll die Einheitlichkeit der Rechtsprechung gewährleistet werden. Der Gemeinsame Senat ist keine weitere Einrichtung, sondern besteht aus Mitgliedern der obersten Bundesgerichte. Vgl. dazu Art. 95 III GG und das dazu ergangene Gesetz vom 19. 6. 1968 (Schönfelder Nr. 95 b).

b) *Landesgerichte*. Die übrigen Gerichte sind den Ländern zuge **22** ordnet. Durch die fachliche Gliederung des Art. 95 I GG wird allerdings auch die Gerichtsorganisation der Länder präjudiziert, da sie den dort aufgeführten Gerichten entsprechen muß. Im übrigen wird die Gerichtsorganisation ohnehin bundesrechtlich festgelegt (vgl. dazu bereits oben Rn. 16). Es bestehen sonach folgende Gerichte und Instanzenzüge (das zuletzt genannte Gericht ist jeweils die bundesgerichtliche Revisionsinstanz, in den Klammern werden die maßgeblichen Gesetze angegeben):

– ordentliche Gerichtsbarkeit (Zivil- und Strafsachen): Amtsgericht/Landgericht, Oberlandesgericht, Bundesgerichtshof (Gerichtsverfassungsgesetz, Zivilprozeßordnung, Strafprozeßordnung);
– Verwaltungsgerichtsbarkeit: Verwaltungsgericht, Oberverwaltungsgericht (in einigen Bundesländern Verwaltungsgerichtshof genannt), Bundesverwaltungsgericht (Verwaltungsgerichtsordnung);
– Finanzgerichtsbarkeit: Finanzgericht, Bundesfinanzhof (Finanzgerichtsordnung);
– Sozialgerichtsbarkeit: Sozialgericht, Landessozialgericht, Bundessozialgericht (Sozialgerichtsgesetz);
– Arbeitsgerichtsbarkeit: Arbeitsgericht, Landesarbeitsgericht, Bundesarbeitsgericht (Arbeitsgerichtsgesetz).

4. Verfahren

Die Gerichtsbarkeit wird nicht nur durch die Unabhängigkeit **23** der Richter, sondern auch durch die spezifische rechtsstaatliche

Ausgestaltung des gerichtlichen Verfahrens geprägt. Die besonderen Anforderungen an das Gerichtsverfahren sollen gewährleisten, daß das abschließende Urteil auch wirklich dem materiellen Recht entspricht. Fehlurteile sind zwar nicht ganz auszuschließen, ganz abgesehen davon, daß man immer wieder über die „richtige" Entscheidung diskutieren kann. Sie sollen aber durch Beseitigung möglicher Fehlerquellen möglichst verhindert werden. Die Regelung des Verfahrens ist Sache des einfachen Gesetzgebers. Das Grundgesetz legt aber doch einige Verfahrensgrundsätze fest; ferner ergeben sich aus dem Rechtsstaatsprinzip weitere Anforderungen an die Verfahrensgestaltung. Die strafprozessualen Grundsätze sind bereits dargelegt worden (vgl. oben § 8 Rn. 37 ff.). Im folgenden sollen noch drei Verfahrensgrundsätze kurz vorgestellt werden, die für den Strafprozeß, darüber hinaus aber für alle gerichtlichen Verfahren von grundlegender Bedeutung sind. Diese Grundsätze sind sowohl für den Gesetzgeber bei der Regelung des Verfahrensrechts als auch für den Richter bei der Durchführung einzelner Verfahren maßgeblich und verbindlich.

24 a) *Rechtliches Gehör* (Art. 103 I GG). Die Verfahrensbeteiligten müssen die Gelegenheit erhalten, sich zu allen verfahrensrelevanten Fragen in tatsächlicher und rechtlicher Hinsicht zu äußern. Damit wird der alte Grundsatz „audiatur et altera pars" aufgenommen und prozessual umgesetzt. Es genügt, daß der Beteiligte die reelle Chance zur Stellungnahme hat; unerheblich ist, ob er davon Gebrauch macht. Voraussetzung des rechtlichen Gehörs ist, daß der Verfahrensbeteiligte Kenntnis von den entscheidungserheblichen Umständen erhält, insbesondere Einsicht in sämtliche Schriftsätze und Stellungnahmen der Gegenseite nehmen kann. Daraus ergeben sich (begrenzte) Hinweis- und Informationspflichten des Gerichts. Ferner ist das Gericht verpflichtet, die Stellungnahmen der Verfahrensbeteiligten nicht nur zur Kenntnis zu nehmen, sondern sie auch bei der Entscheidungsfindung in seine Erwägungen einzubeziehen. Das Gericht darf seiner Entscheidung keine Tatsachen oder Beweismittel zugrunde legen, zu denen sich die Beteiligten nicht äußern konnten. Geschieht das gleichwohl, dann ist die Entscheidung rechtswidrig und im Wege der auch sonst zulässigen Rechtsmittel anfechtbar. Das Recht auf Anhörung unterliegt keinem Schrankenvorbehalt. Es kann zwar aus Gründen der Verfahrensbeschleunigung zeitlich begrenzt, aber nicht ganz ausgeschlossen werden.

Das „rechtliche Gehör" spielt in der Rechtsprechung des BVerfG eine erhebliche Rolle. Eine ganze Reihe von Verfassungsbeschwerden wegen Verletzung dieses Verfahrensrechts haben zum Erfolg geführt. Das BVerfG hat diesen Grundsatz in zahlreichen Facetten ausdifferenziert, vgl. dazu näher *Pieroth,* JP Art. 103 Rn. 1 ff; *Degenhart,* in: Sachs, Grundgesetz, Art. 103 Rn. 1 ff.

b) *Das Recht auf den gesetzlichen Richter* (Art. 101 I 2 GG). Wenn **25** Art. 101 I 2 GG bestimmt, daß niemand seinem gesetzlichen Richter entzogen werden darf, so bedeutet das erstens, daß schon vor Beginn des Prozesses feststehen muß, welches Gericht und welcher Richter für den konkreten Fall zuständig ist, und zweitens, daß das sonach zuständige Gericht und der sonach berufene Richter auch tatsächlich mit diesem Fall befaßt werden. Die vorherige Feststellung erfordert eine generell-abstrakte Regelung (ohne Ansehen der Person!). Sie erfolgt in drei Stufen, nämlich (1) durch formelles Gesetz, das das jeweilige Gericht bestimmt, (2) durch einen vom Präsidium des Gerichts jährlich aufzustellenden Geschäftsverteilungsplan, der die Besetzung und die Zuständigkeit der einzelnen Spruchkörper (Kammern, Senate) des jeweiligen Gerichts festlegt und (3) durch einen von allen Richtern des jeweiligen Spruchkörpers zu beschließenden Mitwirkungsplan, der im voraus bestimmt, welche Richter in den bevorstehenden Fällen mitzuwirken haben (wenn die Kammer bzw. der Senat mehr Richter hat, als für die konkrete Entscheidung erforderlich sind). Der Anspruch auf den gesetzlichen Richter ist verletzt, wenn entweder die generelle Festlegung oder die konkrete Zuweisung den Anforderungen des Art. 101 I 2 GG nicht entspricht.

Vgl. zur gerichtsinternen Geschäftsverteilung § 21 e und g GVG; BVerfGE 95, 322, 324 ff.; BGH (Beschl. der Vereinigten Großen Senate), BGHZ 126, 63, 69 ff.; ferner die Nachweise bei *Pieroth* und *Degenhart* jeweils aaO Rn. 24.

c) *Der Grundsatz des fairen Verfahrens* ergibt sich nicht ausdrück- **26** lich aus dem Grundgesetz, sondern wird vom BVerfG aus dem Rechtsstaatsprinzip in Vbg. mit Art. 2 I GG abgeleitet (vgl. grundlegend BVerfGE 57, 250, 274 ff.). Er läßt sich nicht auf eine knappe Formel bringen, enthält auch keine in alle Einzelheiten gehenden Gebote und Verbote, sondern bedarf der Konkretisierung je nach den sachlichen Gegebenheiten. In erster Linie ist der Gesetzgeber gefordert. Erst wenn sich ergibt, daß rechtsstaatlich unverzichtbare Erfordernisse nicht mehr gewahrt sind, können unmittelbar konkrete Folgerungen daraus gezogen werden (BVerfGE 57, 250, 276). Der Grundsatz des fairen Verfahrens gilt vor allem im Strafprozeß, etwa indem er dem Angeklagten eine wirksame Verteidigung gewährleistet. Er gilt aber u. a. auch im Zivilprozeß. Der Richter muß, wie das BVerfG resümierend feststellt, das Verfahren so gestalten, wie es die Parteien des Zivilprozesses von ihm erwarten dürfen: Er darf sich nicht widersprüchlich verhalten, darf aus eigenen oder ihm zuzurechnenden Fehlern oder Versäumnissen keine Verfahrensnachteile ableiten und ist allgemein zur Rücksichtnahme gegenüber den Verfahrensbeteiligten in ihrer konkreten Situation verpflichtet (BVerfGE 78, 123, 126).

Vgl. ferner aus der neueren Rechtsprechung BVerfGE 91, 176, 180 ff. (wo vom „Anspruch auf ein rechtsstaatliches Verfahren" die Rede ist); BVerfGE 93, 99, 113 ff.; *P. J. Tettinger,* Fairneß und Waffengleichheit, 1984; *G. Dörr,* Faires Verfahren, 1984.

27 **Literatur:** *E. Friesenhahn,* Über Begriff und Arten der Rechtsprechung, Festschrift für Thoma, 1950, S. 21 ff.; *O. Bachof,* Grundgesetz und Richtermacht, 1959; *D. Lorenz,* Der Rechtsschutz des Bürgers und die Rechtsweggarantie, 1973; *E.-W. Böckenförde,* Verfassungsfragen der Richterwahl, 1974; *G. Roellecke/Ch. Starck,* Die Bindung des Richters an Gesetz und Verfassung, Referate mit Diskussion, VVDStRL 34 (1976) S. 7 ff.; *N. Achterberg* (Hg.), Rechtsprechungslehre, 1984; *P. Kirchhof,* Der Auftrag des Grundgesetzes an die rechtsprechende Gewalt, Festschrift der Juristischen Fakultät zur 600-Jahr-Feier der Universität Heidelberg, 1986, S. 11 ff.; *M. Wolff,* Gerichtsverfassungsrecht aller Verfahrenszweige, 6. Aufl. 1987; *G. Hager,* Freie Meinung und Richteramt, 1987; *K. A. Bettermann,* Die rechtsprechende Gewalt, HStR III (1988) S. 775 ff.; *Ch. Degenhart,* Gerichtsorganisation, HStR III (1988) S. 859 ff.; *W. Blümel,* Rechtsprechungszuständigkeit, HStR IV (1990) S. 965 ff.; *E. Schmidt-Jortzig,* Aufgabe, Stellung und Funktion des Richters im demokratischen Rechtsstaat, NJW 1991, 2377 ff.; *M. Reinhardt,* Konsistente Jurisdiktion, 1997; *W. Hoffmann-Riem,* Justizdienstleistungen im kooperativen Staat, JZ 1999, 421 ff.; *Th. Pfeiffer,* Rechtsprechungsbegriff, richterliche Neutralität und hessische Wahlprüfung, ZRP 2000, 378 ff.; *H. Maurer,* Rechtsstaatliches Prozeßrecht, BVerfG-Festschrift 2001, Bd. II, S. 467 ff.; *H.-J. Papier,* Die richterliche Unabhängigkeit und ihre Schranken, NJW 2001, 1089 ff.; *ders.,* Zur Selbstverwaltung der Dritten Gewalt, NJW 2002, 2585 ff.

Rechtsprechung: BVerfGE 14, 56, 64 ff. (Gemeindegerichte); BVerfGE **28** 22, 49, 73 ff. (Strafrechtspflege); BVerfGE 22, 125, 130 ff. (gebührenpflichtige Verwarnung); BVerfGE 27, 18, 28 ff. (Ordnungswidrigkeiten); BVerfGE 48, 300, 314 ff. (Ehrengerichte für Rechtsanwälte); BVerfGE 96, 345, 366 ff. (Bundes- und Landesverfassungsgerichtsbarkeit); BVerfGE 96, 375, 393 ff. (richterliche Rechtsfortbildung); BVerfGE 103, 111 (Hess. Wahlprüfungsgericht: Begriff der Rechtsprechung).

§ 20. Verfassungsgerichtsbarkeit

I. Grundlagen und allgemeine Bedeutung

1. Entwicklung

Die Verfassungsgerichtsbarkeit (früher auch Staatsgerichtsbarkeit **1** genannt) hat in Deutschland eine lange Tradition. Die ersten Anfänge reichen bis zum Reichskammergericht und zum Reichshofrat des alten Deutschen Reichs zurück (vgl. dazu oben § 2 Rn. 12). Neue Ansätze finden sich in den konstitutionellen Verfassungen der ersten Hälfte des 19. Jahrhunderts, die zum Schutze der Verfassung eine Ministeranklage vorsahen (vgl. dazu oben § 2 Rn. 40 ff.). Die Frankfurter Reichsverfassung von 1849 wollte in Anlehnung an die US-Verfassung eine umfassende Verfassungsgerichtsbarkeit einführen, wurde aber bekanntlich nicht rechtswirksam. Die von ihr konzipierte Verfassungsgerichtsbarkeit hatte zunächst auch keinen Einfluß auf die weitere Verfassungsentwicklung in Deutschland. Preußen und das von ihm dominierte Deutsche Reich von 1871 kannten keine Verfassungsgerichtsbarkeit. Die in der preußischen Verfassung von 1850 vorgesehene Ministeranklage blieb schon mangels Ausführungsgesetz bedeutungslos (Art. 61 Verf.). Die Reichsverfassung wies sogar föderative Streitigkeiten einem politischen Organ, dem Bundesrat, und nicht einem Gericht zu. Die Weimarer Reichsverfassung von 1919 führte dagegen eine Verfassungsgerichtsbarkeit ein, beschränkte sie aber auf einige Teilbereiche (Streitigkeiten zwischen dem Reich und den Ländern, landesinterne Verfassungsstreitigkeiten, Ministeranklagen). Zum Durchbruch kam es erst nach 1945. Die in Süddeutschland erlassenen Landesverfassungen von 1946/47 regelten – z.T. im Anschluß an Reformvorschläge der Weimarer Zeit – eine umfangreiche Verfassungsgerichtsbarkeit (konkrete Normenkontrolle, überwiegend auch Organstreitverfahren und abstrakte Normenkontrolle, in Bayern und in Hessen ferner eine Verfassungsbeschwerde).

2   Das Grundgesetz knüpfte daran an und hat mit dem BVerfG eine umfassende Verfassungsgerichtsbarkeit geschaffen. Das BVerfG wurde 1951 nach Erlaß des Bundesverfassungsgerichtsgesetzes (BVerfGG) errichtet. Es hat seitdem eine Rechtsprechung entwikkelt, die sowohl den staatlich-politischen Bereich als auch den gesellschaftlichen Bereich nachhaltig beeinflußt hat. Die Verfassungsgerichtsbarkeit ist zu einem prägenden Element der Bundesrepublik Deutschland geworden. Dem BVerfG erwächst allerdings einerseits in den Landesverfassungsgerichten, die seit 1990, insbesondere durch die Einführung der Landesverfassungsbeschwerde, an Bedeutung gewonnen haben, und andererseits in den europäischen Gerichten – dem Europäischen Gerichtshof in Luxemburg (EuGH), der u.a. über die Vereinbarkeit von deutschem Recht mit dem Europäischen Gemeinschaftsrecht zu entscheiden hat, und dem Europäischen Gerichtshof für Menschenrechte in Straßburg (EGMR), der über Verletzungen der EMRK zu entscheiden hat – eine zunehmende Konkurrenz.

2. Rechtsgrundlagen

3   a) Die grundlegenden Vorschriften über das BVerfG finden sich bereits im *Grundgesetz:* Art. 92 GG legt die Stellung des BVerfG im Bereich der Gerichtsbarkeit fest, Art. 93 I GG enthält einen Zuständigkeitskatalog, Art. 94 I GG bestimmt die Zusammensetzung des Gerichts. Weitere Zuständigkeiten des BVerfG sind über das ganze Grundgesetz verstreut (vor allem Art. 100 I GG, ferner Art. 18, Art. 21 II GG usw.). Im übrigen wird der Gesetzgeber ermächtigt, dem BVerfG weitere Fälle zuzuweisen (Art. 93 II GG) und vor allem die Organisation und das Verfahren des BVerfG näher zu regeln (Art. 94 II GG).

4   b) Die erforderlichen Ausführungsbestimmungen bringt das *Gesetz über das Bundesverfassungsgericht* (BVerfGG), das 1951 erlassen,

seitdem aber mehrfach geändert worden ist. Die meisten Änderungen zielten auf eine Beschränkung der übergroßen Zahl von Verfassungsbeschwerden (vgl. dazu auch unten Rn. 124). Einige weitere Änderungen betrafen aber auch Organisations- und Verfahrensfragen. So regelt das derzeit letzte Änderungsgesetz vom 16. 7. 1998 (BGBl. I S. 1823) die Rundfunk- und Fernsehaufnahmen in der mündlichen Verhandlung (§ 17 a) und die außerhalb des Verfahrens gestellten Anträge auf Akteneinsicht (§§ 35 a ff.). Insgesamt blieb aber die Konzeption der Verfassungsgerichtsbarkeit unverändert.

Bei der Lösung von Fällen ist zu beachten, daß sich die Regelungen des Art. 93 I GG und die entsprechenden Vorschriften des BVerfGG ergänzen. Daher genügt es – etwa bei der Prüfung der Zulässigkeit von Organstreitverfahren – nicht, nur Art. 93 I Nr. 1 GG oder nur §§ 63 ff. BVerfGG heranzuziehen. Vielmehr müssen beide herangezogen, zitiert und geprüft werden. Denn Art. 93 I Nr. 1 GG reicht weiter, soweit es um die Beteiligtenfähigkeit geht, und § 64 BVerfGG präzisiert die Antragsbefugnis.

c) Das BVerfG besitzt ferner eine *Geschäftsordnung* (§ 1 III **5** BVerfGG). Sie wird vom Plenum des BVerfG erlassen und im Bundesgesetzblatt veröffentlicht. Wie die Geschäftsordnungen der anderen Verfassungsorgane ist sie nur organintern verbindlich, hat aber durch ihre Anwendung auch Auswirkungen für Externe (etwa was die Verhandlungsführung, die Presseverlautbarungen, die Sondervoten usw. betrifft). Das BVerfGG verweist verschiedentlich ausdrücklich auf die Geschäftsordnung (§ 15 II 4 und § 30 II 3 BVerfGG).

3. Die verfassungsrechtliche Stellung des BVerfG

a) Das BVerfG ist ein *Gericht*. Das ergibt sich bereits aus seinem **6** Namen, vor allem aber aus seiner grundgesetzlichen Einordnung in den Abschnitt Rechtsprechung und aus seiner Ausgestaltung als Gericht in organisatorischer, funktioneller und verfahrensmäßiger Hinsicht. § 1 I BVerfGG bestätigt den Gerichtscharakter.

Daher gelten für das BVerfG die auch sonst für die Gerichtsbarkeit maßgebenden Grundsätze. Es kann nur auf Antrag tätig werden, es entscheidet in richterlicher Unabhängigkeit, es ist ausschließlich an das Recht (Verfassungsrecht) gebunden. Die politische Bedeutung des BVerfG darf freilich nicht unterschätzt werden. Da es vorwiegend über politisch umstrittene Fragen zu entscheiden hat, sind seine Entscheidungen selbst ein Politikum und haben oft weitreichende politische Konsequenzen. Das ändert aber nichts daran, daß das BVerfG nicht nach politischen Zweckmäßigkeitserwägungen, sondern nach verfassungsrechtlichen Maßstäben zu entscheiden hat.

7   b) Das BVerfG ist ferner ein *Verfassungsorgan*. Das war zunächst umstritten, ist aber – vor allem auf Drängen des BVerfG – inzwischen allgemein anerkannt. In § 1 I BVerfGG wird das noch nicht klar ausgesprochen, aber doch vorsichtig angesprochen. Das BVerfG selbst hat in einer besonderen Denkschrift, der sog. Status-Denkschrift vom 27. 6. 1952, seinen Status als Verfassungsorgan nachdrücklich betont und begründet (abgedruckt mit einleitendem Bericht von G. *Leibholz* und weiteren Stellungnahmen in JÖR Bd. 6 (1957) S. 109 ff.). Das unterscheidet das BVerfG von allen anderen Gerichten, auch den obersten Gerichtshöfen des Bundes gem. Art. 95 I GG, denen dieser Status nicht zukommt. Die Qualifikation als Verfassungsorgan ist auch verfassungsdogmatisch begründet, da das BVerfG nicht nur seine Existenz und seine Kompetenzen aus dem Grundgesetz ableiten kann, sondern auch durch seine Rechtsprechung an der gesamtstaatlichen Willensbildung beteiligt ist (vgl. dazu oben § 12 Rn. 23).

8   Die Charakterisierung als Verfassungsorgan hat bestimmte Konsequenzen:

– Das BVerfG ist keinem Bundesminister zugeordnet oder gar untergeordnet. Es besitzt einen eigenen Haushaltsplan (Einzelplan 19); es kann unmittelbar (nicht über das Ministerium) mit anderen Verfassungsorganen verkehren; der Präsident des BVerfG ist oberster Dienstherr der Beamten und Angestellten des Gerichts.
– Das BVerfG ist befugt, sich eine Geschäftsordnung zu geben (was durch § 1 III BVerfGG bestätigt wird).
– Die Richter des BVerfG sind keine Bundesrichter, sondern Richter am BVerfG und stehen daher (wie die Mitglieder anderer Verfassungsorgane) in einem öffentlich-rechtlichen Amtsverhältnis.
– Protokollarisch steht das BVerfG auf der Ebene der Verfassungsorgane.

4. Die verfassungspolitische Bedeutung des BVerfG

9   Die verfassungspolitische Bedeutung des BVerfG ergibt sich aus der Bindung aller Staatsorgane, einschließlich der gesetzgebenden

Organe, an das Grundgesetz und aus der Kompetenz des BVerfG, die Einhaltung dieser Bindung zu überprüfen. Das BVerfG hat im Streitfall verbindlich über die Auslegung und Anwendung des Grundgesetzes zu entscheiden. Es bestimmt also letztlich, „was das Grundgesetz sagt".

Vgl. dazu den vielzitierten Spruch des Richters am US-Supreme Court, Charles E. Hughes: „The constitution is what the judges say it is." Entsprechend stellte der Staatsrechtslehrer *R. Smend* in seinem Festvortrag zur Feier des zehnjährigen Bestehens des BVerfG 1962 fest: „Das Grundgesetz gilt nunmehr praktisch so, wie das Bundesverfassungsgericht es auslegt, und die Literatur kommentierte es in diesem Sinne. Auch gegenüber weiten anderen Sachgebieten hat das Bundesverfassungsgericht vom Verfassungsrecht her grundlegende Klarstellungen vorgenommen, und auch sie sind nunmehr geltendes Recht" (Das Bundesverfassungsgericht, 1963, S. 23, 25; auch abgedruckt in: P. Häberle (Hg.), Verfassungsgerichtsbarkeit, 1976, S. 329, 330).

10 Die tatsächlich-politische Bedeutung des BVerfG hängt allerdings von *zwei Voraussetzungen* ab, nämlich einmal, daß es überhaupt angerufen wird, und zum anderen, daß seine Entscheidungen von den Betroffenen akzeptiert werden. Das BVerfG kann nicht von sich aus eingreifen und seine Entscheidungen nicht selbst zwangsweise durchsetzen. Seine „Macht" beruht auf der Autorität der Verfassung und der Überzeugungskraft seiner Entscheidungen.

Es ist bemerkenswert, weil keineswegs so verständlich, wie gemeinhin angenommen wird, daß beide Voraussetzungen – der Antrag und die Akzeptanz – im politischen Leben der Bundesrepublik (bislang) gegeben waren. Es gab kaum eine wesentliche politische Streitfrage zwischen der Regierung und der Opposition und kaum ein wichtiges Gesetz, die nicht dem BVerfG zur Entscheidung vorgelegt wurden. Das Gesetzgebungsverfahren endet zwar formell mit der Verkündung im Bundesgesetzblatt (Art. 82 I GG). Tatsächlich ist es aber in vielen Fällen erst beendet, wenn das BVerfG das Gesetz im folgenden Normenkontrollverfahren bestätigt hat. Daß die Entscheidungen des BVerfG im Einzelfall nicht nur auf Zustimmung, sondern auch – vor allem bei der unterlegenen Partei – auf Kritik oder sogar scharfe Ablehnung stoßen, dürfte nicht überraschend sein. Wichtig ist die Akzeptanz. Sie setzt voraus, daß das Gericht seine Entscheidungen rational und überzeugend aus der Verfassung begründet. Problematisch sind auch Entscheidungen, die in dem Bestreben, eine allseitige Befriedung zu erreichen, „Kompromißcharakter" tragen und daher rechtlich weniger überzeugend sind.

11 Es wäre sicher eine reizvolle Aufgabe, die *Geschichte der Bundesrepublik Deutschland im Spiegel der Rechtsprechung des BVerfG* zu verfolgen. Es würde sich zeigen, daß fast alle politisch wichtigen Weichenstellungen einen Niederschlag in der Rechtsprechung des BVerfG gefunden haben. Es würde sich ferner zeigen, daß das BVerfG durch die Entfaltung der Grundrechte das Staat-Bürger-Verhältnis, aber auch die Beziehungen der Bürger untereinander und damit den gesellschaftlichen Bereich wesentlich bestimmt hat und bestimmt (Grundrechte als Wertentscheidungen und Grundsatznormen, Schutzwirkung der Grundrechte, Grundrechtsverwirklichung und -sicherung durch Organisation und Verfahren, allgemeines Persönlichkeitsrecht, Art. 2 I GG als Gewährleistung der allgemeinen Handlungsfreiheit, mittelbare Drittwirkung).

Vgl. zu den Grundrechten bereits oben § 9. – In allgemein-politischer Hinsicht sind zu erwähnen: die Entscheidungen zur Aufstellung der Bundeswehr und damit zur Adenauerschen Westpolitik, die allerdings wegen der Bundestagswahl 1953 über Verfahrensfragen nicht hinauskamen (BVerfGE 1, 396; 2, 79; 2, 143), das Saar-Urteil (BVerfGE 4, 157), das auch außenpolitisch brisante Verbot der kommunistischen Partei (BVerfGE 5, 85), das Urteil zur Gültigkeit und innerstaatlichen Verbindlichkeit des Reichskonkordats (BVerfGE 6, 309), die Urteile zur Volksbefragung über Atombewaffnung (BVerfGE 8, 104; 8, 122), das erste Grundsatzurteil zur Stellung der Parteien (BVerfGE 20, 56), die Hochschulurteile (BVerfGE 35, 79; 43, 242), das Urteil über den Grundlagenvertrag zwischen der Bundesrepublik Deutschland und der DDR und damit über die Ostpolitik der Regierung Brandt/Scheel (BVerfGE 36, 1), das Urteil über die betriebliche Mitbestimmung der Arbeitnehmer (BVerfGE 50, 290), das Urteil über die vorzeitige Auflösung des Bundestages (BVerfGE 62, 1), die Urteile über den bundesstaatlichen Finanzausgleich (BVerfGE 72, 330; 86, 148; 101, 158), das Urteil über die erste gesamtdeutsche Wahl (BVerfGE 82, 322), die die Wiedervereinigung und ihre Folgen betreffenden Urteile (BVerfGE 84, 90; 84, 133; 94, 12; 102, 254), das Urteil über den Maastrichter Vertrag und die Europäische Union (BVerfGE 89, 155), die Urteile über den Einsatz der Bundeswehr im Ausland und die Weiterentwicklung der Nato (BVerfGE 90, 286; 104, 151); die Urteile zum sog. Asylkompromiß (BVerfGE 94, 49; 94, 115; 94, 166), die Urteile zu den Überhangmandaten und zur Grundmandatsklausel nach dem Bundeswahlgesetz (BVerfGE 95, 335; 95, 408; 97, 317), den Beschluß über den Euro (BVerfGE 97, 350), das Urteil über den Bundesnachrichtendienst (BVerfG 100, 313), die Urteile über die Informationstätigkeit der Bundesregierung (BVerfGE 105, 252 und 105, 279). – Ferner sind ganze Rechtsbereiche durch die Rechtsprechung des BVerfG in einer Reihe von Entscheidungen geprägt worden, so insbesondere das Rundfunk- und Fernsehrecht, das Parteienrecht und das Staatskirchenrecht.

II. Die Ausgestaltung der Verfassungsgerichtsbarkeit

1. Die Organisation des BVerfG

a) *Senate als Spruchkörper.* Das BVerfG besteht aus zwei Senaten **12** mit je 8 Richtern (§ 2 BVerfGG). Die Senate sind organisatorisch und personell völlig getrennt. Ihre Zuständigkeit ist bereits gesetzlich festgelegt (§ 14 BVerfGG).

Dadurch unterscheidet sich das BVerfG wesentlich von den anderen Gerichten, die selbst durch eine gerichtsinterne Regelung (die gerichtliche Geschäftsordnung) über die Verteilung der Richter und der Zuständigkeit auf die einzelnen Spruchkörper (Senate, Kammern) entscheiden. Wegen der organisatorischen und personellen Trennung der beiden Senate kommt auch eine Vertretung durch einen Richter des anderen Senats im Falle der Verhinderung grundsätzlich nicht in Betracht (vgl. auch unten Rn. 25).

b) *Das Plenum* besteht, wie schon der Name sagt, aus allen **13** Richtern des BVerfG. Es hat vor allem die Einheitlichkeit der Rechtsprechung des BVerfG zu gewährleisten und daher dann zu entscheiden, wenn ein Senat in einer Rechtsfrage von der Rechtsauffassung des anderen Senats abweichen will (§ 16 BVerfGG).

Dazu ist es bislang nur selten gekommen: BVerfGE 4, 27 (prozessuale Stellung politischer Parteien im Organstreitverfahren) und BVerfGE 54, 277 (Ablehnung einer Revision gem. § 554b ZPO). In einem weiteren, äußerst problematischen Fall wurde strittig, ob eine Vorlagepflicht bestand oder nicht, vgl. BVerfGE 96, 375, 403ff.; 96, 409ff. (Arzthaftung wegen fehlgeschlagener Sterilisation für den Unterhalt des Kindes). – Ferner hat das Plenum über den Wahlvorschlag im Falle der Verzögerung der Besetzung einer Richterstelle am BVerfG (§ 7a II BVerfGG) und über die Abberufung eines Bundesverfassungsrichters (gem. § 105 II BVerfGG) zu entscheiden. Einige weitere Aufgaben und Rechte ergeben sich aus § 2 GeschO.

c) *Die Kammern.* Die Senate bilden für die Dauer eines Ge- **14** schäftsjahres mehrere Kammern, die jeweils aus 3 Richtern des jeweiligen Senats bestehen (§ 15a BVerfGG). Die Kammern dienen der Entlastung der Senate. Sie entscheiden im Vorfeld über die Zulässigkeit von Vorlagebeschlüssen (§ 81a BVerfGG) und über die Annahme von Verfassungsbeschwerden (§§ 93 a–d BVerfGG). Vgl. zum Annahmeverfahren unten Rn. 124.

2. Wahl und Rechtsstellung der Bundesverfassungsrichter

15   a) *Wahl.* Die Richter des BVerfG werden je zur Hälfte vom Bundestag und vom Bundesrat gewählt (Art. 94 I 2 GG). Sie sind damit teilweise parlamentarisch-demokratisch und teilweise föderalistisch-demokratisch legitimiert. Die Ausführungsbestimmungen §§ 5 ff. BVerfGG differenzieren zwischen dem Bundestag und dem Bundesrat. Während der Bundesrat unmittelbar wählt (§ 7 BVerfGG), wählt der Bundestag für die Dauer seiner Wahlperiode nach den Regeln der Verhältniswahl einen 12-köpfigen Wahlausschuß, der seinerseits die Richter zu wählen hat (§ 6 BVerfGG).

In der Literatur finden sich beachtliche Stimmen, die die einfach-gesetzliche Delegation auf einen Bundestagsausschuß wegen Verstoßes gegen Art. 94 I 2 und Art. 42 I 1 GG sowie aus Gründen der mangelnden demokratischen Legitimation für verfassungswidrig halten (vgl. *Pieroth,* JP Art. 94 Rn. 1 mit weiteren Nachw.). Das BVerfG ist in den Entscheidungen, in denen es sich mit seiner eigenen ordnungsgemäßen Besetzung befaßte (Art. 101 I 2 GG), darauf nicht eingegangen und hat damit wohl implizit die Verfassungsmäßigkeit dieser Regelung bestätigt (BVerfGE 2, 1, 9; 40, 356, 362 ff.; 65, 152, 154 ff.). In verfassungs*politischer* Sicht sind die Bedenken berechtigt. Durch die Verlagerung auf einen kleinen Bundestagsausschuß, der mit seinen 12 Mitgliedern gerade 2% der Abgeordneten erfaßt, nicht öffentlich tagt und seine Entscheidung auch nicht begründen muß, wird die Wahl der Bundesverfassungsrichter der Kontrolle des Parlaments und der Öffentlichkeit entzogen. Es ist sicher angebracht, daß zunächst in einem kleineren Gremium über die Auswahl der Kandidaten beraten und beschlossen wird. Das schließt aber eine anschließende Wahl oder Bestätigung durch das Plenum des Bundestages nicht aus. Diese Gesichtspunkte begründen aber noch keine Verfassungswidrigkeit. Auch Art. 94 I 2 GG ist nicht so präzis, daß daraus geschlossen werden müßte, nur eine unmittelbare Wahl sei zulässig. Um Zweifel auszuschließen, ist jedoch eine entsprechende Änderung des Grundgesetzes zu empfehlen, falls man nicht, was noch besser wäre, die fragwürdige Regelung des § 6 BVerfGG ändert.

16   In beiden Gremien – im Wahlausschuß des Bundestages und im Bundesrat – ist eine $^2/_3$-Mehrheit erforderlich. Damit soll verhindert werden, daß die Regierungsmehrheit im Bundestag oder die jeweilige Mehrheit im Bundesrat über die Besetzung des Bundesverfassungsgerichts entscheidet. Die (größere) Opposition soll ein „Mitspracherecht" erhalten. Dieses Ziel wird jedoch nur bedingt erreicht. In der Praxis werden nämlich die Richterstellen paritätisch auf die beiden großen Parteien – die CDU/CSU und die SPD – verteilt, wobei die jeweilige Regierungspartei dem kleinen

Koalitionspartner (früher der FDP, jetzt den Grünen) eine Stelle abtritt. Wird eine Richterstelle frei, dann hat – je nachdem welcher Partei sie zusteht – die eine oder andere Seite ein Präsentationsrecht. Ihr Vorschlag wird auch in der Regel akzeptiert. Die Folge ist, daß das Gericht durchweg mit Personen besetzt wird, die einer politischen Partei angehören oder ihr zumindest „nahestehen". Das läßt sich mit Art. 33 II GG allenfalls dann vereinbaren, wenn man in dem BVerfG ein politisches Organ sieht, das entsprechend auch politisch besetzt werden darf. Die parteipolitisch orientierte Besetzung des BVerfG darf jedoch andererseits auch nicht überbewertet werden. Die Praxis zeigt, daß die Parteien gut beraten sind, wenn sie qualifizierte Richter berufen. Denn nur sie werden in der Lage sein, sich im Senat gegenüber ihren Kollegen zu behaupten und ein ausreichend begründetes und damit in der Öffentlichkeit akzeptables Urteil abzufassen. Nur „linientreue" Richter bringen nichts. Qualifizierte Richter lassen sich aber nicht an ein Gängelband nehmen.

Vgl. zur Richterwahl: *K. Kröger*, Richterwahl, BVerfG-Festschrift, Bd. I, S. 67 ff.; *K. W. Geck*, Wahl und Amtsrecht der Bundesverfassungsrichter, 1986; *ders.,* Wahl und Status der Bundesverfassungsrichter, HStR II (1987) S. 697 ff.; *U. Preuß*, Die Wahl der Mitglieder des Bundesverfassungsgerichts als verfassungsrechtliches und -politisches Problem, ZRP 1988, 389 ff. *K. Stern*, Gedanken zum Wahlverfahren für Bundesverfassungsrichter, Gedächtnisschrift für Geck, 1989, S. 885 ff.; *E. Benda/E. Klein*, Verfassungsprozeßrecht, 1991, Rn. 86 ff.; *Th. Trautwein*, Bestellung und Ablehnung von Bundesverfassungsrichtern, 1994; *St. U. Pieper*, Verfassungsrichterwahlen, 1998, S. 22 ff.

b) *Die persönlichen Voraussetzungen der Richter am BVerfG* ergeben **17** sich aus § 3 BVerfGG: Sie müssen ein bestimmtes Lebensalter, nämlich 40 Jahre, erreicht haben und die Wählbarkeit zum Bundestag besitzen (§ 15 BWahlG). Ferner müssen sie die Befähigung zum Richteramt nach dem Deutschen Richtergesetz besitzen, d. h. die beiden juristischen Staatsexamen mit Erfolg abgelegt haben (§ 5 DRiG). Das BVerfG ist also ein reines „Juristengericht". Dadurch unterscheidet es sich von einigen Landesverfassungsgerichten, die auch mit Laienrichtern besetzt sind. So besteht z. B. der Staatsgerichtshof von Baden-Württemberg aus drei Berufsrichtern, drei Juristen, die nicht Berufsrichter sind, und drei Nichtjuristen (Art. 68 III BWVerf.). Die Richter am BVerfG sind hauptberuflich tätig. Lediglich Hochschullehrer können – neben ihrem richterlichen Hauptamt – ihre Lehrtätigkeit weiter ausüben.

Drei Richter jedes Senats müssen aus der Zahl der Richter an den obersten Gerichtshöfen des Bundes (BGH, BVerwG usw.) gewählt werden. Dadurch soll die richterliche Erfahrung eingebracht werden, aber auch eine gewisse personelle Verbindung zu den anderen Bundesgerichten hergestellt werden.

18 Da das BVerfG ein Verfassungsorgan ist, stehen die Bundesverfassungsrichter nicht – wie die sonstigen Bundesrichter – in einem öffentlich-rechtlichen Dienstverhältnis, sondern – wie die Mitglieder anderer Verfassungsorgane, etwa die Bundesminister – in einem öffentlich-rechtlichen Amtsverhältnis. Die Vorschriften des deutschen Richtergesetzes finden auf die Bundesverfassungsrichter nur subsidiär und entsprechend Anwendung. Die Bezüge der Bundesverfassungsrichter sind in einem besonderen Gesetz geregelt (Gesetz über das Amtsgehalt der Mitglieder des Bundesverfassungsgerichts i.d.F. vom 16.7.1998, BGBl. I S. 1824).

19 c) *Amtszeit.* Die Richter am BVerfG werden für 12 Jahre, längstens bis zur Erreichung der Altersgrenze, die auf die Vollendung des 68. Lebensjahres festgelegt ist, gewählt (§ 4 BVerfGG). Eine anschließende oder spätere Wiederwahl ist zur Sicherung der Unabhängigkeit ausgeschlossen. Die Zeit von 12 Jahren gewährleistet einerseits eine kontinuierliche Arbeit, verhindert aber andererseits eine „Versteinerung" des Gerichts.

Problematisch ist die Regelung, daß die Richter nach Ablauf ihrer regulären Amtszeit ihre Amtsgeschäfte bis zur Ernennung des Nachfolgers fortführen (§ 4 IV BVerfGG). Damit soll eine Vakanz verhindert werden. Indessen verstößt diese Regelung gegen den Grundsatz des gesetzlichen Richters, nach dem die Besetzung des Gerichts von vornherein gesetzlich festgelegt sein muß (Art. 101 I 2 GG). Das gilt vor allem dann, wenn die Wahl des Nachfolgers bewußt verzögert wird, um die gesetzlich abgelaufene Amtszeit bisheriger Richter zu verlängern, wie das im Blick auf die laufenden Verfahren zum Asylrecht 1995/96 geschehen ist. Vgl. dazu *B. Rüthers,* Nicht wiederholbar!, NJW 1996, 1867 ff.; *R. Wassermann,* Manipulation bei der Amtsdauer von Bundesverfassungsrichtern? NJW 1996, 702 f.; *W. Höfling / Th. Roth,* Ungesetzliche Bundesverfassungsrichter? DÖV 1997, 67 ff. mit weiteren Nachw.

3. Zuständigkeit

20 Die Zuständigkeit des BVerfG wird nicht durch eine Generalklausel, sondern durch das Enumerationsprinzip bestimmt. Dadurch unterscheidet sich das BVerfG von den Verwaltungsgerichten und den Zivilgerichten, die grundsätzlich über *alle* öffentlich-rechtlichen Streitigkeiten nichtverfassungsrechtlicher Art bzw. *alle* bürgerlich-rechtlichen Streitigkeiten zu entscheiden haben (§ 40 VwGO, § 13 GVG). Es ist nur in den einzeln aufgeführten Fällen zuständig. Diese Fälle werden nicht nur durch sachliche Merkmale, sondern auch und vor allem durch verfahrensrechtliche Anforderungen bestimmt. So kann z.B. die abstrakte Normenkontrolle nur von bestimmten Organen oder Organteilen (Bundesregierung, Landesregierung und Mitglieder des Bundestages) beantragt werden. Obwohl das Enumerationsprinzip gilt, sind die Zuständigkeitsbereiche des BVerfG so weit gezogen, daß es praktisch keine verfassungsrechtliche Streitigkeit gibt, die von vornherein dem BVerfG entzogen wäre. Wenn, dann scheitert sie an der Antragsbefugnis oder einer sonstigen prozessualen Voraussetzung. Auf die einzelnen Zuständigkeiten ist später näher einzugehen.

Eine Grobeinteilung läßt sich über einige wesentliche Verfassungsprinzipien erreichen: **21**

– Der Gewaltenteilungsgrundsatz führt zu einem Nebeneinander und zu einer Konkurrenz selbständiger Verfassungsorgane. Kommt es zu Kompetenzstreitigkeiten, dann entscheidet das BVerfG im Wege des Organstreitverfahrens (vgl. dazu unten Rn. 40 ff.).
– Das Bundesstaatsprinzip führt zu einem Nebeneinander und damit zu einer Konkurrenz zwischen dem Bund und den Ländern und den Ländern untereinander. Kommt es insoweit zu Kompetenzkonflikten, dann entscheidet das BVerfG im Wege der föderativen Streitigkeiten (vgl. dazu unten Rn. 53 ff.).
– Das Rechtsstaatsprinzip führt zur Bindung aller Staatsorgane, auch des Gesetzgebers, an die Verfassung. Entsteht Streit über die Vereinbarkeit eines Gesetzes mit dem Grundgesetz, dann entscheidet das BVerfG im Wege der Normenkontrolle (vgl. dazu unten Rn. 66 ff.).

Das ist freilich nur eine Grobeinteilung. Die Normenkontrolle eignet sich z.B. auch, wie noch darzulegen sein wird, zur Entscheidung von föderativen Streitigkeiten. Ferner gibt es weitere Zuständigkeitsfälle, die nicht oder nur bedingt in dieses Raster passen (vgl. die Zusammenstellung in § 13 BVerfGG). Nach Art. 93 II GG kann der Gesetzgeber dem BVerfG weitere Zuständigkeiten zuweisen, ist dabei allerdings, auch wenn das nicht ausdrücklich gesagt ist, auf verfassungsgerichtlich relevante Streitigkeiten beschränkt.

Vgl. § 33 II PartG (Verbot der Ersatzorganisation einer für verfassungswidrig
erklärten Partei), § 50 III VwGO (Entscheidung über den verfassungsrechtlichen Charakter einer Streitigkeit auf Vorlage des BVerwG), §§ 14 III, 24 V,
36 IV Gesetz über das Verfahren bei Volksentscheid, Volksbegehren, Volksbefragung nach Art. 29 VI GG i. d. F. vom 30. 7. 1979 (Entscheidungen über die
Zulässigkeit von Volksbegehren usw., vgl. BVerfGE 96, 139), § 26 III EuWG
(Wahlprüfung bezüglich der Wahlen zum Europäischen Parlament, vgl. dazu
BVerfGE 70, 271); § 36 II PUAG (Vorlage des BGH, wenn er im Rahmen
eines konkreten Rechtsstreits die Einsetzung des Untersuchungsausschusses für
verfassungswidrig hält).

4. Verfahren

22   a) *Verfahrensregelungen.* Das BVerfGG enthält einige wesentliche
Verfahrensvorschriften, aber keine abgeschlossene Kodifikation. Es
besteht auch kein genereller Verweis auf das GVG und die ZPO
wie in § 173 VwGO für das verwaltungsgerichtliche Verfahren.
Lediglich punktuell wird auf die Vorschriften des GVG, der ZPO
und (für die strafrechtsähnlichen Verfahren) der StPO verwiesen
(§§ 17, 28 I, 38, 61 I, II BVerfGG). Der Gesetzgeber läßt dem
BVerfG bewußt einen gewissen Spielraum. Es wird jedoch dadurch
von vornherein beschränkt, daß die typischen Regelungen des
gerichtlichen Verfahrens auch für die Rechtsprechung des BVerfG
gelten. Abweichungen sind nur zulässig, wenn sie sich aus der
Eigenart der Verfassungsgerichtsbarkeit oder einzelner verfassungs-
gerichtlicher Verfahren ergeben. Es ist daher zumindest mißverständlich, wenn das BVerfG als „Herr des Verfahrens" bezeichnet
und von der „Eigenständigkeit des Verfassungsprozeßrechts" und
der „Verfahrensautonomie" des BVerfG gesprochen wird.

So das BVerfG unter Berufung auf seine Stellung als Verfassungsorgan,
BVerfGE 13, 54, 94; 36, 342, 357; 60, 175, 213; ferner *P. Häberle,* Die Eigenständigkeit des Verfassungsprozeßrechts, JZ 1973, 451 ff.; *G. Zembsch,* Verfahrensautonomie des Bundesverfassungsgerichts, 1971; *K. Engelmann,* Prozeß-
grundsätze im Verfassungsprozeßrecht, 1977. – Kritisch und ablehnend – wie
hier – dagegen *E. Schumann,* Einheit der Prozeßordnung oder Befreiung des
Verfassungsprozeßrechts vom prozessualen Denken?, JZ 1973, 484 ff.; *Stern,*
Staatsrecht II, S. 1028 ff.; *Schlaich,* Bundesverfassungsgericht, Rn. 54; *J. Wieland,* Der Herr des Verfahrens, Festschrift für Mahrenholz, 1994, S. 885 ff.

23   b) *Antrag.* Das BVerfG kann – wie jedes Gericht – nicht von sich
aus, sondern nur auf Antrag (Klage) tätig werden. Die Anforderun-

gen an den Antrag sind in § 23 I BVerfGG geregelt (Schriftlichkeit, Begründung, Angabe der Beweismittel). Es besteht kein Anwaltszwang. Lediglich in der mündlichen Verhandlung müssen sich die Beteiligten von einem Rechtsanwalt oder einem Hochschullehrer des Rechts vertreten lassen (§ 22 BVerfGG). Die Rücknahme des Antrags ist möglich. Das BVerfG kann aber gleichwohl das Verfahren fortsetzen und in der Sache entscheiden, wenn das im öffentlichen Interesse geboten ist.

> Vgl. zur Entscheidung trotz Antragsrücknahme BVerfGE 1, 396, 414 f. im Blick auf die abstrakte Normenkontrolle; BVerfGE 24, 299, 300 im Blick auf das Organstreitverfahren und BVerfGE 98, 218, 242 f. im Blick auf die Verfassungsbeschwerde; str., vgl. zur zuletzt genannten Entscheidung des BVerfG: ablehnend *V. Wagner,* NJW 1998, 2638 ff.; zustimmend *M. Cornils,* NJW 1998, 3624 ff.; *H. Lang,* DÖV 1999, 624 ff.

c) *Ablauf des Verfahrens.* Das BVerfG entscheidet gem. § 25 **24** BVerfGG aufgrund einer mündlichen Verhandlung. Mit Zustimmung aller Beteiligten kann auf die mündliche Verhandlung verzichtet und im schriftlichen Verfahren entschieden werden. Es gilt der Untersuchungsgrundsatz (§ 26 BVerfGG). Die Zulässigkeit von Tonbandaufnahmen und Fernseh- bzw. Rundfunkaufnahmen ist nunmehr in § 17a BVerfGG geregelt (eingeführt durch Änderungsgesetz vom 16. 7. 1998).

d) *Beschlußfassung.* Die Senate des BVerfG sind beschlußfähig, **25** wenn mindestens 6 der 8 Mitglieder des Senats anwesend sind (§ 15 II 1 BVerfGG). Sie können also auch mit 7 oder sogar nur 6 Richtern entscheiden. Das ist bemerkenswert, weil die Spruchkörper aller anderen Gerichte vollzählig besetzt sein müssen. Zur geringeren Besetzung kann es u. a. dann kommen, wenn ein Richter ausgeschlossen ist, weil er persönlich oder beruflich an der Sache beteiligt ist oder war (§ 18 BVerfGG), oder wenn er wegen Besorgnis der Befangenheit abgelehnt wird oder sich selbst für befangen hält (§ 19 BVerfGG). Eine Vertretung der – aus welchen Gründen auch immer – verhinderten Richter findet in der Regel nicht statt (vgl. auch oben Rn. 12). Lediglich dann, wenn ein Senat „in einem Verfahren von besonderer Dringlichkeit nicht beschlußfähig" ist, werden ein oder mehrere Mitglieder des anderen Senats herangezogen, wobei die Auswahl durch ein Losverfahren erfolgt (§ 15 II 2 BVerfGG).

Der Ausschluß kraft Gesetzes oder wegen Befangenheit kann zu beachtlichen Verschiebungen der Mehrheit im Senat führen. Vgl. zur Entscheidung über die Parteienfinanzierung von 1966 bereits oben § 11 Rn. 25. Als weiteres Beispiel sei etwa BVerfGE 82, 30 genannt: Ein Richter hatte, bevor er gewählt wurde, in einem Gutachten die Verfassungsmäßigkeit des angegriffenen Gesetzes bestätigt: kein Ausschluß gem. § 18 I Nr. 2, aber wegen Besorgnis der Befangenheit gem. § 19 BVerfGG. Vgl. dazu näher mit Hinweisen auf Einzelfälle *W. Schaffert / A. Schmitz / E. Steiner,* Die Richterablehnung im verfassungsgerichtlichen Normenkontrollverfahren, VerwArch. Bd. 91 (2000) S. 453 ff.

26   Die Senate entscheiden in der Regel mit der Mehrheit der anwesenden Mitglieder (§ 15 III 2 BVerfGG). Sind 8 oder 6 Richter anwesend, dann kann es zur Stimmengleichheit kommen. Auch das ist eine Besonderheit des BVerfG, da die Spruchkörper aller anderen Gerichte mit einer ungeraden Zahl von Richtern besetzt sind und besetzt sein müssen. Im Falle der Stimmengleichheit, d. h. in einer Patt-Situation, kann gem. § 15 III 3 BVerfGG „ein Verstoß gegen das Grundgesetz oder sonstiges Bundesrecht nicht festgestellt werden". Im Klartext heißt das, daß der Antrag (etwa der Antrag auf Feststellung der Verfassungswidrigkeit eines Gesetzes im Normenkontrollverfahren oder der Antrag auf Aufhebung eines Urteils im Verfassungsbeschwerdeverfahren) als unbegründet abgewiesen wird. Das führt zu einer Bevorzugung der entscheidungskompetenten Machthaber. Während es für die Regierung oder die Parlamentsmehrheit genügt, wenn 4 Richter auf ihrer Seite stehen, braucht die Opposition oder der Bürger 5 Richter. Diese „Prämie der Macht" ist schwerlich haltbar. Sie läßt sich auch mit der Funktion der Grundrechte, die von der Freiheit als Regel und der Einschränkung als Ausnahme ausgehen, schwerlich vereinbaren.

In der Literatur wird sogar die Auffassung vertreten, die Regelung über die Stimmengleichheit verstoße gegen Art. 92 und 97 GG (so *G. Barbey,* HStR III S. 843). Auch wenn dieser Auffassung nicht zu folgen ist, bleiben nicht nur rechtspolitische, sondern auch rechtsdogmatische Zweifel. Das BVerfG selbst hat offenbar Schwierigkeiten mit der Stimmengleichheit. So stellt es in BVerfGE 76, 211, 217 fest, daß in einer früheren Entscheidung die umstrittene Anwendung des § 249 StGB auf Sitzblockaden „angesichts der Stimmengleichheit" vom BVerfG „weder für verfassungswidrig noch für verfassungsgemäß erklärt worden" sei; in BVerfGE 92, 1 sagt es nur noch, daß diese Frage „unentschieden geblieben" sei (S. 14), daß das frühere Urteil „die erhoffte Klärung wegen der Stimmengleichheit im Senat nicht herbeigeführt" habe (S. 15 f). Kritisch dazu *Ulsamer,* in: Maunz/Schmidt-Bleibtreu u. a., BVerfGG, § 15 Rn. 14; vgl. zur Stimmengleichheit auch *H. Brox,* Rechtsprobleme der Ab-

stimmungen beim Bundesverfassungsgericht, Festschrift für G. Müller, 1970,
S. 1, 7 ff.

e) *Entscheidung.* Das BVerfG entscheidet durch Urteil oder durch **27**
Beschluß, je nachdem ob eine mündliche Verhandlung stattgefun-
den hat oder nicht (§ 25 II BVerfGG). Sachliche Unterschiede
ergeben sich daraus nicht. Die üblichen Voraussetzungen und
Merkmale der gerichtlichen Entscheidung sind auch hier maßgeblich (vgl. dazu im einzelnen § 30 BVerfGG).

f) *A-limine-Abweisung.* Aus prozeßökonomischen Gründen kön- **28**
nen Anträge, die unzulässig oder offensichtlich unbegründet sind,
durch einstimmigen Beschluß des Senats gem. § 24 BVerfGG
verworfen werden (sog. a-limine-Abweisung = Abweisung an der
Schwelle des Gerichts). Die Entscheidung kann, muß aber nicht
weiter begründet werden, wenn der Antragsteller vorher auf die
Bedenken gegen die Zulässigkeit oder Begründetheit seines Antrags hingewiesen worden ist. Sie hat die gleiche Wirkung wie
sonstige Entscheidungen des BVerfG. Das Gericht wählt dieses
Verfahren vor allem auch dann, wenn die Zulässigkeitsfrage zweifelhaft und kompliziert ist, aber dahingestellt bleiben kann, weil der
Antrag jedenfalls unbegründet ist. Vgl. dazu z. B. die sog. Euro-
Entscheidung BVerfGE 97, 350, 368.

g) *Sondervotum.* Wenn ein Richter in der Beratung eine abwei- **29**
chende Meinung zur Entscheidung oder zu deren Begründung
vertritt, damit aber nicht durchdringt, kann er seine abweichende
Meinung in einem Sondervotum zum Ausdruck bringen. Das
Sondervotum ist der Senatsentscheidung, die von allen Richtern zu
unterschreiben ist, anzuschließen und wird mit dieser in der sog.
Amtlichen Entscheidungssammlung veröffentlicht (§ 30 II BVerf-
GG, § 56 GeschO). Auch das ist eine Besonderheit des BVerfG.
Für die Zulässigkeit von Sondervoten spricht, daß die unterschiedlichen Gesichtspunkte innerhalb des Senats zur Darstellung kommen, daß mögliche Entwicklungen für die Zukunft angestoßen
werden, daß die Entscheidungsbegründung entlastet wird, da abweichende Meinungen nicht einbezogen, sondern gesondert dargestellt werden können, und daß die unterlegene Partei immerhin
eine gewisse Bestätigung ihrer Position erhält. Gegen die Sonder-

voten spricht, daß die Entscheidung an Gewicht und Überzeugungskraft verliert, weil offensichtlich nicht alle Richter dahinterstehen. Aber warum soll ein Konsens vorgetäuscht werden, der tatsächlich doch nicht besteht?

30   In neueren Entscheidungen kommt es immer wieder vor, daß die unterschiedlichen Auffassungen der einzelnen Richter (mit Namen) in die Entscheidungsbegründung selbst einbezogen werden. Das gilt vor allem, wenn sich zwei Meinungen gegenüberstehen und Stimmengleichheit herrscht. In diesem Fall gibt es ja auch genau genommen keine von der Mehrheit abweichende Mindermeinung. Daher wird von der Auffassung „der die Entscheidung tragenden Richter" und der Auffassung „der die Entscheidung nicht tragenden Richter" gesprochen. Vgl. dazu besonders signifikant BVerfGE 95, 335, 348 ff. (Überhangmandate). Bemerkenswert ist, daß 1998 aufgrund eines Wahlgesetzes gewählt worden ist, das immerhin 4 Bundesverfassungsrichter für teilweise verfassungswidrig hielten (BVerfGE 95, 335, 367 ff.), ohne daß dies, soweit ersichtlich, irgend jemanden auf der politischen Bühne gestört hätte.

31   h) *Bindungswirkung.* Die Entscheidungen des BVerfG erwachsen – wie alle gerichtlichen Entscheidungen – in *Rechtskraft* (vgl. zur formellen und materiellen Rechtskraft bereits oben § 19 Rn. 7). Sie sind ferner für *alle staatlichen Organe* (Verfassungsorgane, Behörden, Gerichte usw.) *verbindlich* (§ 31 I BVerfGG). Normenkontrollentscheidungen erlangen darüber hinaus *Gesetzeskraft* (§ 31 II BVerfGG). Der traditionelle Ausdruck Gesetzeskraft darf nicht mißverstanden werden. Er will nicht die Normenkontrolle der Gesetzgebung gleichstellen, sondern besagt lediglich, daß die Entscheidung über die Gültigkeit bzw. Ungültigkeit (Nichtigkeit) eines Gesetzes – wie das Gesetz selbst – allgemeinverbindlich ist. Gesetzeskraft bedeutet also Allgemeinverbindlichkeit (vgl. dazu auch unten Rn. 83).

32   Während allgemein anerkannt ist, daß die Rechtskraft und die Gesetzeskraft nur den *Tenor* der verfassungsgerichtlichen Entscheidung betreffen, ist die Reichweite der *Bindungswirkung* des § 31 I BVerfGG umstritten. Die h. L. beschränkt sie auf den Tenor, so daß sie im Ergebnis nur die Rechtskraft in subjektiver Hinsicht auf alle, auch die nicht am Verfahren beteiligten Staatsorgane erstreckt (so nachdrücklich *Schlaich/Korioth,* BVerfG Rn. 470 ff. mit weit. Nachw.). Das BVerfG und ein Teil der Literatur erstrecken sie dagegen auch auf die tragenden Gründe der Entscheidung (BVerfGE 1, 14, 37; 40, 88, 93 f.; BVerwGE 99, 119, 122 f.; *Benda/Klein,* Verfassungsprozeßrecht, Rn. 1323 ff.; zurückhaltend BVerfGE 104, 151, 197 f.). Gegen diese Ausdehnung, die übrigens nur für die anderen Staatsorgane, nicht für das BVerfG selbst gelten soll (BVerfGE 78, 320, 328), spricht schon, daß sich die tragenden Gründe von den sonstigen Gründen kaum zuverlässig abgrenzen lassen. Das BVerfG hat dazu noch nicht eindeutig Stellung genommen. In BVerfGE 36, 1 (Grundlagenvertrag) hat es pauschal erklärt „alle Ausführungen der Urteilsbegründung (seien) nötig, also im Sinne der Rechtsprechung des Bundesverfassungsgerichts Teil der die Entscheidung tragenden Gründe" (S. 36). In BVerfGE 96, 375 (Arzthaftung) heißt es in anderem Zusammenhang (Anrufung des Plenums gem. § 16 I BVerfGG) „tragend für eine Entscheidung (seien) jene Rechtssätze, die nicht hinweggedacht werden können, ohne daß das konkrete Entscheidungsergebnis nach dem in der Entscheidung zum Ausdruck kommenden Gedankengang entfiele" (S. 404). Das BVerwG stellt auf die Leitsätze ab, was ebenfalls nicht befriedigen kann (BVerwGE 73, 263, 268; 77, 258, 261). Die in der Literatur angebotenen Vorschläge, etwa der „denknotwendige Zusammenhang", vermitteln ebenfalls keine sicheren Abgrenzungskriterien. Indessen ist der Hinweis auf Abgrenzungsschwierigkeiten noch kein Gegenargument. Entscheidend ist vielmehr, daß durch die Ausdehnung der Bindungswirkung auf die Entscheidungsgründe die Staatsorgane, insbesondere die Gerichte, nicht nur an die Verfassung selbst, sondern auch an die immer umfangreicher werdende Verfassungsrechtsprechung gebunden würden und jede Weiterentwicklung mit dem Verdikt der Verfassungswidrigkeit belegt werden müßte. In der Praxis hat der Streit keine große Bedeutung, weil der Rechtsprechung des BVerfG so oder so Präjudizwirkung zukommt und die neu auftauchenden Fälle ihre eigenen Aspekte haben. – Wenn man der These, daß auch die tragenden Entscheidungsgründe von der Bindungswirkung des § 31 II BVerfGG erfaßt werden, folgt, ist zu beachten, das dies nur für die Auslegung des Verfassungsrechts, nicht für die Auslegung des einfachen Rechts gilt (BVerfGE 40, 88, 94; BVerwGE 99, 119, 123).

i) *Vollstreckung.* Üblicherweise versteht man unter Vollstrek- **33** kung im Prozeßrecht die zwangsweise Durchsetzung und Verwirklichung einer Entscheidung, falls der Adressat nicht fähig oder nicht bereit ist, der in der gerichtlichen Entscheidung ausgesprochenen Verpflichtung nachzukommen. § 35 BVerfGG geht zunächst von diesem Vollstreckungsbegriff aus und bestimmt, *wer* die Entscheidungen des BVerfG zu vollstrecken hat. Das BVerfG selbst besitzt keine Exekutivmittel und kann daher nicht vollstrecken. Die Regelung der Weimarer Reichsverfassung, daß der Reichspräsident die Entscheidungen des Staatsgerichtshofs zu vollstrecken hat, ist wegen der veränderten Stellung des Bundespräsidenten nicht übertragbar. In Betracht käme die Bundesregierung, die aber möglicherweise selbst Adressat einer verfassungsgerichtlichen Entscheidung ist. § 35 BVerfGG sieht daher vor, daß das BVerfG im Einzelfall bestimmt, wer seine Entscheidung im konkreten Fall zu vollstrecken hat; dabei kann es auch die

Art und Weise der Vollstreckung regeln. Da die Entscheidungen des BVerfG bislang stets beachtet worden sind, ist die Vollstreckung in diesem engeren Sinne bislang nicht aktuell geworden.

34   Das BVerfG faßt jedoch die Vollstreckung i. S. des § 35 BVerfGG wesentlich weiter auf. Es sieht sich als „Herr der Vollstreckung", der die „volle Freiheit" besitzt, „das Gebotene in der jeweils sachgerechtesten, raschesten, zweckmäßigsten, einfachsten und wirksamsten Weise zu erreichen" (BVerfGE 6, 300, 304). Es trifft daher nicht nur Vorschriften über den unmittelbaren Vollzug, sondern auch über weitere Folgerungen seiner Entscheidungen, so etwa über den Mandatsverlust von Mitgliedern einer verbotenen Partei (BVerfGE 2, 1, 77 f.), über die Konsequenzen der Aufhebung von Abschiebeentscheidungen gegenüber Ausländern (BVerfGE 35, 382, 408) usw. Handelt es sich bei den bislang erwähnten Beispielen um Einzelakte, so geht das Gericht im Fall der Nichtigerklärung eines Gesetzes gelegentlich noch einen Schritt weiter und erläßt aufgrund des § 35 BVerfGG Übergangsregelungen zur Verhinderung tatsächlicher oder vermeintlicher Lücken im Recht. In diesem Fall tritt es als „Ersatzgesetzgeber" oder als „Notgesetzgeber" auf.

Vgl. dazu BVerfGE 39, 1, 2 f., 68 (Schwangerschaftsabbruch I): Das BVerfG kam zur Auffassung, daß die Neuregelung verfassungswidrig ist, daß aber auch die frühere gesetzliche Regelung nicht mehr anwendbar ist und daß ein auch nur kurzfristiger Regelungsverzicht im Interesse des nasciturus nicht hingenommen werden kann; daher erließ es eine (etwa auf der mittleren Linie liegende) Übergangsregelung, die später auch vom Gesetzgeber weitgehend übernommen worden ist; ebenso BVerfGE 88, 203, 209 ff., 334 ff. (Schwangerschaftsabbruch II). Vgl. ferner aus der neueren Zeit etwa BVerfGE 102, 197, 223 (Konstanzer Spielbank); BVerfGE 103, 111, 141 f. (Hessisches Wahlprüfungsgericht). – In der Literatur ist die auf § 35 BVerfGG gestützte „Ersatzgesetzgebung" des BVerfG auf Kritik und Ablehnung gestoßen, vgl. vor allem *H.-P. Schneider,* Die Vollstreckungskompetenz nach § 35 BVerfGG – Ein Notverordnungsrecht des Bundesverfassungsgerichts?, NJW 1994, 2590 ff.; ferner bereits *R. Herzog,* Die Vollstreckung von Entscheidungen des Bundesverfassungsgerichts, Der Staat Bd. 4 (1965) S. 37 ff.; vermittelnd *P. Lerche,* Das Bundesverfassungsgericht als Notgesetzgeber, insbesondere im Blick auf das Recht des Schwangerschaftsabbruchs, Festschrift für Gitter, 1995, S. 509 ff.; *W. Roth,* Grundlage und Grenzen von Übergangsanordnungen des Bundesverfassungsgerichts zur Bewältigung möglicher Folgeprobleme seiner Entscheidungen, AÖR Bd. 124 (1999) S. 470 ff. mit weit. Nachw.

5. Einstweilige Anordnung

a) *Allgemeines.* Das BVerfG kann gem. § 32 I BVerfGG eine einst- **35** weilige Anordnung erlassen, „wenn dies zur Abwehr schwerer Nachteile, zur Verhinderung drohender Gewalt oder aus einem anderen wichtigen Grund zum gemeinen Wohl dringend geboten ist." Die einstweilige Anordnung ist eine vorläufige Regelung bis zur endgültigen Entscheidung in der Hauptsache. Sie soll verhindern, daß irreparable Fakten oder Rechtszustände geschaffen oder erhalten werden, die die Verwirklichung der späteren Entscheidung erschweren oder vereiteln.

Die einstweilige Anordnung gem. § 32 BVerfGG entspricht der einstweiligen Anordnung im Verwaltungsprozeßrecht (§ 123 VwGO) und der einstweiligen Verfügung im Zivilprozeßrecht (§§ 935 ff. ZPO). Neben § 32 BVerfGG bestehen für einige Verfahrensarten noch besondere Vorschriften, die allerdings praktisch kaum in Betracht kommen, nämlich § 53 BVerfGG (Anklage des Bundespräsidenten), § 58 I BVerfGG (Richteranklage), § 105 V BVerfGG (vorzeitige Pensionierung oder Entlassung eines Bundesverfassungsrichters) und § 16 III Wahlprüfungsgesetz.

b) *Zulässigkeitsvoraussetzungen.* Die einstweilige Anordnung ori- **36** entiert sich am Hauptsacheverfahren. Sie ist daher nur zulässig, wenn (1) das BVerfG im Hauptsacheverfahren zuständig ist, (2) der Antragsteller im Hauptsacheverfahren Beteiligter ist, (3) das Rechtsschutzbedürfnis gegeben ist und (4) die Schriftform eingehalten wurde (§ 23 I 1 BVerfGG). Eine Frist ist nicht vorgesehen. Der Antrag dürfte aber dann unzulässig sein, wenn die Frist im Hauptsacheverfahren abgelaufen ist.

Die einstweilige Anordnung wird grundsätzlich *auf Antrag* erlassen. Sie kann aber auch *von Amts wegen erfolgen.* Ferner ist es möglich, daß *vor* Anhängigkeit der Hauptsache der Antrag gestellt und die einstweilige Anordnung erlassen wird. Der Erlaß einer einstweiligen Anordnung von Amts wegen *vor* der Einleitung des Hauptsacheverfahrens ist freilich ausgeschlossen, da das Gericht irgendwie mit der Sache befaßt sein muß (wo kein Kläger, da auch kein Richter).

c) *Begründetheit.* Die einstweilige Anordnung wird erlassen, wenn **37** sie – zeitlich – dringend ist und – sachlich – zur Vermeidung schwerer Nachteile geboten ist. Die Erfolgsaussichten in der Hauptsache bleiben ausgeblendet. Es kommt also nicht auf die Verfassungsmäßigkeit oder Verfassungswidrigkeit der angegriffenen Maßnahme an. Anders ist es nur, wenn schon jetzt die Erfolgsaussichten der Hauptsache mit

Sicherheit beurteilt werden können. Wenn der Antrag in der Hauptsache offensichtlich unzulässig oder unbegründet ist, wird die einstweilige Anordnung abgelehnt. Wenn er offensichtlich zulässig und begründet ist, ergeht die einstweilige Anordnung. In diesen Fällen kann aber auch die Hauptsache rasch entschieden werden, so daß sich der Antrag auf Erlaß einer einstweiligen Anordnung erledigt.

38   Im übrigen ist nach der Rechtsprechung des BVerfG abzuwägen zwischen den Folgen, die eintreten würden, wenn eine einstweilige Anordnung nicht erginge, der Antrag in der Hauptsache aber Erfolg hätte, und den Nachteilen, die entstünden, wenn die begehrte einstweilige Anordnung erlassen würde, dem Antrag in der Hauptsache aber der Erfolg zu versagen wäre. Bezogen auf ein Gesetz, gegen das eine Verfassungsbeschwerde eingelegt wird, bedeutet dies: Es ist abzuwägen zwischen den Folgen, die eintreten würden, wenn die einstweilige Anordnung nicht ergeht, die Verfassungsbeschwerde aber Erfolg hat und das Gesetz später für verfassungswidrig und nichtig erklärt wird, und den Nachteilen, die entstehen, wenn das angegriffene Gesetz im Wege der einstweiligen Anordnung vorläufig außer Anwendung gesetzt, später aber die Verfassungsbeschwerde abgewiesen wird. Das Gericht muß also zwei Prognosen (Hypothesen) anstellen und sie miteinander abwägen. Daher wird auch von einer „Doppelhypothese" gesprochen (vgl. *Schlaich/Korioth,* BVerfG Rn. 453).

39   Die einstweilige Anordnung betrifft in der Praxis Gesetze, weitreichende politische Entscheidungen, aber auch Einzelmaßnahmen. Sie wurde bislang überwiegend abgelehnt, vgl. etwa BVerfGE 88, 173 (Bundeswehreinsatz im Ausland); BVerfGE 104, 51 (Lebenspartnerschaftsgesetz); immerhin finden sich auch beachtliche Fälle, in denen ihr stattgegeben wurde, vgl. etwa BVerfGE 37, 324 (Schwangerschaftsabbruch I), BVerfGE 64, 67 (Volkszählungsgesetz), BVerfGE 63, 254 (Verteilung der Sendezeiten im Rundfunk für die Wahlwerbung politischer Parteien), BVerfGE 89, 38 (Bundeswehreinsätze im Ausland), BVerfGE 89, 98ff. (Abschiebung von Asylbewerbern); BVerfGE 104, 42 (Altenpflegegesetz).

III. Organstreitverfahren

1. Allgemeine Charakterisierung

40   Das Organstreitverfahren betrifft Streitigkeiten zwischen Verfassungsorganen des Bundes oder innerhalb von Verfassungsorganen

des Bundes über verfassungsrechtlich begründete Rechte und
Pflichten.

In Betracht kommen z. B. ein Streit zwischen dem Bundestag und der Bundesregierung über den Umfang der Zustimmungsrechte des Bundestages für
völkerrechtliche Verträge gem. Art. 59 II GG oder ein Streit zwischen einem
Abgeordneten und dem Bundestagspräsidenten über das parlamentarische
Rederecht gem. Art. 38 I 2 GG in Vbg. mit § 37 GeschOBT (BVerfGE 10,
4). Ferner kann, was auch praktisch bedeutsam ist, ein Organteil Rechte seines
Verfassungsorgans gegen andere Organe geltend machen, etwa eine Fraktion
die Rechte des Bundestages gegen die Bundesregierung (BVerfGE 45, 1).

Das Organstreitverfahren hat seine Grundlage im Gewaltentei-   **41**
lungsprinzip und im Minderheitenschutz. Organstreitverfahren zwischen Verfassungsorganen sind jedoch schon wegen der parteipolitischen Verbindungen selten. Dagegen spielt der Minderheitenschutz
eine erhebliche Rolle. Das Organstreitverfahren gibt der Opposition
die Möglichkeit, ihre Minderheitsrechte oder die Rechte des Organs, an denen sie partizipieren, gerichtlich geltend zu machen und
durchzusetzen.

Ein Blick in die bisherige Praxis zeigt, daß es nur zu relativ wenigen, aber
meistens politisch bedeutsamen Entscheidungen im Organstreitverfahren gekommen ist, so etwa zur Parteifinanzierung (BVerfGE 24, 300; 85, 264), zur
Öffentlichkeitsarbeit der Bundesregierung im Wahlkampf (BVerfGE 44, 125),
zur Notkompetenz des Bundesfinanzministers gem. Art. 112 GG (BVerfGE
45, 1), zur vorzeitigen Auflösung des Bundestages 1982/1983 (BVerfGE 62, 1),
zum Untersuchungsausschuß (BVerfGE 67, 100; 77, 1), zur Rechtsstellung
fraktionsloser Abgeordneter (BVerfGE 80, 188), zur Rechtsstellung der Fraktionen und Gruppen (BVerfGE 84, 304; 96, 264), zur ersten gesamtdeutschen
Wahl (BVerfGE 82, 322), zum Einsatz der Bundeswehr im Ausland (BVerfGE
90, 286), zur Fortentwicklung der Nato (BVerfGE 104, 151).

Das Organstreitverfahren wird vor allem durch *zwei Merkmale* **42**
bestimmt, nämlich einmal durch die Beteiligten und zum anderen
durch den Gegenstand des Verfahrens. Beide haben einen spezifischen Verfassungsbezug. Die Beteiligten müssen Verfassungsorgane
sein und das Verfahren muß die Auslegung und Anwendung von
Verfassungsvorschriften zum Gegenstand haben.

Diese Merkmale sind auch für die Abgrenzung zur Verwaltungsgerichtsbarkeit maßgebend. Der Verwaltungsrechtsweg ist gem. § 40 I VwGO in allen
„öffentlich-rechtlichen Streitigkeiten nichtverfassungsrechtlicher Art" gegeben.
Die damit ausgeschiedenen „verfassungsrechtlichen Streitigkeiten" sind eben
die Streitigkeiten (1) zwischen Verfassungsorganen (2) über die Auslegung und

Anwendung der Verfassung (sog. doppelte Verfassungsunmittelbarkeit). Keine verfassungsrechtliche Streitigkeit liegt demnach vor, wenn ein Bürger klagt, auch wenn sich die Klage gegen ein Verfassungsorgan richtet und die Auslegung der Verfassung betrifft. *Beispiel:* A wendet sich mit einer Petition gem. Art. 17 GG an den Bundestag, erhält aber einen nach seiner Auffassung höchst unzulänglichen Bescheid. Er will klagen. Er kann, da er kein Verfassungsorgan ist, kein Organstreitverfahren beantragen; er kann aber beim Verwaltungsgericht gegen den Bundestag wegen angeblicher Verletzung des Art. 17 GG klagen (BVerwG NJW 1977, 118: Leistungsklage) und dann – nach Erschöpfung des Rechtsweges – Verfassungsbeschwerde beim BVerfG einlegen (BVerfG NJW 1992, 3033).

2. Zulässigkeitsvoraussetzungen

43　　Maßgebend sind: Art. 93 I Nr. 1 GG, § 13 Nr. 5, §§ 63 ff. BVerfGG.

Vergleicht man die Vorschriften des Grundgesetzes und des BVerfGG, dann zeigt sich, daß sie nicht ganz aufeinander abgestimmt sind: (1) Art. 93 I Nr. 1 GG begründet eine abstrakte Norminterpretation *aus Anlaß* eines Rechtsstreits, § 64 BVerfGG macht dagegen den Rechtsstreit selbst zum *Gegenstand* des Verfahrens und der Entscheidung. (2) Art. 93 I Nr. 1 GG spricht allgemein von den obersten Bundesorganen oder anderen Beteiligten, während § 63 BVerfGG einige Verfassungsorgane abschließend („nur") aufführt. Nach Ansicht des BVerfG und der h. L. stellt § 64 BVerfGG eine zulässige und sinnvolle Konkretisierung des Art. 93 I Nr. 1 GG dar und geht der weite Beteiligtenbegriff des Art. 93 I Nr. 1 GG der Aufzählung des § 63 BVerfGG vor, so daß diese nicht abschließend, sondern beispielhaft zu verstehen ist. Wegen dieser Differenzen ist darauf zu achten, daß bei der Lösung von Fällen sowohl Art. 93 I Nr. 1 GG als auch §§ 63 ff. BVerfGG herangezogen werden.

Im einzelnen sind folgende Zulässigkeitsvoraussetzungen zu prüfen:

44　　a) *Antragsteller.* Derjenige, der den Antrag stellt oder stellen will, muß beteiligtenfähig sein. Beteiligtenfähigkeit besitzen:

– *Alle Verfassungsorgane:* der Bundestag, der Bundesrat, die Bundesregierung, der Bundespräsident (so auch § 63 BVerfGG), ferner die Bundesversammlung und der Gemeinsame Ausschuß gem. Art. 53 a GG (sog. Notparlament); strittig ist, ob auch der Wehrbeauftragte (Art. 45 b GG) und der Bundesrechnungshof (Art. 115 II GG) darunterfallen (vgl. dazu *Benda/Klein,* Verfassungsprozeßrecht, Rn. 922).

– *Die Teile dieser Verfassungsorgane,* wenn und soweit sie im Grundgesetz oder in der Geschäftsordnung des jeweiligen Verfassungsorgans mit eigenen Rechten ausgestattet sind (Art. 93 I Nr. 1 GG, § 63 BVerfGG). Dazu gehören im Blick auf den Bundestag: der Präsident, die Ausschüsse, die Fraktionen, die Gruppen gem. § 10 IV GeschOBT, die qualifizierte Minderheit des Art. 44 I GG, die einzelnen Abgeordneten. Entsprechendes gilt für die anderen Verfassungsorgane.

– *Politische Parteien:* Sie sind zwar keine Verfassungsorgane im eigentlichen Sinne, aber nach der Rechtsprechung des BVerfG sonstige „Beteiligte" gem. Art. 93 I Nr. 1 GG. Sie können daher im Organstreitverfahren die Verletzung ihres verfassungsrechtlichen Status gem. Art. 21 I GG durch ein anderes Verfassungsorgan geltend machen (vgl. dazu bereits oben § 11 Rn. 22 ff., 57).

b) *Antragsgegner.* Derjenige, gegen den sich der Antrag richtet **45** oder richten soll, muß ebenfalls beteiligtenfähig sein. Es gilt dasselbe wie für die Beteiligtenfähigkeit des Antragstellers.

c) *Antragsgegenstand.* Der Antrag muß ein bestimmtes Verhalten **46** des Antragsgegners, „eine Maßnahme oder Unterlassung des Antragstellers" gem. § 64 I BVerfGG betreffen. Eine Unterlassung ist dann rechtserheblich, wenn das beklagte Organ zum Tätigwerden verpflichtet ist, etwa der Bundespräsident zur Ausfertigung eines ordnungsgemäß zustande gekommenen Gesetzes.

In Betracht kommt jede rechtserhebliche Maßnahme, etwa die Auflösung des Bundestages durch den Bundespräsidenten (BVerfGE 62, 1, 32 f.); die Bewilligung von Ausgaben durch den Bundesfinanzminister gem. Art. 112 GG (BVerfGE 45, 1, 28); der Ordnungsruf des Bundestagspräsidenten, nicht aber die bloße, einer Mahnung gleichkommende Rüge gegenüber einem Abgeordneten (BVerfGE 60, 374, 381 f.); ferner der Erlaß eines Gesetzes (BVerfGE 1, 208, 220; 82, 322, 335; 92, 80, 87). Das Unterlassen einer Maßnahme ist dann rechtserheblich, wenn nicht ausgeschlossen werden kann, daß der Antragsgegner zur Vornahme der unterlassenen Maßnahme verfassungsrechtlich verpflichtet ist (BVerfG DVBl. 2001, 636). Ob auch „bloße Unterlassungen des Gesetzgebers" im Wege des Organstreitverfahrens gerügt werden können, hat das BVerfG bislang ausdrücklich offengelassen (vgl. BVerfGE 92, 80, 87: Wahlgesetz und Überhangmandate). Meistens wird das Unterlassen mit dem Erlaß oder dem Fortbestand einer gesetzlichen Regelung verbunden sein, so daß diese als mangelhaft und damit verfassungswidrig angegriffen werden können.

d) *Antragsbefugnis.* Der Antragsteller muß geltend machen, daß er **47** oder das Organ, dem er angehört, durch das Verhalten des Antragsgegners in seinen ihm durch das Grundgesetz übertragenen Rechten oder Pflichten verletzt oder unmittelbar gefährdet ist. An sich haben Verfassungsorgane keine subjektiven Rechte, sondern nur Zuständigkeiten und Kompetenzen. Sie können diese aber verfassungsprozessual als oder wie „subjektive Rechte" verteidigen und durchsetzen.

Die geltend gemachten Rechte müssen *verfassungsrechtlich* begründet sein. Die Verletzung einfacher Gesetze oder der Geschäftsordnung reicht nicht. Es ist allerdings möglich, daß eine Regelung der Geschäftsordnung ein verfassungsrechtlich begründetes Recht konkretisiert, so daß auf die verfassungsrechtliche Regelung Bezug genommen und die Vorschrift der Geschäftsordnung zur Auslegung herangezogen werden kann. Das Rederecht der Abgeordneten ist zwar nicht ausdrücklich im Grundgesetz, sondern nur in der Geschäftsordnung geregelt; es ergibt sich aber aus dem verfassungsrechtlichen Status des Abgeordneten gem. Art. 38 I 2 GG, so daß im Falle der Einschränkung dessen Verletzung gerügt werden kann.

48   Wie bereits dargelegt wurde, können die Organe des Bundestages (Fraktion, Abgeordnete usw.) nicht nur ihre eigenen Rechte, sondern auch die Rechte des Bundestages geltend machen (Prozeßstandschaft). Das gilt selbst dann, wenn der Bundestag die als verfassungswidrig gerügte Maßnahme gebilligt hat.

Vgl. BVerfGE 45, 1, 28 f. (Klage der CDU-Fraktion für den Bundestag gegen den Bundesfinanzminister wegen Verletzung des Art. 112 GG); BVerfGE 90, 286, 336 (Klage der SPD- und FDP-Fraktion gegen die Bundesregierung wegen des Bundeswehreinsatzes im Ausland). Die „Minderheit" oder die „Opposition" bilden kein „Organteil" und sind daher als solche auch nicht beteiligtenfähig. Vgl. dazu auch die subtilen Ausführungen in BVerfGE 90, 286, 336 ff.

49   e) *Form und Frist.* Der Antrag muß schriftlich eingereicht und begründet werden (§§ 23 I, 64 II BVerfGG). Ferner muß eine Frist von 6 Monaten (beginnend mit dem Zeitpunkt des Bekanntwerdens der beanstandeten Maßnahme oder Unterlassung) eingehalten werden (§ 64 III BVerfGG).

Es handelt sich um eine Ausschlußfrist, die auch nicht im Wege der Wiedereinsetzung in den vorigen Stand verlängert werden kann (BVerfGE 71, 299, 304). Zur Frist beim Erlaß von Gesetzen und bei Unterlassungen vgl. BVerfGE 92, 80, 87 ff.

50   f) *Rechtsschutzbedürfnis.* Wenn die Voraussetzungen des § 64 I BVerfGG vorliegen, dann ist in der Regel auch das Rechtsschutzbedürfnis gegeben.

Es kann jedoch ausnahmsweise zu verneinen sein, so etwa wenn der Antragsteller in der Lage gewesen wäre, die gerügte Verletzung des Rechts durch eigenes Handeln rechtzeitig zu vermeiden (BVerfGE 68, 1, 77: Raketenstationierung), ferner wenn einfachere oder weiterreichende Abhilfemöglichkeiten bestehen (so, allerdings zurückhaltend, BVerfGE 45, 1, 30: Notkompetenz des Bundesfinanzministers gem. Art. 112 GG).

3. Entscheidung

a) Das Organstreitverfahren endet, wenn der Antrag begründet **51** ist, mit einem *Feststellungsurteil* (§ 67 BVerfGG). Das bedeutet, daß das BVerfG weder die gerügte Maßnahme aufhebt noch die Verpflichtung des Antragsgegners zu einem bestimmten Tun, Unterlassen oder Dulden ausspricht (Aufhebungs- bzw. Verpflichtungsurteil), sondern sich auf die Feststellung beschränkt, daß der Antragsgegner den Antragsteller durch die beanstandete Maßnahme in bestimmten, näher bezeichneten Rechten verletzt hat (vgl. etwa die Entscheidungsformel in BVerfGE 82, 322, 325 f.). Entsprechendes gilt, wenn in Beschlußform entschieden worden ist. Aus dem verfassungsgerichtlichen Feststellungsurteil ergibt sich, daß die gerügte Maßnahme verfassungswidrig und ggf. nichtig ist. Im übrigen geht § 67 BVerfGG davon aus, daß der Antragsgegner die Konsequenzen aus dem Feststellungsurteil ziehen und die erforderlichen Maßnahmen zur Beseitigung des verfassungswidrigen Zustands unverzüglich treffen wird.

b) Wenn sich der Antrag im Organstreitverfahren gegen den *Er-* **52** *laß eines Gesetzes* richtet und erfolgreich ist, dann wird nicht das Gesetz für nichtig oder für verfassungswidrig erklärt, sondern lediglich festgestellt, daß der Gesetzeserlaß (der Beschluß des Bundestages, die Zustimmung des Bundesrates) den Antragsteller in seinen Rechten verletzt. Diese Feststellung impliziert aber zugleich die Verfassungswidrigkeit des Gesetzes und diese wiederum – zumindest in der Regel – die Nichtigkeit des Gesetzes.

Fall: Die nicht im Bundestag vertretene Partei X ist der Auffassung, daß die soeben verabschiedete Neuregelung der Parteifinanzierung mit dem Grundgesetz nicht vereinbar ist, weil sie die kleineren Parteien, u. a. auch sie selbst, gleichheitswidrig benachteiligt. Sie will beim BVerfG klagen. Wie ist die Zulässigkeit zu beurteilen?

Lösung: In Betracht kommt ein Organstreitverfahren:

– Antragsteller: Die Partei ist beteiligtenfähig und kann daher den Antrag stellen
– Antragsgegner: Bundestag und Bundesrat
– Antragsgegenstand: Gesetzesbeschluß des Bundestages und Mitwirkung (Zustimmung) des Bundesrates

- Antragsbefugnis: Die Partei X kann geltend machen, daß sie durch die Neuregelung in ihrem Recht auf Chancengleichheit (Art. 21 I GG) verletzt werde.
- Form und Frist: Vgl. § 23 und § 64 II, III BVerfGG.

IV. Föderative Streitigkeiten

1. Überblick

53　Föderative Streitigkeiten sind verfassungsrechtliche Streitigkeiten, die sich aus dem bundesstaatlichen Bereich ergeben. Sie betreffen verfassungsrechtliche Streitigkeiten zwischen dem Bund und den Ländern (Art. 93 I Nr. 3 GG) und verfassungsrechtliche Streitigkeiten zwischen den Ländern (Art. 93 I Nr. 4 Alt. 2 GG). Es handelt sich – wie bei den Organstreitigkeiten – um kontradiktorische Verfahren mit Antragsteller und Antragsgegner. Der Unterschied besteht lediglich darin, daß es nicht um Rechte und Pflichten von Verfassungsorganen, sondern des Bundes und der Länder geht. Grundlage der föderativen Streitigkeiten sind vor allem Kompetenzvorschriften des Grundgesetzes, ferner allgemeine Verfassungsgrundsätze, insbesondere der Grundsatz der Bundestreue (vgl. dazu bereits oben § 10 Rn. 50ff.) und Rechte und Pflichten aus verfassungsrechtlichen Verträgen. Schon aus der Funktion des BVerfG ergibt sich, daß es sich nur um verfassungsrechtlich begründete Rechte und Pflichten handeln kann, auch wenn das in den einzelnen Vorschriften nicht immer deutlich zum Ausdruck kommt.

54　Im weiteren Sinne kann den föderativen Streitigkeiten auch die Zuständigkeit des BVerfG zur Entscheidung von landesinternen verfassungsrechtlichen Streitigkeiten zugerechnet werden (Art. 93 I Nr. 4 Alt. 3 GG). Denn der Bund hat ein legitimes Interesse daran, daß landesinterne Verfassungskonflikte wegen ihrer möglichen Auswirkungen auf den Bundesbereich verfassungsgerichtlich bereinigt werden können. Diese Zuständigkeit des BVerfG besteht allerdings nur subsidiär, falls keine oder keine ausreichende landesverfassungsgerichtliche Zuständigkeit gegeben ist. Das BVerfG wird in diesem Fall, wie es selbst betont „der Sache nach als ‚subsidäres Landesverfassungsgericht' tätig" (BVerfGE 99, 1, 17; 102, 245, 250).

2. Bund-Länder-Streit

a) *Die maßgeblichen Rechtsgrundlagen* sind Art. 93 I Nr. 3 GG, § 13 **55**
Nr. 7, §§ 68–70 BVerfGG.

b) *Die Zulässigkeitsvoraussetzungen* entsprechen weitgehend den- **56**
jenigen des Organstreitverfahrens. Als Antragsteller und Antragsgegner benennt § 68 BVerfG nicht den Bund und die Länder,
sondern deren vertretungsberechtigten Organe, nämlich die Bundesregierung bzw. die Landesregierung. Die Bundesregierung hat
daher die Rechte des Bundes geltend zu machen. Entsprechendes
gilt für die Länder. Die Parlamente und sonstige Organe oder Organteile des Bundes bzw. der Länder sind nicht antragsberechtigt.
Im übrigen verweist § 69 BVerfGG auf die §§ 64–67 BVerfGG. Es
ist daher zu prüfen:

(1) Antragsteller: Bundesregierung oder Landesregierung

(2) Antragsgegner: Wie oben

(3) Antragsgegenstand: rechtserhebliche Maßnahme

(4) Antragsbefugnis: Geltendmachung der Verletzung eines verfassungsrechtlich begründeten Rechts.

(5) Form und Frist: schriftlicher und begründeter Antrag, 6-Monat-Frist.

c) *Entscheidung.* Das BVerfG trifft – wie im Organstreitverfah- **57**
ren – ein Feststellungsurteil.

d) *Vorverfahren.* Die dargelegten Regelungen gelten auch, wenn **58**
Streit über die Ausführung von Bundesgesetzen durch die Länder
bestehen (Art. 84, 85 GG). Betrifft der Streit die Mängelrüge der
Bundesregierung gem. Art. 84 IV GG, muß zuvor der Bundesrat
eingeschaltet werden. Es handelt sich um ein Vorverfahren, das
Voraussetzung für die Zulässigkeit der verfassungsgerichtlichen
Klage ist (vgl. dazu auch oben § 18 Rn. 13).

e) *Praxis.* Das Bund-Länder-Streitverfahren hat in der Recht- **59**
sprechung des BVerfG keine große Bedeutung erlangt. Das liegt
auch daran, daß dann, wenn es um ein Gesetz geht, das einfachere
Verfahren der abstrakte Normenkontrolle gewählt werden kann
und gewählt wird. Immerhin gibt es, vor allem aus den ersten
Jahren der Rechtsprechung des BVerfG, einige wichtige Verfahren
und Entscheidungen.

Zu erwähnen sind vor allem: Der Streit über die Bildung des Südweststaates zwischen dem (damaligen) Land Baden und dem Bund (BVerfGE 1, 14), der Streit um die Gültigkeit des Reichskonkordats zwischen dem Bund und dem Land Niedersachsen (BVerfGE 6, 309), der Streit über die Zulässigkeit der Volksbefragung zur Atombewaffnung zwischen dem Bund und dem Land Hessen (BVerfGE 8, 122), der Fernsehstreit zwischen dem Land Hessen und dem Bund (BVerfGE 12, 205), der Streit über die Zulässigkeit einer Weisung im Rahmen der Bundesauftragsverwaltung gem. Art. 85 III GG (BVerfGE 81, 310), der Streit über die Fernsehrichtlinie zwischen dem Land Bayern und dem Bund (BVerfGE 92, 203), der Streit auf Beteiligung an den UMTS-Erlösen zwischen den Ländern Baden-Württemberg und Hessen einerseits und dem Bund andererseits (BVerfGE 115, 185).

60   f) *Exkurs:* Fraglich ist die Zuständigkeit des BVerfG in „anderen öffentlich-rechtlichen Streitigkeiten zwischen dem Bund und den Ländern" gem. Art. 93 I Nr. 4 Alt. 1 GG. Handelt es sich um eine verfassungsrechtliche Streitigkeit zwischen dem Bund und den Ländern, greift bereits Art. 93 I Nr. 3 GG ein. Die „anderen" Streitigkeiten können daher nur öffentlich-rechtliche Streitigkeiten nicht verfassungsrechtlicher Art sein, für die aber gem. Art. 93 I Nr. 4 letzter Halbsatz GG und § 50 I Nr. 1 VwGO das BVerwG zuständig ist. Die Zuständigkeit des BVerfG läuft somit leer.

Folgt man dem BVerfG, dann trifft dies allerdings nicht ganz zu. Es ist nämlich der Auffassung, daß der Einigungsvertrag ein verfassungsrechtlicher Vertrag ist, Streitigkeiten aus dem Einigungsvertrag (vgl. Art. 44 EV) aber nicht unter Art. 93 I Nr. 3 GG, sondern – insoweit folgerichtig – unter Art. 93 I Nr. 4 Alt. 1 GG fallen (BVerfGE 94, 297, 309 ff.). Indessen könnte man durchaus Art. 93 I Nr. 3 GG heranziehen. Praktisch hat das keine Auswirkungen.

3. Streit zwischen den Bundesländern

61   a) Die maßgeblichen *Rechtsgrundlagen* bilden Art. 93 I Nr. 4 Alt. 2 GG, § 13 Nr. 8, §§ 71, 72 BVerfGG.

62   b) *Zulässigkeitsvoraussetzungen.* Antragsteller und Antragsgegner sind die Landesregierungen, die für ihre Länder auftreten und deren Rechte (Kompetenzen) geltend machen oder verteidigen. Im übrigen kommen – wie beim Bund-Länder-Streitverfahren – die Regelungen über das Organstreitverfahren entsprechend zur Anwendung.

63   c) *Entscheidung.* Während das BVerfG bei Organstreitverfahren und Bund-Länder-Streitverfahren auf ein Feststellungsurteil beschränkt ist, kann es im Länderstreitverfahren auch ein Verpflichtungsurteil erlassen. Es kann auf die Verpflichtung des Antragsgegners erkennen, eine bestimmte Maßnahme zu unterlassen, rückgängig zu machen, durchzuführen oder zu dulden oder eine bestimmte Leistung zu erbringen (vgl. § 72 I BVerfGG).

d) *Praxis.* Die Zwischen-Länder-Streitigkeiten sind bislang kaum **64** aktuell geworden. Sie betreffen fast durchweg Verträge aus der Weimarer Zeit über die Eingliederung kleinerer Länder oder Landesteile in ein größeres Land und die sich daraus ergebenden Rechte.

Vgl. BVerfGE 22, 221 (Coburg-Bayern) und BVerfGE 42, 345 (Pyrmont-Preußen). Das BVerfG qualifizierte die Eingliederungsverträge als verfassungsrechtliche Verträge, fingierte den Fortbestand der eingegliederten Länder, soweit es um die Geltendmachung der Vertragsrechte ging, und nahm die Prozeßstandschaft der nunmehr in diesem Gebiet bestehenden obersten Gebietskörperschaften (Landkreise und kreisfreie Städte) an. Dagegen wurde der verfassungsrechtliche Charakter des Staatsvertrages über die Vergabe von Studienplätzen vom 20. 10. 1972 verneint, da es nur um das Verfahren bei der Vergabe von Studienplätzen und die Festlegung von Rechten und Pflichten für die Studienbewerber, Studenten und Universitätsverwaltung gehe (BVerfGE 42, 103, 112 f.; BVerwGE 50, 124, 130 ff.).

4. Landesinterne Streitigkeiten

Nach Art. 93 I Nr. 4 Alt. 3 GG entscheidet das BVerfG ferner **65** über öffentlich-rechtliche Streitigkeiten innerhalb eines Landes. Diese weite Formel wird jedoch in doppelter Hinsicht eingeschränkt: Zum einen erfaßt diese Zuständigkeit nur verfassungsrechtliche Organstreitigkeiten entsprechend den Organstreitigkeiten des Bundes gem. Art. 93 I Nr. 1 GG (so § 71 I Nr. 3 BVerfGG, bestätigt durch BVerfGE 27, 240, 245 ff.), allerdings ohne die dort zugelassene Prozeßstandschaft der Organteile für ihre Organe (BVerfGE 91, 246, 250; vgl. auch oben Rn. 40, 48). Zum anderen greift diese Zuständigkeit nur subsidiär ein (vgl. bereits oben Rn. 54).

Da alle Länder eine eigene Verfassungsgerichtsbarkeit eingerichtet haben (Schleswig-Holstein durch den Verweis auf das BVerfG gem. Art. 99 GG) und ihr u. a. die Entscheidung von Streitigkeiten zwischen den Landesverfassungsorganen zugewiesen haben, kommt die subsidiäre Zuständigkeit des BVerfG nur noch in Betracht, wenn die landesverfassungsrechtlichen Zuständigkeitsregelungen hinter den grundgesetzlichen Anforderungen zurückbleiben, insbesondere den Kreis der Antragsberechtigten gegenüber dem Bundesrecht enger ziehen. Das wird vor allem dann aktuell, wenn landesrechtlich das Antragsrecht einzelner Abgeordneter ausgeschlossen oder beschränkt ist; sie können dann das BVerfG anrufen; vgl. BVerfGE 60, 319, 323 (Bremen); BVerfGE 93, 195, 202 f. (Hamburg); BVerfGE 102, 224, 231 f. (Thüringen). Die Zuständigkeit des BVerfG entfällt, sobald die bislang fehlende Zuständigkeit des Landesverfassungsgerichts landesrechtlich eingeführt wird, sogar für ein bereits laufendes Verfahren (BVerfGE 102, 245, 251 ff.).

V. Abstrakte Normenkontrolle

Bevor auf die abstrakte Normenkontrolle und später auf die konkrete Normenkontrolle und die Normenkontrolle im Rahmen des Verfassungsbeschwerdeverfahrens näher eingegangen wird, sind einige grundsätzliche Bemerkungen zur Normenkontrolle erforderlich.

1. Begriff, Struktur und Arten der Normenkontrolle

66   a) *Begriff.* Unter Normenkontrolle ist die Prüfung der Vereinbarkeit einer Rechtsnorm mit einer höherrangigen Rechtsnorm zu verstehen. Voraussetzung und Grundlage der Normenkontrolle ist die Rangordnung der Rechtsquellen, die die Vielzahl von Rechtsnormen in eine bestimmte Stufenordnung bringt und besagt, daß im Falle einer Normenkollision die niederrangige Rechtsnorm verdrängt wird und dementsprechend ungültig (nichtig) ist. Vgl. zur Rangordnung der Rechtsquellen bereits oben § 17 Rn. 17 ff.

67   Aus der allgemeinen Feststellung, daß die höherrangige Rechtsnorm der niederrangigen Rechtsnorm vorgeht, ergeben sich im konkreten Fall zwei Fragen:

(1) Materiell-rechtlich: Liegt überhaupt ein Normwiderspruch vor? Ist z. B. ein formelles Gesetz mit der Verfassung unvereinbar?

(2) Formell-rechtlich: Wer hat in welchem Verfahren über den möglichen Normwiderspruch zu entscheiden? Wer ist z. B. befugt, darüber zu entscheiden, ob ein Gesetz der Verfassung widerspricht?

Die zweite Frage weist auf die Problematik der Normenkontrolle.

68   b) *Bezugsfeld.* Die Normenkontrolle kann sich auf alle Normebenen beziehen: Vereinbarkeit eines Gesetzes mit der Verfassung, Ver-

einbarkeit einer Rechtsverordnung mit den Gesetzen und der Verfassung, Vereinbarkeit einer Satzung mit den Rechtsverordnungen,
Gesetzen und der Verfassung; ferner Vereinbarkeit einer landesrechtlichen Rechtsnorm mit dem Bundesrecht und schließlich Vereinbarkeit beider mit dem EG-Recht. Strukturell geht es immer um den
gleichen Prüfungsvorgang. In rechtlicher und politischer Sicht steht
jedoch die Prüfung der Verfassungsmäßigkeit formeller Gesetze im
Vordergrund, nämlich die Frage, ob und wer befugt ist, ein Gesetz,
das vom Bundestag unter Mitwirkung der Bundesregierung und des
Bundesrates und des Bundespräsidenten in einem besonders ausgestalteten und öffentlichen Verfahren erlassen worden ist, auf seine
Vereinbarkeit mit dem Grundgesetz zu prüfen und ggf. wegen Verfassungswidrigkeit zu verwerfen. Diese Frage fällt in den verfassungsrechtlichen Bereich und ist daher im folgenden zu prüfen.

Sicher hat auch die Überprüfung untergesetzlicher Rechtsnormen einen verfassungsrechtlichen Bezug, im Vordergrund stehen aber doch die verwaltungsrechtlichen Aspekte, so daß sie üblicherweise im Rahmen des Verwaltungsrechts
behandelt wird, vgl. *Maurer,* VerwR § 4 Rn. 47 ff. Die gemeinschaftsrechtliche
Überprüfung von nationalem Recht gehört in den europarechtlichen Bereich,
vgl. dazu etwa *Streinz,* Europarecht, Rn. 168 ff.

c) *Arten der Normenkontrolle.* Je nach Anlaß und Zusammenhang **69**
lassen sich unterschiedliche Arten der Normenkontrolle unterscheiden. Theoretisch und praktisch sind vor allem folgende Begriffspaare hervorzuheben:

aa) *Prinzipale und inzidente Normenkontrolle.* Dieses Begriffspaar be- **70**
zieht sich auf den Streitgegenstand. Eine prinzipale Normenkontrolle
liegt vor, wenn die Vereinbarkeit des Gesetzes mit der Verfassung
selbst Gegenstand des Antrags, des Verfahrens und der Entscheidung
ist. Es geht also ausschließlich um ein Gesetz und seine Verfassungsmäßigkeit. Die inzidente Normenkontrolle erfolgt dagegen im
Rahmen eines Rechtsstreits, der einen anderen Gegenstand hat (etwa
die Rechtmäßigkeit eines Steuerbescheids), bei dessen Entscheidung
aber die Verfassungsmäßigkeit und Verbindlichkeit einer Norm
(etwa des dem Steuerbescheid zugrunde liegenden Steuergesetzes) als
Vorfrage geklärt und entschieden werden muß. Der Unterschied
zwischen der prinzipalen und der inzidenten Normenkontrolle zeigt
sich vor allem bei der (negativen) Endentscheidung. Die prinzipale

Normenkontrolle führt zu einer allgemeinverbindlichen Nichtigerklärung des Gesetzes, die inzidente Normenkontrolle beschränkt sich dagegen auf die nur in den Urteilsgründen erscheinende Feststellung, daß das entscheidungserhebliche Gesetz nichtig und deshalb im vorliegenden Fall nicht anwendbar ist, hat aber keine darüber hinausgehende und damit allgemeinverbindliche Wirkung. Bei der prinzipalen Normenkontrolle wird das Gesetz formell beseitigt, bei der inzidenten Normenkontrolle wird es dagegen lediglich für den konkreten Fall für unanwendbar erklärt.

71   bb) *Abstrakte und konkrete Normenkontrolle.* Dieses Begriffspaar stellt auf den *Anlaß* der Normenkontrolle ab. Die konkrete Normenkontrolle erfolgt aus Anlaß eines konkreten Rechtsstreits, in dem die Frage aktuell wird, ob das entscheidungserhebliche Gesetz mit der Verfassung vereinbar ist oder nicht. Die abstrakte Normenkontrolle steht dagegen in keinem Zusammenhang mit einem konkreten Rechtsstreit. Sie erfolgt fallunabhängig und dient dem Ziel, die Verfassungsmäßigkeit eines Gesetzes allgemein zu klären.

72   cc) *Konzentrierte und diffuse Normenkontrolle.* Dieses Begriffspaar stellt auf das entscheidungskompetente Gericht ab. Im Fall der konzentrierten Normenkontrolle ist die Prüfungskompetenz, zumindest aber die Verwerfungskompetenz *einem* Gericht vorbehalten, während im Fall der diffusen Normenkontrolle alle oder zumindest eine größere Zahl der Gerichte zur Prüfung und Verwerfung befugt sind.

73   dd) *Spezielle und integrierte Normenkontrolle.* Diese Unterscheidung stellt darauf ab, ob die Verfassungsgerichtsbarkeit und damit die Normenkontrolle einem speziellen Verfassungsgericht oder einem für alle Bereiche zuständigen obersten Gericht zugewiesen ist. Beispiele für die zweite Alternative sind der Supreme Court der USA und das Schweizerische Bundesgericht.

74   ee) *Kombinationen.* Die dargelegten Begriffspaare gehen Kombinationen ein, die teils begrifflich zwingend sind, teils vom Gesetzgeber festgelegt werden. Die abstrakte Normenkontrolle ist stets prinzipale Normenkontrolle; die konkrete Normenkontrolle ist zunächst eine inzidente Normenkontrolle, kann aber zu einer prinzipalen Normenkontrolle weiterführen; die konzentrierte Normenkontrolle ist in der Regel, aber nicht durchweg eine prinzipale Normenkontrolle, während umgekehrt die prinzipale Normenkontrolle zwingend eine konzentrierte Normenkontrolle ist, da sie durch das oberste oder zumindest ein für das gesamte Staatsgebiet zuständige Gericht erfolgen muß.

d) Die unterschiedlichen Begriffspaare und Kombinationen finden **75** sich überwiegend auch *im Grundgesetz*. Üblicherweise wird zwischen der abstrakten Normenkontrolle (Art. 93 I Nr. 1 GG), der konkreten Normenkontrolle (Art. 100 I GG) und der Normenkontrolle aufgrund einer Verfassungsbeschwerde (Art. 93 I Nr. 4 a GG) unterschieden, zu denen noch die Normenkontrolle aufgrund einer Kommunalverfassungsbeschwerde (Art. 93 I Nr. 4 b GG), die inzidente Normenkontrolle im Rahmen eines Wahlprüfungsverfahrens (Art. 41 GG) und die Normenkontrolle als Normerlaßkontrolle im Rahmen eines Organstreitverfahrens oder einer föderativen Streitigkeit kommen (vgl. oben Rn. 46, 52). Weiter aufgefächert ergibt sich:

– Die abstrakte Normenkontrolle ist zugleich eine prinzipale, konzentrierte und spezielle Normenkontrolle;
– die konkrete Normenkontrolle ist zunächst eine inzidente Normenkontrolle, führt aber ggf. zu einer prinzipalen, konzentrierten und speziellen Normenkontrolle beim BVerfG weiter;
– die Normenkontrolle aufgrund einer Verfassungsbeschwerde ist eine prinzipale oder eine inzidente Normenkontrolle und zugleich eine konzentrierte und spezielle Normenkontrolle;
– die Normenkontrolle aufgrund einer Kommunalverfassungsbeschwerde ist eine prinzipale, konzentrierte und spezielle Normenkontrolle;
– die Normenkontrolle im Rahmen der Wahlprüfung ist eine inzidente, konzentrierte und spezielle Normenkontrolle.

2. Allgemeine Charakterisierung der abstrakten Normenkontrolle

Die abstrakte Normenkontrolle ist in Art. 93 I Nr. 2 GG, § 13 **76** Nr. 6, §§ 76ff. BVerfGG geregelt. Sie ist einfach strukturiert. Es genügt ein Antrag auf Prüfung und Feststellung der Verfassungswidrigkeit eines Gesetzes oder einer sonstigen Rechtsnorm. Im Gegensatz zum Organstreitverfahren, zu den föderativen Streitigkeiten und zur Verfassungsbeschwerde ist es nicht erforderlich, daß der Antragsteller die Verletzung subjektiver Rechte geltend macht.

Die abstrakte Normenkontrolle ist kein subjektives Rechtsschutzverfahren, sondern ein objektives Beanstandungsverfahren. Daher gibt es keinen Antragsgegner. Das BVerfG muß aber den Verfassungsorganen des Bundes und ggf. der Länder Gelegenheit zur Stellungnahme geben (§ 77 BVerfGG). Das kann auch in der mündlichen Verhandlung geschehen. Dadurch kann das Verfahren der abstrakten Normenkontrolle durchaus einen kontradiktorischen Zug erlangen. Tatsächlich handelt es sich auch meistens um Streitfragen, die zwischen (partei)politischen Gruppierungen bestehen und schließlich auf diese Weise ausgetragen werden.

In Betracht kommen etwa ein Antrag der Opposition im Bundestag, repräsentiert durch $1/3$ der Mitglieder des Bundestages oder einer mit ihr parteipolitisch verbundenen Landesregierung, gegen ein von der Regierungsmehrheit erlassenes Bundesgesetz, ein Antrag des Bundes gegen ein kompetenzwidriges Landesgesetz, ein Antrag einer Landesregierung gegen ein in einem anderen Bundesland erlassenen Landesgesetz. So z.B.: Antrag der Landesregierung Hessen gegen die Parteienfinanzierung im Bund (BVerfGE 20, 56), Antrag der Landesregierung Bayern gegen den Grundlagenvertrag (BVerfGE 36, 1), Antrag der (damals) fünf CDU/CSU-geführten Landesregierungen gegen das vom Bundestag mit den Stimmen der SPD/FDP-Mehrheit erlassene Staatshaftungsgesetz von 1981 (BVerfGE 61, 149), der Antrag von Mitgliedern des Bundestages und der Landesregierung von Bayern gegen das Gesetz von Schleswig-Holstein über das Kommunalwahlrecht von Ausländern (BVerfGE 83, 37), der Antrag der Landesregierungen von Sachsen, Thüringen und Bayern gegen das Lebenspartnerschaftsgesetz (BVerfGE 105, 313).

3. Zulässigkeit der abstrakten Normenkontrolle

77   a) *Antrag.* Die wichtigste Eingrenzung erfolgt durch den beschränkten Kreis der Antragsteller. Der Antrag auf Durchführung einer abstrakten Normenkontrolle kann nämlich nur von (1) der Bundesregierung, (2) einer Landesregierung oder (3) einem Drittel der Mitglieder des Bundestages gestellt werden. Andere Organe (etwa der Bundespräsident oder der Bundesrat) oder Teile des Bundestages (etwa Fraktionen, Ausschüsse oder gar einzelne Abgeordnete) sind nicht antragsberechtigt. Für den Bundesrat bedeutet diese Einschränkung keinen Nachteil, weil bereits jede Landesregierung, also jede Vertretung im Bundesrat, antragsberechtigt ist.

78   Eine beschränkte Erweiterung der Antragsberechtigten erfolgte durch den 1994 eingefügten Art. 93 I Nr. 2a GG. Danach kann der Antrag auch vom

Bundesrat oder einem Landesparlament gestellt werden, aber nur zur Prüfung, ob ein Gesetz mit Art. 72 II GG (Erforderlichkeitsklausel bei der konkurrierenden Gesetzgebung) vereinbar ist. Art. 93 I Nr. 2a GG bringt kein neues Verfahren, sondern nur eine spezifische Ausgestaltung der abstrakten Normenkontrolle (Erweiterung der Antragsberechtigten, aber reduzierter Prüfungsmaßstab). § 76 II BVerfGG erweitert diese Regelung – gestützt auf Art. 93 II GG – auf Verstöße gegen Art. 75 II GG.

b) *Prüfungsgegenstand.* Im Rahmen der abstrakten Normenkon- **79** trolle können grundsätzlich alle Rechtssätze überprüft werden: formelle Gesetze, Rechtsverordnungen und Satzungen sowohl des Bundesrechts als auch des Landesrechts, ferner verfassungsändernde Gesetze im Blick auf Art. 79 III GG (die Rechtssätze müssen verkündet, aber noch nicht in Kraft getreten sein, BVerfGE 104, 23, 29). Maßgebend ist allein die Form, nicht der Inhalt der jeweiligen Rechtssätze. Daher können auch das Haushaltsgesetz oder das Zustimmungsgesetz zu einem völkerrechtlichen Vertrag, die nach der h. L. nur Gesetze im formellen Sinne, nicht auch im materiellen Sinne sind, überprüft werden.

Die Normenkontrolle betrifft an sich nur das Haushaltsgesetz, nicht den Haushaltsplan. Da aber das Haushaltsgesetz nur dann verfassungsgemäß ist, wenn die Festlegungen im Haushaltsplan mit der Verfassung übereinstimmen, kann und muß über das Haushaltsgesetz auch der Haushaltsplan auf seine Verfassungsmäßigkeit überprüft werden. Vgl. zum Haushaltsgesetz: BVerfGE 20, 56, 89 f. (Parteienfinanzierung); BVerfGE 38, 121, 127 (nur abstrakte, nicht auch konkrete Normenkontrolle, da bei der abstrakten Normenkontrolle jedes „Gesetz", bei der konkreten Normenkontrolle aber nur ein „materieller Rechtssatz" überprüft werden kann). Entsprechendes gilt für das Zustimmungsgesetz gem. Art. 59 II GG und den dadurch erfaßten völkerrechtlichen Vertrag, vgl. BVerfGE 4, 157, 161 ff. (Saar-Urteil); BVerfGE 36, 1, 13 (Grundlagenvertrag zwischen der Bundesrepublik Deutschland und der DDR).

c) *Prüfungsmaßstab.* Bundesrecht kann nur auf seine Vereinbarkeit **80** mit dem Grundgesetz, Landesrecht auch auf seine Vereinbarkeit mit sonstigem Bundesrecht geprüft werden.

Die Frage, ob eine Rechtsnorm gegen Landesverfassungsrecht oder ob eine bundesrechtliche Rechtsverordnung gegen Gesetzesrecht verstößt, kann daher im Wege der abstrakten Normenkontrolle nicht überprüft werden. Schon wegen dieses begrenzten Prüfungsumfangs wäre es wenig sinnvoll, die abstrakte Normenkontrolle gegen untergesetzliches Recht einzusetzen (vgl. dazu unten Rn. 82).

d) *Antragsgrund.* Die abstrakte Normenkontrolle setzt ferner vor- **81** aus, daß Meinungsverschiedenheiten oder Zweifel über die Verfassungsmäßigkeit bzw. die Bundesrechtsmäßigkeit bestehen. Diese Formel ist bewußt weit gefaßt. Es genügt, daß irgendwo – in rechtserheblicher und maßgeblicher Weise – Zweifel oder Meinungsverschiedenheiten auftauchen. Der Antragsteller muß daran nicht beteiligt sein. Lediglich rein theoretische Erwägungen oder Bedenken scheiden aus. § 76 BVerfGG (in der Fassung von 1998) schränkt diese weite Fassung jedoch ein. Danach ist der Antrag nur zulässig, wenn der Antragsteller eine Rechtsnorm (1) wegen ihrer Unvereinbarkeit mit dem Grundgesetz oder sonstigen Bundesrecht für nichtig hält oder (2) für gültig hält, nachdem ein Organ des Bundes oder eines Landes sie als verfassungswidrig oder bundesrechtswidrig nicht angewendet hat.

Ein Teil der Literatur ist der Ansicht, daß diese Einschränkung ganz oder teilweise mit Art. 93 I Nr. 2 GG nicht vereinbar und damit nichtig ist. Das BVerfG hat dagegen in einer neueren Entscheidung – ohne auf die Bedenken in der Literatur einzugehen – die Verfassungsmäßigkeit bejaht. Es ist der Auffassung, daß § 76 BVerfGG den Art. 93 I Nr. 2 GG konkretisiere und Ausdruck des erforderlichen Klarstellungsinteresses sei. Vgl. BVerfGE 96, 133, 137. Anderer Ansicht z.B. *H. Söhn,* Die abstrakte Normenkontrolle, BVerfG-Festschrift, 1976, Bd. I, S. 292 (303); *Schlaich,* Bundesverfassungsgericht, Rn. 122 mit weiteren Nachw.). Verschiedentlich wird auch versucht, die Diskrepanz durch einschränkende Auslegung des Art. 93 I Nr. 2 GG oder durch verfassungskonforme Ausdehnung des § 76 BVerfGG zu überbrücken (vgl. etwa *Benda/Klein,* Verfassungsprozeßrecht, Rn. 665; *P. Lerche,* Festschrift für Jauch, 1990, S. 121 f.). Zur Neufassung des § 76 BVerfGG vom 16. 7. 1998 (BGBl. I S. 1823) *Ch. Pestalozza,* JZ 1998, 1039, 1041 ff.; *R. Zuck,* NJW 1998, 3028 ff.

82   e) *Klarstellungsinteresse.* Entsprechend dem objektiven Charakter der abstrakten Normenkontrolle muß der Antragsteller nicht die Verletzung subjektiver Rechte geltend machen oder auch nur ein Rechtsschutzinteresse haben. Das BVerfG verlangt lediglich ein objektives Klarstellungsinteresse (vgl. BVerfGE 52, 63, 80; 88, 203, 334; 100, 149, 257 f.). Das wird in der Regel bereits durch die Meinungsverschiedenheiten oder Zweifel indiziert. Ausnahmsweise kann es aber fehlen, so etwa wenn eine Norm inzwischen außer Kraft getreten ist und keine Rechtswirkungen mehr äußert oder wenn die Rechtsfrage in einem Parallelverfahren geklärt worden ist.

Nach BVerfGE 96, 133 fehlt das Klarstellungsinteresse auch dann, wenn die vorgelegte Norm nicht nur wegen Verstoßes gegen das Grundgesetz oder gegen Bundesrecht (so Art. 93 I Nr. 2 GG), sondern auch aus anderen, von BVerfG nicht zu prüfenden Gründen (etwa Verstoß gegen die Landesverfassung oder gegen einfaches Gesetzesrecht) nichtig sein kann. Dieser zutreffende Gesichtspunkt wird allerdings in nicht recht nachvollziehbarer Weise mit § 76 BVerfGG verknüpft (vgl. oben Rn. 81). In Wirklichkeit geht es um die Subsidiarität der abstrakten Normenkontrolle, die noch genauer entwickelt werden müßte. Unzulässig ist danach z.B. die abstrakte Normenkontrolle gegen landesrechtliche Rechtsverordnungen und Satzungen, wenn und weil die umfassende verwaltungsgerichtliche Normenkontrolle gem. § 47 VwGO eingreift.

4. Die Normenkontrollentscheidung

a) *Allgemeines.* Die prinzipale Normenkontrolle endet mit einer **83** allgemeinverbindlichen Entscheidung über die Verfassungsmäßigkeit und Gültigkeit der Norm selbst. Wird sie bejaht, dann stellt das BVerfG im Tenor seiner Entscheidung ausdrücklich fest, daß das Gesetz „mit dem Grundgesetz vereinbar ist" (vgl. etwa BVerfGE 89, 346, 347). Wird die Verfassungsmäßigkeit verneint, dann kommt es grundsätzlich zur Nichtigerklärung des Gesetzes, ausnahmsweise nur zur Verfassungswidrigerklärung oder sogar nur zur Verpflichtung des Gesetzgebers, den verfassungswidrigen Zustand durch Erlaß eines verfassungsgemäßen Gesetzes zu beseitigen. Ferner kann das BVerfG dem Verdikt der Verfassungswidrigkeit und Nichtigkeit durch eine verfassungskonforme Auslegung ausweichen, falls die dafür maßgeblichen Voraussetzungen vorliegen (vgl. dazu bereits oben § 1 Rn. 67 ff.).

b) *Nichtigerklärung.* Das verfassungswidrige Gesetz ist grundsätz- **84** lich nichtig. Das BVerfG hat daher ein Gesetz, daß seiner Auffassung nach verfassungswidrig ist, für nichtig zu erklären (§ 78 S. 1 BVerfGG). Die Nichtigerklärung wirkt – wie die Nichtigkeit – ex tunc. Sie bezieht sich auf den Zeitpunkt des Erlasses des Gesetzes oder, wenn die Verfassungswidrigkeit und Nichtigkeit erst später – durch Änderung der tatsächlichen oder rechtlichen Verhältnisse – eingetreten sind, auf den Änderungszeitpunkt. Da die Nichtigkeit ipso iure eintritt, ist die Nichtigerklärung lediglich ein deklaratorischer Akt, der allerdings dadurch eine gewisse konstitutive Bedeutung erhält, daß nunmehr die Nichtigkeit des Gesetzes rechtsverbindlich und damit maßgeblich feststeht.

Die Auffassung, daß das verfassungswidrige Gesetz von vornherein nichtig ist, ist nicht unbestritten, entspricht aber der Rspr. und der h. L., vgl. BVerfGE 1, 14, 36 f.; 68, 384, 390; 90, 263, 276: 101, 397, 409; *Schlaich/Korioth*, Bundesverfassungsgericht, Rn. 366 ff. mit weiteren Nachw., a. A. neuerdings wieder *Heckmann* (aaO Fn. 95), S. 53 ff. Sie ergibt sich aus dem Geltungsvorrang der Verfassung und den im Grundgesetz festgelegten Normenkontrollverfahren, insbesondere der in Art. 100 I GG zum Ausdruck kommenden Konzeption des richterlichen Prüfungsrechts, die nur unter der Voraussetzung der Nichtigkeit verfassungswidriger Gesetze dogmatisch verständlich ist (vgl. dazu unten Rn. 96 ff.). In der Praxis wird freilich die Nichtigerklärung immer mehr zur Ausnahme und die Verfassungswidrigerklärung oder die zeitlich beschränkte Fortgeltung des Gesetzes zur Regel. Gleichwohl ist an der Nichtigkeit und Nichtigerklärung als Grundsatz, dessen Ausnahmen der Begründung bedürfen, festzuhalten.

85   c) *Reichweite der Nichtigerklärung.* Es ist möglich, daß ein Gesetz insgesamt verfassungswidrig ist und daher insgesamt für nichtig erklärt wird, so etwa das gegen die Kompetenzvorschriften des Grundgesetzes verstoßende Staatshaftungsgesetz von 1981 (BVerfGE 61, 149). In der Regel beschränken sich jedoch die Verfassungswidrigkeit und Nichtigkeit auf einzelne Vorschriften eines Gesetzes oder sogar nur auf Teile solcher Vorschriften. In diesen Fällen genügt eine Teilnichtigerklärung, sofern der verbleibende Rest für sich bestehen kann. Die Teilnichtigkeit kann ausdrücklich erfolgen, indem eine Vorschrift oder sogar nur einzelne Worte einer Vorschrift „gestrichen" werden (quantitative Teilnichtigerklärung). Sie kann aber auch dadurch erfolgen, daß zwar der Wortlaut bestehen bleibt, aber bestimmte Anwendungsfälle für verfassungswidrig erklärt werden (qualitative Teilnichtigerklärung).

Die zweite Alternative erscheint im Tenor mit der Formel: § X ist mit dem Grundgesetz unvereinbar bzw. nichtig, soweit ... So etwa BVerfGE 62, 117, 118: Die Zweitstudienregelung in § 32 II S. 1 HRG verstößt gegen Art. 12 I in Vbg. mit Art. 3 I GG und dem Rechtsstaatsprinzip und ist nichtig, soweit die Zulassung zu einem medizinischen Zweitstudium auch eine bestimmte Gruppe von Bewerbern erfaßt. In der Regel stellt das BVerfG in diesen Fällen allerdings nicht die Nichtigkeit, sondern die Unvereinbarkeit fest, was aber im Ergebnis auf das gleiche herauskommt: Die Anwendung des Gesetzes auf bestimmte Konstellationen ist unzulässig, weil es „insoweit" mit dem Grundgesetz nicht vereinbar bzw. nichtig ist. Die Ausklammerung bestimmter Fallkonstellationen ergibt sich aus dem Grundsatz der Verhältnismäßigkeit. Entscheidungstechnisch ist problematisch, daß diese immanente Begrenzung der Regelung ohne Textreduzierung erfolgt und daher auch im „berichtigten" Wortlaut des Gesetzes nicht zum Ausdruck kommt.

d) *Die Rechtsfolgen der Nichtigerklärung.* Durch die Nichtigerklä- **86**
rung wird nicht nur das verfassungswidrige Gesetz formell beseitigt,
sondern auch den Rechtsakten die Grundlage entzogen, die bislang
aufgrund dieses Gesetzes ergangen sind. Sicher ist, daß das für
nichtig erklärte Gesetz nicht mehr angewendet werden darf. Problematisch ist aber die Bewältigung der auf dem verfassungswidrigen Gesetz beruhenden Rechtsakte.

§ 79 BVerfGG bringt für einen Teilbereich, nämlich rechtskräf- **87**
tige Urteile und bestandskräftige Verwaltungsakte, eine Regelung.
Danach gilt:

- Rechtskräftige Strafurteile müssen auf Antrag des Verurteilten nach den
  Vorschriften der StPO wieder aufgenommen, also revidiert werden (§ 79 I
  BVerfGG).
- Im übrigen bleiben rechtskräftige Urteile und bestandskräftige Verwaltungs-
  akte, die auf einem für nichtig erklärten Gesetz beruhen, bestehen (§ 79 II 1
  BVerfGG). Die Nichtigerklärung bildet also keinen (zusätzlichen) Wiederaufnahmegrund für gerichtliche Urteile oder Rücknahmegrund für Verwaltungsakte.
- Die rechtskräftigen Entscheidungen und bestandskräftigen Verwaltungsakte
  dürfen aber nach der Nichtigerklärung ihrer Rechtsgrundlage nicht mehr
  vollstreckt werden (§ 79 II 2 BVerfGG).
- Ferner ergibt sich mittelbar aus § 79 II BVerfGG, daß die noch nicht rechtskräftig entschiedenen Fälle unter Beachtung der verfassungsgerichtlichen Nichtigerklärung beurteilt und entschieden werden müssen.
- Schließlich behält sich der Gesetzgeber in der richtigen Erkenntnis, daß die
  Pauschalregelung des § 79 BVerfGG nicht immer genügt, eine „besondere
  gesetzliche Regelung" vor. Von diesem Vorbehalt hat er freilich kaum Gebrauch gemacht, was dazu führte, daß um so mehr das BVerfG in die dadurch eröffnete Lücke nachgestoßen ist (vgl. dazu unten Rn. 90 ff.).

§ 79 BVerfGG beruht auf einer im Prinzip klaren Konzeption: **88**
Er macht einen klaren Schnitt zwischen der Vergangenheit und der
Zukunft. Das geschehene Unrecht soll auf sich beruhen bleiben. In
Zukunft darf aber das Verfassungsunrecht nicht fortgesetzt werden,
auch nicht, soweit es sich um bereits laufende und noch nicht
abgeschlossene Fälle handelt. In dieser Konzeption fügt sich auch
das Vollstreckungsverbot konsequent ein.

Fall: A, B und C werden durch Bescheid vom 1. 3. 1998 aufgrund einer
gesetzlichen Regelung zur Zahlung eines Beitrags herangezogen. Die Verhältnisse liegen bei allen drei gleich. Sie reagieren aber unterschiedlich: A zahlt, B
legt Widerspruch ein, C tut gar nichts. Am 1. 7. 1998 wird das Gesetz vom
BVerfG für verfassungswidrig und nichtig erklärt. A will nunmehr sein Geld

zurück haben; B und C sind der Auffassung, daß sie nicht mehr zahlen müssen. Wie ist zu entscheiden? Im Fall A ist der Bescheid bestandskräftig geworden und damit Rechtsgrundlage der Zahlung. A kann das vom ihm gezahlte Geld nicht mehr zurückverlangen. – Im Fall B muß die Widerspruchsbehörde die Nichtigerklärung beachten und deshalb den Bescheid aufheben, auch wenn er aus anderen Gründen angefochten worden sein sollte. B braucht also nicht zu zahlen. – Im Fall C ist zwar der Bescheid – wie im Fall A – bestandskräftig geworden, er darf aber gem. § 79 II 2 BVerfGG nicht mehr vollstreckt werden. C braucht ebenfalls nicht zu zahlen. – Obwohl die Lösung der drei Fallkonstellationen folgerichtig ist, vermag sie rechtspolitisch kaum zu befriedigen, da der loyale Bürger „bestraft", der säumige Bürger aber „belohnt" wird. Sie ist dementsprechend umstritten. Auch das BVerfG weicht ihr gelegentlich aus, vgl. BVerfGE 87, 153, 177 ff. (Besteuerung des Existenzminimums).

89   Soweit § 79 BVerfGG nicht eingreift, sind die Rechtsfolgen der rückwirkenden Nichtigerklärung von Gesetzen nach den allgemeinen Grundsätzen zu klären. Es ist zwar davon auszugehen, daß die Verträge, Willenserklärungen, Realakte usw., die auf dem später für nichtig erklärten Gesetz beruhen oder sich daran orientierten, rechtswidrig sind. Aber das führt noch nicht zwingend zur Unwirksamkeit oder zur Rückabwicklung dieser Rechtsakte. Vielmehr sind – wie auch sonst in solchen Fällen – die Grundsätze von Treu und Glauben, der unzulässigen Rechtsausübung, des venire contra factum proprium, des Vertrauensschutzes, der fehlerfreien Ermessensausübung usw. zu berücksichtigen. Tatsächlich ist es der Rechtsprechung auch durchweg gelungen, solche Situationen befriedigend zu lösen.

90   e) *Verfassungswidrigerklärung*. Es gibt immer wieder Fälle, in denen die an sich fällige Nichtigerklärung den eigentlichen Verfassungsverstoß nicht erfaßt oder die Verfassungswidrigkeit nicht nur nicht beseitigt, sondern sogar noch vertieft. Das BVerfG verzichtet in diesen Fällen auf die Nichtigerklärung und beschränkt sich statt dessen auf die Feststellung, daß das Gesetz mit dem Grundgesetz nicht vereinbar und daher verfassungswidrig ist, oder auf die Feststellung, daß das Gesetz trotz seiner verfassungsrechtlichen Mängel für eine Übergangszeit fortbesteht, aber durch eine gesetzliche Neuregelung ausgebessert oder abgelöst werden muß. Zunächst ist auf die erste Alternative einzugehen. Sie betrifft vor allem die Verletzung des Gleichheitssatzes. Wenn eine gesetzliche Regelung eine bestimmte Personengruppe diskriminiert, kann und muß es für nichtig erklärt werden. Anders liegt es dagegen, wenn eine gesetzliche Regelung eine Personengruppe begünstigt und eine andere Personengruppe benachteiligt und weder die Begünstigung noch die Belastung, sondern lediglich die unterschiedliche Behandlung beider Personengruppen gegen den Gleichheitssatz verstößt. Dieser Verstoß kann auf verschiedene Weise behoben werden: (1) durch die Beseitigung der Begünstigung, (2) durch Einbeziehung der bislang nicht Begünstigten in die Begünstigung, (3) durch eine völlig neue, nunmehr dem Gleichheitssatz entsprechende Regelung. Das BVerfG ist der Auffassung, daß es Sache des Gesetzgebers ist, zwischen diesen drei Möglichkeiten zu entscheiden. Der Hinweis auf die Gestaltungsfreiheit des Gesetzgebers vermag freilich noch nicht voll zu überzeugen. Denn die Nichtigerklärung würde ja ebenso – sogar noch mehr – dem Gesetzgeber die Gelegenheit zur Neuregelung geben. Maßgebend ist vielmehr, daß es nicht gerechtfertigt wäre, einer Personengruppe eine Vergünstigung nur deshalb durch sofortige Nichtigerklärung zu entziehen, weil eine andere Gruppe (vielleicht sogar nur eine Splittergruppe) nicht in die Begünstigung einbezogen wurde, oder – umgekehrt – eine Personengruppe durch Nichtigerklärung des Ausschlusses in die Begünstigung einzubeziehen, weil andere begünstigt worden sind. Hinzu kommt noch, daß nur ein ausdrücklicher Ausschluß, nicht aber ein Ausschluß durch Nichterwähnung, für nichtig erklärt werden kann. Wenn z.B. alle Frauen eine gesetzliche Vergünstigung erhalten, sind damit die Männer automatisch ausgeschlossen; da der Ausschluß nicht ausdrücklich angeordnet ist, kann er auch nicht im Wege der Nichtigerklärung beseitigt werden. Die Besonderheit dieser Fälle liegt in der ambivalenten und relativen Natur des Gleichheitssatzes. Er verlangt keine bestimmte Sachregelungen; er fordert vielmehr, daß vergleichbare Fälle – so oder so – gleich geregelt werden. Die Verfassungswidrigkeit liegt nicht in den sachlichen Regelungen, sondern in der unterschiedlichen Regelung. Die Relativität des Gleichheitssatzes führt zur relativen Verfassungswidrigkeit. Mit der kassatorischen Nichtigerklärung kommt man dieser Konstellation nicht bei. Daher beschränkt sich das BVerfG auf die Verfassungswidrigerklärung. Sie bezieht sich, wie dargelegt wurde, nicht auf die jeweiligen Sachregelungen als solche, sondern auf die Tatsache, daß der Gesetzgeber unterschiedliche Regelungen getroffen hat.

91   Die verfassungsgerichtliche Feststellung der Verfassungswidrigkeit beschränkt sich jedoch nicht auf Verletzungen des Gleichheitssatzes, sondern kommt auch bei Verstößen gegen Freiheitsgrundrechte und sonstige Verfassungsbestimmungen vor. Sie ist, wie das BVerfG erklärt, dann geboten, „wenn der verfassungswidrige Teil der Norm nicht klar abgrenzbar ist oder wenn der Gesetzgeber verschiedene Möglichkeiten hat, den verfassungswidrigen Zustand zu beseitigen" (BVerfGE 90, 263, 276). Das ist vor allem dann der Fall, wenn die gesetzliche Beschränkung eines Freiheitsrechtes zwar insgesamt zulässig ist, aber unter bestimmten Voraussetzungen gegen den Grundsatz der Verhältnismäßigkeit verstößt und insoweit (!) verfassungswidrig ist. Letztlich kommt es auf die jeweilige Fallkonstellation an.

Vgl. die Übersicht über die Rechtsprechung bei *S. Stuth,* in: BVerfG-Mitarbeiter-Kommentar, § 78 Rn. 12 ff.; *J. Blüggel,* aaO (Rn. 95) S. 14 ff.

92   Die Verfassungswidrigerklärung verpflichtet den Gesetzgeber, den verfassungswidrigen Zustand zu bereinigen und eine verfassungsgemäße Neuregelung zu treffen. Teilweise setzt das BVerfG dem Gesetzgeber eine bestimmte Frist. Im übrigen muß er innerhalb einer angemessenen Frist tätig werden. Was angemessen ist, bestimmt sich nach der Schwierigkeit der Materie, den bereits getroffenen Vorbereitungen, den Belastungen des Gesetzgebers usw. In der Zwischenzeit bleibt die Rechtslage offen. Das Gesetz ist, soweit die Verfassungswidrigkeit reicht, nicht anwendbar. Die Gerichte dürfen aber auch nicht einfach so entscheiden, als bestünde das für verfassungswidrig erklärte Gesetz nicht, sondern müssen das Verfahren aussetzen und die gesetzliche Neuregelung abwarten. Läßt dies allerdings zu lange auf sich warten, dann hat das Gericht unter Rückgriff auf die Verfassung eine Sachentscheidung zu treffen.

Vgl. dazu sehr anschaulich BVerfGE 82, 126, 154 f. (unterschiedliche Kündigungsfristen für Angestellte und Arbeiter gem. § 622 BGB a. F.); vgl. ferner die Darstellung und umfangreichen Nachweise bei *Schlaich/Korioth,* Bundesverfassungsgericht, Rn. 401 ff.; *Lechner/Zuck,* BVerfGG, § 78 Rn. 9 ff.; *J. Blüggel,* aaO (Rn. 95) S. 91 ff. – Die Terminologie ist noch uneinheitlich. *Schlaich/Korioth* schlagen im Anschluß an das BVerfG den Terminus „Unvereinbar-

erklärung" vor (aaO Rn. 386 ff.). Dabei verkennen sie, daß das BVerfG darauf
abstellt, daß im konkreten Fall eine gesetzliche Vorschrift mit der oder jener
Regelung des Grundgesetzes „unvereinbar" ist („verfassungswidrig" läßt sich in
diesem Zusammenhang ja wohl auch schlecht sagen). Als Sammelbegriff erscheint jedoch die Bezeichnung „Verfassungswidrigerklärung" passender: Sie
entspricht der Stufenfolge von Verfassungswidrigkeit und Nichtigkeit (die
Rechtsfolge der Verfassungswidrigkeit, nämlich die Nichtigkeit, wird nicht gezogen) und bringt auch die Sache selbst besser zum Ausdruck (unvereinbar mit
der Verfassung = verfassungswidrig). Jedenfalls deckt sich der hier vertretene
Begriff „Verfassungswidrigerklärung" mit dem Begriff „Unvereinbarerklärung".

f) *Verpflichtung des Gesetzgebers zur Neuregelung.* In weiterer Ent- **93**
scheidungen hat das BVerfG trotz festgestellter Verfassungsmängel
nicht nur auf die Nichtigerklärung, sondern auch auf die Verfassungswidrigerklärung verzichtet. Es hat vielmehr festgestellt, daß
die bisherige Regelung für eine Übergangszeit hinzunehmen sei,
der Gesetzgeber aber innerhalb der festgesetzten oder einer angemessenen Frist eine verfassungsgemäße Neuregelung zu treffen
habe. Die Folge ist, daß nicht nur – wie bei der Verfassungswidrigerklärung – die Rechtslage offen bleibt, sondern das an einem
verfassungsrechtlichen Mangel leidende Gesetz während der Übergangszeit als geltendes und damit anwendbares Recht fortbesteht.
Zu diesem Mittel greift das BVerfG dann, wenn durch den Wegfall
der gesetzlichen Regelung der verfassungswidrige Zustand nicht
beseitigt, sondern sogar noch vertieft würde. In der Tat wäre es ein
falscher Rigorismus, wenn man ohne Rücksicht auf die verfassungsrechtlichen (nicht tatsächlichen!) Folgen an der Nichtigerklärung oder Verfassungswidrigerklärung festhalten würde. Die Verpflichtung zur Neuregelung ergibt sich genau genommen nicht aus
dem Tenor der verfassungsgerichtlichen Entscheidung, sondern aus
der Verfassung, wird aber durch das BVerfG verbindlich festgestellt.

Vgl. dazu etwa BVerfGE 83, 130, 154: Das BVerfG stellte fest, daß die
Bundesprüfstelle für jugendgefährdende Schriften nicht ganz den verfassungsrechtlichen Anforderungen entspricht, aber zugleich ausgesprochen, daß sie noch
für eine Übergangszeit weiterarbeiten könne, da sonst überhaupt keine Prüfung jugendgefährdender Schriften stattfinden würde. Ferner greift das BVerfG
zu diesem Mittel, wenn die bisherige Rechtslage allgemein als verfassungsgemäß angesehen und erst durch die Entscheidung des BVerfG als verfassungswidrig aufgedeckt wurde (BVerfGE 84, 239, 284 f.: Zinsbesteuerung) oder
wenn ein früher verfassungsgemäßes Gesetz durch Änderung der tatsächlichen
Verhältnisse verfassungswidrig geworden ist, zumal hier auch eine Nachbesse-

rungspflicht des Gesetzgebers begründet werden könnte (vgl. BVerfGE 49, 89, 132: Kernkraftwerk). – Die Verpflichtungserklärung wird – im Anschluß an den Beitrag von *W. Rupp – v. Brünneck,* Darf das Bundesverfassungsgericht an den Gesetzgeber appellieren? Festschrift für G. Müller, 1970, 355 ff. – als „Appellentscheidung" bezeichnet. Zu beachten ist jedoch, daß das BVerfG nicht nur an den Gesetzgeber appelliert, sondern eine verbindliche Verfassungsverpflichtung des Gesetzgebers zum Ausdruck bringt. Daher ist vielleicht die Bezeichnung „Verpflichtungserklärung" oder „Verpflichtungsfeststellung", je nachdem, ob sie im Tenor erscheint oder nicht, besser.

94   Die sog. Appellentscheidung oder Verpflichtungserklärung entspricht in gewisser Weise der österreichischen Rechtslage. Dort wird das verfassungswidrige Gesetz vom Verfassungsgerichtshof mit Wirkung ex nunc aufgehoben. Es kann sogar ein späterer Zeitpunkt für das Außerkrafttreten des Gesetzes (bis zu 18 Monaten nach der Entscheidung) bestimmt werden. Vgl. Art. 140 V österr. Bundes-Verfassungsgesetz.

95   **Literatur** (zur Normenkontrollentscheidung und ihren Wirkungen):

H. Maurer, Zur Verfassungswidrigerklärung von Gesetzen, Festschrift für W. Weber, 1974, S. 345 ff.; *Ch. Pestalozza,* „Noch verfassungsmäßige" und „bloß verfassungswidrige" Rechtslagen, BVerfG-Festschrift, Bd. I, 1976, S. 519 ff.; *J. Ipsen,* Rechtsfolgen der Verfassungswidrigkeit von Norm und Einzelakt, 1980; *H. Heußner,* Folgen der Verfassungswidrigkeit eines Gesetzes ohne Nichtigerklärung, NJW 1982, 257 ff.; *A. Gerontas,* Die Appellentscheidungen, Sondervotumsappelle und die bloßen Unvereinbarkeitsfeststellung als Ausdruck der funktionellen Grenzen der Verfassungsgerichtsbarkeit, DVBl. 1982, 486 ff.; *P. E. Hein,* Die Unvereinbarerklärung verfassungswidriger Gesetze durch das Bundesverfassungsgericht, 1988; *M. Schulte,* Appellentscheidungen des Bundesverfassungsgerichts, DVBl. 1988, 1200 ff.; *R. Seer,* Die Unvereinbarkeitserklärung des BVerfG am Beispiel seiner Rechtsprechung zum Abgabenrecht, NJW 1996, 285 ff.; *D. Heckmann,* Geltungskraft und Geltungsverlust von Rechtsnormen, 1997, S. 44 ff.; *J. Blüggel,* Unvereinbarerklärung statt Normkassation durch das Bundesverfassungsgericht, 1998; *U. Steiner,* Zum Entscheidungsausspruch und seinen Folgen bei der verfassungsgerichtlichen Normenkontrolle, Festschrift für Leisner, 1999, S. 569 ff.; *W. Ebke / O. Fehrenbacher,* Verfassungswidrige Steuernormen, Gewaltenteilungsgrundsatz und das Bundesverfassungsgericht, Festschrift für Geiß, 2000, S. 571 ff.

VI. Die konkrete Normenkontrolle

1. Entwicklung und Grundlagen

96   a) Die sog. konkrete Normenkontrolle ist in Art. 100 I GG, § 13 Nr. 11, §§ 80–82 BVerfGG *geregelt.* Diese Vorschriften bringen eine lange und kontroverse Diskussion über das sog. richterliche Prüfungsrecht zum Abschluß. Die – vor allem früher – gängige Bezeichnung „richterliches Prüfungsrecht" ist freilich ungenau. Es geht um die Frage, ob die Gerichte befugt sind, eine im konkreten Rechtsstreit entscheidungserhebliche Norm auf ihre Verfassungsmäßigkeit zu prüfen und sie ggf. zu verwerfen, d.h. als verfassungswidrig und nichtig nicht anzuwenden. Prüfungskompetenz und Verwerfungskompetenz können zusammenfallen, aber auch auf verschiedene Organe verteilt werden. Sie sind begrifflich zu unterscheiden, bedingen sich aber auch. Denn die Verwerfung setzt eine entsprechende Prüfung voraus und die Prüfung ist nur sinnvoll, wenn sie zu Konsequenzen, eben zur Ablehnung und Verwerfung der Rechtsnorm, führt.

Fall: A nimmt mit einer tief über das Gesicht gezogenen Wollmütze an **97** einer Demonstration teil, er wird deshalb wegen des Verstoßes gegen das Vermummungsverbot angeklagt (§ 17a II Nr. 1, § 27 II Nr. 2 Versammlungsgesetz). A erklärt, daß das Vermummungsverbot wegen Verstoßes gegen Art. 8 GG verfassungswidrig und nichtig sei und er schon aus diesem Grund freigesprochen werden müsse. Wie ist dieser Einwand zu beurteilen? Es stellen sich zwei Fragen: Darf das Gericht überhaupt prüfen, ob § 17a II Nr. 1 Versammlungsgesetz verfassungswidrig ist? Darf das Gericht, falls die Prüfungskompetenz bejaht wird, diese Regelung im Falle der Verfassungswidrigkeit als nichtig unangewendet lassen? Nur dann, wenn man nicht nur eine inzidente Prüfungskompetenz, sondern auch eine inzidente Verwerfungskompetenz annimmt, kann das Gericht den A freisprechen. Vgl. zur Lösung unten Rn. 113.

b) *Historische Aspekte.* Die Frage des richterlichen Prüfungsrechts **98** wurde bereits im 19. Jahrhundert diskutiert, damals aber überwiegend abgelehnt. In der Weimarer Zeit setzte dann ein Umschwung ein. Die Meinungen blieben aber bis zuletzt kontrovers. In der Diskussion wurden alle möglichen verfassungsrechtlichen, verfassungsdogmatischen, prozessualen und politischen Argumente vorgetragen. Letztlich ging es um das Verhältnis von Gesetzgeber und Richter. Während einerseits das richterliche Prüfungsrecht abgelehnt wurde, weil der Richter nicht über, sondern unter dem vom Parlament beschlossenen Gesetz stehe, wurde andererseits geltend gemacht, daß er nur ein verfassungsgemäßes und damit gültiges Gesetz anwenden dürfe und daher eine entsprechende Prüfungskompetenz haben müsse. Ferner wurde gegen das richterliche Prüfungsrecht ins Feld geführt, daß die Rechtssicherheit beeinträchtigt werde, wenn jeder Richter über ein angeblich verfassungswidriges Gesetz hinweggehen könne. In der Rechtsprechung setzte sich das richterliche Prüfungsrecht mit dem Urteil des Reichsgerichts vom 4. 11. 1925 endgültig durch (RGZ 111, 320). Das Gericht stellte fest, daß die Frage des richterlichen Prüfungsrechts weder positiv noch negativ geregelt sei. Sie sei zu bejahen, da der Richter beim Widerspruch zwischen Gesetz und Verfassung nur *eine* Norm beachten könne, das müsse aber die stärker bindende Verfassung sein; das verfassungswidrige Gesetz dürfe daher im konkreten Fall nicht angewendet werden.

99   In der gerichtlichen Praxis spielte freilich das richterliche Prüfungsrecht damals keine Rolle. In der Literatur blieb die Frage bis zuletzt kontrovers. Die Reichsregierung griff die Diskussion auf und brachte 1926 im Reichstag einen Gesetzentwurf ein, der das richterliche Prüfungsrecht bejahte, zugleich aber die Verwerfungskompetenz beim Staatsgerichtshof des Reiches konzentrierte. Der Gesetzentwurf sowie ein weiterer, 1928 eingebrachter Entwurf wurden nicht mehr verabschiedet. Sie haben aber – über die Landesverfassungen von 1946/47 – offenbar die Regelung des Grundgesetzes beeinflußt. Vgl. zur historischen Entwicklung, insbesondere zur zeitgenössischen Literatur und Rechtsprechung: *E. R. Huber,* VerfGesch. III, S. 1057 ff., VI, S. 563 ff.; *Ch. Gusy,* Richterliches Prüfungsrecht. Eine verfassungsgeschichtliche Untersuchung, 1985; *ders.,* Die Weimarer Reichsverfassung, 1997, S. 216 ff.; *H. Maurer,* DÖV 1963, 477 ff.; *ders.,* Festschrift für Hangartner, 1998, S. 247, 253 ff.

100   c) *Durch Art. 100 I GG* wird die Streitfrage der Weimarer Zeit positiv-rechtlich entschieden. Die Prüfungskompetenz der Gerichte wird grundsätzlich bejaht, die Verwerfungskompetenz aber beim BVerfG konzentriert und monopolisiert.

101   Es sind folgende Stufen zu unterscheiden:

- Das Prozeßgericht muß (falls Zweifel bestehen oder entsprechende Einwände von einer Partei vorgetragen werden) die Verfassungsmäßigkeit des Gesetzes prüfen und darüber eine Entscheidung treffen.
- Bejaht es die Verfassungsmäßigkeit, dann hat es das Gesetz anzuwenden und den konkreten Fall entsprechend zu entscheiden.
- Verneint es die Verfassungsmäßigkeit, dann hat es das Verfahren auszusetzen und die Entscheidung des BVerfG einzuholen (sog. Richtervorlage).
- Das BVerfG entscheidet aufgrund der Vorlage abschließend und allgemeinverbindlich über die Verfassungsmäßigkeit bzw. Verfassungswidrigkeit und Nichtigkeit des Gesetzes.
- Hat das BVerfG entschieden, dann muß das Prozeßgericht sein Verfahren fortsetzen und unter Beachtung der Entscheidung des BVerfG den konkreten Fall entscheiden.

Die Richtervorlage des Art. 100 I GG ist genau genommen ein **102**
Antrag auf Durchführung einer prinzipalen Normenkontrolle. Der
konkrete Rechtsstreit ist nicht Gegenstand, sondern nur Anlaß der
Vorlage. Das BVerfG hat ausschließlich über die Verfassungsmäßigkeit und Gültigkeit des zur Prüfung vorgelegten Gesetzes zu
entscheiden. Es handelt sich aus der Sicht des konkreten Prozesses
um ein verselbständigtes Zwischenverfahren, in sachlicher Hinsicht
um eine prinzipale Normenkontrolle. Daher ist auch die abschließende Entscheidung des BVerfG allgemeinverbindlich.

2. Zweck und Anwendungsbereich der Richtervorlage

a) *Zweck.* Nach Auffassung des BVerfG dient das verfassungs- **103**
gerichtliche Verwerfungsmonopol in erster Linie dem Schutz des
parlamentarischen Gesetzgebers. Es soll verhindert werden, daß sich
jedes einzelne Gericht über den Willen des Gesetzgebers hinwegsetzen und einem Gesetz im konkreten Fall wegen (vermeintlicher)
Verfassungswidrigkeit und Nichtigkeit die Anwendung versagen
kann. Die Gerichte sollen zwar die Verfassungsmäßigkeit prüfen,
die endgültige Entscheidung über die Verfassungswidrigkeit und
Nichtigkeit eines Gesetzes soll aber dem BVerfG vorbehalten bleiben.

Aus dieser Schutzfunktion des Art. 100 I GG ergeben sich nach **104**
der Rechtsprechung des BVerfG zwei wichtige Einschränkungen:
Das Verwerfungsmonopol beschränkt sich auf (1) formelle Gesetze
und (2) nachkonstitutionelle Gesetze. Es erfaßt also nicht die unter-
gesetzlichen Rechtsnormen (Rechtsverordnungen, Satzungen usw.)
und nicht die vorkonstitutionellen Gesetze (die vor Inkrafttreten
des Grundgesetzes oder einer einschlägigen Grundgesetzänderung
erlassen worden sind). Da sie nicht vom Gesetzgeber stammen bzw.
nicht unter der Herrschaft des Grundgesetzes erlassen wurden, wird
durch ihre inzidente Verwerfung die Autorität des Gesetzgebers
nicht tangiert. Die Prozeßgerichte haben daher selbst und abschließend über die Verfassungsmäßigkeit und Gültigkeit dieser Rechtsnormen als Vorfrage des konkreten Rechtsstreits zu entscheiden.

Vgl. dazu BVerfGE 1, 184, 189 ff. (formelle Gesetze); BVerfGE 2, 124, 128 ff.
(nachkonstitutionelles Recht); ferner etwa BVerfGE 68, 337, 344 f.; 86, 71, 77;

97, 117, 122). In der Literatur ist diese Auffassung auf Kritik gestoßen, vgl. vor allem *Schlaich/Korioth,* Bundesverfassungsgericht, Rn. 130. Es wird geltend gemacht, daß nicht der Schutz des Gesetzgebers, sondern die Gesichtspunkte der Rechtseinheit und der Rechtssicherheit maßgeblich seien. Gesichtspunkte, die übrigens auch das BVerfG als zusätzliche Gründe für das Verwerfungsmonopol anerkennt (vgl. etwa BVerfGE 63, 131, 141; ferner BVerfGE 96, 345, 360). Wortlaut und Entstehungsgeschichte sind insoweit nicht ergiebig. Für die Auffassung des BVerfG spricht, (1) daß früher nur das richterliche Prüfungsrecht hinsichtlich der formellen und nachkonstitutionellen Gesetze umstritten war und *diese* Streitfrage durch Art. 100 I GG entschieden werden sollte, (2) daß Art. 100 I GG offensichtlich den Zweck verfolgt, den sich aus dem angeblich verfassungswidrigen Gesetz ergebenden Konflikt zwischen dem Gesetzgeber und Richter zu lösen, (3) daß es wenig sinnvoll wäre, das BVerfG über die Verfassungsmäßigkeit der Vielzahl von Rechtsverordnungen und Satzungen mit meist nur beschränkter örtlicher und sachlicher Reichweite entscheiden zu lassen, (4) daß die Rechtseinheit und die Rechtssicherheit auch über die höchstinstanzliche Entscheidungen der Fachgerichtsbarkeit, die ggf. sogar noch mit der Verfassungsbeschwerde angefochten werden können, und über die abstrakte Normenkontrolle erreicht werden können.

105   Die Beschränkung des verfassungsgerichtlichen Verwerfungsmonopols auf nachkonstitutionelle Gesetze wird problematisch, wenn Regelungen eines vorkonstitutionellen Gesetzes nur *teilweise* durch ein nachkonstitutionelles Gesetz geändert oder ersetzt werden. Sicher sind die geänderten Teile nachkonstitutionell. Wie steht es aber mit den nicht ausdrücklich geänderten Teilen dieses Gesetzes? Das BVerfG stellt darauf ab, ob der Gesetzgeber diese Teile „in seinen Willen aufgenommen und damit bestätigt hat". Der „Bestätigungswille" ist aus dem Inhalt des Gesetzes und dem Zusammenhang zu ermitteln.

Vgl. dazu BVerfGE 6, 55, 64 ff. (§ 26 EStG 1939 nachkonstitutionell bestätigt); BVerfGE 64, 217, 220 f. (§ 124 b GewO ist vorkonstitutionelles Recht); BVerfGE 70, 126, 129 ff. (§ 40 II 1 VVG ist ebenfalls vorkonstitutionell); BVerfG-K NJW 1998, 3557 (§ 828 II BGB ist vorkonstitutionelles Recht), vgl. ferner die Nachweise bei *Pieroth,* JP Art. 100 Rn. 8 f. – Die Klärung des „Bestätigungswillens" erfordert immer wieder erheblichen Aufwand und bleibt gleichwohl meistens zweifelhaft. Es fragt sich daher, ob heute – nachdem das vorkonstitutionelle Recht ständig abnimmt und die problematischen Fälle geklärt sein dürften (auch durch das BVerfG im Wege der abstrakten Normenkontrolle und der Verfassungsbeschwerde) – die Ausklammerung der restlichen Fälle des vorkonstitutionellen Rechts noch angemessen ist. – Ein neuer Bereich eröffnet sich allerdings durch die Gesetze der DDR, die nach dem Einigungsvertrag fortgelten sollen: Sie sind nach BVerfGE 97, 117, 123 f. als vorkonstitutionelles Recht zu qualifizieren.

b) *Der Anwendungsbereich des Art.* 100 I GG erfaßt unterschied- **106**
liche Konstellationen:

– Vorlage an das BVerfG, wenn ein Gericht ein Bundesgesetz wegen Verletzung des Grundgesetzes für verfassungswidrig hält (Art. 100 I 1 Alt. 2);
– Vorlage an das BVerfG, wenn ein Gericht ein Landesgesetz (einschließlich
der Landesverfassung) wegen Verletzung des Grundgesetzes für verfassungswidrig hält (Art. 100 I 2 Alt. 1 GG);
– Vorlage an das BVerfG, wenn das Gericht ein Landesgesetz (einschließlich
der Landesverfassung) wegen Verletzung eines Bundesgesetzes oder sonstigen Bundesrechts für bundesrechtswidrig hält (Art. 100 I 2 Alt. 2 GG);
– Vorlage an das Landesverfassungsgericht, wenn das Gericht ein Landesgesetz
wegen Verletzung der Landesverfassung für verfassungswidrig hält (Art. 100
I 1 Alt. 1 GG).

Mit der zuletzt genannten Alternative hat das Grundgesetz ein für **107**
den Bereich der Landesverfassungen und der Landesverfassungsgerichte verbindliche Regelung getroffen. Die Länder können die
Vorlagepflicht an das Landesverfassungsgericht näher ausgestalten. Sie
können sie auch erweitern, aber nicht beschränken oder gar abschaffen.

Einige Länder fordern – in Erweiterung des Art. 100 I GG, der sich nach
der Rechtsprechung des BVerfG auf nachkonstitutionelle Gesetze und formelle Gesetze beschränkt (vgl. oben Rn. 104) – eine Vorlagepflicht auch für
vorkonstitutionelles Landesrecht (so Art. 88 BWVerf.) oder für Rechtsverordnungen (so Art. 133 HessVerf.). Das ist zulässig, vgl. BWVerfGE 4, 178,
188 f.; BWStGH DÖV 1955, 760; HessStGH ESVGH 20, 217, 222; 21, 1,
12 ff.

Die folgenden Ausführungen beschränken sich auf den Hauptan-
wendungsfall des Art. 100 I GG, nämlich die Verletzung des Grundgesetzes durch Bundesgesetze oder Landesgesetze.

3. Die Zulässigkeitsvoraussetzungen der Richtervorlage

Die Richtervorlage, die einem Antrag auf Durchführung einer **108**
prinzipalen Normenkontrolle gleichkommt, ist nur unter bestimmten rechtlichen Voraussetzungen zulässig. Das BVerfG verlangt die
strikte Beachtung der Zulässigkeitsvoraussetzungen. Es gibt – bis in
die neueste Zeit – eine ganze Reihe von Richtervorlagen, die an den
prozessualen Hürden gescheitert sind. Die Zulässigkeitsvoraussetzungen dürfen übrigens nicht als reine Formalien abgetan werden. Sie

sollen gewährleisten, daß der konkrete Rechtsstreit zunächst von den Fachgerichten unter allen tatsächlichen und rechtlichen Gesichtspunkten geprüft und erst dann das BVerfG eingeschaltet wird, wenn es entscheidend auf die verfassungsgerichtliche Klärung ankommt.

109 Andererseits *müssen* die Gerichte das BVerfG anrufen, wenn die Zulässigkeitsvoraussetzungen der Richtervorlage gegeben sind. Während sonst die Antragstellung im Ermessen der antragsberechtigten Personen und Organe liegt, besteht für die Gerichte nicht nur ein Vorlagerecht, sondern auch eine Vorlagepflicht.

Im einzelnen bestehen folgende Zulässigkeitsvoraussetzungen:

110 a) *Vorlageberechtigung*. Vorlageberechtigt und damit auch vorlagepflichtig sind alle staatlichen Gerichte, aber auch nur die staatlichen Gerichte.

> Die Stellung des Gerichts ist unerheblich. Die Vorlagepflicht trifft – bei Vorliegen der Voraussetzungen des Art. 100 I GG – die unteren Gerichte (Amtsgerichte, Verwaltungsgerichte usw.) genauso wie die obersten Bundesgerichte (BGH, BVerwG usw.) und die Landesverfassungsgerichte (zu letzteren BVerfGE 69, 112, 117). Dagegen scheiden Exekutivorgane aus, auch wenn sie sachlich unabhängig sind (sog. weisungsfreie Ausschüsse) oder sogar, wie die Rechnungshöfe, „richterliche Unabhängigkeit besitzen" (vgl. Art. 114 II 1 GG). Ebenso scheiden nichtstaatliche Gerichte (Vereinsgerichte, Schiedsgerichte, Kirchengerichte und dgl.) aus.

111 b) *Vorlagegegenstand*. Vorlagefähig sind alle formellen nachkonstitutionellen Gesetze (vgl. oben Rn. 104). Dazu gehören auch die Vorschriften der Landesverfassungen (BVerfGE 36, 342, 356), verfassungsändernde Gesetze (im Blick auf ihre Vereinbarkeit mit Art. 79 III GG), Zustimmungsgesetze zu Staatsverträgen zwischen den Bundesländern und zu völkerrechtlichen Verträgen (BVerfGE 63, 131, 140; 95, 39, 44).

> Über die Zustimmungsgesetze können auch die Verträge selbst zum Gegenstand der Vorlage gemacht werden (etwa: das Zustimmungsgesetz ist verfassungswidrig und nichtig, *weil* der in Bezug genommene Vertrag verfassungswidrig ist). Dagegen werden die Haushaltsgesetze mit den Haushaltsplänen nicht erfaßt, allerdings nicht, weil sie prinzipiell ausscheiden würden, sondern weil sie keine externen Rechte und Pflichten begründen und daher im konkreten Rechtsstreit nicht entscheidungserheblich werden können (vgl. BVerfGE 38, 121, 127). Vgl. auch oben Rn. 79.

112 c) *Überzeugung von der Verfassungswidrigkeit*. Das Gericht kann nur dann dem BVerfG vorlegen, wenn es davon überzeugt ist, daß das

Gesetz verfassungswidrig ist. Das folgt schon aus dem Wortlaut des Art. 100 I GG („hält ein Gericht ein Gesetz ... für verfassungswidrig"). Bloße Zweifel oder Bedenken genügen daher nicht. Das Gericht muß vielmehr, wenn es selbst Bedenken hat oder wenn die Verfassungswidrigkeit von einem Beteiligten vorgetragen wird, eine Entscheidung über die Verfassungswidrigkeit treffen und diese ausreichend begründen. Das setzt voraus, wie das BVerfG immer wieder betont, daß sich das Gericht mit allen maßgeblichen Gesichtspunkten auseinandersetzt und dabei die in der Literatur und Rechtsprechung entwickelten Rechtsauffassungen berücksichtigt. Das gilt vor allem dann, wenn es sich um eine erneute Vorlage wegen Änderung der tatsächlichen oder rechtlichen Verhältnisse handelt (vgl. BVerfGE 105, 61, 70ff.: Verfassungsmäßigkeit der Wehrpflicht).

d) *Entscheidungserheblichkeit.* Ferner muß die Frage der Verfassungsmäßigkeit des Gesetzes entscheidungserheblich sein. Auch das ergibt sich schon aus dem Wortlaut des Art. 100 I GG („... ein Gesetz, auf dessen Gültigkeit es bei der Entscheidung ankommt"). Die Entscheidungserheblichkeit ist nur dann anzunehmen, wenn das Gericht im Ausgangsverfahren bei Ungültigkeit der Norm zu einem anderen Ergebnis kommen würde als bei deren Gültigkeit (BVerfGE 7, 171, 173; 94, 315, 323). Das Prozeßgericht muß also zunächst alle tatsächlichen Ermittlungen treffen und alle (sonstigen) Rechtsfragen klären und darf nur, wenn es auch dann noch auf die Verfassungswidrigkeit der maßgeblichen Norm „ankommt" – also bei deren Ungültigkeit anders entschieden werden müßte als bei deren Gültigkeit – die Sache dem BVerfG vorlegen. Das BVerfG stellt auch an diese Zulässigkeitsvoraussetzung strenge Anforderungen, geht aber bei der Beurteilung der Entscheidungserheblichkeit von der Rechtsauffassung des vorlegenden Gerichts aus, sofern diese nicht offensichtlich unhaltbar ist (BVerfGE 94, 315, 323). **113**

Im obigen Beispielsfall (Vermummungsverbot, vgl. Rn. 97) muß das Strafgericht zunächst prüfen, ob das Verhalten des A überhaupt von § 17a II Nr. 1 Versammlungsgesetz erfaßt wird. Wenn dies nicht der Fall ist, dann kommt es auf die Verfassungsmäßigkeit dieser Regelung nicht mehr an, dann muß der A so oder so – entweder weil die Strafnorm nicht eingreift oder weil die Strafnorm verfassungswidrig ist – freigesprochen werden. Wenn das Gericht zu dem Ergebnis kommt, daß die Strafrechtsnorm eingreift, dann muß das Gericht

weiter prüfen, ob sie verfassungsgemäß ist und, wenn das verneint wird, dem
BVerfG vorlegen. – Bei der Prüfung der Entscheidungserheblichkeit sind auch
die Auswirkungen einer etwaigen Verfassungswidrigkeit und ihre Bewältigung
zu beachten, vgl. eindrücklich BVerfGE 105, 48 (Rückwirkung eines Gesetzes
und Vertrauensschutzregelungen des Verwaltungsrechts).

114 Das Erfordernis der Entscheidungserheblichkeit kann dazu führen, daß umfangreiche Ermittlungen, vor allem eine aufwendige
Beweisaufnahme, notwendig werden, die dann unnötig erscheinen, wenn anschließend festgestellt werden soll, daß das maßgebliche Gesetz verfassungswidrig und nichtig war und – „schon" aus
diesem Grunde – der Klage stattzugeben war. Prozeßökonomische
Gründe können daher für eine vorhergehende Vorlage sprechen.
Das BVerfG hält gleichwohl an dem Erfordernis der Entscheidungserheblichkeit fest. Dafür spricht – neben der Entlastung des
Gerichts –, daß die Fachgerichte die spezifischen Aspekte der
Norm und vor allem ihre rechtlichen und praktischen Auswirkungen vorklären und damit dem BVerfG möglichst viel Fallmate-
rial an die Hand geben können. Ausnahmsweise verzichtet das
BVerfG jedoch auf die strengen Anforderungen der Entscheidungserheblichkeit. Es zieht § 90 II 2 BVerfGG, der für Verfassungsbeschwerden gilt, entsprechend heran und läßt den vorzeitigen Zugang zum BVerfG im Verfahren nach Art. 100 I GG dann
zu, „wenn die Vorlagefrage von allgemeiner und grundsätzlicher
Bedeutung für das Gemeinwohl und deshalb ihre Entscheidung
dringlich ist."

115 **Beispiel** (BVerfGE 47, 146, 157 ff.): N klagte als Nachbar gegen die erste
Teilgenehmigung eines Kernkraftwerks des Typs „Schneller Brüter" gem. § 7
AtomG. Das damit befaßte OVG kam zur Auffassung, daß § 7 AtomG inso-
weit verfassungswidrig und nichtig ist, als er auch die Genehmigung von
Kernkraftwerken dieses Typs zuläßt, und daher die Genehmigung schon man-
gels ausreichender Rechtsgrundlage aufgehoben werden muß. Nach den allgemeinen Vorlagevoraussetzungen müßte es jedoch zunächst prüfen, ob die
Genehmigungsvoraussetzungen des § 7 AtomG, seine Gültigkeit unterstellt,
überhaupt vorliegen. Denn die Klage des N ist begründet, wenn erstens § 7
AtomG verfassungswidrig ist oder zweitens § 7 AtomG zwar verfassungsgemäß
ist, aber seine Tatbestandsvoraussetzungen im konkreten Fall nicht erfüllt sind.
Das OVG war der Ansicht, daß diese Prüfung eine äußerst umfangreiche,
zeitaufwendige und auch kostspielige Beweisaufnahme erfordern würde, die
sich als überflüssig erweist, wenn § 7 AtomG verfassungswidrig und nichtig ist.
Es legte deshalb dem BVerfG ohne weitere Sachprüfung die Frage der Ver-

fassungsmäßigkeit des § 7 AtomG vor. Das BVerfG akzeptierte die Vorlage ausnahmsweise in entsprechender Anwendung des § 90 II 2 BVerfGG. Dafür sprach nicht nur der Aufwand der sonst erforderlichen Beweisaufnahme, sondern auch, daß das BVerfG später ohnehin über die Frage der Verfassungsmäßigkeit des § 7 AtomG hätte entscheiden müssen, allerdings – und das ist der Knackpunkt – erst nachdem die tatsächliche und rechtliche Problematik solcher Atomkraftwerke auf der einfach-rechtlichen Ebene geklärt ist.

4. Verfahren und Entscheidung

a) Die Richtervorlage erfolgt *von Amts wegen*. Etwaige Anträge **116** der Prozeßparteien des Ausgangsverfahrens sind als bloße Anregungen zu werten. Die Ablehnung der Vorlage kann nicht isoliert, sondern nur zusammen mit der abschließenden Entscheidung des Prozeßgerichts angefochten werden. Wenn z. B. jemand aufgrund eines Steuergesetzes, das er für verfassungswidrig hält, zur Steuer herangezogen wird, dann kann er, wenn das Finanzgericht die Vorlage beim BVerfG ablehnt, zwar nicht gegen diese Ablehnung vorgehen, aber gegen das abschließende Urteil des Finanzgerichts Revision beim Bundesfinanzhof und anschließend gegen dessen Urteil Verfassungsbeschwerde beim BVerfG einlegen.

b) Da die Richtervorlage zu einer prinzipalen Normenkontrolle **117** führt, gibt es *keinen Antragsgegner*. Die Parteien des Ausgangsverfahrens erhalten aber Gelegenheit zur Stellungnahme, ferner können – wie bei der abstrakten Normenkontrolle – die Verfassungsorgane in jeder Lage des Verfahrens beitreten (§ 82 BVerfGG).

c) Das BVerfG entscheidet ausschließlich über die *Verfassungsmäßigkeit des vorgelegten Gesetzes*. Wenn sie verneint wird, dann wird **118** das Gesetz mit allgemeinverbindlicher Wirkung für verfassungswidrig und nichtig erklärt. Das Prozeßgericht hat daraufhin das konkrete Verfahren – unter Beachtung der Normenkontrollentscheidung des BVerfG (§ 31 I und II BVerfGG) – fortzusetzen. Für die Normenkontrollentscheidung der konkreten Normenkontrolle gelten dieselben Grundsätze und Regeln wie für die Normenkontrollentscheidung der abstrakten Normenkontrolle. Ausnahmsweise kann – wie dort – von der Nichtigerklärung abgesehen werden (vgl. dazu bereits oben Rn. 90ff.).

VII. Die Verfassungsbeschwerde

1. Funktion und allgemeine Bedeutung

119　　a) Nach Art. 93 I Nr. 4a GG kann jedermann mit der Behauptung, durch die öffentliche Gewalt in seinen Grundrechten oder grundrechtsgleichen Rechten verletzt zu sein, Verfassungsbeschwerde beim BVerfG erheben. Die Verfassungsbeschwerde ist erst 1969 in das Grundgesetz aufgenommen worden, besteht aber schon von Anfang an aufgrund des BVerfGG. Dort finden sich auch die näheren Regelungen (§§ 90–95 BVerfGG).

120　　b) Die Verfassungsbeschwerde hat eine *doppelte Funktion*. Sie dient zum einen dem Grundrechtsschutz der Bürger und zum anderen der Wahrung und Fortbildung des objektiven Verfassungsrechts (vgl. BVerfGE 85, 109, 113 mit weiteren Nachw.). Diese Doppelfunktion entspricht – wenngleich auf anderer Ebene – den meisten anderen Rechtsbehelfen, etwa der verwaltungsgerichtlichen Klage, die sowohl den Rechtsschutz des Bürgers als auch die objektive Rechtskontrolle bezweckt. Im Vordergrund steht der Individualrechtsschutz. Die Verfassungsbeschwerde bildet den Abschluß und den Höhepunkt des grundgesetzlich gewährleisteten Rechtsschutzsystems: Jeder Bürger kann sich an das höchste Gericht wenden, wenn er meint, durch eine staatliche Maßnahme in seinen Grundrechten verletzt zu sein. Gerade weil das höchste Gericht angerufen wird, müssen aber auch Grenzen gezogen werden. Sie ergeben sich bereits aus der Stellung des BVerfG, das nicht die Spitze des prozeßrechtlich geregelten Instanzenzuges bildet, sondern neben und über dem Rechtswegsystem steht. Die Verfassungsbeschwerde ist ein außerordentlicher Rechtsbehelf, der nur subsidiär und als letztes Mittel zum speziellen Schutz der Grundrechte zum Zuge kommt.

121　　Die damit verbundene objektive Funktion der Wahrung und Fortbildung des Verfassungsrechts erhält ihre besondere Bedeutung durch den Vorrang der Verfassung. Sie wird vor allem dann aktuell, wenn grundlegende Verfassungsfragen nicht im Wege des Organstreitverfahrens oder der objektiven Normenkontrolle geklärt werden oder geklärt werden können. Tatsächlich beruhen auch zahlreiche Entscheidungen des BVerfG, die die Grundrechte in die unterschiedlichen Richtungen entfalteten (vgl. dazu oben § 9), auf Verfassungsbeschwerden. Die konkrete Normenkontrolle und die Verfassungsbeschwerde ergänzen sich. Wenn das Prozeßgericht trotz der Einwände einer Prozeßpartei die Vorlage an das BVerfG gem. Art. 100 I GG ablehnt, dann kann sie durch Einlegung der Verfassungsbeschwerde doch noch eine verfassungsgerichtliche Klärung erreichen.

c) Ein Vergleich mit der *Rechtsschutzgarantie des Art. 19 IV GG* **122** zeigt Gemeinsamkeiten, aber auch Unterschiede: Art. 19 IV GG vermittelt den Einstieg in das gerichtliche Rechtsschutzsystem und stellt an dieses bestimmte Anforderungen; die Verfassungsbeschwerde bildet den krönenden Abschluß des Rechtsschutzsystems und kommt eben deshalb nur subsidiär zur Anwendung. Ferner ist die Reichweite unterschiedlich: Art. 19 IV GG erfaßt alle Rechtsverletzungen (nicht nur Grundrechtsverletzungen), beschränkt sich aber gegenständlich auf Exekutivakte (str., vgl. oben § 8 Rn. 29); Art. 93 I Nr. 4a GG beschränkt sich auf Grundrechtsverletzungen, erstreckt sich aber gegenständlich auch und vor allem auf Gesetze und gerichtliche Entscheidungen.

d) In der Literatur wird zwischen der *Urteilsverfassungsbeschwerde* **123** und der *Rechtssatzverfassungsbeschwerde* unterschieden. Diese Unterscheidung knüpft an den Beschwerdegegenstand (gerichtliche Entscheidungen – Gesetze) an. Grundsätzliche Bedeutung kommt ihr nicht zu. Da aber teilweise unterschiedliche Zulässigkeitsvoraussetzungen bestehen, ist diese Differenzierung nützlich. Die Urteilsverfassungsbeschwerde ist – schon wegen der Rechtswegerschöpfung – die Regel. Die Rechtssatzverfassungsbeschwerde kommt nur in Betracht, wenn der Beschwerdeführer *unmittelbar* durch ein formelles Gesetz oder einen sonstigen Rechtssatz in seinen Grundrechten betroffen wird.

e) *In der Praxis* ist die hohe Zahl von Verfassungsbeschwerden **124** problematisch. Die jährlichen Neueingänge haben im Laufe der Zeit ständig zugenommen. Sie betragen derzeit etwa 5000 Verfassungsbeschwerden pro Jahr. Dadurch wird das BVerfG übermäßig belastet, was Auswirkungen auf die Funktionsfähigkeit des Gerichts haben kann. Zudem ist eine große Zahl der Neueingänge von vornherein unzulässig oder unbegründet. Es sind daher immer wieder Versuche zur Beschränkung der Verfassungsbeschwerde oder zur

Aussonderung der unzulässigen oder belanglosen Verfassungsbeschwerden gemacht worden. Auch der Gesetzgeber hat verschiedentlich versucht, durch entsprechende Regelungen dem Andrang
entgegenzuwirken. Nach den derzeit maßgeblichen Vorschriften
bedarf die Verfassungsbeschwerde der „Annahme", deren rechtliche
Voraussetzungen zunächst in einem Vorverfahren von einer der
beim BVerfG eingerichteten und aus drei Richtern bestehenden
Kammer geprüft wird (vgl. dazu näher §§ 93 a–d, § 15 a BVerfGG).

> Vgl. zu den Zahlen und den verschiedenen Vorschlägen den Bericht der
> vom Bundesministerium der Justiz eingesetzten Kommission mit dem Titel
> „Entlastung des Bundesverfassungsgerichts", 1998. Die Kommission selbst
> machte den Vorschlag, die Annahme der Verfassungsbeschwerde in das Er-
> messen des Gerichts zu stellen (Bericht, S. 42 ff.). Vgl. dazu *E. Benda,* Entla-
> stung des Bundesverfassungsgerichts – Vorschläge der Entlastungskommission,
> 1998; *H. H. Klein,* Überlegungen zu einer Entlastung des Bundesverfassungs-
> gerichts, Festschrift für Graßhof, 1998, S. 367 ff. m. w. N. Der Gesetzgeber ist
> dem Kommissionsvorschlag (bislang) nicht gefolgt.

2. Die Zulässigkeitsvoraussetzungen der Verfassungs-
beschwerde

125   a) *Beschwerdefähigkeit.* Die Verfassungsbeschwerde kann von „jedermann" erhoben werden. Diese weite Formulierung wird durch
den Grundrechtsbezug der Verfassungsbeschwerde präzisiert und
eingeschränkt. Verfassungsbeschwerdefähig ist, wer grundrechtsberechtigt oder grundrechtsfähig ist (vgl. dazu bereits oben § 9
Rn. 30 ff.). Die Beschwerdefähigkeit entspricht der Parteifähigkeit
im Zivilprozeß und der Beteiligtenfähigkeit im Verwaltungsprozeß,
allerdings mit dem Unterschied, daß nicht auf die Rechtsfähigkeit,
sondern auf die Grundrechtsfähigkeit abgestellt wird. Beschwerdefähig sind alle natürlichen Personen, auch Ausländer, wenn sie sich
auf das geltend gemachte Grundrecht überhaupt berufen können.
Die Frage, ob und inwieweit juristische Personen sowie nichtrechtsfähige oder teilrechtsfähige Vereinigungen und Organisationen grundrechtsfähig und damit beschwerdefähig sind, bestimmt
sich nach Art. 19 III GG (vgl. dazu näher oben § 9 Rn. 32 ff.).

126   b) *Beschwerdegegenstand.* Die Verfassungsbeschwerde kann an sich
gegen alle Maßnahmen der deutschen Staatsgewalt erhoben wer-

den, gegen Gesetze, Rechtsverordnungen und Satzungen, Regierungsakte und Verwaltungsakte, sonstige Maßnahmen der Exekutive, etwa Verwaltungsvereinbarungen oder Gnadenakte, ferner gegen gerichtliche Entscheidungen aller Arten und Stufen (mit Ausnahme der Entscheidungen des BVerfG selbst). Zieht man einige weitere Zulässigkeitsvoraussetzungen – nämlich die unmittelbare Betroffenheit und die Rechtswegerschöpfung (vgl. sogleich unten) – heran, dann reduziert sich der Kreis möglicher Beschwerdegegenstände in der Regel auf letztinstanzliche gerichtliche Entscheidungen und ggf. auf Gesetze.

So scheiden z. B. Verwaltungsakte durchweg aus. Da sie vor den Verwaltungsgerichten oder anderen Gerichten angefochten werden können, kann der Betroffene nicht sie, sondern allenfalls die letztinstanzliche gerichtliche Entscheidung, die den Verwaltungsakt bestätigt, mit der Verfassungsbeschwerde angreifen. Man kann dementsprechend zwischen unmittelbaren Beschwerdegegenständen und mittelbaren Beschwerdegegenständen unterscheiden, je nachdem ob sie direkt oder nur inzident mit der Verfassungsbeschwerde gerügt werden können.

c) *Beschwerdegrund.* Der Beschwerdeführer muß geltend machen, **127** daß er durch die gerügte Maßnahme in einem Grundrecht oder einem in Art. 93 I Nr. 4a GG aufgeführten grundrechtsgleichen Recht (Art. 33, 38, 101, 103, 104 GG) verletzt wird. Diese Voraussetzung entspricht der Klagebefugnis des § 42 II VwGO, allerdings wiederum beschränkt auf Grundrechte. Die *Möglichkeit* der Grundrechtsverletzung genügt.

Nach der Rechtsprechung des BVerfG liegt eine Grundrechtsverletzung auch dann vor, wenn das grundrechtseingreifende Gesetz gegen Kompetenzvorschriften verstößt oder allgemeine Verfassungsgrundsätze verletzt. Dadurch erhalten alle Verfassungsnormen und Verfassungsgrundsätze eine subjektive, die Verfassungsbeschwerde begründende Ausrichtung.

d) *Beschwerdebefugnis.* Nach der Rechtsprechung des BVerfG **128** muß der Beschwerdeführer selbst, gegenwärtig und unmittelbar durch die gerügte Maßnahme in seinen Grundrechten betroffen sein. Diese Voraussetzung wird vor allem bei Gesetzen bedeutsam, kann aber auch bei anderen Maßnahmen, etwa einem gerichtlichen Urteil, aktuell werden (vgl. BVerfGE 72, 1, 5 ff.). „Selbst" bedeutet, daß der Beschwerdeführer und nicht nur Dritte durch die gerügte Maßnahme beeinträchtigt werden; „gegenwärtig" bedeutet, daß die Grundrechtsbeeinträchtigung bereits vorliegt und nicht nur zu erwarten ist; „unmittelbar" bedeutet, daß die gerügte Maßnahme unmittelbar zur Beeinträchtigung führt. „Selbst" bezieht sich also auf die Person des Beschwerdeführers, „gegenwärtig" auf die zeitliche Dimension und „unmittelbar" auf den beeinträchtigenden Akt.

Von ganz erheblicher Bedeutung ist das Erfordernis der Unmittelbarkeit für Verfassungsbeschwerden, die sich unmittelbar gegen Gesetze richten. Wenn ein Gesetz noch vollzogen werden muß oder auch nur vollzogen werden kann, dann ist der Betroffene gehalten, den Vollzugs- oder Anwendungsakt abzuwarten und gegen diesen zu klagen. Daher kann z. B. ein Bürger nicht gegen die seiner Auffassung nach verfassungswidrige Neuregelung des Einkommensteuergesetzes Verfassungsbeschwerde einlegen, sondern muß den Einkommensteuerbescheid abwarten und gegen diesen beim Finanzgericht klagen; bleiben die Klage und die anschließende Revision beim Bundesfinanzhof erfolglos, dann kann er gegen das letztinstanzliche Urteil Verfassungsbeschwerde einlegen und geltend machen, daß der Steuerbescheid und das diesen Bescheid bestätigende Urteil verfassungswidrig seien, weil sie auf einem verfassungswidrigen Gesetz beruhten. Die Voraussetzung der Unmittelbarkeit hat ihre rechtfertigende Grundlage in der Subsidiarität der Verfassungsbeschwerde.

129 e) *Verfahrensfähigkeit.* Die Verfahrensfähigkeit entspricht der Prozeßfähigkeit im zivil- oder verwaltungsgerichtlichen Verfahren und bedeutet, daß der Beschwerdeführer rechtlich in der Lage ist, selbst oder durch einen selbst gewählten Vertreter die erforderlichen Prozeßhandlungen vorzunehmen oder entgegenzunehmen. Verfahrensfähig ist auf jeden Fall derjenige, der nach bürgerlichem Recht geschäftsfähig ist. Fraglich ist, ob auch Minderjährige – unabhängig von der bürgerlich-rechtlichen Volljährigkeit – Verfassungsbeschwerde erheben können.

Das hängt nach der h. L. von der Grundrechtsmündigkeit ab. Da diese jedoch nicht geklärt ist, bleibt auch die Verfahrensfähigkeit Minderjähriger zweifelhaft. Das BVerfG stellt wohl auf die Einsichtsfähigkeit ab. Das Schulbeispiel ist der minderjährige Schüler, der eine Schülerzeitung herausgibt und sich gegenüber dem Schulleiter auf Art. 5 I GG beruft. Richtig ist, daß er sich auf Art. 5 I GG berufen kann; fraglich ist aber, ob er dieses Recht selbst prozessual geltend machen kann. Es geht ja nicht nur um die Verfassungsbeschwerde selbst, sondern auch um das vorgeschaltete verwaltungsgerichtliche Verfahren mit seinem Instanzenweg und den damit verbundenen Kosten. Was ist, wenn das Taschengeld nicht reicht? Die h. L. ist noch wenig durchdacht, aber offenbar ist das in der Praxis (noch) kein ernsthaftes Problem.

f) *Form.* Die Verfassungsbeschwerde muß schriftlich eingelegt **130**
und begründet werden (§§ 23 I, 92 BVerfGG).

g) *Frist.* Die Verfassungsbeschwerde gegen gerichtliche Entschei- **131**
dungen muß innerhalb eines Monats, die Verfassungsbeschwerde
unmittelbar gegen Gesetze oder sonstige Rechtsnormen muß innerhalb eines Jahres eingelegt werden (§ 73 BVerfGG).

Die Ein-Jahres-Frist ist dann problematisch, wenn der Beschwerdeführer erst
nach Ablauf dieser Frist durch das Gesetz betroffen wird. Vorher ist die Verfassungsbeschwerde mangels Beschwerdebefugnis, nachher ist sie wegen Fristab-
laufs unzulässig. Das BVerfG hält trotzdem an der Fristbestimmung fest
(BVerfGE 30, 112, 126). Die Problematik wird allerdings dadurch entschärft,
daß eine inzidente Normenkontrolle unbefristet möglich ist. Ferner kann angenommen werden, daß bei generellen Gesetzen zumindest schwerwiegende
Mängel von irgend jemand rechtzeitig erkannt und geltend gemacht werden.
Gleichwohl bleibt ein unbefriedigender Rest. Vgl. dazu und zu den verschiedenen Lösungsvorschlägen in der Literatur *Lechner/Zuck,* BVerfGG, § 93 Rn. 74 ff.

h) *Rechtswegerschöpfung.* Die Verfassungsbeschwerde ist ferner gem. **132**
§ 90 II 1 BVerfGG nur zulässig, wenn der Beschwerdeführer die
rechtlich möglichen Rechtsmittel eingelegt hat. Das bedeutet auch,
daß er den gesamten Instanzenzug durchlaufen haben muß (etwa:
VG – OVG – BVerwG). Das Erfordernis der Rechtswegerschöpfung bringt den Grundsatz der Subsidiarität der Verfassungsbeschwerde zum Ausdruck. Es soll (1) das BVerfG entlasten, (2) dem
BVerfG die Fallanschauung der Fachgerichte in tatsächlicher und
rechtlicher Sicht vermitteln und (3) die Zuständigkeit der Fachgerichte sichern.

Vgl. dazu – und zum Verhältnis der (engeren) Rechtswegerschöpfung und **133**
der (weiteren) Subsidiarität der Verfassungsbeschwerde, die vom BVerfG als
weiteres Zulässigkeitskriterium entwickelt worden ist, aber doch wieder mit
der Rechtswegerschöpfung zusammenhängt – *Schlaich,* Bundesverfassungsgericht, Rn. 236 ff.; *Lechner/Zuck,* BVerfGG, § 90 Rn. 129 ff. Problematisch ist
die Rechtswegerschöpfung und die Subsidiarität vor allem beim vorläufigen
Rechtsschutz, vgl. dazu ebenfalls die genannten Autoren. Ausnahmsweise kann
das BVerfG schon vor der Erschöpfung des Rechtswegs über eine Verfassungsbeschwerde entscheiden, nämlich dann, „wenn sie von allgemeiner Bedeutung
ist oder wenn dem Beschwerdeführer ein schwerer und unabwendbarer
Nachteil entstünde, falls er zunächst auf den Rechtsweg verwiesen werden
würde" (§ 90 II 2 BVerfGG).

i) *Rechtsschutzinteresse.* Wie alle am Rechtsschutz ausgerichtete **134**
Verfahren ist auch die Verfassungsbeschwerde nur zulässig, wenn

ein (allgemeines) Rechtsschutzbedürfnis besteht (BVerfGE 33, 247, 253; 81, 138, 140 f.). Die bereits erörterten Zulässigkeitsvoraussetzungen indizieren jedoch in der Regel sein Vorliegen.

3. Verfahren und Entscheidung

135   a) *Das Verfahren* kennt nur den Beschwerdeführer als Antragsteller, aber keinen Antragsgegner. Das BVerfG hat jedoch dem Verfassungsorgan bzw. der Behörde, die die gerügte Maßnahme erlassen hat, sowie den Parteien im Ausgangsverfahren Gelegenheit zur Äußerung zu geben, so daß doch so etwas wie ein kontradiktorisches Verfahren entstehen kann.

136   b) Die Verfassungsbeschwerde ist *begründet,* wenn die gerügte Maßnahme den Beschwerdeführer in einem seiner Grundrechte oder grundrechtsgleichen Rechten verletzt. Die Entscheidung des BVerfG hängt davon ab, ob es sich um eine Rechtssatzverfassungsbeschwerde oder eine Urteilsverfassungsbeschwerde handelt. Im ersten Fall erklärt das BVerfG das Gesetz für verfassungswidrig und nichtig (§ 95 III 1 BVerfGG). Die Nichtigerklärung ist − wie die prinzipale Normenkontrollentscheidung − allgemeinverbindlich; sie wirkt nicht nur zugunsten des Beschwerdeführers, sondern zugunsten aller (inter omnes). Im zweiten Fall ist die Tenorierung etwas komplizierter. Es sind drei Alternativen zu unterscheiden:

− Das gerichtliche Urteil, das mit der Verfassungsbeschwerde gerügt worden ist, verstößt als solches gegen Grundrechte, etwa gegen Art. 103 I GG: Das BVerfG hat das Urteil aufzuheben und ggf. die Sache an das zuständige Gericht zurückzuverweisen (§ 95 II BVerfGG).

− Das gerichtliche Urteil beruht auf einem verfassungswidrigen Gesetz, etwa auf einem verfassungswidrigen Steuergesetz: Das BVerfG hat das Urteil aufzuheben *und* die Verfassungswidrigkeit und Nichtigkeit des dem Urteil zugrunde liegenden Gesetzes nicht nur in den Gründen festzustellen, sondern auch im Tenor auszusprechen. Die Nichtigerklärung wird also prozessual verselbständigt und erlangt die Wirkung einer allgemeinverbindlichen Normenkontrollentscheidung (§ 95 III 2 BVerfGG).

− Das gerichtliche Urteil beruht auf einem Gesetz, das zwar verfassungsgemäß ist, im konkreten Fall aber verfassungswidrig ausgelegt wurde: Das BVerfG hat das Urteil aufzuheben und die Sache zur erneuten Entscheidung an das zuständige Gericht zurückzuverweisen.

137   c) Der *Prüfungsumfang* wirft keine besonderen Probleme auf, wenn es um die Vereinbarkeit eines Gesetzes mit der Verfassung geht. Prüfungsgegenstand und Prüfungsmaßstab liegen fest oder können zumindest festgelegt werden. Auch bei Urteilsverfassungsbeschwerden scheint es zunächst einfach zu laufen. Das BVerfG hat nur die Vereinbarkeit der gerichtlichen Entscheidung mit der Verfassung, nicht mit dem einfachen Gesetzesrecht zu prüfen. Der Hinweis, daß rechtswidrige Urteile mittelbar gegen Art. 2 I GG oder Art. 20 III GG verstoßen, verfängt hier nicht. Die Problematik wird aber deutlich, wenn man die Ausstrahlungswirkung der Grundrechte auf das einfache Recht einbezieht (vgl. § 9 Rn. 20f., 44). Die Gerichte müssen bei der Auslegung und Anwendung des einfachen Rechts die sich aus den Grundrechten ergebenden Auswirkungen beachten. Es ist demnach zwischen der einfachen Auslegung und der verfassungsbezogenen Auslegung zu unterscheiden. Die Frage ist, wo die Grenze verläuft. Das BVerfG hat sich schon früh damit beschäftigt. Es legt dar, daß es lediglich zu prüfen habe, ob „spezifisches Verfassungsrecht" verletzt sei, ob die Entscheidung Auslegungsfehler enthalte, die auf einer grundsätzlich unrichtigen Anschauung von der Bedeutung und Tragweite des betroffenen Grundrechts, insbesondere vom Umfang seines Schutzbereichs, beruhen.

Vgl. BVerfGE 18, 85, 92f. (sog. Hecksche Formel, weil sie vom damaligen Berichterstatter *Heck* entwickelt wurde); sie wird seitdem in unterschiedlichen Varianten immer wieder herangezogen, vgl. BVerfGE 30, 173, 188; 85, 248, 258. Die Formel ist noch sehr allgemein. Daher zieht das BVerfG weitere Kriterien heran. Vor allem die Intensität des Eingriffs (Strafurteile!) spielt eine erhebliche Rolle. Im einzelnen kann darauf nicht weiter eingegangen werden. Vgl. dazu näher die eindringliche Darstellung von *Schlaich/Korioth,* Bundesverfassungsgericht, Rn. 271 ff. mit weiteren Nachw. Fn. 667.

VIII. Weitere Zuständigkeiten des BVerfG

Die sonstigen Zuständigkeiten des BVerfG können hier nicht näher dargestellt, sollen aber doch wenigstens kurz vorgestellt werden. Die Wahlprüfung gem. Art. 41 GG ist bereits oben § 13 Rn. 43 ff. im Zusammenhang mit der Bundestagswahl erwähnt worden. Die übrigen Zuständigkeiten lassen sich unter den Stichworten „normbezogene Verfahren" und „Verfassungsschutzverfahren" zusammenfassen.

138

1. Normbezogene Verfahren

Diesen Verfahren ist gemeinsam, daß sie sich auf Rechtsnormen – ihre Gültigkeit, ihre Einordnung oder ihre Qualifikation – beziehen.

139   a) *Kommunalverfassungsbeschwerde*. Nach Art. 93 I Nr. 4b GG können Gemeinden und Gemeindeverbände im Wege der Verfassungsbeschwerde beim BVerfG geltend machen, daß sie durch ein Gesetz in ihrem Recht auf Selbstverwaltung gem. Art. 28 GG verletzt werden. Die Kommunalverfassungsbeschwerde ist in Anlehnung an die Individualverfassungsbeschwerde gem. Art. 93 I Nr. 4a GG ausgestaltet. Das BVerfGG regelt beide zusammen (§ 13 Nr. 8a, § 91 im Rahmen der §§ 90ff. BVerfGG). Die Einordnung und Rechtsnatur der Kommunalverfassungsbeschwerde ist gleichwohl umstritten. Fraglich ist, ob sie – wie die Individualverfassungsbeschwerde – dem subjektiven Rechtsschutz zuzuordnen ist oder – anders als jene – eine objektive Normenkontrolle darstellt. Der Streit hängt von der unterschiedlichen Deutung des Art. 28 II GG ab. Während die einen die Auffassung vertreten, daß Art. 28 II GG ein echtes Recht (nicht Grundrecht) der Gemeinde begründet, das mit Hilfe der Kommunalverfassungsbeschwerde verteidigt werden kann, sind die anderen der Meinung, daß Art. 28 II GG lediglich eine institutionelle Garantie enthalte und dementsprechend die Kommunalverfassungsbeschwerde eine objektive Normenkontrolle darstelle.

> Vgl. dazu *Benda/Klein,* Verfassungsprozeßrecht, Rn. 687 ff. mit weiteren Nachw.; zur Deutung des Art. 28 II GG auch *Maurer,* DVBl. 1995, 1037 ff.

140   Die *Zulässigkeitsvoraussetzungen* der Kommunalverfassungsbeschwerde ergeben sich aus Art. 93 I Nr. 4b GG und §§ 91 ff. BVerfGG, so daß auf diesen Streit nicht weiter einzugehen ist: (1) *Antragsteller* können nur Gemeinden und Gemeindeverbände sein; der Begriff des Gemeindeverbandes ist nicht zweifelsfrei, erfaßt aber jedenfalls die Landkreise. (2) *Antragsgegenstand* sind „Gesetze", nach Auffassung des BVerfG fallen darunter nicht nur formelle Gesetze, sondern auch Rechtsverordnungen, ja sogar „alle vom Staat erlassenen Rechtsnormen, die Außenwirkung gegenüber

einer Kommune entfalten" (BVerfGE 76, 107, 114). (3) *Prüfungsgegenstand* ist ausschließlich das Selbstverwaltungsrecht gem. Art. 28
GG, genauer: Art. 28 I 2 und Art. 28 II GG. (4) *Die Beschwerdebefugnis* ist gegeben, wenn der Antragsteller selbst, gegenwärtig und
(allerdings nur bedingt) unmittelbar durch die Rechtsnorm in seinem Selbstverwaltungsrecht betroffen ist (BVerfGE 72, 25, 34 ff.;
78, 331, 340). (5) Die *Rechtswegerschöpfung* (§ 90 II BVerfGG) gilt
auch hier, beschränkt sich jedoch auf die verwaltungsgerichtliche
Normenkontrolle gem. § 47 VwGO. (6) Die *Jahresfrist* des § 93 I
BVerfGG muß ebenfalls beachtet werden. (7) *Subsidiarität:* Die
Kommunalverfassungsbeschwerde entfällt, wenn das Landesverfassungsgericht angerufen werden kann, was inzwischen in fast allen
Bundesländern der Fall ist. Die Zuständigkeit des BVerfG bleibt
aber bei *Bundes*gesetzen, die in das Selbstverwaltungsrecht eingreifen, uneingeschränkt bestehen, da Bundesrecht nur am Grundgesetz, nicht auch an der Landesverfassung gemessen werden kann.

Die Verfassungsbeschwerde gem. Art. 93 I Nr. 4a GG kommt nicht – weder kumulativ noch alternativ – zur Anwendung, da die Gemeinden nicht
grundrechtsfähig sind; eine Ausnahme gilt lediglich für die Prozeßgrundrechte
(Art. 101 I, Art. 103 I GG), die auch den Gemeinden zustehen und daher im
Wege der allgemeinen Verfassungsbeschwerde vor dem BVerfG geltend gemacht werden können (vgl. dazu oben § 9 Rn. 34 f.).

b) *Normverifikation.* Ausgangspunkt ist Art. 25 GG, der „die all-   **141**
gemeinen Regeln des Völkerrechts" zum Bestandteil des Bundesrechts erklärt; sie stehen im Rang über den formellen Gesetzen,
aber unter der Verfassung. Wenn in einem konkreten Rechtsstreit
Zweifel über das Bestehen oder über den Umfang und die Tragweite einer allgemeinen Regel des Völkerrechts entstehen, dann
hat das Prozeßgericht das Verfahren auszusetzen und die Entscheidung des BVerfG einzuholen. Das gleiche gilt, wenn zweifelhaft
ist, ob eine solche Regel Rechte und Pflichten für einzelne Personen erzeugt. Die Entscheidung des BVerfG hat Gesetzeskraft
(§ 31 II BVerfGG) und ist vom Prozeßgericht bei seiner abschließenden Entscheidung zu beachten.

Vgl. näher Art. 100 II GG, § 13 Nr. 12, §§ 83, 84 BVerfGG; BVerfGE 94,
315, 328 ff.; 100, 209, 211 ff.; *M. Ruffert,* Der Entscheidungsmaßstab im
Normverifikationsverfahren nach Art. 100 II GG, JZ 2001, 633 ff. – Eine

andere Frage ist, ob eine bundes- oder landesrechtliche Regelung gegen eine Bundesrecht gewordene allgemeine Regel des Völkerrechts verstößt. In diesem Fall greift nicht Art. 100 II GG, sondern Art. 100 I GG (konkrete Normenkontrolle) ein.

142   c) *Divergenzvorlage.* Sie betrifft die Landesverfassungsgerichte. Diese Gerichte haben an sich nur über die Vereinbarkeit von Landesrecht mit der Landesverfassung zu entscheiden. Es ist aber möglich, daß sie auch das Grundgesetz heranziehen müssen, nämlich dann, wenn sich inzidenter die Frage stellt, ob eine entscheidungserhebliche landesverfassungsrechtliche Vorschrift der Landesverfassung mit dem Grundgesetz vereinbar ist. Wenn es in diesem Fall von einer Entscheidung des BVerfG oder von einer Entscheidung eines anderen Landesverfassungsgerichts abweichen will, muß es die Entscheidung des BVerfG einholen.

Vgl. dazu Art. 100 III GG, § 113 Nr. 13, § 85 BVerfGG. – Fraglich ist die Bedeutung dieser Vorlage wegen der Bindungswirkung der Entscheidungen des BVerfG gem. Art. 31 I BVerfGG (vgl. oben Rn. 31, 32). Auf jeden Fall wird sie bei einer Abweichung von einer Entscheidung eines anderen Landesverfassungsgerichts aktuell.

143   d) *Normqualifikation.* Sie knüpft an die Art. 123 ff. GG an, die nicht nur den Fortbestand des vorkonstitutionellen Rechts (des vor dem Zusammentreten des ersten Bundestages bestehenden Rechts) regeln, sondern auch festlegen, ob es als Bundesrecht oder als Landesrecht fortgelten soll. Die Qualifikation als Bundesrecht oder Landesrecht ist u. a. deshalb von Bedeutung, weil Landesrecht (auch) vom Landesgesetzgeber geändert und aufgehoben werden kann. Wenn Meinungsverschiedenheiten darüber entstehen, ob eine vorkonstitutionelle Norm als Bundesrecht (und nicht als Landesrecht) fortbesteht, hat das BVerfG zu entscheiden. Dabei kommt sowohl eine Richtervorlage aus Anlaß eines konkreten Rechtsstreits (entsprechend der konkreten Normenkontrolle) als auch ein Antrag bestimmter Verfassungsorgane (entsprechend der abstrakten Normenkontrolle) in Betracht.

Vgl. dazu Art. 126 GG, § 13 Nr. 14, §§ 86–89 BVerfGG. – Art. 126 GG betrifft nur den Rang, nicht die Gültigkeit der Norm; das BVerfG prüft aber als Vorfrage, ob die Rechtsnorm, deren Qualität als Bundesrecht strittig ist, noch gilt (BVerfGE 28, 119, 139).

2. Verfassungsschutzverfahren

Das BVerfG hat ferner über Maßnahmen und Vorkehrungen zum **144** Schutze der freiheitlichen demokratischen Grundordnung zu entscheiden. Dazu gehören – neben der Überprüfung und Verwerfung von Gesetzen, die gegen die Grundsätze des Art. 79 III GG verstoßen, – der Ausspruch der Verwirkung von Grundrechten (Art. 18 GG), das Parteiverbot (Art. 21 II GG) und die Maßnahmen gegen Richter, die gegen die Grundsätze der Verfassung verstoßen (Art. 98 II GG). Im weiteren Sinne kann dazu auch die Präsidentenanklage gem. Art. 61 GG gerechnet werden, die allerdings – über den Verfassungsschutz hinausgehend – alle vorsätzlichen Rechtsverletzungen erfaßt. Vgl. zum Verfassungsschutz näher unten § 23.

IX. Bundesverfassungsgericht und Landesverfassungsgerichte

1. Die Landesverfassungsgerichte

a) Aus der Eigenständigkeit und der Verfassungsautonomie der **145** Länder ergibt sich, daß sie befugt sind, eine eigene Verfassungsgerichtsbarkeit für ihren Bereich einzurichten. Das Grundgesetz geht in Art. 100 I GG sogar von der Existenz der Landesverfassungsgerichte aus und weist ihnen die konkrete Normenkontrolle für die Überprüfung von Landesrecht an der Landesverfassung zu.

Ferner erscheinen die Landesverfassungsgerichte in Art. 100 III GG (Divergenzvorlage, vgl. Rn. 142) und mittelbar in Art. 93 I Nr. 4 Alt. 3 GG, der eine Ersatzzuständigkeit des BVerfG für den Fall vorsieht, daß keine oder keine ausreichende landesverfassungsgerichtliche Zuständigkeit für landesinterne Organstreitigkeiten besteht (vgl. oben Rn. 65).

b) Fast alle Bundesländer haben ein *eigenes Verfassungsgericht* ein- **146** gerichtet. Lediglich *Schleswig-Holstein* hat von der Ermächtigung des Art. 99 GG Gebrauch gemacht und dem BVerfG die Entscheidung von landesverfassungsrechtlichen Streitigkeiten zugewiesen (Art. 44 SHVerf.). Es liegt ein Fall der Organleihe vor. Das BVerfG entscheidet in diesen Fällen als Landesverfassungsgericht über die Auslegung und Anwendung der Landesverfassung.

147   c) *Die Organisation* der einzelnen Landesverfassungsgerichte weist
Gemeinsamkeiten, aber auch Unterschiede auf. In allen Bundesländern ist das Landesverfassungsgericht (auch Verfassungsgerichtshof oder Staatsgerichtshof genannt) eine selbständige Einrichtung,
die von Fall zu Fall tätig wird und daher nur mit nebenamtlichen
oder ehrenamtlichen Richtern besetzt ist. Die Richter und ihre
Vertreter werden durchweg von den Landesparlamenten mit einfacher oder qualifizierter Mehrheit gewählt, sofern nicht eine Mitgliedschaft kraft Amtes besteht (so ist in Nordrhein-Westfalen und
in Rheinland-Pfalz der OVG-Präsident zugleich Mitglied und Vorsitzender des Landesverfassungsgerichts). Die Gerichte bestehen nur
aus *einem* Spruchkörper, der – von Land zu Land verschieden – mit
8 bis 11 Mitgliedern besetzt ist. Lediglich in Bayern liegen die
Verhältnisse etwas anders. Dort werden insgesamt 22 berufsrichter-
liche und 15 weitere Mitglieder berufen, das Gericht entscheidet
aber in der Regel nur in einer Besetzung von 9 Richtern. In allen
Bundesländern (mit Ausnahme des Saarlands) wirken Laienrichter
mit. Ihr Anteil liegt meistens unter, teilweise aber über 50 Prozent.
Die Wahl erfolgt in der Regel für eine bestimmte Zeit, ist aber
teilweise – bei Laienrichtern – auf die Dauer der Wahlperiode
beschränkt.

148   d) *Die Zuständigkeit* deckt sich im wesentlichen mit den Zuständigkeiten des BVerfG. Alle nach 1949 erlassenen Landesverfassungen regeln in Anlehnung an das Grundgesetz das Verfassungsorgan-
streitverfahren, die abstrakte Normenkontrolle und die konkrete
Normenkontrolle. Diese drei Zuständigkeiten gehören zum Stan-
dardrepertoire der deutschen Verfassungsgerichtsbarkeit. Die vor
1949 erlassenen und noch bestehenden Landesverfassungen (Bayern,
Hessen, Rheinland-Pfalz) verwenden teilweise andere Formen und
Termini, lassen sich aber ebenfalls in diese Einteilung einordnen.
Das gilt umso mehr, als das Grundgesetz an die frühere Entwicklung anknüpfte. Ein wesentlicher Unterschied besteht hinsichtlich
der *Verfassungsbeschwerde.* Vor der Wiedervereinigung 1990 gab es
die Landesverfassungsbeschwerde lediglich in Bayern und teilweise
in Hessen (als Grundrechtsklage), ferner im Saarland. Die neuen
Bundesländer haben in dem Bestreben, nach dem Ende der SED-

Herrschaft rechtsstaatliche Zustände zu schaffen und zu sichern, eine Verfassungsbeschwerde zum Landesverfassungsgericht eingeführt. Rheinland-Pfalz ist 1993 gefolgt. Die Landesverfassungsbeschwerde ist nur sinnvoll und effektiv, wenn auch die erforderliche materiell-rechtliche Basis, nämlich die Gewährleistung von Landesgrundrechten, vorhanden ist. Das ist für die vorkonstitutionellen Verfassungen und für die Verfassungen der neuen Bundesländer durchweg zu bejahen. Sie enthalten Grundrechte, die z.T. über den Grundrechtsbestand des Grundgesetzes hinausreichen. Während die Landesverfassungsgerichte mit Verfassungsbeschwerde eine umfangreiche Rechtsprechung entfalten, die wahrscheinlich in Zukunft noch an Bedeutung gewinnen wird, nehmen die anderen Landesverfassungsgerichte eher eine Randposition ein. Ihre Rechtsprechung beschränkt sich im wesentlichen auf kommunalverfassungsrechtliche Streitigkeiten, insbesondere über die angemessene Finanzausstattung der Gemeinden und Landkreise durch das Land.

Vgl. zur Landesverfassungsgerichtsbarkeit *Ch. Starck/K. Stern* (Hg.), Landesverfassungsgerichtsbarkeit, 3 Bde., 1983; *Ch. Pestalozza,* Verfassungsprozeßrecht, S. 372 ff.; *G. Robbers,* Verfassungsprozeßrecht, S. 107 ff.; *Degenhart,* Staatsrecht, Rn. 642 ff.; *J. Menzel,* Landesverfassungsrecht, 2002, S 520 ff.; vgl. zur Landesverfassungsbeschwerde auch die Zusammenstellung in BVerfGE 96, 345, 391 ff.

2. BVerfG und Landesverfassungsgerichte

Das Verhältnis zwischen dem BVerfG und den Landesverfassungs- **149** gerichten wird primär durch das materielle Recht geprägt. Das Prozeßrecht hat daraus die Konsequenzen zu ziehen. Im Bundesstaat grundgesetzlicher Prägung stehen die Verfassungsbereiche − oder die Verfassungsräume, wie das BVerfG gelegentlich bildhaft sagt − grundsätzlich selbständig nebeneinander (BVerfGE 60, 175, 209 m.W.N.). Dementsprechend stehen auch die Verfassungsgerichte des Bundes und der Länder nebeneinander. Das BVerfG ist Hüter der Bundesverfassung, das Landesverfassungsgericht ist Hüter der jeweiligen Landesverfassung. Daraus folgt, daß das BVerfG über die Verletzung des Grundgesetzes und die Landesverfassungsgerichte über die Verletzung ihrer Verfassungen zu entscheiden haben.

Mit dieser am Prüfungsmaßstab orientierten Formel lassen sich auch die meisten Fälle ohne weiteres lösen.

150   a) *Verfassungsorganstreitigkeiten.* Unproblematisch ist, daß Streitigkeiten zwischen Verfassungsorganen des Bundes vom BVerfG und
Streitigkeiten zwischen Verfassungsorganen der Länder vom Landesverfassungsgericht zu entscheiden sind, da im ersten Fall ausschließlich das Grundgesetz, im zweiten Fall ausschließlich die Landesverfassung zur Anwendung kommt. Auch in den Fällen des
Art. 93 I Nr. 4 Alt. 3 GG (Ersatzzuständigkeit des BVerfG) und des
Art. 99 GG (Inanspruchnahme des BVerfG durch ein Bundesland)
kommt nur die Landesverfassung zur Anwendung. Eine Streitigkeit
zwischen einem Verfassungsorgan des Bundes und einem Verfassungsorgan eines Landes fällt weder in die Zuständigkeit des
BVerfG noch in die des Landesverfassungsgerichts. Sie läßt sich allenfalls über die föderativen Streitigkeiten (vgl. dazu oben Rn. 53 ff.)
austragen.

151   b) Auch die *konkrete Normenkontrolle* führt zu klaren Verhältnissen: Das BVerfG hat zu prüfen, ob ein Bundesgesetz *oder* ein Landesgesetz mit dem Grundgesetz vereinbar ist, das Landesverfassungsgericht hat dagegen lediglich über die Vereinbarkeit eines
Landesgesetzes mit der Landesverfassung zu entscheiden. Auch hier
ist der Prüfungsmaßstab entscheidend. Deshalb kann – je nachdem –
im Wege der Richtervorlage sowohl das BVerfG als auch das jeweilige Landesverfassungsgericht angerufen werden.

>   Wenn ein Landesgesetz gegen die formellen Anforderungen der Landesver-
>   fassung und gegen ein im Grundgesetz festgelegtes Grundrecht verstößt, dann
>   ist sowohl dem Landesverfassungsgericht als auch dem BVerfG vorzulegen.
>   Entsprechendes gilt, wenn ein Landesgesetz gegen ein Bundesgrundrecht und
>   gegen ein Landesgrundrecht mit gleichem oder unterschiedlichem Gewährlei-
>   stungsgehalt verstößt. Wenn eines der beiden Gerichte die Norm für verfas-
>   sungswidrig und nichtig erklärt hat, erledigt sich das andere Verfahren. Kommt
>   das Landesverfassungsgericht zur Auffassung, daß die Maßstabnorm der Lan-
>   desverfassung (nicht die vorgelegte Prüfungsnorm) mit dem Grundgesetz nicht
>   vereinbar ist, hat es diese Frage gem. Art. 100 I GG dem BVerfG vorzulegen.
>   Vgl. dazu auch *Maurer,* in: P. Feuchte, Verfassung des Landes Baden-Württem-
>   berg, 1986, Art. 68 Rn. 86 ff. m. w. Nachw.

152   c) Problematisch ist die Landesverfassungsbeschwerde, wenn und
weil Bundesrecht und Landesrecht sowie Bundesstaatsgewalt und
Landesstaatsgewalt ineinandergreifen. Das ist z.B. dann der Fall,
wenn ein Landesgericht in einem bundesgesetzlich geregelten Ver-

fahren (VwGO, StPO usw.) sowohl Bundesrecht als auch Landesrecht anzuwenden hat. Nach § 90 III BVerfGG schließt die Verfassungsbeschwerde zum BVerfG eine nach Landesrecht zulässige
Verfassungsbeschwerde zum Landesverfassungsgericht nicht aus.
Wenn auch das Landesrecht keinen Ausschluß vorsieht, dann können beide Rechtsbehelfe nebeneinander geltend gemacht werden.
Erforderlich ist lediglich, daß die jeweiligen Zulässigkeitsvoraussetzungen vorliegen. Das *maßgebliche Abgrenzungskriterium* bildet
wiederum der Prüfungsmaßstab. Das Landesverfassungsgericht kann
nur prüfen, ob das Landesgesetz oder die Anwendung des Landesgesetzes mit der Landesverfassung vereinbar ist. Dagegen ist die
Prüfung der Vereinbarkeit mit dem Grundgesetz dem BVerfG
vorbehalten. Da Bundesgesetze nur am Grundgesetz, nicht auch an
der Landesverfassung zu messen sind, scheiden sie als Prüfungsgegenstand der landesverfassungsgerichtlichen Verfassungsbeschwerde aus.

Das ist allerdings nicht unbestritten, wie der bekannte und vieldiskutierte **153**
Honecker-Fall zeigt: Der Staatsratsvorsitzende der ehemaligen DDR, Erich
Honecker, wurde 1992 wegen Totschlags in mehreren Fällen (Todesschüsse an
der Mauer) vor dem Landgericht in Berlin angeklagt und in Untersuchungshaft
genommen. Seine Rechtsanwälte beantragten in der Hauptverhandlung, das
Verfahren wegen des schlechten Gesundheitszustandes Honeckers einzustellen
und den Haftbefehl aufzuheben. Der Antrag wurde abgelehnt. Daraufhin
legten die Rechtsanwälte Verfassungsbeschwerde beim Verfassungsgerichtshof
des Landes Berlin ein. Das Gericht stellte fest, daß es gegen das auch in der
Berliner Verfassung verankerte Gebot der Achtung der Menschenwürde verstoße, wenn die Untersuchungshaft und das Strafverfahren fortgesetzt würden,
obwohl der Angeklagte schwer krank sei und aller Wahrscheinlichkeit das
Ende des Prozesses nicht mehr erleben werde (Beschluß vom 12. 1. 1993,
DVBl. 1993, 368 = NJW 1993, 515). Daraufhin wurde von der Strafkammer
der Haftbefehl aufgehoben und das Verfahren eingestellt. Honecker konnte
noch am gleichen Tag „als freier Mann" ausreisen. Es ist verständlich, daß der
Honecker-Prozeß und sein überraschendes Ende eine lebhafte politische Diskussion auslösten. Hier geht es nur um die juristische und auch insoweit nur
um die verfahrensrechtliche Problematik. Das Strafverfahren ist in der bundesrechtlichen Strafprozeßordnung abschließend geregelt. Dort sind auch die
einzelnen Gründe für die Einstellung des Verfahrens und die Aufhebung der
U-Haft abschließend aufgeführt. Der vom Berliner Verfassungsgerichtshof aus
der Berliner Verfassung entwickelte Verfahrenseinstellungs- und Haftaufhe-
bungsgrund („der Angeklagte wird aller Wahrscheinlichkeit nach das Ende des
Verfahrens nicht mehr erleben") ist in der Strafprozeßordnung weder ausdrücklich noch konkludent erwähnt. Er ist bislang auch in der Literatur und
Praxis von niemandem vertreten worden. Das schließt freilich nicht aus (was
hier nicht weiter zu erörtern ist), daß sich nach neuerer Erkenntnis aus dem

Grundsatz der Menschenwürde eine entsprechende Folgerung ergibt und das
Strafverfahrensrecht entsprechend geändert und ergänzt werden muß. Nur ist das
eine *bundesrechtliche* Angelegenheit. Die bundeseinheitlich geregelte Strafprozeßordnung (Art. 74 I Nr. 1 GG) darf nicht durch landesverfassungs-rechtliche
Regelungen und ihre Anwendung im konkreten Fall unterlaufen werden. Wäre
es anders, dann könnte jedes Land zusätzliche Verfahrenseinstellungs- oder Haft-
aufhebungsgründe einführen und für seinen Bereich – etwa für das Land Berlin –
Sonderregelungen erlassen. Daß die Strafgerichte Landesgerichte sind und als
solche auch an die Landesverfassung gebunden sind, ändert daran nichts; denn
diese Bindung reicht natürlich nur so weit, wie die Landesverfassung nach der
bundesstaatlichen Kompetenzordnung überhaupt eingreift. – Vgl. zum Honecker-Fall – wie hier – ablehnend: *Ch. Starck,* Der Honecker-Beschluß des
Berliner VerfGH, JZ 1993, 231 ff.; *Ch. Pestalozza,* Der „Honecker-Beschluß"
des Berliner Verfassungsgerichtshofs, NVwZ 1993, 340 ff.; *J. Berkemann,* Ein
Landesverfassungsgericht als Revisionsgericht – Der Streitfall Honecker, NVwZ
1993, 409 ff.; zustimmend *R. Bartlsperger,* Einstellung des Strafverfahrens von
Verfassungs wegen, DVBl. 1993, 333 ff.; *Ph. Kunig,* Die rechtsprechende Gewalt in den Ländern und die Grundrechte des Landesverfassungsrechts, NJW
1994, 687 ff. – In allgemeiner Sicht *J. Rozek,* Landesverfassungsgerichtsbarkeit,
Landesgrundrechte und die Anwendung von Bundesrecht, AÖR Bd. 119 (1994)
S. 450 ff.; *W. Zierlein,* Prüfungs- und Entscheidungskompetenzen der Landesverfassungsgerichte bei Verfassungsbeschwerden gegen landesrechtliche Hoheitsakte, die auf Bundesrecht beruhen oder in einem bundesrechtlich geregelten Verfahren ergangen sind, AÖR Bd. 120 (1995) S. 205 ff.; *H. Dreier,*
Grundrechtsschutz durch Landesverfassungsgerichte, 2000.

154   In einer neueren Entscheidung kam das BVerfG – auf Vorlage
des SächsVerfGH – zu dem Ergebnis, daß die Landesverfassungsgerichte befugt sind, auch die Anwendung *bundesrechtlicher Verfahrensregelungen* an der *Landesverfassung* zu messen, sofern bestimmte enge
Voraussetzungen erfüllt sind (BVerfGE 96, 345). Im konkreten Fall
ging es um eine Verfassungsbeschwerde beim SächsVerfGH, mit der
die Verletzung des rechtlichen Gehörs durch ein Amtsgericht gerügt wurde. Das BVerfG argumentierte zwar materiell-rechtlich,
indem es auf Art. 31 und 142 GG einging, judizierte aber prozeßrechtlich, indem es den Prüfungsmaßstab der Landesverfassungsgerichte erweiterte. Die Erweiterung ist allerdings sehr beschränkt:
Als Prüfungsmaßstab kommen nur landesverfassungsrechtliche Verfahrensgrundrechte (nicht auch materielle Grundrechte) in Betracht;
die Verfahrensgrundrechte müssen zudem nicht nur nach Inhalt
und Zielrichtung mit den Verfahrensgrundrechten des Grundgesetzes übereinstimmen, sondern auch im konkreten Fall zum gleichen
Ergebnis führen (was eine entsprechende Auslegung beider Grund-

rechte erfordert); die Prüfung beschränkt sich auf Entscheidungen der Landesgerichte (nicht auch der Bundesgerichte); der ordentliche Rechtsweg muß erschöpft sein.

Das Urteil wirft eine Reihe von Fragen und Problemen auf, die hier nicht **155** weiter erörtert werden können. Es ist noch offen, ob und inwieweit es sich in der Praxis bewähren und durchsetzen wird. Vgl. dazu etwa *K. Lange,* Kontrolle bundesrechtlich geregelter Verfahren durch Landesverfassungsgerichte? NJW 1998, 1278 ff.; *ders.,* BVerfG-Festschrift 2001, S. 289, 294 ff.; *K. E. Hain,* Urteilsanmerkung, JZ 1998, 620 ff. *E. Klein/A. Haratsch,* Die Landesverfassungsbeschwerde − Ein Instrument zur Überprüfung der Anwendung von Bundesrecht?, JuS 2000, 209 ff.; *Degenhart,* Staatsrecht, Rn. 663 ff. − Die Situation ist schon einigermaßen grotesk, wenn man bedenkt, daß es um einen relativ einfachen Verstoß gegen eine zivilprozessuale Regelung ging, die möglicherweise auch eine Verletzung des (verfassungsrechtlich festgelegten) Grundsatzes des rechtlichen Gehörs darstellte. Es kann doch nicht Aufgabe der Verfassungsgerichte sein, solchen Quisquilien nachzugehen. Vielmehr sollte die Zivilgerichtsbarkeit so ausgestaltet werden, daß diese Mängel im ordentlichen Rechtsweg, wo sie hingehören, bereinigt werden. Durch die Erweiterung der Zuständigkeit des Landesverfassungsgerichts wird das BVerfG zwar entlastet (was übrigens auch noch fraglich ist), andererseits aber alles noch komplizierter. Das ist um so bedauerlicher, als eine Reihe von Entscheidungen über grundsätzliche Verfassungsfragen lange auf sich warten lassen.

Literatur: Lehrbücher, Grundrisse und Kommentare zum Verfas- 156 sungsprozeßrecht und zum BVerfGG: *E. Benda/E. Klein,* Lehrbuch des Verfassungsprozeßrechts, 2. Aufl. 2001; *R. Fleury,* Verfassungsprozeßrecht, 4. Aufl. 2001; *Ch. Pestalozza,* Verfassungsprozeßrecht, 3. Aufl. 1991; *G. Robbers,* Verfassungsprozessuale Probleme in der öffentlich-rechtlichen Arbeit, 1996; *K. Schlaich/St. Korioth,* Das Bundesverfassungsgericht, 5. Aufl. 2001 (mit umfangreichen Literaturnachweisen, S. 371−406); *K. Stern,* Staatsrecht II, S. 329 ff., 933 ff. − *H. Lechner/R. Zuck,* Das Bundesverfassungsgerichtsgesetz, 4. Aufl. 1996; *Th. Maunz/B. Schmidt-Bleibtreu/F. Klein/G. Ulsamer,* Bundesverfassungsgericht, Loseblatt-Kommentar; *D. C. Umbach/Th. Clemens* (Hg.), Bundesverfassungsgerichtsgesetz. Mitarbeiterkommentar und Handbuch, 1992.

Monographien und Aufsätze: *P. Häberle* (Hg.), Verfassungsgerichtsbarkeit, 1976; *ders.,* Kommentierte Verfassungsrechtsprechung, 1979; *Ch. Starck* (Hg.), Bundesverfassungsgericht und Grundgesetz. Festgabe aus Anlaß des 25 jährigen Bestehens des Bundesverfassungsgerichts, 2 Bde., 1976 (zitiert: BVerfG-Festgabe); *U. Scheuner,* Verfassungsgerichtsbarkeit und Gesetzgebung, DÖV 1980, 473 ff.; *K. Hesse,* Funktionelle Grenzen der Verfassungsgerichtsbarkeit, Festschrift für H. Huber, 1981, S. 270 ff.; *K. Korinek/J.P. Müller/K. Schlaich,* Die Verfassungsgerichtsbarkeit im Gefüge der Staatsfunktionen, Referate mit Diskussion, VVDStRL 39 (1981) S. 7 ff.; *Ch. Gusy,* Parlamentarischer Gesetzgeber und Bundesverfassungsgericht, 1985; *G. Roellecke,* Aufgaben und Stellung des Bundesverfassungsgerichts im Verfassungsgefüge und in der Gerichtsbarkeit, HStR II (1987) S. 665 ff.; *W. Löwer,* Zuständigkeiten und Verfahren des Bundesverfassungsgerichts, HStR II (1987) S. 737ff.; *W.-R. Schenke,* Verfassungsgerichtsbarkeit und Fachgerichtsbarkeit, 1987; *H.-P. Schneider,* Richter oder Schlichter? Das Bundesverfassungsgericht als Integrationsfaktor, Festschrift für W. Zeidler, 1987, S. 293ff.; *W. Heun,* Funktionell-rechtliche Schranken der Verfassungsgerichtsbarkeit, 1992; *H. Simon,* Verfassungsgerichtsbarkeit, HVerfR S. 1637ff.; *K. Hesse,* Verfassungsrechtsprechung im geschichtlichen Wandel, JZ 1995, 265ff.; *St. Detterbeck,* Streitgegenstand und Entscheidungswirkungen im Öffentlichen Recht, 1995, S. 302ff.; *C. Fricke,* Zur Kritik an der Staats- und Verfassungsgerichtsbarkeit im verfassungsstaatlichen Deutschland. Geschichte und Gegenwart, 1995; *P. Kirchhof,* Die Aufgaben des Bundesverfassungsgerichts in Zeiten des Umbruchs, NJW 1996, 1497ff.; *J. Isensee,* Bundesverfassungsgericht – quo vadis? JZ 1996, 1085ff.; *Ch. Starck,* Verfassungsgerichtsbarkeit und Fachgerichte, JZ 1996, 1033ff.; *H. H. Klein,* Gedanken zur Verfassungsgerichtsbarkeit, Festschrift für Stern, 1997, S. 1135ff.; *R. Scholz,* Karlsruhe im Zwielicht – Anmerkungen zu den wachsenden Zweifeln am BVerfG, Festschrift für Stern, 1997, S. 1201ff.; *H. Schulze-Fielitz,* Das Bundesverfassungsgericht in der Krise des Zeitgeists, AÖR Bd. 122 (1997) S. 1ff.; *Bundesministerium der Jusitz* (Hg.); Entlastung des Bundesverfassungsgerichts. Bericht der Kommission, 1998; *P. Macke* (Hg.), Verfassung und Verfassungsgerichtsbarkeit auf Landesebene, 1998; *R. Seegmüller,* Praktische Probleme des Verfassungsbeschwerdeverfahrens, DVBl. 1999, 738ff.; *E.-W. Böckenförde,* Verfassungsgerichtsbarkeit: Strukturfragen, Organisation, Legitimation, NJW 1999, 9ff.; *G. F. Schuppert/Ch. Bumke* (Hg.), Bundesverfassungsgericht und gesellschaftlicher Grundkonsens, 2000; *S. Broß,* Das Bundesverfassungsgericht und die Fachgerichte, BayVBl. 2000, 513ff.; *P. Badura/H. Dreier,* Festschrift 50 Jahre Bundesverfassungsgericht, 2 Bde, 2001 (mit zahlreichen, die gesamte Verfassungsgerichtsbarkeit abdeckenden Beiträgen); *W. Brohm,* Die Funktion des BVerfG – Oligarchie in der Demokratie?, NJW 2001, 1ff.; *T. Kender,* Praxisfragen zur Zulässigkeit der Verfassungsbeschwerde, NJW 2001, 1243ff.; *U. Steiner,* Der Richter als Ersatzgesetzgeber, NJW 2001, 2919ff.; *R. Nickel,* Zur Zukunft des Bundesverfassungsgerichts im Zeitalter der Europäisierung, JZ 2001, 625ff.; *C. Enders,* Die neue Subsidiarität des Bundesverfassungsgerichts, JuS 2001, 462ff.; *R. Alexy/Ph. Kunig/W. Heun/G. Hermes,* Verfassungsrecht und einfaches Recht – Verfassungsgerichtsbarkeit und Fachgerichtsbarkeit, Referate mit Diskussion, VVDStRL 61 (2002) S. 7ff.

Rechtsprechung: Vgl. die Nachweise im Text.

§ 21. Finanz- und Haushaltswesen

I. Überblick und Grundlagen

1. Allgemeine Bedeutung

1   Der moderne Staat hat zahlreiche finanzwirksame Aufgaben wahrzunehmen. Er hat nicht nur den staatlichen Apparat (Verwaltungs-

behörden, Polizei, Gerichtsbarkeit usw.) zu unterhalten, sondern auch in erheblichem Umfang Leistungen für die Bürger zu erbringen. Dazu gehören sowohl die unmittelbaren Geldleistungen (etwa Subventionen zur Förderung der Wirtschaft, Sozialleistungen zur Unterstützung bedürftiger Personen, finanzielle Zuweisungen für kulturelle Bestrebungen) als auch indirekte Leistungen durch Bereitstellung von Einrichtungen (Schulen, Hochschulen, Verkehrsbetriebe, Versorgungs- und Entsorgungsbetriebe usw.). Der Staat kann die auf ihn zukommenden Aufgaben und Anforderungen nur erfüllen, wenn er über die dafür notwendigen Finanzmittel verfügt. Aufgaben bedingen Ausgaben und diese wiederum Einnahmen. Da der Staat nicht selbst erwerbswirtschaftlich tätig wird, muß er die erforderlichen Finanzmittel beim Bürger holen. Das geschieht vorwiegend durch Steuern. Der Leistungsstaat ist zugleich Steuerstaat.

Mit den Aufgaben wachsen auch die Ausgaben und damit der 2 Finanzbedarf. Derzeit werden vom Staat etwa 40% des Bruttosozialprodukts, also dessen, was im gewerblichen und industriellen Bereich erwirtschaftet wird, vereinnahmt und wieder ausgegeben. Sowohl durch die Steuereinnahmen als auch durch die Ausgaben wirkt der Staat nachhaltig auf den wirtschaftlichen, gesellschaftlichen und privaten Bereich ein, indem er einerseits Gewinne abschöpft und andererseits durch die Vergabe von Aufträgen Gewinnmöglichkeiten schafft. Zudem können die Finanzen gezielt für wirtschafts- und sozialpolitische Zwecke eingesetzt werden. So können durch Subventionen oder Steuererleichterungen wirtschaftliche Impulse gegeben, durch Steuererhöhungen wirtschaftliche Betätigungen gebremst oder durch die Vergabe staatlicher Aufträge konjunkturelle Entwicklungen gezielt gesteuert werden.

Im *Bundesstaat* kommt der Finanzverfassung besondere Bedeu- 3 tung zu. Die Eigenständigkeit und die Eigenverantwortlichkeit des Bundes und der Länder setzen nicht nur angemessene Organisationsregelungen und ausreichende Kompetenzzuweisungen, sondern auch eine sachgerechte Finanzausstattung voraus. Beide Seiten – der Bund und die Länder – müssen originäre Finanzquellen besitzen, die sie von der anderen Seite unabhängig machen. Vor allem das Gesamtsteueraufkommen muß so verteilt werden, daß der Bund und die Länder die ihnen rechtlich obliegenden Aufgaben tatsächlich erfüllen können, darüber hinaus aber auch noch genügend Spielraum für die Entwicklung und Verwirklichung eigener politischer Vorstellungen besitzen. Zu Recht bezeichnet daher das BVerfG die finanzverfassungsrechtlichen Regelungen als einen „der tragenden Eckpfeiler der bundesstaatlichen Ordnung des Grundgesetzes" (BVerfGE 55, 274, 300). Das Bundesstaatsprinzip fordert allerdings auch, daß die Glieder der bundesstaatlichen Gemeinschaft füreinander einstehen, wenn ein Glied – sei es der Bund, sei es ein Land – in finanzielle Engpässe gerät (BVerfGE 86, 148, 264). Das ist schon deshalb geboten, weil sich funktionelle Störungen in einem Teil meistens auf das Ganze auswirken.

4   Darüber hinaus hat die Finanz- und Haushaltsordnung weitere, nämlich sozialstaatliche, demokratische und rechtsstaatliche Dimensionen. Die sozialstaatliche Dimension kommt in der Leistungs- und Umverteilungsfunktion des Steuer- und Haushaltsrechts zum Ausdruck. Das Demokratieprinzip verlangt, daß das unmittelbar vom Volk gewählte Parlament den bestimmenden Einfluß auf diesen Bereich erhält und behält. Das Rechtsstaatsprinzip fordert, daß die Steuergesetzgebung und die Verteilung des Steueraufkommens einschließlich des Finanzausgleichs in rechtsstaatlichen Bahnen verlaufen, insbesondere entsprechend dem Grundsatz der Rechtssicherheit transparent und nachvollziehbar sind.

2. Verfassungsrechtliche Grundlagen

5   Das Grundgesetz regelt die Finanz- und Haushaltsverfassung, d. h. die das Finanz- und Haushaltswesen betreffenden Verfassungsnormen, in einem besonderen Abschnitt. Es weicht also insoweit von dem üblichen Schema der Gliederung nach Verfassungsorganen und Staatsfunktionen ab und faßt die Steuergesetzgebung und die Finanzverwaltung mit den spezifischen Fragen des Finanz- und Haushaltsrechts zusammen. Der erste Teil (Art. 104a–Art. 108 GG) betrifft die Finanzverfassung und in diesem Rahmen vor allem die Kompetenzabgrenzung zwischen dem Bund und den Ländern. Im einzelnen geht es um die Verteilung der für die Erfüllung der staatlichen Aufgaben erforderlichen Ausgaben (Art. 104a GG: Ausgabenzuständigkeit), die Verteilung der Gesetzgebungskom-

petenzen für die Steuererhebung (Art. 105 GG: Gesetzgebungs-
hoheit), die Verteilung des Steueraufkommens auf Bund und Länder und zwischen den Ländern (Art. 106, 107 GG: Ertragshoheit)
sowie die Finanzverwaltung und die Finanzgerichtsbarkeit (Art. 108
GG). Der zweite Teil (Art. 109–114 GG) bezieht sich auf das
Haushaltsverfassungsrecht. Während Art. 109 GG Regelungen für
den Bund und die Länder enthält, dabei allerdings vor allem den
Grundsatz der Haushaltstrennung herausstellt, betreffen die folgenden Art. 110–114 GG ausschließlich das Haushaltsrecht des Bundes.
Schließlich folgt noch Art. 115 GG, der die Kreditaufnahme und
die Übernahme von Gewährleistungen regelt und begrenzt.

Obwohl die finanz- und haushaltsverfassungsrechtlichen Vorschriften im X.   **6**
Abschnitt zusammengefaßt werden, finden sich auch sonst im Grundgesetz
vereinzelt finanzverfassungsrechtliche Regelungen. Art. 91 a und b GG regeln
die Finanzierung der sog. Gemeinschaftsaufgaben (vgl. dazu oben § 18
Rn. 28 f.). Art. 120 GG betrifft die Finanzierung der Kriegsfolgelasten und der
(staatlichen) Zuschüsse zur Sozialversicherung. Er stellt, obwohl er im letzten
Abschnitt des Grundgesetzes (Übergangs- und Schlußvorschriften) erscheint,
keine Übergangs-, sondern eine Dauerregelung dar; allerdings nimmt die
Finanzierung der Kriegsfolgelasten zunehmend ab. Art. 134/135 GG regeln
vermögensrechtliche Fragen, die durch die Entstehung der Bundesrepublik
bzw. die Wiedervereinigung bedingt sind. Im übrigen greifen auch die allgemeinen Vorschriften des Grundgesetzes im Bereich des Finanz- und Haus-
haltswesens ein, so vor allem die Grundrechte und die Grundsätze des Art. 20
GG. Die Lösung von finanz- und haushaltsverfassungsrechtlichen Fällen darf
sich also nicht auf den X. Abschnitt beschränken, sondern muß prüfen, ob
weitere Vorschriften des Grundgesetzes zur Anwendung kommen.

II. Die Ausgabenzuständigkeit

1. Grundsatz

Nach der Lastenverteilungsregelung des Art. 104 a I GG tragen   **7**
der Bund und die Länder gesondert die Ausgaben, die sich aus der
Wahrnehmung ihrer Aufgaben ergeben. Die Ausgaben folgen also
den Aufgaben (sog. Konnexität von Aufgaben- und Ausgabenver-
antwortung). Diese Regelung ist unproblematisch, wenn die Gesetzgebung und der Gesetzesvollzug (Verwaltung) ausschließlich
beim Bund oder ausschließlich bei den Ländern liegen. Problema-

tisch wird es aber, wenn der Bund Gesetze erläßt, die die Länder zu vollziehen haben. Obwohl der Wortlaut nicht ganz eindeutig ist, stellt die h.L. – unter Berufung auf die Entstehungsgeschichte und den systematischen Zusammenhang – auf den Gesetzesvollzug und die Verwaltung gem. Art. 83 ff. GG ab. Maßgebend ist danach nicht, wer das Gesetz erläßt und damit die Ausgaben veranlaßt (Verursacherprinzip), sondern wer das Gesetz ausführt (Vollzugsprinzip).

8   So BVerfGE 26, 338, 390; BVerwGE 44, 351, 364; 98, 18, 21 f.; *Stern,* Staatsrecht II, S. 1137 f.; *H. H. v. Arnim,* HStR IV (1990) S. 997 f. Rechtspolitisch ist diese Regelung nicht unproblematisch. Sie läßt sich zwar damit erklären, daß die Ausgaben in der Regel erst beim Vollzug anfallen und daß die Vollzugsbehörden einen gewissen Spielraum haben und damit auch über die Höhe der Kosten befinden können. Die Folge ist allerdings, daß der Bund großzügig Leistungsgesetze erlassen kann, die publikumswirksam sind, ohne daß sie ihn etwas kosten. Haben die Länder noch die Möglichkeit, über den Bundesrat solche Leistungsgesetze abzulehnen oder im Wege der Verhandlungen ihren Anteil an der Umsatzsteuer gem. Art. 106 IV GG zu erhöhen, so sind die Gemeinden und die Landkreise den bundesgesetzlichen Regelungen ungeschützt ausgesetzt. Das zeigen die ständig steigenden Soziallasten, die durch Bundesgesetz festgelegt werden und von den Landkreisen und den kreisfreien Städten gem. § 96 BSHG zu vollziehen sind. Die Länder sind zwar verpflichtet, für eine angemessene finanzielle Ausstattung der Landkreise zu sorgen, halten sich aber doch gegenüber Klagen der Landkreise sehr bedeckt. Vgl. dazu *F. Schoch,* Die Reformbedürftigkeit des Art. 104 a GG, ZRP 1995, 387 ff.; *H. Maurer,* Die Finanzgarantie der Landkreise zwischen Bund und Ländern, in: H.-G. Henneke/H. Maurer/F. Schoch, Die Kreise im Bundesstaat, 1994, S. 139 ff.; *H.-G. Henneke,* Öffentliches Finanzwesen, Rn. 212 ff.

2. Ausnahmen

9   Von dem in Art. 104 a I GG festgelegten Konnexitätsprinzip bestehen einige Ausnahmen. Sie gelten allerdings nur für die Zweckausgaben oder Sachausgaben (die Ausgaben, die sich durch den inhaltlichen Vollzug des Gesetzes ergeben), nicht für die Verwaltungsausgaben (die Ausgaben, die durch die Unterhaltung und den Betrieb des Verwaltungsapparates entstehen). Denn nach Art. 104 a V 1 GG tragen der Bund und die Länder durchweg die bei ihnen entstehenden Verwaltungsausgaben selbst. Die Ausnahmen, die zugunsten der Länder gehen, sind in Art. 104 a II–IV GG festgelegt:

a) *Auftragsverwaltung.* Wenn die Länder gem. Art. 84 GG ein **10** Bundesgesetz im Auftrag des Bundes ausführen, dann muß der Bund auch die sich daraus ergebenden Ausgaben tragen (Art. 104a II GG). Die Auftragsverwaltung ist zwar Landesverwaltung, gibt aber doch dem Bund über die Weisungskompetenz erhebliche Einflußmöglichkeiten, die die Kostentragung des Bundes gerechtfertigt erscheinen lassen. Vgl. zur Auftragsverwaltung näher oben § 18 Rn. 15 ff.

b) *Geldleistungsgesetze.* Bundesgesetze, die (1) finanzielle Zuwei- **11** sungen aus öffentlichen Mitteln an Dritte vorsehen und (2) von den Ländern ausgeführt werden, können bestimmen, daß sich die daraus ergebenden Aufwendungen ganz oder teilweise vom Bund getragen werden (Art. 104a III GG). Da diese Regelung den Bund zur Übernahme der Aufwendungen ermächtigt, aber nicht verpflichtet, enthält sie keine Entlastungsgarantie sondern nur eine Entlastungschance für die Länder. Zudem verstärkt sich die Bundesaufsicht, wenn der Bund die Hälfte der Ausgaben oder mehr übernimmt; denn in diesem Fall mutiert die Eigenverwaltung zur Auftragsverwaltung (Art. 104a III 2 GG).

Vgl. zu diesen Verwaltungstypen Art. 84 f. GG, ferner oben § 18 Rn. 10 ff. Als Beispiel kann auf das Bundesausbildungsförderungsgesetz (BAföG, Sart. Nr. 420) verwiesen werden. Nach § 56 I BAföG werden die aufgrund dieses Gesetzes entstehenden Ausgaben zu 65% vom Bund und zu 35% von den Ländern getragen. Folgerichtig bestimmt § 39 BAföG, daß dieses Gesetz im Auftrage des Bundes durchgeführt wird. – Generell ist noch zu bemerken, daß sich in der Regel die Ausgabenzuständigkeit aus dem Verwaltungstyp ergibt, hier aber umgekehrt die Ausgabenzuständigkeit den Verwaltungstyp bestimmt.

c) *Investitionshilfen.* Der Bund kann gem. Art. 104a IV GG den **12** Ländern Finanzhilfen für besonders bedeutsame Investitionen der Länder selbst oder der Gemeinden und Gemeindeverbände gewähren. Die nähere Regelung des Art. 104a IV GG zeigt, daß diese Ausnahme vom Konnexitätsprinzip nur unter engen Voraussetzungen zulässig ist. Die Leistungen an die Gemeinden müssen über die Länder gehen. Vgl. zur Finanzhilfekompetenz des Bundes näher BVerfGE 39, 96, 107 ff.; 41, 291, 304 ff.; 86, 148, 267 f.

d) *Weitere Ausnahmen* begründen die Befugnis des Bundes zur **13** Mitfinanzierung von Gemeinschaftsaufgaben gem. Art. 91a und

91 b GG, die Pflicht des Bundes zum Ausgleich für Sonderbela-
stungen gem. Art. 106 VIII GG und die Verpflichtung des Bundes
zur Finanzierung der Kriegsfolgelasten und der Zuschüsse für die
Sozialversicherung gem. Art. 120 GG.

3. Haftung im Bund-Länder-Verhältnis

14   Nach Art. 104a V GG haften der Bund und die Länder im Verhältnis zueinander für eine ordnungsgemäße Verwaltung. Da der
Schadensersatz zu den Verwaltungsausgaben gehört, ist diese Vorschrift hier durchaus angebracht. Problematisch ist allerdings, daß
das vorgesehene Ausführungsgesetz bislang noch nicht ergangen ist,
obwohl diese Vorschrift bereits 1969 in das Grundgesetz eingefügt
wurde. In der Literatur ist strittig, ob Art. 104a V GG unmittelbar
angewandt werden kann oder ob das Ausführungsgesetz abzuwarten ist. Das BVerwG vertritt eine mittlere Linie und unterscheidet
zwischen einem unmittelbar wirksamen Haftungskernbereich und
einem durch Gesetz zu regelnden Haftungsrandbereich. Danach
tritt die Haftung für einen Verstoß gegen die ordnungsgemäße
Verwaltung, d. h. für eine Verletzung von Rechtsvorschriften oder
allgemeinen Verwaltungsgrundsätzen, nur ein, wenn er vom Kernbereich der Haftungsregelung des Art. 104a V GG erfaßt wird,
nicht aber, wenn er in dessen Randbereich fällt. Daher kann z.B.
der Bund ein Land in Anspruch nehmen, wenn ein Landesbedien-
steter beim Vollzug eines Geldleistungsgesetzes gem. Art. 104a III
GG bestimmte Beträge zu Lasten des Bundes veruntreut.

Vgl. BVerwGE 96, 45; 104, 29. Im einzelnen ist freilich fraglich, was zu
dem unmittelbar anwendbaren Kernbereich gehört. Während nach BVerwGE
96, 45, 46 bereits eine grob fahrlässige Pflichtverletzung ausreichte, fordert
BVerwGE 104, 29, 33 f. eine vorsätzliche Pflichtverletzung. In der Literatur wird
die unmittelbare Haftung gem. Art. 104a V GG z.B. bejaht von *K. Vogel/
P. Kirchhof,* BK Art. 104a (1971) Rn. 158 ff.; *H.-G. Henneke,* in: Heuer,
Kommentar zum Haushaltsrecht, Stand 1997, vor Art. 104a GG Anm. 11 ff.;
dagegen verneint von *F. Kirchhof,* NVwZ 1994, 105 ff.; vgl. ferner die Nachweise bei *Maurer,* VerwR § 25 Rn. 54a. Das BVerfG ist in seinem Beschluß
vom 30. 1. 1999 (BVerfGE 99, 361) auf die Sachproblematik nicht eingegangen, da der Antrag des Landes Nordrhein-Westfalen im Organstreitverfahren wegen Fristablauf unzulässig war (kritisch dazu *U. Stelkens,* DVBl. 2000,
609 ff.).

III. Begriff und Erhebung der Steuern

Die finanzverfassungsrechtlichen Vorschriften des Grundgesetzes **15**
betreffen vor allem die Steuern − ihre gesetzliche Festlegung, ihre
verwaltungsmäßige Erhebung und die Verteilung ihres Aufkommens. Damit kommt auch zum Ausdruck, daß die staatlichen Aufgaben grundsätzlich durch Steuern zu finanzieren sind. Sonstige
Abgaben sind nur zulässig, wenn ein besonderer Rechtfertigungs-
grund hierfür besteht. In der Literatur wird dementsprechend vom
„Steuerstaat" gesprochen.

Vgl. dazu BVerfGE 78, 249, 266 f.; 82, 159, 178 f.; 93, 319, 342 ff.; 101,
141, 147; *J. Isensee,* Steuerstaat als Staatsform, Festschrift für Ipsen, 1977, 409 ff.;
K. Vogel, Der Finanz- und Steuerstaat, HStR I S. 1151, 1181 ff.; *K. Vogel/
Ch. Waldhoff,* BK Vorbem. zu Art. 104 a–115 GG, Rn. 327 ff.; *P. Kirchhof,*
Staatliche Einnahmen, HStR IV S. 87, 108 ff.; *ders.,* Die Finanzierung des
Leistungsstaates, Jura 1983, 505, 506; *H.-G. Henneke,* Öffentliches Finanz-
wesen, Rn. 500 f.; *Siekmann,* in: Sachs, Grundgesetz, vor Art. 104 a Rn. 44 ff. −
In der Literatur ist die These vom Steuerstaat auf Kritik gestoßen; es beste-
hen auch alternative Tendenzen in Richtung eines „Gebührenstaates", vgl.
U. Sacksofsky, Umweltschutz durch nicht-steuerliche Abgaben, 2000, S. 126 ff.;
U. Sacksofsky/J. Wieland (Hg.), Vom Steuerstaat zum Gebührenstaat, 2000 (mit
Beiträgen von *Heun, Hendler, Sacksofsky* u. a.); *R. Hendler,* Gebührenstaat statt
Steuerstaat?, DÖV 1999, 749 ff.

1. Der Begriff der Steuern

a) Das Grundgesetz selbst enthält keine Definition der Steuern. **16**
Dagegen brachte schon die Reichsabgabenordnung von 1919 (§ 1
RAO) eine Begriffsbestimmung, die allgemein Anerkennung gefunden hatte. Die h. L. geht davon aus, daß der Grundgesetzgeber
daran anknüpfte und sie daher den Art. 105 ff. GG zugrunde liegt.
Die 1977 erlassene Abgabenordnung hat sie inzwischen im wesentlichen übernommen (§ 3 I AO). Das BVerfG will sich zwar insoweit nicht binden und betont, daß der verfassungsrechtliche Steu-
erbegriff dem Grundgesetz zu entnehmen sei, kommt dann aber im
Ergebnis doch zur gleichen Begriffsbestimmung.

Danach sind Steuern „Geldleistungen, die nicht eine Gegenlei- **17**
stung für eine besondere Leistung darstellen und von einem öffentlich-rechtlichen Gemeinwesen zur Erzielung von Einnahmen allen

auferlegt werden, bei denen der Tatbestand zutrifft, an den das
Gesetz die Leistungspflicht knüpft; die Erzielung von Einnahmen
kann Nebenzweck sein". Maßgebend sind sonach vier Begriffsmerkmale:

(1) Geldleistungen, im Gegensatz zu Sach- oder Dienstleistungen, etwa den
früher im Kommunalrecht vorkommenden Hand- und Spanndiensten;
(2) gegenleistungsfrei, in Abgrenzung zum Entgelt für bestimmte Verwaltungs-
leistungen;
(3) hoheitliche Auferlegung durch ein öffentlich-rechtliches Gemeinwesen
(Bund, Länder, Landkreise oder Gemeinden), im Gegensatz zu privatrechtlichen Zahlungen oder Leistungen an sonstige juristische Personen des öffentlichen Rechts;
(4) Einnahmeerzielung, wobei es genügt, daß sie wenigstens einen „Nebenzweck" bildet.

Vgl. dazu näher *Stern,* Staatsrecht II, S. 1095 ff.; *K. Vogel/Ch. Waldhoff,* BK
Vorbem. zu Art. 104 a-115 GG, Rn. 347 ff., jeweils mit weit. Nachw.; ferner
BVerfGE 3, 407, 437; 67, 256, 282; 98, 106, 123; BVerwGE 96, 272, 277.

b) *Abgrenzung.* Folgt man dieser Begriffsbestimmung, dann fallen
folgende öffentlich-rechtliche Abgaben nicht unter den Steuerbe-
griff.

18   aa) *Gebühren und Beiträge,* die neuerdings unter den Begriff
„Vorzugslasten" zusammengefaßt werden. *Die Gebühr* ist das Ent-
gelt für konkrete, individuell zurechenbare staatliche Leistungen.
Die Verwaltungsgebühr wird für bestimmte Verwaltungshandlun-
gen (etwa die Ausstellung eines Kraftfahrzeugscheines) und die
Benutzungsgebühr für die Inanspruchnahme einer öffentlichen
Einrichtung (etwa einer städtischen Badeanstalt) erhoben. Da die
Gebühr Entgeltcharakter hat, muß ihre Höhe in einem angemessenen Verhältnis zur staatlichen Leistung stehen, wobei entweder an
die der Verwaltung entstandenen Kosten (Kostendeckungsprinzip)
oder an den Wert für den Bürger (Äquivalenzprinzip) angeknüpft
werden kann. Die Gebühr kann – und wird auch aus sozialen
Gründen – immer wieder darunter liegen. Strittig ist, ob aus sozialen Gesichtspunkten differenziert werden darf. Das BVerfG hat dies
für die Kindergartengebühren (Staffelung nach Familieneinkom-
men) bejaht (BVerfGE 97, 332, 344 ff.). *Der Beitrag* stellt ebenfalls
ein Entgelt für eine staatliche Leistung dar. Er unterscheidet sich
aber dadurch von der Gebühr, daß er nicht für einen *tatsächlichen*

Vorteil, sondern für einen *möglichen* Vorteil erhoben wird, etwa für die Möglichkeit, bestimmte Infrastruktureinrichtungen zu benutzen (Abwasserkanalisation, Erschließungsanlagen nach §§ 123 ff. BauGB, Kurtaxe). Unerheblich ist, ob im Einzelfall von der Nutzungsmöglichkeit Gebrauch gemacht wird oder nicht.

> Vgl. zu den Gebühren: BVerfGE 50, 217, 226 (Gebühr für Widerspruchsentscheidung); BVerfGE 97, 332, 343 (Kindergartengebühr); zu den Beiträgen BVerfGE 42, 223, 228 (Fremdenverkehrsabgabe); BVerwGE 109, 97, 110 f. (Semesterticket); zu beiden BVerfGE 92, 91, 115 (Feuerwehrabgabe: weder Gebühr noch Beitrag). – Von den eigentlichen, den abgabenrechtlichen Beiträgen sind die „Beiträge" zu unterscheiden, die von öffentlich-rechtlichen Körperschaften (Industrie- und Handelskammer, Rechtsanwaltskammer usw.) von ihren Mitgliedern erhoben werden. Es handelt sich um Mitgliedsbeiträge, die in der Literatur als Verbandslasten von den Vorzugslasten unterschieden werden. Vgl. dazu näher *Vogel/Waldhoff*, BK Vorbem. zu Art. 104a-115 GG, Rn. 426 ff.; *F. Kirchhof*, Abgabenrecht, in: Achterberg/Püttner/Würtenberger, Besonderes Verwaltungsrecht, Bd. II, 2. Aufl. 2000, S. 253, 261 ff. – Die *Kirchensteuer* fällt nicht unter den Begriff der staatlichen Steuer. Es handelt sich vielmehr um Beiträge, die die Kirchenmitglieder an ihre Kirche bezahlen, also gleichsam um Vereinsbeiträge. Sie werden aber auf Antrag und auf Kosten der Kirchen von den staatlichen Finanzämtern „wie Steuern" eingezogen. Das Nähere regeln aufgrund des Art. 140 GG in Vbg. mit Art. 137 VI WRV die Kirchensteuergesetze der Länder.

bb) *Die Sonderabgaben* stellen eine besondere Form öffentlich-rechtlicher Abgaben dar, die sich aber nach Anlaß, Adressatenkreis und Verwendungszweck erheblich unterscheiden. Sie sind keine Steuern, da sie nicht nach allgemeinen Merkmalen von allen Bürgern erhoben werden, und keine Gebühren und Beiträge, da sie keine Gegenleistung für staatliche Leistungen oder Vorteilsgewährungen darstellen. Das Grundgesetz geht, wie das BVerfG betont, davon aus, daß die „Gemeinlasten aus Steuern finanziert werden" (so etwa BVerfGE 92, 91, 113). Die parafiskalischen (außersteuerlichen) Sonderabgaben sind daher nur ausnahmsweise zulässig und bedürfen einer besonderen Rechtfertigung. Das gilt um so mehr, als sie die bundesstaatliche Kompetenzordnung der Finanzverfassung (Gesetzgebungskompetenz, Verteilung des Steueraufkommens), das Budgetrecht des Parlaments (die Sonderabgaben erscheinen nicht im Haushaltsplan) und die Grundrechte (insbesondere den Gleichheitssatz) beeinträchtigen oder beeinträchtigen können. Nach anfänglichen Unsicherheiten hat das BVerfG folgende Kriterien her- **19** ausgearbeitet. Die Sonderabgaben sind danach grundsätzlich nur zulässig, wenn

- die in Anspruch genommene Gruppe von Abgabepflichtigen durch eine gemeinsame Interessenlage oder durch besondere Gegebenheiten von anderen gesellschaftlichen Gruppen deutlich abgrenzbar ist (sog. Homogenitätserfordernis),
- die Sonderabgabe an eine spezifische Beziehung zwischen dem Kreis der Abgabepflichtigen und dem mit der Abgabe verfolgten Zweck anknüpft (sog. Sachnähe),
- zwischen den Belastungen und den Begünstigungen, die die Sonderabgabe bewirkt, eine „sachgerechte Verknüpfung" besteht und zumindest in der Regel die abgabepflichtige Gruppe aus der späteren Verwendung einen Vorteil zieht (sog. Gruppennützigkeit).

Vgl. dazu BVerfGE 55, 274, 298 ff. (Ausbildungsplatzförderungsgesetz); BVerfGE 67, 256, 275 ff. (Investitionshilfegesetz); BVerfGE 82, 159, 179 ff. (Absatzfondsgesetz); BVerfGE 91, 186, 201 ff. (Kohlepfennig); BVerfGE 92, 91, 113 ff. (Feuerwehrabgabe); BVerfGE 93, 319, 342 ff. (Wasserpfennig); BVerfGE 101, 141, 146 ff. (Ausgleichsfond nach dem Hess. Sonderurlaubsgesetz); *W. Kluth,* Die verfassungsrechtlichen Anforderungen an die Erhebung von Sonderabgaben, JA 1996, 260 ff.; *Vogel/Waldhoff,* BK Vorbem. z. Art. 104 a–115 GG Rn. 436 ff.

20   **Fall** (BVerfGE 91, 186): Durch das Gesetz über die weitere Sicherung des Einsatzes von Gemeinschaftskohle in der Elektrizitätswirtschaft (Drittes Verstromungsgesetz) in der Fassung von 1980 wurde eine „Ausgleichsabgabe" eingeführt, mit der der deutsche Steinkohlebergbau unterstützt werden sollte. Ziel des Gesetzes war es, im Interesse der Sicherheit der Elektrizitätsversorgung den Anteil der Gemeinschaftskohle an der Erzeugung von elektrischer Energie und Fernwärme in bestimmter Höhe zu erhalten und den deutschen Steinkohlebergbau zu stabilisieren. Die Abgabe sollte von den Energieversorgungsunternehmen bezahlt werden, die ihrerseits berechtigt waren, sie auf die Endverbraucher abzuwälzen. Die Verfassungsmäßigkeit des Gesetzes wurde bestritten. Zu Recht? Die Ausgleichsabgabe ist nicht als Steuer, auch nicht als Beitrag oder als Gebühr, sondern als Sonderabgabe konzipiert, zumal ihr Aufkommen einem Sonderfond und nicht dem Staatshaushalt zugeführt wird. Sie belastet materiell nicht die Abgabenschuldner, die Energieversorgungsunternehmen, sondern die Endverbraucher und damit die Allgemeinheit, die als solche keine besondere Finanzierungsverantwortlichkeit für die Kohleverstromung trifft. Sie ist daher verfassungswidrig.

2. Gesetzgebungskompetenzen

21   a) *Allgemeine Einordnung.* Die Zuständigkeit für den Erlaß von Steuergesetzen bestimmt sich nach Art. 105 GG. Diese Vorschrift knüpft an die Begriffe des Art. 71 und 72 GG (ausschließliche und

konkurrierende Gesetzgebung) an und ergänzt die Gesetzgebungs-
kataloge der Art. 73 ff. GG in steuerrechtlicher Hinsicht. Nach der
allgemeinen Regelung des Art. 70 GG sind grundsätzlich die Länder
zuständig. In Wirklichkeit hat der Bund jedoch von seinem Recht
zur konkurrierenden Gesetzgebung nach Art. 105 II GG so umfassenden Gebrauch gemacht, daß für die Länder nur noch die in Art.
105 II a GG ausdrücklich vorbehaltenen Steuern übrigbleiben.

Zu beachten ist, daß Art. 105 GG nur für Steuern gilt. Es ist daher zunächst **22**
zu prüfen, ob die im konkreten Fall fragliche Abgabe als Steuer zu qualifizieren
ist. Ist das nicht der Fall, dann kommen die Art. 73 f. GG zum Zuge. Die
Kompetenz für die Regelung der Gebühren und Beiträge bestimmt sich nach
der jeweiligen Sachmaterie. So können z. B. die Länder die Gebühren für die
Genehmigung von Bauvorhaben regeln (das Bauordnungsrecht ist Landessache),
während der Bund die Kindergartengebühren als Teil der öffentlichen Fürsorge
gem. Art. 74 I Nr. 7 GG bestimmen kann (so wenigstens BVerfGE 97, 332,
341 f.). Die Festlegung der Sonderabgaben läßt sich vor allem auf Art. 74 I
Nr. 11 GG (Recht der Wirtschaft), möglicherweise aber auch auf andere Kompetenztitel stützen, wobei freilich zu beachten ist, daß sie in der Regel materiell-
rechtlich nicht zulässig sind.

b) *Der Bund besitzt die ausschließliche Gesetzgebungskompetenz für* **23**
die Zölle und Finanzmonopole (Art. 105 I GG). Zölle sind Abgaben,
die nach Maßgabe des Zolltarifs von der Warenbewegung über die
Zollgrenze erhoben werden. Diese Kompetenz hat allerdings praktisch keine Bedeutung mehr, da die EG eine Zollunion bildet und
die Zölle an der EG-Außengrenze durch die EG festgelegt werden.
Unter *Finanzmonopol* ist eine wirtschaftliche Tätigkeit (Herstellung
oder Vertrieb von Waren) zu verstehen, die ausschließlich dem
Staat zur Erzielung von Einkommen vorbehalten ist. Derzeit besteht nur noch das Branntweinmonopol.

Vgl. zu den Zöllen im EG-Bereich *Th. Oppermann,* Europarecht, Rn. 1128 ff.;
R. Streinz, Europarecht, Rn. 656 ff. m. w. N. – Die Finanzmonopole sind an
sich mit Art. 12 I GG nicht vereinbar. Da sie aber in Art. 105 I GG ausdrücklich genannt werden, müssen sie – zumindest sofern sie zur Zeit des Erlasses
des Grundgesetzes bestanden – als zulässig angesehen werden. Eine Erweiterung über den traditionellen Bestand hinaus wäre dagegen verfassungswidrig.

c) *Der Bund hat die konkurrierende Gesetzgebung* für alle übrigen **24**
Steuern (mit Ausnahme des Art. 105 II a GG), wenn ihm das Aufkommen dieser Steuern ganz oder zum Teil zusteht oder die Voraussetzungen des Art. 72 II GG vorliegen. Die erste Alternative ver-

weist auf Art. 106 GG, so daß diese Vorschrift zur Auslegung heranzuziehen ist. Die zweite Alternative verweist auf die allgemeine Grenze der konkurrierenden Gesetzgebung, erhält aber hier gleichsam eine konstituierende Bedeutung (vgl. bereits oben § 17 Rn. 34 f.). Auf dieser Grundlage beruhen nicht nur das Einkommensteuergesetz und das Umsatzsteuergesetz (1. Alternative), sondern auch das Erbschaftsteuergesetz, das Kraftfahrzeugsteuergesetz, das Gewerbesteuergesetz usw. (2. Alternative).

25   Als Ausgleich für die umfassende Gesetzgebungskompetenz des Bundes (zu Lasten der Länder) hat der Bundesrat ein entsprechendes Zustimmungsrecht erhalten (Art. 105 III GG). Alle wesentlichen Steuergesetze können daher nur geändert werden, wenn der Bundesrat zustimmt. Bestehen im Bundestag und im Bundesrat unterschiedliche Mehrheitsverhältnisse, hängt eine Steuerreform von der Billigung beider großer Parteien ab, wie die 13. Wahlperiode des Bundestages zeigte.

26   d) *Ausschließliche Gesetzgebungskompetenz der Länder.* Nach Art. 105 II a GG haben die Länder die ausschließliche Gesetzgebungskompetenz für die örtlichen Verbrauchs- und Aufwandsteuern. Die Verbrauchssteuer betrifft den Verbrauch von Gütern in Anknüpfung an einen bestimmten wirtschaftlichen Verkehrsvorgang (Verkauf und dgl.); die Aufwandsteuer betrifft das Halten von Gütern und den darin zum Ausdruck kommenden finanziellen Aufwand. Sie sind örtlich, wenn sie einen örtlichen Bezug haben und sich in ihrer Wirkung auf das Gemeindegebiet beschränken. Das ist etwa bei einem im Gemeindegebiet liegenden Gebäude oder bei einem auf das Gemeindegebiet beschränkten Vorgang (Verzehr an Ort und Stelle) der Fall. Durch das Gleichartigkeitsverbot soll eine Konkurrenz zu Bundesgesetzen vermieden werden. Die Länder haben ihre Gesetzgebungskompetenz für die örtlichen Verbrauchs- und Aufwandsteuern weitgehend an die Gemeinden delegiert und sie ermächtigt, durch Satzung entsprechende Steuern einzuführen.

Darunter fallen z.B. die Vergnügungssteuer (Tanzveranstaltungen, Kinovorführungen, Spielautomaten usw.), die Getränkesteuer, die Speiseeissteuer, die Hundesteuer, die Zweitwohnungssteuer (dazu BVerfGE 65, 325; BVerwGE 58, 230; 99, 303; 109, 188, 189 f.; 111, 122, 125 ff.); zur sog. kommunalen Verpackungssteuer, die vom BVerwG akzeptiert, vom BVerfG aber aus Kompetenzgründen abgelehnt wurde (BVerwGE 96, 272; BVerfGE 98, 106) vgl.

sogleich unten Rn. 27 a). Es handelt sich um sog. Bagatellsteuern, deren Ertrag meistens kaum über dem erforderlichen Verwaltungsaufwand liegt. Die meisten Gemeinden halten aber doch daran fest, sei es an Freude über die eigene Steuer, sei es wegen des zwar mageren, aber doch nützlichen Gewinns.

e) *Gesetzesgebungskompetenz bei Lenkungssteuern.* Da die Steuer **26a** nicht nur der Einkommenserzielung dient, sondern auch zu Lenkungszwecken im wirtschafts- und gesellschaftspolitischen Bereich eingesetzt werden kann, fragt sich, ob der Steuergesetzgeber, wenn er bestimmte Lenkungszwecke verfolgt, auch eine entsprechende Sachkompetenz besitzen muß oder ob die Steuerkompetenz genügt. Das BVerfG nimmt – entgegen der h. L. – die zweite Alternative an. Es fordert jedoch, daß die Lenkungssteuern nicht nur mit den höherrangigen Rechtsnormen, sondern auch mit dem im höherrangigen Recht zum Ausdruck kommenden Regelungskonzept vereinbar ist.

Beispiel (BVerfGE 98, 106): Die Stadt K erläßt eine Satzung, nach der für die Verwendung von Einwegverpackungen – anstelle von Mehrwegverpackungen – bei der Verabreichung von Speisen und Getränken zum Verzehr an Ort und Stelle, etwa am Kiosk, eine Steuer erhoben wird (sog. Verpackungssteuer). Sie verfolgt damit – neben der Einkommenserzielung – den Zweck, aus Gründen des Umweltschutzes die Entstehung von Abfall durch die Verwendung von Einwegverpackungen zu verhindern oder wenigstens zu reduzieren. – Die Verpackungssteuer gehört zu den örtlichen Verbrauchssteuern gem. Art. 105 II a GG, die aufgrund einer landesrechtlichen Ermächtigung von den Gemeinden geregelt werden können. Das BVerfG stellte im konkreten Fall zunächst fest, daß die Gemeinde als Steuergesetzgeber auch umweltpolitische Ziele verfolgen dürfe, obwohl die Sachgesetzgebungskompetenz gem. 74 I Nr. 22 GG beim Bund liege. Die Verpackungssteuer verstoße auch nicht gegen bestimmte bundesrechtliche Vorschriften; sie verstoße aber gegen das im Bundesrecht zum Ausdruck kommende Konzept, die Abfallbeseitigung durch Kooperation mit der Wirtschaft zu gewährleisten, und sei deshalb nichtig. In der Literatur ist diese Rechtsprechung nicht nur wegen der Befugnis zur Steuergesetzgebung ohne Sachgesetzgebungskompetenz, sondern auch und vor allem wegen des Konzeptvorbehalts auf Widerspruch gestoßen. Vgl. dazu mit weiteren Nachw. *Maurer,* Festschrift für Rudolf, 2001, S. 348 ff.

f) *Steuererfindungsrecht?* Strittig ist, ob der Bund und/oder die **27** Länder neue, im Grundgesetz nicht vorgesehene Steuern einführen können. Der Wortlaut des Grundgesetzes scheint dies zuzulassen; der Bund könnte sich auf Art. 105 II GG (die übrigen Steuern), die Länder könnten sich darüber hinaus auf Art. 30 oder 70 GG stützen. Dagegen spricht jedoch, daß das Grundgesetz in Art. 106 die

Erträge der einzelnen Steuern und damit die einzelnen Steuern selbst abschließend regelt. Neue Steuern könnten das austarierte Verteilungssystem des Art. 106 GG unterlaufen. Sie lassen sich auch nicht mit der bundesstaatlichen Regelung des Art. 105 GG in Einklang bringen.

Vgl. wie hier *H. Siekmann,* in: Sachs, Art. 105 GG, Rn. 36 ff.; a. A. *R. Wendt,* HStR IV (1990) S. 1039 ff., jeweils mit weiteren Nachw. Das Steuererfindungsverbot gilt auch für die Gemeinden und Landkreise, da sie nur aufgrund einer landesrechtlichen Ermächtigung Steuersatzungen erlassen können, die Länder aber nur befugt sind, die ihnen *zustehenden* Kompetenzen zu delegieren. Im Rahmen der örtlichen Verbrauchs- und Aufwandsteuern (Art. 105 II a GG) können aber neue Steuern entwickelt werden; das ist z. B. durch die erstmals 1972 in Überlingen am Bodensee entwickelte und seitdem verbreitete Zweitwohnungssteuer geschehen, vgl. dazu BVerfGE 65, 325; *H. W. Bayer,* Steuerlehre, 1998, Rn. 186, 971 ff.; *ders.* KStZ 1998, 1 ff.; ferner die Nachweise oben Rn. 26.

3. Finanzverwaltung

28   Der Einzug und die Verwaltung der Steuern wird in Art. 108 GG geregelt, der eine Spezialvorschrift zu den allgemein für den Verwaltungsbereich geltenden Art. 83 ff. GG bildet, allerdings nicht abschließend ist, so daß verschiedentlich auf die allgemeinen Vorschriften zurückgegriffen werden muß. Die in Art. 108 I GG genannten Steuern werden durch die Bundesfinanzbehörden, die übrigen Steuern werden gem. Art. 108 II GG durch die Landesfinanzbehörden verwaltet. Der Aufbau der Bundesfinanzbehörden muß durch Bundesgesetz, der Aufbau der Landesfinanzbehörden kann durch Bundesgesetz geregelt werden. Dabei kann auch ein Zusammenwirken von Bundes- und Landesbehörden vorgesehen werden (Art. 108 IV 1 GG). Diese Regelung ist insofern bemerkenswert, als sie eine Ausnahme von dem sonst grundsätzlich geltenden Verbot der Mischverwaltung zuläßt (vgl. oben § 18 Rn. 28). Das Nähere regelt das Finanzverwaltungsgesetz (FVG), das 1950 erlassen, seitdem aber mehrfach geändert wurde.

29   Danach besteht *die Bundesfinanzverwaltung* aus dem Bundesfinanzminister als oberster Bundesbehörde und den Hauptzollämtern als unteren Bundesbehörden sowie die *Landesfinanzverwaltung* aus dem jeweiligen Landesfinanzminister als oberster Landesbehörde und den Finanzämtern als unteren Landesbehörden. Ferner besteht als *gemeinsame Mittelbehörde* die Oberfinanzdirektion. Sie „leitet die Finanzverwaltung des Bundes und des Landes in ihrem Bezirk" (§ 8 I FVG). Die Oberfinanzdirektion ist Bundesbehörde und Landesbehörde; ihr Präsident ist sowohl Bundesbeamter als auch Landesbeamter (§ 9 II FVG). Vgl. dazu auch *Maurer,* VerwR § 22 Rn. 47.

4. Finanzgerichtsbarkeit

Die Finanzgerichtsbarkeit wird im Grundgesetz nur zweimal **30** kurz erwähnt. Art. 95 I GG bestimmt, daß – neben den sonstigen obersten Gerichtshöfen – ein Bundesfinanzhof zu errichten ist. Art. 108 VI GG begründet eine ausschließliche Gesetzgebungs- kompetenz des Bundes für die Regelung der Finanzgerichtsbarkeit. Auf dieser Grundlage ist die Finanzgerichtsordnung erlassen wor- den, die – im Gegensatz zur allgemeinen Verwaltungsgerichtsbar- keit und zur Sozialgerichtsbarkeit – nicht dreistufig, sondern zwei- stufig (Finanzgerichte, Bundesfinanzhof) organisiert ist.

IV. Die Verteilung des Steueraufkommens
(sog. Ertragshoheit)

1. Überblick

Im Bereich der bundesstaatlichen Finanzverfassung geht es nicht **31** nur um die Verteilung der Gesetzgebungskompetenzen, der Ver- waltungskompetenzen und der Rechtsprechungskompetenzen, son- dern auch und vor allem um die Verteilung des Steueraufkommens auf den Bund und die Länder. Erst eine angemessene Finanzaus- stattung gewährleistet, daß der Bund bzw. die Länder ihre *rechtli- chen* Kompetenzen auch *tatsächlich* wahrnehmen können. Die Ver- teilung vollzieht sich auf folgenden Stufen:

– Verteilung des Gesamtsteueraufkommens auf den Bund und die Länder (vertikale Steuerertragsaufteilung, vgl. dazu Art. 106 GG),
– Verteilung des Länderanteils auf die einzelnen Länder (horizontale Steuerer- tragsaufteilung, vgl. dazu Art. 107 I GG),
– Zuweisungen der finanzstärkeren Länder an die finanzschwächeren Länder (horizontaler Finanzausgleich, vgl. dazu Art. 107 II 1, 2 GG),
– Ergänzungszuweisungen des Bundes an finanzschwache Länder (vertikaler Finanzausgleich, vgl. dazu Art. 107 II 3 GG).

32   Da das Grundgesetz vom zweistufigen Staatsaufbau (Bund-Länder), nicht vom dreistufigen Verwaltungsaufbau (Bund-Länder-Kommunen) ausgeht, werden die Gemeinden und die Landkreise in finanzverfassungsrechtlicher Hinsicht als Teil der Länder betrachtet (Art. 106 IX GG). Der 1994 in das Grundgesetz eingefügte Art. 28 II 3 GG betont aber, daß die Selbstverwaltungsgarantie auch „die Grundlagen der finanziellen Eigenverantwortung" umfaßt. Der Bund muß dafür einstehen (Art. 28 III GG). Das geschieht wenigstens teilweise durch einige finanzverfassungsrechtliche Bestimmungen zugunsten der Gemeinden (Art. 106 V–VIII GG).

2. Grundlagen (theoretisch und historisch)

Bevor auf das geltende Recht näher eingegangen wird, sind einige Bemerkungen in theoretischer und historischer Sicht zur Einordnung angebracht.

33   a) Für die Verteilung des Steueraufkommens zwischen dem Bund und den Ländern bieten sich *verschiedene Modelle* an. Nach dem *Beitragssystem* erhalten der Bund *oder* die Länder das Gesamtaufkommen mit der Maßgabe, die Finanzausstattung der anderen Seite durch angemessene Zuweisungen (Beiträge) zu gewährleisten. Nach dem *Trennsystem* erhalten der Bund und die Länder jeweils den Ertrag bestimmter Steuerarten oder Steuerquellen. Nach dem *Verbundsystem* fließt das Gesamtsteueraufkommen zunächst in einen gemeinsamen Topf und wird dann nach einem bestimmten (feststehenden oder wechselnden) Schlüssel auf den Bund und die Länder verteilt.

34   Wenn man die drei Modelle verfassungs- und rechtspolitisch vergleicht und bewertet, dann zeigen sich folgende Vorteile und Nachteile: Das *Beitragssystem* würde diejenige Seite, die auf die Zuweisungen angewiesen ist, von der anderen Seite abhängig machen. Es ist daher mit der Eigenständigkeit des Bundes bzw. der Länder nicht vereinbar. Der Bundesstaat würde – je nachdem – zu einem Staatenbund oder Einheitsstaat tendieren. Das *Trennsystem* hat den Vorteil, daß das Steueraufkommen nach formalen Kriterien und damit klar und eindeutig verteilt wird, aber auch den Nachteil, daß konjunkturell bedingte Schwankungen oder sogar Verschiebungen beim Aufkommen der einzelnen Steuerarten die Einnahmesituation der dadurch betroffenen Seite unverhältnismäßig beeinträchtigen würden. Da das *Verbundsystem* nicht auf die einzelnen Steuerarten, sondern auf das bundesweite Steueraufkommen insgesamt abstellt, können solche Schwankungen und Verschiebungen bereits im Vorfeld aufgefangen werden. Der Nachteil dieses Systems ist aber, daß die Wirtschaftskraft und Leistungsfähigkeit der einzelnen Länder nicht berücksichtigt werden kann und zudem ständig Streit über die „gerechte" Verteilung entsteht. Die Vorteile und die Nachteile des Trennsystems und des Verbundsystems können dadurch bis zu einem gewissen Grad ausgeglichen werden, daß man sich nicht für eines der beiden Systeme entscheidet, sondern beide miteinander kombiniert (sog. Mischsystem).

b) *In historischer* Sicht sind alle genannten Modelle mehr oder 35 weniger praktiziert worden. Nach der *Reichsverfassung von 1871* standen dem Reich die Einnahmen aus den Zöllen und Verbrauchssteuern zu; soweit diese nicht ausreichten, waren die Länder, die alle übrigen Steuern erhielten, verpflichtet, dem Reich entsprechende Beiträge, sog. Matrikularbeiträge, zu zahlen (Art. 70 RVerf. 1871). Das Reich war sonach finanzwirtschaftlich von den Zuweisungen der Länder abhängig; es wurde, wie Bismarck monierte, zum „Kostgänger der Länder".

An sich war Art. 70 RVerf. 1871 nur als vorläufige Regelung gedacht, wie sich aus dem Vorbehalt („so lange Reichssteuern nicht eingeführt sind") ergibt, wurde aber zur Dauerlösung. Als sich mit der 1879 eingeführten Schutzzollpolitik die Zölle und damit die Einnahmen des Reiches wesentlich erhöhten, wurde durch Reichsgesetz vom 15. 7. 1879 (RGBl. S. 207) bestimmt, daß dem Reich die Einnahmen aus den Zöllen und der Tabaksteuer nur bis zur Höhe von 130 Mio jährlich verbleiben, der überschießende Betrag aber an die Länder abzuführen sei (sog. Franckenstein'sche Klausel, weil das Gesetz auf Initiative des Zentrum-Abgeordneten Franckenstein erlassen wurde). Das Reich mußte also einerseits an die Länder zahlen, hatte andererseits aber Anspruch auf Leistungen der Länder (Matrikularbeiträge), um den Fehlbedarf zu decken. In der Praxis wurden die gegenseitigen Ansprüche aufgerechnet. Vgl. dazu *E. R. Huber,* VerfGesch. III S. 950 ff.

Nach dem Zusammenbruch des Kaiserreiches 1918 schlug das 36 Pendel in die andere Richtung aus. Es kam unter dem Reichsfinanzminister Erzberger zu einer grundlegenden Reform der gesamten Finanzverfassung, die im Zuge der Unitarisierung die Zentralgewalt wesentlich stärkte (sog. Erzberger'sche Finanzreform). Das Reich erhielt nicht nur die wesentlichen Gesetzgebungs- und Verwaltungskompetenzen, sondern auch und vor allem das Aufkommen der wichtigsten und ertragreichsten Steuern (Einkommensteuer, Körperschaftssteuer, Umsatzsteuer, Erbschaftsteuer usw.). Die Länder waren nunmehr von den Zuweisungen des Reiches abhängig.

37 Bei den Beratungen des Parlamentarischen Rates 1948/1949 gehörte die Finanzverfassung zu den umstrittensten Themen. Die Alliierten intervenierten mehrfach. Sie wollten durch eine föderalistisch ausgerichtete Finanzverfassung eine starke Zentralgewalt des Bundes verhindern. (Vgl. dazu bereits oben § 3 Rn. 23.) Da zur Zeit der Grundgesetzberatungen offen war, welche Belastungen auf den Bund zukommen werden (Besatzungskosten, Kriegsfolgelasten, Währungs- und Demontagefolgen, Bedarf der neu zu errichtenden Institutionen des Bundes), wurde zunächst eine vorläufige, bis 31. 12. 1952 befristete Regelung erlassen (Art. 107 GG a. F.). Nach zweimaliger Verlängerung des Provisoriums kam es durch das Finanzverfassungsgesetz von 1955 zur endgültigen Regelung, die allerdings mehrfach geändert wurde, vor allem durch die sog. Große Finanzreform von 1969, die – mit gewissen Veränderungen – dem derzeit geltenden Recht zugrunde liegt.

38 Vgl. zur Entwicklung des Finanzverfassungsrechts seit 1871 *Vogel/Waldhoff,* BK Vorbem. zu Art. 104 a–115, Rn. 104 ff.; ferner zur Weimarer Zeit *E. R. Huber,* VerfGesch. VI S. 486 ff.; *Ch. Gusy,* Die Weimarer Reichsverfassung, 1997, S. 243 ff.; zu den Beratungen im Parlamentarischen Rat *H. Höpker-Aschoff,* Das Finanz- und Steuersystem des Bonner Grundgesetzes, AÖR Bd. 75 (1949) S. 306 ff. (*H.-A.* war Mitglied des Parlamentarischen Rates und Berichterstatter des Finanzausschusses); Bericht in: JÖR Bd. 1 (1951) S. 748 ff. – Vgl. ferner zu den besonderen, sich aus der Wiedervereinigung ergebenden Problemen und Regelungen, auf die hier nicht weiter eingegangen werden kann, *P. Selmer/ F. Kirchhof,* Grundsätze der Finanzverfassung des vereinten Deutschlands, Referate mit Diskussion, VVDStRL 52 (1993) S. 11 ff.; *P. Badura,* Die Finanzverfassung im wiedervereinigten Deutschland, Festschrift für den Heymanns-Verlag, 1995, S. 3 ff.; *H. Bauer,* Die finanzverfassungsrechtliche Integration der neuen Länder, HStR IX (1997) S. 259 ff. m. w. N.

3. Die Verteilung des Steueraufkommens zwischen dem Bund und den Ländern

39 Das Grundgesetz kombiniert das Trennsystem und das Verbundsystem (vgl. dazu oben Rn. 33). Demnach ist zwischen den Bundessteuern, deren Ertrag ausschließlich dem Bund zufließt (Art. 106 I GG), den Landessteuern, deren Ertrag ausschließlich den Ländern zukommt (Art. 106 II GG), und den Gemeinschaftsteuern, die dem Bund und den Ländern gemeinsam zustehen (Art. 106 III, IV GG), zu unterscheiden.

a) Zu den *Bundessteuern* gehören vor allem (1) die Verbrauch- **40**
steuern, etwa die Mineralölsteuer, die Tabaksteuer und die Kaffee-
steuer, (2) bestimmte Verkehrsteuern, nämlich die Kapitalverkehr-
steuer, die Versicherungsteuer und die Wechselsteuer, und (3) die
Ergänzungsabgabe zur Einkommensteuer und zur Körperschaftsteuer, derzeit – seit 1. 1. 1995 – der sog. Solidaritätszuschlag zur
Finanzierung der deutschen Einheit.

Verbrauchsteuern sind Steuern, die den Verbrauch bestimmter Güter für
den Lebensbedarf belasten und an bestimmte Verkehrsvorgänge, etwa den
Verkauf, anknüpfen. Die Biersteuer ist ebenfalls eine Verbrauchsteuer, fließt
aber traditionell nicht dem Bund, sondern den Ländern zu (vgl. bereits
Art. 35 II RVerf. 1871; nunmehr Art. 106 II Nr. 5 GG). Für die örtlichen
Verbrauch- und Aufwandsteuern gilt Art. 106 VI 1 GG. Die gem. Art. 106 I
Nr. 1 GG dem Bund zustehenden Zölle fließen inzwischen der Europäischen
Gemeinschaft zu (vgl. oben Rn. 23).

b) Zu den *Landessteuern* gehören gem. Art. 106 II GG die Erb- **41**
schaftsteuer, die Kraftverkehrsteuer, die übrigen Verkehrsteuern
(etwa die Grunderwerbsteuer, die Rennwettsteuer und die Lotte-
riesteuer), ferner die soeben erwähnte Biersteuer.

c) Die *Gemeinschaftsteuern* bestehen aus der Einkommensteuer, **42**
der Körperschaftsteuer und der Umsatzsteuer (Mehrwertsteuer). Sie
bilden bei weitem die ertragreichsten und damit wichtigsten Steuerquellen. Daher steht die Verteilung dieser Steuern auch im Vordergrund des Interesses. Die Einkommensteuer und die Körperschaftsteuer werden nach festen, bereits verfassungsrechtlich festgelegten
Quoten verteilt. Bund und Länder erhalten jeweils die Hälfte. Von
der Einkommensteuer wird allerdings vorweg ein Gemeindeanteil in
Höhe von derzeit 15% abgezogen, so daß nur noch jeweils 42,5% für
den Bund bzw. die Länder verbleiben. Die Umsatzsteuer ist dagegen
variabel. Sie ist durch Bundesgesetz, das der Zustimmung des Bundesrates bedarf, festzulegen. Der Bundesgesetzgeber muß dabei die
in Art. 106 III 4 GG genannten Grundsätze beachten. Wenn sich die
finanziellen Verhältnisse zwischen dem Bund und den Ländern
wesentlich ändern, muß der Verteilungsschlüssel neu festgesetzt
werden. Die Umsatzsteuer bildet also gleichsam eine Manövrier-
masse, mit der auf die jeweiligen Bedürfnisse des Bundes und der
Länder angemessen reagiert werden kann.

43   Bis 1994 wurden in der Praxis die Gesetze über die Verteilung der Umsatzsteuer zeitlich befristet. Zeitgesetze erleichtern den Kompromiß, da er „nicht von Dauer" ist, und entlastet denjenigen, der eine Änderung anstrebt, da „von neuem" zu beginnen ist. In der Literatur ist die Verfassungsmäßigkeit solcher Zeitgesetze strittig (vgl. die Nachw. bei *J. W. Hidien,* Umsatzsteuer, S. 328 ff. m. w. N.). Sie ist zu bejahen, impliziert aber die Verpflichtung des Bundesgesetzgebers, rechtzeitig vor Fristablauf eine Neuregelung zu treffen (die auch die bisherige Verteilung bestätigen kann). Kommt der Gesetzgeber seiner Verpflichtung zur Neuregelung nicht nach, dann gilt die bisherige Regelung unbefristet weiter. Ferner ist bei verfassungskonformer Auslegung davon auszugehen, daß die Befristung nur eine Höchstfrist festlegt, eine vorzeitige Neuregelung wegen Änderung der finanziellen Verhältnisse aber nicht ausschließt.

44   Überblick über die dem Bund und den Ländern zufließenden Steuereinnahmen (bezogen auf die Jahre 1999, 2000 und 2001, umgerechnet in Euro, jeweils in Millionen):

	1999	2000	2001
Bundessteuern (Art. 106 I GG):	72 235	75 504	79 277
Landessteuern (Art. 106 II GG):	19 564	18 444	19 628
Gemeinschaftssteuern (Art. 106 III GG):	355 337	368 426	347 170
Gemeindesteuern:	36 520	36 658	34 399

(Quelle: Statistisches Jahrbuch für die Bundesrepublik Deutschland bzw. internet: www.statistik-bund.de/basis/d/fist/fist01.htm)

Die Umsatzsteuer wurde auf Bund und Länder gem. § 1 Finanzausgleichsgesetz (FAG) in der jeweiligen Fassung wie folgt verteilt:

1970/1971 (Bund 70%, Länder 30%), 1972/1973 (Bund 65%, Länder 35%), 1974 (Bund 63%, Länder 37%), 1975 (Bund 68,25%, Länder 31,75%), 1976/1977 (Bund 69%, Länder 31%), 1978–1982 (Bund 67,5%, Länder 32,5%), 1983 (Bund 66,5%, Länder 33,5%), 1984/1985 (Bund 65,5%, Länder 34,5%), 1986–1992 (Bund 65%, Länder 35%), 1993/1994 (Bund 63%, Länder 37%), 1995/1996 (Bund 56%, Länder 44%); ab 1997 (Bund 50,5%, Länder 49,5%). Während bis 1997 die Verteilung nach klaren Prozentsätzen erfolgte, kommen seit 1998 Zuschläge und Abzüge hinzu, die die Verteilung in ein Dschungelfeld führen, in dem sich allenfalls noch Experten zurechtfinden. Zur weiteren Entwicklung, die noch komplizierter ist: *Siekmann,* in: Sachs, Grundgesetz, Art. 106 Rn. 25, der nicht zu Unrecht meint, daß diese Vorschrift „jetzt wegen Unlesbarkeit insgesamt bereits verfassungswidrig sein" dürfte.

45   d) *Gemeindesteuern.* Die Gemeinden sind, wie bereits dargelegt wurde (vgl. oben Rn. 32), finanzverfassungsrechtlich den Ländern zugeordnet. Gleichwohl stehen ihnen bereits nach dem Grundgesetz bestimmte Steuern oder Anteile an Steuern zu. Sie erhalten (1) das Aufkommen der Grundsteuern und der Gewerbesteuer (sog. Realsteuern, weil objektbezogen), (2) die örtlichen Verbrauch- und Aufwandsteuern, (3) einen bestimmten Anteil an der Einkommensteuer und (4) ab 1. 1. 1998 einen Anteil am Aufkommen der Umsatzsteuer. Ferner erhalten die Gemeinden einen bestimmten Anteil an den Beträgen, die den Ländern aus den Gemeinschaftsteuern zufließen.

Vgl. dazu Art. 106 V–VII GG. Die finanziellen Grundlagen der Gemeinden einschließlich einer wirtschaftskraftbezogenen Steuerquelle mit Hebesatzrecht werden in Art. 28 II 3 GG ausdrücklich gewährleistet. Die Grundsteuer und die Gewerbesteuer sind bundesgesetzlich geregelt; die Gemeinden sind jedoch befugt, über den „Hebesatz" und damit über die Höhe der in ihrem Gebiet entstehenden Grund- und Gewerbesteuer zu entscheiden. Die örtlichen Verbrauch- und Aufwandsteuern (vgl. dazu bereits oben Rn. 26) fallen in die Gesetzgebungskompetenz der Länder, die aber in der Regel die Gemeinden ermächtigt haben, durch Satzung entsprechende Steuern einzuführen und ihre Höhe zu bestimmen (vgl. dazu etwa § 6 BW KAG). Die Gemeinden entscheiden damit selbst über die ihnen zufließenden örtlichen Verbrauch- und Aufwandsteuern. Der Anteil der Gemeinden an der Einkommensteuer beträgt derzeit 15% (vgl. § 1 Gemeindefinanzreformgesetz i. d. F. vom 4. 4. 2001 (BGBl. I S. 483). Der Anteil der Gemeinden an der Umsatzsteuer beträgt derzeit 2,2% (§ 1 I FAG). Der den Gemeinden darüber hinaus zustehende und durch *Landesgesetz* festzulegende Anteil an den Gemeinschaftsteuern wird durch die Finanzausgleichsgesetze der Länder festgelegt und aufgeschlüsselt (vgl. etwa für Baden-Württemberg: *Dürig* Nr. 200).

4. Horizontale Steuerertragsaufteilung

Wenn feststeht, was die Länder insgesamt erhalten, ergibt sich die **46** weitere Frage, wie der Länderanteil auf die einzelnen Länder zu verteilen ist. Der vertikalen Aufteilung folgt die horizontale Aufteilung. Dabei bieten sich zwei Prinzipien an, nämlich das Prinzip des örtlichen Aufkommens (die Länder erhalten die Steuern, die von *ihren* Finanzämtern eingezogen worden sind) und das Einwohnerprinzip (die Steuern werden entsprechend der Einwohnerzahl verteilt). Die horizontale Aufteilung ist in Art. 107 I GG geregelt. Danach gilt:

a) Die *Landessteuern und der Anteil an der Einkommensteuer und der* **47** *Körperschaftsteuer* werden nach dem Prinzip des örtlichen Aufkommens verteilt. Die Länder behalten sonach die bei ihren Finanzämtern eingehenden Beträge, d. h. die gesamten Landessteuern und die Anteile an der Einkommensteuer und der Körperschaftsteuer. Das kann allerdings zu Verzerrungen führen, die durch Sonderregelungen gelöst und korrigiert werden müssen.

Zum einen geht es um die Unternehmen, die mehrere oder sogar zahlreiche Betriebsstätten oder Filialen im gesamten Bundesgebiet haben; sie zahlen die gesamte Umsatzsteuer an das Finanzamt, in dessen Bezirk die Geschäftsleitung ihren Sitz hat (so fließt etwa die Körperschaftsteuer der Großbanken in Frankfurt ausschließlich dem Land Hessen zu). Ferner stellt sich das Pendlerproblem. Viele Arbeitnehmer arbeiten in Hamburg oder Bremen, wohnen aber in der Umgebung und damit in den Ländern Niedersachsen oder Schleswig-Holstein. Da die Lohnsteuer vom Arbeitgeber eingezogen und an sein Finanzamt weitergeleitet wird, gehen die „Wohnsitzländer" leer aus. Diese Probleme sollen durch den sog. Zerlegungsgrundsatz des Art. 107 I 2 GG gelöst werden.

48   b) Die *Umsatzsteuer* wird nach dem Einwohnerprinzip verteilt. Das liegt schon deshalb nahe, weil diese Steuern nicht vom Hersteller oder Händler, sondern letztlich vom Endverbraucher bezahlt wird. Der Gesichtspunkt, daß die Steuer dort bleiben soll, wo sie erwirtschaftet wird, kommt somit nicht zum Zuge. Vielmehr hängt es mehr oder weniger vom Zufall ab, wo das Produkt angeboten und verkauft wird.

5. Finanzausgleich zwischen den Ländern

49   Die Finanzkraft der einzelnen Länder ist entsprechend ihrer unterschiedlichen Wirtschaftskraft und damit ihrer unterschiedlichen Steuereinnahmen sehr verschieden. Es gibt „reiche Länder" und „arme Länder". Diese Unterschiede sollen sowohl aus bundesstaatlichen als auch aus sozialstaatlichen Gründen abgebaut werden. In bundesstaatlicher Sicht muß gesichert sein, daß alle Glieder des Bundes, die gleichsam eine Solidargemeinschaft bilden, in der Lage sind, die ihnen zukommenden Aufgaben wahrzunehmen, und dementsprechend die dafür erforderlichen Finanzmittel erhalten. In sozialstaatlicher Hinsicht muß die Einheitlichkeit der Lebensverhältnisse im Bundesgebiet gewährleistet sein (vgl. dazu auch Art. 106 III 4 Nr. 2 GG). Art. 107 II 1 GG fordert daher, „daß die unterschiedliche Finanzkraft der Länder angemessen ausgeglichen wird." Der Ausgleich erfolgt zwischen den Bundesländern, der Bund selbst ist daran nicht unmittelbar beteiligt. Art. 107 II GG bestimmt aber, daß der Bundesgesetzgeber die Ausgleichsregelung zu treffen hat. Der Bund wird damit zum Makler zwischen den Ländern. Da das Bundesgesetz der Zustimmung des Bundesrates bedarf, kommen die Länder aber doch wieder ins Spiel. Art. 107 II GG enthält nur wenige und zudem recht allgemeine Kriterien für die bundesgesetzliche Ausgleichsregelung.

Die näheren Ausführungsregelungen enthält das Finanzausgleichsgesetz (§ 4 FAG). Die erste Entscheidung des BVerfG zum Länderfinanzausgleich erging bereits 1952 zu der damaligen Verfassungs- und Rechtslage (BVerfGE 1, 117 ff.). In der Folgezeit wurden dann – wenn auch öfters erst nach erheblichen Auseinandersetzungen – politische Lösungen gefunden. Seit Mitte der achtziger Jahre wird dagegen zunehmend das BVerfG angerufen, vgl. die Entscheidungen des BVerfG vom 24. 6. 1986, 27. 5. 1992 und 11. 11. 1999 (BVerfGE 72, 330; 86, 148 und 111, 158).

Zu dem soeben erörterten horizontalen Finanzausgleich kommen noch *Ergänzungszuweisungen* des Bundes an leistungsschwache Länder gem. Art. 107 II 3 GG. Diese Zuweisungen, die als vertikaler Finanzausgleich bezeichnet werden können, sind allerdings nur ausnahmsweise, insbesondere zur Deckung von Lücken, die nach dem horizontalen Finanzausgleich noch bleiben, zulässig. Sie dürfen auch nicht beliebig, sondern nur nach Maßgabe des Finanzausgleichsgesetzes erfolgen. **50**

6. Maßstäbegesetz

Die verfassungsrechtlichen Regelungen über den Finanzausgleich werden durch das sog. Maßstäbegesetz ergänzt, das auf ein Urteil des BVerfG vom 11. 11. 1999 (BVerfGE 101, 158) zurückgeht. Danach ist der Gesetzgeber verpflichtet, durch ein besonderes Gesetz – eben das Maßstäbegesetz – das verfassungsrechtlich nur in unbestimmten Rechtsbegriffen festgelegte Steuerverteilungs- und Ausgleichssystem der Art. 106, 107 GG durch anwendbare, allgemeine und ihn selbst bindende Maßstäbe zu konkretisieren und zu ergänzen. Das Maßstäbegesetz bildet die „maßgebliche" (verbindliche) Grundlage für das Finanzausgleichsgesetz, steht also gleichsam zwischen der Verfassung und dem Finanzausgleichsgesetz (vgl. dazu bereits oben § 17 Rn. 42 a–c). **50a**

Das BVerfG hat dem Gesetzgeber zugleich Termine gesetzt (BVerfGE 101, 158, 238). Er mußte das Maßstäbegesetz bis zum 31. 12. 2002 erlassen (was geschehen ist) und muß nunmehr das darauf beruhende Finanzausgleichsgesetz bis zum 31. 12. 2004 erlassen. Sollte dieser zweite Termin nicht eingehalten werden, ist das derzeitige Finanzausgleichsgesetz „verfassungswidrig und nichtig". Trotz der Vorgaben des BVerfG ist fraglich, ob sich dieses dreistufige System realisieren läßt und bewähren wird. Vgl. dazu die kritischen Stimmen oben § 17 Rn. 42b.

V. Das Haushaltsverfassungsrecht im Bund-Länder-Verhältnis

1. Der Grundsatz der Haushaltstrennung

51   Der Abschnitt des Grundgesetzes über das Haushaltsverfassungsrecht beginnt mit dem Grundsatz, daß der Bund und die Länder in ihrer Haushaltswirtschaft selbständig und unabhängig voneinander sind (Art. 109 I GG). Die Haushaltsautonomie ergibt sich zwingend aus dem Bundesstaatsprinzip und der Eigenständigkeit des Bundes und der Länder. Die Länder haben dementsprechend ebenso wie der Bund das Recht, eigenverantwortlich über ihre Einnahmen und Ausgaben zu entscheiden. Überblickt man allerdings die finanzverfassungsrechtlichen Vorschriften des Grundgesetzes, dann zeigt sich bald, daß doch erhebliche Grenzen und Einschränkungen bestehen: Die Einnahmen werden weitgehend durch die vom Bund erlassenen Steuergesetze bestimmt, der bundesrechtlich geforderte und festgelegte Finanzausgleich führt zu Verschiebungen zwischen dem Bund und den Ländern und vor allem zwischen den Ländern untereinander, die Ausgaben werden durch Art. 104a GG präjudiziert. Hinzu kommt der, freilich nur ausnahmsweise und subsidiär eingreifende Grundsatz der Bundestreue (BVerfGE 32, 199, 218).

52   Die ursprüngliche Fassung des Grundgesetzes enthielt nur den Grundsatz der Haushaltstrennung in Art. 109 I GG. Die folgenden Absätze wurden erst im Zuge der Finanz- und Haushaltsreform 1967/1969 in das Grundgesetz aufgenommen. Sie sollten – zur Zeit der Großen Koalition unter der Federführung von Bundeswirtschaftsminister Karl Schiller und Bundesfinanzminister Franz Josef Strauß – die verfassungsrechtlichen Grundlagen für das konjunkturpolitische Instrumentarium schaffen, das zur Bekämpfung von Wirtschaftskrisen erforderlich schien. Ausgehend von der richtigen Erkenntnis, daß der Haushalt nicht nur der Bedarfs-

deckung dient, sondern erhebliche wirtschaftspolitische Bedeutung hat, wurde – im Anschluß an die Lehren, die der englische Wirtschaftswissenschaftler J. M. Keynes in den 20er Jahren entwickelt hatte – eine antizyklische Konjunkturpolitik gefordert. Der Staat soll sich danach in Zeiten der wirtschaftlichen Hochkonjunktur mit Aufträgen und Ausgaben zurückhalten, um die Nachfrage zu dämpfen, und umgekehrt in Zeiten der wirtschaftlichen Rezession engagieren und investieren, um die Nachfrage zu beleben. Die Theorie der antizyklischen Konjunkturpolitik wurde in das Grundgesetz nicht – weder ausdrücklich noch stillschweigend – aufgenommen, liegt aber doch der Finanz- und Haushaltsreform 1967/1969 zu Grunde. In der Literatur war sie stets umstritten, in der Praxis spielt sie seit langem keine Rolle mehr. Sie hat, wie *H.-W. Arndt* bereits feststellte, spätestens seit dem Regierungswechsel 1982 nur noch „Erinnerungswert" (JuS 1990, 344). Das ändert freilich nichts daran, daß auch diese Regelungen des Art. 109 GG geltendes Verfassungsrecht sind (vgl. dazu BVerfGE 79, 311, 335 ff.).

2. Der Grundsatz des gesamtwirtschaftlichen Gleichgewichts

Nach Art. 109 II GG müssen der Bund und die Länder bei ihrer **53** Haushaltswirtschaft den Erfordernissen des gesamtwirtschaftlichen Gleichgewichts Rechnung tragen. Der Begriff des gesamtwirtschaftlichen Gleichgewichts, der auch noch in anderen Grundgesetz-Bestimmungen auftaucht (Art. 104a IV 1, Art. 109 IV 1, Art. 115 I 2 GG), wird im Grundgesetz nicht definiert oder auch nur umschrieben. Da gleichzeitig mit Art. 109 II GG das Stabilitätsgesetz (Sart. Nr. 720) als Ausführungsgesetz erlassen worden ist, nehmen das BVerfG und die h. L. zu Recht an, daß die Begriffsbestimmung des § 1 StabG auch für Art. 109 II GG maßgebend ist. Das gesamtwirtschaftliche Gleichgewicht wird durch 4 Teilziele bestimmt, nämlich (1) die Stabilität des Preisniveaus, (2) einen hohen Beschäftigungsstand, (3) das außenwirtschaftliche Gleichgewicht und (4) ein stetiges und angemessenes Wirtschaftswachstum. In verfassungs- und rechtspolitischer Sicht ist diese begriffliche Festlegung umstritten. Es wird vor allem bemängelt, daß die ökologische Komponente fehlt (die allerdings damals, 1967, noch nicht als Problem erkannt war). Das BVerfG erklärt denn auch, daß das Tatbestandsmerkmal des gesamtwirtschaftlichen Gleichgewichts einen unbestimmten Verfassungsbegriff darstelle, der in die Zeit hinein offen sei, will aber offenbar nur eine Ergänzung aufgrund neuer wirtschaftswissenschaftlicher Erkenntnisse zulassen, was zu eng ist. Es liegt auf der Hand, daß die vier Zielvorstellungen nicht gleichzeitig voll erreicht werden können, sondern des öfteren miteinander in Kollision geraten (etwa die Preisstabilität zu Lasten des Wirtschaftswachstums geht). Es kann daher nur die Verpflichtung bestehen, alle Ziele in ihrer gegenseitigen Begrenzung möglichst optimal zu verwirklichen. Daher wird auch vom „magischen Viereck" gesprochen.

54   Vgl. dazu BVerfGE 79, 311, 331 ff.; *K. Vogel,* HStR IV (1990) S. 11 ff.; *Stern,* Staatsrecht II, S. 1077 ff.; *K. Stern/P. Münch/K.-H. Hansmeyer,* Gesetz zur Förderung der Stabilität und des Wachstums der Wirtschaft, Kommentar, 2. Aufl. 1972. – Da Art. 109 II GG nur eine (mehrpolige) Zielvorstellung angibt, stellt sich die Frage, welche rechtlichen Mittel und faktischen Möglichkeiten den staatlichen Organen dafür zur Verfügung stehen. Sie sind teilweise bereits in Art. 109 IV GG, vor allem aber in dem bereits erwähnten Stabilitätsgesetz vom 8. 6. 1967 (BGBl. I S. 583 = Sart. Nr. 720) geregelt. Es bietet eine ganze Palette von Maßnahmen: informative Maßnahmen (Jahreswirtschaftsbericht der Bundesregierung gem. § 2 I, Subventionsbericht der Bundesregierung gem. § 12 II–IV, Orientierungsdaten für die sog. konzertierte Aktion gem. § 3), influenzierende Maßnahmen (etwa die mehrjährige Finanzplanung gem. §§ 9 ff.), koordinierende Maßnahmen (neben der aus Vertretern der Gebietskörperschaften, der Arbeitgeberverbände und der Gewerkschaften bestehenden konzertierten Aktion gem. § 3 etwa der Konjunkturrat gem. § 18) und imperative Maßnahmen, die rechtsverbindlich sind, aber meistens keinen dirigistischen Charakter haben, sondern den beabsichtigten Erfolg mittelbar herbeiführen sollen (etwa Verpflichtung des Bundes und der Länder zu Konjunkturausgleichsrücklagen bei der Bundesbank gem. § 15, Kreditbeschränkungen der öffentlichen Haushalte gem. § 19 und Erhöhung oder Verminderung der Einkommen- und Körperschaftsteuern bis zu 10% gem. §§ 26 ff.). Dieser kursorische Überblick muß genügen. Im einzelnen kann hier darauf nicht weiter eingegangen werden, zumal auch die meisten Regelungen von vornherein bedeutungslos waren oder im Laufe der Zeit bedeutungslos geworden sind. Immerhin könnte man sich auch die Aktivierung der einen oder anderen Vorschrift vorstellen, etwa die Einberufung der sog. konzertierten Aktion gem. § 3 StabG.

3. Das Haushaltsgrundsätzegesetz

55   Dem bundesstaatlichen Prinzip der Haushaltstrennung würde es entsprechen, daß der Bund und die Länder jeweils eigene haushaltsrechtliche Gesetze erlassen. Das war ursprünglich auch so. Durch Art. 109 III GG i. d. F. vom 12. 5. 1969 wurde jedoch der Bund ermächtigt, durch Bundesgesetz mit Zustimmung des Bundesrates „für Bund und Länder gemeinsam geltende Grundsätze für das Haushaltsrecht" zu erlassen. Grundsatzgesetze entsprechen den Rahmengesetzen, unterscheiden sich aber dadurch von diesen, daß sie nicht nur die Länder, sondern auch den Bund verpflichten (vgl. dazu bereits oben § 17 Rn. 39 ff.). Auf der Grundlage des Art. 109 III GG erging das Haushaltsgrundsätzegesetz des Bundes (Sart. Nr. 699), das seinerseits wiederum durch die Bundeshaushaltsordnung (Sart. Nr. 700) und die Landeshaushaltsordnungen der einzelnen Bundesländer ausgefüllt und konkretisiert wird. Das Haushaltsgrundsätzegesetz gewährleistet, daß das Haushaltsrecht im Bund und in den Ländern weitgehend übereinstimmt. Würde es nicht bestehen, wäre die Rechtslage freilich auch nicht viel anders, da die Tradition und die Technizität des Haushaltsrecht ohnehin übereinstimmende Gesetze hervorbringen würden.

VI. Das Haushaltsverfassungsrecht des Bundes

1. Überblick

Art. 110–115 GG gelten ausschließlich für den Bundesbereich. Sie **56** enthalten Regelungen über den Inhalt und die Aufstellung des Haushaltsplanes und des Haushaltsgesetzes (Art. 110 GG), bringen Sonderregelungen für den Fall, daß der Haushaltsplan nicht rechtzeitig zum Beginn des Haushaltsjahres vorliegt (Art. 111 GG), und für den Fall, daß während des Haushaltsjahres über- oder außerplanmäßige Ausgaben erforderlich werden (Art. 112 GG), begründen sodann ein Zustimmungsrecht der Bundesregierung für alle finanzwirksamen Gesetzesbeschlüsse des Bundestages und des Bundesrates (Art. 113 GG), betreffen die Rechnungskontrolle nach Abschluß des Haushaltsjahres (Art. 114 GG) und bestimmen schließlich die Voraussetzungen und die Grenzen von Kreditaufnahmen (Art. 115 GG). Nähere Regelungen enthalten das Haushaltsgrundsätzegesetz (HGrG) und die Bundeshaushaltsordnung (BHO), die bereits erwähnt wurden (vgl. Rn. 55). Die Länder sind an die Art. 110ff. GG nicht gebunden. Die in den Landesverfassungen festgelegten Haushaltsgrundsätze entsprechen aber im wesentlichen den bundesverfassungsrechtlichen Regelungen. Über das Haushaltsgrundsätzegesetz, das auch für die Länder gilt, wird sogar – auf rechtlich nicht unproblematischem Wege – das Landesverfassungsrecht präjudiziert.

57   In den genannten Regelungen spiegelt sich der sog. Haushalts-
kreislauf wieder, der in vier Phasen abläuft:

- Aufstellung des Haushaltsplanes durch den Bundesfinanzminister und Beschlußfassung der Bundesregierung über den Entwurf eines Haushaltsgesetzes einschließlich des Haushaltsplanes;
- Beratung und Beschlußfassung im Bundestag und anschließend im Bundesrat, Feststellung des Haushaltsplanes durch Erlaß des Haushaltsgesetzes;
- Vollzug des Haushalts durch die Exekutive (vgl. dazu § 34 ff. BHO);
- Haushaltskontrolle: Rechnungslegung des Bundesfinanzministers, Rechnungsprüfung durch den Bundesrechnungshof und parlamentarische Entlastung der Bundesregierung (Art. 114 GG).

2. Die Bedeutung des Haushaltsplans

58   Der Haushaltsplan hat in allgemeiner Sicht eine dreifache Bedeutung.

a) *Finanzwirtschaftliche Bedeutung:* Der Haushaltsplan ist ein Zah-
lenwerk, in dem die zu erwartenden Einnahmen und die beabsichtigten Ausgaben des Staates vor Beginn der Haushaltsperiode einander
geordnet gegenübergestellt werden. Seiner primären Funktion nach
dient der Haushaltsplan einer geordneten Wirtschafts- und Rech-
nungsführung für einen in der Zukunft liegenden Zeitraum.

59   b) *Wirtschaftspolitische Bedeutung:* Der Staatshaushalt hat ferner erhebliche Bedeutung für den wirtschaftlichen Bereich. Da der Staat
der größte Unternehmer und Investor ist, wirkt er mit seinen haus-
haltspolitischen Entscheidungen – der damit verbundenen Fragen,
ob, wo und in welcher Höhe investiert wird – nachhaltig auf die
Wirtschaft ein. Es liegt sogar nahe, den Haushalt als wirtschaftspolitisches Instrument einzusetzen.

60   c) *Staatspolitische Bedeutung:* Im Haushaltsplan kommen vor allem
die politischen Zielsetzungen der Regierung und der sie tragenden
Parlamentsmehrheit zum Ausdruck. Da die Wahrnehmung der meisten staatlichen Aufgaben mit Ausgaben verbunden ist, ergibt sich
bereits aus dem Haushaltsplan, welche Aufgaben in welchem Umfang
in Angriff genommen oder fortgeführt werden sollen. Der Haushaltsgesetzgeber entscheidet darüber, ob mehr oder weniger für den Sozialbereich, den Verteidigungsbereich, den Hochschulbereich usw.
ausgegeben und damit der eine oder andere Bereich mehr oder weni-

ger gefördert werden soll. Dementsprechend stellt das BVerfG zutreffend fest, daß der Haushaltsplan – zeitlich begrenzt und ausgabenbezogen – ein Regierungsprogramm in Gesetzesform enthalte und die Regierungspolitik in Zahlen widerspiegle (BVerfGE 79, 311, 329). Da die staatlichen Mittel begrenzt sind – auch wenn das Gerede von den „leeren Kassen" angesichts eines Bundeshaushalts von über 220 Mrd. Euro ziemlich merkwürdig klingt –, muß der Haushaltsgesetzgeber Prioritäten setzen. Das gilt um so mehr, als ein erheblicher Teil der Mittel gesetzlich festgelegt ist und daher nur noch ein beschränkter Betrag zur freien Verfügung steht.

3. Die Rechtsnatur des Haushaltsplans

Der Haushaltsplan ist an sich nichts anderes als eine Gegenüberstellung von erwarteten Einnahmen und beabsichtigten Ausgaben. Er beruht bezüglich der Einnahmen auf Prognosen und enthält Absichtserklärungen im Blick auf die Ausgaben. Diese Absichtserklärungen werden jedoch dadurch rechtserheblich, daß der Haushaltsplan „durch das Haushaltsgesetz festgestellt" wird (Art. 110 II 1 GG). Der Haushaltsplan, der dem Haushaltsgesetz als Anlage beigefügt wird, nimmt somit an der Gesetzeskraft des Haushaltsgesetzes teil. Die Gesetzesform hat vor allem kompetentielle Bedeutung. Sie soll die Zuständigkeit des (gesetzgebenden) Parlaments begründen und zugleich die Garantien des Gesetzgebungsverfahrens, insbesondere dessen Publizität, gewährleisten. Im Gegensatz zu den allgemeinen Gesetzen begründet der durch das Haushaltsgesetz festgestellte Haushaltsplan keine Rechte und Pflichten für den Bürger (§ 3 II HGrG, § 3 II BHO). Er ist – nach der traditionellen Terminologie – kein Gesetz im materiellen Sinne, sondern nur ein Gesetz im formellen Sinne (vgl. dazu oben § 17 Rn. 7 ff.). Dagegen bestehen Rechtswirkungen im staatsinternen Bereich. Der Haushaltsplan ermächtigt die Exekutive, die angegebenen Beträge auszugeben; er beschränkt sie aber auch, weil nur die dort ausgewiesenen Beträge ausgegeben werden dürfen. Eine Pflicht zur Ausgabe besteht nicht. Allerdings dürfte die Exekutive politisch betrachtet in Zugzwang kommen, wenn im Haushalt bestimmte Beträge zur Förderung gewisser Projekte vorgesehen sind. Wenn das Parlament

61

die Exekutive zu Leistungen, etwa zur Vergabe von Subventionen, *rechtlich verpflichten* will, muß sie ein entsprechendes Gesetz im materiellen Sinn erlassen.

62   **Fall:** Im Haushaltsplan werden 50 Mio DM für den Weinanbau zur Förderung neuer Rebsorten bereitgestellt. Eine gesetzliche Regelung besteht nicht. Der Winzer W beantragt aufgrund des Haushaltsplanes einen Betrag in Höhe von 50 000 DM; er ist der Meinung, daß bei ihm die Voraussetzungen der Förderung sicher vorliegen. Hat sein Antrag Aussicht auf Erfolg? W kann sich nicht auf den Haushaltsplan berufen, da dieser keine Rechte Dritter begründet (§ 3 II HGrG, § 3 II BHO). Es ist sogar fraglich, ob die Verwaltung ohne besondere gesetzliche Regelung das Geld ausgeben darf (Problem des Gesetzesvorbehalts). Das BVerwG bejaht dies, da das Haushaltsgesetz eine ausreichende Rechtsgrundlage darstelle (BVerwGE 6, 282, 287 f.; 90, 112, 126). In der Literatur ist das allerdings strittig (vgl. *Maurer,* VerwR § 6 Rn. 14). Aber auch dann, wenn man der Rechtsprechung folgt, besteht keine Verpflichtung der Verwaltung und schon gar kein Anspruch des W. Anders ist es nur, wenn W darauf hinweisen kann, daß die Verwaltung in vergleichbaren Fällen Beihilfen gewährte, er aber ohne sachlichen Grund nicht berücksichtigt wurde. Er kann sich dann zwar auch nicht auf den Haushaltsplan oder die Verwaltungsrichtlinien, aber auf den Gleichheitssatz des Art. 3 I GG berufen.

4. Das Haushaltsfeststellungsverfahren

63   a) *Regierungsinterne Vorbereitung.* Die Aufstellung des Haushaltsplanes fällt zunächst in den Kompetenzbereich der Bundesregierung, insbesondere des Bundesfinanzministers, der dadurch eine besondere Stellung im Kabinett erlangt. Sie beginnt damit, daß der Bundesfinanzminister die Voranschläge der Bundesminister und der Verfassungsorgane mit eigenem Haushaltitel (Bundespräsident, Bundestag usw.) sammelt, prüft und aufeinander abzustimmen versucht. Er kann die Voranschläge – nach Benehmen mit den beteiligten Stellen und damit nach oft langwierigen Verhandlungen – abändern, was in der Regel auf Kürzungen hinauslaufen wird. Wenn es sich um eine Angelegenheit von grundsätzlicher oder erheblicher finanzieller Bedeutung handelt, kann der betroffene Bundesminister die Entscheidung der Bundesregierung beantragen. Der Bundesfinanzminister kann jedoch gegen den Regierungsbeschluß Widerspruch einlegen, der nur durch einen erneuten Regierungsbeschluß mit absoluter Mehrheit einschließlich der Stimme des Bundeskanzlers überwunden werden kann. Hat der Bundesfinanz-

minister den Bundeskanzler auf seiner Seite, kann er sich durchsetzen. Dasselbe gilt für den abschließenden Entwurf des Haushaltsgesetzes mit Haushaltsplan, der – wie auch sonst – im Wege der Gesetzesinitiative im Bundestag eingebracht wird.

Vgl. dazu §§ 27 ff. BHO, § 26 GeschOBReg.

b) *Gesetzgebungsverfahren.* Die Gesetzesinitiative steht ausschließ- **64** lich der Bundesregierung zu. Bundesrat und Mitglieder des Bundestages haben – im Gegensatz zur allgemeinen Regelung des Art. 76 I GG – insoweit kein Initiativrecht. Das ergibt sich aus Art. 110 III und Art. 113 I 1 GG, aber auch aus sachlichen Gründen. Dem Bundesrat und den Mitgliedern des Bundestages fehlen schon die erforderlichen Sachkenntnisse für die Aufstellung des komplizierten Haushaltsplanes, ganz abgesehen davon, daß es um eine typisch exekutive Maßnahme geht. Aus Gründen der Beschleunigung wird der Entwurf des Haushaltsgesetzes gleichzeitig mit der Zuleitung an den Bundesrat im Bundestag eingebracht. Verfahrensrechtlich wird der Entwurf im Bundestag wie andere Gesetzesentwürfe behandelt. Er wird in drei Lesungen und vor allem im zuständigen Ausschuß (Haushaltsausschuß) beraten.

Das Haushalts- oder Budgetrecht des Parlaments ist ein wesentliches Ele- **65** ment der parlamentarischen Kontrolle (vgl. dazu bereits oben § 13 Rn. 131). Die Vorlage des Haushaltsplans löst daher in aller Regel auch eine grundsätzliche politische Debatte aus. Die Regierung nimmt die Gelegenheit wahr, ihre Politik zu verdeutlichen und zu vertreten; die Opposition nimmt die Haushaltsdebatte zum Anlaß, die tatsächlichen oder vermeintlichen Schwächen der Regierung aufzudecken und anzuprangern. Die zahlreichen Einzelfragen können in der Plenardebatte nicht erörtert werden. Deshalb erhält der Haushaltsausschuß des Bundestages, der die Einzelheiten zu behandeln hat, eine dominierende Stellung (vgl. dazu §§ 95, 96 GeschOBT). Nicht nur die Fraktionen, sondern auch die einzelnen Abgeordneten können Abänderungsanträge stellen (vgl. BVerfGE 70, 324, 356). Das ausschließliche Initiativrecht der Bundesregierung schließt auch weitgehende Abänderungsanträge nicht aus.

Nach der abschließenden Beschlußfassung des Bundestages hat **66** der *Bundesrat* zu entscheiden. Da es sich um kein zustimmungsbedürftiges Gesetz handelt, kann er jedoch nur Einspruch einlegen, der vom Bundestag mit absoluter Mehrheit zurückgewiesen werden kann. Tatsächlich hat der Bundesrat das Haushaltsgesetz mit dem Haushaltsplan in aller Regel passieren lassen.

67   c) *Zustimmung der Bundesregierung.* Nach Art. 113 I GG bedürfen
Gesetze, welche die von der Bundesregierung vorgeschlagenen
Ausgaben des Haushaltsplanes erhöhen oder neue Ausgaben in sich
schließen oder für die Zukunft mit sich bringen, der Zustimmung
der Bundesregierung. Das gilt nicht nur, aber auch und vor allem
für die Haushaltsberatungen. Diese Regelung ist bemerkenswert.
Früher waren es die Stände und Parlamente, die in heftigen Auseinandersetzungen mit der monarchischen Regierung das Steuer-
und Ausgabebewilligungsrecht erkämpften, um die Ausgabefreudigkeit des Monarchen zu beschränken, ja die Stände und Parlamente
sind z. T. gerade in und durch diese Auseinandersetzungen entstanden. Nunmehr ist es offenbar das Parlament, das nach Auffassung
des Grundgesetzes der Beschränkung durch die Exekutive bedarf.

68   Die ursprüngliche Fassung des Art. 113 GG beschränkte sich auf die Zustimmungsbedürftigkeit der finanzwirksamen Gesetze. Sie erwies sich als zu
stringent, zumal sie erst nach Abschluß des Gesetzgebungsverfahrens und damit
in einem zu späten Stadium griff. Durch die Neufassung des Art. 113 GG von
1969 sollte die Bundesregierung die Möglichkeit erhalten, bereits während des
Gesetzgebungsverfahrens zu intervenieren. Aber auch diese Regelung ist nicht
effektiv. Das ist leicht zu erklären. Art. 113 GG geht vom Dualismus Parlament und Regierung aus. Tatsächlich sind aber die Parlamentsmehrheit und
die von ihr bestellte Regierung parteipolitisch miteinander verbunden. Hält
die Bundesregierung Leistungsgesetze für überzogen, wird sie bereits informell
bei ihrer Fraktion vorstellig werden; setzt sie sich dort nicht durch, würde sie
sich durch Verweigerung der Zustimmung bloßstellen. Das gilt um so mehr,
als die Versagung angekündigter oder sogar anlaufender Leistungen nicht gerade populär ist. Immerhin kann die Bundesregierung präventiv auf die Möglichkeit der Zustimmungsverweigerung hinweisen. Vgl. dazu auch *Fischer-
Menshausen,* MüK Art. 113 Rn. 14 m. w. N.

5. Haushaltsgrundsätze

69   Der Haushalt wird durch eine ganze Reihe von Grundsätzen
bestimmt, die teilweise bereits im Grundgesetz festgelegt sind, teilweise in einfach-gesetzlichen Regelungen, insbesondere im Haushaltsgrundsätzegesetz, erscheinen und teilweise finanzwissenschaft-
lichen Erkenntnissen und praktischen Erfahrungen entsprechen. Sie
sind dementsprechend auch unterschiedlich verbindlich. Zudem
gelten sie als Grundsätze nur unter dem Vorbehalt von Ausnahmen.
Verfassungsrechtlich bestehen folgende Haushaltsgrundsätze:

a) *Grundsatz der Vollständigkeit und Einheit* (Art. 110 I 1 GG): *Alle* (zu erwar- **70** tenden) Einnahmen und (beabsichtigten) Ausgaben müssen im Haushaltsplan aufgeführt werden, und zwar in *einem* Haushaltsplan.

b) *Bruttoprinzip und Grundsatz der Spezialität:* Aus Art. 110 I 1 GG ergibt sich ferner, daß die Einnahmen und Ausgaben getrennt erscheinen müssen, also nicht saldiert werden dürfen. Ferner müssen die Ansätze im Haushaltsplan hinreichend spezialisiert sein. Das gilt vor allem für die Ausgabenseite. Der Haushaltsplan kann seine Bindungswirkung nur dann entfalten, wenn die einzelnen Posten nach Höhe und Zweck ausreichend bestimmt sind.

c) *Grundsatz des Haushaltsausgleichs* (Art. 110 I 2 GG): Die Einnahmen und die Ausgaben müssen formal ausgeglichen sein, es dürfen also nicht mehr Ausgaben vorgesehen werden als Einnahmen aufgrund der Schätzungen zu erwarten sind. Dieser Grundsatz ist auch dann verletzt, wenn das Endergebnis rechnerisch „stimmt", aber falsche Zahlen eingesetzt wurden.

d) *Grundsatz der Periodizität und der Vorherigkeit* (Art. 110 II 1 GG): Der Haushalt muß für eine bestimmte Zeit (ein Jahr, möglicherweise auch mehrere Jahre) festgestellt werden und *vor* Beginn des (ersten) Rechnungsjahres vorliegen.

e) *Bepackungsverbot* (Art. 110 IV 1 GG): Das Haushaltsgesetz darf nur Vorschriften enthalten, die sich (sachlich) auf die Einnahmen und Ausgaben beziehen und (zeitlich) auf das Haushaltsjahr beschränken. Es darf also nicht mit anderen Vorschriften „bepackt" werden. Das sachliche und zeitliche Bepackungsverbot ergibt sich aus der spezifischen Funktion des Haushaltsplanes und seiner zeitlichen Begrenzung.

f) *Grundsatz des gesamtwirtschaftlichen Gleichgewichts* (Art. 109 II GG): Der Haushalt muß den Erfordernissen des gesamtwirtschaftlichen Gleichgewichts Rechnung tragen, vgl. dazu bereits oben Rn. 53 f.

6. Sonderregelungen

a) *Nothaushalt* (Art. 111 GG). Das Grundgesetz fordert, daß **71** der Haushalt rechtzeitig vor Beginn des Haushaltsjahres festgestellt wird, damit die Exekutive eine ausreichende Basis für ihre Haushaltsführung erhält. Indessen kommt es immer wieder vor, daß dieses Ziel nicht erreicht wird. Für diesen Fall des etatlosen Zustandes ermächtigt das Grundgesetz die Bundesregierung, bestimmte Ausgaben zu leisten. Es handelt sich zum einen um Ausgaben, die der Erfüllung rechtlicher Verpflichtungen dienen (etwa Bezahlung der Beamtengehälter), und zum anderen um Ausgaben, die erforderlich sind, um bereits begonnene Projekte fortzusetzen (etwa bestimmte Bauvorhaben). Art. 111 GG ist als Ausnahmeregelung eng auszulegen. Er bietet vor allem keine Basis für die Finanzierung neuer politischer Vorhaben. Der Grundgedanke ist, daß das, was aus rechtlichen oder sachlichen Gründen ohnehin bezahlt werden muß, im Vorgriff auf den späteren Haushalt geleistet werden darf.

72   Die Gründe für den etatlosen Zustand können unterschiedlich sein. Es ist einmal möglich, daß es bei der Aufstellung des ohnehin komplizierten Haushaltsplanes oder bei seinen Beratungen im Bundestag zu Verzögerungen gekommen ist. In den ersten Jahrzehnten der Bundesrepublik war dies die Regel, was vom BVerfG gerügt worden ist (BVerfGE 45, 1, 33); seitdem ist der Haushalt mit wenigen Ausnahmen fristgerecht erlassen worden. Es ist zweitens möglich, daß sachliche Gründe, etwa ein Regierungswechsel im Herbst des Vorjahres oder neue politische Entwicklungen zu Verzögerungen führen. In diesem Fall ist die Anwendung des Art. 111 GG unproblematisch. Es ist drittens aber auch möglich, daß die Bundesregierung mit ihrem Haushaltsentwurf im Bundestag scheitert oder von vornherein auf die Vorlage eines Haushalts im Bundestag verzichtet, weil sie dort keine parlamentarische Mehrheit besitzt. Nach der h.L. greift Art. 111 GG auch in einem solchen Fall des Haushaltskonflikts ein. Dafür mag sprechen, daß die parlamentarische Instabilität nicht zu Lasten der Bürger gehen darf. Andererseits ist zu beachten, daß Art. 111 GG keinen Ersatzhaushalt für den Fall begründet, daß ein normaler Haushalt gem. Art. 110 GG nicht zustande kommt. Die vorläufige Haushaltsführung aufgrund Art. 111 GG ist, wie das BVerfG feststellt, „nur für kurzfristige Ausnahmesituationen gedacht" (BVerfGE 66, 26, 38). Daran ändert auch Art. 67 GG nichts (darauf beruft sich G. Kisker, HStR Bd. IV (1990) S. 254). Wenn der Minderheitenkanzler auf der gesetzlichen Ebene nicht weiterkommt, muß er den Weg des Gesetzgebungsnotstandes gem. Art. 81 GG versuchen. Art. 111 GG ist daher bei einem Haushaltskonflikt nur vorübergehend bis zur Klärung der tatsächlichen politischen Verhältnisse anwendbar.

73   b) *Über- und außerplanmäßige Ausgaben* (Art. 112 GG). Der Haushaltsplan orientiert sich am voraussichtlichen Bedarf; er beruht – wie alle Pläne – auf Prognosen und Schätzungen. Es kommt daher immer wieder vor, daß die Entwicklung anders verläuft, als ursprünglich angenommen wurde, daß bewilligte Beträge nicht ausreichen oder daß neue Aufgaben auftauchen. Die dafür erforderlichen Finanzmittel müssen durch einen Nachtragshaushalt gedeckt werden, der in gleicher Weise wie der Haushaltsplan erlassen wird. Für den Fall, daß auch ein Nachtragshaushalt aus sachlichen oder zeitlichen Gründen nicht genügt, greift Art. 112 GG ein. Danach ist der Bundesfinanzminister berechtigt, bei einem unvorhergesehenen und unabweisbaren Bedürfnis eine überplanmäßige oder außerplanmäßige Ausgabe zu bewilligen. An die Stelle des vom

Bundestag beschlossenen Haushaltsplans tritt die vom Bundesfinanzminister erteilte Ermächtigung. Es versteht sich von selbst, daß dies eine eng begrenzte Ausnahme bleiben muß. Dementsprechend stellt das BVerfG fest, „daß Art. 112 GG dem Bundesminister der Finanzen lediglich eine subsidiäre Kompetenz für dringende Notfälle einräumt" (BVerfGE 45, 1, 37).

Vgl. dazu näher §§ 37, 116 I BHO, durch die Art. 112 GG konkretisiert **74** und ausgeführt wird. – Eine Ausgabe ist überplanmäßig, wenn sie über die Ansätze im Haushaltsplan hinausgeht, und außerplanmäßig, wenn sie im Haushaltsplan überhaupt nicht erscheint. Das Bedürfnis ist „unvorhergesehen", wenn es zur Zeit der Aufstellung und der Beratung des Haushaltsplanes nicht oder nicht in diesem Ausmaß erkannt wurde, und „unabweisbar", wenn es sachlich unbedingt notwendig und zeitlich unaufschiebbar ist. Soweit besteht in der Literatur und Rechtsprechung Übereinstimmung (vgl. BVerfGE 45, 1, 38 ff.). Strittig ist dagegen die Entscheidungskompetenz. Das überrascht, weil Art. 112 GG die Zuständigkeit zur Notbewilligung eindeutig dem Bundesfinanzminister zuweist. Diese Zuweisung ist um so beachtlicher, als die übrigen Vorschriften des Haushaltsverfassungsrechts (Art. 110, 111, 113, 114 GG) die Bundesregierung für zuständig erklären. Indessen folgert das BVerfG gerade aus diesen Vorschriften, daß die Bundesregierung generell in diesem Bereich zuständig sei und daher der Bundesfinanzminister die Zustimmung nach Art. 112 GG nur erteilen könne, wenn die Bundesregierung die Mittel vorher freigegeben habe (BVerfGE 45, 1, 46 ff., a. A. das Sondervotum von Niebler, S. 52 ff.). Das Zustimmungsrecht des Bundesfinanzministers reduziert sich damit auf ein Ablehnungsrecht. Das läßt sich mit dem klaren Wortlaut, dem systematischen Zusammenhang und dem Zweck der Regelung nicht vereinbaren. Das BVerfG wird offenbar durch den – seiner Entscheidung zugrunde liegenden – Fall beeinflußt, daß die gegen Jahresende noch vorhandenen Mittel verteilt werden sollen. Art. 112 GG betrifft jedoch nicht die Verteilung von Restmitteln, sondern die Soforthilfe, wenn ein unvorhergesehenes und unabweisbares Bedürfnis i. S. des Art. 112 GG vorliegt. Der Bundesfinanzminister ist allerdings nach dem Grundsatz der Verfassungsorgantreue verpflichtet, die Bundesregierung und den Bundestag vorher zu informieren und zu konsultieren (BVerfGE 45, 1, 39). Ferner darf er die Zustimmung gem. Art. 112 GG nur aus finanzpolitischen Gründen erteilen oder ablehnen. Es wäre daher mißbräuchlich, wenn er mit Hilfe dieser Kompetenz „allgemeine Politik betreiben" würde, wenn er z. B. den Antrag des Außenministers auf Bewilligung einer Soforthilfe für einen afrikanischen Staat deshalb ablehnen würde, weil er die Regierung dieses Landes politisch ablehnt. Die Richtlinienkompetenz des Bundeskanzlers greift, soweit es um die finanzpolitischen Aspekte geht, hier nicht ein, weil Art. 112 GG eine Sondervorschrift gegenüber der allgemeinen Richtlinienkompetenz des Bundeskanzlers darstellt (vgl. dazu bereits oben § 14 Rn. 51). – Vgl. zum sog. Notbewilligungsrecht des Bundesfinanzministers nach Art. 112 GG: *K. H. Friauf,* Gedächtnisschrift für F. Klein, 1977, 162 ff.; *H.-B. Leibinger/B. Jordan,* DÖV 1989, 16 ff.; *M. Dorn,* DÖV 1989, 707 ff.

7. Haushaltsvollzug und Haushaltskontrolle

75 a) *Haushaltsvollzug.* Der „Vollzug des Haushalts" ist wieder Sache der Exekutive. Der übliche Ausdruck ist allerdings nicht ganz glücklich, weil die Exekutive genau genommen den Haushalt nicht vollzieht, sondern bei der Wahrnehmung ihrer gesetzesvollziehenden und sonstigen Verwaltungstätigkeit die im Haushalt bereitgestellten Mittel abruft. Die Exekutive ist, wie bereits dargelegt wurde, nicht verpflichtet, die Mittel auszugeben, wird aber durch die Festlegungen des Haushalts in ihrer Tätigkeit beschränkt.

76 Verschiedentlich werden im Haushaltsplan bestimmte Ansätze mit einem Vorbehalt oder einem Sperrvermerk versehen. Die dadurch betroffenen Beträge dürfen erst ausgegeben werden, wenn sie durch Beschluß des Bundestages oder des Haushaltsausschusses des Bundestages freigegeben werden. Das ist verfassungsrechtlich nicht ganz unproblematisch, wird aber von der h. L. anerkannt, vgl. *Kisker,* HStR IV (1990) S. 258 f.; *Jarass,* JP Art. 110 GG Rn. 6 m. w. N. Vgl. dazu auch § 23 BHO.

77 Der Haushaltsvollzug ist im Grundgesetz nicht näher geregelt. Immerhin läßt sich aus Art. 114 II GG der Grundsatz der Wirtschaftlichkeit und Sparsamkeit entnehmen; denn wenn sich die Kontrolle darauf erstreckt, muß er auch vom Kontrollierten beachtet werden (*Stern,* Staatsrecht II, S. 1251 f.). Dagegen finden sich im Haushaltsgrundsätzegesetz (§§ 19 ff.) und in der Bundeshaushaltsordnung (§§ 34 ff.) zahlreiche Einzelregelungen über die „Ausführung des Haushaltsplans".

78 b) *Politische Kontrolle.* Der Bundestag und der Bundesrat, die den Haushaltsplan beraten und festgestellt haben, prüfen nach dem Ende des Haushaltsjahres, ob die Exekutive die Festlegungen des Haushaltsplanes beachtet hat (Art. 114 GG). Der Bundesfinanzminister ist verpflichtet, über alle Einnahmen und Ausgaben sowie über den Vermögens- und Schuldenstand Rechnung zu legen. Zunächst prüft der Bundesrechnungshof, der als unabhängiges Organ den Bundestag und den Bundesrat bei der Rechnungslegung unterstützt. Anschließend gehen die Rechnungslegung des Bundesfinanzministers und der Bericht des Bundesrechnungshofes an den Bundestag und den Bundesrat, die über die „Entlastung" der Bundesregierung zu entscheiden haben. Mit der Entlastung wird die Ordnungsmäßigkeit der Haushaltsführung bestätigt. Sie hat nur politische, keine rechtliche Bedeutung. Daher schließt sie rechtliche Maßnahmen, z. B. eine verfassungsgerichtliche Kontrolle oder Schadensersatzansprüche, nicht aus. Ebenso hat die Verweigerung der Entlastung nur politische und keine rechtliche Bedeutung. Sie stellt eine politische Mißbilligung dar, löst aber keine Rechtsfolgen aus, zwingt insbesondere die Bundesregierung oder den Bundesfinanzminister nicht zum Rücktritt.

Die Öffentlichkeitswirkung ist ebenfalls gering, da sich nach Jahr und Tag kaum noch jemand dafür interessiert, zumal das Finanz- und Haushaltswesen für die Allgemeinheit ohnehin ein Buch mit sieben Siegeln ist.

Vgl. näher zur Rechnungsprüfung und zum Bundesrechnungshof Gesetz über Errichtung und Aufgaben des Bundesrechnungshofes (Sart. Nr. 705); *G. Kisker,* HStR IV (1990) S. 278 ff.; *J. Wieland,* Rechnungshofkontrolle im demokratischen Rechtsstaat, DVBl. 1995, 894 ff.; *Ch. Degenhart/H. Schulze-Fielitz,* Kontrolle der Verwaltung durch Rechnungshöfe, Referate mit Diskussion, VVDStRL 55 (1996) S. 190 ff.

b) *Verfassungsgerichtliche Kontrolle.* Die politische Kontrolle des **79** Bundestages und des Bundesrates schließen rechtliche Aspekte ein, eine anschließende oder sogar gleichzeitige verfassungsgerichtliche Prüfung aber nicht aus (BVerfGE 45, 1, 34). In der Regel dürfte jedoch die verfassungsgerichtliche Prüfung bereits früher einsetzen und das Haushaltsgesetz oder den Haushaltsplan betreffen, sei es, daß Vorschriften des Haushaltsgesetzes, etwa eine Ermächtigung zur Kreditaufnahme, sei es, daß im Haushalt ausgewiesene Beträge, etwa die Parteifinanzierung, beanstandet werden. In Betracht kommen die abstrakte Normenkontrolle gem. Art. 93 I Nr. 2 GG und das Organstreitverfahren gem. Art. 93 I Nr. 1 GG. Die abstrakte Normenkontrolle erfaßt auch nur formelle Gesetze, wenn und weil sie Rechtswirkungen entfalten. Da das Haushaltsgesetz den Haushaltsplan feststellt und die Exekutive zu entsprechenden Ausgaben ermächtigt, ist es auch dann verfassungswidrig, wenn und soweit die Ausweisung bestimmter Beträge mit dem Grundgesetz nicht vereinbar ist. Im Wege des Organstreitverfahrens können Verfassungsorgane geltend machen, daß sie durch die Ausweisungen im Haushaltsplan in ihren Rechten verletzt werden, so etwa politische Parteien, daß sie durch die Parteienfinanzierung in ihrem Recht auf Chancengleichheit gem. Art. 21 I GG verletzt werden. Dagegen scheidet eine konkrete Normenkontrolle aus, jedenfalls soweit

von Dritten Ansprüche geltend gemacht werden, weil sich das
Haushaltsgesetz und der Haushaltsplan auf den staatsinternen Bereich beschränken. Das gleiche gilt für die Verfassungsbeschwerde.

Vgl. BVerfGE 20, 56, 86 ff. (Parteifinanzierung, abstrakte Normenkontrolle
auf Antrag einer Landesregierung); BVerfGE 20, 134, 140 ff. (Parteifinanzierung, Organstreitverfahren auf Antrag einer politischen Partei); BVerfGE 38,
121, 127 (konkrete Normenkontrolle); BVerfGE 45, 1, 28 ff. (Notbewilligungsrecht des Bundesfinanzministers, Organstreitverfahren auf Antrag einer Bun-
destags-Fraktion); BVerfGE 70, 324, 349 ff. (Bereitstellung von Mitteln für die
Nachrichtendienste, Organstreitverfahren auf Antrag eines Abgeordneten und
einer Fraktion des Bundestages); BVerfGE 79, 311, 326 ff. (Ermächtigung zur
Kreditaufnahme, abstrakte Normenkontrolle auf Antrag von Mitgliedern des
Bundestages); vgl. zu den verschiedenen Verfahren und ihren Voraussetzungen
bereits oben § 20 Rn. 40 ff.

VII. Kreditaufnahmen

1. Begriff und Bedeutung

80   Die letzte Vorschrift des Abschnitts „Finanzwesen" regelt die
Voraussetzungen und die Grenzen der Aufnahme von Krediten sowie der Übernahme von Bürgschaften, Garantien oder sonstigen
Gewährleistungen (Art. 115 GG). Unter Kreditaufnahme ist die
Beschaffung von Geldmitteln am Kapitalmarkt zu verstehen. Die
Kredite sollen die Finanzlücken schließen, die durch die Steuern,
die sonstigen Abgaben und die übrigen Einnahmen nicht gedeckt
sind und nicht gedeckt werden können. Da sie verzinst und zurückgezahlt werden müssen, belasten sie die Haushalte der künftigen Rechnungsjahre. Ferner können sie, wenn sie eine bestimmte
Höhe erreichen, negative Auswirkungen für die Volkswirtschaft
haben, allerdings auch aus konjunkturellen Gründen sinnvoll und
notwendig sein. Durch die *Bürgschaft* verpflichtet sich der Staat
gegenüber dem Gläubiger eines Dritten, für dessen Schulden ein-
zustehen, falls dieser nicht bezahlen kann (§ 765 BGB, etwa Film-
bürgschaften). Durch die Garantie oder sonstigen Gewährleistungen sollen die finanziellen Risiken eines Unternehmers gemildert
oder beseitigt werden. Die Bürgschaften und Gewährleistungen
können zu erheblichen finanziellen Belastungen in den Folgejahren
führen.

2. Voraussetzungen und Grenzen der Kreditaufnahme

Art. 115 I 2 GG fordert für die Kreditaufnahme erstens eine gesetz-   **81**
liche Ermächtigung (Gesetzesvorbehalt) und zweitens die Beachtung
bestimmter Höchstgrenzen. Bezüglich der Höchstgrenzen ist zwischen der „Normallage" und der „Störungslage" zu unterscheiden (so
die Bezeichnungen in BVerfGE 79, 311, 334). In der Regel (Normallage) dürfen die Einnahmen aus den Krediten die im Haushaltsplan veranschlagten Investitionsausgaben nicht überschreiten. Damit
stellt sich die Frage nach dem Investitionsbegriff. Nach der h.L. sind
unter Investitionsausgaben – im Gegensatz zu den konsumtiven Ausgaben, die dem Verbrauch dienen – Ausgaben für Maßnahmen zu
verstehen, „die bei makroökonomischer Betrachtung die Produktionsmittel der Volkswirtschaft erhalten, vermehren oder verbes-
sern". Diese Bestimmung ist noch sehr allgemein, im einzelnen
bestehen noch erhebliche Unsicherheiten (vgl. dazu etwa *Stern,*
Staatsrecht II, S. 1279 ff.; *K.H. Friauf,* HStR IV (1990) S. 342 ff.). Bei
einer Störungslage, d.h. zur Abwehr einer Störung des gesamtwirtschaftlichen Gleichgewichts i.S. des Art. 109 II GG, können diese
Höchstgrenzen überschritten werden; sie müssen aber dem Ziel dienen, die Störung zu beseitigen und die Normallage wieder herzustellen.

Vgl. dazu BVerfGE 79, 311, 328 ff.; *K.H. Friauf,* Staatskredit, HStR IV
(1990) S. 321 ff.; *L. Osterloh,* Staatsverschuldung als Rechtsproblem?, NJW
1990, 145 ff.; *W. Höfling,* Staatsschuldenrecht, 1993; *J. Isensee,* Staatsverschuldung im Haushaltsvollzug, DVBl. 1996, 173 ff.; *K. Schwarz,* Voraussetzungen
und Grenzen staatlicher Kreditaufnahme, DÖV 1998, 721 ff.

Literatur (Zu I.–IV. Finanzverfassung): *J. Isensee,* Steuerstaat als Staats-   **82**
form, Festschrift für H.P. Ipsen, 1977, 409 ff.; *P. Kirchhof,* Der Verfassungsauftrag zum Länderfinanzausgleich als Ergänzung fehlender und als Garant vorhan-
dener Finanzautonomie, 1982; *ders.,* Die Finanzierung des Leistungsstaates, Jura
1983, 505 ff.; *K. Vogel,* Grundzüge des Finanzrechts des Grundgesetzes, HStR
IV (1990) S. 3 ff.; *P. Kirchhof,* Staatliche Einnahmen, HStR IV (1990) S. 87 ff.;
H. H. von Arnim, Finanzzuständigkeit, HStR IV (1990) S. 987 ff.; *R. Wendt,*
Finanzhoheit und Finanzausgleich, HStR IV (1990) S. 1021 ff.; *W. Heun,*
Strukturprobleme des Finanzausgleichs, Der Staat Bd. 31 (1992) S. 205 ff.;
P. Selmer/F. Kirchhof, Grundsätze der Finanzverfassung des vereinten Deutsch-
lands, Referate mit Diskussion, VVDStRL 52 (1993) S. 10 ff.; *F. Klein,* Bund
und Länder nach der Finanzverfassung des Grundgesetzes, HVerfR S. 1103 ff.;
U. Häde, Die bundesstaatliche Finanzverfassung des Grundgesetzes, JA 1994,
1 ff., 33 ff.; *D. Carl,* Bund-Länder-Finanzausgleich im Verfassungsstaat, 1995;

F. Schoch/J. Wieland, Finanzierungsverantwortung für gesetzgeberisch veranlaßte kommunale Aufgaben, 1995; *U. Häde,* Finanzausgleich. Die Verteilung der Aufgaben, Ausgaben und Einnahmen im Recht der Bundesrepublik Deutschland und der Europäischen Union, 1996; *St. Korioth,* Der Finanzausgleich zwischen Bund und Ländern, 1997; *J. W. Hidien,* Die Verteilung der Umsatzsteuer zwischen Bund und Ländern, 1998; *ders.,* Der bundesstaatliche Finanzausgleich in Deutschland, 1999; *K. Vogel,* Verfassungsrechtsprechung zum Steuerrecht, 1999; *H. D. Jarass,* Nichtsteuerliche Abgaben und lenkende Steuern unter dem Grundgesetz, 1999; *H.-G. Henneke,* Öffentliches Finanzwesen, Finanzverfassung, 2. Aufl. 2000; *U. Sacksofsky,* Umweltschutz durch nicht-steuerliche Abgaben, 2000; *Ch. Waldhoff,* Reformperspektiven der bundesstaatlichen Finanzverfassung im gestuften Verfahren, ZG 2000, 193 ff.; *J. Wieland,* Finanzverfassung, Steuerstaat und föderaler Ausgleich, in: BVerfG-Festschrift 2001, Bd. II, S. 771 ff.; *H.-G. Dederer,* Regreß des Bundes gegen ein Land bei Verletzung von EG-Recht, NVwZ 2001, 258 ff.; *I. Kesper,* Der Finanzausgleich in der Bundesrepublik Deutschland, NdsVBl. 2002, 1 ff.

83	**Literatur zu V. und VI. (Haushaltswesen):** *R. Mußgnug,* Der Haushaltsplan als Gesetz, 1976; *D. Birk,* Das Haushaltsrecht in der bundesstaatlichen Finanzverfassung, JA 1983, 563 ff.; *W. Heun,* Staatshaushalt und Staatsleitung, 1989; *G. Kisker,* Staatshaushalt, HStR IV (1990) S. 235 ff.; *H. W. Arndt,* Staatshaushalt und Verfassungsrecht, JuS 1990, 343 ff.; *U. Häde,* Einführung in das Haushaltsverfassungsrecht (Art. 109–115 GG), JA 1994, 80 ff.; *R. Heller,* Haushaltsgrundsätze für Bund, Länder und Gemeinden, 1998; *W. Hoffmann-Riem,* Finanzkontrolle als Steuerungsaufsicht im Gewährleistungsstaat, DÖV 1999, 221 ff.; *Ch. Gröpl,* Haushaltsrecht und Reform, 2000; *F. Kirchhof,* Der notwendige Ausstieg aus der Staatsverschuldung, DVBl. 2002, 1569 ff.

Rechtsprechung: BVerfGE 20, 56 (verfassungsrechtliche Überprüfung des Haushalts, Parteifinanzierung); BVerfGE 32, 145 (Finanzverwaltung); BVerfGE 45, 1 (Bewilligung über- und außerplanmäßiger Ausgaben durch den Bundesfinanzminister); BVerfGE 55, 274 (Sonderabgabe, Berufsausbildungsabgabe); BVerfGE 65, 325 (Zweitwohnungssteuer); BVerfGE 67, 256 (Investitionshilfe, Zwangsanleihe); BVerfGE 70, 324 (Mitwirkung bei der Beratung über die Haushalte der Geheimdienste); BVerfGE 72, 330; 86, 148; 101, 158 (Länderfinanzausgleich); BVerfGE 79, 311 (Kreditobergrenze, Erfordernis des gesamtwirtschaftlichen Gleichgewichts); BVerfGE 84, 239 (Steuererhebung); BVerfGE 92, 91 (Feuerwehrabgabe); BVerfGE 93, 121 (Vermögenssteuer; S. 138: Halbteilungsgrundsatz); BVerfGE 93, 319 (Wasserpfennig); BVerfGE 97, 332 (Kindergartengebühren); BVerfGE 98, 83 (landesrechtliche Abfallabgabe, Gesetzgebungskompetenz); BVerfGE 98, 106 (kommunale Verpackungssteuer, Gesetzgebungskompetenz); BVerfGE 101, 141 (Sonderabgaben); BVerfGE 105, 185 (Anteil der Bundesländer an den UMTS-Erlösen?). – BVerwGE 115, 32 (Studiengebühren für Langzeitstudierende).

5. Teil. Der Schutz der Verfassung

§ 22. Voraussetzungen und Grenzen der Verfassungsänderung

I. Grundlagen

1. Verfassunggebung und Verfassungsänderung

Nach der herrschenden Staatsrechtslehre, die bis auf die franzö- **1** sische Revolution und ihren Theoretiker Abbé Siéyès zurückgeht, ist zwischen der verfassunggebenden Gewalt (konstituierende Gewalt, pouvoir constituant) und den durch die Verfassung geschaffenen Gewalten (konstituierten Gewalten, pouvoir constitués) zu unterscheiden (vgl. bereits oben § 1 Rn. 34).

Die *verfassunggebende Gewalt* ist eine vorverfassungsrechtliche **2** Größe, die kraft ihrer Macht und Autorität in der Lage ist, eine neue Verfassung zu geben und näher auszugestalten. Sie tritt in Zeiten revolutionärer Umbrüche und grundlegender Neuordnungen hervor und schafft durch Erlaß einer neuen Verfassung die Grundlagen für die künftige Ordnung des Staats- und Gemeinwesens. Sie ist originär, elementar und rechtlich unabhängig. Daher ist sie auch nicht an die Regelungen und Grundsätze des bisherigen Verfassungsrechts gebunden. Verfassunggebung ist ein Neuanfang, auch wenn, was nicht ausgeschlossen ist, die bisher geltenden Grundsätze und Regelungen mehr oder weniger übernommen werden. Inhaber der verfassunggebenden Gewalt ist nach dem in der Gegenwart herrschenden Prinzip der Volkssouveränität das Volk. Davon geht auch das Grundgesetz aus. In der Präambel wird ausdrücklich betont, daß sich „das Deutsche Volk kraft seiner verfassungsgebenden Gewalt dieses Grundgesetz gegeben" habe.

Mit den *konstituierten Gewalten* sind diejenigen Organe und **3** Instanzen gemeint, die durch die konstituierende Gewalt im Wege der Verfassunggebung geschaffen und mit bestimmten Befugnissen ausgestattet worden sind. Dazu gehören nach geltendem Verfassungsrecht alle Verfassungsorgane, nämlich der Bundestag, der Bundesrat usw. Sie besitzen somit nicht nur demokratische Legitimität (vgl. dazu § 7 Rn. 21 ff.) sondern auch verfassungsrechtliche Legitimität. Zu den konstituierten Gewalten gehört auch das Volk, soweit es aufgrund der Verfassung bestimmte staatliche Aufgaben wahrzunehmen hat (Wahlen, Abstimmungen).

4   Da die Verfassung die Grundlage für das gesamte Staatsleben bildet und zudem auf den gesellschaftlichen Bereich einwirkt, muß sie stabil und dauerhaft sein. Sie darf nicht politischen Wechselfällen ausgeliefert sein, sondern muß dem politischen Prozeß einen festen Rahmen geben und die Staatsgewalt binden. Andererseits muß aber auch die Möglichkeit bestehen, auf neue Entwicklungen oder Erkenntnisse zu reagieren und die Verfassung angemessen zu ändern. Damit stellt sich die Frage, *wer unter welchen Voraussetzungen zur Änderung der Verfassung befugt ist.* Diese Frage läßt sich nicht abstrakt beantworten, sondern hängt von der jeweiligen Verfassung selbst ab.

5   Der Grundgesetzgeber hat die diesbezüglichen Regelungen in Art. 79 GG getroffen. Nach Art. 79 I 1 GG kann das Grundgesetz „durch ein Gesetz", d.h. durch die gesetzgebenden Organe im Gesetzgebungsverfahren, geändert werden. Maßgebend sind sonach die auch sonst für das Gesetzgebungsverfahren geltenden Vorschriften, etwa über die Gesetzesinitiative, die Beschlußfassung des Bundestages und die Ausfertigung durch den Bundespräsidenten. Sie werden jedoch durch einige spezifische Regelungen ergänzt und modifiziert. Die Verfassungsänderung erfordert nämlich (1) eine ausdrückliche Textänderung, (2) eine $^2/_3$-Mehrheit im Bundestag und im Bundesrat und (3) die Beachtung der Unantastbarkeitsgrenze des Art. 79 III GG. Nimmt man diese Vorschriften zusammen, dann mag der Eindruck entstehen, die Verfassungsänderung sei nichts anderes als eine qualifizierte Gesetzgebung. Dieser Eindruck wäre jedoch verfehlt. Dagegen spricht schon das Rangverhältnis zwischen der Verfassung und dem Gesetz, das in Art. 1 III GG und 20 III GG (Bindung der Gesetzgebung an die Verfassung), in Art. 93 I GG und Art. 100 I GG (gerichtliche Überprüfung der

Verfassungsmäßigkeit von Gesetzen) sowie in weiteren Vorschriften zum Ausdruck kommt. Der verfassungsändernde Gesetzgeber gehört zwar zu den konstituierten Gewalten, weil er seine Grundlage in der Verfassung hat. Er wirkt aber bis zu einem gewissen Grad auch konstituierend, weil er auf die Verfassung zugreifen und diese ändern kann. Durch diesen Zugriff wird er aber noch nicht zum Verfassunggeber, da er nicht – wie jener – ungebunden ist, sondern nur auf Grund und nach Maßgabe der Verfassung tätig werden darf. Die Verfassungsänderung steht somit als selbständige Kategorie zwischen der Verfassunggebung und der (einfachen) Gesetzgebung. In der Literatur wird deshalb auch von der „verfassungsändernden Gewalt" gesprochen, die zwischen der verfassunggebenden Gewalt und der gesetzgebenden Gewalt steht.

So z. B. – unter Hinweis auf G. *Burdeau,* der von pouvoir constituant constitué oder pouvoir constituant institué (im Gegensatz zum pouvoir constituant originaire) spricht – *Stern,* Staatsrecht I, S. 152 ff.; *Bryde,* MüK Art. 79 Rn. 3. – Wenn man diese „Zwischenstellung" anerkennt, dann ist die Verfassungsänderung nicht nur gegenüber dem Verfassunggeber und dem, was sich der Verfassunggeber in Art. 79 III GG vorbehalten hat, sondern auch gegenüber dem einfachen Gesetzgeber abzugrenzen und zu prüfen, was im Wege der Verfassungsänderung in das Grundgesetz aufgenommen und damit verfassungsfest gemacht werden darf und was der Gesetzgebung vorbehalten bleibt. Vgl. dazu auch *H. Maurer,* Verfassungsänderung im Parteienstaat, Festschrift für Heckel, 1999, S. 821 ff.

2. Begriffliche Bestimmung und Abgrenzung der Verfassungsänderung

a) *Eine Änderung des Grundgesetzes* i. S. des Art. 79 GG liegt vor, **6** wenn bestimmte Vorschriften oder Sätze des Grundgesetzes inhaltlich abgeändert, ergänzt oder aufgehoben werden oder wenn neue Vorschriften oder Sätze in das Grundgesetz eingefügt werden.

Die Änderung kann sich auf einige wenige Bestimmungen des Grundgesetzes, aber auch auf ganze Teile des Grundgesetzes beziehen. Selbst eine „Totalrevision", d. h. eine vollständige Überarbeitung und Neufassung des Grundgesetzes, stellt noch eine Änderung i. S. des Art. 79 I 1 GG dar. Sie ist allerdings nach Art. 79 III GG nur zulässig, wenn sie den verfassungsrechtlichen Grundentscheidungen und den sich zwingend daraus ergebenden Folgerungen entspricht, wenn also die Identität der Verfassung erhalten bleibt.

7   b) *Abgrenzung.* Die Verfassungsänderung (Grundgesetzänderung) ist von den folgenden Maßnahmen abzugrenzen, die – eben weil sie keine Verfassungsänderung darstellen – auch nicht durch Art. 79 GG gedeckt sind:

– die Verfassungssuspension: sie setzt bestimmte Verfassungsvorschriften, insbesondere Grundrechte, zeitweilig außer Kraft;
– die Verfassungsdurchbrechung: sie weicht – mit verfassungsändernder Mehrheit, aber ohne Textänderung – im Einzelfall von einer im übrigen fortbestehenden verfassungsrechtlichen Vorschrift ab;
– die stillschweigende Verfassungsänderung: sie ändert – mit verfassungsändernder Mehrheit, aber ohne im Verfassungstext selbst zu erscheinen – den Inhalt der Verfassung;
– die Verfassungsbeseitigung: sie erfolgt durch den (konstituierenden) Verfassunggeber und führt zur evolutionären Ersetzung der bisherigen Verfassung durch eine neue Verfassung (so die Revolution von 1918 und der Erlaß der Weimarer Reichsverfassung 1919);
– die Verfassungsvernichtung: sie zerstört als revolutionärer Akt die bisherige Verfassung und Verfassungsordnung, wobei sie entweder den Weg für eine neue Verfassungsordnung freimacht (so die französische Revolution 1789) oder in eine Diktatur mündet (so die sog. Machtergreifung der Nationalsozialisten unter Hitler 1933).

Zum Verfassungswandel, der darin besteht, daß eine verfassungsrechtliche Vorschrift nicht durch den verfassungsändernden Gesetzgeber geändert wird, sondern im Wege der Auslegung und Anwendung einen anderen Sinn erhält, vgl. bereits oben § 1 Rn. 74.

3. Historische und vergleichende Aspekte

8   a) Eine rechtsvergleichende Betrachtung zeigt, daß alle Verfassungen eine Änderungsklausel haben. Je nachdem, ob die Voraussetzungen für die Änderung streng oder großzügig sind, spricht man von rigiden bzw. flexiblen Verfassungen. Die ausführlichen und ins Detail gehenden Verfassungen müssen flexibel sein, damit sie auf Änderungen der tatsächlichen Verhältnisse reagieren können. Dagegen können die Verfassungen, die sich auf formelle Regelungen und allgemeine Grundsätze beschränken und damit auch ohne verfassungsändernde Anpassungen für die Zukunft offen sind, rigide sein. Die zweite Alternative entspricht dem Charakter der Verfassung als stabiler und dauerhafter Ordnung.

9   b) Das geltende Verfassungsänderungsrecht läßt sich nur richtig verstehen, wenn man die traditionelle Entwicklung in die Betrachtung einbezieht.

Die Reichsverfassung von 1871 konnte „im Wege der Gesetzgebung", d. h. durch einfache Gesetzesbeschlüsse des Reichstages und des Bundesrates, geändert werden. Die einzige Beschränkung bestand darin, daß ein Änderungsantrag „als abgelehnt galt", wenn sich 14 (der insgesamt 58) Stimmen im Bundesrat dagegen aussprachen (Art. 78 RV). Durch diese Sperrminorität konnten sich sowohl Preußen, das 17 Stimmen im Bundesrat hatte, als auch kleinere Staaten zusammen gegen eine Majorisierung zur Wehr setzen. Die Weimarer Reichsverfassung knüpfte daran an und verwies die Verfassungsänderung ebenfalls auf den „Weg der Gesetzgebung", forderte aber nunmehr eine $^{2}/_{3}$-Mehrheit im Reichstag und im Reichsrat (Art. 76 WRV).

In der Literatur und Praxis herrschte damals – sowohl im Kaiserreich als auch in der Weimarer Republik – die Auffassung, daß zwischen der Reichsverfassung und den Reichsgesetzen kein Rangunterschied bestehe, sondern beide – allerdings mit unterschiedlichen Mehrheiten – zur Disposition der Legislative stünden. Daher wurden auch die Verfassungsdurchbrechungen und die stillschweigenden Verfassungsänderungen (vgl. oben Rn. 7) für zulässig erachtet, sofern nur die erforderliche $^{2}/_{3}$-Mehrheit zustande kam. Noch schwerwiegender war die Auffassung, daß im Wege der Verfassungsänderung alles geändert werden könne, auch die tragenden Verfassungsgrundsätze, etwa das Demokratieprinzip, die Entscheidung für die Republik und die Bundesstaatlichkeit (so z. B. *G. Anschütz,* Kommentar zur Weimarer Reichsverfassung, 14. Aufl. 1933, Art. 76 Anm. 1 ff., S. 401 ff.). Die h. L. stieß freilich zunehmend auf Widerspruch. In der Literatur mehrten sich die Stimmen, die der Verfassung einen höheren Rang einräumten, stillschweigende Verfassungsänderungen und Verfassungsdurchbrechungen ablehnten und materielle Grenzen der Verfassungsänderung annahmen (so vor allem *Carl Schmitt,* Verfassungslehre, 1928, S. 102 ff.). In der Praxis konnte sich diese Gegenmeinung jedoch nicht mehr durchsetzen. Das Ermächtigungsgesetz vom 24. 3. 1933 wurde auf der Grundlage der h. L. erlassen und „legalisierte" die Machtergreifung der Nationalsozialisten (vgl. dazu bereits oben § 2 Rn. 79).

c) Nach 1945 wurden aus der Weimarer Diskussion und Praxis **10** die erforderlichen Konsequenzen gezogen. Die Nachkriegsverfassungen der Länder stellten erheblich höhere Anforderungen an ihre Änderung. Sie forderten eine qualifizierte Mehrheit im Landtag, z. T. auch zusätzlich einen Volksentscheid (so die 1946 erlassenen, auch heute noch geltenden Verfassungen von Bayern und Hessen); ferner forderten sie eine Textänderung und erklärten – mit unterschiedlichen Formulierungen, aber in der Sache übereinstimmend – die tragenden Verfassungsgrundsätze für unantastbar (vgl. dazu bereits oben § 2 Rn. 79). Das Grundgesetz knüpfte in Art. 79 GG daran an.

11   d) Ein breites Spektrum bieten die ausländischen Verfassungen: Die ausführlichen Regelungen der Schweiz (Art. 138 ff. Verf.) laufen darauf hinaus, daß die Verfassungsänderung durch Volksentscheid (der Gesamtbevölkerung und der Mehrheit der Kantone) bestätigt werden muß. In Frankreich ist ebenfalls eine Volksabstimmung erforderlich, sofern nicht der Staatspräsident die Sache dem Parlament zuweist, das dann mit $3/5$-Mehrheit entscheiden kann (Art. 89 Verf.). In Italien entscheiden die beiden Kammern mit jeweils absoluter Mehrheit, die von ihnen beschlossene Verfassungsänderung kann einer Volksabstimmung unterworfen werden (Art. 138 Verf.). In Österreich genügt in der Regel eine $2/3$-Mehrheit im Nationalrat und im Bundesrat, unter gewissen Voraussetzungen ist aber eine Volksabstimmung durchzuführen (Art. 44 Verf.). Im übrigen wird auf die Verfassungen der europäischen und außereuropäischen Länder verwiesen, vgl. zu den europäischen Verfassungen: Die Verfassungen der EG-Mitgliedstaaten, hg. von *A. Kimmel,* 5. Aufl. 2000 (dtv-Taschenbuch).

II. Die einzelnen Voraussetzungen der Änderung des Grundgesetzes

1. Textänderungsgebot

12   Die Grundgesetzänderung erfordert zunächst eine ausdrückliche Änderung des Wortlauts des Grundgesetzes. Sie muß sich also im Text des Grundgesetzes – sei es durch Weglassen, Hinzufügen oder Umstellen von Worten – selbst niederschlagen. Das ist kein reiner Formalismus, sondern soll sicherstellen, daß alle Rechtsvorschriften mit Verfassungsrang im Grundgesetz enthalten und dort ohne weiteres zu erkennen sind. Das ergibt sich bereits aus dem Begriff der formellen Verfassung, deren Sinn gerade darin besteht, alle maßgeblichen oder vom Verfassunggeber für maßgeblich erachteten staatsrechtlichen Regelungen in einer Verfassungsurkunde mit höherem Rang und verstärkter Bestandsfestigkeit zu vereinen.

13   Das Textänderungsgebot richtet sich in traditioneller Sicht gegen die stillschweigenden Verfassungsänderungen und Verfassungsdurchbrechungen der

Weimarer Zeit (vgl. bereits oben Rn. 9). Es soll einfach-gesetzliche Regelungen mit Verfassungsrang (sog. Nebenverfassungen) ausschließen. Die Verfassungsdurchbrechung war besonders problematisch, weil eine verfassungsrechtliche Regelung im Einzelfall auf die Seite geschoben wurde, im übrigen aber bestehen blieb. Aus dem Verbot der Verfassungsdurchbrechung ergibt sich auch, daß das Grundgesetz nur durch allgemeine, generell-abstrakte Neuregelungen geändert werden darf, es sei denn, daß es sich um singuläre Fälle handelt (vgl. entsprechend Art. 19 I 1 GG und oben § 9 Rn. 52). Fehlt z.B. für ein beabsichtigtes Bundesgesetz die erforderliche Gesetzgebungskompetenz des Bundes, dann kann nicht einfach – wie zur Weimarer Zeit – das Gesetz mit ²/₃-Mehrheit beschlossen und damit verfassungsrechtlich salviert werden. Es bietet sich aber ein Zwei-Stufen-Verfahren an: Zunächst wird das Grundgesetz geändert und die erforderliche Gesetzgebungskompetenz des Bundes (generell, nicht nur für diesen Fall) geschaffen, sodann wird auf dieser Grundlage das beabsichtigte Gesetz erlassen.

Eine *Sonderregelung* enthält Art. 79 I 2 GG. Danach genügt bei **14** bestimmten völkerrechtlichen Verträgen die ausdrückliche „Klarstellung" im Grundgesetz, daß der Abschluß und das Inkrafttreten dieser Verträge den Bestimmungen des Grundgesetzes nicht entgegenstehen. Diese Regelung will offenbar bestimmte Konstellationen vorsorglich lösen und hat damit Eventualcharakter: Sie ist eine vereinfachte Form der Verfassungsänderung, wenn und soweit die Verträge an sich verfassungswidrig sein sollten; sie ist eine authentische Verfassungsinterpretation, wenn und soweit die Verfassungsmäßigkeit dieser Verträge zweifelhaft sein sollte; sie ist eine echte Klarstellung, wenn und soweit diese Verträge ohnehin verfassungsgemäß sind. Der 1954 in das Grundgesetz eingefügte Art. 79 I 2 GG ist nur historisch zu erklären; praktisch hat er keine Bedeutung erlangt, da sich der Anlaßfall von selbst erledigte und weitere Fälle nicht vorgekommen sind (vgl. näher oben § 5 Rn. 16).

In der Literatur ist die Auslegung und die Verfassungsmäßigkeit (Vereinbarkeit mit Art. 79 III GG) umstritten, vgl. bereits die Nachweise oben § 5 Rn. 16; ferner *H. Ehmke*, Verfassungsänderung und Verfassungsdurchbrechung, AÖR Bd. 19 (1953/54) S. 385 ff.; *Bryde*, MüK Art. 79 Rn. 15 ff. m. w. N.

2. Qualifizierte Mehrheit im Bundestag und im Bundesrat

Während in der Regel der Bundestag mit einfacher Mehrheit **15** (Art. 42 II GG) und der Bundesrat mit absoluter Mehrheit (Art. 52 III 1 GG) entscheiden, ist bei Verfassungsänderungen in beiden

Gremien eine $^2/_3$-Mehrheit, und zwar berechnet nach der gesetzlichen Mitgliederzahl (nicht der Anwesenden), erforderlich. Diese erhöhten Mehrheiten sollen zum einen die Verfassungsänderung auf eine breite Basis stellen, insbesondere die Opposition in die Verfassungsänderung einbeziehen, und zum anderen die Bestandsfestigkeit der Verfassung gegen den Zugriff einfacher Mehrheiten sichern.

16   Art. 79 II GG setzt eine größere, mindestens ein Drittel der Mitglieder des Bundestages erfassende Opposition voraus. Er gehört zu den Vorschriften des Grundgesetzes, die deutlich machen, daß eine Große Koalition verfassungsrechtlich zwar nicht unzulässig ist, aber doch den Grundtendenzen des Grundgesetzes widerspricht und daher die Ausnahme bleiben sollte. Art. 21 I GG fordert und gewährleistet den Wettbewerb der Parteien. Problematisch ist es unter diesen Aspekten auch, wenn die Parteien die zwischen ihnen ausgehandelten Kompromisse „sicherheitshalber" verfassungsrechtlich festschreiben oder die von der Verfassung gezogenen Grenzen im Wege der Verfassungsänderung zu überwinden versuchen. Ein Beispiel für die zweite Alternative bildet der (allerdings mißglückte) Versuch, durch Änderung des Art. 48 III GG die verfassungsrechtliche Grundlage für eine neue Diätenregelung zu schaffen (vgl. dazu näher oben § 13 Rn. 77). Ein Beispiel für die erste Alternative ist der sog. Asylkompromiß, der zu der langwierigen Regelung des Art. 16 a GG führte, die ihrerseits wiederum nur mit $^2/_3$-Mehrheit geändert werden kann; vgl. dazu *A. Voßkuhle,* DÖV 1994, 53 ff.; *R. Scholz/K. G. Meyer-Teschendorf,* DÖV 1998, 10 ff.; *H. Maurer,* Festschrift für Heckel, 1999 S. 821 ff. Ähnliche Probleme stellen sich übrigens in Österreich, vgl. dazu *Adamovich/Funk/Holzinger,* Österreichisches Staatsrecht, Bd. I, 1997, S. 12.

3. Inhaltliche Schranken der Verfassungsänderung

17   a) Die sog. Ewigkeitsgarantie des Art. 79 III GG verbietet Verfassungsänderungen, die die verfassungsrechtlichen Grundentscheidungen und damit die prägenden Elemente der grundgesetzlichen Ordnung beeinträchtigen oder beseitigen. Sie knüpft an die Unterscheidung zwischen der Verfassunggebung und der Verfassungsänderung an (vgl. oben Rn. 1). Der verfassungsändernde Gesetzgeber beruht auf der Verfassung und kann somit – als konstituierte Gewalt – nicht über seine eigenen Grundlagen disponieren. Die Änderung der Verfassungsgrundlagen ist dem konstituierenden Verfassunggeber vorbehalten. Art. 79 GG ermächtigt nur zur Änderung der einzelnen Vorschriften des Grundgesetzes unter Beachtung der verfassungsrechtlichen Grundentscheidungen.

b) Die übliche Bezeichnung „Ewigkeitsgarantie" darf nicht ir- **18** reführen. Ganz abgesehen davon, daß in unserer irdischen Welt nichts ewig bestehen wird, gilt Art. 79 III GG nur solange, wie das Grundgesetz besteht. Die verfassunggebende Gewalt ist daran rechtlich nicht gebunden. Der Erlaß einer völlig neuen Verfassung unterliegt daher nicht den Bindungen des Art. 79 III GG. Allerdings kann man sich diesen Bindungen auch nicht einfach dadurch entziehen, daß man die „verfassunggebende Gewalt" aktiviert und eine neue Verfassung erläßt. Die verfassunggebende Gewalt ist nicht beliebig abrufbar; sie kann nicht einfach eingesetzt werden, wenn dies politisch zweckmäßig erscheint. Vielmehr setzt sie eine besondere Situation voraus, die eine verfassungsrechtliche Neuordnung fordert und legitimiert. Im übrigen sind die in Art. 79 III GG genannten Grundsätze der Garantie der Menschenwürde, der Demokratie, der Rechtsstaatlichkeit und der Sozialstaatlichkeit heute so evident und so selbstverständlich, daß eine neue Verfassung, die daran vorbeiginge, schwerlich die für ihre Geltung erforderliche Autorität erlangen würde.

c) *Zu den durch Art. 79 III GG geschützten Grundsätzen* gehören **19** zum einen die Garantie der Menschenwürde (Art. 1 I GG) und zum anderen die in Art. 20 GG aufgeführten Verfassungsprinzipien einschließlich des Rechtsstaatsprinzips (vgl. dazu oben § 6 Rn. 1 ff.). Die einzelnen Grundrechte werden nicht erfaßt. Das ergibt sich bereits aus dem Wortlaut, der nicht von den in Art. 1 *bis* 20 GG, sondern von den in Art. 1 *und* 20 GG niedergelegten Grundsätzen spricht. Über Art. 1 I GG und die in Art. 1 II GG erwähnten unverletzlichen und unveräußerlichen Menschenrechte wird jedoch der Menschenwürdegehalt und damit der Kernbestand der einzelnen Grundrechte garantiert (vgl. BVerfGE 84, 90, 120 f.; 94, 49, 102). Art. 79 III GG entspricht somit der Wesensgehaltsgarantie des Art. 19 II GG und stellt klar, daß diese auch gegenüber dem verfassungsändernden Gesetzgeber gilt.

Das BVerfG legt Art. 79 III GG einschränkend aus. Er verbiete **20** nur „eine prinzipielle Preisgabe der dort genannten Grundsätze"; er verlange nur, daß diese Grundsätze nicht berührt würden, hindere aber den verfassungsändernden Gesetzgeber nicht, die positiv-rechtliche Ausprägung dieser Grundsätze aus sachgerechten Gründen zu modifizieren (BVerfGE 30, 1, 24; 94, 49, 103). Diese enge Auslegung ist in der Literatur zu Recht auf Kritik gestoßen (vgl. *Pieroth*, JP Art. 79 Rn. 6 m. w. N.). Art. 79 III GG ist zwar entstehungsgeschichtlich vor allem im Blick auf die „legale" Machtergreifung Hitlers und das Ermächtigungsgesetz vom 24. 3. 1933 eingefügt worden und soll eine „legale" Beseitigung der freiheitlichen demokratischen Grundordnung im Wege des Umsturzes verhindern. Er beschränkt sich aber darauf nicht, sondern hat im Parteienstaat eine weitere Funktion erhalten. Wenn die politischen Parteien durch einvernehmliches Zusammenwirken die Verfassungsänderung für eigene Zwecke einsetzen und instrumentalisieren, greift die Schutzwirkung des Art. 79 II GG nicht mehr (vgl. bereits oben Rn. 15 f.). Es bleibt dann nur noch die Grenze des Art. 79 III GG. Das BVerfG hatte denn auch schon mehrfach Art. 79 III GG unter diesem Aspekt zu prüfen, allerdings wenig Neigung gezeigt, sich näher damit zu beschäftigen oder gar eine Verletzung anzunehmen. Vgl. zuletzt BVerfGE 94, 12, 34 ff. (Restitutionsausschluß gem. Art. 143 III GG); BVerfGE 94, 49, 102 ff. (Asylkompromiß gem. Art. 16 a GG).

21 **Fall:** Im Wege der Verfassungsänderung wird mit $^2/_3$-Mehrheit des Bundestages und des Bundesrates Art. 39 GG geändert und die Wahlperiode von 4 auf 5 Jahre verlängert und sodann folgender Art. 39 a in das Grundgesetz eingefügt: „Die Landtagswahlen finden jeweils $2^1/_2$ Jahre nach der Bundestagswahl statt. Der genaue Wahltermin wird vom Bundespräsidenten mit Zustimmung des Bundesrates festgelegt. Zur Angleichung der Wahltermine werden die laufenden Wahlperioden der Landtage bis zum nächsten gemeinsamen Wahltermin verlängert." Die Landesregierung des Bundeslandes X hält diese Neuregelung für verfassungswidrig und nichtig. Zu Recht? *Formelle Verfassungsmäßigkeit:* Die Bundeskompetenz ergibt sich eindeutig aus Art. 79 I, II GG (es ist daher verfehlt, die Gesetzgebungskompetenzen des Bundes gem. Art. 70 ff. GG durchzuprüfen), die Voraussetzungen des Art. 79 I GG (Textänderung) und des Art. 79 II GG ($^2/_3$-Mehrheit im Bundestag und im Bundesrat) sind ebenfalls gegeben. *Materielle Verfassungsmäßigkeit:* Es fragt sich, ob die Neuregelung gegen Art. 79 III GG verstößt. Zu prüfen sind das Demokratieprinzip, das Bundesstaatsprinzip und das Rechtsstaatsprinzip. *Zum Demokratieprinzip:* Die Verlängerung der Wahlperiode auf 5 Jahre ist mit dem Demokratieprinzip sicherlich vereinbar; Demokratie ist zwar Herrschaft auf Zeit, aber die Zeit von 5 Jahren ist noch vertretbar (problematisch wären 6 Jahre, unzulässig wären 7 oder mehr Jahre). Dagegen ist die Angleichung der Wahlperioden der Landtage mit dem Demokratieprinzip nicht vereinbar, weil die

Abgeordneten und die Parlamente, die für 4 oder 5 Jahre gewählt wurden und daher nur für diese Zeit ein Mandat erlangt haben, nunmehr aufgrund gesetzlicher Regelung längere Zeit im Amt blieben. Das läßt sich auch nicht mit der Notwendigkeit der Realisierung der Gesamtregelung rechtfertigen. Vertretbar ist die Angleichungsregelung allenfalls für die folgende Wahlperiode, da dann die Wähler in Kenntnis dieser Verlängerung ihre Stimme abgeben können. – *Bundesstaatsprinzip:* Die Länder sind eigenständig und besitzen Verfassungsautonomie. Sie sind daher auch zur eigenständigen Regelung der Landtagswahlen, die einen wesentlichen Teil der Staatsorganisation bilden, befugt. Bundesstaatliche Eingriffe in diesem Bereich sind daher unzulässig. Das gilt um so mehr, als sich erhebliche Schwierigkeiten ergeben, wenn es zur vorzeitigen Auflösung des Bundestages oder des Landtages kommt. Die Neuregelung läßt sich auch nicht mit dem Hinweis auf Art. 28 I 1 GG rechtfertigen, da dieser nur eine dem Art. 38 I GG entsprechende Landtagswahl vorschreibt, die nähere Ausgestaltung aber gerade den Landesverfassunggebern überläßt. Der Grundsatz der Bundestreue führt zu keinem anderen Ergebnis. – *Rechtsstaatsprinzip:* Tritt die Neuregelung in Kraft, dann können sich im Falle der vorzeitigen Auflösung des Bundestages oder eines Landtages erhebliche Komplikationen und Unsicherheiten ergeben, die zugleich eine Beeinträchtigung des Rechtsstaatsprinzips darstellen. Diese Komplikationen ließen sich nur vermeiden, wenn man die vorzeitige Parlamentsauflösung gänzlich ausschließen würde. Das verstieße zwar nicht gegen das Demokratieprinzip (das nur eine Herrschaft auf Zeit, nicht eine Herrschaft auf Widerruf fordert), wohl aber gegen das Bundesstaatsprinzip, da dadurch die Verfassungsautonomie der Länder noch stärker beeinträchtigt werden würde. – *Prozessual:* Die Landesregierung könnte eine abstrakte Normenkontrolle beim BVerfG gem. Art. 93 I Nr. 2 GG, § 13 Nr. 5, §§ 76 ff. BVerfGG beantragen. Dabei könnte sie nicht nur die Regelung des Art. 39 a GG, sondern auch die Änderung des Art. 39 GG rügen, da die abstrakte Normenkontrolle als objektives Beanstandungsverfahren kein subjektives Rechtsschutzbedürfnis fordert. Vgl. dazu *H. Maurer,* JuS 1983, 45 ff.; *A. Haratsch,* DVBl. 1993, 1338 ff.

III. Die Regelung des Art. 146 GG

Verfassungen regeln normalerweise nur ihr Inkrafttreten, nicht ihr Außerkrafttreten. Wenn das im Grundgesetz anders ist und nach Art. 145 GG, der das Inkrafttreten regelt, noch eine weitere Vorschrift über das Außerkrafttreten folgt, so läßt sich das nur historisch erklären. Art. 146 GG stand – mit Ausnahme des im Zuge der Wiedervereinigung 1990 eingefügten Relativsatzes („das nach Vollendung der Einheit und Freiheit Deutschlands für das gesamte deutsche Volk gilt") – bereits in der ursprünglichen Fassung des Grundgesetzes. Er brachte – wie die Präambel und Art. 23

22

S. 2 GG – den Willen zur Vereinigung der getrennten Teile
Deutschlands und den provisorischen Charakter des Grundgesetzes
zum Ausdruck. Die Bestimmung des Art. 146 GG, daß eine vom
deutschen Volk im Falle der Wiedervereinigung erlassene gesamtdeutsche Verfassung das Grundgesetz ablöst, verstand sich eigentlich von selbst. Insofern bestätigte Art. 146 GG nur, was sich aus
dem Vorrang der späteren Verfassung ohnehin ergeben mußte. Die
eigentliche Bedeutung des Art. 146 GG lag jedoch darin, daß das
Grundgesetz *erst* und *nur* außer Kraft treten sollte, wenn die
gesamtdeutsche Verfassung „von dem deutschen Volk in freier
Entscheidung beschlossen worden ist". Damit sollte der Gefahr
vorgebeugt werden, daß das Grundgesetz einer gesamtdeutschen
Verfassung weichen sollte, die zwar für sich in Anspruch nahm,
vom deutschen Volk beschlossen worden zu sein, in Wirklichkeit
aber durch politischen Druck, Manipulation oder gar Einsatz von
Gewalt zustande kam. Daß in der Sicht jener Jahre diese Gefahr
durchaus bestand, zeigten die von den Kommunisten gelenkten
Volkskongreßbewegungen in der ehemaligen sowjetischen Besatzungszone, die mit ihren Verfassungsinitiativen auch auf den Westen zielten. Art. 146 GG war somit zugleich eine Verfassungsschutzbestimmung, die dem freiheitlichen Teil Deutschlands in
eventuellen bürgerkriegsähnlichen Situationen die Legalität des
Grundgesetzes sichern sollte.

23   An sich hätte Art. 146 GG nach der Wiedervereinigung gestrichen werden können und müssen. Der deklaratorische Hinweis auf
diesen Weg zur Wiedervereinigung hatte sich mit dem Beitritt der
DDR zur Bundesrepublik Deutschland gem. Art. 23 S. 2 GG erledigt. Die Funktion als Verfassungsschutzbestimmung ist ebenfalls
entfallen. Wenn Art. 146 GG gleichwohl bestehen blieb, so lag das
daran, daß bestimmte politische Kreise den nicht beschrittenen
Weg zur Wiedervereinigung über eine neue Verfassung noch
nachholen wollten. Das Ergebnis ist der Kompromiß des Art. 146
GG i. d. F. von 1990. Er hat jedoch keine eigene Substanz. Es gibt
nur zwei Alternativen: entweder Erlaß einer neuen Verfassung
durch die verfassunggebende Gewalt des deutschen Volkes, die als
pouvoir constituant an keine Voraussetzungen des *pouvoir constitué* gebunden sein kann, oder eine Verfassungsänderung, die unter

den Voraussetzungen des Art. 79 GG erfolgen muß, wobei es durchaus möglich ist, daß die Voraussetzungen der Verfassungsänderung nach Maßgabe des Art. 79 GG geändert oder erweitert werden, etwa durch Einbeziehung eines fakultativen oder sogar obligatorischen Referendums (d. h. einer den parlamentarischen Änderungsbeschlüssen folgenden Volksabstimmung). Die Annahme einer zwischen der Verfassunggebung und der Verfassungsänderung stehenden *Verfassungsablösung,* die offenbar in der Ersetzung der bestehenden Verfassung durch die verfassunggebenden Gewalt, aber auf der Grundlage des bisher geltenden Verfassungsrechts bestehen soll, vermag nicht zu überzeugen, da sie Unvereinbares miteinander zu vereinbaren sucht.

Im einzelnen kann auf Art. 146 GG, der eine umfangreiche und kontroverse **24** Literatur ausgelöst hat, hier nicht weiter eingegangen werden; vgl. näher dazu: *R. Bartlsperger,* Verfassung und verfassunggebende Gewalt im vereinten Deutschland, DVBl. 1990, 1285 ff.; *Th. Würtenberger,* Art. 146 GG n. F.: Kontinuität oder Diskontinuität im Verfassungsrecht?, in: K. Stern (Hg.), Deutsche Wiedervereinigung, Bd. 1, 1991, S. 95 ff.; *E. Wiederin,* Die Verfassunggebung im wiedervereinigten Deutschland. Versuch einer dogmatischen Zwischenbilanz zu Art. 146 GG n. F., AÖR Bd. 117 (1992) S. 410 ff.; *J. Isensee,* Schlußbestimmung des Grundgesetzes: Artikel 146, HStR VII (1993) S. 271 ff.; *M. Heckel,* Die Legitimation des Grundgesetzes durch das deutsche Volk, HStR VIII (1995) S. 489, 531 ff.; *H. H. Klein,* Kontinuität des Grundgesetzes und seine Änderung im Zuge der Wiedervereinigung, HStR VIII (1995) S. 557, 582 ff.; *K. Merkel,* Die verfassungsgebende Gewalt des Volkes. Grundlagen und Dogmatik des Artikels 146 GG, 1996; *H. Moelle,* Der Verfassungsbeschluß nach Artikels 146 Grundgesetz, 1996; *B. Stückrath,* Art. 146 GG: Verfassungsablösung zwischen Legalität und Legitimität, 1997; *H. Meyer,* Art. 146 GG. Ein unerfüllter Verfassungsauftrag?, in: H. H. von Arnim (Hg.), Direkte Demokratie, 2000 S. 67 ff.

IV. Verfassungswidriges Verfassungsrecht und gesetzliches Unrecht

1. Verfassungswidriges Verfassungsrecht?

Die Frage, ob es verfassungswidriges Verfassungsrecht überhaupt geben kann, stellt sich unter zwei verschiedenen Aspekten:

a) *Können Teile der ursprünglichen Verfassung gegen die Verfassung* **25** *selbst verstoßen?* Das ist nur dann denkbar und diskutabel, wenn innerhalb der Verfassung eine bestimmte Rangordnung und Stufenfolge angenommen wird. Unter diesen Voraussetzungen könnte eine spezielle verfassungsrechtliche Norm (etwa die Beschränkung bestimmter Grundrechte auf Deutsche) gegen allgemeine verfassungsrechtliche Grundsätze (etwa den Gleichheitssatz) verstoßen. Das ist jedoch − zumindest für das Grundgesetz − abzulehnen. Die Verfassung bildet eine Einheit. Ausnahmeregelungen sind verfassungsrechtlich gewollt und damit Teil des geltenden Verfassungsrechts. Vgl. dazu BVerfGE 3, 225, 231.

26   b) *Kann eine Verfassungsänderung gegen die Verfassung verstoßen?* Das ist durchaus möglich, wenn und weil die Verfassung für die Verfassungsänderung bestimmte Regelungen aufstellt. Die Änderungen des Grundgesetzes müssen, wie dargelegt wurde, den formellen Anforderungen des Art. 79 I, II GG und den materiellen Bindungen des Art. 79 III GG entsprechen. Wenn sie dagegen verstoßen, sind sie verfassungswidrig und nichtig. Das BVerfG hat im Wege der Normenkontrolle die Vereinbarkeit mit Art. 79 GG zu prüfen und, wenn ein Verstoß bejaht wird, die gerügten Verfassungsänderungen für nichtig zu erklären.

2. Gesetzliches Unrecht

27   a) Von der soeben erörterten Frage, ob Verfassungsrecht gegen sich selbst verstoßen kann, ist die weitere Frage zu unterscheiden, ob eine verfassungsrechtliche Norm wegen Verletzung höherrangiger und damit − weil die Verfassung die oberste staatliche Rechtsnorm darstellt − wegen Verletzung überpositiver Rechtssätze und Rechtsgrundsätze ungültig sein kann. Das ist nur unter der Voraussetzung anzunehmen, daß erstens überhaupt überpositive Rechtssätze oder Rechtsgrundsätze bestehen, daß sie zweitens erkennbar und inhaltlich feststellbar sind und daß sie drittens derogierende Kraft besitzen. Das BVerfG hatte sich bereits in den 50er Jahren unter dem Stichwort „verfassungswidriges Verfassungsrecht" damit zu befassen, konnte sich aber im Blick auf den konkreten Fall kurz fassen. Es ging um die Frage, ob Art. 117 GG, der bestimmte, daß das mit dem Gleichberechtigungsgrundsatz des Art. 3 II GG nicht vereinbare Recht spätestens am 31. 3. 1953 außer Kraft tritt, gegen höherrangige

Rechtsgrundsätze verstößt. Das BVerfG erklärte, es sei zwar denkbar, daß auch der ursprüngliche Verfassunggeber gegen grundlegende Gerechtigkeitspostulate verstoße; die Wahrscheinlichkeit, daß ein freiheitlicher demokratischer Verfassunggeber diese Grenze irgendwo überschreite, sei freilich so gering, daß die theoretische Möglichkeit originärer verfassungswidriger Verfassungsnormen einer praktischen Unmöglichkeit nahezu gleichkomme (BVerfGE 3, 225, 232f.). Dieser Auffassung ist jedenfalls für das Grundgesetz zuzustimmen. Es wäre abwegig, wenn man prüfen würde, ob bestimmte Normen des Grundgesetzes gegen überpositives Recht verstoßen. Das gilt umso mehr, als mit den Grundrechten das, was Gegenstand des überpositiven Rechts sein könnte, in das geltende Verfassungsrecht einbezogen wurde.

b) Betraf die erwähnte Entscheidung des BVerfG einen vergleichsweise harmlosen Fall, so stellte sich nach 1945 im Blick auf die Verbrechen des nationalsozialistischen Gewalt- und Terrorregimes und nach 1989 im Blick auf die Todesschüsse an der innerdeutschen Grenze und die weiteren Menschenrechtsverletzungen der SED-Diktatur die Problematik des gesetzlichen und damit auch verfassungsrechtlichen Unrechts in voller Schärfe. Wie waren die eindeutigen Verbrechen, die aufgrund staatlicher Gesetze oder staatlicher Anordnungen ergingen, strafrechtlich zu beurteilen? Konnten sich die Angeklagten darauf berufen, daß sie aufgrund staatlicher Gesetze und Befehle handelten? Gustav Radbruch, der aufgrund seiner rechtsphilosophischen Schriften vor 1933 und seines untadeligen Verhaltens während der NS-Zeit hohes Ansehen genoß, erklärte 1946, daß dem positiven Recht aus Gründen der Rechtssicherheit auch dann der Vorrang gebühre, wenn es inhaltlich ungerecht und unzweckmäßig sei, „es sei denn, daß der Widerspruch des positiven Gesetzes zur Gerechtigkeit ein so unerträgliches Maß erreicht, daß das Gesetz als ,unrichtiges Recht' der Gerechtigkeit zu weichen hat" (G. Radbruch, Gesetzliches Unrecht und übergesetzliches Recht, SJZ 1946, 105, 107). Diese sog. Radbruchsche Formel dient seitdem als Leitlinie. Sie verdient auch Zustimmung. Nur ist sie noch sehr allgemein, da fraglich ist, wann der Widerspruch zur Gerechtigkeit ein so unerträgliches Maß erreicht hat. Konkreter wird es, wenn man auf die

28

elementaren Menschenrechte abstellt, die inzwischen in zahlreichen nationalen und vor allem auch internationalen Menschenrechtserklärungen ihren Ausdruck gefunden haben, es sei nur auf die Allgemeine Erklärung der Menschenrechte der UNO von 1948 und den Internationalen Pakt über bürgerliche und politische Rechte der UNO von 1966 verwiesen. In diese Richtung muß die Radbruchsche Formel „weitergeschrieben" werden.

Im einzelnen kann auf diese Problematik, die den Rahmen des Staatsrechts sprengt, nicht weiter eingegangen werden. Der Aufsatz von Radbruch über „Gesetzliches Unrecht und übergesetzliches Recht" ist auch abgedruckt in *Radbruch,* Rechtsphilosophie, 8. Aufl. 1973, S. 339 ff. und *Radbruch,* Gesamtausgabe, Bd. 3, 1990, S. 83 ff. – Vgl. zur Radbruchschen Formel *W. Ott,* Die Radbruchsche Formel, Pro und Contra, Zeitschrift für schweizerisches Recht, Bd. 107 (1988) S. 335 ff.; *H. Dreier,* Die Radbruchsche Formel – Erkenntnis oder Bekenntnis?, Festschrift für Walter, 1991, S. 117 ff.; *H. Lecheler,* Unrecht in Gesetzesform? Gedanken zur „Radbruch'schen Formel", 1994; *A. Kaufmann,* Die Radbruchsche Formel vom gesetzlichen Unrecht und vom übergesetzlichen Recht in der Diskussion um das im Namen der DDR begangene Unrecht, NJW 1995, 81 ff.; *F. Saliger,* Radbruchsche Formel und Rechtsstaat, 1995. – Zur Strafbarkeit der Todesschüsse an der innerdeutschen Grenze sind eine ganze Reihe von BGH-Urteilen ergangen, vgl. vor allem BGHSt. 39, 1; 40, 241; 41, 101; BVerfGE 95, 96, 134 ff.; ferner *R. Alexy,* Mauerschützen, 1993; *H. Rosenau,* Tödliche Schüsse im staatlichen Auftrag. Die strafrechtliche Verantwortung von Grenzsoldaten für den Schußwaffengebrauch an der deutsch-deutschen Grenze, 1996; *H. Dreier,* Gustav Radbruch und die Mauerschützen, JZ 1997, 421 ff. Vgl. ferner zum Justiz-Unrecht in der DDR (Rechtsbeugung) BGHSt 40, 30; 41, 242; 41, 317; BVerfG NJ 1998, 314; *G. Spendel,* Unrechtsentscheidungen der SED-Regimes und BGH-Judikatur, in: J. Weber/M. Piazolo (Hg.), Justiz im Zwielicht, 1998, S. 257 ff. m. w. N.; *K. Marxen/G. Werle,* Die strafrechtliche Aufarbeitung von DDR-Unrecht. Eine Bilanz, 1999; *H.-J. Papier/J. Möller,* Die rechtsstaatliche Bewältigung von Regime-Unrecht nach 1945 und nach 1989, NJW 1999, 3289 ff.; *F.-Ch. Schroeder,* Zehn Jahre strafrechtliche Aufarbeitung des DDR-Unrechts, NJW 2000, 3017 ff.; *H. Dreier,* Verfassungsstaatliche Vergangenheitsbewältigung, BVerfG-Festschrift 2001, Bd. 1, S. 159 ff.

29   c) Nur vorsorglich ist noch darauf hinzuweisen, daß die hier erörterte Problematik des verfassungswidrigen Verfassungsrechts und des gesetzlichen Unrechts von dem ganz anderen Thema der Bindung des nationalen Rechts einschließlich des nationalen Verfassungsrechts an supranationales Recht und Völkerrecht zu unterscheiden ist. Der Vorrang des europäischen Gemeinschaftsrechts gegenüber dem deutschen Recht betrifft die Rangordnung positiver Rechtssätze, vgl. dazu bereits oben § 17 Rn. 17 ff.; zum Verhältnis von deutschem Recht und Völkerrecht vgl. Art. 25 GG.

Literatur: *G. Jellinek,* Verfassungsänderung und Verfassungswandlung, **30** 1906; *W. Jellinek,* Grenzen der Verfassungsgesetzgebung, 1931; *W. Kägi,* Die Verfassung als rechtliche Grundordnung des Staates, 1945; *O. Bachof,* Verfassungswidrige Verfassungsnormen?, 1951; *H. Ehmke,* Grenzen der Verfassungsänderung, 1953; *G. Dürig,* Zur Bedeutung und Tragweite des Art. 79 Abs. III des Grundgesetzes, Festschrift für Maunz, 1971, S. 41 ff.; *D. Murswiek,* Die verfassunggebende Gewalt nach dem Grundgesetz für die Bundesrepublik Deutschland, 1978; *R. Wahl,* Der Vorrang der Verfassung, Der Staat Bd. 20 (1981) S. 485 ff.; *B.-O. Bryde,* Verfassungsentwicklung, 1982; *K. Stern,* Die Bedeutung der Unantastbarkeitsgarantie des Art. 79 III GG für die Grundrechte, JuS 1985, 329 ff.; *E.-W. Böckenförde,* Die verfassunggebende Gewalt des Volkes − Ein Grenzbegriff des Verfassungsrechts, 1986 (auch abgedruckt in: *ders.,* Staat, Verfassung, Demokratie, 1991, S. 90 ff.); *P. Kirchhof,* Die Identität der Verfassung in ihren unabänderlichen Inhalten, HStR I (1987) S. 775 ff.; *P. Badura,* Verfassungsänderung, Verfassungswandel, Verfassungsgewohnheitsrecht, HStR VII (1992) S. 57 ff.; *H.-U. Erichsen,* Die Verfassungsänderung nach Art. 79 GG und der Verfassungsbeschluß nach Art. 146 GG, Jura 1992, 52 ff.; *A. Voßkuhle,* „Grundrechtspolitik" und Asylkompromiß. Zur Verfassungsänderung als Instrument politischer Konfliktbewältigung am Beispiel des Art. 16 a GG, DÖV 1994, 53 ff.; *H. Dreier,* Grenzen demokratischer Freiheit im Verfassungsstaat, JZ 1994, 741 ff.; *R. Scholz/K. G. Meyer-Teschendorf,* „Politisiertes" Verfassungsrecht und „Depolitisierung" durch Verfassungsrecht, DÖV 1998, 10 ff.; *K.-E. Hain,* Die Grundsätze des Grundgesetzes. Eine Untersuchung zu Art. 79 Abs. 3 GG, 1999; vgl. ferner die Nachw. § 5 Rn. 64.

Rechtsprechung: BVerfGE 30, 1, 24 ff. (Abhör-Urteil); BVerfGE 84, 118 ff.; 94, 12, 34 ff. (SBZ-Enteignungen); BVerfGE 89, 155, 179 ff. (EU-Vertrag); BVerfGE 90, 286, 341 f. (Bundeswehreinsatz im Ausland); BVerfGE 94, 49, 102 ff. (Asylrecht).

§ 23. Die Sicherung der freiheitlichen demokratischen Grundordnung

I. Grundlagen und Überblick

1. Staatsschutz und Verfassungsschutz

Es gehört zum Selbstverständnis des Staates, daß er sich gegen **1** Angriffe und Einwirkungen, die seinen Bestand und seine verfas-

sungsmäßige Ordnung gefährden, verteidigt. Die Fähigkeit und die
Bereitschaft zum Selbstschutz ist ein wesentliches Element des
Staates. Die Mittel, die er dafür einsetzt, sind – entsprechend den
jeweiligen Konstellationen – sehr unterschiedlich. Sie richten sich
nach der Herkunft, der Art und der Stärke der Bedrohungen. Angriffe auswärtiger Staaten, die den Bestand und die Unabhängigkeit
der Bundesrepublik bedrohen, sind auf diplomatischem Wege und
notfalls durch Einsatz der militärischen Streitkräfte abzuwehren.
Beeinträchtigungen des Staates und seiner Einrichtungen durch
innerstaatliche Gruppen und Organisationen werden traditionell
durch die Polizei und das Strafrecht unterbunden. Der klassische
Straftatbestand ist der Hochverrat, der den gewaltsamen Umsturz
im Innern für strafbar erklärt.

2   Von dem weiteren Begriff des Staatsschutzes ist der engere Begriff des Verfassungsschutzes zu unterscheiden. Er reagiert auf die
typischen Gefährdungen des Verfassungsstaates der Gegenwart. Die
freiheitliche Demokratie ist ihrem Wesen nach grundsätzlich für
alle politischen Meinungen und Ziele offen. Sie gibt die Chance,
die eigenen politischen Zielsetzungen nicht nur in der öffentlichen
Diskussion zu vertreten und für sie zu werben, sondern auch über
die Wahlen in den staatlichen Bereich einzubringen und durch
Besetzung der staatlichen Institutionen und Ämter zu verwirklichen. Gerade das ist aber auch die offene Flanke des freiheitlichen
Verfassungsstaates. Es besteht die Gefahr, daß radikale Gruppen, die
die Beseitigung der freiheitlichen Ordnung anstreben, die Freiheitsrechte zum Kampf *gegen* die Verfassung mißbrauchen. Der
Verfassungsstaat kann das nicht hinnehmen. Das gilt um so mehr,
als die radikalen Gruppen dann, wenn sie die Macht errungen
haben, nicht mehr bereit sind, sie nach den Regeln der freiheitlichen Demokratie wieder aufzugeben. Die Auseinandersetzung des
freiheitlichen Staates mit seinen Feinden stößt auf zwei besondere
Probleme: Zum einen ist der „Marsch durch die Institutionen" mit
dem Ziel, unter dem Deckmantel der demokratischen Freiheitsrechte die Verfassungsordnung zu beseitigen oder umzugestalten,
wesentlich schwerer greifbar und damit auch schwerer bekämpfbar
als der offene und gewaltsame Umsturzversuch. Zum anderen muß
der freiheitliche Staat auch bei der Abwehr von Staats- und Ver-

fassungsfeinden rechtsstaatliche Mittel wahren. Dadurch erscheint er zunächst im Nachteil. Genau genommen zahlt sich aber das rechtsstaatliche und damit vielleicht mühevollere Vorgehen doch wieder aus, weil nur ein am Rechtsstaatsprinzip orientierter Staat auf Dauer Bestand haben kann.

Der Grundgesetzgeber hat die Problematik des Verfassungsschut- **3** zes im freiheitlichen Verfassungsstaat klar erkannt. Der Blick auf den Untergang der Weimarer Republik gab hinreichenden Erfahrungs- unterricht. Die Weimarer Reichsverfassung enthielt keine spe- zifischen Verfassungsschutzregelungen. Die weitverbreitete Auffas- sung, die Weimarer Republik sei schutzlos ihren Feinden ausgeliefert gewesen, ist freilich so allgemein nicht haltbar. Auf der einfach- gesetzlichen Ebene gab es durchaus rechtliche Mittel und Möglich- keiten, die gegen die rechtsradikalen oder linksradikalen Parteien und Gruppierungen eingesetzt werden konnten und auch eingesetzt wurden. Die Verfassung selbst gab aber keine Impulse in dieser Richtung. Hinzu kam, daß der politische Wille und die politische Kraft zur Abwehr verfassungsfeindlicher Bestrebungen zunehmend erlahmten. Dazu trug auch die herrschende Staatsrechtslehre mit ihrer Auffassung bei, daß in der Demokratie alles zur Disposition des Gesetzgebers stehe, auch die Demokratie selbst, sofern nur die erfor- derlichen Mehrheiten zustande kämen (vgl. bereits oben § 22 Rn. 9). Das waren theoretische Überlegungen und Logeleien, deren mögli- che Konsequenzen für die Praxis wohl nicht bedacht wurden. Die Nationalsozialisten nutzten die Rechte und Möglichkeiten des de- mokratisch-parlamentarischen Staates konsequent aus. Nach dem gescheiterten Versuch des gewaltsamen Umsturzes (Marsch zur Feld- herrnhalle in München 1923) schlugen sie den parlamentarischen Weg der legalen Machtergreifung ein, der allerdings – wie hinzuzu- fügen ist – keineswegs nur legal war, sondern von zahlreichen Mani- pulationen, Verleumdungen und Terrorakten begleitet war.

Vgl. zur Weimarer Zeit *E. R. Huber,* VerfGesch. VI S. 141 ff., 647 ff., zum Münchener Putsch VII S. 402 ff., zusammenfassend VII S. 1268 f.; *F. K. Fromme,* Von der Weimarer Verfassung zum Bonner Grundgesetz, 1960, 3. Aufl. mit einem Nachwort 1999; *Ch. Gusy,* Weimar – Die wehrlose Republik?, 1991.

Das Grundgesetz will eine solche Entwicklung schon in den **4** Anfängen verhindern. Es konzipiert daher – im Gegensatz zur (an-

geblich) wertneutralen Weimarer Reichsverfassung – eine wertgebundene Verfassungsordnung, eine Verfassungsordnung, die zwar
für die pluralistische Meinungsvielfalt im politischen Bereich offen
ist, aber nur auf der gemeinsamen Basis der Grundsätze der freiheitlichen demokratischen Grundordnung (vgl. zur freiheitlichen
Demokratie bereits oben § 7 Rn. 13 ff.). Die wertgebundene Demokratie wird zur abwehrbereiten Demokratie ausgebaut. Durch
eine ganze Reihe von Regelungen des Grundgesetzes werden die
staatlichen Organe in die Lage versetzt und verpflichtet, gegen
Bestrebungen vorzugehen, die auf Beseitigung oder Beeinträchtigung der freiheitlichen demokratischen Grundordnung abzielen. In
der Rechtsprechung und in der Literatur haben sich dafür die Ausdrücke „streitbare Demokratie" oder „wehrhafte Demokratie" ein-
gebürgert. Besser erscheint die ebenfalls verwendete Bezeichnung
„abwehrbereite Demokratie". Sie bringt die Intention des Verfassungsschutzes besser zum Ausdruck. Ausgangspunkt ist die Freiheit;
die Beschränkung der Freiheit aus Gründen des Verfassungsschutzes muß dargetan und begründet werden. So richtig der Satz
„keine Freiheit den Feinden der Freiheit" ist, so richtig ist auch,
daß zunächst einmal festgestellt werden muß, ob ein verfassungsfeindliches Verhalten vorliegt.

Das BVerfG spricht vorwiegend von der „streitbaren Demokratie"
(BVerfGE 5, 85, 139; 28, 36, 48; 30, 1, 19; 80, 244, 253), aber auch von der
„wehrhaften Demokratie" (BVerfGE 39, 334, 349). Vgl. zu den verschiedenen
Bezeichnungen in der Literatur *J. Becker*, Die wehrhafte Demokratie des
Grundgesetzes, HStR VII (1992), S. 309 (319 f.).

2. Die freiheitliche demokratische Grundordnung

5   a) *Begriff.* Der Verfassungsschutz erstreckt sich, wie bereits dargelegt wurde, nicht auf alle Verfassungsnormen, sondern nur auf
die tragenden und prägenden Verfassungsgrundsätze. Sie werden
vom Grundgesetz in der Formel „freiheitliche demokratische
Grundordnung" zusammengefaßt, die somit zentrale Bedeutung
für den Verfassungsschutz erhält. Das BVerfG hat bereits in der
ersten Parteiverbots-Entscheidung eine Begriffsbestimmung gebracht und seitdem beibehalten. Danach „läßt sich die freiheitliche
demokratische Grundordnung als eine Ordnung bestimmen, die

unter Ausschluß jeglicher Gewalt- und Willkürherrschaft eine rechtsstaatliche Herrschaftsordnung auf der Grundlage der Selbstbestimmung des Volkes nach dem Willen der jeweiligen Mehrheit und der Freiheit und Gleichheit darstellt." Im Anschluß daran erklärt das BVerfG, daß zu den grundlegenden Prinzipien dieser Ordnung „mindestens zu rechnen" sind: „Die Achtung vor den im Grundgesetz konkretisierten Menschenrechten, vor allem vor dem Recht der Persönlichkeit auf Leben und freie Entfaltung, die Volkssouveränität, die Gewaltenteilung, die Verantwortlichkeit der Regierung, die Gesetzmäßigkeit der Verwaltung, die Unabhängigkeit der Gerichte, das Mehrparteienprinzip und die Chancengleichheit für alle politischen Parteien mit dem Recht auf verfassungsmäßige Bildung und Ausübung einer Opposition." Diese Bestimmung hat in der überwiegenden Literatur Zustimmung gefunden. § 92 II StGB enthält für das Strafrecht einen ähnlichen Katalog.

Vgl. BVerfGE 2, 1, 12 f. (SRP-Verbot); BVerfGE 5, 85, 140 (KPD-Verbot); zustimmend *Stern,* Staatsrecht I, S. 566 ff., III 2 S. 951; *Pieroth,* JP Art. 21, Rn. 26; *W. Henke,* BK Art. 21 Rn. 352; ebenso, aber im Detail einschränkend *G. Dürig,* MD Art. 18 Rn. 55 ff.; vgl. ferner eingehend und kritisch *H. Meier,* Parteiverbote und demokratische Republik, 1993, S. 288 ff.

Man kann natürlich über die Relevanz und das Gewicht der einzelnen, vom BVerfG aufgezählten Prinzipien diskutieren. Entscheidend ist das Gesamtbild. Die freiheitliche demokratische Grundordnung ist, wie das BVerfG betont, „das Gegenteil des totalen Staates, der als ausschließliche Herrschaftsmacht Menschenwürde, Freiheit und Gleichheit ablehnt" (BVerfGE 2, 1, 12). Inhaltlich deckt sich die zusammenfassende Formel der freiheitlichen demokratischen Grundordnung mit den Verfassungsgrundsätzen des Art. 79 III GG, die jeder Verfassungsänderung entzogen sind. Es geht jeweils um den Bestand und die Integrität der tragenden Verfassungsgrundsätze. **6**

So zutreffend *Stern,* Staatsrecht I, S. 564 f. In der Literatur werden z.T. Überschneidungen angenommen, so bezüglich der Republik, der Sozialstaatlichkeit und der Bundesstaatlichkeit. Diese Prinzipien sind jedoch Teil der Gesamtordnung, die nicht als Einzelteile herausgebrochen werden können und dürfen. Der Hinweis darauf, daß andere Staaten, denen zweifellos der freiheitlich-demokratische Charakter nicht abgesprochen werden kann, Einheitsstaaten oder Monarchien sind, ändert daran nichts, da es nicht um diese

Staaten, sondern ausschließlich um die geltende, vom Grundgesetz konzipierte Verfassungsordnung in unserer konkreten historischen Situation geht.

7   b) *Abgrenzung.* In den meisten Verfassungsschutzbestimmungen des Grundgesetzes erscheint neben der „freiheitlichen demokratischen Grundordnung" als weiteres Schutzgut „der Bestand der Bundesrepublik Deutschland" (so Art. 21 II GG) oder „der Bestand des Bundes oder eines Landes" (so Art. 91 I GG). Dabei handelt es sich nicht um einen Doppelbegriff, sondern um zwei Begriffe mit unterschiedlichem Bezugsfeld. Der „Bestand" bezieht sich auf die Existenz des Staates, seine rechtliche und politische Unabhängigkeit und seine territoriale Integrität. Er kann durch Eingriffe von außen gefährdet werden und löst dann erforderlichenfalls militärische Abwehrmaßnahmen aus. Er kann aber auch durch innerstaatliche Aktionen gefährdet werden, etwa durch separatistische Bewegungen. In diesem Fall kommen neben den polizeilichen Maßnahmen und den strafrechtlichen Sanktionen (Hochverrat) die in den Verfassungsschutzbestimmungen vorgesehenen Abwehrmittel in Betracht. Eine Partei, die separatistische Ziele verfolgen sollte, kann gem. Art. 21 II GG verboten werden. Systematisch gehört aber „der Bestand" nicht zum engeren Bereich des Verfassungsschutzes, sondern zum weiteren Bereich des Staatsschutzes (vgl. dazu oben Rn. 1 f.).

Eine Legaldefinition des „Bestandes der Bundesrepublik" enthält § 92 I StGB für den Bereich des Strafrechts, ist aber auch darüber hinaus verwertbar. Die europäische Integration und die in diesem Zusammenhang erfolgte und erfolgende Übertragung von Hoheitsrechten auf supranationale Einrichtungen betrifft, wenn man so will, den Bestand der Bundesrepublik Deutschland, ist aber durch Art. 23 GG gedeckt. Daher wird z.B. eine Partei, die den europäischen Bundesstaat zum Ziele hat, von Art. 21 II GG selbstverständlich nicht erfaßt. Vgl. dazu auch *J. Ipsen,* in: Sachs, Grundgesetz, Art. 21 Rn. 63.

3. Die einzelnen Verfassungsschutzbestimmungen des Grundgesetzes

8   a) Zu den Verfassungsschutzbestimmungen gehören zunächst einmal alle die Vorschriften des Grundgesetzes, die ausdrücklich auf die Sicherung der freiheitlichen demokratischen Grundordnung abstellen. Die Terminologie des Grundgesetzes ist jedoch nicht einheitlich und präzise. In Art. 9 II GG (Vereinigungen) und Art. 98 II GG (Richter) ist von der „verfassungsmäßigen Ordnung" die Rede. Da diese beiden Vorschriften, wie sich aus ihrem Zusammenhang und ihrem Zweck ergibt, dem Verfassungsschutz dienen, ist anzunehmen, daß sie die „verfassungsmäßige Ordnung" im Sinne der „freiheitlichen demokratischen Grundordnung" verwenden. Entsprechendes gilt für „diese Ordnung" in Art. 20 IV GG, der das Widerstandsrecht positiviert. Auch hier können nur die tragenden Grundsätze der Verfassung, eben die freiheitliche demokratische Grundordnung, gemeint sein.

Das entspricht auch der h. L., ist aber in der Literatur nicht unbestritten. So ist z. B. *Jarass,* JP Art. 9 Rn. 17, der Meinung, daß die verfassungsmäßige Ordnung des Art. 9 II GG „die gesamte Verfassung", also alle Verfassungsnormen, meine. – *Herzog,* MD Art. 20 IX Rn. 12 f., und *Stern,* Staatsrecht II, S. 1512, sind der Ansicht, daß sich „diese Ordnung" im Sinne des Art. 20 IV GG auf „die gesamte durch Art. 20 Abs. 1 bis 3 konstituierte Ordnung" erstrecke. – Der Begriff der verfassungsmäßigen Ordnung wird, wie bereits dargelegt wurde, im Grundgesetz in unterschiedlichen Zusammenhängen erwähnt und ist dementsprechend auch unterschiedlich zu deuten (vgl. oben § 1 Rn. 51 und § 9 Rn. 54). Um es kurz zu wiederholen: Sie bezieht sich in Art. 2 I GG auf die „gesamte verfassungsmäßige Rechtsordnung", in Art. 9 II GG auf die „freiheitliche demokratische Grundordnung" und in Art. 20 III GG auf „alle Normen des Grundgesetzes".

b) Die Verfassungsschutzbestimmungen lassen sich unter verschiedenen Gesichtspunkten einteilen. Im Vordergrund stehen die Vorschriften, die die Abwehr verfassungsfeindlicher Bestrebungen von Einzelpersonen, Vereinigungen und politischen Parteien zum Gegenstand haben (Art. 18, 9 II und 21 II GG). Sie bilden den Kernbereich des Verfassungsschutzes und geben die Tendenz des Verfassungsschutzes insgesamt an (vgl. dazu sogleich unten Rn. 11 ff.). In weiteren Regelungen des Grundgesetzes erscheint der Verfassungsschutz als rechtfertigender Grund für Einschränkungen der Grundrechte (Art. 10 II 2, 11 II GG). Eine dritte Gruppe von Vorschriften ermächtigt den Bund bzw. die Länder zur Anforderung und zum Einsatz von Polizeikräften außerhalb ihres Bereichs oder sogar von Streitkräften, wenn dies zur Abwehr einer Gefahr für die freiheitliche demokratische Grundordnung erforderlich ist (Art. 87 a IV 1, 91 GG). Ferner wird durch Art. 73 I Nr. 10 b GG eine ausschließliche Gesetzgebungskompetenz des Bundes für die Regelung der Zusammenarbeit des Bundes und der Länder zum Schutze der freiheitlichen demokratischen Grundordnung begründet. Eine besondere Stellung im Rahmen des Verfassungsschutzes nimmt das Widerstandsrecht des Art. 20 IV GG ein. Während nach den bislang genannten Vorschriften der Verfassungsschutz eine Aufgabe der staatlichen Organe ist, spricht Art. 20 IV GG die Bürger an. Sie haben das Recht – und im Rahmen ihrer Möglichkeiten die Pflicht – im äußersten Notfall zum Schutze der freiheitlichen demokratischen Grundordnung einzugreifen. Das Widerstandsrecht gilt nur subsidiär. Soweit das rechtsstaatliche Rechtsschutzsystem funktioniert, kommt es deshalb nicht zum Zuge.

10   Die *Verfassungstreue* der Beamten wird im Grundgesetz nicht ausdrücklich erwähnt; sie ergibt sich aber aus Art. 33 V GG, der auf die hergebrachten Grundsätze des Beamtentums hinweist. Die Beamtengesetze bestimmen daher, daß der Beamte „sich durch sein gesamtes Verhalten zu der freiheitlichen demokratischen Grundordnung im Sinne des Grundgesetzes bekennen und für deren Erhaltung eintreten" muß (§ 52 II BBG, § 35 I 3 BRRG). Die (zu erwartende) Verfassungstreue ist auch Voraussetzung für die Einstellung von Beamten, da sie Teil der Eignung i.S. des Art. 33 II GG ist (vgl. § 7 I Nr. 2 BBG, § 4 I Nr. 2 BRRG). Entsprechendes gilt für die übrigen Angehörigen des öffentlichen Dienstes (Angestellte und Arbeiter). Vgl. dazu näher BVerfGE 39, 334 mit Sondervotum von *H. Rupp,* S. 378; BVerwGE 61, 176; 73, 263; 86, 99; 114, 258; BAG NJW 1983, 779; *K. Stern,* Zur Verfassungstreue der Beamten, 1974; *E. Denninger/H. H. Klein,* Verfassungstreue und Schutz der Verfassung, Referate mit Diskussion, VVDStRL 37 (1979) S. 7 ff.; *H. Maurer,* Die Mitgliedschaft von Beamten in verfassungsfeindlichen Parteien und Organisationen, NJW 1972, 601 ff. Einschränkend zur Praxis in der Bundesrepublik neuerdings EGMR, Urteil vom 26. 9. 1995, EuGRZ 1995, 590 = NJW 1996, 375 (vgl. auch oben § 4 Rn. 87). – Es ist sicher richtig, daß Staatsfeinde nicht Staatsdiener werden und sein können. Die Frage ist aber, wer Staatsfeind oder Verfassungsfeind ist. Das erfordert im Zweifelsfall sorgfältige Ermittlungen. Die Mitgliedschaft in einer verfassungsfeindlichen, aber noch nicht verbotenen Partei oder Organisation reicht nicht, da es auf das Verhalten der jeweiligen Person ankommt; sie ist aber ein wichtiges Indiz.

II. Abwehr verfassungsfeindlicher Bestrebungen

1. Die Grundrechtsverwirkung gem. Art. 18 GG

11   a) *Grundlagen.* Die Grundrechtsverwirkung ist in Art. 18 GG und ergänzend in §§ 36–39 BVerfGG geregelt. Art. 18 GG zählt eine Reihe von Grundrechten auf, die verwirkt werden, wenn sie zum Kampfe gegen die freiheitliche demokratische Grundordnung mißbraucht werden. Es handelt sich um sog. Kommunikationsgrundrechte, die auch und vor allem im politischen Bereich bedeutsam sind (Art. 5, 8, 9 GG), ferner um Grundrechte, die die materielle Basis für ein verfassungsfeindliches Verhalten bilden können (Art. 13, 14 GG). Die Verwirkung tritt nicht ipso iure ein, sondern muß durch das BVerfG festgestellt werden (Art. 18 S. 2 GG). Die Entscheidung des BVerfG ist konstitutiv. Erst wenn sie vorliegt, können rechtliche Konsequenzen aus der „Verwirkung" gezogen werden. Die verfahrensrechtlichen Voraussetzungen und die Rechtsfolgen der Verwirkung werden in §§ 36 ff. BVerfGG näher bestimmt.

b) *Die materiell-rechtlichen Voraussetzungen* der Verwirkung erge **12** ben sich aus Art. 18 GG. Sie knüpfen an die verfassungsfeindliche Betätigung einer Einzelperson an. Erforderlich sind (1) ein Kampf, d.h. ein aggressives Vorgehen, (2) gegen die freiheitliche demokratische Grundordnung, (3) unter Ausnutzung bestimmter Grundrechte. Der Mißbrauch liegt im Gebrauch der Grundrechte mit dem Ziel, die freiheitliche demokratische Grundordnung zu beeinträchtigen oder zu beseitigen. Da Art. 18 GG eine präventive Verfassungsschutzbestimmung ist, greift er nur ein, wenn das bisherige Verhalten den Schluß zuläßt, daß sich der Betroffene weiterhin verfassungsfeindlich betätigen wird (vgl. BVerfGE 38, 23, 24).

c) *Verfahren.* Das BVerfG entscheidet auch in diesen Fällen als **13** Gericht in einem gerichtlichen Verfahren. Es darf daher nicht von sich aus eingreifen, sondern nur auf Antrag tätig werden. Antragsberechtigt sind die Bundesregierung, der Bundestag und eine Landesregierung (§ 36 BVerfGG). Der Antrag muß inhaltlich präzisiert und insgesamt begründet werden. Schon wegen der erforderlichen Sammlung und Aufbereitung der Beweismittel wird dafür in der Regel nur die Bundesregierung in Betracht kommen. Die Antragstellung liegt im politischen Ermessen der Antragsberechtigten. Das BVerfG ist dagegen auf die Rechtsfrage beschränkt; es hat nur darüber zu entscheiden, ob die Voraussetzungen der Verwirkung vorliegen und wie weit der Mißbrauch und seine Folgen und damit das Ausmaß der Verwirkung reichen.

14   d) *Entscheidung.* Wenn sich der Antrag als begründet erweist, stellt das BVerfG fest, daß und welche Grundrechte der Antragsgegner verwirkt hat (§ 39 I 1 BVerfGG). Es kann ferner dem Betroffenen bestimmte Beschränkungen auferlegen, deren Beachtung von den Verwaltungsbehörden ohne weitere Rechtsgrundlage durchgesetzt werden kann (§ 35 I 3, 4 BVerfGG). Läßt sich das noch mit Art. 18 GG („Ausmaß der Verwirkung") begründen, so ist die weitere Befugnis des BVerfG zur Aberkennung des aktiven und passiven Wahlrechts zumindest fraglich. Sie läßt sich allenfalls mit dem Hinweis rechtfertigen, § 39 II BVerfGG enthalte – gestützt auf Art. 38 III GG – einen weiteren Wahlausschlußgrund.

15   e) *Die Rechtsfolge* der Verwirkung ist, daß sich der Betroffene auf das verwirkte Grundrecht nicht mehr berufen kann. Strittig ist, ob die Verwirkung zum Wegfall des Grundrechts führt oder lediglich die Ausübung des Grundrechts hindert. Die zweite Alternative verdient den Vorzug. In der Praxis spielt aber diese Streitfrage keine Rolle. Der Betroffene ist, soweit die Verwirkung reicht, „grundrechtslos", aber nicht „rechtlos". Die allgemeinen Rechtsgrundsätze (Grundsatz der Gesetzmäßigkeit der Verwaltung, Grundsatz der Verhältnismäßigkeit, Rechtsschutzgarantie) bleiben bestehen; erlangen aber nunmehr ggf. eine andere Relation (so etwa der Grundsatz der Verhältnismäßigkeit). Auch das einfachgesetzliche Recht ist weiterhin anzuwenden, sofern nicht – wie z.B. in § 1 II Versammlungsgesetz – im Blick auf die Verwirkung Sonderregelungen bestehen. Allerdings ist bei der Ausübung des Ermessens und der Konkretisierung des Beurteilungsspielraums zu beachten, daß die sonst bestehende Einwirkung der (verwirkten) Grundrechte entfällt.

16   f) *In der Praxis* hat die Verwirkung bislang keine Rolle gespielt. Zwei Anträge der Bundesregierung (1952, 1969) wurden vom BVerfG nach langer Verfahrensdauer zurückgewiesen (1960, 1974), weil sich der Antragsgegner in der Zwischenzeit politisch nicht mehr betätigt habe und daher keine Gefahr für die freiheitliche demokratische Grundordnung mehr darstelle (BVerfGE 11, 282;

38, 23). 1992 reichte die Bundesregierung zwei weitere Anträge beim BVerfG ein (vgl. dazu die Hinweise bei *H. Butzer/M. Clever,* DÖV 1994, 637). Es ist kaum anzunehmen, daß die Verwirkung in Zukunft größere praktische Bedeutung erlangen wird. Wirkliche Gefahren für die freiheitliche demokratische Grundordnung gehen nicht von Einzelpersonen, sondern von Organisationen und Parteien aus. Allerdings ist es denkbar, daß die Agitatoren solcher Organisationen und Parteien durch die Verwirkung politisch ausgeschaltet werden. Ferner kann auf diese Weise gegen Herausgeber und Redakteure rechts- oder linksradikaler Zeitungen und Zeitschriften eingeschritten werden.

2. Das Vereinsverbot gem. Art. 9 II GG

a) *Grundlagen.* Das Vereinsverbot ist in Art. 9 II GG geregelt. Danach sind u. a. Vereinigungen, die sich gegen die verfassungsmäßige Ordnung richten, verboten. Der Begriff der verfassungsmäßigen Ordnung entspricht dem der freiheitlichen Grundordnung (vgl. oben Rn. 8). Stellt man nur auf den Wortlaut des Art. 9 II GG ab, dann ist die verfassungsfeindliche Vereinigung schon kraft Verfassung verboten, ohne daß es noch einer autoritativen Feststellung bedürfte. Die Folge wäre, daß alle Behörden und Gerichte die Verbotsvoraussetzungen – auch inzidenter – prüfen und eine Vereinigung wegen ihrer Verfassungsfeindlichkeit als verboten behandeln könnten und müßten. Das widerspräche jedoch dem Grundrechtsschutz des Art. 9 I GG und dem Grundsatz der Rechtssicherheit (vgl. bereits BVerwGE 4, 188, 189). Der Gesetzgeber hat daraus die Konsequenzen gezogen. § 3 I Vereinsgesetz (Sart. Nr. 425) bestimmt, daß ein Verein erst dann als „verboten" i. S. des Art. 9 II GG behandelt werden darf, wenn die zuständige Behörde in einem besonderen Verfahren die Verbotsvoraussetzungen festgestellt und eine Verbotsverfügung erlassen hat. Die Vereinigungen werden also insoweit wie die Einzelpersonen gem. Art. 18 GG und die Parteien gem. Art. 21 II GG behandelt, allerdings mit dem wesentlichen Unterschied, daß die maßgebliche Entscheidung nicht durch das BVerfG, sondern durch eine Verwaltungsbehörde (den Bundesinnenminister oder einen Landesinnenminister) getroffen wird. Die Vereinigung kann aber die Verbotsverfügung

17

beim BVerwG bzw. beim OVG anfechten (vgl. sogleich unten Rn. 19) und anschließend ggf. Verfassungsbeschwerde beim BVerfG einlegen, so daß nur der vorgezogene Rechtsschutz entfällt, der aber sonst übliche nachfolgende Rechtsschutz bestehen bleibt.

18   b) *Die Voraussetzungen der Verbotsverfügung.* Zuständig ist der Landesinnenminister bzw. der Bundesinnenminister, je nachdem, ob sich die Organisation und die Tätigkeit der Vereinigung auf das Gebiet eines Landes beschränken oder darüber hinausgehen (§ 3 II VereinsG). Da das Verbotsverfahren ein Verwaltungsverfahren ist, kommen die auch sonst üblichen verwaltungsverfahrensrechtlichen Regelungen zur Anwendung (etwa die Pflicht zur Anhörung gem. § 28 VwVfG). Materiell-rechtlich setzt die Verbotsverfügung voraus, daß (1) eine Vereinigung (2) in aktiv-kämpferischer Weise darauf abzielt, (3) die freiheitliche demokratische Grundordnung zu beeinträchtigen oder zu beseitigen.

19   c) *Die Verbotsverfügung* ist ein Verwaltungsakt. Umfang, Nebenbestimmungen und Vollzug der Verbotsverfügung sind in §§ 3 ff. VereinsG näher geregelt. Als Verwaltungsakt kann die Verbotsverfügung angefochten werden, und zwar die Verbotsverfügung des Landesinnenministers beim OVG (§ 48 II VwGO) und die Verbotsverfügung des Bundesinnenministers beim BVerwG (§ 50 I Nr. 2 VwGO).

20   d) *Praktische Bedeutung.* Das Verbot verfassungsfeindlicher Vereinigungen ist ein wirksames und notwendiges Mittel des Verfassungsschutzes, zumal sich gerade auf der Vereinsebene immer wieder militante oder verworrene Gruppen herausbilden. Es hat auch mehrfach das BVerwG beschäftigt.

Vgl. BVerwGE 37, 344 (Ludendorff-Bewegung); BVerwGE 61, 218 (Wehrsportgruppe Hoffmann); BVerwGE 74, 176 (Aktionsfront, vgl. dazu auch BVerfGE 74, 44); BVerwG NJW 1995, 2505 (Wiking-Jugend); BVerwGE 55, 175 (Ausländerverein); s. auch die Hinweise bei *Ph. Kunig,* Jura 1995, 384.

3. Das Parteiverbot gem. Art. 21 II GG

21   a) *Grundlagen.* Für die politischen Parteien gilt nicht die Verbotsregelung des Art. 9 II GG, sondern die spezielle Regelung des Art. 21 II GG. Die Tendenz ist jedoch dieselbe. Es geht um die

rechtliche Ausschaltung einer verfassungsfeindlichen Organisation
bzw. einer verfassungsfeindlichen Partei aus dem politischen Leben.
Art. 21 II GG ist ziemlich knapp geraten. Er beschränkt sich auf
die Bestimmung, daß verfassungsfeindliche Parteien verfassungswidrig sind und daß das BVerfG über die Verfassungswidrigkeit zu
entscheiden hat. Verfassungsfeindlich sind die Parteien, die nach
ihren Zielen oder nach dem Verhalten ihrer Anhänger darauf ausgehen, die freiheitliche demokratische Grundordnung zu beeinträchtigen oder zu beseitigen. Die so umschriebene Verfassungsfeindlichkeit wird vom Grundgesetz selbst als verfassungswidrig
qualifiziert. Die Folgen der Verfassungswidrigkeit werden im
Grundgesetz nicht geregelt, sondern ergeben sich aus den einfach-
gesetzlichen Vorschriften, die Art. 21 II GG konkretisieren und
weiterführen.

Die wichtigsten Vorschriften sind die §§ 43–47 BVerfGG, die das Verfahren
und die Entscheidung des BVerfG einschließlich ihrer unmittelbaren Wirkungen regeln. Hinzu kommen: §§ 32, 33 PartG, die den Vollzug des Parteiver-
botes durch die zuständigen Bundes- und Landesbehörden betreffen, § 46 I
Nr. 5 und IV BWahlG, der den Verlust des Bundestagsmandats im Falle der
Verfassungswidrigerklärung einer Partei bestimmt (entsprechende Regelungen
bestehen in den Landtagswahlgesetzen) und §§ 84 f. StGB, die die Fortführung
und Unterstützung einer für verfassungswidrig erklärten Partei unter Strafe
stellen.

   b) *Parteiverbot und Parteienprivileg.* Nach § 46 III BVerfGG hat   **22**
das BVerfG mit der Feststellung der Verfassungswidrigkeit die
Auflösung der Partei und das Verbot, eine Ersatzorganisation zu
schaffen, zu verbinden. Im Blick auf diese Rechtsfolgen wird üblicherweise vereinfachend vom „Parteiverbot" gesprochen. Das
korrespondierende „Parteienprivileg" ergibt sich aus dem Entscheidungsmonopol des BVerfG und dessen vorgreiflicher Sperrwirkung. Die Parteien werden dadurch „privilegiert", daß nur das
BVerfG (nicht die Regierung oder ein sonstiges politisches Organ)
über die Verfassungswidrigkeit entscheiden darf und daß die Parteien vor der verfassungsgerichtlichen Entscheidung nicht als verfassungswidrig behandelt werden dürfen, auch wenn deutliche
Anzeichen dafür sprechen. Die Sperrwirkung beschränkt sich allerdings auf den rechtlichen und administrativen Bereich. In der politischen Auseinandersetzung dürfen die verfassungsfeindlichen Ziele

der Parteien aufgedeckt und bekämpft werden. Problematisch wird
es erst dann, wenn staatliche Organe in der politischen Diskussion
das Verdikt der Verfassungswidrigkeit faktisch vorwegnehmen. Das
Parteienprivileg schützt die politischen Parteien selbst, ferner das
parteispezifische Verhalten ihrer Funktionäre und ihrer Mitglieder
einschließlich der Mitgliedschaft, nicht aber darüber hinausgehende
Verhaltensweisen, auch wenn sie dem Programm und der Agita-
tion ihrer Partei entsprechen.

23   **Fall:** Die Partei P beantragt beim Bürgermeister der Stadt S die Überlassung
der Stadthalle für eine politische Werbeveranstaltung. Die Stadthalle wird auch
sonst den Parteien für solche Veranstaltungen nach Maßgabe der Benutzungs-
ordnung zur Verfügung gestellt. Der Bürgermeister lehnt ab. Zur Begründung
der Ablehnung führt er aus, die Stadt wolle die P, die, wie allgemein bekannt
sei, verfassungsfeindliche Ziele verfolge, nicht auch noch durch die Überlassung der Stadthalle unterstützen. Ist die Ablehnung rechtmäßig? – Da das
BVerfG, wie anzunehmen ist, die Verfassungswidrigkeit der P noch nicht
festgestellt hat, gilt sie als verfassungsmäßig und legal und muß daher wie jede
andere Partei behandelt werden, selbst wenn sie tatsächlich verfassungsfeindliche Ziele verfolgen sollte. Vgl. BVerwGE 31, 368. – Zur Zulässigkeit der
politischen Bekämpfung verfassungsfeindlicher Parteien durch staatliche Organe und ihren Grenzen BVerfGE 40, 287, 290 ff. (Verfassungsschutzbericht des
Bundesinnenministers).

24   c) *Die Voraussetzungen des Parteiverbots.* Das BVerfG darf – wie
bei der Verwirkung (vgl. oben Rn. 13) – nicht von sich aus, sondern nur auf Antrag tätig werden. Der Antrag muß zulässig und
begründet sein, so daß im konkreten Fall – wie auch sonst bei
gerichtlichen Verfahren – die Zulässigkeit und die Begründetheit
des Antrags zu prüfen sind.

25   aa) *Antragsberechtigt* sind gem. § 43 BVerfGG (nur) der Bundestag, der Bundesrat und die Bundesregierung, ferner, wenn sich die
„Partei" auf das Gebiet eines Landes beschränkt, die Landesregierung. In der Regel wird – wie bei der Grundrechtsverwirkung –
der Antrag von der Bundesregierung ausgehen, da sie in der
Lage ist, das notwendige Material zur Begründung des Antrags zu
sammeln und aufzubereiten. Die Parteien selbst können keinen
Antrag stellen, auch nicht gegen sich selbst mit dem Ziel, durch
eine ablehnende verfassungsgerichtliche Entscheidung ihre Verfassungsmäßigkeit bestätigt zu erhalten. Nach überwiegender und
zutreffender, allerdings nicht unbestrittener Auffassung liegt die

Antragstellung im politischen Ermessen der antragsberechtigten Organe.

Vgl. BVerfGE 5, 85, 113; 40, 287, 291; *Stern,* Staatsrecht I, S. 207; *H. Maurer,* AÖR Bd. 96 (1971) S. 225; anderer Ansicht z. B. *J. Ipsen,* in: Sachs, Grundgesetz, Art. 21 Rn. 170 ff.; *ders.,* Festschrift für Maurer, 2001, S. 163 ff., der eine Pflicht zur Antragstellung annimmt, allerdings einen Prognosespielraum im Blick auf die Erfolgsaussichten zugesteht. – Die Frage, ob im Falle einer Antragspflicht alle antragsberechtigten Organe – in gleicher Weise oder in einer bestimmten Reihenfolge – aktiv werden müssen, bleibt bei den Befürwortern einer Antragspflicht offen. – Für die h. L. spricht, daß das aufwendige Parteiverbotsverfahren wenig sinnvoll wäre, wenn die verfassungsfeindliche Partei unbedeutend ist, möglicherweise ohnehin bald verschwindet oder in den Untergrund ausweichen würde. Die politische Auseinandersetzung und Verdrängung verdient auf jeden Fall den Vorzug. Die Bundesregierung (bzw. der Bundestag oder der Bundesrat) muß an sich zunächst die Verfassungsfeindlichkeit der Partei (Tatbestand) prüfen und feststellen und dann die Ermessensfrage entscheiden; indessen ist es in der Praxis auch vertretbar, von der vollen Aufklärung der Tatbestandsvoraussetzungen abzusehen, wenn die Ermessensentscheidung gegen eine Antragstellung ausfällt.

Als *Antragsgegner* kommen nur politische Parteien in Betracht. **26** Die Legaldefinition des § 2 PartG gilt auch hier. Wenn sich herausstellt, daß der Antragsgegner nicht unter den Parteibegriff fällt, wird der Antrag als unzulässig verworfen (vgl. BVerfGE 91, 262; 91, 276) mit der Folge, daß nunmehr der Innenminister eine Verbotsverfügung gem. Art. 9 II GG in Vbg. mit § 3 Vereinsgesetz erlassen kann. Der Antrag muß – wie auch sonst – schriftlich gestellt und begründet werden (§ 23 I BVerfGG). In einer Art Vorverfahren, das dem Eröffnungsbeschluß im Strafprozeß vergleichbar ist, hat das BVerfG über die Einleitung des Hauptverfahrens zu entscheiden (§ 45 BVerfGG).

bb) Der Antrag ist *begründet,* wenn der Antragsgegner (1) in ak- **27** tiv-kämpferischer Weise (2) darauf ausgeht, also darauf hinarbeitet, (3) die freiheitliche demokratische Grundordnung zu beeinträchtigen oder zu beseitigen. Indizien für diese Voraussetzungen sind die Ziele der Partei und das Verhalten ihrer Anhänger. Die Feststellung dieser Tatbestandsvoraussetzungen dürfte im Einzelfall immer wieder auf erhebliche Schwierigkeiten stoßen, da eine radikale Partei, die mit einem Verbotsverfahren rechnen muß, alles daran setzen wird, durch geschickte Formulierungen und verschleiernde Taktiken ihre wahren Absichten zu verbergen.

28   d) *Die Entscheidung und ihre Folgen.* Wenn das BVerfG – mit ²/₃-Mehrheit des Senats (§ 15 III BVerfGG) – zur Auffassung gelangt, daß die inkriminierte Partei verfassungswidrig ist, stellt es nicht nur die Verfassungswidrigkeit fest, sondern verbindet damit auch die Auflösung der Partei und das Verbot der Bildung von Ersatzorganisationen, d.h. die Fortsetzung der Partei mit den gleichen Personen und dem gleichen Programm in anderem Gewand.

Die Folgen des § 46 III BVerfGG sind verfassungsrechtlich zulässig, aber nicht zwingend (anders BVerfGE 5, 85, 391: die normale, typische und adäquate Folge der Feststellung der Verfassungswidrigkeit). Denkbar wären auch andere, weniger einschneidende oder differenzierende Rechtsfolgen, so etwa die Aberkennung des Status als Partei, was zur Folge hätte, daß sich die Organisation nicht mehr an den Wahlen beteiligen könnte. Diese Lösung hätte ein Vorbild in einigen Landesverfassungen der Nachkriegszeit (Bayern, Rheinland-Pfalz), die den Ausschluß von den Wahlen vorsahen. Würde der Status als Partei aberkannt, dann könnte der Bundesinnenminister gem. Art. 9 II GG in Vbg. mit § 3 Vereinsgesetz gegen die Organisation vorgehen. Im Parlamentarischen Rat wurden auch unterschiedliche Folgerungen diskutiert. Vgl. dazu näher *Maurer*, AÖR Bd. 96 (1971) S. 226 ff.

29   Die *Vollstreckung* des Parteiverbots ist gem. § 32 PartG Sache der Verwaltungsbehörden. Gegen die Vollstreckungsakte können die Verwaltungsgerichte angerufen werden, die bei Fragen von grundsätzlicher Bedeutung das Verfahren auszusetzen und die Entscheidung des BVerfG einzuholen haben. Die Ersatzorganisationen fallen nicht in den Schutzbereich des Art. 21 II GG und können daher ohne weiteres von den zuständigen Verwaltungsbehörden verboten und aufgelöst werden (vgl. dazu auch § 33 PartG).

30   e) *Mandatsverlust.* Fraglich und strittig sind die Konsequenzen der Feststellung der Verfassungswidrigkeit für die dieser Partei angehörenden Parlamentsabgeordneten. Das BVerfG hat den Mandatsverlust als unmittelbare Folge des Art. 21 II GG angenommen (BVerfGE 2, 1, 74). Diese Auffassung ist im Blick auf das freie Mandat (Art. 38 I 2 GG) in der Literatur auf Kritik und Ablehnung gestoßen. Sie hat aber ihren guten Sinn. Durch das Parteiverbot soll auch und vor allem verhindert werden, daß die Repräsentanten einer verfassungsfeindlichen Partei in den staatlichen Bereich eindringen und die staatlichen Mittel und Möglichkeiten für ihre Zwecke nutzen. Da im parlamentarischen Bereich alle Abgeordneten und Fraktionen die gleichen Rechte haben, können verfassungsfeindlich agierende Abgeordnete nur auf diese Weise beschränkt bzw. ausgeschlossen werden. Der Gesetzgeber hat inzwischen auf allen Ebenen den Mandatsverlust gesetzlich bestimmt. Seine Entscheidung dürfte im Spannungsverhältnis von Art. 38 I 2 GG und Art. 21 II GG jedenfalls vertretbar sein.

Vgl. dazu *J. Ipsen,* in: Sachs, Grundgesetz, Art. 21 Rn. 188 ff.; *W. Henke,* BK Art. 21 Rn. 106 ff.; *Pieroth,* JP Art. 38 Rn. 23, jeweils m. w. Nachw.

f) *Eine Wiederzulassung verbotener Parteien* ist rechtlich nicht vorgesehen. Sie kommt genau genommen schon deshalb nicht in Betracht, weil die aufgelöste Partei nicht mehr existiert. Möglich wäre nur, daß eine verbotene, aber in der Illegalität fortbestehende „Partei" mit der Begründung, sie habe ihre verfassungsfeindliche Zielsetzung und Tätigkeit aufgegeben, rechtlich wieder anerkannt (legalisiert) wird. Das geltende Recht gibt dafür aber keine Grundlage. Es wäre auch widersprüchlich, wenn die illegale Fortsetzung einer Partei auf diese Weise toleriert oder sogar prämiert würde. Es bleibt nur die Möglichkeit einer Neugründung. Wenn die „neue" Partei mit demselben Programm und demselben Charakter auftritt, muß sie sich allerdings entgegenhalten lassen, daß sie eine nach § 32 PartG verbotene Ersatzorganisation darstellt. Zu überlegen wäre nur noch, ob die zuständigen staatlichen Organe befugt sind, eine solche Neubildung zu dulden, d. h. – wie beim ursprünglichen Verbotsantrag – nach ihrem pflichtgemäßen Ermessen von einem Einschreiten abzusehen. **31**

Diese Frage wurde in den 60er Jahren aktuell, als die Wiederzulassung der 1955 verbotenen KPD diskutiert wurde, vgl. etwa *G. Heinemann,* JZ 1967, 425 ff.; *W. Henke,* JZ 1973, 293 ff.; *Th. Bernstein/K. Zweigert,* Die Rehabilitierung einer aufgelösten politischen Partei, 1972; *Maurer,* AÖR Bd. 100 (1975) S. 173 ff. – 1968 kam es zur Gründung der DKP (Deutsche Kommunistische Partei), die – abgesehen vom Wechsel der Buchstaben – personell und programmatisch mit der früheren KPD weitgehend identisch war, sich allerdings moderater gab als früher. Die Bundesregierung hat diese „Neugründung" im Interesse der neuen Ostpolitik hingenommen, wenn nicht sogar gefördert.

f) *Praxis.* Bislang ist es nur in zwei, zudem weit zurückliegenden Fällen zu einem „Parteiverbot" gekommen. **32**

Auf Antrag der Bundesregierung wurde 1952 die (rechtsradikale) SRP und 1955 die (linksradikale, von der SED und Moskau abhängige) KPD verboten (vgl. BVerfGE 2, 1 ff. und 5, 85 ff.). 1994 wurden zwei weitere Verbotsanträge der Bundesregierung eingereicht, aber vom BVerfG mit der Begründung als unzulässig verworfen, die betroffenen Organisationen seien in Wirklichkeit keine Parteien i. S. des Art. 21 GG und des § 2 PartG (BVerfGE 91, 262; 91, 276). Der Bundesinnenminister hat daraufhin sofort beide Organisationen gem. Art. 9 II GG und § 3 Vereinsgesetz verboten. Anfang 2001 beantragten alle drei antragsberechtigten Organe (Bundesregierung, Bundestag und Bundesrat) ein Verbot der (rechtsradikalen) NPD. Das BVerfG hat durch Beschluß vom 1. 10. 2001 die Durchführung der Verhandlung angeordnet (BVerfGE 104, 63), die sodann festgesetzten Termine aber wieder aufgehoben, als bekannt wurde, daß die Bundesregierung einige V-Männer für die Anhörung vor dem BVerfG benannt hatte; das werfe, so erklärte das BVerfG in der Begründung, „prozessuale und materielle Rechtsfragen" auf, die bis zum Verhandlungstermin nicht geklärt werden könnten (BVerfGE 104, 370); vgl. dazu und zu den in der Öffentlichkeit diskutierten Konsequenzen *J. Ipsen,* NJW 2002, 866 ff. – Durch Beschluß v. 18. 3. 2003 (Az: 2 BvB 1/01, veröffentlicht im Internet) hat das BVerfG das Verfahren gegen die NPD eingestellt (im Einzelnen kann auf diesen nach der Drucklegung erlassenen Beschluß hier nicht mehr eingegangen werden).

33   Im Blick auf die wenigen, zudem lange zurückliegenden Fälle mag bezweifelt werden, ob die Regelung des Parteiverbots notwendig oder auch nur sinnvoll ist. Die Bedeutung einzelner Verfassungsvorschriften hängt jedoch nicht nur von ihrer tatsächlichen Anwendung, sondern auch von ihren Vorwirkungen und ihrer Bewußtseinsbildung ab. Insoweit kommt dem Art. 21 II GG durchaus Gewicht zu. Er hebt – zusammen mit Art. 18 und Art. 9 II GG – die Wertgebundenheit und die Abwehrbereitschaft der grundgesetzlich konzipierten Demokratie hervor. Zudem ist es durchaus möglich, daß Parteien, die am Rande der Verfassungswidrigkeit stehen, durch das drohende Parteiverbot zur Mäßigung und Zurückhaltung veranlaßt werden.

34   **Literatur allgemein:** *D. Rauschning,* Die Sicherung der Beachtung von Verfassungsrecht, 1969; *E. Bulla,* Die Lehre von der streitbaren Demokratie, AÖR Bd. 98 (1973) S. 340 ff.; *E. Stein,* Streitbare Demokratie mit Zipfelmütze, Festschrift für Mallmann, 1978, S. 319; *E. Denninger/H. H. Klein,* Verfassungstreue und Schutz der Verfassung, Referate mit Diskussion, VVDStRL 37 (1979) S. 7 ff.; *Ch. Gusy,* Die „freiheitliche demokratische Grundordnung" in der Rechtsprechung des Bundesverfassungsgerichts, AÖR Bd. 105 (1980) S. 279 ff.; *J. Lameyer,* Streitbare Demokratie, JÖR Bd. 30 (1981) S. 147 ff. (mit Nachwort von *G. Leibholz,* S. 193 ff.); *Bundesminister der Justiz* (Hg.), Verfassungsschutz und Rechtsstaat, 1981; *A. Sattler,* Die rechtliche Bedeutung der

Entscheidung für die streitbare Demokratie, 1982; *G. Lautner,* Die freiheitliche demokratische Grundordnung, 2. Aufl. 1982; *H. J. Schwagerl,* Verfassungsschutz in der Bundesrepublik Deutschland, 1985; *G. P. Boventer,* Grenzen politischer Freiheit im demokratischen Staat, 1985; *J. Becker,* Die wehrhafte Demokratie des Grundgesetzes, HStR VII (1992) S. 309 ff.; *R. Dolzer,* Der Widerstandsfall, HStR VII (1992) S. 455 ff.; *E. Denninger,* „Streitbare Demokratie" und Schutz der Verfassung, HVerfR S. 675 ff.; *H. Dreier,* Grenzen demokratischer Freiheit im Verfassungsstaat, JZ 1994, 741 ff.

Literatur zur Verwirkung: *G. Dürig,* Die Verwirkung von Grundrechten **35** nach Art. 18 des Grundgesetzes, JZ 1952, 513 ff.; *H.-U. Gallwas,* Der Mißbrauch von Grundrechten, 1967; *W. Schmitt Glaeser,* Mißbrauch und Verwirkung von Grundrechten im politischen Meinungskampf, 1968; *H. H. Rupp,* Bemerkungen zur Verwirkung von Grundrechten (Art. 18 GG), Festschrift für G. Küchenhoff, 1972, S. 653 ff.; *K. Stern,* Staatsrecht III 2 (1994), S. 929 ff.; *H. Butzer/M. Clever,* Grundrechtsverwirkung nach Art. 18 GG: Doch eine Waffe gegen politische Extremisten?, DÖV 1994, 637 ff.; *M. Brenner,* Grundrechtsschranken und Verwirkung von Grundrechten, DÖV 1995, 60 ff.; *J. Isensee,* Verfassungsnorm in Anwendbarkeitsnöten: Artikel 18 des Grundgesetzes, Festschrift für Graßhof, 1998, S. 289 ff.

Literatur zum Vereinsverbot: *M. Planker,* Das Vereinsverbot in der verwaltungsgerichtlichen Rechtsprechung, NVwZ 1998, 113 ff.

Literatur zum Parteiverbot: *H. Maurer,* Das Verbot politischer Parteien, **36** AÖR Bd. 96 (1971) S. 203 ff.; *M. Kriele,* Feststellung der Verfassungsfeindlichkeit von Parteien ohne Verbot, ZRP 1975, 201 ff.; *D. Lorenz,* Verfassungswidrige Parteien und Entscheidungsmonopol des Bundesverfassungsgerichts, AÖR Bd. 101 (1976) S. 1 ff.; *Th. Schmidt,* Die Freiheit verfassungswidriger Parteien und Vereinigungen, 1983; *H. Meier,* Parteiverbote und demokratische Republik, 1993; *Ph. Kunig,* Vereinsverbot, Parteiverbot, Jura 1995, 384 ff.; *J. Ipsen,* Parteiverbot und „politisches" Ermessen, Festschrift für Maurer, 2001, S. 163 ff.

Rechtsprechung: BVerfGE 2, 1 (Parteiverbot: SRP); BVerfGE 5, 85 (Par- **37** teiverbot: KPD); BVerfGE 11, 282; 38, 23 (jeweils Verwirkung); BVerfGE 30, 1 (Abhör-Urteil); BVerfGE 39, 334 (Verfassungstreue von Beamten); BVerfGE 47, 198 (Verfassungsfeindliche Wahlwerbung im Fernsehen); BVerfGE 63, 266 (Verfassungstreue des Rechtsanwalts); BVerfGE 80, 244 (Strafbarkeit von Verstößen gegen Vereinsverbot); BVerfGE 100, 313 (Überwachung des Fernmeldeverkehrs durch den Bundesnachrichtendienst); BVerfGE 103, 41 (keine Einsicht der betroffenen Partei in die der Vorbereitung eines Parteiverbotsverfahrens dienenden Akten); BVerfGE 104, 214 (keine Zuständigkeit der EG zur Regelung der Parteien in den Mitgliedstaaten). – BVerwGE 37, 344 (Vereinsverbot: Ludendorff-Bewegung); BVerwGE 61, 218 (Vereinsverbot: Wehrsportgruppe Hoffmann); BVerwGE 80, 299 (Vereinsverbot: Hell's Angels Motor-Club); BVerwGE 110, 126 (Beobachtung einer Partei durch den Verfassungsschutz); BVerwGE 114, 258 (Verfassungstreue der Soldaten); OVG Lüneburg NdsVBl. 2001, 68 (Beobachtung einer Partei durch den Verfassungsschutz); BWVGH NVwZ 2001, 1434 (Einbürgerung, Verfassungstreue).

Sachverzeichnis

Die Angaben beziehen sich auf die Paragraphen (fette Zahlen) und Rand-
nummern (magere Zahlen)

Buchanzeigen

Grundrechte von Grund auf verstehen

Manssen · Staatsrecht II

Grundrechte. Von Dr. Gerrit Manssen, o. Professor an der Universität Regensburg

2. Auflage. 2002

XXVI, 241 Seiten. Kartoniert € 15,–

ISBN 3-406-49918-X

Der Grundriß

behandelt mit den im Grundgesetz gewährleisteten Grundrechten einen wesentlichen Bereich des Staatsrechts. Dabei wird der Student nicht nur mit ihrem **Schutzbereich** und ihren Schranken vertraut gemacht. Vielmehr stellt der Autor auch das System der Grundrechte dar. Die Zusammenhänge sowie der **Aufbau der Grundrechte in der Klausur** werden damit besonders plastisch.

Das Konzept:

Die einzelnen Grundrechte werden in der im Grundgesetz vorgegebenen Reihenfolge behandelt. **Zahlreiche Beispiele und Klausurhinweise** ermöglichen ein schnelles Verständnis der komplexen grundrechtlichen Strukturen und eine leichte Umsetzung des erlernten Stoffs.

Die 2. Auflage

berücksichtigt dabei insbesondere aktuelle Rechtsprechung des Bundesverfassungsgerichts. Darüber hinaus ist die Darstellung insgesamt erweitert und um examenswichtige Probleme ergänzt.

VERLAG C.H.BECK
80791 MÜNCHEN
Telefax: (089) 3 81 89 - 402
E-Mail: bestellung@beck.de
beck.de

Maurer
Allgemeines Verwaltungsrecht

Von Dr. Hartmut Maurer, em. o. Professor an der Universität
Konstanz
14., überarbeitete und ergänzte Auflage. 2002
XXXI, 855 Seiten. Kartoniert € 19,50
ISBN 3-406-49814-0

Der Lehrbuch-Klassiker

behandelt die einzelnen Rechtsinstitute des Allgemeinen Verwaltungsrechts einschließlich seiner Bezüge zum Verwaltungsprozeßrecht.
Berücksichtigt sind dabei auch die europarechtlichen Einflüsse.
Schwerpunkte der Darstellung sind:
- die verwaltungsrechtlichen Grundbegriffe
- die Handlungsformen der Verwaltung
- das Verwaltungsverfahren
- die Verwaltungsorganisation
- das System der staatlichen Ersatzleistungen.

Der übersichtliche Aufbau sowie die besonders klare, verständliche
Sprache bringen dem Studenten das Verwaltungsrecht schnell näher.
Zahlreiche Beispiele, zumeist aus der Rechtsprechung, sowie auf das
Wesentliche konzentrierte Vertiefungshinweise machen das Lehrbuch
besonders anschaulich.

Die 14. Auflage

berücksichtigt die aktuelle Gesetzgebung, Literatur
und Rechtsprechung bis Mitte 2002 und ergänzt das
Werk an den maßgeblichen Stellen vornehmlich um
Regelungen des europäischen Gemeinschaftsrechts,
das zunehmend auf das deutsche Verwaltungsrecht
einwirkt. Wesentlich überarbeitet ist zudem die Darstellung des Vergaberechts.

VERLAG C.H.BECK
80791 MÜNCHEN
Telefax: (089) 3 81 89 - 402
E-Mail: bestellung@beck.de
beck.de